编委会名单

主　　编　杨富学

编　　委（以承担工作量为序）

　　　　　彭晓静　张海娟　王　东　张乃翥

　　　　　王禹浪　包　朗

编写人员（以承担工作量为序）

　　　　　彭晓静　张海娟　王　东　包　朗

　　　　　王禹浪　张乃翥　赵旭国　史淑琴

　　　　　李晓燕　程嘉静　谭婧霞　金　琰

国家出版基金资助项目
「十三五」国家重点图书出版规划项目

丝路五道全史 下

HISTORY OF ALL FIVE SILK ROADS

杨富学 · 主编

山西出版传媒集团　山西教育出版社

图书在版编目（CIP）数据

丝路五道全史（上、中、下）/ 杨富学主编. — 太原：山西教育出版社，2019.12
ISBN 978-7-5703-0282-6

Ⅰ.①丝… Ⅱ.①杨… Ⅲ.①丝绸之路—历史 Ⅳ.①K928.6

中国版本图书馆 CIP 数据核字（2018）第 295274 号

丝路五道全史（下）
SILU WUDAO QUANSHI (XIA)

出版策划	崔元和　荆作栋
责任编辑	徐　琼　白　宁
复　　审	康　健
终　　审	杨　文
装帧设计	薛　菲
印装监制	赵　群

出版发行	山西出版传媒集团·山西教育出版社
	（地址：太原市水西门街馒头巷7号　电话：0351-4729801　邮编：030002）
印　　装	山西人民印刷有限责任公司
开　　本	720 mm×1020 mm　1/16
印　　张	66
字　　数	1100 千字
版　　次	2019 年 12 月第 1 版　2019 年 12 月山西第 1 次印刷
书　　号	ISBN 978-7-5703-0282-6
定　　价	260.00 元（上、中、下）

如发现印、装质量问题，影响阅读，请与山西教育出版社联系调换。电话：0351-4729723

目 录

---------- 下册 ----------

第十二章　东北亚丝绸之路 / 663

第一节　初兴至唐代的东北亚丝绸之路 / 663

一、东北亚丝绸之路的兴起 / 663

二、汉代东北亚丝绸之路的发展 / 664

三、勿吉朝贡道与黑水靺鞨道 / 669

四、室韦朝贡道 / 673

五、渤海营州道与朝贡道 / 676

第二节　辽代的东北亚丝绸之路 / 681

一、辽朝与东北亚各地的交通路线 / 681

二、辽朝和女真部的贸易往来 / 687

三、辽朝和五国部的贸易往来 / 688

四、辽朝和朝鲜半岛的贸易往来 / 689

五、辽朝和日本的贸易往来 / 692

第三节　金代的东北亚丝绸之路 / 693

一、金代燕京—上京的交通 / 693

二、金代蒲峪路与火鲁火疃谋克的交通 / 695

三、东北亚交通线上的金代城镇 / 698

第四节　元明清时代的东北亚丝绸之路 / 701

一、元代的"海西东水陆城站" / 701

二、明代的奴儿干都司 / 703

三、清代"贡貂赏乌绫"与"黄金之路" / 706

第十三章　元代东西贯通与陆路丝绸之路的复兴 / 711

第一节　元朝与东西陆路交通的贯通 / 711

一、帝国建立 / 711

二、蒙古三次西征 / 715

三、东西陆路交通的贯通 / 723

第二节　元代陆路丝绸之路的发展 / 727

一、沙漠丝绸之路的恢复与发展 / 727

二、草原之路的开拓与繁荣 / 732

第三节　元统治者对陆路丝绸之路的经营与管理 / 740

一、驿站系统的肇建与完善 / 740

二、丝路贸易的经营与管理 / 745

三、蒙古经营丝路的典范——豳王家族 / 750

第四节　丝绸之路上的东西方交流 / 759

一、丝绸之路上的商品 / 759

二、丝绸之路上的宗教 / 762

三、科技 / 777

四、文化艺术 / 781

第五节　往来于丝绸之路的东西方代表人物 / 782

一、中国西行人物 / 782

二、国外东来者 / 789

第十四章　元代海上贸易与沿海城市的突起 / 793

第一节　元代海上丝绸之路的拓展 / 793

一、背景与原因 / 793

二、元帝国的海外扩张 / 796

三、海上丝绸之路的主要线路 / 801

第二节　统治者对海上丝绸之路的经营与管理 / 804

一、政策支持 / 804

二、管理机构 / 808

三、军事防护 / 811

第三节　海上经贸、文化往来 / 813

一、海上丝路的商品 / 813

二、宗教文化交流 / 819

三、科学技术交流 / 831

第四节　繁荣的对外贸易港口 / 835

一、泉州 / 835

二、广州 / 837

三、庆元 / 838

四、杭州与澉浦 / 839

五、上海 / 840

六、福州 / 841

七、登州 / 842

第五节　元代旅行家与海商 / 843

　　一、元代航海大家及其海外志书 / 843

　　二、元朝使者与海商 / 849

第十五章　明代丝绸之路的发展与式微 / 857

第一节　明代陆路丝绸之路的衰落 / 857

　　一、明代陆路丝绸之路的复畅 / 857

　　二、明代丝绸之路的路线 / 861

　　三、瓦剌、土鲁番侵夺哈密及丝路贸易的中断 / 864

第二节　明代中西方陆路丝绸之路的交流 / 868

　　一、"朝贡"与"回赐" / 868

　　二、互市贸易 / 874

第三节　明代海上丝绸之路的蓬勃发展 / 880

　　一、明初海禁 / 881

　　二、郑和下西洋与海上丝绸之路的鼎盛 / 884

　　三、西方航海家对海上丝绸之路的开拓 / 891

　　四、明代海上丝绸之路的路线 / 892

第四节　明代海上丝绸之路的经济文化交流 / 894

　　一、物质文化交流 / 894

　　二、科技文化交流 / 902

　　三、宗教文化交流 / 904

第五节　明代繁荣的海港城市 / 908

　　一、广州港 / 908

　　二、明州港 / 910

三、泉州港的衰落与福州港的兴起 / 911

四、月港的崛起 / 913

五、繁富的登州港 / 914

第十六章 清代丝绸之路的兴废 / 917

第一节 清代西北陆路丝绸之路 / 917

一、清朝与西域及中亚藩属国的贸易概况 / 918

二、清代西北陆路丝绸之路上与俄罗斯的对外贸易 / 927

三、清代前期西北陆路丝绸之路上的文化交流 / 929

第二节 清代北方草原丝绸之路 / 935

一、清代北方草原丝绸之路主要通道 / 936

二、清代北方草原丝绸之路上的商业贸易 / 939

三、清代北方草原丝绸之路上的文化交流 / 946

第三节 清代西南丝绸之路 / 953

一、清代西南丝绸之路的主要线路 / 953

二、清代西南丝绸之路上的贸易往来 / 956

三、清代西南丝绸之路上的文化交流 / 962

第四节 清代海上丝绸之路 / 969

一、清代前期海外贸易政策与海上丝绸之路 / 970

二、清代海上丝绸之路主要航线及商品贸易概况 / 971

三、清代海上丝绸之路上的文化交流 / 977

参考文献 / 991

后　记 / 1017

第十二章

东北亚丝绸之路

第一节　初兴至唐代的东北亚丝绸之路

一、东北亚丝绸之路的兴起

"丝绸之路"由19世纪德国地理学家李希霍芬首先提出，这一概念旋即在世界范围内得到广泛使用，由此衍生出了"陆上丝绸之路""海上丝绸之路""草原丝绸之路""西南丝绸之路""高原丝绸之路""东北亚丝绸之路""东北新丝路""龙江丝路带"等一系列新的政治、经济与文化概念。20世纪80年代，费孝通首提"民族走廊"这一概念①，其所引发的国内外学术界对藏彝走廊（茶马古道）、河西走廊、南岭走廊、辽西走廊及东北亚走廊等廊道文化的研究与关注，亦成为"丝绸之路"内涵的重要延伸和补充。

"东北亚丝绸之路"这一概念的提出缘起于20世纪80—90年代，日本北海道大学中村和之、菊池俊彦、申村和之蕃等日本学者对北海道原住民阿依努民族进行调查时，对明清"虾夷锦"与山旦贸易问题的关注。他们与中国学者傅朗云、杨旸等开展了密切的合作，取得了丰硕成果，在当时掀起了东北亚丝绸

---

① 费孝通：《谈深入开展民族调查问题》，《中南民族学院学报》1982年第3期。

之路研究的热潮,出版了《明代奴儿干都司及其卫所研究》《明代东北》《明代东北史纲》《明清东北亚水陆丝绸之路与虾夷锦研究》等专著。进入21世纪后,学术界对此问题的研究热度逐渐降温。随着"一带一路"倡议和振兴东北战略的提出,东北亚丝绸之路研究再度复苏,近年有陈鹏《路途漫漫丝貂情:明清东北亚丝绸之路研究》、曹保明《东北亚丝绸之路》等专著面世,同时涌现出不少论文,对东北亚丝绸之路的历史经纬与内涵进行了综合论述和分析。

东北亚古代民族与中原王朝的交往历史十分悠久,从文献记载来看,早在五帝时期就已有往来。《竹书纪年》就记载了满族先祖肃慎人向舜朝贡"弓矢"的历史:"肃慎者,虞夏以来东北大国也……帝舜有虞氏二十五年,息慎来朝,贡弓矢。"其实,这种"弓矢"就是《国语》中陈惠公向孔子问政所提及的"楛矢石砮"。《国语·鲁语下》则详细记载了肃慎向陈惠公朝贡楛矢石砮的情况:"仲尼在陈,有隼集于陈侯之庭而死,楛矢贯之,石砮,其长尺有咫。陈惠公使人以隼如仲尼之馆问之,仲尼曰:'隼之来也远矣!此肃慎氏之矢也。昔武王克商,通道于九夷、百蛮,使各以其方贿来贡,使无忘职业。于是肃慎氏贡楛矢、石砮,其长尺有咫。先王欲昭其令德之致远也,以示后人,使永监焉,故铭其栝曰"肃慎氏之贡矢",以分大姬,配虞胡公而分封诸陈。古者,分同姓以珍玉,展亲也;分异姓以远方之职贡,使无忘服也。故分陈以肃慎氏之贡。君若使有司求诸故府,其可得也。'使求,得之金椟①,如之。"

中原王朝正式建立对东北南部地区的管辖始于战国时代的燕国,当时设置了上谷、渔阳、右北平、辽西、辽东五郡。秦汉沿用五郡建制。汉武帝在灭卫氏朝鲜后设置了"汉四郡",统辖辽东东部和朝鲜半岛。至此,中原文化开始通过华北长城地带和辽西走廊的陆路、山东半岛至辽东半岛的海路进入东北地区。秦汉时期,东北南部(以辽东半岛为中心)经济文化快速发展,依托郡县建制,出现了一批汉文化的繁荣城邑,延续并进一步发展着燕秦时期开启的辽东半岛城镇化。

二、汉代东北亚丝绸之路的发展

汉代东北地区城邑体系趋于完备,职能分工明确。以辽东地区为例,该区

---

① "金椟"即金质或鎏金的储盒,用于收藏"楛矢石砮",足见该物在当时之珍贵。所谓"楛矢石砮","楛"实为"桦",即用桦木做成的箭杆,"石砮"则是用黑曜石、玛瑙、页岩、碧石、松花石等各类石头做成的箭镞。以桦木为箭杆,以各类石头制成箭镞,即是"楛矢石砮"。

域汉代古城以辽东郡治所襄平（今辽阳）为政治中心，襄平城成为东北地区名副其实的"通都大邑"。以今大连地区为经济和外贸中心，大连地区的旅顺牧羊城、普兰店、张店汉城等城邑依托优良海港，开展泛海贸易，商贾往来频繁，不断接纳山东半岛移民，输入中原汉文明，发展经济。其中大连营城子第二地点76号墓出土的金质联珠十龙纹带铐、普兰店姜屯45号墓出土的以"圭璧"为组合的玉覆面、张店汉城南郊南海甸子出土的马蹄金等遗存的发现，是汉代大连地区经济繁荣的重要注脚。

以今营口地区为主的手工业中心，集中了辽东地区最丰富的手工业作坊遗存，如盖州城关汉城北、大石桥周家乡于家堡村打铁炉沟屯的汉代铁矿山与冶铁作坊遗址，大石桥汤池镇英守沟汉城附近冶铁窑址、开采铁矿的古矿道等。① 除此之外，辽东地区汉代城邑设施基本完备，在一些城址中发现了可能为官署用的瓦当以及陶水管、手工业作坊等配套设施。临海城址附近建有港口。较大古城附近一般均发现了公共墓地。辽阳北园1号墓"车马出行图"（图12-1）、大连营城子镇沙岗子东汉墓壁画（图12-2）及大连地区汉墓出土的多种文物（图12-3）集中反映了汉文明在这一地区的广泛传播和深刻影响，"说明了辽东半岛的汉化过程在汉代已经完成，基本实现了由土著东夷文化、秽貊文化向汉文化的重大转型"。②

图12-1：辽阳北园1号墓"车马出行图"（局部）

---

① 崔艳茹、冯永谦、崔德文：《营口市文物志》，辽宁民族出版社，1996年，第48—50页。
② 王禹浪、王俊铮：《辽东半岛汉墓的类型、文化特征及影响》，《大连大学学报》2016年第4期。

图12-2：大连营城子镇沙岗子东汉墓壁画

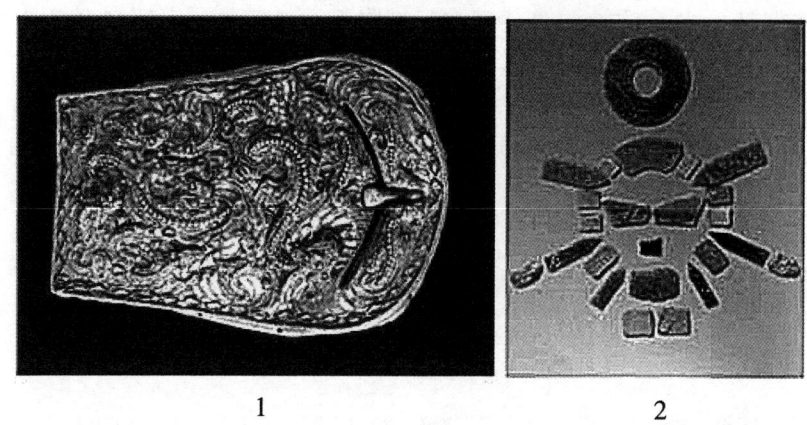

图12-3：大连地区汉墓出土文物

（1.营城子76号墓出土金质联珠十龙纹带铐；2.普兰店姜屯45号墓玉覆面）

汉代东北亚丝绸之路主要有华北长城地带和辽西走廊的陆路、山东半岛至辽东半岛的海路。海路路线在辽东半岛南部又分为北上辽沈、东入朝鲜两路。由于秦汉以前辽东湾北部为海泛区，海潮涨落致使道路无法通行，因此辽西地区傍海道尚未形成，陆路交通均是通过医巫闾山的交通孔道进入东北地区。秦汉以前，陆路主要有两条，均由燕蓟一带（今北京）出发，一条出古北口，经右北平郡治所平刚（今内蒙古宁城县甸子镇黑城子古城）至柳城（今辽宁朝阳）；另一条从卢龙（今河北卢龙），经平刚至柳城。傍海道伴随着秦帝国驰道的修建得以开辟。据崔向东考证："辽西傍海道分为两段，一段是由蓟出发，经由无终、令支和孤竹东行至临渝关，出临渝关沿渤海岸向东北行进，抵达碣石（今辽宁绥中）。秦统一六国后，修治驰道，从燕都到碣石有道路相通。另一段是从碣石东北行经兴城、锦州进入辽东。"①但受环渤海沿岸陆路大"C"形走向的制约,中原汉文化向东北地区的传播一直以距离较近的海路传播为主。

山东半岛登州港(今山东蓬莱)与辽东半岛大连地区之间的渤海海峡分布着天然的岛链陆桥——庙岛群岛,为泛海活动提供了条件。辽东半岛最南端之辽东郡沓氏县、东沓县、沓津等地名,反映了山东居民泛海"纷至沓来"的历史图景。

这条海陆联运的交通线抵达辽东半岛南端后,一条线路继续北上,沿千山山脉西麓与渤海之间的平原丘陵地带,向北通过太子河流域和浑河流域,进入长白山系西南余脉的辽东山地,这一带为南北走向的哈达岭、东西走向的龙岗山脉和东北—西南走向的千山山脉的接合部位。如果从流域视角来看,则主要是以抚顺、清原、新宾为中心的浑河、苏子河流域,以及以本溪为中心的太子河上游流域。

目前,在沈阳、抚顺一带发现了新宾永陵南汉城、东洲小甲邦汉城、抚顺劳动公园汉城、沈抚交界处的沈阳上伯官汉城、沈阳宫后里汉城等多座颇具规模的汉代城邑,其性质多与不同时期的玄菟郡治所有关。汉城附近亦发现了密集的汉墓群。继而,汉文化越过辽东山地的龙岗山脉和哈达岭,进入松嫩大平原南缘的松花江流域上游,即今柳河、东丰、辽源、四平、吉林市等地。②目前已知最北部的汉文化古城为东辽河流域的吉林省梨树县二龙湖古城。③

另一条交通路线是沿辽东半岛左翼黄海海岸和环黄海北部的群岛链,越过鸭绿江口进入朝鲜半岛北部。在朝鲜半岛北部的清川江、大同江、载宁江等流域形成了贞柏里、石岩里、土城洞等乐浪汉墓群。

汉代丝绸之路进入松嫩平原后,首先与定都于吉林市东郊东团山和南城子一带的夫余国文明碰撞融合,形成了具有浓厚汉文化特色的夫余文明。今吉林市一带发现了大量与夫余文化杂处的汉文化元素的遗存。汉文化与夫余国的融合表现在如下几个方面:

第一,在吉林市帽儿山(图12-4)、榆树老河深等夫余墓葬中,均发现了与中原及辽东半岛汉墓形制基本相同的土圹墓和土圹木椁墓,其中以土圹木椁

---

① 崔向东:《辽西走廊变迁与民族迁徙和文化交流》,《广西民族大学学报》2012年第4期。
② 王禹浪、王俊铮:《辽东半岛汉墓的类型、文化特征及影响》,《大连大学学报》2016年第4期。
③ 四平地区博物馆、吉林大学历史系考古专业:《吉林省梨树县二龙湖古城址调查简报》,《考古》1988年第6期。

墓数量最多。这种墓葬形制与中原及辽东半岛汉墓形制基本相同，认定系辽东半岛汉文化北传松嫩大平原的产物。但由于夫余国地处偏远、社会发展水平有限，因而形制复杂、建造工艺要求较高的砖室墓始终未能进入夫余文化中。

图12-4：吉林帽儿山墓出土绢帛墨画

第二，在夫余文化陶器中，轮制泥质灰陶器与辽东半岛汉墓中出土的陶器风格十分相似。这些夫余泥质灰陶均为轮制，烧制温度较高，质地坚硬，其上绘有绳纹、弦纹、刻画纹、压印纹、附加堆纹等多种纹饰。该类型陶器在辽东半岛汉墓中几乎随处可见。永吉学古东山遗址出土的陶罐、陶豆，永吉大海猛出土的陶钵、陶甑以及龙潭山山城出土的陶灶，其器物形制与辽东半岛及中原汉式陶器具有较高的相似性。①

第三，在吉林帽儿山夫余墓中，还出土了大量铁质生产工具，如铁镢、铁铧、铁刀、铁削刀、铁锥、铁矛、铁箭镞、铁剑、铁甲片、铁马衔等；铜器有权杖、铜镜、泡饰、车辖、锸等。这些金属制品与辽东半岛汉墓中出土的遗物极为类似，特别是铁质农具和汉式规矩铜镜，具有鲜明的汉文化特色。墓中出土的规矩铜镜并非夫余本土制作，而应是从辽东半岛地区传入的。帽儿山墓中还出土了一些漆器，有汉式耳杯、盆等。货币以汉代五铢钱为主，新莽"货泉"货币的出土则说明帽儿山墓一部分墓葬时间已至两汉之际。在墓中出土了27件珍贵的丝织品残片，绝大多数出自帽儿山墓西山一区18号墓，其中一件是

---

① 李钟洙：《夫余文化研究》，吉林大学博士学位论文，2004年。

主题为招魂的绢帛墨画,可谓是汉代东北亚丝绸之路文化传播的明证。①

以丝织品、漆器、汉式陶器、铁质农具、规矩铜镜、土圹木椁墓等为代表的文化元素,通过汉代东北亚丝绸之路,首次系统而源源不断地输入东北亚腹地。这一过程不仅使辽东半岛实现了深刻的文化转型,还通过辽东半岛这一文明"贮存地"和中转站,远播松嫩平原、松花江上游流域以及朝鲜半岛北部,亦改变了东北亚区域古代文明格局,最终在以辽东半岛为中心,北达松花江流域上游、南抵朝鲜半岛大同江流域、西越医巫闾山至滦河流域、东起长白山西麓的区域内,出现了繁荣的汉代城市和农耕文明以及与汉文明融合的世居古族文化,基本实现了汉帝国在东北地区的文化"大一统"。

三、勿吉朝贡道与黑水靺鞨道

勿吉是满族先世在南北朝时期的称谓。勿吉活跃于中世纪东北亚民族大分化、大迁徙、大融合时期,曾强盛一时,驱逐挹娄人,占领挹娄故地,袭扰高句丽,驱逐并最终灭了夫余国。其地域范围不断扩张,首次突破了满族先民自肃慎—挹娄以来,在牡丹江流域和三江平原的传统活动区域,向南扩张至松花江流域,逐渐形成了"勿吉七部"。

勿吉之名始见于北魏,大致在隋代"消失"于历史文献中。勿吉的前身为活动于图们江、绥芬河流域的沃沮人。三国时期,曹魏毌丘俭率军征讨高句丽,高句丽王宫北逃沃沮。《三国志·东夷传》云:"毌丘俭讨句丽,句丽王宫奔沃沮,遂进师击之。沃沮邑落皆破之,斩获首虏三千余级,宫奔北沃沮。"高句丽对沃沮的征服和统治引发了沃沮人不断北迁至今三江平原,并驱逐了当地土著挹娄人,建立了强大的勿吉国,历史文献遂以勿吉取代了沃沮的族称。"勿吉"与"沃沮"实为一音之转。以三江平原双鸭山凤林古城为代表的凤林文化晚期吸收了其南部沃沮族团结文化的因素,正是沃沮北上灭挹娄、入主凤林古城的考古学证明。②

结合《魏书·勿吉传》《北史·勿吉传》《文献通考》《册府元龟》等历史文献,自北魏孝文帝延兴年间至北齐后主武平三年(471—572),勿吉朝贡中原王朝共计29次,其中朝贡北魏22次,朝贡东魏6次,朝贡北齐1次。

勿吉朝贡中原王朝的路线,见于《魏书·勿吉传》的记载:"去洛五千

---

① 张立明:《吉林帽儿山汉代木椁墓》,《辽海文物学刊》1988年第2期。
② 王禹浪、魏国忠:《渤海史新考》,哈尔滨出版社,2008年,第124页。

里。自和龙北二百余里有善玉山，山北行十三日至祁黎山，又北行七日至如洛瓌水，水广里余，又北行十五日至太鲁水，又东北行十八日到其国。国有大水，阔三里余，名速末水……延兴中，遣使乙力支朝献……乙力支称，初发其国，乘船溯难河西上，至太沵河，沉船于水，南出陆行，渡洛孤水，从契丹西界达和龙。"

文中地名虽无法尽知，但"太鲁水""太沵河"为今洮儿河，"速末水"为今松花江，"难河"为嫩江，则是基本可以肯定的。由此可知，这条朝贡道自和龙（今辽宁朝阳）启程，沿辽河大平原西部进入洮儿河流域，转而向东北进入松花江流域的勿吉国。

随着勿吉的南下扩张，在以今吉林市为中心的松花江上游，如永吉杨屯文化三期、永吉查里巴墓地、榆树老河深遗址、舒兰黄鱼圈遗址等，均可见勿吉南下后的遗存，准确说应是勿吉粟末部遗存。

勿吉在隋唐时期称靺鞨，亦作靺羯，系勿吉的同音异字。首见于《北齐书》："是岁，室韦、库莫奚、靺羯、契丹并遣使朝贡。"关于"靺羯"与"靺鞨"，学术界争论颇多，基本取得了一致意见，即"靺鞨"原应系"靺羯"。勿吉七部发展为靺鞨七部，其中靺鞨黑水部即黑水靺鞨，是靺鞨七部中较为强大的一部，曾与唐朝、渤海等政权发生过密切的联系，在隋唐东北亚世界中扮演着重要角色。自隋朝黑水靺鞨始见于文献记载开始，直至渤海国灭亡，靺鞨一直以强大的姿态存于东北亚地区，是女真完颜部的直系祖先。黑水靺鞨从唐代靺鞨安车骨部西北方向的今"三肇"（肇源、肇东、肇州）地区直至今黑龙江中下游和俄罗斯滨海地区，均应是黑水靺鞨的地理分布区，其分布范围广阔。

《新唐书·黑水靺鞨传》云："开元十年（722），其酋倪属利稽来朝，玄宗即拜勃利州刺史。"《旧唐书·靺鞨传》又载："开元十三年（725），安东都护薛泰请于黑水靺鞨内置黑水军。续更以最大部落为黑水府，仍以其首领为都督，诸部刺史隶属焉。中国置长史，就其部落监领之。十六年（728），其都督赐姓李氏，名献诚，授云麾将军兼黑水经略使，仍以幽州都督为其押使，自此朝贡不绝。"两则文献记载了唐朝对黑水靺鞨的册封和管辖。关于黑水都督府的设置，《旧唐书》对其记述始于开元十三年（725），《新唐书》则追溯到开元十年（722）勃利州的设置。

关于勃利州地望，一些学者认为系伯力，即今俄罗斯哈巴罗夫斯克；亦有学者认为系今勃利县。但伯力显然距离当时唐王朝势力所及之地过于遥远。据考，渤海上京之地原为黑水靺鞨活动范围，今牡丹江近郊南城子古城附近有博力甸子、博力哈达、勒勒河等地名，当系"勃利"一音之转。① 这一位置作为唐朝初涉渤海与黑水靺鞨事务的羁縻建置的地点，是科学合理的。

以上说明，唐玄宗在设置黑水府之前，曾向黑水部酋长倪属利稽颁发了勃利州刺史的委任状。继之，唐安东都护薛泰奏请唐朝政府在黑水靺鞨部设置黑水府，并以黑水靺鞨部酋长为都督兼领刺史，黑水靺鞨内部其余各部落首领一律授予刺史官职。同时，唐朝政府又在黑水靺鞨部中的最大部落设置黑水都督府，黑水靺鞨诸部刺史统归黑水都督管辖，并在黑水靺鞨部设置长史予以监察。唐朝赐倪属利稽李姓、名献诚，意为朝献忠诚，并与李唐皇室相关。

《新唐书》中提到的开元十年（722）赐倪属利稽为勃利州刺史一事，实际上是对安东都护薛泰奏请设置黑水都督府历史缘由的补充。也就是说，早在薛泰上奏之前，唐玄宗就已经任黑水靺鞨酋长倪属利稽为勃利州刺史。薛泰在三年后提出了一整套的方案来拉拢黑水靺鞨部，如赐予皇姓、改其姓名、置黑水府、增设都督一职、设长史监押、以云麾将军领黑水经略使、隶属于幽州都督节镇。这一系列安排显然与渤海国的崛起有关。

作为唐朝东北边疆前线的高级将领，安东都护薛泰切身感受到了渤海国的日益壮大以及与唐朝中央政府的疏远，和有可能对唐朝产生的威胁。此时唐朝的安东都护府已迁址于大凌河畔，唐朝势力已后撤至今辽宁朝阳一带。因此，唐朝要借黑水靺鞨急于和唐朝接近的机会，用进一步拉拢黑水靺鞨的方式控制渤海国的后方，牵制渤海国。

唐朝政府授予黑水靺鞨酋长的官职是云麾将军和黑水经略使，"云麾将军"始见于南朝梁，在唐宋时期为武散官；"经略使"同样是一个临时性的官职，在唐代多由地方藩镇节度使兼任。可见，云麾将军和经略使均是没有实际职务和权力的虚职，再结合黑水都督府归幽州都督管辖，即羁縻府州与唐朝藩镇之间存在明确的隶属关系，可知唐朝政府在册封黑水靺鞨酋长这一政治事件中的外交考量，反映了唐玄宗对黑水靺鞨既利用、又防范的复杂心态。

唐黑水都督府的设置经过了黑水州—勃利州—黑水军—黑水府的过程，这

---

① 刘晓东、罗葆森、陶刚：《渤海国渤州考》，《北方文物》1987年第1期。

是唐朝管控东北亚极边地区重要的羁縻举措。黑水都督府治所争议百年，至今众说纷纭。近年黑龙江萝北县江岸古城的发现，为寻找黑水都督府提供了极有价值的新线索。考古工作者在位于黑龙江南岸鸭蛋河、小泥河河口夹角处发现了一座规模宏大的唐代古城，取名江岸古城。根据对其初步测绘和调查可知，古城周长1200余米，外设有三道城垣围护，城址内地表遍布长方形、方形建筑遗迹以及大约300个穴居坑，是一座文化内涵丰富、文化价值极高的大城。

在该城址西约300米处，有一座周长136米的小城，外围有一道椭圆形城垣，城垣外侧有一条宽约2米、深约60厘米的壕沟。该小城的形制、文化内涵与江岸古城一致，应为江岸古城的卫城。通过这一最新考古发现，可推论这座江岸古城极有可能就是唐代黑水州都督府治所的旧址。江岸古城的发现，引起了学术界的强烈震动和反响。可以肯定的是，萝北江岸古城遗址群是黑龙江右岸迄今所见较大的一处靺鞨人聚落中心，萝北县则可以被认定为黑水靺鞨文化的中心。因此，江岸古城被学术界暂定为唐代黑水都督府故址。①

勃利州、黑水都督府等羁縻府州的建置，意义十分深远。魏国忠指出："这既是唐朝正式'派官施治'于黑水靺鞨分布的广大地面的开始，又是其进一步地经略黑水流域并把这一辽阔地区纳入中国领土版图的重要标志。即从这时开始，今松花江流域中下游和黑龙江中游一带的广大地面已经隶属于唐朝的管辖之下，成为当时中国的领土版图。"②

黑水都督府故址江岸古城地理位置正处于黑龙江与松花江汇合口以西的大夹角地带，在小地理单位内又位于鸭蛋河、小泥河河口夹角处，其方位正位于渤海上京龙泉府北方。《新唐书·地理志》载，渤海上京"其北经德理镇至南黑水靺鞨千里"。《太平寰宇记》卷175云："今黑水靺鞨界南至渤海德理府，北至小海，东至大海，西至室韦，南北约二千里，东西约一千里。"表明渤海上京至黑水靺鞨之间存在一条交通线路，是为黑水靺鞨道。由此可见，黑水靺鞨道与营州道相接于渤海上京，亦可视为营州道的北延。刘晓东等认为，上京城北至德理镇应为牡丹江市东北20公里桦林镇的南城子古城。③该城扼守牡丹江水陆，规模较大，并出土了渤海时期文物。

---

① 王禹浪、王俊铮：《唐黑水都督府研究概述》，《东北史地》2015年第4期，第61—64页。
② 魏国忠：《黑水靺鞨人的再度勃兴与勃利州、黑水府的相继建立》，《黑河学院学报》2016年第6期。
③ 刘晓东、祖延苓：《南城子古城、牡丹江边墙与渤海的黑水道》，《北方文物》1988年第3期。

"黑水靺鞨最处北方，尤称劲健，每恃其勇，恒为邻境之患"①，"分十六落，以南北称"②，为渤海的北部边境带来了巨大的军事压力。

渤海为防御黑水靺鞨，修筑了牡丹江边墙。牡丹江边墙长约100公里，分为三段，分列于牡丹江、镜泊湖沿岸险地，均呈西北—东南走向，构成了纵贯南北的三条军事防线。这条以军事对抗为特征的交通路线向北延伸至黑水靺鞨，进而必与唐黑水都督府相接。黑水都督府亦成为营州道和黑水靺鞨道上具有战略节点和地理坐标意义的北部军政重镇，进而我们可以链接出一条"营州—襄平—新城—长岭府—上京—德理镇—黑水都督府—黑龙江下游"，贯穿唐朝、渤海国和黑水靺鞨三大政治实体的交通大动脉。黑水都督府江岸古城发现的意义正如王绵厚所言："它不仅是由渤海北行'南黑水靺鞨'古交通道上的又一重要坐标，而且在今后研究隋唐及其以前黑龙江流域的'黑水靺鞨'的地理位置和'黑水靺鞨'民族文化源头，都有着重要意义。"③

四、室韦朝贡道

室韦是北魏至辽金时期分布于黑龙江流域上游及嫩江流域的古老民族，最早以"失韦"一词出现在《魏书》中。学术界一般认为，室韦在北魏时期主要分布于大兴安岭南麓的嫩江流域，隋朝时其范围不断扩大并向外拓展至额尔古纳河流域和黑龙江流域上游，形成了南室韦、北室韦、大室韦、钵室韦和深末怛室韦。《隋书·室韦传》云，南室韦"分二十五部"，北室韦"分为九部落"，钵室韦"人众多北室韦，不知为几部落"。大室韦和深末怛室韦的部落分布情况未见记载。

唐朝时，五部室韦进一步分化和扩张，变为二十余部。唐朝为管辖室韦专设了羁縻府机构——室韦都督府。晚唐以后，史籍中室韦部落名称大量减少，文献中多以"室韦"泛称黑龙江上游一带室韦故地的室韦部族，并接受了突厥语族部落对室韦的泛称——达怛。契丹人则称这一时期西迁入蒙古高原的室韦部落为"阻卜"。黑车子室韦、大黄室韦、小黄室韦、臭泊室韦、兽室韦等，为文献中新见之室韦部落名称。辽代为管理室韦各部，还在黑龙江流域专设了室韦大王府予以统辖。这一时期，室韦分化较为严重，处于族群解体阶段，并

---

① 〔后晋〕刘昫：《旧唐书》卷199下《靺鞨传》，中华书局，1975年，第5358页。
② 〔宋〕欧阳修、宋祁《新唐书》卷219《黑水靺鞨传》，中华书局，1975年，第6178页。
③ 王绵厚、朴文英：《中国东北与东北亚古代交通史》，辽宁人民出版社，2016年，第281页。

与周边其他族群融合，形成了新的族群。从东北地区的嫩江、黑龙江流域直至蒙古高原，均有室韦及其后裔的分布。

室韦自以"失韦"首次出现于史籍，其形象便与朝贡紧密相连。室韦同中原王朝的关系可追溯至北朝。室韦首次同中原王朝建立关系的时间，史学界长久以来一直存在分歧，主要分为两种观点：以孙秀仁、孙进己、张久和等为代表的一部分学者认为室韦在北魏时首次同中原王朝建立联系，以王德厚等为代表的另一些学者则认为室韦同中原王朝建立联系的时间为东魏。产生这一分歧的主要原因是学术界对北魏时期乌洛侯与室韦关系的认定不同。北朝"失韦"是对契丹以北若干部族群体的泛称，其中应包含了地域相近的乌洛侯。《魏书·太武帝纪下》载："太平真君四年三月壬戌，乌洛侯国遣使朝贡。"这是室韦族群朝贡中原王朝的最早记录。

《魏书·孝静帝纪》载，"[武定二年]（544）夏四月，室韦国遣使朝贡"，则是史籍首次明确以"室韦"作为朝贡者。室韦朝贡中原王朝历经北魏、北齐、隋、唐、辽诸朝，贯穿于室韦存在之始终，在唐代尤为频繁。

由中原经今辽西地区至室韦，长期存在一条以朝贡为主要职能的交通动脉，中原王朝的文化亦通过此要道传播到室韦聚居地。《魏书·失韦传》记载了室韦国的地望及和龙（即营州，今辽宁朝阳）至室韦的交通路线："失韦国，在勿吉北千里，去洛六千里。路出和龙北千余里，入契丹国，又北行十日至啜水，又北行三日有盖水。又北行三日有犊了山。其山高大，周回三百余里。又北行三日有大水名屈利，又北行三日至刃水，又北行五日到其国。有大水从北而来，广四里余，名榇水。"这条起始于和龙、经契丹、止于榇水的路线，显然就是室韦朝贡中原王朝的"朝贡道"。

《魏书·失韦传》中出现了啜水、盖水、犊了山、屈利水、刃水、榇水等众多古地名，但榇水的地望无疑对判断室韦的地理分布最为关键。白鸟库吉认为，榇水为黑龙江，他在俱伦泊为今呼伦湖观点的基础上进一步论证："由此湖水流出之室建河（《新唐书》作望建河）即今 Argun 河（即额尔古纳河）也。又此河注入之那河，即今黑龙江；而《魏书》之榇水，与《唐书》之那河为同名，亦黑龙江之古称也。《朔方备乘》《黑龙江舆地图》等之著者考订此那河为嫩江者，盖徒拘泥于声音上之类似，而未尝深考《唐书》之本文，故有此误也。"且认为榇水、那河、难河均为蒙古语"碧河之义"，故将北魏室韦地望锁定在瑷珲、海兰泡一带:"位于瑷珲东南八日程之屈利大水,必为近嫩江无疑也。"①

津田左右吉则依行进里程认为室韦在今齐齐哈尔附近:"如是,则其国中自北来之榇水即今之嫩江。嫩江,魏时谓之难河,唐称那河。榇水之名,与之相合也。"②后世学者多从此说,认为榇水即今嫩江,"榇"系"嫩"的同音异写。

尽管学术界对北魏室韦所涉诸多地理坐标争论颇多,但基本可以肯定室韦当分布在嫩江流域至今黑河市辖境的区域内。隋唐时期,室韦不断扩大、分化、重组。据张久和对《通典》《旧唐书》《新唐书》的比定和梳理,至唐朝,室韦部落凡二十部——岭西室韦、山北室韦、黄头室韦、大如者室韦、小如者室韦、讷北室韦、婆萵室韦、达末室韦、骆驼室韦、乌素固、移塞没、塞曷支、和解、乌罗护、那礼、大室韦、西室韦、蒙兀室韦、落俎室韦、东室韦。郑英德则认为,历史上的乌洛侯、乌丸、达姤、鞠、地豆于——霅、俞折等不同时期的族群部落均应属于室韦。③而这一时期,其分布范围已扩展至黑龙江上游、蒙古高原东部等更加广阔的区域内。但室韦朝贡道始终是室韦各部与中原王朝沟通联系的主要交通路线。

这条朝贡道始于辽西重镇和龙(即营州,今辽宁朝阳),沿辽河大平原和松嫩大平原西部、大兴安岭东麓,经东辽河、洮儿河、雅鲁河、阿伦河、甘河等流域,其主干线大体与嫩江平行或重合,最终到达黑龙江上游的额尔古纳河流域、盘古河流域、呼玛河流域。

室韦地处农牧森林交错地带,气候寒冷,生产力水平长期处于较低水准。《魏书·失韦传》载其"夏则城居,冬逐水草"(按:应为"冬则城居,夏逐水草",文献记载有误),《隋书·室韦传》载"冬则入山,居土穴中"。朝贡道将以金属冶炼为代表的先进技术传入室韦。隋代"其国无铁,取给于高丽",唐初室韦木犁不能加金刃,到五代时室韦地多铜、金、银,室韦人工巧,善做各种金属器皿。《辽史·食货志》记载:"坑冶,则自太祖始并室韦,其地产铜、铁、金、银,其人善作铜、铁器。"从隋代到五代,室韦辨识金属矿石的能力

---

① [日]白鸟库吉:《东胡民族考·失韦考》,山西人民出版社,2015年,第27—33页。
② [日]津田左右吉:《室韦考》,《满鲜历史地理研究报告》第一册,1915年;又见王国维《观堂译稿(下)》,载《王国维遗书》(第14册)。
③ 郑英德、刘光胜:《室韦部落新探》,《中央民族学院学报》1982年第2期。

以及冶炼、制作金属器皿的技术都达到了一定水平。契丹人的金属冶炼和金属制作技术是在阿保机吞并室韦后发展起来的。①

五、渤海营州道与朝贡道

渤海在其疆域内建立起完备的五京、十五府、六十二州、一百三十余县的行政建制体系，各行政区域内部通过水陆交通道路网络相连，东北亚地区第一次真正进入区域一体化和城镇化的阶段。其中以日本道、新罗道、朝贡道、营州道、契丹道为重要的交通干线。《新唐书·渤海传》载："龙原，东南濒海，日本道也。南海，新罗道也。鸭渌，朝贡道也。长岭，营州道也。扶余，契丹道也。"这五条交通干线架构起渤海境内部交通路网和对外交往的核心体系。其中，以营州道和朝贡道最为重要，它们承担着与唐朝政治、经济、文化往来的职能，亦是渤海国积极引入盛唐典章制度的文化大动脉，对渤海国发展起着至关重要的作用。

《新唐书·地理志》引贾耽《皇华四达记》云："营州东百八十里至燕郡城，又经汝罗守捉，度辽水，至安东都护府五百里，故汉襄平城也……自都护府东北经古盖牟、新城，又经渤海长岭府，千五百里至渤海王城，城临忽汗海。"可知，营州道始自营州（今辽宁朝阳），经襄平、盖牟、新城、长岭府至上京城。

襄平。即今辽阳，唐朝时曾短暂作为安东都护府治所。

盖牟。《旧唐书·高丽传》："[贞观十九年]（645）夏四月，李勣军渡辽，进攻盖牟城，拔之，获生口二万，以其城置盖州……我军之渡辽也，莫离支遣加尸城七百人戍盖牟城，李勣尽虏之，其人并请随军自效。"盖牟城系高句丽西境重镇。盖牟城之役战况惨烈，高句丽莫离支请加尸城援军援助盖牟城的高句丽守军，但仍为唐军所破，俘获二万人口，说明盖牟城人口众多。综合文献可知，盖牟城位于安东都护府东北方向至新城的交通要道上。文献还记载李勣渡辽水而击之，可知该城应位于今辽阳东北至抚顺高尔山山城之间，且濒临辽河之地。根据其地理方位，结合考古调查材料，一般认为盖牟城为今沈阳陈相屯塔山山城。孙进己先生则认为应为沈阳棋盘山水库上游的石台子山城。②总之，盖

---

① 张久和：《原蒙古人的历史：室韦—达怛研究》，高等教育出版社，1998年，第85页。
② 孙进己：《沈阳石台子高句丽山城城名及建立时间考》，《北方文物》2000年第1期。

牟城地望当在今辽阳东北至抚顺高尔山山城之间，且濒临辽河之地。

新城。新城系高句丽在辽东地区又一军政重镇，位于高句丽西部地区的中心位置，为高句丽西部褥萨驻节之地，其地位仅次于作为辽东政治、经济和文化中心的辽东城。高句丽灭亡后曾长期作为唐代安东都护府治所。新城不仅位于"新城道"的咽喉地带，是扼守辽东进入朝鲜半岛王畿地区的交通要道，同时也是高句丽抵御中原王朝征讨的战略桥头堡。《旧唐书·高丽传》载李勣言："新城是高丽西境镇城，最为要害。若不先图，余城未易可下。"一般认为，新城即今抚顺市区、浑河右岸的高尔山山城。20世纪80年代，辽宁省文物考古研究所与抚顺市博物馆联合对高尔山山城进行多次发掘，不仅出土了相当丰富的高句丽、唐代文物，特别是序列较为完整的高句丽陶器群，还发现了多座建筑遗址。在山城发掘的Ⅱ区和Ⅳ区，考古工作者发现了罕见的用灰褐瓦铺顶的高句丽建筑基址，并伴有砾石小道和科学的排水系统。山城东城南端Ⅱ区高岗上还发掘了一座宏大的建筑群，出土了唐代联珠纹瓦当等大量遗物。这个建筑群是整个高尔山山城内建筑规模最大、规格最高，并出土有明确唐代遗物的建筑基址，应为唐安东都护府遗址。[1]古城东侧还有文化遗存丰富、面积较大的施家沟高句丽墓葬群。

长岭府。营州道自辽东进入松花江流域要翻越吉林哈达岭。"哈达岭山脉是从吉林省西南伸向辽宁省东北的一座山脉，其南称纳噜窝集，北为库勒纳窝集，合称为长岭。现在也有长岭子的地名，与这一长岭有关。"[2]李健才提出的桦甸苏密城为渤海长岭府故址的观点，已为学术界认可。[3]

由此可知，营州道自今朝阳起始，越大凌河、小凌河、辽河至辽阳，转而向东北，溯浑河而上，经今沈阳、抚顺、梅河口等地，直达桦甸苏密城。再由苏密城而东北过敦化，沿牡丹江向北，由镜泊湖左岸经过北湖头而抵达渤海上京城。这处遗址位于宁安市林业有害生物渤海林木种子园十四号监测点附近，尚未被文物部门普查。这处遗址内涵丰富，它的发现是对渤海营州道镜泊湖段的重要补充。该遗址下层为莺歌岭文化遗存，上层有渤海时期陶片、布纹瓦。当地工作人员曾采集到的文物有：石磨棒，长7.5厘米，厚5厘米，呈半圆柱

---

[1] 辽宁省文物考古研究所、抚顺市博物馆：《辽宁抚顺高尔山山城发掘简报》，1《辽海文物学刊》1987年第2期。

[2] 郑永振、李东辉、尹铉哲：《渤海史论》，吉林文史出版社，2011年，第237页。

[3] 李健才：《桦甸苏密城》，《黑龙江文物丛刊》1983年第2期。

形，一面磨平，中部断裂；两个规格完全相同的铁质车钏，外径7厘米，内径5.5厘米，厚4厘米，为渤海时期车马器。监测站附近至今仍遗留渤海时期石臼三件和一座八宝琉璃井。① 该路段无险可守，契丹当年行军正可绕过险要的南湖头，躲避城子后山城、城墙砬子山城、重唇河山城的防守，继而直捣上京。

鸭渌朝贡道见于《新唐书·地理志》引贾耽《道里记》："登州东北海行，过大谢岛、龟歆岛、末岛、乌湖岛三百里；北渡乌湖海，至马石山东之都里镇二百里，东傍海壖，过青泥浦、桃花浦、杏花浦、石人汪、橐驼湾、乌骨江八百里……自鸭绿江口舟行百里，乃小舫溯流，东北三十里至泊汋口，得渤海之境。又溯流五百里，至丸都县城，故高丽王都。又东北溯流二百里，至神州。又陆行四百里至显州，天宝中王所都；又正北如东六百里至渤海王城。"这条道路始自山东半岛登州港，北渡渤海海峡，抵达今旅顺、大连一带，沿辽东半岛左翼黄海沿岸至鸭绿江口，溯江而上经丸都至神州，再转陆路经显州抵渤海上京。可见这是一条海陆、水陆联运的路线。

大谢岛、龟歆岛、末岛、乌湖岛、乌湖海。上述地名中的诸岛均系山东半岛与辽东半岛之间天然岛链。大谢岛、龟歆岛为今大连东南部长海县所在之长山群岛南北二岛，末岛为今庙岛，乌湖岛为今隍城岛，乌湖海即今隍城岛所在之渤海海峡。②

马石山。马石山因位于马石津附近而得名。一般认为，晋代称旅顺口为马石津，则推测马石山为今旅顺口附近之黄金山。但有学者提出，晋代马石津位于于家村老船坞。"到了唐朝以后，随着海运的发展和船只加大，已可以经得住风浪急流了，从山东登州来辽东的航船也随之逐渐移至马石山（今老铁山）之东，在都里镇（旅顺口）登陆。"③ 旅顺牧羊城为汉代沓氏县故址，其附近之于家老船坞港系沓氏县港口"沓津"。④ 如此，晋代马石津前身若为汉代沓津，则马石山应系于家老船坞附近的老铁山。

都里镇，即今旅顺。旅顺口黄金山下原有唐鸿胪井刻石。该刻石系713年唐朝政府遣鸿胪卿崔忻远赴中国东北册封渤海国前身"靺鞨国"首领大祚荣，归途中经旅顺黄金山时所留下的刻石题铭。鸿胪井刻石为一块天然巨石（图

---

① 王禹浪、王俊铮：《牡丹江、延边地区渤海国历史遗迹考察纪行》，《黑河学院学报》2015年第6期。
② 王绵厚：《东北亚走廊考古民族与文化八讲》，黑龙江人民出版社，2017年，第123页。
③ 言午：《晋马石津具体位置小考》，《大连文物》总第57期，2000年。
④ 王禹浪、王俊铮：《汉代辽东郡沓氏县、东沓县、沓津合考》，《黑龙江民族丛刊》2016年第6期。

12-5），其上计刻有29个汉字，其全文为："敕持节宣劳靺羯使鸿胪卿崔忻井两口永为记验开元二年五月十八日。"这块刻石是唐王朝册封渤海国政权的实物证据，更是中央王朝管辖东北地区的历史见证，1905年被日本驻旅顺海军司令中将富冈定恭等人用军舰盗运往日本。①

图12-5：辽宁旅顺唐鸿胪井刻石与题铭

青泥浦、桃花浦、杏花浦、石人汪、橐驼湾。上述地名均位于辽东半岛左翼黄海沿岸或黄海近岸海面上。青泥浦即青泥洼，系今大连市区最早明确出现于史籍的地名。杏花浦为今金州杏树屯。石人汪为庄河外海的石城岛。橐驼湾为大洋河入海口，附近至今仍有大坨子、半拉坨子、驴桂坨子等地名。

乌骨江。乌骨江因地近乌骨城而得名。乌骨城是高句丽五部褥萨驻地之一，也是自辽东进入朝鲜半岛王畿地区的平壤道中心城邑。今凤城市凤凰山山城是辽东地区乃至整个鸭绿江右岸规模最大的山城，为高句丽乌骨城故址。山城周围被瑷河和瑷河支流环绕，遂知"乌骨江"实为瑷河下游河段。

泊汋口。西南距鸭绿江口三十里。《旧唐书·薛万彻传》载，唐军"入鸭渌水百余里，至泊汋城"。《三国史记·高句丽本纪·宝藏王下》载："泊汋城因山设险，阻鸭渌水以为固。"王绵厚、李健才推断，泊汋城应该是丹东虎山山城与瑷河尖平地城相结合的形式。②虎山山城扼守瑷河河口，即泊汋口，是为泊汋城。

丸都县城、神州、显州。丸都为高句丽故都，今吉林省集安。神州系西京鸭渌府首州，为其西京治所在。西京鸭渌府城址虽至今不甚明确，但基本可以认定为今吉林省临江城区。显州即中京显德府，为今延边和龙西古城。

---

① 王禹浪、王俊铮：《中日关于旅顺唐鸿胪井刻石研究综述》，《黑龙江民族丛刊》2015年第3期。
② 王绵厚、李健才：《东北古代交通》，沈阳出版社，1990年，第164页。

鸭渌朝贡道贯穿了渤海五京中的三京，足见其意义之重大。从交通的角度来说，这条路线距离短，又有水运舟楫之利，成为渤海与唐朝政治、文化、经贸往来的主要路线，突出表现为唐遣鸿胪卿崔忻册封大祚荣及渤海派遣大批遣唐使均是走鸭渌朝贡道。

渤海通过营州道和朝贡道，全面系统地引入了盛唐文明，使渤海在政治、经济、文化各方面呈现出与唐朝"疆理虽重海，车书本一家"的局面。渤海派遣遣唐使积极学习盛唐典章制度和儒学礼仪，使渤海政治制度得到了根本性的革新。从中央到地方，渤海在行政体系上形成了五京、十五府、六十二州、一百三十余县的庞大而合理的多层级建制。在政治和教育制度上，设六部，尊儒学，治礼仪，循法制，重教化，办学校，用汉字，习唐诗，渤海的文化发生了巨大的改变。

渤海此举极大地促进了东北地区古代筑城文明的繁荣发展，特别是将牡丹江、图们江、鸭绿江流域推向了都市文明的高峰，开创了东北亚地区的区域城镇化和城镇一体化进程。在都城建设上，渤海积极学习唐朝筑城理念和技术，参照唐代长安城宫城、皇城、外城相套（上京城为宫城、内城、外城），宫城居中，以朱雀大街为中轴线，设东西两市，宫殿分前朝后寝、外朝三大殿等规制。大钦茂自显州迁都渤海上京后，其平原筑城显著增加，并出现了繁荣的都市文明。渤海上京龙泉府、中京显德府、东京龙原府是渤海的三大都城，其建制深受长安城和洛阳城的影响，均为套城形制。渤海不仅继承了高句丽的山地筑城传统，城址形制和城墙修筑技艺与高句丽十分相似，而且开始大量建造平原城，规模宏伟。

渤海的平原城均坐落在水陆要冲、交通要道，城垣多为夯土板筑，城墙设有城门、瓮城、角楼等防御设施，城址平面以方形和长方形为主，另有少量城址依地形修筑成不规则形、近似椭圆形、多边形等。城址内官衙、亭台楼阁、回廊、道路、寺院、府邸、生活设施、水井、作坊、民宅等设施齐备。古城中出土的大量的青砖、莲花纹瓦当、瓦头、牡丹花纹方砖、布纹板瓦、筒瓦等建筑饰件都充分说明了渤海国都市化、城镇化的规模达到了空前的水平。[①]宫室建筑也修建得富丽堂皇，琉璃瓦得到广泛使用。平原筑城自此开始取代山地筑

---

① 王禹浪、王俊铮、王天姿：《黑龙江流域古代民族筑城研究综述（一）》，《黑河学院学报》2016年第6期。

城，成为东北亚民族最重要的筑城形式，反映了农业文明的发展和政治稳定局面的出现。

渤海都城遗址内出土的三彩釉陶、琉璃瓦、汉字文字瓦、铜镜、佛像等遗物及宁安三陵坟、敦化贞孝公主墓葬壁画、墓志等，均融入了大量盛唐文化元素，带有浓厚的中原汉文化气息。特别是佛教在渤海的广泛流行，显然与唐朝推崇佛教密切相关。目前已在上京、中京、东京故址及俄罗斯远东滨海地区南部发现了多座渤海时期佛寺遗址，出土了铜佛、鎏金铜佛、砖佛等遗物。上京城南兴隆寺内的大石佛和石灯幢是目前所见历史价值和艺术水准较高的渤海国佛教遗物，三陵坟二号墓壁画也带有浓厚的佛教文化色彩。近年来，对俄罗斯克拉斯基诺盐州故城佛寺遗址的发掘取得了一定成果。上述佛教遗存的发掘，反映了渤海国京城与一般的州城中佛教艺术的繁盛局面。

第二节 辽代的东北亚丝绸之路

一、辽朝与东北亚各地的交通路线

辽太祖天显元年（926），随着渤海国纳入辽朝的版图，渤海国自唐以来开辟的交通线为辽朝所承，因而可以通过探索渤海国的交通线探讨辽代东部沿海的交通线，而有关辽朝和今俄罗斯远东及东西伯利亚等地的交通线则是辽代鹰路的重要组成部分。

渤海国时期有6条交通路线，即日本道、新罗道、营州道、朝贡道、契丹道以及黑水靺鞨道，其中日本道和新罗道是渤海通往高丽、日本的道路。李孝聪认为，辽朝与高丽的交通路线为："在高丽境内，是自开京（今朝鲜开城市）经西京（今朝鲜平壤），北至龙州（今朝鲜龙川），由此进入辽境内的保州来远城（今鸭绿江南岸的朝鲜义州）；在辽朝境内，是从来远城经开远城（今辽宁凤城）至东京辽阳府；在东京至中京之间辽朝设有专门的驿道，高丽朝贡使团可以凭借这条驿道从辽朝东京而进入中京；再分途去上京或南京。"[①]

关于前半段的路线，需要说明一下。辽宁朝阳北票市小塔子乡莲花山村耶律仁先家族墓地（图12-6）曾出土《耶律仁先墓志》，其中记载："时朝廷以高

[①] 李孝聪：《中国区域历史地理》，北京大学出版社，2004年，第462页。

丽女直等五国入寇闻,上曰:'仁先可往。'命驰驿安定之。因奏保定二州联于北鄙,宜置关铺,以为备守。有诏报,自是五国绝不敢窥扰。"①当时耶律仁先任东京留守,其"驰驿安定"鸭绿江女真和高丽,说明从东京辽阳府至高丽有驿道可行,而保州和定州是两个重要的交通点,都在鸭绿江东南岸,即今朝鲜平安道西北部,是控制高丽的要地,因而要设置关铺。辽道宗清宁元年(1055),辽又在鸭绿江东岸设置邮亭,便于辽和高丽的驿传。

图12-6:辽宁朝阳耶律仁先家族墓地全景

据《东国通鉴》载,高丽成宗文懿王十四年(994)春二月,萧逊宁致书高丽国王:"伏请大王预先指挥,从安北府至鸭江东,计二百八十里,踏行稳便田地,酌量地理远近,并令筑城,发遣役夫,同时下手,其合筑城数,早与回报。"安北府治所大致在今朝鲜平安南道清川江附近的安州,从此地280里至鸭绿江东之地,辽朝要求创五城,即后来高丽所设之通州(今朝鲜宣川西北东林)、龙州(朝鲜龙川)、铁州(朝鲜铁山)、郭州(朝鲜郭山)、龟州(朝鲜龟城)五城。

这五城的设立是为了"交通车马,开贡觐之途",在辽和高丽的交通线上发挥了重要作用。辽朝为了防御高丽、女真等国,东京至鸭绿西北峰设置军堡凡七十,辽从东京辽阳府至高丽有军事防御设施,这些防御措施有保障这条交通线的功能。从此五城再往南走,据《新唐书·渤海传》的"南海—新罗道"即为这条交通道的明确记载。南海,即渤海"南京南海府",对于其位置,学界普遍认同为今朝鲜北青古城。《三国史记》引贾耽《古今郡国志》:"自新罗

---

① 向南:《辽代石刻文编·耶律仁先墓志》,河北教育出版社,1995年,第352—353页。

泉井郡至栅城府，凡三十九驿。"①其中新罗泉井郡，为今朝鲜咸镜南道的德源，而魏存成查中国地图出版社1996年出版《朝鲜·韩国地图册》，在咸镜南道未查到德源郡，而江原道元山市北侧有德源里，其应为泉井郡故地。栅城为今天珲春市萨其城。渤海被辽灭后，此三十九驿，即是从辽至新罗、高丽的交通道线。而从高丽南部的耽罗（今韩国济州岛）可越过对马海峡，到达日本的北九州等地。

从辽朝至日本的交通。据载，在渤海国时有三条航线可达日本：1.北线。从龙原（渤海东京龙原府，今珲春市八连城）东南行至盐州（即毛口崴，今俄罗斯哈桑地区波谢特湾克拉斯基诺港口）出海到日本。2.筑紫线。从龙原出发，沿朝鲜半岛东海岸南下，到达日本的筑紫（今日本北九州）。3.南海府线。从渤海南海府（今朝鲜北青古城）吐号浦出发，沿朝鲜半岛东海岸南行，到达筑紫。这些线路在日本筑紫、能登、加贺、隐岐、但马、长门、出云、伯耆、若狭等地登陆。日本高僧圆仁于唐文宗开成三年（838）从日本到唐地，是从筑紫博多港出发，经朝鲜半岛而到达唐地的。盐州曾出土唐产瓷器片和新罗陶器，见证了其作为交通线的重要位置。辽朝灭渤海后，东京龙原府和南京南海府归辽朝版图，因而此地也应是辽朝通往日本的道路所经之处。

辽上京通往生女真、五国部的道路。该道路被称为"贡鹰道"，也就是鹰路，指从辽代上京临潢府（今内蒙古赤峰市巴林左旗波罗城，图12-7/8）至黑龙江下游乃至库页岛的道路。这条路既是五代后晋皇帝石重贵及其母李太后被辽太宗耶律德光流放之路，也是宋徽宗、宋钦宗流放之路。这条路从库页岛（今俄罗斯萨哈林岛）向东可达千岛群岛、堪察加半岛、阿留申群岛，直至北美洲。②"贡鹰道"一词首次出现于辽代。其实早在唐朝时，这条道路就已延伸至流鬼国。《通典》卷200记载，流鬼国君长孟蜯遣其子可也余志于贞观十四年（640）"三译而来朝贡"，学界一般认为流鬼国在今天的堪察加半岛上，而可也余志应为阿留申先世，居美洲。③可知唐代已经通过鹰路与美洲地区有所交往。

---

① ［高丽］金富轼著，孙文范校勘：《三国史记》卷37《杂志六·地理四》引贾耽《古今郡国志》，吉林文史出版社，2003年，第452页。
② 傅朗云：《东北亚丝绸之路初探》，《东北师范大学学报》1991年第4期。
③ 傅朗云：《东北亚土著民族源流考》，《外国问题研究》1990年第1期。

图12-7：辽上京故城遗址全景

图12-8：辽上京夯筑城墙断面

史书记载，这条道路的开辟者为北魏时期的乙力支。《魏书》卷100《勿吉传》："去延兴（471—476）中，遣使乙力支朝献。太和（477—499）初，又贡马五百匹。乙力支称：初发其国，乘船溯难河西上，至太沵河，沉船于水，南出陆行，渡洛孤水，从契丹西界达和龙。自云其国先破高句丽十落，密共百济谋，从水道并力取高句丽……乙力支乃还，从其来道，取得本船，泛达其国。"难河即今松花江及其上游嫩江，太沵河即嫩江支流洮儿河，洛孤水即今西拉木伦河。《魏书·勿吉传》记载，太和十年（486）勿吉人侯尼支入贡。据其描述，其地临近大莫卢国、覆钟国、莫多回国、库娄国。覆钟国即为奴儿干地区。

此条交通路线，从上京到五国部的道路分为东北路和东南路两条。东北路从辽上京北经长春州（今吉林白城市城四家子古城），东行到宁江州（今吉林扶余西部的伯都讷古城），沿松花江直到黑龙江下游的五国部；东南路从辽上京到信州（今吉林公主岭市秦家屯古城），再从黄龙府（今吉林农安县）北行,沿松花江到达生女真和五国部。

其中东南路据渤海国时期的"扶余契丹道"记载,从上京龙泉府至上京临潢府的道路如下:从渤海的上京龙泉府(今黑龙江宁安市)出发,至"吉林龙潭山或南城子(古扶余城,今吉林农安县)—西南桦甸苏密城(长岭府)—柳河罗通山城—东丰山城镇—开原东(八棵树古城)—老开原(咸州)—康平小塔子(祺州)—法库四家子古城(熊山县)—彰武苇子沟(洪州)—阜新塔营子(懿州)—阜新红帽子(成州)—兴中府(营州),然后出大青山关隘,至今内蒙古赤峰市宁城县的辽中京之地",[1]进而至上京临潢府。《辽史》记载,辽太祖耶律阿保机于925—926年亲征渤海,先拔扶余城,然后南下,攻打忽汗城(渤海上京龙泉府),行军路线与此路有重合之处。辽代应沿用此道。这条路是从辽上京通往东北地区的一条重要干道。辽代通往五国部的道路,被金元明清所继承和沿用,是重要的交通干线。

鹰路上发现了许多辽金时代的遗迹和城址。一些是渤海国时修建,辽时沿用;一些则是辽代新建。牡丹江流域,沿用渤海时期的古城有横道河子古城、孙船口古城、黑石古城、通沟岭山城、南湖头古城、城子后山城、城墙砬子山城、龙头山古城、菱角崴子遗址。建于辽金时期的古城有22座,即背荫砬子城址、帽儿山山城、西北岔山城、西营城子古城、营城子古城、东营城子古城、杏花古城、长路山古城、萨尔浒古城、满城古城、沙虎古城、乌斯浑河古城、古城子古城、新城古城、三道通古城、白虎哨古城、建堂乡古城、大山头古城、湖水古城、土城子古城、依兰县城古城、五国头城。这22座辽金古城,多为建于水陆交通便利的江河沿岸台地上的平原城。除此之外,牡丹江流域的鹰嘴峰遗址也有辽代的遗迹,村落外有河卵石垒砌的石墙,既有防御功能又有防水功能。房址中有典型的辽代火炕。[2]

黑龙江中游南岸墓葬共有98座,辽代中期墓葬35座,包括绥滨县三号墓葬群14座、黑河市卡伦山古墓葬18座、绥滨县新城辽墓2座、汤原县新城辽墓1座。辽末金初的墓葬计22座,包括绥滨县永生墓群12座、佳木斯市黎明村辽金墓群5座、嘉荫农场双桥三号墓葬1座、绥滨县奥里米墓群4座。出土典型器

---

[1] 王绵厚、朴文英:《中国东北与东北亚古代交通史》,辽宁人民出版社,2016年,第259—260页。
[2] 张泰湘:《牡丹江莲花水库淹没区考古发掘》,《东北亚研究——东北考古研究(三)》,中州古籍出版社,1994年,第221页。

类有重唇口罐、鼓腹罐、扁腹罐、瓜棱罐、瓜棱壶。① 辽代五国部文化特征以绥滨地区永生、中兴、奥里米 3 个墓群为代表，出土的短颈弦纹瓜棱罐、葫芦口长颈瓜棱罐、席纹和小菱形块组成的横条纹带最有代表性。其中绥滨永生墓出土侈口深腹平底周身排印方格纹的夹砂粗陶罐、细泥灰陶罐、瓜棱罐、铁削、铁带卡、扁凿式箭头、矽化木等，都具有五国部文化的典型特征，属于辽代五国部文化即三号类型文化。黑龙江中游黑河卡伦山墓葬，出土的陶器更接近黑龙江绥滨辽代三号古墓。汤原新城墓葬出土的瓜棱壶，与绥滨三号墓出土的同类器物相仿，马镫与赤峰大营子辽墓所出的马镫相似，属辽代时期五国部文化。

临近绥缤县的今俄罗斯犹太自治州比罗比詹、纳杰日金斯科耶、哈巴罗夫斯克以及黑龙江下游博朗湖地区是辽代五国部的分布区 10—11 世纪墓葬中，发现了与绥滨县永生文化十分相似的出土器物，如瓜棱壶、瓜棱罐及素面夹砂罐，可见这些地区是辽代五国部的分布区。而在科尔萨科沃墓葬中，表现出明显的阶层分化，有随葬品的墓集中在一两个，且陪葬品很多，出土的器物以喇叭口瓜棱壶为多，说明辽代的势力已达到这些地方。胡峤《陷虏记》载："西北至妪厥律……地苦寒，水出大鱼，契丹仰食。又多黑、白、黄貂鼠皮，北方诸国皆仰足……又北，狗国，人身狗首，长毛不衣。"② 妪厥律，应为羽厥里的不同音译。狗国即奴儿干地方，位于黑龙江下游地区。明永乐十一年（1413），在奴儿干都司所在地（今俄罗斯特林）为纪念修建永宁寺所刻石《敕修奴儿干永宁寺记》载，"惟东北奴儿干国，道在三译之表，其民曰吉列迷及诸种野人杂居焉。皆闻风慕化，未能自至。况其地不生五谷，不产布帛，畜养惟狗。或野人养狗驾舟，运器用诸物。或以捕鱼为业。食肉而衣皮，好弓矢……永乐九年春……开设奴儿干都司，昔辽金畴民安故业，皆相庆曰：□□今日复见而服矣"③。永宁寺附近还发现辽代的钱币和瓷器。奴儿干永宁寺前有砖塔，其形制具有明显的辽代特点。日本学者鸟居龙藏认为"确为辽金时代之砖塔形式"④。黑龙江下游地区曾为辽代所统，应为辽代五国部管辖区。辽代兀惹人居住在黑龙江和松花江合流处至黑龙江口、库页岛一带，即今同江市秦

---

① 李则宇：《10—12 世纪黑龙江中游南北两岸墓葬比较研究》，东北师范大学硕士学位论文，2016 年。
② 赵永春辑注：《奉使辽金行程录·胡峤陷虏记》，商务印书馆，2017 年，第 11 页。
③ 钟民岩、那森柏、金启琮：《明代奴儿干永宁寺碑记校释》，《考古学报》1975 年第 2 期。
④ [日] 鸟居龙藏：《奴儿干都司考》，《燕京学报》1947 年第 33 期。

得利古城，也应在这一范围之内。

二、辽朝和女真部的贸易往来

辽朝与东北亚诸部的经贸往来主要是辽和女真、五国部之间的经贸往来，而辽与东北亚诸国的贸易主要是辽朝与高丽、日本的贸易往来。

辽朝和女真的贸易主要是朝贡贸易和榷场贸易。女真朝贡辽朝的记录从辽太祖天显元年（926）至天祚帝天庆四年（1114），均有记载。道宗、天祚帝两朝大部分女真不再朝贡，反映了辽朝对女真的统治形式已由羁縻朝贡统辖体制转向一般行政建置管理体制。①耶律阿保机时，为控制女真各族，将较为强大、受汉文化影响较深的一部分女真人迁至辽阳以南，入辽籍，对其直接控制，史称"熟女真"；而未被迁徙者，仍留居"粟末江（今松花江）之北，宁江州（今吉林扶余境）之东北者，地方千余里"②。他们不入辽籍，社会发展较缓慢，史称"生女真"。而这部分生女真一直都和辽朝保持良好的贸易往来关系，"以金、帛、布、蜜、蜡诸药材及铁离、靺鞨、于厥等部以蛤珠、青鼠、貂鼠、胶鱼之皮、牛羊驼马、毳罽等物，来易于辽者，道路襁属"。③

辽朝于生女真交界地带设置了宁江州榷场。《契丹国志》卷10载："先是，州有榷场，女真以北珠、人参、生金、松实、白附子、蜜蜡、麻布之类为市。"此处的"州"即为宁江州，辽道宗"清宁中置，初防御，后升。兵事属东北统军司。"④洪皓《松漠纪闻》载，宁江州"女真率来献方物，若貂鼠之属。各以所产，量轻重而打博，谓之'打女真'"。熟女真也从辽阳附近到宁江州榷场进行贸易。《契丹国志》卷22载："居民等自意相率赍以金、帛、布、黄蜡、天南星、人参、白附子、松子、蜜等诸物，入贡北番；或只于边上买卖讫，却归本国。""于边上买卖"，即是指到宁江州榷场进行贸易。辽朝曾在宁江州附近的拉林河两岸设置边防城数座，作为防守女真前沿阵地。考古发现，在今黑龙江哈尔滨双城区境内共有古城9座，距拉林河较近的有6座，分别为石家崴子古城、车家子古城、花园古城、唐家崴子古城、万斛古城、杏山古

---

① 程妮娜：《女真与辽朝的朝贡关系》，《社会科学辑刊》2015年第4期。
② 〔宋〕徐梦莘：《三朝北盟会编》卷3《政宣上帙三》，上海古籍出版社，1987年，第16页。
③ 〔宋〕脱脱等：《辽史》卷60《食货志下》，中华书局，1974年，第929页。
④ 〔宋〕脱脱等：《辽史》卷38《地理志二》，中华书局，1974年，第477页。

城。①这些古城间距大致相等，形制基本相同，周长大都在1000—1800米之间，城四角有角楼，城垣上有马面，城外有一道护城河，每城皆有一门，且都开于北墙，具有明显的军事性质，为辽末完颜阿骨打起兵反辽之初所建。这些军事防御城归东北路统军司统管。这种戍边防御设施，在辽代晚期阻碍了辽和女真及五国部的贸易，但同时也说明这条线路是女真到辽代榷场交易的交通要道。辽末女真人来榷场易物时，辽人肆意压价，"低其直（值），且拘辱之，谓之'打女真'"②。这种不平等的贸易，导致辽朝末年完颜阿骨打首先以宁江州作为首战的地点掀起了反抗辽朝的斗争，也反映了宁江州在经济和军事上的重要作用。

三、辽朝和五国部的贸易往来

五国部指剖阿里、盆奴里、奥里米、越里笃、越里吉组成的部落群体。学界一般认为越里吉为五国头城，在今黑龙江哈尔滨市依兰县境内；奥里米古城为绥滨县城西9公里处的古城；剖阿里城在今俄罗斯境内哈巴罗夫斯克城；越里笃城为黑龙江佳木斯市桦川县境内的万里霍通古城；盆奴里城为黑龙江佳木斯市汤原县境内的桃温城（明代称托温城，清代称固木讷城）。五国部的分布区域为从黑龙江依兰县东到大海间许多部落的总称，并不限于五部，这一范围也不仅这五个城。

这条路被称为鹰路，因五国部以海东青朝贡辽朝而得名。五国部分布在从松花江中游到黑龙江下游的水陆交通线上，他们不定期向辽朝朝贡。《三朝北盟会编》卷3记载："北珠者，皆北中来榷场相贸易……美者大如弹子，小者若桐子，皆出辽东海汊中……又有天鹅，能食蚌，则球藏其嗉；又有俊鹘号海东青者，能击天鹅；人既以俊鹘而得天鹅，则于其嗉得珠焉。海东青者出五国，五国之东接大海，自海东而来者，谓之海东青，小而俊健，爪白者尤以为异，必求之女真。每岁外，鹰坊子弟，趣女真发甲马千余，入五国界，即东海巢穴取之，与五国战斗而后得。女真不胜其扰。"契丹为了在商贸中获利，需要用海东青捕天鹅，以取得蚌中珍珠。辽朝还设置了专门的机构，辽太宗会同元年（938），设立鹰坊，置鹰坊使、鹰人等，负责管理驯养海东青。辽代鹰路经常

---

① 松花江地区文物管理站：《松花江地区1981年文物普查简报》，《黑龙江文物丛刊》1983年第1期。
② 〔南宋〕叶隆礼著，贾敬颜、林荣贵点校：《契丹国志》卷10《天祚皇帝上》，中华书局，2014年，第115页。

不通，因而设防南北二千里，后期主要是依赖完颜部女真控制鹰路，如完颜部景祖乌古乃、穆宗盈歌就多次帮辽朝征讨五国部。

据载，五国部于圣宗时来附，镇东北境，属黄龙府都部署司。辽圣宗统和二十一年（1003）四月戊辰，兀惹、渤海、奥里米、越里笃、越里吉等五部遣使来贡。辽圣宗开泰七年（1018）三月辛丑，命东北越里笃、剖阿里、奥里米、蒲奴里、铁骊等五部岁贡貂皮六万五千、马三百。《辽史·食货志》记载与此基本相同："越里笃、剖阿里、奥里米、蒲奴里、铁骊等诸部三百匹"。《契丹国志》更详细记载了五国部除海东青之外所贡之物。《契丹国志》卷22载，混同江（今松花江）中游流域的屋惹（兀惹）、阿里眉（奥里米）、破骨鲁（剖阿里）等，"每年惟贡进大马、蛤珠、青鼠皮、貂鼠皮、胶鱼皮、蜜蜡之物，以与北番人任便往来买卖"；阿里眉（奥里米）以北的铁离（骊），"以大马、蛤珠、鹰鹘、青鼠等皮、胶鱼皮等物与契丹交易"；铁离（骊）西南的靺鞨族，"以细鹰鹘、鹿、细白布、青鼠皮、大马、胶鱼皮等与契丹交易"；靺鞨以北的喜失牵族，"以羊、马、牛、驼、皮、毛之物与契丹交易"。这些部族一般都到宁江州榷场进行贸易，而交易物品主要有鹰鹘、各种鼠皮、大马、蛤珠、胶鱼皮等。辽设立东北路统军司后，辽对五国部的统治方式发生了改变，即辽中央重新加封了五国部各酋长为节度使，五国部节度使逐步撤销，并且将打通鹰路和保证海东青贡御的任务交给了由完颜部首领担任的生女真部落节度使。

四、辽朝和朝鲜半岛的贸易往来

（一）辽朝和新罗的贸易往来

辽朝和新罗的贸易往来不是很多。935年，新罗被高丽吞并。如果从906年阿保机建立政权开始，二者并存时间近30年。辽太祖九年（915）十月新罗遣使贡方物，辽太祖天赞四年（925）十一月己酉新罗国来贡。辽中京还专门设置朝天馆，接待新罗使。《契丹国志》记载，新罗按八节入贡辽的物品有："金器二百两、金抱肚一条五十两、金钞锣五十两、金鞍辔马一匹五十两、紫花锦绸一百匹、白绵绸五百匹、细布一千匹、粗布五千匹、铜器一千斤、法清酒醋共一百瓶、脑元茶十斤、藤造器物五十事、成形人参不定数、无灰木刀把十个、细纸墨不定数目。"辽朝回赐的物品包括："犀玉腰带二条、细衣二袭、金涂鞍辔马二匹、素鞍辔马五匹、散马二十匹、弓箭器仗二副、细绵绮罗绫二百匹、衣着绢一千匹、羊二百口、酒果子不定数。"此外还有辽朝对新罗使节的回赐，这些都是官方的一种经贸往来。

(二) 辽朝和高丽的丝路贸易

辽朝在926年灭渤海国，和高丽相邻，二者关系为境外藩属国的关系，和平交往为二者关系的主流。辽太祖天赞元年（922），契丹遣使至高丽，"赠送骆驼及毡"。这是契丹与高丽正式交往的最早记载。辽圣宗统和十三年（995）遣使册封高丽成王王治，表明高丽正式成为辽朝的藩属国。后因战争，双方关系破裂。辽圣宗开泰十年（1021）十一月，上尊号，大赦天下，改元"太平"，高丽派出使者聘问。第二年（1022）高丽复用辽的年号，双方重新确立藩属关系，一直持续到辽末。今内蒙古林西县三道营子出土了一枚篆书"海东通宝"，为高丽钱币，高丽肃宗时期所铸，见证了辽朝和高丽之间的经贸往来。

辽朝和高丽之间的友好交往，使得二者间交流频繁，主要表现在朝贡贸易、榷场贸易、互市贸易等。从922年辽朝第一次遣使高丽至1120年最后一次遣使高丽，辽朝出使高丽约242次。924年至1123年，高丽共遣使辽朝250次，平均一年1.2次的频率，但实际会随二者关系的好坏每年有所不同。《宋史》记载，高丽对契丹的朝贡每年6次，然据《高丽史》，自辽圣宗开泰十一年（1022）后，基本保持一年4次的朝贡频率。

至于高丽朝贡之物和辽朝的回赐物品，参考上述新罗国贡进物件可见一斑。而高丽的特殊贡物是："粳米五百石，糯米五百石，织成五彩御衣金不定数。"辽朝回赐高丽贡使的物品为："金涂银带二条，衣二袭，锦绮三十匹，色绢一百匹，鞍辔马二匹，散马五匹，弓箭器一副，酒果不定数。"[①] 据记载，高丽朝贡的物品还有更多种类，如伎乐、地里图、鹰等。辽圣宗统和二十六年（1008），高丽进龙须草席，贺中京城落成，作为中京的文化殿、武功殿铺地之用。《高丽史》载，靖宗五年（辽兴宗重熙七年，1038）四月，遣尚书左丞金元冲赴辽"并进捧金吸瓶、银药瓶、幞纻头、纱纻布、贡平布、脑原茶、大纸、细墨、龙须簟席"[②]等。一些中原书籍也由于贡使贸易从高丽流入契丹。如《高丽史》载，睿宗九年（辽天庆三年，1113）二月"庚寅，耶律固等将还，请《春秋释例》《金华瀛洲集》，王各赐一本"[③]。北宋苏轼在《论高丽进

---

① 〔南宋〕叶隆礼著，贾敬颜、林荣贵点校：《契丹国志》卷21《外国贡进礼物》，中华书局，2014年，第229页。

② 〔朝〕郑麟趾：《高丽史》卷6《靖宗世家》，（日本）国书刊行会株式会社，1977年，第85页。

③ 〔朝〕郑麟趾：《高丽史》卷13《睿宗世家》，（日本）国书刊行会株式会社，1977年，第197页。

奉状》中指出，此为宋朝的一大流弊。高丽天文知识，也传入辽域。辽圣宗时，翰林学士耶律纯精通星象占卜之学，于辽圣宗统和二年（高丽成宗三年，984）使高丽，得到高丽国禅师星躔之学。辽朝赐高丽的物品除《契丹国志》所记外，还有羊、车、书籍、天文等。辽朝曾三次向高丽赠送《大藏经》，分别为辽道宗清宁九年（1063）三月，辽道宗寿昌五年（1099），辽天祚帝乾统七年（1107）。高丽也学习契丹语。《高丽史》卷3载，成宗十四年（995）遣派"童子十人于契丹，习其语"。

辽丽间设置榷场进行贸易，主要有榆州（今辽宁凌源西十八里堡）榷场和保州（今朝鲜平安北道义州及新义州之间）榷场。保州榷场设置时间当在开泰四年（1015）以后，不知何时废却。大安二年（1086），辽准备在鸭绿江东保州等地再置榷场，高丽宣宗派遣尚书右丞韩莹等出使辽朝，"请罢之"。大安四年（1088）九月，高丽宣宗再次派遣使者入，乞罢榷场。辽道宗回诏，对高丽的请求表示谅解，遂取消了在保州设榷场的计划。

同时，辽和高丽之间还有互市贸易。辽朝在渤海立互市，以通南宋、西北诸部、高丽之货，而《高丽史》载邰台辅上奏云："北路边城将士，多自山南州县充入，故丁田在远，赀产贫乏，脱有兵事，并为先锋。请自今令入辽，使臣拣壮健者为兼从，因使侦察疆域事势，且有互市之利，人必竞劝。制从之。"也证明了互市贸易的存在。高丽很重视和辽朝的贸易。文宗九年（1062），又设置娱宾、清河和朝宗等客馆，为使臣和商人寄宿提供便利。文宗十六年（1069），特设"辽国买卖院于宣义南"，为贸易的固定场所。高丽名僧义天于1085年五月入宋求法，第二年返回。义天从宋、辽、日本朝购得佛教典籍，并奏请在高丽兴王寺编刻，共计四千七百四十余卷，刻为《续藏经》，亦称《义天续藏经》。现存《大觉国师文集外集》第八卷，收录有辽朝御史中丞耶律思齐给义天的三封信及辽僧智佶诗一首。义天所编《圆宗文类》卷22，收录辽道宗所作《大方广佛华严经随品赞》，并且辽僧行均所撰《龙龛手镜》一书也在高丽传播。

1977年，在内蒙古赤峰市巴林左旗十三敖包乡水泉村白草洼出土一枚"高氏之宝"铜印（图12-9），现藏辽上京博物馆，其与辽代关系密切，证明了辽和高丽间的交流。

图12-9：辽上京博物馆藏辽代"高氏之宝"铜印[①]

五、辽朝和日本的贸易往来

辽朝时期，正值日本的平安时代（794—1192），这时的日本采取的是锁国政策，加之其他因素，史籍所载二者交往甚少。但《辽史》中却有"日本国王府"之设，因而有学者认为这是辽朝统治者的一厢情愿，实际上日本不是其属国。史书所记最早的辽朝和日本之间的往来，是在天赞四年（日本醍醐天皇延长三年，925），学界公认这并非官方的往来。直到辽道宗年间才有二者正式交往的记载，即大安七年（1091）九月己亥，日本国遣郑元、郑心及僧应范等二十八人来贡。大安八年（1092）九月，日本国遣使再贡。据《百练抄》卷5记载，宽治七年（1093）二月十九日，日本官府有审查道言、能算等渡契丹商客之举。《中右记》记载："宽治七年（1093）十月十五日……是彼契丹事，可被问对马守敦辅等者，伴敦辅依召近日上洛也。"对事件进行追究是在朝贡之后的一两年，应该追究的是1091年和1092年朝贡之事。实际上这两次朝贡均是堀河天皇时任大宰帅的藤原伊房的个人行为，不是官方行为。郑元、郑心可能是从对马海峡带去的翻译，而明范等二十八人赴辽是从对马出发的，藤原伊房失势后被追责，明范受处分，藤原伊房被降职。

辽朝和日本的贸易往来主要是文化方面的交流，最突出的是宗教方面，其次为历法。就宗教而言，辽代许多佛学经典传入日本。辽僧人行均的《龙龛手镜》、觉范《大日经义释演密抄》、志福《释论抄》、法悟《释论赞玄疏》、鲜演《华严经谈玄抉择》以及道㲼《显密圆通成佛心要集》，都在日本流传很广，可能是日本僧人应范（明范）带回或是从高丽间接传入。日本宽治八年

[①] 唐彩兰：《辽上京文物撷英》，远方出版社，2005年，第177页。

(1094)，兴福寺僧永超献于青莲院的《东域传灯目录》卷上《随函音疏》99卷，可能是以《契丹藏》为基础的后晋可洪撰的《新集藏经音义随函录》30卷。日本尾州真福寺所藏《释摩诃衍论通玄抄》，也正是辽代佛典传入日本的实物例证。历法方面，据《辽史·历象志下》载："宋元丰元年（1078）十二月，诏司天监考辽及高丽、日本国历与《奉元历》同异。辽己未岁气朔与《宣明历》合，日本戊午岁与辽历相近，高丽戊午年朔与《奉元历》合，气有不同。戊午，辽大康四年（1078）；己未，五年也。当辽宋之世，二国司天固相参考矣。"这里的日本戊午岁和辽戊午岁年份相同，均为1078年，说明二者在历法方面相互影响。

辽朝不仅和五国部、新罗、高丽、日本有贸易往来，甚至和当时的美洲已经有联系。辽朝继承并发展渤海国时期的交通路线，与东北亚各国展开朝贡、榷场及互市贸易，获利丰厚，加强了和各国的物质文化交流。

第三节　　金代的东北亚丝绸之路

一、金代燕京—上京的交通

契丹族崛起于东北地区南部的"松漠之间"，女真则发迹于东北亚腹地的"白山黑水"，因此，女真族在复兴渤海城市文明的基础上，进一步发展和拓展，使东北地区腹地的经济文化达到了一个新的高峰，继而完善和延伸了原有的交通网络体系。

《金史·太宗本纪》载，金天会二年（1124）正月丁丑，"始自京师至南京，每五十里置驿"。金太宗时期，"京师"为金上京，"南京"则是今北京。这说明今北京至金上京之间继承了辽代交通城站，设置了新的驿路。北宋末年使臣许亢宗出使金朝，作《宣和乙巳奉使行程录》，记载了自河北"雄州"白沟拒马河起，经燕京、滦州、锦州、沈州、黄龙府，至金上京的旅程，凡39程，勾勒出一条由南到北贯通东北的交通大动脉。这条交通线路也为历代所沿用，至金代终得以固定化和制度化。

金上京会宁府位于今哈尔滨阿城区南、阿什河左岸的白城子，是金朝的第一座都城，亦是"金源文化"发源地。自金太祖完颜阿骨打于"皇帝寨"（金上京城东小城子古城）建国（1115）称帝起，至海陵王完颜亮贞元元年

（1153）迁都到中都（今北京）止，金朝以上京为都城，历时38年。从上京城的建设过程来看，女真人在建国初期即迅速开始了封建化进程，城市建造融入了契丹文化与汉文化的元素；从金上京的形制特点来看，金朝继承了辽上京南北城分立的布局特点，中设腰垣予以划分，并在此基础上进一步发展，一改辽上京的南城为汉城、北城为皇城的特点，将皇城置于南城，北城则为官衙、汉民聚居区及手工业作坊区。①

金上京随着海陵王南迁中都而一度荒废，金世宗即位后恢复了上京名号，"大定十三年（1173）七月庚子，复以会宁府为上京"②，并实行了"实内地"的政策。以金上京为核心的"金源内地"经济文化得到了快速发展。以金上京为中心的城市体系和交通网络也迅速形成，向外辐射有数条水陆联运的交通大动脉，其中最重要的当为"金上京—蒲峪路—火鲁火疃谋克"一线。

1988年，哈尔滨市阿城区巨源乡、金上京附近小城子村村民在村西推土建房时，发现了一座男女合葬竖穴土圹石椁木棺墓。石椁由10块石板组成，石板间以白膏泥密封，内置木棺。木棺制作考究，边、角均用如意纹银片包饰，棺上有丝织品覆盖，棺盖正中置一阳文篆书"太尉开府仪同三司事齐国王"银质铭牌。该墓系金代齐国王完颜晏夫妇合葬墓。棺内男性身着8层服装；女性头部及面部用黄色丝织品包裹，腰佩饰件，项戴玛瑙金丝链，身着9层服装（图12-10）。

---

① 刘冠缨：《金上京城历史沿革及形制特点》，《学问》2016年第5期。
② 〔元〕脱脱等：《金史》卷7《世宗纪中》，中华书局，1975年，第159页。

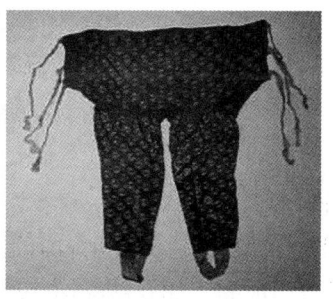

图12-10：哈尔滨金代齐国王墓出土丝织品

齐国王墓出土的丝织物主要是服饰，分为绵、夹、单类，共计30余件，有袍、衫、裙、腰带、鞋、袜、冠帽等。服饰原料有绢、绸、罗、锦、绫、纱等，经纬线排列细密，弹性、韧性良好。织工精湛，大量采用挖梭技术，织金品占有相当数量，有织金绸（绫）、织金绢、织金锦等。此外还采用印、绘、绣等技法。特别是绣法，针法灵巧多变，可分为辫绣、打籽绣、贴补绣、盘香绣、平针、接针、套针、钉线、铺线、圈金等10余种。颜色有驼、绛、棕、烟、酱、绿、青等色。花纹图案有团龙、夔龙、云鹤、飞鸟、鸳鸯、朵梅、团花、卷草、璧桃、蝴蝶、卷云等纹。袍、衫多为盘领、开裾，具有浓厚的北方民族特点。①

齐国王墓丝织品遗物为研究宋金时期服饰史提供了极为珍贵的材料，亦是我国金代考古重大的发现之一。齐国王墓的发现生动再现了金代东北亚丝绸之路的盛况，是这一时期丝路发展最重要的实物见证。

二、金代蒲峪路与火鲁火疃谋克的交通

《金史·地理志》载："［蒲峪路］南至上京六百七十里，东南至胡里改一千四百里，北至边界火鲁火疃谋克三千里。"蒲峪又作蒲与，是金代上京所辖诸路之一，初置万户府，海陵王时设节度使，路之正式设治或在此时。改路管辖范围甚为辽阔，南邻上京会宁府辖地，西界嫩江与乌古迪烈部（后改东北路）相邻，向北三千里至火鲁火疃谋克之地。据考证，"火鲁火疃谋克"在今外兴安岭南麓、结雅河上游。②

蒲峪路是金代上京以北地区最重要的军政重镇之一，对此学术界已基本达成共识：蒲峪路古城即今黑龙江齐齐哈尔市克东县金城乡古城。城址位于克东

---

① 黑龙江省文物考古研究所：《黑龙江阿城巨源金代齐国王墓发掘简报》，《文物》1989年第10期。
② 孙进己、冯永谦：《东北历史地理》（下卷），黑龙江人民出版社，2013年，第318页。

县城西北约10公里金城乡古城村附近,地处小兴安岭以西平原地带,地势辽阔;古城濒临乌裕尔河南岸,横卧于东、北、西三面沼泽草甸的环抱之中,城北、城西被乌裕尔河及其支汊环绕,地势低洼。蒲峪路故城平面略呈椭圆形,东宽西窄,城内地势为北高南低,周长2850米。城墙为夯土板筑。城墙外附筑马面共40座,间距60—70米。城墙外10米处有护城壕遗迹,大部分已淤平。全城辟设2门,分别位于南、北墙中间;门外均筑瓮城,呈半圆形。两门间有大道相通,原门址的一部分被破坏。城内已垦耕或建民房,仅有些略显隆起的土阜或比较低洼的金代建筑遗迹、遗址。

1975年、1979年曾发掘古城南门址及城内东北部的一处建筑遗址。两次发掘出土的文物有:陶器罐、盆、瓮、灯、纺轮等,瓷器碗、盘、坛等,同时出土较多瓷片,以定窑为主,也有影青、磁州定窑片等。铁器有札车、车辖、铁铧、合页、带扣、刀削、铲、镞等。骨器有镞、勺等。南门址附近出土不少石球,还有石望柱等。建筑材料以砖瓦居多,其中有牡丹花纹砖、兽面纹瓦当、板瓦、筒瓦、螭首、陶手(建筑饰物)等。① 城内东北角高约1米、长40米、宽20余米的土阜,经发掘认定是一座官衙廨署遗迹,现均已垦为耕地。

历年来古城内不时发现文物,调查和发掘时征集到的重要文物有铁锁、钺形刀、铁砧、铁马镫、鞍饰、铜押印、带铐长柄人物故事镜等。1956年,该城发现"蒲峪路印"铜印1方(图12-11),已佚,今仅存印模。印为正方形,边长7.8厘米,汉字阳文篆书。翌年又发现"□□之印"一方,正方形,边长7.3厘米,篆书,据考证前两字当是契丹大字。由于该城曾出土"蒲峪路印",为该城的断代及定名提供了重要依据。

图12-11:蒲峪路印印模②

---

① 黑龙江省文物考古研究所:《黑龙江克东县金代蒲峪路故城发掘》,《考古》1987年第2期。
② 黑龙江省文物考古工作队:《黑龙江古代官印集》,黑龙江人民出版社,1981年,第20页。

蒲峪路地处金上京会宁府与火鲁火疃谋克之间，三者大致呈南北一线。金上京所在的阿什河与松花江左岸支流通肯河注入松花江河口相距甚近，两大支流与松花江主河道形成天然的大十字路口。这条交通大动脉自金上京出发，沿阿什河流域，越过松花江进入通肯河流域，继而到达乌裕尔河流域上游的蒲峪路。这一交通沿线不乏具有坐标意义的重要城邑，如位于蒲峪路古城北部的黑河北安市南山湾古城，位于北安市胜利乡民生四屯西侧的漫土岗上，地近乌裕尔河与闹龙河交汇处。古城为南北向，平面呈方形，周长300米，城墙高1米。南城垣设一城门，城垣四角尚存角楼遗迹，城垣外有近2米宽的护城壕。在城内曾发现陶片、残瓦片、铜镜、铜佛、铜钱、铁镞、石臼等。古城东南700米处发现居住址一处，地表散布铜钱、铁镞、青砖、布纹瓦等遗物。古城附近曾出土金代"曷苏昆山谋克之印"，官印两侧的边款刻有"系蒲与猛安下"及"曷苏昆山谋克之印"等文字，背面右侧还嵌刻"大定十年七月"（1170）、左侧刻有"少府监造"等字样（图12-12），可知该城为蒲峪路下辖曷苏昆山谋克城。

图12-12：曷苏昆山谋克官印与印模

除此之外，金代"经略使司之印"该印系黑河地区目前所见唯一一方明确表明行政建置名称的古代官印，发现地黑河市西沟古城亦是一座战略位置相当重要的军政重镇。西沟古城位于黑河市爱辉区西岗子镇西沟达斡尔民族村南16公里，民间称老羌城或老枪城，有大、小之分。老羌城的北、东、南（偏西）坡30余公里被公别拉河环抱。西沟古城分南、北二城，南城较大，周长2.7千米。南城南墙开一城门，门道外是一条弧形城墙，形成瓮门，门高40—50厘米，宽约在1米。城门内南侧是1条300—400米长的土城墙，城高在1.5—2.5米之间，城墙基宽2—2.5米，顶部宽1.5米左右。城墙每隔40—50米有一马面。城墙为堆筑，墙外有护城壕。城墙内距城墙5米左右或10米处有一排不规则的土包或探险坑,推断为住所、垒灶(灰坛)遗址。

该城历经数次考古调查,结合出土金代"经略使司之印",可将其定为金代古城。西沟古城所在之公别拉河流域正处在以克东县、黑河北安市为中心的乌裕尔河流域及嫩江流域上游至俄罗斯结雅—布列亚平原的过渡交界区域和交通要道必经之地,地理位置十分重要。因此,从地理空间的角度来看,老羌城具有很高的战略地位。①

三、东北亚交通线上的金代城镇

值得注意的是,与黑河地区隔黑龙江相对、以结雅河口为中心的俄罗斯阿穆尔州地区,分布着多座中世纪大型女真筑城。兹举若干要者如下:②

陡崖古城位于溯结雅河而上15公里处,10余米高的陡岸之上。古城距结雅河500米,扼守河道要冲。古城平面呈梯形,东部临河,其余三面城垣环绕。城垣依陡崖山岭而建,总长1560米。城墙外侧高至4米,墙体内侧高至2米。筑城西北侧城墙部分有两个城门,宽3—4米,其门分别距筑城东南角约100米、250米。通道处无外防设施。城墙东南方,在墙体上建有大型角塔楼。城墙外侧修有壕沟。现今壕沟深度为0.2—0.5米,宽1.2米。古城内尚未发现房址遗迹。(图12-13)

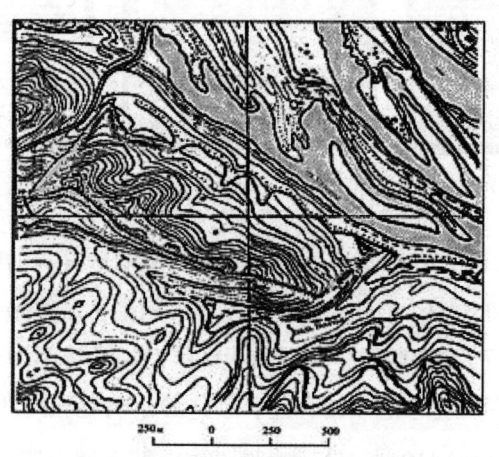

图12-13:陡崖古城平面图

---

① 王禹浪、谢春河、王俊铮:《黑龙江流域黑河地区古代民族筑城初步研究》,《哈尔滨学院学报》2017年第12期。
② [俄] С.П.涅斯捷罗夫等:《俄罗斯黑龙江中游左岸的帽子山古城》,《黑河学院学报》2016年第1期。

格罗杰科沃古城位于布拉戈维申斯克市沿黑龙江而下25公里处，因其上游9公里处的格罗杰科沃村而得名。古城坐落于高于水面5—7米处的河岸台地。筑城周长约3公里。目前可见不少于4道外城墙，2道内城墙。城墙高达5—6米，城墙基宽8—10米。在古城东南部、西南部分布有数座塔楼类防御设施。该城内不仅发现了女真时期遗物，还发现了**靺鞨**、达斡尔等不同历史时期遗存，表明该城始建于**靺鞨**时期，女真、达斡尔先后沿用。（图12-14）

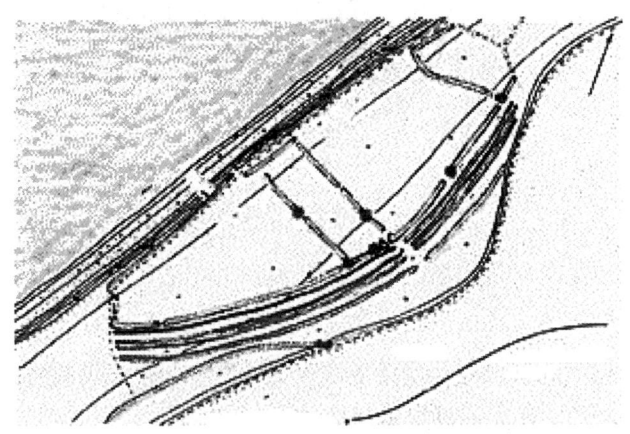

图12-14：格罗杰科沃古城平面图

帽子山古城是黑龙江中游最大的一座古城，位于阿穆尔州波亚尔科沃村沿黑龙江而上4公里处，与中国黑龙江逊克县隔江相望。古城距黑龙江河道1.5公里。帽子山古城发现了新石器时代遗存。中世纪早期，帽子山及其周围分布有靺鞨村落，这里曾发现了5—8世纪的靺鞨文化遗物。女真沿用了古城，使其进入繁荣时期。在房址里曾发现北宋"元丰""崇宁"时期的铜钱。城属楔形山地筑城，形制复杂，长约350米，宽约170米，城墙高、基宽均为3—4米。城墙的建筑方法为黏土掺杂腐殖土和草皮堆砌。城墙外侧挖有壕沟。古城内发现大量房址，其中非常显著的一个特征就是火炕的应用。女真时期城内居住着官吏和平民，手工业发达，是黑龙江中游女真人重要的行政与军事中心。（图12-15）

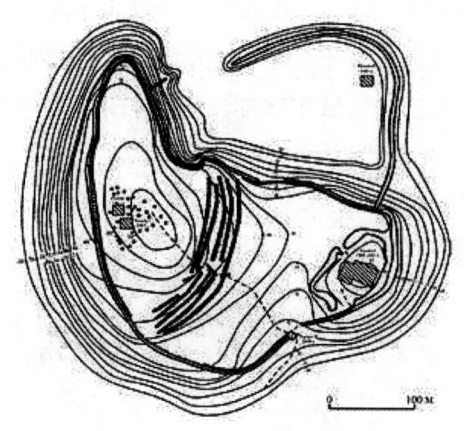

图 12-15：帽子山古城平面图

在结雅河与黑龙江汇流形成的以结雅河口为中心的水路大丁字路口，中俄两国都分布有密集的古代城邑，特别是俄罗斯阿穆尔州地区黑龙江、结雅河沿岸形成了规模很大的城邑与要塞堡集群。该地区亦是俄罗斯境内除滨海边疆区南部之外，又一片密集的中世纪古城群。

这说明这一地区作为自金上京、蒲峪路至外兴安岭南麓火鲁火疃谋克的这一交通大动脉地理枢纽的重要地位，是黑龙江流域民族交错、融合与交往的重要地区，特别是沟通了黑龙江两岸，有利于松花江、嫩江流域与结雅河、谢列姆贾河流域的族群往来和文化传播。

在俄罗斯阿穆尔州阿尔哈拉区黑龙江左岸支流阿尔哈拉河右岸，蘑菇村上游48公里，距阿尔哈拉河注入黑龙江口上游97公里处，有一处女真大字岩画题词（图12-16）。2003年，俄罗斯阿穆尔大学宗教学与历史教研室主任 А.П. 扎比亚科与 Р.А. 科贝佐夫，对岩画进行研究时发现了女真大字题词。题词的文字符号（字素）用黑色颜料（墨汁）书写。该字使用毛笔或芦秆笔书写（细芦苇或竹筷）。字素由3竖行组成的整体线条内容（其面积约为14厘米×20厘米）。右侧7个字素，中间10个字素，最左侧7个字。А.П. 扎比亚科认为文字字素系女真大字。

图12-16：俄罗斯阿尔哈拉河岩画全景及女真题词

根据爱新觉罗·乌拉熙春的译文，这一岩画题词是由一名叫申忒邻的人所留，把题词崖体旁的河流称作"塔里安朵"。题词时间为"金太宗天会五年十月十九日"，即1127年，也就是发明女真大字9年之后。

岩画地点距离阿尔哈拉河与黑龙江汇合口近百公里，根据题词内容且有落款，推测这位名叫申忒邻的题词者很可能是一位有一定文化素养的金代官吏。虽然岩画透露出的信息十分有限，但可知岩画所处之阿尔哈拉河段在金代称"塔里安朵"。同时，该题词的出现，表明金代该地区存在某行政机构的可能性。这一重要发现为黑龙江流域中游，特别是黑龙江左岸的金代史实研究，提供了珍贵的文献材料。

第四节　元明清时代的东北亚丝绸之路

一、元代的"海西东水陆城站"

元代建立后，东北全境统归辽阳行省管辖，其下设辽阳路、沈阳路、广宁路、大宁路、东宁路、开元路（后析出水达达路）、征东元帅府等行政建制予以管辖。特别是在辽代鹰路、金代站铺的基础上，沿松花江、黑龙江水道设置了通往黑龙江口、库页岛、北海道地区的"海西东水陆城站"。

为了便于对自元大都至黑龙江口交通大动脉和征东元帅府的管辖，元代在黑龙江流域设置了数座军民万户府。东北北部边疆水达达女真聚居区曾设置若干军民万户府。《元史·地理志》记载:"合兰府水达达等路,土地旷阔,人民散居。元初设军民万户府五,抚镇北边。一曰桃温,距上都四千里。一曰胡里改,距上都四千二百里、大都三千八百里……一曰斡朵怜。一曰脱斡怜。一曰孛苦江。"谭其骧曾作过辨析,认为该处"合兰府水达达路"应为"女真水达达路"之误。① 事实上,水达达路除了统辖上述桃温等五大军民万户府,见诸《元文类》《元史》《析津志》等文献的军民万户府名称还有吾者野人乞列迷万户府、失宝赤万户府、塔海万户府等。程妮娜综合前人研究,将元代东北北部诸军民万户府地望制表,② 兹引用如下:

军民万户府	地望
桃温军民万户府	黑龙江省汤原县固木讷古城
胡里改军民万户府	黑龙江省依兰县喇嘛庙
斡朵怜军民万户府	黑龙江省依兰县牡丹江对岸马大屯
脱斡怜军民万户府	黑龙江省桦川县万里霍通古城
孛苦江军民万户府	黑龙江省富锦市西南古城
吾者野人乞列迷万户府	俄罗斯远东阿纽伊河入黑龙江口处附近
失宝赤万户府	黑河爱辉区
塔海万户府	黑龙江省依兰县西北大古洞村

除松嫩平原沿松花江经三江平原至黑龙江下游这一传统交通线路,元代文献《析津志》还记载了自肇州转而向东北,经今齐齐哈尔地区至失宝赤万户府这一重要线路。今本《析津志》系北京图书馆善本组从《永乐大典》等古籍中将相关内容辑佚而成。《析津志·天下站名》记载了自元大都向四方辐射的交通驿站及路线、区间里程。该文献记载,洋州"至北分三路:一路正北肇州转东北至吉答。一路北行转东至唆吉"。依《中国历史地图集》"辽阳行省图",吉答位于齐齐哈尔市以西、龙江县以东的嫩江右岸一带。③ 至吉答后,"至此分二路:一路东行至失宝赤万户,一路西行至吾失温,其西接阿木哥"。

---

① 谭其骧:《元代的水达达路和开元路》,《历史地理》创刊号,1981年。
② 程妮娜:《元朝对黑龙江下游女真水达达地区统辖研究》,《中国边疆史地研究》2005年第2期。
③ 谭其骧:《中国历史地图集》(第七册),中国地图出版社,1996年。

吉答至失宝赤一线，依次经过牙剌站、捻站、苦怜站、奴迷站、失怜站、和伦站、海里站、果母鲁站、阿余站。其路线即沿着嫩江上溯至今嫩江县，转而向东北进入公别拉河流域，最终到达黑河地区。《元文类》卷41引《经世大典》"鹰房捕猎"条云："国制，自御位及诸王皆有昔宝赤，盖鹰人也。""昔宝赤"即"失宝赤"，为管鹰人的万户府。《〈中国历史地图集〉释文汇编·东北卷》考证："按自辽、金以来，黑龙江下游是出产'海东青'的地区。失宝赤万户府在吉答以东十站处。从以上情况看，这条驿站线应在松花江以北，约自今黑龙江省齐齐哈尔东北行而东，与另一条沿松花江至奴儿干的驿路相平行，一北一南。清代黑龙江驿站中有一路经齐齐哈尔东北行达爱辉城，其'活鲁儿驿'即元代'和伦站'，其'枯母黑驿'即元代'果母鲁站'，'厄育勒驿'当即元代的'阿余站'。失宝赤万户（府）在阿余站下，应位于现在黑龙江右侧逊河上流之东，约当现在的霍尔莫津地方，霍尔莫津可能是失（昔）宝赤的音讹。"将失宝赤万户府定位在黑河爱辉一带是较为令人信服的。

二、明代的奴儿干都司

明代对东北地区的管辖是短暂的。洪武四年（1371），朱元璋为收复东北、肃清盘踞在辽东的残余势力纳哈出，派都指挥使叶旺、龙虎将军马云率军横渡渤海海峡，在今旅顺黄金山下的狮子口（因旅途平顺，狮子口遂改称旅顺口）登陆，直取金州，并设辽东都司于得利瀛城（今大连瓦房店得利寺山城），后迁辽阳，并设定辽都指挥使司，简称"定辽都司"。洪武八年（1375），改定辽都司为辽东都指挥使司，简称"辽东都司"或"辽东镇"。永乐九年（1411），在特林地区设立奴儿干都指挥使司，简称"奴儿干都司"。如此，辽东都司与奴儿干都司一南一北统辖东北全境。

明朝实行卫所制度，在东北地区共设有25卫、127所，东控建州女真和朝鲜，西控蒙古三卫，北控海西、野人等女真诸部，南控海路。明代卫所大部分位于嫩江中下游、松花江、黑龙江下游沿岸。相比之下，黑龙江中游和上游卫所则寥若晨星。

明廷对东北亚极边地区丝织品的输送主要通过水路运抵奴儿干、苦兀、奇集等黑龙江下游地区。水路运输的船只均来自吉林船厂。明廷先后三次派遣辽东都指挥使司刘清前往吉林船厂督办船务，船厂遗址位于吉林市丰满区阿什哈达村附近。

在阿什哈达村附近松花江沿江崖壁上至今仍留有当年凿刻的石刻题铭（图12-17）。第一处摩崖石刻刻于永乐十九年（1421），全文竖排3列，云："甲辰丁卯癸丑，骠骑将军辽东都司指挥使刘□□大明永乐拾玖年次辛丑，正月吉□□。"此处漫漶不清之"刘□"当是刘清。第二处摩崖石刻刻于宣德七年（1432），全文7列："钦委造船总兵骠骑将军辽东都司指挥使刘清，永乐十八年（1420）领军至此，洪熙元年（1425）领兵至此，宣德七年（1432）领兵至此。本处设立龙王庙宇。永乐十八年（1420）创立，宣德七年（1432）重建□宣德七年二月三十日□□。"明永乐、洪熙、宣德年间，宦官亦失哈"九巡北海"。亦失哈系海西女真人，朝鲜汉文典籍称"亦大人""亦时哥"。

图12-17：吉林市阿什哈达摩崖石刻

明永乐九年（1411）至宣德八年（1433）的20余年中，亦失哈率船队自船厂顺松花江、黑龙江而下，九巡奴儿干，修建并重修了永宁寺，树了碑。永宁寺位于庙街以北2.4公里处的江畔石崖之上。永宁寺有《永宁寺记》和《重修永宁寺记》两通石碑。《永宁寺记》全称《敕修奴儿干永宁寺记》，立于明永乐七年（1409），碑高102厘米，宽49厘米，厚36厘米，碑正面刻汉字30行，每行64字，碑额书"永宁寺记"；碑阴为蒙古文与女真文，是对汉文内容的简要翻译，各15行。碑两侧均为汉文、蒙古文、女真文、藏文刻写的佛教"唵嘛呢叭咪吽"六字真言。碑文中的汉文由明朝官员邢枢撰写，蒙古文由阿鲁不花书写，女真文由康安书写。《重修永宁寺记》立于宣德八年（1433），碑高120厘米，宽70厘米，厚32厘米，碑刻则相对简略，只有正面碑文，额书"重建永宁寺记"，刻字30行，每行44字，碑文均为汉字。（图12-18）

两通永宁寺碑记录了黑龙江下游世居民族的风物民俗，以及亦失哈受命远赴黑龙江流域开拓疆土、建立行政管辖的历史过程，是明朝政府对黑龙江流域及库页岛进行有效行政管辖的实物证明,也是研究明代东北的重要史料。目前两通石碑均存放于俄罗斯滨海边疆首府符拉迪沃斯托克的滨海阿尔谢涅夫博物馆。亦失哈对黑龙江下游的巡视和管辖,赏赐当地民族"丝绸诸物",与当地居民建立了密切的联系,使汉文明在东北亚极边地区广为传播。

图12-18:永宁寺碑(左)与重修永宁寺碑(右)

这条沿江的文化走廊又进一步完善为"水陆并用、水狗联运"①的"海西东水陆城站"。"海西东水陆城站"始于元代"海西辽东提刑按察司"。所谓"海西",有学者指出,大体指元代岭北行省以东、日本海以西,包括库页岛在内的广大地区。②元代在辽金鹰路、站铺基础上建置了该机构,进一步强化对这条古老交通线路的管理,将驿站建设直达黑龙江口奴儿干地方的"征东元帅府"。明代则特设奴儿干都司,正式建立了"海西东水陆城站"这一交通大动脉。这条贯穿东北亚南北的交通要道南接辽西走廊,明代丝织品由开原"丝关"出塞,经"海西东水陆城站"至满泾站,渡鞑靼海峡,进入"苦兀"(又称"苦夷",即今库页岛)北部,南下纵贯全岛,从苦兀最南端白主渡过宗谷海峡到达北海道地区。

明廷将丝织品输入上述地区,与黑龙江下游、库页岛的山旦人展开贸易。山旦人即赫哲、费雅喀等土著居民及其前身。这种贸易进一步拓展至北海道虾

---

① 穆崟臣、潘彩虹:《"驿路"与"国家化"——论明代"海西东水陆城站"丝绸古道》,《广西民族大学学报(哲学社会科学版)》2017年第5期。
② 穆崟臣、潘彩虹:《"驿路"与"国家化"——论明代"海西东水陆城站"丝绸古道》,《广西民族大学学报(哲学社会科学版)》2017年第5期。

夷人，因此这种贡赏交易的载体又被称为"虾夷锦"，形成了独具特色的北海道"虾夷锦文化"。

三、清代"贡貂赏乌绫"与"黄金之路"

清代在明代山旦贸易基础上，正式建立了"贡貂赏乌绫"制度，即黑龙江下游、库页岛等地赫哲、费雅喀、雅尔哈、奇楞、恰喀拉、库野、鄂伦春、乌德盖、吉利雅克等世居民族向宁古塔、三姓副都统上贡貂皮，两地副都统代表清朝向当地民族赏赐"乌绫"。"乌绫"又作"乌林"，系满语"财帛"之意，包括织锦、棉帛、丝绸等织品。清朝副都统地方定期举行贡赏活动，当地官吏负责接收朝贡和赏赐。

19世纪初，日本学者间宫林藏考察黑龙江下游和库页岛后撰写了《东鞑纪行》一书，记载了晚清黑龙江流域有关"贡貂赏乌绫"制度"满洲行署"及诸夷"进贡仪式"等。是文云："满洲行署面临满珲河，背为辽阔平野，其间树木苍郁，实为可观之大地。河岸为中游上下之岛屿所环抱……此地无土著夷人，行署外到处皆是外来夷人搭造之窝棚，为数之多几十上百，均用桦树皮苫盖。来集之夷人西自朝鲜，东自俄罗斯境……行署约有十四五间大之方形地方，以圆木围成双重栅栏，其中左、右、后三处为交易所。中央又设一重栅栏，行署设于此处。此为接受贡物，与授予赏赐品之处。每栅只设一门，别无其他出入口。"① 这种行署是临时性机构，贡赏与交易大集结束后官员即离去。此处之"满珲河"即混同江，亦即黑龙江。"满洲行署"坐落于黑龙江江畔开阔之地。

间宫林藏的《东鞑纪行》对"进贡仪式"（图12-19）也作了记载："先由下级官吏出栅门外，呼唤诸夷之喀喇达、噶珊达等依次单独进入行署。较高级官吏三人，坐于台上三条凳上，接受贡物。夷人脱帽，跪地叩首三次，献上黑貂皮一张。中级官吏介绍来人之后，接过礼物呈交较高级官吏面前。贡礼毕，赐予赏物。与喀喇达锦一卷，与噶珊达缎类品四寻，与庶夷则为棉布四反（日本长度，长二丈八尺，宽九寸），梳子、针、锁、绸巾及红绢三尺许。"② 是文出现的"喀喇达""噶珊达"均是噶珊制度的反映。清代噶珊制度是取代明代卫所制度而形成的一种新的地方军政制度，设"喀喇达"即姓长、"噶珊达"即乡长对当地族众予以管理。"贡貂赏乌绫"正是噶珊制度下一种重要的政治

---

① ［日］间宫林藏：《东鞑纪行》，商务印书馆，1974年，第12页。
② ［日］间宫林藏：《东鞑纪行》，商务印书馆，1974年，第13—14页。

统辖与民族互动的表现形式，重建了元明以来以"虾夷锦"为特色的东北亚丝绸之路。同时，"贡貂"的制度化则可视作汉魏以来以"挹娄貂"为标志的"黑貂之路"①的延续和复兴。

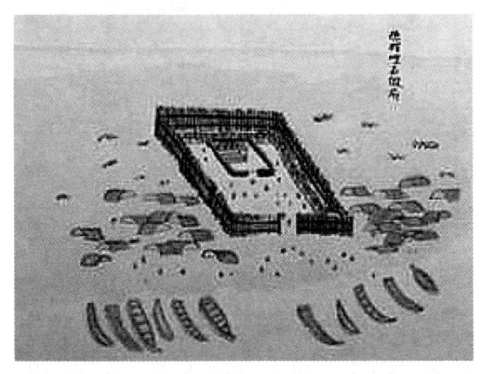

图 12-19：《东鞑纪行》所绘"德楞行署"与"进贡仪式"

在东北腹地至黑龙江中上游这一地理区域内，自室韦朝贡道以来形成的交通廊道在近代发生了革命性的转变。沙俄在远东地区扩张，建立了以阿尔巴津堡（雅克萨）为中心的殖民据点（图12-20），并与清朝发生了军事冲突。为抗击沙俄入侵，清朝政府于康熙二十四年（1685）派驻军队于黑龙江城（瑷珲），沿嫩江上游左岸、大兴安岭东麓建立了传送军报、供应物资的驿道；以墨尔根为头站，向北驿路设"二站""三站"等驿站，以此类推，直至雅克萨对岸的额木尔河口，全长1400多里，设25站。1877年，漠河发现金矿，日本、俄罗斯等国淘金者纷纷来此挖掘金矿。1887年，经李鸿章推荐，时任吉林将军代理长春厅通判的李金镛奉旨调往黑龙江担任漠河金矿督办，筹建金矿。李金镛重新开拓并改进了这条通往雅克萨的运输军需物资的交通大驿道，增设驿站至33个。他积极奔走于天津、上海、烟台等地，筹集资金，招聘矿师，购买机械，筹运粮草与军火，招募矿丁，确定运输路线并开始采金工作。这条从墨尔根至漠河的千里古驿道，遂被称为"黄金之路"。丝与貂的互动与共生，使"黄金之路"熠熠生辉，共同勾勒出东北极边之地后中世纪时代文明互动、文化交流、民族融合乃至于近代革新传统、工业化转型的历史图景。

---

① ［俄］Э. В. 沙弗库诺夫著，郝丽娜、营思婷译：《东北亚民族历史上的粟特人与黑貂之路》，《广西民族大学学报（哲学社会科学版）》2017年第5期。

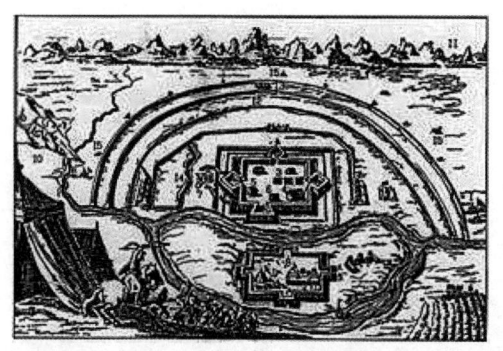
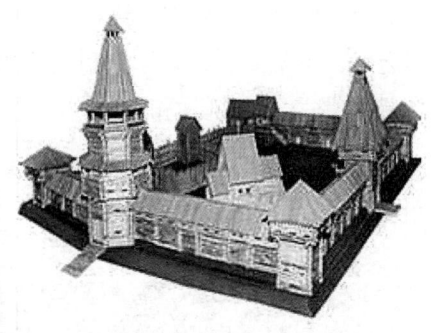

图 12-20：俄罗斯文献所绘和复原阿尔巴津堡（雅克萨）

东北亚丝绸之路自肃慎以来至今，凡四千余年不绝如缕。事实上，在东北亚地区长期存在着两条较为稳定的交通廊道：一条自山东半岛北部横渡渤海海峡，登陆辽南后沿辽东半岛千山山脉西麓的近海平原进入辽河平原；而辽阳则成为此条道路通往黑龙江下游的中心地区，从战国时期到明清之际始终都是中原通往东北腹地的中心城市。另一条丝绸之路则为多条辽西古廊道与傍海道，逐渐取代了穿越医巫闾山的传统道路，而朝阳地区则自战国的辽西郡到明清之际，始终为辽西政治、经济、文化中心及中原王朝管控东北边疆的前沿军政重镇。

上述两条路线于辽河平原汇合后继而向北进入松嫩大平原。松嫩平原广阔平坦，自此又长期存在两条交通孔道。一条大体沿松花江水道顺流而下转而向东北，经三江平原直入黑龙江。这条线路水陆联运，交通区位优势明显，最适宜人群移动，因此成为东北亚腹地丝路体系中至关重要的一环。这一线路在明清时期得到了全面制度化和规范化管理，亦失哈的"九巡北海""海西东水陆城站"、清廷"贡貂赏乌绫"制度等，均是利用此路线制定的。另一条则是位于松嫩平原西部，经洮儿河流域进入嫩江流域和乌裕尔河流域，一路北上至黑龙江中游和上游，室韦朝贡道、勿吉朝贡道、黑水靺鞨与唐朝修好后的朝贡道均循此道。显然，自松花江水道经通肯河而上与朝贡道汇合亦是一条重要线路，"金上京—蒲峪路—火鲁火疃谋克"即是如此，其后元代肇州至失宝赤军民万户府、晚清"黄金之路"亦如此道。

除此之外，在东北地区东部还有一条重要的交通路线，自松花江上游翻越哈达岭、牡丹岭进入牡丹江流域、图们江流域到达波谢特湾，通过海路可直达日本的能登半岛。另外，就是沿牡丹江顺流而下继而与松花江下游、黑龙江下游廊道合并沟通，直达黑龙江入海口，这条线路即渤海营州道。这显然取决于渤海国先后以图们江、牡丹江流域为统治中心的政治地理区位优势。但纵观东北亚古代历史，穿行于辽河平原与松嫩平原腹地的交通路线始终占据了最为重要的地位。

战国以后中原王朝开始在东北地区建立有效管辖，来自中原地区的农业技术、耕作文化、典章制度、政治理念、行政体系、城市文化、儒家思想、宗教信仰、丝织品文化、手工业科技、诗词歌赋等文化元素源源不断被输送至东北亚腹地乃至于黑龙江下游、库页岛等极边地区。东北亚丝绸之路这一复杂的交通网络体系在东北古代文明演进与社会发展、民族迁徙与融合、文化交往与碰撞、经贸互通与共生，特别是在中原王朝对东北边疆的管控与统辖方面发挥了举足轻重的作用。

第十三章

元代东西贯通与陆路丝绸之路的复兴

蒙古帝国的建立打破了长久以来因辽、西夏、金、宋诸政权鼎立而割裂的丝路贸易。三次西征虽给欧洲及亚洲大部带来了深重的灾难,但在客观上使得亚、欧,乃至非洲连成一体,摧毁了横亘于东西方传统贸易之路上的种种障碍,使得一度基本中断的东西方贸易之路再次复兴。

第一节 元朝与东西陆路交通的贯通

元朝的肇建者为成吉思汗(图13-1)及其后裔,创造了横跨亚、欧、非三洲的庞大帝国。可以说,帝国的创建过程即是元代丝绸之路复兴的历程,因而这里先从帝国的建立与扩张谈起。

一、帝国建立

蒙古肇兴于漠北草原,其祖先为东胡后裔,唐代以"蒙兀室韦"见于著

图13-1：元太祖成吉思汗像

录，发展至辽金时期，又有"蒙古里""萌古""朦骨"等称，明朝之后，渐有"蒙古"通称。蒙兀室韦初居"望建河"（今额尔古纳河上游）一带，为室韦二十余部落之一。在漫长的历史发展过程中，操蒙古语的诸部落不断向西迁徙，进入蒙古高原，而840年漠北回鹘汗国的倾覆则为大批蒙古部众涌入漠北之地提供了契机。他们陆续走出大兴安岭，进入蒙古草原，驻居斡难河（今鄂嫩河，为黑龙江北源）及不儿罕山（今肯特山）一地，同时还逐渐吸收和融合了聚居于漠北地区的森林狩猎部落及草原游牧部落，从而开启了蒙古部发展的历史新篇章。

初期，蒙古部还是一个比较弱小和分散的部落。《契丹国志》记载，蒙古国里无君长所管，亦无耕种，"常与契丹争战……以牛、羊、驼、马、皮、毳（之物与契丹）为交易"，①可见其社会发展水平之低。成吉思汗九世祖孛端察儿曾征服了兀良哈人的一个小氏族，但土墩蔑年时，这一支蒙古部几乎被在辽军打击下溃逃的札剌亦儿人所击灭，其残部不得不避难于巴尔忽部。至成吉思汗六世祖海都时才击败占据其故地的这支札剌亦儿人，蒙古部亦逐渐强大起来。辽及北宋时，蒙古高原上相继崛起了几大游牧部落，如克烈、乃蛮、塔塔儿、蒙古、汪古、篾儿乞等，其中以漠北中部的克烈部及西部的乃蛮部实力最强，社会发展程度最高。然而为占有更丰美的草场、拥有更多的财产及奴隶，无论是各部落间还是部落贵族间，皆存在着长期的、激烈的战争。发展至南宋初期，蒙古诸部经过血雨腥风的争斗，蒙古乞颜氏贵族终于形成了联盟。成吉思汗曾祖父合不勒被乞颜氏贵族推举为汗，他是蒙古部第一个称汗的首领，②统辖全部蒙古，蒙兀乌鲁斯已初具规模。合不勒汗及其继任者俺巴孩汗、忽图

---

① 〔宋〕叶隆礼著，贾敬颜、叶荣贵点校：《契丹国志》卷22《四至邻国地里远近》，上海古籍出版社，1985年，第214页。
② 韩儒林：《元朝史》（上），人民出版社，2008年，第63页。

刺汗皆曾与其近邻塔塔儿部、篾儿乞部,乃至金朝发生过历时长久的争斗。

忽图刺汗亡故后,蒙古部落联盟分裂为泰赤乌及乞颜两大部落。随着成吉思汗之父也速该惨遭塔塔儿所害,铁木真年幼,部落遂告离散。及铁木真年长,既勇武又有雄才,以父亲所遗留下的十一副铠甲,搜集残部,重振先祖之业。初期,他以克烈部王罕为后盾,积蓄力量,并在王罕及札只刺惕部首领札木合的援助下,打败了前来袭击的篾儿乞人,夺回了众多部众,力量逐渐壮大。后来,他凭借战功,声望大涨,于宋淳熙十六年(1189)被乞颜氏贵族推举为可汗,成为蒙古乞颜部首领。随着铁木真军事实力及声望的壮大,其与札木合的矛盾愈发尖锐,军事冲突不可避免。翌年,札木合集军进犯。铁木真将自己所属三万人分为十三翼,双方战于答阑巴勒主惕。铁木真战败,为保存实力退至斡难河的哲列捏山峡(今蒙古鄂嫩河上游一带),扼险而守。此战即蒙古史上著名的"十三翼之战"。在这次战斗中,铁木真虽受挫,但却得以保存实力,积蓄力量,为之后配合金朝夹击塔塔儿部的征战打下了坚实的基础。宋庆元二年(金承安元年,1196),附属金王朝的塔塔儿部发动叛乱,金遣丞相完颜襄率军征讨。铁木真联合克烈部王罕,以"为父报仇"之名出师,率军大战于斡里札河(即今蒙古乌勒吉河),塔塔儿部溃败,从此一蹶不振。宋庆元六年(1200),铁木真再与王罕联手,于萨里川(今蒙古克鲁伦河上游之西)大败泰赤乌与篾儿乞联军。宋嘉泰元年(1201),铁木真与以札木合为首的塔塔儿、弘吉刺、合答斤等十一部联军战于呼伦贝尔海拉尔河支流帖尼河(即今海拉尔河支流莫尔根勒河),大败之。宋嘉泰二年(1202),铁木真与王罕联军在阔亦田(今呼伦贝尔哈拉哈河上游一带)最终击败了札木合联军,取得了胜利。之后,活跃于呼伦贝尔一带的弘吉剌惕等部亦被招降。至此,铁木真控制了西起斡难河上游、东至大兴安岭以西的蒙古高原地区,确立及巩固了其在蒙古部众的领袖地位。是时,蒙古草原上形成了以蒙古部铁木真、克烈部王罕、乃蛮部太阳罕三足鼎立的局面。

铁木真汗位的巩固、实力及声望的高涨,引起了王罕的忌惮,加之札木合的挑唆,两者间的矛盾日益凸显,最终导致联盟的解体,爆发军事冲突。宋嘉泰三年(1203),王罕与铁木真战于合兰真(今流入贝尔池之哈驻哈河),铁木真寡不敌众,败逃。继之,他重整军马,乘敌不备突袭包围王罕的窝鲁朵城(今蒙古鄂尔浑河上游,哈拉和林之北)营地。历经三天三夜的激战,铁木真

图13-2：内蒙古赤峰"成吉思汗拴马桩"

终于攻灭了强大的克烈部。随后，铁木真又歼灭了四部塔塔儿，占领呼伦贝尔高原。王罕的覆灭，使太阳罕十分震恐，他急忙召集被铁木真击溃的札木合残部及泰赤乌、篾儿乞等部残余势力，共同进攻铁木真。嘉泰四年（1204）春，铁木真率大军西进，太阳罕亦领兵东进，两军决战于蒙古中部的杭海岭（今杭爱山）察乞儿马兀惕，太阳罕受伤被擒，不久死去，乃蛮联军大败。铁木真攻灭乃蛮南部太阳罕部，乘胜追击太阳罕子屈出律、札木合、篾儿乞惕。残余的蒙古部贵族的势力和篾儿乞三部之余众，相继被征服。一直与铁木真为敌的札木合，被随从缚送铁木真，铁木真赐其自尽。漠南汪古部首领遣使献降，斡亦剌部首领忽都合别乞也向铁木真投降。至此，铁木真统一蒙古高原的重大战事（图13-2）活动基本完成，随后又经过几次小规模的征战，最终平定蒙古高原，统一各部。于是蒙古本部，西至阿尔泰山，大漠南北，遂告统一。1206年，铁木真于斡难河源头召开忽里勒台大会，继蒙古大汗位，号"成吉思汗"，国号"大蒙古国"，结束了蒙古草原长期混战的局面。

成吉思汗统一漠北后，虽按照等级制度，将蒙古各部人口及牧地等进行了分配，但是蒙古统治者对于财富的掠夺却更加激烈，因而毗邻大蒙古国的其他诸部落、政权就成为其继续进行掠夺战争的目标。加之，成吉思汗统一蒙古各部后，其军事实力大增，无论是军队数量还是战斗实力皆颇为可观，这都为蒙古统治者向外进行军事扩张、掠夺财富等提供了条件。自建国伊始，成吉思汗曾先后多次遣军攻略党项族所建立的西夏政权以及其东部的金朝。另外，他还征服了活跃于谦河流域的吉利吉思部及北方森林地区的"林中百姓"各部。而驻居于新疆之地的畏兀儿、哈剌鲁，亦慑于蒙古军的威力，相继归附。同时，为了肃清乃蛮等部之残余势力，1218年，成吉思汗派遣大将哲别统军出征为屈出律篡夺的西辽政权，终将其歼灭，西辽尽归蒙古。

二、蒙古三次西征

成吉思汗率军叱咤漠北草原之时，中亚的花剌子模王国亦逐渐崛起。花剌子模王国原是里海之东的小国，位于阿姆河下游，其都城称玉龙杰赤（今土库曼斯坦乌尔根奇），其王号花剌子模沙（波斯语之"王"）。在漫长的历史发展过程中，该国相继受阿拉伯帝国、萨曼王朝、哥疾宁王朝、塞尔柱帝国统治。1097年，花剌子模沙为其部下所弑，摩诃末袭用了花剌子模沙的称号，统治其地。宋庆元六年（1200），摩诃末遣军于塔剌思河畔击溃西辽守军，相继夺取西辽西部诸地。后又多次远征，吞并了波斯（今伊朗）、阿富汗等邻国，建新都于撒马耳干（今乌兹别克斯坦之撒马尔罕），派使节前往中都（今北京），探听蒙古国之虚实及路线，意图远征蒙古。然而，由于分封制的实行，政出多门，花剌子模国力渐弱。

成吉思汗十年（1215），派遣使团携带大量贵重礼品前往花剌子模王国回访，双方缔结了和约，建立贸易关系。商队前往花剌子模通商，行至讹答剌（在今哈萨克斯坦奇姆肯特西北），总督亦难出贪图商队财物，竟诬指商队为间谍，将其扣押，并上报摩诃末将商队屠杀，侵吞商品货物。是时，成吉思汗为全力攻金，避免贸易中断，遂派遣使臣，致书摩诃末，责其背信弃义，要求交出凶手。摩诃末拒绝了成吉思汗的要求，并杀害正使，剃光两位副使胡须，将其押送出境。成吉思汗震怒，遂以攻金之事授权于大将木华黎，返回大本营，谋划征讨花剌子模之事。十三年（1218），成吉思汗遣军出征屈出律残部。歼灭西辽政权的胜利不仅使得蒙古帝国之疆域直接与中亚最为强大的花剌子模王国接壤，同时亦为接下来的征战扫除了进兵路上的障碍。

成吉思汗十四年（1219），他亲自统率大军出征花剌子模，除木华黎统率的攻金部队外，诸子、诸那颜（首领）及大部分蒙古军皆参与了此次西征。十四年（1219）夏，成吉思汗驻军也儿的石河，秋月统军向花剌子模进发。摩诃末闻讯，与大臣商定，令各城坚壁清野，不与战。成吉思汗于是年中秋前后抵达虎思斡耳朵，稍事休整后即向锡尔河进攻；令哲别率骑兵，取道畏兀儿、可失哈儿（今新疆喀什市北）、拔汗那（今乌兹别克斯坦费尔干纳地区），进入阿姆河上游，从花剌子模东南部直捣摩诃末战略上敏感地带，制造出切断摩诃末军与两大资源地及新军筹建基地——阿富汗与呼罗珊联系的假象，转移了摩诃末的注意，诱其派遣主力对付拔汗那的哲别。成吉思汗则率主力乘机抵达锡尔河畔的讹答剌，于此分军四路；第一路为前军，由皇子察合台、窝阔台指挥，围攻讹答剌。历经六个月的强攻，攻陷讹答剌；第二路由塔将等率领，称"左手军"，沿锡尔河东南进攻别纳客（今乌兹别克斯坦塔什干西南）、忽毡（今塔吉克斯坦之列宁纳巴德）；第三路军由皇子术赤指挥，顺锡尔河西北进攻速黑纳黑（今哈萨克斯坦契伊利东南）、讹迹邗（今吉尔吉斯斯坦乌支根）、巴耳赤邗（今契伊利西北）、毡的（今哈萨克斯坦克齐尔—奥尔达东南），称"右手军"；第一、二、三路军又合击阿姆河西岸，破花剌子模旧都玉龙杰赤。而成吉思汗与拖雷所率之军则以速不台为先锋，渡过锡尔河，越基吉尔库姆沙漠，直取不花剌（今乌兹别克斯坦布哈拉）、撒马耳干，切断摩诃末向受围各城支援的通道。历时一年零七个月，成吉思汗即歼灭花剌子模军30万，攻占花剌子模本土及河中地区，取得了极具战略意义的胜利。

随后，成吉思汗率军至撒马耳干，派遣大将哲别、速不台、脱忽察儿各率领1万骑兵攻打驻军夏营地的摩诃末。摩诃末则以新都撒马耳干城池坚固，易守难攻，不以为意，不料5天即为蒙古军攻陷，遂率部逃窜。哲别、速不台率军追击，俘其母后秃儿堪可敦及嫔妃，押送至成吉思汗大本营。腹背受敌的摩诃末忧患交加，乃让位于其子札兰丁。札兰丁一心想以旧都玉龙杰赤抗击蒙古军，但却不得其军守将的拥护。无奈之下，札兰丁至哥疾宁募兵，得六七万，准备反攻。两军在巴鲁安（又作八米俺，在今阿富汗喀布尔西北巴米安）相遇。成吉思汗闻报即遣察合台、窝阔台、拖雷各军向巴鲁安急行，札兰丁惧而逃往北印度。双方战于申河（印度河），札兰丁战败而逃，成吉思汗罢兵。1223年，蒙古军于西域设官置守后，率军退回。哲别、速不台则奉成吉思汗之命，在经略波斯各地之后，越太和岭（今高加索山）进攻钦察草原。他们先率军由南面迂回里海，进入亚塞拜然（今阿塞拜疆）进行了乔治亚（今格鲁吉亚）之战、扫荡太和岭南北诸役，又在帖雷克河之战、迦勒迦河之战中大败俄罗斯联军，随后即东返蒙古。此即为蒙古的第一次西征，从1219年到1225年，历时6年多。1225年，成吉思汗凯旋东归，将本土及新征服所得的西域土地分封给四个儿子，进而奠定了之后四大汗国的雏形。

蒙古的第二次西征发生在太宗窝阔台八年至十四年（1236—1242）。是时，对外，花剌子模、金国等国已灭亡，对宋战争亦处于优势。加之，窝阔台七年（1235），太宗召开忽里勒台会议，决定征讨尚未纳入蒙古帝国版图的钦察、斡罗斯诸国。居住在伏尔加河和乌拉尔河之间的钦察部首领忽鲁速蛮获悉蒙古军来攻，惧而遣使纳款，待军至而降。仅驻居于伏尔加河下游一带的钦察部首领八赤蛮尚未臣服。另外，是时，斡罗斯及波兰、匈牙利乃为诸公国，各自为政，而德、意、奥诸国则卷入十字军东征。因而，当时欧洲的形势对于蒙古西征颇为有利。

对内，窝阔台通过一系列统治措施的实施，进一步加强了中央集权，因而总体而言，西征欧洲已无后顾之忧。加之，这一时期蒙古的邮驿制度业已建立。而速不台、哲别在第一次西征中，已积累了丰富的作战经验，熟悉了地形地貌。在这些有利条件的促进下，第二次西征便应运而生。窝阔台汗以成吉思汗之孙拔都为统帅，令诸王子贵由、蒙哥等从征，因各支宗室皆以长子统率军队，万户以下各级那颜亦遣其长子率军从征，故而此次西征又有"长子西征"或"诸子西征"之号。此次西征前后共耗时6余年，蒙古大军兵锋直指钦察及斡罗思等地。

窝阔台汗八年（1236）春，蒙古大军共15万，分别由诸王诸那颜领地出发，是年秋抵达伏尔加河东岸。诸王商议后，决定各统本部兵行进。九年（1237），速不台军取不里阿耳（今俄罗斯维亚特卡一波利亚纳东）。是年冬，蒙哥首入伏尔加河下游的钦察部，不时遭遇八赤蛮的袭击，幸得自不里阿耳境移师南下的速不台之增援。八赤蛮闻速不台至，大惧，逃入海中。蒙哥率军进攻宽田吉思海（今里海），俘杀八赤蛮。于是，宽田吉思海及太和岭以北诸部悉平。是年秋，蒙古军于伏尔加河以东休整后，即展开征讨斡罗斯（今俄罗斯欧洲北部的基洛夫州和鞑靼自治共和国以西地区和乌克兰、白俄罗斯）的军事活动。蒙古军经莫尔多瓦（Мордов）境，征服了这个小国。冬，拔都等率军渡伏尔加河，攻克烈也赞（今莫斯科东南亚赞州里亚赞城）、科罗木纳（今莫斯科东南科洛姆纳城）诸城。次年（1238）二月，围攻斡罗斯弗拉基米尔大公国都城弗拉基米尔（今俄罗斯莫斯科东北）。大公阔儿吉先已退守昔迪河（今伏尔加河上游）畔，等待其弟乞瓦公和诺夫哥罗德公的援兵，城中则由其子守卫。蒙古军围攻五日，并强迫斡罗斯人参加攻城，城破后，纵兵烧杀抢掠。拔都分军数路攻取弗拉基米尔城附近的罗斯托夫、莫斯科等十余城。三月，拔都另遣一军突袭昔迪河畔的大公军营，全歼其兵，大公战死。蒙古军由此向基辅公国古都诺夫哥罗德（今俄罗斯诺夫哥德州诺夫哥罗德城）挺进，至城20里，盖因前方有森林、沼泽，地形不利，故而改道南下，进军高加索北。

蒙古军继续向南，攻略钦察草原西部地区。蒙哥、贵由统兵进入阿速国，破其城。拔都则攻略伏尔加河以东诸地，并在钦察草原再次休整。窝阔台汗十年（1238），蒙哥、贵由攻取铁门关（今乌兹别克斯坦南部杰尔宾特西），打通高加索南北交通线。是年秋，窝阔台遣使至军，召蒙哥、贵由东归。早在一年前，拔都曾遣军渡顿河，抄掠斡罗斯南部。是时，斡罗斯诸王公仍忙于争权夺利，未能团结对敌，使蒙古军得以长驱直入斡罗斯南部，攻取别列思老勒、契尔尼果夫二城。十年秋，拔都亲率大军进至乞瓦城（今乌克兰基辅城），诸路军云集。拔都下令四周架炮，昼夜不息，猛烈攻击。十一月十九日，终克其地，纵兵杀掠。事后，蒙古军继续西进，攻取加里奇公国都城弗拉基米尔—沃伦（今乌克兰西北部沃伦州弗拉基米尔沃伦斯基）及境内其他城市。加里奇公丹尼勒逃往马札尔。①斡罗斯遂为蒙古军所占。

窝阔台汗十一年（1239）春，蒙古军除留镇南斡罗斯的蒙古军外，其余人马兵分三路进军马札尔（今匈牙利）。北路以拜答儿为统帅，率领察合台部下之军进攻孛烈儿（今波兰），使马札尔丧失外援；南路以合丹为统帅，率领窝阔台部下之军，绕过喀尔巴阡山，自南前进；中路统帅则为拔都、速不台，其军越过喀尔巴阡山，直捣京城丕思惕（今匈牙利布达佩斯市附近）。三军之中，南北二路先发。拜答儿将南路军再分数路，进军孛烈儿。是时，孛烈儿已分裂为若干小国，其国王波列斯拉夫仅统辖直属地，其余诸封国则各自为政，不听他的号令。是年二月，蒙古军涉冰渡维思秃剌河，破桑多米尔城（今波兰华沙东南维斯瓦河西岸散多梅希城）。三月，败孛烈儿军，其都城克拉克夫（今波兰南部克拉科夫城）陷落，为蒙古军纵火焚烧。继之，蒙古军又进攻孛烈儿藩属国昔烈西亚（今波兰西南部之西里西亚），乘筏渡过奥得河，攻其都城弗洛斯拉夫（今波兰西里西亚府弗劳兹拉夫）。昔烈西亚侯亨利先已退守里格尼志城（今德国德雷斯登州之格尔利次附近），集结孛烈儿、日尔曼十字军、条顿骑士团共3万人，准备迎敌。拜答儿放弃进攻弗洛斯拉夫城，至里格尼志附近，引亨利出战。四月初，亨利率军出战，蒙古军佯败撤退，亨利尾追。蒙古军趁亨利部疲劳，突然发起反攻，尽歼其军。亨利被俘斩。蒙古军乘胜南下，攻入莫拉维亚（今捷克南部摩拉维亚地区），于斡勒木志城遭遇顽强

---

① 韩儒林：《元朝史》（上），人民出版社，2008年，第158—160页。

抵抗，久攻不下，遂焚掠诸地，移军马札尔，与拔都会合。而由合丹所统率的南路军，则绕过喀尔巴阡山进入马札尔，顺利攻取鲁丹、瓦剌丁诸城，四月，乃与拔都会合。

拔都、速不台所率中路军则分三路入侵马札尔：昔班统辖一路军队从北面的孛烈儿攻入；合丹率第二路军队从东面的摩勒达维亚攻入；第三路军则由拔都亲率，从伽里赤直驱马札尔。是时，马札尔之国土虽甚为宽广，但实际上早已分裂为若干封建领地，诸侯皆不受国王统辖。其国王贝拉四世都于佩斯城。他与诸侯、贵族间的矛盾颇深，又因所收纳的钦察人于其境内为非作歹，引起了人民的怨恨。直至蒙古军入侵，贝拉四世才仓促征集援兵应战，同时仅派少数军队扼守喀尔巴阡山诸隘口，伐木塞道。三月十二日，蒙古军奇袭喀尔巴阡山诸隘口，至十五日将其全部攻破。拔都率军向帛思忒城进攻，所过之处尽数焚毁。贝拉四世闻讯，自佩斯至帛思忒城，集结十万大军守城。蒙古军抵城下，攻而不破。马札尔军不出战。拔都率军引退。贝拉四世出城追击，至赛约河（今匈牙利东部蒂萨河）河西（今索尔诺克）驻营，遣兵守桥，以防备蒙古军进攻。蒙古军退至马札尔军不防之处、河东之沼泽地下营，夜分二路进攻：一路由拔都率领，遣兵夺桥，置炮攻击，失利；一路由速不台率领，从河下游结筏潜渡，迂回马札尔军侧后。拔都猛攻守桥军，夺取桥梁。黎明时，两路军四面围攻马札尔军营地，发起突然袭击。马札尔军突围，拔都放西面一条路，马札尔军向西逃窜，蒙古军三面伏击，尽歼其军。贝拉四世逃入奥地利。蒙古军进抵佩斯城，攻破其城。此役，蒙古军亦损失惨重。夏、秋，蒙古军在佩斯城附近的诺伊施达城遇奥地利、波西米亚两公国的反击，旋即退走。十二月，多瑙河封冻后，蒙古军进攻马札尔古都格兰城。该城处多瑙河畔，绕以深壕，城有戍楼。蒙古军抵城下，置30炮攻城，驱俘虏填壕，进攻甚急。城内之法、德等国商人，尽焚其财帛。蒙古军破城后，将城焚毁。乃马真后元年（1242）初，拔都遣合丹统军追击贝拉。贝拉闻蒙古军追至，避入亚得里亚海岸边的岛上。合丹至海边，劫掠斯帕剌托、卡塔罗二城。此时，蒙古军已是强弩之末，无力再攻城略地，而不久之后，又传来了窝阔台汗的死讯，拔都召回合丹。合丹经塞尔维亚，与拔都会合，东归。蒙古军徐徐前行，经瓦剌吉亚、摩勒达维亚等地，于翌年（1243）年初抵达亦的勒河下游的拔都营地。拔都留镇钦察，其他诸王将帅率军东还。此战争，为金帐汗国的建立奠定了基础。元宪宗九年

(1259),蒙哥汗死后,拔都建金帐汗国,都萨莱城(今俄罗斯伏尔加河下游之萨拉托夫),统治斡罗斯两百余年。(图13-3)

图13-3：拔都在萨莱城宫殿内

蒙古的第三次西征发生于元宪宗二年至世祖中统元年(1252—1260),前后共历时八年多。此次西征由蒙哥汗之弟旭烈兀率领,因而又有"旭烈兀西征"之称,亦是蒙古帝国的最后一次西征。借此次西征,蒙古相继歼灭木剌夷国、黑衣大食,并进军叙利亚。

蒙古通过第一、二次西征,先后歼灭花剌子模,征服钦察、斡罗斯、孛烈儿、马札尔诸地,势力扩展至中亚及欧洲。宪宗元年(1251),蒙哥登临汗位,延续了成吉思汗、窝阔台汗时期的西征步伐,进一步开疆拓土,壮大蒙古帝国。早在成吉思汗东归后,花剌子模国王札兰丁即从印度回到波斯,图谋复兴,相继收复部分失地,重建花剌子模国。窝阔台汗继汗位后,派遣大将绰尔马罕进攻波斯,征讨复兴的花剌子模国。通过几次远征,绰尔马罕等终使花剌子模国覆亡,征服了波斯大部分地区,并于其地设立了统治机构,如驻守于木干及阿兰地区的统帅行营、设立于呼罗珊途思城的行省。蒙哥时,马三德兰地区(今伊朗北部马赞德兰省)的木剌夷国、黑衣大食王国(报达国)及叙利亚国,彼此独立,互不声援。其中木剌夷人屡劫蒙古商旅,深为蒙古人所恶,遂成为蒙古第三次西征的首个目标。

宪宗二年(1252)七月,先锋怯的不花率领1.2万人先行进军,为大军攻战做准备。旭烈兀则于和林筹组西征军。三年（1253）十月，旭烈兀率军离开其斡耳朵，统兵西行，命宗王巴刺寒、秃塔儿率拔都从征之军为前锋。旭烈兀大军一路徐徐前进，越阿力麻里（今新疆霍城县霍城镇西北阿脱诺克），抵达突厥斯坦（今哈萨克巴尔喀什湖以南、锡尔河以北地区）、河中（今锡尔河与阿姆河之间地区）。四年（1254）夏，其军留驻突厥斯坦。五年（1255）九月，大军进抵撒马耳干（今乌兹别克之撒马尔罕），稍事休整后，继续西进，抵达铁门关。翌年春，旭烈兀率领大军，渡阿姆河，驻冬于速不儿罕之地（巴里黑之西），旋即向木刺夷地区（今伊朗北部）进迫。

木刺夷国共集军十余万，其中驻守于库希斯坦（今阿富汗西北部和伊朗东北部）境内的有六七万人，驻鲁德八儿区（今伊朗北部、里海西南鲁德巴尔一带）之守兵有五六万人。早于旭烈兀军先行的怯的不花部已进入木刺夷境，先后攻下库希斯坦的数个城堡，后又围困其吉儿都怯堡，因该堡地势险要，蒙古军久攻不克。在此期间，怯的不花部先后消灭木刺夷军5万余人，削弱了鲁克赖丁的实力，至鲁克赖丁嗣位之时，旭烈兀西征大军已通过撒马耳干向其国境迫近。后旭烈兀率领西征军进驻水干城，命拜住带领军队移居小亚细亚，同时命亚美尼亚和格鲁吉亚的公爵们领军参加远征。而后，旭烈兀大军进至撒瓦。派库喀伊尔喀率部支援怯的不花，合攻库希斯坦诸堡。两位将军攻克秃温（今伊朗东部呼罗珊省费尔道斯）后，与旭烈兀大军会合。旭烈兀继续经过徒思（今伊朗东北部马什哈德），抵达尼沙不耳州哈不衫（今伊朗东北部萨布泽瓦尔），派贝克帖木克赴木刺夷谕降。木刺夷拥有重兵，凭险据守，未可即下。旭烈兀遂取逐步消耗策略。

宪宗六年（1256）六月，鲁克赖丁见旭烈兀大军步步压境，感到无力自保，故派其弟沙欹沙去旭烈兀统帅部请降。旭烈兀致书鲁克赖丁，若鲁克赖丁毁其数堡，亲自来营谒见，可保其国不受损害。鲁克赖丁接到旭烈兀信之后，堕其数堡，并把部分要塞削平。旭烈兀亦命拜住帐前将军牙撒兀儿退出木刺夷边境。但是，鲁克赖丁对出谒一事，则请宽限一年。九月，旭烈兀于比斯塔姆再对鲁克赖丁谕以恩威，命其来见。鲁克赖丁仍以宽限为请，并求除保有阿刺模特（今伊朗西北部吉兰首府拉什特）、兰麻撒耳（今伊朗北部里西南的兰加鲁德附近）、刺勒三堡外，其他诸堡一律献出，并谓已命吉儿都苦堡和库希斯坦守将，赴营纳款。鲁克赖丁以为冬寒将临，旭烈兀大军不可能冒着寒冷在山国作战，故作口头退让，以拖延时间，等待良机。旭烈兀认为鲁克赖丁没有投降的诚意，决心以武力解决。他把全军分为三路，向木剌夷国都堡——麦门底司堡（今伊朗剑北部吉兰省与马赞达兰省交界之厄尔布尔土山中）进攻。经激战，鲁克赖丁军不支，被迫于十一月出降。十二月，旭烈兀率领大军进入兰麻撒耳附近。命令塔亦儿不花军和波斯军一起，围攻兰麻撒耳堡。塔亦儿不花军和波斯军奋战数十天，才将兰麻撒耳攻克，于七年（1257）元月班师。至此，木剌夷国全部被旭烈兀占领。

灭木剌夷国后，旭烈兀于宪宗七年（1257）春自可疾云移驻哈马丹，准备进军报达（今伊拉克）。是时，统治报达的是黑衣大食（阿拔斯王朝，建立于750年）第三十六代哈里发谟思塔辛。而黑衣大食自10世纪以来已逐渐没落，其辖境限于依剌克阿剌比之地。另外，是时，哈里发的大权已旁落，将帅大臣又相互倾轧，直至蒙古军濒临城下，方才集军应战。九月，旭烈兀派遣使者往哈里发处通报，令其毁城防来降，谟思塔辛不应，宣战。旭烈兀乃决意攻打报达。他首先派遣怯的不花率领骑兵，进入木剌夷和报达之间的山地，打开从哈马丹通往巴格达的通道。十一月，兵分三路：右路军由拜住率领，从毛夕里（今伊拉克北部边境）渡底格里斯河，向报达西北进攻；左路军由怯的不花、忽都孙率领，向报达东南罗耳之地进攻；旭烈兀亲自率中路军向开尔曼沙（今伊朗赫塔兰，原克尔曼长）、火勒完（今巴格达之东北）进攻。月余，三军即向报达国首都巴格达城前进。旭烈兀中军首先攻破开尔曼沙，于十二月，进至火勒完。

同时，怯的不花率左军占领了罗耳之地大部。拜住率右军在塔克利特（今伊拉克巴格达西北萨拉赫丁省提克里特）附近渡过了底格里斯河，与报达将领费度丁所部相遇，拜住乘夜决堤，用水淹没报达军营后方之平原，后向费度丁军发起进攻，全歼费度丁军。谟思塔辛见费度丁军败，立即下令修缮巴格达城墙戍楼，沿街布置障碍。此时，拜住右军已进占巴格达城河西之附郭；怯的不花左军已进抵撒儿撒儿；旭烈兀中军于八年（1258）正月，已集结于巴格达城东。对报达首都巴格达构成合围之势后，诸军同时开始进攻。二月，谟思塔辛深知败局已定，故带领其亲属、官员、贵人等3000余人，走出巴格达城，向旭烈兀投降。十三日，旭烈兀大军进入巴格达城。报达国至此灭亡。

旭烈兀占领报达后，下一个西进目标即叙利亚。旭烈兀率军西行千里，抵达阿拉伯，又攻下百余城池，降服巴尔苏丹。九年（1259）九月，旭烈兀军兵至叙利亚。是时，叙利亚大部分地区皆处于艾育伯朝的统治之下，而海峡地带则分为安都公国及耶路撒冷国。因旭烈兀在攻占巴格达之后，对当地的基督教徒加以庇护，这使得基督教徒相信可以与蒙古人联合起来，夺回其"圣地"——耶路撒冷。叙利亚纳昔儿王见黑衣大食已为蒙古所灭，其国堪危，故而先派遣其子与大臣前往旭烈兀处表示臣服。但是时，旭烈兀已决意继续西征，不满足于叙利亚的臣服条件，故而准备向叙利亚进军。他再次兵分三路，展开进攻。其军进至额弗剌特河（今幼发拉底河），纳昔儿大震，立即召集诸大臣和将领议战策，但因意见分歧，致军心涣散，乱作一团。纳昔儿王又遣人往赴开罗，求救于埃及王。然而是时，埃及亦处于内乱之中，无力援助。旭烈兀军先后攻克额弗剌特河畔的毕莱特以及额弗剌特河岸上的九个堡垒，继而向阿勒颇城挺进。元世祖中统元年（1260）正月，开始攻阿勒颇城。历经七天的连续攻占，方克其城。旭烈兀军遂由阿勒颇城逼近叙利亚首都大马士革。纳昔儿王获悉阿勒颇城失守，蒙古进军大马士革后，乃潜逃。大马士革城民迎接旭烈兀军。三月，怯的不花率领部抵达其地，宣布安民教令，不许侵害生命财产。后，怯的不花军围攻大马士革子城，经过激战，于四月初打败守军。至此，旭烈兀占领叙利亚国全境。

其后，旭烈兀又向小亚细亚（今土耳其小亚细亚半岛）进军，击败巴尔干诸国之联军。再命郭侃渡海，陷富浪国（即塞浦路斯岛），使地中海诸国甚为惶恐。旭烈兀进至亚洲西南端之地后，准备进攻埃及。此时，蒙哥伐宋阵亡的消息传来，旭烈兀留怯的不花镇守叙利亚，自率其部东归。蒙古军第三次西征至此结束。

三、东西陆路交通的贯通

蒙古崛起的13世纪之初，世界形势风云变幻，诸国纷争，东西方交通受阻。是时，中国正处于分裂割据局面，南宋与金朝以淮水为界，南北相峙；西夏盘踞河西，三政权呈鼎足之势。另外，西北之地还存在着畏兀儿、哈剌鲁、西辽诸民族政权；西南则为吐蕃、大理两政权分控；漠北则为新兴的蒙古族占据。诸政权间或连年争战，或孤立自守。社会动荡不安，交通隔绝，传统的丝绸之路贸易时断时续，发展举步维艰。当时的国际环境亦颇为复杂，控扼东西交通咽喉的中亚花剌子模帝国对中国西境虎视眈眈；斡罗斯、波兰、匈牙利皆已分裂为多个独立的封建公国，各自为政，相互争雄；黑衣大食业已衰落；东欧的拜占庭帝国已为拉丁帝国所取代。政权的动荡不安及诸势力的角力，严重地影响了社会的稳定及经济的发展，中西交通线阻隔，丝路贸易衰落。

随着蒙古三次西征，蒙古军如旋风般席卷了欧亚大陆，征服了东欧俄罗斯平原、伊朗高原、两河流域、中亚草原及东亚广大地区，于欧亚大陆上建立起了一个空前庞大的蒙古帝国。其版图东临太平洋，西至俄罗斯平原，北起西伯利亚北极圈，南到波斯湾，堪称人类历史上地域最辽阔的大帝国。另外，自成吉思汗起，蒙古统治者不断将其所征服的广大地区封授予蒙古黄金家族成员，令受封者驻守各自的兀鲁斯，奉蒙古大汗为共主。成吉思汗时代的术赤、察合台、窝阔台诸小兀鲁斯既是封地，也是后来各政权实体的雏形。加之，蒙哥汗统治时期，奉命西征的旭烈兀受新任蒙古大汗忽必烈册封为伊利汗，获授阿姆河以西诸地，蒙古四大汗国正式形成。四大汗国地跨亚、欧两洲，扼控中古丝绸之路要道。随着蒙古西征的胜利及四大汗国的建立，原本被阻塞、割裂的中西方陆路交通亦逐步恢复畅通，且在原有的基础上获得了很大程度的拓展与开发。

蒙古在第一次西征过程中，先以被征服的河中地区为根据地，继而向呼罗珊、伊拉克、阿塞拜疆、钦察草原诸地进军，相继征服其地，打通了长期为花剌子模国扼控的东西方交通咽喉。蒙古军在征伐上述地区的过程中，亦注重交通线路的恢复与建设。如蒙古军进至天山附近时，成吉思汗令将士"凿石理道，刊木为四十八桥，桥可并车"，①使"古今不许通轮蹄"的地方变得"车马喧阗"，进而改善了丝绸之路的必经之地天山地区的道路交通状况。蒙古军在攻打不花剌时，曾得一名谙熟大道小径的突厥向导，开辟了一条鲜有人知的"汗之路"，这条道路成为商人、旅行家、使者等人往返亚、欧诸地的必经之路，如《世界征服者史》的作者志费尼于1251年前往蒙哥大汗驻地时，借助的正是此道。蒙古人还于中亚各地设置达鲁花赤官镇守，并委任商人牙剌瓦赤总督一切军政事务，继而控制中亚诸地，便利了对沿线交通路线的管理与经营。

蒙古的第二次西征，征服了伏尔加河流域的不里阿耳、钦察草原西部及俄罗斯公国地界，进一步巩固了第一次西征成果。特别是金帐汗国的建立、驿站制度的实施将亚欧诸地连成了一体，东西陆路交通线得到了进一步恢复与拓

---

① 〔元〕李志常著，党宝海译：《长春真人西游记》卷上，河北人民出版社，2001年，第50页。

展。金帐汗国又称钦察汗国，其肇建于第二次西征结束。是时，拔都以伏尔加河下游的萨莱为都，建钦察汗国。因大汗帐色金黄，遂又称其为金帐汗国。金帐汗国疆土大体由两部分组成，一为钦察草原等游牧地区，一为俄罗斯等农耕地区。蒙古人因地制宜进行统治，游牧地区由蒙古人进行直接控制，为汗国的重心所在。而俄罗斯地区则保留其原有诸王公的封建政权，为钦察汗国藩属，接受册封。金帐汗国地处亚、欧北路交通要冲，为欧亚陆路交通之纽带，在丝绸贸易中扮演着重要角色。这里所谓的"北路"即草原丝绸之路。草原丝绸之路肇兴颇早，相继有匈奴、突厥、回鹘等我国北方少数民族控制着丝绸之路沿线贸易。他们将大量的丝绸、金帛等，通过北路贩运到中亚、欧洲各地。13—14世纪，其地为蒙古所据，再次成为亚、欧贸易的主要场所。如拔都萨莱城、别儿哥萨莱城、玉龙杰赤城、保加尔城等，皆成为东西方贸易的集散地与中转站。另外，其境内还有一条通往中国的商道，即丹纳城—萨莱城—玉龙杰赤—讹答剌—阿力麻里—甘州—大都。

蒙古军的第三次西征，进一步巩固了第一次西征及1229年绰儿马罕西征所取得的战果，将蒙古势力延伸至叙利亚，为丝绸之路由小亚细亚向欧洲延伸奠定了基础。另外，此次远征后亦建立了一大封国——伊利汗国。其国东起阿姆河，西至地中海，北抵高加索，南达印度洋，首都为大不里士。伊利汗国地处亚、欧南路交通要冲，与先期建立的钦察汗国一样，皆是沟通亚欧两洲经济、文化的重要枢纽。这里的南路即汉唐以来，起始于长安，西越陇西高原、河西走廊，途经西域，继而通往中亚、南亚、西亚乃至欧洲的陆路交通大道。自蒙古人控制中亚，河中地区的撒马耳干遂成为其经营中心，其地驿站通达，交通便利。而伊利汗国于波斯的建立，扩展了途经小亚细亚至欧洲的丝绸之路路线，使丝绸之路南道更为发达而且完善。为适应东西方贸易形势的发展，伊利汗国开始铸造钱币。其中，海合都铸造的银币（图13-4）和完者都铸造的金币（图13-5）在丝绸之路沿线多有发现。

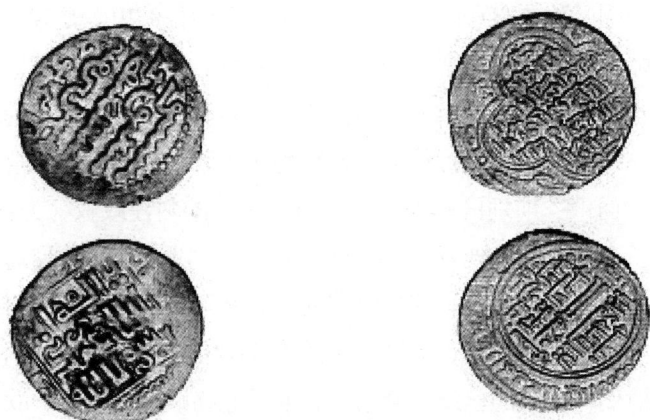

图13-4：上海博物馆藏伊利汗国海合都银币　图13-5：上海博物馆藏伊利汗国完者都金币

除了钦察汗国、伊利汗国，地处中亚腹地的窝阔台汗国、察合台汗国，对于中古时期中西陆路交通的发展与建设作出了重要贡献。窝阔台汗国是由窝阔台所受封的兀鲁斯发展而来的，其统辖地包括额尔齐斯河上游至巴尔克什湖以东地区，其都城设立于叶密立（新疆额敏县），后为察合台汗国所兼并。察合台汗国亦是由察合台汗所受封的兀鲁斯发展而来，其统治地区包括阿尔泰至河中地区，都城设立于阿力麻里。尽管随着忽必烈于1271年改国号为大元，建立元朝，定都大都（今北京），蒙古帝国由世界性大一统帝国转为中原王朝，成吉思汗亡故后，特别是以忽必烈与阿里不哥的汗位之争为契机，四大汗国的离心倾向加剧，但总体而言四大汗国仍牢牢地控制着亚欧两洲的交通路线，同时还通过发展、健全驿路，保护行商等措施，确保丝绸之路线路的畅通与便利，促进了丝路贸易的发展与繁荣，其在中西交通的贯通、元朝丝路贸易复兴的过程中功不可没。

综上所述，借由三次西征与四大汗国的肇兴，原本隔绝的中西方陆路交通重新畅通，中古丝绸之路复兴，并于其西段形成了以河中为中心，向西经金帐汗国通达东欧诸国，向西南经呼罗珊、伊拉克和小亚细亚而至西欧诸国的交通线路。

第二节 元代陆路丝绸之路的发展

蒙古汗国的建立及其后的三次西征，将地跨欧、亚的广阔疆域皆置于蒙古人的统治之下，东西方交通重新贯通，唐末以来被割裂、挟制的丝绸之路贸易也随之复兴和繁荣。古老的陆路丝绸之路，即草原丝绸之路、沙漠丝绸之路及西南丝绸之路在元朝统治者的经营下重新勃兴，焕发出新的生命力。

一、沙漠丝绸之路的恢复与发展

沙漠丝绸之路的肇建可追溯至西汉张骞"凿空"西域之时，西汉统治者大破漠北匈奴诸部，于河西列两关（玉门关、阳关），设四郡（酒泉、武威、张掖、敦煌），移民垦边，修缮驿路，驻兵防戍，确保了中西丝绸之路贸易的发展与初兴。魏晋南北朝时期，丝绸之路贸易虽因中西方政局动荡而受阻，但在北魏王朝的经营下仍保持着基本的畅通和繁荣。至隋唐时期，丝路贸易的发展已趋于鼎盛。辽、金、夏、宋时期，诸政权割地自居，中亚等地战火连年，丝绸之路也因之阻绝、割裂，不复往昔之繁荣。直至地跨欧亚大陆的元帝国建立后，这条沟通东西方政治、经济、文化联系的大动脉才得以恢复其生气。

元代的沙漠丝绸之路大体继承了汉唐以来发展得已颇为成熟的古道，其主道的走向与隋唐以来者无异。汉、唐时期的沙漠丝绸之路或以西安、或以洛阳为起点西行，经陇西高原、河西走廊，西出阳关或玉门关，进至帕米尔和巴尔喀什湖以东以南的西域地区，沿天山南麓和塔克拉玛干沙漠北缘，西越葱岭往波斯直至地中海沿岸，或沿昆仑山北麓和塔克拉玛干沙漠南缘，西去阿富汗、伊朗或折向南往印度等地。

这一时期，河西走廊于沙漠丝绸之路上的地位颇为重要，堪称其咽喉。经河西走廊西行出沙州，分南北两路：南路自沙州向西南，经罗卜、阇鄽、斡端、鸭儿看至可失哈耳。中国的拉班·扫马和马忽思西行、意大利的马可·波罗东来，均经此道。北路则由沙州向西北，经伊州北逾天山，经奇台、别失八里西去。另外，自伊州沿着天山南麓西行，经鲁古尘、哈拉火州再北行至别失八里或彰八里。耶律楚材、耶律希亮先后东返时，曾行此路。元朝的驿道亦行此路。

自沙州西去的丝绸之路的走向与线路在我国传统史籍及国外著作中皆有明

确的记述。加之,新疆地理环境特殊,其道路只能沿着天山南北麓和昆仑山北麓的绿洲上而行,因而路线比较固定。与之相较,自关中至沙州的丝绸之路路线则因两地地理环境迥异,线路则颇为复杂。加之,历史上的丝绸之路并非一成不变,随着地理环境的变迁及政治、宗教形势的演变,除了新开通的道路,一些传统道路的走向亦有所变化。据国内外学者近年的研究与考察,隋唐时期自关中至河西的丝路主要有三条:其一,自西安出发,向西经咸阳、乾县、彬县沿着泾河河谷越过六盘山,于甘肃靖远渡过黄河,经景泰直抵武威、敦煌,这条线路又称为北线。其二,自西安起沿渭河到凤翔、千阳,沿千河河谷,于古陇关(大震关)越过陇山,南折至天水,再沿渭河西经陇西、渭源,越鸟鼠山至临洮后复往西经临夏,再沿大夏河北上,于永靖炳灵寺附近渡黄河,西北溯湟水到西宁,再沿大通河穿越祁连山至张掖、敦煌,称南线。其三,在南线的基础上分支而成,从西安到临洮后,北溯阿干河谷,于兰州南渡黄河,再溯庄浪河越乌鞘岭到武威。这条线比南、北两线开通得都晚,可能开通于三国时期,到盛唐之后成为关中与河西间的一条重要线路。

除上述三条主要线路外,还有不少支线。例如南线到西宁后继续沿湟水向西经柴达木盆地,或北出阿尔金山至敦煌,或继续向西与新疆的昆仑山北麓的丝绸南路相接,我们称它为青海路;还有从夏州(今陕北靖边县北)向西渡黄河沿阿拉善高原北部向西经居延海,再西至今新疆,人们称为居延路等。发展至元代时期,东来河西走廊的道路则分为南北两路:南路是由奉元(今陕西西安)至河西走廊的道路,但元朝的驿道与传统古道有所不同,古道是溯渭水西行,从凤翔经兰州而西北行,元朝的驿道经兰州则走西宁;自凤翔至临洮另有驿道,是通往乌斯藏的。北路是由东胜州经河套到宁夏的道路,此路即元朝的纳怜驿道中的东胜至哈温14站,至元年间还曾利用黄河设东胜至宁夏水驿10站。①

蒙古统治者十分重视对丝绸之路沿线交通的建设与管理,如察合台汗曾修整天池(今新疆赛里木湖)附近的山路,"始凿石理道,刊木为四十八桥,桥可并车"。②令原本"千里横东西,猿猱鸿鹄不过"的天山北道变得"四十八桥横雁行,胜游奇观真非常"。③蒙古夺取原为西夏、金朝分控的河西、陕西关中

---

① 内蒙古社科院历史所:《蒙古族通史》(上册),民族出版社,1991年,第294—296页。
② 〔元〕李志常著,党宝海译:《长春真人西游记》卷上,河北人民出版社,2001年,第51页。
③ 〔元〕耶律楚材:《过阴山和人韵》,《湛然居士文集》卷2,中华书局,1986年,第14页。

地区后，即着力复兴中原经河西、畏兀儿直达西域的沙漠丝绸之路。1228年，按竺迩奉命镇守删丹州（今甘肃山丹）。另外，在蒙古统治者的管理下，天山南路于元代也保持了相当长久的畅通；即使在阿里不哥叛乱期间，这条线路仍可通行。耶律希亮奉忽必烈旨意，自西域返回内地，借助的即是此道。他自察合台兀鲁斯的斡端出发，取道苦叉（今新疆库车）、火州回归内地。① 此外，自沙州沿疏勒河水道前往焉耆、于阗的水路交通的建设与完善，进一步促进了丝绸之路沿线的畅通。在蒙古统治者的治理下，沙漠丝绸之路沿线的道路条件良好，且自河中、呼罗珊、伊拉克、小亚细亚一线地区经济富足，加之汉唐以来，此路线即为欧亚商人、旅行家所熟知，因此，较之路途虽更为捷近，但沿线自然、经济状况相对较差的草原丝绸之路而言，沙漠丝绸之路乃是穿行于欧亚大陆间的商人、使者及旅行家们所通常选择的道路。

与汉朝及唐朝相异，元朝的政治中心位于大都，因此，沙漠丝绸之路亦向东延伸，其起点已不能单纯地概括为西安或洛阳。汉唐之世，从西安经河西走廊至新疆通往西亚和欧洲的丝绸之路，还存在着一条途经今内蒙古的古代东西交通线，亦即元代阴山与黄河之间所存之路，其西段沿用了沙漠丝绸之路故道，东面大约到甘肃武威（凉州）后，便向东南到兰州，再逆黄河北行至内蒙古；也可能由武威东行至宁夏中部，再沿黄河北行至内蒙古，直至元代的上都（正蓝旗闪电河北），或到元大都（北京）。由武威往北沿黄河到内蒙古，再到元代都城的这条大道，可视作昔日沙漠丝绸之路的延伸或改道。因为原来的丝绸之路由新疆经河西走廊至兰州，再由兰州至西安；而元代的东西交通干线，则由武威改道沿黄河而北至大都或上都。这种变迁的主要原因是政治中心变了。② 除了这条大道外，还存在着一条始发地并非中原汉地，而是位于漠北和林的丝绸之路，其所经行的大部分地区皆与沙漠丝绸之路的线路重合。由和林西南行，经亦集乃路（今内蒙古额济纳旗黑水城）至河西走廊的肃州（今甘肃酒泉），由此西行新疆，经西亚至欧洲。蒙古帝国时代直至元初的西方旅行家到和林，都走这条路。

元代，沙漠丝绸之路的重新畅通，极大地促进了丝绸之路贸易活动的复

---

① 危素：《耶律希亮神道碑》，《危太仆文集续》卷2。
② 盖山林：《从考古发现看内蒙古地区在元代东西交通中的地位》，《中外关系史论丛》第1辑，世界知识出版社，1985年，第49页。

苏，而丝路贸易的繁荣又带动了丝绸之路沿线各地的发展，除了一些继续保持兴旺的老牌商业重镇外，沙漠丝绸古道上还兴起了一批新的商业都会。

沙漠丝绸之路，尤其是其中的秦陇段，即西安至敦煌一线，自汉唐以来即是丝绸之路主线，而沿线的宝鸡、天水、兰州、武威、张掖、酒泉、敦煌等皆是传统的商业大都会，它们如同镶嵌于丝路贸易走廊上的明珠，熠熠生辉。元代的丝绸之路秦陇段仍为穿梭于欧亚大陆的行商所倚重的贸易干线，而上述诸地于丝路贸易中仍然扮演着商业大都会的历史角色。

敦煌亦即中古时期的沙州，位于河西走廊的最西端，地处甘肃、青海、新疆三省的交会处。敦煌为古代中国通往西域、中亚和欧洲的交通要道，即沙漠丝绸之路的咽喉。1227年，蒙古大军灭西夏，攻克沙州诸地，河西尽归蒙古所有。蒙古统治者升沙州为沙州路，隶属甘肃行中书省，后升为沙州总管府。早在蒙古灭西夏、夺取金朝所控制的关中地区之后，统治者即着手恢复、重建传统的沙漠丝绸之路。其后，元朝亦致力于对沙州的驻守与管理，沙州一度呈现出经济文化繁荣的景象，与西域的贸易更加频繁。是时，西域及中亚的商人进入河西后，首达敦煌，他们于此贩运丝绸、漆器、粮食、服饰等。因而，敦煌不仅为中西交通的门户，同时亦是欧亚诸地政治、商业等"华戎所交"的一大都会。意大利人马可·波罗就是这一时期途经敦煌漫游到中原各地的。自汉唐时期，其地的商贸活动颇为繁荣，发展至元朝，尤是如此。

武威即古代凉州，位于甘肃中部，河西走廊的东端，河西四郡之一。武威地理位置优越，东接兰州，南靠西宁，北临银川与内蒙古，西通新疆，处于亚欧大陆桥的咽喉地位。因此，历史上武威即为沙漠丝绸之路的要冲。1229年，窝阔台汗登汗位后，不仅分给其子阔端三千军民，更把"唐古惕地区分给他作封地，并把他和军队一起派遣到了那里"①。1235年，阔端率兵攻伐四川，即前往凉州就封土，逐渐形成了以凉州为中心的兀鲁斯集团。有元一代，凉州以其特殊的地理位置及良好的社会经济环境，继续扮演着丝绸之路重要商镇的角色。

除了传统的商业重镇，元代的沙漠丝绸之路沿线还涌现出了几大新兴商业都会，如元大都、撒马尔罕等。

大都在突厥语中为"汗八里"，意即"大汗之居处"，自元世祖忽必烈至元

---

① [波斯] 拉施特著，余大钧等译：《史集》第1卷第2分册，商务印书馆，1983年，第381页。

四年（1267）至元顺帝至正二十八年（1368），皆为元朝国都。大都地理位置颇为重要，北连上都、和林诸地，"东至于海，西逾于昆仑，南极交广，北抵穷发，舟车所通，宝货毕来"①。可见，大都借由其优越的地理位置，俨然成为元代丝绸之路上又一个新兴的国际性大都市。大都共有十一个城门，南面偏东的文明门外，是号称汇集南方百货的"舳舻之津"；正南的丽正门外，是号称勋贵聚居的"衣冠之海"；南面偏西的顺承门外为"南商之薮"；西面偏南的平则门外为"西贾之派"。据《析津志》载，元大都城内外的商业行市有30余种，包括米市、面市、缎子市、皮帽市、帽子市、穷汉市、鹅鸭市、珠子市、沙剌市（即珍宝市）、柴炭市、铁器市等。其中最繁华的三处：其一位于南面偏西的顺承门内，有羊、马、牛、骆驼、驴骡等市；其二位于今东四牌楼西南，称枢密院角市；其三是位于全城中心（钟、鼓楼周围）的斜街市，有缎子、皮帽、鹅鸭、珠子、沙剌（珠宝）、铁器、米、面等市。②这些市场上所出售的商品，除了当地所生产的一些日常生活用品外，很多商品来自全国各地乃至中亚、西亚，甚至欧洲。据《马可·波罗游记》记述：在大都市场上做生意的不但有中国境内南北的豪商巨贾，而且还有远自中亚、南亚的商人，"凡世界上最为稀奇珍贵的东西，都能在这座城市找到，特别是印度的商品，如宝石、珍珠、药材和香料"。"根据登记表明，用马车和驮马载运生丝到京城的，每日不下一千辆次"。加之是时，海运大开，河运通畅，"川陕豪商，吴楚大贾，飞帆一苇，径抵辇下"，这亦为大都提供了丰富商品。当然，在这些数量巨大、品种丰富的商品中，更多的是专供达官显贵享用的甄氍貂貀等珍贵皮毛、珠琚香犀等奇珍异宝、锦纨罗毯等纺织品。由大都商业贸易活动的兴旺，可从中窥见元代沙漠丝绸之路的繁荣。

撒马尔罕城位于今乌兹别克斯坦首都塔什干附近，它是中亚古老的城市之一，其历史可追溯至公元前5世纪，是时，善于经商的粟特人将撒马尔罕建造成一座美轮美奂的都城。撒马尔罕地理位置重要，它连接波斯、印度和中国，故而也成为丝绸之路上重要的枢纽城市。蒙古第一次西征，攻占了作为花剌子模国新都及文化中心的撒马尔罕，中亚各地尽入蒙古人囊中。此后，蒙古人以

---

① 〔元〕程钜夫：《程雪楼文集》卷7《姚长者碑》。
② 〔元〕熊梦祥著，北京图书馆善本组辑：《析津志辑佚·城池街市》，北京古籍出版社，1983年，第4—7页。

撒马尔罕为统治中心，广设驿站，便利交通，移民撒马尔罕城。随着东西交通的重新贯通及丝路贸易的复兴，撒马尔罕之地四方商贾云集，各种文化互相交融，一派"国际都市"的景象。

宋、夏、金时期，金建国于北，西夏割据在西，宋立于中原，三政权政治上对立，经济上自据称雄。中亚和河西地带战火连年，草原、绿洲遭毁，受其波及，沙漠丝绸之路不复往昔的鼎盛。南宋时，随着政治、经济重心的南移，海上丝绸之路兴起，沙漠丝绸之路渐渐丧失了在东西方经济、文化交流中所占的主导地位。元时，虽在统治者的经营下，逐步恢复了其活力，并获得了一定的发展，但是，其繁荣程度亦无法与隋唐时期相比。导致这种结果的原因有以下几条：其一，是时，亚欧大陆进入了寒冷期，沙漠丝绸之路西向段的自然、地理环境日益恶化，尤其是作为主干的西域地区已越来越不适宜人类居住。其二，随着四大汗国的相继独立，元王朝中央集权地位的下降，西域地区已脱离统治者的掌控。其三，沙漠丝绸之路沿线地区经济呈现衰败之势。因此，在以上因素及其他多种因素的影响下，有元一代，沙漠绿洲之路虽较两宋时期有所恢复和发展，但其繁荣程度已远远逊色于汉唐时期。

二、草原之路的开拓与繁荣

草原之路肇建于匈奴时期，发展至元朝达到鼎盛，它是我国中古北方草原游牧民族所创建的一条重要的交通道路。草原之路又称"草原丝绸之路"，但就这条道路上所运输及贩卖的货物而言，其主要商品除丝绸之外，还有皮毛、珠宝、金银等，且以后者为主要贸易物，故而这条道路又有"皮货之路"与"珠宝之路"之称。有学者指出，与其将这条道路称为"草原丝绸之路"，不若称为"草原商路"更确切。

与横贯中原、西域地区的沙漠绿洲丝绸之路相比，草原商路开创的时间更早、范围更大。它的开拓与发展得益于长期活跃于我国北方地区的古代诸民族，如匈奴、突厥、回鹘等，其线路的基本走向为自中原地区向北越长城，入塞外，继而穿越蒙古高原、南俄草原、中西亚北部，西往欧洲。但是其中心地带亦因时代的变迁、诸民族势力的此消彼长而改变，如匈奴统治时期，其中心位于漠北，鲜卑时转至漠南，契丹与蒙元时则移至内蒙古东部草原，其迁移与变化亦得到了历史遗迹、遗物的证明。

蒙元时期，建立起窝阔台、察合台、钦察、伊儿四大汗国及元朝，继而将欧亚大陆连为一体，并于广阔的地域内广设驿站，将所属各地连接起来，从而使历代为诸民族割据、阻断的古丝绸之路重新开通，草原商路亦重新开通。同时，因时代的变迁、统治民族的变化，元代的草原商道虽大体仍沿袭其古老线路，但亦有所变化。早在蒙古帝国统治时期，草原商路与亚欧大陆草原大道即成为沟通蒙古高原与中原，西方经济、贸易联系的纽带。忽必烈统一全国，肇建元朝，将其都城由漠北和林移往上都（位于今内蒙古自治区正蓝旗东昭乃门苏木）、大都（今北京），草原商路亦随之向南延伸，经大运河南下扬州，到达东南沿海地区的丝绸产地；向西则借助亚欧大陆草原之道与中亚北部地区相沟通，继而直达欧洲中部诸地。而蒙古高原也成为连接中原与西方交通的大陆桥。

有元一代，草原商路大体以漠北和林之地为界，分为东向草原商路与西向草原商路。据陈尚胜研究，元朝时西向草原商道大体有三条：

其一为由漠北前往中亚的天山北麓路线：自和林西行，直趋金山，经横相乙儿（今新疆青河），折西南下至别失八里（位于今新疆吉木萨尔北破城子），继而沿阴山（今天山）北麓西行，经俱六（今阜康）、古塔巴（今呼图壁）、仰吉八里（今玛纳斯河西）、丁柯八里（今精河）、普刺（今博乐）、天池抵阿力麻里（位于今新疆霍城西13公里处），西渡亦列河（今伊犁河），前往塔刺思（即唐代怛罗斯，今哈萨克斯坦共和国南境的江布尔）。由此向西北沿忽章河（今锡尔河）而行，经大盐池（今咸海）和里海北岸，可抵钦察汗国以及欧洲；由塔刺思向西南行，越过忽章河和阿姆河，可抵伊利汗国以及西亚地区。

其二为准噶尔盆地北缘路线：自和林西行至金山，然后从横相乙儿西行，过龙骨河（今乌伦占河）沿准噶尔盆地北缘西行，至窝阔台汗的封地叶密立（今新疆额敏县境内的额敏河南岸），再由此西南行至阿力麻里，与前述的天山北麓路线相合。

其三为越阿来岭的路线：自漠北溯科布多河而上，越阿尔泰山的阿来岭，即进入窝阔台的封地，由此顺布克图尔玛河而下，渡也儿的石河（今额尔齐斯河），向西即进入钦察汗国，向南则进入察合台汗国。

东向草原商路则以元上都为中心，南至大都，西至和林，北至呼伦贝尔，东至奴儿干。

其中西向和林的道路有两条：一为自大都出发，经上都、应昌（今内蒙古克什克腾旗达里诺尔西南），西北行抵克鲁伦河上游，转而西行至和林；一为自大都出发后，经兴和（今河北张北）、丰州（今内蒙古呼和浩特东白塔镇），出大青山，过净州（今内蒙古四王子旗城卜子村）、砂井（今内蒙古四王子旗境内），渡大漠，西北行至翁金河，沿河北上抵达和林。

北至呼伦贝尔的道路自上都之祥州（今农安北），转而西北行，经肇州（今黑龙江肇东四站八里城）、泰州（今洮安附近），再沿嫩江、雅鲁河北上至吉塔（今龙江）、斜鲁（今雅鲁），过兴安岭、移色迷（金代之移迷，今之伊敏河）、辉河，而达吾失温（今乌尔逊河），最后与阿木哥（今阿木古朗）相连接。①

东至奴儿干的道路分三条：自上都出发，一线由详州（今黑龙江宁安市）东北向，经宾州（伊通河与松花江汇流点附近）、金代上京（今黑龙江哈尔滨阿城区白城）、捻站（今黑龙江巴彦）、不牙迷（今黑龙江木兰县）等，再沿松花、黑龙二江下游，直抵恒滚河口北岸的末末吉站（今俄罗斯莽阿臣屯）。其中从莫鲁孙至末末吉是十五个狗站。另一条是由详州东南向，经石敦（今吉林市东南）、唆吉（在甘肃敦化市境）、南京（延吉市城子山城）、端州（今朝鲜端川）、青州（今北青）、洪宽（今洪原）等地，至合懒府（今朝鲜咸兴）；第三条由唆吉往东，经东详州、土罗火、希田、开元（今依兰南）等地，达滨海永明城（今俄罗斯符拉迪沃斯托克）。②

上述交通线路的复兴与开拓，中原、蒙古高原以及亚欧草原连成一体，东西方政治、经济、文化交往日益密切，继而形成了以和林、上都、集宁、大都等为代表的大都市。来自东西方国家的商人、使者等聚集于此，致力于政治上的沟通及经济上的贸易。这些大都市亦成为草原商路复兴，促进中西经济、文化交往的重要见证。

和林又称哈拉和林（突厥语"黑圆石"），位于今蒙古国境内前杭爱省的哈尔和林。蒙古帝国第二代大汗窝阔台汗于七年（1235）命汉族工匠于鄂尔浑河岸建筑都城，以哈拉和林为城名。城南北约4里，东西约2里。大汗所居的万安宫在西南隅，有宫墙环绕，周约2里。据1254年到和林访问的法国使臣卢

---

① 王绵厚、李健才：《东北古代交通》，沈阳出版社，1990年，第254—264页。
② 张博泉：《东北历代疆域史》，吉林人民出版社，1981年，第243—248页。

布鲁克记载,城内有两个居民区:一为回族区,内有市场;一为汉人区,居民尽是工匠。此外,还有官员宅邸以及十二所佛寺、道观,两座清真寺,一座基督教堂。由于蒙古国的强盛,哈拉和林成为当时世界著名城市之一,各国国王、使臣、教士、商人来访者甚多。窝阔台汗亡故后,继任的贵由汗、蒙哥汗皆坐镇哈拉和林管理帝国。中统元年(1260),元世祖忽必烈在开平城(上都)即位,其幼弟阿里不哥则据哈拉和林地区自立为大汗。中统二年(1261)冬,忽必烈军打败阿里不哥,进占哈拉和林。中统四年(1263),忽必烈升正蓝旗为上都,翌年又升燕京为中都(后改大都),蒙古国政治中心移至漠南汉地。忽必烈建立元朝并迁都大都(今北京)后,哈拉和林虽丧失了其都城地位,但仍为漠北重要都市,元朝以大臣出镇,遣重兵防守,于其地开屯田,建仓廪,立学校。

自蒙古人登上世界历史舞台后,漠北地区遂成为世人瞩目的中心。来自各国的使者、商人、传教士等往来穿梭于漠北地区,源源不断地将世界各地的各种物质文明与精神财富带到这里。和林为漠北重镇,地处亚欧草原的过渡地带,为元代草原丝绸之路西向中亚、西亚乃至欧洲各地的关键枢纽与中转站,因而随着陆路丝绸之路的复兴与繁荣,和林发展成为丝路贸易线上的一颗璀璨明珠。

20世纪中叶,哈剌和林及鄂尔浑河右岸的杭爱山北麓广阔地区关于13—14世纪的考古发现,证明哈拉和林为草原商路重镇。元朝时的草原商路颇为繁盛。例如,此地发现的中国式建筑废墟积层文化遗址中,不仅有手工作坊和商业城镇建筑,而且还出土了大量宋元时中原地区烧制、涂有彩釉的精美陶瓷。在一些蒙古人墓葬中,亦出土了绸缎花布、漆制品和象牙雕刻等。[1]1948—1949年,苏联考古学家C.B.吉谢列夫率领"蒙苏联合考古队"于哈拉和林一处遗址进行了大规模发掘活动。此次发掘发现了筑有六十四根圆柱支撑的大厅,确定了1235年建造的窝阔台汗宫殿——万安宫的准确位置,还于手工业作坊和店铺遗址中出土了工具、武器、装饰品、钱币、带有蒙古文的印章等遗物。上述出土物及发掘现场所呈现的景象与法国人威廉·鲁布鲁克在《东行纪》中的描述一致。文献记载与考古发掘的高度吻合皆有力地证实了这处遗址即古代蒙

---

[1] [苏]叶弗邱霍娃:《哈剌和林出土的古代中国陶瓷》,《苏联考古学》1959年第3期。

古帝国首都哈拉和林。由是可见，元帝国时期，和林为草原商路上的一大商业中心，其经济文化颇为繁荣，往来于此的各国行商将中原及东南沿海地区的丝绸、瓷器、漆器等手工业制品源源不断地输入蒙古高原。

元上都（图13-6）为草原商路的又一重镇，位于内蒙古锡林郭勒盟正蓝旗东北处、闪电河北岸。它始建于蒙古宪宗六年（1256），初名开平府，中统五年（1264）改名上都，又名上京、滦京。元上都地理位置特殊，"控引西北，东际辽海，南面而临制天下，形势尤重于大都"。①上都距蒙古汗国原政治、军事中心和林较近，是沟通南北东西的重要枢纽，历来受到蒙古统治者的重视。

图13-6：元上都遗址

这座由蒙古族肇建的草原都城，被认定是中原农耕文化与草原游牧文化相结合的奇妙产物，史学家称誉它可与意大利古城庞贝媲美。上都城由外城、皇城、宫城和外苑组成。外城周长十八九里。内城为皇城，外城为市区。城内有宫署约60所，各种寺庙160余处，如大明、仪天、宝云等殿，大安、延春、连香等阁；绿珠、瀛州两堂以及振堂等重要建筑。城外东、南、西有关厢，建筑物甚多，民居及商肆店铺等主要集中于关厢地带。据记载，元上都曾拥有11万人口，驿道四通八达，为漠北与中原的交通枢纽。每年春夏秋三季，上都城的城外比城内更繁华，流动人口有数十万乃至上百万之多。

元上都城内的西关，是各国商人进行交易的地方，也是当时北方草原地区的商业中心。元人虞集在《贺丞相墓铭》中描绘道："（上都）自谷粟布帛以至纤靡奇异之物，皆自远至。宫府需用百端，而吏得以取具无阙者，则商贾之

---

① 〔元〕虞集：《贺丞相墓铭》，《道园学古录》卷16，四部丛刊本。

资也。"①在元朝,外国使者、旅行家、商人、教士等频繁前往中国,草原上的元上都也留下了他们的足迹。如发郎国(中世纪近东人对欧洲人的称呼)的使者于中统二年(1261)在开平(上都前身)朝见忽必烈;元惠宗时期,发郎国人再次到达上都;后至元二年(1336),元惠宗派遣发郎国人安德烈及其他十五人出使欧洲,致书罗马教皇,教皇又派遣马黎诺里等人到元上都谒见元惠宗,并呈献罗马教皇的回信和礼物。意大利商人马可·波罗于至元十二年(1275)随父来到元上都,受到忽必烈的接见,并到元朝各地游览,回国后写下《马可·波罗游记》,介绍了元上都的宫廷生活和礼仪、蒙古族的生活风习等。另外,印度、缅国(今缅甸)、尼波罗国(今尼泊尔)等国的使者、僧侣、工艺家、商人等都曾来到元上都,促进了北方草原地区与西方国家经济、文化的交流和发展。

有元一代,上都商贾工匠云集,繁荣兴盛,其地不仅汇集有自中原而来的商人,也有从中亚和欧洲来的商人,他们将金属器皿、日用品及上流社会所享用的奢侈品运来,又将上都所生产的畜产品运走,促进了以元上都为中心的蒙古地区的经济繁荣。

元代集宁路(图13-7),位于内蒙古乌兰察布市察右前旗,建于金章宗明昌三年(1192),原系金代集宁县,为西京路大同府抚州属邑。元朝初年,升为集宁路,属中书省管辖,下辖集宁一县。金代,其地是金同漠北进行贸易活动的重要地区,后为元朝所用,继而发展成为元朝的一个榷场,是北方草原地区重要的商品集散地和连接北方草原地区与中原地区商贸交易的重要纽带。据元代集宁路古城遗址的考察,古城东、北墙保存较好,宽5米—6米,残高0.5米—2.5米。西、南墙破坏严重,已模糊不清。东、西墙各设一门,东门位于东城墙北段,外置方形瓮城;西门设在西城墙中段,外置马蹄形瓮城。南门情况不详。城内道路六纵七横,将古城分为31个单元,城内北部正中有一大型的建筑台基,台基南部为市肆遗址,城外西侧有一条南北向的道路直通西门瓮城。

---

① 〔元〕虞集:《贺丞相墓铭》,《道园学古录》卷16,四部丛刊本。

图13-7：元集宁路航拍图

2002年，内蒙古文物考古研究所对集宁路古城遗址进行了抢救性考古发掘，发掘面积达22045平方米，共发现房址91组、灰坑（包括窖穴）822座、灰沟110余条、水井22眼、道路9条、窑址23座、墓葬11座、瓮棺葬4座、窖藏34座，出土了大量不同质地的器物。其中完整瓷器200余件、可复原瓷器7416件、陶器877件、金银器10件、铜器351件、铁器268件、骨器456件、铜钱36849枚，其他石器、木器等各类器物2000余件。上述遗迹、遗物的出土，不仅反映了元代集宁路丝绸之路的繁荣与兴旺，也为我们研究元代城市制度、经济文化发展提供了珍贵而翔实的实物资料。

集宁路古城遗址出土的大量碎瓷片中，除了属于中原七大窑系的瓷器外，还有青花瓷出土，它的出现给青花瓷历史增添了一大亮点。关于青花瓷的创烧，学术界通常将其定于元延祐年间（1314—1320），即14世纪初，而此次于元代集宁路出土的青花瓷却颠覆了这一传统认识。主持此次考古活动的内蒙古考古研究所所长陈永志指出，集宁路古城遗址出土的青花瓷器，从器形、釉色、胎釉装饰及画面构思等方面看，其烧造技术已经相当成熟。至正十一年（1351），元朝爆发红巾军起义之后，全国各地农民起义风起云涌。翌年（1352），生产青花瓷器的江西景德镇也遭到冲击。至正十四年（1354），元朝在江西的各地方政权接连垮台。没有政府强有力的管理和稳定的社会秩序、生产秩序，不可能烧制出质量上乘的青花瓷器，特别是烧制高质量青花瓷器所需的钴料必须从国外输入，战乱必然会给原料供应带来困难。当时南北交通因各地农民起义而被阻断，这批珍贵且娇贵的青花瓷器很难在战火纷飞中运至北方草原地区。再结合集宁路古城遗址出土的纪年瓷器，最晚的年号为后至元期间

(1335—1340),由此推断,这批工艺成熟的元青花瓷器为至正年初(1341)之前,皇庆二年(1313)前后之产品。以此为基础,结合考虑瓷器烧造技术有一个产生、发展和成熟的过程,从而推断元青花瓷器的创烧时间可能比原本推断的延祐年间更早,极可能为至元年间。

2005年,内蒙古文物考古研究所再次对元代集宁路古城遗址进行了发掘,此次考古又有诸多新发现。发掘房址12组、灰坑45座、灰沟6条和窖藏3个等,出土了瓷器、陶器、铜器、古钱币等各类器物470余件(图13-8/9)。其中出土的181件完整或可复原瓷器,引人注目。这些瓷器分属钧窑、磁州窑、耀州窑、龙泉窑和景德镇窑等多个中国古代窑系。在出土的大量瓷器中,一件景德镇窑系的青白釉鸟食罐最为珍贵。此鸟食罐近似一个海螺造型,口沿趴着一个裸体的小人,通体青白色、明洁光亮,整个造型十分生动。此文物为内蒙古首次发现,在全国也属罕见。此次出土的龙泉窑瓷器亦十分精美,有粉青、豆青等品种,釉面纯正、光滑如脂、玻璃质感很强,许多器皿的内底部还饰有花卉、动物图案,十分考究。其中有一只完整的龙泉窑碗,整体为一荷叶造型,碗内底部饰有一只小乌龟,造型质地十分独特。

图13-8: 集宁路出土青花梨形执壶　　图13-9: 集宁路出土元高丽青瓷龟形砚滴

我国北方草原地带,特别是塔里木河、天山山脉、居延黑河、弱水流域,以及阴山、大兴安岭等狭长地带,水草茂盛、森林密集,为草原丝路的建立和发展提供了优越的地理环境和自然条件。虽然自河西至阴山数千里间多有戈壁、荒漠,然而黑河、弱水流域、居延之地草丰林茂,是连接草原丝路的重要交通枢纽。位于居延地区的西夏黑水城,即元代亦集乃路,南邻张掖、酒泉,东接阴山,北通和林,是古代河西至和林的交通咽喉,为商旅经居延西去东行提供了条件。随着草原商路的繁荣,亦集乃路也发展成为丝路贸易之路上的一个中心。

亦集乃路出土的生产工具,如铁制的镢、铲、犁铧等,以及诸多的石磨及城内的磨坊遗迹,充分反映了当时农牧业的兴盛。可以想见,草原丝路商旅经行此地,休息整顿,补充给养,用货币购买或商品交换粮食、肉类及其他生活用品。商旅到达这座城市以后,必须准备40天的食物。因为再向北行进时,需要穿过一片大沙漠。①黑水城手工业也比较发达,日常生活用的陶瓷器可自行烧制,亦集乃路遗址出土的陶瓷器皿甚多,器种包括缸、瓮、盆、罐、碟、碗、盏、瓶、壶、香炉等。1911年,英国探险家斯坦因到达黑水城,"觅得有釉之破碎陶器甚多,率作青绿两色,间杂冰裂纹,大块碎片不少,此种陶器疑即当地所制"。②

商品贸易的繁荣亦促进了货币流通,同时商品交易货币化又推动了商品经济的繁荣。元代纸钞的出现,为商品经济的发展提供了便利的交换媒介。元朝是世界上最早推行纯纸币货币制度的王朝,且制定了一套比较严密、完善的纸币管理制度和钞法。亦集乃路相继出土的大量元代纸钞,即证实了元钞的发行与使用,同时亦说明元钞制度的施行不但对草原商路货币经济的发展起了巨大的推动作用,而且也为中国货币史和世界货币史书写了辉煌的一页。

第三节　元统治者对陆路丝绸之路的经营与管理

元代,陆路丝路贸易的再次繁荣不仅得益于当时中西陆路交通的贯通、开放的政策,同时与统治者对陆路丝绸之路的经营与管理密切相关。他们不断建设和完善中西驿路交通,保障了丝绸之路的畅通无阻;他们注重保护东来西往的行商,以保证贸易的顺利进行;他们注重丝路贸易的管理,以促进其持续繁荣。

一、驿站系统的肇建与完善

元代的陆路丝绸之路沿线皆设有驿站,以便商人、使者、旅行家等各色人

---

① [意] 马可·波罗著,冯承钧译:《马可·波罗行纪》,上海书店出版社,2001年,第132页。
② [英] 奥里尔·斯坦因著,向达译:《斯坦因西域考古记》附录《斯坦因黑水获古纪略》,中华书局,1936年,第257—258页。

物往来于东西。可以说，这一时期的丝路贸易路线建立于元代发达而完善的驿站系统之上，两者几乎重合。尽管元时的驿站最初是为专门处理军国大事而置，即史书所云"盖以通达边情，布宣号令"，①但在客观上却再一次贯通了亚、欧陆路交通，加强了境内外各地区和各民族之间的政治、经济、文化联系。因而，在蒙古势力所及的辽阔区域内，借由四通八达的驿站系统，东西陆路交通连成一体，保障和促进了丝绸之路的畅通无阻。同时，驿站还为丝绸之路的行商、朝贡人员提供居所、衣食、铺马等，使其得到极大的便利与安全保障。因而，统治者对于帝国内驿站的建设、修缮及管理皆有力地促进了丝路贸易的发展。

邮驿制度在中国有着悠久的历史，可上溯至商周时期。关于其名，周代称邮，秦代沿用之。汉代称驿，有"邮驿令"的设置。隋唐时期，邮驿的规模已远超汉代，而宋代的邮驿则沿袭唐代。转至元时，建立起"星罗棋布，脉络贯通，朝令夕至，声闻毕达"②的驿站交通网络。元代的驿站即站赤，后来，"站"日益流行，而"驿"则逐渐消失不用了。③元代官修史书《经世大典》中专列"站亦"一门，并指出"站赤者，国朝驿传之名也"。蒙元时期将亚欧两大洲连接起来的驿站系统举世罕见，驿站范围之广、规模之大、组织之严密，为中国历史上所未有。

蒙古人对于驿站的建设，最早可溯源至成吉思汗统治时期。是时，为了便于军事行动，进行统治和运输货物，成吉思汗于征服地区广泛修建道路和桥梁，设立驿站。1219年，成吉思汗西征，途金山，命斫冰为道以度师。④后又令其子窝阔台、察合台分别率部开辟金山及阴山的通道。他在保存及维护金朝原有驿传的同时，还初步建立起了通往中亚的驿站。对此，志费尼在《世界征服者史》中有如下记载："他们的领土日广，重要事件时有发生，因此了解敌人的活动变得重要起来，而且把货物从西方运到东方，或从远东运到西方，也是必需的。为此，他们在国土上追设驿站，给每所驿站的费用和供应作好安

---

① 〔明〕宋濂等：《元史》卷101《兵志四》，中华书局，1976年，第2583页。
② 〔明〕宋濂等：《元史》卷63《地理志》，中华书局，1976年，第1563页。
③ 陈广恩：《元代西北经济开发研究》，澳门：澳亚周刊出版有限公司，2005年，第227页。
④ 〔元〕耶律楚材著，向达校注：《西游录》上，中华书局，1981年，第1页。

排，配给一定数量的人和兽，以及食物、饮料等必需品。"①而《长春真人西游记》中关于道士丘处机应大汗的邀约，率领众弟子觐见成吉思汗，沿途使用蒙古驿站的记载更是俯拾皆是。另外，耶律楚材在他所作的《西游录》中亦谈及成吉思汗时期驿传情况。由是可见，成吉思汗时期，一些地区确实已经设立和使用驿传，至少在使用汉语作记录的作者眼里，认为已经与前代的驿传相差无几。

尽管成吉思汗时期，蒙古汗国内已经有了驿站的设置，但此时的驿站制度尚不完备，亟待改善，诚如太宗窝阔台汗所言："我们的使臣来往，使得百姓也沿途奔驰，来往的使臣其行程迟延，百姓也劳累受苦。如今朕颁布定制，由各处千户，派出札木臣和马夫（兀剌阿臣），在各处设置驿站。使臣们无紧要事，不得沿着百姓处来往，而要沿着驿站来往。"②太宗统治时期，驿道逐步系统化；建立了有组织、有规模的佥发站户；制定了管理及使用驿站的各项措施，因此他被视为蒙元驿站制度的创立者。如《圣武亲征录》载："己丑（1229）八月二十四日，诸王、驸马、百官大会于怯绿连河曲雕阿兰，共册太宗皇帝登极。太宗遂议征收金国，助贫乏、置仓廪、创驿站。"③《元史》卷2"太宗元年（1229）秋八月"条亦载："始置仓廪，立驿传。"④太宗除了划定驿站路线、规范使臣行为外，还与察合台、拔都等人商议，将汗国境内的驿站连接起来，即自和林至阿力麻里，将窝阔台、察合台所立驿道相连，拔都所立者则东行至伊犁，三者相通。可见，太宗统治时期，即已开始着手于将诸王封地驿道与大汗统治区驿道连接起来。窝阔台汗还建立了纳怜站、塔阳站，对此《史集》记载道："从乞台国（汉地）到该城（和林），除伯颜站以外，还设置了一些站，被称为'纳怜站'。每隔无程就［有］一站。"⑤纳怜站是从汉地通往和林的驿道。而负责操办塔阳站修建的除大汗朝廷外，还有察合台、拔都、拖雷等人。⑥而由窝阔台汗所肇建的驿站系统后经贵由、蒙哥汗的进一步发

---

① ［伊朗］志费尼著，何高济译，翁独健校：《世界征服者史》上，内蒙古人民出版社，1981年，第34页。
② 余大钧译注：《蒙古秘史》，第279节，河北人民出版社，2001年，第489页。
③ 王国维：《圣武亲征录校注》，《王国维遗书》第13册，上海古籍书店，1983年，第79—80页。
④ ［明］宋濂等：《元史》卷2《太宗纪》，中华书局，1976，第29页。
⑤ ［波斯］拉施特著，余大钧、周建奇译：《史集》第2卷，商务印书馆，1986年，第69页。
⑥ ［波斯］拉施特著，余大钧、周建奇译：《史集》第2卷，商务印书馆，1986年，第60—61页。

展,尤其是世祖忽必烈时期,以大都为中心的四通八达的驿站交通网络业已形成,管理制度亦日趋完善,元代全国性的驿站交通体系即告而成,终元一世,几无所变。诚如元人所言:"元有天下,薄海内外,人迹所及,皆置邮传,使驿往来,如行国中。"①

大蒙古国时期,连接漠北与中亚及欧洲的主要驿道有两条。第一条驿道自和林出发,越金山而西,经乌兰达坂(今科布多之南的金山口子),至乌伦古河上游与青吉里河汇合处,折而往南,穿越古尔班通古特沙漠,抵达位于阴山北路的别失八里,沿阴山北麓西至阿力麻里(今新疆霍城西北),由此西逾伊犁河谷地,到达中亚河中地区。第二条驿道为窝阔台汗统治时期开通的由漠北出发,经过察合台汗国、钦察汗国以达欧洲的国际性驿路。其大致走向为:自和林出发,越金山,溯乌伦古河西行,抵布伦托海边,途经原窝阔台封地及察合台汗国的几大重镇,即霍博(今新疆和布克赛尔)、叶密力(今新疆额敏)、阿力麻里、海押立(今哈萨克斯坦克塔尔迪库尔干东)诸城,至巴尔喀什湖沿岸,沿锡尔河北上,经黑海、里海北岸,达拔都的汗廷萨莱(今阿斯特拉罕附近),由此前往欧洲。

元代,全国各地设有驿站1500多处,其中还包括一定数量的水站。驿道北至吉儿吉思,东北至奴儿干,西南至乌思藏、大理,西通钦察汗国、伊利汗国,可谓星罗棋布,脉络相通。

因元政府的统治中心已由漠北和林移至中原大都,为了加强与内外诸地、诸民族之间的经济文化联系,逐步建立起了以大都为中心,中书省所辖腹里地区及九大行省为主体的驿站系统,继而形成以大都为中心的驿道交通网。特别是自8世纪后半期以来,因吐蕃、西夏相继占据河西走廊而被阻断的中西传统商道——沙漠丝绸之路沿线的驿路也得到恢复与重建,并逐渐发展成为连接中国与中亚、伊朗乃至欧洲的重要通道。

元代,自中原内地至河西走廊的驿道主要分为南北两条。南道以奉元(西安)为起点,西至凤翔,过泾州、平凉、会州抵定西,由此通往兰州、西宁等地。这是汉唐传统古道。由西藏经临洮到内地,亦经此道。②尤为重要的是,元代开辟了一条从奉元北上宁夏,由宁夏通河西走廊的驿道。其大致走向为:

①〔明〕宋濂等:《元史》卷63《地理志》,中华书局,1976年,第1563页。
②〔元〕熊梦祥著,北京图书馆善本组辑:《析津志辑佚》,北京古籍出版社,1983年,第128页。

由奉元经兴平北上,过邠州、宁州、庆阳、环州至宁夏萌井驿,向西北经灵州(灵武)、应理州(宁夏中卫),由此西通永昌、甘州、肃州、沙州。①北道以东胜为起点,经中兴(银川)西至永昌。由中兴又有驿道通往亦集乃路,此道是"专备军情急务"的纳怜站道,军事与交通地位十分突出。据1267年的一份文件记载,东胜至中兴设驿站十处。由中兴西行,有黄兀儿于量站、塔失八里站、揽出去站等。元朝后期,纳怜站道共设47站,今内蒙古、宁夏境内,东胜至哈温设14站,宁夏西部近川之地,设黄兀儿于量9站,再接甘肃行省所辖哈必儿哈不剌18站、潭秃5站、兀迷秃1站。1281年,元朝政府自太和岭至别失八里增设驿站30处,盖亦于此道沿途设立。由于上述驿站以蒙古语命名,难考今地。元代亦集乃路的治所黑水城(今内蒙古额济纳旗)是纳怜站道的枢纽,由此北去和林,南下河西,东至宁夏,皆有驿道相通。马可·波罗在其游记中曾提及由甘州通向亦集乃路的驿道。黑水城出土的元代文书证实,从河西走廊到黑水城共有5条驿道。因黑水城地处驿道要冲,元政府在此地设立了负责稽查过往使臣的官员脱脱禾孙。可见,当时这条驿道的重要性。②

蒙元统治者在致力于驿道建设与完善的过程中,亦十分重视对驿路的管理。脱脱禾孙即是元朝政府设置于地方,专门负责检查给驿情况的官员。③其所设之地多为"关会之处",④未设脱脱禾孙的地方则由路总官府负责驿站之检查事宜。脱脱禾孙的主要职责为维持乘驿秩序,盘查驰驿使者的乘驿许可符牌(图13-10)之类,检查使者的行李及其重量。因此,脱脱禾孙对维持驿站的乘驿秩序,约束不法使者的往来发挥了重要作用。另外,对于站户(供役驿站者)的签发与补缺,元朝亦有一套较为完善的制度。站户制度始于窝阔台划民为站户,供役于站赤。同时还规定了派出马夫。这即是站户制度的雏形。⑤元朝建立后,站户制度得到了进一步的发展与完善。站户由普通民众中佥发,根据其财产状况,选取中上户应役专门承担站役,贫困的民户不承担站役。但实际的执行情况却并非如此,大量贫困户甚至根本没有土地的民户也被佥发为站户。站户一经充任,世代承袭,不得逃逸。站户有缺时,则由民户递补。站户

---

① 《永乐大典》卷19419—19420《站赤》。
② 李云泉:《蒙元时期驿站的设立与中西陆路交通的发展》,《内蒙古社会科学》1995年第2期。
③ 〔明〕宋濂等:《元史》卷88《百官志四》,中华书局,1976年,第2230页。
④ 〔明〕宋濂等:《元史》卷101《兵志四》,中华书局,1976年,第2583页。
⑤ 德山:《元代交通史》,远方出版社,1995年,第245页。

需自备自补交通工具，如马、牛、狗、船等，为往来的官员使者提供饮食，即祗应等。

图 13-10：甘肃省博物馆藏八思巴字银字符牌

蒙古人不仅通过建立起纵贯欧亚的帝国贯通东西方交通，同时还致力于完善驿路系统，从而进一步保障了丝绸之路的畅通，为丝路贸易的繁荣与发展创造了良好的环境与条件。

二、丝路贸易的经营与管理

（一）鼓励丝路贸易

早在蒙古帝国建立之前，蒙古人即已投身丝路贸易，积极参与商业贸易活动，在获取本民族缺乏的生产、生活资料的同时，将其所产贩卖给中原、西域的其他民族。他们常以牛、羊、驼、马、皮毛等与契丹、金易牲畜，与西夏党项人易骆驼，与中原汉族交换粮食、丝、棉等。蒙古帝国建立后，成吉思汗十分重视与亚、欧诸地丝路贸易的恢复与重建，他于第一次西征前即派出一支由450人组成的商队出使花剌子模，意在重新开通中断已久的丝路贸易。在蒙古统治者派遣商队前往西方贸易的同时，许多中亚商人亦开始深入蒙古草原经商。窝阔台对于丝路贸易亦采取鼓励态度及优惠政策，波斯历史学家拉施特对当时的丝路贸易情况有如下描述："各国商人都争相来到他（窝阔台）的宫廷。合罕吩咐收下他们的[全部]货物，不管好坏，全部如数付酬。"①有人从印度运来两支象牙，他付了5000巴里失。②有人献给他一顶波斯式帽子，他赏给200巴里失。由于办事人员没有及时付款，他就每天增100，最后付了600巴里失。③另外，《史集》中关于人们请求窝阔台给他们数目不等的金或银巴里失去经商的记载亦有不少。

及至元朝，蒙古统治者继续推行自唐以来的高度对外开放政策，在接受汉文化、推行"重农"政策的同时，又改革汉制，对汉族抑商传统进行革剔，推行"不抑商"政策思想。遍查古籍及出土文献资料，皆无蒙元统治者抑制商业发展的记载，相反却发现其鼓励、支持商贸发展，推动丝路贸易不断前进。为了鼓励丝路商客前往漠北地区从事贸易活动，元政府不惜以重利吸引商贾带来谷帛用物，给北上经商的色目商人发金银符牌以乘驿优惠，且"特免收税以优之"。④元政府还通过减轻商税，鼓励人们经商。为了鼓励商人到上都经商，元政府几次"减上都商税"，⑤甚至对往上都、和林等地经商的商人，给予"置而不征"⑥的免税政策，极大地刺激和推动了丝路贸易的发展。

为了促进和推动丝路贸易的发展，蒙古统治者也积极投身到丝绸之路贸易活动中去。他们任用擅于经商的色目人，对回族人尤为重用，令其往来于亚、欧大陆，从事贸易活动。其实，早在蒙古兴起之时，回族客商的足迹即已遍及漠北高原。如早期归附成吉思汗的阿三就是活跃于漠北丝绸之路沿线，以贩运羯羊、白驼等牲畜为业的回商之代表。元朝建立后，中西交通贯通，中亚及西亚的回族人通过各种途径（被俘、投降、经商、求官、应召）大批来华，其中又以商人、工匠为多。蒙古人因世居草原，以游牧为生，不谙商贸，遂将掠来的金银交给回族客商，由其经营，以贸易生利。而回族商人亦因擅于经商理财，能够为蒙古统治者带来巨大的经济利益而受到蒙古统治者的青睐和重用。

---

① [波斯]拉施特著，余大钧、周建奇译：《史集》第2卷，商务印书馆，1986年，第94页。
② [波斯]拉施特著，余大钧、周建奇译：《史集》第2卷，商务印书馆，1986年，第94页。巴里失为自成吉思汗时代起的一种蒙古货币单位，有金巴里失、银巴里失。据14世纪波斯史学家瓦撒夫的记载，金、银巴里失每个约重500米斯卡尔（约2.25公斤）。一金巴里失值2000底纳儿，一银巴里失值200底纳儿，一纸巴里失值10底纳儿。
③ [波斯]拉施特著，余大钧、周建奇译：《史集》第2卷，商务印书馆，1986年，第95页。
④ [明]宋濂等：《元史》卷7《世祖四》，中华书局，1976年，第129页。
⑤ [元]袁桷：《清容居士集》卷25《上都华严寺碑》，商务印书馆，1936年，第445页。
⑥ [元]袁桷：《清容居士集》卷25《上都华严寺碑》，商务印书馆，1936年，第445页。

太宗窝阔台时，有一位深得窝阔台皇后乃马真氏信任的回族人，他"以货得政柄"①，揽征收课税大权，此人就是回族商人奥都剌合蛮。另外，随着社会经济的发展及蒙古人的思想变化，蒙古统治阶级亦亲自参与到丝路贸易活动中去，投资经商。贵由汗死后，许多后妃和宗王们，颁发了无数玺书和牌子，向全国各地派出使者，并庇护若干庶民和贵族，为的是与他们合伙经商。②继而造就了亦商亦官或亦官亦商的蒙古政权特色，这种特征在其他朝代不多见，元朝则将其发展。

（二）保护行商

由于蒙古统治集团的经济利益和丝路贸易紧密相连，所以蒙古统治者十分注重保障丝路诸道的畅通及丝路行商的人身、财产安全，历任蒙古大汗对于丝绸之路商道及往来于欧、亚的商人皆给予力所能及的保护。

志费尼对于蒙古肇兴之初的丝路商贸及蒙古人对于丝绸行商的保护有如下描述："因为蒙古人没有定居于任何城镇，商旅也没有在他们那里会集，所以衣物在他们当中非常缺乏，跟他们做买卖所得到的利益，人所共知。故此，忽毡的阿合马、异密忽辛的儿子，还有阿合马·巴勒乞黑等三人，决定共同到东方各地旅行，并在收集了大量的商品——织金料子、棉织品、撒答剌欺及其他种种他们认为适用的东西之后，便登上旅途。到这个时候，蒙古诸部大多被成吉思汗所败，他们的驻地被毁，而且整个地区的叛乱已被肃清。所以成吉思汗在大道上设置守卫（他们称之为哈剌赤）并颁布一条札撒：凡进入他的国土内的商人，应一律发给凭照，而值得汗受纳的货物，应连同物主一起遣送给汗。"③西亚及中亚诸国与中国之间的商队贸易尽握于穆斯林商人手中。这些"为利无弗远至"的穆斯林商人通常结伴而行，组成规模几百人甚至千人的商队。蒙古帝国建立后，成吉思汗十分重视对这种贸易的保护，窝阔台及其继承者则皆继续执行保护丝路沿线商业贸易的政策。商人还经常骑着驼马往来于蒙古诸地，直到蒙哥汗时才取消了这项优待。④

蒙古西征归来，四大汗国相继建立，镇守于中亚、西亚和俄罗斯诸地的蒙

---

① 〔明〕宋濂等：《元史》卷146《耶律楚材传》，中华书局，1976年，第3463页。
② 〔波斯〕拉施特著，余大钧、周建奇译：《史集》第2卷，商务印书馆，1986年，第259页。
③ 〔伊朗〕志费尼著，何高济译，翁独健校：《世界征服者史》（上），内蒙古人民出版社，1980年，第90页。
④ 〔波斯〕拉施特著，余大钧、周建奇译：《史集》第2卷，商务印书馆，1986年，第94页。

古统治者亦十分注重对丝路商道的保护。14世纪意大利商人裴哥罗梯在《通商指南》中记述道:"据商人曾至契丹者言,由塔那至契丹,全途皆平安无危险,日间与夜间相同。"①志费尼在《世界征服者史》中写道,"成吉思汗统治后期,他造成一片和平安定的环境,实现繁荣富强;道路安全,骚乱止息。因此息。凡有利可图之地,哪怕远在西极和东鄙,商人都向那里进发"②。摩洛哥人依宾拔都他来华后,曾说:"在中国行路,最为稳妥便利……身带重金,途间亦无盗劫之虞。"他还详细记载了驿路对客商及其财物安全的管理办法。③及至元朝,为了改变盗贼充斥、商贾不能安全行进的社会现状,元政府积极采取各种措施,以确保丝路行商的安全,如在商旅往来的水陆要道上派兵防卫,确保商道的畅通无阻及沿途商贾的人身、财产安全。意大利神甫马黎诺里对于钦察汗国对前往元朝经商的商人、使者等人所提供的乘驿优待,亦有记述。④此外,蒙古统治者还给予许多色目富商巨贾以特权,发给他们乘驿行走的金、银牌符,使他们在元朝势力所及之地皆可畅通无阻,且供应驿马。桓州(今内蒙古正蓝旗)站道还专门为这些官商搬运缎匹、杂造、皮货等物。

(三)推行纸钞制

元代纸钞(图13-11)的发行、使用,对推动丝路贸易的发展发挥了重要作用。中国的纸币可溯源至唐代的飞钱、宋代的交子等。宋朝时,纸币虽已出现,但全国范围内尚未有统一的纸币,既有地方性的,亦有全国性的,情况比较混乱,不利于地区间的商贸往来。元代发行及推广的纸钞则是全国性的(吐蕃及云南地区例外),它基本完善了中国的纸币制度。同时,元代纸钞还有一套较为严密的发行管理制度。由元朝统治者所颁

图13-11:青海省博物馆藏元宝交钞壹贯

---

① 张星烺编注,朱杰勤校订:《中国交通史料汇编》第1册,中华书局,2003年,第416页。
② [伊朗]志费尼著,何高济译,翁独健校:《世界征服者史》(上),内蒙古人民出版社,1980年,第90页。
③ 张星烺编注,朱杰勤校订:《中国交通史料汇编》第2册,中华书局,2003年,第75页。
④ 张星烺编注,朱杰勤校订:《中国交通史料汇编》第2册,中华书局,2003年,第249页。

布的条例也成为世界上最早最完备的币制条例。元之纸钞由中央统一发行和管理，具体由全国随路设立的交钞库、平准库等掌管纸钞发行、换易、兑现事宜。纸钞一经发行，则不限地域、不定期限，永久通用，通行全国。

元朝版图辽阔，在其强盛时，中国纸钞一度北穷朔漠，西贯中、西亚而通行无阻。是时，诸多往来于东西的外国人或目睹，或用过元代纸钞。如佛罗伦萨的巨商裴哥罗梯即言，外国商人来华后，所带之银即由元朝官府兑换为纸钞。商人可用纸钞购买丝货及其他多种货物。纸钞和银币相等，不因其为纸而多付出。①另外，元朝纸钞在其钞法尚能稳定时，也曾进入丝路贸易的国际流通领域。《续文献通考》记载，回族人哈哈达，"自至治间贷官钞，违制别往番邦，得宝货无算"。纸钞制度对于元朝丝路贸易商品流通曾起到一定的积极作用。这主要是因为，纸钞较之金、银、铜、铁等金属货币更加轻便，易于携带，在市场流通交换中也更为方便实用。同时，还可以缓解在中外贸易中曾占重要地位的朝贡贸易中的某些具体矛盾。

（四）推动官营手工业的发展

元政府十分重视并大力发展官营手工业。这一方面是出于满足皇室贵族统治阶级对奢侈品的消费需要，另一方面则是为了丝绸之路贸易的商品需要。客观上说，蒙古官营手工业所生产的部分商品，如陶瓷、丝织品等成为丝路行商所贩运的主要商品，因而元代手工业的不断发展在一定程度上促进了丝路贸易的繁荣。

蒙古人肇兴于朔漠，以游牧为生，生产有限，生活、生产资料多倚重于对外贸易。通过长期的对外征战，大批汉族及来自中亚、西域地区的工匠或被掳掠，或被迁徙至漠北诸地，从事手工业生产活动，从而推动了蒙古手工业的进步。元朝建立后，统治者十分重视官营手工业的发展。元代手工业在前代基础上有新发展，如棉纺织的兴起和迅速普及，青花瓷的制作，晒盐法的推行，火器的制造等。随着官营手工业的不断发展与进步，蒙古人所生产的产品亦开始流通于丝路贸易市场，并获得了国外消费者的青睐。蒙古贵族历来重视金银器皿而轻陶瓷器皿，但是为了满足西方人对于瓷器的喜好与需要，元朝统治者建立了景德镇局，开始大规模的瓷器生产。另外，元代官营纺织局院生产的各类精美产品亦曾大量流入欧亚各地。

---

① 张星烺编注，朱杰勤校订：《中国交通史料汇编》第1册，中华书局，2003年，第418—419页。

官营手工业凭借国家强权，集中全国技艺最精湛的工匠，具备优良的生产条件，从而使其所生产出的产品，无论是在质量上还是品级上，皆处于同类产品中的最高水平，从而使得其生产的产品颇受消费者青睐，逐渐发展成为丝路贸易市场的主流商品，推动了丝路贸易的繁荣。

三、蒙古经营丝路的典范——豳王家族

有元一代，分封制、出镇制大兴，西北地区是元朝统治者推行分封制与出镇制的主要区域之一，先后活跃于这一地区的蒙古宗王贵戚甚多，有的出自术赤系、察合台系、窝阔台系，有的出自弘吉剌部赤窟驸马系和高昌畏兀儿亦都护系。这些出镇宗王所奉命镇守的西陲之地，大多处于汉唐以来的古丝绸之路沿线，甚至是扼控丝绸之路的咽喉重地。他们或直接或间接地经营着各自境内的丝绸之路，推动着元代丝路贸易发展。其中，长期统治河西走廊及西域东部的蒙古豳王家族就是致力于丝绸之路经营的元代出镇宗王之佼佼者。

豳王家族13世纪晚期崛起于河西。豳王兀鲁斯之始祖为察合台系的出伯、合班兄弟，其曾祖为成吉思汗次子察合台，祖为拜答里，父为阿鲁浑。以世祖忽必烈忙于南下攻宋、无暇西顾为机，窝阔台汗海都、察合台汗八剌、都哇等倡乱西域，势力范围迅速扩展，继而对元王朝的统治构成了威胁。恰值此时，出伯兄弟率领上万骑兵东归，使元朝西北边防军势力大增，给西北形势带来了转机，故而出伯兄弟受到了忽必烈的重用，受命镇守河西走廊与西域东部地区。1368年，元朝灭亡，蒙古贵族退回北方草原，据有岭北、甘肃、辽阳、云南四省之地，史称"北元"。其中，甘肃行省北部瓜、沙、肃等州及哈密一带地区仍处于出伯家族的控制下。此后，明廷于西北诸地封王置卫，关西七卫，即安定、阿端、曲先、罕东、赤斤蒙古、沙州、哈密。后沙州卫于正统十一年（1446）内迁，在其故地又设罕东左卫。诸卫中除了原来游牧于青海湖北部的罕东卫与新设的罕东左卫外，分布于撒里畏兀儿、河西西部、哈密等地的安定、阿端、沙州、哈密诸卫均由察合台后王豳王出伯集团转化而来。

自元中叶至明初，西域东部至河西地区皆处于蒙古豳王家族的统治之下，而这一地区恰值汉唐以来的沙漠丝绸之路的主干线。换言之，有元一代，途经河西、西域一线的丝绸之路处于蒙古豳王家族的掌控之下，这一家族对于河西走廊一带的长期镇守与经营，对于元代丝绸之路的发展至关重要。而事实上，蒙古豳王家族自入居河西诸地以后，即始终致力于其地经济、文化的建设与发

展，在元代丝绸之路的发展过程中扮演着重要角色。

(一) 扼守丝路重线

元朝初期，以窝阔台汗海都、察合台汗都哇为首的西道诸王叛乱，不断侵扰漠北、西域畏兀儿等地，极大地影响了丝绸之路的畅通，阻碍了东西方贸易活动。出伯兄弟临危受命，多次率军讨伐叛军，如至元十九年（1282），世祖命令大将旦只儿"从诸王合班、元帅忙古带军至斡端，与叛王兀卢等战，胜之"；①至元二十一年（1284），"诸王术伯命兀浑察往乞失哈里之地为游击军。时敌军二千余，兀浑察以勇士五千人与战，擒其将也班胡火者以献"②。出伯之军有力地打击了叛军，但海都、都哇并不甘心放弃忽炭（又作斡端、于阗，今新疆和田市）、可失哈耳（又作合失合儿、乞失哈里，今新疆喀什市），相反还加强了针对这两个地区的军事力量。由于交通线过长，补给困难，而当地屯田所获有限，难以满足军需，元廷被迫于至元二十六年（1289）"罢斡端宣慰使元帅府"，③放弃了对忽炭、可失哈耳一带的镇守。

随着西北战事的吃紧，哈剌火州（今新疆吐鲁番）之境，"以下驻有察合台之孙，宗王阿只吉和阿鲁忽之子宗王出伯"④。宗王有权自行处理西北征战事宜。元贞元年（1295）二月，出伯率领曷伯、撒里蛮、孛来、忙汉、哈伯元帅等人率探马赤军万人西征。⑤元廷对于这次征伐甚为重视，令曲先塔林都元帅府、北庭都元帅府等并听宗王出伯节制。史载：

> 出伯……置本营于甘州，兼领瓜沙以西北至合剌火者畏兀儿地征戍事。陇右诸王驸马及兀丹等处宣慰司都元帅、吐蕃乌斯藏宣慰司、巩昌等处便宜总帅府并听节制。⑥

---

① 〔明〕宋濂等：《元史》卷133《旦只儿传》，中华书局，1976年，第3231页。
② 〔明〕宋濂等：《元史》卷123《拜延八都鲁传》，中华书局，1976年，第3024页。
③ 〔明〕宋濂等：《元史》卷15《世祖纪十二》，中华书局，1976年，第325页。
④ 〔明〕宋濂等：《元史》卷15《世祖纪十二》，中华书局，1976年，第338页。
⑤ 〔明〕宋濂等：《元史》卷18《成宗纪一》，中华书局，1976年，第391页；〔明〕宋濂等：《元史》卷122《按扎儿传附忙汉传》，中华书局，1976年，第3007页。
⑥ 〔民国〕屠寄：《蒙兀儿史记》卷42《出伯传》，中国书店，1984年，第337页。

其中的"兀丹"指于阗，合剌火者即今新疆吐鲁番。可见，当时出伯镇戍范围相当大，东起甘州，西至新疆吐鲁番盆地。而塔里木盆地南缘的于阗、吐蕃及陇右、陇中地区（巩昌）亦受其节制。"术白（出伯）大王令旨于各翼摘军五百"，修甘州仓等，①并辖属戍兵万人"耀武"西陲。②显然，是时，出伯兄弟的出征及镇戍区域主要为沙漠丝绸之路途经河西、新疆的地段，出伯等人对于上述地区的有力争夺及镇守，维护了丝绸商道，使其免遭战火蹂躏，从而确保了这一时期丝绸之路的基本畅通。

尽管出伯之军有力地打击了西北叛王的气焰，但海都、都哇仍不时侵扰哈剌火州。哈剌火州长期为元廷与都哇在西域征战的主战场，双方互有胜负，呈拉锯状，至14世纪上半期大部分时间，该地都在元朝中央政府控制之下。③元顺帝至正七年（1347），"西蕃盗起，凡二百余所，陷哈剌火州，劫供御蒲萄酒，杀使臣"。④火州由此陷入察合台汗国之手，而哈剌火州之东的哈密力（今新疆哈密）则一直处于元朝的控制之下，由出伯及其后裔世代驻守，成为元朝经营西域的根据地。

在抵御西域诸王叛乱、维护元朝对于西域统治的多次征战中，出伯兄弟战功卓著，因而相继受封四个王号，从而形成了豳王出伯兀鲁斯集团。出伯获封豳王（1307），驻肃州；合班之子宽彻封肃王（1329），驻瓜州，均为一等王。以后又从豳王兀鲁斯中析出二等王西宁王和三等王威武西宁王，分驻沙州和哈密。这里所谓的豳王家族即为豳王、西宁王、威武西宁王和肃王的总称。有元一代，豳王家族受元政府之命统领诸军，镇守河西西端的肃、瓜、沙三州和西域东部的哈密地区，长期充任巩固元朝西北边防的第一线。除了哈密以东至河西走廊一带的主镇戍区外，出伯家族亦曾多次奉命出征、出镇漠北、吐蕃，乃至云南等地，其防戍区域甚为广阔。

由是可见，豳王家族的驻地，尤其是肃州、沙州、哈密三地，自古以来即控扼着中西丝绸之路的咽喉重地，而由其统辖的河西走廊及西域东部地区则是丝绸之路的必经地区。豳王家族对于蒙元丝绸之路关键地界的长期镇守，对于维持丝绸之路的畅通，保障丝路贸易的顺利意义重大。

①〔元〕佚名：《大元仓库记》，（台北）广文书局，1972年，第12页。
②〔元〕张养浩：《归田类稿·析津陈氏先碑》，丛书集成本。
③ 田卫疆：《吐鲁番史》，新疆人民出版社，2004年，第363页。
④〔明〕宋濂等：《元史》卷41《顺帝纪四》，中华书局，1976年，第879页。

（二）整治驿道

蒙元时期的陆路丝绸之路与元代完善的驿站体系几相重合，其统治者于陆路丝绸之路沿线设立驿站，以便为途经丝绸之路的商人、使者、旅行家等提供便利。驿站不仅为丝绸之路的客商、朝贡商队提供居所、衣食、铺马等，还担负着保护其人身及财产安全的重要职责。易言之，蒙元统治者对于驿站交通的建设、管理，有力地保障和促进了丝绸之路的发展。代表蒙古黄金家族成员出镇西陲之地的蒙古豳王家族，在其扼守丝绸之路重地的同时，亦致力于镇戍区内驿站的建设与完善。

出伯家族所镇守的河西走廊及西域东部地区大体位于元代甘肃行省地界，穿行于其境内的驿道主要由甘肃行省所辖的长行站道、诸王兀鲁斯站道、纳怜站道组成。①其中的诸王兀鲁斯站道主要指分封于甘肃地区的阔端后王兀鲁斯和察合台后王兀鲁斯所辖驿道。而察合台后王主要涉及豳王、肃王、西宁王、威武西宁王等。②豳王兀鲁斯站道当为甘州以西至沙州一线，即设立于河西走廊的边陲重地之内。之所以如此，是因为以出伯为首的察合台后王世代镇守于肃州以西至哈密一境，其镇戍区逐渐转化为分封地，进而将其驿站也纳入察合台后王所领诸王兀鲁斯站道之内。

有元一代，甘肃河西走廊地区不仅是东西交通之咽喉，连通漠北、西藏与内地的要塞，更是古丝绸之路西去的重要线路。因此，元朝政府甚为重视对这一地区的驿站建设。另外，甘肃地处西北，交通不便，对驻扎于此的诸王军马之粮草供应极为困难，而其运输又多依赖诸道驿站。在这种情况下，驿路交通的建设与管理愈发重要。至元十七年（1280），甘州增置站户，从诸王户籍内佥发。③二十七年（1290），在甘肃困塔兰设腰站，和买骆驼、马匹当站。④同年，甘肃行省赈济永昌饥困站户。⑤另外，元朝政府对西北驿站的管理亦较为重视，逐步建立起一套驿站管理制度。⑥而这一制度，在豳王辖区的站道内亦

---

① 胡小鹏：《西北民族文献与历史研究》，甘肃人民出版社，2004年，第221页。
② 党宝海：《蒙元驿站交通研究》，昆仑出版社，2006年，第296页。
③〔明〕宋濂等：《元史》卷11《世祖纪八》，中华书局，1976年，第22页。
④《永乐大典》卷19418《站赤三》，第7211页。
⑤〔明〕宋濂等：《元史》卷16《世祖纪十三》，中华书局，1976年，第335页。
⑥ 陈广恩：《元代西北地区驿站管理制度初探》，《元史及民族史研究集刊》第16辑，南方出版社，2003年版，第90—100页。

行之有效。

按照规定，宗王自立自管站赤，豳王出伯家族在其领地内不仅享有设立、管理及使用兀鲁斯驿道的权利，同时还曾使用和管理甘肃等处站赤。《元史》卷22《武宗纪一》载：

> [大德十一年七月]，诸王出伯言："瓜州、沙州屯田逋户渐成丁者，乞拘隶所部。"中书省臣言："瓜州虽诸王分地，其民役于驿传，出伯言宜勿从。"①

说明不仅瓜、沙屯田，而且当地的驿传也归豳王家族管理。

按照元朝的规定，如有紧急事务，诸王可乘铺马往来，平常事务则乘长行马进京朝见，在驿站宿顿。②如果诸王长行马疲惫不堪，沿途驿站要提供驿马。因此，元贞元年（1295）十二月五日，"平章政事剌真等奏出伯言哈班的妃子入朝，乘己马长行，度其力不能回，请于沿途秣饲，别给铺马赴都，回日却乘己马，似为便宜。奉旨准"。③可见，豳王家族在使用元廷中央驿道时，亦是按照元朝之规定行事，未敢逾越。另外，往来于驿道的宗王、使者等，使用驿站的主要凭证为乘驿牌符及乘驿文书，而后者又必须与铺马差札（又称别里哥）一同使用，方为有效。此外，蒙古宗王亦有权自行写发铺马令旨，使用驿站。④这自然不可避免地扰乱了乘驿秩序。元政府遂于大德七年（1303）二月颁令进行整顿，命诸王"非急务者勿遣乘驿"。⑤对此《经世大典》有更为详细的记载：

> 大德七年二月十九日中书省奏：军上诸王驸马，不审事之缓急，一概遣使，及万户、千户与无干碍之人，并给铺马差札，以故站赤兀鲁思备，应役困乏。臣议得：乞今后诸王、驸马、元帅、万户、千户，若有给驿之

---

① 〔明〕宋濂等：《元史》卷22《武宗纪一》，中华书局，1976年，第483页。
② 《永乐大典》卷19417《站赤二》，第7201页；《大德典章》"站户不便"条。参看黄时鉴点校《元代史料丛刊·通制条格》卷27《诸王经行科敛》，浙江古籍出版社，1986年，第280页。
③ 〔明〕宋濂等：《元史》卷28《英宗纪二》，中华书局，1976年，第628页。
④ 党宝海：《蒙元驿站交通研究》，昆仑出版社，2006年，第230页。
⑤ 〔明〕宋濂等：《元史》卷21《成宗纪四》，中华书局，1976年，第448页。

事，未经出伯议者，不得行。今即已委命前去，放当站赤消乏之际，但凡不急之务，就令出伯较计。奉圣旨准。①

由是可见，驻守西陲之地的诸王、驸马、元帅、万户、千户等，乱用铺马差札，频繁使用驿站，造成了站赤的应役困乏。元朝政府有鉴于此，令出伯审事之缓急，对给驿之事予以定夺。及至大德十年（1306）四月，元廷又"命威武西宁王出伯领甘肃等地军站事"②，说明大德十年后出伯获得了管理甘肃等地军站事的权力。同时，出伯家族还负责管理甘肃行省境内诸王、驸马铺马令旨、铺马差札的发放与使用。

另外，出伯之子南忽里、哈班之子宽彻也曾奉命管辖镇戍地的站赤事。对此《永乐大典》多有记载，如皇庆二年（1313）十月，中书省奏："臣等曾议于脱火赤八秃儿、宽彻之地，择廉慎人充脱脱禾孙，合赐物力津遣。"由从三品脱脱禾孙负责监督蒙古诸王的使者。③同年十一月，"诸王宽彻暨司徒阔阔出、太傅铁哥塔失、铁木儿知院等，会议川地东西两界所置驿站，预宜斟酌给钱买与马驼……至于缺役蒙古站户，从行省，与诸王南忽里、宽彻委官追收，以复初役"④。这里亦出现了前文所论及的脱脱禾孙之设，足见，脱脱禾孙对维持驿站的乘驿秩序、约束不法使者的往来发挥了重要作用。关于同一地区所设脱脱禾孙的人数及其品级，一般为两名，"正一员，从五品；副一员，正七品"。⑤然而在某些重要驿站，其官品一般要比这一规定高。皇庆二年（1313），脱火赤、宽彻两处脱脱禾孙的设置即为一例。这也从另一方面反映出肃王宽彻镇戍区内站道的重要性。由是可见，有元一代，宽彻、南忽里兼管驿站、签补站户等事宜，并与脱脱禾孙协作，确保了西北边陲的乘驿秩序。

关于站户的签发与补缺，元朝虽有一套施行制度，但对于国家站户的签补，豳王出伯家族与元朝中央政府曾出现争议，据《经世大典》记载，延祐元年（1314），"中书省奏：前者以西边川地军人当站消乏，奏准令甘肃行省买马驼应副支遣，仍追复蒙古站户当役。今本省回咨，钦遵上命，追究原当站瓮吉

---

① 《永乐大典》卷19420《站赤五》，第7222页。
② 〔明〕宋濂等：《元史》卷21《成宗纪四》，中华书局，1976年，第469页。
③ 《永乐大典》卷19420《站赤五》，第7229页。
④ 《永乐大典》卷19420《站赤五》，第7228页。
⑤ 〔明〕宋濂等：《元史》卷91《百官志七》，中华书局，1976年，第2318页。

剌准行哈等户，仍令复役。及与曲尤、沙州、瓜州上户内佥补一百户，以充察巴站役。既而诸王纳忽里执把圣旨，云属本位下种田户，有司不得侵犯，于所佥站户内，指择位下户计者取去。咨请照详。臣等谓元降圣旨，止以百姓数目属之，岂可不令当站。合依元佥民户，仍复其一役。奏圣旨准"①。

据此可见，出伯家族除了本身所具有的中亚部户外，还从元朝皇帝处受赐百姓数目，他们分布在曲尤、瓜州、沙州一带。对于这些百姓归属于出伯家族，甘肃行省、中书省是没有质疑的，但对于诸王民户有无义务承担国家站役，则存有争议。②

《经世大典·站赤》所记甘肃行省驿站只提到了中兴、永昌、甘州等3路6处马站，其他驿站则为诸王兀鲁斯站。另外，在甘肃行省之外的西域晃忽儿月良站附近还有蒙古宗王设置的塔失八里站（哈密东北石城子）、揽出去站（哈密西）。③及至洪武十三年（1380），明军攻伐驻守肃州的豳王家族时，于白城、赤斤站、苦峪处俘获豳王家族数人。白城位于肃州东北120里处，北通和林、亦集乃路，地当要冲。赤金站地处今玉门市西20里，苦峪（又称曲尤）则为今玉门一带的苦峪。推而论之，这一地界确实为豳王家族的镇戍区，而出伯后裔曾设立、管理以上诸驿站，如皇庆二年（1313）闰三月六日，"宽彻言塔失城立站"。④中统三年（1262），"中书省奏：近以西夏之西近川黄兀儿于量站、塔失八里站、揽出去站，此三处阙铺马"。⑤此塔失八里应即塔失城，突厥语意为"石城"。由是可见，肃王宽彻曾请求于投下领地——塔失八里设立驿站，进而完善辖区内的驿站交通系统。

豳王出伯家族自入居河西以来，以其出镇宗王之身份，统领河西、西域之军事防务，并致力于西陲之地本兀鲁斯站道的建设与管理，同时兼顾甘肃行省内元中央政府诸站道的统辖。出伯家族对于西北地区驿道的设置与完善、管理与使用等，作出了巨大贡献。而其对于镇戍区内驿站交通的不断建立与完善，则在很大程度上保障了丝路商道的畅通，促进了丝路贸易的繁荣。

---

① 《经世大典》站赤门，延祐元年七月十八日条。
② 胡小鹏：《元代西北历史与民族研究》，甘肃文化出版社，1999年，第115页。
③ 党宝海：《蒙元驿站交通研究》，昆仑出版社，2006年，第296—297页。
④ 《永乐大典》卷19421《站赤六》，第7231页。
⑤ 《永乐大典》卷19417《站赤二》，第7196页。

（三）屯田

蒙古人起于漠北草原之地，世代逐水草而居，不事稼穑。成吉思汗及其子孙率领蒙古铁骑征战四方，入主中原后，他们开始逐步认识到发展农业生产的重要性，并视其为立国之本、衣食所出。元朝统治者特别重视西北地区，并通过括户、迁徙军民、开展屯田、兴修水利、推广经济作物的栽种、加强对农业生产的监督等多种措施，推动西北地区农业的发展。[1]

豳王家族负责镇守的西北之地长期遭受海都、都哇为代表的窝阔台、察合台后王叛乱的侵扰，人民流离失所，将士疲于征战，农业生产几近荒废，社会经济遭受重创。原本富庶的河西之地，在战争期间饱受抢掠、烧杀和摧残，致使民户大量逃亡。及至战乱平息，尽快恢复其地的经济发展、稳定社会秩序，成为元朝统治者的首要目标。豳王家族于其镇戍区内亦大力发展屯垦，整饬驿站交通，以促进经济的恢复。这一举措成效甚为显著，既促进了农业生产的恢复，又推动了丝路贸易的发展。

大德六年（1302），元政府命"甘州军隶诸王出伯"[2]驻节于甘州。大德八年（1304），出伯所部军受命"屯田于薛出合出谷"，[3]开豳王家族在西北边防地区屯田活动的先河。嗣后，出伯家族成员相继受封豳王、肃王、西宁王、威武西宁王等称号，驻守于肃、瓜、沙、哈密等地。而顺帝至元二年（1336），曾"以甘肃行省白城子屯田之地赐宗王喃忽里"，[4]是时豳王喃忽里虽已亡故，但获赐该地的仍为其后裔。白城子为《大元马政记》所称"甘肃州察罕八剌哈孙"，其地约在今金塔县绿洲。豳王出伯家族受命屯田于河西诸地，促进了镇戍地区内屯田活动的开展，对于西北地区的农业开发及贸易发展贡献极大。

在出伯家族的治理与经营下，河西走廊，特别是肃州、瓜州、沙州三地的农业生产状况得到了极大改善。大德七年（1303）六月，由出伯所率蒙古大军1万人屯驻瓜、沙，使当地衰败状况得到改变。《元史》卷21载：

[大德七年]六月己丑，御史台臣言："瓜、沙二州，自昔为边镇重

---

[1] 陈广恩：《元代西北经济开发研究》，（澳门）澳亚周刊出版有限公司，2005年，第43页。
[2] 〔明〕宋濂等：《元史》卷20《成宗纪三》，中华书局，1976年，第443页。
[3] 〔明〕宋濂等：《元史》卷21《成宗纪四》，中华书局，1976年，第457页。
[4] 〔明〕宋濂等：《元史》卷39《顺帝纪二》，中华书局，1976年，第837页。

地，今大军屯驻甘州，使官民反居边外，非宜。乞以蒙古军万人分镇险隘，立屯田以供军实，为便。"从之。①

出伯为总管河西与西域军事之要员，地位显赫。他的入居，使河西之政治、军事地位大为提高，原本日渐式微的局面大为改观，生产得到恢复并发展。至大二年（1309）八月，中书省臣言"沙、瓜州摘军屯田，岁入粮二万五千石"。②说明当地包括军屯在内的农业生产已恢复到相当的水平。《蒙兀儿史记》载：

> 当是时，朝廷宿重兵和林，以西陲军事委之出伯。出伯治军严重，常坚壁垒、远斥堠以待敌，来则峻拒，去勿深追……以是出伯在边十余年，河西编氓耕牧不惊，诸王将拱听约束，朝廷无西顾之忧。③

当时河西之屯田是相当成功的，如同江淮芍陂、洪泽屯田成为中原屯田之典范一样，河西屯田一时成为元朝边疆屯田的楷模，这在元代《经世大典序录》"屯田条"中有明确反映：

> 国家平中原，下江南，遇坚城大敌，旷日不能下，则因兵屯田，耕且战，为居久计。既一海内，举行不废。内则枢密院各卫皆随营地立屯。甘肃瓜、沙，河南之芍陂、洪泽，皆因古制，以尽地利。④

在豳王家族所实施的屯垦政策的治理下，河西走廊地区的农业逐步恢复，社会趋于安定，人民安居乐业，与天山南北蒙古诸王数十年间相互争雄、战火连绵、民不聊生的局面形成了鲜明对比。⑤

豳王家族的另一驻地哈密，比河西更早归入蒙古。1209年，高昌回鹘亦都

---

① 〔明〕宋濂等：《元史》卷21《成宗纪四》，中华书局，1976年，第452页。
② 〔明〕宋濂等：《元史》卷23《武宗纪二》，中华书局，1976年，第513—514页。
③ 〔民国〕屠寄：《蒙兀儿史记》卷42《出伯传》，中国书店，1984年，第337页。
④ 〔元〕佚名：《经世大典序录》"屯田条"，《元文类》卷41，第597页。
⑤ 高自厚：《撒里畏兀儿与蒙古宗王出伯——裕固族源流中蒙古支系的由来》，《西北民族大学学报》1990年第4期，第34—39页。

护巴而术阿而忒的斤臣属蒙古,不久即助蒙古军占领罕勉力、锁潭等国。这里的"罕勉力"即哈密。至元十八年(1281),甘肃行省设立,哈密则与肃、瓜、沙一样,同隶甘肃行省。次年,哈密城主的斤迭林捐资帮助当地屯垦。至元二十四年(1287),增派汉军及新附军500人来哈密屯田。1334年以后,哈密成为威武西宁王封地。直至元覆亡时,威武西宁王兀纳失里及其弟安克帖木儿仍固守哈密之地。

屯田为守边之计,自古亦然,蒙元王朝亦视其为巩固边防、补充军需的重要措施之一。西北地区作为边陲重地,成为屯垦实边政策的重要施行地。幽王出伯家族于此的屯田生产达到了寓农于兵、以农养兵之效。屯田垦荒,不仅解决了驻防大军的粮草供给问题,巩固了西北边防,在客观上也发展了西北地区的农业生产,促进了边疆少数民族地区的经济开发,维护了社会的稳定,进而为丝绸之路贸易的顺利进行创造了良好的外界环境。

第四节 丝绸之路上的东西方交流

历史上的古丝绸之路既是一条商业要道,又是一座沟通东西方政治、经济、文化交流的"桥梁"。元朝时,在统治者的悉心经营下,丝绸之路得以在世界历史舞台继续延续,甚至进一步展现其光辉绚烂的魅力。

对于这一时期中西方文化交流的高度繁荣,西方学者的赞美之情溢于言表,苏联学者巴托尔德曾指出:"蒙古帝国把远东和近东的文明国家置于一个民族、一个王朝的统治之下,这就不能不促进贸易和文化珍品的交流。中亚和中国之间的贸易得到了空前继后的发展。"美国学者卡特亦曾有言:"从十三世纪中叶至十四世纪中叶一百多年光景,欧洲和远东之间接触的频繁,前所未有,也可能超过直至快近十九世纪止的后来任何时期。对西方的游客来说,中国是一个充满神奇、财富和文明的地方,一个应该尊重的国土。东西之路敞开了一百年,但也只有一百年。等到蒙古覆亡,幕又重新闭起来。"[1]

一、丝绸之路上的商品

就丝绸之路的本质而言,它首先是一条东西方贸易之路,进行商业交换的同

---

[1] [美]卡特著,吴泽炎译:《中国印刷术的发明和它的西传》,商务印书馆,1957年,第132页。

时，衍生出物质文明、精神文明的交流。元朝时，通过陆路丝绸之路，东西方的物质交换盛况空前，无论是商品种类还是交易规模，在丝路贸易史上皆屈指可数。

利用古丝绸之路的重新开通及元代高度发达的驿站系统，来自中国、阿拉伯及欧洲的商人们日夜奔走于丝绸古道之上。据研究，是时行走于东西方陆路商道的商人主要来自欧洲君士坦丁堡、波兰、奥地利、捷克、俄国和意大利威尼斯、热那亚、佛罗伦萨等地；来自西亚、中亚的阿拉伯、波斯等商人及中国的色目商人。①

当时，中国输往西方的商品以纺织品、茶叶、瓷器为大宗，而纺织品中又以丝绸最为西方人所喜爱，特别是俄罗斯封建主们对丝织品甚是青睐。这主要是因为蒙古人占领俄罗斯后，不仅将其地控制于手，更在生活习惯上影响了当地的封建王公。在其影响下，一些人开始戴圆帽、穿长靴、扎腰带，穿着东方服饰已成为一种风尚。为了满足王公贵族的这种喜好，大批中国丝锦被运往俄罗斯。中国出产的茶叶亦获得了西方人特别是欧洲人的喜爱，伊朗等地还曾进行过对茶叶的试验性栽培。另外，蒙古贵族虽重视金银器皿而轻陶瓷器皿，但是西方人对于中国瓷器却有极大的偏好，因而陶瓷器皿也是丝路行商热衷贩运的商品之一。这里需要指出的是，因瓷器易碎，且从中国至中亚、欧洲路途遥远，故而在元代瓷器主要是通过海上丝绸之路运往西方。（图13-12/13/14）

图13-12：新疆阿勒泰达勒特古城出土元代钧瓷碗

图13-13：内蒙古博物馆藏元白瓷铁锈花龙纹香炉

---

① 李明伟：《丝绸之路贸易史研究》，甘肃人民出版社，1991年，第162页。

图13-14：伊斯坦布尔托普卡比博物馆藏元代龙泉青瓷

除了以上商品外，还有缎匹、金锦、大黄、麝香、枸杞等。中国商品以其优秀的品质而获得了西方人的青睐，丝路行商们亦不辞辛苦，长途贩运，如可失哈耳的纺织品（图13-15）"由国内的商人运销世界各地"；①河西走廊的肃州所产的大黄因品质好，吸引了大批商人前来采购，继而行销世界各地。②

图13-15：元集宁路出土的格里芬纹丝织被面

国外运至元朝的丝路商品主要有来自欧洲、中亚及西亚的金银、珠宝、马匹、药物、香料、奇禽异兽、竹布等，印度及东南亚的宝石、珍珠、香料、象牙等奢侈品。这些商品深受蒙古王公、贵族喜爱。

---

① 陈开俊等译：《马可波罗游记》，福建科学技术出版社，1981年，第42页。
② 陈开俊等译：《马可波罗游记》，福建科学技术出版社，1981年，第54页。

二、丝绸之路上的宗教

丝绸之路不仅是一条商业之路，同时还是一条宗教传播之路。自丝绸之路肇兴，诸种宗教即沿着丝绸之路东来西往，影响着丝绸之路沿线诸民族的宗教信仰。元朝时，中国景教徒、西方基督教徒频繁往来于丝绸之路，信仰伊斯兰教的穆斯林大量入居中国，多种宗教由丝绸之路传播、汇聚、融合、碰撞。

元时，传教士、商人、旅行家得以在丝绸之路东来西返，抑或西去东来，以及多种宗教信仰于蒙元帝国的共存，皆得益于其统治者开放而宽松的民族宗教政策。蒙古人虽崇信"长生天"，但他们却不反对其他宗教信仰，而是将其他神灵化为统一的"长生天"，认为这些神灵皆可保佑蒙古人的安康与幸福。蒙古帝国的缔造者成吉思汗推行宗教信仰自由政策，历代蒙古大汗及元朝皇帝基本沿袭了这一宗教政策。蒙哥统治时期，大汗及皇族对基督教、伊斯兰教、佛教都很宽容。忽必烈亦曾对马可·波罗言："有人敬耶稣，有人拜佛，其他人敬穆罕默德。我不晓得哪位最大，我都敬他们，求他们庇佑我。"①忽必烈不仅礼敬流行于丝绸之路上的各种宗教，还曾任用不同宗教的教徒为官。在这一宽松的宗教政策的指导下，在蒙古大本营和林城中修建了基督教堂、伊斯兰教清真寺、佛庙及道观，不同宗教的教徒云集，大都还设有各种宗教的专司衙门。特别是元代罗马教廷首次设立了中国教区，这是中欧宗教文化交流史上的一件大事。诚如美国学者卡特所言："南亚和西亚给远东的最重要的礼品，是他们的宗教；这些宗教成了东方与西方之间最密切的文化联系。"②

元朝开放、兼容的宗教政策为多种宗教和谐共存、共同发展提供了保障，促成了是时基督教、伊斯兰教、佛教、道教、萨满教、犹太教、摩尼教等多种东西方宗教于王朝内的共同传播。是时，通行中国且影响较大的外来宗教主要有佛教、聂斯脱利派基督教以及伊斯兰教。

（一）佛教

佛教起源于印度，于孔雀王朝阿育王时期（前273—前232）开始大规模向外传播。其传入中国的最早记载可溯至西汉哀帝时期，历经发展，隋唐时期发展至鼎盛。及元代，藏传佛教盛行，被蒙古统治者尊为皇室宗教和"国教"，

---

① 陈开俊等译：《马可波罗游记》，福建科学技术出版社，1981年，第87页。
② [美] 卡特著，吴泽炎译：《中国印刷术的发明和它的西传》，商务印书馆，1957年，第103—104页。

成为"全族信仰",上自皇室贵族,下至黎民百姓,所有蒙古族成员差不多都是虔诚的佛教徒。自世祖忽必烈以下,历代蒙古大汗都要接受国师灌顶,在执政的过程中也多有帝师佐政,而皇室子孙自幼也要向佛僧学道,皇室贵族更是争相师从佛僧。是时,佛教于丝绸之路沿线的传播及兴盛,通过丝绸之路关键性路段——河西走廊地区即不难窥见。(图13-16)

图13-16：内蒙古黑水城出土的元铜鎏金佛像

有元一代,蒙古豳王家族奉命镇守河西走廊至西域东部地区,于此防戍经营。豳王家族系出察合台家族,贵为皇室之胄,自然亦是藏传佛教的遵从者和推崇者。史书对此虽无记载,但敦煌、酒泉等地出土的文献、文物却可填补这一空白。

现藏于伦敦大英图书馆、编号为Or.8212-109(旧编号Ch.xix.003)的文书,系20世纪初英人斯坦因于敦煌携归的一件回鹘文写本,其内容为《吉祥胜乐轮》,从写本中许多藏文术语来看,应译自藏文,内容属于印度密教大师纳若巴(Nāropa,1016—1100)所传度亡之书。依题记知,该写本是来自今新疆鄯善西南鲁克沁之回鹘法师萨里都统奉王子阿速歹之命,于至正十年(1350)在沙州缮写的。此王子阿速歹即豳王家族第二代西宁王速来蛮之子,其名不见于《元史》,但见于《莫高窟六字真言碣》和《重修皇庆寺记》。可见阿速歹对佛教尤其是藏传佛教的虔诚,同时也反映了西域回鹘僧徒与豳王家族的密切关系。

1989年,敦煌研究院石窟考古研究所对敦煌莫高窟北区B163窟进行发掘，获汉文、西夏文、回鹘式蒙古文、藏文、八思巴文文书多件，其中编号为B163:42的蒙古文文献为新疆地方长官克德门巴特尔下达的令旨（图13-17），旨在确保新疆至敦煌佛教香客之安全。该令旨颁发于火州，出土于敦煌，说明当时自吐鲁番至敦煌间，当地蒙古统治者所颁布的政令通行无阻。而是时，奉命统辖吐鲁番东部至河西走廊地区的蒙古统治者正是豳王家族，因而文书中所提及的藏传佛教高僧朵儿只怯烈失思巴藏卜及其弟子在由新疆出发、前往敦煌的过程中，也必然会受到河西察合台系豳王家族的优待。豳王家族之奉佛，在榆林窟第12窟前室甬道南壁的回鹘文题记中亦可得到证明。题记中的不颜嵬厘王与日本京都有邻馆收藏的蒙古文写本残页之"威武西宁王不颜嵬厘"、至正十二年（1352）秋七月"以杀获西番首贼功"而获赐金系腰一条的"邠王嵬厘"①，及黑水城出土TK-248的《甘肃行省宁夏路支面酒肉米钞文书》中提到的"嵬力豳王"，实指同一人，乃为同名异译。其为第一代豳王出伯之孙，亦即第二代威武西宁王亦里黑赤之子，来自哈密之纳职（哈密西65公里处拉甫却克古城）。至正十二年（1352，亦即回鹘文题记中的龙年）秋七月，邠王嵬厘"以杀获西番首贼功"而获赐金系腰一条，此为莫大之殊荣，遂亲赴榆林窟朝山，以报答佛的护佑。

图13-17：敦煌出土的B163:42蒙古文令旨

① 〔明〕宋濂等：《元史》卷42《顺帝纪五》，中华书局，1976年，第901页。

从豳王出伯家族对于莫高窟、榆林窟多个洞窟的重修与重绘中，我们亦不难发现元时佛教于丝绸之路沿线的繁荣及昌盛。豳王出伯家族以其在西北地区特有的政治地位和雄厚的经济实力，在虔诚信仰的驱使下，积极投身对敦煌石窟的重修与重绘。河西诸地出土的碑刻记录了这一史实，如《莫高窟六字真言碣》《重修皇庆寺记》等。

现存敦煌研究院的《莫高窟六字真言碣》（图13-18）立于元顺帝至正八年（1348），碣石上方横书正楷"莫高窟"三字，中央阴刻四臂观音坐像。在其上方及左右方刻汉、梵、回鹘、藏、西夏、八思巴等六种文字，其音均为"唵嘛呢叭咪吽"，即所谓六字真言。在六字真言右侧"功德主"一栏下有速来蛮西宁王、脱花赤大王，太子养阿沙、速丹沙、阿速歹、结来歹，妃子屈术、卜鲁合真、陈氏妙因之题名，右题"维大元至正八年岁次戊子五月十五日守朗立"。莲座下则为沙州路河渠司提领成罗沙等题名。① 立碑人为当时坐镇沙州之第二代西宁王速来蛮。②

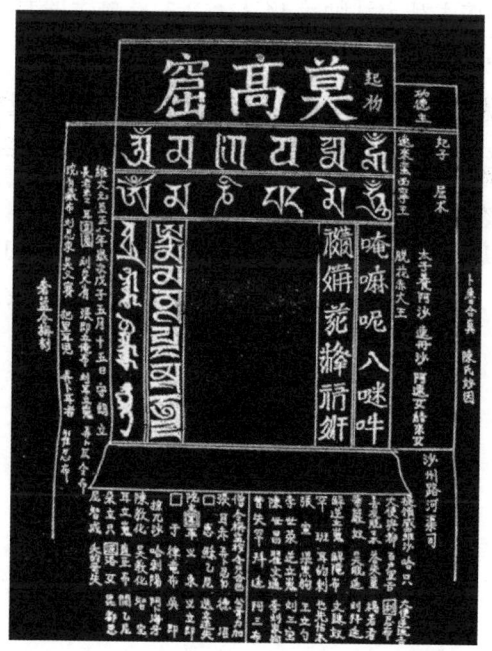

图13-18：敦煌研究院藏《莫高窟六字真言碣》③

① 李永宁：《敦煌莫高窟碑文录及有关问题》（二），《敦煌研究》试刊第2期，1982年。
② 李永宁：《敦煌莫高窟碑文录及有关问题》（二），《敦煌研究》试刊第2期，1982年。
③ 李永宁：《敦煌莫高窟碑文录及有关问题》（二），《敦煌研究》试刊第2期，1982年。

继《莫高窟六字真言碣》后，速来蛮又出资在文殊洞（即今莫高窟第61窟）外重修了皇庆寺，并勒立《重修皇庆寺记》碑。而这一重修活动亦得到了其他文献记载的印证，如清人徐松曾记嘉庆年间莫高窟"文殊洞外，有元《皇庆寺碑》"[1]；道光年间曾任敦煌知县的许乃谷《千佛岩并序》亦言："文殊洞外有《元皇庆寺碑》，至正十一年（1351）建。功德主为西宁王，记文者沙州教授刘奇也。"[2]文殊洞即莫高窟第61窟，为五代曹元忠所建。窟前土层遗址中发现有"元代粗瓷碗片及铜器、骨刻残片等物"，另有"木炭、土块、白灰墙皮"等火烧灰烬层，[3]足证元代曾在文殊洞前依窟建寺，此寺当即皇庆寺。该寺建成之时代，《重修皇庆寺记》言谓"唐宋间"，实不确。据考，当建于元皇庆年间（1312—1313），但若干年后塌毁，西宁王速来蛮再予重修，并立《重修皇庆寺记》之碑以志之。[4]此碑现存敦煌研究院。

参与《莫高窟六字真言碣》勒立的，除了速来蛮家族外，还有沙州路河渠司提领成罗沙等僧俗58人；参与皇庆寺修复的施主，还有来自沙州的施主桑奇同知等72人，肃州施主智宝法师等14人，晋宁路施主殷君祥等27人，沙州路河渠司提领丁虎哥赤等13人。所涉及人物众多，身份各异，既有官又有民，既有僧亦有俗，既有汉族又有少数民族，既有近地之民又有远方来客。可见当时佛教颇为流行。敦煌在元代仍然是佛教僧众倾心向往之所，信徒怀着虔敬之心，共赴敦煌，发心修缮洞窟，以做功德。

同处于豳王家族治下的酒泉亦有用汉文、回鹘文镌刻的《有元重修文殊寺碑》（图13-19/20），碑原立文殊山文殊寺中，记载了豳王家族修建佛教寺院的过程。

---

[1]〔清〕徐松著，朱玉麒整理：《西域水道记》卷3，中华书局，2005年，第158页。
[2]〔清〕许乃谷：《瑞芍轩诗抄》，清同治七年刻本。
[3] 潘玉闪、马世长：《莫高窟窟前殿堂遗址》，文物出版社，1985年，第39、40页。
[4] 李永宁：《敦煌莫高窟碑文录及有关问题（二）》，《敦煌研究》1982年试刊第2期。

图13-19：《有元重修文殊寺碑》碑阳　　图13-20：《有元重修文殊寺碑》碑阴

从碑文可见，文殊山石窟创建于北魏，直至元代仍是香火旺盛之地。第三代豳王喃答失兄弟不仅前往文殊寺发愿，更捐资对文殊寺进行修缮，使文殊寺得以"寺宇周成，梁材整台，殿方高墙，壁乃彩绘，圣容间金，而五色妆就，宝瓶琉璃结砌周全，钟楼碑楼工成咸就，周围垣墙悉成已毕"①。此外，汉文碑文尾跋提及多位文殊寺僧官，他们多使用藏族或西夏名字，如沙加令真（第22行）来自藏语 Sā-kya-rin-chen（意为"一位僧官"）；速那令真（第26行）来自藏语 bSod-nams-rin-chen（意为"和尚"）；而其他两位僧官的名字分别为耳你、耳立嵬梨忍普（第22行），亦应为西夏人。②由于西夏佛教和蒙古族所信奉的藏传佛教有很深的渊源关系，故西夏僧颇受蒙古王室重用，③如来自河西走廊的西夏遗僧杨琏真加与杨暗普父子就是元代佛教界显赫一时的人物。杨

---

① 耿世民、张宝玺：《元回鹘文〈重修文殊寺碑〉初释》，《考古学报》1986年第2期。
② Dai Matsui, A Mongolian Decree from the Chaghataid Khanate Discovered at Dunhuang, Peter Zieme (ed.), Aspects of Research into Central Asian Buddhism: In Memoriam Kōgi Kudara, Turnhout, 2008, p. 168, note 33；[日]松井太著，杨富学、刘锦译：《敦煌出土察合台汗国蒙古文令旨》，《中国边疆民族研究》第4辑，中央民族大学出版社，2011年，第281页注3。
③ 陈广恩、陈伟庆：《试论西夏藏传佛教对元代藏传佛教之影响》，《宁夏社会科学》2008年第5期。

璉真加任江南释教总摄、总统达十数年；杨暗普任宣政院长官，主管佛教事务20年，进而受封秦国公，在元代佛教界独一无二。①酒泉文殊寺中亦见有西夏人出任僧官，说明在豳王家族治下的河西地区西夏僧人同样受到重用。带有藏族及西夏名字的僧人活跃于文殊寺内，反映出当时河西地区藏传佛教氛围之浓郁。

从上述出土文书及碑刻不难发现，有元一代，佛教于河西地区颇为流行。统治其地的豳王家族在驻守期间，虔心向佛，致力于佛教弘传及功德事业的建设。于豳王统治区内，崇奉佛法的不仅有蒙古人，还有汉、回鹘、党项等诸多民族。

伴随着豳王家族对于河西石窟、佛寺的修建，敦煌佛教艺术获得了极大的发展，元代的绘画艺术亦达到了新的高度，在人物精神面貌的刻画上进一步接近现实，带有更浓的世俗性，反映了当时人们的审美观念和宗教观念。②元代藏传佛教盛行，这一点从敦煌元代洞窟就能得到充分体现，如第3窟、第465窟都是元代晚期重要的石窟，具有很高的艺术水平。而第61窟中绘的"炽盛光佛"，很可能就是因为皇庆年间全国灾害频发，西宁王速来蛮在重修皇庆寺时特意绘此图，以图消灾弭患。

（二）伊斯兰教

元朝是伊斯兰教于中国广泛传播及全面发展的重要时期。是时，寓居中国的伊斯兰教徒除了唐宋时期来华居留的阿拉伯人、波斯人外，余者主要是因蒙古西征及东西交通大开而来的信仰伊斯兰教的中亚各族、波斯人以及阿拉伯人。他们或以战俘身份被征调而来，充当军士、工匠及奴隶；或以商人之身份，往来经营，入仕为官；又或是率部归附的穆斯林上层，如阿剌瓦而思、赡思丁；抑或是伊斯兰教传教士，如答失蛮、迭里威失等。大批伊斯兰教徒涌入中国，星散各地，入籍为民，与汉、蒙古、回鹘等各族人民聚居一处，对元代社会、经济、文化，尤其是宗教带来了深刻影响。诚如白寿彝先生所言："中西交通大辟，回教人之来中国经商或求仕者，其数亦不在少。此种大量的回教

---

① 陈高华：《略论杨琏真加和杨暗普父子》，《西北民族研究》1986年第1期；陈高华《再论元代河西僧人杨琏真加》，《中华文史论丛》2006年第2辑（总82辑），第159—180页。
② 敦煌研究院：《中国石窟·敦煌莫高窟》第5卷，文物出版社、（东京）平凡社，1987年，第231页。

人之东来,及其后来之种种活动及遭遇,实可使中国回教有新的发展。"①

有元一代,伊斯兰教在中国的传播有两大区域:其一为西域,其二为东南沿海。东南沿海之地自唐宋以来即是由海上丝绸之路而来的国外穆斯林进入中国的门户及其后寓居的中心。发展至元代,其地的穆斯林已多为"土生蕃客",有些甚至是在中国居住已满五世的"五世蕃客"。伊斯兰教于当地及周围地区的传播业已不再是单纯依赖唐宋时期的中西友好交往,而是由入籍中国的穆斯林来完成。

元朝肇建后,其西部边界处于开放状态,大批来自中亚、西亚等地的穆斯林相继涌入汗国内部,包括元上都(图13-21/22)。是时,前往伊利汗国、察合台汗国的穆斯林数量甚众,肩负传教使命的他们在推动伊斯兰教向东发展的过程中发挥了重要作用。然而值得注意的是,伊斯兰教在西域尤其是在新疆地区的传播历史颇为特殊。伊斯兰教主要是在穆斯林群体内部信奉,其传教方式以遵循宗教礼仪与教法,坚持穆斯林生活习俗、血统的遗传等为主,并不强制向外传教。就此而言,伊斯兰教于新疆地区的传播却是一个例外。

 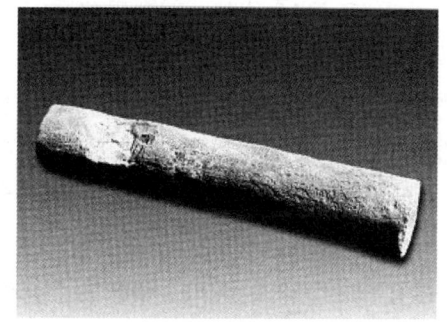

图13-21:元上都遗址出土刻有阿拉伯文饰图案的墓石　　图13-22:元上都遗址出土刻有阿拉伯祝祷文的墓石

包括新疆在内的天山南北及阿姆河、锡尔河之间的西辽故地初为察合台封地,历经发展,逐渐演化为察合台汗国。其疆域最广时,东起吐鲁番,西及阿姆河,北到塔尔巴哈台山,南达兴都库什山。统治这一广阔地方的虽为蒙古贵族,但是驻居其地的蒙古人较之突厥人为数甚少,他们身处土著文明的包围之

---

① 白寿彝:《元代回教人与回教》,《中国伊斯兰教史存稿》(上册),宁夏人民出版社,1983年,第170页。

中，受伊斯兰教文化浸染，久而久之，即有一些蒙古贵族开始接受伊斯兰教。察合台之孙哈剌旭烈之子木八剌沙的名字源自阿拉伯语及波斯语，意为"吉祥之王"。自察合台汗国投归元廷的豳王家族速来蛮一支，其家族成员亦有不少人的名字源自阿拉伯语，这都体现了伊斯兰教文化对于蒙古统治者的深刻影响。另外，蒙古初兴时，其民以游牧为生，及至西征，建立帝国，仍遵循着原有的方式生活。然而随着时间的推移，入居汉地、驻守西域的蒙古人无法抗拒先进的农耕文明所带来的巨大冲击，逐渐融合于当地民族，并适应了农耕生活与文明。多位察合台汗开始向农业发达的河中地区迁移。他们选择城镇附近为居住地，甚至在城镇修筑宫殿，如木八剌沙、八剌、怯别和答儿麻失里等。就宗教信仰而言，蒙古贵族移居伊斯兰教盛行的河中城郭之地后则必然会受到其影响。而统治者的宗教信仰的变化，不仅会影响汗国的宗教政策，亦会引起其辖下各民族的宗教信仰变化，从而引发统治区内各种宗教势力的此消彼长。察合台汗国诸位汗王的这种宗教信仰变迁，对于伊斯兰教东进征服新疆诸地并成为新疆主流宗教，发挥了极其重要的作用。

察合台汗木八剌沙继阿鲁忽后，于1265年登察合台汗位。引人关注的是木八剌沙继位地并非汗国传统的斡耳朵——伊犁河流域，而是在靠近伊斯兰教文化中心河中地区的安哥兰（Angern），该地在塔什干附近，由此可见木八剌沙的伊斯兰教文化倾向。《史集》的作者拉施特亦曾言："木八剌沙是察合台位下第一个皈依伊斯兰教的。"① 其后的察合台汗八剌在入侵伊利汗国失败后，亦信了伊斯兰教，取教名"黑牙术丁"。1309年，塔里忽继察合台汗位，他是一个虔诚的伊斯兰教徒。他曾立下誓言，处处以伊斯兰教法则为行动准则。信奉伊斯兰教后，他取教名为"黑的儿"。他在执政期间极力袒护伊斯兰教徒，并致力于在蒙古人中传播伊斯兰教。塔里忽死后，继任察合台汗位的是怯别。摩洛哥旅行家伊本·白图泰途经中亚时，也听到一些关于怯别的传闻："他执法公正，为受害人申冤，优待和敬重穆斯林。"穆斯林称他为公正的统治者和他们的保护人。② 怯别虽没有正式信仰伊斯兰教，但是，在他死后，人们按伊斯兰教方式为他建造了陵墓。

---

① ［波斯］剌失德丁著，波义耳英译，周良霄译注：《成吉思汗的继承者》，天津古籍出版社，1992年，第186页。
② ［摩洛哥］伊本·白图泰著，马金鹏译：《伊本·白图泰游记》，宁夏人民出版社，1985年，第301页。

1331年，怯别之弟答儿麻失里继汗位。关于其名字，有学者指出因其是由梵文转为蒙古语的，故而认为他是放弃佛教后改信伊斯兰教的。成为穆斯林后，他获得了"阿拉丁"的称号，意为"正教之高贵"。答儿麻失里堪称一位十分虔诚的穆斯林，"就是在严冬，他参加集体举行的晡礼、宵礼也从不间断。晨礼后，他念赞词直至日升，晡礼后亦复如此……一次晡礼，他来时众人已礼过两拜，他便在放鞋的地方随集体礼了两拜，又补上两拜"①。另外，答儿麻失里对于传播伊斯兰教亦十分热衷，他命令他的异密（侍卫）和士兵们同样信仰伊斯兰教。他们中的一些人在他之前已经是穆斯林了，另一些人听从他的号召也成了穆斯林。伊斯兰教在他们之中得到了传播。可见，在答儿麻失里的推动下，包括蒙古人在内的众多民众纷纷信了伊斯兰教，伊斯兰教于河中地区传播开来。

在木八剌沙、八剌、塔里忽、答儿麻失里等几位汗王倾力推动下，察合台汗国的伊斯兰教得到了极大的发展。是时，伊斯兰教于察合台汗国虽有极大的发展，但直至察合台汗国东西两部皆改宗伊斯兰教，特别是东察合台汗秃忽鲁帖木儿率领16万蒙古人信仰伊斯兰教时，汗国的伊斯兰教才真正发展到高峰。

合赞算端亡故后，察合台汗国逐渐分裂为东、西两部分，西察合台汗国以河中地区为主，东察合台汗国则占据了西辽故地，即天山南、北路广大地区。是时，操纵西察合台汗国政权的当地突厥化的蒙古贵族汗国信仰伊斯兰教，标志着伊斯兰教的发展在汗国西部完成。相较而言，其伊斯兰教传播过程较东察合台汗国较为迅速和平稳，而伊斯兰教于东察合台汗国的传播则历经一段较为漫长而曲折的发展过程。

1348年，察合台后裔秃忽鲁帖木儿在自诩为成吉思汗后裔的蒙古贵族朵豁剌惕氏的支持下，在阿克苏登临汗位。《中亚蒙兀儿史》的作者米尔咱·马黑麻·海答儿对于秃忽鲁帖木儿信仰伊斯兰教及于东察合台汗国推行伊斯兰教的过程有如下记述：秃忽鲁帖木儿在正式称汗前已答应沙亦黑札马剌丁，执政后信仰伊斯兰教。秃忽鲁帖木儿登上汗位后，由穆兰那·阿尔沙杜丁主持沐浴仪式，他宣布了自己的宗教信仰，成为一名穆斯林。接着，他让手下的蒙古贵族都信奉伊斯兰教。可汗带头施行割礼，同一天，16万当地民众在其感召下入

---

① ［摩洛哥］伊本·白图泰著，马金鹏译：《伊本·白图泰游记》，宁夏人民出版社，1985年，第302—303页。

教，成为穆斯林。①这一事件标志着察合台汗国蒙古人伊斯兰教传播过程的基本完成，并为伊斯兰教取代其他各教、成为西北地区占统治地位的宗教，奠定了坚实的基础。继秃忽鲁帖木儿后，伊斯兰教逐渐于新疆东部兴盛起来。因此，秃忽鲁帖木儿改宗伊斯兰教亦被视为东察合台汗国伊斯兰教传播的最终实现。

继秃忽鲁帖木儿后的多位东察合台汗国统治者亦致力于伊斯兰教的推行，如黑的儿火者（1388年或1389年—1399年在位）征服亦都护高昌王的领地吐鲁番和哈剌火州后，当地居民信奉了伊斯兰教（图13-23）。马哈麻汗（？—1418年在位）在别失八里推行伊斯兰教，在他统治时期，现新疆地区所有的察合台蒙古人都信奉了伊斯兰教。②

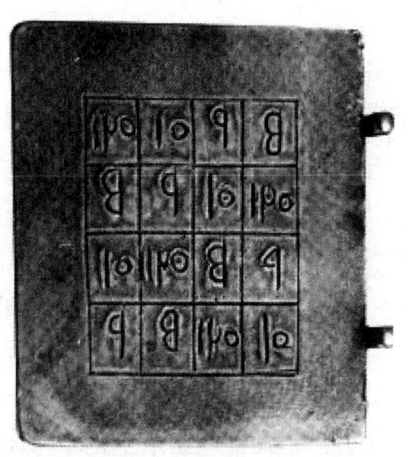

图13-23：阿拉伯文金幻方

这一时期，在伊斯兰教东进的过程中，曾遭遇驻守于河西及西域东部的蒙古豳王出伯家族的强烈抵制。崇奉佛教的出伯家族不仅对佛教实行保护，且常以施主的身份予以供养，以其特殊的政治地位及雄厚的经济实力，出资修建佛寺、修缮洞窟、塑造佛像、抄写佛经。豳王家族事佛，促进了佛教尤其是藏传佛教在西北地区的弘传与发展，迫使其东进势头止于新疆。

（三）基督教

---

① 米尔咱·马黑麻·海答儿著：《中亚蒙兀儿史》第一编，新疆人民出版社，1983年，第165页。
② 新疆社科院民研所：《新疆简史》第1册，新疆人民出版社，1980年，第201页、第203—204页。

唐代，起源于公元1世纪初中东地区的基督教开始传入中国，流传200余年。845年，武宗会昌灭法，基督教亦罹患其祸，于中原杳无踪迹。两宋时期，基督教在中国的传播亦陷入沉寂。基督教在中国的再次复兴始自元朝。是时，在元朝统治者宽松的宗教政策鼓舞下，其教日显，特别是自唐即流行于中国西北、北方地区的景教以及自元代方兴的天主教圣方济各会，在这一时期皆获得了前所未有的发展。当时基督教徒的活动区域大致有三个板块：其一为新疆经河西走廊到关中；其二为大都及其周边地区；其三为东南沿海江浙闽地区。显然，基督教正是通过再度畅通的陆路丝绸之路以及唐宋以后日益繁荣的海上丝绸之路传入中国内地的。

景教，亦即聂斯脱利教派，因该教派是由君士坦丁堡主教聂斯脱利所创，故得此名。唐朝初年，其教传入中国内地，有"景教""波斯经教""大秦教"等称。历经武宗毁佛之难，景教在中国的发展势头虽受到极大挫伤，但是并未消失，而是转入地下，在中国西北及漠北草原诸部落内传播开来。此外，1907年英国人斯坦因和法国人伯希和在敦煌莫高窟考察获取《大秦景教三威蒙度赞》(附《尊经》，载有景教经典目录30种)等唐代景教诗经和一幅残破的基督像绢画（敦煌藏经洞所出基督画像）。据考，"敦煌出土的应为基督画像的绢画断片……大概为敦煌地方唐代画家接受景教祭司或教徒的订货，按其意旨或其他参考材料画成。在整个写实画法中，佛教被采入为基调。仅凭这些资料，是不能论述该地基督教美术性质的。高昌的壁画与其教义传播应一起来自波斯或粟特，其间尚无什么特殊的变化。而敦煌之基督画像已见有唐代佛像画样式的影响了"。日本史学家羽田亨还在这幅画的文字说明中介绍说："基督画像，斯坦因氏在敦煌获得的绢本着色画残片，现藏大英博物馆。头饰及有波斯式翼的王冠上带有十字章，面貌等都具有写实风格。"① 韦陀（R.Whitefield）把这幅圣像的性质定为"景教人物图"，时代断在8到9世纪。另外，还有日人富冈所获景教经典《一神论》等。晚唐至宋初，景教于西北地区仍十分流行。另外，早在蒙古崛起之前，即11—12世纪，景教于漠北诸部落内即已颇为流行，其中尤以汪古、乃蛮以及克烈三部之景教传播为盛。

11世纪初，聂斯脱利教驻呼罗珊主教在一封信函中称，克烈部王已经接受

---

① ［日］羽田亨著，耿世民译：《西域文明史概论》，中华书局，2005年，第158—159页。

洗礼，他请求派一位传教士到其统治地区，为20万人洗礼。①这是有关蒙古人崇奉景教的最早文字记录。关于乃蛮人的宗教信仰，13世纪的波斯史学家志费尼曾有言："乃蛮人原本大多是基督徒，但这个少女劝屈出律随她皈依偶像教，放弃他的基督教。"②此处的屈出律为乃蛮部太阳汗子，乃蛮为蒙古所灭后，他流亡西辽，娶西辽国主耶律直鲁古之女，最后篡夺西辽政权。由是可见，乃蛮部所崇奉的是景教。而20世纪30年代以来，于原汪古部活动地区出土的大量基督教聂斯脱利派遗址，则为汪古人崇信景教提供了有力的实物证据。③早在20世纪之初，就出土过大批景教石碑及刻有叙利亚文的景教墓顶石。1949年以后，相继发现的景教遗迹亦有不少，如在四子王旗王墓梁汪古部世家大族耶律氏的陵园中，发现众多刻有叙利亚文的景教墓顶石，出土铁十字架，甚至在贵妇人的姑顾冠上，也有标明死者生前信仰的木十字架。此外，在达茂联合旗汪古部首府敖伦苏木古城内外，亦见有诸多景教墓顶石，上面刻着基督教的特有标志十字架和用叙利亚文刻写的死者姓名，还有叙利亚文的石碑和墓志。特别引人注目的是，有一块用汉文、蒙文和叙利亚文刻写的残碑，碑额作拱形，有一十字架，其在敖伦苏木古城西北15公里。又有另一景教徒陵园，这里没有景教墓顶石，却有叙利亚文景教残碑9块，有的还残留着十字架或莲花。④此外，还发现了许多景教遗迹，尤其是木胡尔索卜尔嘎古城附近，景教墓顶石有十余个。在古城内有刻着"十"字的砖块，应是十字寺的遗物。在汪古部地区发现这么多景教遗物不是偶然的，这些遗物的发现，是当年景教在这里盛行的有力证明。

蒙古统一漠北各部后，克烈、乃蛮、汪古等部与蒙古的关系日益密切，其宗教信仰亦影响了蒙古统治者。如拖雷正妻唆鲁禾帖尼就是崇奉基督教的克烈部人，同时她又是蒙哥、忽必烈、旭烈兀以及阿里不哥的生母，其宗教信仰必然会影响其子。蒙古统治时期，定期在和林举行基督教宗教活动就是很好的证明。克烈部王罕次子畏忽有女脱古思可敦，原为拖雷之妻，拖雷亡故后嫁旭烈兀。对于这位出身克烈部的可敦，《多桑蒙古史》引《史集》记述道："妃，信

---

① 周良霄：《元和元以前中国的基督教》，《元史论丛》第1辑，中华书局，1982年，第141页。
② [伊朗] 志费尼著，何高济译，翁独健校：《世界征服者史》（上），内蒙古人民出版社，1980年，第72页。
③ 盖山林：《元代汪古部地区的景教遗迹与景教在东西文化交流中的作用》，黄盛璋《亚洲文明》第1集，安徽教育出版社，1992年，第121—123页。
④ [法] James Hamilton、牛汝极：《赤峰出土景教墓砖铭文及族属研究》，《民族研究》1996年第3期，第78页。

奉基督教之怯列部人也,常庇其同教之人。旭烈兀因之亦优待基督教徒,当时基督教徒在其国中建筑教堂不少,脱古思可敦斡耳朵门外常有教堂一所,时闻钟声。"①此处的基督教徒当特指景教徒。元代,景教仅传播于部分蒙古部落及西域回鹘部落,随着蒙古人的东进,景教再次进入中国内陆,其活动主要集中在西北、北方少数民族地区、大都及东南沿海地区,主体是蒙古部落已有的景教团体和回鹘部落的景教团体。(图13-24)

图13-24:蒙哥汗三年(1253)景教碑

随着忽必烈建立元朝,以及中西交通的空前畅通,基督教于中国内地的传播达到又一高峰。是时,在华传播的基督教派别除聂斯脱利教派外,还有罗马天主教圣方济各会。元朝统治者将这两派基督教统称为"十字教",称其信奉者为"也里可温",意即"有缘的人""信奉福音的人"。以成吉思汗在西征过程中获知欧洲之十字军,给予罗马教皇以大力支持为契机,罗马天主教进入蒙古诸部并随着蒙古的军事胜利而将势力扩展至中国内地。(图13-25)

图13-25:鄂尔多斯地区出土元代景教铜牌饰

---

① [意]柏朗嘉宾、[法]鲁布鲁克著,耿昇、何高济译:《柏朗嘉宾蒙古行记 鲁布鲁克东行记》(下册),中华书局,2002年,第134页。

1246年，蒙古西征给欧洲带来巨大震动，罗马教皇为避免遭受蒙古铁骑之害，同时兼顾刺探蒙古人的动向、军情、实力，制定抵御进犯的策略，遂派遣圣方济各会教士柏朗嘉宾等三人出使和林朝见元定宗贵由。他们虽拜见了蒙古大汗，并递交了教皇与大汗的书信，但并未深入中国本部，而是径直返回。在致蒙古大汗的信中，罗马教皇劝大汗率臣民信奉天主教，并劝蒙古罢兵休战，不要和基督教国家为仇，不要屠杀无辜百姓。柏朗嘉宾一路的见闻不但为教皇提供了信息，同时还在一定程度上加强了蒙古统治者对天主教的认识与了解，为后来的圣方济各会教士出使蒙古提供了宝贵的经验。1289年，圣方济各会教士约翰·孟特戈维诺作为教廷的使节再次出使中国，在大都向大汗递交了教皇的书信，请求大汗改宗。其要求虽未获准许，但是他却获得了在元大都自由传教11年的优待。1299年，他取得元成宗的信任，得以在大都建造第一座正宗的基督教教堂。这也是罗马教皇在中国建立的第一个教区，堪称中外宗教文化交流史上浓墨重彩的一笔。孟特戈维诺热衷传教，先后为3000多人洗礼，用蒙古文翻译了《新约》及《旧约·诗篇》，又在大都兴建另两座天主教堂。另外，随着蒙元统治者对基督教的逐渐认可与支持，孟特戈维诺的传教活动向周边地区扩展，甚至在泉州、杭州、扬州等地增设了教堂和修道院。1307年，罗马教皇克莱孟五世决定成立大都总主教区，孟特戈维诺因杰出的传教功业而荣升总主教，负责统辖华北及华南各处主教。同时，教皇亦派遣圣方济各会主教7人（最终到达的只有3人）来华，协助其处理教务。泉州也发展成为中国的第二大天主教总主教区。

　　13世纪末至14世纪中叶，在孟特戈维诺的精心传教下，天主教于中国内地的传播臻于极盛，但是远无法与景教相比。相较而言，尽管罗马天主教在中国有一定程度的本土化，但景教表现得更丰富、更具有典型性。景教的本土化是其能在中国传播的一个很重要的因素，这种对中土文化的亲近，使得景教虽然没有像天主教那样有组织地传教，但其传播范围与影响远远超过天主教。①

　　有元一代，罗马天主教徒、景教徒借助草原丝绸之路、沙漠丝绸之路以及海上丝绸之路频繁往来于亚、欧诸地，以使臣、传教士、商旅等身份进一步促进了基督教于中国的传播与兴盛。同时，蒙元统治者对于来自欧洲的基督教亦采取宽松宥容的宗教政策，并将其置于极高的位置，这亦极大地推动了基督教

---

① 宗亦耘：《比较元代景教与天主教传播的异同》，《世界宗教研究》2011年第5期。

于元廷的繁荣兴盛。

三、科技

元朝时，中国与西亚、北非的阿拉伯国家堪称东、西两大文明中心，而上述阿拉伯国家又是中国与欧洲国家的中继站，因而以阿拉伯国家为桥梁，东、西方的科技文化交流再攀高峰，科技文化进步为世人瞩目。

我国古代四大发明中的印刷术、火药虽发明甚早，但直至蒙古西征时，方为阿拉伯人、欧洲人所知所用。早在蒙古崛起之前，中国印刷术的外传还主要限于亚洲及与中国关系密切的国家。蒙古西征，印刷术亦随之推广至波斯、欧洲诸地。印刷术在西方的首次大范围使用发生在1294年的伊利汗国。是时，为了解决财政危机，乞合都汗在了解元朝宝钞的形制及发行办法之后，决定利用雕版印刷术仿效元朝的"至元宝钞"印制纸钞，通行汗国，并于各地设立钞库，负责新钞发行及其他相关事务。①尽管此次钞法在施行不到两个月即被废止，但是这次有益的实践不仅使伊朗人、阿拉伯人认识了世界上实行最早的中国纸钞制度，还使得其具体接触到中国雕版印刷术，认识到了它的功用。后来，伊利汗国又兴起了印制纸牌之风，随着大量纸牌传播至意大利、德国等地，欧洲印刷业亦开始逐渐兴起。我们在探讨印刷术传入欧洲的过程中，不应忽视来华欧洲传教士、商人、使者在其中发挥的重要作用。13世纪，由毕昇所发明的活字印刷术已为回鹘人所行用，往来于丝绸之路上的欧洲人在归国途中，将回鹘文木刻单字携带回国，继而推动了德国、荷兰、法国等欧洲诸国进行活字印刷试验。

火药为中国另一伟大发明，由蒙古军传入阿拉伯国家，随后又为欧洲人所习得。火器于西亚之所以能够名声大噪，皆得益于蒙古西征。成吉思汗西征时，蒙古兵曾使用毒火罐、火箭、火炮、火铳等火器。旭烈兀西征军中亦包括火炮手，还曾使用飞火枪、火弩之类的火器。现藏于内蒙古蒙元文化博物馆的元大德二年（1298）铜火铳为迄今所发现的中国最早的有明确纪年的铜火铳，也是迄今所知世界上最早的火炮。该铳为铜质，铸造而成，铜色紫，表面略有绿锈。铳体坚固，重6210克，全长34.7厘米，保存完好。铳身竖刻两行元代官方文字——八思巴字铭文（图13-26）。经专家初步认定，这件铳的制造时间为

---

① 王永生：《钱币与西域历史研究》，中华书局，2011年，第188—196页。

元大德二年，编号"数整八十"。

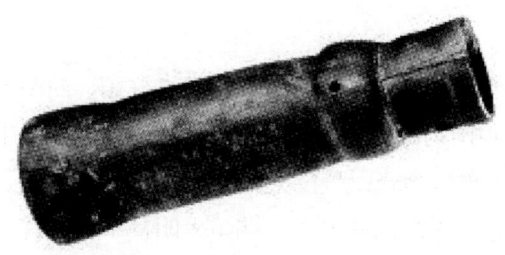

图13-26：八思巴文"大德二年"铜炮

1258年，蒙古军攻克巴格达后，为了抵御蒙古军，埃及马木留克王朝统治者于俘获的蒙古战俘处学习到了制作及使用火器的技术，并将这种武器称之为"契丹火箭"。随着知识的丰富、技术的提高，他们还学会了制作短距离使用的"契丹火枪"以及长距离使用的"契丹火炮"。他们还将火器知识及制敌方略撰写成书，即《制敌燃烧火攻书》。13世纪下半叶，这本书也为欧洲人所用，继而获得了制作及使用火药的知识。14世纪40年代，欧洲人再行创造，发明了管形火器。

旭烈兀西征时，随身携带医生，生病时即由中国医生进行治疗。是时，元朝统治者曾将唐代医药学家孙思邈的《千金要方》翻译为波斯文。史学家拉施特亦曾主编过一本名为《伊利汗国的中国科学宝藏》的中国医药学百科全书，该书对中国医学的脉学、解剖学、胚胎学、妇科学、药物学进行了介绍。中国传统医学著作被翻译为波斯文、阿拉伯文等多种文字，不仅对西方医药学家学习和利用中国医学、治病救人、造福民众发挥了重要作用，而且进一步促进了东西方的医药文化交流。

元代由于回族医药学的大量传入及临床应用，于至元七年（1270）设置广惠司，由精通阿拉伯医学的爱薛统管，专掌"修制御用回回药物及和剂，以疗宿卫士及在京孤寒者"。而阿拉伯等地所产的药物在元朝亦享有很高声誉，元朝统治者于至元二十九年（1292）又设"大都、上都回回药物院二……掌回回药事"，至治二年（1322），复将二药物院划归广惠司辖领。由是可见，回族医药传播甚广。回族医药于民间也颇为流行，诚如陈垣先生所言："回回人入中国者，多以卖药为业，其俗至今尚存。"可想而知，元代来华经商的阿拉伯人之所以以卖药为业，当与中国人对回族药物的肯定与需求密切相关。元代还出现了一些介绍回族医学的著作，如《回回药方》。该书所载的骨伤科治疗技术及颅脑外科手术，具有很高的水平，其中的一些医药学原理至今为中医所沿用。元代西域人忽思慧的《饮膳正要》、萨德弥实的《瑞竹堂经验方》，在中国医药学界也颇有影响。

天文历算是这一时期中西方科技文化交流的又一重要内容。早在蒙古人第一次西征时，中国历法即为中亚、西亚天文学家所知。是时，追随成吉思汗而至中亚的耶律楚材、长春真人丘处机已与当地的回族学者就天文学知识进行了交流。同时，他们在撒马尔罕所做的天文观测及历法推算，表明中国传统的历法知识较之阿拉伯世界先进，给中国天文历法带来了良好的声誉，继而引起了阿拉伯世界的关注。旭烈兀西征时，也随军带去了许多精通天文算学的中国学者，以备战时占卜之需。1259年，旭烈兀为筹建马拉格天文台，曾召集东西方学者共同建造，其中有中国天文学者。而由马拉格天文台编制的《伊尔汗天文表》亦吸取了中国历法。可见，中国天文学者为传播中国的天文历算知识做出了巨大贡献，中国历法为阿拉伯人所接收和使用。为了便于天文观测、历法推算，元朝统治者在设汉人司天台外，又于1271年在大都专设回回司天台，至元十三年（1276），让精于历算的波斯人扎马鲁丁掌管汉、回司天台，并襄助扎马鲁丁主持回回历的编撰工作。早在扎马鲁丁任职于爱薛所管的西域星历、医药二司时，他便开始编撰万年历，编成后曾于一定范围内试行。万年历是第一部获得政府正式许可而准许使用的回回历。扎马鲁丁在编撰《万年历》的同时，还于大都建立了观象台，制作了源自波斯的七种天文地理仪器。另一位致力于宣扬希腊、阿拉伯天文学，推动元朝改订新历的天文学家是爱薛。1281年正式颁行全国的《授时历》，精确程度远胜于以往各种历法。负责编修这部历法的汉族天文学家在修撰过程中，即采纳和借鉴了爱薛管理的马拉格天文台的经验，采用了其仪器，因而《授时历》的成功不仅是汉人天文学家的成绩，更凝聚着阿拉伯天文学家的心血。阿拉伯天文书籍亦东传至中国，如《元秘书监志》所记的195部"回回书目"中即有82册天文书籍，这些天文书籍保存了阿拉伯以及古希腊有关天文历算和仪器制造等丰富的知识（图13-27）。

图13-27：撒马尔罕兀鲁伯天文台遗址

随着伊斯兰天文学的传入，"0"空位和阿拉伯数码、土盘算法及弧三角学等伊斯兰数学知识也传入中国。其中弧三角学对中国的天文计算产生了重大影响。球面割圆术是郭守敬对天文计算方法的一大创新，他反复运用沈括的会圆术，配合使用相似三角形各线段间的比例关系，在推算赤道积度（赤经余弧）、赤道内外度（赤纬）方面使用球面三角法，所割浑圆便是最早运用的算弧三角法。这种方法便受到了伊斯兰历算的启发。

蒙古军事作战时所使用的武器——回回炮，因其制造者、使用者为回族人，故得此称。尽管回回炮源自中世纪伊斯兰国家所设计和制作的一种巨形抛石机，但是在其发展与演化的过程中，亦与中国抛石机有所融合。其实，早在回回炮传入中国之前，中国已有抛石机，蒙古第一次西征时，成吉思汗手下即有一整个土绵（万户）的炮手。这种抛石机虽有一定威力，但是也存在诸多缺点，如需要众多人力，所能投射的重物小，射程短等。在之后的两次西征过程中，蒙古军亦携带中国抛石机挺入西亚，从而与西亚的抛石机技术进一步结合，创造出了一种更为省力、射程更远、能投射重型投射物的石炮。至元十一年（1274），元朝政府设立回回炮手总管府，以回回制炮专家亦思马因为总管，后又改为回回炮手都元帅府和回回炮手军匠上万户府，负责制造和传授回回炮技术。

在中国纺织品及纺织技术传播西方诸国的同时，随蒙古西征而来的中亚、西亚的纺织工匠亦将当地的纺织技术带到中国。元朝设立专门的机构组织这些纺织工匠从事手工产品的生产。西亚的纳石失织金技术正是在这一时期传至中国的，颇受蒙古统治者的喜爱。除了美观的纳石失外，在东方还发现了其他几种源自西亚的纺织品。

蒙元时期，中西方科技文化交流频繁。中国在致力于向西方辐射灿烂辉煌、生机盎然的科技文化的同时，亦采纳和借鉴自中亚、西亚乃至欧洲传播而来的科学技术。中西方国家通过这种友好互动，取长补短，推陈出新，从而不断地推动着各自的科技发展。

四、文化艺术

元代，随着丝绸之路的再次畅通，东西方文化艺术方面的交流也日渐活跃。是时，中国艺术与中亚、西亚乃至南亚艺术的相互影响与交融颇为显著。

伊利汗国地处丝绸之路南道，是沟通蒙古帝国与中亚、西亚各国交往的纽带，中国绘画家与波斯画家互动频繁、相互影响。伊利汗国时期，插图书籍日益普遍，插图的题材也更为广泛。波斯画家不仅开始仿作中国水墨画，而且还引入了中国式的荷、萍、牡丹、飞雁、金盘、仙桃、云、雷等题材，中国传统绘画中的龙、凤、麒麟成为波斯纺织品及建筑装饰画的内容。不赛因汗于1322年所建的法拉明大清真寺寺门上绘有龙，阿八哈于13世纪70年代修建的苏丹尼牙宫的条形瓷砖上也有龙、凤图案。波斯毛毯上亦出现了中国式的行猎图以及禽兽图。在绘画风格上，波斯绘画受中国工笔画和水墨画的影响，一改过去布局程式化、色彩浓艳的风格，变得色彩柔和，笔法轻淡，画面空旷，意境深幽。《世界征服者史》中跨页的插图，其左半部分有两个穿着蒙古式衣服、留蒙古人式发型的人物。创作于1341年的《沙赫纳美》手抄书中的卷首插图，描绘了一个狩猎场景，在画面空间布局上具有明显的中国特色。

西方人在通过丝绸之路大量购买中国陶瓷制品的同时，还开始仿制陶瓷器。9—10世纪以来，西方诸国仿造华瓷蔚然成风，其中尤以波斯仿制为盛。及至12—13世纪，波斯人在制作陶器时，常于釉色上仿效中国北方的定窑及南方的影青，同时还吸收了华瓷的莲瓣、波浪、云气、暗花等纹饰。为了满足西方人的生活需求，元代外销瓷器亦开始引入了西方艺术纹饰，器型也较大，如阿迪比尔宫出土的一个瓷盘，直径超过57厘米，高10厘米。景德镇所产的碗及盘子，在形状、尺寸和装饰技术方面都是前所未有的。

在中国艺术影响中亚、西亚等地的同时，西方艺术尤其是建筑艺术亦深刻地影响着元朝。元世祖忽必烈时期，负责掌管茶迭儿（即庐帐）局的阿拉伯建筑师也黑迭儿曾将茶迭儿装饰成阿拉伯风格。元廷移都大都后，他奉命带领工匠修筑宫城,全面规划了宫城的布局、建筑、园囿。除了也黑迭儿所主持修建的带有浓郁阿拉伯艺术风格的建筑,元代清真寺及穆斯林墓葬亦突出体现了阿拉伯建筑艺术于中国的流行。有元一代,另外一位著名的外国绘画雕刻家是来自于尼泊尔的阿尼哥。1260年,阿尼哥奉其国王之命率领80余名工匠前往西藏,协助藏传佛教大师八思巴兴建金塔寺。寺成后,他被八思巴推荐给忽必烈,奉命掌管诸色人匠总管府,后升任大司徒。他先后于中国主持修建了3座佛塔、9座大寺、2座祠堂以及1座道观。他将印度式的白塔建造艺术引入中国,现今仍矗立于北京圣寿万安寺的白塔(今妙应寺白塔)即为其佳作之一。阿尼哥还精于佛教造像、织画、铸造等技艺,他将流行于尼泊尔地区的南亚建筑艺术、雕塑艺术等传入中原内地,促进了两者间的文化交流。

流行于中亚地区的音乐与乐器也经由色目人传入元朝,深受统治者喜爱。据元代陶宗仪《南村辍耕录》记载,元代较为流行的回族乐曲有《伉里》《马黑某当当》《清泉当当》3个曲目。①其中的《伉里》曲可能即是流行于西域康里的曲目之一,后传入中原。随西域乐曲一同传入中原的还有西域乐器及乐人,拉弦乐器有胡琴,弹弦乐器有箜篌、琵琶、火不思、七十二弦琵琶、兴隆笙等。为此,元朝统治者还特设乐队,由常和署专管。西域乐曲除了流行于元朝宫廷外,来华的西域商贾及权贵亦于家中蓄养着歌手和乐人,以弹唱西域乐曲为乐。

第五节　往来于丝绸之路的东西方代表人物

元朝的建立廓清了丝绸之路商道上的壁垒,往来于东西方陆路丝绸之路的使者、旅行家不绝于途。他们在目睹了丝绸之路沿线的商业繁荣、文化交融,加深亚、欧各国了解的同时,还留下了大量的游记、报告,继而为当世之人以及后世来者了解、认识元代丝绸之路提供了珍贵的资料。

一、中国西行人物

(一)耶律楚材(1190—1244,图13-28),字晋卿,号玉泉老人,法号湛然居士,蒙古名为吾图撒合里。出身于契丹贵族家庭,为辽太祖耶律阿保机之

---

① 〔元〕陶宗仪:《南村辍耕录》,中华书局,1959年,第349页。

九世孙，世居金中都（今北京）。其父耶律覆"以学行事金世宗，特见亲任，终尚书右丞"。①耶律楚材秉承家族传统，自幼学习汉籍，精通汉文，及长，"博及群书，旁通天文、地理、律历、术数及释老医卜之说，下笔为文，若宿构者"。②耶律楚材初仕金，为开州同知、左右司员外郎。成吉思汗十年（1215），蒙古军攻占金中都，耶律楚材闲居于家。成吉思汗十三年（1218），成吉思汗得知他才华横溢、满腹经纶，有治国大计，遂邀至漠北行宫，处之左右以备顾问。成吉思汗十四年（1219），成吉思汗西征，耶律楚材扈从，常晓以征伐、治国、安民之道，屡立奇功，备受器重。成吉思汗二十一年（1226），又随成吉思汗征西夏，谏言禁止州郡官吏擅自征伐杀戮，使贪暴之风稍敛。此次西行，耶律楚材随蒙古军行程六万余里，留居中亚六年。

图13-28：耶律楚材画像

成吉思汗二十二年（1227），成吉思汗于东返途中逝于清水县（今甘肃清水），耶律楚材随蒙古军北还蒙古。是时，拖雷负责监国，耶律楚材奉命"搜索经籍，驰传来京"。③翌年，再次来京。他在两次回京的过程中，以"里人问异域事，虑烦应对，遂著《西游录》以见予志。其间颇涉三圣人教正耶之辨"④。《西游录》正是在此基础上成书的，书中主要内容分上、下两篇，也可说是两次答客问的"谈话纪要"，"序"是1229年佛、道斗争激烈时写的，故有"黜糠、丘"语。上篇记西行道路、山川、物产、城市等，如"寻思干乃谋速

---

① 〔明〕宋濂等：《元史》卷146《耶律楚材传》，中华书局，1976年，第3455页。
② 〔明〕宋濂等：《元史》卷146《耶律楚材传》，中华书局，1976年，第3455页。
③ 〔元〕耶律楚材：《湛然居士文集》卷8，中华书局，1986年，第124页。
④ 〔元〕耶律楚材著，向达校注：《西游录·序》，中华书局，1981年，第1页。

鲁蛮种落梭里檀所都者也。蒲华、苦盏、讹打剌城皆隶焉"，①对了解13世纪新疆及中亚各民族的概况有参考价值。下篇为问答，以佛教立场批驳全真道首丘处机。对我们研究蒙古初期佛教及道教于汗国内部的发展、斗争，颇有益处。

《西游录》所记蒙古军的西行路线十分清晰。1218年，耶律楚材出居庸关，经武川，出云中（今大同），越天山（今阴山），渡大漠至怯绿连河（今克鲁伦河）成吉思汗营地。翌年自漠北西行，越金山（今阿尔泰山）西至也儿的石河，南下至伊犁河流域，经不剌城、阿力麻里，西行至西辽故地碎叶川，经虎司斡耳朵（裴罗将军城）、塔剌思河流域，溯河而上至费尔干那盆地西部的苦盏、八普、可伞等地，到达阿姆河以北重镇撒马尔罕和捕喝（今布哈拉），再南向越铁门，渡阿姆河而南至班城（今巴里黑）。东归蒙古时则经天山以北的别失八里（即北庭）、和州（今吐鲁番高昌故城）、伊州诸地。由是可见，耶律楚材前往漠北成吉思汗大帐时其所行路线多为草原丝绸之路，西征过程所行为沙漠丝绸之路，归国路线则为传统的沙漠丝绸之路。

耶律楚材所著《西游录》有原本及节录本两种，原本（含"序"）共计5000余字，而元人盛如梓则节录了《西游录》内关涉西游地理的800余字，将其收录于其所著的《庶斋老学丛谈》之内。因而，清末以研究西北史地而著称的李文田、范金寿、丁谦等人在注释、考证《西游录》时，针对的即是《庶斋老学丛谈》之内的节录本。1926年，日本神田信畅于日本宫内省图书寮内偶获一部旧抄足本《西游录》，翌年，其书排印出版，使湮没数百年之久的《西游录》全本复现于世。其后，罗振玉、王国维据神田本重印、抄录各一本，现藏北京图书馆。1981年，中华书局出版了向达校注的《西游录》全本。

耶律楚材寓于中亚6年之久，故《西游录》所记，除个别地方得之于传闻外，绝大部分皆为其实地观察、入境问俗所得，因而可信度极高。《西游录》对13世纪西域诸地道里、山川、物产、民俗的记载，为学者们研究西域历史提供了宝贵的资料。

（二）丘处机（1148—1227），字通密，道号长春子，登州栖霞县滨都里人。1166年开始学道，1167年拜全真道祖师王重阳为师。1168—1170年间，丘处机跟随王重阳在山东和河南传教。1170年春，王重阳在河南汴梁逝世后，丘

---

① 〔元〕耶律楚材著，向达校注：《西游录·上》，中华书局，1981年，第3页。

处机跟随同门马钰、谭处端和刘处玄到陕西终南山拜会王重阳的朋友，1172年将王重阳迁葬终南山。1174年为王重阳守丧期限届满后，丘处机隐居于磻溪（今陕西宝鸡），潜心修道，人称"蓑衣先生"，后又迁居龙门山（今陕西陇县西北），创立龙门派。1186年，他重返终南山主持"祖庭"（今重阳万寿宫）事务。金世宗大定二十八年（1188）春，应金世宗之召前往中都会面，受命主持万春节醮事，留居官庵。留居中都半年后，奉旨于1189年春，返回终南山祖庭。1191年冬，由于金章宗限制全真道在陕西的活动，丘处机被迫带领部分弟子回到故乡栖霞。稍后，他将旧宅拓建为太虚观，继续弘扬道法。

是时，丘处机已颇具声望，金世宗、宋宁宗曾先后遣使来召，皆不应。1219年，成吉思汗从西域遣使往莱州昊天观邀请，他欣然应召，携弟子赵道坚、尹志平、宋德方、李志常等18人前往。当他们到达大蒙古国统治的燕京（原金朝中都，1215年为蒙古帝国攻陷后改名燕京）时，成吉思汗已率军西征中亚花剌子模，于是追随西行。他们于成吉思汗十六年（1221）启程西去，先出居庸关，途经漠南和中亚地区，在漠北草原拜会成吉思汗幼弟铁木哥斡赤斤后一路西行，经回纥城、昌八剌城、阿里马城、赛蓝城，于1221年冬天抵达撒马尔罕。成吉思汗十七年（1222），丘处机途经铁门关抵达大雪山（今兴都库什山）八鲁湾行宫觐见成吉思汗，实现了"龙马相会"（成吉思汗属马，丘处机属龙）。成吉思汗曾向其询问长生之道，尽管得到的回答是"有卫生之道，而无长生之药"，但丘处机的诚实坦率却深得成吉思汗赞许，不仅从此再不寻求长生妙药，且还三次请丘处机讲说"卫生之道"，不呼其名，而称曰"神仙"。同时还封丘处机为大宗师，命掌"天下道教"。成吉思汗下诏耶律楚材将这几次对话编集成《玄风庆会录》。成吉思汗十八年（1223）春天，丘处机向成吉思汗辞行，成吉思汗下诏豁免全真道的赋役，并沿途派兵护送。东归时，丘处机一行至阿力麻里（今新疆霍城县）后，直向东至昌八剌（今新疆昌吉），经由别失八里（今新疆吉木萨尔附近）东面北上，过乌伦古河至镇海城。此后，向东南直奔丰州（今内蒙古呼和浩特附近），过云中（今山西大同），至宣德（今河北宣化），居朝元观。由是可见，丘处机一行人的西行东归路线基本是沿着草原丝绸之路进行的。

1224年春，丘处机一行人抵燕京，居太极宫（今北京白云观）。1227年，丘处机去世。后因元世祖赐号"长春演道主教真人"，故世称"长春真人"。丘处机羽化后，跟随他西行的18名弟子之一的李志常根据西行见闻，编撰了《长春真人西游记》一书。

《长春真人西游记》全书二卷，上卷记丘处机一行西行抵达兴都库什山西北坡的成吉思汗行宫觐见，然后回到中亚名城撒马尔罕（今乌兹别克斯坦撒马尔罕），在那里等候正式讲道。下卷记载丘处机讲道的经过、东归的行程，对沿途居民生活习俗有很多详细的记叙。元代文士孙锡为《长春真人西游记》作序："门人李志常，从行者也，掇其所历而为之记。凡山川道里之险易，水土风气之差殊，与夫衣服饮食百果草木禽虫之别，粲然靡不毕载，目之曰西游。"该书翔实地记录了丘处机一行自山东登州至阿富汗兴都库什山的沿途见闻，对于途经的山川道里的记载甚详，具有极高的地理学史料价值。书中记录沿途的风俗人情及当地的经济、政治与文化，可用以订正史书中关于成吉思汗西征的某些错误。时至今日，它仍是治西北史地及研究中西交通史的重要资料。

《长春真人西游记》成书后，似未刊行，因而流传并不广。直至清乾隆六十年（1795），它才被著名学者钱大昕从苏州元妙观《正统道藏》中发现并借抄出来，逐渐为人所知。其后，阮元曾抄录一部献给清廷。清道光年间，学者徐松与程同文等曾考订书中之地理、名物。本书较早的刊本为山西灵石杨尚文《连筠簃丛书》本。后世涉及边疆史地的丛书亦多收录此书，如《皇朝藩属舆地丛书》《四部备要·史部·杂史》《丛书集成初编·史地类》等。本书被发现不久，即为外国学者翻译出版。最早的是俄国东正教北京传教团教士帕拉丢斯所译俄文本，1867年鲍狄埃据《海国图志》之节要本所译法文本，1910年俄国人薄乃德据汉文本所译英文本。1931年英国汉学家威礼重新将此书英译出版，题为《一个道士的行记：在成吉思汗召唤下长春真人从中国到兴都库什山的旅程》。在日本则有岩村忍的日译本。21世纪以来，随着西北舆地学和蒙元史的兴起，有越来越多的学者开始研究这部行记。

（三）乌古孙仲端，本名卜吉，字子正。金章宗承安二年（1197）策论进士，金宣宗时官至礼部侍郎。1211年，成吉思汗率大军南下攻金，历经数年，相继攻克辽西、河北、山东、山西等地，蒙古尽掌黄河以北数千里。而以耶律留哥为首的十余万契丹人亦起兵抗金，归附；西夏亦乘机攻金，金朝于东部、北部皆受困。1214年，腹背受敌的金朝向蒙古进献岐国公主及大量金帛、人口、马匹，双方议和，蒙古罢兵。蒙古军北还后，金宣宗慌忙迁都汴京（今河南开封）。成吉思汗以金无诚意为借口，复派部将领兵围攻中都（即燕京），翌年攻克之。成吉思汗北归后，将攻金任务交由大将木华黎，自率大军西征。1220年，已无法抵挡蒙古铁骑的金朝统治者，派遣翰林待制安庭珍与乌古孙仲端出使蒙古乞和，两人至中都觐见木华黎，安庭珍留止，乌古孙仲端独往中亚谒见成吉思汗。他虽得以于中亚觐见成吉思汗，但乞和之请并未如愿，乌古孙仲端第二年返回汴京。

乌古孙仲端自兴定四年（1220）七月启行，至翌年十二月还至，历时一年余，所经路线为丝绸之路中道。乌古孙仲端出使归来后，金朝廷嘉其有奉使劳，进官两阶，历裕州刺史。金哀宗正大元年（1224），召为御史中丞，奉诏安抚陕西。正大五年（1228），他因"涉亡家败国之语，上怒，贬同州节度使"还乡。1232年，金朝已处于风雨飘摇之中，金哀宗将迁都归德（今河南商丘），召乌古孙仲端为翰林学士承旨，兼同签大睦亲府事，留守汴京。蒙古军再次围城，乌古孙仲端于城失守前自缢而亡。

乌古孙仲端出使归来后，邀太学生刘祁，由乌古孙仲端口述，刘祁笔录此次出行的所见所闻，此即《北使记》。之所以取此名，乃因蒙古诸王位于金都之北，故名。《北使记》主要记述了乌古孙仲端与安庭珍出使蒙古向成吉思汗请和之事，并扼要记录了当时中亚的山川道里、气候物产、风俗民情、珍禽异兽及宗教等，同时还概述了西辽的历史。篇幅虽短，但涉猎内容广泛，同时还包含了许多新资料，可与其他记载互辅互证，是研究古代中西交通史、蒙古史及丝绸之路等的重要资料。

（四）常德，字仁卿。1251年，宪宗蒙哥即蒙古大汗位后，皇弟旭烈兀奉命西征，相继征服了西亚大片土地并消灭了阿拔斯王朝（黑衣大食）。1259年，常德奉蒙哥之命，远去西亚觐见旭烈兀。他自和林出发，越金山南下至别失八里、孛罗（不剌）、阿里麻里、虎思斡耳朵、塔剌思、赛蓝，渡忽章河（今锡尔河），经寻思干（今撒马尔罕）诸地，渡暗不河（今阿姆河），再一路西行至报达，翌年冬回至和林复命，往返共14个月。

1263年，河北真定人（今河北正定县）刘郁将其此次西行途中的见闻著录成书，即《西使记》，亦称《常德西使记》。《西使记》原收录在元人王恽《玉堂嘉话》内，后相继刊入《四库全书》等十余种丛书中。该书记载了漠北至西亚的沿途山川、城邑、道里、居民、物产、风俗等，关涉北非、西欧、印度等地的记述虽得之于传闻，且其中不无荒诞之说，但是常德此次西行比丘处机及耶律楚材晚40年，此时新疆、中亚地区已发生了不小的变化，因而《西使记》中关于西域的民俗、风物等方面的记载较为珍贵。另外，《西使记》对研究早期蒙古史及丝绸之路亦具有重要的史料价值。

（五）拉班·扫马（1245—1294），亦作苏马、巴锁马、勒本·扫马。其中，拉班为叙利亚语"教师"之意，聂斯脱利派教士的称号；扫马则为其名。他为大都人，出身于信奉基督教聂斯脱利派的畏兀儿家族。父昔班，任教会视察员。扫马自幼受宗教教育，二十多岁时弃家修行，居大都附近山中，成为著名教士。是时，一位来自东胜州（今内蒙古托克托县）的汪古部人马忽思（亦作马可斯、勒木·马克斯、马儿可思，景教徒）邀他同去耶路撒冷朝圣。至元十五年（1278），在获得朝廷颁发的铺马圣旨后，两人从大都出发，随商队西行。沿途经过东胜、宁夏（今宁夏银川）、斡端（今新疆和田）、可失哈耳（今新疆喀什）、答剌速河、徒思（今伊朗马什哈德附近）等地，抵伊利汗国蔑剌哈城（今伊朗阿塞拜疆马腊格），谒见聂斯脱利派总主教马儿·腆合。随后历访波斯西部、亚美尼亚、谷儿只（今格鲁吉亚）等地，参观基督教遗迹，但因当时叙利亚北部常有战乱，去耶路撒冷朝圣的计划未能实现，便寓居毛夕里（今伊拉克摩苏尔）附近教堂。

1280年，马儿·腆合召两人至报达（今伊拉克巴格达），任命马忽思为大都和汪古部主教，改其名为雅八·阿罗诃；扫马为教会巡视总监，遣返东方。因伊利汗国与察合台汗国在阿姆河一带发生战争，道路不通，还居寓所。1281年，马儿·腆合去世，马忽思被选为新总主教，称雅八·阿罗诃三世，直至1317年在马拉格城去世。1287年，伊利汗阿鲁浑欲联合基督教国家攻取耶路撒冷和叙利亚，遣扫马出使罗马教廷及英、法等国。扫马使团至君士坦丁堡，后经那不勒斯，抵达罗马，教皇荷诺里四世已于前两月去世。拉班·扫马与红衣主教哲罗姆会晤。不久，哲罗姆被推选为教皇尼古拉四世。离开梵蒂冈后，他继续西行，经托斯卡尼、热那亚，进至巴黎，向法国国王腓力四世呈交了阿鲁浑汗的信件和礼品，受到隆重接待。在巴黎逗留月余，又到法国西南部的波尔多城，觐见英国国王爱德华一世。法、英两王都同意与伊利汗国建立联盟。

1288年，扫马在回国途中，获悉新教皇尼古拉斯四世已即位，再至罗马呈交国书。教皇对阿鲁浑汗优待基督教表示感谢,厚赠使臣礼品遣归。扫马圆满完成出使任务,受到阿鲁浑汗的嘉奖,特许在都城桃里寺(今伊朗阿塞拜疆大不里士)宫门旁兴建教堂一所,命他管领。后移居蔑剌哈,又建一座教堂。1289年去报达,辅佐雅八·阿罗诃三世管理教务,直到去世。扫马的出使,使罗马教廷更相信元朝皇帝与各汗国统治者均崇信基督教,因而遣教士孟特戈维诺等东来,这对促进中、欧关系的发展起了重要的作用。①

拉班·扫马是历史上第一个出访西欧的中国人,他用波斯文撰写的游记也堪称中国第一部详细记述欧洲的见闻录。惜原稿已佚,1887年发现的叙利亚文《教长马儿·雅八·阿罗诃和巡视总监拉班·扫马传》(作者不明),摘译了其中的主要内容,扫马的旅行经历因而为世所知。②

二、国外东来者

元朝时,沿丝绸之路东来的欧洲使者、传教士及旅行家主要有意大利人柏朗嘉宾、法国人威廉·鲁不鲁乞、意大利人马可·波罗、意大利人鄂多立克、意大利人约翰·马黎诺里等。

(一)柏朗嘉宾,亦即约翰·普兰诺·加宾尼。意大利贝鲁齐亚人,圣方济各会教士。1238年,蒙古大汗窝阔台之西征军相继攻占了伊拉克、阿拉伯及俄罗斯的莫斯科城等地。1243年,蒙古军又攻占了东罗马帝国。继之,大败波兰及法国联军,欧洲各国大为震惊,罗马教皇呼吁组织十字军讨伐。1245年,教皇英诺森四世在法国里昂召开宗教大会,因得悉大蒙古国内部还有不少基督教徒在活动,于是决定派遣使节出使蒙古国,企图利用宗教的力量阻止蒙古军的西征。因此,基督教徒柏朗嘉宾受命前往。

柏朗嘉宾从法国里昂出发,主要沿草原丝绸古道前行,经东欧抵伏尔加河畔,谒见钦察汗拔都,经拔都批准后,前往和林朝见大汗。1246年7月,他抵达和林附近的昔剌斡耳朵,参加了贵由汗的即位大典。此后,贵由汗接受了柏朗嘉宾递交的教皇信件,并复了函。贵由汗在复函中要求教皇献出所有城堡,带领信教的国王、君主前来议和。柏朗嘉宾于是年11月带着贵由汗复函离开和林,1247年秋由原路返回罗马教廷复命。

---

① 杨富学:《元代畏兀儿外交家拉班·扫马事辑》,《中国宗教学》第2辑,宗教文化出版社,2004年,第327—337页。
② [伊利汗国] 佚名著,朱炳旭译:《拉班·扫马和马克西行记》,大象出版社,2009年。

柏朗嘉宾归国后，将其沿途所见所闻整理成《出使蒙古记》，又名《蒙古史》。全书分九章，前八章分别记述蒙古的地理、人民、宗教、习俗、国家、战争、被征服国家、对付蒙古人的方法，第九章则叙述其往返路程及在蒙古宫廷的情况。这是欧洲人根据亲身经历、所见所闻所写的关于蒙古的第一部详细报告，它使欧洲人确切地了解到蒙古的地理、经济、风俗、信仰以及他们如何兴盛和征服各国的情况。这部书和其后的《鲁不鲁乞东游记》，被誉为《马可·波罗行纪》问世前欧洲人所撰写的东方见闻录中的杰作。与柏朗嘉宾同时代的文森特在其百科全书式名著《大鉴》第四部《史鉴》中收录了其部分内容。原书抄本传世者有5种，16世纪以来已有多种刊本和译本。此外，柏朗嘉宾使团的随行人员波兰人本笃也著有一篇简短的出使记，附录贵由汗致教皇信的拉丁译本，达维扎克首次将巴黎国立图书馆藏此件抄本与前述《蒙古史》一起刊行。

（二）威廉·鲁不鲁乞（1215—1270），又译鲁卜鲁克，法国人，圣方济各会修士，法兰西国王路易九世派往蒙古汗廷的使者。早在鲁不鲁乞出使蒙古之前的1249年，路易九世即曾派遣多明我会教士安德鲁·朗久木前往蒙古汗廷。他到达叶密立（今新疆额敏），受到贵由寡妻、摄政皇后斡兀立海迷失的接见。尽管此次的出使结果与柏朗嘉宾出访时相同，蒙古仍坚持欧洲基督教诸国来降，但是朗久木的东行，却使得教皇获悉蒙古人中有不少基督教徒，并且大汗是优待教士的。教皇于1253年又派圣方济各会修士威廉·鲁不鲁乞以教士身份远赴东方，向蒙古人宣传基督教义。鲁不鲁乞自地中海东岸的阿克儿（今以色列海法之北）出发，经由黑海至达也里河（伏尔加河）下游的撒莱，谒见拔都父子。后奉拔都之命东行朝见蒙古大汗蒙哥，他们一行人东渡扎牙黑河（今乌拉尔河），经塔剌思河、垂河、乃蛮故地进入蒙古高原。1253年冬抵达哈剌和林之南的汪吉河蒙古冬营地，谒见蒙哥汗，并随大汗返回哈剌和林。他不仅见到许多服务于汗廷的法国人、俄国人、英国人、日耳曼人和匈牙利人，还参加了在和林举行的佛、基督、伊斯兰三教大辩论。翌年七月，鲁不鲁乞携大汗致法国国王路易九世的国书，由陆路西归，越伏尔加河流域及里海西岸，1255年返抵地中海东岸。归国后，鲁不鲁乞用拉丁文撰写了《东方出使记》，即《鲁不鲁乞东游记》，以此行记呈路易九世复命。这部游记共38章，其中9章简要地介绍了蒙古人的生活方式与风俗习惯，另外29章则是对其旅行及个人此次经历的真实而详尽的叙述。与柏朗嘉宾之行记相较,他的报告书更为详备、准确,因而其行记也成为研究13世纪上半叶东西方交流史、蒙古史的重要资料。

(三)马可·波罗(图13-29)(约1254—1324),意大利威尼斯人,著名旅行家。在马可·波罗出生前不久,其父亲尼古拉及叔父马泰奥赴东方贸易,到达钦察汗国首都撒莱。归国途中,恰逢钦察汗国与伊利汗国征战,继而向东方行进。在留居不花剌时,偶遇前往汉地的伊利汗国使节,遂一同前往上都,其时间约为1265年。元世祖忽必烈接见了尼古拉兄弟二人,甚为赏识,并邀请其返回时作为蒙古使节访问教廷。于是尼古拉兄弟与另一名蒙古使臣一同出发,前往罗马教廷。蒙古使臣中途因病未行,尼古拉兄弟二人继续西进。

图13-29:马可·波罗

1269年,尼古拉一行人到达地中海东岸的阿克儿,恰逢老教皇已死、新教皇尚未选出,于是只得返回威尼斯。新教皇格利戈里十世当选后,遂派了两名教士和他们同来中国。1271年,尼古拉携儿子马可·波罗一同东行,两名教士中途畏难不行,将出使证书及新教皇致忽必烈的信委托给尼古拉。尼古拉三人取道波斯,沿陆路丝绸之路东行,先后经桃里寺(今伊朗大不里士)、忽鲁谟斯、巴达哈伤、可失哈儿、斡端、沙州、宁夏(银川),于1275年抵达上都,完成了使命。此后,他们留居中国17年之久。马可·波罗聪明好学,懂得蒙古文,熟悉蒙古人风俗习惯,深受忽必烈喜爱,被留在宫中任职,曾奉命巡视各地,参与外交和出使外国。因此,马可·波罗的足迹不仅遍及中国的大江南北,同时他也谙熟亚洲诸国的情况及元朝许多重大事情。1289年,伊利汗阿鲁浑因妃子去世,特遣使者请赐新妃。1291年,马可·波罗三人获准随同伊利汗国使臣,护送新妃前往伊利汗国,随后返回故里。此次他们由泉州启程,取道 海上丝绸之路赴波斯。1295年,马可·波罗一行人携带着忽必烈致教皇和法、英国王的信函回到威尼斯。

(四)马黎诺里,意大利佛罗伦萨人,圣方济各会修士,罗马教皇专使。

后至元二年（1336），元顺帝妥懽帖睦尔遣以基督教驻泉州主教安德鲁为首的16人使团由陆路前往意大利，出使欧洲，致书罗马教皇；元大都阿速族显贵、知枢密院事福定等人亦代表教徒上书教皇，报告大主教孟特戈维诺已去世8年，请求速派才高德隆的继任者前来主持教务。后至元四年（1338），使团抵教皇驻地阿维尼翁（位于法国南部，罗马教皇于1308年迁驻于此地）。教皇本笃十二世款待元朝使者，使其游历欧洲诸地，同时派遣尼古拉·波纳、约翰·马黎诺里等4人率领数十人的庞大使团出使元朝及蒙古诸汗国。

后至元四年（1338）年底，马黎诺里一行从阿维尼翁启程，会齐元朝来使，先至钦察汗国都城萨莱（今俄罗斯伏尔加格勒附近），谒见月即别汗；后继续沿丝绸之路商路东行，至察合台汗国都城阿力麻里，在此传教、修建教堂。逗留三个月之后，由哈密启程前往大都。专使尼古拉·波纳中途折回，马黎诺里一行继续东行。至正二年（1342）抵达上都，谒见元顺帝，进呈教皇复信并献骏马一匹。马长一丈一尺三寸，高六尺四寸，昂高八尺三寸，色漆黑，仅两后蹄纯白，曲项昂首，神俊超逸，被誉为"天马"。元顺帝大喜，命画工周朗作《天马图》（清嘉庆年间此画尚藏于内府），文臣揭傒斯作《天马赞》，时人叹为盛事，欧阳玄作《天马颂》《天马赋》，周伯琦作《天马行》，陆仁作《天马歌》，秦约亦作《天马颂》以记其事。

马黎诺里为宣扬基督教，曾于大都与犹太教徒进行过辩论。马黎诺里使团留居大都约三年，后坚请归国，获准乘驿至泉州，由海上丝绸之路西还。马黎诺里在南印度、斯里兰卡停留颇久，最后经霍尔木兹、巴格达、耶路撒冷，过塞浦路斯岛回国。1353年，他到阿维尼翁向教皇呈献了元顺帝的书信。1354年，马黎诺里受德皇卡尔四世之召至布拉格，负责改修波希米亚编年史，便将他奉使东方的回忆插叙书中，著《波希米亚史》三卷，于最后一卷追忆其出使中国的见闻。1820年，德人梅纳特将这一部分辑出，刊于波希米亚科学学会会报，始为世人所知。题为《马黎诺里奉使东方录》，即《马黎诺里游记》，它是元代中西文化交流史上的一部名著。

第十四章

元代海上贸易与沿海城市的突起

中古时期的海上丝绸之路肇兴于汉代，历经魏晋南北朝时的发展，隋唐时的繁盛，至元明时而及鼎盛。不同于金、西夏失之于海道，宋、明受阻于陆道，有元一代，不但海陆并举，且海道已突破唐之波斯湾，而及红海与东非海岸。随着元代海上丝路贸易的繁荣与兴旺，形成了以泉州、杭州、广州为代表的几大世界性港口城市。有元一代，海上丝绸之路不仅进一步促进了中西方贸易的繁荣，同时亦架起了中外宗教、科技、文化等诸多方面交流的桥梁。

第一节 元代海上丝绸之路的拓展

一、背景与原因

唐末至两宋时期，中国北方地区战乱频仍，割据政权林立，陆上丝绸之路受阻。加之自唐以来，已然代替丝绸成为中西方贸易大宗的陶瓷并不适于陆路运输，海路遂代之而兴。及至地跨欧、亚的蒙元王朝建立，蒙古统治者在致力于传统陆路商路的恢复与发展的同时，亦承唐宋之制，甚为重视海上丝绸之路的进一步拓展。

蒙元时期，海上丝绸之路之所以得到进一步的开拓，出现前所未有的繁荣局面，主要原因有以下几方面：

财政需要。蒙古国建立后，其统治者即倾心于对外扩张，军事征伐相续。元王朝建立伊始，世祖忽必烈即展开了对日本、安南（今越南）、缅国、爪哇等地的多次征伐，意在宣威海外。蒙元时期，军费开支为其财政支出中的庞大一笔，为了实现其政治、军事上的诉求及野心，统治者对自唐以来日益繁荣的海上丝绸之路贸易颇为重视，将其作为"军国之所资"①。因而进一步扩大海上丝绸之路的规模，完善其管理，推动海外贸易的发展势在必行。

重商主义。以游牧为主的蒙古族，由于生产的局限性，对于对外交换有着天然的依赖性。他们依靠与外部的物品交换，获得了更为丰富的生产及生活资料。在统一中国全境，征服亚、欧大部以后，这一草原时代即已形成的重商习俗并未改变。在蒙古重商思想的指导下，上自皇室贵族，下至平民百姓，都普遍从事商业活动并形成了多种多样的经营方式。政府为了增加税收，获得更大的经济利益，加强了对海外贸易的管理，元代海外贸易较之前代亦更为开放。1278年，忽必烈下令推动海外贸易："可因蕃舶诸人宣布朕意，诚能来朝，朕将宠礼之。其往来互市，各从所欲。"②来华贸易者无论官、私，不但不受限制，而且还得到元朝政府的大力支持。因而，元代的海外贸易发达。可见，蒙古的重商主义及开放的海外贸易政策，对于促进海上丝绸之路的拓展，推动海外贸易的发展具有积极意义。

农业及手工业的发展。由于元朝疆域广阔，政治统一，中西方手工技术及科学知识得以融汇交流。加之，元朝统治者对手工业、农业甚为重视，这都极大地促进了它们的发展。元代手工业分工细致，部门较多，主要有纺织、棉织、制瓷、造纸等，其中制瓷业的发展尤为引人关注。唐代以降，中国所生产的瓷器于亚、欧、非诸国更趋流行，瓷器的出口量骤增，陶瓷制品已取代丝绸，成为中国销往国外的丝路贸易大宗。中国出口商品结构的这种转变，在海上丝绸之路的名称上亦有体现，因瓷器被称作"china"，故而海上丝绸之路又被称为陶瓷之路。元代中期，中国制瓷业遍地开花，不但产量大增，且品种增加，美轮美奂，内销、外销量皆大增。由于瓷器本身沉重且易损坏，加之有元

---

① 〔明〕宋濂等：《元史》卷169《贾昔剌传》，中华书局，1976年，第3972页。
② 〔明〕宋濂等：《元史》卷10《世祖七》，中华书局，1976年，第204页。

一代中国制瓷地主要聚集于东南沿海一带,海上丝绸之路于运输过程中的便利为陆路所不可比,故而元代制瓷业的繁荣及海外需求量的激增,亦在很大程度上推动了海上丝绸之路的兴盛。伴随着商业性农业的发展,亦为海上丝绸之路提供了丰富而充足的产品。元代农业、畜牧业、手工业同步发展,为海上丝路商业的发展奠定了坚实的基础。

造船技术及航海术的提高。元代的造船技术在唐宋的基础上更进一步,这在浮海而来的摩洛哥旅行家伊本·白图泰及意大利人马可·波罗的游记中皆有详细描述。①据称,航行于印度洋上的中国海船分大中小三等,大船有帆三至十二不等,可容船员一千人,随附小艇三只,其橹多达二十只,每只橹长几与桅相仿。随行小艇之大小有三分半大、三分之一大、四分之一大三等。为防御海盗侵袭,船上还备有兵器以及弓箭手、盾手、发射火箭的弩手。关于船舶的材质,据马可·波罗之描述,是以冷杉木制成的双层板构成,双层板的内部用麻絮捻缝,并用铁钉加固;船底涂抹一种特制的软性油灰,这种油灰的性能更胜于沥青。船上还装置有完善的舵与多种桅和帆。每只船的甲板下辟有许多小舱,[其舱壁厚度多达十三层,都是用厚板做成,用榫眼互相结合,这不仅可防止因触礁或受到鲸鱼的撞击而产生的漏洞,还可以保障一舱进水而并不影响其他的船舱。是见,元朝的造船技术及造船业之先进。

元代的航海技术及地理知识亦是世界领先水平。航海技术的发达主要表现在:掌握了海洋气象变化规律及天文航海技术,应用了航海罗盘;利用信风(从副热带高压区吹向赤道低压区的风)的季节性变化规律,每年乘东北信风下海,远航东南亚,穿过印度洋或沿岸某些国家,直到地中海沿岸的欧亚非各国;通过观察北极星的高度,判断地理经纬度的"牵星术",是元代天文航海技术的新成就;以"针路"标明航道,即把两地之间不同地点的航行方向连接成线,并绘于纸上。在元朝疆域扩大,东行西往者的频繁互动等多重因素的推动下,元人的地理知识进一步丰富,这主要表现在元人对于海外诸国诸海域的深入认识,如"东洋"(又分为"大东洋"与"小东洋")地理概念的提出,"西洋"概念的广泛使用,对于东南亚、南亚、西亚诸国的了解。

疆域广阔且海上交通线发达。自成吉思汗起,以蒙古族为中心的统治者经

---

① [摩洛哥]伊本·白图泰著,马金鹏译:《伊本·白图泰游记》,宁夏人民出版社,1985年,第490—491页。

过半个多世纪的努力,结束了唐五代以来诸国并立、群雄竞逐的混乱局面,建立了统一的中央集权的大帝国。据《元史·地理志》载,"其地北逾阴山,西极流沙,东尽辽左,南越海表",虽"汉、隋、唐、宋为盛,然幅员之广,咸不逮元"。①在这样的形势下,"中外钦承,无远弗届";"我吏我民,我工我商,万国一家,孰为要荒"。②大一统的中央集权统治,是元代海外贸易发展不可或缺的政治基础。

1258年,曾独霸海上丝绸之路利益的西亚阿拔斯王朝在旭烈兀的征伐下,势力衰败,逐渐丧失了对海路的掌控,取而代之的是元朝商船队。海上丝绸之路所获得的空前机遇以及海外活动范围远超前代,这些有利因素皆推动了元代海外贸易的蓬勃发展。

元初居留中国的意大利人马可·波罗说,长江一线,每年溯江而上的船舶至少有二十万艘,其循江而下者尚未计焉。③长江是横贯东西的天然交通水道,成为远距离大宗商品贩运的重要途径。

二、元帝国的海外扩张

有元一代,特别是世祖忽必烈统治时期,蒙古人曾多次出兵海外,经略岛国。频繁的出征不仅是因为自成吉思汗以来的蒙古统治者以"全人类的皇帝"④自居,具有征服世界的野心,同时亦与其统治者意图通过扩展海外疆界,进一步拓展海上丝绸之路,促进丝路贸易的繁荣息息相关。因而,元初蒙古统治者对于南海、东海诸国的征伐战争并不能单纯地视为政治、军事活动,同时也是海上丝绸之路扩张、发展的过程。

(一)征服高丽

早在元朝建立之前,蒙古统治者于近四十年间出兵高丽已达八次。1260年,元朝建立,时逢高丽高宗逝世,忽必烈遣兵护送入蒙古为质的世子安庆公回国即位(即高丽元宗)。同时于高丽境内实行大赦,送还高丽俘虏及逃入辽东的民户,禁止蒙古边将侵扰高丽,以抚民心。高丽元宗即位后一直采取亲元立场,引起部分大臣的不满,朝内亦分化为亲元与反元两派。忽必烈视高丽为

---

① [明]宋濂等:《元史》卷58《地理志》,中华书局,1976年,第1345页。
② [元]程钜夫:《程雪楼文集》卷5《平云南碑》。
③ [意]马可·波罗著,冯承钧译:《马可·波罗行纪》,上海书店出版社,2001年,第343页。
④ 耿昇:《柏朗嘉宾蒙古行纪》,中华书局,2002年,第79页。

元朝之属国及征伐日本的跳板。至元五年（1268），忽必烈令高丽新国王在高丽制造可载四千石的海船1000艘，以备元军攻打日本或南宋之需。元朝对高丽的控制和榨取，使高丽朝野极为不满。至元六年（1269），高丽反元派大臣林衍废其王。至元六年十月，忽必烈派头辇哥率大兵压境。封在京朝觐之高丽王世子为特进、上柱国，并派兵护送他回国平乱。同时派兵部侍郎里德一行出使高丽，限期高丽林衍等来京陈情，听候决断。在元朝震慑之下，高丽都统领崔坦、李延龄等以西京（今平壤）五十余城归降。高丽元宗复位，并亲自朝见忽必烈。至元七年（1270），忽必烈将高丽西京改为东宁府（后升东宁路），划归元朝辽阳行省。同时派头辇哥率领军队护送高丽国王父子回国，委任脱脱朵儿、焦天翼为高丽达鲁花赤。至元七年，元军兵临王京（今开城）城下。此时，林衍已死，其党三别抄军首领裴仲孙等拥立王室庶族承化侯王温，退守珍岛（今南金罗道），坚持抗元。至元八年（1271）五月，元将领忻都率兵攻占珍岛，王温等被杀。金通精退往耽罗（今济州岛）。至元十年（1273）四月，忻都攻占耽罗，捉拿金通精等人。元朝遂设耽罗国诏讨司，屯兵驻守。此即蒙元王朝的第九次兵伐高丽。经过此次征伐，蒙古彻底征服了高丽。此后，以高丽为跳板，东进日本诸国。

蒙古在征服高丽后，亦十分重视与其关系的修好，如世代联姻、弱化"六事"要求、通商朝贡等。双方正常的贸易活动除了通过辽东陆路进行外，主要通过海路实现。元代的庆元港东接日本，北距高丽，商船往来，货物丰溢，它是元朝与高丽、日本贸易的主要出海港。是时，元朝与高丽等国的海上贸易活动十分繁荣，元人诗《舶上谣送伯庸以番货事奉使闽浙十首》即生动地描绘了这一场景："琉球真蜡接阇婆，日本辰韩濊貊倭。番船去时遗碇石，年年到处海无波。"此处的辰韩即高丽。

（二）东征日本

日本，在历史上有扶桑国、倭国等称。日本位于亚洲大陆东岸外的太平洋内，西、北隔东海、日本海、鄂霍次克海，与中国、高丽、俄罗斯相望，东濒太平洋，足见其地理位置之优越。

自唐末而及元朝建立，日本与中国脱离外交关系长达4个世纪之久。世祖征伐高丽后，元朝遂与日本隔海相望。是时，与蒙古建立外交关系的国家遍及欧亚，唯有日本尚未与蒙古通好。至元二年（1265），以高丽人赵彝等言日本国可通，择可奉使者。至元三年（1266）八月，命兵部侍郎黑的，给虎符，充国信使；礼部侍郎殷弘，给金符，充国信副使，持国书使日本。①元朝统治者于国书中言："自今以往，通问结好，以相亲睦，且圣人以四海为家，不相通好，岂一家之理哉！以至用兵，夫孰所好，王其图之。"可见，忽必烈要求日本来降的强硬态度。国信使黑的等借道高丽前往日本，但途中因遇风暴，被迫而还。至元四年（1267），黑的再往日本，但其统治者却拒而不纳。其后，元朝又先后派遣使者三次前往日本招降，但最终皆无结果。在这种情况下，忽必烈决意发兵征日。

至元十年（1273），忽必烈"命凤州经略使忻都、高丽军民总管洪茶丘，以千料舟、拔都鲁轻疾舟、汲水小舟各三百，共九百艘，载士卒一万五千，期以七月征日本"。②为此高丽人、汉人深受其害，他们被迫造船、运粮饷、充当士兵等。当年十月，"入其国，败之，而官军不整，又矢尽，惟虏掠四境而归"。③是见，此次蒙古征日本，仅于战争初期取得了一些战果，后则狼狈而归。忽必烈于至元十八年（1281）以日本杀使臣为由，集结南宋新附军十万人，组成一支大军远征日本。兵分两路：洪茶丘、忻都率蒙古、高丽、汉军四万，从高丽渡海；阿塔海、范文虎、李庭率新附军乘海船九千艘，从庆元、定海启航。两路大军约定六月以前会于壹岐岛及平壹岛。④但两路军并未按原定日期会合，东路军在等待江南军无望的情况下，先行出发，为日军所败。及江南军会合，两军又因内讧而未相互协调，积极进攻，最终惨败而归。忽必烈不但没有从两次东征日本的失败中吸取教训，反而一意孤行，筹措第三次征日。但因大臣谏阻及忙于镇压人民的反抗而未能实行。1294年，忽必烈亡故，其所制定的征日计划也随之中止。

元朝的两次东征日本虽给中国、高丽及日本人民带来了深重的灾难，且最终以失败而止，但是客观上却起到了加强中日了解与认识的作用。尽管元朝与日本政府经常处于政治上僵持、军事上对立的状态，但是中日间的民间交往，尤其是商业往来却十分活跃。如至元十五年（1278），元政府令沿海官司通日

---

① 〔明〕宋濂等：《元史》卷208《日本》，中华书局，1976年，第4625页。
② 〔明〕宋濂等：《元史》卷208《日本》，中华书局，1976年，第4628页。
③ 〔明〕宋濂等：《元史》卷208《日本》，中华书局，1976年，第4628页。
④ 〔明〕宋濂等：内蒙古社科院历史所《蒙古族通史》编写组：《蒙古族通史》（上册），民族出版社，1991年，第177—178页。

本国市易；至元十六年（1279），有日本大商船四艘，载商人、水手计两千余人的大商队至庆元港口，来华交易；大德九年（1305）到至正十年（1350）的45年间，记录在案的日本商船来元即有33年之久。

（三）进攻占城

占城，宋以前称林邑、占婆或环王国，即今天越南的中南部地区。占城位于安南之南，自我国琼州启航，顺风行舟一日便可抵达其国。自汉、唐以降，占城即为中国友好邻邦。忽必烈率军灭宋后，派遣归附元廷的泉州回族海商蒲氏家族诏谕海外诸番，占城、爪哇等国相继与元朝建立了联系。占城国王虽"岁遣使来朝，称臣内属""屡贡方物"，但是忽必烈并不满足于使节互访及贸易往来，他视占城为元朝向东南亚扩张的跳板，意图不断扩展海外疆界，掠夺更多的财富。占城王子补的继承王位后，不甘受制于元朝，扣押了途经其地、前往暹罗及马八儿国的元朝使者。至元十九年（1282），忽必烈派遣占城行省右丞唆都，率军循海道进攻占城。唆都率水军自广州浮海至占城港，依岸驻屯。占城军民修建木城，立炮台百余座进行防御，占城国王于木城西设行宫，率重兵屯守。木城为元军攻破后，占城人退入山中，设计诱敌军，伏兵截其归路，元军死战方解围还营。至元二十一年（1284），唆都奉命从占城北攻安南，征伐占城之事遂告终。其后，占城国遣使入贡元朝，双方又恢复了正常的外交关系和贸易往来。

（四）进军安南

安南即古交趾，宋朝时始称安南，其地位于今天越南的北部。元宪宗八年（1258）即已内附元朝，成为元朝的藩属国。元朝肇建后，忽必烈对外推行扩张政策，意欲征服东南亚，安南则因优越而特殊的地理位置，成为元廷要征服的首个目标。

在忽必烈遣军征伐安南之前，元朝统治者曾试图以大国之威迫使安南臣服，如提出"六事"要求"君长亲朝""子弟入贡""编民数""出军役""输纳税赋""仍置达鲁花赤统治之"）。但是除了达鲁花赤的设置外，其余之事安南拒不执行，最终导致战争爆发。至元十八年（1281），元朝成立安南宣慰司，进行战争准备。至元二十年（1283），忽必烈命其子镇南王脱欢为统帅，率领元军以假道安南进攻占城为由，向安南进军。安南拒绝了元廷的假道请求，忽必烈决定进军安南。为了防御元军进攻，安南国王陈日烜从兄兴道王陈峻屯兵边境拒守。至元二十一年（1284），元军在脱欢的率领下，分六路进攻，击败陈峻军，渡过富良江。陈日烜亲率十万人来援。沿江部署兵船，立木栅拒守。元军进攻，陈日烜退守天长府（今河南）等地。是时，唆都率领远征占城的元军北返，与脱欢军会合，分水陆两路追击，陈日烜屡败，退至安邦海口。但这时安南援军渐集，而元军师老兵疲，死伤甚众，脱欢退出安南，唆都战死。

至元二十四年（1287），忽必烈复命脱欢统水陆两军，再侵安南。安南军民再次退出京城，分兵四路出击元军，又截断了元水军粮船。脱欢虽再度占领升龙城，但由于元军劳师远征，士卒疲惫，又不服水土，多染疾疫，加之安南军民奋勇抵抗，已夺取的险隘纷纷失守，元军损兵折将，只得撤退回国。

至元三十一年（1294），忽必烈又令刘国杰等第三次远征安南。翌年，忽必烈病逝，元朝才罢征安南。元成宗继位后，下令停罢征安南之兵，派遣使者前往安南慰谕。安南亦遣使通好，双方使节往来不绝。

（五）南击爪哇

爪哇国，古称阇婆国，即今印度尼西亚的爪哇岛。爪哇之地，不仅"宫室壮丽，地广人稠，实甲东洋诸番……其田膏沃，地平衍，谷米富饶，倍于他国"，①且又是整个海上丝绸之路交通网的重要枢纽，因此忽必烈"出师海外诸番者，惟爪哇之役为大"。②加之，元朝出征爪哇之前，已先后出兵征讨日本、安南、占城等国，且皆以失败告终，故元朝对出征爪哇之事甚为重视。

元建立后，与爪哇互派使节，保持友好关系，如至元十六年（1279）唆都派遣赵玉出使爪哇。至元十七年（1280），再遣使者去爪哇"招谕"。至元十七年，爪哇杜马班国王遣使入元通好。元朝于至元十八年（1281）、至元十九年（1282）、至元二十三年（1286）先后三次派遣使者前往爪哇，命其国王亲自来见。杜马班国王仅最后一次遣使觐见元朝。忽必烈对爪哇王室成员未能亲至深为不满。至元二十九年（1292）元派使出使爪哇，被爪哇王黥面，忽必烈认为这是对"抚有四夷"的大元帝国的莫大侮辱，遂决定出征爪哇。

至元二十九年（1292），忽必烈任命元将史弼为统帅，亦黑迷失与高兴为副帅，率兵五千，渡海进攻爪哇。至元二十九年十二月，船队由泉州启航，过七洲洋（南海北部）、万里石塘（今西沙群岛）、交趾、占城，于至元三十年

---

① 〔元〕汪大渊著，苏继庼校释：《岛夷志略校释》，中华书局，1981年，第159页。
② 〔明〕宋濂等：《元史》卷210《爪哇传》，中华书局，1976年，第4664页。

(1293)正月至东董山、西董山（今纳士纳群岛），入混沌大洋（今南海南部），再经橄榄屿（今加里曼丹岛坤甸西面海中）、假里马答（今加里曼丹），到达勾栏山（今加里曼丹岛西南端附近），于此驻兵伐木，制造小舟，准备登陆。二月元军进抵吉利门（今马威安岛），并在爪哇中部北岸杜并足（今爪哇锦石西北）登陆。然后兵分水陆两军进攻。是时，爪哇与邻国葛郎关系恶化，爪哇国王被葛郎国王哈只葛当所杀。爪哇国王女婿土罕必阇耶攻打哈只葛当失败，获悉元军到来，遂遣使迎降求助。史弼允其所求，领军进击葛郎兵，哈只葛当失败回国。元军追击而至，哈只葛当指挥10余万人迎战，葛郎军大败，最后出城投降。继之，土罕必阇耶于归国途中，杀害护送的元兵，并率部攻击元军。元军毫无防备，边抗击，边退却，最后只得登舟返航，元军远征爪哇以失败而告终。忽必烈去世后，元朝与爪哇再次恢复了友好关系。

三、海上丝绸之路的主要线路

古代的海上丝绸之路概指中国与世界其他地区之间的海上交通路线，其以中国为起点，东通日本、朝鲜半岛，西经东南亚、印度洋地区，直至西亚及东北非。总体而言，海上丝绸之路由两大干线构成，其一为由中国通往朝鲜半岛及日本列岛的东海航线，其二为由中国通往东南亚及印度洋地区的南海航线。但是在不同历史时期，由于中国历代王朝的疆界、对外交往范围及政策、航海技术等的不同，海上丝绸之路的主线路虽无很大变动，但是不同朝代还是各有所发展，进而产生略微的差异。

元代，中国的瓷器颇受外国人追捧，外销瓷器输往的国家较之前代大为增加，有东北亚、东南亚的全部国家，南亚和西亚的大部分国家，非洲东海岸各国及内陆的津巴布韦等国。是时，海上丝绸之路的远航路线远达南洋群岛、印度洋、阿拉伯海、波斯湾，以至东非，其近航则至今越南沿海各地，"自温州开洋，行丁未针，历闽、广海外诸州港口，过七洲洋，经交趾洋，到占城，又自占城顺风可半月到真蒲"①。

元朝的南海航线虽基本上沿袭宋朝的航线，但仍有所发展，出现了一些新地名及新航线。如从南巫里（苏门答腊大亚齐）向北至白古（今缅甸勃固），再西北行至朋加拉（今孟加拉达卡），再转南至马八儿（今印度科罗曼德耳海

---

① 〔元〕周达观著，夏鼐校注：《真腊风土记》，中华书局，1981年，第15页。

岸，即宋代之注辇）、加异勒（今印度纳加尔考耳一带或土提科林），南渡至僧加那山高郎步（今斯里兰卡科伦坡），由此向西南航行至北溜（今马尔代夫群岛），向西北航行至俱兰（今南印度奎龙），再沿海岸线向西北航行经印度河口（今巴基斯坦卡拉奇附近），向西至波斯湾的忽里模子（今伊朗阿巴斯港或霍尔木兹海峡一带），向西航行可达波斯罗（今伊拉克巴士拉）；向南航行则至祖法儿（今阿曼佐法尔），再向西入亚丁湾，经西岸默伽（今沙特阿拉伯麦加，元称天堂或天房），继续向西北行驶可至开罗；由祖法儿向南亚经亚丁湾口至东非的摩加迪沙（今索马里首都），再向南至层摇罗（今坦桑尼亚桑给巴尔岛），继续向南直到马达迦斯迦儿岛（今马达加斯加岛）。[①]是见，有元一代，海上丝绸之路南海航线不仅可达东非沿岸，而且进一步开拓了波斯湾等地的印度洋航线。

　　元代的东海航线在继承唐宋旧道的基础上，亦有所发展。唐宋时期，除了唐人贾耽所记"登州入高丽渤海道"的北线外，唐代又开辟了越海东渡日本的南线。北线海港以登州、莱州为主，南线海港则有扬州、楚州、苏州和明州。及至两宋时期，北方为辽、金所占，政治、经济重心南移，北方海港亦随之向东南沿海迁移，尤其是明州港，离日本最近、航线最短，从明州至日本的时间较以前绕路朝鲜半岛的北线大大缩短。又因明州所处的江浙一带盛产丝绸，造船及航海业亦十分发达，故而明州也发展成为东海航线中的重要贸易港口。元代，中国与朝鲜、日本的商业往来日趋活跃，先后于宁波、泉州、广州、上海、澉浦、温州、杭州设置市舶司，多口岸向日本、朝鲜诸地出口丝绸、陶瓷等商品。

　　元代海上丝绸之路的航线主要有航行到东北亚、东南亚诸国的航线及通往波斯湾等地的印度洋航线。在印度洋航线上，一是可从波斯湾沿海岸向西行进到达红海的吉达港，然后上岸陆行至麦加；也可以在苏丹边界的埃得哈布港上岸，驮行至尼罗河，再顺河而下到福斯塔特（古开罗）；还可以从红海口越曼德海峡到东非诸国。二是开辟了从马尔代夫马累港直达非洲东海岸的横渡印度洋的航线。

　　在中国古代历史上，对外影响最大的王朝当属唐朝与元朝。然而，就对外影响范围、往来国家数量和国际地位而言，唐朝与元朝是无法比拟的。有元一

[①] 陈炎：《海上丝绸之路与中外文化交流》，北京大学出版社，1996年，第99页。

代，优惠的通商政策、通畅的商路、富庶的国度、美丽的传说，使蒙元王朝对西方及阿拉伯世界形成了巨大的吸引力。元代，上都、大都、杭州、泉州、广州已有国际化都市色彩，泉州港业已成为国际上最大的对外贸易口岸。形形色色的人，如旅行家、商人、传教士、政府使节乃至工匠等，纷纷借助陆上、海上丝路来到中国。而他们的来源也十分广泛，如自波斯、伊拉克、阿速、康里、叙利亚、摩洛哥、高丽、不丹、尼泊尔、印度、波兰、匈牙利、俄罗斯、英国、法国、意大利、亚美尼亚、阿塞拜疆、阿富汗等国。其中一部分人长期旅居中国，有些人甚至还担任元政府官员。另一部分人则在其归国后，记录了他们在中国的见闻。正是这些游记，使西方人第一次较全面地掌握了中国和东方的信息，一个文明和富庶的中国真实地展示在世界面前。

学术界普遍认为，马可·波罗等人的著作对大航海时代的到来产生了至关重要的影响，它开创了古代中西文化交流繁荣的时代。据统计，通过海上丝绸之路，与元朝进行经贸往来的国家和地区由宋代的50多个增加到140多个。元代，海上丝路到达非洲海岸，陆上丝路直抵西欧。稳定而统一的环境，为国际、地区的交往创造了前所未有的便利条件，史称"适千里者，如在户庭；之万里者，如出邻家"。在大量阿拉伯人、欧洲人涌向东方的同时，中国人的视野也更加开阔，对周边国家、中亚、南亚和印度洋地区的了解更加清晰，足迹甚至延伸到西亚和西欧。人们对外部世界的了解和介绍，不再局限于道听途说，而大多是亲身经历。如汪大渊的《岛夷志略》一书，所记印度洋沿岸和南海各国史实，"皆身所游览，耳目所亲见。传说之事，则不载焉"①。该书记录了数百个地名以及各地的山川险要、气候物产、人物风俗，与我国的经济、文化交往情况等，多属前人未载内容。类似的文献还有《西游记》《西游录》《北使记》《西使记》《真腊风土记》《异域志》等，反映了元代中国人对外部世界的新认识和开阔的文化视野。中西经济文化交流的空前繁荣，使不同国家和地区间的经济文化双向交流加速。中国的火药、指南针、印刷技术传入阿拉伯和欧洲，推进了这些地区的文明进程。阿拉伯的医学、天文学、农业技术，欧洲的数学、金属工艺，南亚的雕塑艺术等传入中国，促进了中国古代文化的丰富和发展。元代，中西文化交流信息量之巨、传播范围之广、对未来历史影响之大，都是人类历史上空前的。

---

① 〔元〕汪大渊著，苏继庼校释：《岛夷志略校释》，中华书局，1981年，第385页。

第二节　统治者对海上丝绸之路的经营与管理

元代的海外贸易之所以获得了巨大发展，与蒙元时期疆界的扩大、手工业的发展、航海与造船业发达等诸多因素，密切相关，与元朝统治者的悉心经营与管理亦关系甚密。其统治者通过采取政策上的支持与鼓励，管理上的进一步制度化与正规化，军事上的保护等措施，极大地推动了海上丝绸之路贸易的发展。

一、政策支持

（一）招徕外商

蒙元统治者对国家赋税重要来源的海外贸易甚为重视，采取了诸多鼓励措施。在忽必烈所提出的"四海为家""通问结好"的积极主动的对外开放政策，以及"仰惟覆焘，一视同仁，无遐迩小大之间"（即国家不分远近大小，外交皆平等）的原则的推动下，近及日本、高丽、安南、缅甸等，远达非洲密昔儿（今埃及）、欧洲罗马教廷等，皆与蒙古通使、贸易。除了政治上的开放、平等，蒙元统治者还积极主动地鼓励国家间通商，开诚布公地招徕外商，如世祖平定南宋后，于至元十五年（1278）即遣归降海商蒲寿庚招谕临近诸国："诸蕃国列居东南岛寨者，皆有慕义之心。可因蕃舶诸人宣布朕意，诚能来朝，朕将宠礼之。其往来互市，各从所欲。"[1]甚至在与日本、高丽等国处于敌对交战状态时，双方的海外贸易活动亦未中断，如至元十四年（1277），日本商人"持金来易铜钱"[2]，元朝政府即予准许。至元十五年，元世祖又谕沿海官通日本市舶，允许同日本通商。蒙元统治者在积极招揽外商的同时，亦致力于组织和推动本国舶商出国贸易。[3]同时，对于出海经商的商人，元政府还给予一定的照顾，据《市舶则法》所载："舶商、梢水等，皆是趁办课程之人，落后家小，合示优恤，所在州县并与除免杂役。"[4]

---

[1]〔明〕宋濂等：《元史》卷10《世祖七》，中华书局，1976年，第204页。
[2]〔明〕宋濂等：《元史》卷208《日本》，中华书局，1976年，第4628页。
[3]〔明〕宋濂等：《元史》卷94《食货二》，中华书局，1976年，第2401页。
[4]《元典章二十二·户部八·市舶则法》第十八条，洪金富校定本，台湾史语所，2016年，第842页。

有元一代，从事海上丝绸之路贸易的除了普通商人外，元政府亦准许官僚及僧侣缴纳税款，从事海外贸易，因而元代统治集团内有为数众多的商业大贾的存在成为蒙元王朝的一大特点。海商于元朝中的地位亦颇高，如以经商为业的色目人位列蒙古四等人中的第二等；实力雄厚的海商可因商入仕。另外，元政府还整顿市舶吏治，实施"罢和买，禁重征"的改革，不许贪官污吏强买和勒索。容许外商越诉，保护外商权益，如《市舶则法》的颁布及实施极大地维护了海商利益。元朝还废弃了自宋以来的博买政策（进口货物交税后由政府优先选购限制性商品），改为抽解后所有进口货物均自由贸易。朝廷命官主持海外贸易，"每岁召集舶商，于蕃邦博易珠翠香货等物。及次年回帆，依例抽解，然后听其货卖"①；规定官府对舶商船只"不得差占，有妨舶商经纪，永为定例，以示招徕安集之意"②，极大地提高了国内外人士浮海而商的积极性。

在元政府一系列鼓励措施的带动下，"富民往诸蕃商贩，率获厚利，商者益众"③。时人记载："珠玑象犀兼金大贝产于海外蕃夷之国，去中国数万里，舟行千日而后始至。风涛之与凌，蛟龙之与争，嗜利者必之焉。幸而一遂可以富矣，而不止也。幸而再遂，则大富。又幸而再又遂，则不胜其富矣。"④在这种政策的鼓励和利益的诱惑下，商人们不畏风险，纷纷下海，全国各大城市都有从事海外贸易的富商大贾。

（二）税收优惠

为了鼓励国人进行海外贸易，吸引外商浮海来华，元政府在税收方面亦给予优惠。元初，蒙古统治者在海外贸易的征税上多承宋代之法，鼓励国人经商，只对进口商品征税，出口商品多予以免税。后来，随着海外贸易的繁盛，才开始对出口商品征税，并逐渐提高进出口商税。

在建立市舶之初，海外贸易税收有双抽、单抽之制，蕃货者双抽，土货者单抽。所谓蕃货即国外货物，土货即国内所产之物，这样的规定旨在对海外商品的进口予以一定的限制。元朝初年，也曾实行过双抽、单抽之制，即对洋货双抽、对土货单抽。关于这一制度产生的原因及过程，《元史》记述道："时客船自泉、福贩土产之物者，其所征亦与蕃货等，上海市舶司提控王楠以为言，

---

① 〔明〕宋濂等：《元史》卷94《食货二》，中华书局，1976年，第2401页。
② 《元典章二十二·户部八·市舶则法》第十五条，洪金富校定本。
③ 〔明〕宋濂等：《元史》卷205《铁木迭儿传》，中华书局，1976年，第4578页。
④ 吴海：《知止轩记》，《闻过斋集》卷3。

于是定双抽、单抽之制。双抽者蕃货也，单抽者土货也。"①是见，元朝初期，海商自泉州、福州贩土产出口时，征税如同外货，以致客船减少，某些货物短缺。至元十八年（1281），元政府根据上海市舶司的建议，将舶货和土产予以区分，规定进口货物经泉州市舶司抽分后，如再运往内地贩卖，须再抽分一次，谓之"双抽"。至于本国土货，没有第一次抽分，只在出卖时上税，谓之"单抽"。这种针对蕃货、土货的单双抽制度于元明时期断断续续地实行过，直到清代才进一步发展为定制。（如至元十八年，元朝规定"商贾市舶物货已经泉州抽分者，诸处贸易，止令输税"②）。

及至元二十年（1283），元朝统治者定市舶抽分例，规定同外国互市的货物，舶货精者取十之一，粗者十五之一。舶货即进口货物，市舶司把其分为粗（珍宝、香料等高级商品）、细（一般商品）两类，再按规定征收不同比例的进口税。延祐元年（1314）改为细货十分抽二，粗货十五分抽二。尽管当时税率增长一倍，但较之其他，仍利润丰厚。另外，元政府还贷"斡脱钱"③给海商，其利息仅八厘，比一般利息要少四分之三。④由是可见，元朝统治者于海外贸易上所提供的税收优惠，对于从事海上丝绸之路贸易亦是一大诱惑。

（三）官商私贩并行

元朝政府还一度实行过"官本船"的办法。"官本船"制度是元朝海外贸易的一个重要特点，是中国古代官方控制和经营海外贸易的一个典型。早期由政府贷款给海商进行海外贸易，后由政府直接经营。这一政策的出现，可以说是元朝政府（官商）同私商争夺海外贸易权益斗争的结果。所谓"官本船"，即由政府"具船，给本，选人入蕃，贸易诸货。其所获之息，以十分为率，官取其七，所易人得其三"。⑤为鼓励海商积极承办官本船贸易，元政府又特别制定了某些优惠政策，如为官本船商人提供免费食宿和军队护送等。元朝统治者试图以这种办法垄断海外贸易，不许"别个民户做买卖的"下海，为此拨出十万锭钞做经费。尽管禁止私商下海的决策没有行通，但"官本船"却断断续续

---

① 〔明〕宋濂等：《元史》卷94《食货二·市舶》，中华书局，1976年，第2401页。
② 〔明〕宋濂等：《元史》卷11《世祖纪八》，中华书局，1976年，第234页。
③ 《元典章二十二·户部八·杂课》，洪金富校定本。按，"斡脱"原系阿拉伯语"商队"之意。元代凡用官本从事高利贷或其他活动的，概称"斡脱"。
④ 姚燧：《高昌忠惠王神道碑铭》，《牧庵集》卷13，中华书局，1985年，第150页。
⑤ 〔明〕宋濂等：《元史》卷94《食货二·市舶》，中华书局，1976年，第2402页。

维持四十多年，例如，大德五年（1301）杨枢"浮海至西洋"，其所乘的即为"官本船"。①元代后期，市舶司在一度取消后重新恢复时，泉州曾"买旧有之船，以付舶商"，这些船当然也成了"官本船"。元代官本船制度实施的时间虽不长，且为统治者意图垄断海外贸易之利，但它的实施在客观上推动了海上丝绸之路贸易的发展。官本船制的实施，在一定程度上为海商提供了雄厚的资金、先进的船只与航海技术、强有力的政府支持与优惠，这在很大程度上提高了元人从事海上贸易的积极性。以政府强有力的资金及政策为后盾，元代海商获利不菲。

元代，除了为统治者所把控的"官本船"海外贸易外，私人海外贸易亦十分繁荣。元初海上贸易制度基本承袭宋代，采取发放公凭船货抽分的制度，"大抵皆因宋旧制而为之法焉"。私商出海只须登记办理出海凭证即可自由出海。从1287年起，东南沿海则形成以太仓为基地的朱清、张瑄长江三角洲海商集团、澉浦杨氏为首的浙东海商集团和泉州蒲氏为主的闽南海商集团。是时，海外贸易所带来的丰厚利益多为私家海商所占据。为了与其争夺利益，甚至垄断海外贸易，元政府不仅推行了"官本船"制，还几度禁私商下海贸易，尤其是元代的四次海禁，更与限制私人海外贸易密切相关。但是由于私商采取走私等各种方式反抗官商垄断海外贸易、独占商利，加之元朝各地市舶司官吏徇私舞弊、贪污受贿，使市舶司收入大减，元政府不得不几次宣布罢禁海商。从至元十四年至元末的九十二年（1277—1368）中，元朝中断海外贸易十一年；其余八十八年中，实行官本船制七年，禁止民间商人出海；官本船（官商）和私商活动并行二十一年；全由私商经营海外贸易五十七年。②如果把实行海禁和官本船制期间私商的走私活动算上，可以说私商的海外贸易活动贯穿于整个元代始终。

中国海禁虽始自元朝，但是它与明清所实施者却有不同，它具有自身的鲜明特点：其一，海禁时间短，政策不具有连续性；其二，禁民不禁官，禁内不禁外。每次海禁主要是针对民间私商，如"延祐元年（1314），复立市舶提举司，仍禁人下番，官自发船贸易"，③一方面重新设立市舶机构，允许官方所控

---

① 〔元〕黄溍：《海运千户杨君墓志铭》，《金华黄先生文集》卷35。
② 王冠倬：《元代市舶制度简述》，《中国历史博物馆馆刊》1979年第1期。
③ 〔明〕宋濂等：《元史》卷94《食货二》，中华书局，1976年，第2403页。

制的官本船贸易,另一方面又禁止私商下海。元朝即使是在海禁期间也允许外人来华贸易,政府甚至还采取一些鼓励措施招徕外商。至元二十九年(1292)十月,"日本舟至四明,求互市",①而八月已禁海。至元三十年(1293)四月,行大司农燕公楠、翰林学士承旨留梦炎言:"杭州、上海、澉浦、温州、庆元、广东、泉州置市舶司凡七所,唯泉州物货三十取一,余皆十五抽一,乞以泉州为定制。"皇帝"从之",②这说明第一次海禁时不但有日本人来华贸易,而且还减轻了抽货比例,鼓励外商来华贸易。可以说,海禁对元朝海外贸易并没有产生重大影响,反而体现了封建统治者试图加强对海外贸易的控制。

二、管理机构

为了进一步管理及推动海上丝绸之路的贸易活动,元政府设置了专门的管理机构。这一海外贸易管理系统可分为中央机构及地方机构两层。中央系统为:泉府司—斡脱系统,会同馆—商使系统;地方系统为:行泉府司、市舶司系统。③

(一)泉府司

泉府司亦有泉府院、制远之别称,在元代斡脱总管府的基础之上发展而来。元代文献中的"斡脱"一词,乃突厥语中的同伙、伙伴或商业组合之意。自大蒙古时期,往来于东西贸易的回族人一般都结成商队,长途贩运,且自称"斡脱",故该词又有商业团伙之意。蒙古贵族虽拥有大量的财富,但却不善理财,不懂经营,遂将钱财交与西域商人,委托他们或经商,或放高利贷,自己则坐收高额利息。斡脱经营始见于成吉思汗时期,窝阔台时发展迅猛,至贵由汗时则设立了专门机构,使之进一步合法化,并具有官营性质。至元四年(1267),元政府设置诸位斡脱总管府;至元九年(1272)设斡脱所;至元二十年(1283)设斡脱总管府,从而结束以往斡脱商对诸领主的多元从属,将其置于中央政府管辖之下,禁止以本投下以外的西域人充斡脱,这是元朝建立后斡脱官商制的重要变化。斡脱总管府的主要职责是为斡脱商人催索本利并发放官债。

---

① 〔明〕宋濂等:《元史》卷17《世祖十四》,中华书局,1976年,第367页。
② 〔明〕宋濂等:《元史》卷17《世祖十四》,中华书局,1976年,第372页。
③ 高荣盛:《元代海外贸易的管理机构》,《元史论丛》第7辑,江西教育出版社,1999年,第87—96页。

在政府的鼓励下，斡脱经营朝异常活跃，其经营空间亦从陆路丝绸之路延伸到海上丝绸之路，而元朝统治者亦开始逐步着手对这一部分斡脱的经营与管理。至元二十四年（1287），元廷"用桑哥言，置上海、福州两万户府，以维制沙不丁、乌马儿（皆为西域人）等海运船"。①元贞二年（1296），又诏令"禁海商以细货于马八儿、呗喃、梵答剌亦纳三蕃国交易，别出钞五万锭，令沙不丁（西域人）等议规运之法"。②至元十七年（1280），升斡脱总管府为泉府司（院），各行省分设行泉府司，掌领御位下及皇太子、皇太后、诸王出纳金银事。③至元二十三年（1286），令泉府司掌管市舶司。至元二十四年（1287），始立行泉府司，"专领海运，增置万户府二"。至元二十五年（1288），又于泉府司下"置镇抚司、海船千户所、市舶提举司"。④泉府司本为负责掌管皇室"出纳金银事"，但随着其下属机构的设置及扩张，其职掌不断扩大，先及海运，后及海外贸易，乃至海上军事防务，泉府司已发展成为经营、管理海外贸易的政府性机构。关于泉府司官员之设置及其品级，《元典章七·官制一·职品》有载：泉府大卿从二品，卿正三品，少卿正四品，司丞正五品，经历从六品，都事从七品，富藏库使从七品，照磨兼管勾承发架阁库正八品，富藏库副使从八品，行泉府司镇抚正五品。⑤

然而，随着统治阶级对海外珍禽异兽、宝石香料等的需求增加，泉府司已成为皇室"采取希奇货物"、掠夺财富的特权机构，而斡脱经营的弊害亦日益显著，如吏治破坏、民怨沸腾，因而自世祖以后，元朝大汗对泉府司多采取限制、压缩的政策，仅武宗一朝泉府司的规模曾一度扩大。继武宗而立的仁宗，对日益败坏的吏治深恶痛绝，登位不久，即于至大四年（1311），罢泉府司（院）；⑥拘收泉府司（院）给诸商贩的玺书，从而全面废止了世祖时设立的泉府司制度。

总之，蒙古统治者设立泉府司主要负责管理海上斡脱经营，将其纳入官府掌管之下，从而开启了以官本船即官本商办形式进行海外贸易的新形式。初

---

① 〔明〕宋濂等：《元史》卷14《世祖纪十一》，中华书局，1976年，第298页。
② 〔明〕宋濂等：《元史》卷94《食货志二》，中华书局，1976年，第2402—2403页。
③ 〔明〕宋濂等：《元史》卷11《世祖纪七》，中华书局，1976年，第227页。
④ 〔明〕宋濂等：《元史》卷15《世祖纪十二》，中华书局，1976年，第311页。
⑤ 《元典章七·官制一·职品》，洪金富校定本。
⑥ 〔明〕宋濂等：《元史》卷24《仁宗纪一》，中华书局，1976年，第543页。

期，泉府司的设置确实起到了规范、推动斡脱经营的效果，特别是泉府司执掌下的官本船贸易，一度规模很大，如世祖时，泉府司曾拥有海舶官船一万五千艘；政府一次拨款十万锭钞用以铸造官本船。显而易见，泉府司在促进元代海上丝绸之路贸易的繁荣过程中亦曾发挥过重要作用。

(二) 市舶司

我国古代专门负责海外贸易管理的政府机构——市舶司之雏形始见于唐代，及至宋代，市舶制度已颇为成熟，不仅东南沿海各地设有多处市舶司，而且建立起一套完整而严密的海外贸易管理制度。蒙元继南宋而兴，在海外贸易管理上亦沿袭宋代市舶制度并不断加以完善，逐步系统化，从而建立起一套完备的海外贸易管理体制。

市舶司的初设可追溯到至元十二年（1275），元军于广州设置市舶司，后因宋军反攻，海外贸易陷于停顿，广州市舶司遂罢废。至元十四年（1277），元王朝于东南沿海地区的统治稳固后，乃立市舶司于泉州。至元十四年七月，令镇国上将军百家奴以海外诸蕃宣慰使兼任福建提举市舶。[1] "又立庆元、上海、澉浦三处市舶司，令福建安抚使杨发督之。"[2]这即是元代最早建立的四个市舶司。至元二十一年（1284），于杭州、泉州分别设市舶都转运司。至元二十三年（1286），广州市舶司已设立，加上至元三十年（1293）海北海南博易提举司及庆元分司刘家港，以及设置于至元年间的温州市舶司，元代先后设立舶司七处，若加上舶司之分司即为九处。至元三十年，元政府把温州市舶司并入庆元，杭州市舶司并入税务。大德二年（1298），又把澉浦、上海市船司并入庆元市舶提举司，直隶中书省。[3]至此，全国仅剩庆元、广州、泉州三处市舶司，恢复了宋代"三路舶司"的建置。此后，三处市舶司屡经废置。至大四年（1311），罢市舶司。延祐元年（1314），复立市舶提举司。延祐七年（1320），以下蕃之人将丝银细物易于外国，又并提举司罢之。至治二年（1322），复立泉州、庆元、广东三处提举司。从这一年一直到元末，三处市舶司没有较大的变动。

不同于宋时市舶司直隶于中央政府，有元一代，市舶司主要隶属于各行

---

[1] 〔明〕宋濂等：《元史》卷129《百家奴传》，中华书局，1976年，第3155页。
[2] 〔明〕宋濂等：《元史》卷94《食货志二·市舶》，中华书局，1976年，第2401页。
[3] 〔明〕宋濂等：《元史》卷94《食货志二·市舶》，中华书局，1976年，第2403页。

省，其间虽曾受泉府司管辖，但行省管理市舶机构是元代的基本制度。奉命掌管市舶司的官员最初多由地方军政长官兼任，后则特设专人主之。"每司提举二员，从五品；同提举二员，从六品；副提举二员，从七品；知事一员。"①称提举者有六人之多，且同职并设二人，这是元代仅有的独特规制。

关于市舶司的职责，元初，各地市舶司大体沿用宋代之制，即对海舶的检查、缉私，办理海舶出海及返航手续，抽收货税，收购和出售进口货物，接待和管理外国来华商使等。至元三十年（1293），颁布了整治市舶司勾当二十二件，其主要内容包括：市舶抽分抽税办法、舶船出海的手续、禁运物资种类、市舶司的职权范围以及对外国商船的管理办法等。元仁宗延祐元年（1314），修订颁布了《市舶则法》二十二条，对市舶贸易的规定更加严密，市舶司职能得到强化。曾于14世纪中叶来华的摩洛哥旅行家伊本·白图泰在其游记中对于元代市舶官员的工作亦有形象的记述："中国的律例是一只艟克（大船）如要出海，船舶管理率其录事登船，将同船出发的弓箭手、仆役和水手一一登记，才准拔锚出发。该船归来时，他们再行上船，根据原登记名册查对人数，如有不符唯船是问。船主对此必须提出证据，以证明其死亡或潜逃等事，否则予以法办。核对完毕，由船主将船上大小货物据实申报以后才许下船。官吏对所申报货物巡视检查，如发现隐藏不报者，全艟克所载货物一概充公。"②

蒙元时期，市舶司的相继设立及市舶法的颁布与修订，进一步完善了元代的市舶制度，加强了统治者对于海外贸易的管理，促进了海上丝绸之路的贸易活动。

三、军事防护

为了保障往来于海上丝绸之路的商人及其财产的安全，元朝政府采取了一系列军事保护措施。例如，政府出资建造的官本船，不仅体形巨大、船体坚固，且为防海盗劫掠，随船多备有兵器，并驻扎军士。伊本·白图泰的书中记载，中国船上"有战士四百，包括弓箭射手和持盾战士以及发射石油弹战士"。③

---

① 〔明〕宋濂等：《元史》卷91《百官七》，中华书局，1976年，第2315页。
② ［摩洛哥］伊本·白图泰著，马金鹏译：《伊本·白图泰游记》，宁夏人民出版社，1985年，第549页。
③ ［摩洛哥］伊本·白图泰著，马金鹏译：《伊本·白图泰游记》，宁夏人民出版社，1985年，第490页。

元朝政府还致力于完善东南沿海地区的海防，至元二十六年（1289）尚书省建议自泉州至杭州立海站，得到批准：

> 二月丙寅，尚书省臣言："行泉府所统海船万五千艘，以新附人驾之，缓急殊不可用。宜招集乃颜及胜纳合儿流散户为军，自泉州至杭州立海站十五，站置船五艘，水军二百，专运蕃夷贡物及商贩奇货，且防御海道，为便。"从之。①

元代《市舶则法》中亦载设立海站，在递送市舶物货的同时，兼顾防护商民。②在积极拓展与海外诸国贸易的同时，元朝统治者亦不曾放松对蕃国的警惕，不断加强其海上防御能力，如1281年，弘安之役后，日本商船仍不断来华。元政府在允许其贸易的同时，也进行了一定限制，以提防那些海商兼海盗的日本冒险商人。大德八年（1304）四月，元朝政府"置千户所，戍定海，以防岁至倭船"③。这也在一定程度上保障了商民之安全，促使其积极从事海上贸易活动。

由于海外贸易衍生许多问题，官府无法掌控，加上海防的顾虑，因而引发了元朝海外政策制度的巨变，即下令禁止海外贸易，相继颁布了四次海禁令。元朝海禁为前代所未有。出现在元开国后四十余年，三十年间四禁四开，禁海之期短者三年、长者六年，为时不长。三次海禁间隔，短者三年、长者九年，为时也不长。四次都属暂时性，却是连续的，一次比一次强烈，且解禁之后都有相当限制。海外政策在元代产生了本质性的改变，对明清时期影响极大。中国海禁自元朝开始，后被明清所继承和强化。海禁虽然对元朝海外贸易没有产生重大影响，但它表明封建统治者试图加强对海外贸易的控制。

---

① 〔明〕宋濂等：《元史》卷15《世祖纪十二》，中华书局，1976年，第320页。
② 《元典章二十二·户部八·市舶则法》第二十三条，洪金富校定本。
③ 〔明〕宋濂等：《元史》卷21《成宗纪》，中华书局，1976年，第459页。

第三节　海上经贸、文化往来

有元一代，海外贸易的范围甚为广阔，中外海商于东起日本，南至爪哇，西到阿拉伯半岛、非洲东海岸的广大区域内行商贩运。见于记载的与中国建立海上贸易的国家及地区即有百余个。亚、欧、非诸国通过海上丝绸之路，进行物质、精神文明交流。

一、海上丝路的商品

元代，中西方国家通过海上丝绸之路建立起密切的商贸关系，据元成宗大德八年（1304）刊印的《南海志》记载，当时与元王朝通商的国家及地区已达一百四十个以上，彼此间"风化既通，梯航交集，以此之有，易彼之无"①。中西方商品交换的规模与种类已远超唐宋。其中，中国向海外各国出口的物品种类已达一百五十多种；进口物品的种类更为丰富，如见于《南海志》所载者为七十余种，其主要来自于东、西洋；《（至正）四明续志》所载市舶货物达二百二十余种，既有来自东、西洋的货物，也包括从日本、高丽进口的商品。②二者汇总，去掉重复，可知当时进口商品不下二百五十种。③

元代，通过海上丝绸之路，远输亚、非各国的中国商品可以分为以下几类：

（一）纺织品，包括丝织品及棉纺品两种。丝织品主要为诸色绫罗匹帛、南北丝、建宁锦、苏杭五色缎；棉纺品主要为小印花布、五彩红布、青布、海南布、五色布等。另外，生丝、麻布亦是重要的出口商品。

（二）瓷器、陶器，主要有青白花碗、青白处州瓷器、瓷器盘、青白花瓷器、青器、瓦瓮、粗碗、罐、壶、瓶等。福州龙泉窑在元代盛极一时，比较著名的器物有青釉印双鱼纹洗（图14-1）、青釉印龙纹双系小罐（图14-2）和粉青釉模印菊花纹高足杯（图14-3）等。

---

① 陈大震：《大德南海志·舶货》（宋元方志丛刊本），第8430页。
② 《（至正）四明续志》卷5《土产·市舶物货》（宋元方志丛刊本），第6502—6510页。
③ 陈高华：《元代的海外贸易》，《历史研究》1978年第3期。

图 14-1：福建博物院藏龙泉窑青釉印双鱼纹洗

图 14-2：福建博物院藏龙泉窑青釉印龙纹双系小罐

图 14-3：福建博物院藏龙泉窑粉青釉模印菊花纹高足杯

（三）金属及其制品。元代，金、银虽为禁止出口的物品，但实际上仍有为数不少的出口。出口的金属制品还有锡器、铜器（鼎、锅）、铁器（碗、锅)等(图14-4/5/6/7)。

图14-4：苏州曹氏墓出土元代金镯

图14-5：福建博物院藏双耳衔环铜壶

图14-6：福建博物院藏铜觚

图14-7：福建博物院藏铜簋

（四）日常生活用品。主要有木梳、牙箱、漆器、帘子、雨伞、席、针、篦、手巾等（图14-8/9）。

图14-8：青岛市博物馆藏黑漆嵌钿亭台人物纹盒

图14-9：福建博物院藏德化窑蒙古人头像青白釉粉盒

（五）文化用品。包括各种书籍、文具（笔、墨、纸、砚）和乐器（阮、琴、鼓、板、瑟）。书籍和文具主要出口到高丽、日本等东亚诸国。

（六）副食品。如谷米、酒、茶叶、荔枝、盐、糖之类。

（七）药物。如川芎、朱砂、大黄、良姜、白芷、檀香、麝香等。

（八）农产品。主要是谷米。至元二十五年（1288）的一份官方文书中提到，广州商人于乡村籴米百石、千石甚至万石，搬运到"海外占城诸蕃出棠"①。但因元朝政府屡加禁止，所以总的来说它在对外贸易中不占主要地位。

由上可见，元代中国出口的商品既有农产品、药材，亦有手工业产品，且以后者为大宗。在这里尤要特别介绍的是元代畅销亚、欧、非各地，颇受外国人青睐的中国丝绸与瓷器。

元代，丝绸的大宗出口主要是通过泉州港。外销丝绸的花式品种分绢、绫、缎、丝等五大类。绢有花宣绢、红绿绢、细绢、红绢、五色绢、小红绢、狗迹绢、山红绢等；绫有诸色绫罗匹帛、水绫等；缎有龙缎、草金缎、青缎、五色缎、锦缎、土绸缎、苏杭五色缎等；锦有建宁锦、丹山锦、花锦等；丝有丝布、南北丝、青丝布、西洋丝布、白丝、红丝等。泉州生产的缎最著名。泉州生产的绸绢和苏州、杭州生产的五色缎，最远销售到了坦桑尼亚的基尔瓦等地。②

较之宋代，蒙元时期的外销瓷器无论是在规模上，还是品种、质地上，皆远超前代。除了继续烧制传统的陶瓷品种外，元人还不断创新工艺，生产出更加优质、华丽的瓷器。元代陶瓷工艺上新的突破主要表现在以下三点：其一是江西景德镇窑在制瓷时采用了瓷石加高岭土，创造了"二元配方"法，提高烧成温度，减少了瓷器的变形，使景德镇的制瓷技术大大提高，为景德镇日后发展成为"瓷都"奠定了坚实的基础。其二是青花、釉里红的烧成，使绘画技法与制瓷工艺的结合更趋成熟，具有强烈中国气派的釉下彩瓷发展到一个新阶段。其三是颜色釉的烧成，高温烧成的卵白釉、红釉和蓝釉是熟练掌握各种呈色剂的标志，因而结束了元代以前瓷器的釉色主要是仿玉类银的局面。元代，著名的制瓷地除了景德镇外，还有主要从事传统瓷器生产的钧窑、磁州窑、霍窑、龙泉窑、德化窑等，其中输往海外的以龙泉窑的青瓷，景德镇的白瓷、青花，以及福建、广东等地的陶器、瓷器为主。中国瓷器通过广州、明州、泉州等港口，销往世界各地，获得了外国贵族及普通民众的青睐。热衷于中国瓷器，与元朝进行瓷器贸易的国家主要有朝鲜、日本、菲律宾、印度、越南、马来西亚、印度尼西亚、泰国、孟加拉国、伊朗、伊拉克等。当时贸易的品种有龙泉窑系的青瓷、景德镇系的青白瓷、青花瓷等。还有浙江、福建、广东、江西各地窑场所烧制的仿龙泉瓷、青白瓷、青花瓷等品种。时至今日，在西南亚

---

① 黄时鉴：《元代史料丛刊·通制条格》卷十八《关市·下番》，浙江古籍出版社，1986年，第237页。

② 樊保良：《中国古代少数民族与丝绸之路》，青海人民出版社，1994年，第285—286页。

地区，如伊朗、土耳其等国的各大博物馆内还保存有数量颇多的元代青花瓷器，土耳其托普卡比博物馆的收藏即达80件之多，伊朗德黑兰考古博物馆所藏亦有37件；在非洲等地也相继出土了元代瓷器遗物；1976年韩国木浦市海域发现元代沉船，打捞出中国青瓷、青白瓷、黑褐釉瓷和白地彩绘瓷六百余件，多为龙泉、景德镇瓷；马来西亚、印度尼西亚都有大批元代景德镇青白瓷出土。

有元一代，我国从亚、非各地进口的商品种类甚为丰富。见于《南海志》记载者有70余种，《四明续志》所载则达到220余种，二者汇总，除去重复者，可知是时见于记载的进口商品即有250多种。亦有学者指出，元代的外来商品种类远超宋代的410种。①这些外来商品可分为以下八类：

（一）香料。沉香、檀香、乳香、降真香、暗八香、奇楠木、戎香、蔷薇水、万安香、交趾香、土花香、化香、罗斛香等。

（二）宝货。珍珠、宝石、玛瑙、水晶、金银器、宝刀、琉璃、琥珀、马价珠、生珠、熟珠等。

（三）药材。龙脑、没药、血竭、苏合油、鹿茸、人参、麝香、红花、茯苓、芦荟、乌犀、腽肭脐、丁香、丁香枝、白豆蔻、荜澄茄、砂仁、五倍子、白术、天竺黄等。

（四）矿产。硫磺、黄蜡、硃砂、硼砂、礞砂、雄黄等。

（五）染料。珐琅、新罗漆、广漆等。

（六）食品。胡椒、八角、茴香、桂皮、红豆、人面干、赤鱼鳔、桔梗、椰子等。

（七）动植物初级制品。象牙、犀角、珊瑚、玳瑁、翠毛、铁梨木、乌木、苏木等。

（八）毛棉制品。白番布、花番布、剪绒单、毛驼布、皮货、吉贝布、木棉、三幅布罩、蕃花棋布、袜布、鞋布等。

这里值得特别介绍的是由国外诸地源源不断输入我国的香料，因部分香料亦可作药材，故而又可称为香药。沿着海上丝绸之路输入我国，为满足统治阶级奢侈生活需要的，除了部分珍宝外，即以香药为大宗。这从《南海志》及《四明续志》所载外国输入元朝的香药种类即可窥见：《南海志》列香货类货物十五种，药物类十九种；《四明续志》所列舶货中，细色基本以药物为主，粗

---

① 樊保良：《中国古代少数民族与丝绸之路》，青海人民出版社，1994年，第287页。

色中亦有不少药物，香药所占比例约70%。纵观唐宋以来海上丝绸之路贸易活动亦不难发现，随着香药由权贵奢侈品到大众必需品的角色转变，香药业已成为元代重要的大宗舶来品。加之，宋元以降，海外诸国对于中国瓷器的需求量骤增，瓷器已取代丝绸成为中国的主要出口品，因而根据宋元时期中西海外贸易主导商品的这种变化，很多学者倾向于将自元而后的海上交通称为"香瓷之路"或"陶瓷之路"，而非"海上丝绸之路"。

二、宗教文化交流

中古丝绸之路虽以贸易为开端，因商业而繁荣，但其意义与影响却不仅限于贸易范畴。它将地跨亚、欧、非的几大文明古国连成一体，使其脉络相连，本土宗教越洋而去，外来宗教梯航而来，世界宗教文化再次交融互递，璀璨生辉。

（一）佛教

源自印度的佛教由陆路及海上丝绸之路两条途径入传中国，其后与中国传统文化，如道教、儒教等相结合，完成本土化，并且不断发展壮大。中国不仅接纳了作为外来宗教的佛教，同时还致力于向外弘传佛教。及至唐代，海路已发展成为佛教传播的主要途径之一，乘船泛海、东行西来的僧人或热忱弘法，或虔诚求法，往来不绝。海上丝绸之路不仅成为僧人弘法求法的一条通道，同时亦成为佛教典籍的传播途径。借助海上丝绸之路，大量佛教经典传播至中国，特别是来自印度的梵文或巴利文原本，对早期中国佛教影响巨大。它打破了中国佛教以北传佛教（大乘）为主的局面，为中国佛教注入了南传佛教（小乘上座部佛教）的经典，促使中国佛教走上了大小乘兼备的发展道路。

迨至元朝，统治者对于佛教崇奉有加，僧侣地位尊贵，上及"国师""帝师"。是时，元人不仅于国内大兴佛教，而且还向周边国家学习。元代著名使臣亦黑迷失曾先后四次由海路出使巴罗孛（今印度西南马拉巴尔）、占城（今越南北部）、僧迦剌（今斯里兰卡）、马八儿（今印度科罗曼德尔）、爪哇等地，其足迹遍及东南亚、南亚诸国。他在访问诸国从事贸易的同时，还曾多次参观佛教圣迹，并求取佛钵舍利回国，如至元二十一年（1284），他奉元世祖之命，由占城前往"海外僧迦剌国""观佛钵舍利"；至元二十四年（1287），他在出使马八儿时，"取佛钵舍利"归国。亦黑迷失升任平章政事后，"特发诚心，谨施净财，广宣梵典"①，延祐三年（1316）施舍全国佛寺，刻立《一百大寺看经记》碑，见于碑文记载的受其施舍的泉州寺院即有承天寺、崇福寺、光孝寺、北藏寺、大开元寺、水陆寺、法石寺、积善寺、西禅寺、香积寺、招福寺、封崇寺、明心寺、清源洞、齐云洞、楞伽寺和延福寺17座。是见，元代我国东南沿海地区佛教的兴盛。元朝统治者还曾派遣僧人前往海外寻求佛经，如延祐年间（1314—1320），元朝国师即随商船去爪哇寻找佛经。②

中国既是佛教文化的接受者，亦是佛教文化的传播者。在长期的历史发展过程中，中国佛教不断吸收、借鉴印度佛教，逐渐形成了各种宗派，如天台宗、华严宗、禅宗等，这些宗派又由海上丝绸之路影响了其他国家，如日本、朝鲜、越南诸国。早在唐德宗贞元二十年（804），日本僧人最澄、空海即随遣唐使船到达中国，系统地学习了佛教经典。归国后，最澄创立了日本天台宗，空海则开创了真言宗，继而确立了日本大乘佛教思想。日本禅宗的创立亦是得益于中国禅宗。除了日本，高丽在佛教上也受到了中国佛教的巨大影响，高丽王子义天（1055—1101）率弟子寿介搭乘海船入华求法，回国后大力宣扬天台宗的教义，继而创立了高丽天台宗。及至元朝，浮海而来的除了商人外，还有大批僧人。据日本学者木宫泰彦统计，元代来华的日本僧人知名者即达二百二十余人。他们游历中国各地名山、大城，和中国高僧学习佛经。③日本僧人来华的同时，中国僧人亦受邀前往日本弘法，其中著名者主要有清拙正澄、明极楚俊、竺仙梵仙等。是时，日本刻书业颇为繁盛，来自中国的佛经佛典成为刊印的主要对象，这在很大程度上促进了佛经于日本的进一步传播与发展。960至1225年，于安南及占城相继形成的几个禅宗派别，如毗尼多流至禅派、无言通禅派及草堂禅派等，皆是由中国传入的。及至元朝建立，佛教在安南之地势力仍十分大，安南国也曾遣使赴元朝，请赐佛经。

中国佛教入传朝鲜半岛可追溯至前秦苻坚统治时期，其后，通过海上丝绸之路往返于两国或求法或巡礼的僧人络绎不绝，大量佛经被携带回来，继而促进了禅宗、天台宗等佛教派别在高丽的传播与发展。唐代，会昌灭佛，加之唐末战乱，中国的大量佛教典籍被毁或散佚，中国佛教天台宗和华严宗都面临后

---

① 吴文良、吴幼雄：《泉州宗教石刻（增订本）》，科学出版社，2005年，第593页。
② 佚名：《江苏金石志》卷20《昆山州重建海宁禅寺碑》，江苏通志局，1927年。
③ 虞集：《晦机禅师塔铭》，《道园学古录》卷49。

继无人的境地，幸高丽等地保存有大量天台宗经典，继而为天台宗在中国的再次复兴提供了重要条件。元代，在与高丽的交往过程中，佛教僧侣仍然扮演着重要的文化使者角色。据《朴通事谚解》卷上的一则记事所载："南城永宁寺里听说佛法去来。一个见性得道的高丽和尚，法名唤步虚，到江南地面石屋法名的和尚根底，拜他为师傅，得传衣钵。回来到这永宁寺里，皇帝圣旨里开场说法里。"《高丽史》亦载："普虚号太古，历诸方入江南，自言传衣钵于石屋和尚。"步虚即普虚，其为高丽僧，于元代至中国江南之地，从石屋和尚研习佛法，成一代得道高僧。除普虚外，见于《朴通事谚解》记载的来华高丽僧人还有数位，他们活跃于元代佛教领域乃至政界，身份多样，且一般多曾留居过大都。

（二）道教

有元一代，作为中国本土宗教的道教，历经了唐朝的国教化，道教的宗教素质明显提高，理论思辨抑或神仙修持，尤其是内丹学的成熟，极大地促进了道教宗教素质的提高。元朝统治者虽偏重佛教，但在其宽容的宗教政策的影响下，道教亦获得了一定的发展空间。尤其是元朝皇室对于新道教的推崇，如采取支持及扶持态度，利用各种方式积极推广等，继而在一定程度上促进了新道教各派的发展。加之，蒙元推行民族歧视政策，受压迫的汉人，尤其是汉族知识分子纷纷加入全真教，以躲避纷争，保全其民族气节。在多种因素的共同作用下，道教于元代出现兴盛局面。但是值得注意的是，与主要体现在教理教义进一步完善的隋唐道教相比，元代道教在教团组织上则呈现出新、老道派的合流趋势，继而形成了北方以全真道为代表、南方以正一道为中心的格局。元代，道教在中国东南沿海一带，特别是江浙一带甚为兴盛，统治者遂将管理江南诸路道教的机构设于浙江。元贞元年（1295），改泉州天庆观作玄妙观，至正年间（1341—1368）又在永春建三清观。

古代，道教的传播并不仅限于中国大江南北，它亦借助海上丝绸的繁荣，浮海而去，传播海外。早在2世纪末，道教即开始传入东南亚。由于历史的原因，安南及占城是最早接受道教的东南亚国家。东汉末年，道教已经传入上述两地。三国两晋南北朝时期，道教在占城（是时属中国交趾郡）得到进一步的传播。及至隋唐，道教于越南业已十分兴盛。968年越南成为自主封建国家以后，道教于其国内仍继续传播与发展。

除安南、占城外，真腊（今柬埔寨）也是道教传入较早的东南亚国家。据

《隋书》载："其丧葬……僧尼、道士、亲故皆来聚会。"①"多奉佛法，尤信道士，佛及道士并立像于馆。"②是见，道教于隋唐时已传入了真腊。元代周达观的《真腊风土记》中已有关于其地道教情况的记述："为儒者呼为班诘，为僧者呼为苎姑，为道者呼为八思惟"；"八思惟正如常人，打布之外，但于头上戴一红布或白布，如靼鞑娘子罨姑之状而略低。亦有宫观，但比之寺院较狭，而道教者亦不如僧教之盛耳。"该书还记述了道士的生活状况。元代，道教于真腊虽不如佛教繁盛，但仍有一定的传播及影响。

（三）儒教

儒教作为历代封建王朝维护其统治的正统思想，早在蒙古汗国时期，即以理学面貌传播于北方，为蒙古统治者所接受，元世祖、元仁宗时被定为国学。元朝崇尚理学，及科举恢复，其基本考试科目经问（蒙古人、色目人）、明经经疑（汉人、南人）皆在"四书"内出题，"用朱氏章句集注"，理学遂成为官方哲学。儒家学说不仅流行于中国，在东亚各地亦颇有影响。儒教与汉字、律令以及佛教一样，很早即由海路向毗邻中国的周边国家传播，并对其地的思想与文化产生了深远影响。特别是古代朝鲜半岛及日本列岛诸国，其伦理、礼仪皆深受儒家仁、义、礼等观点的熏陶，时至今日，这种印记还十分明显。

高丽与儒教（理学）的接触虽始于北宋末，但儒学学说体系传入高丽是在元朝。14世纪初，程朱理学开始传入高丽。是时，前往中国钻研儒学，对儒学于高丽的发展发挥重要推动作用的学者主要为安珦、白颐正等人。高丽人安珦一直以"兴学养贤为己任"，特别崇拜儒学和孔子。他曾先后两次前往元都从事文化活动。他认为朱子学是"孔孟之正脉"，不仅收购、抄写朱熹书，还画朱熹像，潜心研究。及至晚年，他挂朱子像，以致景慕，遂号晦轩（朱熹号晦轩）。白颐正为高丽忠宣王侍读，曾在元大都生活十年。"时程、朱之学始行中国，未及东方。[白]颐正在元得而学之，东还，李济贤、朴忠佐首先师受"。住居大都期间，他收集了很多程朱理学之书，归国后刊印，并致力于传播儒学。其门生李济贤亦曾在中国长期生活、游学，深受理学熏陶。是见，儒家在高丽的传播过程中，安珦为最初的崇拜者，白颐正则是最初的宣传者，李济贤时朱子学风才正规化。此外，权溥、禹悼、朴忠佐、李穑、李崇仁等学者，在

---

① 〔唐〕魏徵等：《隋书》卷82《真腊传》，中华书局，1973年，第1837页。
② 〔唐〕魏徵等：《隋书》卷82《真腊传》，中华书局，1973年，第1837页。

理学的传播过程中亦做出了重要贡献，如学者权溥"尝以朱子《四书集注》建白刊行，东方性理之学自溥倡"。

高丽在从中国购买的货物中，书籍为一大类。其所购书籍，既有儒家著作，亦有文学作品。儒家著作主要有：南宋朱熹《四书章句集注》，即为《论语》《大学》《中庸》《孟子》之注，其为学习儒家学说的入门书；朱熹《标题小学》，专供儿童用的儒学启蒙著作；《五子书》，五子应为宋代五位理学家，即周敦颐、程颐、程颢、张载及朱熹，五子书就是他们五人的作品；胡炳文《四书通》。商人们从中国带回理学著作，正好满足了儒学于高丽的发展需要，亦迎合了高丽文化界对理学的兴趣。

儒教于安南的传播早在安南陈朝时即已开始，儒士在其国内的政治地位不断提高。元代，派到元朝来的安南使者多以儒臣充任。安南使臣来元后，都向翰林院赠送一份礼物，继而结识元朝文人，赋诗赠答。《元史》记载，至元初年，元朝统治者在向安南颁发诏书时，曾多次明确要求安南派遣其地的儒士。是见，儒学于安南不仅十分流行，且儒学发展已达到颇高的水平，以至向慕中原儒学的蒙古人亦向其所求，以推动蒙古儒学的发展。

（四）伊斯兰教

元代，穆斯林地位颇高，又有丰厚的商业利润及宽容的宗教政策吸引，诚如伊本·白图泰在其游记中所载，"中国各城市都有专供穆斯林居住的地区，区内有供举行聚礼等用的清真大寺"。[①]大批不同职业的穆斯林或循着陆路远道而来，或沿海路乘风而往。元代，伊斯兰教的发展进入了又一新阶段。

伊斯兰教入传中国主要是通过海、陆两大途径，且唐宋以降，随着海上丝绸之路日趋繁荣，伊斯兰教通过丝路进一步向外扩散，继而影响丝绸之路沿岸国家。是时，穆斯林商人一手提着货物，一手拿着《古兰经》，乘着海船向东方而来，以更为和平的方式传播伊斯兰教。随之，中国沿海各地，尤其是泉州、广州等港口城市聚集了大批的穆斯林。对此，伊本·白图泰于其游记中有明确的描述，如1346年，伊本·白图泰抵达刺桐（泉州）后，等待大汗的召见。在等待回复期间，他还游览了隋尼克兰（广州），在游记中记载了居住在两城的穆斯林，在泉州，"穆斯林单住一城……穆斯林的法官塔准丁·艾尔代

[①] ［摩洛哥］伊本·白图泰著，马金鹏译：《伊本·白图泰游记》（校订本），宁夏人民出版社，2000年，第541页。

威里来看望我，他是一位好义的高尚人士"①。在广州，"城的一个地区是穆斯林居住区，内有清真大寺和道堂，并设有法官和谢赫。中国每一城市都设有谢赫·伊斯兰，总管穆斯林的事务。另有法官一人，处理他们之间的投诉案件"。②随着大批穆斯林的涌入，元代中国沿海一带穆斯林人数众多，元朝特于城中划定区域，建立蕃坊，供穆斯林居住。同时，设蕃长"谢赫伊斯兰"和法官各一名，以管理蕃坊内的宗教礼拜和世俗事务。泉州继广州之"蕃坊"出现后，又出现了"蕃人巷"，住于其地的也多为"土生蕃客"与"半南蕃"。南宋时，杭州城内的穆斯林即为数不少，"元时内附者，又往往编管江、浙、闽、广之间，而杭州尤夥，号色目种"。③来华的穆斯林除留居当地外，其中还有很多人在中国娶妻生子，繁衍后代，甚至担任官职，如宋末元初泉州市舶使蒲寿庚。元代，大批穆斯林来华居住，于此繁衍生息，演化而为"土生蕃客""五世蕃客"，成为中国沿海地区回族之先民。今泉州保存的大量伊斯兰教圣墓，即为这一历史现象的见证。

同中国沿海港口相似，东南亚国家由于地处海上丝绸之路交通要道，一些港口城市很早即受到了伊斯兰教的影响。唐代中叶，伊斯兰教传入南海区域北部，之后几百年间往来其地的穆斯林人数不断增加，伊斯兰文化的影响亦逐步扩大。与此同时，南海南部也受到伊斯兰教的浸染。如13世纪末马可·波罗在途经东南亚时，曾描写菲勒芝王国（苏门答腊诸国之一）港口城市的许多人受了往来贸易的萨拉森商人的影响，改信伊斯兰教。④伊本·白图泰于1345—1346年往来中国途中，曾两次在苏门答腊停留，从他的有关描写中，我们知道当时苏门答腊国王阿里马立克阿里柴黑尔笃信伊斯兰教。⑤汪大渊曾遍游南海诸岛，其在《岛夷志略·三佛齐》中记有"人多姓蒲"⑥，蒲乃阿拉伯语Abu变音，意思为父，阿拉伯人经常在名字之前加此音。赵汝适在《诸蕃志》中同

---

① [摩洛哥]伊本·白图泰著，马金鹏译：《伊本·白图泰游记》（校订本），宁夏人民出版社，2000年，第545—546页。
② [摩洛哥]伊本·白图泰著，马金鹏译：《伊本·白图泰游记》（校订本），宁夏人民出版社，2000年，第547页。
③ 田汝成：《西湖游览志》卷18，上海古籍出版社，1958年，第239页。
④ [意]马可·波罗著，梁生智译：《马可·波罗游记》，中国文史出版社，1998年，第236页。
⑤ [摩洛哥]伊本·白图泰著，马金鹏译：《伊本·白图泰游记》（校订本），宁夏人民出版社，2000年，第531页。
⑥ [元]汪大渊著，苏继庼校释：《岛夷志略校释》，中华书局，1981年，第145页。

样记载,三佛齐人大多姓蒲,证明13世纪时阿拉伯人已经在大巽他群岛的三佛齐成为多数民族。14世纪前期汪大渊来到三佛齐之时,国内的阿拉伯人只可能是见,有增无减。是见,有元一代,伊斯兰教于东南亚、南亚等地得到了进一步的传播。

(五)基督教

元代,天主教再度传入中国。元世祖至元二十六年(1289),教皇尼古拉四世派遣意大利圣方济各会士约翰·孟特戈维诺(John Monde Corvino,1247—1328)前往中国,约翰于1291年经由海路抵达元代刺桐港(泉州),由此前往北京建立天主教区。元皇庆二年(1313)又在泉州建立教区。延祐元年(1314)、元延祐五年(1318)、元至治二年(1322),分别派遣哲拉德(Gerard)、裴来格尼(Peregrino da Castello)、安德肋(Andrewof Perugia)来华,担任泉州教区的主教。是时,泉州主教区的人数已占全国天主教徒的三分之一,有一万多人。和"于我明门,公福荫里。匪佛后身,亦佛弟子。无憾死生,升天堂矣。时大德十年岁次丙午三月朔日记。管领泉州路也里可温掌教官兼住持兴明寺吴唵哆呢嗯书"。泉州当时为江南等地天主教活动的中心(图14-10/11)。至正二十二年(1362),"亦思巴奚战乱"爆发后,泉州经济遭受重大打击,泉州天主教由盛转衰。

图14-10:泉州出土基督教莲花十字架墓碑

图14-11：泉州出土至正己丑年铭文墓碑

元朝统一之前，崇奉景教者主要为色目人及蒙古人，另有少数信教的波斯商人，信仰景教的绝对人数虽不可统计，但已相当可观。元朝统一全国后，景教于中原风行一时，各地均广设传教机构，镇江、杭州、泉州、扬州和温州等地也遍设教堂。其中，以镇江景教发展最为繁盛。至元十五年（1278），元世祖忽必烈委派马薛里吉思（Marsargis）为镇江府路总管府副达鲁花赤，建教堂8所，[1]镇江遂成为景教在江南传播的重镇。马可·波罗游历镇江时曾见过这些教堂，并于游记中对其予以记述。温州为元时通商七港之一，温州地区景教徒的势力也颇为可观。泉州是南海交通的门户，马可·波罗曾认为它是世界上最大的港口之一，现存的景教文物表明元代泉州已有大量的景教徒在活动，人数之多到了需要设立崇福司（中央专管基督教的机关）的分支机构方能有效管理，且这一分支机构管辖范围扩大到整个华南地区。

---

[1]〔元〕俞鲁编纂，杨积庆等校点：《至顺镇江志》卷9《僧寺》，江苏古籍出版社，1990年，第367页。

（六）摩尼教

摩尼教又称牟尼教，发源于古代波斯萨珊王朝，为3世纪时波斯人摩尼（Mani）糅合古代波斯之琐罗亚斯德教（Zoroastrianism，又称祆教）、基督教、佛教思想而创立的宗教。

摩尼教于6—7世纪时传入我国新疆地区，复由新疆传入漠北之回纥，而盛行于其地。唐大历三年（768），应回纥之请，于江淮等地建立摩尼寺。唐武宗会昌五年（845）灭佛时，摩尼教亦遭受严重打击，回鹘摩尼僧呼禄法师率徒南逃至唐朝统治力量比较薄弱的福建一带，继续传播摩尼教。① 何乔远言其"来入福唐（今福建福清），授侣三山（福州），游方泉郡（泉州），卒葬郡北山（泉州北郊清源山）下"②。其中的"三山"为福州之别称。从记载看，呼禄传教先至福清，再至福州，最后落脚于泉州，卒葬于泉州北郊清源山下。摩尼教传入福建后，不再公开活动，转而成为秘密宗教，并吸收道教及民间信仰，从而改称明教。

宋代，摩尼教多被称为明教或苏邻法，以福建为最盛。元人陈高谓："明教之始，相传以为自苏邻国流入中土，瓯闽人多奉之。"③《佛祖统纪》卷48引洪迈《夷坚志》云："吃菜事魔，三山尤炽。为首者紫帽宽衫，妇人黑冠白服，称为明教会。"④ 1979年，在晋江摩尼教寺院草庵前20米处发现宋代褐釉碗一件，上书"明教会"三字（图14-12）。⑤ 日本学者竺沙雅章指出："从五代到明代的一系列资料看，明教与摩尼教确曾在福建的福州、泉州，浙江的温州、台州、明州等地流传。"⑥ 霞浦上万村摩尼教遗物的发现，证明摩尼教在闽东宁德地区亦有传播，再加上呼禄法师入闽最早落脚地——福州所辖福清，庶几可推想，宋明时代，明教的势力抑或遍及福建各地。

---

① 杨富学：《回鹘摩尼僧开教福建补说》，《西域研究》2013年第4期。
② 〔明〕何乔远：《闽书》卷7《方域志》，福建人民出版社，1994年，第172页。
③ 〔元〕陈高：《不系舟渔集》卷12《竹西楼记》。
④ 〔宋〕志磐：《佛祖统纪》卷48，《大正藏》第49册，No. 2035，页431a。今本《夷坚志》缺此内容。
⑤ 黄世春：《福建晋江草庵发现"明教会"黑釉碗》，《海交史研究》1985年第1期；粘良图：《晋江草庵研究》，厦门大学出版社，2008年，第34—39页。
⑥ 〔日〕竺沙雅章："吃菜事魔について"，《青山博士古稀纪念宋代史论丛》，（日本）创文社，1974年，第245页。

图14-12：晋江草庵前遗址发现多刻"明教会"字样的碗

元代，明教开始公开活动，晋江草庵（图14-13）即为其活动地点之一。吴文良在泉州涂门外津头埔村发现一方墓碑，上刻："管领江南诸路明教、秦教等，也里可温、马里、失里门、阿必思古八、马里哈普牙。皇庆二年（1313）岁在癸丑八月十五日，贴迷答、扫马等泣血谨志。"（图14-14）其中"也里可温、马里、失里门、阿必思古八、马里哈普牙"，意为教区的教长失里门先生的坟墓，也就是说当时管理明教、秦教的中心在泉州，这从侧面反映了泉州摩尼教的兴盛。

图14-13：晋江草庵

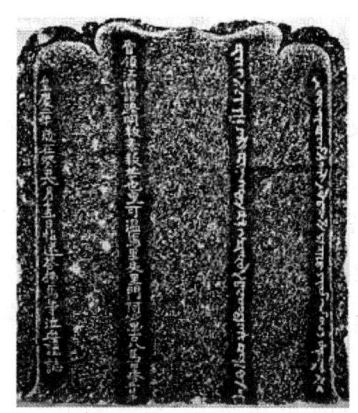

图14-14：元代管领江南诸路明教、秦教的失里门主教墓碑拓片

（七）印度教

产生于古印度地区的印度教有着悠久的历史，也被称为新婆罗门教。4世纪，随着佛教于古印度地区的渐趋衰落，婆罗门教在笈多王朝统治者的支持下逐渐恢复生机。历经四个多世纪的发展，最终于8世纪到9世纪形成了新婆罗门教，即印度教。

印度教诞生后，其即由海、陆两途径向周边国家传播，最先受其影响的为缅甸、真腊、占城、安南、暹罗、爪哇等国，以及马来半岛、印度尼西亚等地区。13世纪末，南海区域的印度教开始衰败。14世纪前期汪大渊游历南海区域时，记载真腊境内有"桑香佛舍，造裹金石桥四十余丈"。①周达观在《真腊风土记》中亦记有此寺，周长可达十里，有房屋数百间，可见规模之大。苏继庼先生考证此寺为12世纪前半叶由一婆罗门设计，桑香佛舍为印度教寺庙，桑香佛为印度的神祇。位于马来半岛南部的八都马也有桑香佛崇拜，"亲没，必沐浴斋戒，号泣半月而葬之，日奉桑香佛惟谨"。②汪大渊所记载的这两个地点在中南半岛，而未叙述海岛区域内印度教的情况，可推测当地的印度教已经被伊斯兰教所代替。

元时，印度教随印度商人渡海来华，于中国东南沿海地区传播开来。我们可通过印度教在泉州传播的情况，窥见印度教于中国的传播情形。印度教传入泉州的确切时间虽不详，但是可以肯定的是印度教在宋元时期一度在泉州传

---

① 〔元〕汪大渊著，苏继庼校释：《岛夷志略校释》，中华书局，1981年，第69页。
② 〔元〕汪大渊著，苏继庼校释：《岛夷志略校释》，中华书局，1981年，第130页。

播。这于泉州所发现的200多方印度教遗存石刻即可窥见一二,如泉州开元寺大殿后及天后宫寝殿各有两根雕刻有印度教神话的十六角形石柱;藏于泉州海外交通史博物馆的毗湿奴立身像等,这些形态丰富的石刻,表明元朝泉州的印度教寺庙的数量当不少。比如,元初马八儿国人(今南印度)挹伯鲁马尔,别名达瓦浙哈克罗·瓦蒂格尔,来到泉州经商,曾经担任泉州港港主,在泉州建造了一座湿婆神庙。《清源金氏族谱》的附录《丽史》记载,"泉州故多西域人……至是元政衰,四方兵起,国令不行……即乔平章宅建蕃佛寺",①指的是位于泉州市区南校场的一座寺庙,俗称"蕃佛寺"。大多数学者考证,认为"蕃佛寺"是区别于佛教的印度教寺庙,该寺毁于元末战乱,20世纪以来在泉州南校场附近发现大批印度教石刻,相信有一部分是该寺庙的建筑构件。(图14-15)

图14-15: 泉州出土印度教石刻

(八) 犹太教

犹太教旧称"挑筋教""蓝帽回回",其发端于公元前2000年生活于西亚地区的游牧民族希伯来人中,后逐渐发展为世界三大宗教之一。汉文典籍对犹太教的记载始见于《元史》,元以前无证。元朝以前关于中国与犹太的交通状况的西方记载也不是很多。唐朝末年,阿拉伯作家阿布·在德(Abu Zaid)记载黄巢攻占广州时,杀死了伊斯兰教徒、犹太教徒、景教徒和祆教徒12万人②。

---

① 〔明〕江一鲤:《清源金氏族谱·丽史》,福建省图书馆抄本。
② 江文汉:《中国古代基督教及开封犹太人》,知识出版社,1982年,第172页。

这说明唐朝有犹太人，且为数不少。他们来华可能主要与贸易有关。北宋晚期，一部分犹太人随阿拉伯人、波斯人经丝绸之路来到当时闻名于世的国际大都市东京（今河南开封）。①他们还曾向宋徽宗进贡"西洋布"，即棉布，当时算是一种稀有的礼物。经过一段时间的适应之后，这部分来华的犹太人于南宋隆兴元年（1163）在东京城内建造了一座规模宏大、金碧辉煌，有"梁园胜境"之称的犹太会堂，俗称礼拜寺（当时的东京已在金政权的控制之下），元明清三朝多次重建。犹太会堂的落成，标志着开封犹太社团的形成。

如果说，两宋时期的犹太人仅在中国个别地方出现的话，那么到元代犹太人和犹太教就已遍布大江南北了。元代来华定居的犹太人是相当多的。《伊本·白图泰游记》中曾说，杭州有一座城门，称为犹太人的门，附近住着犹太人、基督教徒和拜太阳的突厥人（可能是祆教徒），人数众多。②元代杭州人杨瑀写的笔记体著作《山居新话》中，提到砂糖局，说"糖官皆主鹘、回回富商"。其中"主鹘"一词与"术忽"相同。据考证，"术忽"是阿拉伯文Djuhud的译音，也就是犹太人。大都（北京）城内也有犹太人。

由元入明，犹太社团在中国典籍中的记载消失了。犹太文化与犹太教在中国消失的原因在于它过度迎合中国传统文化的准则，逐渐丧失了希伯来文化的特性。如开封犹太人即拜天尊孔，他们用儒家观念中的"天"来称呼犹太教的唯一至上神"雅赫维"。宋元时期的开封犹太人也是尊崇孔子的，每年春、秋二季都往孔庙祭孔。这是他们入境从俗，适应本土文化的又一表现。

三、科学技术交流

元代，通过海上丝绸之路，东西方科学技术亦进行着一次空前活跃的交流。在中国的制瓷、纺织、火药等技艺远输他国，推动海外诸国科学技术进一步发展的同时，外来科技亦传入中国，使其焕发出新的活力，展现出新的面貌。

（一）制瓷技术

瓷器为中国出口海外的大宗商品，深受海外诸国的青睐。在进口中国瓷器的同时，他们亦致力于学习中国的制瓷技术。据汪大渊《岛夷志略》记载，是

---

① 关于犹太人来华时间，有多种说法，可参见张绥：《犹太教与中国开封犹太人》，上海三联书店，1990年，第13—40页。但北宋时犹太人来到东京一事，是确凿无疑的。
② 转引自潘光旦：《中国境内犹太人的若干历史问题———开封的中国犹太人》，北京大学出版社，1983年，第20页。

时，中国瓷器主要销往日本、朝鲜、菲律宾、越南、印度、马来西亚、印度尼西亚、泰国、孟加拉、伊朗等国。特别是与中国毗邻的日本、泰国等国，不仅为中国瓷器的主要进口国，同时亦十分重视学习中国的制瓷技术。暹国国王敢木丁为历史上的英明君主，传说他曾分别于元朝至元三十年（1293）、大德四年（1300）两次赴元大都进谒元朝皇帝世祖忽必烈及成宗铁穆耳。他在第二次进谒后，招聘了一批磁州窑陶瓷工匠回国，主要从事中国的龙泉瓷、磁州瓷，特别是景德镇青花瓷的仿制与生产，在创办著名的宋加洛制瓷业的同时，亦开创了暹国的陶瓷业。据近代学者对泰国速古台（宋加洛）等地的瓷窑遗迹的考古与研究，其遗迹历史悠久，所出土的古代瓷器多与宋元时期的中国瓷器相同。其后，瓷器上的图案改为象、鱼等动物，具有本土特色，但颜色仍仿青瓷。①中国制瓷技术的输入，推动了泰国陶瓷制作技术的发展，对泰国陶瓷业意义重大。西亚、北非人民亦热衷于仿制中国瓷器，如埃及法蒂玛王朝时的一位叫赛义德的工匠在成功仿制宋瓷后，又仿制元之青花瓷。这里需要指出的是，尽管外国人潜心研究、仿制中国瓷，但是由于受原材料、烧制温度等因素的限制，外国工匠所生产出的仿制品只是陶器，而非瓷器，其虽形似中国瓷器，但品质及技艺却远不及中国。另外，在外国人学习中国制瓷技术、仿制中国瓷的同时，元人亦虚心向学，如学习阿拉伯国家青色料及青釉的技法，于元瓷上绘制阿拉伯图案等。元代青花瓷上所绘制的云纹、雷纹、龙纹、火焰纹、水波纹等图案丰富了阿拉伯文化艺术，启发着阿拉伯人用几何图案丰富装饰艺术，从矿物颜料中寻找色彩，使图案更加完美。

（二）制糖技术

中国是甘蔗的原产地，早期，甘蔗主要用于榨取汁液。三国时，孙权曾命匠人仿交趾方法制蔗糖，这种经熬制而成的糖为固体状。5—6世纪，印度以石灰为澄清剂的制糖方法由海路传播而来，中国继而开始制作砂糖。是时，这种砂糖当为赤砂糖，而白砂糖在相当长的时间内乃是稀罕的舶来品。《宋史·大食传》《宋会要辑稿》皆有大食向宋朝进贡白砂糖的记载。《岭外代答》则载，阇婆国（印度爪哇岛）出产红、白蔗糖。是见，东南亚人已先于中国人掌握了制取白砂糖的技艺。及至元代，中国才由海外引进制作白砂糖的技术。据马可·波罗记载，永春在并入蒙古版图之前，不知精炼白糖的技术，只能生产赤

---

① 参见陈序经：《掸泰古史初稿》，1962年内部版，第172页。

糖。入元之后，来自西亚的制糖匠在这里传授了用木炭脱色的技术，使这里成为蔗糖的主产地，供应大都的蒙古宫廷食用。西亚制取白砂糖的技术在泉州落地生根后迅速发展。14世纪40年代，伊本·白图泰来华后看到，中国不仅可生产大量的蔗糖，且质量较之埃及蔗糖高。① 后来，制取白砂糖的技术又从泉州向外传播。据福建莆田《兴化府志》记载，白砂糖制法源出泉州，正统年间（1436—1449）莆田人学会了此法。直至明末，人们都不知道白砂糖的制法来自海外。

冰糖的成产技术则为中国首创，据南宋王灼《糖霜谱》记载，唐大历年间（766—779）一名邹姓僧人在四川遂宁传授冰糖生产技术。至宋时，外国尚无冰糖。冰糖是元代中国出口的主要商品之一，据汪大渊《岛夷志略》记载，冰糖当时已出口至印度。

（三）纺织技术

中国丝绸是最受海外诸国贵族乃至民众喜爱的舶来品之一。在大量丝绸及纺织品随海上丝绸之路远输亚、非、欧等国的同时，中国的纺织、印染等相关技术亦传播海外，极大地推动了外国纺织技术的发展与进步。

唐宋时期，带有彩色印花的绞锦夹领等中国名贵丝织品输入日本，继而促进了日本丝织、漂染等技术的改进与提高。在中国丝织品及纺织技术的影响下，日本出现了仿制"唐绒"，即中国丝绸的"博多织"纺织技术。《诸蕃志》记载，宋代，由广州输入三佛齐的中国丝绸有锦、绫、绸、绢等许多种类。马来半岛上的单马令、凌牙斯加，三佛齐附近的蓝无里、苏吉丹、阇婆等国家，不但进口了中国的丝帛、缬绢、皂绫、青缎等丝织品，且已开始"务蚕织，有杂色绣丝，吉贝，绫布"②。其属国苏吉丹不但"地之所产，大率与婆无异"③，当地人还懂得用中国的川芎在衣帛上染色。东南亚的真腊与暹国毗邻，真腊国不事蚕桑，亦无麻苎，唯有络麻，"近年暹人来居，却以蚕桑为

---

① ［摩洛哥］伊本·白图泰著，马金鹏译：《伊本·白图泰游记》（校订本），宁夏人民出版社，2000年，第545页。
② 〔宋〕赵汝适著，杨博文校释：《诸蕃志校释》卷上《志国·阇婆国》，中华书局，1996年，第55页。
③ 〔宋〕赵汝适著，杨博文校释：《诸蕃志校释》卷上《志国·苏吉丹》，中华书局，1996年，第60页。

业。桑种蚕种皆自暹中来……暹人却以丝自织,皂绫衣着"。①是见,最迟至宋代,今爪哇、柬埔寨、泰国等地已出现了丝织业。及元代,见于《岛夷志略》记载的外国纺织物名称颇多,其中以出产地为名的纺织物如八丹布、甘理布、占城布、皮桑布、西洋布、佛南圭布、巫仑布、东冲布、朋加剌布、南(北)溜布、高尔布、麻逸布、斯吉布、越里布、遮里绢、阇婆布等,其品种较《诸蕃志》记载之品种增加者为数不少。从织物的命名看,也比《诸蕃志》更细致。可见,元代南洋诸国之纺织业较前代已有了很大的发展。

元代,中国的丝绸等织品大量运往非洲,据阿拉伯史学家艾卜达·菲塔记载,14世纪中国使节访问埃及时,曾向马穆鲁克王朝的素丹赠送了700匹织锦。中国丝绸也输入东非沿海诸国及马格里布地区(今埃及以西的北非地区,即阿尔及利亚、摩洛哥、突尼斯),进而南下至西苏丹地区。1352年,伊本·白图泰访问西苏丹地区时,见到马里国王的王宫平台上铺着丝绸,放着一个坐垫,还撑着一顶用丝帛制作的华盖。元代,来华经商、定居及考察的外国人中亦有不少非洲人,他们多活跃于泉州、杭州等地,其中比较著名的有埃及商人欧斯曼、摩洛哥商人布什里,他们在归国时,不约而同地将中国的科学技术、宗教文化等带回国。摩洛哥旅行家伊本·白图泰则在其游记中详细介绍了中国的棉织、丝织等技术,继而推动了中国纺织技术在非洲的传播。

元代,中国与中亚、西亚和欧洲的交流再次兴盛,中国丝绸的纹样亦受外来影响,特别是丝织品中的波斯风格愈发浓烈,如希腊蔓草纹、罗马人像纹、波斯鹦鹉织金锦等纹样常出现于元代丝绸上。是时,外来纹样与传统纹样并存,相互融合,丝绸纹样出现了中西合璧的趋势。颇为流行的一种丝织品是"纳石矢",亦作"纳石失""纳赤思",即用镂金法织成的织金锦。纳石矢最早由波斯传入中国,隋代开始仿效,及唐宋时期,其精美程度已超波斯。织物上的纹样风格深受波斯风格影响,因此习惯上称其为"波斯纹样"。在织法上,亦不限于平面单层形式,出现了底纹为细密规则的几何构架,上织浮纹花纹的这种双重结构,如龙凤团花纳石矢金锦、百花攒龙绎丝、灵芝团龙纹金锦等。这种采用复层形式的锦,外观厚实,装饰在衣襟边处,金光闪烁,豪华绚丽。由于元代统治阶级喜豪华装饰,追求金碧辉煌的效果,故纳石矢颇受青睐。

(四)火药的传播

---

① 〔元〕周达观著,夏鼐校注:《真腊风土记·蚕桑》,中华书局,1981年,第163页。

作为我国四大发明之一的火药很早即传播于海外。元代，在真腊不仅可见当地人燃放爆竹烟花的现象，且中国出口其地的商品中亦可见硫黄、焰硝等制作火药的原料。元末，中国的火药技术经由"江南商客"传入高丽，为其人所知所用。西方诸国不断进口中国火药成品，同时还学会了按配方自制火药。约13世纪中叶，阿拉伯人开始自制火药，成书于13世纪至14世纪的阿拉伯文著作《焚敌火攻书》中，即记载了如何制作火药和火器。作为火药制造中的重要成分的硝，也成了中国重要的出口商品，伊本·白图泰在其另一部著作《单药大全》中记载了硝，且称之为"中国雪"（Thalj Sini）。波斯则把硝石称之为"中国盐"（namak-I Chini）。这说明阿拉伯、波斯诸国虽能够制造火药，但主要原料之一的硝最初却是从中国进口的。

除了上述科技内容的交流，中国商人及水手还积极向海外各国人民介绍我国的生产技术，如真腊人原来席地而卧，后来置矮桌、矮床，"往往皆唐人制作也"①。原来当地无鹅，"近有舟人自中国携去，故得其种"。②

第四节　繁荣的对外贸易港口

元代，与中国建立海外贸易关系的国家主要有：三岛、民多郎、真腊、无枝拔、丹马令、日丽、麻里鲁、彭亨、吉兰丹、丁家卢、八都马、尖山、苏禄、班卒儿、文老古、灵山、花面国、下里、麻那里、沙里八丹、土塔、忽厮离、假里马打、古里佛、放拜、万年港、天堂、忽鲁模斯等两百多个国家和地区。是时，亚、欧、非诸国进行着空前繁荣的海外贸易交流，并于中国沿海地区形成了几大重要港口，甚至世界级的贸易港口，元代沿海城市兴起。

一、泉州

泉州地处福建省东南部，其东南滨海，海岸线曲折，海湾众多，水域宽，航道深，是天然的良港，具有发展海上交通的优越条件。加之，泉州港腹地——中国东南地区自宋以来就是全国的经济重心，及至宋元，其地的粮食、瓷器以及丝绸生产在全国占有重要地位。在优越的自然、经济等条件的推动下，泉州港

---

① 〔元〕周达观著，夏鼐校注：《真腊风土记》，中华书局，1981年，第166页。
② 〔元〕周达观著，夏鼐校注：《真腊风土记》，中华书局，1981年，第154页。

异军突起,取代广州港,成为中西方经济、文化交流的门户。元代为泉州港的极盛时期,其跃居世界性港口之首,梯航万国,誉播远方,为外蕃倾心向往之所。

据史料所载,泉州港的肇兴当不晚于唐代。是时,福建南部经济发达,人口众多;安史之乱后陆上丝绸之路受阻,海路兴起;唐末,广州港遭受农民起义的巨大破坏,上述诸因素皆为泉州港的兴起提供了重要机遇。北宋前期,泉州港"有蕃舶之饶,杂货山积"①,其对外贸易的规模已颇为可观。随着泉州海外贸易的繁盛,宋朝统治者特于泉州设立市舶司,以管理海外贸易。而市舶司的建立,也标志着泉州港正式步入我国重要港口行列。元代宋而兴,在取得闽浙等地后,即着手发展海外贸易,并于至元十四年(1277)在泉州设立了市舶司,后又于庆元、上海、澉浦、广州、温州、杭州设立市舶司。为了进一步推动泉州港的发展,元朝统治者还实行税收优惠政策,如世祖定江南,舶货以十分取一,粗者十五分取一,泉州等七所唯泉州货物取三十分之一。②同时还提高了泉州的政治地位,先由府治升为福建行省的首府,及福建并入江浙省,泉州又为江浙省南部政治中心。

元代,泉州的海外交通线主要有:泉州至占城,泉州至三佛齐、阇婆、渤泥等国,泉州至印度蓝无里、故临及阿拉伯半岛,泉州至亚丁湾和东非沿岸的弼琶罗、层拔,泉州至菲律宾等航线,其中尤以泉州至印度及阿拉伯半岛的航线最为繁荣。

有元一代,泉州的海上贸易空前繁荣。至正九年(1349)与泉州进行海上贸易的国家和地区已经达到99个,比宋朝增加一倍。经泉州港出口的商品达90多种。③泉州成为"七闽之都会也。蕃货远物、异宝珍玩之所渊薮,殊方别域富商巨贾之所窟宅,号为天下最"。④是见泉州在全国海外贸易中已居于领先地位。泉州港的繁荣吸引了许多外国商人、水手等人。因泉州遍种刺桐树,来华外国人即以"刺桐"名之。随着泉州港的日益繁荣,声斐海外,刺桐城之名亦

---

① 〔元〕脱脱等:《宋史》卷330《杜纯传》,中华书局,1977年,第10632页。
② 〔明〕宋濂等:《元史》卷17《世祖纪十四》,中华书局,1976年,第372页。
③ 巫大健:《海上丝绸之路时期泉州多宗教文化共存现象的原因及特征探析》,新疆师范大学硕士学位论文,2013年,第11页。
④ 〔元〕吴澄:《吴文正公集》卷16《送姜曼卿赴泉州路录事序》,〔台北〕新文丰出版公司,1985年,第300—301页。

随之广传。元代，关于刺桐城商业繁荣状况的描述亦见于来华旅行的旅行家游记中。意大利旅行家马可·波罗在游记中记述道："到第五天晚上，便到达宏伟美丽的刺桐城。刺桐城的沿海有一个港口，船舶往来如织，装载着各种商品，驶往蛮子省的各地出售。这里的胡椒出口量非常大。"刺桐港是世界最大的港口之一，大批商人云集于此，货物堆积如山，买卖的盛况令人难以想象。伊本·白图泰亦称刺桐为世界第一大港，其港内可见数百大船，千余小船。①

蒙元时期，由于海外交通的发达及贸易的繁荣，为了适应货物转运、商民往来的需要，沿海地区出现了修建道路、桥梁、港口、码头、航标塔的热潮，泉州亦是如此。泉州街道名称与元大都的十分相似，南北走向为路，东西走向称街，而伫立于街道两旁的楼宇屋舍在建筑样式上亦颇具海外风格。这都是元代泉州海外贸易繁荣、文化多元的历史见证。

二、广州

广州地处珠江三角洲，海路、水道纵横密布，自古以来就是我国重要的港口城市。广州港崛起、发展为全国第一大港，始自隋唐。隋唐"广州通海夷道"航线的开辟，使广州经南海、印度洋沿岸到达波斯湾各国成为现实。这一航线是当时世界上最长的远洋航线，是对秦汉开辟的南海海上丝绸之路的延伸和完善。唐朝统治者于唐开元二年（714）设置广州市舶使以管理海外贸易，同时还于广州城西设立供外国商人集中居住的"蕃坊"。这都极大地推动了广州港的发展。北宋，统治者于广州首设市舶司，在唐代市舶使的基础上更进一步。南宋中期以前，广州始终居中国第一大港的宝座。两宋以来，由于中央王朝政治、经济、政治重心不断南移，这给泉州港带来了前所未有的发展契机，而广州直至元初仍受战乱所困，加之泉州地处南海和东海两条航线的交叉点上，其地物产丰富，故而，广州港于宋末元初逐渐被泉州港超越，丧失了其全国第一大港的地位。

元代，广州港于海外贸易中的首要地位虽让位于泉州，但广州仍是全国最重要的港口之一，且与泉州并为元代最重要的两处港口。至元二十三年（1286），广州市舶司复立。历经发展，广州港的海外贸易逐步恢复并获得了一定的扩展。《南海志》记载，是时与广州建立海外贸易的地区与国家共有143

---

① 张星烺编注，朱杰勤校订：《中西交通史料汇编》第2册，中华书局，1977年，第75页。

个,①包括东起菲律宾群岛,中经印尼群岛、印度次大陆、波斯湾地区、阿拉伯半岛,直至东非沿岸。宋代海舶一般仅可航行至印度西南部,再往前则须换乘阿拉伯海船。②元代,广州港的进、出口货品无论是品种还是数量皆颇为可观。其中进口蕃货70余种,既有传统的供统治者享受的奇珍异宝,又有受人民大众欢迎的生活必需品,如白蕃布、花蕃布、草布、胡椒、没药、丁香、豆蔻、白竭、茴香、雄黄、苏合油、沙鱼皮、皮枕头、黄腊、花白纸、苏木、射木、乌木、红柴等。经广州出口的大宗商品以丝织品、陶瓷、金属器皿、糖等日常生活文化用品为主。据《岛夷志略》所记,是时中国丝绸行销50余个国家和地区,其中经广州港直接出口的即达16个。③其远输的国家包括东南亚各国、印度、非洲等地,范围相当广阔。而瓷器则为广州港输出的另一大宗商品,对此,摩洛哥旅行家伊本·白图泰在其游记即载,广州是世界大城市之一,市场繁华,为世界各大城市所不能及。

元代,广州之地的富庶,商业之繁荣,亦为元人旅行家、诗人所盛赞,汪大渊曾云:"蕃舶湊集之所,宝货丛聚""海人兽山之奇,龙珠犀贝之异,莫不充储于内府,畜玩于上林。"时人孙蕡亦有诗云:"岭南富庶天下闻,四时风气长如春……闽姬越女颜如花,蛮歌野语声咿哑。峩峩大舶映云日,贾客千家万家室。春风列屋艳神仙,夜月满江闻管弦。良辰吉日天气好,翡翠明珠照烟岛。"④

三、庆元

元代的庆元港(今浙江宁波)即唐宋三大港口之一的明州港。据大批汉墓中出土文物中的舶来品证实,庆元海上丝绸之路的开通当始自东汉晚期。⑤中唐时期,于"三江口"建立明州城,明州港以海上丝绸之路港口城市的面貌正式出现于人们的视野。历经发展,明州不但跃升为东南沿海的新兴港口城市,还一度跻身唐代名港行列。北宋时,管理海外贸易的机构市舶司正式设立,明州成为"三司"(广州、杭州、明州)之一,同时还是统治者指定的两处签发

---

① 〔明〕解缙等:《永乐大典》卷11907《大德南海志》,中华书局,1980年,第2907页。
② 《南海志》卷7《舶货》。
③ 杞晨:《元明时期广州的海外贸易》,陈柏坚《广州外贸两千年》,广州文化出版社,1989年。
④ 〔清〕戴肇辰:《〔光绪〕广州府志》卷15《风俗》,广州粤秀书院,1879年,第350页。
⑤ 林士民:《宁波考古述略》,《浙东文化》1994年第1—2期合刊。

舶地之一。元世祖至元十三年（1276），元军攻占明州后，更明州府为庆元府，同年又改为庆元路。随之，明州港亦改称庆元港。至元十四年（1277），元政府恢复了宋代市舶司的设置，庆元市舶司亦得以复立。至元三十年（1293）将温州市舶司并入庆元；大德二年（1298）再将上海、澉浦两市舶司并入，不仅使庆元市舶司管辖的范围迅速扩大，地位亦提高。

在元朝的开放政策扶持下，庆元港迅速发展，成为与泉州港、广州港鼎立的元代三大贸易港之一。是时，庆元港不仅在海上丝绸之路北航线独占鳌头，为中国与日本、高丽贸易的主要港口，而且南路航线亦获得了发展。其海上贸易规模较之两宋明州港更为扩大。①是见，有元一代，庆元港在中日、中韩贸易中的重要地位。元代，庆元港输入的日本舶货，主要有倭金、倭银、水银、茯苓、螺头、合蕈、倭铁、硫黄、倭条、倭櫓等。②庆元港输往日本的物品包括铜钱、瓷器、佛教用品、丝绸、香药、书籍、调味料、南洋稀有木材等。庆元港进口的高丽物品主要有人参、松子、榛子、松花、茯苓、红花、麝香、高丽青器、高丽铜器、新罗漆、螺头、杏仁、白术、合蕈等。出口高丽的货品主要有生丝、瓷器、茶叶、书籍等江南产品，也包括香药之类由南海诸国舶运至庆元的货物。③

元代，庆元港除与日本、朝鲜进行贸易外，亦同东南亚、南亚、西亚，乃至地中海、非洲各国从事海外贸易，其外销品以丝绸、瓷器为主。时人张翥在描写庆元港的诗中写道："是邦控岛夷，走集聚商舸。珠香杂犀象，税入何其多。"④这是庆元港当时海外贸易兴旺发达的写照。

四、杭州与澉浦

唐宋以来，随着中国经济重心的南移，江浙地区日益繁荣。有元一代，杭州作为这一地区的中心地界，其商业繁荣发达，继续以国际大都市的面貌伫立于东南沿海之地。

时人所言："江浙当东南之都会，生齿繁夥，物产富穰，水浮陆行，纷轮杂集，所统句吴、于越、七闽之聚，讫于海隅，旁连诸蕃，椎结卉裳。"即是

---

① [明] 王元恭：《（至正）四明续志》卷1《土风》，上海古籍出版社，影印本，1995年，第13页。
② [明] 王元恭：《（至正）四明续志》卷5《土产·市舶物货》，上海古籍出版社，影印本，
③ [明] 王元恭：《（至正）四明续志》卷5《土产·市舶物货》，上海古籍出版社，影印本。
④ 《元音》卷9《送黄中玉之庆元市舶》。

对此的真实写照。杭州不仅是中国进出口商品的集散地,也是沿海诸港舶来品的重要消费地。马可·波罗来华记载说:"曾闻大汗关吏言,行在城(杭州)每日所食胡椒四十四担,而每担合二百二十三磅也。"仅胡椒一项的每日消耗即近万斤,是见此地对外贸产品的吸纳量之大。

杭州港于元代再次繁荣,外国商人、旅行家往来如织,其复成为元朝海舶货物转运、集散、销售之中心。至元二十一年(1284),元朝统治者于此置市舶司,管理海外贸易事务。元代,杭州为东南航线上的一大港口。印度、埃及等地来杭的舶商,往来不绝,有的还定居于此。而元朝政府遣往南洋乃至东非国家的使臣,也常常从大都循陆路或水路驿站南下,经杭州、泉州等地出航。为方便交通,杭州、泉州之间曾设立海站十五所。对于元代杭州港在中西方海外交通线、海外贸易中所扮演的重要角色,元人曾有如此描述:"杭之为郡,左江海,右湖山,内接京畿,外控诸国。潮汐昼夜,一再往返,风帆雨舶,瞬息千里。象犀珠玉之珍……舟航水塞,车马陆填,百货之委,商贾贸迁,珠玉象犀,南金大贝……诸番毕萃。"①

位于钱塘江口的澉浦港,为杭州湾之海外港口。澉浦于海上贸易中的兴起始于南宋末期。至元十四年(1277)元政府在此置市舶司,澉浦成为元代海上贸易"远涉诸蕃,近通福广,商贾往来"的冲要之地。马可·波罗亦有言,该城(杭州)沿东北方向不远,就是大海。这里有一个优良的港湾。所有从印度来的货船,经常都在这里停泊。是见元代澉浦港于海外交通线中地位重要性。

为了满足国际大都市杭州对于进口商品巨大的消费需求,位于钱塘江口澉浦港的海外贸易迅速发展起来。马可·波罗于其游记中记载:"其地有船舶甚众,运载种种商货往来印度及其他外国,因是此城愈增价值。有一大川自行在城流至此海港而入海,由是船舶往来,随意载货。"由于钱塘江潮流湍急,且河水含沙量较高,大吨位的海舟无法溯江行驶,故来自印度等国的海船须驶抵澉浦后,改换河船装载,方能运至杭州。

五、上海

唐代,青龙镇为长江口的主要港口,是时其地"海舶辐辏,岛夷为市"②。宋代以后,青龙镇的贸易活动日益频繁,据宋嘉祐七年(1062)所刻

---

① 〔元〕贡师泰:《玩斋集》卷9《杭州新城碑》,南湖书塾,1775年刻本,第93页。
② 乾隆《青浦县志》卷12。

《隆平寺灵鉴宝塔铭》所载,到青龙镇的船舶,"自杭、苏、湖、常等州月日而至,福建、漳、泉、明、越、温、台等州岁二三至,广南、日本、新罗岁或一至"。北宋政和年间,统治者于青龙镇设立市舶司,管理海外贸易等相关事务。然而由于航道不断为泥沙阻塞,青龙镇海运、河运贸易日渐萧条,长江口主要港口逐渐为新兴港口上海镇所代替。

至元十四年(1277),元朝政府在上海设立市舶司,与广州、泉州、温州、杭州、庆元以及澉浦并列为全国七大市舶司。随着海上贸易的日渐兴盛,往来其地的商人众多;凭借得天独厚的地理位置及物质生产,大批当地居民投身于海上贸易,其规模进一步扩大,成为棉花等外贸出口物品的生产基地。上海镇逐渐发展成为全国屈指可数的重要港口。但是,有元一代,上海镇仍无法摆脱航道淤塞的困扰,上海镇越来越不适宜长江口主要港口的角色。大德二年(1298),元朝政府将上海市舶司并入庆元,标志着上海港海外贸易的衰落。元代上海港的海外贸易虽也曾发展到一定规模,但从历史的角度来看,还未发展到两宋青龙镇的鼎盛模样。究其原因,当与吴淞江航道的浅狭密切相关。上海镇在经历了宋元两代的迅速发展后,于元末明初,逐步退居次要地位。浏河镇,亦即刘家港代之而兴。元初,浏河"口宽二十丈,水深一百尺",可容纳"万斛之舟",凭借着其港口宽敞、集散方便等优越条件,无论是元朝的海运还是漕运,皆一度获得了飞跃式发展。

六、福州

两宋时期,福州港以其广阔的闽江经济腹地、工商之饶、山海之利,大力发展海上贸易,特别是民间海外贸易甚为活跃。尽管随着北宋末年泉州市舶司的建立,福建对外贸易中心转移至泉州,但福州港的海外贸易却依旧活跃,且成为海外商品的一个重要集散地,市场上有专门从事舶货出售的商家。① 及宋入元,由于统治者采取"漕引江湖,利尽南海"的国策,极力"诏谕南夷诸国",重视海上贸易的发展,福州港迎来了又一发展高峰。是时,与福州港通商的国家与地区有高丽、日本、东南亚,乃至西亚、东非诸地。由福州港出口的产品主要为闽北瓷器(龙泉瓷、仿龙泉瓷)、茶(武夷茶)、丝织品(建宁锦)等,进口商品主要有象犀、珍珠等。对于进出口商税的征收,元政府规

---

① 《百宝总珍集》卷8《蔷薇水》,《玄览堂丛书三集》第21册。

定:"客商自泉、福贩土产之物者,其所征亦与蕃货等。"

有元一代,福州商业繁荣、城市美丽,旅行家马可·波罗对此有如下描述:"有一条大江(即闽江)穿城而过。江面宽1.6公里,两岸簇立着庞大、漂亮的建筑物。在这些建筑物前面停泊着大批的船只,满载着商品,特别是糖。因为这里也制造大量食糖。许多商船从印度驶达这个港口。印度商人带着各色品种的珍珠宝石,运来这里出售,获得巨大的利润……这里各种物资供应充足,还有许多赏心悦目的园林,出产优质味美的瓜果。"[1]有不少印度船舶来此,亦有商人赴印度诸岛贸易……此城近海上之刺桐港,印度船舶运载不少货物赴此港甚众。诸船离此港后,上溯前述之大河而至福州城。此城因此输入印度之贵重货物。元人亦有言:"福州,闽海一都会,象犀珠珍之所聚。"[2]

七、登州

作为我国东方海上丝绸之路的起点及对外交流窗口的登州港,扼控渤海海峡之咽喉,同时还具古代贸易港、军事港的双重身份。隋唐五代时期,登州港的发展达到鼎盛,为当时北方最重要的港口,也是中国与日本、新罗贸易、朝贡的主要通道。北宋初年,登州仍是中、日、朝三国交通的门户。后来,由于日本锁国,中国推行海禁及政治、经济重心的南移,登州港作为对外经济、文化交流口岸的地位逐渐下降,转而成为防备外患入侵的海防要塞。[3]而在此之前,登州港长期充任古代海上丝绸之路的重要港口,其地位远远高于后来的四大名港——广州、泉州、明州、扬州港。

元朝统一中国后,虽没有在北方正式设立对外贸易港,但历代相沿的北方港口、海道仍为元人所用,元朝与日本、高丽等国的海外贸易交通得以恢复、重建。加之是时南北大运河与海运交通业已全线贯通,元代沿海、内陆交通畅行无阻。在这种背景下,古老的登州港再次焕发其活力。登州港成为北方沿海地区的重要中转码头之一。元代输往朝鲜的商品,或由大都经运河至海河入海,再转运至高丽的开城;或由我国南方港口杭州等地沿海岸北行至登州,渡

---

[1] 陈开俊译:《马可波罗游记》,福建科学技术出版社,1981年,第191页。
[2] 许有壬:《至正集》卷62《李公墓志铭》,文渊阁《四库全书·集部》,武汉大学出版社,第6页。
[3] 王茂盛、王锡平等:《登州港与水城》,《蓬莱古船与登州古港》,大连海运学院出版社,1989年,第140—146页。

过渤海到开城一带。①登州仍然是中国与高丽贸易的重要国际口岸，为我国北方海内外贸易的重要集散地。除了与高丽进行海上贸易外，元代中国商品亦经登州港远输日本。

2005年，山东省蓬莱市文物局于蓬莱水城进行了大规模的清淤工作。在清淤过程中有许多重大发现，如古船、陶瓷器皿等。其中的两艘古船，无论从船舶形制，抑或制造工艺特征上看，皆可确定为高丽船；而第三号古船则是迄今发现的最大的高丽古船；同时还在古船上发现了两件产于朝鲜半岛的高丽镶嵌青瓷及众多中国陶器。根据古船发掘现场的地层判断，其年代为元末明初。此外，日本、朝鲜等地亦有景德镇瓷器的出土。②这些考古成果充分证明，元朝时期的登州仍是连接中国南方与高丽贸易以及人员往来的重要口岸。③

第五节　元代旅行家与海商

有元一代，海上丝绸之路纵横交错、联络东西，成为亚、欧、非诸国经济、文化交流的大动脉。世界各地的旅行家、使者浮海而往，足迹遍至，他们目睹了东西方物质、精神文明的高交流。元代，来华的著名旅行家主要有意大利人马可·波罗、鄂多立克、尼哥罗·康梯和摩洛哥人伊本·白图泰等。同时，前往海外的旅行家、使者及海商亦为数不少，其主要代表有汪大渊、周达观、亦黑迷失、杨庭璧、杨枢、蒲寿庚等。他们在游历海上丝绸之路沿线各主要国家、地区的同时，亦留下了珍贵的游记、志书，为我们探究古代亚非历史、地理，窥见元代中西文化交流提供了重要资料。

一、元代航海大家及其海外志书

（一）马可·波罗

马可·波罗（Marco Polo，约1254—1324），13世纪意大利著名旅行家、商

---

① 朱亚非：《古代登州的对外交往》，《蓬莱古船与登州古港》，大连海运学院出版社，1989年，第159—160页。
② 山东省文物考古研究所、烟台市博物馆、蓬莱市文物局：《蓬莱古船》，文物出版社，2006年，第181页。
③ 周霞：《元朝时期的山东半岛在与高丽海上商贸交往中的重要作用》，《鲁东大学学报》2010年第5期；刘凤鸣：《山东半岛与东方海上丝绸之路》，人民出版社，2007年，第241页。

人。约1271年,年仅17岁的马可·波罗随其父亲及叔叔一同前往中国。

马可·波罗在华留居达17年之久,在此期间,他不仅以随员的身份游历了中国各地,如大都、上都、京兆(今西安)、成都、大理、扬州、镇江、杭州、福州、泉州等地,还曾于元世祖至元二十二年(1285)以元使身份前往印度、占婆(今越南南部)、罗斛(今泰国华富里)等地,以便访问诸国及了解海上航行情况。马可·波罗自大都南下至印度,经罗斛、占婆,由海路而归。至元二十六年(1289),伊利汗阿鲁忽因其妃亡故,特遣使者请婚,忽必烈赐蒙古公主阔阔真。当伊利汗的三位求婚使者获悉马可·波罗自海路而归,熟知情况,即约其同行。马可·波罗一家亦因久居中国,思念家乡,遂请求一道而返,获准。至元二十八年(1291)年初,马可·波罗一行自泉州出发,经南海至占婆、爪哇,越南洋群岛之桑杜、康杜二岛而达中南半岛上的罗斛国,继而向南航行至朋丹岛(新加坡)、马剌予儿(马六甲)、小爪哇(今苏门答腊),经印度而达钦察汗国之忽里模子。至元三十年(1293),又自桃李寺返国,乘船经君士坦丁堡,于元贞二年(1296)抵达故乡威尼斯。归国后,由马可·波罗口述,作家鲁思梯切诺笔录了其东游的沿途见闻,此即《马可·波罗行纪》。

《马可·波罗行纪》分4卷,共有229章。书中记述的国家、城市的地名有100多个,系统翔实地记录了通往亚洲大陆的陆路交通路线,介绍了中国、中亚、西亚以及南亚诸地之地理、物产,尤其是元朝。它以大量的篇章,热情洋溢的语言,记述了中国无穷无尽的财富,巨大的商业城市,发达的交通设施,以及华丽的宫殿建筑。这些叙述在中古时代的地理学史、亚洲历史、中西交通史和中意关系史诸方面,都有重要的历史价值。《马可·波罗行纪》激起了欧洲人对东方的热烈向往,对以后新航路的开辟产生了巨大的影响。另外,在将中国文化艺术传播至欧洲这一方面,《马可·波罗行纪》具有重要意义,它打破了中世纪西方神权统治的禁锢,大大促进了中西交通和文化交流。

(二)鄂多立克

鄂多立克(Odorico da Pordenone,1286—1331),又译和德理,意大利弗罗里州人,方济各会会士。他早年在乌丁修道,以苦行著称。早期的艰苦生活以及旅行经历,为其后来进行长距离远行打下了坚实的基础。鄂多立克与马可·波罗、伊本·白图泰以及尼哥罗·康梯被西方人誉为中世纪四大旅行家,其影响仅次于马可·波罗。

他约于元仁宗延祐三年（1316）从威尼斯起航，开始了他周游世界及前往中国的旅行。其东游路线大致如下：自君士坦丁堡而至特列比松（Trebizond）（地处西亚），再到埃尔祖鲁姆（Arziron）、大不里士（Tabriz）、孙丹尼牙（Soldania）……从孙丹尼牙（Soldania）到柯伤（今卡香）及耶兹德，然后从百泄玻里改道，可能经设拉子或库尔德斯坦的部分地区抵巴格达。从巴格达行抵波斯湾，在忽里模子（霍尔木兹）乘船赴印度西海岸的塔纳（位于孟买西北）。由此经无离拔（印度西海岸之马拉巴尔）、梵答剌亦纳、僧急里、故临，抵今斯里兰卡。从斯里兰卡乘船长途航行到苏门答腊，遍访南洋诸岛，经爪哇、加里曼丹、越南而抵中国的广州，由此东行至福建的泉州、福州，北上至杭州和南京。再从扬州沿大运河达到元朝的都城汗八里（北京）。居留大都的三年期间，他协助基督教驻大都总主教约翰·孟特戈维诺传教。后离大都西行，经天德、山西、陕西、甘肃、吐蕃，再经中亚、波斯，返回意大利，于1331年逝世。[①]

鄂多立克回到威尼斯后，在病床上口述了其旅行中的所见所闻，由修士威廉用通俗的拉丁文记录成书，此即《鄂多立克东游录》。该游记的次序虽较为混乱，但却对所游历的各地，尤其是中国之社会生活、风俗习惯、元朝的仪礼制度、大都的宫殿建筑以及各种宗教情况做了生动翔实的记载，如广东的食蛇风俗、华东渔民驯养鱼鹰捕鱼、泉州天主教僧院、大都与上都风情、元帝之怯薛（侍卫）、元代驿站等，皆真实可信，价值非常高。

鄂多立克的游记在欧洲广为流传，有拉丁文、意大利文、法文、德文等各种语言抄本76种。见于中国的《鄂多立克东游录》为清朝光绪五年（1879），留学意大利的中国学者郭栋臣的汉文译本，其书名为《真福和德里传》，刊于武昌宗正书院。后香港《公教报》重印译文，但删去了郭氏之注。

（三）伊本·白图泰

伊本·白图泰（Ibn Battuta，1304—1377），摩洛哥丹吉尔人。中世纪四大旅行家之一，在阿拉伯世界享有盛誉，被摩洛哥人视为英雄。他一生曾三次离家远游，历时28年之久，行程达12万余公里，游历44国。

元泰定二年（1325），伊本·白图泰离开家乡丹吉尔去天房（麦加）朝觐，途经北非各国，到达红海准备渡海。但恰逢战乱，遂北上转道巴勒斯坦、

[①] 何高济：《海屯行纪·鄂多立克东游录·沙哈鲁遣使中国记》，中华书局，1981年，第28页。

黎巴嫩、叙利亚,终达天房,完成了其第一次朝觐。其后,他又从天房出发东游伊拉克、波斯以及安纳托利亚地区,再返天房进行了第二次朝觐。留居天房两年后,伊本·白图泰启程赴也门,渡海至东非,返回途中遍游阿拉伯半岛南部诸国,再至天房完成了其第三次朝觐。至顺三年(1335),伊本·白图泰由天房出发,经埃及、叙利亚、小亚细亚、黑海、克里米亚,进入钦察汗国境内。同年,随钦察汗国月即别之妃、拜占庭公主赴君士坦丁堡省亲。及返回钦察汗国都城撒莱后,继续东行,经里海北之钦察草原、察合台汗国不花剌、撒马尔罕诸城,翌年到达印度。在德里留居八年,被苏丹穆罕默德·沙委任命为德里"哈的大师",即法官。至正二年(1342),元顺帝遣使至德里通好,伊本·白图泰作为穆罕默德·沙的使臣,随元使乘船由海路到中国。

他们从古里(今印度西南海岸之科泽科德)登船,启航不久即遇险。元使逃生后至俱蓝,搭乘商船归国。伊本·白图泰则因未及登船而幸免于难,但亦无法返回德里复命,遂改道游历马尔代夫、锡兰山、马八儿等地,后由朋加剌(孟加拉)乘船至苏木都剌、爪哇,再航海,于至正六年(1346)抵达中国泉州(刺桐),继而前往广州(隋尼克兰)、建昌或江山(干江)、鄱阳(拜旺·古图鲁)、杭州(汗沙)、大都(汗八里)等地游历,返回泉州后即乘船西还。他在旅行过程中,目睹了中国海船的盛况及中国商人于南海各地的贸易状况,为中国辽阔的地域、丰富的物产、工匠精湛的技艺所倾倒,拜访了所到各地的穆斯林教长和法官,了解了其宗教活动、民俗及文化生活。伊本·白图泰在归途中,经苏门答腊至阿拉伯地区,再至天房进行了第四次朝觐,于至正九年(1349)返回摩洛哥首都非斯,结束了他的第一次旅行。不久,伊本·白图泰再次由非斯出发,经丹吉尔、直布罗陀,抵达格拉纳达,游历安达卢西亚地区,继而返回非斯。伊本·白图泰的第三次旅行则是由赛哲罗马出发,经台阿杂、曼里、杂额雷、卡斯胡、太卜克图、台堪达、汗卡尔,对中非地区进行了广泛的游历。伊本·白图泰是第一个记述中世纪中非未发现地区的旅行家。①

伊本·白图泰回到摩洛哥后,从此定居下来,并成为买勒族苏丹的幕僚。在担任幕僚后,伊本·白图泰向摩洛哥苏丹介绍了其所游历各地的风土人情。苏丹得知后颇为震撼,让秘书穆罕默德·伊本·朱赞·凯洛比将伊本·白图泰口

---

① [摩洛哥]伊本·白图泰著,马金鹏译:《伊本·白图泰游记》(校订本),宁夏人民出版社,2000年,第10页。

述的旅行风闻与经历记录成书，名之为《异境奇游胜览》，即《伊本·白图泰游记》。（图14-16）1377年，伊本·白图泰于非斯逝世。

伊本·白图泰是第一位足迹遍及亚、非、欧三大洲的中世纪阿拉伯旅行家。其游记不仅记述了各地的山川河海、地形地貌、林木物产、动植物，同时亦涉及当地交通、民俗、宗教、风俗，乃至重大历史事件，被认为是研究14世纪历史的一部重要著作，成为阿拉伯文学和历史方面宝贵的遗产。同时该游记也为我们研究中世纪亚、非、欧诸地之历史、地理、民俗、语言、宗教、自然及社会生活等各方面提供了珍贵的资料，时至今日仍为各国学者所引用。特别是其中关于元代中国的记述，如驿站制度、大元纸钞、物产、航船、丝绸、陶瓷、城市等，至今仍是研究宋元中国社会的重要资料。

图14-16:《伊本·白图泰游记》插图

（四）汪大渊

汪大渊，（1308—?），元江西南昌人，字焕章。他曾两次浮海出游，足迹遍及印度洋各地，最远到达非洲。在其近十年的航海生涯中，先后到达过南海、爪哇海、班达海、孟加拉湾、波斯湾、亚丁湾、阿拉伯海、红海、地中海以及印度洋。可以说，除了欧洲与日本，在当时海上航行所能到达的地方，他皆一一亲历，因而西方学者称其为"东方的马可·波罗"。

元顺帝至顺元年（1333），汪大渊由泉州登上了海船，开始了他一生当中的第一次远洋航行。这次远航历时五年，其游历的范围主要为印度洋诸地。他先由泉州经海南岛，至占城、马六甲、爪哇、苏门答腊、缅甸、印度、波斯、阿拉伯、埃及，再横渡地中海到西北非洲的摩洛哥，再回到埃及，出红海到索马里，折向南直到莫桑比克，再横渡印度洋回到斯里兰卡、苏门答腊、爪哇，再到澳洲，从澳洲到加里曼丹岛，又经菲律宾群岛，最终于元统二年（1334）夏秋之际返回泉州。为了更加全面、客观地了解诸国风土人情，汪大渊于至元三年（1337）第二次由泉州出航，开始了历时三年的海外游历。这次航行中，他在到达科泽利特之后，并未向北航行去波斯湾，而是西航前往阿拉伯半岛南端的亚了（麻呵斯离），转而去麦加朝圣，再过艾特伯港（阿思里）至开罗（马鲁涧）与摩洛哥的丹吉尔（挞吉那）。在返航途中，他又南下红海，前往东非的摩加迪沙和坦桑尼亚的基尔瓦基西瓦尼等地，最终于至元五年（1339）夏秋间返回泉州。是见，他第二次远航考察的范围主要为南洋地区。

汪大渊两次浮海游历，前后共八年，行程数万公里。汪大渊远航归国后，将其两次航海所见诸国之社会经济、奇风异俗等编写成笔记，此即《岛夷志》。至正九年（1349），吴鉴受命主修泉州郡志，对此书甚为赞赏。当时泉州路正在修郡志，泉州地方长官（称达鲁花赤）与主修郡志的人见此书甚为赞赏，将其收入《清源续志》，以作附录。后来汪大渊回到故乡南昌，将《岛夷志》节录成《岛夷志略》，在南昌印行，这本书才得以广为流传。诚如汪大渊本人所言，这部著作中所述，"皆身以游览，耳目所亲见。传说之事，则不载焉"①。考其全书，除最末一条"异闻类聚"是按照《事林广记》记录外国的传闻，其余九十九条，皆为汪大渊亲身游历的记录。

《岛夷志略》记载了地处亚、欧、非三大洲九十九个国家和地区的"山川、风土、物产之诡异，居室、饮食、衣服之好尚，与夫贸易费用之所宜"②，涉及外国地名达二百多个。上承宋代周去非的《岭外代答》、赵汝适的《诸蕃志》，下启明朝马欢的《瀛涯胜览》、费信的《星槎胜览》等重要历史地理著作，而其重要性又远超上述宋、明之作。《四库全书总目》说："诸史（指二十四史）外国列传秉笔之人，皆未尝身历其地，即赵汝适《诸蕃志》之类，亦多得于市舶之口传。大渊此书，则皆亲历而手记之，究非空谈无征者比。"除《岛夷志略》外，未见汪大渊其他著作传世，汪大渊的晚年生活亦无记载可寻，但他对世界历史地理的贡献，却获得了中外学者一致公认。

（五）周达观

周达观（1266—1346），自号草庭逸民，元永嘉（今浙江温州）人，地理学家。元成宗元贞元年（1295）六月，以使团随员的身份访问真腊（今柬埔寨）。元贞二年（1296）二月，自温州启航，经福州、泉州、广州、琼州诸港，过西沙群岛，沿湄公河航行，中途遇逆风，直到七月才到达真腊属境的真蒲（今越南头顿），过昆仑洋，溯流而上，渡淡洋（今柬埔寨洞里萨湖），抵达

---

① 〔元〕汪大渊著，苏继庼校释：《岛夷志略校释》，中华书局，1981年，第385页。
② 〔元〕汪大渊著，苏继庼校释：《岛夷志略校释》，中华书局，1981年，第1页。

真纳首都吴哥。周达观在逗留真腊期间，遍游国都吴哥全城，对真腊特别是吴哥城的风土人情、文化艺术、政治经济等诸方面进行了全面考察。大德元年（1297）六月，随使团乘船而归，八月抵达四明（今浙江宁波）。

归国后，周达观将其在真腊的所见所闻记录成书，即《真腊风土记》。"真腊"是中国史书中对扶南时代之后的柬埔寨地区的称呼，其名初见于中国史籍者乃《隋书》。唐宋时仍称真腊，元代又称为甘孛智、干不昔、甘不察，明万历后始译为柬埔寨。周达观在真腊虽逗留不过一年，"其风土国事之详，虽不能尽知，然其大略亦可见矣"①。《真腊风土记》共列四十条，即城郭、宫室、服饰、官属、三教、人物、产妇、室女、奴婢、语言、野人、文字、正朔时序、争讼、病癞、死亡、耕种、山川、出产、贸易、欲得唐货、草木、飞鸟、走兽、蔬菜、鱼龙、酝酿、盐醋酱面、蚕桑、器用、车轿、舟楫、属郡、村落、取胆、异事、澡浴、流寓、军马、国主出入。书中城郭条之州城，即柬埔寨的古都吴哥城（亦称大吴哥），《诸蕃志》作禄兀城，禄兀为吴哥之音译，意即"城"。吴可城中有许多建筑和雕刻，为东南亚著名的古迹之一。书中所记与今之遗址情况皆相合，足证撰者本人曾亲临其地，真实可信。《元史·外国传》未列真腊，该书可补其缺。另外，书中所记贸易、欲得唐货、器用诸条，皆关涉真腊人与元人的通商往来，是研究中国与柬埔寨关系史的重要资料。

元末陶宗仪《说郛》所收录者《真腊风土记》为最早刻本，后来又有明嘉靖刊《古今说海》本、隆庆万历间刊《历代小史》本、万历刊《古今逸史》本、明重辑《百川学海》本、清初重定陶氏重辑《说郛》本、《古今图书集成》本、《四库全书》本、清瑞安许氏刊巾箱本等。而目前所见最好的本子是1981年由中华书局出版的夏鼐先生的《真腊风土记校注》，它以明刊本《古今逸史》为底本，对勘各本，并加注释。此外，国外还有法、日、英等文字译本，以1951年出版的伯希和法文新译注本较善。

二、元朝使者与海商

元代疆域辽阔，元王朝与海外诸国往来之频繁为历代各王朝所罕见，元使奉命出海，或交通海外，或诏谕诸国。是时，往来穿梭于海上丝绸之路的另一大团体即是以贸易为业的海商。他们乘坐着满载琳琅满目货物的巨形船舶，乘

---

① 〔元〕周达观著，夏鼐校注：《真腊风土记》，中华书局，1981年，第16页。

风破浪,漂洋过海,前往东西方贸易。归来时,又满载着他国方物,乘风而归。有元一代,奉命出使他国的元使、贸易海外的商人,成为联络中国与其他国家政治、经济、文化交流的桥梁,将中西方物质与精神文化财富交相互递,联络分享。

(一) 亦黑迷失

亦黑迷失是元朝杰出的远洋航海家、外交家兼水军将领,他早在郑和下西洋之前的130多年即有远航印度洋的壮举。除率水师攻打过爪哇国(今印度尼西亚爪哇岛)、南巫里(在今苏门答腊西)、速木都剌(今苏门答腊岛)、不鲁不都、八剌剌等岛国外,还率官方贸易船队四次奉旨出航南亚。

亦黑迷失为畏兀儿人,其出生年代不详。元世祖忽必烈至元二年(1265),亦黑迷失入朝任宿卫官,开始了他的宦海生涯。曾"敬就都城、西京、汴梁、真定、河南府、汝州、刑(邢)州、顺德府、明州补陀山、朝里宁夏路、西凉府、甘州、两淮、江浙、福建诸路一百大寺,各施中统钞一百锭"。这一百大寺之名,均见于元延祐三年(1316)由亦黑迷失勒立的《一百大寺看经记》碑刻(图14-17)中。①至元九年(1272),亦黑迷失奉世祖之命,首次出使海外,出使八罗孛国(今印度西南濒阿拉伯海的马拉尼尔)。此次出使历时两年,至元十一年(1274),亦黑迷失偕八罗孛国商使归国,向元朝奉表并进献珍宝。②亦黑迷失以其功,获赐金虎符。至元十二年(1275),亦黑迷失再次奉命出使八罗孛国,并于当年与该国"国师"同归,进献"名药"。元廷不仅对其大加赏赐,又以其两次出使功绩显著,于至元十四年(1277)任命其为兵部侍郎。亦黑迷失于印度南部的两次成功出使,使其积累了丰富的远洋航海经验、蕃外知识,为其以后的航海事业打下了坚实的基础。

---

① 〔清〕陈启仁辑:《闽中金石略》卷11,《石刻史料新编》17,(台北)新文丰出版公司,第13030—13032页。
② 〔明〕宋濂等:《元史》卷131《亦黑迷失传》,中华书局,1976年,第3198页。

图14-17：泉州出土元亦黑迷失所立《一百大寺看经记》碑

元世祖忽必烈灭亡南宋后，图谋海外，周邻邦国遂成为其征服的首要目标。至元十八年（1281），亦黑迷失以荆湖、占城等处行中书省参知政事的身份第三次出海，诏谕占城，企图将其地作为元军继续南扩的基地。诏谕失败后，亦黑迷失与唆都一同出兵占城。征伐过程中，元军虽占领了占城沿海地区，但遭到了占城人民的强烈抵抗，统率唆都阵亡，亦黑迷失则因行事谨慎，所率军队几无所损，全军而还。远征占城期间，忽必烈曾于至元二十一年（1284）将亦黑迷失从占城前线诏回，令其出使僧迦剌国（今斯里兰卡），"观佛钵舍利"，即瞻仰保存于斯里兰卡的释迦牟尼舍利。①

至元二十四年（1287），亦黑迷失再次奉命出海，出使马八儿国（今印度南部东南沿海），"取佛钵舍利"。然而因途中遭遇海风，船队航行一年才终达其地。亦黑迷失在马八儿寻得"良医善药"，并将自己在马八儿国买到的紫檀木进献给忽必烈。忽必烈大悦，念其多次出海劳苦，赏赐玉带，并加封资德大夫，遥授江淮行尚书省左丞，就任泉州府太卿。

至元十六年（1279），元朝大将唆都曾遣赵玉出使爪哇（今印度尼西亚爪哇岛）。翌年元朝再一次遣使爪哇，爪哇亦遣使通好。至元十八年（1281）忽必烈命爪哇国王亲自来朝，为对方所拒，忽必烈颇为不满。至元二十九年

---

① 〔明〕宋濂等：《元史》卷131《亦黑迷失传》，中华书局，1976年，第3199页。

(1292),忽必烈决意征伐爪哇,任命亦黑迷失、史弼、高兴三人同为福建行中书省平章政事,率军二万,战船千艘,备军粮一年,远征爪哇。① 亦黑迷失曾多次航海外蕃,谙熟海道,故元军航海之事皆由其主,史、高二人则负责军事征讨。至元三十年(1293)二月,元军抵达爪哇边境。在此过程中,亦黑迷失曾奉世祖之命,先后遣使至海外诸蕃招谕,各国皆称臣。后来,元军遭到降而复叛的爪哇军队进攻,亦黑迷失被迫撤军,且战且行,奋战 68 日方回到元朝境内,其军伤亡三千多人。此次战役的失败破坏了元朝的整个征服计划,亦黑迷失也因指挥不当,遭到责罚,并被没收其家产的三分之一。亦黑迷失遂告老还家。他去世后,元仁宗爱育黎拔力八达"念其屡使绝域",四次率船队出使南洋,诏封其为吴国公。②

(二)杨庭璧

杨庭璧原为蒙古征南大将唆都的部下,后任广东招讨司达鲁花赤。是时,印度半岛的八罗孛国、马八儿国以及僧珈剌国皆已奉表称藩,仅另一大国俱兰国(今印度南部西南海岸处)迟迟未作回应。至元十六年(1279),忽必烈派遣杨庭璧出使俱兰国。至元十七年(1280),杨庭璧一行到达俱兰,俱兰国国主必纳的命其弟肯那却不剌木省以波斯文书写降表,由杨庭璧呈于元朝,表示来年再遣使入元朝贡。

至元十七年十月,元廷任命哈撒儿海牙为俱兰国宣慰使,与杨庭璧一同出使俱兰。至元十八年(1281)正月,杨庭璧一行自泉州出海,前往俱兰,行舟三月而抵僧伽耶山(即斯里兰卡)。是时,他们正遇季风转向,"舟人郑震等以阻风乏粮"③,建议利用南风改往马八儿国,然后再借陆路进入俱兰国。杨庭璧采纳了郑震的建议,遂先行前往马八儿。及抵达其地后,马八儿国宰相马因的、不阿里告亦受命出使俱兰,假其道往之。但因当时马八儿与俱兰关系紧张,边疆驻扎大军,呈兵戎相见之势,故而无法借其道而往俱兰。几次商议无果后,杨庭璧与哈撒儿海牙只得乘船按原路返回。

至元十八年(1281)十一月,杨庭璧以招讨使的身份率使团携国书第三次出海,前往俱兰国。舟行三月,于至元十九年(1282)二月到达俱兰,受到了

---

① 《续通志》卷 61《元纪五》,浙江古籍出版社,2000 年,第 3268 页。
② 〔明〕宋濂等:《元史》卷 131《亦黑迷失传》,中华书局,1976 年,第 3199 页。
③ 〔明〕宋濂等:《元史》卷 210《外夷三》,中华书局,1976 年,第 4669 页。

其国君及宰相等人的热烈欢迎。在居留俱兰的一个月期间,杨庭璧与寓居俱兰国的宗教人士及他国之使建立了往来关系,如也里可温教首领兀咱尔撒马里、管理木速蛮(指伊斯兰教教徒)的首领马合麻、苏木达国(位于印度)使臣那里八合剌摊赤等,闻元使至此,皆来相会,且表示愿意纳岁币,遣使通交。至元十九年(1282)三月,杨庭璧一行借助南风,起帆回国,俱兰国亦遣使随其船队来华。在行舟过程中,先后到达那旺国(安达曼海西侧的尼科巴群岛)与苏木都剌国(今苏门答腊岛北部),其国君听闻元朝之鼎盛及有意扬威海外后,纷纷遣使随杨庭璧来华觐见,表示臣服。至元十九年(1282)九月,杨庭璧一行抵达大都,受到了世祖忽必烈的接见。

至元二十年(1283)正月,杨庭璧以宣慰使的身份再次出使俱兰等国。及至元二十三年(1286),杨庭璧率使团顺利回国。而响应其要求,先后来华入贡的海外蕃国共计10个,分别是马八儿、须门那(即苏木达)、僧急里、南无力(今苏门答腊北部)、马兰丹(今地不详)、那旺、丁呵儿(今马来西亚丁家奴)、来来(今印度古吉拉特)、急兰亦带(今马来西亚之吉兰丹)、速木都剌。①

(三)杨枢

杨枢(1283—1331),字伯机,元嘉兴海盐(今属浙江)人,航海家、对外贸易专家。杨枢曾先后两次舶船海外,其出海次数虽不如亦黑迷失及杨廷璧,但其航行目的地之远却超过了他俩。杨枢出身于澉浦杨氏,是元代实力雄厚、赫赫有名的海商大家,其家族自杨发、杨梓至杨枢皆投身于航海与海外贸易事业,称雄澉浦数十年,对元代海上贸易影响巨大。

杨氏一族的兴起始自杨枢之祖父杨发。南宋时,杨发曾任右武大夫、利州刺史、殿前司选锋军统制官、枢密院副都统。元军南下,杨发改授明威将军、福建安抚使,领浙东西市舶总司事。后来,杨发降元,负责掌管庆元、上海、澉浦三处市舶司,并于家乡建船场造大船,从事航海贸易,发展为一代海商巨富。在其家族的影响下,当地百姓争相效仿,以海为业,修船造船成风,海运贸易业十分发达。杨发亡故后,其子杨梓继承了他的事业,主要从事对日本和高丽等国的海上贸易。元初,航海船队归属个人,贸易亦从之,国家仅收税。杨梓除从事海外贸易外,亦因熟谙海路和蕃国风俗,充任元使,诏谕海外。至

———
① 〔明〕宋濂等:《元史》卷210《外夷三》,中华书局,1976年,第4670页。

元三十年（1293），忽必烈发军征爪哇，"二月，亦黑迷失、孙参政先领本省幕官并诏谕爪哇等处宣慰司官曲出海牙、杨梓、全忠祖，万户张塔剌赤等五百余人，船十艘，先往诏谕之"。不久，"诏谕爪哇宣抚司官言：爪哇主婿土罕必阇耶举国纳降，土罕必阇耶不能离军，先令杨梓、甘州不花、全忠祖引其宰相昔剌难答吒耶等五十余人来迎"。随后，元朝撤军。归国后，杨梓任少中大夫、浙东道宣慰副使，阶从三品，同时还拥有从事海外贸易的庞大私人船队。至大四年（1311），因"澉浦杨家等有舟，且深知漕事"，杨梓再次升迁为海道运粮都漕万户。杨氏家族以澉浦为基地，"筑室招商，世揽利权"，"代据金穴，富甲浙右"。

杨梓之子杨枢，于大德五年（1301），承包了泉州致用院的官本船，出海经商贸易。杨枢考察后，认为致用院的官本船质量不如其家海船，故自费请船匠对船只进行了改装、修补。杨枢率海船至西洋（即马八儿），适遇欲去元朝贡献珍物的伊利汗国合赞汗之使臣那怀数人，于是双方一同启航前往元朝。大德七年（1303），杨枢与那怀顺利抵达元境。那怀前去大都觐见元帝。翌年，完成使命的那怀准备回伊利汗国复命，考虑到杨枢海船之稳定与远航经验丰富，遂请求元廷派遣杨枢护送其返回。这一请求获得了元朝方面的准许，并加封杨枢为忠显校尉海运副千户。

大德八年（1304）冬，杨枢再次舶船出海，与那怀一同远航波斯。他们航行三年，于大德十一年（1307）抵达忽鲁模斯港（今波斯湾出口处）。杨枢将那怀一行人安全护送回国，因而受到伊利汗的隆重礼遇与回谢。除了在途中与海外蕃国进行贸易外，杨枢还在伊利汗国购买了良种白马、黑犬、琥珀、葡萄酒等物，满载而归。杨枢归国，受到元武宗的召见。天历二年（1329），杨枢率船队由海道运漕粮抵直沽（天津）仓，旧病复发，至顺二年（1331）病卒于杭州私廨。

澉浦杨氏一族以远洋航海为业，在元代为数不多的航海家族中实力超群，影响远及明初。杨枢两度舶船出海，第一次是从事官本船贸易，第二次是护送那怀一行返回伊利汗国，是时，"凡舟楫糗粮、物器之须，一出于君，不以烦有司"①。可见杨家经济实力之雄厚。

---

① 〔元〕黄溍：《海运千户杨君墓志铭》，《金华黄先生文集》卷35。

（四）蒲寿庚

有元一代，可与澉浦杨氏匹敌的另一大海商即泉州蒲氏一族。蒲寿庚乃回族人，其先祖约于唐末自西域经南洋迁居至广州。后来，随着全国海外商贸中心由广州逐渐向泉州转移，蒲氏家族再由广州迁往泉州，最终落籍于此。

蒲氏家族擅长航海贸易，为历代统治者所倚重，还负责海外交往的政治任务。五代时，其先祖蒲有良奉命出使占城，司西洋转运使。南宋时，其祖蒲宗闵亦曾奉命出使安南、占城、渤泥（今文莱）等地。尽管唐宋之际，因迁居东南沿海一带，蒲氏一族逐步汉化，但其从事海外贸易的传统仍代代相传。他们利用其在中国东南沿海、占城、渤泥等地的有利条件，与大食、波斯、南亚各地建立了密切的联系。

南宋绍熙元年（1190），蒲寿庚之父蒲开宗自广州移居泉州。十余年后，蒲开宗任安溪县低级官吏，同时兼事海外贸易，继而开启了其家族凭海而兴的历史。其家族专事海外贸易，且长期垄断香料贸易。南宋咸淳十年（1274），蒲寿庚兄弟协助南宋官兵击退了海寇，蒲寿庚被提升为泉州提举市舶，"擅蕃舶利者三十年"①，成为官商合一的巨头。元军攻陷临安（1276）后，为组织力量抗元，宋将张世杰不但强征蒲家私船，还抄没蒲家财产以充军，引起了蒲氏的极大不满。蒲寿庚审时度势，在泉州地方势力的支持下，献城降元，并协助元军自福建南下，进攻南宋残余军队。

至元十四年（1277），元政府于泉州设市舶司，以"寿庚素主市舶"，仍留其主持泉州市舶司的工作。至元十五年（1278）三月，蒲寿庚任福建行省参知政事。八月，蒲寿庚任福建行省中书左丞，"镇抚濒海诸郡"。至元二十一年（1284）八月，蒲寿庚任江淮等处行省中书左丞兼泉州分省平章政事。蒲寿庚之子蒲师文于至元十八年（1281），兼任提举福建道市舶，且以功袭职，官福建平海行中书省。师斯子崇谟，官至行省平章政事。蒲氏一族凭借其家族在蕃商中的巨大影响，积极招徕外舶商船，促使"元代外国贸易，遂亦盛极一时矣"。可以说，"元之得与海外互市，寿庚与有力焉"。

在元廷诏谕海外诸国的事务中，蒲氏家族亦发挥了重要作用。如至元十五年（1278）八月，福建行省曾派遣蒲寿庚长子蒲师文及蒲寿庚亲信孙胜夫、尤

---

① 〔元〕脱脱等：《宋史》卷47《瀛国公纪》，中华书局，1977年，第942页。

永贤等人,"通道外国,抚宣诸夷"。蒲师文此次出使打开了中国与南海诸国关系的新局面。至元十六年(1279)六月,元廷又派蒲寿庚部下尤永贤诏谕南毗国,"占城、马八儿诸国遣使"来华,其他国家(地区)的使者和商人也相继而至。由是可见,泉州蒲氏一族在海外贸易、诸国交往中发挥了巨大作用。

第十五章

明代丝绸之路的发展与式微

在中国历史上,明代是丝绸之路发展过程中的重要转折期。是时,作为中西经济文化交流载体的丝绸之路既有一定程度的开拓,又不可避免地出现了式微趋势。就陆路而言,除了当时国际国内政治、经济、文化方面的原因外,最直接的原因即是明王朝对于西域的经营及其相互关系的演变。明朝前期,由于统治者锐意进取、思想较为开放,中西交往密切,丝路畅通无阻。明朝中后期,则因国力不支与思想上的消极保守,逐渐丧失了对于西域地区的控制,中西交往渐少,丝路亦随之阻隔,中西经济文化交流沉寂。就海路而言,明初海禁期间虽出现了郑和七下西洋,为我国海路交通开辟了新的时代壮举,但是由于海禁政策时续时断,特别是洪武与嘉靖两个时期,明政府实行严格的海禁政策,前后历时七十余年,从而对明代海上贸易的发展造成了极大的挫伤。

第一节 明代陆路丝绸之路的衰落

一、明代陆路丝绸之路的复畅

1368年,元亡明兴,蒙古贵族退守北方草原,史称北元政权。明军在平定河南后即向边疆诸地进发,力图统一全国。

自洪武二年（1369）至二十四年（1391），明军相继对东北、西北以及西南边疆展开了大规模的统一战争与招降活动。在东北，明军招降辽宁行省平章刘益等人，又以重兵迫纳哈出归降，置兀良哈三卫。永乐元年（1403），"招谕奴儿干诸部、野人酋长来朝，因悉境附"，①统一了东北全境。在北部，明军与北元多次大战，先后攻取开平（今内蒙古正蓝旗东闪电河北岸）、应昌（今内蒙古克什克腾旗达里诺尔湖西岸），于捕鱼儿海（今贝儿湖）大败脱古思帖木儿，北元丞相咬住、太尉乃儿不花、知院阿鲁帖木儿等降，北元主力瓦解。在西南，明军入川，降蒙、藏族官员和各部首领。征南大军收降苗族各部，挺进云南，败故元梁王10万兵，取昆明；入滇西，俘段氏，拔大理；又收滇南诸部，平滇东彝族各部。②至此，除漠北及漠西、漠南的部分地区外，均入于明朝。明初疆域，"东起朝鲜，西据吐蕃，南包安南，北拒大碛，东西一万一千七百五十里，南北一万零九百四里"。③

西北方面，明军攻下大都后，大将徐达率军西征，迅速占领了陕西。是时，元将领扩廓帖木儿保其余众退守西北，不受明朝招抚。洪武三年（1370），因扩廓帖木儿为西北边患，明太祖命徐达、李文忠等兵分两道征伐蒙古。徐达大败扩廓帖木儿于沈儿峪（今甘肃定西北），李文忠、赵庸则败元太尉蛮子、平章沙不丁、朵儿只八剌等于骆驼山（今内蒙古多伦西）。洪武五年（1372），明太祖派"宋国公冯胜为征西将军，取甘肃"④。冯胜攻取河西后，在原汉朝的遮虏地区、嘉峪关山麓，筑土城二百多丈。洪武二十七年（1394），又在嘉峪关内的肃州（今甘肃酒泉）设"镇"，为"九边"之一。洪武二十九年（1396）至永乐二年（1404），明廷又于嘉峪关外设"关西七卫"，驻守甘肃、青海、新疆毗邻地区。七卫中的哈密卫，既具有极高的军事地位，又担当着"西域诸番（通明王朝）之要路"的重要角色，为七卫之中枢。此外，明政府还恢复故元的站赤制度。

在明朝统治者的开拓与经营下，明廷不但占据中原，夺取了东北、漠北边地，还再度恢复了元末以降一度断绝的中原地区与西北地区之交通，从而为传统的陆路丝绸之路的贯通奠定了坚实的基础。

---

① 马大正：《中国边疆经略史》，中州古籍出版社，2000年，第217页。
② 马大正：《中国边疆经略史》，中州古籍出版社，2000年，第218页。
③〔清〕张廷玉：《明史》卷40《地理志一》，中华书局，1974年，第882页。
④〔清〕张廷玉：《明史》卷2《太祖纪二》，中华书局，1974年，第27页。

明王朝肇建之初，太祖采取了"定陕西、甘肃诸镇，嘉峪关以西暂置不问"的剿抚兼施、备边防御政策，只设立安定、阿端等七个羁縻卫所。卫所中各级官职，如都督、指挥、千百户等，仍用原各部首领，赐予敕书、印信，且允许世袭，尤其是哈密卫，首领封王、世袭，为七卫领袖。在西域问题上，采取守势，通过七卫中介，和平发展与西域各族的关系。

除了关西七卫的设置，明朝统治者还于西北边疆置甘肃镇，以便管理西域朝贡贸易，确保丝路贡道的畅通及贡使的安全。尽管明朝难以直接统辖甘肃镇以西的西域地区，但其仍根据这一地区的特殊政情，以甘肃镇为依托，结合关西七卫，继而对西域进行间接控制，保卫自嘉峪关至哈密卫1500余里的丝绸之路的安全。① 正统九年（1444），英宗对沙州等卫首领有言："今戎地面来朝使臣千户沙力兔力等回，朕念其路远，恐小人在途邀劫，有失远人归化之心，已敕甘肃总兵、镇守官遣人送至尔处，尔等宜各发人马，护至哈密，听其自去，毋致疏虞。"② 为了剿灭贡途骚扰者，明廷要求甘肃镇守臣"整兵操练，遇有可乘之机，量调番汉官兵征剿"。并要求罕东、赤斤诸卫首领平日"养威蓄锐，以俟调遣，不可轻率贻侮，庶得安攘之道"。③ 可以说，关西七卫（尤其是哈密卫）与甘肃镇相互依托保护贡使的制度，是明朝统治者根据国力和西域政情所建立的一种新制度，它确保了丝绸之路的畅通和西域朝贡贸易的顺利进行。弘治时期指挥王永认为："先朝建哈密卫，当西域要冲。诸番入贡至此，必令少憩，以馆谷之，或遭他寇剽掠，则人马可以接护。柔远之道，可谓至矣。"④ 哈密头目也自称他们是为朝廷把守后门。

值得注意的是，明朝对于西域的经营仅限于狭义上所指天山南北广大地区的管理。是时，在西域地区最具影响力的政权当属帖木儿帝国（哈烈）、东察合台汗国（别失八里、亦力把里）、瓦剌、于阗，而居民相对集中的小城则有别失八里控制下的土鲁番（今吐鲁番）、哈剌火州、柳中等。对于瓦剌、别失八里（包括土鲁番）、于阗等地，明廷遣使诏谕，在政治上对其实行羁縻统治；地处中亚的帖木儿帝国及其以后的哈烈国，因国力强大且远离明廷，仅与

---

① 关于关西七卫的设置及其与甘肃镇的关系，参见田澍：《明代甘肃镇边境保障体系述论》，《中国边疆史地研究》1998年第3期，第35—36页。
② 《明英宗实录》卷114。
③ 《明孝宗实录》卷91。
④ 〔清〕张廷玉：《明史》卷330《西域传二》，中华书局，1974年，第8565—8566页。

明朝建立了友好往来。

据史书记载，土鲁番"（永乐）六年其国番僧清来率徒法泉等朝贡（明朝）……由是其徒来者不绝，贡名马、海青及他物"。①永乐"九年……别失八里献文豹"。"永乐时，成祖欲远方万国无不臣服，故西域之使岁岁不绝。"②上述这些记载，可知明朝与我国西北地区的交通路线正属于传统的陆路丝绸之路的东段，即自南京或北京出发，经中原诸地，越关中平原、陇原，穿河西走廊而达新疆。是时，随着帖木儿帝国于中亚的兴起及向西亚的扩张，丝路西段亦得以恢复。帖木儿于中亚河中地区向周围的扩张，其路线大体上是沿丝路西段由东向西进行的，即中亚—伊朗北道—南高加索—叙利亚—小亚细亚，同时还分别向南向北出击。③这样，在短短的二三十年间，帖木儿便建立了包括中亚、西亚等大部分领土在内的帖木儿帝国，再次打通了自蒙古帝国解体后已中断的丝路西段。这自然为中亚、西亚地区与明朝的交往创造了便利条件，从而使明代中西交通及经济文化交流再度恢复。

有明一代，丝绸之路成为中国与外界建立联系与交往的主要通道之一。是时，外国商人以贡使的名义，借助丝绸之路与中国开展了广泛而频繁的商贸活动。对于他们携带而来的物品，除粗劣之物外，明朝一概准许入境。其主要物品有马匹、骆驼、狮子、钻石、卤砂、宝石、地毯、纸张、葡萄干、金银器皿、宝刀等。西域商人以此来换取中国的瓷器、红玉、丝绸、布匹、棉花、花毯、茶叶、乌梅、麝香、大黄、颜料、金箔、桐油等。正如《明史·西域传》所载："回人善营利，虽名朝贡，实图贸易。"

由于明朝对丝绸之路管理得当，绝大多数外商都能按照明朝的法令从事贸易活动，使汉唐以来的丝绸之路在明代大放异彩，丝路贸易再度繁荣，并形成了独特的贸易景观。据《大中国志》载，明代陕西行省是"大批商货汇集之地"。终明之世，陆路丝绸之路虽受阻隔，但外商们不畏艰险，络绎于道，接踵叩关。而明朝通过对丝绸之路的管理稳定了西北边疆，与西域进行广泛接触。当时通过丝绸之路与明朝进行政治、经济交往的国家和地区，远有意大利、西班牙、波斯、土耳其、撒马儿罕、塔什干，近有于阗、别失八里、土鲁

---

① 〔清〕张廷玉：《明史》卷329《西域传一》，中华书局，1974年，第8529页。
② 〔清〕张廷玉：《明史》卷332《西域传四》，中华书局，1974年，第8614页。
③ 〔法〕勒尼·格鲁塞著，魏英邦译：《草原帝国》，青海人民出版社，1991年，第459页。

番等。

可以说，明朝自洪武立国而及嘉靖初年闭关（1368—1524）的一个半世纪里，在古老的丝绸之路的影响下，明王朝对西域的积极经营，中国内地与天山南北广大地区，乃至中亚西亚各国传统的陆路贸易，在经过元末明初的短暂阻断之后，很快又得到了恢复与发展。然而，这种陆路贸易在当时的历史条件下，就其内容而言，一种是国际性的陆路贸易，另一种属于区域性的民族贸易，而且前者显然小于后者。就其形式而言，主要是打着官方"贡赐"旗号的实物交换，也有"假公济私"的商品交换，而纯粹的民间商旅及边境"互市"比重不大。就其规模而言，由于世界经济格局的变化、路途的艰难与中亚的动乱，国际性陆路贸易与隋、唐、宋、元时期已不可比，基本上成为一种外交性的礼仪联系手段。而沿古丝道相对有所发展的区域性民族贸易与沿草原路发展的蒙汉绢马贸易以及沿吐蕃路发展的汉藏茶马贸场相比，也不能同日而语。凡此种种，与我们对这一历史时期传统的丝路贸易的衰落及其向西北地区全方位的民族区域贸易的演变这一总体认识密切联系在一起。

二、明代丝绸之路的路线

关于明代丝绸之路的路线，由于正史缺乏记载，故而我们研究这一时期的丝绸之路路线时便不能不抛开正史，去寻找新的材料。有幸的是，明代三位著名旅行家的游记为我们勾画明代丝路路线提供了珍贵信息。这三大游记分别是永乐年间明朝使臣陈诚的《西域行程记》、波斯使者盖耶速丁的《沙哈鲁遣使中国记》，以及意大利人利玛窦编的《鄂本笃访契丹记》。（图15-1）

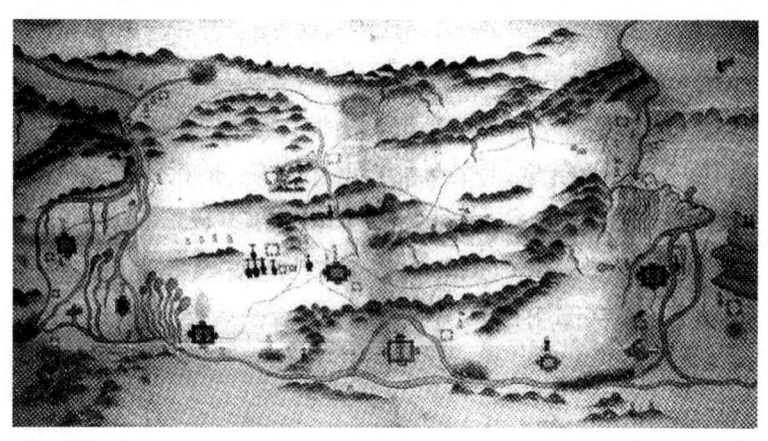

图15-1：明清丝绸之路路线

陈诚为明代旅行家、外交家，先后四次攀雪山，越葱岭，渡湍流，过荒漠，奉诏出使西域；三次到达撒马儿罕及哈烈一带，行程数万里，开拓了明代中西陆路交通的新局面。①《西域行程记》即作于永乐十二年（1414）陈诚出使哈烈的途中，是其旅行日记。书中详细记载了他自肃州出发一直到哈烈的具体行程以及沿途的气候、地理、风俗民情，是明代初期关于中亚形势最重要的资料。

据《西域行程记》所载，永乐十二年（1414）正月十三日，陈诚一行自肃州卫（今甘肃酒泉）北门外发轫西行，渡过北大河，"北岸祭西域应祀之神，以求道途人马平安"。沿着古丝绸之路出玉门关至哈密，然后越火焰山、流沙河，经鲁陈、火州抵土鲁番。这一段大致与唐代丝路的中、北道相合。但是，出了土鲁番后，陈诚并未沿着中道、也未沿北道继续前行，而是在崖儿城将使团分为南北两路，陈诚当时就随南道前进，他的日记也仅记载了这部分人的行程路线。使团中的北路因史籍缺载，无法叙述其行程。大概这批人从崖儿城向西北沿着汉唐时代的丝路北道继续前进，到今伊宁以西的地方，南北两路才得重逢。

陈诚使团出了崖儿城，折而向南，到达了托克逊，沿阿拉沟继续西行，绕过窟丹纳兀儿，穿越博脱秃山，进入孔葛思河谷。这条道路既不是汉唐时代丝路的北道，也不是中道，陈诚是在古之北路与中路之间穿行的，历代的旅行家均未走过此路。四月十七日，陈诚使团在孔葛思河畔的忒勒哈喇遇到了马哈木使臣。陈诚一行在马哈木王驻地盘桓了13天，然后越过阿力马力山口，渡过伊犁河折向西南，翻过险峻的爽塔石（今吉尔吉斯国境内），绕过亦息可儿东面，向西南行走，再过塔尔塔什大坂，于六月十一日访忽歹达牙帐的所在地喀喇乌只。在此处停留3天后，便取道北行，越过伊塞克湖与松湖之间东西走向的山脉，溯喀修喀儿河西上，越其分水岭到达塔拉斯河谷，沿河谷西行，于六月二十六日到达养夷城。这之后又穿越了养夷、塞蓝、达失干、迭里迷、撒马儿罕、迈母纳等地，于闰九月十四日抵达西使的终点哈烈城，即告此次出使顺利完成。②这次出使在中国与波斯的关系史上影响重大，被称为明代早期中亚地区最重要的事件。

---

① 杨富学：《关于陈诚及其西行的几个问题》，《新疆历史研究》1986年第1期；杨富学：《明代陆路丝绸之路及其贸易》，《中国边疆史地研究》1997年第2期。
② 王继光：《陈诚及其西使记研究》，中华书局，2014年，第105—110页。

陈诚东返后不久，波斯沙哈鲁王亦向中国派出了庞大的使团。这个使团是由沙哈鲁王首先发起的，首席代表是沙的·火者。当这个使团行到撒马儿罕时，其长子兀鲁伯·曲烈干、次子阿不勒法特·亦不剌金、三子米尔咱·贝孙忽儿、四子苏玉尔格特迷失、五子穆罕默德·术克也派出了各自的代表，组成了数百人的庞大队伍。其中一位比较著名的人物盖耶速丁是当时有名的画师，他作为沙哈鲁第三个儿子贝孙忽儿的代表也参加了这次出使。他奉贝孙忽儿之命，用日记形式记下了出使的全过程。

明永乐十七年（1419）十一月二十四日，沙哈鲁所派使节沙的·火者一行离开了首都哈烈城，经八里黑抵达撒马儿罕，稍事逗留，第二年（1420）二月继续前进，经达失干、塞蓝，绕过亦息渴尔，沿着伊犁河的支流特克斯河进入裕勒都司平原的西北部，跨过了天山，于七月十一日抵达土鲁番，在喀喇和卓受到了中国官员的欢迎。接着他们开始向柯模里（哈密）进发，于八月二日抵柯模里城，然后经柯模里，横穿大沙漠。在玉门接受了中国官员的稽查后，继续东进，经肃州、甘州等地，渡黄河，于十二月三日到达真定府，十四日到达终点北京城。①沙哈鲁使团队伍庞大，历时年余，跋涉一万多里，并有人专门将沿途所过地方的见闻、民俗、地理加以记述，为我们探讨明代丝绸之路提供了宝贵的资料。

由是可见，明朝与中亚、西亚地区之间存在着一条比较固定的陆路路线。明朝使臣陈诚自东向西到中亚、西亚，哈烈国沙哈鲁使臣火者、盖耶速丁自西向东到中国明朝，双方使臣行进线路除方向互异外，路线大体是一致的，可以概括为自中原出发，经河西走廊而达哈密、土鲁番，越伊犁河、亦息渴儿湖、赛蓝、达失干而及河中地区，最终到达西亚地区。

明代陆路丝绸之路除了上述这条路线外，在天山南部还存在着一条路线，这条路线从沙哈鲁使团的回程以及意大利人利玛窦编著的《鄂本笃访契丹记》中可以看出。沙哈鲁使团于永乐十九年（1421）四月中旬，离开汗八里（北京），抵毕干城（山西临汾），又一次渡哈喇穆棱河，抵达甘州，后又抵博克朱市（在甘州与肃州之间），到肃州，再到喀亦耳时，就出了明朝边境。由于受东察合台汗国政局动乱的影响，这一行人便不能从原路返回了，不得不取南道，穿越沙漠，经朱尔，到和阗，后又抵喀什噶尔，经过俺的干高原，使者们

---

① 何高济：《海屯行纪·鄂多立克东游录·沙哈鲁遣使中国记》，中华书局，1981年，第104—116页。

在此分道,有向呼罗珊者,有向撒马儿罕者,抵巴里黑,又抵哈烈京都。这个使团最终完成了使命,回到了自己的国家。

继陈诚、盖耶速丁之后,中西关系仍在继续发展着,尽管发展的速度比较缓慢。两百年后,丝绸之路上出现了中西陆路交通史上值得一书的事情,即葡萄牙人鄂本笃不远万里,从印度的德里越过帕米尔高原来到了中国。与陈诚、盖耶速丁使团的出使相比,鄂本笃的出使规模及性质与前两者大不相同。从规模上说,前两者都有数百人之多,队伍十分庞大,而后者只有其本人和一个仆人亦撒克,其余的均为路上相遇的同路人;从性质上说,前两者均具有商业性质,此外还肩负着加强中西方联系的政治使命,而后者则仅仅是为了传教。我们可以从他的行记中看出,在明代的中亚和新疆还有一条不同于以上二者的道路,可以从他的行记中看出这条道路在当时的大致概况。

鄂本笃于万历三十年(1602)十月三十一日从莫卧儿帝国首都德里出发,于十二月八日到达陪都腊和儿,在这里找到了一个得力的仆人亦撒克。在他来之前,腊和儿已聚集了大批欲往喀什噶尔的商人,鄂本笃便与他们同行。第二年一月六日,他们离开腊和儿踏上旅途。经阿塔克(阿托克)、配夏哇(白沙瓦),沿着喀布尔河谷进入可不里城(喀布尔),恰遇喀什噶尔王之妹自麦加(实为麦地那)还国,道经可不里,于是鄂本笃即与之同行,经八鲁弯、塔里寒东进,越过帕米尔高原经撒里库尔(塔什库尔干)、鸦儿看(今莎车)、阿克苏、库车、察里斯(焉耆)到达土鲁番。他从印度至此一段大体与玄奘东返路线相同。此后,他又沿着陈诚使团、沙哈鲁使团走过的路线经哈密、嘉峪关,于万历三十三年(1605)年底到达肃州。从上述记述可见,明代时天山以南的中西交通路线主要是经河西走廊,越塔里木盆地、帕米尔高原,过中亚而达西亚地区。

三、瓦剌、土鲁番侵夺哈密及丝路贸易的中断

元末明初,察合台汗国灭亡之后,西北地区形成许多割据政权。诚如《明史》所载:"地大者称国,小者止称地面。"①其中势力最大的是别失八里(后改称亦力把里)、瓦剌,其次是哈密、土鲁番、柳城、火州、于阗等。及至明朝中叶,随着东察合台汗国的分裂,土鲁番迅速发展起来,成为影响西域局势

---

① 〔清〕张廷玉:《明史》卷332《西域传四》,中华书局,1974年,第8616页。

变化的一支重要力量。在上述诸政权中，值得注意的即是元亡之后崛起的瓦剌、土鲁番对于以哈密为主的明代关西七卫的侵扰，最终迫使明朝政府于嘉靖初年的划关而治，放弃哈密，诸卫所内迁。丝绸之路在西域地区被土鲁番所阻隔，传统的沙漠丝绸之路难以为继，渐趋式微。

明代关西七卫中，哈密卫居于最西端，它在嘉峪关以西的丝绸之路中有着举足轻重的地位，并与明代西北边防息息相通，担负着"弭西戎东窥之心，断北虏南通之臂"的特殊职能。也就是说，哈密卫既是诸番朝贡寄宿之所，又是中国西藩，具有重要的政治、军事及经济地位。明朝统治者于哈密封王置卫，使其成为明朝在西域的战略支点及明朝伸向西域的一个触角。就东西方经济、文化交流方面而言，哈密地处丝绸之路贸易中段，对丝路贸易的顺利进行意义重大，被视为西域金路。加之，明朝建立之初，其统治者为巩固新生的政权，在开拓疆域的同时亦致力于招徕四夷，使遥远的异域政权臣服于己。因而，哈密于东西方经济、文化交流过程中所具有的无可比拟的优势凸显而出，成为连接中亚、西亚的枢纽。作为东西交通枢纽，"凡有夷使入贡者，悉令哈密译语以闻，而诸国之向背虚实因赖其传报"。①

瓦剌是明代对西部蒙古的称谓，即元代之斡亦剌。哈密于丝绸之路上的重要地位早为瓦剌所注目，其主脱欢曾采取联姻手段将女儿弩温答失里嫁给哈密忠顺王卜答失里为王后。脱欢亡故后，其子也先继位。他把对哈密的争夺视为重建蒙古帝国的重要战略步骤，借助通婚、利诱等和平方式，迫使哈密从属于瓦剌。正统四年（1439），卜答失里之子倒瓦答失里（瓦剌也先之甥）继忠顺王位，哈密统治集团内讧，也先派兵围攻哈密，后兵败而返。正统八年（1443），也先派兵包围哈密，"杀头目，俘男妇，掠牛马驼不可胜计，取王母及妻北还，胁王往见，王惧不敢往，数遣使告难。敕令修好，迄不从，惟王母妻获还"。②正统十一年（1446），也先又派人至哈密，将忠顺王及其母、妻、弟等强行接到瓦剌。忠顺王倒瓦答失里遂至其地，不但受到了也先的优待，以往为瓦剌劫掳的六百余哈密人口亦被放还。

也先在侵扰哈密的同时，又以军事打击、联姻等方式拉拢嘉峪关以西的赤斤蒙古卫、沙州卫（罕东左卫）、罕东卫等。正统八年（1443），瓦剌在进攻哈

---

① 〔明〕许进：《平番始末》（上），中华书局，1991年，第2页。
② 〔清〕张廷玉：《明史》卷329《西域传一》，中华书局，1974年，第8514页。

密的同时也袭击了沙州、赤斤一带。同年，也先又遣人至赤斤蒙古卫、沙州卫，馈赠良马美酒，欲娶赤斤蒙古卫且旺失加之女为儿媳，娶沙州卫困即来之女为弟媳，被谢绝。正统九年（1444），也先派人至沙州卫，封沙州卫封建主喃哥为平章，封其弟锁喃奔为祁王，授撒力为三平章，授别立哥为右参政，授锁可帖木儿为大使官职。恢复元朝时的"甘肃行省"建制，对哈密、沙州、罕东、赤斤蒙古诸地区，行使行政管辖。正统十一年（1446），罕东卫封建主班思麻结派人至瓦剌，同也先约为婚姻，交结甚密。①直到也先死后，沙州等卫才与瓦剌逐渐疏远了关系。

由是可见，随着瓦剌势力于其东西部的不断扩张，以哈密卫、沙州卫、赤斤蒙古卫为代表的明之西北诸卫皆受到了瓦剌的侵扰。关西七卫皆不同程度被置于瓦剌的控制之下，与明王朝显示出了离心倾向。也先亡故后，瓦剌中央集权土崩瓦解，东西蒙古各部领主又开始各自为政。瓦剌于西域地区的统治逐步瓦解，对明代关西诸卫的侵扰才停止。然而，继瓦剌之后，新兴的土鲁番政权又对明代西北边疆构成了巨大的威胁。

土鲁番地即汉之车师前国，因汉和帝所置戊己校尉位于车师前部高昌壁，遂名之曰高昌。1209年，畏兀儿亦都护归顺成吉思汗，及至1324年，并入察合台汗国。1370年，察合台汗国灭亡，畏兀儿地区就形成了许多不相统属、各自为政的王国，如别失八里、土鲁番、哈密、火州、柳城等。后来，土鲁番又兼并了与其同处于土鲁番盆地的火州、柳城，势力扩大。宣德元年（1426），土鲁番头目尹吉儿察被歪思汗驱逐到甘肃，其地遂直接被置于东察合台汗国的控制之下。歪思汗亡故后，东察合台汗国一分为二。东察合台汗国王室后裔在土鲁番建都，土鲁番迅速强大起来。15世纪中期至16世纪初，土鲁番不断侵扰明代西北边疆。

哈密扼西域之咽喉，"当中西之孔道"，地理位置十分特殊。中亚诸地交往中原必经哈密，贡利丰厚，因此哈密便成为众所争夺的焦点。前期主要是瓦剌对哈密的侵扰，而自从土鲁番势力发展起来后，哈密之地又成为其争夺的焦点。成化九年（1473）至嘉靖七年（1528），土鲁番与明朝争夺哈密，致使哈密"三立三绝"，实力渐衰。

速檀阿力统治时期，土鲁番"吞并诸国，势渐张，地广人众，大异曩

---

① 诸段引文见《明英宗实录》卷124、卷145、卷143。

时"①。成化九年（1473），阿力率军攻破哈密城，执其王母，夺明朝所赐金印，留人据守。同年四月，明廷派遣都督同知李文、右通政刘文经略甘肃，两人无功而返。明朝又令哈密右都督罕慎主国事。罕慎于成化十八年（1482）收复哈密城，并获封为忠顺王。阿力亡故后，其子阿黑麻为速檀。弘治元年（1488），阿黑麻以"罕慎非王族"为借口，伪与婚姻，诱而杀之，进而占据哈密。在明朝"薄其赐赉，拘留使臣，却其贡物"的政治、经济制裁下，阿黑麻于弘治四年（1491）归还哈密城印。弘治五年（1492），明朝封安定族人故忠义王脱脱的从孙陕巴为忠顺王。翌年，阿黑麻再次发兵攻占哈密，执陕巴去。弘治十年（1497），明朝复夺哈密。翌年，阿黑麻送还陕巴及其所掠哈密部众。弘治十八年（1505），陕巴卒，其子拜牙即自称速檀，明朝封其为忠顺王。正德八年（1513），在土鲁番速檀满速儿引诱之下，拜牙即弃城投土鲁番，哈密重陷土鲁番手中。满速儿为阿黑麻之子，其人"变诈逾于父，复有吞哈密之志"②，对明之甘肃虎视眈眈。正德九年（1514），满速儿再陷哈密，并向明廷索要缎匹一万作为哈密城印的赎金，且要求速遣回其贡使，"否则兵入寇"③。不久，满速儿即"势驱沙、瓜，姻连瓦剌，借名诸番"，裹胁其他部落进犯甘肃。在明朝边将、民众的协力抵抗下，甘肃门户才得以保全，而哈密之地则沦陷于土鲁番。随着哈密的三立三绝，嘉靖八年（1529）明政府最终决定放弃哈密。而土鲁番则自写亦虎仙诛，他卜丁阵殁，牙兰又降，失其所倚赖，势亦渐孤。部下各自雄长，称王入贡者多至十五人，政权亦不一，渐趋衰落。嘉靖七年（1528），原本为土鲁番所掳的"沙州番族帖木哥、土巴"二部至甘肃"叩关求附"。④土鲁番东来"所经空地千里，供馈无资；又过流沙，水无所得"，⑤如此，其进犯甘肃的难度更大。因此，在帖木哥、土巴二部归明后，土鲁番再也没有发起过大规模的战争。

哈密的弃守，对明朝的军事和外交影响极大。哈密失后，赤斤、罕东左二卫唇亡齿寒，立即被土鲁番攻破，人民流入关内。土鲁番更不断侵掠关内，对明朝的西北边境和内地人民的生命财产造成极大的损害。从外交上说，哈密一

---

① 〔明〕杨一葵：《裔乘·西北夷》卷8。
② 〔清〕张廷玉：《明史》卷329《西域传一》，中华书局，1974年，第8533页。
③ 〔明〕严从简著，余思黎点校：《殊域周咨录》哈密卷12，中华书局，1993年，第418页。
④ 《明世宗实录》卷89。
⑤ 〔明〕胡世宁：《胡端敏奏议》，中华书局，1997年。

失，明朝便失去了交通西域的通道，失去了解西域各族和中亚各国的窗口。西方与明朝的贸易往来为土鲁番所控制，经西域来内地的使团及商队越来越少。据《明史》统计，永乐、宣德时期西域来华贸易的有十八国，嘉靖以后还保持贸易关系的仅有天方、撒马儿罕、鲁迷等三四国。永乐之后，由于明王朝的西域政策渐趋保守，帖木儿帝国以及整个西域与明王朝的关系逐渐疏远。嘉靖初年，明王朝对西域使臣更加严格限制，撒马儿罕虽定为五年一贡并一直维持到万历年间而不绝，哈烈（赫拉特）与明王朝的关系则从此基本中断。就明对外的交往来说，东南海上交通在宣德时期便基本中断，西北陆路交通又遭土鲁番阻断。可以说，明朝此时已对外隔绝、闭关自守了。

第二节 明代中西方陆路丝绸之路的交流

丝绸之路的畅通，为明朝与中亚、西亚地区的经济往来提供了必要的条件，双方的经济联系也因此而日趋频繁，尤其是在明初，统治者秉持"顺性而抚""以诚相待"的统治观念，在西域地区实行了"薄来厚往，怀柔远人"的朝贡贸易政策，使明朝与中亚、西亚各地的联系空前加强。

明成祖继位后，便积极遣使招谕西域诸国（今新疆和中亚地区），分别与别失八里、土鲁番、于阗、哈实哈儿、火州、撒马儿罕、哈烈、失剌思等国建立朝贡关系。明永乐时期，西域各国朝贡达130余次，居明代各朝之首。在明代以前，西域与内地之间通过丝绸之路的商贸往来主要是民间行为，政府并不占主导地位。进入明代以后，西域与内地的商贸交易一跃为以"政府超值采购"为主，明朝中央政府成为朝贡贸易的主导者，民间商贸交易反而退居次要地位。西域诸政权借助陆路丝绸之路与明朝遣使通贡，继而建立起了密切的经贸往来。明朝与西域诸国间的频繁朝贡回赐活动，即形象生动地表现出了明代陆路丝绸之路的发展状况。

一、"朝贡"与"回赐"

"朝贡"与"回赐"制度可溯源至先秦时代，自此以后即成为历代中原王朝在处理对外关系上所遵循的传统制度。中原王朝利用厚往薄来的朝贡回赐活动，营造出了"四方宾服，八方来仪"的宏大景象。到了明代，这一制度既是中亚、西亚诸国与中原明王朝名义上政治臣属关系的表现，又是双方经济联系的一种特殊形式。然而究其实质而言，中亚、西亚距明王朝遥远，他们并无实际上的直接统辖隶属关系，而是借助这种特殊的政治关系保证了两地间的经济联系。

别失八里国又称为"东察合台汗国"，是14世纪中叶察合台汗国分裂后，居住在东部的蒙古人（自称为蒙兀儿人）所管辖的区域。其首府最初设在阿克苏（不久后迁往阿里麻利，即今伊犁），洪武二十二年（1389）新任大汗黑的儿火者将首都迁往别失八里（今新疆吉木萨尔），故同时期的汉文史料又称该国为"别失八里国"，古波斯文献则称其为"蒙兀儿斯坦"。（图15-2）

关于明王朝与别失八里关系的建立，据《明史》所载："洪武中，蓝玉征沙漠，至捕鱼儿海，获撒马儿罕商人数百。太祖遣官送之还，道经别失八里，其王黑的儿火者（和卓），即遣千户哈马力丁等来朝，贡马及海青。以二十四年（1391）七月达京师，帝喜，赐王彩币十表里，其使者皆有赐。九月，命主事宽彻、御史韩敬、评事唐钲使西域……彻等既至，王以其无厚赐，拘留之。"①是见双方对于建立政治、经济联系的急切。洪武三十年（1397），明王朝再次遣官赍书，并以丝路贸易的利害关系晓之以理、动之以情，并慑之以兵，促使问题很快得以解决，通贡关系确立。（图15-3）

图15-2：新疆阿勒泰达勒特古城查干苏木地区征集的明代察合台金币

图15-3：新疆阿图什市阿湖乡征集的明代铜釜

永乐时期，明王朝与别失八里的关系甚为密切。据《明实录》载，永乐朝，别失八里历经五位王统治，其中沙迷查干时期（1403—1407）向明朝朝贡5次；马哈麻时期（1407—1415）朝贡3次；失儿马黑麻时期（1415年即位，不久即被废黜）无朝贡；纳黑失只罕时期（1415—1417）朝贡2次；歪思时期（1417—1424）朝贡1次（并非歪思派遣使臣朝贡），共计11次的朝贡（其中10次为别失八里王遣使来贡）。从时间上并无规律可循，可见明朝对他们的贡期

---

① 〔清〕张廷玉：《明史》卷332《西域传四》，中华书局，1974年，第8606页。

没有作明确要求，只要使者来朝，明廷即给予丰厚的赏赐。另外，明朝统治者还曾多次遣使招谕及赐祭别失八里王及其亲属。如大汗马哈麻之母及其弟于永乐十二年（1414）去世后，明廷即遣使赍敕慰问，并赐之文绮表里；永乐十四年（1416），马哈麻卒，又赐祭。永乐十一年（1413），太宗令甘肃总兵丰城侯李彬："别失八里王马哈麻敬事朝廷，遣使来贡。如至，可善待之，其市易者听其便。盖远人慕义而来，当加厚抚纳，庶见朝廷怀柔之意。"①

除了频繁的贡使与优厚的赏赐之外，明王朝还直接对其内政外交多加干预。永乐二年（1404）哈密忠顺王安克帖木儿为可汗鬼力赤毒死，别失八里统治者沙迷查干率兵讨伐，即得到明成祖的嘉奖。"帝嘉其义，遣使赍以彩币，令与嗣忠顺王脱脱敦睦。"②永乐九年（1411），瓦剌使者言别失八里王马哈麻将袭其部落，明王朝马上晓谕马哈麻不要轻举妄动，同时以珍贵的丝织品厚赏，继而避免战乱的发生。永乐十六年（1418），别失八里贡使上报其国西迁，更号亦力把里。明王朝立即册封并赐冠服、金带及大批丝织品。③宣德、正统、景泰年间（1426—1457），亦力把里与明王朝仍保持着比较密切的联系。成化元年（1465）以后，由于明王朝的西域政策趋于保守，明王朝规定亦力把里为三岁、五岁一贡，使者不过十人。久之，双方关系渐趋疏远。

土鲁番"在火州西百里，去哈密千余里，嘉峪关二千六百里。汉车师前王地。唐灭高昌，置西州及交河县，此则交河县安乐城也。宋复名高昌，为回鹘所据，尝入贡。元设万户府"。④土鲁番是察合台汗国的一个重要城镇。察合台汗国分裂后，它属于东部察合台汗国（即别失八里）。由于地理位置重要且距明朝较近，永乐年间便以当地首领的名义进贡。

明朝与土鲁番的朝贡关系最早建立于永乐四年（1406）。当时明王朝派遣使臣赴别失八里，途经其地，"以彩币赐之，其万户赛因帖木儿遣使贡玉璞，明年达京师"。⑤其后便多次来朝。明朝亦不断授予土鲁番使臣都指挥、千户、百户、镇抚等职，且在其地设立了僧纲司，授其宗教上层人物都纲等职、国师等号，以管理宗教事务。如永乐六年（1408），明王朝封土鲁番名僧清来为灌

---

① 《明太宗实录》卷141。
② 〔清〕张廷玉：《明史》卷332《西域传四》，中华书局，1974年，第8607页。
③ 《明太宗实录》卷197。
④ 〔清〕张廷玉：《明史》卷329《西域传一》，中华书局，1974年，第8528页。
⑤ 〔清〕张廷玉：《明史》卷329《西域传一》，中华书局，1974年，第8529页。

顶慈慧园智普通国师，此后关系逐渐密切。永乐二十年（1422），土鲁番与哈密一起向明王朝贡马1200多匹。后来土鲁番酋长伊吉尔察被别失八里王歪思所逐，一度到明京师避难。因而在洪熙、宣德年间（1425—1435），土鲁番与明王朝关系十分友好。正统（1436—1449）以后，因其势力渐强，独立性亦增强，朝贡关系仍继续保持。

成化元年（1465），明王朝规定土鲁番三年或五年一贡，且贡使不得超过10人。成化五年（1469），土鲁番苏丹阿力仍然遣使来贡，奏求海青、鞍马、蟒服等物，礼官以违禁为由拒绝。

成化二年（1466），土鲁番再次提出希望得到中原物品的要求，又遭拒绝，从而使双方关系出现裂痕以致发展到对立和对抗。成化九年（1473），阿力侵占哈密，"执王母，夺金印"。在这之后，土鲁番与明王朝在哈密展开了长期的激烈争夺。成化十八年（1482），原哈密都督罕慎收复哈密并被明王朝封为忠顺王。弘治元年（1488），即被土鲁番苏丹阿力之子阿黑麻诱杀。阿黑麻占据哈密后，照例朝贡，并表示愿意献还城印，而明王朝却因意见不一，迟迟不予允准。后来虽然允准，却封陕巴为忠顺王，致使阿黑麻于弘治六年（1493）再陷哈密。在此情况下，明王朝礼官耿裕建议，以拘留使臣、却贡闭关、永绝贡道相威胁。阿黑麻被迫送还陕巴，款关求贡。于是哈密复立，贡使如故。然好景不长，正德九年（1514）土鲁番苏丹满速尔再陷哈密，并于嘉靖初年兴兵东犯。明王朝此时因国力不支，思想更加消极保守，封关之议已占绝对优势。于是在"专图自治之策"的指导下，实行了事实上的封关绝贡。此后，贡使虽有，但更趋向于政治礼仪方面，中西交往跌入低谷。

"撒马儿罕即汉罽宾地，隋曰漕国，唐复名罽宾，皆通中国。元太祖荡平西域，尽以诸王、驸马为之君长，易前代国名以蒙古语，始有撒马儿罕之名。去嘉峪关九千六百里。元末为之王者，驸马帖木儿也。"[①]故址在今乌兹别克斯坦撒马儿罕州首府撒马儿罕城东阿弗拉希亚高原上，其地当东西方交通要道，自古即是中亚地区名城。明代，撒马儿罕之称一度是帖木儿帝国的代称。明洪武三年（1370），河中地区突厥化的蒙古部落巴鲁剌氏部的帖木儿杀死了河中地区的统治者忽辛，建立了强大的帖木儿帝国，以撒马儿罕为都城。明永乐二年（1404），帖木儿去世，其孙哈里勒继位，仍以撒马儿罕为都，直至永乐七

---

① 〔清〕张廷玉：《明史》卷332《西域传四》，中华书局，1974年，第8597页。

年（1409），帖木儿四子沙哈鲁夺取帝国大权，改以哈烈为都。故明代汉文史料中的撒马儿罕在明洪武至永乐七年（1409）之前，应指代中亚帖木儿帝国。永乐七年（1409），帖木儿帝国都城改设在哈烈，撒马儿罕只作为沙哈鲁之子兀鲁伯的领地，此后直至永乐末年，在汉文史料中，哈烈则代替撒马儿罕成为帖木儿帝国的代称。

关于帖木儿帝国与明王朝的交往，可追溯至明洪武年间。明洪武二十年（1387），帖木儿帝国遣使朝贡明王朝，贡献马、骆驼等，并获得了丰厚的赏赐。此后，贡献马驼、绒布、刀剑、甲胄的使团络绎不绝，仅贡马便数以千计。为了维持这种有利可图的朝贡贸易关系，洪武二十七年（1394）再向明王朝贡马二百匹，同时还上表称臣。明王朝于洪武二十八年（1395）派遣给事中傅安、郭骥率领1500多人的庞大使团携带玺书及大批财物出使帖木儿帝国，并十分客气地要求向其"索取贡赋"①。此时正值帖木儿帝国对外扩张过程的鼎盛时期，故借口明朝玺书措辞傲慢而扣留明使。洪武二十九年（1396），帖木儿帝国再次扣留了明朝使团。

及至永乐年间（1403—1424），双方关系转向友好，继而为丝绸之路传统商业和贸易的繁荣注入了新的活力。永乐二年（1404），雄心勃勃的帖木儿率军东征，但在渡过阿姆尔河之后即病死军中，帝国随之瓦解。永乐五年（1407），自立于撒马儿罕的帖木儿之孙哈里遣使护送傅安等回国并入贡谢罪，双方关系修好如初。永乐七年（1409），原受封于呼罗珊、驻地赫拉特（即哈烈）的帖木儿之子沙哈鲁进军中亚，攻占撒马儿罕夺取苏丹位，封其子兀鲁伯驻守，而自以赫拉特为都。从此帖木儿帝国实际形成两大政治、经济文化中心，但二者均为中西交通与丝路贸易重镇。中外史家们认为，明朝永乐（1403—1424）和帖木儿帝国的沙哈鲁在位期间（1405—1447），是两国关系最为亲密、贸易往来最为频繁的一个时期。永乐时期，撒马儿罕派遣使者先后20余次朝贡明廷，其中随明朝使臣一起来贡的计6次（哈烈、撒马儿罕各3次）；回族商人来朝的亦有6次。②

永乐时期，明成祖为避免帖木儿四子沙哈鲁与帖木儿之孙哈里因权力之争而引发内乱，命都指挥使白阿尔忻台前去致书晓谕罢兵，并向双方赠赐彩币以

---

① 张星烺编注．朱杰勤校订：《中西交通史料汇编》第2册，中华书局，1978年，第356—357页。
② 张文德：《明与帖木儿王朝关系史研究》，中华书局，2006年，第103—106页。

示诚意。白阿尔忻台奉使赴西域后，除到撒马儿罕、赫拉特（哈烈）之外，还到了失拉思、俺的干、俺都淮、土鲁番、火州、柳城等地进行了访问。一面以高级丝绸织品相赠，一面宣谕各地统治者向明王朝入贡，从而使西域各国与明王朝的政治、经济、文化联系得以全面恢复。永乐十一年（1413），西域各国以赫拉特为首组成庞大使团到达京师，受到明成祖的热情款待与优厚犒赐。永乐十一年（1413）九月，明成祖派吏部员外郎陈诚与户部主事李暹、宦官李达等率骑兵30多人护送西域使臣归国，同时代表明王朝出使西域，以便进一步加强友好往来关系。由此引出另一段历史佳话即陈诚出使西域。陈诚第一次出使西域受命于永乐十一年（1413），永乐十二年（1414）正月十三日从肃州出发，所走的路线基本上是传统的丝绸古道。沿途一面宣谕皇恩并与当地统治者加强联系，另一方面疏通商道并考察各地风土人情。永乐十二年（1414）闰九月到达最后目的地——帖木儿帝国的都城赫拉特（哈烈）。完成使命后于永乐十三年（1415）十月与赫拉特等国使臣偕行返回北京，并写成两本珍贵的历史文献《西域行程记》与《西域番国志》。永乐十四年（1416），以赫拉特为首的西域诸国使臣再次入贡，陈诚受命第二次携带玺书及财物送还。永乐十五年（1417），赫拉特使臣又随陈诚等入贡。永乐十八年（1420），赫拉特等偕于阗、八答黑商入贡，明成祖第三次派陈诚及郭敬携国书及彩币回报。

永乐之后，由于明王朝的西域政策渐趋保守，帖木儿帝国以及整个西域与明王朝的关系逐渐疏远。嘉靖初年，明王朝对西域使臣更加严格限制，撒马儿罕虽定为五年一贡但屡有违例，并一直维持到万历年间而不绝，赫拉特与明王朝的关系则从此基本断绝。

瓦剌与明朝亦保持了长时间的朝贡贸易关系。15世纪前半期，明朝册封瓦剌马哈木、太平、把秃孛罗三位首领后，瓦剌即与明朝表文贡使往来不断。脱欢继马哈木为王时期，其下属大小头目受明朝封官者一百余人。也先时期，受封者多达358人次。瓦剌与明朝之间通过朝贡和互市，加强了政治、经济联系，瓦剌入贡人数不断增加，多者一次竟达两三千人，贡马和皮张也常以万计，出现了贡使络绎于道、驼马迭贡于廷及金帛器服络绎载道的局面。

当时瓦剌向明朝进贡及与中原地区贸易关系，主要是通过哈密，经由沙州、赤斤蒙古等卫，前往北京或在甘肃地区进行贸易。另一条路线是经由宁夏、山西大同至北京。瓦剌的贡使一般在每年十月间进入大同，十一月抵达北京，在京参加庆贺正旦节以后，于次年春返回。明朝也同时派出答使与其同往，来年再随瓦剌贡使回京。当遇到非明朝所需或贡品低劣等情况，则允许在所住馆舍与民间商人交易，为期三至五日，称此为"贡市"。如正统三年（1438）命脱欢贡使除三五人进京外，其余留在大同"听其与民交易"①。瓦剌封建主也往往以"朝贡"为名，除带一定数量贡马外，还附带有特殊商队赶着大量"贡外马匹"，或在沿边重镇或到北京的会同馆进行贸易。

瓦剌对明朝最大的一次进贡在景泰三年（1452），也先与阿剌遣使3095人，进贡马驼四万零二百余匹。明朝"通赏各色织金彩素纻丝二万六千四百三十二匹，本色并各色阔绢九万一百二十七匹，衣服三千八十八袭，靴袜毡帽等件全"。为护送这批贡使从北京到怀来，令沿途"五府各卫并顺天府，共办车三千五百辆，装送虏使赏赐行李"。②这种朝贡既体现了明朝与瓦剌间的松散隶属关系，又进行了相互贸易，双方各得其所。明朝政府补充了所需军马；瓦剌统治者获得了大量珍贵财物，他们享用所余之物，再通过丝绸之路转手倒贩于西域和中亚各地，牟取暴利。

据史料所载，西域诸国向明廷朝贡的物品主要为马匹，其次还有骆驼、狮子、玉石、珊瑚、梭幅、刀等其他物品。明朝赏赐诸国的物品则有白金、瓷器、文锦、纱罗、绢布等。另外，明政府有时还允许中亚、西亚的商人沿途在河西地区的甘州、肃州、临洮及北京做买卖、定居，继而使来自中亚、西亚的商人遍及西域、河西及北京一带。其中，比较典型的当属肃州。是时，肃州城就有一部分人为伊斯兰教徒所居。这些教徒"皆来自西域喀什噶尔等地，专业营商，多有在此娶妻生子者，家室缠绵，因贸于此，不复西还，遂籍入土人之列"。③到明朝来朝贡的使者中有许多完全是为了贸易而来的，具有明显的官方贸易的性质。

二、互市贸易

明代，互市贸易是中西方进行经济交流的又一重要方式。是时，外国使节及商人利用朝贡机会，携带当地土特产品前往中原内地贸易，换取各种生活必

---

① 《明英宗实录》卷38。
② 《明英宗实录》卷225。
③ ［意大利］利玛窦编著：《鄂本笃访契丹记》，转引自张星烺编注、朱杰勤校订：《中西交通史料汇编》第1册，中华书局，1978年，第435—436页。

需品。中原王朝则利用分布于丝绸之路重要商业节点上的市场，与西方开展贸易。14—15世纪，明政府先后于兰州、凉州、甘州、宁夏、大同等地置设马市，以便利西域诸地游牧民族与中原农业定居民族进行贸易。之所以将其称为马市，是因为马匹是当时贸易的主要大宗商品。

明朝正统年间（1436-1449），马市分官、民两市。在官市上，西域牧民贩卖马匹，由明朝政府定马价，规定每匹马价值金银、绢布各多少。如永乐三年（1405）规定："上上马，绢八匹，布十二匹。上马，绢四匹，布六匹。中马，绢织三匹，布五匹。下马，绢二匹，布四匹。驹，绢一匹，布三匹。"永乐十五年（1417）更为："上上马一匹，米三石，布、绢各三匹；中马，米三石，布、绢各三匹；下马，米二石，布、绢各二匹；驹，米一石，布二匹。"①明王朝对马市的开放时间和交易物品有许多限制，即所谓"开市有日，货物有禁"。开市时间有年市，有月市。年市每年开一次，"期尽一月"。月市规模较小，一月一二次，一次一二日。非互市日不得近边。限制货物主要有硝磺、铜铁、盔甲、弓箭、兵刃、蟒缎等。早期对兵器及铜铁物品限制尤严，违者谪边甚至处死。直到万历二年（1574），方允许铁锅、铁制农具进入市场。

民市是从官市中分离出来的，起初西域诸部诸族封建主所遣的"贡使"中，就有不少人是随从进行"贡外马匹"交易的下级官兵及富裕牧民。随着马市与朝贡分离，民市也逐渐与官市（马市）分离。官市、民市都有"守市"，即维持交易秩序的官兵。与官市不同，民市并无官方监督管理，故较官市活跃而广泛。西域牧民在民市上，以自己的马、牛、羊、驼、驴、骡、皮张、羊毛等，交换汉、藏等族人民的粮食、布匹、农具、锅釜、针线、日用杂货等。民市在各族人民物资交流过程中发挥着重要作用。

新疆北部的瓦剌人就经常在明朝境内"市其私马"②，有时瓦剌使臣进贡的东西太多，明政府只选一部分，其余的东西令其自己出售。③哈密回族商人常常与瓦剌人一同前来贸易。他们或经亦集乃（今内蒙古额济纳旗）到达甘州、凉州等地，与汉族进行交易；或与青海诸地藏族及西域诸族进行交易。当时，瓦剌内部没有货币，牲畜在商品交换中起着等价物的作用。瓦剌人通过朝

---

① 〔明〕毕恭：《辽东志》卷3，科学出版社，2016年。
② 〔明〕谈迁：《国榷》卷23，北京古籍出版社，1958年，第1524页。
③ 〔明〕谈迁：《国榷》卷25，北京古籍出版社，1958年，第1694页。

贡和马市获得银两后,即在当地购买各种生产、生活必需品,携带而归。

不论官市或民市,明朝政府明令规定禁货兵器铜铁。15世纪中叶以后,明朝日趋腐败,西域瓦剌正盛,也先一面向明廷朝贡,一面发动战争犯边。"兵器铜铁"卖与瓦剌,无疑对明朝边境安全不利,朝廷虽三令五申,兵器走私却屡禁不止。这里需要说明,兵器走私勾当并非蒙汉百姓所为,而是明朝腐败边吏大员和官军中的贪利之徒,暗中卖给瓦剌贡使的。蒙、汉等各族人民之间所要交易的商品,当然不是弓箭、铜铳、盔甲之类,他们所需的是生产生活用品,如犁铧、铁锅、鞍子、剪子等物。在双方关系紧张时,虽受到限制,但并未禁绝。如景泰元年(1450),明朝又规定允许买卖铜汤瓶、锅、红缨、鞍辔、剪子等物。(图14-4/5/6)

随着中亚、西亚地区与中原内地间经济贸易关系的发展,西域蒙兀儿人中还出现了专门仰此为生的商人阶层。明朝永乐年间,就有一个名叫撒都儿丁的蒙兀儿商贾,经常往返经商,活动于甘肃、西域之间。这些商人活动能力极强,他们每沿途寄住,贩易谋利,经年不归;有的则假进贡之名,"在京商贩,有留会同馆三四年者"。①

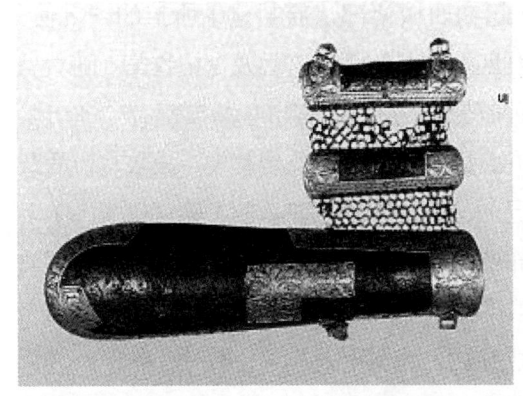 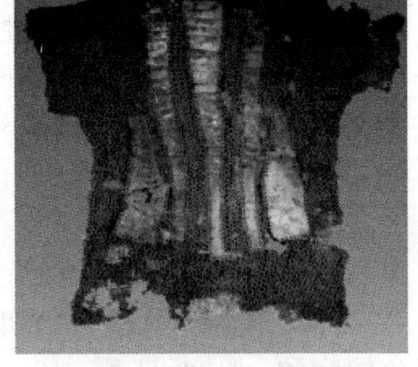

图15-4：新疆塔城地区出土明代铁护臂　　图15-5：新疆塔城地区出土明代铁锁子甲衣

---

① 《明世宗实录》卷3。

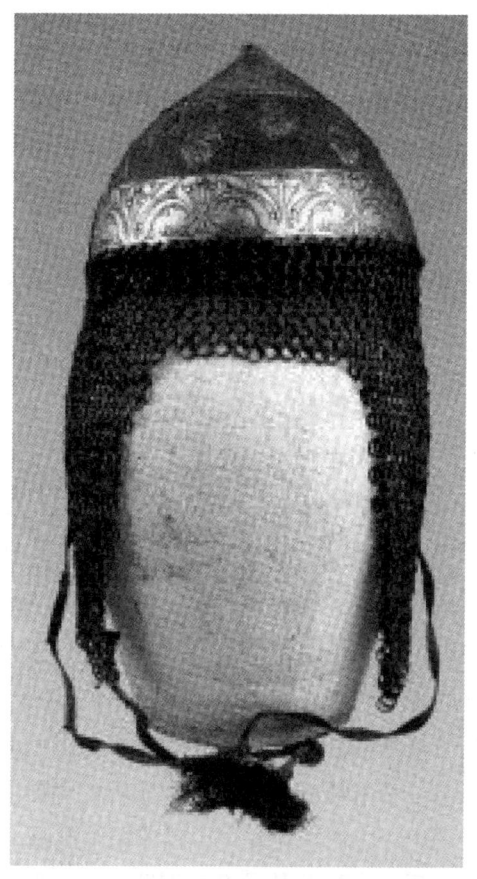

图 15-6：新疆塔城地区出土明代头盔

在西域诸部前往中原贸易的同时，明朝商人也带着内地的商货往赴中亚、西亚进行贩卖。《克拉维约东使记》载："就在我们（指克拉维约使团）行至撒马儿罕数月前，有自中国境来此之大商队。商队拥有骆驼800峰，载来大宗商货。"其商品数量之多，双方贸易之繁盛不难想见；"他（指帖木儿）的都城撒马儿罕，成为一个国际的大商场，各国的商人同远道的物品（应包含明朝商人和中原内地的物品）皆辐辏于此。"①《鄂本笃访契丹记》亦载，葡萄牙人鄂本笃在可不里城（今阿富汗喀布尔）时，看到"百货荟萃，商贾云集"，可以推测这么多商人中肯定有来自明朝的商人，这百货中也一定有来自中原的商品。

---

① 冯承钧译：《西域南海史地考证译丛》第三卷，商务印书馆，1999年，第512页。

"来自穆斯林一方的使节要比来自中国一侧的多得多（明代中国商人有不少到中亚、西亚进行商贸活动），因为主要是伊斯兰世界需要中国产品。"①

在明朝与中亚、西亚贸易往来过程中，明朝出口商品主要是丝绸。丝绸作为中国的传统外销产品，不但是明朝政府馈赠外邦的重要礼品及朝贡贸易的结算手段，同时亦常见于互市贸易。西域诸国对中原地区的丝绸历来就特别感兴趣。西班牙公使克拉维约出使撒马尔罕时，在那里见到从世界各地运来的各种货物商品，其中有"自中国境运来世界上最华美的丝织品"②。很明显，对内亚（中亚）诸国来说，丝绸是他们得到的最重要的中国礼品。③

除丝绸外，缎匹、铁、茶等物，都是"彼之难得，日用之不可缺者"，若"彩缎不去，则彼无华衣；铁锅不去，则彼无美食；大黄不去，则人畜受暑热之灾；麝香不去，则床榻盘虺蛇之害"。④波斯商人哈只·穆罕默德从肃州贩买大量大黄，经中亚、西亚运到意大利威尼斯等地出售。在他的一部著作中还提到中国的茶叶，这目前是欧洲人的著作中第一次提到茶叶。中亚、西亚的使节和商旅，对中原内地的茶也特别感兴趣。15世纪，一位来自阿拉伯的使臣向明朝皇帝进贡，他要求的赐物就是茶叶。1545年出版的《马可·波罗行纪》的序言中说道，他曾从一位波斯商人哈只·穆罕默德那里听到有关中国人以茶为饮料的说法。据英国学者罗莎堡研究，他们需求茶叶的主要原因是"饮茶比马乳酒之类的饮料更容易消化，比饮水更安全，且能提神醒脑、抗冻耐寒"。⑤在中西茶叶贸易建立起来之后，大量茶叶虽多经海路西运，但是仍有许多茶叶经由中亚的商道运到西亚。大黄早在汉代就已通过丝绸之路西运，但是，它成为中原与中亚、西亚贸易上的重要商品，则是14世纪以后的事。16世纪到过东方的葡萄牙人加西亚·达·奥尔塔说道："所有从忽鲁谟斯销往印度的大黄，最初均首先发自中国，经过作为鞑靼一部分的乌兹别克地区，再运往忽鲁谟斯。传闻说，大黄从中国经陆地运来。"他强调，除了中国出产的大黄之外，再没有

---

① [法] 阿里·玛扎海里著，耿昇译：《丝绸之路——中国波斯文化交流史》，中华书局，1993年，导论，第25页。

② 杨兆钧译：《克拉维约东使记》，商务印书馆，1957年，第157页。

③ Morris Rossabi, China and Inner Asia, from 1368 to the present day, London: Thames and Hudsonx, 1975, p. 76.

④〔明〕杨一清：《关中奏议》卷12，《续四库全书》。

⑤ Morris Rossabi, China and Inner Asia, from 1368 to the present day, London: Thames and Hudsonx, 1975, p. 79.

其他大黄运到波斯或乌兹别克。中亚的绿洲地区当时是中国大黄西销过程中的一个重要集散地,许多从事大黄贸易的商人,往来于中国与中亚、西亚之间。可见,茶叶与大黄这两宗中国土产在当时中亚、西亚地区的贸易中也占有很重要的地位。(图15-7)

最后,贵族官僚家庭积蓄的财物,也反映出明代时中外商品交易的繁荣。嘉靖初年,抄没钱宁家产,内有苏木七十三扛,胡椒三千五百石,香椒三十扛。嘉靖时,抄没严嵩家产,内有国外出产的大象牙、犀牛角、珊瑚珠、玻璃制壶瓶、杯盏、碗以及高脚茶盅、酒杯、玻璃镜、香炉、香筒、面盆等,玳瑁制品有酒杯、酒盘、茶盅、大碗、攒盒等;各种外国香料共五千多斤;纺织品有西洋罗、西洋白绢绸、西洋铁色褐、西洋红白棉布。①钱宁、严嵩家产中的大量舶来品,只能有少数是得自皇室赏赐的外国贡品,绝大多数应是贪贿得来,直接来自中外商人或间接出于商品市场,这也折射出明代时中国内地与中亚、西亚各地商贸的繁盛。(图15-8)

图15-7:新疆图木舒克出土明代木药盒图　　图15-8:新疆图木舒克出土明代纺车

自丝绸之路开辟以来,内地与西域的商业往来一直不曾间断。虽然由于历史条件的变化,这种联系时强时弱,但从整体上说,这种联系日益加强。到了明朝,由于明政府鼓励新疆各地方政权"朝贡",因而新疆与内地的商业往来比以往任何时期都更加活跃。是时,西域入贡者尤盛,岁岁不绝;西域商人往来道路,贡无虚月。在明朝以前,西域与内地的贸易多是通过商人进行的,官方贸易不占主要地位。到了明代,这种情况发生了很大变化。由于明政府强调官方贸易,使明代的这种商业往来大多控制在政府手中。官方贸易的规模比私人贸易大得多。正统十二年(1447),瓦剌遣使朝贡,使团人数达2149人。这是空前的,即使清代,也没有出现过如此庞大的使团。明政府这一次"回赐"

---

① 蔡美彪、李洵、南炳文、汤刚:《中国通史》第八册,人民出版社,1993年,第397页。

的"彩缎表里、布帛共一万三千三百四十五匹"。[①]这样庞大的使团，如此巨大的贸易数额，如果没有政府出面，简直是不可想象的。从历代丝织品贸易来看，汉唐时代是比较兴盛的，但到了宋元，这种贸易数额反而大为减少；直到明代，内地与西域的丝绸贸易才有了新的起色。永乐年间，哈密向明朝的一次朝贡，除了得到明政府回赐的3.2万锭银子之外，还有"文绮百匹、绢千五百匹"[②]。上面言及的瓦剌得到明朝"彩缎表里、布帛共一万三千三百四十五匹"的事实，更能说明当时贸易数额之巨大。

汉唐时期，西域已出现了棉布，但并未成为商品，元朝时期才有零星的棉布贸易。明朝时候，这种贸易日益增多，哈密的"贡使"买回的商品中就有梭布、漂白布和其他布匹。西域与内地的茶马贸易，汉唐时期都比较少，直到宋代，内地的茶叶才开始大批输入西域，然元代有所中断，到明代才又重新恢复并有所发展。随着明朝的灭亡，这种贸易也日益减少了，到清乾隆年间，这种茶马贸易最终销声匿迹。

综上所述，中亚、西亚各地人民通过朝贡和贸易，将西域的牲畜、玉石、珊瑚、刀剑等当地货物运往明朝，又将中原内地的丝绸、茶叶、药材、铁器以及其他生活用品输入西域。这对于维系中国和周围各国的友好关系，促进两地之间的经济交流、各族的社会经济发展和人民生活水平的提高，增强各地人民之间的友谊，都起到积极的作用。"大量史实说明，中国人民和（中亚、西亚）阿拉伯各国人民，存在着悠久的友谊和密切的经济、文化关系。这种友好关系，在新的基础上，必将日益巩固和发展。"[③]

第三节　明代海上丝绸之路的蓬勃发展

明初，朱元璋对外即采取睦邻友好政策，遣使从陆、海两道与邻邦交结通商。其在位的31年间，先后遣使30余次，访问了12个国家。与政治上的开放友好不同，明朝在对外贸易上则并不是完全开放，而是采取由官方严格控制下的、有限量的"朝贡"贸易方式，在很大程度上限制了贸易的规模。对于海上

---

① 《明英宗实录》卷158。
② 《明太宗实录》卷216。
③ 郭应德：《阿拉伯史纲》，经济日报出版社，1997年，第208页。

的民间私人贸易,采取严格禁止政策,更长期实行时紧时松的"海禁"政策。海外贸易的发展、民间商品文化交往是时代的趋势,随着15世纪初郑和七下西洋,中国极大地拓展了东西方海上交往。15世纪末,又有西方葡萄牙人扩张东来,继而开创了大航海时代。随着海路的进一步开拓,海路已逐步取代陆路,成为中西交通、贸易的主渠道。

一、明初海禁

明王朝建立后,面临着较为复杂的外部环境。北部的北元是威胁明朝生存的主要边患,同时南方海疆倭寇又不断骚扰东部沿海地区。北方草原的长期威胁,制约着明朝海防政策的制定,迫使他们本能地通过闭关政策来进行自我保护。可以说,明朝的海禁有防止国内外反对势力相互勾结、强化海防与巩固政权之意。

明代海禁政策的实施可追溯至洪武初年。洪武四年(1371),鉴于张士诚、方国珍败亡之后,诸贼强豪者悉航海,同时根据岛倭入寇的实际情况,禁濒海百姓私自出海。洪武十四年(1381),以对日本的外交失败为契机,明太祖彻底改变了洪武前期对海外国家积极招徕和安抚的政策,而代之以严格限制往来的海禁政策。是年,朱元璋正式宣布"禁濒海民私通海外诸国"。到洪武二十七年(1394),"上以海外诸夷多诈,绝其往来。惟琉球、真腊、暹罗许入贡"①。明朝政府对于海上民间私人贸易采取了严格禁止政策,发布禁海令。如"禁民间用番香番货";禁"私下与诸番互市";"申禁人民无得擅出海与外国互市"等。为此,明政府还曾一度撤销太仓、宁波、泉州、广州等处的市舶司。

由于明初所实行的海禁是为了应对倭寇侵扰而实行的针对性、临时性举措,并未刻意追求与外部隔离,所以在"海禁"期间对外贸易并未停止。据洪武年间所颁行的《大明律》记载:"凡泛海客商,舶船到岸,即将物货尽实报官抽分。若停塌沿港土商牙侩之家不报者,杖一百;虽供报而不尽者,罪亦如之,物货并入官,停藏之人同罪。告获者,官给赏银二十两。"②这里提到的"泛海客商",显然是民间商人。对于这些泛海贸易的商人,明律规定他们在入境时须报官纳税,方为合法。就明初的朝贡贸易而言,其亦未因海禁而断绝。

---

① 《明太祖实录》卷231。
② 怀效锋点校:《大明律》卷8《户律五·课程·舶商匿货》,法律出版社,1999年,第80—81页。

如洪武四年（1371），朱元璋"谕福建行省，占城海舶货物，皆免其征，以示怀柔之意。"①洪武三十年（1397），明太祖说："洪武初，海外诸番与中国往来，使臣不绝，商贾便之。"②显而易见，其所言之商贾极可能是随同外国朝贡使臣入明贸易之人。明太宗亦曾言："太祖高皇帝时，诸番国遣使来朝，一皆遇之以诚。其以土物来市易者，悉听其便。或有不知避忌而误干宪条，皆宽宥之，以怀远人。"③明代地理学家王士性亦言："市舶司，国初置于太仓，以近京，后移福、浙，虽绝日本而市舶不废，海上利之。"④

洪武以后，海禁政策虽曾被多次重申，但其实施却时紧时松。总体而言，永乐至嘉靖年间的海禁要比洪武时期宽松。而给明朝带来最大海患的日本于明洪武末年，在北朝的足利义满的带领下，基本完成了日本的统一，并一再向明朝表达朝贡的愿望。建文帝时，明朝与足利政府的关系已有所缓和。永乐初，随着明朝对外联系的增强，日本频繁朝贡明朝，并应明成祖之要求，发兵抓捕倭寇。虽然此时明朝基于此前长期的不信任关系以及倭寇并未彻底止息的事实，对日本入明朝贡的限制偏于严格，但是明朝与日本政府之间的关系趋于缓和。⑤此外，永乐到宣德时期，明朝政府组织了由郑和率领的七次远洋航行，极大地扩展了中国与海外诸国的政治、经贸往来，在这种情况下，海禁政策必然难以严格执行。但在此期间，倭寇侵扰明廷亦未曾停止过。⑥宣德后期，明

---

① 《明太祖实录》卷67。
② 《明太祖实录》卷254。
③ 见《明太宗实录》卷12上，洪武三十五年九月丁亥。按洪武年号至三十一年而止，此"洪武三十五年"为建文四年，明太宗刻意取消建文年号而致如此书之。关于洪武时期明朝对日政策详细讨论，可参看赵轶峰：《重谈洪武时期的倭患》，《古代文明》2013年第3期。
④ 〔明〕王士性：《广志绎》卷4《江南诸省》，中华书局，1981年，第76页。
⑤ 明朝在永乐二年(1404)曾重申"禁民下海"："时福建濒塘海居民私载海船，交通外国，因而为寇，郡县以闻，遂下令禁民间海船。原有海船者，悉改为平头船，所在有司防其出入。"见《明太宗实录》卷27，永乐二年正月辛酉。关于永乐时期倭寇入扰大致情况，可参看谷应泰：《明史纪事本末》卷55《沿海倭乱》，中华书局，1977年，第841—843页。
⑥ 明成祖于永乐四年向日本国王源道义颁发玺书、勘合，赞其能约束海寇。然而"明年，倭复入寇"。见顾炎武：《天下郡国利病书》原编第21册《浙江上》，载《续修四库全书》，上海古籍出版社，2002年，第597册，第8页。

廷重申"私通番国"之禁。①宣德、正统之际，日本入贡者也曾对明朝进行侵扰，故重申海禁政策。②

到嘉靖二年（1523），宁波发生日本贡使"争贡之役"，争贡的日本人相互残杀之后在宁波一带大肆掳掠杀戮，明朝多名将官也被杀死。因此，明朝廷将闽、浙、粤三地市舶司罢除，海禁顿严。然而即使在嘉靖时期，海外贸易亦未完全禁绝。由此可知，嘉靖前期海禁虽行，但实际沿海民间交易却十分盛行。及至嘉靖末年，大规模倭寇止息，明朝重新调整沿海政策方针，终于在隆庆初年进一步开海。③此后不仅允许外商到中国贸易，而且允许中国商人出海贸易，唯不准前往日本。中日之间贸易，通过第三方中介转口进行。

综上所述，历时31年的洪武时期，自洪武四年（1371）开始申严海禁至其末年，有27年为严厉海禁时期。建文元年（1399）到宣德十年（1435），前后37年有海禁而较和缓。正统元年（1436）到嘉靖二年（1523），前后87年间海

---

① 宣德六年(1431)，"上闻并海居民有私下番贸易及出境与夷人交通者，命行在都察院揭榜禁戢"，见《明宣宗实录》卷78宣德六年四月丙辰，第1813页。宣德八年，朝廷宣布"私通外夷，已有禁例。近岁官员、军民不知遵守，往往私造海舟，假朝廷干办为名，擅自下番，扰害外夷，或诱引为寇。比者已有擒获，各置重罪。尔宜申明前禁，榜谕缘海军民，有犯者许诸人首告，得实者给犯人家赀之半。知而不告及军卫有司纵之弗禁者，一体治罪"。见《明宣宗实录》卷103宣德八年七月己未。宣德十年，朝廷又"严私下海捕鱼禁。时有奏豪顽之徒，私造船下海捕鱼者，恐引倭寇登岸。行在户部言，今海道正欲堤备，宜敕浙江三司谕沿海卫所严为禁约，敢有私捕及故容者，悉治其罪。从之"。见《明英宗实录》卷7宣德十年七月己丑。
② 如正统四年(1439)四月，倭寇浙东。"先是，倭得我勘合，方物、戎器满载而东。遇官兵，矫云入贡。我无备，即肆杀掠，贡即不如期。守臣幸无事，辄请俯顺倭情。已而备御渐疏。至是，倭大署入桃渚，官庾民舍焚劫，驱掠少壮，发掘冢墓。束婴孩竿上，沃以沸汤，视其啼号，拍手笑乐。得孕妇卜度男女，刳视中否为胜负饮酒，积骸如陵。于是朝廷下诏备倭，命重师守要地，增城堡，谨斥堠，合兵分番屯海上，寇盗稍息"。见谷应泰：《明史纪事本末》卷55《沿海倭乱》。
③ 徐学聚在《报取回吕宋囚商疏》中称："原因漳、泉滨海居民鲜有可耕之地，航海商渔乃其生业，往往多至越贩诸番，以窥厚利。一行严禁，辄便勾倭内讧。嘉靖季年，地方曾受蹂躏之惨。维时当事，议以吕宋素不为中国患者，题奉钦依许贩东、西二洋。华夷相安，亦有年矣。"

禁时宽时严。①嘉靖二年（1523）到隆庆元年（1567），中国处于抗倭战争期间，为海禁严厉时期，但如前所论，仍有大量合法对外贸易进行。隆庆至明末的77年间，并未实施海禁。如此，明朝真正严格实施海禁的时间，在洪武和嘉靖两个时期，计71年。显而易见，明代海禁是断续的而有张弛的政策，海禁实行期间，中西方诸国并未中断政治经济文化联系，海上丝绸之路贸易活动仍在延续。

二、郑和下西洋与海上丝绸之路的鼎盛

明成祖统治时期，对朱元璋制定的对外政策做了许多改革，虽未明令废除海禁，但却放松了海禁。同时，他还致力于中国与其他国家之关系以及官方贸易的恢复发展，派遣使者访问了19个国家。另外，明成祖重新恢复了被太祖废黜的市舶司。永乐元年（1403），明廷重新设立了三地的市舶司，于浙江、福建、广东设置市舶提举司，隶布政司。每司置提举一员，从五品；副提举二员，六品；吏目一员，从九品。这是明成祖放松海禁、借以加强中外交往的一个直接措施，也显示了他积极的对外交往态度。

随着来华外国贡使的急剧增加，为了解决贡使及随行人员的接待问题，明成祖于永乐三年（1405）下令，在三市舶司各设驿馆，分别为福建之"来远馆"，浙江之"安远馆"，广东之"怀远馆"。永乐五年（1407），明成祖于京师设立四夷馆，隶翰林院。四夷馆的主要职能是培养和储备翻译人才，即"通事"。关于其职能，正如《明会典·礼部》所言："总理来贡四夷并来降夷人，及走回人口，凡有一应夷情译审，奏闻……入朝引领，回还伴送，皆通事专职。"②四夷馆是永乐年间对外交往扩大的产物，其设立又进一步推动了中外交往的发展。在明成祖积极开放的外交政策与实践的推动下，促成了郑和1405年至1433年七次下西洋的伟大壮举，使中国海上丝绸之路延伸拓展，达到了鼎盛时期。

郑和原姓马，云南昆明人，有的文献称其为"马三保"。洪武十五年

---

① 据明实录记载，正德时期曾经允许"四夷"随时贸易："海外佛郎机前此未通中国，近岁吞并满剌加，逐其国王，遣使进贡，因请封。诏许来京，其留候怀远驿者，遂略买人口，盖房立寨，为久居计……近因布政使吴廷举首倡缺少上供香料及军门取给之议，不拘年分，至即抽货，以致番舶不绝于海澳，蛮夷杂沓于州城，法防既疏，道路益熟。此佛郎机所以乘机而突至也。乞查复旧例，悉驱在澳番舶及夷人潜住者，禁私通、严守备，则一方得其所矣。礼部覆议……以后严加禁约，夷人留驿者不许往来私通贸易，番舶非当贡年驱逐远去，勿与抽盘。廷举倡开事端，仍行户部查例停革。诏悉如议行之。"
②《明会典》卷190《礼部》，载《续修四库全书》第791，上海古籍出版社，2002年，第113页。

（1382），明军攻灭了云南梁王政权，郑和被俘入宫，阉割为宦官，后被朱元璋拨给燕王朱棣听用。郑和在明成祖身边长大，亲历靖难之役，立有奇功，深受明成祖的赏识与信任。明成祖继位后，命他为内宫监太监，并赐姓为"郑"，从此以后便更名为"郑和"。在选拔下西洋的指挥官时，郑和以"姿貌才智，内侍中无与比者"入选，被特任为出使船队的最高统帅。

永乐二年（1404），明朝统治者着手准备下西洋的筹备工作。令福建等地建造巨舶，在闽、浙一带招募水手；在沿海各卫所抽调从征将士，以及预备各种应用物件等，前后花费一年多的时间。及一应准备就绪，郑和于永乐三年（1405）六月十五日奉诏出使。郑和率领的使团由208艘海船组成，有舵工、水手等各类人员27800余人。其中最大的宝船长44丈，宽18丈，是当时世界上最大、最坚固、性能最好的木船，其排水量和吨位大都是同时代各国望尘莫及、无法比拟的。郑和船队从苏州刘家港启航，驻泊福建长乐太平港，十月后，乘着东北信风扬帆出海，继而拉开了这场历史性大航海的帷幕。

虽然记录这场大航海的档案材料于明代中叶遭毁，给后人了解其详细过程造成了困难，但是，留存至今的长乐《天妃之神灵应记》等碑刻和马欢的《瀛涯胜览》等纪行著作，以及散见于各种正史稗乘中的零星材料，仍能为我们勾画出郑和七下西洋的梗概。

郑和船队自福建五虎门出发，云帆高张，舳舻相衔，乘风破浪，首先入港占城，接着沿中南半岛而下，过渤泥岛西侧，顺风二十昼夜，抵达爪哇。在那里作短暂停留后，又向西穿过邦加海峡，到了旧港。其后，取西北航路，访问了满剌加、阿鲁、苏门答腊，再西航赴锡兰岛，最后到达此次航行的终点印度西南海岸的古里（今科泽科特）。为了纪念首次远航，郑和一行人在这里勒立了石碑。永乐五年（1407）六七月间，完成了使命的郑和凯旋归国。爪哇、满剌加、苏门答腊、古里等国的使节亦随同其来华。在出使西洋途中，郑和曾于东西海上交通的要冲旧港之地，擒获海贼陈祖义等。海盗肃清，航路清宁，从而打通了海外国家到中国的朝贡道路，保障了中国与海外诸国间的友好往来。

郑和归国不久，即于永乐五年（1407）九月奉朱棣之命统率舟师，再次出使西洋，前往爪哇、古里、柯枝、暹罗等国。是年冬，郑和率师出发，向最终目的地古里前进。在这次航行途中，郑和曾到锡兰的主要贸易港口加勒地区的寺院祈祷、布施，并勒立了一座石碑，以记其事。在勒立石碑后，郑和率舟师离开锡兰，踏上归途，于永乐六年（1408）夏天归国。

1911年，郑和所立这座石碑被发现，今藏于斯里兰卡科伦坡博物馆。该石碑采用汉语、泰米尔语、波斯语三种文字镌刻，其汉文部分记述了郑和等为感谢航海无恙，祈保来日安全，向神奉献供品的情况，并详列了布施物品的名类。碑文中的泰米尔文与波斯文，因磨损难于辨认，故而一向被认为是汉字碑文的译文。后来，这两种文字被学者破译，原来其碑文内容并非汉语的译文，而是分别表达了对印度教及伊斯兰教的颂扬。这块石碑形象地体现了明王朝使节对所到国及其宗教信仰的尊重。

在郑和船队尚未归国之前，明成祖朱棣即已确定了第三次出使计划。及郑和第二次航海归来，他几乎没有喘息的时间，便与同僚王景弘集结舟师于长乐，伺风启航。永乐七年（1409）十二月，郑和统领由宝船48艘、27000余名人员组成的船队，离开五虎门，开始了第三次远航。与前两次一样，这次的航行终点是古里，并没有向更远的地方延伸。永乐九年（1411）六月，郑和归国后，往使诸国均遣使入贡，满剌加国王还亲自来访中国。

完成第三次远航任务的郑和，又迎来了新的使命：出访印度洋以西诸国。自此，郑和的航海活动进入了一个新的阶段。明成祖朱棣在世的六次下西洋中，第三次与第四次间隔的时间最长，将近两年半。这可能是因为准备工作的艰巨，加之郑和本人在此期间也忙于各种组织工作。他在福建长乐督造巨舶，又到西安清净寺寻找通西域天方（在阿拉伯半岛上）语言、可充当译使的人员。

永乐十一年（1413）冬，郑和的船队再次启航。船队到达苏门答腊后，在这里兵分两路：本队越过阿拉伯海，航抵波斯湾口的要冲忽鲁谟斯；分队则朝印度洋一路西进，顺道至溜山国，再驶向非洲东岸的木骨都束、卜剌哇、麻林，接着北上抵阿拉伯半岛之阿丹、剌撒、祖法儿，再到达忽鲁谟斯，绕印度洋沿岸各国返航。本队于永乐十三年（1415）七月返回，分队则迟了一年，于永乐十四年（1416）夏季归国。派使节随同船队到中国访问的国家，其范围扩大到了阿拉伯半岛以及非洲东岸。

永乐十四年（1416），郑和再下西洋。这一次的主要任务是护送各国来华使节归国，并回访这些国家。出国之前，郑和到泉州东郊灵山的伊斯兰教圣墓行香，祈求庇佑，然后于是年秋冬之际离港出海。与前次一样，郑和率领的本队在到达忽鲁谟斯后即返航,而至溜山国分队则再次访问了东非与阿拉伯半岛沿岸诸国。据新发现的伊斯兰史料所载,该分队于永乐十六年(1418)正月前后到达阿丹。(图15-9)

图15-9:郑和行香碑

永乐十九年(1421),郑和开始了他的第六次下西洋。他于永乐十九年(1421)正月出发,永乐二十年(1422)从忽鲁谟斯返航。而由李兴、周满率领的分队则遍历了非洲东岸与阿拉伯半岛,直至永乐二十一年(1423)夏才归国。两年后,远航西洋的主使人与支持者明成祖亡故,出使西洋的活动暂停。

宣德五年(1430),年逾花甲的郑和又奉命第七次率师远航。史籍详细地记载了这次航行的规模:巨舶百余艘、官校旗军27550员。自宣德六年(1431)十二月九日出五虎门,至宣德八年(1433)六月二十一日进太仓刘家港,前后历时两年半,往返国家二十余个。在郑和历次航海中起过重要作用的马欢、费信、巩珍等,皆参加了这次航行。以洪保为指挥的分队还访问了麦加。那块至今尚存的记述了七次下西洋重要史料的崇祭天妃海神的碑刻,就是这次航海出发之际,在驻泊港长乐立下的。

当郑和完成了出使任务,从忽鲁谟斯返航途中,郑和不幸于古里逝世,运葬于爪哇三宝垄。他把毕生精力贡献于航海,最后也于海上结束了他半生的航海生涯。郑和自永乐三年（1405）至宣德八年（1433），前后28年间，曾亲率庞大的远洋船队七次远航，遍访亚非三十余个国家和地区，活跃于东南亚、印度洋、波斯湾、红海，最远到达红海和非洲东岸。这是15世纪世界上一个空前的壮举，也是世界航海史上光辉的篇章。

郑和七下西洋在明初外交活动中具有里程碑意义，其不仅加强了明廷与所到各国之间的睦邻关系，也增进了东南亚、南亚、阿拉伯半岛南端和非洲东海岸地区的一些国家对明朝的了解和认识，与明朝建立了政治、经济友好往来，大大提高了明朝海外的威望和影响，从而迎来了明朝乃至中国历史上对外关系最为辉煌的时代。[①]同时，伴随着各国间贡使互市贸易的进一步拓展，为明朝中国商人到上述地区进行商业活动打下了坚实的基础。

郑和的船队活动范围极为广阔，在长期的航行实践中，继承和发展了宋元以来的海上航路，形成了多点交叉的综合性航运网。[②]《郑和航海图》中，记载了530多个地名，标出了沿途的障碍物、山峰、岛屿、浅滩、礁岩、险狭水道、水深、底质、港口标志以及正确的定位与航行方法，为明代中国船队扬帆西太平洋与印度洋海域提供了更为科学合理的航路指南。随郑和船队航行的马欢、费信和巩珍，在他们所著的《瀛涯胜览》《星槎胜览》和《西洋番国志》中，对船队所访问国家的位置、气候、土壤、居民、生产、土特产品、风俗习惯、货币及贸易情况作了描述，增进了明朝人对这些国家的认识和了解，为宣德以后中国商人到这些地区进行商业活动提供了第一手资料。（图15-10）

---

① 庄景辉：《郑和下西洋是什么》，纪念郑和下西洋六百周年筹备领导小组等编《云帆万里照重洋——纪念郑和下西洋六百周年》，中国社会科学出版社，2005年，第162—168页。
② 孙光圻等：《郑和下西洋——世界航海史上的不朽丰碑》，纪念郑和下西洋六百周年筹备领导小组等编《云帆万里照重洋——纪念郑和下西洋六百周年》，中国社会科学出版社，2005年，第155—161页。

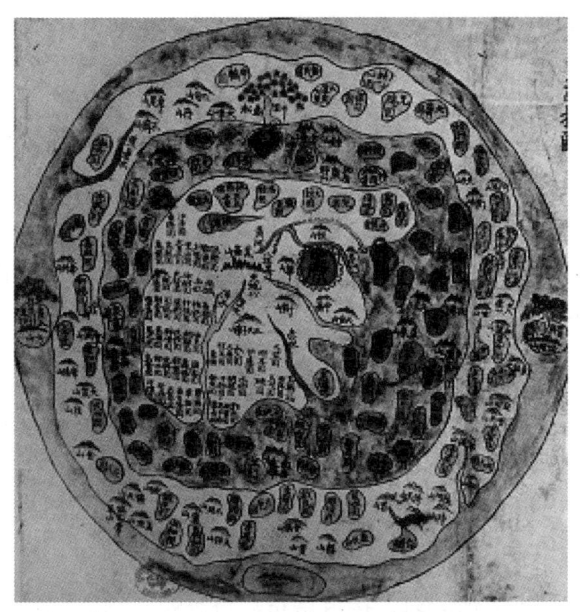

图15-10：明弘治十三年刊刻《四海总图》

郑和七下西洋，剿灭了海中蛮寇，肃清了海道障碍，"诸番振服""海道由是而清宁，番人赖之以安业"，[1]保证了西洋与中国之间海上交通安全，为此后明朝与西洋之间海上丝绸之路的繁荣奠定了坚实基础。郑和的船队开辟了历代海上丝绸之路中航程最长的远洋航路，活动范围非常辽阔，从中国南海之滨，经南海入印度洋，延伸至西亚、东非的广大地区，其西北方向的航路直通波斯湾、阿拉伯海和红海，西南方向的航路，沿东非海岸越过赤道，到达今莫桑比克索法拉港，使中国与亚非各国之间的贸易空前繁荣。[2]此外，郑和下西洋，极大地推动了明代造船技术的提高和航海技术的飞跃，为明代海上丝绸之路的繁荣奠定了技术基础。

在郑和七下西洋的刺激下，中国成为新航路开辟以前世界上最大的海上贸易强国。明代中期，特别是成化、正德至嘉靖时期，中国民间商队穿梭在过去由阿拉伯人主宰的海上陶瓷之路上，民间贸易发达，瓷器输出量随之扩大。

在郑和庞大船队的远航带动下，明代海上丝绸之路达到了繁荣与盛极一时的局面，然而遗憾的是，其在中西交通史上为期太短了，就如同昙花一般，很

[1]〔明〕费信：《星槎胜览》，中华书局，1954年，第23页。
[2] 陈炎：《郑和下西洋促使海上丝绸之路进入鼎盛时期》，《海上丝绸之路与中外文化交流》，北京大学出版社，2002年，第166—178页。

快便衰败了。加之,永乐以降,明王朝的海外贸易政策趋于保守,时开时禁,且禁多于放。然而,时代的潮流和趋向却并不为政府或个人的意志而转移。所以,明政府虽取限制自由贸易的政策,却并未能使中国商民退出海上丝绸之路的交易舞台。他们依然甘冒"禁海"风险,以走私贸易方式,不时扬帆下海,活跃在东西二洋的航线之上。

是时,日本、南洋及印度洋沿岸诸地的市场商埠对中国货的需求量甚大,是明政府控制下的"朝贡贸易"所远远不能满足的,因而中国沿海形成若干海商集团,在高额利润的驱使下,犯禁下海,冒险从事海外贸易。福建商人"私造双桅大船,广带违禁军器,收买奇货"①,远航到海外,"与番舶夷商货贩方物"。②即使明政府严禁私人从事外贸,"重以充军处死之条,尚犹结党成风,造船出海,私相贸易"。③浙江海商的船队,每天航行舟山群岛的达"一千二百九十余艘"④。广州附近游鱼洲的私商贸易更为发达,"广东隔海不五里而近乡名游鱼洲,其民专驾多橹船只,接济番货,每番船一到,则同濠畔街,外省富商,搬瓷器、丝绸、私钱、火药违禁等物,满载而去,满载而还,追星趁月,习以为常,官兵无敢谁何"。⑤当时既有中国商人私自出洋贩运瓷器,也有外商来中国近海购买瓷器,即使在海禁期间,民间带有走私性质的陶瓷贸易依然活跃。当时私人海上贸易范围很大,海商的足迹遍布东西二洋,东起日本,中经菲律宾群岛和印度半岛,西到阿拉伯半岛、非洲东海岸,都有中国海商出没。隆庆初年,明政府采纳右佥都御史涂泽民的建议,"许贩东西诸番",取消海禁。海禁开放后,促进了海上贸易的发展,"其捆载珍奇,故异物不足述,而所贸金钱,岁无虑数十万,公私并赖,其殆天子之南库也"。⑥繁荣的海上贸易,推动了包括景德镇制瓷业在内的中国手工业的飞速发展。

---

① 〔明〕王忬:《条处海防事宜仰祈速赐施行疏》,陈子龙等辑《明经世文编》卷283,中华书局,1962年,第2993页。
② 〔明〕张时彻:《招宝山重建宁波府知府凤峰沈公祠碑》,陈子龙等辑《明经世文编》卷243,中华书局,1962年,第2542页。
③ 〔明〕冯璋:《通番舶议》,陈子龙等辑《明经世文编》卷280,中华书局,1962年,第2967页。
④ 〔明〕朱纨:《双屿填港工完事》,陈子龙等辑《明经世文编》卷205,中华书局,1962年,第2165页。
⑤ 〔明〕霍与瑕:《上潘大巡广州事宜》,陈子龙等辑《明经世文编》卷368,中华书局,1962年,第3976页。
⑥ 〔明〕张燮著,谢方点校:《东西洋考·周起元序》,中华书局,1981年,第17页。

三、西方航海家对海上丝绸之路的开拓

明代海上贸易的另一重大变化是大航海时代的到来,欧美与中国的直接贸易逐渐展开,成为中国海上贸易的主要贸易国。明代之前,由于阿拉伯人掌控着连接东西方的重要地理通道——丝绸之路,故而中西商品贸易活动基本是以阿拉伯半岛为中心的。阿拉伯人垄断了由海路而来的中间贸易。在中世纪,欧洲人试图缩短国际贸易通路,使自己得以直接与中国、印度进行贸易。然而,前后八次十字军东征的失败,宣告这一梦想的破灭。反观传统的陆上丝绸之路,其又一度为蒙古人、奥斯曼土耳其帝国的扩张所阻隔。正是基于对东方精美丝绸、香料及黄金的渴求,欧洲迈入了一个大航海和地理大发现的时代。欧洲人渴求财富,急需开辟新的贸易航道,这一机会被一些国家如西班牙、葡萄牙所获得,他们率先派出自己的船队展开了一场面向大海的壮阔航程。

明孝宗弘治元年(1488),葡萄牙国王派迪亚士(Diaz)探索去东方的航线,沿非洲海岸抵达最南端的好望角。明弘治五年(1492),意大利航海家哥伦布在西班牙王室的资助下,发现了美洲大陆。哥伦布的发现成为美洲大陆开发和殖民的新开端,从此以后欧洲殖民者,主要是西班牙人和葡萄牙人纷至沓来,开始了对美洲金银的争夺。弘治十年(1497),葡萄牙人达·伽马(da Gama)驾船绕过好望角进入印度洋,到达了郑和于80年前已到过的东非地区,并沿着郑和与阿拉伯商人早已开辟的航路向东节节延伸,终于圆了抵达东方的美梦。

依靠掠夺来的大量白银,西班牙、葡萄牙几乎一夜暴富。西班牙人用这些白银打造了世界上最强大的无敌舰队,并开始了争霸世界的梦想。嘉靖四十四年(1565),西班牙海军将领米盖尔·洛佩斯·德·利雅实比率舰队自墨西哥出征菲律宾。隆庆五年(1571),西班牙海军占领菲律宾,并在马尼拉设立殖民首府,这就意味着欧洲有了一个与中国做生意的中转站。① 万历二年(1574),两艘马尼拉大商船满载着中国丝绸、棉布、瓷器等货物,驶向墨西哥阿卡普尔科,标志着马尼拉大帆船贸易正式投入运营。这条路线,把明朝商品从福建月港经澳门至马尼拉中转,运往美洲墨西哥、秘鲁、巴拿马、智利等地。运往美洲的中国商品有丝绸、茶业、瓷器、棉布、中药等,其中以生丝、丝织品为大宗。从美洲经马尼拉运回中国的主要是白银、蜂蜡等,其中以白银

---

① 何芳川:《澳门与葡萄牙大商帆》,北京大学出版社,1996年,第63页。

为最多。运输货物的船大都为载重300吨至1000吨（有时重达2000吨）不等的大帆船。由于美洲市场需求旺盛，中国的丝织品和棉制品通过大帆船源源不断运往美洲。由是可见，明中后期，南海、印度洋丝路已由葡萄牙人、荷兰人开辟的好望角航线而进入大西洋。应该说，海上丝路已扩展到三大洋而连接全球了。

然而由于接踵而来的欧洲人在亚洲红海、波斯湾、东印度群岛以及东南亚水域进行尔虞我诈、你抢我夺的武装海盗贸易，使长期以来由海上丝绸之路联结起来的公平和善的各国交往，变为西方各国强权殖民的羞耻争斗和掠夺。那些很久以来就活跃在海上丝绸之路上的亚洲海商群体，如阿拉伯商人、波斯商人等，几近销声匿迹。而中国商人之所以未被完全排除在外，虽然由于政府的错误政策使他们处于无朝廷保护的不利条件之下，但是他们久已形成的优势和信誉，西方人一时尚不能完全代替；又因为当时中国的文明程度和社会经济的繁荣水平不亚于世界任何一个国家，同时，西方所需要的中国出口商品如丝绸、陶瓷甚至茶叶等，因其不能直接进入中国市场，在某种程度上也要依赖中国商人的转运。

概言之，以葡萄牙人、西班牙人为代表的欧洲人的海外扩张，虽然目的、手段并不多么光彩，但也是社会进步、时代发展的必然趋向。世界各地需要联系，各个国家之间需要物质文化的交流，并在这种联系交流中推动各自的繁荣与进步。早先葡萄牙人虽以抢掠式的商贸行为开创了西方列强掠夺东方的先声，但同时也把久已存在的海上丝绸之路延伸拓展到了西欧。从这一点上说，确实具有一定的贡献。

四、明代海上丝绸之路的路线

蒙元帝国时期，中亚、西亚和中国之间的海上交通已由中国帆船所操纵。从中国的东南沿海港口出发，经南海、过马六甲、到印度洋沿岸一带（中亚、西亚地区），这一中西海路交通十分繁盛，双方的使节、商旅乘风破浪，海上若飞。到了明代，"通过郑和下西洋，明朝政府的赉赐贸易……甚至整个印度洋地区的国家都乐于通过官方的途径（指海上交通路线）和中国发展直接的贸易关系"。[1]

---

[1] 沈福伟：《中西文化交流史》，上海人民出版社，1985年，第306页。

《明史·西域传四·撒马儿罕》中载，弘治二年（1489）其（指撒马儿罕）使由满剌加至广东，贡狮子、鹦鹉诸物，守臣以闻。礼官耿裕等言："南海非西域贡道，请却之。"从这条史料中可以看出，中亚的撒马儿罕国的贡使由满剌加（马六甲海峡地区）经南中国海到广州，但实际上这条史料只是记载了贡使的一部分路程（即满剌加—南海—广东）；耿裕认为南海并不是中亚各国朝贡的道路，他好像认为中亚各地的贡使应走陆路。他的说法正确与否倒无关紧要，重要的是他指出了在当时确实存在着一条从中亚地区走海路朝贡明朝、与明朝进行交往的路线。据分析，这条从海路朝贡的路线应是：撒马儿罕—阿术河（今阿姆河）—哈烈、俺都淮、八答黑商—赫尔曼德河平原到锡斯坦，或顺印度河平原—阿拉伯海—印度半岛南端—孟加拉湾—安达曼海—南海—广东—北京。在《明史·西域传四·撒马儿罕》中又记载道："其使者请泛海至满剌加市狻猊以献，市舶中官韦眷主之。布政使陈选力陈不可。乃已。"撒马儿罕的使者在返回时要通过南海到满剌加，由海路返回自己的国家，可能其中的一部分人要在满剌加买狻猊献给明王朝，这是中亚地区与明王朝交往时从海路朝贡的又一例证。然而，由于海路不安全，这条海路不是很繁盛。

不仅撒马儿罕等中亚国家走海路与明朝交往，西亚地区的天方（在阿拉伯半岛上）等也有走海路与明朝交往的情况。"其（指天方）多从陆道入嘉峪关"[1]，天方国朝贡明朝的使臣大多数情况下走陆路到嘉峪关再到明朝首都，言下之意，也还有从别的路线到明朝去朝贡的情况。这别的路线可能就是海路路线，"其国王亦遣陪臣随朝使（指郑和船队）来贡。宣宗喜，赐赉有加。正统元年始命附爪哇贡舟还，赐币及敕奖其王"[2]。成化二十三年（1487），阿力以兄纳的游中土四十余载，欲往云南访求。乃携宝物巨万，至满剌加，附行人左辅舟，将入京进贡。抵广东，为市舶中官韦眷侵剋。[3]可见，这条海路朝贡路线应是：天方—红海—曼德海峡—亚丁湾—阿拉伯海—印度半岛南端—满剌加—南海—广东—北京。

还有忽鲁谟斯，"永乐十年（1412），天子以西洋近国已航海贡琛，稽颡阙下，而远者犹未宾服，乃命（郑）和赍玺书往诸国，赐其王锦绮、彩帛、纱罗，妃及大臣皆有赐。王即遣陪臣已即丁奉金叶表，贡马及方物。十二年至京

---

[1]〔清〕张廷玉等：《明史》卷332《西域传四·天方》，中华书局，1974年，第8621页。
[2]〔清〕张廷玉等：《明史》卷332《西域传四·天方》，中华书局，1974年，第8621页。
[3]〔清〕张廷玉等：《明史》卷332《西域传四·天方》，中华书局，1974年，第8622页。

师。命礼官宴赐，酬以马直。比还，赐王及妃以下有差。自是凡四贡。（郑）和亦再使。后朝使不往，其使亦不来。宣德五年（1430），复遣（郑）和宣诏其国。其王赛弗丁乃遣使来贡。八年至京师，宴赐有加。"①可知明朝与忽鲁谟斯之间赏赐与朝贡的海路交往的路线应是：忽鲁谟斯—波斯湾—霍尔木兹海峡—阿拉伯海—印度半岛南端—孟加拉湾—满剌加—南海—北京。

总之，中亚、西亚地区与明王朝的贡赐、交往的海路路线基本上是中亚或西亚地区—阿拉伯海—印度半岛南端—孟加拉湾—安达曼海—满剌加—南中国海—明朝首都。这条海道朝贡路线使明王朝与这些国家或地区建立起了友好关系。

第四节　明代海上丝绸之路的经济文化交流

一、物质文化交流

明代以前，中西方贸易的商品以奢侈品为主，真正意义上的大宗商品海上贸易则始于明代。在此之前，丝绸、瓷器等海上贸易商品也属于奢侈品，到了明代才成为大宗日用商品。明代的很多出口商品以其工艺精、成本低、质量好等优势，在世界市场上很有竞争力。出口商品的种类极为丰富，达到数百种，其中最重要的当属丝、瓷，其次则有铜钱、书籍、药材、棉布和蔗糖。

（一）丝绸

中国是蚕丝原产国，养蚕、取丝、织绸的历史已有五千年。明代，中国的丝绸生产进一步发展并更加商品化，海外贸易也更为扩大，丝绸成为大宗出口商品。

明代，中国向包括日本、琉球以及朝鲜在内的东亚地区出口的商品中，丝绸为最主要的商品。据万历二十年（1592）刊刻的李言恭、郝杰著《日本考》之记述，倭国所好之中国货物很多，如丝、丝绵、红线、水银、针、铁锅、药材等，其价值均以银计算，即使平时使用的铜钱，"倭不自铸，但用中国古钱而已"。②明末顾炎武写道："盖海外之夷，有大西洋，有东洋……是两夷者，皆好中国绫缎杂缯，其土不蚕，惟藉中国之丝到彼，能织精好缎匹，服之以为

---

① 〔清〕张廷玉等：《明史》卷326《外国传七·忽鲁谟斯》，中华书局，1974年，第8452页。
② 〔明〕李言恭、郝杰编撰，汪向荣、严大中校注：《日本考》卷1《倭好》，中华书局，1983年，第31页。

华好。是以中国湖（州）丝百斤，值银百两者，至彼得价二倍。"①

明廷对历次来朝的日本使回赐物中均有大量丝绸类物品，使团在中国采购的商品中丝绸也占很大的比例。不少文献对中国民间商人向日本出口丝及丝织品的情况亦有记载，如日本《异国日记》记述，庆长十四年（万历三十七年，1609）七月，有中国商船10艘抵日本坊津澳，其中船主为陈振宇和陈德的3艘，载有"缎、绫、绸、素、帽科六零三匹及天鹅绒若干"。明人王在晋《越镌》卷21中列举了4件海商案，其中3件为商人聚资购买当地丝织品和瓷器、白糖等与日本通商。②葡萄牙、荷兰等欧洲人则是中日间丝绸转口贸易的主要经营者。16世纪下半叶，葡澳每年将1000担～1600担生丝输往日本，1610年时更高达3000担。

明代与琉球的海上贸易中，丝绸亦是大宗商品。琉球与明的贸易以朝贡贸易形式进行，每次双方使节往还，明朝皇帝均赐予琉球大量丝绸。伴随朝贡的贸易中，当然也有大量丝货。而且，明廷对琉球的贸易常有特殊关照，即使在限制海上贸易时期，也有丝货出口琉球。

明代向东南亚地区出口以丝绸为大宗。明代朝贡贸易中，皇帝赐予的物品中最多、最普遍的就是丝绸，东南亚各国每有使团来华朝贡，明朝皇帝都回赐大批丝绸及丝绸衣物，后来甚至正式制订了对国王、王妃、大臣、使团正副使、通事、总管人等各有差等的定例，按定例赐以一定数量的丝织物。明朝使臣前往东南亚地区时，也携带大批丝绸赏赐各国。中国与东南亚的民间海上贸易中，同样以丝绸为大宗。即使明政府禁止商民出洋时，仍有商人躲避政府追查，将中土所产丝绵、缎布、磁铁等贵重物品贩卖到国外，同时亦将蕃货运回国内。

在明代后期与葡萄牙、西班牙、荷兰人为主的西洋海上贸易中，也以生丝和丝织品为大宗。明代由广州、澳门起程，经果阿（Goa）到里斯本（Lisbon）及欧洲其他地区的航线，主要由葡萄牙人经营。是时，"葡人在澳门、广州之贸易输出品以绢为大宗，每年由葡人输出之绢约计五千三百箱，每箱装绢缎百卷，薄织物一百五十卷"。③从马尼拉向西属美洲贩卖中国丝绸的利润最高可达成本之10倍。严中平甚至断言，"实际上，中国对西班牙殖民帝国的贸易关

① 顾炎武：《天下郡国利病书》卷120，上海科学技术文献出版社，2002年。
② 王在晋：《越镌》卷21，《四库禁毁书丛刊》，北京出版社，1997年。
③ 王之春：《国朝通商始末记》，《近代中国史料丛刊》第15辑，（台北）文海出版社，1967年。

系，就是中国丝绸流向菲律宾和美洲，白银流向中国的关系"。①随着大量中国丝绸涌入西属美洲，17世纪初，墨西哥人穿丝多于穿棉。所谓穿丝，大多是穿中国丝绸，甚至流浪汉、混血儿、印第安土著都穿华丽的丝制衣服用以炫耀。②由于中国丝绸在美洲市场上对西班牙纺织品形成了强有力的竞争，以至西班牙国王及墨西哥总督多次呼吁禁止中国生丝的进口。

(二) 瓷器

作为海上丝绸之路主要商品的瓷器在唐宋元时期的出口便已具相当规模，呈不断增长之势。明代的瓷器生产则发展到了一个新阶段，同时随着大航海时代的来临，瓷器出口呈持续增长之势。

郑和第一次下西洋时期即铲除了东南亚海域的海盗匪患，扫清了东西方海上交通的障碍，维护了海上交通安全，为明代瓷器外销创造了有利条件。郑和所开辟的"海上陶瓷之路"减少了陆路运输带来的损耗，给外销陶瓷提供了便利。同时，郑和下西洋所到亚非几十个国家，都与中国建立了友好关系，促进了瓷器销售在国外市场的扩大。

中国瓷器出口日本的时间相当早。日本现存有唐代瓷器，宋、元瓷器更多。进入明代后，特别是明中期以后，日本对中国商品的依赖加深，以至有"大抵日本所需皆产自中国"的说法。因而，在中国输往日本的商品中，除生丝外，即以瓷器为大宗。精美的明朝瓷器除了通过商船运往日本外，来中国学习的僧人在归国时亦购买大量瓷器运回日本。日本商人还经常向中国定制特定花色品种的瓷器。当时景德镇青花瓷一般分厚薄两种，厚胎一般输往日本，薄胎在国内或其他国家销售。一些欧洲人，特别是葡萄牙人和荷兰人，也参与了明代中国瓷器向日本出口的海上贸易。当时由澳门开往长崎的葡萄牙商船上，最重要的货物除中国生产的丝和丝织品外，其次便是瓷器。荷兰在台湾设立基地时，也曾将中国瓷器销往日本。同样，在中国与琉球的贸易中，包括琉球人利用中国商品的转口贸易中，瓷器也是其中的重要一项。

明代瓷器在东南亚各国中同样也是仅次于丝绸的第二大出口商品。马欢《瀛涯胜览》"占城国"条记述，"中国青瓷盘碗等品……〔国人〕甚爱之"。③

---

① 严中平：《丝绸流向菲律宾 白银流向中国》，《近代史研究》1981年第1期。
② 樊树志：《全球化视野下的晚明》，《复旦学报》2003年第1期。
③〔明〕马欢著，冯承钧校注：《瀛涯胜览校注·占城国》，中华书局，1955年，第6页。

爪哇条也说,"国人最喜中国青花瓷器"。①《海国广记》载,"货用中国青花瓷器"。由于大量的中国瓷器输入海外,明政府于正统十二年(1447)发出禁令:"不许私将白地青花瓷器皿卖与外夷使臣。"而爪哇使者入明进贡则专门要求明政府批准他们在广东购买瓷器。中国皇帝的赏赐品中,瓷器的数量也很多。中国瓷器输入爪哇的主要渠道应是民间海外贸易。不仅在明廷开海时期有大量中外商人向南洋运输大量瓷器,在禁海时也有很多商人躲避明政府的缉查,"搬瓷器、丝绸……满载而去,满载而还,追星赶月,习以为常"。在满者伯夷王朝(东爪哇王国)强盛时期,中国人则从更远的地方运瓷器、玉石和绸缎到爪哇。②福建生产的"粗瓷",大部分是出口东南亚用来换取香料。(图15-11/12/13)

图15-11:日本藏漳州窑青花开光大盘　　图15-12:日本藏漳州窑五彩文字纹大盘

图15-13:越南藏漳州窑青花双凤牡丹开光盘

① 〔明〕马欢著,冯承钧校注:《瀛涯胜览校注·爪哇国》,中华书局,1955年,第15页。
② 汤开建、彭蕙:《爪哇与中国明朝贸易关系考述》,《东南亚纵横》2003年第6期。

16世纪，与中国进行瓷器贸易的欧洲人主要是葡萄牙和西班牙人。葡萄牙人到达东南亚后，就曾通过东南亚地区的间接贸易输入少量中国瓷器。明正德九年（1514），科尔沙利等人到中国买了景德镇的五彩瓷器10万件，运回葡萄牙。1522年，葡萄牙国王下令所有从东方回来的商船所载货物必须有三分之一是瓷器。此后，葡萄牙人开始持续地向欧洲大量运载瓷器。西班牙人占据菲律宾后，也开始以此为据点收购中国瓷器。万历二年（1574），有3艘中国商船到马尼拉进行试探性交易。"华商运来的货物，有……粗瓷，铜铁杂器，另有精细瓷器以及丝织品。"①17世纪，荷兰人取代葡萄牙、西班牙人成为海上霸主。荷兰人侯德孟万历年间在印尼万丹（下港）看到的中国商人所售商品中也有瓷器。西方人也从事这种生意。荷兰东印度公司的材料记载，荷兰商船将中国粗瓷运往加尔各答销售获利。（图15-14）

图15-14：大英博物馆藏明代德化白瓷

（三）铜钱、药材、书籍

明代，输往国外的主要商品还有铜钱、药材、书籍等。我国是世界最早使用铸币的国家之一，自秦至清基本沿用圆形方孔，即"外圆内方"的铜钱。随着中国对外交往的发展，铜钱开始外流，而明代是铜钱出口最多的时期。是时，中国所铸铜钱多流入商业较为发达的日本。隆庆以后，日本对中国丝、棉布、瓷器等商品需求量迅速增长，民间铜钱外流随之减少。至万历中期，日本

---

① [美] 菲律乔治：《西班牙与漳州初期通商》，《南洋问题资料译丛》1957年第4期，第44页。

开始自铸铜钱，逐渐取代了中国铜钱。铜钱在东流日本的同时也在南流。明代以前就有大量中国铜钱流入东南亚作为当地的货币，明代中国铜钱在这一地区更为流行。

中国药文化有着数千年的历史，早在明代以前药材即已乘海外输，而在明代药材是出口商品中的一个重要类别。明代日本、朝鲜都很重视中医药，大量进口中国药材。朝鲜多次遣使到中国，求取人参、松子、五味子、葫芦、虎骨、鹿角、鹿脯等药。正统三年（1438）和弘治二年（1489），中国还应朝鲜请求，把麻黄、甘草等药种子赠给朝鲜，使之引种栽培。日本也是如此，徐光启《海防迂说》中有"彼中百货取资于我……最急者无如药"。[1]东南亚地区也不例外，郑和下西洋时带有大量人参、麝香等中药材。安南与日本、朝鲜相同。侨居东南亚的华人更是需要中药材。明代也有一些中药材输往欧洲。明代出口的中药材种类极多，几乎涉及所有中国出产较为丰富的中药材，其中输出最多、最具影响力的就是大黄。

在中国古代，书籍是重要输出品。甚至有学者依"丝绸之路""瓷器之路""茶叶之路"之说，提出东亚"书籍之路"的概念。事实上，隋唐以来，日本、朝鲜的使节、学者、僧人、商人来华的目的之一就是求取书籍。明代，书籍仍是中国输入日本的重要物品，而宁波港是向日本输出书籍的主要港口。当时宁波甚至出现专门面向日本市场的书商和书肆，其书籍数量大，种类多，经史子集无所不包，儒、佛、道兼有。日本人输入中国书籍后除慎加保存外还广为翻刻（古书收藏界称"和刻本"），后来一些书籍在中国失传反在日本发现，其中一些"佚书回归"，传回中国。从总体上说，东南亚人对引入中国书籍的热情不如东亚，但出口到东南亚各国的书籍数量也相当可观，尤其是越南（安南）丝毫不亚于日本。明代来华的西方人，也曾将一些中国书籍携带回国。

（四）白银

明代，由海上丝绸之路涌入中国的海外商品以白银为大宗。明朝前期，由于统治者厉行海禁，私人海外贸易被视为非法，在走私贸易中虽然出现了白银内流的趋势，但还不是大量的。及隆庆元年（1567），明朝统治者接受了"市通则寇转而为商，市禁则商转而为寇"的历史教训，从而部分开放了海禁。自此以后的近80年间，随着私人海外贸易的蓬勃发展，白银即如潮水般流入中

---

[1] 朱维铮、李天纲：《徐光启全集》第9册，上海古籍出版社，2010年，第50页。

国。明代白银的大量内流，除与中国海禁政策的改变密切相关外，还与当时的国际贸易形势有关。

明初，中外贸易仍以奢侈品为主。自南宋以来，中国大量购买海外珍宝、香料、药材，造成长期贸易逆差，金、银、铜钱大量外流，成为一个严重问题。历朝均严禁金属出口，但效果不好。西人东来后，中国日用消费品如瓷器、茶业等获得了广阔的新市场，中国对外贸易商品构成发生本质变化，国际收支随之逆转。至明朝后期，较之中国，欧洲人在火器、钟表、打簧器、呢绒、船舶、玻璃等生产部门已占优势，但在国际市场需求量最大的日用品生产方面，中国商品则拥有千百年来发展起来的精湛工艺，质量优良，风靡欧洲和日本市场。

16世纪末和17世纪初，伴随着地理大发现，世界各国差不多都陆续被卷入世界市场。16世纪中期，西班牙殖民者在美洲发现了丰富的银矿，仅秘鲁的波多西一地，到16世纪末已年产白银20余万公斤。这时的日本也有大宗白银出产，致使欧洲人称日本为"银岛"。在中国，自明初以来白银一直紧缺，明前期甚至禁止在交易中使用白银，也严厉限制银矿开采。但是，中国精美的丝绸和瓷器以及其他产品，在世界市场上却有极好的声誉和销路。这时的欧洲发生了"价格革命"，物价飞涨，经济萧条。物美价廉的中国物品正可以满足欧洲诸国及其殖民地的大量需求。这种双向需要，为中外贸易提供了广阔的前景。正是在这种贸易过程中，白银大量流入中国。

流入中国的白银主要来自马尼拉和长崎两地。正德以降，葡萄牙、西班牙及荷兰人相继抵达中国沿海，同时建立了部分殖民地。例如葡萄牙，先占领了马来西亚，后又租占澳门；西班牙则占领了吕宋（菲律宾）。自此，葡萄牙、西班牙两国借助上述诸地，开展与中国的贸易活动。两国对中国的丝绸、瓷器等物品，皆表现出了极大的需求。史载，他们"皆好中国绞罗杂缯。其土不蚕，惟藉中国之丝到彼能织精好缎匹，服之以为华好。是以中国湖丝百斤，价值百两者，至彼得价二倍，而江西磁器、福建糖品、果品诸物，皆所嗜好"。[1]然而，除了少量的毛织品、玻璃、枪炮外，葡、西两国皆无多少其他物品可与中国交换，因而只好用白银购买。

吕宋借助海路与中国贸易往来。是时，吕宋岛上的商业中心马尼拉成了中

---

[1]〔明〕顾炎武：《天下郡国利病书》卷93、卷96，续修四库全书本。

外海商进行大宗交易的主要场所。"东洋吕宋地无他产，夷人悉用银钱易货。故归船自银钱外，无他携来，即有货亦无几。故商人回粤，征水、陆二饷外，属吕宋船者，每船更追银百五十两，谓之加征。"①是见，前往吕宋贸易的中国商船，在其回航时因无货可载，所以中国海关只有向其征收银子，称为"加增饷"。以盛产白银闻名的墨西哥、秘鲁诸地在很早以前即为西班牙所占领，这使得西班牙人得以能够使用大量的白银购买中国物品。美洲的白银经数条路线运往马尼拉，再由马尼拉流入中国。其中最重要的一条是从墨西哥西海岸的阿卡普尔科启航，横渡太平洋抵达菲律宾群岛。在这里，用白银换取中国的丝、瓷等物品，再将这些物品运往美洲，时称"大帆船贸易"。它实际上就是用中国物品换取美洲白银的贸易。另外，由葡萄牙里斯本经澳门到广州的商品中也以白银为大宗，1585—1591 年经澳门运入广州的白银达 20 万两。除白银外，葡萄牙输往中国的大宗商品还有胡椒、象牙、檀香等。

在美洲白银被大量开采出来之前，明代的白银主要来源于日本。日本在与中国交易时，也主要是用银子购买中国商品。诚如顾炎武所言："日本无货，只有金银。"是时，日本的石见、秋田、佐渡等矿山皆盛产白银，其主要流向亦是中国。日本的白银主要通过民间走私贸易及葡萄牙人开展的转口贸易等途径，流入中国。有明一代，中日关系时冷时热，倭患频仍，加之丰臣秀吉入侵朝鲜更使两国关系濒临冰点。明廷遂实行海禁，禁止同日本贸易，隆庆元年（1567）重开海禁时仍将日本排除在外。然而，商人的趋利本性最终使这种制裁措施在很大程度上成为一纸虚文，走私贸易屡禁不止，成为中日直接贸易的主要形式。当时，来自中国福建漳州、泉州的商船和来自广东、浙江的船只，不断航行到日本九州。其主旨不再是以往的以物易物，而是以物易银。通过商人走私，大量白银经由海路输往中国。在此过程中，葡萄牙人和荷兰人扮演了重要的角色，他们利用中日两国给予的优惠待遇，在中日贸易中发挥了较大的中介作用。嘉靖三十二年（1553），葡萄牙人入澳门后即主动招引日本人赴广东开展贸易，最终建立起了以澳门、长崎为中心的葡日贸易网络，通过广州—澳门—长崎贸易，将大量白银输入中国。与此同时，葡萄牙人将在广州购买的生丝、绸缎、砂糖、棉线、中药等商品运往长崎贩卖（其中以生丝为大宗），获利甚丰。

---

① 〔明〕张燮著，谢方点校：《东西洋考》卷7，中华书局，1981 年，第 132 页。

二、科技文化交流

明代制瓷业的高度发达亦得益于中西方科技、文化的交流。明初,国力强盛,政局稳定,制瓷手工业也有了长足的发展,制瓷技术不断得到创新。如明代彩瓷的兴起,宣德时制瓷工匠创造性地将釉上彩和釉下青花结合起来,创造出别具一格的青花五彩;成化时在此基础上发明了斗彩。之后,嘉靖、万历时期的五彩瓷器更是将明代彩瓷推上了一个历史的高峰。当然,明代彩瓷的迅速发展应该归功于白瓷制作技术的进步。

郑和下西洋时,引入了珍贵的"苏麻离青"和优秀的海外文化,使得永宣青花呈色、造型、纹饰都别具一格,我国青花瓷器生产进入了黄金时代。明代,景德镇是全国的制瓷中心,官窑、民窑发展迅速,并形成竞争。为了适应日益激烈的市场竞争,窑炉也不断改革。到嘉靖时,民窑的窑炉,在燃料消耗量相同的情况下,每一窑的产量竟比官窑大三倍以上。发达的窑炉技术,为明代瓷器大量输出海外提供了有利条件。伴随着瓷器大量输出的还有明代制瓷技术的外传。在中国的影响下,朝鲜、暹罗、占城等国都纷纷仿烧中国瓷器,学习中国先进的制瓷技术,生产他们所需的瓷制用品。后来,由于工艺技术的改进和提高,他们生产的瓷器不仅满足了国内需求,还大量销往南洋诸国,以其价廉与中国瓷器进行激烈的市场竞争。但是,纵观整个明代,无论是制瓷技术还是瓷器产量,我国都处于世界领先地位。因此,我国陶瓷在与他国对外贸易竞争中,往往销售得更多,范围更广,销售的群体档次也较高。

中国瓷器的输入,在某些方面对东南亚的生活方式也产生了一定影响。例如,爪哇人原来是"吃食无匙……用盘满盛其饭,浇酥油汤汁,以手撮入口中而食"。①中国瓷器传入爪哇后,部分爪哇人的生活发生变化,"人民亦采用来自中国的陶器和碗碟"。《东西洋考》记录加里曼丹岛的"文郎马神"人习俗的改变称:"初用蕉叶为食器,后与华人市,渐用瓷器。"此外,在东南亚各国,也有很多人将瓷器用作建筑装饰、寺庙供器和陪葬品等。

在中国瓷器大量输入之前,欧洲人使用的器皿以陶器、木器和金属器为主,其中陶器最为广泛。中国瓷器传入之初,整个欧洲为之倾倒,很少有人真正拿瓷器来使用,而是作为财富和身份的象征而珍藏、展示,或作为国王、王后赠送其他国家国王和有功之臣的礼物、公主的嫁妆。随着中国瓷器向欧洲输

---

① 〔明〕马欢著,冯承钧校注:《瀛涯胜览校注·爪哇国》,中华书局,1955年,第11页。

出的增加，不是贵族的富人也开始购买瓷器。到17世纪，欧洲很多城市都有经销中国瓷器的商店。随着瓷器输入的进一步增加，瓷器才逐渐成为欧洲人餐具和茶具等日常生活用品。此后，欧洲对于中国瓷器的大量需求，一直延续到18世纪晚期欧洲开始大量生产瓷器为止。

我国明代瓷器的大量输出海外，不但促进了文化交流，还对海外各国人民的生活产生了深刻的影响，主要体现在改变了海外地区人民的饮食方式、宗教仪式用品的选择与殡葬方式的采用、瓷器象征装饰品和财富的观念流行。在我国瓷器大量输出之前，东南亚许多国家和地区，饮食习惯比较落后，他们往往拿植物叶子编制成食器，饭毕则丢弃。随着明代陶瓷的大量输出海外，他们的饮食习惯逐渐改变。东南亚一些地区的人民认为陶瓷有特殊效用，有些民族热衷于用刻有龙纹的陶瓮进行瓮葬；还有些地方拿瓷器作为随葬用品，菲律宾出土的大量瓷器很大部分是在墓葬中发现的。此外，东南亚地区改信伊斯兰教后，大批伊斯兰教徒朝觐途中携带军持，用以净手。我国生产的军持，价格低廉，利于携带，受到海外人民的喜爱。我国生产的瓷器，还往往成为国外统治阶级和富人的财富象征，他们不仅将精美的瓷器作为摆设品，还常用以装饰项圈、手镯等贵重物品。阿拉伯国家的一些王公贵族还将中国瓷器镶嵌在华丽的殿堂上或屋柱上，作为财富的象征。

中国丝绸的大量输入甚至改变了东南亚人的衣着装饰习俗。美国学者奚尔恩在《远东史》中写道，郑和下西洋后马来西亚人"衣服装饰亦受中国之影响。摩罗妇女所服之有袖短衫与宽大之裤、玻璃珠、各式礼帽、雨衣、履底等类皆由中国传入"。东南亚一些地区还引入了养蚕和生产丝绸的技术。例如明朝时，印尼人从中国学会了养蚕、制绢的方法。1591年菲律宾总督发现，菲律宾群岛上土著居民因为使用中国衣料，不再种棉织布，所以下令禁止土著居民使用中国的丝绸和其他中国衣着原料，但效果并不显著。马尼拉的华侨区，中国商人在几条街上都有贩卖丝绸、瓷器和其他商品的大商店。

明代中西思想文化的交流与碰撞频繁，特别是18世纪西方的启蒙运动及无神论思想，都深受中国明代文化的影响。当时，传教士将中国博大精深的儒家思想传到西方，并为欧洲人描述了当时中国社会、政治、文化等方面的现实图景。中国八股制度中严格的竞争筛选人才的机制及重视教育的思想，当时欧洲引起了极大的触动，开始效仿中国的教育制度。当时欧洲的启蒙思想在一定程度上是以明代传入的儒家思想为前提条件的。如法国的启蒙思想家伏尔泰就认为，中国的儒教是典型的理性宗教，中国哲学是一种充满理性及正统思想的哲学。随着新航路的开辟，欧洲人也开始加速搜集当时中国的文献。到17、18世纪，明代的文献大量被带到西方，同时传教士也给中国带来了不少的西方文学作品。1651年，意大利传教士卫匡国将明朝时期的巨著《永乐大典》带到了欧洲。马端临的《文献通考》、郑樵的《通志》等明代文献也被带到欧洲。同时，他们还大量翻译了明代时期的儒学及历史文献，认为这些是中国文化的精髓及典型特征。1583年，意大利传教士利玛窦重点介绍了明代的思想文化，撰写了著名的《利玛窦日记》，这对介绍中国文化思想及中西文化交流都有着积极的影响与价值。明代的中西文化交流，客观上使得中国的文化及思想在西方得到了广泛传播，同时对当时的启蒙思想产生了深远影响。

三、宗教文化交流

（一）伊斯兰教的传播

郑和使团所访问的亚非国家中，有许多国家本来就信仰伊斯兰教，郑和使团中凡信仰伊斯兰教又懂得阿拉伯语言文字的成员，纷纷以语言为媒介，以伊斯兰教为信息纽带，和当地老百姓进行交流，融入当地人民生活中，广泛地进行传播，既增进了与当地人民之间的感情，又能增强伊斯兰教的传播效果。如郑和使团中的穆斯林和一批伊斯兰教学者，在当地积极从事伊斯兰教活动，兴建清真寺和穆斯林社区，广泛传播伊斯兰教。

在郑和下西洋时，东南亚、南亚各国，尤其是南洋群岛一带的小国家还没有信仰伊斯兰教，郑和使团便采取了不同的方式在那些国家传播伊斯兰教。据《外国史略》一书记载，郑和第一次下西洋到爪哇时，爪哇土民崇信鬼教，郑和使团曾劝服当地居民信仰伊斯兰教。印度尼西亚历史学家斯拉默穆利亚纳在《印度—爪哇王朝的覆灭和努山打拉伊斯兰国家的兴起》一书中写道："郑和先是在巨港，后来在山巴斯（西加里曼丹）建立穆斯林华人社区，接着又在爪哇沿海、马来半岛和菲律宾等地建立类似的社区。他们遵照哈纳菲教派的教义和义务用华语传播伊斯兰教。"[①]由是可见，郑和首先在爪哇土民中传播伊斯兰

---

① 转引自孔远志：《郑和与印尼、马来西亚》，《郑和论丛》第1集，云南大学出版社，1993年，第113页。

教,后又在旧港(即巨港)建立华裔穆斯林社区传播伊斯兰教,接着又在爪哇沿海、马来半岛、菲律宾等地建立穆斯林社区和清真寺,传播伊斯兰教。这样,传播伊斯兰教的范围越来越广,传播渠道越来越多,由人际传播到组织传播,程度越来越深。

(二)佛教流布

郑和使团尊崇佛教,传播佛教文化,以达到团结沿海地区各族人民的目的。郑和使团每次到锡兰山,必到佛寺进行佛事活动,把佛教文化作为双方传播信息的纽带,相互交流、相互了解,加深了与当地人民的感情。郑和第一次下西洋至锡兰山国时,亲自到锡兰山佛寺敬拜。"大明永乐三年(1405)皇帝遣中使太监郑和,奉香华经诣彼国供养。"①郑和第二次到锡兰山国时,除了向佛寺布施外,还建立了石碑,碑文使用汉、泰米尔、波斯三种文字。《布施锡兰山佛寺碑》中记载布施事宜,颂扬佛世尊,"仰惟慈尊,圆明广大,道臻玄妙,法济群伦,历劫沙河,悉归弘化,能仁慧力,妙应无方"。又称赞锡兰山是佛教圣地,"言言梵刹,灵盛翕彰"。郑和使团布施、立碑之举,不仅向海外人民传播了佛教,也向来此朝拜的人民传播了精深的佛教文化。郑和使团在锡兰山访问时,对有关佛祖释迦牟尼在锡兰山的传说和遗迹很注意记录,如马欢在《瀛涯胜览》中写道:"此处海边山脚光石上,有一足迹,长二尺许,云是释迦从翠兰山来,从此处登岸,脚踏此石,故迹存焉。中有浅水不干,人皆手蘸其水洗面拭目,曰佛水清净。"②郑和使团以语言或文字为媒介,向当地人民传播了佛教文化。

在郑和下西洋时,沿途还有不少国家没有信仰佛教或伊斯兰教,只有对传统偶像的崇拜,尤其是南洋的一些国家因为宗教不一,经常发生争端,危害人民。因此郑和使团一方面告诫各国,要"循理安分,勿得违越;不可欺寡,不可凌弱"。③另一方面是传播宗教文化,统一宗教,团结沿途各族人民。郑和如发现有人崇拜"偶像"时,就极力劝服他们放弃旧教,接受较纯正的宗教,敬仰适宜的教主,且立即传播伊斯兰教或佛教。郑和第一次到锡兰山(亦即僧伽罗国或师子国,今斯里兰卡),发现国王阿烈苦奈儿"崇祀外道,不敬佛法,

---

① 〔唐〕玄奘:《大唐西域》卷11《僧伽罗国》,明末嘉兴府楞严刊本。
② 〔明〕马欢著,冯承钧校注:《瀛涯胜览校注·锡兰国》,上海:中华书局,1955年,第34—35页。
③ 郑鹤声、郑一钧:《郑和下西洋资料汇编》(上册),齐鲁书社,1980年,第99页。

暴虐凶悖，靡恤国人，亵慢佛牙"，曾劝其"敬崇佛教，远离外道"，但未成功。郑和第三次下西洋再次要求阿烈苦奈儿改邪归正，而阿烈苦奈儿反而"欲图害使者。用兵五万人，刊木塞道，分兵以劫海舟"①。于是郑和使团捉拿了阿烈苦奈儿交与明成祖，并在阿烈苦奈儿的亲属中选择贤能且尊佛教的人为锡兰山国王。郑和传播伊斯兰教或佛教文化，对于统一沿途各国的宗教文化、联络各国各地区人民的感情、加强各国之间的交流等，都起到了非常重要的作用，实现了一定的传播效果，"海道由是而清宁，番人赖之以安业"。至今在南洋、西洋一带还保留有三宝庙、三宝垄、三宝洞、三宝寺等古迹，有些寺庙中还有郑和的雕像。由此看来，海外人民把郑和当作神灵敬仰，看成文化的象征，这些古迹也足以说明当时郑和使团在文化传播方面对当地的影响之大。

郑和使团在古里国访问时，发现从国王到人民都有虔诚的宗教信仰，信仰佛教，尊敬象牛。郑和使团对此作了详细考察并记录下来。马欢的《瀛涯胜览》中记载："国王系南昆人，崇信佛教，尊敬象牛……王以铜铸佛像，名乃纳儿，起造佛殿，以铜铸瓦而盖佛座，傍掘井，每日凌晨，王至汲水浴佛。拜讫，令人收取黄牛净粪，用水调于铜盆如糊，遍擦殿内地面墙壁，且命头目并富家每早亦涂擦牛粪。又将牛粪烧成白灰，研细，用好布为小袋盛灰，常带在身。每日凌晨洗面毕，取牛粪灰调水，搽涂其额并两股间各三次，为敬佛敬牛之诚。"②郑和还命令部下尊重当地风俗。郑和尊重古里国的宗教信仰，反映了他们对当地宗教文化的一种遵从性，并以文字为媒介向中国人民介绍了古里国的这种宗教信仰。同时，古里国人民的信仰也很虔诚，"俗淳厚，尚信义"③，给郑和使团的成员们留下了美好而深刻的印象，感染了使团的成员。其中费信曾这样歌颂道："古里通西域，山青景色奇。路遗他不拾，家富自无欺。酋长施仁恕，人民重礼仪。将书夷俗事，风化得相宜。"④郑和使团于1407年在古里国建起了碑庭，立石题词："去中国十万余里，民物咸若，熙皞同风。刻石于兹，永示万世。"⑤题词言简意赅，既显示了中国灿烂悠久的文化，又向海外人民传播了郑和使团对古里国纯朴风俗的赞美和中国愿与海外人民结好的崇高情操。

① 〔唐〕玄奘：《大唐西域记》卷11《僧伽罗国》后附记，明摸嘉兴府楞严刊本。
② 〔明〕马欢著，冯承钧校注：《瀛涯胜览校注·古里国》，中华书局，1955年，第43—44页。
③ 〔明〕杨一葵、梁天锡：《裔乘·古里传》。
④ 〔明〕费信著，冯承钧校注：《星槎胜览·古里国》，中华书局，1954年，第35页。
⑤ 郑一钧：《论郑和下西洋》，海洋出版社，1985年，第409页。

(三) 道教的传播

郑和使团在传播伊斯兰教、佛教的同时，也传播了道教，尤其是对海神"天妃"的传播。郑和使团远航能安全返回，当然归功于以郑和为首的一批航海家和船舶性能的优良、航海技术的先进。但在当时科学不够发达的封建时代，人们寄希望于神力，乞求天妃神灵的庇护。郑和使团第四次下西洋，远航忽鲁谟斯及东非沿岸，开辟了横渡印度洋的新航线，是前三次航海无法相比的。郑和使团把这归功于海神天妃，对内对外渲染一种神秘气氛，传播天妃的神功和神力，引起了明朝统治阶级极大的兴趣，因此明成祖批准在南京仪凤门外狮子山下兴建了一座金碧辉煌的天妃宫，并立有御制弘仁普济天妃宫之碑。碑文中描述了航海遭遇飓风时险象环生的危险场面，船员们在与飓风搏斗的同时，祈求天妃神灵的保佑。碑文也描述了天妃搭救众人，化险为夷的情景："乃有神人飘飘云际，隐显挥霍，上下左右，乍有忽无，以妥以侑。旋有红光如日，煜煜流动，飞来舟中，凝辉腾耀，遍烛诸舟，高高有声。已而烟消霾霁，风浪帖息，海波澄镜，万里一碧，龙鱼遁藏，百怪潜匿，张帆荡舻，悠然顺适，倏忽千里，云驶星疾。咸曰：'此天妃神显灵应，默伽佑相。'"① (图15-15)

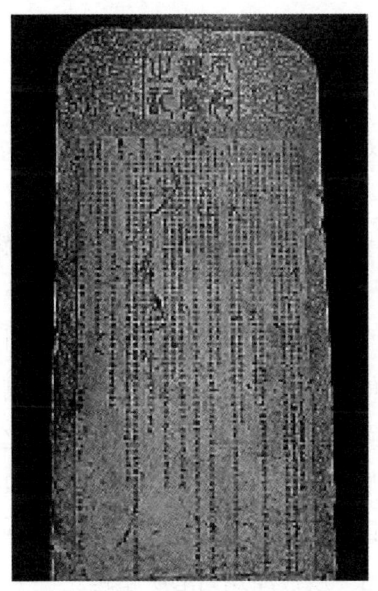

图15-15：长乐郑和天妃灵应之记碑

---

① 郑一钧：《论郑和下西洋》，海洋出版社，1985年，第297页。

此外，郑和使团还以"天妃宫""石碑"及碑文等实物和文字语言为媒介，向海内外人民传播了道教文化。虽然碑文中描写的"天妃"显灵的种种奇观纯属臆造，但这种传播方式产生了很好的传播效果，在当时的中国引起了共鸣，使中国人民更加相信天妃的"神力"与"神功"，更加崇敬道教；同时也向海外人民昭示了中国的宗教文化，海神"天妃"的神力能够助人战胜海浪飓风，希望海外诸国能在海神天妃的庇护下踊跃来华，"洪涛巨浪帖不惊，凌空若履平地行。雕题卉服皆天氓，梯航万国悉来庭"。

第五节　明代繁荣的海港城市

海上丝绸之路的主港历代多有所变迁。汉代海上丝绸之路始发港为徐闻古港，自3世纪30年代起，广州取代徐闻、合浦成为海上丝绸之路主港。宋末至元代时，泉州超越广州，并与埃及的亚历山大港并称为"世界第一大港"。明初海禁，加之战乱影响，泉州港逐渐衰落，漳州月港兴起。伴随着海港的形成及商业的繁荣，这些城镇也逐渐发展为繁荣的商业都会，成为闻名遐迩的海港城市。

一、广州港

广州是我国最早的对外贸易港。它自秦汉时岭南的一大都会发展成为吴晋南朝时期南海交通之枢纽，唐宋时期为东方世界性海洋贸易圈的中心，除元代外，它一直是中国海上贸易的主要港市，历久未衰。郝玉麟《广东通史》云："桓帝时，扶南之西，天竺、大秦等国，皆由南海重泽贡献，而贾蕃自此充斥于扬、粤矣。"是见，西汉时期广州就已和西亚或非洲发生贸易关系。有元一代，广州作为中国主港的地位虽为泉州所取代而退居其次，但仍不失为一个繁荣港市，依然在海上丝路上发挥其重要作用。广州较之于泉州，从历史传统因素、地理条件看，皆明显地处于优势。它之所以居于泉州之下，是政治等因素一时起作用的结果。所以，及明王朝一建立，广州又恢复了其作为中国主要港市的地位，仅于明中叶曾一度被漳州月港所超越。

明初，于宁波、泉州和广州分别设置市舶提举司。指定宁波通日本，泉州通琉球，广州通占城、暹罗和西洋诸国。从各市舶司分管各国市舶的区域范围看，广州包揽了南向一途的广阔区域。显而易见，广州主港的地位已恢复。有明一代，尽管其他市舶司有罢革之时，而广州市舶司却一直未曾关闭。

然而，随着西方殖民者的到来，东南亚地区沦为其殖民地，亚洲、欧洲、美洲之间的新航路也随之开辟，这在很大程度上改变了广东对外丝绸贸易的形势，促使传统的广州—东南亚—阿拉伯地区的贸易线路逐渐没落，代之而起的是广州—澳门—果阿—欧洲航线，广州—澳门—马尼拉—拉丁美洲航线，广州—澳门—日本三大航线。唐宋元时期，频繁往来于广东海上丝绸之路贸易的阿拉伯商人在明代时几乎销声匿迹，中国商民的活动范围也仅局限于南海、东海海域，东南亚、日本以外的海上运输则皆操纵于欧洲商人手中。是时，广东的丝绸贸易中，生丝成为大宗出口商品，丝织品降到了第二位。

正德十六年（1521），广东当局因葡萄牙人在屯门岛"狂悍不道"而将其驱逐出境，并禁各国海商前往通市。于是，番舶"皆往福建漳州府海面地方，私自行商"，结果形成"利归于闽，而广之市井皆萧然"的景象。①葡萄牙等国商人"越境商于福建，往来不绝"。②由于葡萄牙殖民者占领了澳门，广州港的对外贸易实际上是由葡萄牙人垄断和操纵。而同时期的漳州月港却一直由中国政府直接管理，成为中国商人出洋贸易的主港。

尽管明代广州港的海外贸易有所起伏，但在很长一段时间内还是维持了其主港的地位，其地的商业经济呈现出繁荣景象。对此，明初孙蕡之《广州歌》道："岗峨大舶映云日，贾客千家万家室。"③生动地描绘了广州海舶云集，商业繁荣的景观。正统年间王莹写的《重修羊城街记》中说："豪商大贾，珠物奇货，亦于斯萃焉。"嘉靖以后，市区越发繁荣。旧有的城区已经不能提供足够的商业活动场所。城南门之外一带因以成市，"东西亘六七里，人烟辐辏，货贿山积，盖合城繁华之所都也。"屈大均也指出，这一带"香珠犀象如山，花鸟如海，番夷辐辏，日费数千万金"。④不难想见，明代广州港的繁荣与富庶。

---

① 〔明〕严从简著，余思黎校：《殊域周咨录》卷9《佛郎机》，中华书局，1993年，第323页。
② 〔清〕张廷玉等：《明史》卷325《外国六》，中华书局，1974年，第8432页。
③ 〔明〕孙蕡之：《广州歌》，《孙西庵集》卷3。
④ 〔清〕屈大均：《广东新语》卷17，中华书局，1985年，第475页。

二、明州港

明州（宁波）是我国历史上对外贸易的一个重要港口。秦汉时，宁波港附近已建置了鄞、䣝、句章三县。唐宋时，已成为我国对外贸易的三大港口之一。明代，宁波港的海外贸易进入了繁荣时期，尤以官方的勘合贸易最盛，而民间海上贸易亦十分频繁。明代宁波港在唐宋以来海外贸易的基础上，相继设立了一系列对外贸易机构，如市舶司、市舶库、市舶码头、驿馆等。其中，市舶司又称市舶提举司，永乐元年（1403）设在元末方国珍的住宅区（即今宁波市中山公园九曲湾一带）。永乐四年改建为安远驿，再以驿西原方国珍花厅为市舶司，并添建吏目厅于右边，直到嘉靖中期一度关闭市舶司后，又改为巡视海道司。市舶司由市舶提举和市舶太监主管。明代的舶司已类似当今的海关，主要负责对入境货物、物品、行李、货币、金银和运输工具等进行监督检查，执行查禁走私等任务。

明代，宁波港的出口商品主要为丝绸及瓷器。其中，自宁波港起航的丝绸出口贸易航线主要有三条。第一条是从宁波起航，经普陀山，出双屿港，从韭山横渡东海至日本的五岛、长崎、博多、兵库、难波（今大坂）或坊津等地。第二条从宁波南下，经温州、泉州、广州，过南海，再经越南、泰国、马来西亚（分支线经菲律宾、印度尼西亚各地），横穿马六甲海峡，再经缅甸、印度、斯里兰卡、伊朗、阿拉伯至非洲东海岸各国。支线进入红海和波斯湾，可抵西南亚诸国。第三条从宁波南下，经广州到菲律宾马尼拉，再横渡太平洋到北美洲墨西哥阿卡普尔科港，然后分别往南美洲的秘鲁、智利、阿根廷以及中美洲加勒比海地区诸国。同时，以宁波为中心的陶瓷器出口航线，在国际上被称为"陶瓷之道"。它的北线通朝鲜、日本，南线经泉州到广州，然后分别往菲律宾、交趾和南洋各国，再绕马来半岛出马六甲海峡，横渡印度洋抵孟加拉湾和波斯湾沿岸诸国，接着继续向西，往南抵达非洲东海岸大小国家，往北进入红海，经过一段陆运后便伸入地中海沿海诸城市，最远到达西班牙等地。

明初，统治者禁绝私人海上贸易，将海上贸易的控制权纳入国家的直接管制之下，即所有海上贸易都必须经过朝廷同意并在各港口市舶司的主持与监督下进行。基于此，明初全国只开放宁波、泉州及广州3个沿海港口为对外贸易港口，其中宁波专门与日本进行海外贸易，其贸易以日本政府单方朝贡的形式展开，因此被称为中日朝贡贸易。又因为勘合底簿为双方官方贸易的凭据，因此这一贸易形式也被称为勘合贸易。易言之，宁波作为唯一专通日本贸易港口地位的确立是在明朝初期。来自日本的贡船有代表幕府、大名和寺社的使者，还搭有大批私商，装载大宗货物。其货物大致可以分四类：贡献方物、国王附搭物、使臣自进物和私商搭载货物。方物主要有刀剑、硫黄、铜、扇、苏方木（染料）、描金品、屏风、砚等。特别是日本刀（俊刀），自从宋代以来即为我国人民所珍视。而我国输入日本的则主要是明朝的铜钱、书籍、名画、瓷器以及大量的丝绸纺织品和精巧的家具。其中尤以书籍和铜钱最为日本人所需要。

明中后期，宁波港式微。宁波港衰落的主要原因是倭寇的侵扰与海禁的厉行。明洪武年间，倭寇就不时侵扰我国沿海地区。洪武十七年（1384）朱元璋令汤和等巡视海上，加强海防，实行海禁。洪武十九年（1386），胡惟庸、林贤通倭事败露，导致中日绝交，直到明成祖朱棣即位才恢复邦交。永乐元年（1403），置市舶市，与日本进行勘合贸易，日本的商舶贡使直达宁波，然后使节入京，商舶、货物等皆留宁波。但倭寇之害依然如故，如永乐十五年（1417）倭寇"屠乐清"，陷松门"一城受害无算"，①嘉靖时，武备松弛，倭寇劫东库，焚宾馆，杀虏我边防将士多名，夺舶出西霍山洋，朝野震惊。嘉靖皇帝下令停止宁波市舶，直到万历二十七年（1599）以后，宁波才恢复舶司，但已不复往日盛况了。宁波罢舶司后，中外商贾曾一度麇集于舟山群岛的双屿。双屿因而一跃成为国际性走私港。

三、泉州港的衰落与福州港的兴起

泉州，从南朝以来，就是我国海外贸易的一个港口。元朝，泉州港的发展达到极盛，为"殊方别域、富商巨贾之所窟宅，号为天下最"，②在我国海外贸易中占首要地位。明代，泉州港却明显衰落了，其衰落的原因是多方面的。首先是元末的动乱破坏，各支地方武装在泉州互相争斗，时间达十余年，使泉州一地骤为萧条。二是西方殖民势力的东侵，使东西方的海上通商出现了新的形势，影响了泉州港的继续发展。三是晋江本身泥沙沉积，河床上升，江道变浅，不能驶进、停泊大船。另外，还有倭寇的不停骚扰。加之，明初统治阶级实行海禁，这对以港口经济为主要支柱的泉州来说无疑是致命的打击。前来泉州贸易的外国商人锐减，港口贸易进一步走向衰落。虽然明朝政府于永乐元年

---

① 光绪《台州府志·武备志》；《乐清县志》卷14。
② 吴澄：《送姜曼卿赴泉州路录事序》，载《吴文正公集》卷16。

（1403）又在泉州置市舶司，然"其所司者朝贡一事而已"，只是负责接待外国使者，并无组织海外贸易的职权。况且"仅通琉球"，对外交通的范围极其有限。（图15-16）

图15-16：万历十二年晋江商船旗

与此同时，实行禁海政策后的明朝海外贸易以朝贡贸易为主，尤以中琉贸易最为重要，成化八年（1470）根据福建巡按御史朱贤的奏请，福建市舶司由泉州迁至福州，市舶司的迁置进一步削弱了泉州港在海外贸易中的地位，原定"泉州通琉球"的中琉贸易的中心由泉州转移到福州，以福州为中心的中琉贸易空前繁荣，泉州的对外贸易只剩下为数不多、被政府所严格禁止的海上私人贸易。从北宋到明初历时380余年的泉州市舶司，至此结束使命。

福州港的海外贸易可远溯唐代以前，而兴于五代。是时，福州港作为国际贸易港虽地位和作用远不如泉州，但也发挥了不可忽视的辅助港作用，如宋代乃是"潮回画楫三千只，春游红楼十万家"①的繁华都会。到了元末明初泉州港衰落后，明政府为了加强对中琉贸易的管理和控制，于成化八年（1470），将福建市舶司由泉州迁至福州，这是福州港发展史上具有划时代意义的事件，继而成就了福州港中国重要对外贸易港口的地位。

中琉贸易以官方贸易为主，官方贸易中部分贡品允许在福州进行贸易。根据规定，琉球来华朝贡的物品除进贡品和市舶司收购一部分外，其他货物可在福州买卖，"朝贡附至番货，欲与中国贸易者官抽六分，给价偿之，仍免其

---

① 温溢：《咏福州》，载《舆地纪胜》卷128，江苏广陵古籍刻印社，1991年，第967页。

税",也就是说只要缴纳一定的税金,这些货物可以在民间贸易。在全国对外贸易大幅度减少、蕃货奇缺的情况下,福州港成为全国蕃货的主要集散地,各地商人为了牟取暴利纷纷来到福州港进行贸易,这从客观上推动了福州港的兴盛。

除官方贸易外,中琉贸易间还夹杂了私人贸易。一方面,中国出使琉球的使者私下从福州带货到琉球贸易。另一方面,琉球使者到中国也在"朝贡"名义下进行商业贸易。在明朝统治者的纵容下,来华朝贡的琉球使者对于走私贸易更是有恃无恐,私人贸易的发展在一定程度上也促进了福州港口贸易的发展。

四、月港的崛起

月港(今福建龙海市海澄)位于漳州府治(今芗城区)东南50里,因其形如月而得名。明朝中叶,随着我国农村生产经营逐步活跃,出现了商品经济和资本主义萌芽,商业资本和手工业迅速发展,对外贸易需求日趋迫切。当时,明朝政府推行"海禁"政策,东南沿海地区原有的福州、泉州等对外通商港口被关闭,商船进出受到严厉的查禁,许多民间海外商船为了冲破官府的"海禁"限制,不断地寻找新的对外通商口岸。而漳州月港腹地广阔,水陆交通便利,民间贸易繁荣,官兵把守松弛,是经营走私贸易的理想之地,于是明代中叶便成为海上贸易中心地区之一。正统、景泰年间(1436—1456),月港已是"居民多货蕃且善盗"①,成化、弘治之际(1465—1506)呈现"人烟辐辏,商贾咸集"②的繁荣景象,成为福建沿海一大市镇,有"小苏杭"之称。正德、嘉靖年间(1506—1566),"月港豪民多造巨舶向外洋交易……法不能止"。③月港发展成为福建最大的民间走私海外贸易港。这时期,月港的私造大船来往暹罗、马六甲、彭亨、日本、琉球等国,"与蕃舶夷商贸贩方物","络绎于海上"。④广东、浙江的海商也于"漳泉等处造船置货,纠党入蕃"。⑤葡萄牙、

---

① 乾隆《海澄县志》卷24。
② 乾隆《海澄县志》卷22。
③ 乾隆《海澄县志》卷7。
④ 〔明〕张时彻:《招宝山重建宁波府知府凤峰沈公祠碑》,《明经世文编》卷243,中华书局,1962年,第2542页。
⑤ 〔明〕胡宗宪:《广福浙兵船当会哨论》,《明经世文编》卷267,中华书局,1962年,第2825页。

日本等国的商船也常抵月港门户浯屿、料罗湾、南澳等，有时多达十几艘，"月港商贾辄往贸易，禁之不可"。①月港一时"民居数万家"，"人货汇聚"，"方物之珍，家贮户峙"，"其民无不曳绣蹑珠者"。②

隆庆元年（1567），明政府局部开放海禁，在月港设立县治并开设"洋市"，准贩东西洋，这标志着月港已由违禁的走私贸易港口转变为合法的民间私商海外贸易港，月港由此进入了新的历史阶段，在③万历年间（1573—1620）达到全盛，是时，"四方异客，皆集月港"。④月港的商舶到达东南亚40多个国家和地区，并常抵印度、日本，与欧亚商人广泛交易，"所贸金钱，岁无虑数十万"。⑤月港输出的商品主要有丝绸、布匹、瓷器、茶叶、砂糖、纸张、果品、铁器等；输入的物品据《东西洋考》所录达114种，品种之多超过历代名港。设"洋市"后，明政府在月港设置督饷官吏，负责征收饷税。初开禁时，月港的舶税仅3000多两，而万历四年（1576）"额至万金"、万历十一年（1583）"累增至二万有余"，万历二十二年（1594）竟"骤溢至二万九千有奇"。⑥是时，许多文人墨客都对月港的繁华景象进行了描述。今日的月港故地也尚有一部分遗址、遗物，如旧商行、大船桅杆、古码头、晏海楼、溪尾铳城遗址以及有关碑刻，可以与文献资料相印证。

由于专制主义的摧残和西方殖民主义势力的侵扰、破坏等原因，天启年间（1621—1627）月港走向衰落。崇祯六年（1633）关闭"洋市"。月港由兴至衰，经历了两个世纪，在明代中后期的海外交通史和海外贸易史上占有极其重要的地位。连国外的学者也指出："三四百年前，中国（东南）对外通商的地区也曾三变，先泉州，次月港，最后厦门。"⑦

五、繁富的登州港

登州位于山东半岛的北端，北望辽东半岛，东望朝鲜半岛，是扼守渤海海峡的咽喉，登州所辖的庙岛群岛在中朝海上交通中起纽带连接作用。独特的地

---

① 乾隆《海澄县志》卷18。
② 〔明〕朱纨：《甓余杂集》卷23。
③ 唐天尧：《试论明代月港兴衰的原因》，《福建师范大学》1982年第8期。
④ 〔明〕董应举：《崇相集·闽海事宜》。
⑤ 〔明〕张燮著，谢方点校：《东西洋考·周起元序》，中华书局，1981年，第17页。
⑥ 〔明〕张燮著，谢方点校：《东西洋考》卷7，中华书局，1981年，第133页。
⑦ 〔美〕菲律乔治：《西班牙与漳州之初期通商》。

理位置使登州在中朝海上交通中拥有突出的优势,所以明初和明末的朝鲜使者都是行登州航线进明都朝贡。登州又处于连接明朝南北方沿海贸易重镇和朝鲜半岛的交汇点上,各地大量的物资在这里集散中转,登州成为中朝官方贸易的基地和通道,两国的民间商人也云集于此,登州港发展成为中朝海上贸易的重要商埠。(图15-17)

图15-17:蓬莱古船博物馆收藏明代四爪铁锚

登州港水流平稳,海面平静,水域之内曾是桅杆林立,商船来往频繁。明天启三年(1623),朝鲜使团书状官李民宬的《敬亭集》中就描写了他所见到的登莱巡抚袁可立治下的登州:"屯田农幕,处处相望,商船战舰之抛泊近岸者,不知其数";《崇祯长编》中描写登州:"商旅之往来云集登海上,登之繁富遂甲六郡";①洪翼汉《花浦朝天航海录》中也描述登州:"街市中的豪华住宅鳞次栉比,实为雄藩巨镇"。由此可见,登州海岸商船云集,登州城繁华富丽,民间商业贸易繁荣。

天启元年(1621)登州航线复航后,登州成为中朝之间的主要官方通道,借助官方往来之机,两地民间商人的贸易活动更为频繁活跃,民间交易货物的数量和规模都相当大。明朝商人从登州买进丝绸、火药、粮食等货物,在朝鲜卖出,再购买朝鲜的马匹、木材、人参、药材等货物运至登州销售。此时明朝政府的海禁政策也有所松动,朝鲜政府因急需中国的货物,不仅对明朝商人前往朝鲜贸易的行为持默许态度,也鼓励支持朝鲜商人来明朝贸易。当时的朝鲜

---

① 《明实录·崇祯长编》第95册。

使臣出使明朝，使船都会有一些商人随行，他们在登州上岸后从事商品贸易，然后再随从使船回国，往返跟随使船可以保证行程安全。

明代登州与朝鲜海上贸易的繁忙，不仅在史料里可以得到证明，在考古发现中也得到佐证。蓬莱水城清淤发掘中发现了许多瓷器，其中发现较多的为景德镇瓷器，个别器物为朝鲜瓷器，多为元明清时期之遗物。这里尤要提到的是两件朝鲜的粉青沙瓷碗，它们的时代应在元末或明初，从而为我们分析登州港与各地的交流，特别是与日本和朝鲜的交流提供了重要的研究资料。同时，亦不难想见，这些瓷器要么销往中国北方，要么销往朝鲜和日本，其中肯定有一部分瓷器销往朝鲜。两件朝鲜时期的粉青沙瓷碗在登州港出土，说明当时朝鲜的瓷器也运往登州销售。这些考古发掘的瓷器为明代登州与朝鲜的瓷器贸易状况，作了跨越时空的展示。

明代，中朝双方在登州官方贸易的主要物品有军火、米粮、马匹和布绢，这些官方贸易的物资依托于山东半岛发达的纺织业和粮食种植业，又因为登州有得天独厚的海运条件，促成了登州港在中朝官方贸易活动中的重要作用。朝鲜于登州购买军火物资，如制造火药的硝黄以及制作弓箭所需的牛角等，登州也从朝鲜购买军事武器和战船。崇祯四年（1631）六月，登州军门孙元化向朝鲜购买鸟铳、铜锅和战船，朝鲜"先许鸟铳五百柄、铜锅一百口以送之"，①七月又送战船四十艘。崇祯五年（1632），朝鲜译官韩彦博再次运送孙元化购买的战船至登州，"带领孙军门所求兵船，交割登州"。万历年间，明政府东征倭寇，是时即自登州运粮至朝鲜。天启元年（1621）登州航线复航之后，明朝的官员极力主张自登州运送粮食至朝鲜。天启四年（1624）五月，朝鲜发生旱情，饥荒颇为严重，为缓解饥情，朝鲜"贸米于登州"的请求获得明政府同意，于是移咨东江都督和登州军门，登州负责办理朝鲜的购粮事务，利用朝鲜使节上京朝贡期间闲置在登州的使船，运送粮食至辽东和朝鲜。登州粮食大量运往朝鲜，不仅满足了朝鲜军队所需，也帮助朝鲜百姓度过了饥荒之年。朝鲜在登州购粮、运粮，登州地方政府也给予大力协助。

---

① ［朝鲜］《仁祖大王实录》卷24，九年六月壬子。引自侯馥中：《明代中国与朝鲜贸易研究》，山东大学博士学位论文，2009年，第128页。

第十六章

清代丝绸之路的兴废

第一节　清代西北陆路丝绸之路

清顺治二年（1645）六月，随着西北地区最后一支农民军被攻灭以及清廷对西宁、河西等地安抚土司政策的落实，清朝在陕甘地区的统治秩序基本稳定。随后清廷又陆续镇压了米喇印和丁国栋、王永强等人领导的抗清斗争，平定了三藩之乱期间的王辅臣叛乱，自此以后，清初陕甘地区在清廷统治下社会稳定、经济繁荣、商贸活跃。然而，作为西北陆路丝绸之路重要出关通道的广大西域地区，在清政权建立之后近百年的时间里处于蒙古准噶尔部统治之下，内部矛盾复杂，各派之间纷争不断，对清廷时叛时附，劫掠过往商旅，盘剥压榨劳动人民。

蒙古准噶尔统治西域时期，先后发生了噶尔丹叛乱、策妄阿拉布坦叛乱、噶尔丹策零叛乱、达瓦齐与阿睦尔撒纳叛乱、天山南路大小和卓叛乱、张格尔和卓之乱、玉素甫和卓之乱、七和卓①之乱、倭里罕和卓之乱等多次叛乱。除此之外，和硕特蒙古首领罗卜藏丹津曾在青海地区发动叛乱。众所周知，丝绸

---

① 七和卓，指玉素甫之子迈买的明、倭里罕、克齐克汗条勒、塔瓦克尔条勒、萨比尔罕条勒、阿克恰干条勒和伊善罕条勒等7名和卓后裔。

之路是一条中西各国和平交往的大通道，是各民族团结和友谊的见证，然而，西域地区作为古丝绸之路的必经之地，如此频仍之战乱带给广大人民深重的灾难，对西北陆路丝绸之路的商贸流通也产生一定影响。针对上述情况，清政府采取有力措施，有效维护了国家统一和西北边疆的安全稳定，从而保证了西北陆路丝绸之路再次畅通无阻，为西北陆路丝绸之路的最后辉煌创造了便利条件。

一、清朝与西域及中亚藩属国的贸易概况

（一）"朝贡"与"互市"

"朝贡"与"互市"是历代中央政府对边疆民族地区进行怀柔与控制的经济手段，在明朝时颇为盛行。通过"朝贡"与"互市"，广大西北边疆少数民族地区与中原王朝密切联系起来，成为西北陆路丝绸之路上各民族经济文化交流的重要手段。清朝政权建立以后，沿袭了明朝的"朝贡"与"互市"制度，"朝贡"是中央政府与各民族政权、土司以及外国进行的物资交换（主要是赏赐），是怀柔与控制各民族政权的手段；"互市"主要是由政府设置与管理的汉族与少数民族进行商品流通的集市。"朝贡"与"互市"两种交易形式在清初西北陆路丝绸之路沿线地区均有发展。

1.清代西北陆路丝绸之路上的"朝贡"贸易

清初，天山南北准噶尔、叶尔羌汗国等各地少数民族地方政权在不同时期都与清王朝保持着"朝贡"贸易关系。

（1）准噶尔

准噶尔部在满族统治者入关之前就与其建立了贸易关系，《清太宗实录》崇德三年（1638）十月庚戌条载，"达尔汗诺颜艾松古等，于归化城遇厄鲁特部落墨尔根戴青来贡马匹，遂偕至军营"。这里提到的墨尔根戴青是哈喇忽剌次子，巴图尔珲台吉之弟。此后崇德六年（1641）、崇德八年（1643）都有准噶尔部向远在关外的满族统治者进贡，以及满族统治者给予惠赐的记载。清军入关确立在全国的统治地位后，这种朝贡关系得以继续并有扩大之势。据记载，顺治三年（1646），和硕特部固始汗曾派人进京进贡"方物"，厄鲁特各部"附名以达"之领主有21位之多。在这些领主中，准噶尔部即占三分之一，达7

人。①噶尔丹上台执政的次年（1672），就请求与清廷建立朝贡关系，"理藩院议复，厄鲁特噶尔丹台吉疏言，伊兄僧厄台吉在时，曾遣使进贡。今请亦准照常遣使进贡，应如所请。从之"。②噶尔丹的要求得到清廷批准以后，康熙十一年（1672）十二月噶尔丹正式遣使进京，受到清廷的赏赉。③"此后，除康熙十四年（1675）没有发现记载以外，一直到1688年喀尔喀战争爆发，噶尔丹每年都向清朝通使或通信，保持较密切的联系。"④至于进京朝贡所携带物品，大多是本土特产。以康熙二十一年（1682）噶尔丹随清使回谢清廷赏赐为例，噶尔丹使者携带物品有："马四百匹、骆驼六十头、貂皮三百、银鼠五百、猞猁狲皮三张、沙狐皮一百、黄狐皮二十、活雕一只、贴金牛皮五张、厄鲁特鸟枪四杆。"⑤清廷给予准噶尔的赏赐之物，大多是贵重饰品及丝棉织品，诸如珊瑚素珠、皮靴缎袜、缎、布等。准噶尔与清廷之间的贡使贸易一度非常繁荣，准噶尔入关使团规模不断扩增，"常至数百人"⑥，多时"或千余人，或数千人，连绵不绝"。⑦

（2）叶尔羌汗国

叶尔羌汗国是由苏丹赛义德汗在1514年于原察合台汗国的旧地上建立的一个国家，维持至1680年为准噶尔所灭，历时166年。疆域包括土鲁番、哈密、塔里木盆地。叶尔羌汗国很早就与明政府建立了贡使贸易关系，"15世纪，仅哈密就向中国派遣了292个使团。从文献记载中可以看出，这些使团的大多数具有商业性质"⑧。

清朝建立以后，叶尔羌阿不杜拉汗就与其建立了传统的贡使关系，他委托在土鲁番的小汗阿布伦·木汗默德·阿济汗预备遣使北京。1646年，阿济汗根据阿不杜拉汗的意见，以祝贺新皇帝登基为由，向清廷遣使纳贡。顺治皇帝在

---

① 谷苞：《西北通史》第4卷，兰州大学出版社，2005年，第37页。
② 〔清〕张廷玉等：《清圣祖实录》卷38康熙十一年正月庚午，中华书局，1987年，第506页。
③ 〔清〕张廷玉等：《清圣祖实录》卷40康熙十一年十二月己未，中华书局，1987年，第542页。
④ 黑龙：《噶尔丹统治时期的准噶尔与清朝关系研究》，内蒙古大学博士学位论文，2005年，第53页。
⑤ 〔清〕温达等：《亲征平定朔漠方略》卷2。
⑥ 〔清〕张廷玉等：《清圣祖实录》卷111康熙二十二年八月庚子，中华书局，1987年，第136页。
⑦ 〔清〕张廷玉等：《清圣祖实录》卷112康熙二十二年九月癸未，中华书局，1987年，第151页。
⑧ 〔苏〕M.库特鲁科夫著，苗普生译：《15世纪至17世纪叶尔羌汗国与中原王朝的关系》，《中国边疆史地研究导报》1990年第5期。

北京接待贡使并谕曰:"尔等诚能恪修贡献,时来朝贺。大贡小贡,悉如旧例,恩礼相加,岂有忽忘之理。今遣马萨郎、虎伯峰,并都督职事阿巴火者等回国,特赐彩缎表里。"①1656年,阿不杜拉汗组织了一个300人的庞大使团前往北京,得到皇帝接见,并在谕旨中说:"尔土鲁番国早识时数,贡赋维谨。今又遣使入贡,诚笃之意,实可嘉悦。念尔国远隔山河,跋涉不易,宜加赏赉,用劝忠诚。今遣归来使,特赐尔缎三百三十八匹、绢七百二十三匹,以昭宠锡之意。"②从"今又遣使入贡"来看,清初土鲁番与清王朝的贡使贸易是很频繁的。即使是在叶尔羌汗国受到准噶尔部的军事威胁期间以致被准噶尔所灭的前后几年内,这种朝贡关系一直没有中断。"在一段时间内,叶尔羌和吐鲁番还继续与清朝政府保持商业和政治上的联系。因此,汉文史料报道了1673年、1674年、1681年、1686年、1687年和1696年有关来使的情况。"③足见叶尔羌汗国与清政府朝贡贸易的重要性。(图16-1)

图16-1:叶尔羌汗国钱币

(3) 中亚其他藩属国

清统一以前,地域上和我国相毗邻的中亚地区就与南疆地区存在着贸易往来,清朝平定准噶尔叛乱期间,这种贸易曾一度遭到削弱。平定准噶尔部叛乱

---

① 《清世祖实录》卷26顺治三年六月壬午。
② 《清世祖实录》卷103顺治十三年九月丁未。
③ [苏] M.库特鲁科夫著,苗普生译:《15世纪至17世纪叶尔羌汗国与中原王朝的关系》,《中国边疆史地研究导报》1990年第5期。

以后，中亚诸部如布鲁特、博罗尔、浩罕、巴达克山就表示臣服于清，积极觐见朝贡，以便获取中国物产。乾隆皇帝对此十分重视，表示"所有哈萨克、布鲁特、巴达克山等部人，均为大皇帝臣仆。尔部如欲遣头目入觐，以展归化之诚，必代奏闻"①。于是，"左右哈萨克、东西布鲁特、霍罕、安集延、玛尔噶朗、那木干、塔什罕、拔达克山、博洛尔、布哈尔、爱乌罕、痕都斯坦、巴勒提诸部，自西域底定，并岁时朝贡唯谨焉"②。（图16-2）

图16-2：《平定准噶尔图卷》（局部）

中亚诸部与清廷朝贡贸易非常频繁。仅以浩罕汗国为例，其在乾隆年间曾经八次遣使进京觐见③。时清廷规定，中亚诸部要经由喀什噶尔参赞大臣上奏北京，通常情况下是给这些使臣颁发谕帖和赏物后遣送回去，只有在皇帝许可的情况下他们才能到北京入觐，因此中亚诸部到喀什噶尔入贡的次数要更多。有资料显示，乾隆二十七年（1762）至道光元年（1821）60年间，浩罕汗国共向喀什噶尔遣使48次。④

2.清代西北陆路丝绸之路上的"互市"贸易

清初，生活在天山南北的蒙古人以畜牧为生，所有生活资料均来自畜牧业生产，正如史书所载"饥食其肉，渴饮其酪，寒衣其皮，驰驱资其用"⑤。"一般牧民所用的棉絮、棉线、丝线以及台吉、宰桑用的锦缎、丝绣等物，均须出

---

① 《清高宗实录》卷615乾隆二十五年六月壬寅。
② 《嘉庆重修一统志》卷516，中华书局，1986年，第25869页。
③ 《清宣宗实录》卷15道光元年三月己巳。
④ 贾建飞：《浅析乾嘉时期中亚与南疆的贸易》，《敦煌学辑刊》2005年第2期。
⑤ 钟兴麒、王豪、韩慧校注：《西域图志校注》卷39《风俗一·畜牧》，新疆人民出版社，2002年，第512页。

售驼、马向汉族住区购买。"①单纯依靠朝贡所得"回赐"之物显然不能满足这种需要,"互市"便成为少数民族部众从汉族人那里获得生活必需品的重要方式。当然,也建立在中原王朝对少数民族特产如马匹等物的强烈需求之上。早在厄鲁特蒙古和硕特首领固始汗统治时期,就与清廷建立了"互市"联系。准噶尔部统治确立之后,表现尤为明显。仅以噶尔丹统治时期为例,从康熙十六年(1677)到康熙二十七年(1688)前后11年中,噶尔丹每年遣使入中原互市,且规模逐年扩大。

据史书记载,康熙二十二年(1683),噶尔丹派入内地的使团人数"较前渐多,每一次常至数百人"②,后来发展到"千余人或数千人连绵不绝"。这也带来了一系列的问题,准噶尔使团"沿途抢夺塞外蒙古马匹、牲畜。进边之后,任意牧放牲畜,践食田禾,捆缚平民,抢掠财物"③,严重影响了沿边地区人民正常的生产生活,甚至给社会治安带来许多不利影响。因此,清政府不得不对与准噶尔的互市贸易作出一定限制,规定准噶尔使团仅限二百人可以进入长城以内,其余人员只能在张家口、归化城等处贸易。此规定同样适用于蒙古其他诸部。清廷这一做法对蒙古诸部无疑是个巨大打击,对准噶尔部而言尤其严重。因为准噶尔部随着实力的增强,对中原地区的手工业产品需求量也相应增加,清廷的限制贸易措施无法满足他们的经济要求,所以噶尔丹对清廷的这一限制贸易的措施采取了不予理睬的态度,于康熙二十三年(1684)噶尔丹"遣使古尔班拜等携伙伴三千人入贡"④。这一庞大的贸易使团显然违背了清廷关于准噶尔部的贸易限制规定,清廷采取的解决办法是"理藩院奏,请遣官验其符信。毋得过二百人,余俱遣回"⑤。鉴于清、准之间的特殊关系,康熙帝"着理藩院尚书阿喇尼前往,酌量议遣"⑥,显示出了一定的让步。但噶尔丹并不就此满足,就互市贸易问题同清廷提出交涉:"自古以来,四厄鲁特贸易,向有旧制,我等未便废也。若仍遵旧制,则凡事皆宜矣。"⑦噶尔丹的奏请虽然

---

① 金启孮:《清朝前期卫拉特蒙古和中原的互市》,《内蒙古大学学报》1964年第2期。
② 《清圣祖实录》卷111康熙二十二年八月庚子。
③ 《清圣祖实录》卷112康熙二十二年九月癸未。
④ 《清圣祖实录》卷116康熙二十三年九月乙亥。
⑤ 《清圣祖实录》卷116康熙二十三年九月乙亥。
⑥ 《清圣祖实录》卷116康熙二十三年九月乙亥。
⑦ 〔清〕张廷玉等:《清圣祖实录》卷121康熙二十四年七月壬午,中华书局,1987年,第282页。

没有得到清廷的应允，但可以从中看出互市贸易对边疆少数民族的重要意义。噶尔丹曾给康熙的信中如此说道："厄鲁特从来进贡贸易，各自分行。今概不得往来，我国之人殊为忧苦。今请照常行走。"①此后，即使是在清廷与准噶尔部交战时期，出于准噶尔的经济需求以及清廷控驭少数民族政权的需要，互市贸易仍然断断续续进行。乾隆四年（1739），清、准双方达成肃州贸易协议。②此后，清廷多次在颁给准噶尔部的敕谕中，主动提出将按照定例在京师的贸易改在肃州。③于是，肃州成为准噶尔与清廷互市贸易的主要场所，这对准噶尔部来讲十分有利，贸易由此迅速发展。据不完全统计，乾隆十一年（1746）、乾隆十三年（1748）、乾隆十五年（1750）、乾隆十七年（1752）四次于肃州的定期互市双方贸易额就达30多万两白银。④肃州贸易的主要货物为牛、羊、马、驼等牲畜，还有皮张、硇砂、羚羊角、葡萄等。后来，肃州贸易又发生了两大重要变化，其一是开辟了作为肃州贸易的补充和组成部分的哈密贸易，⑤其二是非贸易贡使携带货物成了常例。⑥如此一来，准噶尔使臣携货于肃州、哈密，贸易迅速发展起来，规模不亚于官方互市贸易。据统计，雍正十三年（1735）⑦至乾隆十九年（1754），准噶尔使臣携货于肃州、哈密贸易额也接近30万两白银。⑧反映了西北陆路丝绸之路在清初也曾辉煌一时。

（二）茶马互市

茶马互市实质是"在封建国家财经计划的范围内，由政府组织的一种易货

---

① 〔清〕张廷玉等：《清圣祖实录》卷137康熙二十七年十一月甲申，中华书局，1987年，第498页。
② 张羽新：《肃州贸易考略》（上），《新疆大学学报》1986年第3期。
③ 乾隆八年（1743），清中央政府颁发给准噶尔部首领噶尔丹策零的敕谕中提道："皆系自备脚力，原属艰难，京师道远，力不能前，即在肃州贸易，亦属可行……如欲来京贸易，于定限年分仍来京；不然，即在肃州亦可。"乾隆十一年（1746），准噶尔使者向乾隆皇帝奏请："今年乃我等宜入京贸易之年，前以我等之贸易，倘念路途遥远，不便抵京，于肃州贸易后返回亦可。等因商定。今吾商队，将接踵而至，此间，或将抵肃州，拟请即于彼处贸易后返回。"得到清廷批准；乾隆十三年（1748），清中央政府再次重申："嗣后入京途远，准其前赴肃州（贸易）。"
④ 赵令志：《乾隆年间清朝与准噶尔贸易协定初探》，《满语研究》2013年第1期。
⑤ 张羽新：《肃州贸易考略》（上），《新疆大学学报》1986年第3期。
⑥ 张羽新：《肃州贸易考略》（上），《新疆大学学报》1986年第3期。
⑦ 据《重修肃州志》记载，雍正十三年（1735）肃州贸易已经开始。这一年，准噶尔的"请和"使团已在肃州进行贸易活动，工部侍郎马尔泰也"以市易夷货至肃"。但肃州贸易正式得到清廷批准是在乾隆四年（1739）。
⑧ 赵令志：《乾隆年间清朝与准噶尔贸易协定初探》，《满语研究》2013年第1期。

贸易，即为以物易物的一种交换活动"①。在封建社会，马匹既是重要的交通运输和生产工具，又是一种非常重要的军事装备，所以历代封建统治者十分重视马政。长期以来，由于特殊的地理环境及生产生活习惯等多种因素的影响，我国边疆少数民族地区一直是重要的畜牧业区，生产包括马匹在内的大量畜产品，用以与中原地区交换多种物产。由于"番人嗜乳酪，不得茶，则因以病"②的生理特点，形成了"宁可一日无食，不可一日无茶"③的生活习惯，因此，出产于我国中部、南部、西南部地方的茶叶，便成了中原王朝用以交换边疆少数民族马匹的物品，官方控制的茶马贸易因之也成了政治上和军事上控制边疆少数民族的重要经济手段。因而，自唐代以来，西北陆路丝绸之路上的茶马贸易经久不衰，至明朝达到顶峰。史书有载："唐、宋以来，行以茶易马法，用制羌、戎，而明制尤密。"④青海省档案馆收藏有明万历二十八年（1600）茶马贸易告示，颁发者当为钦差巡按陕西监察御史徐彦登，颁行地点为庄浪茶马司所在区域及周边。该告示与徐彦登所记录的《历朝茶马奏议》可互相印证，彰显出明王朝的茶马贸易观念和政策。从中可以看出，万历时期明人对茶马贸易的认识虽因循前朝，但政策上有所放松，茶马贸易呈上升势头。明王朝增设庄浪、岷州茶马司，纳马对象扩大，将部分生番纳入到茶马贸易的对象中，不断派御史巡视茶马，革除茶马贸易中的弊端，力求达到控驭边疆的目的。⑤（图16-3）

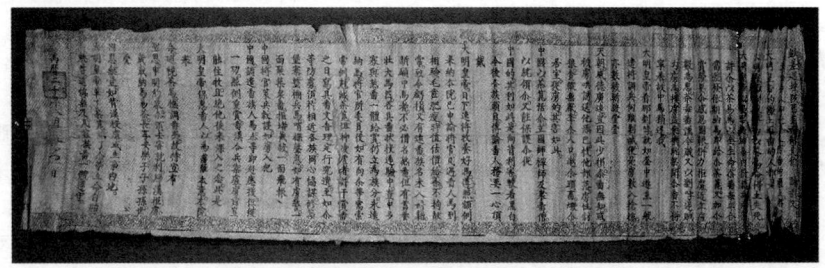

图 16-3：青海省档案馆藏万历二十八年（1600）茶马互市告示

① 李三谋：《明清茶马互市探析》，《农业考古》1997 年第 4 期，第 129 页。
② 〔清〕张廷玉等：《明史》卷 80《食货志》，中华书局，1974 年，第 1947 页。
③ 〔清〕张廷玉等：《明史》卷 80《食货志》，中华书局，1974 年，第 1947 页。
④ 〔清〕张廷玉等：《明史》卷 80《食货志》，中华书局，1974 年，第 1947 页。
⑤ 卢冬、杨富学：《青海省档案馆藏明万历二十八年茶马互市告示探蠡》，《石河子大学学报》2018 年第 3 期，第 79—87 页。

至清朝中期，官方控制的茶马贸易市场宣告结束。尽管如此，清朝前期西北陆路丝绸之路上的茶马贸易仍然延续明朝旧制，有过短暂的繁荣，不可忽视。例如顺治二年（1645），设西宁、洮州、河州、庄浪、甘州5个茶马司，由陕西茶御史管辖；顺治三年（1646），在陕西茶马御史苏京的组织管理下，上述5个茶马司积极"招番"，当年发茶引1300余道，易得马1320多匹；顺治七年（1650），易马2329匹，支茶29.64万斤；顺治十年（1653），客商运到西北各茶马司30余万斤茶叶，易马3079匹。①

（三）绢马贸易

哈萨克汗国（今哈萨克斯坦）是哈萨克人在1456—1817年间创建的国家，由术赤系的苏丹克烈汗与贾尼别克汗创立，17世纪以后分立为三个地域性集团。哈萨克人自称玉兹玉兹：地处哈萨克草原最西部、与俄国接壤的是奇齐玉兹玉兹，也称小玉兹玉兹；地处哈萨克草原中北部的是鄂尔图玉兹玉兹，亦即中玉兹玉兹；地处哈萨克草原东部，与准噶尔部相接壤的是乌拉玉兹玉兹，也称大玉兹玉兹。三部当中，小玉兹玉兹最为强大，因与俄国接壤，于雍正八年（1730）以全哈萨克的名义成为俄国的朝贡国，与清政府联系很少。中玉兹玉兹和大玉兹玉兹与中国接壤，和清政府联系较为密切，但乾隆二十二年（1757）以前，因准噶尔部的阻隔，双方联系也比较少。平准战争胜利以后，左部哈萨克苏丹阿布赉以全体哈萨克政治代表的身份向清王朝表示归顺，清、哈双方建立了藩属关系。史书记载，阿布赉向清政府归顺时表示："我等自祖父以来，未能受中国皇帝恩典，今情愿将哈萨克全部归顺，永为大皇帝臣仆。随具表文，并进马匹。"②于是，双方的朝贡贸易关系建立起来。与此同时，边境上的清朝官兵与哈萨克人也开始了更为实际的马匹与衣物的交换，"随以马二百余匹，易换官兵衣物银两"③。

阿布赉提出了建立贸易关系的请求，"请于乌陇古地方，将马匹换货物"④，得到清政府应允，并"告以道远，商贩不便。约于明年七月，在额林哈毕尔噶、乌鲁木齐等处交易"⑤。清政府与哈萨克之间的绢马贸易正式开

---

① 李三谋：《明清茶马互市探析》，《农业考古》1997年第4期。
② 《平定准噶尔方略》卷41。
③ 《平定准噶尔方略》卷42。
④ 《清高宗实录》卷548乾隆二十二年十月丙寅，中华书局，1987年，第980—982页。
⑤ 《清高宗实录》卷548乾隆二十二年十月丙寅，中华书局，1987年，第980—982页。

始。如乾隆二十四年（1759），"哈萨克贸易人事，有马数千匹，来乌鲁木齐贸易"①。清政府对此十分重视，"传谕努三、永德等即回乌鲁木齐，承办哈萨克事务，多购马匹，以给军用"②。为此清政府准备的交换物资有，"杂色苏素缎三百匹，杂色小花线缎五百匹，杂色濮院绸三百匹，杂色里绸五百匹，杂色荆花绢五百匹"③。又如乾隆二十五年（1760），继乌鲁木齐通商以后，又指定伊犁作为双方进行贸易的重要地点。据参赞大臣阿桂等奏："有哈萨克八十余人，带马五百余匹，前来贸易……以缎布交易毕，于二十九日遣回。"④这次贸易，清政府共准备各色绸缎12500匹，各色品种60种以上，价银53660两，无论是数量还是花色品种、款式等，都超越此前。⑤随着形势的发展，又陆续增加了塔尔巴哈台、乌什、叶尔羌、喀什噶尔等贸易点，绢马贸易规模进一步扩大。贸易所用绸缎由苏、杭、江宁及陕西、湖北等处专门织造，解送肃州，再转运到新疆各贸易点。交易数额由乾隆二十五年（1760）前后每年1000—2000匹不等，增加到乾隆三十四年（1769）的1.2万匹。⑥所需布匹，最早是由甘肃运办的，南疆开始贡布以后，"每年喀什噶尔、叶尔羌、和阗三处回子贡布，约共九万余匹，运赴伊犁应用。至塔尔巴哈台与哈萨克贸易所需布匹，半由伊犁转运回布，半由乌鲁木齐采买布匹应用……如有不敷，由甘省官为运办"⑦。道光六年（1826），政府从甘肃买布6万匹。⑧可见，清政府与哈萨克之间的绢马贸易，是清初西北陆路丝绸之路上极其重要的贸易形式。

（四）边境贸易

浩罕和布哈拉汗国均为中亚地区的封建国家，清朝平定准噶尔部以后，曾臣服于清王朝，积极纳贡觐见，其目的是得到清王朝丰厚的赏赐，以弥补其国内物资的短缺与不足。基于此目的，在朝贡贸易之外，以浩罕和布哈拉汗国为代表的中亚国家与清王朝在边境地区维持了长时期的贸易关系，亦为西北丝绸之路在清前期辉煌的见证。浩罕汗国本来就是一个以"垄断费尔干纳中亚地

---

① 《平定准噶尔方略》卷76。
② 《清高宗实录》卷583乾隆二十四年三月戊申，中华书局，1987年，第464页。
③ 乾隆二十四年十二月二日吴达善奏折，转引自《历史档案》1985年第4期。
④ 《清高宗实录》卷628乾隆二十六年正月戊申。
⑤ 李明伟：《丝绸之路贸易史》，甘肃人民出版社，1997年，第632页。
⑥ 谷苞：《西北通史》第4卷，兰州大学出版社，2005年，第301—302页。
⑦ 《清宣宗实录》卷103道光六年八月乙丑。
⑧ 谷苞：《西北通史》第4卷，兰州大学出版社，2005年，第302页。

区、帕米尔以西诸国以至阿富汗、印度与中国的贸易,凭借边境贸易以商立国"①的封建国家,"浩罕商人在18—19世纪中亚贸易中几乎起着中古时期粟特商人沟通欧亚贸易的媒介作用"②。他们将中国的茶叶、大黄、瓷器、丝绸之类的物品在喀什噶尔采购后输入浩罕、布哈拉,然后卖到俄罗斯,涉及贸易数额巨大。如茶叶贩卖,"细茶杂茶,私贩卡外者,道光五、六、七年约计有数十万至百余万斤之多"③。道光八年(1828),"向来卡外如霍罕诸回部落,多食杂茶细茶,往往私贩出卡。有流寓伊犁之安集延,豫用重价购买。每俟哈萨克贸易事竣时,混杂携带。以致每年茶叶私贩出卡者,竟有十余万及二三十万余斤之多"④。以上数据均为私茶贩卖,官茶贸易数量也极其可观。据载,道光十二年(1832),从叶尔羌运到布哈拉的有905驮载,也就是20万磅的茶。关于大黄的私人贩卖也不绝于史,《清实录》记载:"查出阿克苏地方原存、并新到安集延回子喇哈默特等九人,所贩大黄七千零八十斤。"⑤"哈密等处商民,由肃州私贩大黄五千余斤……系奸猾商民,希图厚利,运至新疆,由回子布鲁特处转卖于俄罗斯"⑥;从安集延回民什仔库勒等六人,喀什噶尔回民博巴克等七人等,查出大黄四千余斤⑦。关于布鲁特等地商人贩卖大黄至俄罗斯等地销售的记载,屡屡出现在相关文献记载当中,足以反映清代前期与中亚各国边境贸易的盛况。

二、清代西北陆路丝绸之路上与俄罗斯的对外贸易

中俄贸易由来已久,据苏联学者研究,"中国的丝绸、锦缎等商品,早在公元10世纪就已经传入俄罗斯"⑧。11世纪以后,基辅罗斯陷入四分五裂的割据局面,丝绸之路也因战乱而被阻断,中俄之间的贸易受到影响。13世纪,横跨欧亚大陆的钦察汗国建立以后,东西商路重新畅通。当时钦察汗国的首都萨莱

---

① 李明伟:《丝绸之路贸易史》,甘肃人民出版社,1997年,第646页。
② 李明伟:《丝绸之路贸易史》,甘肃人民出版社,1997年,第645页。
③〔清〕曹振镛、赵盛奎等:《钦定平定回疆剿擒逆裔方略》(道光十年)。
④《清宣宗实录》卷139道光八年七月丙寅。
⑤《清高宗实录》卷1320乾隆五十四年正月辛酉。
⑥《清高宗实录》卷1323乾隆五十四年二月癸丑。
⑦《清高宗实录》卷1325乾隆五十四年三月丙子。
⑧〔苏〕斯拉德科夫斯基著,宿丰林译:《俄国各民族同中国贸易经济关系史〔1917年前〕》,社会科学文献出版社,2008年。

（今伏尔加河下游阿斯特拉罕附近）的市场上，就有来自中亚、高加索、伊朗和中国的货物。①元、明两代的史籍中，几乎没有中俄之间经济贸易往来的记载。清王朝建立以后，中俄之间的贸易往来得以恢复并有所发展。

清代初年，沙皇俄国的势力扩张到额尔齐斯河流域，当时控制今新疆一带的厄鲁特蒙古就与其有了贸易往来。厄鲁特蒙古主要用牲畜和畜产品，同俄国交换一些生活必需品和贵族享用的奢侈品。1759年，清政府平定大、小和卓叛乱，统一天山南北及巴尔喀什湖以东、以南地区以后，鉴于中俄已在蒙古恰克图及东北额尔古纳河畔开辟了贸易市场，同时又有官方商队定期进京贸易，同时新疆与内地的贸易也较为繁荣，因此决定不再对俄国开放西部通商，并将在伊犁等地的各类俄国人员查明身份礼送出境。②这种情况下，西北陆路丝绸之路上的中俄贸易并没有就此中断，哈萨克人利用地处新疆与俄国之间的地理条件，成为中俄贸易的中间人，将中国的绸绢、布匹、茶叶等运往俄国，运回俄国杂货。清政府对此并不禁止。后来，随着贸易的发展，俄商直接出现在边境市场，中国也有不法商人去俄国交易。俄国的商品在北疆伊犁、塔城，南疆阿克苏等地的集市上大量出现，对此状况，因利益所在，新疆当局不再严格执行清廷禁令，致使通过新疆地区的中俄贸易半公开化。（图16-4）

图16-4：清代恰克图茶叶交易市场

① 邓沛勇：《康雍乾时期的中俄贸易关系》，哈尔滨师范大学硕士学位论文，2012年，第5页。
② 李海群：《简论早期新疆与俄国的贸易》，《边疆经济与文化》2010年第10期。

1822年，沙俄兼并了哈萨克，使得中俄之间的贸易更加直接。沙俄输往中国的商品主要是棉纺织品、毛织品、金属制品和油性革，中国输往俄国的商品主要是绸缎、茶叶、大黄等。①双方之间的贸易规模也呈逐年扩大之势，据记载，1840年通过新疆地区的中俄贸易总额达到36万卢布，1850年增加到74万卢布。②后来，中俄签订《伊塔通商章程》和《伊犁条约》，中俄贸易额急剧增长。通过新疆地区的中俄贸易总额1880年达到600万卢布，1895年为759.3万卢币，1907年为2000万卢币，1914年为2525万卢币。③不过，《伊塔通商章程》和《伊犁条约》都是沙俄旨在侵略中国、强加给中国人民的不平等条约，由它们所带来的贸易额的增长显然不是平等的商贸往来，我们应该区别看待。

三、清代前期西北陆路丝绸之路上的文化交流

清政府统一天山南北之后，采取多种军政措施保障西北陆路丝绸之路的畅通，广大内地与边疆民族地区以及通过边疆民族地区与中亚、沙俄等国的经济贸易活动迅速活跃起来，一度十分繁荣。伴随经济贸易的开展，内地与边疆地区、中国与中亚、沙俄等国通过传统陆路丝绸之路的文化交流也呈现出勃勃生机。

（一）内地与边疆地区的文化交流

有清一代，内地与边疆地区的文化交流主要表现为内地先进文化对边疆民族地区的影响。清廷治理新疆的军政措施的推行以及经济贸易活动的频繁开展，吸引了大量内地移民进入新疆，内地文化在新疆地区得以推广，逐渐营造出一种类似于内地的文化氛围。这在北疆、南疆地区表现都很明显。北疆地区的乌鲁木齐"酒肆错茶园，不异中华里"④；新疆的叶尔羌"商民久住此间，盖房立市，种菜养猪，始有内地风味"。⑤文化交流活动内容丰富，形式多样。

其一，清代新疆出现了许多由汉语和少数民族语言构成的新地名。吕叔湘先生说过："地名能反映居民迁徙的经过，街巷名能反映过去的商业活动。"地

---

① [苏]斯拉德科夫斯基著，宿丰林译：《俄国各民族同中国贸易经济关系史（1917年前）》，社会科学文献出版社，2008年。
② 孟宪章：《中苏贸易史料》，对外经济贸易出版社，1991年，第208页。
③ 李磊、田华：《清代新疆与俄国的贸易》，《伊犁师范学院学报》2000年第1期。
④ [清]史善长：《到乌鲁木齐》，吴蔼宸选辑《历代西域诗钞》，新疆人民出版社，2001年，第212页。
⑤ [清]壁昌：《守边辑要》，（台北）文海出版社，1978年，第191页。

名是社会经济文化发展的产物，具有深远的文化内涵。2007年8月，第九届联合国地名标准化会议确认地名为非物质文化遗产。可见，地名所蕴含的文化内涵是世人所公认的。清代新疆地区所出现的由汉语和少数民族语言命名的新地名，是内地与边疆民族地区文化交流的直接见证。据专家研究统计，清代，新疆地区出现的新地名不仅数量众多，而且类型多样，计有原籍地名（如兰州湾子、河州工、西宁大庄子、广东户、黄山街等），姓氏地名（如蒋家湾、方家沟、冯家壩、桑家渠等），功能地名（如商户村、碾子沟、铁厂沟、石厂等），宗教信仰地名（如老爷庙、牛王宫等），屯田地名（如八户梁渠、三十五户、四十一户、五连、六连、头畦、二畦等），军事地名（如军户、小军户、兵户等），方位语地名（如东沟、西沟、南梁、北沙山、上六工、下三工等）七大类，①具体数目难以统计。

其二，清代内地与边疆地区的文化交流活动，还表现在内地以戏曲为代表的各种娱乐活动传播到新疆地区。有清一代，随着内地工商业经济的发展以及工商业市镇的崛起，广大市民的业余文化生活迅速发展，特别是中国的传统戏曲文化在清代发展成就斐然。不但传统的昆曲、徽剧、汉剧、秦腔继续繁荣，而且还促成了被称为国粹的京剧的诞生。随着清廷治疆的军政措施的推行以及边疆与内地贸易往来的日趋频繁，内地与边疆之间频繁的人员流动将内地以戏曲为代表的各种文化娱乐活动带到边疆地区，促成了内地与边疆的文化交流。据《西域闻见录》卷1记载，当时的乌鲁木齐地区"字号店铺，鳞次栉比，市衢宽敞，人民辐辏，茶寮酒肆，优伶歌童，工艺技巧之人，无一不备，繁华富庶，甲于关外"。乾隆年间，被贬往新疆的纪昀也称乌鲁木齐"今已为耕凿弦诵之乡，歌舞游冶之地"②，并有多首描写乌鲁木齐的诗作，汇成《乌鲁木齐杂诗》，其中多首描写乌鲁木齐戏曲表演活动，如乌鲁木齐城北关帝庙"玉笛银筝夜不休，城南城北酒家楼。春明门外梨园部，风景依稀忆旧游"。（作者自注："酒楼数处，日日演剧，数钱买座，略似京师。"）③纪昀的诗作描写了乌鲁木齐地区戏曲表演活动非常频繁，几与内地无异。通过他的诗作我们也可以发现，在当时乌鲁木齐地区流行内地多种剧种，例如描写楚调的"老去何戡出

---

① 罗佳：《清代新疆移民地名考述》，《社会科学战线》2011年第6期。
② 〔清〕纪昀：《纪晓岚文集》第1册，河北教育出版社，1991年，第595页。
③ 〔清〕纪昀：《纪晓岚文集》第1册，河北教育出版社，1991年，第609页。

玉门，一声楚调最销魂。低徊唱煞红绫裤，四座衣裳浣酒痕"；描写越曲的"越曲吴歈出塞多，红牙旧拍未全讹。诗情难似龙标尉，好赋流人水调歌"，等等。总之，"当时的乌鲁木齐既有楚调，又有越曲和昆曲，甚至还有所谓的'蕃曲'"①。乌鲁木齐以外的新疆其他各地，戏曲表演活动同样十分活跃，《清高宗实录》乾隆四十一年（1776）六月丙寅条载，"有民人高宝童在哈密唱戏营生，同班唱戏者至少尚有王敏"；《清仁宗实录》嘉庆十三年（1808）四月丁卯条载，当时"有迪化州人王贵珍和龚明先后由迪化前往伊犁唱戏"。戏曲传入南疆地区比较晚，时至清末民初时，南疆各地的戏曲表演活动十分活跃。1907年3月7日，芬兰探险家在阿克苏看到"一座漂亮的、四周围着围墙的中国戏院"。②维吾尔族人阿布都热西提和加合买提在回忆1926—1936年间叶城的社会生活时谈道："每年乌鲁木齐和喀什私人剧团、杂技团来叶城县两三次，在庙里搭台演五至十天。县官大人、汉族商人、懂汉语的伯克、班头去看，看完之后给他们捐一些钱。一般人去看时，要向看门人付钱（买票）进场。除此之外，当地戏剧爱好者组织的戏班子，还经常在娘娘庙演出。"③如此偏远的地方都经常有戏曲表演，其他地区的情况不难推测。

其三，内地群众的宗教信仰传统在边疆地区的广泛传播也是清代西北陆路丝绸之路上内地与边疆地区文化交流的重要内容。中原地区的宗教信仰传统由来已久，信仰内容也十分丰富。大体说来，有官方祀典，也有民间神祇的信仰。不管是官方的祀典活动还是民间的神祇信仰，清代以来都在新疆地区广为流传。

首先来谈官方的祀典活动在新疆地区的传播情况。所谓祀典就是祭祀的仪礼，其核心思想是重德教民，④主要形式有山川祀典、文庙祀典、名宦忠义祠祀典、社稷坛和先农坛祀典等。这几种形式的祀典活动在清代新疆地区均有表现，山川祀典如乾隆年间收复新疆用兵过程中，先后七次由官方主持祭祀山

---

① 贾建飞：《人口流动与乾嘉道时期新疆的戏曲发展》，《西域研究》2012年第4期。
② [芬兰] 马达汉著，王家骥译：《马达汉西域考察日记（1906—1908）》，中国民族摄影艺术出版社，2004年，第139页。
③ 阿布都热西提和加合买提：《一九二六年至一九三六年卡格里克（叶城）县社会历史的回忆》，收入《新疆文史资料》第12辑，新疆人民出版社，1983年，第79—106页。
④ 朱迪光：《封建国家祀典的形成及其对古代中国宗教活动的影响》，《青海社会科学》1990年第1期。

川，涉及博克达山、阿拉克山、阿勒坦山、朱尔库朱山、额林哈毕尔噶山等，其目的是鼓舞士气、保佑战争取得胜利。①清统一天山南北之后，将新疆地区的山川祀典活动制度化，乾隆二十四年（1759）"定西域祀典"。清政府规定的制度化的祀典山川共26处，②祭祀目的由祈祷保佑战争取得胜利转向风调雨顺、国泰民安。祭祀时间与过程与内地大致相同，体现了中原文化对边疆地区的直接影响。

汉族为多神信仰。据统计，中国民间有200多个神名，有始祖神、财神、爱神、生育神、行业神，以及各种生活保护神和生产保护神，甚至一些历史人物也成了民间的偶像神。③这种民间多神宗教信仰也于清代传入新疆地区，主要表现为坛庙的兴建及其相关神祇进入新疆。以坛庙而言，清代新疆地区的坛庙种类繁多，主要包括原始宗教庙宇（如三皇庙、风神庙、牛王宫），上古宗教庙宇（如土地庙、城隍庙、山神庙），儒教庙宇（文庙），佛教寺庙（如地藏寺、观音阁、娘娘庙），道教宫观（如老君庙、仙姑庙、三官庙），偶像崇拜祠堂（如孙子庙、鲁班庙、关帝庙）等。就数量来说，乾隆至嘉庆年间北疆地区的坛庙见于记载的有：巩宁城33座、迪化城20座、伊犁惠远城11座、惠宁城1座、绥定城1座；④嘉庆时期南疆地区坛庙有：喀什噶尔2座、英吉沙尔4座、叶尔羌3座、乌什7座、阿克苏4座、库车2座、喀喇沙尔城3座；东疆土鲁番坛庙4座、哈密7座。⑤各坛庙之中所供奉神祇数量众多，具体数目无法统计，仅芬兰马达汉研究者哈里·哈伦（Harry Halen）整理出清末马达汉在新疆收集到的各种神祇就有18类、430个之多⑥，中原汉族民间信仰在新疆地区的传播情况可见一斑。

其四，今天新疆境内通行的汉语方言，分为中原官话南疆片、兰银官话北疆片、北京官话片。其中"北京官话片"形成是在中华人民共和国成立以

---

① 刘虹：《清末民国时期新疆汉文化传播研究（1884—1949）》，陕西师范大学博士学位论文，2012年，第161页。
② 李大海：《清代新疆地区官主山川祭祀研究》，《西域研究》2007年第1期。
③ 马书田：《中国民间诸神》，团结出版社，2002年。
④ 许建英：《坛庙与神祇：清代新疆汉族移民的社会文化建构》，《云南师范大学学报》2014年第3期。
⑤ 许建英：《坛庙与神祇：清代新疆汉族移民的社会文化建构》，《云南师范大学学报》2014年第3期。
⑥ Harry Halen and Bent Lerbak pedersen, C.G.Mannerheim's Chinese Pantheon, Finno-Ugrian Society, Helsinki, 1993.

后。①新疆南北两片汉语方言最终形成是在清代,②这是清代陆路丝绸之路上内地与边疆地区文化交流最生动的体现,因为"语言可能是最重要的一种文化元素"③。相对于北京官话而言,中原官话南疆片、兰银官话北疆片被称为"老新疆话"。这是在新疆多民族共存、多种语言共生的社会历史条件中,由内地移民,主要是汉族和回族在甘肃方言和陕西回族方言的基础上,结合其他省份的汉语方言以及维吾尔语的许多成分而形成的汉语方言。④当地的许多维吾尔群众也通过学习,能用"老新疆话"同汉族群众交流。当然,汉族群众中不少人也掌握了维吾尔语,"老新疆话"和维吾尔语成为当时新疆使用人数最多、范围最广的两种语言。更值得一提的是,内地与边疆地区语言文化的交融,深刻影响了当时文人士大夫的文学创作。这在清代西域诗中可以找到很多例证,例如林则徐的《回疆竹枝词》中"如何贵到阿奇木,犹有同宗阿葛抽"一句中,"阿奇木"是维吾尔语中执政者的意思,"阿葛抽"意思是执政者"阿奇木"的夫人。这一现象在清代西域诗中非常普遍。再以林则徐的《回疆竹枝词》为例,该组诗一共24首,其中14首有维吾尔语词,占24首的58.3%。共有维吾尔语词25个,计58个字,占14首392个字的14.8%。⑤维吾尔语词不仅在林则徐的诗作中频繁出现,在其他学者的诗作中也屡见不鲜。

(二)清代与中亚、俄国的文化交流

入清之世,通过西北陆路丝绸之路,内地的先进文化传播到边疆地区,极大地促进了边疆地区的文化繁荣和社会发展。清代,中国与中亚各国、俄国通过传统的陆路丝绸之路的文化交流也曾一度繁荣。

首先是清代中国与中亚各国的文化交流。清廷平定准噶尔叛乱以后,中亚的哈萨克汗国、浩罕汗国、布哈拉汗国曾臣服于清王朝,成为清王朝的藩属,通过朝贡、互市、边境贸易、私人贸易等多种形式,在新疆地区同中原地区进行频繁的贸易往来。这种物资交流本身就是文化交流的重要组成部分。除此之

---

① 刘虹:《清末民国时期新疆汉文化传播研究(1884—1949)》,陕西师范大学博士学位论文,第129页。
② 刘俐李:《新疆汉语方言的形成》,《方言》1993年第4期。
③ Michael C. Howard, Contemporary Cultural Anthropology, Addison Wesley, Longman Inc, 1996, p.51.
④ 刘虹:《清末民国时期新疆汉文化传播研究(1884—1949)》,陕西师范大学博士学位论文,第129页。
⑤ 赵世杰:《林则徐〈回疆竹枝词〉中的维吾尔语词》,《语言与翻译》1994年第4期,第39页。

外，中国与中亚之间的同源民族的跨境格局基本形成于清朝，①是清代中国与中亚文化交流最生动的体现。我国新疆地区有哈萨克、柯尔克孜、塔塔尔、乌兹别克、塔吉克、蒙古、俄罗斯等7个同源跨界民族。我们以哈萨克和塔吉克这两个中国和中亚同源跨国民族在清代的形成过程为例，来探讨其形成的文化交流背景。

16世纪60年代，哈萨克汗国分为三个玉兹，都曾臣服于准噶尔部。18世纪中叶，清政府平定准噶尔部叛乱以后，哈萨克三部先后归顺清王朝，成为清王朝的藩属国。19世纪中叶，沙俄侵占哈萨克草原大片领土。19世纪60年代，哈萨克草原三个玉兹领属的版图全部被沙俄侵占，沙俄在此实行残酷的殖民统治，哈萨克人民进行了顽强的抵抗，先后发动依莎泰起义、肯尼莎尔·卡塞莫夫起义、江霍加起义、伊斯特起义等，但都被沙俄侵略者镇压。随后沙俄将侵略的铁蹄踏上中国领土，迫使清政府签订了一系列不平等条约，按照条约中"人随地归"的规定，侵吞了原属中国的哈萨克族及其居住地区。②不堪忍受沙俄奴役的哈萨克人纷纷迁入中国境内，居住于中国新疆地区的伊犁、塔城、阿山等地区，成为今日中国哈萨克族的主体，奠定了哈萨克族这一跨国民族的基本格局。

塔吉克族是中亚国家一个古老的族群，公元前6世纪—前4世纪，先后被波斯、马其顿和叙利亚王国统治。公元前3世纪，并入希腊巴克达利王国和贵霜王国。9—10世纪，属塔希尔王朝和萨曼王朝，基本上形成了塔吉克部落。在9世纪萨曼王朝时期，塔吉克民族基本形成。③1660年前后，西帕米尔什克南和瓦罕等地的一些塔吉克人，因不满布哈拉汗国统治者的压迫，东迁色勒库尔。之后沙俄占领此地，不少塔吉克人陆续迁至中国，这批移民与中国塔吉克人形成了今天中国的塔吉克族。1892年，沙俄侵占帕米尔，当地塔吉克居民纷纷向东逃亡，寻求清政府的保护。此后，为了躲避战乱，许多塔吉克人又陆续内迁至莎车、泽普、叶城等地，居住在维吾尔居住区，学习维吾尔语和从事农业生产，从而使塔吉克族成为中亚和中国新疆的跨国民族。

斯大林说过："民族是人们在历史上形成的有共同语言、共同地域、共同

---

① 赵晓佳：《中国与中亚的友好交流研究》，中央民族大学博士学位论文，2011年，第135页。
② 竹效民：《浅议18世纪中叶至19世纪中叶沙俄对哈萨克草原的侵吞和哈萨克人民的抵抗》，《伊犁师范学院学报》2007年第3期。
③ 牟仲清：《试论中亚塔吉克民族的形成》，《丝绸之路》2012年第6期。

经济生活以及表现于共同的民族文化特点上的共同心理素质这四个基本特征的稳定的共同体。"①中亚与中国新疆多个同源跨国民族形成于清代，充分说明这一时期中国新疆与中亚地区频繁深入的文化交流为其奠定了一定的基础。

其次是清代中国与俄国的文化交流。中俄之间的联系由来已久，清朝平定准噶尔叛乱以后，双方通过新疆地区的官私贸易活动十分频繁，推动了双方的文化交流。特别是晚清以降，沙俄侵略者占领我国新疆部分地区，将其文化传播到被侵占地区，清代东正教在新疆地区的传播便是很好的例证。18世纪末19世纪初，一部分为了躲避俄国沙皇和东正教教廷迫害的东正教旧礼仪派教徒陆续迁入并定居我国新疆的阿勒泰山区，他们被称为吉尔加克人，这是东正教传入新疆的开始。19世纪，又有一批吉尔加克人迁入阿勒泰地区。②后来，随着沙俄对中国的侵略，中俄签订了一系列不平等条约。这些不平等条约使得沙俄在取得在新疆贸易的自由之外，也获得了自由传教的权利。例如《中俄伊犁、塔城通商章程》规定："俄罗斯商人依俄罗斯正教在自住房内礼拜天主，听其自便。"于是，东正教的教士开始进入新疆传教，并于1906年在乌鲁木齐建立了第一座东正教堂。此后，东正教在新疆的传播进入繁盛时期。清代，中俄之间的文化交流不只在宗教方面，在教育、文学、医药、科技等诸多方面的交流也十分频繁和深入。这都是俄国使团途经西伯利亚地区，由中国东北地区进入北京之后完成的。

第二节 清代北方草原丝绸之路

北方草原丝绸之路形成于公元四五世纪，对其界定学界存在多种说法，基本可以认定的是草原丝绸之路以中原地区（主要是洛阳）为起点，向北分成数路进入蒙古草原，到贝加尔湖附近，转向西行，沿西伯利亚铁路所经过的森林地带直达东欧；也有商人越过蒙古西部杭爱山，沿今中蒙边境的阿尔泰山来到中亚天山山脉以北的草原，到达伊犁河流域，渡碎叶川（今楚河），到达锡尔河流域，沿咸海岸西行，渡乌拉尔河、伏尔加河来到黑海北岸，进入东欧地区。广义地说，草原丝绸之路东起大海，南达中原，北与蒙古和西伯利亚连

---

① 中央民族学院民族研究所：《马克思、恩格斯、列宁、斯大林民族问题著作选》，第668页。
② 郭文静：《东正教在新疆的历史与现状分析》，新疆师范大学硕士学位论文，2008年，第9页。

接，西抵东欧，是横跨欧亚的草原通道。①这条线路是连接西亚、中亚与东北亚的国际路线，在古代中国对外交往中具有重大意义。在漫长的历史时期里，匈奴、鲜卑、契丹、蒙古等多个游牧民族曾活跃于北方草原并建立了自己的政权，通过这条通道与中原地区和世界其他国家展开了丰富多彩的经济文化交流，这里主要介绍清代北方草原丝绸之路上物质文化交流的情况。

一、清代北方草原丝绸之路主要通道

（一）官设蒙古台站

清朝建立以后，很快恢复和设置了东北满洲地区和内地汉族地区之间的驿站，加强了东北地区同中原内地之间的联系，从而加强了对中原地区的统治。接着，在蒙古草原和内地之间，起初主要是在长城各口及其附近陆续安设了汉站。这些汉站，是利用内地人力、物力安设，因此也叫作内地驿站。这些内地驿站的安设，对蒙古各旗产生了一定影响。为了便于应付各种差事，内蒙古地区不少旗在各自旗界内开始自发地安设蒙古苏木台站。康熙三十年（1691），康熙帝作出了从蒙古地区到北京的五路贡道沿途也由清朝中央政府负责安设驿站的决定。②此后，用了两年时间，五路驿站全部安设完毕，是为漠南驿站。以后又经历朝努力，在乾隆时期完成了漠北驿站的设置。这些驿站的安设具有十分重要的意义，"此驿道不仅可通往各部各旗，于交通、运输、国防等各方面均起促进作用，遂将北疆与国内各省、中央紧密连接，一革口外辽远、道路稀疏、消息阻隔之弊，其效能为前代各期无法比拟"③。实际也成为传统北方草原丝绸之路的历史延续。

1. 漠南驿站

漠南驿站即内蒙古五路驿站，又称作口外五路驿站或边外五路驿站。

喜峰口驿站：从北京到扎赉特旗哈岱罕站。从北京经遵化到喜峰口，然后从喜峰口经过内蒙古东部三盟二十旗到达终点站，共设十八站，总长1600里，通达内札萨克蒙古卓索图盟喀喇沁右、中、左三旗，土默特右、左二旗，昭乌达盟喀尔喀左翼旗，敖汉旗，奈曼旗，扎鲁特左、右二旗，通辽市科尔沁左翼

---

① 孙永：《论草原丝绸之路的复兴》，《中外关系史论文集第17辑——"草原丝绸之路"学术研讨会论文集》，2009年，第75页。
② 金峰：《清代内蒙古五路驿站》，《内蒙古师范学院学报》（哲学社会科学版）1979年第1期。
③ 马楚坚：《清代内蒙古台站路线之创制》，《明清边政与治乱》，天津人民出版社，1994年，第311页。

后、中、前三旗，科尔沁右翼中、前、后三旗，郭尔罗斯前、后二旗，杜尔伯特旗，扎赉特旗。喜峰口驿站是清廷规定的卓索图盟和昭乌达盟王公入京朝觐、年班的必经路线，也是连接北京到内蒙古东部各盟旗的主要通道。特别是后来与齐齐哈尔接通后，成为北京到东北最为迅捷的驿道。①

古北口驿站：从北京到乌珠穆沁左翼旗。这条驿道，从北京出发经过顺义、密云等县到古北口。自古北口至乌珠穆桂沁左翼旗阿噜噶木尔，共设16站，总长923里，通达内札萨克蒙古昭乌达盟翁牛特左、右二旗，扎鲁特左、右二旗，巴林左、右二旗，阿鲁科尔沁旗，锡林郭勒盟乌珠穆沁左、右二旗等二盟九旗。此路驿站最初为征讨准噶尔而设立，后来成为内蒙古主要商路之一。②

独石口驿站：从北京到浩齐特部。从北京出发经昌平州、居庸关、赤城县到独石口，共500里。③独石口至浩齐特左翼旗胡鲁图，共设6站，总长685里，通达内札萨克蒙古昭乌达盟克什克腾旗，锡林郭勒盟阿巴噶左、右二旗，阿巴哈纳尔左、右二旗，浩齐特左、右二旗等二盟七旗。这条驿道是锡林郭勒盟部分札萨克旗王公进京的主要通道。④

张家口驿站：从北京到四子部落旗吉斯黄郭尔。从北京经怀来县、宣化府到张家口，共430里。⑤张家口至四子部落旗吉斯黄郭尔，共设19站，总长550里，通达内札萨克蒙古锡林郭勒盟苏尼特左、右二旗，乌兰察布盟喀尔喀右翼旗、茂明安旗、四子部落旗等二盟五旗。⑥张家口驿站还有一道是西至归化城，路经驿站有察罕托罗海、叟吉、昭化、塔拉布拉克、穆海图、和林格尔。⑦此路除可达察哈尔右翼四旗和归化城土默特左、右二旗之外，从北京到阿拉善额鲁特左、右二旗和额济纳土尔扈特旗的官方人员也走这条驿路。⑧

---

① 金海、齐木德道尔吉、胡日查、哈斯巴根：《清代蒙古志》，内蒙古人民出版社，2009年，第259页。
② 金海、齐木德道尔吉、胡日查、哈斯巴根：《清代蒙古志》，内蒙古人民出版社，2009年，第259—260页。
③ 金峰：《清代内蒙古五路驿站》，《内蒙古师范学院学报》1979年第1期。
④ 金海、齐木德道尔吉、胡日查、哈斯巴根：《清代蒙古志》，内蒙古人民出版社，2009年，第260页。
⑤ 金峰：《清代内蒙古五路驿站》，《内蒙古师范学院学报》1979年第1期。
⑥ 金海、齐木德道尔吉、胡日查、哈斯巴根：《清代蒙古志》，内蒙古人民出版社，2009年，第260页。
⑦ 《嘉庆重修一统志》卷534。
⑧ 金海、齐木德道尔吉、胡日查、哈斯巴根：《清代蒙古志》，内蒙古人民出版社，2009年，第260—261页。

杀虎口驿站：杀虎口驿站分为两路，从北京分别到乌喇特三公旗和鄂尔多斯地区。从杀虎口向西北经过归化城到乌拉特三公旗为北路或东路；从归化城向西南到鄂尔多斯地区为西路。北路自杀虎口经归化城土默特左、右二旗，到达乌兰察布盟乌喇特前旗的哈达马尔（铁柱谷）①，长达480里。在清代，此路作为伊克昭盟和乌喇特诸旗贡道，一直发挥重要作用。清代中叶以后，成为山、陕百姓走西口的主要通道。西路自杀虎口至察罕扎达垓，共12站，总长1330里，通达归化城土默特左、右二旗，伊克昭盟左、右翼七旗。②

2. 漠北驿站

清代在喀尔喀蒙古地区设置的驿站，称为北路驿站，又名阿尔泰军台路，主要通道有：由归化城经茂明安旗，至乌里雅苏台，共设置47个驿站；由张家口，经察哈尔、苏尼特旗，越戈壁大漠，至漠北喀尔喀蒙古塞尔乌苏，共设置32个驿站。由塞尔乌苏再分为两路：一路向北，经库伦，至恰克图，共设置26个驿站；一路向西北，至乌里雅苏台，共设置32个驿站；由乌里雅苏台，至科布多，共设置14个驿站。③

上述蒙古地区驿站的设立，不仅使清朝政府在北部边疆地区形成了严密的国防军事交通运输网，把遥远的边疆地区同清朝的政治中心连接在一起，加强了对边疆地区的统治，而且对维护多民族国家的统一，加强中原地区同蒙古高原地区各民族的经济贸易和文化交流产生了积极影响。清代内地的旅蒙商贾即通过上述交通要道从事贸易活动。

（二）清代张库商道

张家口至库伦之间的交通道路，是清代蒙古地区台站所包含的一条重要通道。随着清王朝绥服蒙古各部，边疆地区战事渐平，因战争的需要而创立的台站交通随之服务于清朝政府对蒙、俄的贸易往来，许多旅蒙商贾活跃于张家口、库伦之间，频繁的交流使得张家口与库伦之间在原有台站道路以外形成了若干条固定的商道。史载："乌里雅苏台道，自东南斜达西北，横亘四千五百余里，支路分歧，不胜枚举。"④

关于张家口至库伦的商业通道，除了上述记载之外，还有其他一些说法，

---

① 《嘉庆重修一统志》卷542。
② 金海、齐木德道尔吉、胡日查、哈斯巴根：《清代蒙古志》，内蒙古人民出版社，2009年，第261页。
③ 卢明辉：《清代蒙古史》，天津古籍出版社，1990年，第102页。
④ 〔清〕姚明辉：《蒙古志》光绪（三十三年刊本），(台北) 成文出版社印行，1968年，第321页。

俄国蒙古学学者波兹德涅耶夫曾提到，张家口至库伦间的商路有10条之多。①有清一代，张家口至库伦存在多条通畅的贸易通道，从库伦再经过12个军台，历910里可以到达恰克图，形成了一条通往外蒙古直至俄国的通道。

（三）清代北方草原丝绸之路其他通道

除了内蒙古地区官设台站和张库商道以外，清代北方草原还有多条通往其他各地的通道。在归化城，旅蒙商贾所开辟的通道就有"四大商路"，即西路古城子（今新疆奇台县）、外路前营（乌里雅苏台）、外路后营（科布多）、北路库伦，其中西路又有大、小西路，所以共有以下五条通道②：

1. 大西路：自归化城北行至可可以力更（武川），经过72台站，历5430里，达古城子。

2. 小西路：自归化城至百灵庙分路，西行30站复与大西路合，共经80余站，历7660里，达古城。

3. 前营路：自归化城至召河，经60站，历5630里，达乌里雅苏台。

4. 后营路：自归化城沿前营路行54站，经72站，达科布多。

5. 北路：自归化城至武川北行，经39站，历2870里，达库伦。

二、清代北方草原丝绸之路上的商业贸易

（一）中俄互市

1.《尼布楚条约》的签订与中俄互市的发端

有清一代，俄国始终是北方草原丝绸之路上最主要的贸易对象。清朝政权建立伊始，中俄双方就有贸易上的接触。"莫斯科曾两次派遣使臣到北京来。一次是巴伊阔夫，他于1656年3月3日到达北京，同年9月4日才离开；另一次是摩尔达维亚人尼果赖，于1676年5月15日到达中国首都，并停留到1676年9月11日。"③这两次来使都有一定的贸易要求，《清圣祖实录》卷62对此有更明确记载："其使臣尼果赖不娴典礼，不便给与敕书，应令理藩院谕来使云，尔

---

① ［俄］阿•马•波兹德涅耶夫：《蒙古及蒙古人》（第一卷），内蒙古人民出版社，1989年，第627—629页。

② 韦满昌：《清代草原丝绸之路及商品交换形式探微》，《内蒙古金融研究•钱币文集》（第三辑），2003年。

③ ［法］加斯东•加恩著，江载华、郑永泰译：《彼得大帝时期的俄中关系史》，商务印书馆，1980年，第1页。

主欲通和好，应将本期逋逃根忒木尔遣还。另简使臣遵中国礼行，方许照常贸易。从之"①。上述两次出使相隔的二十年间，俄方还曾派出由布哈拉人谢·阿勃林率领的官方商队来北京。②可见，此时中俄两国已经有较为频繁的正式交往。除此之外，中俄还存在一定规模的地方贸易，主要是在黑龙江流域及外贝加尔地区。中国商人通过鄂温克和蒙古人把商品通过雅克萨和尼布楚。那里有许多俄国人大量收购这些货物，并将这些货物通过西伯利亚再运往俄罗斯欧洲部分，但是这种地方贸易并没有得到国家认可。

1689年中俄《尼布楚条约》的签订，标志着中俄两国贸易关系的正式确立。条约规定："两国今既永修和好，嗣后两国人民和持有准许往来路票者，应准其在两国境内往来贸易。"尼布楚被开辟为中俄双方一个非常重要的贸易点。就双方贸易所涉商品种类而言，俄罗斯出口中国的商品主要有皮毛、银制品、银币等，中国输出物主要是金子、银锭、瓷器、宝石、大黄、八角、丝绸、丝织品、窗幔、器皿等；③就双方贸易规模而言，《尼布楚条约》签订后贸易额有了持续增长。俄方对此有详细记载，"1690—1691年为14473卢布，1691—1692年达23951卢布，1693—1694年则达50686卢布"④。从文献的记载来看，尼布楚地区的贸易状况并不十分理想，"黑龙江省地邻俄罗斯，自康熙二十八年（1689）立碑划界后，每年派官兵巡查边境。因各以土产交易，无远省之商，无难得之货，亦未尝专派大员督理。盖与会宁、中江、都市同为市易之小者，故其事不甚著"⑤。

2. "京师互市"

《尼布楚条约》签订以后，一直到18世纪20年代初，俄罗斯商队来北京贸易者络绎不绝，清代史籍里称为"京师互市"，是清代通过北方草原丝绸之路中俄贸易的重要组成部分。中俄"京师互市"，可以分为私人商队和国家商队两种形式。据记载，曾有7支私人商队来京贸易，总人数在600人以上⑥，所携

---

① 《清圣祖实录》卷62。
② 米镇波：《清代中俄恰克图边境贸易》，南开大学出版社，2003年，第10页。
③ 衣长春、宋媛媛：《论清代中俄陆路贸易的变迁》，《黑龙江民族丛刊》2013年第2期。
④ [苏]普·季·雅克夫列娃著，贝璋衡译：《1689年第一个俄中条约》，商务印书馆，1973年，第211页。
⑤ [清]何秋涛：《俄罗斯互市始末》，[清]王锡祺辑：《小方壶斋舆地丛钞》第三帙，杭州古籍书店，1985年，第189页。
⑥ 邓沛勇：《康雍乾时期的中俄贸易关系》，哈尔滨师范大学硕士学位论文，2012年，第11页。

货物主要是貂皮、狐皮、灰鼠皮、银鼠皮等皮货,带回的中国货主要有珍珠、宝石、金银器皿、生丝、茶叶、烟草、丝绸、棉布等。(图16-5)

图16-5:清末俄罗斯老茶叶店

关于国家商队,据记载,俄国曾派出11支国家商队赴北京贸易,其中前9支顺利往返,第10支因清政府鉴于北京市场皮货滞销只准其在边境贸易,第11支被驱逐出境。和私人商队相比较,国家商队规模更为庞大。据统计,上述11支商队总人数的携带货值达俄国国库盈利值。但这一时期的中俄贸易的政治色彩比较明显,清政府把对俄贸易和对蒙古各族的贸易同等看待,纳入天朝向藩属国施以恩惠的朝贡体系之中,①有着严格的贸易制度和贸易规则限制。《理藩院则例》载:"俄罗斯国贸易人,不得过二百名,隔三年来京一次。在路自备马驼盘费,一应货物,不令纳税。犯禁之物,不准交易。到京时安置俄罗斯馆,不支廪给,定限八十日启程。"后来随着俄国商队来京日渐增多,清政府对此感到不便,康熙五十六年(1717)九月初六日,清政府行文西伯利亚衙门,提出双方在边境贸易的建议,称"数年来,尔大商人接连前来贸易,而且为公事派来送文之人及零星前来贸易之人从未间断"②,建议将贸易地点改在齐齐哈尔,俄国政府认为不妥,请求再议。盛极一时的"京师互市"宣告结束了。

---

① 衣长春、宋媛媛:《论清代中俄陆路贸易的变迁》,《黑龙江民族丛刊》2013年第2期。
②《理藩院为边界贸易事致俄督加加林咨文》康熙五十六年九月初六日。

1727年《恰克图条约》签订以后,北京互市得以恢复,又断断续续延续了30多年。在此期间,先后有6支商队来京,商队携货物值达780309卢布。①此后,中俄北京互市便废止了。

3. 库伦互市

乾隆二十六年(1761),清政府在库伦(今蒙古国乌兰巴托)设置库伦办事大臣,管理边务、互市、司法、驿站四个方面的事务。在蒙古国国家档案馆中,保存着众多库伦办事大臣处理边务与互市方面的记录。(图16-6)

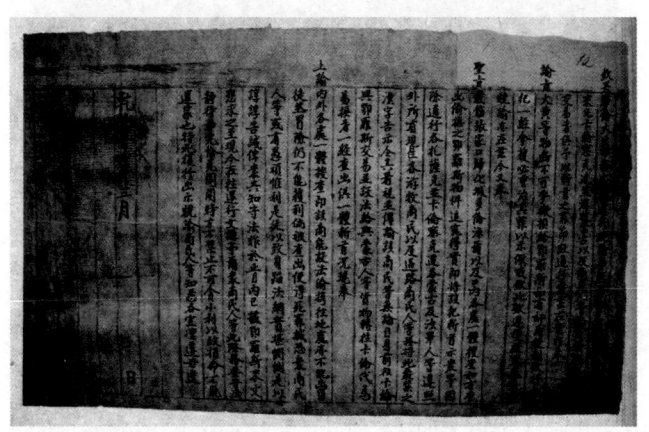

图16-6:钦差库伦大臣印务处为严禁与俄罗斯交易通行晓谕事②

库伦扼控交通要道,有些商队途经此地时顺便与当地居民进行小额贸易,也有些小商队干脆就地贸易,加上1706年俄国颁布的《关于对中国进行私人贸易的规定》严禁私商前往北京贸易,库伦便成为俄国私商在中国境内推销皮毛和采购中国货物的主要市场。由于运程短,运费低廉,库伦的俄国货物售价比北京便宜,一些中国商人也赴此地进行贸易,库伦互市由此发展起来。

18世纪20年代,库伦互市已经有了一定规模。正常情况下,每年赴库伦进行贸易的俄商约200人,③这种情况显然与清政府的一贯政策是相违背的。于是康熙五十九年(1720)"设官弹压",由理藩院派监视官进行辅助管理,规定:"嗣后内地民人,有往喀尔喀、库伦贸易者,令该管官出具印文,将货物、人数开明报院,给与执照,出何边口,令守口官弁,验明院照放行。如带

---

① 邓沛勇:《康雍乾时期的中俄贸易关系》,哈尔滨师范大学硕士学位论文,2012年,第24页。
② 蒙古国国家档案局、内蒙古自治区档案局:《旅蒙商档案集粹》,内蒙古大学出版社,2009年,第8页。
③ 邓沛勇:《康雍乾时期的中俄贸易关系》,哈尔滨师范大学硕士学位论文,2012年,第15页。

军器禁物，立即查拿送院，交该部从重治罪。"①（图16-7）

图16-7：库伦办理买卖商民事务衙门为吴大德所带茶烟布匹等所发执照

与此同时，清政府对前往库伦贸易的俄国商人人数也进行了规定，人数限定在30人，由1名官员带领，并须持有皇帝的谕旨。1722年，俄国在中国西北准噶尔地区支持策划分裂活动，清政府遂宣布驱逐库伦的俄商出境。中俄库伦互市遂告结束。

4. 恰克图互市

1727年，中俄签订了对两国关系具有深远影响的《恰克图条约》，主要内容包括贸易、宗教、边界、越境人犯处理等四个方面。自条约签订以后的一百多年里，中俄中段边界基本上保持安宁，客观上促进了两国商品贸易的发展，不仅恢复了原来的商队贸易，还开辟了两个新的贸易点，清政府没有驻扎恰克图管理 买卖民人事务理藩院员外郎（图16-8）从事管理，形成了京师互市和边关互市两种贸易新格局。恰克图位于色楞格河东岸，距库伦800里，属喀尔喀蒙古土谢图汗管辖，在康熙年间已有所发展，雍正年间《恰克图条约》签订以后迅速繁荣起来。史书有载："内地商民至恰克图贸易……初时俗尚俭朴，故多获利。嗣是，百货云集，市肆喧闹，恰克图遂为漠北繁富之区。"②见于记载的中俄两国在恰克图年贸易额参见下表。

---

① 〔清〕何秋涛：《朔方备乘》卷91《俄罗斯互市始末》。
② 〔清〕何秋涛：《朔方备乘》卷37《俄罗斯互市始末》。

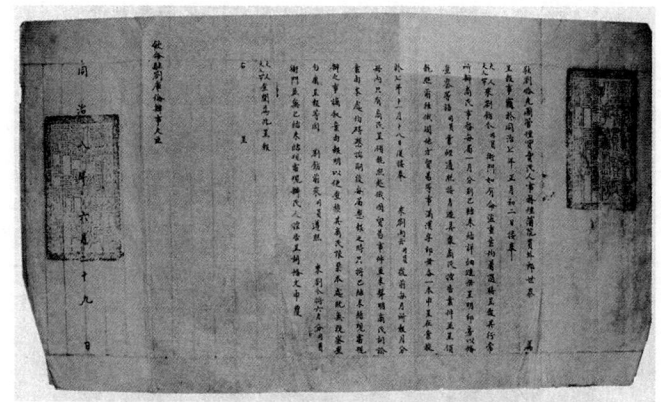

图 16-8：驻扎恰克图管理买卖民人事务理藩院员外郎世泰为如有命盗重案已结未结详细造册事呈驻扎库伦办事大臣

18世纪30—80年代恰克图中俄贸易情况表①

年代	年贸易总额（单位：卢布）
18世纪30—40年代	300000—400000
1755年	837058
1759年	1417130
1761年	1011067
1762年	1075638
1770年	2633715
1781年	7570629

这一时期，俄国从中国购买的货物主要有丝绸、茶叶、大黄、烟草、棉花、生丝和瓷器等，其中以茶叶和大黄为大宗。茶叶对俄国人来讲是一种极受欢迎的商品。1764年，俄国人米勒在他所写的关于赴华使团的意见书中写道："茶在对华贸易中是必不可少的商品，因为我们已经习惯于喝中国茶，很难戒掉。中国茶往往比海外进口的茶要好些，也便宜些。"②据统计，1750年，俄

---

① 卢明辉：《恰克图买卖城中俄边境贸易的兴衰变化》，《中外关系史论丛》（第4辑），天津古籍出版社，1994年，第140—142页。
② ［俄］尼古拉·班蒂什—卡缅斯基编著，中国人民大学俄语教研室译：《俄中两国外交文献汇编（1619—1792）》，商务印书馆，1982年，第420页。

国在恰克图贸易中输入中国茶叶1388普特（1普特约为16.38公斤），到1781年增加到24000普特，1800年为61000普特，1810年为75000普特。从1812—1817年，俄国商人每年从恰克图市场进口的中国茶叶，占中国货物进口总额的60%以上。① 大黄对于俄国人而言，是能获利且更具有吸引力的商品。"俄罗斯则又以中国之大黄为上药，病者非此不治。旧尝通贡使，许其市易，其入口处曰恰克图。"② 当时俄国几乎垄断了大黄的贸易，他们从恰克图市场上进口中国大黄，然后转运到欧洲各国销售。18世纪30年代，俄国商人在恰克图购买中国大黄一普特价值约12卢布到15卢布，而运往欧洲市场上售价高达110卢布。仅大黄贸易一项，俄国政府国库每年收入利润高达150000卢布。③ 尽管一段时期内，大黄贸易被清朝政府禁止，但因为有利可图，从事大黄走私贩运的中国商人络绎不绝，大黄仍然是清代中俄贸易重要的商品之一。

有清一代，通过北方草原丝绸之路，中俄之间贸易十分活跃，所涉贸易地点并非只限于尼布楚、北京、库伦、恰克图等地，齐齐哈尔、库克多博—祖鲁海图等地都是中俄贸易的重要地区。

（二）旅蒙晋商与北方草原丝绸之路的商品贸易

山西省北部毗邻蒙古地区，是内地物资输出塞外及转运西伯利亚以至欧洲腹地的交通孔道。山西素有经商传统，正如雍正皇帝所言："山右大约商贾居首，其次者犹肯力农，再次者谋入营伍，最下者方令读书。"④ 早在汉唐时期，山西商贾就活跃于北出塞外进而延伸至欧洲的中外贸易线上。清朝政权建立之后，对山西商人格外重视，把招抚利用山西商人作为巩固政权的措施之一，主要是因为山西商人曾为其提供过军事上的帮助。清军入关前，不少旅居东北及张家口的晋商就为其购买马匹、粮秣、军械，传递宣传品及情报等。尤其是在康熙平定准噶尔叛乱的多次大规模军事行动中，山西商人承担了清朝军队的军需重任，将粮秣等军需物资运往蒙古前线出售，利用军事弛缓时机同蒙古民众进行贸易。这样，在清朝政府平定叛乱以后，山西商人在蒙古地区的分布已十

---

① 卢明辉：《恰克图买卖城中俄边境贸易的兴衰变化》，《中外关系史论丛》（第4辑），天津古籍出版社，1994年，第144页。
② 〔清〕赵翼：《檐曝杂记》卷1，《清代史料笔记丛刊》，中华书局，1982年，第20—21页。
③ 卢明辉：《恰克图买卖城中俄边境贸易的兴衰变化》，《中外关系史论丛》（第4辑），中外关系史学会第四次学术讨论会，中国江苏扬州，1992年，第146—147页。
④ 《雍正朱批御旨》第47册雍正二年五月九日条。

分广泛，对和平时期与蒙古地区乃至中俄贸易往来奠定了坚实的基础。

中俄《尼布楚条约》签订后，晋商在蒙古地区已经有了较大势力，不少有实力的晋商已开始在蒙古地区的各大经济中心驻足。在库伦一地，"康熙年间有山西商来此经商共有十二家，当地商会之组织，即为十二家各举一商董，称为十二甲首"。十二甲首成了晋商占据库伦商业市场的开山鼻祖。库伦互市开始以后，俄商运至库伦的皮毛同山西商人运至库伦的茶、烟、绸缎、土布等相交换。①

中俄《恰克图条约》签订，恰克图被开辟为中俄两国商品交易市场。恰克图地处中俄边界色楞格河与鄂尔浑河交汇处，为中俄间交通孔道，距库伦最为近便，于是在库伦已经站稳脚跟的晋商迅速延伸至恰克图。清何秋涛《朔方备乘》载："恰克图——实为中国买卖城，为四部卡伦，适中通衢，山势雄峻，林木森然。贸易商民建立木城，起盖房屋，费力无多，颇为坚固。"商人们各自营造自己的商号，组成"中国市圈"，与俄国市圈共同组成了恰克图市场的雏形。在此过程中，晋商毫无疑问是奠基者。至乾隆时，晋商赴恰克图贸易者更加众多，"其资本较厚者六十余家，依附之散商约有八十余家"②。他们以骆驼作为运输工具，组成著名的"驼帮"，穿越山川大漠，跋涉数千里乃至上万里，将中原地区的茶叶、丝绸等辗转运往恰克图同俄国商人交易。

晋商贩运到蒙古地区的商品种类繁多，主要是生活用品，涉及茶叶、布匹、绸缎、药材、蔗糖、烟叶、麦粉、陶器、铁锅、纸张、农具等。这些产品来自全国各地，如茶叶多来自福建、安徽、湖北，蔗糖主要来自江浙、两广，布匹、茶叶、陶器来自河南、江西、山西，麦粉、金属来自山西。从蒙古地区贩运到中原地区的商品主要是牲畜和皮毛。③

三、清代北方草原丝绸之路上的文化交流

（一）中原与蒙古地区之文化交流

随着旅蒙晋商日益频繁地远赴蒙古乃至更远地区进行通商贸易，大批山、陕移民定居蒙古地区，与当地人民融合，创造了中国移民史上的千古佳话，"走西口"便是对这段历史的最好诠释。旅蒙晋商架起了中原地区与蒙古地区

---

① 庞义才、渠绍淼：《论山西驼帮的对俄贸易》，《晋阳学刊》1983年第4期。
② 清代理藩部档案乾隆二十四年二月初三，方观承奏折。
③ 赵旭峰：《清代旅蒙晋商与蒙汉经济文化交流》，《忻州师范学院学报》2006年第1期。

之间经济文化交流的桥梁，在促进商品贸易、实现产品互通有无的同时，双方之间的文化交流更为绚烂多彩，具体表现为以下几个方面：

1. 中原地区的生产、生活方式对蒙古地区产生了重要影响

以生产方式而言，蒙古人多从事游牧，过着逐水草而居的生活，每年迁徙两次，"夏则就水草畅旺之地，至冬择藏风向阳之区"①。在晋商的影响下，蒙古地区开始出现垦荒事农的现象。早在康熙、雍正年间，晋商北部贫民"由土默特而西，私向蒙古人租地垦种……于是，伊盟七旗境内，凡近黄河、长城处，所在（皆）有汉人足迹"②。乾隆后期，归化城附近盛产粮食，内地商贩前来采买者甚多，经黄河运至潼关、韩城、太原、寿阳，供秦晋两省食用。③蒙古人此后受汉人影响，也开始从事种植，于是，蒙古地区农业所占比重大大增加。

生活方面，主要以饮食、居住和服饰为例来说明中原文化对蒙古地区的影响。蒙古人传统饮食以肉、奶为主，"蒙人之俗，膻肉酪浆，然不能皆食肉也"，"寻常度日，但持牛马乳。每清晨，男妇皆取乳，先熬茶熟，去其滓，倾乳而沸之，人各啜二碗。暮亦如此"。④随着商业往来和蒙人经营农业，蒙古人民的饮食以蔬菜、谷物为主，辅以肉食，谷子、玉米、小麦也成了他们的常用食物。例如，察哈尔右翼四旗的日常食品与汉族基本相同，"食料以谷类为多"，"其食物平常以莜面、小米为最普遍，白面、荞面次之。副食品以山药为大宗。至晚秋腌咸菜、烂腌菜，亦与汉人同"。⑤当然出塞的汉人同样也受到蒙人生活习惯的影响，并把蒙古族的生活习惯带入塞内。比如，奶茶和肉食也为汉人喜欢，至今仍流行于晋北、陕北一带。⑥就居住而言，以前蒙古人从事游牧，为了方便搬迁，多居住传统的毡幕，即蒙古包。自从事农耕，生活转向定居以后，居住习俗也发生了相应变化，以土屋为居的现象很普遍，"家屋庙殿亦习用砖瓦椽梁矣"，"准噶尔旗境内内蒙人，均系筑屋或掘土窑而居"⑦。服

---

① 卢明辉：《清代蒙古史》，天津古籍出版社，1990年，第413页。
② 潘复：《调查河套报告书》，督办运河工程总局编辑处，1993年。
③ 赵旭峰：《清代旅蒙晋商与蒙汉经济文化交流》，《忻州师范学院学报》2006年第1期。
④〔清〕赵翼：《檐曝杂记》卷1，《清代史料笔记丛刊》，中华书局，1982年，第16页。
⑤ 内蒙古地方志编纂委员会总编室：《内蒙古史志资料选编》（第3辑），1985年，第239页。
⑥ 赵旭峰：《清代旅蒙晋商与蒙汉经济文化交流》，《忻州师范学院学报》2006年第1期。
⑦ 内蒙古地方志编纂委员会总编室：《内蒙古史志资料选编》（第3辑），1985年，第241页。

饰方面，蒙古族传统服饰为穿长袍、束腰带、穿靴，农业耕作兴起以后，蒙古族农民为了便于耕作，"大多穿布袍、短衫，束腰带，穿布鞋，与汉族农民区别不大"①。

2. 中原地区与蒙古地区宗教信仰的相互交融

蒙古人原信奉萨满教，蒙元时宫廷贵族始信奉喇嘛教。清代以来，喇嘛教仍为蒙古人的主要信仰。随着大批移民进入蒙古地区，蒙汉杂居的格局形成，在生产生活方面相互影响的同时，宗教信仰也不可避免地相互影响、相互交融。随着定居农业的兴起，土默特蒙古人的信仰开始多元化，先后出现了先农坛、观音庙、龙王庙、土地庙、三贤庙、奶奶庙、财神庙、十王庙、文昌庙、关帝庙等具有农耕文化特色的寺庙。据记载，土默特蒙古地区在雍正年间就建有先农坛，"雍正五年（1727），经归化城都统丹津奏奉旨于城东三里许建修，正殿三楹，供祀先农神位"②。关于土默特蒙古地区关帝信仰，康熙二十七年（1688）张鹏翮《奉使俄罗斯日记》载："本旗城南有关帝庙，其主持亦为蒙人，则旗民崇奉关帝，盖自昔已然。"③日本学者山田武彦曾对托克托城的关帝庙作了如下描述：

> 在托克托县什力邓村，有清乾隆年间分给归化城警备蒙古兵丁户口地。现今在村里残存的数户蒙古人全已汉化，而有蒙古人的喇嘛庙，在二三百年前有过蒙古人的繁荣时代。后来，随着约二百年前盛行的山西农民的移民定居活动，蒙古人遂被驱逐，而后建起的关帝庙成为汉族的生活文化中心。而衰弱的喇嘛庙从四五十年前就已经没有喇嘛居住了，现今庙屋也腐朽，完全被关帝庙所压倒。④

上述例子足见清代中原地区宗教信仰对蒙古地区产生的深远影响。当然，不可忽视的是，蒙古地区的宗教信仰对中原地区也有一定影响，中原地区汉族祭拜敖包是一个典型的例子。敖包者，"以石叠成高堆，俗名脑包，文言鄂博

---

① 白拉都格其等：《蒙古民族通史》第5卷下，内蒙古大学出版社，2002年，第790页。
② 《土默特旗志》卷6《祀典附召庙》，《内蒙古历史文献丛书》之七，第436页。
③ 张鹏翮：《奉使俄罗斯日记》康熙二十七年（1688），上海神州国光社，1947年，第12页。
④ ［日］山田武彦：《蒙疆の农村》，锦城出版社，1943年，第150—156页。

也,视为有神之地"①。在杭锦旗的西北沟,至今保留着一个山西保德人筑起的敖包,人称保德敖包。伴之而来的庙会和庙祭活动中,蒙汉儿女都要举行盛大的庆祝活动,汉人演剧,喇嘛跳神。娱乐之外,并为皮、毛、盐、碱、布、茶、牲畜之市集。②

3. 中原与蒙古地区语言文学与文化艺术的交流

受汉文化的影响,清代一些专门从事语言文字研究的蒙古学者凭借其过人的语言天赋,翻译输入了许多汉文优秀作品。在清代,《西游记》《水浒传》《三国演义》《红楼梦》都被译成蒙古文。在这些名著影响下,蒙古族作家创作了大量优秀的文学作品,例如卓索图盟土默特右旗人尹湛纳希创作了《青史演义》《一层楼》和《泣红亭》三部小说。其中,《青史演义》在艺术上吸收了汉族演义章回体小说的"营养",《一层楼》和《泣红亭》则模仿了《红楼梦》。③中原汉族哲学和史学方面的许多优秀著作也被翻译成蒙古文,如《四书集注》《资治通鉴纲目》《历象考成》等。除此之外,蒙古人也从西藏文及印度文翻译了许多文学作品,如《故事之海》《米拉传》《月亮孩子》《比噶尔·米齐特汗故事》《纸鸢》《卓济特女神传》《三十二个木头战士的故事》《魔尸》以及许多佛教经典等。④

清代蒙古人的许多绘画作品也受到汉文化的影响,如尹湛纳希创作了许多汉画风格的山水花鸟画,保存到现在的"雀梅图"是祖国艺术宝库中的一支奇葩。音乐舞蹈方面,清代蒙古乐器除了传统的民族乐器马头琴、蒙古筝、四胡等以外,还新添了汉族的二胡、三弦,藏族的长号角,哈萨克族的冬不拉等。⑤除此之外,在戏曲文化、建筑艺术等诸多方面,蒙古地区无不受到汉文化及其他民族文化的影响,充分反映了清代北方草原丝绸之路文化交流的盛况。

(二)北方草原丝绸之路中俄文化交流

随着清政府对俄贸易政策的实行,北方草原丝绸之路上中俄贸易迅即发展起来,大批俄国商队及使者从草原丝路通过蒙古地区到达北京,也不乏中国商

---

① 《绥远通志稿》卷51《民族·蒙古族》,第181页。
② 赵旭峰:《清代旅蒙晋商与蒙汉经济文化交流》,《忻州师范学院学报》2006年第1期,第59—60页。
③ 金海、齐木德道尔吉、胡日查、哈斯巴根:《清代蒙古志》,内蒙古人民出版社,2009年,第348页。
④ 余元盦:《内蒙古历史概要》,上海人民出版社,1958年,第129页。
⑤ 金海、齐木德道尔吉、胡日查、哈斯巴根:《清代蒙古志》,内蒙古人民出版社,2009年,第349页。

人与使者沿此道去俄罗斯者。频繁的人员往来，促进了中俄两国之间文化的交流。

中俄之间通过北方草原丝路的文化交流活动，与俄国东正教使团是密切相关的。《尼布楚条约》签订以后，北京成为中俄两国重要的贸易中心，"京师互市"由此发展起来，几乎每年都有俄国商队到京，有的年份甚至有数支商队到京，每次都有人数不等的东正教士随行。例如，1703年来华贸易的萨瓦捷耶夫的商队中，有一个由9名成员组成的僧侣团随行，修士司祭、辅祭、白衣修士和差役均有，俨然是一个布道团的雏形。① 1727年，中俄两国签订的《恰克图条约》第五款中规定：嗣后俄罗斯来人将在俄罗斯馆居住，清政府帮助俄国在馆内修建教堂；同时允许俄方派遣4名传教士和6名学生来京，盘费养赡由中方负担。② 该条约正式确认了俄国东正教传教团的法律地位，此后一百多年间，大批俄国东正教传教团来北京传教。1858年中俄《天津条约》签订，肯定了基督教在中国的合法地位，并允许俄国人前往北京以外的地方传教。传教士在中国传播宗教的同时，在某种程度上也充当了文化交流的中介。学习中华语言与研究中国文化，是传教团的重要职能。自传教团来中国以后的两百多年间，传教团成员中涌现出大批杰出的汉学家，他们从不同角度对中国作了深入细致的研究，成就斐然，不仅对中俄两国人民的相互了解和文化交流作出了重要贡献，而且将中国文化传播到欧洲各国，使欧洲各国人民加深了对中国5000年历史的了解。

1. 俄国传教使团对中国语言文字的学习

语言文字的学习是传播中国文化的基础，俄国的汉语教育有着辉煌的历史并在俄国教育史上占有重要的地位。1715年，俄国向中国派出第一批宗教使团，是俄国人学习汉语及汉文化的开始。18世纪30年代末，俄国国内开始汉语教学。1739年7月，在俄国外务院的支持下，来自托波尔斯克的中国人舒哥开办的满汉语班正式开学，有两名学员，教学持续了一年多。后在俄国皇家科学院和外务部支持下，相继开设了罗索欣满汉语班（1741）、列昂季耶夫汉语班（1762）和弗拉德金满汉语班（1798），学生人数均不多，持续时间较短。19世纪30年代，随着中俄恰克图贸易的发展，在部分恰克图商人的推动和俄国政府

---

① 肖玉秋：《俄国传教团与清代中俄文化交流》，天津人民出版社，2009年，第28页。
② 肖玉秋：《俄国传教团与清代中俄文化交流》，天津人民出版社，2009年，第28页。

的支持下，俄国在恰克图创办了一所汉语学校。这所汉语学校存在时间长、规模大，培养了大批杰出的汉语人才，但大多数是为恰克图贸易服务的。1833年俄国喀山大学成立了俄国乃至全欧洲第一个蒙古语教研室，1837年创办俄国历史上第一个汉语教研室，1844年又增设满语教学。从此，俄国本土的蒙汉满语教学从分散的、缺乏连贯性的学校转移到高等学府，开始有计划地培养汉学人才。在喀山大学从事蒙汉满语教育的教师骨干奥·科瓦列夫斯基、西维洛夫、索斯尼茨基、沃伊采霍夫斯基和瓦西里耶夫，全都与北京传教团有渊源关系。①

清朝政府同样重视对俄语的学习。1708年，建立了中国历史上第一所俄语学校，该学校设在北京的俄罗斯大使馆。康熙皇帝也曾发布诏令，外交官必须学习俄语。恰克图贸易中的俄语翻译，大多数是来自中方的。1798年，中国出版了第一本俄语教材，方便了俄语学习，为中俄文化交流奠定了一定的基础。

2. 俄国传教使团对中国文化典籍的翻译、研究与传播

第三批驻北京传教团学生阿·列昂季耶夫，是俄国历史上第一个大量翻译中国儒学经典的学者，主要成就有：将《易经》摘译为俄文，定名为《中国典籍〈易经〉中的阴阳》；从《四书解义》中翻译了《大学》和《中庸》，并作了详细解释；从满语和汉语文本翻译了《三字经》和《名贤集》，合编成《三字经名贤集合刊本》，1779年在圣彼得堡刊印；翻译了清代著名满族理学家德沛的《实践录》，于1771年以《德沛是汉人》为名出版。此外，阿·列昂季耶夫还翻译了一些具有儒家思想内容的文章，有的单篇发表，有的编成文集。

对中国文化典籍翻译与传播有影响者，还有第九批传教士团团长俾丘林。他于1808年来华，任传教士团团长达14年之久。他对中国的历史文化十分感兴趣。在中国，他走访了许多地区，包括蒙古、青海、西藏等地。经过广泛调查和深入研究，他撰写了《北京志》《蒙古志》《西藏志》《西藏青海史》《中国的民情和风尚》等著作，翻译了"四书"、"五经"、《三字经》、《资治通鉴纲目》、《大清一统志》等典籍，其中他翻译的《孟子》和《论语》是最早的欧洲语言译本。俾丘林的著述和翻译作品传入俄国之后，在俄国人当中产生了极大影响。他的《三字经》译本成为恰克图汉语学校、喀山大学和圣彼得堡大学的汉语教材。俄国著名诗人普希金和著名文学家高尔基、契诃夫，读了俾丘林的

---

① 肖玉秋：《俄国传教团与清代中俄文化交流》，天津人民出版社，2009年，第30页。

作品以后，对中国文化产生了极大兴趣，都梦想能踏上中国的土地。例如，普希金在1828年所写《致友人》一诗中写道：

> 出发吧，我已准备好，朋友们。
> 不论你们想去哪里，我都将紧紧跟随，
> 跟着你们，
> 到遥远中国的长城脚下。

第六批传教团学生阿加福诺夫、第十二批传教团的传教士瓦西里耶夫、第十三批和第十五批传教士团团长祭巴拉第等，都在中国文化典籍的翻译和传播方面有所建树，对中俄文化交流作出了重大贡献。

3. 俄国传教使团与中俄医学交流

中俄之间医学交流最早可以追溯到17世纪末18世纪初雅克萨战役期间。当时俄国士兵中发生一种疠疫，史称湿气病，康熙帝派的中国医生为中国士兵治病的同时也为俄国士兵进行了诊治。① 在此前后，俄国人曾来华学习蒙古接骨术、种痘法和检痘法。② 自18世纪起，俄国对中国中医、中药发生兴趣。由于"俄人嗜鱼，喜用大黄，可解其毒，市以济众"，所以大黄成为中俄贸易中主要的交易商品之一，一定程度上也反映了中俄之间在医学方面的交流。

俄国传教士团与中国之间的医学交流，始于第八批传教士团学生、第十批传教士团领班卡缅斯基翻译的《脉理歌诀》。卡缅斯基将中医诊脉理论用通俗易懂的方式传递给俄国大众，是传教团与中俄医学交流的最早材料。③ 中俄之间比较系统的医学交流，始自19世纪俄国定期派遣医生随传教团来华。在传教团存在期间，俄国共派遣过沃伊采霍夫斯基、基里洛夫、塔塔里诺夫、巴济列夫斯基和科尔尼耶夫斯基等5位医生，他们都对中俄医学交流作出了重大贡献。例如沃伊采霍夫斯基治好了礼亲王兄弟全昌的瘰疬症，这一病症经过多名中医的诊治都未见好转。全昌十分感激，曾把沃伊采霍夫斯基比作中国古代神医扁鹊之师长桑，赠予其"长桑妙术"的匾额。上述几位医生将西医传入中国

---

① 吴云瑞：《中俄医学交流史略》，《医史杂志》1947年第1期。
② 肖玉秋：《俄国传教团与清代中俄文化交流》，天津人民出版社，2009年，第216页。
③ 肖玉秋：《俄国传教团与清代中俄文化交流》，天津人民出版社，2009年，第217页。

的同时，也搜寻并阅读中国医药学典籍，在俄国报刊上发表文章，介绍中国的医书、医术、名医、中药和针灸，为中俄之间的医学交流作出了突出贡献。

可以看出，清代时，北方草原丝绸之路在中原与蒙古地区、中国与俄国经济文化交流中发挥了重要作用。

第三节 清代西南丝绸之路

西南丝绸之路是古代中国从四川经云南通往南亚次大陆印度、缅甸等国家的经济文化的交流通道，约在公元前4世纪已形成，①主要包括三条线路：通往缅甸、印度的线路；通往越南的水路兼程线路；连通尼泊尔、印度的茶马古道线路。②西南丝绸之路是古代中国对外交往的辉煌成果，在历史上曾经发挥过重要作用，时至元明时期，意大利探险家马可·波罗和中国著名地理学家徐霞客都曾路经这条古道，并记述了沿途所见所闻，为我们了解这条丝绸古道提供了丰富而翔实的资料。清政权建立之后，随着人口的不断增长，边疆地区得到深入开发和发展，西南边疆地区也不例外。清政府在长期坚持闭关自守政策的情况下，对云南却一度实行特殊化政策，云南对外贸易得到相应的发展。③与此同时，通过西南丝绸之路，中国与印度、缅甸、越南等国的文化交流活动也十分频繁，西南丝绸之路在中国古代对外交流史上占有极其重要的地位。

一、清代西南丝绸之路的主要线路

（一）清代通往缅甸、印度的路线

据清人倪蜕《滇小记》记述，由云南腾冲至缅甸，沿前代旧路经云南今梁河、瑞丽至缅甸太公城（今缅甸拉因公）进抵缅城（今缅甸阿瓦）有好几条通道，其一为过怒江到缅甸东北部；其二为由腾冲行7日至瑞丽；其三自云南今弥渡过景东、湾甸达芒市，续行10日至瑞丽；其四从怒江上流蒙来可抵景东。若从缅城沿伊洛瓦底江下行，舟行5日可至缅甸南部今勃固。④除此之外，云南马帮在长期的贩运贸易活动过程中，在云南入缅甸的北道踏勘出几条

---

① 方国瑜：《中国西南历史地理考释》，中华书局，1987年，第22页。
② 屈小玲：《中国西南与境外古道：南方丝绸之路及其研究述略》，《西北民族研究》2011年第1期。
③ 吴兴南：《云南对外贸易史》，云南大学出版社，2002年，第66页。
④ 方铁：《唐宋元明清的治边方略与云南通道变迁》，《中国边疆史地研究》2009年第1期。

支道，成为有清一代直至近现代水路交通兴起之后通往缅甸的重要通道。概括起来，这些支道主要有：由通海经玉溪、峨山、元江、墨江、普洱、思茅、景洪至打洛，过江后分为两路，一路直达缅甸景东，另一路经大猛龙到泰国北部的夜赛；由峨山经坡脚、杨武、青龙、元江、墨江、通关到泰国、缅甸；从楚雄经大理、保山、腾冲到缅甸；由昌宁经顺宁、镇康、耿马至缅甸的麻栗坝；由大理经保山、腾冲、瑞丽、耿马至缅甸；由施甸经昌宁、顺宁、云县、耿马至缅甸；由永宁经丽江、大理、保山、腾冲至缅甸。①

(二) 清代经云南、西藏通往尼泊尔、印度的路线

经云南、西藏连通尼泊尔、印度的茶马古道线路，是西南丝绸之路的一条重要线路，在"16、17世纪中作为南北贸易通道已具有相当重要的意义。并且直至19世纪印藏新通道开辟以前，尼境内的线路一直是印藏间最主要的商业交通通道"②。要了解这条线路，首先要搞清楚由云南入藏即滇藏通道。关于滇藏通道，清人倪蜕《滇小记·藏程》里记载了三条线路：一是由内江鹤丽镇汛地塔城69站至乌斯藏，二是由剑川汛地维西67站至乌斯藏，三是由中甸等地78站至乌斯藏。其次便要了解藏、尼之间的通道。晚清学者黄沛翘经过实地考察，认为清军征讨廓尔喀时进出尼境均须经过吉隆方向，由吉隆进入尼境的便捷之径是过热索桥通道口（即拉苏瓦山口），该山口自清初以来就为藏尼边境交通的重要门户。③日本学者山县初男在《西藏通览》中记载了尼泊尔至西藏的4条通道：一是由尼泊尔首都加德满都过热索桥以出济陇；二是由加德满都经朗卡格密，再由木萨桥以出聂拉木；三是由叶楞城出绒辖；四是由鄂博出喀达之东南。④英国占领印度以后，又开辟了从印度经不丹进入西藏的新通道，其入藏路线是：从加尔各答出发，从孟加拉东北边界入不丹，经木里宗、塔昔苏登、帕里宗（入藏）、江孜、德庆寺到达札什伦布。⑤英国人博格尔和透纳分别于1774年和1783年入藏，就走的这条路线。1793年清政府对尼泊尔战争爆发以后，清政府开始对插手喜马拉雅事务的英国人怀有戒心，关闭了西藏通往

---

① 杨兆钧：《云南回族史》，云南民族出版社，1989年，第204页。
② 张力：《历史上的印藏交通》，《南亚研究季刊》1991年第1期。
③ 张力：《历史上的印藏交通》，《南亚研究季刊》1991年第1期。
④ [日] 山县初男：《西藏通览》（光绪三十四年刊本），（台北）华文书局股份有限公司，1969年，第275页。
⑤ 张力：《历史上的印藏交通》，《南亚研究季刊》1991年第1期。

不丹的山口，从此自印度经不丹至西藏的道路封闭不通了。此后，英国人又设法打通了由锡金至西藏的两条商道，一条由大吉岭至拉萨，一条由大吉岭至札什伦布。锡金路是连接印度与西藏拉萨间最短最直接的交通线。"19世纪70年代起，英国几乎放弃一切其他方向上探索跨喜马拉雅山交通的努力，而将全部注意力集中于锡金路。"①

（三）清代云南通往越南的路线

自汉晋以来，史籍中就有关于云南通往越南交通道路的记载。时至元代至元二十年（1283），自广西置驿道入安南，自此以后，中央王朝与越南的官方交往，几乎都由广西陆路和海上航道进行，很少利用自古以来形成的出云南的通道，以致明朝有"云南自祖宗朝以来，不系交人通贡道路"②的说法，造成了明清时期云南与安南政治交往趋于衰退。但是，云南边地与安南的经济贸易往来却长盛不衰，自汉晋以来形成的出云南至越南的交通道路，仍然发挥作用并有所发展。《道光云南志钞》记载了云南入交趾的两条通道：其一是沿洮江右岸而行，自蒙自经莲花滩、石陇川关和程澜峒至水尾州（今越南老街省水尾县），然后经文盘州（今越南安沛省文盘县）、镇安县、夏华县（今越南富寿省华和县）、清波县、临洮县（今越南富寿省临洮县）、山围县、兴化府、白鹤神庙至白鹤县渡富良江（即红河），即可抵达安南都城其二是从河阳隘沿洮江左岸南行，经平源州、福安县（治今越南河江省南部）、宣江州（治今越南宣光省宣光县）、端雄府（治今越南山西省端雄县玉轴庄），然后至白鹤三歧江与第一条道会合，直往越南东都（今河内），这条道路是明清时期由今马关一带出境后，沿红河左岸山林地带深入越南的道路。③除了以上两条出云南至越南的陆路通道之外，还有一条水道可以进入越南，这条水道被称为出云南至越南的第三条通道，即传统的元江水道。元江水道在唐代就已开辟④，至清代依然畅通无阻。《新纂云南通志》卷134载光绪二十一年（1895）《中法续议商务专条》就有"云南设河口关，在蛮耗设分关，由蒙自、元江运货至蛮耗者，在分关查验凭证出入河口"的规定，便是证据。

---

① 张力：《历史上的印藏交通》，《南亚研究季刊》1991年第1期。
② 《明宪宗实录》卷141成化十一年五月辛酉。
③ 陆韧：《云南对外交通史》，云南民族出版社，1997年，第242—244页。
④ 陆韧：《云南对外交通史》，云南民族出版社，1997年，第246页。

二、清代西南丝绸之路上的贸易往来

(一) 清朝同缅甸的贸易

缅甸是我国西南邻国,很早就与中国有所联系,但清朝建立之后的很长一段时间,中缅之间曾中断往来。"顺治十八年(1661),李定国挟明桂王朱由榔入缅,诏公爱星阿偕吴三桂以兵万八千人临之。李定国走孟艮,不食死。缅酋莽应时缚由榔以献,遂班师。缅自是不通中国者六七十年。"①乾隆十三年(1748)、乾隆十四年(1749),缅甸东吁王朝派人到云南请准入贡,清廷未允;乾隆十五年(1750)七月,礼部议复云南巡抚图尔炳阿"缅甸初次奉表称臣纳贡"的奏称,认为应"准其来京"。乾隆皇帝"从之"②。乾隆十五年年底,缅甸使者希里觉填一行20人入滇。云贵总督硕色按苏禄、南掌等国入贡成例,拨银2500两作为接待经费,派专人将缅使从边境迎送至省城。缅使于乾隆十六年(1751)六月抵京,乾隆皇帝在太和殿"受缅甸国使臣朝贺"③,收下缅使所带礼物,并给予大量回赐,清王朝与缅甸东吁王朝正式建立了藩属关系。乾隆十七年(1752),缅甸发生内乱,东吁王朝灭亡,雍籍牙王朝建立。雍籍牙王朝建立后不久,特别是其子懵驳继位后,大肆向外扩张,在侵略征服老挝、暹罗等国的同时,也不时骚扰中缅边境,导致清政府与缅甸之间爆发了长达5年的战争,从乾隆三十年(1765)。一直持续到乾隆三十四年(1769)。战争结束之后,双方之间的藩属关系也没有恢复,持续了长达20年的若即若离、相安无事的状态。④这种状态最终因清王朝对缅甸的经济封锁和军事威胁、中国和暹罗国连横制缅、缅甸内部政治经济压力、英国殖民势力的压迫等原因,⑤缅甸王请求入贡清王朝,乾隆五十二年(1787),"缅酋孟云遣大头目叶渺瑞洞、细哈觉控、委卢撒亚三名,率小头人从役百余人,赍金叶表文,金塔及驯象八、宝石、金箔、檀香、大呢、象牙、漆盒诸物,绒毡、洋布四种,

---

① 赵尔巽等:《清史稿》卷528《属国传三·缅甸》,中华书局,1977年,第14661页。
② 《清高宗实录》卷369乾隆十五年七月乙丑。
③ 《清高宗实录》卷393乾隆十六年六月庚辰。
④ 何瑜、张波:《清代中缅宗藩关系论纲》,《首届"晚清国家与社会"国际学术讨论会论文集》,2006年,第417页。
⑤ 何瑜、张波:《清代中缅宗藩关系论纲》,《首届"晚清国家与社会"国际学术讨论会论文集》,2006年,第417—418页。

恳求进贡"①；乾隆五十四年（1789），"孟云遣使贺八旬万寿，乞赐封，又请开禁以通商旅"②。乾隆皇帝对此请求"皆从之，封为缅甸国王，赐敕书、印信，及御制诗章、珍珠手串，遣道员，参将赍往其新都蛮得列，定十年一贡"③。从此，缅甸国雍籍牙王朝臣服于清王朝的藩属关系正式确立，开启了一个和平交往的新时代，双方之间商贸往来的记载开始不绝于史。仅乾隆五十三年（1788）至乾隆六十年（1795）的8年中，缅使到中国即达6次，截至光绪元年（1875），清代见于史载的缅使入访总计17次，清朝也先后5次遣使回访缅甸。④除官方贡使贸易外，中缅之间的民间贸易更加活跃。史书记载，"滇南各土司及徼外诸夷，一切食用货物，或由内地贩往，或自外地贩来，彼此相需，出入贸易，由来已久"⑤。《清实录》记载，云南"腾越州和顺乡一带民人，向在缅酋地方贸易者甚众"⑥。

清政府与缅甸之间的贸易商品种类繁多，通过云南出口的商品主要有钢、铁、锣锅、绸缎、毡、布、瓷器、烟、茶、黄丝、针线之类，缅甸输入云南以及经云南转往内地的商品主要有琥珀、玉、棉花、牙、角、盐、鱼等。⑦双方之间的贸易额，缺乏准确的记载，但近代英国学者对19世纪中缅贸易额作了初步估计，据此可以推测清代中缅之间的贸易盛况。如克劳福德估计，1872年缅甸从中国进口丝绸价值为81000英镑，中国从缅甸进口棉花价值约222000英镑。19世纪30年代。由缅甸输入云南的棉花在300万磅到400万磅之间。艾伯特·费却估计，1854年中缅陆路贸易额50万英镑，其中包括由缅甸出口到中国的棉花、盐、红宝石和由中国出口到缅甸的丝绸、茶叶、金叶等。亨利·玉尔估计，1855年缅甸向中国出口货物价值为187500英镑。⑧可见双方贸易规模是比较可观的。

---

① 赵尔巽等：《清史稿》卷528《属国传三·缅甸》，中华书局，1977年，第14680页。
② 赵尔巽等：《清史稿》卷528《属国传三·缅甸》，中华书局，1977年，第14680页。
③ 赵尔巽等：《清史稿》卷528《属国传三·缅甸》，中华书局，1977年，第14680页。
④ 古永继：《清代滇桂地区与东南亚国家的交往》，《西南边疆民族研究》2004年第1期。
⑤ 方国瑜主编，徐文德、木芹纂录校订：《云南史料丛刊》第8卷，云南大学出版社，2001年，第683页。
⑥ 《清高宗实录》卷816乾隆三十三年九月庚寅，中华书局，1987年。
⑦ 云南省历史研究所编：《〈清实录〉越南缅甸泰国老挝史料摘编》，云南人民出版社，1986年，第678页。
⑧ 孙来臣：《明清时期中缅贸易关系及其特点》，《东南亚研究》1989年第4期。

(二) 清朝同越南的贸易

越南古称安南，长期作为中国封建王朝的属国，与中国山水相连，具有悠久的交往历史。明末清初，安南仍处在分裂局面，北方有黎氏政权，为明万历以来安南正统王朝，还有割据高平一隅的莫氏政权；南方有以广南为中心的阮氏政权。安南黎氏政权曾协助南明王朝抵抗清军，清军占领广西、云南之后，迫于形势，安南各割据政权开始主动向清政权示好。安南高平莫氏政权，于清顺治十六年（1659）十一月遣使"纳款投诚代申贺谒"，恳请清廷"使本司得以恢复旧疆，陈述厥职，世世仰朝廷之德，年年沐朝廷之恩，与国家同其天地久长，此本司之大愿望也"①。并且按清廷要求将逃入其境内的南明王室成员与文武官员送交清廷，开始向清朝称臣纳贡。②代表安南正统的黎氏政权见南明覆灭，也遣使向清朝称臣。顺治十七年（1660）九月，安南国王黎维祺遣使"奉表投诚，附贡方物"③，顺治皇帝"深可嘉悦"，但对清廷提出的要求安南上缴前代敕印一事，黎氏王朝迟迟不肯照办。清廷也就一直没有对安南黎氏王朝进行册封，双方的藩属关系也无从确立。康熙五年（1666），在清廷的一再要求下，安南最终上缴敕印。康熙六年（1667），清朝派遣官员前往安南册封，双方宗藩关系得以正式确立。自此之后，双方贡使往来络绎不绝，始终保持官方的商品贸易往来。据统计，自清政权建立，到1883年法国侵略者强迫越南阮氏政权签订不平等《顺化条约》，越南沦为法国殖民地时，安南使者④朝贡清王朝达71次之多。⑤安南向清廷进贡物品均为安南特产，"安南国年例进贡犀角、象牙等物"⑥；清廷回安南之物种类丰富，数量众多。例如康熙二年（1663），安南国初次入贡，康熙帝下令优赏安南国王，"赐国王大蟒缎、妆缎、倭缎、闪缎、锦缎各两匹，彩缎表里各十匹；使臣每人缎、表里各五匹，纱罗各一匹，绢七匹，靴一双；通事行人、从人，缎、纱、罗、绢绸、布各有差。"⑦可以看出，清政府与安南国官方的贡使贸易规模是相当可观的。

---

① 《两广总督李栖凤揭帖》，《明清史料庚编》上册，中华书局，1987年，第32—43页。
② 陈尚胜：《试论清朝前期封贡体系的基本特征》，《清史研究》2010年第2期。
③ 〔清〕巴岱等：《清世祖实录》卷140顺治十七年九月癸丑。
④ 包括推翻黎氏政权之后安南西山政权和其后的阮氏政权使者。
⑤ 汪泉：《清朝与越南使节往来研究》，暨南大学硕士学位论文，2008年。
⑥ 《清圣祖实录》卷267康熙五十五年正月丙子，中华书局，1987年，第622页。
⑦ 清德宗敕撰：《大清会典事例》卷506《礼部》。

除了官方的贡使贸易之外，通过西南丝绸之路的民间商业贸易也空前活跃，主要集中在云南南部中越边境沿线的开化府、蒙自府和思普厅猛烈地区等，其中开化府贸易规模居于首位。①现以开化府为例，来了解一下清代西南丝绸之路上中越之间的贸易状况。开化府辖文山、富宁、马关、西畴、麻栗坡等县，所辖之地与越南接壤最多，自古是中国与越南通商往来的重要区域。据《道光广南县志》记载，当时开化府府治文山县"贾客贸易于此，百物流通，无异东南繁富之区"。据《道光开化府志》记载，文山县销往越南的货物主要有井盐、铁制农具、丝织品类、瓷器、中药材、牛、牛皮、麻布、茶叶、铜器、纸张、蓝靛、神香、调料、广南鸭和其他生活用品。②中越通过西南丝绸之路的商品贸易不仅种类繁多，贸易规模也是很大的。例如茶叶贸易，清雍正十二年（1734），当地政府奏请在开化地区设置税口，征收过境茶税，得到允准。张若骋《滇云纪略》载，当时文山县政府曾在通往越南的通道上设卡，征收贩茶捐税，规定"每筒茶（重四十六两）征税银二分，每百斤征税银三钱二分"。雍正十三年（1735），仅文山县的一个税口，就"征收茶税银一百九十六两"。民国《广南县志》亦载，每年春末夏初，云南有大量牲口向越南地区出口，"泸西一带商人自广南贩运水牛、黄牛出口，年约数千头"；又如，井盐是开化府马关县出口越南的大宗商品，据估计，乾隆六年（1741）以前，马关县约有三分之一的井盐销往越南。③越南食盐大部分依靠从中国进口，乾隆六年，越南土匪扰乱边地，清廷被迫封关，禁止通商，致使越南边民常常吃不到盐。总之，仅从开化一地同越南贸易情况来看，通过西南丝绸之路，清政府与越南之间的贸易是很活跃的，充分反映了西南丝绸之路在清代中外商品贸易过程中的重要作用。

（三）清朝同尼泊尔的贸易

中国同尼泊尔的联系可以追溯到5世纪东晋高僧法显访问尼泊尔，此后，双方之间的经济文化交流屡见于史乘。自15—18世纪末，尼泊尔陷入四分五裂

---

① 孙晓明：《清代滇南地区与越南的贸易》，《云南与东南亚关系论丛》，昆明：云南人民出版社，1999年，第65—66页。

② 孙晓明：《清代滇南地区与越南的贸易》，《云南与东南亚关系论丛》，云南人民出版社，1999年，第66页。

③ 孙晓明：《清代滇南地区与越南的贸易》，《云南与东南亚关系论丛》，云南人民出版社，1999年，第70页。

的局面，仅尼泊尔北部一带与我国西藏有贸易联系，中尼间的使节往返中断了。及至清朝乾隆年间，尼泊尔廓尔喀王朝兴起并大举对外扩张，曾侵略我国西藏地区，清、廓之间先后爆发了三次战争。乾隆五十七年（1792）第二次清廓战争之后，"廓'遣大头人恭进表文'并求定'贡朝'。自是，向清朝五年一'贡赐'，恢复睦邻关系"①。自此，五年一贡制度在两国签订的条约中规定下来，"尼泊尔和西藏每隔五年须向中国朝廷送礼，同时，中国也必须向尼泊尔宫廷回赠礼物"②。这标志着清政府与尼泊尔之间藩属关系的确立，尼泊尔成为清政府的藩属国，这种宗藩关系一直维系到清朝灭亡。值得注意的是，尼泊尔向清王朝入贡前期政治意义明显，后期贸易意义大于政治意义。③曾任尼泊尔首相的钱德拉·沙姆瑟尔明确指出尼泊尔进贡使团的贸易性质："贡品中夹带并销售巨大数量的货物以谋取巨额利润。你可能知道，所有的货物属于拉纳家族并免税运到北京，回来时有清政府提供的交通工具，同时还提供人、免税和其他在路上必要的东西。它带有很小的政治意义。"④尼泊尔使团进贡所携带的礼品和货物主要是象牙、珍珠、铜器等，⑤清政府的赏赐之物大多是锦、缎、荷包等特产。⑥

有清一代，中国西藏地区同尼泊尔的通商往来十分频繁，尼泊尔商人经常往返于西藏，甚至还定居在西藏。"巴勒布（即尼泊尔）在前藏贸易之人……自康熙年间即在前藏居住，皆有眷属，人户众多，不下数千口……而藏内番民与之婚姻已久。"⑦1645—1650年，在藏尼泊尔商人获得免除捐税、关税、赋税的特权，而且获得西藏与印度的贸易必须全部经由加德满都河川的特权。加德满都由此成为穿越喜马拉雅贸易的中心，尼泊尔居穿越喜马拉雅贸易的垄断

---

① 董莉英：《中国西藏与尼泊尔关系探微》，《西藏民族学院学报》2004年第3期。
② [尼] I. R. 阿里亚尔、T. P. 顿格亚尔著，四川外语学院《新编尼泊尔史》编译组译：《新编尼泊尔史》，四川人民出版社，1973年，第165页。
③ 冯树清：《晚清尼泊尔五年进贡使团研究（1852—1906）》，河北师范大学硕士学位论文，2009年，第7页。
④ Vijay Kumar Manandhar, Cultural and Political Aspects of Nepal—China Relations, Delhi: Adroit Publishers, 1999, p.87.
⑤ 冯树清：《晚清尼泊尔五年进贡使团研究（1852—1906）》，河北师范大学硕士学位论文，2009年，第7页。
⑥ 赵荣耀：《乾嘉时期清朝与廓尔喀封贡关系研究》，山东大学博士学位论文，2009年，第60页。
⑦ 方略馆纂：《钦定廓尔喀纪略》，全国图书馆文献缩微复制中心，1992年，第111页。

地位。①西藏与尼泊尔之间的贸易盛极一时，最具代表性的是将两个地区联系起来的有关铸造西藏钱币的协议②，对西藏地区经济贸易的发展起了很大作用。康熙末年，尼泊尔商人"在藏贸易巴勒布商民四十名，商头三名；克什米尔商民一百九十七名，商头三名，向俱任其常川兴贩，往来不绝"。③西藏输往尼泊尔的商品主要有山姜黄、水晶块、书写纸、湖盐、麝香、金矿、牦牛尾，尼泊尔输入西藏的商品主要是大米、铁器、羊毛制品以及皮货、珍珠、珊瑚、海螺、烟、糖、香料、靛青、刀、剪、玻璃、鼻烟壶、绿宝石、蓝宝石、天青石、煤玉、檀香木、不丹纸、尼泊尔铜器、波罗的海琥珀、英国绒面呢子等。④

（四）清朝同印度的贸易

中印两国经济文化交流的历史源远流长，但时至明末清初，印度沦为英国的殖民地。实际上，中印两国人民来往并没有完全中断，尽管传统的川滇缅印古丝路上的中印直接贸易趋于衰落，但中国与缅甸之间的贸易却日益繁荣，云南与印度之间的转口贸易是存在的⑤。例如1889年创设蒙自关以前，印度棉纱就从滇南蒙自和滇西腾越两条运输路线由马帮驮运进口。据腾越关税务司英国人聂必迩光绪三十二年（1906）在腾越关商务报告中说："查洋货进口，共值关平银1443216两，去年则有1747820两，总数内有八成为棉花及棉制品。"20世纪30年代以前，缅甸尚无动力发展棉纺工业，缅甸归英国的印缅总督管理，印度棉纱垄断了缅甸市场，腾越关进口的棉纱都是印度纱转口。⑥出口方面，以白银为例，腾越关商务调查称："自光绪三十一年（1905）起，每年约在200余万两（关平银）。"缅甸是白银的生产国和出口国，从腾越出口到缅甸的白银，主要是转口到印度的。⑦除此之外，通过传统的茶马古道——滇川藏印道，在西藏等边疆地区，中印两国人民还进行一些买卖交易活动⑧。如日本学者山县初男在《西藏通览》中写道："西藏全境贸易，以前藏首府拉萨为中

---

① 董莉英：《西藏地方与尼泊尔贸易试述》，《中国藏学》2008年第1期。
② ［法］布尔努瓦著，耿昇译：《西藏的黄金和银币》，中国藏学出版社，1992年，第437页。
③ 《西藏志·卫藏通志》，西藏人民出版社，1982年，第330页。
④ 董莉英：《西藏地方与尼泊尔贸易试述》，《中国藏学》2008年第1期。
⑤ 吴兴南：《云南对外贸易史》，云南大学出版社，2002年，第77页。
⑥ 陈茜、黄涓：《滇印贸易的历史与发展前景》，《云南社会科学》2000年第1期。
⑦ 陈茜、黄涓：《滇印贸易的历史与发展前景》，《云南社会科学》2000年第1期。
⑧ 季羡林：《中印文化交流史》，新华出版社，1993年，第160页。

心，其卖买亦甚繁盛。但其范围仅限于西藏内地及四川、云南、新疆、蒙古、邻近印度，其他各处，未能远达四方。"①从亚东运往西藏的货物就来自印度加尔各答、大吉岭及中国广东等地，其中棉布的主要来源是中国内地和印度。②《西藏通览》载："外国人从事贸易于西藏者，以英领印度人为巨擘。盖由印之于藏不啻唇齿，较诸他方转运殊易之所致也。当清乾隆五十七年……与涅伯尔失和，互搆干戈，藏印山道梗绝，不通商旅，束足印度，贸易因此大生顿挫。"③这从侧面反映出西藏与印度之间的贸易在乾隆五十七年（1792）清廓战争爆发以前的盛况。清廓战争虽对藏印之间的贸易带来致命影响，但战争一结束，双方之间的贸易又回复到原来的状况且规模有所扩大。④

三、清代西南丝绸之路上的文化交流

通过西南丝绸之路，清代中国同缅甸、越南、尼泊尔、印度等国延续了数千年以来传统的贡使关系和商贸往来，加强了清朝政府同各国的联系。在此过程中，博大精深的中华文化对西南边疆地区及周边国家产生了十分深远的影响，涉及语言、民俗、宗教、艺术等诸多领域，周边国家的优秀文化艺术也传播至西南边地，与当地文化交流融合。

（一）清代中国同缅甸的文化交流

有清一代的大部分时间里，缅甸臣属于清王朝，官方使节往来频繁，地域上山水相连，人民往来不断，推动了清代中缅之间的文化交流，主要表现在以下几个方面：

其一，清朝建立伊始，随南明末代皇帝朱由榔逃难进入缅甸的许多中国官兵被当时的缅甸政府分散安置于各村落。他们利用缅甸矿产资源丰富的优越条件，结合自身掌握的先进技术，促进了缅甸矿产业的发展，将先进的开采冶炼生产技术传入缅甸，可以视之为有清一代中缅文化交流的开端。据有关记载，清初流落于缅甸的中国官兵为数众多，南明永历帝随从流落于缅甸者九百余

---

① ［日］山县初男：《西藏通览》（光绪三十四年刊本），（台北）华文书局股份有限公司，第183页。
② 申旭：《茶马古道与滇川藏印贸易》，《东南亚》1994年第3期。
③ ［日］山县初男：《西藏通览》（光绪三十四年刊本），（台北）华文书局股份有限公司，1969年，第190页。
④ ［日］山县初男：《西藏通览》（光绪三十四年刊本），（台北）华文书局股份有限公司，1969年，第190页。

人，吴三桂率军攻缅期间也有很多官兵流落缅甸，①不少人在波龙厂采银。波龙厂是中国在缅移民利用中国传统矿业技术发展起来的银厂。缅甸矿产资源丰富，但"土人不习烹炼法"，给中国移民以施展才华的机会。波龙银厂规模日渐扩大，对缅甸矿业发展以及冶炼技术在缅甸的传播意义重大。史载，"屯聚波龙冀开银为生，常不下数万人"②。

其二，上述前往缅甸开矿经商的移民，不仅在缅甸传播了先进的工矿业生产技术，并且将信仰弥勒佛的大乘佛教教义传入缅甸。这种大乘佛教思想最初在云南大理鸡足山盛行，康熙二十年（1681）云南景东贡生张保太在鸡足山修行，其弟子张晓宣传弥勒佛降生的教义，使这一教派获得很大发展。这一教义最流行的时候，正好是云南人往缅甸开矿经商移民逐渐增多的时期，这些移民当中大部分笃信弥勒降生的教义。1740年，上述提到的流落于缅甸的华工中颇有名气的桂家因不满缅王的横征暴敛，与孟族流民一起发动起义。桂家的另一支派也配合孟族起义，在白古地区建立白古王朝。白古人认为僧人斯弥陶佛陀吉帝是未来佛降生的弥勒佛，因此被拥立为白古王，得到孟族人民和中国移民的拥戴，从而在缅甸兴起了信仰弥勒佛的热潮。今天在蒲甘佛塔寺庙中，仍然遗存许多弥勒佛像③。学界普遍认为，这是由中国移民传入缅甸的，④因为自11世纪蒲甘王朝以后，缅甸就改信小乘佛教了。除此之外，清代中缅两国官方使节往来活动也能体现出两国宗教方面的交流。例如缅甸使者送给乾隆皇帝的贡品中就有缅石长寿佛、贝叶缅字经等有佛教意蕴的礼品，乾隆皇帝回赐之物中有"孟云佛像"等佛教物品，充分表明两国之间宗教文化交流的用意。

其三，清代，中缅之间的文化交流还表现在两国语言文字的交流方面。在清朝政府的四夷馆内，有"摆夷"在教授缅甸语，秤孟纠、线渺猛长期在四夷馆内任教。后秤孟纠因病双目失明无法继续任教而被送回云南，云贵总督彰宝又选用木邦内迁人线赛、乃赛，将其送入北京。他们不懂汉语、不识汉字，清政府通事张秀、梁国贤能说汉语和缅语，不能书写缅字，他们四人优势互补，

---

① 周一良：《中外文化交流史》，河南人民出版社，1987年，第28页。
② 赵尔巽等：《清史稿》卷528《属国传三·缅甸》，中华书局，1977年，第14662页。
③ 陈炎：《中缅文化交流两千年》，《中外文化交流史》，河南人民出版社，1987年，第30页。
④ 杜生诰：《中国生物在蒲甘》，《缅甸学报》1912年第1卷第2期；[日] 铃木中正、荻原弘明：《贵家宫里雁和缅甸华侨》，《中外关系史译丛》第3辑，上海译文出版社，1986年，第24页。

互相协作，充当四夷馆的缅语教习。①这反映了清朝政府对中缅交往以及对缅甸文化的兴趣。缅甸人对中国文化更是十分倾慕，精通汉语者比比皆是，入贡清朝政府的使者孟干就是其中的杰出代表。孟干将中国的《康熙字典》《渊鉴类函》《朱子全书》《本草纲目》等大批古籍带回缅甸，对中缅文化的交流作出了重要贡献。

其四，清代缅甸音乐和乐器传入中国，产生了重要影响，成为清代中缅两国文化交流的重要见证。缅甸音乐和乐器传入中国有历史传统，见于我国文献记载中有汉代掸国献乐和唐代骠国献乐的情况。时至清代，依然延续了这一传统。据史料记载，乾隆五十三年（1788），缅王孟云遣使来中国献其国乐。清代《续文献通考》载：

> 凡筵燕，和声署以署史二十有二人，分演粗缅甸乐和细缅甸乐，列于宴乐之末。粗缅甸乐，司歌六人，司乐五人，其乐器有：接内搭兜呼、稽湾斜枯、聂兜姜、聂聂兜姜、结莽聂兜布各一。俱拖发扎红，用缅甸国衣冠。细缅甸乐，司舞二人，俱衣闪缎短衣，束以洋锦、杂色裙，戴扎巾，乐器有：巴打拉、蚌札、总稿机、密穹总、得约总、不垒、接足各一。俱拖发扎红，衣蓝缎短衣，腰带及裙与司舞同。

粗缅甸乐中如接内搭兜呼（长鼓）、稽湾斜枯（八面锣鼓）、聂兜姜和聂聂兜姜（唢呐）、结莽聂兜布（铙）等同中国乐器基本相同，这是两国长期彼此交流学习的结果。②

清代中国与缅甸文化交流所涉范围极广，除了上述所论及之外，还包括农作物传播、手工业生产技术传播、工艺美术品制作、服饰衣着等方面。

(二) 清朝同越南的文化交流

中越两国人民的友好往来历史悠久，清朝时期，越南处于黎朝（1428—1789）后期、西山朝（1786—1802）、阮朝（1802—1945）前期，两国的文化交流在前代的基础上继续发展。

政治制度方面：越南黎朝统治时就模仿中国政治制度，从中央到地方的机

---

① 余定邦：《中缅关系史》，光明日报出版社，2000年，第192页。
② 陈炎：《中国同缅甸历史上的文化交流（下）》，《文献》1987年第1期，第263页。

构和官员设置几乎是中国明朝的翻版，一直持续到黎朝灭亡。阮朝建立以后，也基本移植和模仿清朝的各种政治制度。①例如，地方行政制度方面，阮圣祖（1819—1840年在位）时，将全国分为31省，省设总督、巡抚、布政、按察和领兵等职，省以下分府、县、州等，边远地区实行"土流参治"，与清朝地方行政制度基本无异。法律方面，阮世祖在位时命编的《皇朝律例》，"实际上几乎是《大清律》的翻版"②。

考试制度方面：清朝时，越南乡试、会试均用八股文，进士有正副榜，第一甲也有状元、榜眼、探花之设，不论举人、进士，皆有同年拜老师之礼。③越南还"仿中国设置武举，考试内容与录取方式与中国大体一致"④。

思想方面：至清代时，中国传统的儒家思想仍然对越南有影响，黎朝统治时期独尊儒学，提倡程朱理学。1734年，黎朝颁《五经大全》于各地学宫。1755年，黎朝又将文庙中的孔子"改用衮冕之服"，给予其极为尊崇的地位。在这种情况下，程朱理学在越南日益兴盛，儒教取得了统治地位，成为正统思想体系。从此，封建政权以儒教作为建国治民的典范，作为建立各种政治和社会制度的金科玉律。黎末阮初，越南国内陷入战乱，在农民起义的打击下，封建统治秩序瓦解了，儒家思想的统治地位随之动摇。但没过多久，阮朝统治确立，又大力恢复封建秩序，巩固儒教的统治地位。于是，程朱理学又成为越南的统治思想和官方哲学，对越南社会的各个方面产生了重要影响。

文学方面：越南在历史上曾一直使用汉字，近代以前汉文学一直是越南文学的主流，到了黎朝，越南汉文学进入全盛时期，涌现出一大批杰出的汉文学家，其作品深受中国文化影响。例如，后黎朝末年的文学家黎贵惇（1726—1784），官至工部尚书，曾出使中国，名重一时。他博学多才，著作丰赡，振文风，兴改革，有"越南王安石"之称。⑤阮朝中叶，名气最大的文学家为潘清简，次为范富庶、高伯适、阮文迢、阮庭炤、松善王、绥理王。阮朝皇帝嗣

---

① 何孝荣：《清代的中越文化交流》，《历史教学》2001年第11期。
② 越南社会科学委员会编，北京大学东语系越南语教研室译：《越南历史》，人民出版社，1977年，第444页。
③ 陈玉龙：《中国和越南、柬埔寨、老挝文化交流》，《中外文化交流史》，河南人民出版社，1987年，第706页。
④ 史如林：《汉文化在越南》，《中外文化交流史话》，华东师范大学出版社，1991年。
⑤ 何孝荣：《清代的中越文化交流》，《历史教学》2001年第11期。

德曾对上述文学家赋诗赞美道:"文如迢适无前汉,诗到松绥失盛唐。"就流传下来的文学作品而言,清代中越之间文学交流最典型者莫过于越南北使诗文。所谓"北使诗文",指的是"越南使臣出使中国时所作的各体诗文。在文化传播与传承中,使臣作为官方文化的代表,不仅是汉文典籍在越南独立自主时期最主要的传播者和创作者,也是越南汉文化向中国本土回流的最重要承担者"①。从越南现存北使诗文的时代来看,16世纪以前的仅存阮忠彦的《介轩诗稿》;后黎朝(1533—1778)的有黎光贲《思乡韵录》等13种;西山朝(1778—1802)时间虽短,但也留下来段阮俊的《海烟诗集》等4种;阮朝(1802—1945)留下潘清简《使程诗集》等40余种。②北使诗文留存的数量之多,反映出清代中越文学交流之盛况。

史学方面:清代中国的史学传统对越南也产生了重要影响,成为清代中越文化交流的重要内容。众所周知,方志是中国特有的历史典籍,所谓"国有史、地有志、家有谱"。清代是我国历史上方志编纂成就最辉煌的时代,不仅有全国性的一统志,几乎全国每个县都有一种或数种方志流传下来。这一优良的史学传统对当时的越南影响极大,例如郑怀德的《嘉定通志》、黎光定的《一统地域志》、高春育的《大南一统志》、潘辉注的《历朝宪章类志》等,都是受清代中国史学传统影响而形成的。特别是《大南一统志》,其体例完全仿照清朝乾隆年间编纂的《大清一统志》③。

宗教方面:清代时,中国南方很多僧人到越南弘法,他们在越南建寺造塔,传播佛教。1665年,中国禅僧元韶入越弘法。《大南一统志》记载:"(元韶)卓锡于归宁寺,建十塔弥陀寺,广开象教。寻往顺化富春山,造国恩寺,筑普同塔。又奉英宗皇帝命,求高僧,得石濂和尚大汕。及还,住持河中寺。"元韶在越南创建了临济宗的"元韶派",提倡禅净兼修。石濂和尚于1695年抵达越南顺化,住天姥寺。因越南佛法"混滥",他著文详细阐述戒律要旨和禅学真谛,榜诸山门;又应广南王之请,传授三坛具足戒。从此,"越南僧侣始以念经修行为本务,一改佛门多年的积弊,他在越南虽只居留一年半,对

---

① 刘玉珺:《越南使臣与中越文学交流》,《学术研究》2007年第1期。
② 刘玉珺:《越南使臣与中越文学交流》,《学术研究》2007年第1期。
③ 陈玉龙:《中国和越南、柬埔寨、老挝文化交流》,《中外文化交流史》,河南人民出版社,1987年,第704页。

越南佛教界却留下了相当的影响"①。

除了上述几个方面以外，清代中越文化交流的范围还涉及自然科学、生产技术、建筑技术、音乐、戏剧、生活风俗等多个方面。

（三）清朝同尼泊尔的文化交流

自406年中国高僧法显对尼泊尔进行访问以来，中尼两国一直保持着密切联系，文化交流不断。特别是到了清代，大批尼泊尔人开始在中国西藏定居，康熙、乾隆时达数千户，两国间的贸易和文化交往相当频繁。②对此，尼泊尔学者道尔·巴哈杜尔·比斯塔说："在19世纪前，以西藏和印度相比，尼泊尔与前者在文化上有着更大的共同性，在经济上有着更多的利害关系；在西藏居住着比其他任何地方都多的尼泊尔人，而在尼泊尔定居的西藏血统的居民也比印度血统的居民要多。"③移民本身就是文化交流的重要推动力量，加上清政府与尼泊尔之间频繁的使节往来，使得有清一代两国间的文化交流别开生面，成就斐然。

第一，清代定居在西藏的尼泊尔人大多以经商为业，其中也有不少铜匠、金银匠和其他艺匠，他们在日常生活中将尼泊尔的各种工艺传到西藏。例如，在藏语中称响铜为"李"便是中尼文化交流的反映，这是因为尼泊尔人精于此业，所以尼泊尔也被称为"李域"；乾隆年间入藏的周霭在《竺国纪游》中提到尼泊尔人"制造金银诸器，不用模范，工巧胜于内地"，又说西藏"工匠制物不用模范，穷极精巧，金银钿丝镶嵌及雕镂人物花卉，无不象形惟肖，哔丰子（即尼泊尔人）尤工其业"。西藏的金银铜器的制造工艺显然是受到尼泊尔的影响。④历代达赖喇嘛都有赞助和庇护有声望的尼泊尔艺匠的习惯，因为他们精心制作的金银钵罐、各种法器和装饰用品很受欢迎。这些艺匠还为寺庙建筑镶镀金箔，光灿夺目，色泽经久不变。这些工艺显然也会给西藏的同类工艺带来影响。⑤

第二，随着中尼两国人民交流的日渐增多以及使节往来的日渐频繁，尼泊

---

① 朱云影：《中国文化对日、韩、越的影响》，台湾黎明文化事业有限公司，1981年，第672页。
② 王宏纬：《中尼古代文化交流的回顾》，《中外文化交流史》，河南人民出版社，1987年，第426页。
③ [尼泊尔]道尔·巴哈杜尔·比斯塔：《在西藏的尼泊尔人》，《尼泊尔研究文稿》，1980年12月8卷1期。
④ 黄盛璋：《关于古代中国与尼泊尔的文化交流》，《历史研究》1962年第1期。
⑤ 王宏纬：《中尼古代文化交流的回顾》，《中外文化交流史》，河南人民出版社，1987年，第434页。

尔的一些音乐和舞蹈也传入中国，丰富了两国文化交流的内涵。例如，《廓尔喀部乐》(一种民族舞蹈音乐)就是在清代传入中国的。该乐舞所用乐器有达拉、达布拉等。司舞二人，俱衣红绿绸衣，戴红猩毡帽，着红彩履。每足各系红铃一串，即公古里。司歌五人，俱以红绿布缠头；内一人衣绿绸衣，着红彩履；余衣回族衣，着红羊皮靴。司达拉一人，司达布拉一人，司丹不勒儿一人，司萨朗济一人。其中的达拉、达布拉、丹不勒儿、萨朗济是尼泊尔通用的四种乐器。尼泊尔音乐的传入中国，是中尼两国文化交流的重要表现。

第三，中国古代闻名世界的四大发明中的火药和印刷术，在清代时通过印度传入尼泊尔，不仅体现了中尼两国间的文化交流，也反映了中华文明在清代时通过西南丝绸之路仍然有极其重要的影响。尼泊尔史学家雷格米认为，火药和滑膛枪是在17世纪后期随着拉吉普特移民从印度传入尼泊尔的。①

(四) 清朝同印度的文化交流

随着印度沦为英国的殖民地，清朝政府与印度之间的官方往来中断，双方之间的文化交流也因之进入低迷时期，但两国长达数千年的文化交流传统并没有中断。虽然双方之间的人员往来近乎断绝，但许多西方传教士和清朝文人士大夫在其著作中还会专列篇章介绍印度，使当时的中国人对印度这个东方文明古国仍然有所了解，在心理上仍然保持者一种密切的联系。西方传教士的著作，如利玛窦的《坤舆图说》、艾儒略的《职方外纪》、南怀仁和蒋友仁的《坤舆全图》等，都有"应第亚"(印度)专章或介绍印度的文字。除此之外，西方传教士还有专门介绍印度的书，如玛吉士的《外国地理备考·印度国全志》。中国的文人学者也有介绍印度的著作在此期间问世，如刊于雍正八年(1730)的陈伦炯的《海国闻见录》。除了上述著作之外，18世纪中国著名诗人尤侗在《外国竹枝词》中也有关于印度的内容，如其诗中提到的古里、柯枝、大葛兰、小葛兰、小唄喃、淡巴甘巴里、西洋琐里、小琐里、天竺、傍葛剌等都是印度地名。②虽然作者没有到过印度，是根据前人的载籍和自己的想象写成的，但也表达了中国文人对印度的感情。③有清一代，印度历法对中国曾产

---

① D. R. Regmi, Ancient and Medieval Nepal, Kathmandu, 1952, p. 167.
② 李喜所：《五千年中外文化交流史》第二卷，世界知识出版社，2002年，第580页。
③ 季羡林：《中印文化交流史》，新华出版社，1993年，第162页。

生过重要影响，早在唐开元年间，在唐代宫廷中供职、精通印度天文历算的印度瞿昙家族的瞿昙悉达奉旨翻译印度历法《九执历》。《九执历》与印度历法《历法甘露》关系密切，许多数据几乎完全相同。《九执历》对唐、宋、元、明等时代的历法都有影响，1836年，清人顾观光还写了一部《九执历解》，对《九执历》作了系统和深入的研究。①这可以看作清代印度文化对中国文化影响的重要表现。

有清一代，虽然中印两国间直接的文化交流进入低迷时期，但是印度殖民地宗主国英国与中国却保持着联系，客观上也促进了中印两国间的文化交流。中国茶叶就是通过英国殖民者传入印度的，17、18世纪，欧洲饮茶之风盛行，荷兰东印度公司和英国东印度公司在同中国进行茶叶贸易上展开竞争，英国人于是想在其殖民地印度种茶。1780年，英国东印度公司从中国广州输入部分茶籽在印度试种，1788年再次引种。19世纪30年代以后，印度茶叶种植有了起步和发展。1834年，英国殖民当局在印度阿萨姆地区设立专门委员，在该地"先建数所苗园，并开小制场"，负责种茶和制茶。1837年以后，英国殖民者又先后派人到中国福建、安徽、浙江等地觅购良种，分别种于印度各地，并观察、研究茶树的种植以及茶叶制作的方法和技术。②除此之外，还雇佣"中国善于采取与烧炼（茶叶）者，教土人以采烧之法。试行以来，卓有成效。所收茶品，颇不逊于中华"③。19世纪60年代末，"印度茶之名竟噪于世"。

总而言之，终清一代，通过古老西南丝绸之路，清朝政府同缅甸、越南、尼泊尔、印度之间仍然不同程度地进行着传统的文化交流。

第四节　清代海上丝绸之路

清代以降，伴随着"海禁"政策的推行，实行有限制的对外贸易，清代海上丝绸之路经历了一个曲折的发展过程。

---

① 北京大学南亚研究所：《中国载籍中南亚史料汇编》，上海古籍出版社，1994年，第281页。
② 李喜所：《五千年中外文化交流史》第二卷，世界知识出版社，2002年，第581页。
③ 丁韪良：《中西闻见录选编·印度种植茶叶》，文海出版社，1987年，第164页。

一、清代前期海外贸易政策与海上丝绸之路

清朝初年，允许商人出海贸易，通过海上丝绸之路的对外贸易仍然十分繁荣。史籍有载："犹记顺治六七年间，彼时禁令未设，见市井贸易咸有外国货物，民间行使多以外国银钱，因而各省流行，所在皆有。"①但好景不长，为了抗击郑成功反清势力，清王朝先后于顺治十二年（1655）、顺治十三年（1656）、顺治十八年（1661）、康熙四年（1665）、康熙九年（1670）、康熙十一年（1672）、康熙十二年（1673）、康熙十四年（1675）颁布一系列禁海令②，除了官方朝贡贸易正常进行之外，"不许片帆入口"，对清代海上丝绸之路的畅通和海外贸易带来一定影响。但需要指出的是，清代前期"海禁"政策持续时间并不是太长，在大多数时间里，清代统治者十分重视海外贸易的发展，海上丝绸之路畅通无阻，对东西方经济文化交流作出了贡献。

康熙二十三年（1684），在平定了三藩之乱和收复台湾以后，清廷迅速颁布开海贸易令。史载："今海内一统，寰宇宁谧，无论满汉人等一体，令出洋贸易，以彰富庶之治。得旨允行。"③康熙二十四年（1685），又宣布江苏松江（今上海）、浙江宁波、福建厦门、广东广州作为对外贸易港口，分别设江海关、浙海关、闽海关和粤海关，是为正式以"海关"命名边境管理机构的开始，专门承担管理海外贸易的职责。康熙五十六年（1717），清政府又下令禁止向南洋贸易，但时间不长，于康熙五十七年（1718）批准了两广总督杨琳的奏请，"澳门夷船往南洋及内地商船往安南不在禁例"④。雍正五年（1727）、雍正七年（1729），先后解除了福建、浙江同南洋贸易的禁令。乾隆二十二年（1757），因英国商人抵制清王朝的行商制度并执意在宁波定海深入丝茶产区建立贸易据点，撤销了宁波、厦门、松江三港的海关，规定"将来只许在广东收泊交易"⑤。自此以后，清王朝开海以来的多口贸易变成一口贸易，一直持续到清末。

较之历代王朝，清代通过海上丝绸之路进行对外贸易是有严格限制的，除了口岸限制之外，对出口商品、出海商民、外商都有若干限制政策，但是，清

---

① 《皇朝经世文编》卷26《请开海禁疏》。
② 夏秀瑞、孙玉琴：《中国对外贸易史》，对外经济贸易大学出版社，2001年，第359页。
③ 《皇朝政典类纂》卷117《市易五·藩部互市》。
④ 《清朝文献通考》卷33《市籴二·市舶互市》。
⑤ 《清高宗实录》卷550乾隆二十二年十一月戊戌。

代通过海上丝绸之路的商品贸易与文化交流并没有完全中断，一度曾十分活跃，在中外经济文化交流中仍占有重要地位。

二、清代海上丝绸之路主要航线及商品贸易概况

清代以前，通过海上丝绸之路同中国进行直接商品贸易的国家主要限于亚洲和非洲的部分国家。时至清代，在同亚、非国家继续保持贸易往来的同时，开辟了北美洲航线、俄罗斯航线、大洋洲航线等三条海上丝绸之路新航线。①通过海上丝绸之路直接同中国发生商品贸易关系的国家扩展至欧洲、美洲的许多国家，亚洲的日本、朝鲜、菲律宾、苏禄、西里伯、马六甲、新加坡、婆罗洲、爪哇、苏门答腊、马来亚、暹罗、越南、柬埔寨、缅甸等国，欧洲的葡萄牙、西班牙、荷兰、英国、法国、丹麦、瑞典、普鲁士、意大利、俄国等，美洲的美国、秘鲁、墨西哥等国，都与中国建立了直接的贸易关系，可以说包括了几乎所有的亚洲、欧洲和美洲国家。②往来船舶数量、进出口商品种类、贸易额都有了很大增长，这里以日本、东南亚国家、欧美等国为例，了解清代海上丝绸之路上的主要航线及商品贸易概况。

（一）清代通往日本的航线及商品贸易

中日之间的商品贸易由来已久，时至清代，尽管中、日方面均有相关的限制贸易政策出台，双方之间的商品贸易难以续写昔日的辉煌，但历史上通过海上丝绸之路中日之间的商品贸易关系也有一定的延续。根据有关史料，有清一代，山东、浙江、福建、广东等地仍保持与日本的贸易往来。

清代中国通往日本的主要航线有：山东与日本的贸易往来有南北二线，北线经济州、对马岛到日本，南线经浙江普陀山到日本长崎。③从浙江港口出发的船只多直航日本长崎，山东、福建、广东的海商多先航行至普陀山，再直航长崎。福建地区有自福州、厦门、安海直航日本长崎的三条航线，均形成于明代，其中厦门—长崎是清代福建对日贸易的主要航线。广东地区赴日的主要航线是传统的广州—对马岛—长崎航线，还有潮州出发至长崎的航线、高州出发至长崎的航线。此外，从广州出发经澳门出海，向东航行经过东海、黄海，最

---

① 黄启臣：《广州与海上丝绸之路的兴起与发展》，《广州与海上丝绸之路》，广东省人民政府外事办公室、广东省社会科学院编印，1991年，第65页。
② 夏秀瑞、孙玉琴：《中国对外贸易史》，对外经济贸易大学出版社，2001年，第363页。
③ 赵树廷：《清代山东对外贸易研究》，山东大学博士学位论文，2006年，第53页。

后抵达日本长崎港也是一条重要航线。(图16-9)

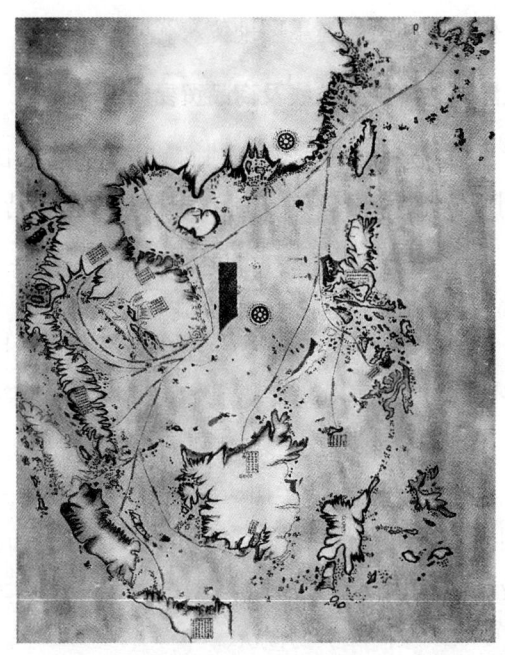

图16-9：《东洋南洋海道图》(康熙五十一年至六十年绘制)

从双方贸易所涉及商品来看，日本输出的主要是金、银、铜三大金属，尤其以铜为大宗。顺治十九年（1662）到康熙四十一年（1702）的四十年间，日本共出口铜114498700余斤，平均每年出口286万斤；清朝平均每年进口为150万斤到200万斤之间，占一半以上。①清朝输出日本的商品以生丝为大宗，除此之外，还包括丝绸、各类工艺品、药物、杂货、食品、布匹等，品种繁多。

就贸易规模来看，中国是日本的第一贸易国，尽管日本方面限定贸易额度和入港船只数量，但清代中日贸易仍有一定的规模。清朝政府开海贸易以后，抵达日本的商船数量逐年增加。在康熙五年（1666）仅有35艘，至康熙二十四年（1685）增至85艘，康熙二十五年（1686）102艘，康熙二十六年（1687）115艘，康熙二十七年（1688）增至194艘。随船前往日本贸易的中国商人和船员达9128人次②，此后略有下降。据统计，从康熙二十三年（1684）至乾隆二十二年（1757）间，中国开往日本的商船达3017艘，平均每年41艘。③乾隆二

---

① 沈光耀：《中国古代对外贸易史》，广东人民出版社，1985年，第235页。
② [日]大庭脩：《日清贸易概观》，《社会科学辑刊》1980年第1期。
③ 夏秀瑞、孙玉琴：《中国对外贸易史》，对外经济贸易大学出版社，2001年，第363页。

十二年（1757）以后，因日本江户政权进一步实行锁国政策，中国赴日商船数量继续下降，1791年仅有10艘。从数字来看，贸易似乎逐渐萎缩，实则不然，船舶数量虽然减少，但船舶却大型化了，贸易总额并没有因此减少。从商品贸易量来看，仅以清政府输入日本铜的数量为例，据1709年长崎奉行报告，1662—1708年间，流出铜约11450万斤。康熙二十三年至康熙五十五年（1684—1716）为1.2亿斤，康熙五十五年至乾隆十九年（1716—1754）为1亿斤，乾隆二十年至道光十九年（1755—1839）为1亿斤。自康熙二十三年至道光十九年（1684—1839），从日本进口的黄铜达到32070万斤，平均每年进口195万斤。①

（二）通往东南亚国家的海上航线及商品贸易

东南亚国家中部分国家在历史上曾作为中国的藩属国，联系十分紧密，商品贸易往来非常频繁。清代以降，这种贸易关系一直持续，并且形式多样，有朝贡贸易、陆地贸易、海上贸易等。通过海上丝绸之路所进行的商品贸易历史同样十分久远，但清朝初年受到海禁政策的影响，加之一段时间内东南亚国家局势动荡，致使中国商民到东南亚、东南亚商船来华的贸易都受到很大影响。

康熙二十三年（1684）开海贸易以后，对东南亚国家采取特殊贸易政策，所征收的"船钞"低于西洋各国，②到东南亚国家贸易的中国商人不计其数，尤其以闽、广两省为多。闽、广两省成为与东南亚国家贸易联系最重要的地区，主要贸易国有暹罗、吕宋、苏禄、噶喇吧、新加坡等国。通过广州通东南亚的航线主要有三条：出珠江口，经长沙门（东沙群岛和中沙群岛之间的海面），抵菲律宾群岛和加里曼丹岛，为第一条；出珠江口万山群岛，经琼州、安南至昆仑岛，再南行三四日至马来半岛彭亨港外的地盆山，是第二条，称为内沟线；第三条称外沟线，出万山群岛后，穿西沙群岛和中沙群岛中间海面，再越过南沙群岛西海面，抵地盆山与内沟线合并。③内沟线、外沟线都可到达暹罗、缅甸、马来半岛和印度尼西亚群岛。（图16-10）

---

① ［日］木宫泰彦著，陈捷译：《中日交通史》下册，商务印书馆，1931年，第300页。
② 王巨新：《论清朝前期对东南亚的贸易政策》，《社会科学辑刊》2012年第2期。
③ 余思伟：《清代前期广州与东南亚的贸易关系》，《中山大学学报》1983年第2期。

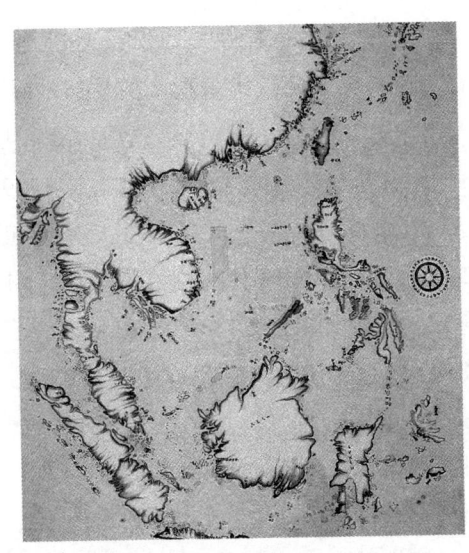

图 16-10：《西南洋各番针路方向图》（康熙五十一年至六十年绘制）副本

在海南省南海博物馆收藏有一本抄于民国时期的航海指南工具书——《更路簿》，乃海南省潭门一位老船长吴淑茂所捐献。除此之外，不同写本的《更路簿》在海南沿海地带多有所见，目前所知者已达30余种，名目不一，有的称作《南海更路经》，也有的称作《南海水路经》《南海定时经针位》《西南沙更簿》《顺风得利》《注明东、北海更路簿》或《去西、南沙的水路簿》等。这些不同名目的《更路簿》具体形成于何时，无从得知，据推测大体可追溯至明代。《更路簿》不但记录了海南岛地区通往东南亚地区航海路线上的港口，还有一年12个月海上流水特征的记载，也不乏风向、暗礁的准确描述，对于那些危险地段还特别标注了航行速度以示提醒。

如今渔民出海时虽已不再使用《更路簿》，但琼海、文昌等地很多人家都将其作为祖传之宝供奉。①《更路簿》中之黄山马即太平岛，劳牛劳即大现礁，申是240°方向。易言之，即驾驶帆船从太平岛去大现礁，罗盘用申单针（相当于240°方向），行驶3更到达。尤其值得注意的是，该簿有的地方用两种字迹写成，颇具代表性意义。②（图16-11）

---

① 周伟民：《更路簿形成、盛行和衰亡的年代及其性质、用途》，《海南大学学报（人文社会科学版）》2015年第2期；夏代云、牟琦、何宇阳：《海南渔民〈更路簿〉的时代考证和文化特征》，《中南民族大学学报（人文社会科学版）》2016年第6期。
② 感谢海南大学夏代云教授提供照片，并善意提示相关信息。

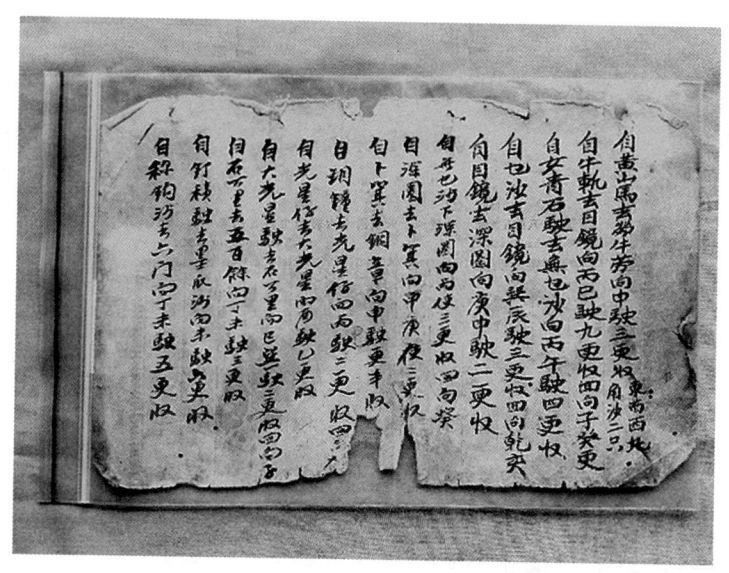

图16-11：吴淑茂所捐《更路簿》（局部）

从清朝与东南亚商品贸易的种类来看，运往东南亚各国商品中最主要的是瓷器、陶器和丝绸，其他还有咸干菜、水果、砖瓦、伞、梳子、草药、药方、纸等。从东南亚各国运往中国的商品主要有：暹罗国的大米、沉香、槟榔、锡、苏木、象、硝石、铅、象牙等，其中大米是最主要的。暹罗国盛产大米，而康熙末年中国东南沿海一带"民食不足"。史书记载："闽省福兴漳泉汀五府，地狭人稠，自平定台湾以来，生齿日增，本地所产，不敷食用。"① 鉴于这种情况，清廷对进口大米实行免税政策，促进了中暹两国大米贸易的发展，对缓解18世纪东南沿海一带的粮食危机、稳定清朝统治秩序发挥了很大作用。除此之外，还有：吕宋的大米、墨西哥银元、燕窝、苏木等；② 苏禄国的珍珠母、珍珠、稀见贝壳、金粉等贵重物品，丁香、胡椒、樟脑、肉桂、黄蜡、檀香、加龙安油、乌木、玳瑁等香料与药材，燕窝、鲨鱼翅、黑海参、白海参、西米、紫菜、可可、槟榔等食品，竹布、鹿皮、藤条、木料等；③ 噶喇吧的胡

---

① 《清世宗实录》卷54雍正五年三月辛丑条。
② 李金明：《清代前期厦门与东南亚的贸易》，《厦门大学学报》1996年第2期。
③ 钱江：《清代中国与苏禄的贸易》，《南洋问题研究》1988年第1期。

椒、棉布等①；新加坡的藤、胡椒、海藻和木材等。②

再从贸易规模来看，自开海贸易后，1689年，中国商船前往暹罗的有14—15艘，1695年为8艘，1698年为7艘，1699年为6艘，1702年为10艘以上。③康熙二十四年（1685），从福州、厦门等地开往雅加达的商船仅十余艘，康熙四十二年（1703）增至二十余艘。康熙五十五年（1716），"造船出海贸易者多至千余"④。乾隆年间更是规模空前，据记载，当时厦门的情况是："外至吕宋、苏禄、实力、噶喇吧，冬去夏回，一年一次。初则获利数倍至数十倍不等，故有倾产造船者，然骤富骤贫，容易起落，舵水人等借此为活者以万计。"⑤据西方学者统计，中国前往噶喇吧贸易帆船1681—1690年平均每年11艘，1691—1700年平均每年11.5艘，1701—1710年平均每年11艘，1711—1720年平均每年13.6艘。⑥

（三）同欧美国家的商品贸易

15、16世纪，随着西方资本主义兴起，为了资本原始积累的需要，葡萄牙、西班牙等殖民国家开辟了通往东方的新航路，葡萄牙、西班牙、荷兰曾分别于明正德九年（1514）、万历三年（1575）、万历三十二年（1604）来华强占土地并展开贸易，开启了古老中国同资本主义世界贸易的先河。但由于西方国家资本主义发展的不平衡性，葡萄牙、西班牙、荷兰很快衰落，英、法、美等国迅速崛起，到了清代，英、法、美成为清朝政府通过海上丝绸之路贸易的主要对象，其中英国居于首位。清代中国通过海上丝绸之路与欧美国家的商品贸易中，主要进口商品为毛织品、金属、棉花和棉纱制品等工业制成品，出口商品为茶叶、生丝、丝绸和土布。

清代，中国通过海上丝绸之路同欧美国家的贸易规模远超日本、东南亚诸国，且不同于日本、东南亚诸国的是：同欧美各国贸易货物主要依靠欧美各国的轮船运载，运载量大，贸易额很高且增长快。据统计，中国同英国贸易情况

---

① 李金明：《清代前期厦门与东南亚的贸易》，《厦门大学学报》1996年第2期。
② Sarasin Viraphol, Tribute and Profit, Sino-Siamese Trade 1652-1853, Harvard: Harvard University Press, 1977, pp.180-181, 205.
③ [泰] 沙拉信·维拉福尔：《清初的中暹走私贸易》，《南洋资料译丛》1991年第1期。
④ [清] 巴岱等：《清圣宗实录》卷270康熙五十五年十月壬子条。
⑤ 《厦门志》第15卷《风俗》，（台北）成文出版社，1967年，第323页。
⑥ Leonard Blusse, Strange Company: Chinese Settlers, Mestizo Women, and the Dutch in VOC Batavia, Foris Publications, 1986, pp.123-124.

为：1760—1764年，英国对华出口额470286两，中国对英出口额979931两；1780—1784年，英国对华出口额增加到1301931两，中国对英出口额增加到2083346两；1785—1833年，英国贩运到中国的商品占中国进口贸易总额的80%—90%，自中国输出商品占中国出口总额的60%—80%。中国同美国的贸易情况为：1784—1833的50年间，美国驶往广州的商船共计997艘，平均每年近20艘；1833—1840的7年间共246艘，平均每年达35艘以上；①美国在中国对欧美各国出口贸易中所占的比重从1780—1784年的年平均0.3%增长到1817—1819年的年平均41.5%；在中国对欧美各国进口贸易中所占比重从1780—1784年的年平均1.4%增长到1830—1833年的年平均19.2%，②成为仅次于英国的对华贸易伙伴。相比之下，法国同中国的贸易规模较小：1716—1833年，前来中国的法国商船，有一半的年份只有一两艘，最多的年份也不过七八艘。以1792年为例，广州对法国的进口值为49120两，占广州对欧美各国进口总值5069653两的0.96%；广州对法国的出口值为361925两，占广州对欧美各国出口总值7490524两的4.83%。③

除了上述国家以外，荷兰、丹麦、瑞典、普鲁士、意大利、俄国等欧美国家都通过海上丝绸之路同中国进行贸易，实现了产品的互通有无，对加强相互了解具有十分重要的意义。

三、清代海上丝绸之路上的文化交流

（一）中日文化交流

有清一代，虽然中日两国政府在特殊的时代背景下不同程度地采取了闭关锁国政策，但是两国之间的民间往来并没有受到影响，与此相反，清代赴日人员大规模增加，仅1688年到日本的中国人就有9128名，④包括许多著名的僧人、儒学家、书法家、绘画家、名医等，成为这一时期中日文化交流的主要使者。在传播中国文化上，主要体现在以下几个方面：

---

① 姚贤镐：《中国近代对外贸易史资料》第一册，中华书局，1962年，第287—288页。
② 姚贤镐：《中国近代对外贸易史资料》第一册，中华书局，1962年，第266—267页。
③ 姚贤镐：《中国近代对外贸易史资料》第一册，中华书局，1962年，第266页。
④ 冯佐哲：《清代前期中日民间交往与文化交流》，《史学集刊》1990年第2期。

第一，清代大批中国僧人东渡日本，对日本佛教产生了巨大影响。据日本学者木宫泰彦统计，德川时代赴日僧人就达63人之多①，其中包括著名的隐元隆琦（普照国师）和独立性易（戴笠）。隐元隆琦是临济宗第三十一世祖费隐通容的法嗣，曾任福建黄檗寺住持，名闻远近，1654年赴日本，先在长崎兴福、崇福两寺说法，后来在江户创建了万福寺，开创了黄檗宗，打破了消沉已久的日本禅学界的寂寞，复兴了日本临济、曹洞两宗。隐元隆琦对日本佛教的影响还表现在佛教建筑雕刻方面，黄檗山的万福寺、长崎的唐三寺以及各地修建的黄檗宗寺院，都由中国僧人监工设计，采用了纯粹的明清建筑式样。②

第二，在学术思想方面，清代时儒学对日本产生了深远影响。中国儒学在应神天皇十六年（285）就传入日本，③在德川家康时代被确立为日本官学。德川幕府统治时期历代将军都十分重视儒学与中国文化：第一代将军德川家康提倡程朱理学，赞赏朱熹极力维护的君臣、父子等统治秩序和忠君、孝悌思想，带头学习《论语》《中庸》；第三代将军德川家光在1647年规定，经筵进讲时必须用朱子新注；第四代将军德川家纲时与清朝政府有了直接文化交流，出于对中国文化的敬仰与崇拜，将中国称为"上国"，将康熙皇帝称为"上国圣人"；第五代将军德川纲吉时受康熙皇帝亲自主编《性理精义》的影响，刊刻明成祖朱棣的《性理大全》等书，在幕府设儒官、建孔庙，儒学曾盛极一时。在统治阶级的重视下，日本涌现出了一大批著名的儒学家，如藤原惺窝、林罗山、松永尺五、木下顺庵、贝原益轩等。除此之外，清代中国的考据学对日本也产生了重大影响，出现了猪饲敬所、朝川善庵、东条一堂等著名的考据学者和《经籍访古志》《本朝度量衡考》等校勘学和考证学的成果。④

第三，日本江户时代的文学也深受清代中国文学的影响，主要表现在诗歌和小说、戏曲等方面。日本创作汉诗的历史十分悠久，日本大友皇子（648—672）曾创作出第一首日本汉诗《侍宴》，⑤开日本汉诗创作之先河，此后日渐

---

① ［日］木宫泰彦著，胡锡年译：《日中文化交流史》，商务印书馆，1980年，第684—692页。
② ［日］木宫泰彦著，胡锡年译：《日中文化交流史》，商务印书馆，1980年，第696页。
③ 严绍璗、源了圆：《中日文化交流史大系·思想卷》，浙江人民出版社，1996年，第26页。
④ 严绍璗、源了圆：《中日文化交流史大系·历史卷》，浙江人民出版社，1996年，第226页。
⑤ 严绍璗、源了圆：《中日文化交流史大系·文学卷》，浙江人民出版社，1996年，第85页。

推广，涌现出许多优秀作品和作家，这一传统直至近世仍在继续。清代，著名诗人陈元赟将明代诗人袁宏道的诗集《袁中郎集》带到日本，对江户时代日本汉诗的发展产生了重要影响，①涌现出以良宽为代表的一批诗人。小说方面，江户时期是日本大规模吸收中国文化的重要时期，也是日本汉文学发展的辉煌时期。这一时期，"中国小说是作为儒道佛统一的中国文化的一部分而深入到某些日本作家的精神生活与创作活动之中的，而日本汉文学的发展，推动了中国小说的传播与实际影响的发挥"②。《三国演义》、《水浒传》、《西游记》、《红楼梦》、《金瓶梅》、《聊斋志异》、"三言二拍"在此时期由赴日贸易商船带到日本，受到市民阶层的欢迎，在日本大量翻刻刊行，促进了日本文学发展，出现了"读本"这一小说的新形式，从题材、人物、情节等方面，都模仿中国小说，如《本朝水浒传》《日本水浒传》。清代戏曲也由赴日商人介绍到日本，深受欢迎，《桃花扇》《西厢记》等戏曲被日本人所熟知。

（二）与东南亚的文化交流

东南亚诸国在历史上曾是中国的属国，清代前期的大部分时间里延续了这种关系，清朝与东南亚诸国之间保持着密切的商业贸易和人员往来，一定程度上延续了历史上所形成的友好文化交流局面并有所发展。

首先，从佛教文化交流方面来看，中国是一个佛教发达的国家，佛教文化交流是丝绸之路上中外文化交流的一个极其重要的方面。自佛教传入中国以后，便开始了其融入本土并不断发展的历程。在此过程中，有许多著名僧人去别的国家求法、传法，也有别国僧人在中土求法、传法，东南亚诸国即在此列，有清一代仍延续和发展。清代，赴东南亚传法的高僧如元韶法师，广东潮州兴程县人，1665年受越南阮王阮福濒的邀请，在归仁、顺化弘法。法宝禅师，福建人，1689年受越南国王邀请，从广东抵达顺化，在越南广南省建祝圣寺授徒弘法，对越南南部佛教文化影响极大。石濂和尚，法号大汕，江苏人，1695年受邀率僧众和技工百余人，携带法器、经典、佛像，乘船南渡抵达越南会安，后至顺化，广造寺院，弘扬佛法，抵达越南的第一年即有3000多民众受

---

① 李晓航：《略论江户时代的中日文化交流》，《学术交流》2012年第9期。
② 严绍璗、源了圆：《中日文化交流史大系·文学卷》，浙江人民出版社，1996年，第285页。

戒。石濂在弘扬佛法的同时，也传播儒家思想，影响盛极一时①。来中国求法的东南亚僧侣如越南杜多，曾在广州鼎湖山庆云寺学习三年，带回经律论300部、1000多卷，广弘四分律，号称"两国和尚"②。除越南外，中国僧侣赴东南亚其他国家传法也十分普遍，如暹罗国拉玛五世（1852—1910）时期，暹罗国就形成了一个华宗僧团，在当地极负盛名。③可见，有清一代赴东南亚一带弘法的中国僧侣人数众多，足以反映该时代中国与东南亚佛教文化交流盛况之一斑。

其次，清代东南亚诸国的建筑深受中国文化影响，是清代通过海上丝绸之路与中国进行文化交流的见证之一。如暹罗国曼谷王朝时期，宣扬佛教，广建佛寺，曼谷号称"佛塔之都"，不少建筑都带有中国印记。如1784年建成的玉佛寺，是王室礼佛的佛寺，规模宏大。该寺从装饰方面来看，是把中国的瓷器，如杯盘碟敲碎，嵌于墙上，组成各种花草及图案，这是中国广东潮州一带特有的嵌瓷技术，用这种技术造就的美丽图案在玉佛寺随处可见。④如素塔寺，它四周有28座中国式的古塔，佛寺内有许多中国文臣武将的塑像；佛堂的木门雕刻，有中国式的亭台楼阁、花草树木、仙鹤神鹿。诸如此类的建筑，在暹罗为数众多。据研究，"仅在拉玛三世（1824—1851年在位）时所建立和维修过的60座庙宇中，就有15座完全是中国式样的，其他的也掺和了中国传统建筑的艺术风格"⑤。除了佛寺庙宇，曼谷王朝王宫的装饰也体现了中国文化的深刻影响：王宫厅殿里陈列的中国瓷器，大多数是清政府所赐礼物；大殿左侧小门两旁有汉字对联，右联为"永保岩疆，施德亿海"，左联为"殿安属邑，溥仁恩邦"；大殿右侧小门绘有八仙过海图、龙飞凤舞图、猛虎出山图、观音送子图等富有中国文化色彩的水彩画；大殿门口放置的两个大屏风上绘着刘备、关羽、张飞的画像，并有"桃园三雄""凤仪亭"七个中文大字；御花

---

① 李玉昆：《古代中国与东南亚的佛教文化交流》，《海上丝绸之路研究》2《中国与东南亚》，1999年，第191—192页。
② 李玉昆：《古代中国与东南亚的佛教文化交流》，《海上丝绸之路研究》2《中国与东南亚》，1999年，第190页。
③ 施荣华：《中泰文化交流》，云南美术出版社，1997年，第51页。
④ 施荣华：《中泰文化交流》，云南美术出版社，1997年，第49页。
⑤ 王民同：《泰国华人面面观》，云南大学出版社，1993年，第179页。

园东南角一棵根深叶茂的松树,是由清王朝赠送给暹罗王室的树苗培育起来的。①

再次,清代同东南亚诸国的乐舞戏曲文化交流亦值得称道。英国人布赛尔在其著作《东南亚的中国人》卷3《在暹罗的中国人》中,记载了暹罗国王于1685—1686年间接待法国国王路易十四的使节楚蒙大使的盛况。从中可以看出,1685和1686年,法国国王路易十四的使节来到暹罗,在那里受到盛情款待。在宴会后有中国人演出戏剧,演员有的来自广东,有的来自福建,甚至还有几位暹罗人也参加进来,一同表演,只是法国人对他们的语言一句也听不懂。戏剧演完后,还有中国人演出傀儡戏。

上述记载反映了我国广东、福建等地的地方戏曲、木偶戏等在暹罗国演出的盛况,据研究,闽、粤两省的地方戏和木偶戏,早在1685年以前就通过海上丝绸之路传入暹罗国。②

再如印度尼西亚,"17世纪起,在巴达维亚居民中有爪哇人、巴厘人和华人等,多种文化的交流形成了一种名叫甘邦(Gambang)的音乐。它由爪哇佳美兰音乐中的木琴,与中国的扬琴、二胡、月琴、笛子和铜锣等组成"③。甘邦"音乐因在印度尼西亚广泛流传,闻名遐迩。也有印度尼西亚乐舞传入中国者,成书于1819年的《海岛夷志》介绍了该国浓迎舞、面具舞和皮影戏等乐舞戏种。

最后,清代时,我国著名的古典小说《三国演义》等传入东南亚诸国,深受当地人民喜爱,对当地文学发展产生了深远影响,是清代通过海上丝绸之路与东南亚国家文化交流的重要组成部分。举例来说,18世纪末,随着清朝与暹罗国海上贸易的发展,自中国开往暹罗的商船日益增多,每年多达50余艘。随船华人多达千余人,他们往往在旅途中以阅读《三国演义》等古典小说为消遣。到暹罗国以后,他们把《三国演义》介绍给当地人民。《三国演义》深受当地人民喜爱,成为传播到该国的第一部中国古代通俗小说。1802年以后,

---

① 王民同:《泰国华人面面观》,云南大学出版社,1993年,第179页。
② 蔡丽红:《明清时期中国与邻国乐舞文化交流述略——以海陆丝绸之路的文化线路为例》,《福建师范大学学报》2011年第6期。
③ 孔远志:《中国印度尼西亚文化交流》,北京大学出版社,1999年,第202页。

《三国演义》还被译成泰文。之后，多部中国古代通俗小说被译成泰文。据统计，从拉玛二世（1809—1824年在位）至拉玛六世（1910—1925年在位），被译成泰文的通俗小说和文学作品达32部，①对泰国文学创作产生了重要影响。尤其是《三国演义》所开创的"三国文体"和"三国人物"描写技巧，为泰国文学界广为模仿，泰国诗人顺吞蒲（1786—1855）的长诗《帕阿派玛尼》中就有许多细节同《三国演义》极为相似，如"火烧战船""刮骨疗毒"等。因此可以说，《三国演义》在清代传入泰国，"不仅为泰国文学注入了新的内容，而且对推动泰国文学的发展，也起了积极的作用"②。

清代，中国文学对东南亚其他国家的影响也很大。在印度尼西亚，《三国演义》被译成爪哇诗歌，一部分在《马来号角》报连载，后来又被译成马来语出版，影响很大。正如印尼作家甫榕·沙勒所说："印尼华人马来语文学作品中有一批从中国古代文学作品改编或翻译过来的，其中尤以武侠题材的最受欢迎，有几篇极为印度尼西亚人所熟悉，并且已成为全体人民的共同财富。例如《梁山伯与祝英台》在巴厘已经成了民间故事。由华人马来语改编的故事中最出名的是《三国演义》。假如认为上述文学作品的对象只是华裔，那就大错特错了，因为实际上其他阶层的人们也很喜欢它。"③

清代，中国在科技、医药、饮食文化等方面都与东南亚国家有着不同程度的交流，清代通过海上丝绸之路与东南亚国家的文化交流活动十分频繁，内容十分丰富，影响十分深远。

（三）与欧美国家的文化交流

15、16世纪以降，随着欧美国家资本主义的萌芽、发展与新航路的开辟，古老的中国与欧美国家通过海路交通大动脉再一次紧密地联系在一起，欧美等国的轮船满载象征着工业文明的制成品来华贸易的同时，也将西方先进的科技、思想、文化成果带到中国，掀起了一股"西学东渐"的潮流，在中国社会引起了巨大震荡。与此同时，古老的中国文明也以其顽强的生命力续写着"东

---

① 陈炎：《海上丝绸之路与中外文化交流》，北京大学出版社，1996年，第322页。
② 陈炎：《海上丝绸之路与中外文化交流》，北京大学出版社，1996年，第323页。
③ 何芳川：《中外文化交流史》，国际文化出版公司，2008年，第444页。

学西渐"的辉煌,形成了与明清时期特别是清代通过海上丝绸之路"西学东渐"潮流相互交融的中西文化交流过程。

1."东学西渐"在清代的继续及其对欧美国家的影响

明代伊始,就有欧美国家的传教士来华,他们深入中国传播宗教的同时,攻读中国典籍并翻译成西文出版发行,典型代表如我们所熟知的利玛窦。清代,欧美国家传教士、学者翻译、出版中国古代典籍的规模更胜于前代,中国古代典籍的西传,对西方国家的思想产生了深远影响,主要表现在以下几个方面:

第一,中国古代儒家哲学思想对德国古典哲学的影响。1687—1690年,德国古典哲学家莱布尼茨在罗马邂逅并结识了从中国回去的意大利闵明我等一批传教士,从他们那里得到了已经在西方翻译出版的"四书""五经"等中国典籍,从此发奋研究中国哲学,写成《中国近事》一书,全面向西欧介绍中国哲学思想文化。莱布尼茨汲取了中国儒家的哲学思想,开创了德国古典思辨哲学,并将其传授给他的学生沃尔夫。沃尔夫将其进一步系统化、理论化,提出一切原理皆可用数学或演绎的方法建立起来,形成思维哲学。这被沃尔夫的学生康德接受,创立了德国古典哲学。以后的费希特、谢林和黑格尔等人在莱布尼茨思辨哲学的影响下,创立德国古典哲学的辩证法思想。从此过程可以看到,德国古典哲学是在中国儒家哲学思想的影响之下形成的。①

第二,中国古代重农思想对法、英古典政治经济学的影响。魁奈是18世纪法国资产阶级重农学派的创始人,被誉为"欧洲的孔子"。他通过学习传教士传至欧洲的中国古代典籍,深入了解了尧、舜、孔子等人的思想,高度赞扬中国的重农思想和政策,主张法国向中国学习,鼓动法王路易十五仿效中国皇帝举行春耕"藉田大礼"仪式,像中国一样征收田赋。法国财政大臣安·罗伯特·雅克·杜阁继承和发展了魁奈的思想,并通过在法国留学的中国籍学生收集有关中国土地、劳动、资本、地租、赋税等方面的资料,为其改革提供参考。在此基础上,安·罗伯特·雅克·杜阁写成《关于财富的形成和分配的考

---

① 黄启臣:《明清时期中国文化经广州"海上丝绸之路"对西欧国家的传播和影响》,《论广州与海上丝绸之路》,中山大学出版社,1993年,第146—147页。

察》，系统阐述了重农主义学说。英国古典政治经济学家亚当·斯密的《国富论》是在魁奈和安·罗伯特·雅克·杜阁思想影响之下，汲取更多中国文化而形成的。

第三，中国文学作品尤其是清代小说，随着欧美各国商人来广州贸易而向欧美国家传播。《好逑传》是第一部西译的清代小说，1761年被译成英文出版后，先后被转译成多种语言，在欧洲流传甚广，深受读者喜欢。德国著名文学家歌德曾给予《好逑传》高度评价："中国人有千万部这样的小说，他们开始创作的时候，我们的祖先还在树林里生活呢！"除了《好逑传》以外，元初纪君祥著的元北曲《赵氏孤儿》先后被译成法文（1732）、英文（1736）、俄文（1744）、德文（1747）。1753年，法国著名启蒙思想家伏尔泰将其改编成剧本《中国孤儿》，于1755年在巴黎上演。德国著名文学家歌德将《赵氏孤儿》和《今古奇观》编成剧本《埃尔彭罗》在德国上演，备受各界人士赞扬。除此之外，《水浒传》《玉娇梨》《西厢记》《平山冷燕》《琵琶记》等中国古典小说、戏曲被译为多种语言在欧美国家广泛传播，对西方文化以及西方国家的文学创作产生了深远影响。①

第四，中国的绘画和建筑艺术在清代西传欧美各国，对西方国家的影响十分深远。绘画方面，中国的山水画、人物画在清代时是欧洲画家的摹本，例如陈列在法国卢浮宫博物馆的法国画家华托所作的《孤岛帆阴》、英国画家康斯保罗的《绿野长桥》、英国画家柯仁的水彩画，无不是在中国画风格影响之下创作的，深得中国画之意境。建筑艺术方面，独具一格的中国庭园艺术对这一时期的欧洲影响很大，欧洲国家纷纷仿照中国建筑艺术和风格建设房屋和庭园，最早如德国费尔尼茨宫，以后德国、荷兰、法国、瑞士等国家竞相修筑中国式的钟楼、假山、石桥和亭榭，这种顺应自然的中国建筑艺术风格传入欧洲后，欧洲房屋庭园一改布置呆板、单调的局面，②出现了崭新的局面。

第五，中国传统医学在清代通过海上丝绸之路大规模传入西方国家，对西

---

① 曾文雄、曹诚鹰：《"十大才子书"早期英译的西传模式》，《中国翻译》2012年第6期。
② 黄启臣：《明清时期中国文化经广州"海上丝绸之路"对西欧国家的传播和影响》，《论广州与海上丝绸之路》，中山大学出版社，1993年，第156页。

方国家产生了很大影响。《脉经》《脉诀》《本草纲目》《神农本草经》《名医必录》《医药汇录》等中国传统医药学经典在此时期都被译成外文广泛传播，多种中医处方与医术在欧洲国家被介绍应用，对西欧国家近代医学、动物学、植物学产生了重要影响。轰动世界的进化论提出者达尔文的著作中，曾提到中国中医学和植物学多达104处①，其影响可见一斑。

有清一代，历史悠久的"东学西渐"这一中外文化交流现象通过海上丝绸之路得以延续，古老的中华文明对先进的工业文明国家产生持续的影响。然而与以往不同的是，这一时期中华文明的传播对象毕竟是发达的工业文明国家，其发达的近代科学与民主思想也随之传入中国，以后来居上之势给中国社会造成剧烈震荡，冲击并动摇着中国传统的社会秩序。

2. "西学东渐"与海上丝绸之路文化交流

自16世纪开始，一直延续到19世纪的"西学东渐"浪潮，是近代西方先进科学技术、宗教思想、人文社会科学知识通过海上丝绸之路不断向中国传播的历史过程，对中国社会的各个方面都产生了深远影响。

首先必须提出的是"西学东渐"潮流肇始于西方传教士的传教行为，西方宗教思想在中国的传播必然成为这一时期中西文化交流重要的部分。天主教自明代传入中国以后，发展速度很快。明末时，中国天主教徒已有15万人②，地域分布极广，"南北两直隶、浙江、湖广武昌、山东、山西、陕西、广东、河南、福建福州与泉州等处，皆有天主教会堂，独贵州、云南、四川未有尔"③。入清以后，顺治、康熙两朝均对天主教的传播采取了宽容的政策，天

---

① 黄启臣：《明清时期中国文化经广州"海上丝绸之路"对西欧国家的传播和影响》，《论广州与海上丝绸之路》，中山大学出版社，1993年，第152页。
② 罗兰桂：《清朝前期天主教在中国的传播及清政府对天主教的政策》，暨南大学硕士学位论文，2000年，第3页。
③〔明〕黄贞：《请颜茂猷先生辟天主教书》，夏瑰琦编：《圣朝破邪集》，1996年，第152页。

主教得到了迅速发展。据统计，顺治朝来华传教士仅耶稣教会即达33人①，教徒达164400人②。至康熙四十年（1701），在华传教士达115人（包括耶稣教会以外的其他修会教士）③，康熙末年教徒人数达30万人以上④。自雍正朝始，乾隆、嘉庆各朝均推行了不同程度的禁教政策，天主教在中国遭到一定程度的打击，但并没有销声匿迹，而是通过更加隐蔽的方式继续传播。据统计，道光十九年（1839）中国天主教的情况是：华籍神父80人，外籍神父65人，在内地13省传教，全国总数上升到30万⑤。

天主教一传入中国，就与中国传统的正统思想发生了冲突，尽管天主教没有在中国扎根立足，但或多或少地对中国社会尤其是基层社会人们的信仰产生了一定的影响，对中国传统的正统思想产生了一定冲击。天主教宣称在皇帝之上，还存在一个更具权威的"天主"。在教徒心目中，皇帝的位置已经被天主所取代，在中国社会存续数千年的君臣伦理关系被打破，严重动摇了清朝政府的统治基础。天主教宣扬"人有三父母，一为生我之父母，一为治我之父母，惟天主为大父母。得罪生我、治我之父母，其罪小；得罪天主，其罪大"⑥，与中国传统伦理基础的"孝道"背道而驰。清朝军机处一封上谕中说："天主教绝灭伦理，乃异端危害之尤者……若传习内地民人，不止大干例禁，为国家之隐忧，贻害最大，比白莲教为尤甚，岂可不思深虑远乎。"⑦

其次，西方传教士在传教的同时，将西方先进的科学技术带到中国，对中国的天文、历法、数学、物理学、生物学、地理学、机械工程、军器制造诸方面都有很大影响，开阔了中国人的眼界，进而影响到中国人的生活习惯和思想观念，构成明清以来海上丝绸之路中外文化交流重要的组成部分。

---

① 罗兰桂：《清朝前期天主教在中国的传播及清政府对天主教的政策》，暨南大学硕士学位论文，2000年，第5—6页。
② 方豪：《中西交通史》，上海人民出版社，2008年，第677页。
③ 罗兰桂：《清朝前期天主教在中国的传播及清政府对天主教的政策》，暨南大学硕士学位论文，2000年，第10页。
④ [法]费赖之著，冯承钧译：《在华耶稣会士传及书目》，中华书局，1998年，第609页。
⑤ 张泽：《清代禁教期的天主教》，（台北）光启出版社，1992年，第218页。
⑥ 《清代外交史料·嘉庆朝》（三），故宫博物院1932年编，第36页。
⑦ 《清代外交史料·嘉庆朝》（四），故宫博物院1932年编，第19页。

天文历法方面：哥白尼的日心说在清雍正年间被接受；①乾隆七年（1742），时任钦天监监正的传教士戴进贤参与完成了《历象考成后编》，介绍了开普勒三定律；18世纪初，英国向中国赠送两个说明太阳系结构的天文仪器七政仪和浑天合七政仪，至今保存在故宫博物院；法国传教士蒋友仁向乾隆皇帝献世界地图《坤舆全图》天文图和文字说明，介绍哥白尼日心体系、开普勒三定律、地球是椭圆体、星星和卫星都有自转和公转等知识。受其影响，清末学者钱大昕在其著作《地球图说》中介绍了日心说，使更多的中国人了解到这一学说。除此之外，清政府还委派汤若望整理和刊刻了明代西方天文学在中国传播的主要成果《崇祯历书》，汤若望将其压缩简化，加上他补写的《历法西传》《筹算》《新法历引》，于顺治二年（1645）刻印，更名为《西洋新法历书》，影响十分深远。

数学方面：中国传统数学至明代已经衰退，缺乏相关人才，造成历法推算十分困难，西方数学以"崇祯改历"为契机传入中国，使中国数学发生了重大变革，包括《同文算指》《几何原本》等20余部西方数学著作在明末被介绍、翻译到中国，形成西方数学东传的一股潮流，这一潮流延续至清代。具体来说，《欧罗巴西镜录》《三角算法》《比例对数表》《比例四线新表》等西方数学著作是清代数学家传播西方数学的代表性作品。康熙皇帝曾召传教士张诚、白晋入宫讲西方数学。清代数学家对西方数学也展开了一系列研究工作，涌现出一批杰出的数学家与优秀著作。梅文鼎（1633—1721）是其中杰出的代表，著述共88种，达200余卷，②有《筹算》《笔算》《平三角举要》《几何补编》等。除此之外，还有年希尧（？—1739）和他的《视学》、明安图（？—约1764）和他的《割圆幂率捷法》等。都是这一时期研究西方数学的代表人物及其重要著作。

地理学方面：康熙十三年（1674），南怀仁的《坤舆全图》在中国刊刻。《坤舆全图》是清初介绍西方自然人文地理知识的重要著作，所介绍的地质和地理知识令中国学者耳目一新。康熙五十七年（1718），法国传教士主持绘制

---

① 尚智丛：《传教士与西学东渐》，山西教育出版社，2000年，第78页。
② 尚智丛：《传教士与西学东渐》，山西教育出版社，2000年，第55页。

《清皇舆全图》，是我国采用西法绘制地图的开始，影响很大。

其他科技领域：法国传教士白晋、巴多明曾于康熙年间编写《按血液循环理论及戴尼新发现而编成的人体解剖学》，向中国介绍西方医学；意大利传教士利类思著《狮子说》一书，向康熙皇帝详细讲解狮子的习性，传播了西方生物学知识。仅此几例，足以看出清代西方科技通过海上丝绸之路传入我国的盛况。

再次，在艺术领域，清代西方音乐、美术、建筑通过海上丝绸之路东传，为此时期中西文化交流的亮点之一。

音乐方面：清代，西方乐器通过海上丝绸之路在中国也有广泛传播。例如西方古老的乐器管风琴，对宫廷来说是稀奇之物，深得中国士人喜爱，因此历顺治、康熙、雍正、乾隆诸朝，欧洲国家的来华使者都将其作为贡品带到中国。传教士利类思、安文思、南怀仁等人编著的《西方纪要》一书，专门介绍这种乐器，使之由宫廷到教堂、由教堂到社会，传播范围甚广。弦乐乐器古钢琴最早由利玛窦带到中国，清代时由于康熙、乾隆诸帝推崇，成为宫中风靡一时的玩物，进而向社会传播。除上述乐器外，小拉琴、大拉琴、低音号、提琴、西洋箫等乐器在清代也颇为流行。西方传教士不仅将乐器带入中国，而且西方乐理知识和乐曲在清代中国也非常流行，对中国音乐产生了广泛影响。成书于康熙四十六年（1707）的《律吕纂要》，由葡萄牙传教士徐日昇编著，第一次用中国文字系统介绍了西方音乐的五线谱、音阶、节拍、和声等乐理知识，是西方音乐五线谱传入中国的开始。以此书为底本，康熙五十三年（1714），由康熙钦定成书的《律吕正义续编》刊行，使西方乐理知识得到更大范围的推广。后来，乾隆皇帝又敕撰《律吕正义后编》，是乾隆皇帝在音乐方面的一大贡献，也是中西音乐更深入交流的标志。

乐曲方面：由意大利传教士德理格（1671—1746）作曲的《奏鸣曲》是传入中国最早的欧洲小提琴音乐作品；法国歌剧作家皮契尼的《切奇娜》于清初

传入中国，成为欧洲音乐新题材——歌剧传入中国的开始。①

美术方面：自明代开始，西洋画就随传教士漂洋过海，传入中国，多以宗教画为题材，中国士人对其非议颇多，然而其对中国画的影响不容小觑。正如方豪先生所言："西洋宗教画传入中国后，虽不数年即有毅然华化者。但非宗教之图案写真，则多用西洋立体写影之法，或参合中西，别树一帜。"②清初，受西洋画影响之画作颇多。如康熙年间，宫廷画家焦秉贞所作《耕织图》，广为后人称道，"图中颇多意大利习见之物，知其必受意教士利类思、马国贤之影响也"③。雍正朝开始禁教，西洋之宗教、科技在中国随之受到冷遇，但中国士人对艺术的追求却有增无减。历雍、乾、嘉、道诸朝，西洋画在中国的影响力进一步扩大，涌现出郎世宁、艾启蒙、王致诚、潘廷璋、安德义、贺清泰等杰出的西洋传教士画家。乾隆时期，西洋传教士集体创作了规模宏大的《乾隆战功图》。

建筑方面：随着传教士东来以及传教规模的日益扩大，各式西洋风格的教堂建筑在中国出现。康熙四十二年（1703），北京蚕池口北堂建成；雍正元年（1723），北京西直门南的西堂建成。至此，北京四大天主教堂全部建成，成为展示西洋建筑文化的窗口，其精湛的工艺和豪华的装饰在中国引起不小轰动。其建筑文化被中国人所接受，随之广为模仿，对中国建筑文化产生了不小影响。自雍正年间始，清代皇家园林开始受西方建筑影响。迨及乾隆年间，在圆明园中兴建西洋楼景区，成为中国园林中成片出现西式建筑的开端。乾隆晚年，北京已经出现很多西式店面和西式公共建筑，包括教堂、学校、民宅、饭馆、旅店等。除北京外，广州、上海、杭州、南京、台湾等地也涌现出大量西洋建筑。更有甚者，在中国传统的年画中也出现了西洋楼房图案。这足见此时期西洋建筑文化对中国社会影响之深。

总之，进入清代以来，曾经有过辉煌历史的西北陆路、北方草原、西南、海上丝绸之路，在中外经济文化交流过程中仍然发挥着各自的重要作用。总体

---

① 肖承福：《清前期西洋音乐在华传播研究》，暨南大学硕士学位论文，2010年，第42页。
② 方豪：《中西交通史》，上海人民出版社，2008年，第637页。
③ 方豪：《中西交通史》，上海人民出版社，2008年，第636页。

来看，随着人类文明的发展，自中国明朝中后期开始，中国这个因"丝绸之路"的特殊作用而被世界各国所称道的文明古国，在西方新兴的工业文明冲击下黯然失色。随着象征西方工业文明的大型轮船满载工业制成品源源不断地涌入中国，海上丝绸之路已然成为当之无愧的中外文化交流的主要通道，陆路、草原、西南丝绸之路与之相形，不能不说已经日趋没落。

参考文献

一、古籍与古籍整理

《北史》,〔唐〕李延寿撰,北京:中华书局1974年版。

《柏朗嘉宾蒙古行纪》,〔意大利〕柏朗嘉宾著,耿昇译,北京:中华书局2002年版。

《册府元龟》,〔宋〕王钦若等编,北京:中华书局1960年版。

《大慈恩寺三藏法师传》,〔唐〕慧立、彦悰撰,孙毓棠、谢方点校,北京:中华书局1983年版。

《大唐西域记校注》,〔唐〕玄奘、辩机撰,季羡林等校注,北京:中华书局2004年版。

《大唐西域求法高僧传校注》,〔唐〕义净著,王邦维校注,北京:中华书局1988年版。

《岛夷志略校释》,〔元〕汪大渊著,苏继庼校释,北京:中华书局1981年版。

《东西洋考》,〔明〕张燮撰,谢方点校,北京:中华书局1981年版。

《读史方舆纪要》,〔清〕顾祖禹撰,北京:中华书局2005年版。

《法显传校注》,〔东晋〕法显撰,章巽校注,上海:上海古籍出版社1985年版。

《福乐智慧》,优素甫·哈斯·哈吉甫著,郝关中等译,北京:民族出版社1986年版。

《高僧传》,〔南朝梁〕释慧皎撰,汤用彤校注,北京:中华书局1992年版。

《汉书》,〔汉〕班固撰,〔唐〕颜师古注,北京:中华书局1962年版。

《后汉书》,〔南朝宋〕范晔撰,〔唐〕李贤等注,北京:中华书局1965年版。

《华阳国志校补图注》,〔东晋〕常璩撰,任乃强校注,上海:上海古籍出版社1987年版。

《建炎以来朝野杂记》，〔宋〕李心传撰，北京：商务印书馆1936年版。

《建炎以来系年要录》，〔宋〕李心传撰，北京：中华书局1956年版。

《金史》，〔元〕脱脱等撰，北京：中华书局1975年版。

《晋书》，〔唐〕房玄龄撰，北京：中华书局1974年版。

《旧唐书》，〔后晋〕刘昫等撰，北京：中华书局1975年版。

《旧五代史》，〔宋〕薛居正等撰，北京：中华书局1976年版。

《李德裕文集校笺》，〔唐〕李德裕撰，傅璇琮、周建国校笺，石家庄：河北教育出版社2000年版。

《梁书》，〔唐〕姚思廉撰，北京：中华书局1973年版。

《辽史》，〔元〕脱脱等撰，北京：中华书局1974年版。

《岭表录异校补》，〔唐〕刘恂撰，商璧、潘博校补，桂林：广西民族出版社1988年版。

《岭外代答校注》，〔宋〕周去非撰，杨武泉校注，北京：中华书局1999年版。

《洛阳伽蓝记校注》，〔魏〕杨衒之撰，范祥雍校注，上海：上海古籍出版社1978年版。

《马可·波罗行纪》，〔意〕马可·波罗著，冯承钧译，上海：上海书店出版社2001年版。

《蒙古秘史校勘本》，额尔登泰、乌云达来校勘，呼和浩特：内蒙古人民出版社1980年版。

《蒙兀儿史记》，屠寄撰，北京：中国书店1984年版。

《闽书》，〔明〕何乔远撰，福州：福建人民出版社1994年版。

《明史》，〔清〕张廷玉等撰，北京：中华书局1974年版。

《南村辍耕录》，〔元〕陶宗仪撰，北京：中华书局1959年版。

《南齐书》，〔南朝梁〕萧子显撰，北京：中华书局1972年版。

《农桑辑要校注》，石声汉校注，北京：中华书局2014年版。

《清代外交史料》，故宫博物院1932年编。

《清实录》，北京：中华书局1987年版。

《清史稿》，赵尔巽编，北京：中华书局1977年版。

《全唐诗》,〔清〕彭定求编,北京:中华书局1980年版。

《全唐文》,〔清〕董诰等编,上海:上海古籍出版社1990年版。

《入唐求法巡礼行记校注》,〔日〕圆仁著,〔日〕小野胜年校注,白化文、李鼎霞、许德楠修订校注,石家庄:花山文艺出版社1982年版。

《三朝北盟会编》,〔宋〕徐梦莘撰,上海:上海古籍出版社1987年版。

《三国志》,〔西晋〕陈寿撰,〔南朝宋〕裴松之注,北京:中华书局1964年版。

《史记》,〔汉〕司马迁撰,北京:中华书局1959年版。

《世界征服者史》,〔伊朗〕志费尼著,何高济译,翁独健校,呼和浩特:内蒙古人民出版社1981年版。

《水经注校释》,〔北魏〕郦道元撰,陈桥驿校释,杭州:杭州大学出版社1999年版。

《宋高僧传》,〔宋〕赞宁撰,范祥雍点校,北京:中华书局1987年版。

《宋会要辑稿》,〔清〕徐松辑,北京:中华书局1957年版。

《松漠纪闻》,〔宋〕洪皓撰,翟立伟校注,长春:吉林文史出版社1986年版。

《宋史》,〔元〕脱脱等撰,北京:中华书局1977年版。

《隋书》,〔唐〕魏徵、令狐德棻撰,北京:中华书局1973年版。

《唐大和上东征传》,〔日〕真人元开著,汪向荣校注,北京:中华书局1979年版。

《唐大诏令集》,〔宋〕宋敏求编,北京:中华书局2008年版。

《唐会要》,〔宋〕王溥撰,北京:中华书局1955年版。

《通典》,〔唐〕杜佑撰,王文锦等点校,北京:中华书局1988年版。

《魏书》,〔北齐〕魏收撰,北京:中华书局1974年版。

《西游录》,〔元〕耶律楚材撰,向达校注,北京:中华书局1981年版。

《新唐书》,〔宋〕欧阳修、宋祁撰,北京:中华书局1975年版。

《新五代史》,〔宋〕欧阳修撰,〔宋〕徐无常注,北京:中华书局1974年版。

《星槎胜览》,〔明〕费信著,冯承钧校注,北京:中华书局1954年版。

《徐光启全集》,〔明〕徐光启著,朱维铮、李天纲编,上海:上海古籍出版社2010年版。

《续高僧传》，〔唐〕道宣撰，《大正藏》第50册，No. 2060。

《续资治通鉴长编》，〔宋〕李焘撰，北京：中华书局1979—1995年版。

《伊本·白图泰游记》，[摩洛哥]伊本·白图泰著，马金鹏译，银川：宁夏人民出版社1985年版。

《瀛涯胜览校注》，〔明〕马欢撰，冯承钧校注，上海：中华书局1955年版。

《舆地纪胜》，〔宋〕王象之撰，扬州：江苏广陵古籍刻印社1991年版。

《元和郡县图志》，〔唐〕李吉甫撰，贺次君点校，北京：中华书局1983年版。

《元史》，〔明〕宋濂等撰，北京：中华书局1976年版。

《湛然居士文集》，〔元〕耶律楚材撰，北京：中华书局1986年版。

《真腊风土记》，〔元〕周达观撰，夏鼐校注，北京：中华书局1981年版。

《周书》，〔唐〕令狐德棻撰，北京：中华书局1971年版。

《诸蕃志校释》，〔宋〕赵汝适著，杨博文校释，北京：中华书局1996年版。

《资治通鉴》，〔宋〕司马光撰，〔元〕胡三省音注，北京：中华书局1956年版。

二、研究著作

安家瑶：《北周李贤墓出土的玻璃碗——萨珊玻璃器的发现与研究》，《考古》1986年第2期。

巴桑旺堆：《宗嘎唐代汉文摩崖碑铭补考——兼述吐蕃古道》，《西藏研究》1996年第3期。

[日]白鸟库吉著，王古鲁译：《塞外史地论文译丛》，长沙：商务印书馆1938年版。

白寿彝：《中国伊斯兰史存稿》，银川：宁夏人民出版社1983年版。

北京市文物工作队：《北京西郊西晋王浚妻华芳墓清理简报》，《文物》1965年第12期。

毕波：《信仰空间的万花筒——粟特人的东渐与宗教信仰的转换》，《从撒马尔干到长安——粟特人在中国的文化遗迹》，北京：北京图书馆出版社2004年版。

[法]伯希和著，冯承钧译：《支那名称之起源》，《西域南海史地考证译丛》

第一卷，北京：商务印书馆1962年版。

［法］布尔努瓦著，耿昇译：《丝绸之路》，乌鲁木齐：新疆人民出版社1982年版。

蔡鸿生：《唐代九姓胡与突厥文化》，北京：中华书局1998年版。

蔡丽红：《明清时期中国与邻国乐舞文化交流述略——以海陆丝绸之路的文化线路为例》，《福建师范大学学报》2011年第6期。

岑仲勉：《突厥集史》，北京：中华书局1958年版。

岑仲勉：《中外史地考证》，北京：中华书局1962年版。

［日］长泽和俊，钟美珠译：《丝绸之路史研究》，天津：天津古籍出版社1990年版。

朝阳地区博物馆：《辽宁朝阳姑营子辽耿氏墓发掘报告》，《考古学集刊》1983年第4期。

陈炳应：《西夏丝绸之路贸易与货币》，《中国钱币》1991年第3期。

陈高华：《元代的海外贸易》，《历史研究》1978年第3期。

陈高华、吴泰：《宋元时期的海外贸易》，天津：天津人民出版社1981年版。

陈广恩：《元代西北地区驿站管理制度初探》，《元史及民族史研究集刊》第16辑，海口：南方出版社2003年版。

陈广恩：《元代西北经济开发研究》，澳门：澳亚周刊出版有限公司2005年版。

陈国灿：《魏晋隋唐河西胡人的聚居与火祆教》，《西北民族研究》1988年第1期。

陈海涛、刘惠琴：《来自文明十字路口的民族——唐代入华粟特人研究》，北京：商务印书馆2006年版。

陈佳荣、谢方、陆峻岭：《古代南海地名汇释》，北京：中华书局1986年版。

陈良伟：《丝绸之路河南道》，北京：中国社会科学出版社2002年版。

陈尚胜：《试论清朝前期封贡体系的基本特征》，《清史研究》2010年第2期。

陈淑霞：《慧超行纪所见丝路沿线宗教状况考析》，《石河子大学学报》2015年第3期。

陈显丹：《论蜀绣蜀锦的起源》，《四川文物》1992年第3期。

陈炎：《海上丝绸之路与中外文化交流》，北京：北京大学出版社1996年版。

陈寅恪：《隋唐制度渊源略论稿》，上海：上海古籍出版社1982年版。

陈玉龙：《中国和越南、柬埔寨、老挝文化交流》，周一良主编：《中外文化交流史》，郑州：河南人民出版社1987年版。

陈旭：《唐宋时期中西交通史中的灵州》，《阴山学刊》2004年第4期。

陈垣：《陈垣学术论文集》第1、2集，北京：中华书局1980年版。

程妮娜：《元朝对黑龙江下游女真水达达地区统辖研究》，《中国边疆史地研究》2005年第2期。

初师宾：《丝路羌中道开辟小议》，《西北师范学院学报》1982年第2期。

初师宾：《悬泉汉简羌人资料补述》，《出土文献研究》第6辑，上海：上海古籍出版社2004年版。

崔明德：《汉唐和亲史稿》，青岛：青岛海洋大学出版社1992年版。

崔向东：《辽西走廊变迁与民族迁徙和文化交流》，《广西民族大学学报（哲学社会科学版）》2012年第4期。

[日]大庭脩：《日清贸易概观》，《社会科学辑刊》1980年第1期。

党宝海：《蒙元驿站交通研究》，北京：昆仑出版社2006年版。

德山：《元代交通史》，呼和浩特：远方出版社1995年版。

丁柏峰：《丝绸之路青海道与河湟民族走廊的形成》，《青海师范大学学报（哲学社会科学版）》2015年第3期。

董莉英：《西藏地方与尼泊尔贸易试述》，《中国藏学》2008年第1期。

段渝：《论秦汉王朝对巴蜀的改造》，《中国史研究》1999年第1期。

段渝：《中国西南早期对外交通——先秦两汉的南方丝绸之路》，《历史研究》2009年第1期。

樊保良：《中国古代少数民族与丝绸之路》，西宁：青海人民出版社1994年版。

方国瑜：《中国西南历史地理考释》，北京：中华书局1987年版。

方豪：《中西交通史》，上海：上海人民出版社2008年版。

方铁：《唐宋元明清的治边方略与云南通道变迁》，《中国边疆史地研究》2009年第1期。

[法]费琅著,耿昇、穆根来译:《阿拉伯波斯突厥人东方文献辑注》,北京:中华书局1989年版。

[美]菲律乔治:《西班牙与漳州之初期通商》,《南洋问题资料译丛》1957年第4期。

冯承钧:《西域南海史地考证论著汇辑》,北京:中华书局1957年版。

冯承钧:《中国南洋交通史》,上海:上海书店1984年版。

冯佐哲:《清代前期中日民间交往与文化交流》,《史学集刊》1990年第2期。

傅朗云:《东北亚丝绸之路初探》,《东北师范大学学报》1991年第4期。

高荣盛:《元代海外贸易贸易的管理机构》,《元史论丛》,南昌:江西教育出版社1999年版。

葛剑雄:《关于古代西南交通的几个问题》,《中国西南的古代交通与文化》,成都:四川大学出版社1994年版。

葛承雍:《唐代长安一个粟特家庭的景教信仰》,《历史研究》2001年第3期。

盖山林:《从考古发现看内蒙古地区在元代东西交通中的地位》,《中外关系史论丛》第1辑,北京:世界知识出版社1985年版。

盖山林:《元代汪古部地区的景教遗迹与景教在东西文化交流中的作用》,载黄盛璋主编:《亚洲文明》第1集,合肥:安徽教育出版社1992年版。

顾涧清等:《广东海上丝绸之路研究》,广州:广东人民出版社2008年版。

古永继:《清代滇桂地区与东南亚国家的交往》,《西南边疆民族研究》2004年第1期。

[法]James Hamilton、牛汝极:《赤峰出土景教墓砖铭文及族属研究》,《民族研究》1996年第3期。

[美]韩森著,张湛译:《丝绸之路新史》,北京:北京联合出版公司2015年版。

韩香:《唐代长安译语人》,《史学月刊》2003年第1期。

韩振华:《公元前二世纪至公元一世纪间中国与印度东南亚的海上交通》,《厦门大学学报》1957年第2期。

韩振华:《中外关系历史研究》,香港:香港大学亚洲研究中心1999年版。

何芳川:《澳门与葡萄牙大商帆》,北京:北京大学出版社1966年版。

何芳川：《中外文化交流史》，北京：国际文化出版公司2008年版。

贺官保、陈长安：《洛阳博物馆馆藏官印考》，《文物》1980年第12期。

何孝荣：《清代的中越文化交流》，《历史教学》2001年第11期。

胡小鹏：《元代西北历史与民族研究》，兰州：甘肃文化出版社1999年版。

黄纯艳：《宋代海外贸易》，北京：社会科学文献出版社2003年版。

黄广成：《西南丝绸之路是一个多元立体的交通网络》，《中国边疆史地研究》2002年第4期。

黄启臣：《广州与海上丝绸之路的兴起与发展》，《广州与海上丝绸之路》，广州：广东省社会科学院1991年。

黄盛璋：《关于古代中国与尼泊尔的文化交流》，《历史研究》1962年第1期。

霍巍：《广汉三星堆青铜文化与古代西亚文明》，《四川文物》1989年《广汉三星堆研究专辑》。

霍巍：《〈大唐天竺使出铭〉及相关问题研究》，[日]《东方学报》第66册，1994年。

霍巍：《从考古材料看吐蕃与中亚和西亚的古代交通》，《中国藏学》1995年第4期。

霍巍：《吉隆文物古迹与蕃尼道上古代中尼文化交流的若干问题》，《西藏研究》2000年第1期。

霍巍：《粟特人与青海道》，《四川大学学报》2005年第2期。

霍巍：《青藏高原东麓吐蕃时期佛教摩崖造像的发现与研究》，《考古学报》2011年第3期。

霍巍：《吐蕃时代考古新发现及其研究》，北京：科学出版社2012年版。

霍巍、李永宪：《西藏吉隆县发现唐显庆三年〈大唐天竺使出铭〉》，《考古》1994年第7期。

季羡林：《中印文化关系史论文集》，北京：生活·读书·新知三联书店1982年版。

季羡林：《中印文化交流史》，北京：新华出版社1993年版。

季羡林：《中国蚕丝输入印度问题的初步研究》，《历史研究》1955年第4期。

[法]加斯东·加恩著，江载华、郑永泰译：《彼得大帝时期的俄中关系

史》,北京:商务印书馆1980年版。

贾建飞:《浅析乾隆时期中亚与南疆的贸易》,《敦煌学辑刊》2005年第2期。

姜伯勤:《敦煌与波斯》,《敦煌研究》1990年第3期。

姜伯勤:《敦煌吐鲁番文书与丝绸之路》,北京:文物出版社1994年版。

姜伯勤:《中国祆教艺术史研究》,北京:生活·读书·新知三联书店2004年版。

江文汉:《中国古代基督教及开封犹太人》,北京:知识出版社1982年版。

金峰:《清代内蒙古五路驿站》,《内蒙古师范学院学报(哲学社会科学版)》1979年第1期。

景爱:《辽代的鹰路与五国部》,《延边大学学报(社科版)》1983年第1期。

[美]卡特著,吴泽炎译:《中国印刷术的发明和它的西传》,北京:商务印书馆1957年版。

孔远志:《中国印度尼西亚文化交流》,北京:北京大学出版社1999年版。

[苏]M.库特鲁科夫著,苗普生译:《15世纪至17世纪叶尔羌汗国与中原王朝的关系》,《中国边疆史地研究导报》1990年第5期。

蓝勇:《南方丝绸之路》,重庆:重庆大学出版社1992年版。

[美]劳费尔著,林因笃译:《中国伊朗编》,商务印书馆2001年版。

李并成、马燕云:《炳灵寺石窟与丝绸之路东段五条干道》,《敦煌研究》2010年第2期。

李大龙:《汉唐藩属体制研究》,北京:中国社会科学出版社2006年版。

李方:《唐西州的译语人》,《文物》1994年第2期。

李海群:《简论早期新疆与俄国的贸易》,《边疆经济与文化》2010年第10期。

李华瑞:《宋夏关系史》,保定:河北大学出版社1998年版。

李健才:《桦甸苏密城考》,《黑龙江文物丛刊》1983年第2期。

李健才:《辽代宁江州考》,《东北师范大学学报》1981年第6期。

李健胜、武刚:《早期羌史研究》,北京:人民出版社2014年版。

李金明:《清代前期厦门与东南亚的贸易》,《厦门大学学报》1996年第2期。

李军:《晚唐政府对河西东部地区的经营》,《历史研究》2007年第4期。

李磊、田华:《清代新疆与俄国的贸易》,《伊犁师范学院学报》2000年第

1期。

李青:《古楼兰鄯善艺术综论》,北京:中华书局2005年版。

李绍明:《西南丝绸之路与藏彝走廊》,四川大学历史系编:《中国西南的古代交通与文化》,成都:四川大学出版社1994年版。

李守义:《明清时期外国银元大量流入中国原因及影响》,《中国国家博物馆馆藏文物研究丛书:历史图片卷》,上海:上海古籍出版社2007年版。

李水城:《从考古发现看公元前二千纪东西文化的碰撞与交流》,《新疆文物》1999年第1期。

李水城:《权杖头:古丝绸之路早期的文化交流的重要见证》,《中国社会科学院古代文明研究中心通讯》2004年第4期。

李文信:《吉林市附近之史迹及遗物》,《历史与考古》专刊第1号,1946年。

李孝聪:《中国区域历史地理》,北京:北京大学出版社2004年版。

李晓航:《略论江户时代的中日文化交流》,《学术交流》2012年第9期。

李裕:《中国小麦起源与远古中外文化交流》,《中国文化研究》1997年秋之卷。

李遇春:《新疆乌恰发现金条和大批波斯银币》,《考古》1959年第9期。

李玉昆:《〈宣和奉使高丽图经〉与宋代的海外交通》,《中国航海》1997年第1期。

李玉昆:《古代中国与东南亚的佛教文化交流》,《海上丝绸之路研究2:中国与东南亚》,福州:福建教育出版社1999年版。

[英]李约瑟:《中国科学技术史》,北京:科学出版社1975年版。

李云泉:《蒙元时期驿站的设立与中西陆路交通的发展》,《内蒙古社会科学》1995年第2期。

李正周:《从悬泉简看西汉护羌校尉的两个问题》,《鲁东大学学报》2009年第5期。

李宗俊:《唐代石堡城、赤岭位置及唐蕃古道再考》,《民族研究》2011年第6期。

林冠群:《中唐时期李唐"联回抗蕃"政策之检讨》,《陕西师范大学学报》2011年第2期。

林梅村：《楼兰尼雅出土文书》，北京：文物出版社1985年版。

林梅村：《沙海古卷——中国所出佉卢文书（初集）》，北京：文物出版社1988年版。

林梅村：《粟特文买婢契与丝绸之路上的女奴贸易》，《文物》1992年第9期。

林梅村：《大夏黄金宝藏的发现及其对大月氏考古研究的意义》，《西域文明——考古、民族、语言和宗教新论》，北京：东方出版社1995年版。

林梅村：《商周青铜剑渊源考》，《汉唐西域与古代文明》，北京：文物出版社1998年版。

林梅村：《吐火罗人的起源与迁徙》，《丝绸之路考古十五讲》，北京：北京大学出版社2006年版。

林梅村：《试论唐蕃古道》，《藏学学刊》第3辑，成都：四川大学出版社2007年版。

林士民：《宁波考古述略》，《浙东文化》1994年第1—2期合刊。

林悟殊：《摩尼教及其东渐》，北京：中华书局1987年版。

林沄：《商文化青铜器与北方地区青铜器关系之再研究》，《考古学文化论集》（一）北京：文物出版社1987年版。

［日］铃木中正、荻原弘明：《贵家宫里雁和缅甸华侨》，《中外关系史译丛》，上海：上海译文出版社1986年版。

刘凤鸣：《山东半岛与东方海上丝绸之路》，北京：人民出版社2007年版。

刘弘：《南方丝绸之路早期商品交换方式变更考——从滇人是否使用贝币谈起》，《中华文化论坛》2008年第S2期。

刘迎胜：《丝路文化·海上卷》，杭州：浙江人民出版社1995年版。

刘玉珺：《越南使臣与中越文学交流》，《学术研究》2007年第1期。

刘云：《中亚在古代文明交往中的地位》，《西北大学学报》1998年第1期。

卢明辉：《恰克图买卖城中俄边境贸易的兴衰变化》，《中外关系史论丛》，天津：天津古籍出版社1994年版。

卢苇：《中外关系史》，兰州：兰州大学出版社1996年版。

［苏］С. И. 鲁金科：《论中国与阿尔泰部落的古代关系》，《考古学报》1957年第2期。

陆庆夫：《唐代丝绸之路上的昭武九姓》，《丝绸之路史地研究》，兰州：兰州大学出版社1999年版。

陆韧：《云南对外交通史》，昆明：云南民族出版社1997年版。

罗二虎：《汉晋时期的中国"西南丝绸之路"》，《四川大学学报》2000年第1期。

罗绍文：《西域幻术东传及其影响》，《新疆艺术》1988年第5期。

罗世平：《天堂喜宴——青海海西州郭里木吐蕃棺板画笺证》，《文物》2006年第7期。

罗炤：《洛阳新出土〈大秦景教宣元至本经及幢记〉石幢的几个问题》，《文物》2007年第6期。

马大正：《中国边疆经略史》，郑州：中州古籍出版社2000年版。

马大正：《公元650年至820年的唐蕃关系》，《马大正文集》，上海：上海辞书出版社2005年版。

马俊民：《关于唐代"胡马"引进及其历史作用》，《天津师范大学学报》1988年第4期。

马俊民：《唐代马政》，西安：西北大学出版社1995年版。

马文宽：《法库叶茂台早期辽墓出土的伊斯兰玻璃调味方盘》，《中国历史文物》2002年第3期。

马雍：《西域史地文物丛考》，北京：文物出版社1990年版。

［法］阿里·玛扎海里著，耿昇译：《丝绸之路——中国—波斯文化交流史》，北京：中华书局1993年版。

毛阳光：《洛阳新出土唐代景教徒花献及其妻安氏墓志初探》，《西域研究》2014年第2期。

蒙古国国家档案局、内蒙古自治区档案局编：《旅蒙商档案集粹》，呼和浩特：内蒙古大学出版社2009年版。

孟凡人：《试论北魏洛阳城的形制与中亚古城形制的关系——兼谈丝路沿线城市的重要性》，杜金鹏、钱国祥主编：《汉魏洛阳城遗址研究》，北京：科学出版社2007年版。

孟凡人：《丝路交通线概说》，《新疆考古与史地论集》，北京：科学出版社

2000年版。

蒙文通:《巴蜀古史述论》,成都:四川人民出版社1981年版。

孟宪章主编:《中苏贸易史资料》,北京:中国对外经济贸易大学出版社1991年版。

米镇波:《清代中俄恰克图边境贸易》,天津:南开大学出版社2003年版。

莫任南:《王玄策第二次奉使印度考辨》,《南亚研究》1991年第3期。

穆根来、汶江、黄倬汉译:《中国印度见闻录》,北京:中华书局1983年版。

[日]木宫泰彦著,陈捷译:《中日交通史》,北京:商务印书馆1931年版。

穆崟臣、潘彩虹:《"驿路"与"国家化"——论明代"海西东水陆城站"丝绸古道》,《广西民族大学学报(哲学社会科学版)》2017年第5期。

[日]木宫泰彦著,胡锡年译:《日中文化交流史》,北京:商务印书馆1980年版。

[俄]尼古拉·班蒂什—卡缅斯基编著,中国人民大学俄语教研室译:《俄中两国外交文献汇编(1619—1792)》,北京:商务印书馆1982年版。

[日]鸟居龙藏:《奴儿干都司考》,《燕京学报》第33期,1947年。

[俄] C. П. 涅斯捷罗夫等:《俄罗斯黑龙江中游左岸的帽子山古城》,《黑河学院学报》2016年第1期。

宁波"海上丝绸之路"申报世界文化遗产办公室、宁波市文物保护管理所、宁波市文物考古研究所编著:《宁波与海上丝绸之路》,北京:科学出版社2006年版。

宁夏回族自治区博物馆、宁夏固原博物馆:《宁夏固原北周李贤夫妇墓发掘简报》,《文物》1985年第11期。

宁夏文物考古所:《水洞沟——1980年发掘报告》,北京:科学出版社2003年版。

牛汝极:《土鲁番出土景教写本综述》,《西域研究》2006年第4期。

潘复:《调查河套报告书》,督办运河工程总局编辑处,京华印书局1923年。

潘光旦:《中国境内犹太人的若干历史问题——开封的中国犹太人》,北京:北京大学出版社1983年版。

潘吉星:《中国造纸技术史稿》,北京:文物出版社1997年版。

裴文中：《史前时期之东西交通》，《边政公论》第7卷4期，1948年。

彭文：《从蜀墓腰坑的设置看巴蜀文化与关中文化的交流》，《考古与文物》1996年第6期。

祁山：《登州在唐与新罗关系中的重要地位》，耿昇等主编：《登州与海上丝绸之路——登州与海上丝绸之路国际学术研讨会论文集》，北京：人民出版社2009年版。

杞晨：《元明时期广州的海外贸易》，陈柏坚《广州外贸两千年》，广州：广州文化出版社1989年版。

钱伯泉：《先秦时期的"丝绸之路"——〈穆天子传〉研究》，《新疆社会科学》1982年第3期。

钱伯泉：《大石、黑衣大食、喀喇汗王朝考实》，《民族研究》1995年第1期。

钱江：《清代中国与苏禄的贸易》，《南洋问题研究》1988年第1期。

［日］前田正名著，陈俊谋译：《河西历史地理学研究》，北京：中国藏学出版社1993年版。

秦大树：《宋元明考古》，北京：文物出版社2004年版。

邱登成：《从三星堆遗址考古发现看南方丝绸之路的开通》，《中华文化论坛》2013年第4期。

曲金良主编：《中国海洋文化史长编·宋元卷》，青岛：中国海洋大学出版社2011年版。

屈小玲：《中国西南与境外古道：南方丝绸之路及其研究述略》，《西北民族研究》2011年第1期。

饶宗颐：《蜀布与Cinapatta——论早期中、印、缅之交通》，《梵学集》，上海：上海古籍出版社1993年版。

任乃强：《中西陆上古商道——蜀布之路》，《文史杂志》1987年第1期。

荣新江：《北朝隋唐粟特人之迁徙及其聚落》，《国学研究》第6卷，北京：北京大学出版社1999年版。

荣新江：《中古中国与外来文明》，北京：生活·读书·新知三联书店2001年版。

芮传明：《五代时期中原地区粟特人活动探讨》，《史林》1992年第3期。

［日］三上次男著，李锡经、高喜美译：《陶瓷之路》，北京：文物出版社1984年版。

［俄］Э.B.沙弗库诺夫，郝丽娜、营思婷译：《东北亚民族历史上的粟特人与黑貂之路》，《广西民族大学学报（哲学社会科学版）》2017年第5期。

［泰］沙拉信·维拉福尔：《清初的中暹走私贸易》，《南洋资料译丛》1991年第1期。

沙武田：《敦煌莫高窟第322窟图像的胡风因素——兼谈洞窟功德主的粟特九姓胡人属性》，《故宫博物院院刊》2011年第3期。

山东省文物考古研究所、烟台市博物馆、蓬莱市文物局：《蓬莱古船》，北京：文物出版社2006年版。

陕西省考古研究所：《西安北周安伽墓》，北京：文物出版社2003年版。

尚智丛：《传教士与西学东渐》，太原：山西教育出版社2000年版。

沈从文：《中国古代服饰研究》（增订本），香港：商务印书馆1992年版。

沈从文等：《中国服饰史》，西安：陕西师范大学出版社2004年版。

沈福伟：《中西文化交流史》，上海：上海人民出版社1985年版。

沈光耀：《中国古代对外贸易史》，广州：广东人民出版社1985年版。

申旭：《茶马古道与滇川藏印贸易》，《东南亚》1994年第3期。

申旭：《汉唐时期川滇缅印之间的交往》，《云南社会科学》1996年第1期。

申旭：《西南丝绸之路概论》，《中国西南文化研究（1996）》，昆明：云南民族出版社1996年版。

史金波：《西夏出版研究》，银川：宁夏人民出版社2004年版。

施荣华：《中泰文化交流》，昆明：云南美术出版社1997年版。

史如林：《汉文化在越南》，《中外文化交流史话》，上海：华东师范大学出版社1991年版。

史树青：《"陆离"新解》，《文史》第11辑，北京：中华书局1981年版。

石云涛：《三至六世纪丝绸之路的变迁》，北京：文化艺术出版社2007年版。

四川省文物管理委员会等：《广汉三星堆遗址二号祭祀坑发掘简报》，《文物》1989年第5期。

［苏］斯拉德科夫斯基著，宿丰林译：《俄国各民族同中国贸易经济关系史

（1917年前）》，北京：社会科学文献出版社2008年版。

［古希腊］斯特拉博：《地理学》，李铁匠译，上海：上海三联书店2014年版。

宋岘：《古代泉州与大食商人》，《泉州港与海上丝绸之路》，北京：中国社会科学出版社2002年版。

宿白：《中国境内发现的中亚与西亚遗物》，《中国大百科全书·考古学卷》，北京：中国大百科全书出版社1986年版。

苏秉琦：《中国文明起源新探》，北京：生活·读书·新知三联书店1999年版。

孙光圻：《中国古代航海史》，北京：海洋出版社1989年版。

孙光圻等：《郑和下西洋——世界航海史上的不朽丰碑》，郑和下西洋六百周年筹备领导小组等编《云帆万里照重洋——纪念郑和下西洋六百周年》，北京：中国社会科学出版社2005年版。

孙华：《蜀人南迁考》，《成都大学学报（社科版）》1991年第1期。

孙来臣：《明清时期中缅贸易关系及其特点》，《东南亚研究》1989年第4期。

孙晓明：《清代滇南地区与越南的贸易》，《云南与东南亚关系论丛》，昆明：云南人民出版社1999年版。

孙修身：《敦煌与中西交通研究》，兰州：甘肃教育出版社2002年版。

孙永：《论草原丝绸之路的复兴》，《中外关系史论文集第17辑——"草原丝绸之路"学术研讨会论文集》，2009年。

谭继和：《三星堆神禖文化探秘》，《四川文物》1998年第3期。

谭其骧：《元代的水达达路和开元路》，《历史地理》创刊号，1981年。

唐长孺：《南北朝期间西域与南朝的陆道交通》，《魏晋南北朝史论拾遗》，北京：中华书局1983年版。

汤开建、彭蕙：《爪哇与中国明朝贸易关系考述》，《东南亚纵横》2003年第6期。

唐天尧：《试论明代月港兴衰的原因》，《福建师范大学学报》1982年第8期。

［日］藤家礼之助：《日中交流二千年》，北京：北京大学出版社1982年版。

［日］藤田丰八著，魏重庆译：《宋代之市舶司与市舶条例》，北京：商务印书馆1936年版。

滕州市文化局、滕州市博物馆：《山东滕州市西晋元康九年墓》，《考古》1999年第12期。

［法］弗朗索瓦·蒂埃里：《论中国及粟特对突厥社会货币的影响（公元6—9世纪）》，《粟特人在中国——历史、考古、语言的新探索》，北京：中华书局2006年版。

田澍：《明代甘肃镇边境保障体系述论》，《中国边疆史地研究》1998年第3期。

童恩正：《试谈古代四川与东南亚文明的关系》，《文物》1983年第9期。

童恩正：《略谈秦汉时代成都地区的对外贸易》，《成都文物》1989年第2期。

童恩正：《古代中国南方与印度交通的考古学研究》，《考古》1999年第4期。

佟柱臣：《大唐王玄策天竺使出铭考》，《藏学学刊》第4辑，成都：四川大学出版社2008年版。

王大方：《敖汉旗羊山2号辽墓西瓜图——兼论契丹引种西瓜及我国出土古代"西瓜籽"问题》，《内蒙古文物考古》1998年第1期。

王丹、杨富学：《回鹘医学与东西方医学关系考》，《敦煌研究》2016年第4期。

王丹华：《契丹女尸的丝织品》，《契丹女尸》，呼和浩特：内蒙古人民出版社1995年版。

王丁：《土鲁番安伽勒克出土北凉写本〈金光明经〉及其题记研究》，《敦煌吐鲁番研究》，北京：中华书局2006年版。

王丁：《南太后考》，《粟特人在中国——历史、考古、语言的新探索》，北京：中华书局2005年版。

王国维：《观堂集林》，北京：中华书局1959年版。

王国维：《王国维遗书》，上海：上海古籍书店1983年版。

王国维：《流沙坠简考释》，北京：中华书局1993年版。

王继光：《陈诚及其西使记研究》，北京：中华书局2014年版。

王巨新：《论清朝前期对东南亚的贸易政策》，《社会科学辑刊》2012年第2期。

王俊铮、马振祥：《首届黑龙江流域文明暨俄罗斯远东历史文化与社会发展论坛综述》,《大连大学学报》2016年第5期。

王冠倬:《元代市舶制度简述》,《中国历史博物馆馆刊》1979年第1期。

王茂盛、王锡平等:《登州港与水城》,《蓬莱古船与登州古港》,大连:大连海运学院出版社1989年版。

王绵厚、李健才:《东北古代交通》,沈阳:沈阳出版社1990年版。

王绵厚、朴文英:《中国东北与东北亚古代交通史》,沈阳:辽宁人民出版社2016年版。

王青:《西域幻术的流播以及对中土小说的影响》,《土鲁番学研究——第三届土鲁番学暨欧亚游牧民族的起源与迁徙国际学术研讨会论文集》,上海:上海古籍出版社2010年版。

王仁波编:《隋唐五代墓志汇编》,天津:天津古籍出版社1991年版。

王侠:《渤海使者访日起航时间考》,《东北亚考古信息》1993年第1期。

王小甫、范恩实、宁永娟:《古代中外文化交流史》,北京:高等教育出版社2006年版。

王逊:《朝鲜古代艺术和中国的关系》,《文物参考资料》1950年第12期。

王禹浪、魏国忠:《渤海史新考》,哈尔滨:哈尔滨出版社2008年版。

王尚达:《唐代粟特与中原商业贸易产生的社会作用和影响》,《西北民族研究》1995年第1期。

王小甫:《唐、吐蕃、大食政治关系史》,北京:北京大学出版社1992年版。

王永生:《波斯伊利汗国仿行元朝钞法——兼论中国印刷术的西传》,《钱币与西域历史研究》,北京:中华书局2011年版。

王禹浪、王俊铮:《中日关于旅顺唐鸿胪井刻石研究综述》,《黑龙江民族丛刊》2015年第3期。

王子今:《秦兼并蜀地的意义与蜀人对秦文化的认同》,《四川师范大学学报》1998年第2期。

王子今:《秦汉时期渤海航运与辽东浮海移民》,《史学集刊》2010年第2期。

王子今、乔松林:《"译人"与汉代西域民族关系》,《西域研究》2013年第1期。

[美]巫鸿著,李淞译:《论西王母图像及其与印度艺术的关系》,《艺苑》

1997年第3期。

吴礽骧：《两关以东的丝绸之路》，《兰州大学学报》1980年第4期。

吴礽骧：《也谈"羌中道"》，《敦煌学辑刊》1984年第2期。

吴礽骧：《河西汉塞调查与研究》，北京：文物出版社2005年版。

吴荣曾：《汉代的亭与邮》，《内蒙古师范大学学报》2002年第4期。

吴树国：《辽代鹰路起点考辨》，《北方文物》2016年第3期。

吴文良、吴幼雄：《泉州宗教石刻（增订本）》，北京：科学出版社2005年版。

吴兴南：《云南对外贸易史》，昆明：云南大学出版社2002年版。

吴玉贵：《唐代西域羁縻府州建置年代及其与唐朝的关系》，《新疆大学学报》1986年第1期。

武玉环、程嘉静：《辽代对草原丝绸之路的控制与经营》，《求索》2014年第7期。

西安市文物保护考古所：《西安北周凉州萨保史君墓4发掘简报》，《文物》2005年第3期。

夏代云、牟琦、何宇阳：《海南渔民〈更路簿〉的时代考证和文化特征》，《中南民族大学学报（人文社会科学版）》2016年第6期。

夏鼐：《青海西宁出土的波斯萨珊朝银币》，《考古学报》1958年第1期。

夏鼐：《我国古代蚕桑丝绸的历史》，《考古》1972年第2期。

夏秀瑞、孙玉琴：《中国对外贸易史》，北京：对外经济贸易大学出版社2001年版。

向达：《唐代长安与西域文明》，北京：生活·读书·新知三联书店1957年版。

肖玉秋：《俄国传教团与清代中俄文化交流》，天津：天津人民出版社2009年版。

［美］谢弗著，吴玉贵译：《唐代的外来文明》，北京：中国社会科学出版社1995年版。

熊永忠：《云南古代用贝试探》，《四川文物》1988年第5期。

徐建新：《出土文字史料与古代史研究——以中日韩三国的古代木简为例》，

《古代文明》2011年第2期。

徐苹芳：《考古学上所见的中国境内的丝绸之路》，《燕京学报》1995年1期。

许新国：《西陲之地与东西方文明》，北京：北京燕山出版社2006年版。

许云樵：《古代南海航程中之地峡与地极》，《南洋学报》第5卷第2辑，1948年。

徐中舒：《〈交州外域记〉蜀王子安阳王史迹笺证》，《四川地方史研究文集》，成都：四川人民出版社1980年版。

严耕望：《唐代交通图考》，上海：上海古籍出版社2007年版。

严绍璗、源了圆主编：《中日文化交流史大系》，杭州：浙江人民出版社1996年版。

阎璘：《青海乌兰县出土东罗马金币》，《中国钱币》2001年第4期。

阎文儒：《唐米继芬墓志考释》，《西北民族研究》1989年第2期。

杨伯达：《巫玉之光——中国史前玉文化论考》，上海：上海古籍出版社2005年版。

杨甫旺：《云南和东南亚新石器文化的比较研究》，《云南文物》第37期，1994年。

杨富学：《关于陈诚及其西行的几个问题》，《新疆历史研究》1986年第1期。

杨富学：《明代陆路丝绸之路及其贸易》，《中国边疆史地研究》1997年第2期。

杨富学：《从回鹘文〈罗摩衍那〉看佛教对印度史诗的融摄》，《觉群·学术论文集》第4卷，北京：宗教文化出版社2004年版。

杨富学：《元代畏兀儿外交家拉班·扫马事辑》，《中国宗教学》第2辑，北京：宗教文化出版社2004年版。

杨富学、陈爱峰：《辽朝与大食帝国关系考论》，《河北大学学报》2007年第5期。

杨富学、陈爱峰：《西夏与丝绸之路的关系——以黑水城出土文献为中心》，沈卫荣、中尾正义、史金波主编《黑水城人文与环境研究——黑水城人文与环境国际学术讨论会文集》，北京：中国人民大学出版社2007年版。

杨富学、陈爱峰：《黑水城出土夏金榷场贸易文书研究》，《中国史研究》

2009年第2期。

杨共乐：《早期丝绸之路探微》，北京：北京师范大学出版社2011年版。

杨怀中：《唐代的蕃客》，《伊斯兰教在中国》，银川：宁夏人民出版社1982年版。

杨建新：《从民族关系视阈论中华文化》，《西北民族大学学报》2011年第4期。

杨蕤：《关于西夏丝路研究中几个问题的再探讨》，《中国历史地理论丛》2003年第4期。

杨蕤：《宋代陆上丝绸之路贸易三论》，《新疆大学学报》2009年第5期。

姚贤镐编：《中国近代对外贸易史资料》，北京：中华书局1962年版。

[苏]叶弗邱霍娃：《哈剌和林出土的古代中国陶瓷》，《苏联考古学》1959年第3期。

衣长春、宋媛媛：《论清代中俄陆路贸易的变迁》，《黑龙江民族丛刊》2013年第2期。

易漫白：《弓月城及双河位置考》，《新疆历史论文续集》，乌鲁木齐：新疆人民出版社1982版。

殷晴：《丝绸之路与西域经济——十二世纪前新疆开发史稿》，北京：中华书局2007年版。

余定邦：《中缅关系史》，北京：光明日报出版社2000年版。

余思伟：《清代前期广州与东南亚的贸易关系》，《中山大学学报》1983年第2期。

余太山：《隋与西域诸国关系述考》，《文史》2004年第4期。

曾卫胜：《从新干大洋洲古玉探寻"赣文化"源流》，《南方文物》2004年第3期。

张德芳：《悬泉汉简中的"浮屠简"略考——兼论佛教传入敦煌的时间》，《中国敦煌吐鲁番学会2008年度理事会暨"敦煌汉藏佛教艺术与文化学术研讨会"论文集》，兰州：甘肃人民出版社2011年版。

张广达：《古代欧亚的内陆交通》，《西域史地丛稿初编》，上海：上海古籍出版社1995年版。

张广达：《唐末五代宋初西北地区的殷次和使次》，《西域史地丛稿初编》，上海：上海古籍出版社1995年版。

张俊民：《敦煌悬泉置出土文书研究》，兰州：甘肃教育出版社2015年版。

张乃翥：《洛阳与丝绸之路》，北京：国家图书馆出版社2009年版。

张声振：《中日关系史》，长春：吉林文史出版社1986年版。

张荣芳：《西汉屯田与"丝绸之路"》，《中国史研究》1983年第4期。

张绥：《犹太教与中国开封犹太人》，上海：上海三联书店1990年版。

张文德：《明与帖木儿王朝关系史研究》，北京：中华书局2006年版。

张星烺编注，朱杰勤校订：《中西交通史料汇编》第1—6册，北京：中华书局1977—1979年版。

张元林：《论莫高窟第285窟日天图像的粟特艺术源流》，《敦煌学辑刊》2007年第3期。

张云：《丝路文化·吐蕃卷》，杭州：浙江人民出版社1995年版。

张泽洪、焦丽锋：《丝绸之路河南道多元宗教文化传播研究》，《世界宗教文化》2015年第6期。

张增祺：《战国至西汉时期滇池区域发现的西亚文物》，《思想战线》1982年第2期。

赵令志：《乾隆年间清朝与准噶尔贸易协定初探》，《满语研究》2013年第1期。

赵荣：《青海古道探微》，《西北史地》1985年第4期。

赵相如：《中国印刷术西传刍议——维吾尔语"bas"（印刷）一词源流考》，《民族研究》1987年第2期。

赵贞：《敦煌文书中所见晚唐五代宋初的灵州道》，《中国历史地理论丛》2001年第4期。

赵永春辑注：《奉使辽金行程录》，北京：商务印书馆2017年版。

钟焓：《辽代东西交通路线的走向——以可敦墓地望研究为中心》，《历史研究》2014年第4期。

钟民岩、那森柏、金启琮：《明代奴儿干永宁寺碑记校释》，《考古学报》1975年第2期。

周连宽：《大唐西域记史地研究丛稿》，北京：中华书局1984年版。

周良霄：《元和元以前中国的基督教》，《元史论丛》第1辑，北京：中华书局1982年版。

周伟民：《更路簿形成、盛行和衰亡的年代及其性质、用途》，《海南大学学报（人文社会科学版）》2015年第2期。

周伟洲：《古青海路考》，《西北大学学报》1982年第1期。

周霞：《元朝时期的山东半岛在与高丽海上商贸交往中的重要作用》，《鲁东大学学报》2010年第5期。

朱鉴秋、陈佳荣、钱江、谭广濂：《中外交通古地图集》，上海：中西书局2017年版。

朱杰勤：《汉代中国与东南亚和南亚海上交通路线试探》，《东南亚史论文集》第1集，暨南大学历史系东南亚研究室编印，1960年。

宗亦耘：《比较元代景教与天主教传播的异同》，《世界宗教研究》2011年第5期。

［日］北村高：《元代色目人〈亦黑迷失〉の佛教活动》，《木村武夫教授古稀记念·僧传の研究》，日本京都：永田文昌堂1981年版。

［日］常盘大定：《平安朝时代日本僧人之入辽》，《东方学报》第11册，1940年。

［日］长泽和俊：《シルク·ロード史研究》，日本东京：国书刊行会1979年版。

［日］池田温：《8世纪中叶におゐ纪中叶敦煌のソグド人聚落》，《ユーラツア文化研究》第1期，1965年。

［日］桑山正进编：《慧超往五天竺国传研究》，日本京都：京都大学人文科学研究所1992年版。

［日］松田寿男：《古代天山の历史地理学的研究》，日本东京：早稻田大学出版部1970年版。

［日］藤田丰八：《东西交涉史の研究——南海篇》，日本东京：星文馆，1943年。

［日］田边胜美：《ガソダーラかろ正仓院へ》，日本京都：同朋舍1988年版。

Allsen, Thomas T., Commodity and exchange in the Mongol empire-a culture history of Islamictextiles, London: Cambridge University Press, 1997.

Asthana, Shshi, History and Archaeology of India's Contacts with Other Countries-From Earliest Times to 300 BC, Delhi: B. R. Publishing Corporation, 1976.

Beckwith, Christopher I., The Impact of the Horse and Silk Trade on the Economies of T'ang China and the Uighur Empire: On the Importance of International Commerce in the Early Middle Ages, Journal of the Economic and Social History of the Orient, Vol. 34, 1991.

Budge, E. A. Wallis, The Monks of Kûbilâi Khân Emperor of China or the History of the Life and Travels of Rabban Sawma, Envoy and Plenipotentiary of the Mongol Khan to the Kings of Europe, and Markosn Who As Mar Yahbh-Allaha III Became Patriarch of the Nestorian Church in Asia, London: the Religious Tract Society, 1928.

Carter, T. F., The Invention of Printing in China and Its Spread Westward, New York, 1925.

Carboni, Stefano, Glass from Islamic Lands, Thames & Hudson in associationwith The Al-Sabah Collection, Dar al-Athar al-Islamiyyaj, Kuwait National Museum, 2001.

Dani, A. H., Human Records on Karakorum Highway, Islamabad, 1983.

Dawdon, Christopher, The Mongol Mission. Narratives and Letters of the Franciscan Missionaries in Mongolia and China in the Thirteenth and Fourteenth Centuries, New York, 1955.

Downs, J. F.,The Origin and Spread of Riding in the Near East and Central Asia, American Anthropologis, Vol.63, No.6, 1961.

Emma, C. Bunker, Gold in the Ancient Chinese World: A Cultural Puzzle, Artibus Asiae, Vol. LIII/1-2, 1993.

Ferdinand von Richthofen, China, Ergebnisse eigener Reisen und darauf gegriindeter Studien, Berlin, 1877.

Frye, Richard, The History of Bukhara. Translated from a Persian Abridgment of the Arabic Original by Narshakhī, Cambridge, Mass, 1954.

Gibb, H. A. R.,The Arab Conquests in Central Asia, New York: AMS Press, 1923.

Gyllensvard, Bo, T'ang Gold and Silver, Bulltetin of the Museum of Far Eastern Antiquities, No. 29, 1957.

Henning, W. B., Sogdian Host, Sogdica, London, 1940.

Hermann, Albert, Die alten Seidenstrassen zwischen China und Syrien, Berlin: Weidmann, 1910.

Howard, Michael C., Contemporary Cultural Anthropology, Addison Wesley, LongmanInc, 1996.

Jessica, Rawson, Carnelian beads, animal figures and exotic vessels: traces of contact between the Chinese States and Inner Asia, ca. 1000-650 BC, Mainz: Bridging Eurasia, Verlag Philipp yon-Zabem, 2010.

Juliano, Annette L.- Judith A. Lerner, Monks and Merchants: Silk Rood Treasures from Northeast China, New York, 2001.

Kao, Chu Hsun, The Ching Lu Shen Shrines of Han Sword Worship in Hsiung Nu Religion, Central Asia Journal Vol.5, No.3, 1960.

Klimkeit, H. J., Hindu Deities in Manichaean Art, Zentralasiatische Studien 14, 1980.

Laufer, Berthold, SINO-IRANICA. Chinese Contributions to the History of Civilization in Ancient Iran. With Special Reference to the History of Cultivated Plants and Products, Chicago, 1919.

Mair, Victor H. (ed.), The Bronze Age and Early Iron Age Peoples of Eastern Central Asia. The Institute for the Study of Man, The University of Pennsylvania Museum Publications, 1998.

Mathew, Gervase, Chinese Porcelain in East Africa and on the Coast of South Arabia, Oriental Art New Series Vol. 11, No. 2, 1956.

Michealison, Carol, Jade and the Silk Road: Tradfe and Tribute in the First Millennium, Susan Whitfield (ed.), The Silk Road Trade, Travel, War and Faith, London, 2004.

Moule, A. C., Christians in China before the Year 1550, London 1930.

Moule A. C. - Paul Pelliot, Marco Polo. The Description of the World, London: George Routledge Sons Ltd, 1938.

Perkins, D., The Beginning of Animal Domestication in the Near East, American Journal of Archaeology Vol.77, No.3, 1973.

Pinder-wilson, R. H. - George T. Scanlon, Glass Finds from Fustat, Journal of Glass Studies Vol. xv, 1973.

Piotrovsky, Mikhail (ed.), Lost Empire of the Silk Road. Buddhist Art from Khara Khoto (X-XIII century), Electa, 1993.

Rossabi, Morris, China and Inner Asia, from 1368 to the present day, London: Thames and Hudsonx, 1975.

Rossabi, Morris, Two Ming Envoys to Inner Asia, T'oung Pao 62, 1976.

Sarianidi, V. I., The Treasure of Golden Hill, American Journal of Archaeology Vol. 84, 1980.

Schafer, E. H., The Golden Peaches of Samarkand, University of California Press, 1963.

Shelton, Jo-Ann, As the Romans Did: A Source Book in Roman Social History, Oxford University Press, 1988.

Sims-Williams, N., The Sogdian Merchants in China and India, A.Cadonna & L. Lanciotti (eds.), Cina e Iran.Da Alessandor Magno alla Dinastia Tang, Firenze, 1996.

Stein, A., Serindia. Detailed Report of Explorations in Central Asia and Westernmost China, Vol. I-V, Oxford: Clarendon Press, 1921.

Uray, G., Tibets Connections with Nestorianism and Manicheism in 8th-10th Centuries, in: Ernst STEINKELINER and Helmut TAVSCHER (eds.), Contributions on Tibetan Language, History and. Culture, Wien: Arbeitskreis für tibetisehe und buddhistische Studien, Universität Wien, 1983.

Viraphol, Sarasin, Tribute and Profit, Sino-Siamese Trade 1652—1853, Harvard:Harvard University Press,1977.

Watt, James C. Y. - Anne E. Wardwell, When Silk Was Gold. Central Asian and Chinese Textiles, New York: The Metropolitan Museum of Art, 1977.

Yatsenko, Sergey A., Yuezhi on Bactrian Embroidery from Textiles Found at Noyon uul, Mongolia, The Silk Road 10, 2012.

Zarcone, Thierry, La Route du Jade: Un voyage de vingt siècles Année, Paris: Autrem, 2001.

Zieme, P., Notes on Uighur Medicine, Especially on the Uighur Siddhasāra Tradition, Asian Medicine III, 2007.

后记

《丝路五道全史》从策划到议定，再到2017年9月完稿，历时多年。2013年下半年，山西教育出版社张沛泓、杨文二位编辑惠临兰州寒舍，提出一个设想，即希望由我出面组织相关学者撰写一部既有学术性、又力避烦琐艰涩的丝绸之路通史。据二位编辑讲，她们早在2009年就策划这个项目，但一直未能如愿。丝绸之路，长期以来一直是我所关心的课题，能有此机会，自是欣然应允。幸赖二位编辑玉成，该课题于2013年11月得以正式立项。兹后，研究工作随之正式展开了。

"丝绸之路"，作为一个概念，最早是由普鲁士地理学家、近代地貌学的创始人和东方学家费迪南·冯·李希霍芬（Ferdinand von Richthofen）提出来的。他曾于1860年随德国经济代表团访问过包括中国在内的远东地区。他于1868年至1872年在中国工作，调查煤矿和港口，并绘制了一套五卷本的地图集——《中国亲程旅行记》，在他逝世后才陆续问世。当他谈到中国经中亚而与希腊—罗马社会沟通的交通道路时，首次将之命名为"丝绸之路"。1942年，法国东方学家格鲁塞（René Grousset）在《中国通史》（1942年第4版）中，增补了整整一章的"丝绸之路"。随之，"丝绸之路"一词传播开来。这是学术界比较认同的说法。另有专著言，"丝绸之路"这个名词逐渐被人们接受，是因为斯文·赫定（Sven Hedin）在1936年出版了一本讲述中亚探险的书，此书1938年被译为英文发表，题目为《丝绸之路》。1948年，《泰晤士报》的"炉边家庭问答：常识测验"栏目曾经刊载这样的问题——"丝绸之路从哪儿到哪儿？"答案是："从中国边境到欧洲的诸多条道路。"这个名词作为对横跨欧亚大陆的陆路商贸和文化交流的指称已经基本固定下来了。

"海上丝绸之路"的学术称谓，则出现得晚些。最早提及者应当是法国著名东方学家沙畹（Edouard Chavannes），他在1903年刊布的《西突厥史料》中，首次含糊提道："丝路有陆海两道，北道出康居，南道为通印度诸港之海道。"最早从事海上丝绸之路研究的是法国著名印度学家和梵文学家让·菲利奥札（Jean Fillozat），1956年他在《印度的对外关系学》一书中，用大量篇幅研究了"海上丝绸之路"。

"丝绸之路"作为连接欧亚大陆的纽带，是世界历史发展的主轴，与世界历史的发展关系密切。一般而言，起点为中国古代的政治、经济、文化中心——古都长安与洛阳，终点系位处意大利中部的罗马。这是传统的说法。后来，人们广而延之，把古代经由海路的中西交通路线也称作"丝绸之路"了。再后来，又有了草原丝绸之路、西南丝绸之路的概念。如是一来，传统的丝绸之路便被称作"陆路丝绸之路"了。

在西方，人们所谓的丝绸之路一般指陆路，如瑞典学者斯文·赫定著《丝绸之路》和法国学者阿里·玛扎海里（Aly Mazahéri）著《丝绸之路——中国波斯文化交流史》即是如此。后来虽有所扩大，对草原路和海路有所关注，但人们所言丝绸之路仍主要指陆路丝绸之路，至于海路、草原路、西南道，只是附属而已，例如广为中国学者所熟知的法国学者布尔努瓦（Lucette Boulnois）著的《丝绸之路》就是这样处理的。21世纪初于美国创刊的刊物《Silk Road》（丝绸之路）仍然沿袭了这一理念。东北亚丝绸之路更是少有提及。

在国内，20世纪90年代中叶以前，"丝绸之路"的概念一般是指由长安西行而至西方的陆路，如杨建新、芦苇著的《丝绸之路》、李明伟著的《丝绸之路与西北经济社会研究》以及新疆人民出版社推出的《丝绸之路研究丛书》等都是如此。这样做，存在的问题就是把东西方的交流限定在陆路丝绸之路，不能全面反映东西方关系的历史。

曾几何时，国内掀起丝绸之路热，研究成果蜂拥而出，令人目不暇接，丝绸之路的外延逐步扩大，如浙江人民出版社推出的《丝路文化·沙漠卷》《丝路文化·草原卷》《丝路文化·海上卷》《丝路文化·西南卷》《丝路文化·吐蕃卷》即为其代表。五卷之中，除西南卷篇幅偏少外，其余都在26万字左右。这样做的好处是把过去不为人熟知的西南、吐蕃、草原丝绸之路提到较高位置，引人注目；缺点是：一、为了照顾篇幅，内容详略势必会有巨大偏差，西南、吐蕃、草原诸卷尽量要详，而沙漠（即陆路）卷势必要简，否则会失衡严重；二、为求平衡，丝绸之路的主体——陆路丝绸之路被淡化了；三、丝绸之路的历史脉络在某种情况下会显得模糊不清。

有鉴于此，我们当时的想法就是要编写一部内容较为全面的、具有通史性质的丝绸之路史著作。该著作应以陆路丝绸之路的历史进程为主线，兼及海上丝绸之路，西南丝绸之路（包括唐蕃古道、茶马古道），草原丝绸之路和东北亚丝绸之路。本书取名《丝路五道全史》，其意就在于强调这五条道路之全，而非内容之全。面面俱到的丝绸之路全史需要全世界各国学者的通力合作，需要很久的时间，并非本课题组短期内所能完成的。就每一章而言，我们根据史料情况也提出了不同的要求，如第一章《张骞"凿空"前丝绸之路的开通》、第二章《两汉时代的丝路与东西方关系》及第四章《魏晋南北朝时期的东西方交流》，文献史料记载较少，故而特别要求重视考古资料，以考古资料为基本依据。再如第八章《丝绸之路上的商业霸主——粟特、回鹘、大食》、第九章《吐蕃、西夏对丝绸之路的经营与争夺》、第十三章《元代东西贯通与陆路丝绸之路的复兴》，由于当时丝绸之路沿线地区活跃的各民族、各政权，如粟特、吐蕃、回鹘、大食、波斯、西夏、蒙古等都拥有自己的文字，故而特别强调尽量多利用各民族的古文字史料。只有这样处理，才能更全面地反映中西关系的原本面貌，才能更有效地把握丝绸之路沿线诸民族借由这条贯通东西方的坦途进行政治、经济、文化交流的历史脉络。在行文方面，我们努力做到要言不烦，去芜取精，对有新意、有新资料的内容要多着墨，不求面面俱到。同时，我们还力争做到图文并茂，以求雅俗共赏。

为了贯彻这一思路，我们与有关专家进行了座谈，并作了初步的分工，确定人选。由于各种原因，有些承担者未能按计划完成写作任务，故而撰写人及章节分配不时有所调整。今奉献于诸位面前的书稿，具体撰稿人分工如下：

总论（杨富学）

第一章　张骞"凿空"前丝绸之路的开通（杨富学、彭晓静）

第二章　两汉时代的丝路与东西方关系（史淑琴）

第三章　西南丝绸之路的开通（王东）

第四章　魏晋南北朝时期的东西方交流（张乃翥）

第五章　隋唐陆路丝绸之路的繁荣（王东）

第六章　海路的开通（李晓燕、包朗）

第七章　唐蕃古道（彭晓静）

第八章　丝绸之路上的商业霸主——粟特、回鹘、大食（彭晓静、杨富学、金琰）

第九章　吐蕃、西夏对丝绸之路的经营与争夺（彭晓静、杨富学）

第十章　辽金草原丝绸之路的发展（张海娟、杨富学）

第十一章　两宋时期陆路海路丝绸之路的兴衰交替（谭婧霞、包朗）

第十二章　东北亚丝绸之路（王禹浪、王天姿、王俊铮、程嘉静）

第十三章　元代东西贯通与陆路丝绸之路的复兴（张海娟、杨富学）

第十四章　元代海上贸易与沿海城市的突起（张海娟）

第十五章　明代丝绸之路的发展及其式微（张海娟）

第十六章　清代丝绸之路的兴废（赵旭国）

统稿：杨富学、包朗、彭晓静

就具体承担字数言，超过6万字的有彭晓静（25万字）、张海娟（20万字）、王东（13万字）、赵旭国（7万字）。

在研究过程中，我们力求将传世文献资料与敦煌吐鲁番黑水城文书、墓志碑铭和墓葬壁画等考古资料结合，同时做好实地考察工作，特别注意挖掘丝绸之路沿线的各民族史料和当地学者的研究成果，关注国际学术前沿。为此，课题组成员除了对国内丝绸之路沿线进行了多次考察外，还分头先后赴土耳其、以色列、俄罗斯、蒙古国、韩国、法国、意大利、希腊、梵蒂冈、荷兰、伊朗、印度、斯里兰卡、尼泊尔、新加坡、柬埔寨、马来西亚等地进行学术调查，收集到大量资料，既有文字资料，也有考古文献，更有对古代遗址的实地踏查。本书首次刊发的遗址、遗物图片资料不少，大多都获益于这些考察活动，图片大多由杨富学、王禹浪、张乃翥、彭晓静、王东拍摄。

当然，由于本课题涉及的领域极广，而课题组人力有限，加上研究经费捉襟见肘，调研工作无法做到具体、细致，只能是走马观花。此外，囿于学识、能力，许多应当收集到的资料却遗漏了，即使收集到的资料也有待日后彻底消化并妥善利用，尤其是民族古文字材料的利用挂一漏万。本书是集体研究的结果，编写人员文风不一，思路各异，学术素养参差不齐，前后数易其稿，统稿工作量极大。尽管我们一再强调要做到书稿内容上下连贯、体例一致、引用文献版本前后一致，但实际上很难随心尽意，问题肯定还是不少的。所有这些缺陷，都有待我们今后努力弥补。

本书的出版首先要感谢山西教育出版社杨文编辑的不懈努力，从最初的策划、谋篇布局到稿件的审定、编辑、印刷，她始终不厌其烦，费心劳力。其谦逊踏实、认真负责的态度，保障了本书出版工作有条不紊的进行。

本书的校对工作主要是由我的两个弟子盖佳择和刘源完成的。他们以极大的耐心和细心，协力完成了对全书的校对，每人都认真校对过两遍，工作细致入微，而且增补了一些必要的内容，特别是注释方面的增补尤为难得。我的年轻同事刘拉毛卓玛协助我们编订了参考文献，闫珠君、安美龙二位弟子协助处理了部分插图。这里对五位年轻学人的辛劳表示由衷的感谢。

本书的出版得到了2018年度国家出版基金的资助，而基金的获得有赖于武汉大学陈国灿先生和中国遗产研究院葛承雍先生的鼎力推荐。这里深表感谢！

在该书印行之际，陈国灿先生尽管罹患癌症，仍然答应本人的请求，抱病为本书撰写序言，给我们很多的鼓励与支持。遗憾的是，陈先生未能看到该书出版，便于2018年6月7日下午4点25分于武汉中南医院仙逝，享年85岁。呜呼哀哉！

  陈国灿先生几十年如一日，恭谨敬业，矢志不渝，视学术为生命，同时，对年轻人的提携不遗余力，本人受其恩惠极多。陈先生序落笔于2018年4月6日，距离去世仅有两个月零一天，本书的序言很有可能为先生平生最后一序。每思及此，潸然泪下。愿陈先生一路走好！

杨富学
2018年9月13日

编委会名单

主　　编　杨富学

编　　委（以承担工作量为序）

　　　　　彭晓静　张海娟　王　东　张乃翥

　　　　　王禹浪　包　朗

编写人员（以承担工作量为序）

　　　　　彭晓静　张海娟　王　东　包　朗

　　　　　王禹浪　张乃翥　赵旭国　史淑琴

　　　　　李晓燕　程嘉静　谭婧霞　金　琰

国家出版基金项目
NATIONAL PUBLICATION FOUNDATION

国家出版基金资助项目
"十三五"国家重点图书出版规划项目

HISTORY OF
ALL FIVE
SILK ROADS

杨富学·主编

丝路五道全史 中

山西出版传媒集团　山西教育出版社

图书在版编目（CIP）数据

丝路五道全史（上、中、下）/ 杨富学主编. — 太原：山西教育出版社，2019.12
ISBN 978-7-5703-0282-6

Ⅰ. ①丝… Ⅱ. ①杨… Ⅲ. ①丝绸之路—历史 Ⅳ. ①K928.6

中国版本图书馆CIP数据核字（2018）第295274号

丝路五道全史（中）
SILU WUDAO QUANSHI (ZHONG)

出版策划	崔元和　荆作栋
责任编辑	徐琼　白宁
复　　审	康健
终　　审	杨文
装帧设计	薛菲
印装监制	赵群

出版发行　山西出版传媒集团·山西教育出版社
　　　　　（地址：太原市水西门街馒头巷7号　电话：0351-4729801　邮编：030002）
印　　装　山西人民印刷有限责任公司
开　　本　720 mm×1020 mm　1/16
印　　张　66
字　　数　1100千字
版　　次　2019年12月第1版　2019年12月山西第1次印刷
书　　号　ISBN 978-7-5703-0282-6
定　　价　260.00元（上、中、下）

如发现印、装质量问题，影响阅读，请与山西教育出版社联系调换。电话：0351-4729723

目　录

.... 中册 ....

第六章　海路的开通 / 349

第一节　唐代前期海路交通的萌芽 / 349

　　一、唐之前海上交通的发展 / 350

　　二、唐中期海路贸易开通的原因 / 362

第二节　唐代海路交通发展及路线 / 368

　　一、唐代的海上交通路线 / 368

　　二、航海技术与工具的进步 / 376

第三节　唐代海路贸易之兴盛 / 378

　　一、丝绸等产品外销 / 378

　　二、海路贸易之管理——市舶司的建立 / 382

　　三、重要交通港口 / 385

第四节　唐代海路之文化交流 / 392

　　一、唐时域外物品的输入 / 393

二、唐文化之对外传播 / 396

三、海路文化交流的意义 / 397

第七章　唐蕃古道 / 399

第一节　唐蕃古道的开辟 / 399

一、唐蕃段 / 400

二、蕃尼段 / 402

第二节　唐蕃双方的会盟 / 404

一、会盟 / 405

二、唐蕃会盟碑 / 408

第三节　贯穿于高原上的"婚姻红线" / 410

一、外嫁的唐蕃公主 / 410

二、外来的吐蕃王妃 / 411

第四节　唐蕃古道上的行人 / 417

一、出使天竺的使者 / 417

二、穿梭于高原上的使者和囚客 / 424

三、往来于丝路上的高僧 / 428

第五节　吐蕃丝路上的东西文化交流 / 431

一、唐蕃古道上文化、科技的交流 / 431

二、吐蕃与中亚的交流 / 442

第八章　丝绸之路上的商业霸主——粟特、回鹘、大食 / 465

第一节　粟特：无远弗届的商旅 / 465

一、粟特人的商业社会 / 466

二、粟特人的商贸活动 / 471

三、粟特宗教文化 / 477

四、粟特文化在丝绸之路上的作用与影响 / 480

第二节　回鹘：丝绸之路新霸主 / 483

一、回鹘路与回鹘文化的初兴 / 484

二、丝绸之路与回鹘多元文化的形成 / 486

三、回鹘对丝路贸易的控制 / 489

四、回鹘对丝路文明的贡献 / 492

第三节　大食：陆路与海路贸易的掌控者 / 503

一、唐宋时期大食人的东侵与入华 / 505

二、大食与唐宋之间的贸易 / 511

三、大食的海路贸易 / 523

第九章　吐蕃、西夏对丝绸之路的经营与争夺 / 531

第一节　青藏高原与中原交往的通途——吐蕃丝路 / 531

一、丝路吐蕃道的开通 / 532

二、吐蕃对丝路河南道的控制 / 533

第二节　吐蕃的商业贸易 / 533

一、吐蕃王朝崛起后商业经济的发展 / 534

二、吐蕃王朝瓦解后吐蕃诸部的贸易 / 538

第三节　西夏在丝绸之路贸易中的角色 / 543

第四节　西夏王朝对丝绸之路的经营 / 549

　　一、西夏对丝绸之路的利用 / 549

　　二、《天盛改旧新定律令》与丝路贸易 / 551

　　三、西夏在丝绸之路上的商业活动 / 555

第五节　吐蕃、西夏对丝绸之路的争夺 / 559

　　一、党项羌内迁前后与吐蕃的关系 / 559

　　二、内迁党项羌与吐蕃的关系 / 560

　　三、西夏对河西、吐蕃的征服 / 562

　　四、西夏的强盛 / 572

　　五、西夏在丝绸之路的地位和影响 / 576

第十章　辽金草原丝绸之路的发展 / 579

第一节　契丹与草原商路的开拓 / 579

　　一、契丹初兴及其与丝路商贸的接触 / 579

　　二、辽代丝路商道的拓展 / 581

　　三、辽代草原丝绸之路线路 / 583

第二节　契丹对丝绸之路的经营 / 587

第三节　草原商道物质文化交流与繁华的丝路商镇 / 591

　　一、物质交流 / 592

　　二、宗教文化 / 601

　　三、商业城镇 / 605

第四节　金代丝绸之路的发展 / 610

　　一、代辽而兴的金朝 / 610

　　二、金代的草原丝绸之路线路 / 612

　　三、女真与丝路贸易 / 613

第五节　金代丝路物质文化交流与丝路商镇 / 618

　　一、物质交流 / 618

　　二、文化交流 / 622

　　三、金代丝路城市与商镇 / 627

第六节　金代海上丝绸之路 / 633

　　一、宋金海上官方榷场贸易 / 633

　　二、海上官方榷场贸易的物品 / 635

　　三、南宋与金的海上民间走私贸易 / 636

第十一章　两宋时期陆路海路丝绸之路的兴衰交替 / 639

第一节　两宋时期陆路丝绸之路的衰落 / 641

第二节　两宋时期海上丝绸之路的鼎盛 / 644

　　一、两宋时期海上丝绸之路鼎盛的原因 / 644

　　二、两宋时期海上丝绸之路的贸易情况 / 654

　　三、两宋时期中国对外贸易港口的繁荣 / 658

第六章

海路的开通

尽管两汉时期已出现了北向和南向为主体的海上丝绸之路雏形，但受社会发展水平、航海技术和国家间贸易发展取向等因素的制约，海上丝绸之路对贸易的贡献非常有限。迨至唐代中期，陆上丝路盛极而衰，海上贸易发展速度加快，海路方兴未艾，并逐渐取代陆上丝绸之路成为中外贸易的主要通道。正是这种陆海两路的兴衰交替，展现了古代贸易的发展脉络。

第一节　唐代前期海路交通的萌芽

从汉一直到唐代前期，中国的贸易通道都是以陆上丝绸之路为主体，并发展到了顶峰，形成了自两汉以来陆路交通的鼎盛时期，被誉为丝路贸易的"黄金时代"。史籍有言："伊吾（今哈密）之右，波斯以东，职贡不绝，商旅相继。"[1] 杜甫之"驼马由来拥国门"，即展现了诗人眼中的丝绸之路盛况。贞观四年（630），唐太宗平定东突厥，并和西突厥加强了联系，接着又扫除了高昌、焉耆、龟兹等势力，巩固了西北边疆的军事和行政管理，保证了陆上丝绸

---

[1]〔宋〕宋敏求：《唐大诏令集》，商务印书馆，1959年，第702页。

之路的繁荣和畅通。贞观二十年（646），唐太宗平定了割据漠北的薛延陀，并将日渐成熟的羁縻府州制度引入漠北，在长城以北地区设置了大量突厥、回纥、铁勒、党项等族羁縻都督府州县。灵州会盟时，漠北诸族首领出于加强与唐朝联系的渴望，提议开通一条由漠北通往长安的入朝勤见大道，是为"参天可汗道"，沿途置邮驿68所，备有驿马、酒肉，专供来往官吏和商贾。自此，西部地区与漠北地区连成一片，使陆上丝绸之路更加畅通无阻。天山以北也出现了以庭州、弓月、轮台、碎叶、怛罗斯等为代表的新兴商业城市。

一、唐之前海上交通的发展

（一）秦汉时期

秦汉时期，经济与文化的发展促进了交通事业的进步，其中很重要的一个表现就是陆路交通发展的同时，海上航路也逐渐拓展，近海航运开始起步。秦汉时期的海上交通线，除与东部朝鲜、日本继续友好往来外，还向南开辟了通向东南亚、南亚，甚至欧洲的交通线。

1. 东向与朝鲜、日本的海上交通

秦皇汉武曾沉迷于对不死之药和海上仙境的追求，进而客观上促进了海上交通的发展。《史记·封禅书》记载："自威、宣、燕昭使人入海求蓬莱、方丈、瀛洲。此三神山者，其傅在勃海中，去人不远；患且至，则船风引而去。盖尝有至者，诸仙人及不死之药皆在焉。其物禽兽尽白，而黄金银为宫阙。未至，望之如云；及到，三神山反居水下。临之，风辄引去，终莫能至云。世主莫不甘心焉。及至秦始皇并天下，至海上，则方士言之不可胜数。始皇自以为至海上而恐不及矣，使人乃赍童男女入海求之。船交海中，皆以风为解，曰未能至，望见之焉。"①

《史记·秦始皇本纪》亦载："齐人徐市等上书，言海中有三神山，名曰蓬莱、方丈、瀛洲，仙人居之。请得斋戒，与童男女求之。于是遣徐市发童男女数千人，入海求仙人。"②关于入海求仙人之路线，《史记·秦始皇本纪》记载稍详：从琅玡沿海岸线北上，直到山东半岛最南端的"荣成山"（今山东荣成成山），再绕过山东半岛东端西行至"之罘"（今山东芝罘岛），再"遂并海

---

① 〔汉〕司马迁：《史记》卷28《封禅书》，中华书局，1959年，第1369—1370页。
② 〔汉〕司马迁：《史记》卷6《秦始皇本纪》，中华书局，1959年，第247页。

"西"，沿海岸线继续西行。这次航行在古代航海史上具有非常重要的意义。秦始皇二十八年（前219）又遣徐市入海。三十五年（前212）秦始皇因"徐市等费以巨万计，终不得药，徒奸利相告日闻"①而怒，后竟成为坑杀诸生的因由之一。三十七年（前210），"方士徐市等入海求神药，数岁不得，费多，恐谴，乃诈曰：'蓬莱药可得，然常为大鲛鱼所苦，故不得至。愿请善射与俱，见则以连弩射之'"。②"乃令入海者赍捕巨鱼具。"③

徐市入海求仙人神药，前后历时8年，曾数次往返。《史记·淮南传》所谓"徐福得平原广泽，止王不来"，当是秦始皇三十七年（前210）最后一次入海事。与徐市同时入海求仙的还有卢生、韩终（又作韩众）、侯公（又作侯生）、石生等。1979年，山东临淄齐王墓出土了一个安息蒜瓣纹银盒，饶宗颐先生发现银盒上有"三十三年"纪年字样，此为秦始皇纪年方式，由此也证明银盒入华在始皇年间，海路往来的物证可见端倪。

到汉武帝元封元年（前110），武帝"东巡海上，行礼祠八神"，"齐人之上疏言神怪、奇方者以万数，然无验者。乃益发船，令言海中神山者数千人求蓬莱神人"。这是秦汉时期又一次大规模的政府组织的航海活动，汉武帝也"宿留海上，与方士传车，及间使求神仙人以千数"。后来此类活动方兴未艾，兹举其大端者谓：元封二年（前109），汉武帝至东莱，"宿留之数日"，"复遣方士求神怪采芝药以千数"。太初元年（前104），武帝"东至海上，考入海及方士求神者，莫验，然益遣，冀遇之"。于禅高里祠后土之后，又"临勃海，将以望祀蓬莱之属，冀至殊廷焉"。太初三年（前102），武帝"东巡海上，考神仙之属"。天汉二年（前99），武帝"行幸东海"。太始三年（前94），武帝"浮大海"。征和四年（前89），武帝"行幸东莱，临大海"。④汉武帝在位期间，多次巡行海岸，甚至亲自"浮海"航行，连续发船"入海求蓬莱"，与者往往以千万数，其初衷虽然是冀图海上遇仙人，却在古代航海史和探险史上留下了难以磨灭的印记。⑤

---

① 〔汉〕司马迁：《史记》卷6《秦始皇本纪》，中华书局，1959年，第258页。
② 〔汉〕司马迁：《史记》卷6《秦始皇本纪》，中华书局，1959年，第263页。
③ 〔汉〕司马迁：《史记》卷6《秦始皇本纪》，中华书局，1959年，第263页。
④ 以上内容互见于《汉书》卷6《武帝纪》和卷25《郊祀志》，中华书局，1962年，文字略有出入，不一一注明。
⑤ 王子今：《秦汉时期渤海航运与辽东浮海移民》，《史学集刊》2010年第2期。

两汉时代，朝鲜保持与中原王朝的联系。据《汉书·地理志》记载，早在商周时期，周武王封箕子于朝鲜时，就"教其民以礼义，田蚕织作"。后来秦始皇并吞六国，齐、燕、赵等国人民为逃避苦役，不断迁往朝鲜，使朝鲜人"知蚕桑，作缣布"。可见，不但我国的丝织品，就连养蚕织绸的生产技术也早在周秦时期就已通过海路传播到朝鲜，到汉代又从朝鲜传到日本。汉武帝时，北部的卫氏朝鲜阻绝三韩与汉的交通。元封二年（前109），汉武帝派水路两军分别从今山东半岛出发，渡过黄海，在朝鲜半岛北部登陆，以及经辽东而南下，攻破朝鲜，卫氏朝鲜灭亡。汉分其地而置真番郡、临屯郡、玄菟郡、乐浪郡四郡。20世纪初，在朝鲜平壤市乐浪区土城附近的一千多座汉墓中，出土了大量文物，包括中国的绢、绫、罗等丝织品，木牍上亦有"三匹缣"字样，[1]这是我国丝绸早在汉代就已传入朝鲜的历史见证。《后汉书》《三国志·魏书》的"高句丽"条中有"衣服皆锦绣""冠用紫罗"等语。值得一提的是，我国自汉代开始，常把织锦和刺绣合称为"锦绣"，后来人们便把它作为"美丽"的象征，比如"锦绣河山"，这都说明了这条丝绸东海航线的发端。秦末汉初的战乱，客观上也加快了山东半岛沿海居民向海外的迁徙，加之在秦皇汉武求仙的鼓舞、方士们宣扬和舆论的引导下，从山东半岛渡海至朝鲜半岛蔚然成风，其通道也很便捷安全。

朝鲜半岛地处中国与日本之间，两汉与朝鲜的交通发展也使汉与日本的交通逐渐开展起来。最早明确记载日本和中国交往的是《汉书·地理志》，其记载日本国情况为："乐浪海中有倭人，分为百余国，以岁时来献见云。"《后汉书·东夷传》也记载："倭在韩东南大海中，依山岛为居，凡百余国。自武帝灭朝鲜，使驿通于汉者三十许国，国皆称王，世世传统。其大倭王居邪马台国……建武中元二年（57），倭奴国奉贡朝贺，使人自称大夫，倭国之极南界也。光武赐以印绶。永初元年（107），倭国王帅升等献生口百六十人，愿请见。"[2]东汉建武中元二年（57）倭奴国到达洛阳的记载，也被考古文物所证实。1784年，在北九州福冈县志贺岛，农民在挖水沟时掘得上书"汉委奴国王"的金印，当是光武帝所赐印玺，[3]这足以印证《后汉书·东夷传》的记

---

[1] 徐建新：《出土文字史料与古代史研究——以中日韩三国的古代木简为例》，《古代文明》2011年第2期。

[2] 〔南朝宋〕范晔：《后汉书》卷85《东夷传》，中华书局，1965年，第2820—2821页。

[3] 王逊：《朝鲜古代艺术和中国的关系》，《文物参考资料》1950年第12期。

载。这方见证中日早期交往的金印也被日本政府作为国宝保存于福冈市的美术馆中。"汉委奴国王"金印同南京博物院藏"广陵王玺"金印，无论在重量、尺寸、花纹、雕法还是字体上都如出一辙，甚至可能出自同一工匠之手，因此，"广陵王玺"（图6-1）也成为中日两国最早交往的实物证据。

图6-1：东汉"广陵王玺"金印

李学勤先生也曾说过："韩国东南部和与之隔对马海峡相望的日本九州福冈、佐贺一带，都有西汉铜镜发现。"① 1980年日本《朝日新闻》报道：九州福冈县春日市出土一把铁剑，据日本考古学家鉴定，古剑系公元前1世纪至2世纪中国制造，其年代为秦汉时期。当时的日本处于青铜时代，中国铁器的输入无疑推动了日本社会经济的发展。另外，在佐贺县高来郡三会树景花园遗址墓葬中发现许多一寸见方的残绸布片，平织，经线四十至五十根，纬线三十根，与汉代齐地所产绸绢大致相同。这也与《后汉书·东夷传》中记载日本"土宜禾稻、麻纻、蚕桑，知织绩为缣布"是吻合的。就路线而言，倭奴国使节应是从日本北九州北行，经朝鲜半岛乐浪郡而达辽东郡（治今辽宁辽阳）境后，再西南行到达东汉都城洛阳。

2. 南向与大秦等国的海上交通

秦始皇平定岭南，于其地设立桂林（治今广西桂林），南海（治今广东广州），象郡（治今广西崇左，一说为越南北部）三郡。当时处在番禺（即今广州）的一支秦军，还专门建造了大量的船只，供平定瓯越所需。1974年底，在今广州中山西路发现了南越国宫署遗址（图6-2），并于宫署遗址之下发现了秦

---

① 李学勤：《韩国金海良洞出土西汉铜鼎续考》，《文博》2002年第6期。

代的造船工场。据考古判断，这是秦始皇统一岭南时"一军处番禺之都"的造船工场遗址，从而说明秦代的造船技术和造船能力已经达到了较高的水准。

图6-2：南越国宫苑建筑之八棱石栏杆

汉武帝建元三年（前138），闽越围东瓯，东瓯告急。汉武帝"遣中大夫严助持节发会稽兵，浮海救之。未至，闽越走，兵还"①。建元六年（前135），"闽越王郢攻南越，遣大行王恢将兵出豫章，大司农韩安国出会稽击之，未至，越人杀郢降，兵还"②。元鼎六年（前111），闽粤王余善反，汉武帝发数军合攻，"遣横海将军韩说、中尉王温舒出会稽"③。汉武帝平南越后，即派使者沿着百越民间开辟的航线，远航南海和印度洋。《汉书·地理志》中记载了通往印度洋的海上航线：

> 自日南障塞、徐闻、合浦船行可五月，有都元国；又船行可四月，有邑卢没国；又船行可二十余日，有谌离国；步行可十余日，有夫甘都卢

---

① 〔汉〕班固：《汉书》卷6《武帝纪》，中华书局，1962年，第158页。
② 〔汉〕班固：《汉书》卷6《武帝纪》，中华书局，1962年，第160页。
③ 〔汉〕班固：《汉书》卷6《武帝纪》，中华书局，1962年，第188页。

国。自夫甘都卢国船行可二月余，有黄支国，民俗略与珠厓相类。其州广大，户口多，多异物，自武帝以来皆献见。有译长，属黄门，与应募者俱入海市明珠、璧流离、奇石异物，赍黄金杂缯而往。所至国皆禀食为耦，蛮夷贾船，转送致之。亦利交易，剽杀人。又苦逢风波溺死，不者数年来还。大珠至围二寸以下。平帝元始中，王莽辅政，欲耀威德，厚遗黄支王，令遣使献生犀牛。自黄支船行可八月，到皮宗；船行可（二）月，到日南、象林界云。黄支之南，有已程不国，汉之译使自此还矣。①

这段记述，诸多学者曾考证分析，如费瑯、藤田丰八、许云樵、岑仲勉、张星烺、冯承钧、朱杰勤、吕思勉、韩振华、章巽、劳干等②，具体考证也不尽相同。

根据日本学者藤田丰八和费瑯的考证，黄支为印度东海岸的建志（Kanchi）；都元，藤田丰八言其应为苏门答腊岛北岸的某个地方，岑仲勉指其应位于箇罗（Kra）地峡北部，黄振华则考证为越南南圻的东海岸，劳干认为都元在菲律宾，许云樵考其在婆罗洲；邑卢没，藤田丰八指其是对缅甸南部萨尔曼（Saleman）河口扎通（Thatung）附近的阿尔曼尼亚（Arramaniya）的音译，张星烺考为印度嘛罗拔（Malabar）沿岸之商港，黄振华指为泰国的罗斛（Lava），劳干认为当在婆罗洲境；谌离，藤田丰八指为贾耽所言悉利城（Sillah），位处伊洛瓦底江上游缅甸浦甘（Pugan）附近，张星烺称其为印度西南海岸的夏离耶威（Shaliyat），许云樵考为马来地峡前岸，劳干认为应在婆罗洲境，即

---

① 〔汉〕班固：《汉书》卷28《地理志下》，中华书局，1962年，第1671页。
② Gabriel Ferrand, Le K'ouen-louen et les Anciennes Navigations Interocéaniques dans les mers du sud, Journal asiatique, 11th ser., 14 (1919), pp. 45-46；[法]费瑯著，冯承钧译：《昆仑及南海古代航行考》，中华书局，1957年，第54页；[日]藤田丰八：《东西交涉史の研究——南海篇》，（东京）星文馆，1943年，第95—135页；许云樵：《古代南海航程中之地峡与地极》，《南洋学报》第5卷第2辑，1948年；岑仲勉：《西汉对南洋的海道交通》，《中山大学学报》1959年第4期；张星烺编注，朱杰勤校订：《中西交通史料汇编》第6册，中华书局，1979年，第19—20页；冯承钧：《中国南洋交通史》，上海书店，1984年，第1—3页；朱杰勤：《汉代中国与东南亚和南亚海上交通路线试探》，《东南亚史论文集》第1集，暨南大学历史系东南亚研究室编印，1960年，第1—9页；吕思勉：《秦汉史》，上海古籍出版社，1983年，第279—283页；韩振华：《公元前二世纪至公元一世纪间中国与印度东南亚的海上交通》，《厦门大学学报》1957年第2期；章巽：《我国古代的海上交通》，新知识出版社，1956年；劳干：《论汉代之陆运与水运》，《中央研究院历史语言研究所集刊》第16本，中央研究院历史语言研究所，1948年，第69—91页。

今之加里曼丹，黄振华考为暹罗湾头的佛统；夫甘都卢，藤田丰八和费瑯考证其为伊洛瓦底江左岸今塔格翁格（Tagaung）附近的浦甘（Pugan）古城浦甘答拉（Pugandhara）；皮宗，藤田丰八言其现称普罗皮珊（Pulaw Pisan），是马来半岛西南端的一个岛屿，张星烺认为皮宗是印度河的Bhason的对音，黄振华称其应为印度尼西亚；已程不，藤田丰八考证为故临（Quilin）附近的Kutala-Pura，即今科钦（Cochin），张星烺却指其为依梯俄皮亚（Ethiopia，即埃塞俄比亚）的音译，当指非洲，岑仲勉认为已程不为黄支之南的Chingleput或Chengalat，黄振华则称其为锡兰岛。

总而言之，学界对《汉书·地理志》中所记载的上述地名多有关注，但考证结果却相差甚远，但有一点还是明确，即这一记载反映的是印度洋海上航线。汉代的南向至越南等国的海上交通，大体是从徐闻（今广东徐闻境）、合浦以及日南出发，沿近岸航行，经今北部湾可达日南障塞，由此继续沿今越南东海岸航行，五个月之后抵达都元国。船只从南海乘东北季风南航至此，等风向转换时再由此穿马六甲海峡北上。继续海上的行程，先后到达邑卢没国、湛离国（缅甸海岸），登陆后步行数十天来到夫甘都卢国（今缅甸蒲甘古城）。然后再乘船航行，最终抵达黄支国（今属印度）。返回时则从黄支国出发，首先抵达已程不国（今斯里兰卡），继续前进到达皮宗（今马来半岛）。过了中途的皮宗之后，朝着东北方向航行，返回本土。汉代这条印度洋航线的草创，为后代拓展航路至西亚、东非奠定了基础，有着深远的历史意义。只是囿于当时的造船和航海技术，也有"苦逢风波溺死，不者数年来还"的记载[1]。在广西合浦县堂排曾出土了很多玛瑙饰品（图6-3）或摆件，如玛瑙小动物等。玛瑙本是西域所产，于合浦汉墓发掘，说明当时海外贸易已趋繁盛。

---

[1]〔汉〕班固：《汉书》卷28《地理志下》，中华书局，1962年，第1671页。

图6-3：广西合浦堂排出土西汉橄榄形红玛瑙串珠

汉代，中国同大秦的海路通道缺乏明确的史料记载，但从史籍所载细节仍可窥见端倪。经过新莽时期的短暂断绝之后，东汉恢复了与条枝（支）等阿拉伯国家的联系。东汉和帝永元六年（94），班超征服焉耆，葱岭交通畅通，"于是五十余国悉纳质内属。其条支、安息诸国，至于海濒四万里外，皆重译贡献"①。永元九年（97），为建立因安息"遮阂"而无法直通的中国与大秦关系，汉西域都护班超派使者甘英出使大秦。甘英"临大海（波斯湾）欲度，而安息西界船人谓英曰：'海水广大，往来者逢善风三月乃得度。若遇迟风，亦有二岁者，故入海人皆赍三岁粮。海中善使人思土恋慕，数有死亡者。'英闻之乃止"②。永元十三年（101），安息王满屈向汉廷献"师子"及条支大鸟，时人称之为安息雀。这条从条支启航，入波斯湾，再绕阿拉伯海，经曼德海峡进入红海，由埃及到达地中海沿岸的大秦国的航线，虽然因安息担心失去中国—罗马的贸易垄断权，有意夸大渡海到大秦的艰险程度，使甘英未能如期航行、出使大秦，但说明这条航线是存在的。

《后汉书·西域传》记载：从安息西行三千四百里至阿蛮国，从阿蛮西行三千六百里至斯宾国，从斯宾南行渡河，又西南至于罗国九百六十里，自此南乘海，即通大秦。这条绕阿拉伯半岛的航线，不独《后汉书》有记，罗马人白里内记述罗马人漂泊海上的情形时亦言之，说明这条航线完全符合当时的地理

---

① 〔南朝宋〕范晔：《后汉书》卷88《西域传》，中华书局，1965年，第2910页。
② 〔南朝宋〕范晔：《后汉书》卷88《西域传》，中华书局，1965年，第2918页。

形势与历史情境。

东汉桓帝延熹九年（166），"大秦王安敦遣使自日南徼外献象牙、犀角、玳瑁，始乃一通焉"①。这是大秦与中国首次海上直接往来的记载。《三国志》曰："大秦道既从海北陆通，又循海而南，与交趾七郡外夷比，又有水道通益州、永昌，故永昌出异物。"② 可知，大秦通往中国有两条海道（当然其间也夹杂部分陆路）：一条由大秦出发，经埃及东北部的古运河，循红海而南，越过阿拉伯海到达印度西海岸，由印度或经锡兰岛续航，横渡孟加拉湾到达缅甸或苏门答腊岛，再续航北上经泰国湾、越南南部海岸而北通交趾七郡沿海；另一条由大秦出发至缅甸，沿伊洛瓦底江河谷北上至中国西南部永昌郡（治今云南保山），即西南丝路。事实上，天竺国除沿传统陆上交通到达中国外，这两条海道也是其到达中国的必经之途。张星烺先生曾言，公元1世纪罗马作家普林尼（Gaius Pliny Eleder）曾在其书《博物志》（Natural History）中记载过古代中国产丝及贸易的情况："克老的由斯（Claudius）皇帝时（东汉光武时）……岛王乃遣拉切斯（Rachias）等四人为使者至罗马……使者言其岛与印度对峙。面积甚大，伸向东南，尚有一万程之远云。赛里斯人居爱摩都斯山（Emodus）之外，以通商见知于吾人……拉切斯之父尝至其国……货物皆运至某河之东岸，置于赛里斯人货物之旁，与之议定价钱后，即取之他往。"③ 这也是西人眼里中国人海上通行之旁证。

（二）三国魏晋时期

1. 东向与日本、朝鲜的海上交通

三国时期，割据辽东的公孙渊是曹魏和孙吴争夺的对象。公孙渊统辖辽东郡（今辽东半岛）；玄菟郡（今沈阳、抚顺附近地区）；乐浪郡（今朝鲜半岛西北部大同江流域，治所平壤）；带方郡（今朝鲜临津江以西地区），势力已达朝鲜半岛西北部。东吴"比年已来，复远遣船，越渡大海，多持货物，诳诱边民"④。东吴嘉禾元年（232）三月，孙权派使节率百艘船循东海、黄海北上，在辽东半岛南端的沓津（今辽宁大连）登陆，"贸迁有无"。嘉禾三年

---

① 〔南朝宋〕范晔：《后汉书》卷88《西域传》，中华书局，1965年，第2920页。
② 〔西晋〕陈寿：《三国志》卷30《魏书·乌丸鲜卑东夷传》，裴松之注引，中华书局，1959年，第861页。
③ 张星烺编注，朱杰勤校注：《中西交通史料汇编》第1册，中华书局，1977年，第21页。
④ 〔西晋〕陈寿：《三国志》卷8《公孙度传》注引《魏略》，中华书局，1959年，第255页。

(234),东吴遣使者谢宏、中书陈恂航至"高句丽",封其王,加赐衣物珍宝。可见,东吴与"高句丽"的海上交通路线已然形成。因曹魏占据成山角,公孙渊占据辽东,东吴使臣的海上航行应是先横渡黄海中北部抵朝鲜半岛西岸,然后沿岸北上到达"高句丽",已不是原来沿近岸行走的航线。①这条由长江口直抵朝鲜半岛的航路,在航海史上有十分重要的意义和深远的影响。

三国时期,朝鲜半岛南部的马韩、弁韩、辰韩与曹魏的往来多走水路,经带方郡、乐浪郡西海岸,走秦汉时期的古海道,"循海岸西行",沿辽东半岛沿海,经庙岛群岛,过渤海海峡,进入山东半岛的东莱郡,船只停放在东莱郡沿海港口,再横穿山东半岛走陆路到达洛阳。②汉代时,山东半岛与朝鲜半岛之间的海路通道已然畅通无阻。三国时期,随着航海技术的提高,这种往来愈发频繁和便捷。

曹魏时期与日本的往来主要见于《三国志·魏书·东夷传》,其载:"从郡至倭,循海岸水行,历韩国,乍南乍东,到其北岸狗邪韩国,七千余里,始度一海,千余里至对马国","又南渡一海千余里,名曰瀚海,至一大国","又渡一海,千余里至末卢国","东南陆行五百里,到伊都国","东南至奴国百里","东行至不弥国百里","南至投马国,水行二十日","南至邪马壹国,女王之所都,水行十日,陆行一月","自郡至女王国万二千余里"。③

日本九州岛和朝鲜半岛南部相隔的是朝鲜海峡,海峡中间是对马岛、登岐岛等岛屿,在三国时期航船设备不完备和航海技术不成熟的条件下,这条"循海岸西行"的航路是最理想也是唯一的一条航线。秦代徐巿"入海求仙人"到日本也是走的这条线,甚至唐初,日本遣唐使到中国走的也是这条航路。魏明帝景初二年(238),曹魏政权控制乐浪郡、带方郡后,控制日本南部诸国的倭女王立即派遣使者与曹魏通好,魏也派使节之于倭国,魏、倭间开始了有史书记载的中国与东夷诸国以外交和朝贡为目的的官方往来,其往返频繁正是此时这条航线兴盛的证明。从《三国志·魏书·东夷传》记载的情形来看,无论官方抑或民间,这条海路输出的物品多属丝绸类纺织品,如倭女王向魏明帝奉献的物品是"男生口四人,女生口六人,班布二匹二丈"。同年十二月,魏明帝

---

① 孙光圻:《中国古代航海史》,海洋出版社,2005年,第186页。
② 刘凤鸣:《山东半岛与东方海上丝绸之路》,人民出版社,2007年,第89页。
③〔西晋〕陈寿:《三国志》卷30《乌丸鲜卑东夷传·倭》,中华书局,1959年,第854—855页。

回赠的物品是："绛绨交龙锦五匹、绛地约粟罽十张、蒨绛五十匹、绀青五十匹"，"又特赐绀地句文锦三匹、细班华罽五张、白绢五十匹"。当时所赐的铜镜之一，刻有"景初三年"的三角缘半圆形带神兽镜，已从大阪府和泉市的黄金冢古坟中出土。① 魏齐王正始元年（240）、正始四年（243），魏、倭之间又有朝贺往来。

西晋统一魏、蜀、吴后，与朝鲜半岛、日本的交流延续了曹魏时期的国策，保持着与东夷诸国的友好往来，山东半岛依然是其主要通道。

2. 南向与扶南（今柬埔寨）等国的海上交通

东吴雄踞江东，因为同曹魏、刘蜀在长江上作战与交通的需要，开始积极发展水军、开创造船业、训练水师，以水军立国，使船舰的设计与制造有了很大的进步，并派遣航海使者开发疆土，与外通好。由于航海技术的提高，东吴多次派使者出海远航，成为开拓性的壮举。东吴黄武四年（225），扶南国王范旃遣使来吴国，历时四年到达东吴，献琉璃；黄武五年（226），大秦商人秦论泛海到了交趾，随交趾太守的使者到东吴朝廷，后来返回大秦。② 关于大秦到达交趾的线路，《梁书》卷54《诸夷传》有载："其国人行贾，往往至扶南、日南、交趾，其南徼诸国人少有到大秦者。"同书又言，中天竺国"西与大秦、安息交市海中"。由此判断，大秦商人应通过印度洋与中天竺、安息往来，向东还到达泰国湾以及南海，与扶南、吴日南郡、交趾郡往来，进而说明这其间沿近海航行的道路已从印度洋发展至太平洋，而南海航路也向西扩展至安息、大秦境。大约于同时期，孙权遣朱应、康泰浮海出使扶南等东南亚许多国家。他们回国后将海外见闻写成《扶南异物志》《吴时外国传》，可惜两书已佚，散见于《水经注》《艺文类聚》《通典》和《太平御览》等典籍中。

魏晋南北朝时期，是海上丝绸之路的拓展时期。这一时期，广州成为南海丝路的起点。《艺文类聚》记载，西晋太康二年（281），"安南将军广州牧滕侯作镇南方"，"大秦国奉献琛，来经于州，众宝既丽，火布尤奇"③，这是广州成为中外交通港口的首次记载。东晋僧人法显，在耶婆提国（今爪哇岛，一说苏门答腊岛东部）"东北行，趋广州"，"常行时正可五十日便到广州"。以上都

---

① [日]藤家礼之助：《日中交流二千年》，北京大学出版社，1982年，第37—38页。
② [唐]姚思廉：《梁书》卷54《诸夷·中天竺传》，中华书局，1973年，第798页。
③ [唐]欧阳询等编，汪绍楹校：《艺文类聚》卷85《布部》引殷巨《奇布赋及序》，上海古籍出版社，1965年，第1643页。

说明两晋时期广州声誉远播域外,成为南海丝路上重要的港口城市。

刘宋时,中国航海在北印度洋方面也取得突破,开辟了由广州直达阿拉伯海与波斯湾的远洋海路,沟通了东亚与西亚的联系。《宋书·蛮夷传》谓:"若夫大秦、天竺,迥出西溟,二汉衔役,特艰斯路,而商货所资,或出交部,泛海陵波,因风远至。又重峻参差,氏众非一,殊名诡号,种别类殊,山琛水宝,由兹自出,通犀翠羽之珍,蛇珠火布之异,千名万品,并世主之所虚心,故舟舶继路,商使交属。"①

宋末齐初,扶南等国仍以广州为对外贸易口岸。梁时,林邑曾九次派使节入梁,扶南也曾八次遣使入梁。东南亚的盘盘、丹丹、干陁利、狼牙修、婆利国等也派遣使节频繁往来梁廷。梁天监初年和大通元年(527),中天竺国和师子国也分别遣使与梁朝往来。这些国家僧侣也多乘大海船,由南亚而至中国南方,西天竺名僧拘那陀罗就是在梁中大同元年(546)取海道经狼牙修、扶南而至广州的。考古发掘也在西沙群岛的北礁打捞出南朝六耳罐、陶杯,说明南朝时南海丝路确实存在。

(三)隋时期

隋统一的完成,结束了长期分裂割据的局面,有利于在政治、经济、文化等方面与国外的交往。隋祚虽短,但海上交通也丝毫不逊于他朝。隋廷曾于大业三年(607)、大业四年(608),两次派羽骑朱宽入海至流求国;大业六年(610),武贲郎将陈稜、朝请大夫张振州率兵万人,从义安郡(治今广东潮州)出发,渡过今台湾海峡,到达高华屿(今台湾澎湖列岛花屿),后至流求,斩流求王渴刺兜,俘虏数千民众。隋炀帝三伐高丽,从山东半岛出发,越过渤海海峡,或北达今辽东半岛的卑奢城,或向东越过今黄海直趋平壤;南讨林邑。隋廷好大喜功的军事行动,客观上对海上交通有一定的促进作用。

隋时,中国与南海许多国家已有海上交通,赤土、真腊、丹丹、盘盘、婆利等海上诸国频频朝聘于隋廷。

隋与倭国。有关隋与倭国间的海上交通路线,《隋书》记载较为详细:"明年(大业四年,即608年),上遣文林郎裴清使于倭国。度百济,行至竹岛,南望耽罗国,经都斯麻国,迥在大海中。又东至一支国,又至竹斯国,又东至秦王国,其人同于华夏,以为夷洲,疑不能明也。又经十余国,达于海岸。自竹

---

① 〔梁〕沈约:《宋书》卷97《蛮夷传》,中华书局,1974年,第2399页。

斯国以东，皆附庸于倭。"①由此可见，隋代中日海上交通路线大致与南北朝时期相同。

隋与林邑。《隋书》载，隋炀帝大业元年（605），隋军渡阇黎江（今越南日丽河）南下，攻破林邑王的象队，济区粟（今越南广治西北），进至大缘江（今越南香江或其支流，一说越南大占海口），在此击破林邑王设险的要塞。经过马援铜柱，南行八日，攻破林邑王都典冲（今越南维川南）。林邑王弃城奔海。隋军荡平林邑后，于其地置荡州、农州、冲州。后林邑王收复失地，遣使谢罪，每岁朝贡不绝。

隋与赤土。隋代，赤土国分别于大业四年（608）、大业五年（609）、大业六年（610）三次来长安。赤土国"在南海中，水行百余日而达所都"②。大业三年（607）十月，屯田主事常骏、虞部主事王君政从南海郡（治今广东广州）乘舟出发，"昼夜二旬，每值便风"，至焦石山（今越南岘港角）而过，到达与林邑相对的陵伽钵钹多州（今越南占婆岛），复南行至师子石（今越南南岸外的昆仑岛或附近岛屿），其西皆岛屿相连。舟再行二三日，西望见狼牙须国（今泰国北大年一带），南达鸡笼岛（今大雷丹岛，一说吉兰丹），这里已是赤土国境内，赤土王派人率30艘船来迎接，又经过一月到达赤土国都（约在今马来西亚内陆）。③常骏出使赤土国，带去丝绸5000段（匹）赐给赤土国王，受到该国以30艘船来迎的隆重礼待，可谓丝绸外交的佳话。

隋与真腊。真腊于大业十二年（616）遣使贡方物。虽未载海上航线，当是从真腊东南部入海，沿今越南东海岸附近航行而至日南郡，与赤土国朝贡路线大体相同。同年来的婆利国，据《隋书·南蛮传》所载，"自交趾浮海，南过赤土、丹丹，乃至其国"④，当与赤土、真腊、林邑等国至隋航线大致相同，只不过是略有延伸而已。

二、唐中期海路贸易开通的原因

唐代中期后，陆上丝绸之路由盛而衰，海上丝路悄然兴起，这种变革有着复杂和深刻的原因。揆诸史料，在总结前辈学者深入探究的基础上，将陆上丝

---

① 〔唐〕魏徵等：《隋书》卷81《东夷·倭国传》，中华书局，1973年，第1827页。
② 〔唐〕魏徵等：《隋书》卷82《南蛮·赤土传》，中华书局，1973年，第1833页。
③ 〔唐〕魏徵等：《隋书》卷82《南蛮·赤土传》，中华书局，1973年，第1834页。
④ 〔唐〕魏徵等：《隋书》卷82《南蛮·婆利传》，中华书局，1973年，第1838页。

绸之路衰落、海路交通兴起的原因归结为如下几点：

（一）军事失利，陆路交通被阻隔，中外交通重点转向海路是必然选择。

唐天宝九载（750），唐廷以西域藩国石国"无番臣礼"为由，派安西节度使高仙芝领兵征讨，石国请求投降。高仙芝起先允诺。但后又违背承诺，攻占并血洗石国城池，掳走男丁，格杀老人、妇女和儿童，搜取财物，俘虏石国国王并将其斩首。

侥幸逃脱的石国王子向大食的阿拔斯王朝（即黑衣大食）求救，大食援军计划袭击唐朝西域四镇。唐与大食的较量表面看来起于一个小国家的请求，事实上，这场战争不可避免。唐朝要在中亚树立权威就必须击败大食，而大食要完全控制中亚则必须击败唐朝。唐天宝十载（751）四月，唐朝名将高仙芝率军从安西出发，翻葱岭、越沙漠，于七月到达中亚名城怛罗斯（今哈萨克斯坦的江布尔城附近）城下，城中已经有大食士兵数千人抢先驻守，唐军只好围攻怛罗斯城。此战的经过，《资治通鉴》有所记载："诸胡皆怒，潜引大食欲共攻四镇。仙芝闻之，将蕃、汉三万众击大食，深入七百余里，至怛罗斯城，与大食遇。相持五日，葛罗禄部众叛，与大食夹攻唐军，仙芝大败，士卒死亡略尽，所余才数千人"。①

唐朝与大食的怛罗斯之战，以唐军战败告终。这场战争失利，直接导致唐朝势力退出中亚。天宝十四载（755）至广德元年（763），安史之乱接踵而至。安史之乱爆发后，唐朝遂将驻守在西疆四镇的边防守军东调长安。一时西北边防空虚，吐蕃趁机北上，"得乘隙暴掠"，侵占河西陇右，在"凤翔之西，邠州之北"侵占了唐朝大片土地，"埋没者数十州"，西南的剑南西川与吐蕃、氐、羌等邻接之地，唐立国以来所设州县和军镇等，在"乾元（758—760）之后"，"亦陷于吐蕃"。

除了吐蕃，在安史之乱中两次助唐平叛的回鹘，不仅自恃平叛之功，使唐朝"岁送马十万匹，酬以缣帛百余万匹"，而且趁机南下控制了阿尔泰地区。怛罗斯之战、接踵而至的安史之乱和藩镇割据，使得唐朝无力顾及西域，并自此退出对中亚霸权的争夺，原本臣服于唐朝的中亚诸国转而臣服于阿拔斯王朝和吐蕃王朝。吐蕃对河陇的侵占，回鹘对阿尔泰地区的控制，导致唐同西域诸

---

① 〔宋〕司马光：《资治通鉴》卷216玄宗天宝十载夏四月壬午条，中华书局，1956年，第6907—6908页。

国昔日风光畅通的陆上交通因道路梗绝往来不通，诗人杜甫发出了"崆峒西极过昆仑，驼马由来拥国门。逆气数年吹路断，蕃人闻道渐星奔"的哀叹。以安史之乱为界标的内乱，引起了唐后期北方经济尤其关中地区耕织体系的衰落，关中作为丝绸生产基地而支撑的外向型经济格局不复存在，西北商路因其供应基地的衰颓，其经济意义已在减弱。尽管"回鹘路"作为新的陆上丝路通道在8世纪中叶至9世纪中叶发挥了重要作用，但已很难再现往日河陇通道的繁荣景象。

安史之乱后长期的藩镇割据，又使唐廷的实际控制力减弱。连中原都难以控制的唐廷，自然就无力也无暇再顾及河西和西域地区的安全及贸易通道问题。东西陆路交通受阻，是导致中唐后陆上交通衰颓、海上交通迅即发展的直接原因。

（二）重心南移，江南经济一跃而起，为海路开通奠定了最根本的物质基础。

唐代，东南沿海的经济呈全面繁荣的态势，为海路贸易的发展奠定了有力的物质基础。得天独厚的自然条件为沿海地区的农业发展提供了充分条件，从某种意义上说，我国的气候虽然不时有所变化，但在沿海地区大体还是温暖天数较多，适于农业的经营，而且雨量适中，间有亢旱，也无大影响。在广袤无垠的平原旷野中，纵横的河流更可资利用，加上能够开渠引水随处灌溉，也不虑旱魃的肆虐。在以农业为主的社会里，只要不起兵革，社会相对稳定，农民安心处于畎亩之中，经济就能够得到长足发展。在古代，沿海一带基本偏离鏖战，社会经济相对繁荣，国内经济重心也据此向南转移。具体表现有：

1. 农业经济的繁荣。中唐以后，朝廷对南方的开发力度进一步加大。据统计，762—884年间，全国兴修的75处水利工程中有50处位于江南，淮南、山南、剑南、岭南分别占9、5、3、4处[①]。唐代见于记载的212项水利工程中，江南道有60项，占28%，居全国之首；唐前期兴修的124项中，河北道居第一，占30.6%，江南道为12.2%。唐后期的88项中，江南道所占比例竟高达50.6%。[②] 由赋税之仰仗东南，也可以看出东南地区的日趋繁荣。唐高祖、太宗时，东南漕运岁不过20万石，至玄宗时用裴耀卿治漕运，三岁共运700万

---

① 西北师大古籍所编、霍旭东点校：《权德舆文集》卷37，甘肃人民出版社，1999年，第49页。
② 钟快鸣：《唐代东南地区经济开发之研究》，东海大学硕士论文，1977年，第73—76、97—98页。

石,平均每年达230余万石;至德宗贞元年间,经运河北漕之粟,每年达300万石之巨。元和二年(807)李吉甫上国计簿,称:"总计天下方镇四十八,州府二百九十九,县千四百五十三……每岁赋税倚办,止于浙江东西、宣歙、淮南、江西、鄂岳、福建、湖南四十九州道。"韩愈也曾说:"当今赋出于天下,江淮居十九。"

2. 手工业的勃兴。农业的快速发展推动了手工业的繁荣。丝织品的生产技术更高,种类更多,产品更精美。以中国外销的传统商品丝绸而言,唐时中国南方江浙一带的丝绸产量已经大大超过北方。唐代的江南,已成为丝绸的著名产地。据《新唐书·地理志》记载,明州余姚郡的丝绸土贡有"吴绫、交梭绫",越州会稽郡上缴的丝绸土贡是"宝花、花纹等罗,白编、交梭、十样花纹等绫,轻容,生縠,花纱,吴绢等"。

唐代的越州,还引进了北方的先进经验,使丝织技术大为提高。唐代宗大历二年(767),浙江节度使薛兼训鼓励军中未婚士兵前去北方娶丝织女工而归,每年多达数百人。正如李肇《唐国史补》卷下记载:"初,越人不工机杼,薛兼训为江东节制,乃募军中未有室者,厚给货币,密令北地娶织妇以归。岁得数百人,由是越俗大化,竞添花样,绫纱妙称江左矣。"①越州附近,杭州湾一带和太湖流域均为丝绸产地,所产丝绸品类繁多,色泽秀丽,质地柔润,其中以白编绫、绯绫、文绫、乌眼绫、丝葛、丝绵、八蚕丝等最为著名。铁制品、银饰品、铜镜等金属制造进一步发展;瓷、漆器等工艺品制造更为精美,并在全国工业生产中占有重要地位。造船业更为发达,扬州、明州、福州、广州等地是重要的造船基地。不仅江淮地区发展迅速,岭南地区也在玄宗以来得以不断开发,土特产生产和传统工艺品制造业得到发展,与内地的联系也比过去更为畅通。

江南制瓷业的发展,尤为引人注目。1973年至1975年,宁波和义路发掘的唐代渔浦门城外及海运码头遗址,出土了700多件唐代瓷器,还发掘出唐代造船工场遗址。渔浦门东南濒临三江口海运码头,是8世纪中叶瓷器外销的主要市场。700多件唐瓷中,以越州窑的青瓷为最多。唐代的越州窑,分布在明州、余姚、上虞、慈溪、诸暨、绍兴、镇海、鄞县、奉化、临海等地,形成了一个庞大的越窑体系。越窑青瓷,闻名神州,载誉世界。唐末,越窑青瓷的烧

---

① 〔唐〕李肇:《唐国史补》卷下,上海古籍出版社,1979年,第65页。

制技术愈加精良,其"千峰翠色"的秘色瓷器冠绝当世。

3. 人口上升趋势明显,带来充裕的劳动力。从人口分布的状况,亦可看出南方沿海经济发展的态势。据《新唐书·地理志》《元和郡县图志》《太平寰宇记》等史籍记载,从唐初开始,北方户口呈下降趋势,南方户口则呈上升趋势。其中,江南道已成为当时全国人口最多和密度最大的地区。这一时期,主客户总数超过5万的府州有25个,其中江南道就占了13个,占总数的一半以上。可见,唐代尤其是中唐以来,人口分布的重心已由北方逐渐转移至南方,且以江淮一带为主。

古代中国传统的外销商品,除了丝绸外,瓷器也是出口的大宗商品。陶瓷的大量外销始于唐代,盛于宋元时期,在唐代中期以后有了很大发展。瓷器是沉重而易碎的商品,为了安全起见,以海路运输最为可靠,因为船舶不仅容量大,而且也比较平稳,瓷器不易破碎。也因此,有学者主张将"海上丝绸之路",称为"陶瓷之路"或"丝瓷之路"。唐中叶以后,南北城市之间的经济交流主要是南方商品流向北方。无论是北方商人,还是南方商人,均把大批商货贩运至北方。以中国外销的传统商品丝绸而言,唐代中国的江浙一带丝绸产量已经大大超过北方。东南沿海各省的陶瓷生产和造船等工业也不断发展,并在全国工业生产中占有重要地位,为海上丝路的发展奠定了物质基础。总之,江淮、江南和岭南等沿海地区农业和手工业的快速发展,为活跃国内经济、拓宽海外贸易市场,提供了丰富的商品来源,促进了唐代外向型经济地区由关中地区向东南沿海地区的转移。

(三)航海技术突飞猛进,造船能力飞速提升,是海路交通发展迅猛的基础。

科技进步是唐代海路交通不断发展的技术保障。隋唐时期是中国科技发展史上的几个高峰之一,数学、天文学、地理学、历法及造船技术等都居世界领先水平。天文定位术和地文导航术的进一步提高,是唐代航海技术保障的集中体现。开元年间,著名天文学家僧一行率人对唐疆域进行了一次大规模的大地测量。利用自制仪器"复矩",通过测量北极星距地平的高度,一行得出南北二地相距129.22公里,北极高度相差1度的结论。尽管这一结果与现代天文大地测量值111.2公里尚有一定差距,但已具有航海的实用性。唐代李淳风等人所注释的《海岛算经》,表明唐代中国的海岸测量术和地文导航术已发展到相当高的水平，出现了具有航路指南性质的数据。①

唐代的造船和航海业也在前代的基础上有了长足的进步，直接促进了海路交通的发展。

就数量而言，唐代造船场遍及全国各地，船舶数量众多，载重量大。唐代建造船舶的主要地区有：宣（今安徽宣城）、润（今江苏镇江）、常（今江苏常州）、苏（今江苏苏州）、湖（今浙江湖州）、越（今浙江绍兴）、台（今浙江临海）、婺（今浙江金华）、江（今江西九江）、洪（今江西南昌）等州及剑南道（今四川省内）的沿江一带。北方沿海的登州（今山东蓬莱）、莱州，东南沿海港口杭州、扬州、福州、泉州、广州、交州等，也都以造船业著称。

以质量而言，唐人已采用水密隔舱设置，在接合技术上率先使用了铁钉连接，并用桐油石灰腻缝。江苏如皋出土的唐代木船，其船舱及底部均以铁钉钉成人字缝，其中填石灰桐油，严密坚固。而当时的外国人，仍使用桄榔须、椰子皮和橄榄糠等加固船体，处于落后的状态。正如《岭表录异》所述："（外国）贾人船不用铁钉，只使桄榔须系缚，以橄榄糠泥之。糖干甚坚，入水漆也。"水密隔舱的采用，增加了船舶的抗沉性，即使有少数船舱破损进水，也无关大局，船舶的浮力依然存在，不至于沉没。如果进水严重，只要抛掉适当货物，减轻船舶负载量，就不至于沉入水底。唐人的这一创举，对中国和世界的造船技术起到了极大的推进作用。唐船以船体庞大、载重量多、结构坚固、抵御惊涛骇浪能力强而闻名四方。

造船业和航海业的迅速发展，为海外交通的拓展以及海外贸易的进行提供了前提条件，对海外贸易的发展起到了直接的推动作用。反之，海路贸易的发展，又带动了造船航海业的进步，两者互为表里，相辅相成，相互促进。

（四）陆上丝路局限明显，是其退出贸易交通的又一原因。

陆上交通及以此为载体的陆上丝路贸易的局限性在于，其商业贸易必须考量军事需要。陆上交通和丝路所能串联起来的只是沿线国家，再向远延伸则须越过诸多的国家或部族。其中任意一个国家或部族发生变乱，或有任何一个国家为垄断丝绸贸易而操纵这条丝路，就会影响全线的畅通。这样的变故或因战乱而使丝路中断的情况，在历史上屡见不鲜。此外，陆上丝路位于西北地区，地处内陆，只能向西贸易，而我国传统的外销商品，如丝绸、瓷器、茶叶等的

---

① 刘迎胜：《丝路文化·海上卷》，浙江人民出版社，1995年，第93—94页。

产区都在东南沿海，陆路西运既远离商品产区又不经济方便，遑论远赴环太平洋各国了。再者，陆上丝路要越过葱岭和戈壁沙漠，风沙弥漫，行程艰苦，自然条件比较恶劣，又只能用骆驼或毛驴运输，运输量极其有限，且时间久，运费高。随着商品生产和商业活动的发展，商品外运与日俱增，尤其像瓷器之类较重且易损坏的商品，陆上运输就难以承担。因此，陆上丝路已不能适应日益繁荣的商品经济和商品运输发展的需要，这是陆路运输转向海路运输的又一个原因。

陆上丝路的局限性，恰好是海上丝路的优势所在。我国沿海有漫长的海岸线，有众多终年不冻的良港和海港城市。陆路可及的国家，海路大都可以到达，反而是陆路无法到达的许多海岛和洲间国家，海路交通都能拓展交流。而且，海路交通也不易受他国牵制，即便有某国变乱或试图操控贸易，海路交通皆可越过，自由通航。加之我国沿海既是外销商品丝、瓷、茶的生产基地，又是造船、航海业最发达的地区，商船的运载量是骆驼和毛驴难以望其项背的。海路运输费用低廉、安全可靠，这些都彰显出海上交通和贸易的巨大优越性。

第二节 唐代海路交通发展及路线

唐代的海上交通远胜前代，从8世纪下半叶到9世纪70年代的百余年间，随着陆上丝绸通道的衰落，室利佛逝、大食等国海上实力的增强，东西海上交通得到了巨大的发展。中国船只西行可越过印度次大陆南端的科摩林角，直至波斯湾、红海；东行有多条路线可达日本。义净、达奚弘通、鉴真等人的海上航行，给中外海上交通增添了亮丽的人文风景。

一、唐代的海上交通路线

唐代海上交通路线记载的集大成者当数贾耽，他是第一个对中国海路交通线进行记述和总结的学者。贾耽（730—805），字敦诗，沧州南皮（今属河北）人，曾任鸿胪卿兼左右威远营使，掌管接待外国使节的工作。史载："耽好地理学，凡四夷之使及使四夷还者，必与之从容，讯其山川土地之终始……

乘舶来朝之人，咸究竟其源流，访求其居处。"①贾耽在详考方域道里之数的基础上，撰写了《皇华四达记》十卷，是中外交通史上一部非常重要的文献。原书已佚，《新唐书·地理志》引用了部分内容，使我们得以窥见唐朝海路交通的轨迹：从边州入四夷，通译于鸿胪者，莫不毕纪。其入四夷之路与关戍走集最要者七，即营州入安东道、登州海行入高丽渤海道、夏州塞外通大同云中道、中受降城入回鹘道、安西入西域道、安南通天竺道、广州通海夷道。②

在这七道中，涉及海路交通的是"登州海行入高丽渤海道"和"广州通海夷道"。

（一）东向与朝鲜、日本的"登州海行入高丽渤海道"

据《新唐书·地理志》记述，"登州海行入高丽渤海道"的航线是："登州（治今山东蓬莱）东北海行，过大谢岛（今庙岛群岛之长山岛）、龟歆岛（今庙岛群岛之砣矶岛）、末岛（今庙岛群岛之小钦岛）、乌湖岛（今庙岛群岛之南陲城岛）三百里。北渡乌湖海（今渤海海峡），至马石山（今辽宁半岛老铁山）东之都里镇（今辽宁旅顺附近）二百里，东傍海壖，过青泥浦（今辽宁大连湾附近）、桃花浦（今辽宁金县附近）、杏花浦（今辽宁碧流河口）、石人汪（今辽宁石城岛）、橐驼湾（今辽宁大洋河口一带）、乌骨江（今辽宁丹东附近鸭绿江入海口处）八百里。乃南傍海壖，过乌牧岛（今朝鲜西北岸附近）、贝江口（今大同江口）、椒岛（今大同江口外一岛），得新罗西北之长口镇（今朝鲜长渊县长命镇）。又过秦王石桥（今朝鲜大青岛一带）、麻田岛（今朝鲜开城附近）、古寺岛（今江华岛）、得物岛（今韩国仁川附近大阜岛），千里至鸭绿江唐恩浦口，乃东南陆行，七百里至新罗王城（即金城，今韩国庆州）。"③

"登州海行入高丽渤海道"是一条从山东半岛登州出海，"循海岸西行"到达朝鲜半岛东南部的路线。具体来说，贾耽所记载的由登州海行入高丽的通道，是从今山东蓬莱出海，经渤海的庙岛群岛（大谢岛、龟歆岛、末岛、乌湖岛均为庙岛群岛的岛名），绕过旅顺、大连，向东近海航行或逐长山群岛行八百里，到鸭绿江附近，继而向南，沿朝鲜半岛西海岸航行。这条航海线是近海的逐岛航行，安全系数比较高，在历史上使用了相当长的时间，航线所经之地也没有太大争议，只有少数差别。其差别实由此间岛屿众多、天然良浦资源甚

---

① 〔后晋〕刘昫等：《旧唐书》卷138《贾耽传》，中华书局，1975年，第3784—3785页。
② 〔宋〕欧阳修、宋祁：《新唐书》卷43下《地理志七下》，中华书局，1975年，第1146页。
③ 〔宋〕欧阳修、宋祁：《新唐书》卷43下《地理志七下》，中华书局，1975年，第1147页。

为丰富，且船舶之所经行往往不能尽为掌控所致。虽然唐代的航海知识和航船能力能够支持横渡渤海、黄海直达朝鲜半岛东海岸，但"循海岸西行"更便于粮食及淡水的补给，而且安全可靠。因此，这条航路虽然航程较长，沿途岛屿和停泊地较多，但是为一般海行所优选。唐宰相李吉甫在《元和郡县图志》中提到，登州"西至海四里，当中国往新罗渤海过大路"，"大人故城在县（指黄县，今龙口市）北二十里……新罗、百济往还，常由于此"。① 这也说明山东半岛的长岛、蓬莱、龙口一带是新罗、百济人往返唐朝的必经之路。宋时《太平广记》也曾记载："唐贞元十一年（795），秀才白幽求，频年下第。其年失志，后乃从新罗王子过海，于大谢公岛夜遭风，与徒侣数十人为风所飘。"② 大谢公岛即现在的长山岛，这说明，无论是唐朝派往新罗的使者，抑或新罗的王子，走的都是"登州海行入高丽渤海道"。

隋及唐初与日本的交往，也大都经山东半岛和朝鲜半岛。日本学者中村新太郎在《日中两千年》中曾说："北路（即新罗道），这是遣隋使和初期的遣唐使所经由的路线。从（日本）筑紫—壹岐（岛）—对马（岛）—济州岛，经北济（后并为新罗）—横越黄海—山东半岛的登州—莱州靠岸上路。从这儿走陆路，经青州—兖州—曹州—汴州（开封）—洛阳，最后到达长安，回国时仍按原路返回。"③ 唐时，日本派出十多次遣唐使，早期的五次遣唐使往返多循北路，从山东半岛的登州、荣成、文登或莱州登陆，第十八次遣唐使曾在今乳山、文登、荣成海岸停泊数日。

这条登州海道并非长期处于入朝交通的首要位置，而是呈现出两种发展趋势：一是出海口从北部逐渐南移，二是航向由逐岛航行逐渐向部分沿海岸线航行兼直航或完全直航转变。据《旧唐书》卷38《地理志一》载，莱州原为汉之东莱郡，登州则为汉东莱郡下之黄县。武则天如意元年（692），分置登州，领文登、牟平、黄三县，以牟平为治所。神龙三年（707），改黄县为蓬莱县，移州治于蓬莱。天宝元年（742），以登州为东牟郡。乾元元年（758），复为登州。李吉甫《元和郡县图志》云："因文登县人不从贼党，遂于县理置登

---

① 〔唐〕李吉甫著，贺次君点校：《元和郡县图志》卷11《河南道七·登州》，中华书局，1983年，第311、313页。
② 〔宋〕李昉等：《太平广记》卷46《神仙四十六》，中华书局，1961年，第285页。
③ 〔日〕中村新太郎著，张柏霞译：《日中两千年》，吉林人民出版社，1982年，第58页。

州。"① 可见，唐初三朝，山东半岛北航朝鲜半岛是以莱州为重心的，太宗、高宗多次东征高句丽均从此泛海。关于后置登州的原因，李吉甫认为是为了便于管理不从贼党的文登县人。也有人认为，唐初至朝鲜半岛的通道从由莱州出海转为由登州出海，大概是为分担莱州出海口之压力；或是莱州因为多次征伐之故，业已发展成具有军事性质的港口或基地，不便兼为民用；抑或是文登、牟平、黄三县一分，莱州失去了大量良港资源，地位自然下降，遂为登州所取代。

唐在山东半岛设置的青州、莱州、登州、密州等行政州，均为山东半岛的海港重镇，其中，青州之北海、寿光，莱州之掖县、即墨，登州之黄县、蓬莱、牟平、文登，密州之高密、诸城、莒县，均辖临海区。②随着唐与朝鲜半岛交往的深入，双方积极开发海上交通的努力逐渐取得成果，登州港口已不是唯一的甚至不是最佳的选择。《入唐求法巡礼行记》即记载了从明州、扬州、楚州、海州、密州等通往新罗的海道。以扬州为例，在唐代，以扬州为核心的中国同朝鲜、日本的海上交通有南北两条航线：

1. 北线。由日本九州航抵朝鲜半岛南部，沿西海岸北上，再西至山东半岛北部登州登陆，转由济水入淮河，沿淮南运河，直抵扬州；或由楚州及其附近沿海登陆，转由淮南运河抵达扬州。中国同朝鲜的交通，多取北线，该线亦是中日两国通航的早期航线。③

2. 南线。由日本九州岛南部的萨摩半岛或由北部的博多湾一带渡海，直航扬子江口岸，驶抵扬州，再沿长江转至襄鄂，或沿运河转至京洛。日本历次遣唐使节，鉴真和尚多次东渡，多取此道。

随着海疆的开发和航海技术的发展，可借由的港口越来越多。唐朝后期的登州、莱州、密州、青州、淄州、泗州、海州、楚州、扬州以及长安等地，都有不少新罗侨民居留。在这些地方，还分别有新罗村、新罗院、新罗坊、新罗馆、新罗押衙所等组织或机构。这也是海路交通发达、海上贸易繁荣进而引起

---

① 〔唐〕李吉甫：《元和郡县图志》，中华书局，1983年，第311页。
② 据李吉甫《元和郡县图志》卷10、卷11所载：海水，在（北海）县东北一百二十里；在（寿光）县东北一百一十里；在（掖）县北五十二里；在（即墨）县东四十三里，又在县南一百里；在（高密县）东南六十里；在（文登）县南六十里，县东一百八十里，三面俱至于海，县东北海中有秦始皇石桥。
③ 祁山：《登州在唐与新罗关系中的重要地位》，耿昇等《登州与海上丝绸之路——登州与海上丝绸之路国际学术研讨会论文集》，人民出版社，2009年，第29—37页。

港口繁荣的一个实例。

(二) 南向航线之 "广州通海夷道"

唐代海上丝路的繁荣不仅表现在中国通往新罗、日本的海上航路增多, 而且表现在南向航路已越过南亚半岛, 直航阿拉伯海和波斯湾, 并且已可到达红海和东非海域。贾耽的 "入四夷之道" 中就有安南经骥州南达印度的水上航路以及 "广州通海夷道"。

"广州通海夷道": "广州东南海行, 二百里至屯门山 (今香港九龙、新界西南), 乃帆风西行, 二日至九洲石 (今海南岛东北角附近), 又南二日至象石 (今海南岛东南方独珠山)。又西南三日行, 至占不劳山 (今越南占婆岛), 山在环王国 (今越南中南部) 东二百里海中。又南二日行至陵山 (今越南归仁燕子岬)。又一日行, 至门毒国 (今越南归仁、芽庄之间)。又一日行, 至古笪国 (今越南芽庄)。又半日行, 至奔陀浪洲 (今越南藩朗)。又两日行, 到军突弄山 (今越南湄公河口昆仑岛)。又五日行至海峡 (今马六甲海峡), 蕃人谓之 '质', 南北百里, 北岸则罗越国 (今马来半岛南端柔佛), 南岸则佛逝国 (即室利佛逝, 在今苏门答腊岛)。佛逝国东水行四五日, 至诃陵国, 南中洲之最大者。"①

这一段航路由广州出发, 经海南岛东面, 循中南半岛东南海岸南行, 越过泰国湾, 顺马来半岛东岸南下, 至苏门答腊岛东南部, 再驶向爪哇岛。

"又西出硖, 三日至葛葛僧衹国 (今伯劳威斯群岛), 在佛逝西北隅之别岛, 国人多钞暴, 乘舶者畏惮之。其北岸则个罗国 (今马来半岛西岸吉打)。个罗西则哥谷罗国 (今马来半岛克拉地峡西部)。又从葛葛僧衹四五日行, 至胜邓洲 (今苏门答腊岛棉兰附近)。又西五日行, 至婆露国 (今苏门答腊岛西北部), 又六日行, 至婆国伽蓝洲 (今尼科巴群岛)。又北四日行, 至师子国 (今斯里兰卡岛)。其北海岸距南天竺 (南印度) 大岸百里。又西四日行, 经没来国 (今印度西南部奎隆), 南天竺之最南境。又西北经十余小国, 至婆罗门西境 (今印度西部)。又西北二日行, 至拔䫻国 (今印度纳巴达河口布罗奇附近)。又十日行, 经天竺西境小国五, 至提䫻国 (今巴基斯坦卡拉奇附近), 其国有弥兰太河, 一曰新头河 (即印度河), 自北渤昆国 (约在今印度克什米尔) 来, 西流至提䫻国北, 入于海。又自提䫻国西二十日行, 经小国二十余。

---

① 〔宋〕欧阳修、宋祁:《新唐书》卷43《地理志七下》, 中华书局, 1975年, 第1153页。

至提罗卢和国（今伊朗阿巴丹附近），一曰罗和异国，国人于海中立华表，夜则置炬其上，使舶人夜行不迷。又西一日行，至乌剌国（今伊拉克巴士拉），乃大食国（阿拉伯帝国）之弗利剌河（即幼发拉底河），南入于海。小舟溯流，二日至末罗国（伊拉克巴士拉之西），大食重镇也。又西北陆行千里，至茂门王所都缚达城（今伊拉克巴格达）。自婆罗门南境，从没来国至乌剌国，皆缘海东岸行。"①

这段航线大体是由马六甲海峡附近从西北穿过海峡，取尼科巴群岛和斯里兰卡岛，穿越孟加拉湾而至南亚半岛南端，继而沿南亚半岛西岸东北行，通过霍尔木兹海峡而达波斯湾头，由此上溯底格里斯河至巴格达。（图6-4）

《新唐书·地理志》载："其（阿拉伯海）西岸之西，皆大食国，其西最南谓之三兰国（今非洲坦桑尼亚的沙兰港一带）。自三兰国正北二十日行，经小国十余，至设国（今也门席赫尔）。又十日行，经小国六七，至萨伊瞿和竭国，当海西岸。又西六七日行，经小国六七，至没巽国（今阿曼东北的苏哈尔）。又西北十日行，经小国十余，至拔离诃磨难国（今巴林）。又一日行，至乌剌国，与东岸路合。"②

图6-4：唐代象牙外国人头像

这段航路是由波斯湾头巴士拉、奥波拉复东行，又出霍尔木兹海峡，再沿阿拉伯半岛南岸西航，航至红海口，越过曼德海峡而南下至东非海岸。

综上，我们可以总结出从广州至海外各地的定期航线有如下几条：

1. 广州、南海（及东南亚）、锡兰（斯里兰卡）、阿拉伯、波斯之间（此线经阿拉伯海岸入波斯湾）。

2. 广州、南海、锡兰、美索不达米亚之间（此线经阿拉伯之南复经亚丁

---

① 〔宋〕欧阳修、宋祁：《新唐书》卷43下《地理志七下》，中华书局，1975年，第1153—1154页。
② 〔宋〕欧阳修、宋祁：《新唐书》卷43下《地理志七下》，中华书局，1975年，第1154页。

湾、红海）。

3. 波斯、锡兰、南海、广州之间。
4. 锡兰、阇婆（爪哇）、林邑、广州之间。
5. 广州、南海之间。

除此之外，广州还有通往朝鲜和日本的航线，即由广州进口的货物又转运到朝鲜、日本出售。广州已然成为南海航路的最主要港口和日本通往东南亚、南亚的中间港。

广州通海夷航线的开通，使唐代的海路交通较之前代有大幅度的扩展，远可达非洲沿岸，全程大约1万公里，航行大约需要3个多月。两汉时期，我国到印度洋的航线，早先还须上岸陆行一段再转船。魏晋南北朝时在苏门答腊岛转船，其远程也只可达斯里兰卡和印度南岸。到了唐代，则已沿印度西海岸北上，横渡阿拉伯海而达今天的阿拉伯半岛周围地区了。这种航线的拓展和延伸，是历史的必然，也是继秦汉以来海路交通的扩大，海上贸易迈开了更大的步伐。印度、波斯、大食商人从海路来唐，唐的商人和僧人亦从南海出发去外国进行贸易或求法取经。当时航行南海的船舶，有中国舶、波斯舶（即大食舶）、婆罗门舶（天竺舶）、师子舶（斯里兰卡舶）、昆仑舶（南海舶），足见当时南海交通的繁盛。

广州通海夷道继承和发扬了秦汉以来的航线，并因其重要的作用和相对成熟、稳定的特征而在阿拉伯史家的笔下也得到记述。阿拉伯史家伊本·胡尔达兹比赫在《道里邦国志》里详细记载了阿拉伯人自巴士拉出发，沿波斯湾海岸航行到中国通商港口的道路：

> 从巴士拉至哈莱克（Khārrak）岛（今哈尔克岛）为50法尔萨赫……再至伊本·卡旺（Ibn Kāwān）为18法尔萨赫……从伊本·卡旺岛至乌尔木兹（Urmūz）（即霍尔木兹，今伊朗阿巴斯港一带）为7法尔萨赫……从代义布勒至米赫朗（Mihrān）①的入海口，须行海路2法尔萨赫。②
>
> ……
>
> 从信丹至穆拉（mulā，今印度马拉巴海岸，贾耽称之为没来国）为5

---

① 贾耽称之为弥兰大河或新头河。《新唐书·地理志》称代义布勒为"提飓"。
② ［阿拉伯］伊本·胡尔达兹比赫著，宋岘译注：《道里邦国志》，中华书局，1991年，第64—65页。

日程……谁想往中国去,就需从布林转弯,经塞兰迪布(今斯里兰卡,贾耽称之为师子国)的左侧至艾兰凯巴鲁斯(Alankabālūs),其间有10日至15日程……从艾兰凯巴鲁斯岛复前行6日,即抵凯莱赫岛(kalah)(贾耽称之为写国,今马来半岛的马六甲一带)……再向凯莱赫的左方前行2日即达巴陆斯岛(Bālūs)(今加里曼丹岛)……从此岛至加巴岛、舍拉黑脱(Shalāhit)、海尔赖赫(Harlah)均为2法尔萨赫……从此处再行15日,即抵香料园之国(即香料群岛,今马鲁古群岛),此国将加巴和玛仪特(Māyt)隔开,距玛仪特稍近些。

……从玛仪特出发,向左行至梯优麦赫岛(Tiyūmah)……从此岛至埉玛尔有5日程……从埉玛尔至海岸上的栓府(Alsanf,即占婆,今越南中南部,贾耽称之为环王国)为3日程……从栓府至中国的第一个港口鲁金(Lūqīn,即唐代的龙编,今越南河内一带),陆路、海路皆为100法尔萨赫。在鲁金,有中国石头,中国丝绸、中国的优质陶瓷,那里出产稻米。从鲁金至汉府(Khānfū,即广州),海路为4日程,陆路为20日程。汉府是中国最大的港口。汉府有各种水果,并有蔬菜、小麦、大麦、稻米、甘蔗。从汉府至汉久(Khānjū,即泉州)为8日程。汉久的物产与汉府同。从汉久至刚突(Qāntū,即江都郡,今扬州)为20日程。刚突的物产与汉府、汉久相同。中国的这几个港口,各临一条大河,海船能在这大河中航行。这些河均有潮汐现象。①

成书于851年的《中国印度见闻录》(又称《苏莱曼游记》),也列举了由波斯湾海岸诸港口至中国广州的详尽的海上航路情况,是当时东西方海上交通的历史见证。此外,咸亨二年(671),高僧义净从广州登波斯舶出发,在南海航行近二十天至佛逝国(即室利佛逝,其都在印度尼西亚苏门答腊岛巨港一带),停留半年后北上末罗瑜(今苏门答腊岛占碑一带),后转向羯荼(即赤土)。由此趋东天竺国,北行十余日至裸人国(今印度尼科巴、安达曼群岛附近),又西北航行半月,达东印度耽摩立底(今印度塔姆卢克)。停一年后西北行摩揭陀国,在此求经十年。唐垂拱元年(685),义净由摩揭陀国至耽摩立底,路遇强盗,从恒河口举帆东归,过羯罗而抵佛逝。永昌元年(689)到达

---

① [阿拉伯]伊本·胡尔达兹比赫著,宋岘译注:《道里邦国志》,中华书局,1991年,第64—72页。

广州，后于同年再赴佛逝。证圣元年（695），义净在游历三十余国，历时二十五年后终归唐，成为继玄奘以后西行求法最有名的僧人，其对中印南海交通的贡献功不可没。（图6-5）

图6-5：广东遂溪县遂城镇出土南朝波斯萨珊王朝银碗

二、航海技术与工具的进步

隋唐时期，中外交通出现了前所未有的繁荣局面，这与当时中国的国力强盛、经济发达、文化昌盛、对外开放的政策等息息相关。这一时期，随着海上丝路的兴盛，出现了各种类型的舶舰，促进了远洋航海的发展。同时，隋唐时期利用季风以及地文航海技术进步、天文导航技术的发展、对海洋潮汐认识的深化等，都说明唐代航海技术日趋成熟和完善。

（一）船舶制造技术提高

早在隋炀帝征高丽时，就有"舟舻千里，高舰云逝，巨舰云飞，横断阻江"。战舰数量之多、规格之大，可见一斑。唐代，造船基地进一步扩大，时"天下诸津，舟航所聚，旁通巴、汉，前指闽、越，七泽十薮，三江五湖，控引河洛，兼包淮海，弘舸巨舰，千舳万艘，交货往还，昧旦永日"①，海路交通一派舟船之盛的发达景象。

考古工作者分别于1960年和1973年，在江苏扬州施桥镇和江苏如皋的遗址中发现过唐代木船。②两地发现的船均使用钉榫接合技术，从而大大增强了船舶的横向强度与抗风浪、抗沉能力。此外，唐代还出现一种类似舷侧防浪板设计的叫"海鹘"的海船。这种船，船舷左右置浮板，形如鹘之翅，以防风浪倾覆，是唐代适应海船远洋而出现的高超技术。精湛高超的造船技术，使唐代

---

① 〔后晋〕刘昫等：《旧唐书》卷94《崔融传》，中华书局，1975年，第2998页。
② 江苏省文物工作队：《扬州施桥发现了古代木船》，《文物》1961年第6期，第52—54页；南京博物院：《如皋发现的唐代木船》，《文物》1974年第5期。

可以建造出许多结构不同、规模巨大的海船,如常见的海船"苍舶",长达二十丈,可载六七百人,比法显时代的海船大两倍。从我国古代主要船型来看,沙船、福船、广船等在唐代均已成型。这也是唐代阿拉伯商人东行时皆愿意乘中国船的原因所在。

(二)航海技术的进步

隋唐时期航海技术臻于成熟,天文、地文导航水平显著提高,能熟练利用季风航行,对潮汐也能正确解析。唐代,人们已能认识到北起日本海、南至南海的风有规律地到来和结束,这种与航行有关的季风被称为"信风"。经过探索,唐代利用北向和西北向季风的规律,将日本与渤海国间往来的出航时间定为每年秋末冬初;而利用南向与东南向季风的影响,把从日本返航时间定在夏季。至于黄海与东海水域:"自白沙溯流而上,常待东北风,谓之潮信。七月八月有上信,三月有鸟信,五月有麦信。"① 南海每年冬季盛行东北季风,唐舶与其他外国船舶在这时离开中国,到中国则一般选在夏季盛行西南季风时期。义净正是利用以上季风乘船到达东南亚室利佛逝国进而返回中国的。贾耽"广州通海夷道"中虽没有明确说明南亚半岛西南的北印度洋季风,但从师子国至波斯湾头乌剌国仅需37天,由此可见分明利用了冬末春初的东北季风和逆时针的海流。对季风和洋流的认识和利用,是远洋航行得以顺利进行的前提和保证。

唐代天文定位术的发展,集中体现在利用仰测两地北极星的高度来确定南北距离变化的大地测量术上。开元年间,天文学家僧一行已经可以利用"复矩"仪器来测量北极星距离地面的高度,是世界上首次对子午线的实测。沈佺期《度安海入龙编》中"北斗崇山挂,南风涨海牵"诗句,说明人们已经知道北斗星到达今越南崇山顶上的高度时,在今南海航行的船即可渡过安海(今北部湾)而进入龙编(今越南河内),更说明僧一行的测量技术很可能已使用在航海上。

隋唐地文导航技术也进一步提高。关于"广州通海夷道"的记载中,航海方向、距离、时间已相对具体,对某些地区的地理位置或地形特征也有明确的地文定位描述,并且对远洋航行中的人工航标也有述及,这比汉代"船行五月"的模糊记述有明显的进步。我国现存最早的论述海洋潮汐的专著《海涛

---

① 〔唐〕李肇:《唐国史补》卷下,上海古籍出版社,1979年,第62—63页。

志》，对潮汐的形成原因、大小潮出现的时间、计算方式、潮汐循环的周期等作了详细的论述。《海涛志》又名《海峤志》，诞生于唐代，是窦叔蒙深入研究潮汐运动与月亮运动的同步性规律后所作的专著，反映了唐代人们对海洋的认识。

第三节 唐代海路贸易之兴盛

怛罗斯之战后，大食地控西亚、中亚，吐蕃也占有河西、陇右，陆上丝路要绕道回鹘才能通达，海上交通成了对外交通的主流。海外诸国商胡，纷纷辐辏东南沿海，沿海海港兴旺发达，交州、广州、泉州、福州、明州、扬州、楚州、登州等城市外贸活动兴盛，尤以广州、扬州为代表，出现了"万舶争先""珍货辐辏"的繁荣景象。

唐代的海路贸易，其主要航线或从广州、河内出发，远达波斯湾、阿拉伯海岸、红海，近达南洋群岛各地；或由山东半岛出发，经过朝鲜半岛；或始自扬州、宁波，达日本等地。通商口岸以广州为主，伴之以扬州、杭州、泉州等港口的兴起。海路的开辟，使中国的丝织品、陶瓷等物品不断通过海上丝绸之路运往两河流域、阿拉伯半岛以及北非等大食地区。而各种香料、宝货等来自大食地区的物品，也从海路输往沿海口岸。美国学者希提在描述阿拔斯王朝的巴格达时说："巴格达城的码头，有好几英里长，那里停泊着几百艘各式各样的船只，有战舰和游艇，有中国大船……市场上有从中国运来的瓷器、丝绸和麝香……城里有专卖中国货的市场。"① 903年，阿拉伯地理学家伊本·法基在其《地理志》中，将中国丝绸、中国瓷器和中国灯列为三大名牌产品，②说明中外海路贸易的兴盛。

一、丝绸等产品外销

（一）丝绸自东海航线外传

唐时，同日本、朝鲜的海上贸易往来较前代更加频繁。日本的遣唐使，表面上是派遣外交使节进贡方物，实质上是种官方贸易。日本遣唐使的大使、副

---

① ［美］希提著，马坚译：《阿拉伯通史》，商务印书馆，1979年，第355页。
② 沈福伟：《中西文化交流史》，上海人民出版社，1985年，第205页。

使、判官等按等级赏赐大批丝织品作为奖励和旅费。遣唐使到达中国后，又受到唐朝的回赐。日本所贡方物除琥珀、玛瑙等珍品外，大都为沙金、银、绝绝（一种粗帛棉布），而中国的赏赐则多以彩帛、香药为主。一到日本，这些"唐货"一部分通过内藏官出卖，王臣贵族视之为心爱之物，无不以高价竞相采购。

日本《延喜式》中记载了给唐廷贡礼的清单和遣唐使人员随船携带的自己用于交换的物品："大唐皇银大五百两、水织绝、美浓绝各二百匹，细绝、黄绝各三百匹，黄丝五百绚（一绚约等于一斤），细屯棉一千屯（一屯等于二斤）、别送彩帛二百匹、叠绵二百帖（一帖等于二十张或四十八张）、屯棉二百屯、纻布卅端、望绝布一百端、木棉一百帖、出火水晶十颗、玛瑙十颗、出火铁十具、海石榴油六斗、甘葛汁六斗、金漆四斗。"①大唐皇帝对遣唐使的回赐也相当丰厚，中日之间通过朝贡、回赐这样一种特殊的方式实现了贸易往来。

隋唐时期，中央政府经山东半岛与朝鲜半岛、日本列岛的官方交往较多，其民间友好往来和文化交流活动也非常频繁。日本的遣隋使、遣唐使途经山东半岛时也曾深入民间进行社会活动，与中国地方政府官员也有接触。日本第十二次派遣唐使从登州登陆后，在登州城西南的开元寺进行拜佛活动；第十八次派遣唐使在乳山、文登、荣成海岸停泊时，除和当地官员、村民互赠礼品外，还在当地购买过航海用粮。

当时，来往山东半岛的外国人很多，唐贞观八年（634），"莱州奏高丽三国僧愿入中国学佛法……诏：许之"。日本圆仁和尚在日记中记载，唐开成四年（839）六月八日，在文登青宁乡赤山新罗院，新罗"诸僧等卅有余，相看啜茶"。唐会昌五年（845），圆仁和尚路过登州，登州"开元寺僧房稍多，尽安置官客，无闲房。有僧人来，无处安置"。"登州……城南街东有新罗馆、渤海馆。"②僧房本应该为过往的僧人提供食宿，却被官客占了，而专门接待外国客人的"新罗馆、渤海馆"也无余处，可以想象当时登州外国客人频繁往来的繁华景象。

为更好地接待外国客人和办理出入境手续，为来华的新罗、日本等外国官

---

① 张声振：《中日关系史》第1卷，吉林文史出版社，1986年，第109页。
② ［日］圆仁著，［日］小野胜年校注，白化文、李鼎霞、许德楠修订校注：《入唐求法巡礼行记校注》，花山文艺出版社，1992年，第222页。

员和从事文化交流及贸易的商人做好服务、管理工作，山东半岛沿海的牟平、海阳、文登、荣成等地设有许多新罗坊，登州有新罗馆，文登东界有新罗所。这些坊、馆、所设有总管、翻译，是来华贸易的新罗商人旅居和集中侨居的地方。

正因为如此，山东半岛成为中日、中朝文化交流、民风民俗相互影响和借鉴的交融地。据载，圆仁和尚乘坐新罗人的船只进入山东半岛海域后，遇上了雷电，船家和众人"同共发愿兼解除，祀祠船上的霹雳神，又祭船上住吉大明神，又为本国八幡等大神及海龙王，并登州诸山神岛神等各发誓愿"①。事实上，这些神并不属于同一系统或同一国家的文化，可能他们在情急之下统统祭奠了一番。耐人寻味的是，船上并没有中国人，然而祭祀的神祇中却有登州诸山神岛之神，说明在山东半岛海域活动的新罗人已经了解到当地渔民的一些信仰。

（二）丝绸自南线外传

唐代从广州起航的南海航路，以"广州通海夷道"为主。这条航线把中国和以室利佛逝为首的东南亚地区、以印度为首的南亚地区、以大食为首的阿拉伯地区，通过海外丝绸贸易连接在一起。这些地区不仅是转运中国丝绸的集散地，同时也是当时世界政治、经济、宗教和文化的中心。

当时从外国输入广州的主要商品是香料、珍珠、象牙、犀角等，而输出的商品主要是丝绸、瓷器和金银、铜钱。杜环在《经行记》中曾记载过中亚各国和大食等国的情况，在提到大食国时有"四方辐辏，万货丰贱，锦绣珠贝，满于市肆"之描述，特别提到大食"绫绢机杼，金银匠、画匠、汉匠起作画者，京兆人樊淑、刘泚，织络者河东人乐隳、吕礼"。②这说明唐代不仅丝绸外传，就连纺织品工人也传入了阿拉伯国家。除此之外，义净曾取道海路去印度求经，在义净的《梵语千字文》里，除了"丝"，还有"绢""绫""锦""绣"等同丝绸相关的字，③说明丝织品在印度和东南亚各国有很广泛的传播。

唐代与南海各国通商的海港以广州最为重要。阿拉伯等国商人在广州侨

---

① ［日］圆仁著，［日］小野胜年校注，白化文、李鼎霞、许德楠修订校注：《入唐求法巡礼行记校注》，花山文艺出版社，1992年，第165页。
② ［唐］杜佑撰，王文锦等点校：《通典》卷193《边防典九·大食》引《经行记》，中华书局，2003年，第5280页。
③ ［唐］义净：《梵语千字文》，《大正藏》第54册，No.2133A，页1190a—1197a。

居，开店列肆，形成了外侨的聚居区，即蕃坊。唐代，广州聚居有外国商人（蕃客）约12万。① 蕃坊内居住着来自阿拉伯、波斯、印度等各地的蕃商，他们基本上保持着原有的生活习惯和宗教信仰，伊斯兰教、佛教、摩尼教、祆教在蕃坊内皆有传播。由于来自阿拉伯、波斯的蕃商人数较多，所以伊斯兰教在各宗教中居于主要地位。美国汉学家谢弗曾论及："在广州的外来游客中，有许多人居住在城内专门为外国人划定的居住区内"，"来自文明国家的公民（例如大食人、僧伽罗人）与文化教养较低的商贾们（例如白蛮、赤蛮等）都居住在这里，而且他们之间的交往都很密切。在这里，你还会发现信奉正统宗教的外国人与信仰异教的外国人之间的关系相处得也很融洽，例如印度的佛教僧侣和什叶派穆斯林之间的关系就是如此"。②

阿拔斯王朝定都巴格达后，其海外交通迅速发展，他们通过底格里斯河开始与中国南方的主要港口——广州发生贸易联系。在8世纪中叶至9世纪中叶，阿拔斯王朝的国力达到鼎盛，当时东西方的海上贸易，特别是从阿拉伯半岛到印度的贸易，几乎全落在阿拉伯人手里。阿拉伯商船，每年穿梭于广州与印度洋之间，《旧唐书》称："广州地际南海，每岁有昆仑乘舶以珍物与中国交市。"③ 当时云集于广州江中的外国商船，"有婆罗门、波斯、昆仑等舶，不知其数"④，其中以"师子国舶最大，梯而上下数丈，皆积宝货"⑤。

这些从阿拉伯、波斯、印度等地来广州贸易的商船，终年川流不息，有不少求法高僧就是由广州附搭外国商船到西方求经，如并州常愍禅师，"附舶南征，往诃陵国。从此附舶，往末罗瑜国。复从此国欲诣中天"；⑥ 益州义朗法师，"同附商船，挂百丈，陵万波，越舸扶南，缀缆郎迦"；⑦ 贞固律师，"附商

---

① Eusebius Renaudot, Ancient Accounts of India and China, London, 1910, pp. 41-42;穆根来、汶江、黄倬汉译：《中国印度见闻录》，中华书局，1983年，第96页。
② Edward H. Schafer, The Golden Peaches of Samarkand –A Study of T'ang Exotics, Berkeley/Los Aneles/London: University of California Press, 1985, pp. 15-16;［美］谢弗著，吴玉贵译：《唐代的外来文明》，中国社会科学出版社，1995年，第26—27页。
③［后晋］刘昫等：《旧唐书》卷89《王方庆传》，中华书局，1975年，第2897页。
④［日］真人元开著，汪向荣校注：《唐大和上东征传》，中华书局，1979年，第74页。
⑤［唐］李肇：《唐国史补》卷下，上海古籍出版社，1979年，第63页。
⑥［唐］义净著，王邦维校注：《大唐西域求法高僧传校注》卷上，中华书局，1988年，第51页。
⑦［唐］义净著，王邦维校注：《大唐西域求法高僧传校注》卷上，中华书局，1988年，第72页。

舶……指佛逝以长驱"。①义净本人亦于唐咸亨二年（671），随龚州使君冯孝铨至广府，与波斯舶主期会南行。

也有一般俗人，从阿拉伯直接搭乘商船到广州，如天宝十载（751）随安西节度使高仙芝西征的杜环，于怛罗斯战役被俘，在阿拉伯居留了12年，直至宝应初才从波斯湾搭乘商船回广州。可见当时从阿拉伯、波斯、印度及南海各地到广州之间的商船来往，是非常普遍的。阿拉伯旅行家马素地于943年前后曾乘船经过马来亚海域，一直到中国的沿海地带，他在《黄金草原》一书中这样写道："黄金草原广府河在距广府下游六日行或七日行的地方入中国海。从巴士拉、锡拉夫、阿曼、印度各城、阇婆格诸岛、占婆以及其他王国来的商船，满载着各自的商货逆流而上。"②

二、海路贸易之管理——市舶司的建立

唐代之前，除贡使往来受重视外，边境互市、海外贸易均听其自然，不加管理，只是将航海贸易事务交由沿海州郡地方长官兼管，"前后刺史皆多黩货"，地方长官由此富甲一方："南土沃实，在任者常致巨富，世云'广州刺史但经城门一过，便得三千万'也。"③唐初，贸易仍多由地方官掌管，"显庆六年（661）二月十六日敕，南中有诸国舶，宜令所司，每年四月以前，预支应须市物，委本道长史，舶到十日内，依数交付价值市了，任百姓交易。其官市物，送少府监，简择进内"④。至唐中期世界性海上贸易圈形成后，海外贸易大为兴盛，唐室始因此形势，设立了市舶司，宋代仍之，"掌蕃货海舶征榷贸易之事，以来远人，通远物"⑤。市舶司制度始创于唐，但确切时间，已难稽考。迄今所见有关市舶使最早记载是《旧唐书》卷8《玄宗纪》所载开元二年（714）之"右威卫中郎将周庆立为安南市舶使，与波斯僧广造奇巧"，此波斯僧即大德及烈。由唐在开元以后始有坐地为使的例子看来，市舶使之常设应自其时开始。

---

① 〔唐〕义净著，王邦维校注：《大唐西域求法高僧传校注》卷下，中华书局，1988年，第215页。
② [法]费瑯编，耿昇、穆根来译：《阿拉伯波斯突厥人东方文献辑注》（上册），中华书局，1989年，第114页。
③ 〔宋〕李昉等：《太平御览》卷256《职官部五十四》，中华书局，1960年，第1203页。
④ 〔宋〕王溥：《唐会要》卷66《少府监》，中华书局，1955年，第1156页。
⑤ 〔元〕脱脱等：《宋史》卷167《职官志七》，中华书局，1977年，第3971页。

至开元十年（722），宫廷宦官韦某"充市舶使，至于广府，贶赆纳贡，深贬纳贡，宝贝委积"，①使广州成为"异域殊乡，往来辐辏，金贝惟错，齿革实繁"之地。②天宝七载（748），高僧鉴真曾在广州城外见"江中有婆罗门、波斯、昆仑等舶，不知其数；并载香药、珍宝，积载如山。其舶深六七丈。师子国、大石国、骨唐国、白蛮、赤蛮等往来居住，种类极多"③。

此后，从贞元至天祐间（785—907），广州对外贸易平稳发展，历任岭南节度使和市舶使在其间发挥了重要的作用。贞元初年，杜佑在"商久阻绝"的情况下，"乃导其善利，推以信诚，万船继至，百货错出"。继任的李复虽"劝导百姓，令变茅屋为瓦舍"，但亦"久典方面，积聚财货颇甚，为时所讥"。贞元十一年（795），王锷出任广州刺史、岭南节度使，"西南大海中诸国舶至，则尽没其利，由是锷家财富于公藏。日发十余艇，重以犀象珠贝，称商货而出诸境，周以岁时，循环不绝。凡八年，京师权门多富锷之财"。"日十余艘，载皆犀象、珠排，与商贾杂出于境"，广人"多牟利于市"。如此，官民重商，私人贸易兴盛，成为官方贸易之外的又一贸易形式。

（一）市舶司的设置

为适应海路贸易发展的需要，唐朝政府首先在广州设置了市舶司，即设官管理海外贸易，并委任了相应的专职官员——市舶使。市舶司的出现，标志着海路贸易管理制度——市舶制度的开始。

市舶使，有兼任与主任两种。初始，市舶使由岭南地方武官兼任，后朝廷为加强对海运贸易的控制，乃派太监主任市舶使。如开元十年（722）左右韦某则是"寻充市舶使，至于广府"④而主任的；广德元年（763）"宦官市舶使吕太一逐广南节度使张休，纵下大掠广州"⑤，宦官市舶使气焰嚣张可见一斑。唐代中后期，一般将市舶使置于地方节度使管辖下，"凡佐治，由巡官、判官至押番舶使、经略副使，皆所谓右职"⑥。"唐制，岭南为五府，府、部、

---

① 〔唐〕于肃：《内给事谏议大夫韦公神道碑》，《文苑英华》卷931，中华书局，1966年，第4897页。
② 〔唐〕萧昕：《岭南五府节度经略采访处置等使张九皋神道碑》，〔清〕董诰等编《全唐文》卷355，中华书局，1983年，第3599页。
③ 〔日〕真人元开著，汪向荣校注：《唐大和上东征传》，中华书局，1979年，第74页。
④ 〔唐〕于肃：《内给事谏议大夫韦公神道碑》，《文苑英华》卷931，中华书局，1966年，第4897页。
⑤ 〔后晋〕刘昫等：《旧唐书》卷11《代宗纪》，中华书局，1975年，第274页。
⑥ 〔唐〕柳宗元：《柳河东集》卷10《马君墓志》，上海人民出版社，1974年，第160页。

州以十数，其大小之戎，号令之用，则听命于节度使焉。其外，大海多蛮夷，由流求、诃陵，西抵大夏、康居，环水而国以百数，则统于押蕃舶使焉。"①此处"押蕃舶使"很可能就是市舶使。市舶使之外，唐还设有"结好使""监舶使""参军事""勾当新罗使"等不同官职，来管理对外贸易和航海外交事宜。由于唐朝政府对海路贸易极为关注，所以在选派市舶官吏时十分慎重。《资治通鉴·唐纪》记载："唐置市舶使于广州，以收商舶之利，时以宦者为之。"唐朝政府之所以派宦官出任市舶官吏，是因为海路贸易获利极大，而宦官又往往是皇帝的心腹。然多以皇帝心腹充任的市舶使，其结果是贪赃枉法等弊端骤然增多。

（二）市舶司的职责

市舶司的职责，是管理海路贸易。唐代市舶机构属于初创阶段，没有具体规定，从李肇《唐国史补》所载"市舶使籍其名物，纳舶脚，禁珍异"②之语可以大体推断，市舶司应该有以下几个方面的职能：

"籍其名物"。就是将舶货（即进口货）登记入册，一改过去无人管理的混乱状况，并为征税提供了便利条件。

"纳舶脚"。舶脚，即《新唐书·孔戣传》中所记"凡蕃舶之至泊步，有下碇之税"之下碇税，也就是人们常说的关税。至于当时征收吨税的数量，史无明载。不过唐代一般不重征货税，只实行什一税法。顾炎武《天下郡国利病书》卷120载："设市区，令蛮夷来贡者为市，稍收利入官"；"贞观十七年（643）……番商贩到龙脑、沉香、丁香、白豆蔻四色，并抽解一分"。不过，在不同时期、不同地方，税率不尽相同。

"禁珍异"。对珍贵的进口商货，如珠宝、犀象、名贵香料等，限制其自由交易，由朝廷和市舶司所在地的官府收购。朝廷和官府通过专买专卖，获取其利。

保管外商货物。唐朝政府在广州设有栈房，妥善保管外商货物。

管理外商在华贸易。凡领取地方官出具的身份证明以及市舶使出具的携带银钱和商货的公函后，外商可在中国各地进行贸易。据9世纪中叶至10世纪初阿拉伯史料记载："如果到中国去旅行，要有两个证明：一个是城市王爷的，

---

① 〔唐〕柳宗元：《柳河东集》卷26《飨军堂记》，上海人民出版社，1974年，第441—442页。
② 〔唐〕李肇：《唐国史补》卷下，上海古籍出版社，1979年，第63页。

另一个是太监的。城市王爷的证明是在道路上使用的,上面写明旅行者以及陪同人员的姓名、年龄和他所属的宗族……而太监的证明上则注明旅行者随身携带的白银与货物。在路上,有关哨所要检查这两种证明。"①

事实上,市舶司的职责,唐代史料少有论及者,以上只是据《唐国史补》作大体推断。更有参考价值的,则为宋代市舶司之职责,因宋沿袭了唐的设置。兹略述于下,以见一斑:

1. 检查入港海舶的货物及征税,名为"抽解"。抽者,按官价抽买;解者,解送中央。抽解外余为商人所有,可自由贩卖。

2. 收买、出售、保管及运输专卖品及其他船货。这些货物称为"禁榷物",对象有三:香料、药材及宝货。

3. 核发出国贸易公券(公据)。船只往海外贸易,须领有公据。回航时,须至原出发港,并缴还公据。其目的在防止禁运品偷运出国、前往禁区贸易及防止入口货走漏。

4. 发给卖货之公凭引目。舶货经抽解后,其余即准许自行出售,不再课税。所发准许售卖之证明,称公凭引目,或称文引,或单称引,上载货物名称及数量。

5. 邀约外国来华朝贡及通商。邀约所到外使及外商之招待及迎送工作,亦由市舶司负责。

由此约略可看出唐宋时期的市舶司近似近代的海关,所掌管诸事,除迎送外使事关朝贡外,其余各项均指一般的贸易而言。无论外商来华,抑或国人出海,大体未受禁止。

三、重要交通港口

最能说明唐代以海路为载体的对外贸易兴盛的史实,就是港口城市的繁荣。

(一)广州港

广州自汉时已是南海重要的都会之一,《史记·货殖列传》在列举汉初19个大城市时,强调了9个名之为"都会"的大城市,番禺(今广州)就是其中之一。三国孙吴时,番禺是岭南的政治中心,并在六朝时期逐步发展成为全国

---

① Eusebius Renaudot, Ancient Accounts of India and China, London, 1910, p. 22;穆根来等译:《中国印度见闻录》,中华书局,2001年,第18页。

最大的对外贸易中心。《南齐书·王琨传》在谈到为官广州之富时说："广州刺史，但经城门一过，便得三千万也。"传言虽有所夸大，但广州刺史之富可见一斑，极有可能是因南海贸易。《梁书·王僧孺传》更直白地说："（南海）郡常有高凉生口及海舶，每岁数至，外国贾人以通货易。旧时州郡以半价就市，又买而即卖，其利数倍。"可见，在梁时外国人来广州贸易者已不少。

至隋唐统一后，来广州的外商更多。《宋书·蛮夷传》记载，当时的广州"舟舶继路，商使交属"。《南史》还记载了大秦、天竺、师子国、占婆、扶南等域外一些国家到广州的里程或方位。六朝时，前来广州与我国通商的国家所输入物品有香药、象牙、犀角、宝货、工艺品、动植物等，我国的丝织品、陶瓷、漆器等物品也通过广州输往域外。

在唐代，广州是全国最大的海港，也是对外贸易的中心，是"广州通海夷道"的起始港。中外商船往来于广州—波斯湾航线，贸易频繁。抵达广州的多是南方、西方国家的商船，其中史册有记载的就有南海舶、西南夷舶、南海商舶、香舶、西域舶、昆仑舶、波斯舶、婆罗门舶和师子国舶等，所谓"舶交海中，不知其数"，呈现出"大舶参天，万舶争先"的壮观景象。

《新唐书·地理志》《道里邦国志》和《中国印度见闻录》等史籍，将广州作为唐代中国与阿拉伯帝国间的海上通道的起点（终点或重要港口）。《道里邦国志》谓"汉府（广州）是中国最大的港口"①，《中国印度见闻录》也称"广府（广州）是船舶的商埠，是阿拉伯货物和中国货物的集散地"②。韩愈在《送郑尚书序》中指出，广州港"外国之货日至，珠、香、象、犀、玳瑁、奇物，溢于中国，不可胜用"③。真人元开所著《唐大和上东征传》记载鉴真一行到广州时，也见到"江中有婆罗门、波斯、昆仑等舶，不知其数；并载香药、珍宝，积载如山。其舶深六七丈"④。根据《唐六典》卷22《少府监》所载，少府所属中尚署制造御用物品所需之物资中，"其紫檀、榈木、檀香、象牙、翡翠、毛黄、婴毛、青虫、真珠、紫矿、水银，出广州及安南"。

---

① [阿拉伯] 伊本·胡尔达兹比赫著，宋岘译注：《道里邦国志》，中华书局，2001年，第72页。
② Eusebius Renaudot, Ancient Accounts of India and China, London, 1910, p. 8；穆根来等译：《中国印度见闻录》，中华书局，2001年，第7页。
③ [唐] 韩愈：《送郑尚书序》，[清] 董诰等编《全唐文》卷556，上海古籍出版社，1990年，第2492页。
④ [日] 真人元开著，汪向荣校注：《唐大和上东征传》，中华书局，2000年，第74页。

这些大多为外来番货的物资，主要是从广州、安南入华的。根据张星烺先生的统计，唐朝时有一年曾有4000余艘番舶进入广州港。作为唐代贸易中心的广州（广府）当然也是阿拉伯商人聚集之地，前来贸易的阿拉伯商人为数众多。唐乾元元年（758）九月，曾发生大食、波斯人围广州城，掠仓库、焚庐舍，浮海而去的事。既然能围城、掠物、焚舍，说明居住在广州的阿拉伯商人当为数很多。

《旧唐书·卢怀慎传》载："天宝初，为晋陵太守。时南海郡利兼水陆，瑰宝山积。刘巨鳞、彭杲相替为太守、五府节度，皆坐赃巨万而死。"《旧唐书·路嗣恭传》载："嗣恭起于郡县吏，以至大官，皆以恭恪为理著称。及平广州，商舶之徒，多因晃事诛之。嗣恭前后没其家财宝数百万贯，尽入私室，不以贡献。"《旧唐书·胡证传》载："广州有海之利，货贝狎至。证善蓄积，务华侈，厚自奉养，童奴数百。于京城修行里起第，连亘闾巷。岭表奇货，道途不绝，京邑推为富家。"《旧唐书·卢钧传》载："南海有蛮舶之利，珍货辐凑（辏）。旧帅作法兴利以致富。凡为南海者，靡不梱载而还。"海上贸易促进了广州的繁荣，也出现一些贪腐现象。

（二）扬州港

在唐代，前来扬州的外国商人，有的来自东方的朝鲜和日本，有的来自西亚的波斯和阿拉伯，也有的来自东南亚诸国。其中，前来扬州的波斯和阿拉伯商人，多经营珠宝和香药生意，促使扬州成为中国东南地区的一大珠宝和香药市场。扬州是唐时最富的都会。就国内说，它是东南漕运的起点，是盐铁转运使所在地。就国外言，它通海的道路可至日本，并南通广州而转南海、西亚。宋人洪迈说："唐世，盐铁转运使在扬州，尽斡利权，判官多至数十人，商贾如织。故谚称'扬一益二'，谓天下之盛，扬为一而蜀次之也。杜牧之有'春风十里珠帘'之句。张祜诗云：'十里长街市井连，月明桥上看神仙。人生只合扬州死，禅智山光好墓田。'王建诗云：'夜市千灯照碧云，高楼红袖客纷纷。如今不似时平日，犹自笙歌彻晓闻。'徐凝诗云：'天下三分明月夜，二分无赖是扬州。'其盛可知矣。"①由此可见，唐时扬州繁盛之一斑。《新唐书·田神功传》记，"神功兵至扬州，大掠居人，发冢墓。大食、波斯贾胡死者，数千人"，外籍商人在扬州人数之多，由此可知。《太平广记》记述一位客死异乡

---

① 〔宋〕洪迈著，孔凡礼点校：《容斋随笔》卷9《扬州之盐》，中华书局，2005年，第123页。

的老胡，于睢阳一带从商，逾二十年，抱羔思归江都，而其子来华寻访者亦求之于维扬。① 说明扬州为此老胡的根据地。当时往内地贸易，以扬州为根据地者，必不少也。

扬州是唐后期全国工商业最发达的城市之一。大中九年（855），卢求说："大凡今之推名镇为天下第一者，曰扬、益（即成都）。以扬为首，益声势也。"② 这就是对扬州商业繁荣状况的写照。扬州也是唐代中国对大食的贸易港口之一。《道里邦国志》将扬州（刚突）作为中国重要港口之一和中国与阿拉伯帝国间的海上通道的终点。美国学者谢弗曾说："扬州的香料贸易则仅次于广州。"③ 武则天天授年间（690—692），扬州等三地的阿拉伯人多至数以万计。④1980年，在扬州唐代子城遗址东郊外的一座唐代残墓中，出土了一个唐代青灰色彩釉绿背水扁壶，其中的一面用阿拉伯文绘制了"安拉至大"⑤，说明唐代扬州及扬州港确实是阿拉伯人生活和贸易的重要地区。

（三）泉州港

在唐代，泉州与广州、扬州一样，皆为中国对外贸易的大港口，所谓"南海番舶"常到，"岛夷斯杂"。天宝年间，包何诗云："傍海皆荒服，分符重汉臣。云山百越路，市井十洲人。执玉来朝远，还珠入贡频。连年不见雪，到处即行春。"⑥会昌年间，诗人薛能有"秋来海有幽都雁，船到城添外国人"⑦的诗句，描绘泉州对外贸易的盛况。

来泉州贸易的外国商人主要是阿拉伯人和波斯人，还有东南亚以及印度、埃及、日本、朝鲜等国家和地区的人。据何乔远《闽书》记载，唐武德年间伊斯兰教四大贤来中国传教，大贤传教广州，二贤传教扬州，三贤、四贤传教泉州。三贤、四贤卒后葬于泉州东门外灵山，称圣墓，至今犹存。为规范贸易，

---

① 〔宋〕李昉等：《太平御览》卷402《宝部·三·李勉》，中华书局，1960年，第4282页。
② 〔唐〕卢求：《成都记序》，〔清〕董诰等编《全唐文》卷744，上海古籍出版社，1990年，第3413页。
③ E. H. Schafer, The Golden Peaches of Samarkand, University of California Press, 1963, p. 171；〔美〕谢弗著，吴玉贵译：《唐代的外来文明》，中国社会科学出版社，1995年，第364页。
④ 邱树森：《中国回族史》（上册），宁夏人民出版社，1996年，第19页。
⑤ 扬州博物馆：《扬州东风砖瓦厂八、九号汉墓出土清理简报》，《考古》1982年第3期；朱江：《扬州出土的唐代阿拉伯文背水瓷壶》，《文物》1983年第2期。
⑥ 〔唐〕包何：《送泉州李使君之任》，《全唐诗》卷208，中华书局，1980年，2170页。
⑦ 〔唐〕薛能：《送福建李大夫》，《全唐诗》卷559，中华书局，1980年，第6487页。

唐朝特在泉州设参军事，管理海外交通贸易事宜。

随着来华使节和商人的增多，泉州已呈现出"船到城添外国人""市井十洲人"的繁荣景象，成为海内外商人汇集的一个都会。伊本·胡尔达兹比赫在《道里邦国志》中认为，泉州（汉久）是中国重要港口之一，是到达远东地区的一站。日本学者桑原骘藏也说："唐中叶以后，蕃客之来福建通商甚明，而福建之泉州，当尤早于他处。参酌伊斯兰教来华之传说，殆无容疑。"①

（四）交州港

西汉时期，交州成为我国同南海各国贸易交通的中心。汉桓帝延熹九年（166）大秦王安敦遣使来华，三国时大秦商人秦伦来华，均由交州登陆。汉武帝在岭南设交州，下辖两广及交趾（今越南）的大片地区，刺史治在封开（相当于州府，古名广信），使封开成为首府。

秦汉政府利用广州、徐闻、合浦、河内等口岸开展早期对外贸易，搜集海外的明珠、翠羽、犀、象、玳瑁、异香、苏木等珍贵产品，再从此地运往内地的集散地。当时古老的中原文化沿汉水、湘水、沅水南下，外来的文化、宗教思想、商品也通过交州港口顺陆路、水道北上，与中原地区交流。

到了唐代，交州港也是中外贸易的门户。唐安南都护府设在交州，交州首府封开，位于梧州市东部，地处粤桂边界，为岭南古都。封开在宋代以前，一直是岭南通往中原的交通咽喉。

（五）登州港

登州位于胶东半岛的中部北端，是北方第一大港。登州地区的海上贸易，包括登州与国内其他地区的直接商业贸易以及登州作为海上贸易通道和中转站与新罗、日本之间的国际贸易。范摅《云溪友议》卷上载："登州贾者马行余，转海拟取昆山路，适桐庐，时遇西风而吹到新罗国。""桐庐"今属浙江，唐时属睦州，位于富春江畔。民国《牟平县志》卷9著录《唐光化四年无染院碑》亦载："鸡林金清押衙，家别扶桑，身来青社，货游鄞水，心向金田。舍青凫择鄞匠之工，凿白石竖竺乾之塔。""青社"泛指齐地，这里应指登州。"鄞水"即今甬江，在鄞县（宁波）界内，即新罗商人金清是"货游"于登州至明州一带的。

唐代宗时，淄青节度使（领青、淄、登、莱等十数州）李正己利用其兼押

---

① ［日］桑原骘藏著，陈裕菁译：《蒲寿庚考》，中华书局，2009年，第19页。

新罗、渤海使的政治条件及海上交通的便利条件,"货市渤海名马,岁岁不绝"。新罗国著名的海运商人张保皋,把登州文登县青宁乡赤山村(今山东荣成石岛镇脚河村)作为其在唐贸易的中转站,并在此建造了一座法华寺院,以保佑其事业的繁荣昌盛。登州港口城市的地位,由此可见一斑。

(六)明州港(今宁波港)

明州港位于长江三角洲南侧,素以港阔、水深、波平、浪静而闻名,又靠近中国与日本的主要航道。明州所在的江南地区自南朝以来就是中国经济较发达的地区,唐代以后又是中国丝绸、茶叶、纸张、瓷器等大宗商品的主要产区之一,有着发展海上商业的良好条件。明州甬江口的望海镇是中日海上往来的重要港口,特别是新罗阻塞海道后,日本遣唐使大多从明州、越州来唐。史书记载的仅唐后期六次明确的中日海上交通[1],都与明州港有关。

明州港在唐朝后期已经成为我国重要的对外贸易港口之一,其中和日本的关系最为密切。日本遣唐使在初期走的是海道北路,到了8世纪中叶,因日本和朝鲜半岛上的新罗关系紧张,开辟了海道南路。这条航线是从日本筑紫博多(今福冈)扬帆,沿九州西岸南下,从萨摩循种子岛、屋久岛、奄美岛等岛屿前进,在奄美岛附近横渡中国东海,在明州(宁波)登陆。然后利用浙东运河到杭州,再沿着江南运河到扬州,并由江淮运河、汴河经汴州(今河南开封)去长安,史称南岛路。[2]这条航线拉近了中国与日本之间的距离,同时又避免了朝鲜半岛政治形势的干扰,加之港口条件优越的明州港比江淮之间的泥质海滩更安全,在明州港登陆又有浙东运河、江南运河沟通洛阳、长安,这条航线一经发现,很快就成为海上常路,作为登陆港的明州港自然成为中日交通的主要港口。

天宝十一载(752),日本遣唐使者在明州登岸,这是日本使船第一次到达明州港,也是明州港第一次接待外国船只。此后,日本遣唐使者于贞元二十年(804)、开成三年(838)两次在明州登岸,由明州经扬州、楚州、汴州、洛阳到达长安。开成四年(839)日本停止派遣遣唐使到中国,但两国的民间往来更加频繁。可以说,明州港是与东方的日本和朝鲜进行贸易往来的门户。明州不仅是著名的海外贸易港,在国内航运中的地位也十分突出。自明州循余姚江

---

[1] 陈伟明等:《暨南大学中外关系史与华侨华人论集》,中国华侨出版社,2002年,第173页。
[2] 李孝聪:《中国区域历史地理》,北京大学出版社,2004年,第318页。

而上，过曹娥江、钱塘江，可直达杭州，并连贯运河，衔接江淮，航道畅通，腹地宽广。因此，明州是进出口商品理想的集散地，或者说是一个理想的内河和外海联运的港口。

明州港远销海外的商品主要有丝绸、瓷器、各种工艺品、佛经、佛像、药材和香料等。明州以吴绫、吴绢著称于世，这些丝织名产，首先输往东方的日本和朝鲜，并通过南方港口输往西方各国。在明州外销的工艺品中，以骨木镶嵌颇为著名，深受海外各国的欢迎。日本正仓院珍藏的骨木镶嵌紫檀木围棋盘和双陆棋盘，便是唐代明州的输出品。①进口商品主要有沙金、水银、绵、绢等，多来自日本。

（七）福州港

福州地处闽江入海口，唐代为福建观察使治所，其地位在泉州之上。天宝初年，鉴真曾"派人将轻货往福州买船，具办粮用"②。可见，福州所造海船已成为商品。从唐代中期以后，闽人北航高丽，南达交趾，大多从福州出发。福州所在的福建道，是唐后期财赋来源的主要地区之一。沿近岸航行，福州北上可达明州、扬州，南下可达泉州、广州、交州。唐懿宗时，自福建海路运粮，"大船一只，可至千石。自福建装船，不一月至广州，得船数十艘，便可致三五万石至广州府矣"③。天祐九年（912），室利佛逝曾遣使蒲阿粟从闽上贡。④唐末之闽国，"招来海中蛮商贾"⑤。可见，唐末闽国统治时，福州的对外贸易发展迅速。

福州港地处福建闽江口，唐时，福州是福建观察使治所，管福、建、泉、汀、漳五州。唐代的福州，同广州和扬州一样，设市舶制度。太和八年（834）唐文宗李昂《疾愈德音》中提到的福建，即指福州。因福州是福建观察使治所，设有节度使或观察使直接管理，从而才有可能对番商"常加存问"。唐代福州对外交通和贸易迅速发展，通商地区不断扩大。

除了与中南半岛、马来半岛诸国的传统贸易航线，朝鲜半岛上的新罗与唐朝之间还开辟了许多新航线，交往频繁。新罗人往往在福州登陆后转赴长安。

---

① 崔乐泉：《介绍日本正仓院所藏围棋盘等文物兼论及有关问题》，《体育文史》1990年第6期。
② 〔日〕真人元开：《唐大和上东征传》，中华书局，2000年，第58页。
③ 〔后晋〕刘昫等：《旧唐书》卷19《懿宗纪》，中华书局，1975年，第652页。
④ 〔宋〕王溥：《唐会要》卷100《归降官位》，中华书局，1955年，第1799页。
⑤ 〔清〕吴任臣：《十国春秋》卷90《闽太祖世家》，四库全书本。

天宝三载（744），鉴真和尚第四次东渡日本，先期派人到福州置办两船并由此出洋，说明当时福州已是对日交通的重要口岸。据《王审知德政碑》记载，唐末室利佛逝诸国经常派遣使团至福州，向唐朝进贡并开展贸易活动。唐文宗时，中印度僧人般怛罗来福州传授佛法；天祐三年（906），又有"西天国僧声明三藏"前来。唐末，王审知及其继承者治闽时期，"外域诸番，赕赆不绝"，新罗、占城（即占婆国，今越南南部），室利佛逝诸国与福州均有交往。史料记载了新罗遣使献剑闽王、占城相金氏婆罗出使福州、佛逝国由闽入贡事件。闽国曾在福州举办"万人大佛会"，引来南海佛逝国国王及其属国的君臣前来观瞻进贡，福州港出现了"万国来朝"的盛况。

（八）杭州港

杭州港坐落于钱塘江畔，历史悠久，景色宜人。钱塘江、京杭运河、浙东运河在港内交叉沟通，航道畅达，水运兴旺。唐代时，杭州港的海路贸易得到空前发展，不仅同东方的日本和朝鲜有着频繁的交往，而且同东南亚、西亚、阿拉伯和非洲的往来也相继不断。朝鲜半岛上的高丽、百济、新罗等国同杭州港往来不绝。日船来杭，或杭船赴日，亦十分频繁。唐初，前来杭州的阿拉伯和北非商人络绎不绝。

唐代，输入杭州港的商货主要有沙金、锡、水银、绵、绢、良马、书籍、犀角、象牙、珠宝、香料、药材、火油等，从杭州港输出的商货主要有丝绸、瓷器、茶叶、药材、工艺品、经卷、佛像等。

第四节　唐代海路之文化交流

唐王朝以开放多元的气势开创了它在中国文化史上的浩瀚灿烂。处于稳定时期的唐朝对外奉行开放政策，与世界上70多个国家发展外交关系，唐王朝和亚洲、欧洲甚至非洲一些国家往来频繁，伊斯兰教、摩尼教、景教等宗教传入中国。频繁的对外交流，使唐朝的文化渐趋多元，包容万象，形成了开放兼容、丰富多彩、承前启后的宏大文化特征。唐文化在中国历史上有着里程碑式的意义，不仅影响到亚洲文明的发展，而且促进了西方乃至世界文明的进步，被誉为当时世界上最先进的文化。7—9世纪，当西方人的心灵为神学所缠迷而处于蒙昧黑暗之中时，中国人的思想却是开放的、兼收并蓄而好探求的。那时中国的首都长安，是世界上人口最多，最为繁华、富庶和文明的城市，为世界各国人民所向往。朝鲜的文字创设，日本的和服，纺织、印刷和造纸术西传等，都是唐文化无法撼动的地位的佐证。

一、唐时域外物品的输入

唐代海外贸易所呈现出来的繁荣之状，不仅给唐王朝的经济注入了强劲的动力，而且还在军事、文化、政治等方面产生了重大影响，如受唐人欢迎的高丽乐、天竺的制糖技术等。唐朝境内不仅活跃着不同肤色、不同国籍的外国人，而且有许多令人耳目一新的域外物品。这些都是唐朝对外开放、积极与世界各地进行经济文化交流的见证。

（一）域外物品的种类

根据现存史籍记载的不完全统计，终唐一代，从域外传入的物品有百余种。其中物质方面有矿物、动物、植物、手工业品；文化方面有乐器、乐曲、医药方、佛教经典。就物质方面而言，矿物质有金、银、出火水精、玛瑙、赤玻璃、绿玻璃、绿金精等；植物有人参、甘葛汁、波棱菜、醉菜、胡芹、浑提葱、郁金香、菩提树、黄桃、金桃、银桃、龙脑香等；动物有果下马、犀牛、白象、五色鹦鹉、狗、豹、狮子、天狗、羚羊、白鹰等；手工业品则有光明甲、明光铠、铁甲雕斧、金甲雕斧、鱼牙纳、朝霞纳、黄丝、叠棉、木棉、大毛绣舞筵、长毛绣舞筵、葡萄酒、搏等。①这些传入的物品，不但史书有记载，而且当时诗人、作家还将其作为创作的素材予以描写。如贞元九年（793）林邑（今越南南部）等国进贡"驯犀"，白居易赋诗《驯犀》以颂曰："驯犀驯犀通天犀，驱貌骇人角骇鸡。海蛮闻有明天子，驱犀乘传来万里。一朝得谒大明宫，欢呼拜舞自论功。五年驯养始堪献，六译语言方得通。上嘉人兽俱来远，蛮馆四方犀人苑。"又如对从中亚地区传入的胡腾舞、胡旋舞，李端《胡腾儿》一诗描述道："胡腾身是凉州儿，肌肤如玉鼻如锥。桐布轻衫前后卷，葡萄长带一边垂。帐前跪作本音语，拈襟摆袖为君舞……扬眉动目踏花毡，红汗交流珠帽偏。醉却东倾又西倒，双靴柔弱满灯前。环行急蹴皆应节，反手叉腰如却月。丝桐忽奏一曲终，呜呜画角城头发。"还有元稹笔下之"胡音胡骑与胡妆"。胡饼、胡床、美酒、香料、天马、大象、玉器等，这在唐诗

---

① 以上列举的物品见载于《新唐书》《旧唐书》《册府元龟》等史籍。另参见方亚光：《论唐前、后期来华使节的特点及其作用》，《齐鲁学刊》1988年第6期。

中多见，如李白"天马来出月支窟，背为虎文龙翼骨"，产天马的月支窟在西突厥斯坦；张籍"海国战骑象"中的大象，杜甫"勃律天西采玉河，坚昆碧碗最来多"中的玉和碗，都是从西域传入中原的物品。可见，当时这些物品的传入已引起人们的关注，不仅仅是物品简单的进或出，而且蕴含着中外交往的许多信息和内容。

这些传入的百余种物品，分别来自不同的国家和地区。它们有的来自日本岛（如琥珀），朝鲜半岛（如金、银）；有的来自中亚地区（如生玛瑙、赤玻璃、绿玻璃）；有的来自印度半岛（如郁金香、菩提树）。据史书记载，当时与唐朝交往的国家和地区有70多个①，如高丽、百济、新罗、日本、天竺、大食等。

从传入物品的途径和渠道来看，有的是出使异域他国的唐朝官员带回中国的，如娑罗树就是唐朝官员前往印度半岛的拔汗那采集而来的。有的是外国官吏、留学生作为礼物呈献给唐朝的。据《册府元龟》卷971《外臣部·朝贡四》记载，从唐玄宗开元四年（716）到开元七年（719），先后有南天竺、安、康、史、米等国和地区分别派遣使者向唐廷进献"豹"和"狮"两种动物，供皇帝玩赏。有的则是外国商人为了获取高额利润而携带入唐的，如产自南洋群岛一带的胡椒、龙脑，产于印度及红海沿岸一带的苏方木、薰陆香，产于西域及南洋各地的毕茇、诃黎勒、阿魏等药材，都是由商人带入唐境的。因此，唐朝对外交往的方式、渠道是多种多样的。虽然大多数是呈献给皇帝的贡品，且奢侈品居多，但这些物品绝大多数是其国家或地区的珍品，代表着该地区社会生产力的水平。随着这些物品从官府逐渐传入民间，其对唐代社会经济的发展亦产生了促进作用。

从考古发掘的情况来看，西安出土的三彩凤头壶、三彩牛首杯、青釉双柄龙首瓶、马蹬壶、瓷腰鼓等陶瓷器，带有浓厚的西亚、中亚风格。《册府元龟》卷546《谏诤部·直谏一三》载："开元二年（714）……波斯僧大德及烈等，广造奇器异巧以进。"在金银器制作工艺、造型及纹饰方面，外来物品的影响也很大。如西安市南郊何家村出土的人物八棱金杯、舞马衔杯纹皮囊式银壶，内蒙古敖汉旗出土的胡人头银执壶；内蒙古喀喇沁旗出土的摩羯团花纹六曲足盘、双鱼壶等，都具有独特的风格。

---

① 当时来唐的国家和地区《唐会要》卷49记有"七十余蕃"，《新唐书》卷221记为"七十二国"。

(二) 科技文化的传入

科技文化的传入，是唐代对外文化交流的一个非常重要的方面，其中以医药和天文历算最为突出。外来医药受到唐朝的高度重视，唐朝统治者不仅屡次派遣专人前往海外采访异药，而且对外来医药的性能深信不疑。外来药物、医生、验方、医术和医学著作等都大量涌入唐朝，丰富了中国古代医学宝库的内容。如刘禹锡《赠眼医婆罗门僧》记："师有金蓖术，如何会发蒙？"白居易《眼病》记："人间方药应无益，争得金蓖试刮看。"其中的"金蓖"技术（一种治疗眼疾的技术）就源于天竺经，来自印度。

唐代天文历算深受印度和波斯的影响，不仅七曜历、九执历、都聿利斯经等多种天文学成就传入唐朝，与中国的传统文化融合在了一起，而且有许多优秀的天文历算科学家活跃在唐朝，印度瞿昙家族和波斯李素家族就是其中的突出代表。作为当时世界上最先进的纺织品产地，唐朝对外来纺织品的吸纳，最能代表唐文化兼收并蓄的特点。

(三) 宗教的传入

唐代推行宗教自由、信仰自由政策，新传入的宗教很多，形成多教并行、共同发展的局面。在唐代，不但佛教、道教、祆教有所发展，同时新传入的摩尼教、景教、伊斯兰教也得到传播。隋唐时佛经翻译的质量和数量大为提高和增加，其中融入了大量的中国本土文化因素。除继续援引玄学入佛外，佛教还主动吸收了儒家的入世精神，并把儒家的伦理道德学说融进佛教体系。佛教被儒、道改造，形成了以禅宗为代表的中国化的佛教众多宗派，已经具备了中国传统文化的内容和品格。景教于贞观年间入华，唐太宗允许在京城长安义宁坊为景教（被视为最早进入中国的基督教派）"建寺一所，度僧二十一人"①。

摩尼教在武周时传入中原，后来传入回鹘并成为回鹘的国教。大历三年（768），唐代宗准许回鹘在京城建立摩尼教寺，并赐额"大云光明寺"。唐穆宗长庆四年（824），舒元舆为鄂州永兴县迁建的重岩寺作碑铭，对东汉以来佛教的兴盛状况极为赞誉，称"十族之乡，百家之间，必有浮图，为其粉黛。国朝沿近古而有加焉。亦容杂夷而来者，有摩尼焉、大秦焉、祆神焉。合天下三夷

---

① [宋] 王溥：《唐会要》卷49《大秦寺》，中华书局，1955年，第864页。

寺，不足当吾释寺一小邑之数也"①。舒元舆虽然是站在佛教的立场，对由"杂夷"传来的宗教持贬斥态度，但是从这段记载中可知，这几种外来宗教也得到了唐朝政府的认可，并在各地建有寺观。

二、唐文化之对外传播

唐文化的影响范围主要在毗邻的朝鲜和日本。

（一）对日本的影响

唐代繁荣的经济、昌明的文化和完备的制度，对隔海相望的日本产生了强烈的吸引力，成为日本竭力模仿的楷模。日本通过派遣留学生来唐朝学习和邀请唐朝各类人才到日本传授技艺等多种手段，全面移植唐朝文化，在哲学思想、典章制度、文学艺术、音乐舞蹈、天文历算、医学医药、建筑等文化科技的各个领域，以至衣食住行、风俗娱乐等社会生活的各个方面，无不受到唐朝文化的强烈影响。

日本的遣唐使回国时，带着唐朝回赐的丝绢、金银器皿，也带着在长安购买的大批文物、书籍，还有唐朝的儒学、典章制度、佛经、天文历法、音乐、美术、书法、建筑、生产技术等，将之分批介绍给本国。唐朝文化对日本产生的影响，最深的莫过于大化改新。645年，孝德天皇任用从唐朝回国的留学生高向玄理和僧旻为国博士，效仿唐朝进行大化改新。改革内容：其一，仿唐官制建立中央集权的政治制度；其二，在《大宝律令》的基础上制定《养老律令》②；其三，废除部民制，实行班田制和租庸调制。大化改新的直接影响是日本由奴隶制逐渐向封建制过渡。

阿倍仲麻吕（701—770），汉名晁衡，19岁时随第八次遣唐使船来唐，入国子监学习，后中进士在唐做官，先后任左补阙（皇帝的侍卫），秘书监（从三品，皇家图书馆馆长）等职，与唐朝大诗人李白、王维等人交往甚密。晁衡来唐37年，因思念高堂老母，唐玄宗准其回国探亲，任命他为代表唐朝回访日本的使臣，随第十次遣唐使回国。途中在海上遇风暴，漂流到越南。后又转回长安，继续出任官职，历任左散骑常侍、镇南（安南）都护、安南节度使。卒

---

① 〔唐〕舒元舆：《唐鄂州永兴县重岩寺碑记并序》，《全唐文》卷727，上海古籍出版社，1990年，第3322—3323页。

② 大宝、养老是日本天皇的年号。大宝律令是文武天皇时制定的，养老律令是元正天皇在大宝律令的基础上加以整理的，现在养老律令大部分被保留下来。律令受唐律的影响。

后追赠为潞州大都督（从二品）。

吉备真备（695—775），出身贵族，15岁入大学寮学习，22岁被选为遣唐留学生。他在唐朝几乎无所不学，还收购了许多唐朝文物。吉备真备带回国的典籍和文物，如《唐礼》《大衍历》《乐书要录》等对日本文化的发展起到了一定的作用。他回国后被任命为大学助①，授正六品。后任东宫学士、春宫大夫，做皇太子的老师，讲授《礼记》等。后又出任第十次遣唐使副使，在长安受到唐玄宗的特殊礼遇，赠"银青光禄大夫"。回国后，他被任命为大宰少贰（大宰府的次官）。764年，衔命造东大寺。在平叛中立功，授正三位勋二等，参与朝政，并主管皇宫守卫。766年升为大纳言②，同年10月官至右大臣。他在传播唐朝文化方面作出了重要贡献。

（二）对朝鲜的影响

从唐初起，新罗便不断派遣留学生赴唐学习唐朝文化，一次有百余人，在当时的外国留学生中是人数最多的。新罗留学生中有许多人在唐朝参加科举考试，最著名的是崔志远，他在唐朝中了进士，后来在唐朝做官，官至殿中侍御史，著有《桂苑笔耕集》，其中保留了不少珍贵史料。

除了日本和朝鲜，唐代海上丝绸之路的影响范围还包括波斯。"中国人是最早熟悉樟脑的人（其国所产的热带类樟脑），无疑是他们向穿越丝绸之路的民族（其中包括萨珊王朝时代的伊朗人）揭示了这一产品的存在及其疗效。直到7世纪时，唯有中国樟脑才在伊朗被人所知和使用。在此期间，中国人自己在苏门答腊的西北发现了赤道带樟树林，向那里传去了他们自古以来就熟悉的开发技术，所以樟脑交易同样也经海上发展起来了。"③

三、海路文化交流的意义

（一）经济收入增加

唐代的海外贸易给唐朝政府的财政增加了税收来源。史料记载，唐太宗、唐高宗、武则天在位时远征东西突厥，灭高昌，收其地为州县，灭高句丽和百济，并在白村江战役打败日本援军，又与靺鞨、铁勒、室韦、契丹等民族作

---

① 大学助是日本大学寮的副手，相当于副校长。
② 大纳言是太政官次官，位于右大臣之下。
③ [法] 阿里·玛扎海里著，耿昇译：《丝绸之路——中国—波斯文化交流史》，中华书局，1993年，第451页。

战。当时唐朝在亚洲具有的军事制度、经济和科技的优势，都是这些战绩的基础。唐玄宗时，唐朝的势力与阿拔斯王朝（即黑衣大食）的势力在包含昭武九姓国、大小勃律、吐火罗在内的中亚诸国相遇，后来唐朝因安史之乱在军事上全面收缩。唐代经济繁荣的背后是军事力量的强大，而作为经济来源之一的海外贸易税收，功不可没。

（二）文化极大传播

经济基础的巩固使得更多优秀的文化得以发扬光大，甚至在前代的基础上取得更高的成就。同时，外国很多优秀的文化，如佛法、音乐、舞蹈、杂技等独特的艺术形式也传到国内，丰富了我国的文化内容。海路交通是古代沟通亚、欧、非三大洲和东西方交通的大动脉，不仅把世界上最大的文明古国，如东方的中国和西方的罗马联结在一起，而且把古代文明的发源地，如中国、印度、埃及、罗马、波斯、阿拉伯等连接起来，形成一个洲际的交通网络，使东西方各族人民的文化通过这一网络的互相交流。

海路交通所经地，是世界三大宗教的发源地，不仅是传播景教、佛教、伊斯兰教、摩尼教、祆教等的媒介，也是向西方弘扬华夏文化的桥梁，使中国在吸取外来文化的同时，也将中华传统文化发扬光大，在世界上而产生了重大的影响。

第七章

唐蕃古道

唐蕃古道是唐王朝和吐蕃王朝之间政治、经济、文化交流的主要通道，也是唐代以来中原内地去往青海、西藏乃至尼泊尔、印度等国的必经之路。它起自陕西西安（长安），途经甘肃、青海，至西藏拉萨（逻些），全长3000多公里。整个唐蕃古道横贯中国西部，穿越举世闻名的世界屋脊，联通我国西南的友好邻邦，故亦有丝绸南路之称。在漫长的历史长河中，这条通道不仅是汉藏人民友谊的见证，也是一条文化传播的长廊。

第一节 唐蕃古道的开辟

唐蕃古道，也叫馒头岭（古）驿道，即今天的214国道，是1300多年前的进藏之路。这条古道因延伸到印度与尼泊尔，也被学者们认为是丝绸之路的组成部分，不仅是一条驰驿奔昭、和亲纳贡、贸易交流的官驿达道，更是一条承载汉藏交好、科技文化传播的"文化运河"。千百年间，这条古道在维护祖国民族团结、国家统一中，起了举足轻重的作用。

古道开通以后，唐朝与吐蕃间使臣不断。据新、旧唐书记载，仅唐太宗贞观元年（627）之后的200余年间，藏汉两族沿着唐蕃古道密切交往，唐蕃使臣相互往来就达 200 余次。贸易往来的频繁，让唐蕃古道迅速兴盛起来，并很快成为一条站驿相连、使臣仆仆、商贾云集的交通大道。在古道经过的许多地方，至今仍然矗立着人们曾经修建的驿站、城池、村舍和古寺，遗留着人们世代创造的灿烂文化遗存，传颂着数不清的反映汉藏人民友好往来的动人佳话。

一、唐蕃段

唐蕃古道可以分为东、西两段。东段又称河湟道，大致路线为长安—凤翔—陇州—秦州—渭州—临州—河州（或到兰州）—鄯州。以上路段全部在唐王朝境内，这是汉代以来从中原进入河湟地区的传统路线。其历史甚至可以上溯到 6000 多年前的新石器时代，中华民族的祖先正是沿着这样一条路线开拓前进的。西段又称河西道，是从鄯州到吐蕃牙帐这一段，是唐蕃古道的主体部分。传统意义上的唐蕃古道指的就是这一段。与唐蕃古道的其他部分相比，这段道路相对独立。河湟道在黄河以西段亦可视作丝路东段河西道的组成部分，所以，真正的吐蕃道应自鄯州算起。

尽管自古以来就有从青海或塔里木盆地进入西藏的道路，但是从逻些到长安或从长安取道西藏去印度，始见于唐代僧人道宣（596—667）所著的《释迦方志》。在此书中，直接记载了吐蕃交通的有关情况，比较详细地勾勒出了吐蕃交通的梗概。据《释迦方志·遗迹篇》记载："自汉至唐往印度者，其道众多，未可言尽。如后所纪，且依大唐往年使者，则有三道。依道所经，具睹遗迹，即而序之。"①《释迦方志》把从长安通往印度之路分为东道、中道和北道。前人对中道和北道均有记述，唯有东道，即从吐蕃经泥婆罗到印度之路不见前人著作，甚至在《大唐西域记》《旧唐书》和《新唐书》等著作中也未见有所记述。虽然义净的《大唐求法高僧传》介绍玄照等六位僧人从吐蕃到印度，但是书中没有关于这条路的具体行程。所以，《释迦方志》对这条古道的记载十分重要。

关于青海与尼泊尔之间唐蕃古道的具体行程，《释迦方志·遗迹篇》说："其东道者，从河州西北度大河，上曼天岭，减四百里至鄯州。又西减百里至鄯城镇，古州地也。又西南减百里至故承风戍，是隋互市地也。又西减二百里至青海，海中有小山，海周七百余里。海西南至吐谷浑衙帐。又西南至国界，

---

① 〔唐〕道宣：《释迦方志》卷 1《遗迹篇第四》，江苏广陵古籍刻印社，1991 年，第 16—17 页。

名白兰羌，北界至积鱼城，西北至多弥国。又西南至苏毗国。又西南至敢国。又南少东至吐蕃国。又西南至小羊同国。又西南度呾仓法关，吐蕃南界也。又东少南度末上加三鼻关，东南入谷，经十三飞梯、十九栈道。又东南或西南，缘葛攀藤，野行四十余日，至北印度尼波罗（泥婆罗）国（此国距吐蕃约为九千里）。"①

上述材料所记载的东道，就是我们所说的唐蕃古道沿途的大概情况，并述及了吐蕃西通中亚、南通南亚的道路。《释迦方志》成书于650年，由此可以推断，唐蕃古道的开辟时间大约在7世纪中叶。道宣的记述过于简略，也未实地经行，而且他所记的这条道路和后来通行的道路之间，还存在着一定的差异。再加上记载中夹杂着许多陌生的藏汉古地名，仅凭以上的这些文字无法确切知晓唐蕃古道的具体行程。②

据《新唐书·地理志》记载，鄯城西行30公里至临蕃城（青海省西宁西），又西行30公里有白水军、绥戎城（湟源县西），又南隔涧3.5公里有天威军，军故地为石堡城，吐蕃号为铁刃城，地在西宁市南80公里哈喇库图城附近石城山。西行10公里至赤岭，唐蕃曾于此交马划界，地在今青海省湟源县西南的日月山。往西过尉迟川（倒淌河）、苦拔海（尕海）45公里至莫离驿（青海省共和县恰卜恰），经公主佛堂，即文成公主经过留下传说的纪念地大非川（切吉旷原），140公里至那禄驿（大河坝）。经暖泉（今温泉）、烈谟海（苦海），220公里渡黄河（黄河沿）。又235公里至众龙驿（移多崇陇峒）。又西渡西月河（细曲）、105公里至多弥国西界，经牦牛河（即通天河）、渡藤桥，50公里至列驿（结隆）。又经过食堂吐蕃村（年吉措）、截支桥（子曲河给沙扁）。又经截支川，220公里至婆驿（子云松多）。渡大月河（扎阿河）、罗桥，经潭池、渔池，265公里至悉诺罗驿（苏毗王子悉诺罗故地）。又经乞量宁水桥、大速水桥，160公里至鹘莽驿。唐朝使者入蕃，公主派人至此迎接。过鹘莽峡百里至野马驿，经吐蕃垦田。经乐桥汤，200公里至合川驿（那曲）。

过那曲的合川驿之后，开始接近吐蕃本部地区。经恕谌海，65公里至蛤不烂驿（桑雄），旁有三罗骨山。又行30公里至突录济驿。唐朝使者至吐蕃，赞普每遣使慰劳于此。又经柳骨、莽布支庄，有温泉（羊八井）。经汤罗叶遗山

---

① 〔唐〕道宣：《释迦方志》卷1《遗迹篇第四》，江苏广陵古籍刻印社，1991年，第17—18页。
② 林梅村：《试论唐蕃古道》，《藏学学刊》第3辑，四川大学出版社，2007年，第127—145页。

和赞普祭神所，125公里至农歌驿，东南100公里至逻些。吐蕃宰相曾在此迎候唐朝使者。经盐池、暖泉、江布灵河，55公里渡姜济河，经吐蕃垦田，130公里至卒歌驿，乃渡藏河，经佛堂（大、小昭寺），90公里至勃令驿（麋谷）、鸿胪馆，至赞普牙帐跋布川（琼结县境）。计1885公里，加上长安到鄯城的路程，全长2900公里。①

但我们今天所能了解到这条道路的具体路线，则归功于现代考古学的兴起。

二、蕃尼段

这一段道路是唐蕃古道的重要组成部分，为唐朝通往天竺开辟了一条捷径。但从文献记载来看，唐朝的商人、使者等去往吐蕃—尼波罗多从丝绸之路到达新疆的和田，再从和田借道达吐蕃，再往尼波罗或印度。

尼波罗国"直吐蕃之西乐陵川"②，北面与吐蕃西南界相接。由于地缘上的接近，两国之间一直保持着良好的交往关系。此道曾经是尼波罗国师去往天竺的必经之地。关于此道的开通时间，一般认为是赤尊公主入藏之时。这种说法目前依然存疑，但把尼泊尔赤尊公主入藏看成是尼波罗道开通的原因显然是不客观的。其实每一条道路的形成都有一个历史过程，由于地理位置的关系，吐蕃与尼波罗的交往可能要比赤尊公主入藏更早。《西藏王统记》有"自天竺及尼波罗迎请法王本尊佛像"和"迎娶拜木萨赤尊公主"的记载，极有可能就是沿着这条道路而来。以常理推断，吐蕃与尼波罗的交往完全没有必要走其他的道路，因为这条道路早已被两国的人们所熟知，而且是一条捷径。

敦煌出土的古藏文历史文书中对于"尼波罗"多有记载，文书称："赞蒙文成公主由噶尔·东赞宇松迎请至蕃境。诛泥婆罗之毗湿奴·笈多，立那陵提婆为王。牛瘟大发。"③赞普也曾多次驻于尼波罗："春，赞普巡幸谐兴。赞蒙赤姆伦举行大庆宴，坌达延赤松献大金镲。夏，（赞普）驻泥婆罗。"④玄奘的《大唐西域记》中有关尼波罗的记载，是根据传闻来写的，因为他从未亲至此地。此时的尼波罗已臣服吐蕃，所以在以后很长的时间里，尼波罗是吐蕃的属

---

① 张云：《丝路文化·吐蕃卷》，浙江人民出版社，1995年，第213页。
② 〔宋〕欧阳修、宋祁：《新唐书》卷221上《泥婆罗传》，中华书局，1975年，第6213页。
③ 黄布凡、马德：《敦煌藏文吐蕃史文献译注》，甘肃教育出版社，2000年，第38页。
④ 黄布凡、马德：《敦煌藏文吐蕃史文献译注》，甘肃教育出版社，2000年，第419页。

国。《旧唐书·吐蕃传》记载:"吐蕃南境属国泥婆罗等皆叛,赞普自往讨之,卒于军中。"①《册府元龟》中也有这样的记载:"中宗神龙元年七月,吐蕃大首领赞普卒,帝为之举哀,废朝一日。"②从以上史籍材料记载中可见,尼波罗与吐蕃的关系是极其密切的。吐蕃与尼波罗的交往是由来已久的,而且很多时候尼波罗还充当了吐蕃赞普的行宫。因此,这条古道对于吐蕃的意义是非同寻常的。

当然,这条路上文化传播的影响也是很深远的。特别是佛教思想文化的传播,寂护、莲花生等高僧和藏文字的创立者吞米桑布扎,都曾是这条古道上的行者。所以,亦有学者说:"蕃尼道的开通,成为中原与吐蕃、吐蕃与尼泊尔之间政治、经济、文化交流的桥梁,而其中宗教艺术文化的传播与影响,又是一个重要的方面。"③蕃尼道在一定意义上肩负着中印、中尼文化交流的使命。客观而言,这条古道对于吐蕃的意义要远甚于其他国家和地区。

借由此道西去求法者众多,依义净的《大唐求法高僧传》记载,汤用彤先生进行统计,唐初太宗、高宗、武周三朝,多达60人。④梁启超先生在其《中国印度之交通》中,列出了贞观至天宝年间赴印度求法者53人之姓名。其主要资料就源自义净所撰之书,故其所列名单基本上与《高僧传》相符。上述求法高僧西行印度,除取海道者外,取道吐蕃,出尼泊尔,达印度者亦有多人。贞观年间,沙门玄照西行求法,行至吐蕃,获文成公主之保护,被送往印度。随玄照同行的慧轮、道生,亦取道吐蕃入印度求学,归途病死在尼泊尔。取道吐蕃入印度的僧人还有道方、玄太、道希等人,归途经尼泊尔的则有师鞭、师子惠、玄会、末府僧诃等人。他们虽皆客死尼泊尔,但正是因吐蕃道的通畅,他们才选择了经尼泊尔取道吐蕃回国的道路。季羡林先生认为:"在短时间内有这样多的人走泥婆罗道是空前也是绝后的。"⑤

吐蕃道不仅是使臣往来、高僧求法之路,也是中印文化交流之通道。《旧唐书·吐蕃传》记载,高宗嗣位之年(650),文成公主派人请蚕种及造酒碾、硙、纸墨之匠。金城公主出嫁吐蕃时,中宗"赐锦缯别数万,杂伎诸工悉从,

---

① 〔后晋〕刘昫等:《旧唐书》卷196下《吐蕃传下》,中华书局,1975年,第5266页。
② 〔北宋〕王钦若等:《册府元龟》卷974《外臣部·褒异一》,中华书局,1960年,第11443页。
③ 霍巍:《吉隆文物古迹与蕃尼道上古代中尼文化交流的若干问题》,《西藏研究》2000年第1期。
④ 汤用彤:《隋唐佛教史稿》,武汉大学出版社,2008年,第68页。
⑤ 季羡林:《中印文化关系史论文集》,生活·读书·新知三联书店,1982年,第274页。

给龟兹乐"①。可以想象，除了中原文化输入吐蕃外，"中国的丝绸从这条路运到印度是完全可以想象得到的"②。

唐蕃古道与吐蕃王朝相伴始终，并且在吐蕃王朝灭亡后还留有余响。唐蕃古道的形成是唐蕃双方在政治、经济、文化等方面相互渗透、彼此影响的结果，对汉藏关系有着极大的影响。

第二节 唐蕃双方的会盟

历史上，雄踞青藏高原的吐蕃与唐王朝有着密切的关系。7世纪初，在松赞干布治理下的吐蕃已成为一个统一而强盛的王朝，而唐太宗君临的唐朝也正处于其发展的鼎盛时期。唐太宗被各族首领共尊为天可汗，"入贡""请婚"的使节于长安道上络绎不绝。在这一历史潮流推动下，在唐蕃关系建立上，松赞干布迈出了历史性的一步。贞观八年至二十三年（634—649）可以视为唐蕃关系发展的一个为后人称道的阶段，因文成公主的和亲而得到迅速发展。但是，在唐太宗和松赞干布相继去世之后，随之而来长达170年间，唐蕃关系却呈现出矛盾争斗与和好往来交织发展的复杂局面。《旧唐书·吐蕃传》记载："西戎之地，吐蕃是强。蚕食邻国，鹰扬汉疆。乍叛乍服，或弛或张。礼义虽摄，其心豺狼。"③就是当时唐蕃形势的形象记录。

唐蕃关系以和好为开端，但和好的背后却伴随着一幕幕的军事冲突，和好与战争并进，是有唐一代唐蕃关系的主要特点。自永徽元年（650）以来，唐蕃统治者为各自的利益，冲突时起。不过从总体上看，吐蕃处在进攻、主动的一方。从永徽元年（650）至长庆元年（821），唐蕃间的战争除了边界摩擦频仍外，还先后对吐谷浑、西域之安西四镇、南诏、河陇地区等四地进行激烈的争夺。当然，这种争斗是阶级社会不可避免的现象。争斗也是时紧时松，打打停停，和战相兼。但唐蕃之间的战争并没有影响双方的交往，唐蕃间使臣往来却异常频繁。自太宗贞观八年（634）始，至武宗会昌六年（846），吐蕃王朝瓦解的200多年间，据不完全统计，双方使臣来往共190余次，其中唐使入吐

---

① 〔宋〕欧阳修、宋祁：《新唐书》卷216上《吐蕃传上》，中华书局，1975年，第6081页。
② 季羡林：《中印文化关系史论文集》，生活·读书·新知三联书店，1982年，第88页。
③ 〔后晋〕刘昫等：《旧唐书》卷196下《吐蕃传下》，中华书局，1975年，第5267页。

蕃60余次，吐蕃使入唐120余次。①来往使团的人数多者50余人至百余人，少者也有十余人。有些使臣长期居留对方，有的达十余年乃至数十年之久。唐蕃使臣频繁交往，其任务包括报丧、吊祭、朝贺、进贡、报聘、求匠、送僧、请市等，但主要任务是会盟和划界。

一、会盟

会盟制度由来已久，是古代诸侯间会面和结盟的仪式。在吐蕃王朝建立以前，各部落之间为相互协调各自之间的利益，也常常采用这种行之有效的制度。会盟在吐蕃王朝的兴起和壮大过程中，发挥了很大的作用，并被作为传统保留下来。《新唐书·吐蕃传》称："赞普与其臣岁一小盟，用羊、犬、猴为牲；三岁一大盟，夜肴诸坛，用人、马、牛、閭（驴）为牲。凡牲折足裂肠陈于前，使巫告神曰：'渝盟者有如牲。'"②在吐蕃控制河西、陇右地区以后，也把这种制度施行于新占地区。为此，在多思麻地区设立盟会，每至冬、夏，各行会盟，以此来加强各地首领与赞普的关系。

会盟制度同样适用于同邻邦的交往中。据史书记载，在706年至822年的百余年中，唐蕃双方的重要会盟达七次。第一次会盟发生在唐中宗神龙二年（706），双方以黄河为界划分边界。及金城公主出嫁吐蕃赞普（709），吐蕃表请大唐皇帝以河西九曲为金城公主汤沐地。唐中宗许之，于是吐蕃越过黄河并设独山、九曲二军，使唐军无险可守，常受寇掠。开元二年（714）五月，吐蕃提出新的划界会盟要求。是时，辅政的没禄氏去世，刚与金城公主和亲的赤德祖赞普亲政。在金城公主的斡旋下，双方各派大臣到河源（今青海西宁东南）"正二国封疆，然后结盟"。③但好景不长，同年七月，吐蕃即毁约攻兰、渭等州，兵抵渭源县（今甘肃渭源）。

开元十七年（729），唐军攻下吐蕃占领下的石堡城（今青海湟源县南），吐蕃求和，进表称："遂和同为一家，天下百姓，普皆安乐。"金城公主也遣使入朝，进言双方以和为贵。开元二十一年（733），唐蕃双方在赤岭（今青海湟源县西）会盟，并在赤岭各竖分界之碑，盟铭曰："言念旧好，义不忒兮。道路无壅，烽燧息兮。指河为誓，子孙忆兮。有渝其诚，神明殛兮。"立碑后，

---

① 张云：《丝路文化·吐蕃卷》，浙江人民出版社，1995年，第156页。
② 〔宋〕欧阳修、宋祁：《新唐书》卷216上《吐蕃传上》，中华书局，1975年，第6073页。
③ 〔宋〕司马光：《资治通鉴》卷211唐玄宗开元二年五月己酉条，中华书局，1956年，第6699页。

各派使臣共住碛西（龟兹）、河西、剑南及吐蕃边境，历告边州守将，"自今二国和好，无相侵暴"。①但言犹在耳，吐蕃兵戈又动，议界成一纸废文。在河西的凉州、陇右的鄯州、剑南的茂州（四川茂县），双方拉锯攻战。

　　安史之乱后，吐蕃从西域、云南、河陇三个方向全线出击，唐朝穷于应付，被动挨打，但吐蕃也无力一口吞并大唐。其间，经过至德二年（757）和永泰元年（765）两次短暂的息兵会盟后，到德宗继位（780），双方均有觅求和解之愿。建中四年（783），唐蕃在清水（今甘肃清水西）会盟议界。据会盟之汉文盟文载，"今国家所守界：泾州（甘肃泾州）西至弹筝峡西口（甘肃平凉西），陇州（陕西陇县）西至清水县，凤州（陇西凤县）西至同谷县（甘肃成县），暨剑南西山大渡河东，为汉界。蕃国守镇在兰、渭、原、会，西至临洮（甘肃临潭），东至成州（甘肃成县西），抵剑南西界磨些诸蛮，大渡水西南，为蕃界"。依这次议界规定，大体上黄河以南，自北向南一线，从今六盘山中段开始到陇山南端，然后穿西汉水、白龙江，循岷江上游西到大渡河，再循河南下，此线以东归唐管辖，以西归吐蕃管辖。至此，吐蕃切断了长安通向河西、西域的通道，并占有了西自临洮东到陇山西麓，包括大夏河、洮河、渭水上游、西汉水上游的一大片农业地区，唐朝被迫接受了这一既成事实。但次年（784）唐发生朱泚叛乱事件，吐蕃借口助唐平朱泚之乱，逾界攻陷盐州、夏州。唐朝作出重大让步的"清水议盟"，维持不到一年即成废文。②

　　清水盟后四年，即贞元三年（787）闰五月，发生了平凉吐蕃劫盟事件。吐蕃大论尚结赞认为，要进一步逼唐就范，必先翦除唐将李晟、马燧、浑瑊三人。出使平凉会盟的唐使正是浑瑊。尚结赞设下重兵，埋伏于盟坛之西，趁浑瑊更换礼服之机，吐蕃伏兵四起，浑瑊夺马而逃，幸免于难。会盟副使、兵部尚书崔汉衡及参加会盟的官兵千余人被俘。德宗欲逃离长安，被大臣们劝止。

　　平凉劫盟对唐朝的震动极大。同年，李泌出任宰相，提出"北和回纥，南通云南，西结大食、天竺，如此，则吐蕃自困"③，全面调整与四邻诸族的关系，集中力量对付吐蕃。德宗采纳了李泌提出的治蕃之策。此时，吐蕃貌似强大，其实早已危机四伏。民众困于连年兵役，又遭灾荒。贞元二年（786），润

---

① 〔北宋〕王钦若等：《册府元龟》卷979《外臣部·和亲》，中华书局，1960年，第11334页。
② 马大正：《公元650年至820年的唐蕃关系》，《马大正文集》，上海辞书出版社，2005年，第179—197页。
③ 〔宋〕司马光：《资治通鉴》卷233唐德宗贞元三年条，中华书局，1956年，第7502页。

州节度使韩滉即上书言吐蕃兵源穷蹙:"臣闻其近岁已来,兵众寖弱,西迫大食之强,北病回纥之众,东有南诏之防,计其分镇之外,战兵在河、陇五六万而已。"①吐蕃统治集团却无视这个潜在危机,仍醉心于黩武扩地。贞元十三年(797),赤松德赞死,诸子争立,吐蕃内乱。长子牟尼赞普(足之煎)继,在位一年又七个月,即在内乱中死于非命,赤德松赞继位。

赤德松赞是一位于吐蕃历史发展有重大影响的推动者,他执政期间政绩的一个主要方面是开始缓和与唐朝对峙的紧张关系。吐蕃与唐朝使臣往来逐渐增加,双方都在寻求重开会盟的可能与途径。为此,吐蕃派钵阐布到接近唐朝的地区主持工作。由于吐蕃占领了河陇地区大片土地,而唐朝又苦于无力收复失地,只能退而求其次,提出吐蕃归还安乐、秦、原三州为和盟条件,双方经过长期磋商,互作让步,唐朝释放战俘,吐蕃送回唐朝官员的灵柩,以此互表各自寻求和解的诚意,为长庆会盟准备了条件。

元和十年(815),赤德松赞死,其子赤祖德赞继位,吐蕃内部纷争并未停息,对外战争也屡遭挫折。赤祖德赞为稳定内部,保持多年对唐扩张的既得利益,急于与唐重开会盟。唐朝方面连年战乱,人皆惮战,也愿与吐蕃息兵和好,以求边界安定。德宗长庆元年(821),吐蕃一年三次遣使求盟,赤祖德赞及宰相钵阐布、尚绮心儿等在所书盟文中说:"蕃汉两邦,各守见管本界,彼此不得征,不得讨,不得相为寇仇,不得侵谋境土。若有所疑,或要捉生问事,便给衣粮放还。"②此议为唐朝全部接受。

长庆元年至二年(821—822),吐蕃与唐朝互派专使先后会盟于长安和逻些,即历史上著名的"长庆唐蕃会盟"。长庆元年(821)十月,吐蕃和使论纳罗与唐朝宰相崔植、王播等在长安西郊会盟。盟誓共申:"中夏见管,维唐是君;西裔一方,大蕃为主,自今而后,屏去兵革,宿忿旧恶,廓焉消除。追崇舅甥,曩昔结援。"次年,穆宗命刘元鼎为会盟使率使团赴吐蕃,与钵阐布云丹、尚绮心儿等在逻些东郊会盟,盟誓重申:"大唐文武孝德皇帝与大蕃圣神赞普,舅甥二主,商议社稷如一,结立大和盟约,永无沦替!"③在逻些建长庆会盟碑,以藏汉两种文字铭刻盟誓,此碑至今保存于拉萨大昭寺前供人观瞻。

---

① 〔后晋〕刘昫等:《旧唐书》卷129《韩滉传》,中华书局,1975年,第3602页。
② 〔后晋〕刘昫等:《旧唐书》卷196下《吐蕃传下》,中华书局,1975年,第5265页。
③ 《唐蕃会盟碑》,王尧编著:《吐蕃金石录》,文物出版社,1982年,第41页。

长庆会盟重新审定了清水议界所划定的双方管辖地段,沿贺兰山脉南行分辖东西之境,吐蕃占有河陇,保证不再侵扰唐之边境。

自此之后,唐蕃使节频相往还,各管本界,边境安宁,双方持续一个半世纪的争斗基本结束,进入以和为主的双方关系发展的又一阶段。只是此时,唐蕃双方实力均已大不如前。9世纪中叶,吐蕃在河陇地区吐蕃属民和吐蕃奴隶反抗起义的浪潮冲击下走向衰落,再过半个世纪大唐帝国也走完了自己的历程。

二、唐蕃会盟碑

唐穆宗长庆元年(821),吐蕃使臣纳罗和唐朝使臣刘元鼎,分别在长安同宰相崔植以及在逻些的赞普赤热巴巾会盟,重申"甥舅之好",并发展唐蕃"和同为一家"的友好关系。长庆三年(823),将盟文刻石立碑,用汉藏两种文字对照,立于大昭寺门前,记述唐穆宗与吐蕃赞普可黎可足有舅甥之谊,汉蕃"商议社稷如一,结立大和盟约"。故此碑被学界称为"唐蕃会盟碑"或"长庆甥舅会盟碑"藏语称其为"祖拉康多仁",意为"大昭寺前之碑"。(图7-1)它是汉藏两族团结友好的历史见证。

图7-1：唐蕃会盟碑

碑高4.78米,宽0.95米,厚0.5米,上有盝顶石盖。碑身四面刻字。正面为汉藏文双语对照盟约。汉文在左,正书6行,现存464字;藏文在左,横书77行。碑两侧为唐朝和吐蕃参加此次会盟的官员的名单。唐朝官员名字在碑左侧,共18人;蕃官17人,在碑右侧,亦汉藏双语对照。

碑文首先阐明结盟始末："大唐文武孝德皇帝与圣神赞普可黎可足商议社稷如一结立大和盟约。"①强调结约的目的是"商议社稷如一"。然后追述和赞扬了历史上藏汉两族的友好往来和亲密关系。碑文中说："圣神赞普弃宗弄赞（即松赞干布）与唐主太宗文武圣帝和叶社稷如一，于贞观之岁，迎娶文成公主至赞普牙帐。此后，圣神赞普弃隶缩赞（即赤德祖赞）与唐主三郎开元圣文神武皇帝重协社稷如一，更续姻好。景龙之岁，复迎娶金城公主降嫁赞普之衙，永崇舅甥之喜庆矣。""与唐之好夫复违言，谊属重亲，地接比邻，乐于和叶社稷如一统，甥舅彼此思熙融如一。与唐王（主）圣神文武皇帝结大和盟约，旧恨消泯，更续新好。此后，赞普甥一代，唐主舅又传三叶，嫌怨碍难未生，欢好诚忱不绝。亲爱使者，通传书翰，珍宝美货，馈遗频频。"②

这些友好往来的记述，虽然偏重在统治阶级上层的来往，却是当时汉藏两大民族亲密团结的象征，表现了历史的真实，反映了人民的愿望。

碑文还检讨了过去某些"弃却友好，代以兵争"的不愉快的事件，谴责了"开衅"的边将。

"圣神赞普可黎可足陛下……乃与唐主文武孝德皇帝舅甥和叶社稷如一统，情意绵长，结此千秋万世福乐大和盟约于唐之京师西隅兴唐寺前。"③

碑文追溯了唐蕃的历史和功绩，划定了唐蕃各自所辖地域界限，④并且记述了这次会盟的经过、立碑日期等。值得指出的是，在汉文记载中，对于参加会盟的官员，详细记载人数和姓名这一做法，是极为罕见的，显然是为了适应吐蕃的习惯和要求。过去吐蕃赞普曾多次要求重新订盟，直到821年订立盟约时，唐朝政府才理解到吐蕃强调由君臣共同署名以增加其约束力这一点，从而才明确指示官员签订这一盟约。从这个意义上讲，会盟碑不仅是一篇重要的历史文献，同时也是研究古代职官以及政治、经济和文化的珍贵史料。

自从这次盟誓以后，唐朝与吐蕃之间的纠纷基本结束。唐蕃双方会盟和划界的频繁，是不断战争与和好交织的产物。会盟的要求主要是由吐蕃提出，而渝盟的也以吐蕃为多，这是由吐蕃掠夺性经济和内倾中原文化的本质特征所决定的。但也从另一方面说明，会盟适应了唐蕃社会的发展需要，符合当时汉藏

---

① 王尧：《唐蕃会盟碑疏释》，《历史研究》1980年第4期。
② 王尧：《唐蕃会盟碑疏释》，《历史研究》1980年第4期。
③ 王尧：《唐蕃会盟碑疏释》，《历史研究》1980年第4期。
④ 范亚平：《唐蕃会盟碑——汉藏人民友好的历史丰碑》，《西藏民族学院学报》1987年第4期。

两大民族人民的愿望，体现了汉藏两大民族友好关系的进一步加强，顺应了历史的潮流。

第三节 贯穿于高原上的"婚姻红线"

青藏高原上各大文明，由于吐蕃王朝的崛起与不断向外扩张而连接起来。与此同时，青藏高原各族及其文化，也与中原唐朝文化密切结合在一起。而唐朝时期展示这种联系的，不仅有政治上的战和往来、经济上的丝绸贸易，而且还有贯穿于高原上的政治联姻。

一、外嫁的唐蕃公主

联姻对于统治者来说是不可或缺的政治手段。在吐蕃王朝统一青藏高原和向外扩张的过程中，通过政治联姻而建立起来的利益同盟，发挥了重要的作用。吐蕃外嫁公主给临邦首领，是其途径之一。

为了打开进入中亚、西域的通道，吐蕃把婚姻的红线牵到了地处交通要道的小勃律和苏禄。

小勃律在今克什米尔吉尔吉特，地处青藏高原通中亚要道，也是吐蕃通往安西四镇的交通要道。"国迫吐蕃，数为所困。吐蕃曰：'我非谋尔国，假道攻四镇尔。'久之，吐蕃夺其九城。"其后来被唐朝收复。到了其王苏失利执政期间，"为吐蕃阴诱，妻以女，故西北二十余国皆臣吐蕃，贡献不入，安西都护三讨之无功"。① 根据敦煌藏文历史文书，吐蕃的这位公主名叫杰娃墀玛类，她出嫁的时间是在740年。不过，这位公主在不久以后的747年，与夫君一起被唐朝大将高仙芝所俘虏，并在长安度过了她的余生。②

苏禄，突厥别部突骑施之可汗。突骑施守忠被后突厥默啜杀死后，其部将苏禄聚集余众，统率突骑施。在苏禄安抚下，西突厥十姓部落逐渐归附于他，其部众至二十万人，占有西域大片领地。不久，苏禄遣使入朝谒见唐玄宗。715年，玄宗任命苏禄为左羽林大将军、金方道经略大使。716年，奚、契丹、拔野古等部落归附唐朝，突骑施苏禄自立为可汗。

① 〔宋〕欧阳修、宋祁：《新唐书》卷221下《小勃律传》，中华书局，1975年，第6251页。
② 王尧、陈践：《敦煌本吐蕃历史文书·大事纪年》，民族出版社，1992年，第154—155页。

717年，苏禄部众日益壮大，虽仍按时向唐朝纳贡，但心中已有入侵大唐边地的意向。五月，西突厥十姓可汗阿史那献请求朝廷调集葛逻禄部落的军队进攻苏禄，唐玄宗不允。开元七年（719）十月二十八日，唐玄宗册拜突骑施苏禄为忠顺可汗，承认了他的可汗地位。开元八年（720）十二月初三日，唐玄宗将十姓可汗阿史那怀道的女儿封为交河公主，将她嫁给了苏禄。开元二十三年（735），突骑施攻打北庭和安西拨换城，次年被北庭都护盖嘉运打败。于是，苏禄可汗派大臣胡禄达干请降。苏禄可汗起初很节俭，掠夺的财物都分给各部落，深得人心，但他娶了唐朝、突厥、吐蕃三国公主之后，分立数子为叶护，暗地里却遣使南通吐蕃，尽失人心。原可汗娑葛的部落为黄姓，不服苏禄的黑姓。738年，黄姓的莫贺达干杀死苏禄可汗。都摩度拥立苏禄可汗的儿子骨啜为吐火仙可汗。

苏禄部落主要活动在今吉尔吉斯斯坦的楚河流域。唐朝、吐蕃先后嫁女与苏禄，为的是进入中亚，控制丝绸之路的交通与贸易，而苏禄的态度对于唐蕃双方在西域的争夺也有一定的影响。

二、外来的吐蕃王妃

在中华民族关系史上，唐朝与吐蕃的和亲占有重要地位。作为和亲使者的文成公主和金城公主，以她们的亲身经历绾就了血浓于水的唐蕃关系纽带，谱写了"汉藏自古是一家"的历史篇章，为中华民族的统一作出了巨大贡献。

在中国历史上，中原王朝与边疆地区诸王国之间既有和睦的交往，也有边界利益的纷争。于是，各王国之间的关系也随着利益的变化，时而紧张，时而友好，有时通过武力征服达到抢夺财物、占领土地的目的，有时又会以联姻和亲的方式来取得和平。在人类历史上，王室之间的通婚本十分自然，不仅是门当户对，还可增进信任与感情，形成军事联盟。唐朝是中国封建社会的顶峰，也是中国历史上最为强大的王朝。唐朝的公主们是中国历史上的特殊群体，她们享有比任何一个朝代的公主都更高的地位。但是，享有天姬之贵的公主们，在"九天阊阖开宫殿，万国衣冠拜冕旒"的盛景背后，仍然逃脱不了婚姻的悲剧，尤其是那些和亲公主。据《新唐书》《唐会要》记载，在唐代289年间，共有公主212人。而那些"和亲公主"多非皇帝之女，真正出自皇家的只有6位，其中，真公主有3位，即宁国公主、咸安公主、太和公主，其余都是宗室之女、宗室外甥女或功臣之女。但是，因为这些"公主"的家族与李唐皇室有着密切的关系，所以其身份地位与真公主并无显著差别。这些"公主"一次次充当了两国联姻通好活动中极为重要的角色，活跃在当时的政治和外交舞台上，同时也在丝路交通及民族经济、文化交流中发挥了不可替代的作用。其中，在嫁往吐蕃的和亲公主中，文成公主和金城公主为唐蕃之间的友好交往作出了不可磨灭的贡献。

（一）文成公主

隋末唐初，在西藏高原上崛起了一个强大的民族政权——吐蕃。7世纪初期，吐蕃赞普松赞干布基本完成了诸羌的统一，扩大了吐蕃帝国的疆域。唐蕃之间的第一次交往就始于634年，十一月，松赞干布派使者至长安与唐通好。唐太宗也遣使入蕃，使唐蕃对彼此丰富多彩的物质生活及文化生活有所了解。（图7-2）

唐贞观十年（636），松赞干布派大臣论布噶（《唐书》称"禄东赞"）随唐使来长安报聘，贡献金币，要求通婚。因种种原因，唐太宗未许。据吐蕃史书《世系明鉴》记载，"赞普致书唐主曰：'若不许嫁公主，当亲提五万兵，夺

图7-2：松赞干布与文成公主塑像

尔唐国，杀尔，夺取公主'"。而在《西藏王统记》中亦载："如若是行不得公主，我即遣化身军旅五万，杀汝，掳公主，劫掠一切城市而后已。"这种以武力相威胁的请婚，类似于抢婚。在随后的唐蕃之间的武力较量中，吐蕃兵败。贞观十四年（640），松赞干布命大相禄东赞"献黄金五千两及珍宝数百件作聘

礼,请许婚"①。唐太宗接受了吐蕃的请求,借此与吐蕃通好,允许把宗室之女文成公主嫁给松赞干布。贞观十五年(641),"筑行宫于河源王之国(吐谷浑),命江夏王李道宗持节护送文成公主于土波,由长安经凤翔、秦州(天水)、河州(临夏)、鄯州(乐都),逾日月山(湟源西南),沿唐蕃大道入蕃"②。松赞干布亲自从逻些(拉萨)率军至柏海(青海扎陵湖)迎接,且执子婿之礼谒见李道宗,然后同返逻些,为公主于玛布日山(今西藏拉萨布达拉山)建宫室安置,并举行了隆重的婚礼。"其国人皆以赭涂面,公主恶之,赞普下令禁之。亦渐革其猜暴之性,遣子弟入国学,受《诗》《书》。"③

文成公主知书达理,博学多才。她笃信佛教,携带一尊释迦牟尼佛像入蕃,并修建神殿(今拉萨小昭寺)作为佛像的供养之所。后来该寺成为接待大唐使者和高僧之所。

除佛像外,文成公主入蕃还带去了"诸种库府财帛、金镶书橱,诸种金玉器具,诸种造食器皿、食谱、玉甃与金鞍,诸种花缎、绵、绫、罗与诸色衣料两万匹","四百又四医方,百诊五观六行术,四部配剂术","书典三百又六卷,术数书三百卷"。④现在藏族所用十二地支属相(子鼠、丑牛、寅虎、卯兔、辰龙、巳蛇、午马、未羊、申猴、酉鸡、戌狗、亥猪)配合五行(木、火、金、水、土)纪年,与汉地天干地支配合历法相同。其法"以甲乙为木、丙丁为火、庚辛为金、壬癸为水、戊己为土,并以前字为阳,后字为阴,配到六十年为一周年,藏语称饶迥。传此种历法,亦为文成公主所教"。⑤与此同时,她把中原劳动人民创造的丝织品、服饰、生活用具、烹饪法等各种文化带进西藏。文成公主的琵琶歌中有"植桑织丝兮,编竹为缝兮,灰岩为陶兮""乳正变为酪,酪正取酥兮,酸酪变膏兮"⑥之句,说明吐蕃当时已开始制造酥油、干酪和酸奶子,在手工业方面已有丝织业、竹索业和制陶业的出现。随文成公主入蕃的还有造酒、碾磨、纸墨、纺织等工匠。于是,中原地区的各种先进生产技术传入吐蕃。唐蕃和亲为促进汉藏人民之间的友好关系,树立了良好

---

① 邓书杰:《隋唐史》,吉林大学出版社,2005年,第244页。
② 黄奋生:《藏族史略》,民族出版社,1985年,第60页。
③〔宋〕司马光:《资治通鉴》卷196唐太宗贞观十五年正月丁丑条,中华书局,1956年,第6164页。
④ 任乃强:《〈西藏政教史鉴〉校注附录九文成公主下嫁考》,《康导月刊》第3期。
⑤ 黄奋生:《藏族史略》,民族出版社,1985年,第70页。
⑥ 任乃强:《〈西藏政教史鉴〉校注附录九文成公主下嫁考》,《康导月刊》第3期。

的开端。后世藏族人民十分珍视这次和亲,把它视为汉藏友好的象征。

因而,藏族人民编写了许多神奇而美妙的神话故事和诗歌来歌颂文成公主。今天,在西藏民间还广泛流传着这样一首诗歌,歌词大意是:

> 从汉族地区来的王后文成公主,
> 带来不同的粮食共有三千八百种,
> 给西藏的粮仓打下坚实的基础。

> 从汉族地区来的王后文成公主,
> 带着不同手工艺的工匠五千五百人,
> 给西藏的工艺打开了发展的大门。

> 从汉族地区来的王后文成公主,
> 带来不同的牲畜共有五千五百种,
> 使西藏的乳酪酥油从此年年丰收。①

文成公主与松赞干布共同生活了9年。永徽元年(650),松赞干布逝世,文成公主仍然留在吐蕃,于永隆元年(680)去世,在吐蕃生活了近四十年的时间。布达拉宫至今仍保存着文成公主与松赞干布婚房遗址,拉萨的大昭寺至今还供奉着她的塑像。在玉树藏族自治州结古镇巴塘乡白纳沟内,至今还有一座叫"文成公主庙"的寺庙。据说,白纳沟是文成公主远嫁吐蕃途中停留时间最长的地方。庙宇面临溪流,背倚高山,掩映于苍松翠柏之间,是西藏佛教徒和海内外游人朝拜、游览之所,是唐蕃古道上重要的文化遗存。人们仍在纪念着这位为藏族地区作出过重大贡献的中原公主。

(二)金城公主

中宗朝的奢靡之风,使唐帝国元气大伤,为一直觊觎边塞的突厥和吐蕃提供了机会。神龙二年(706)十二月,突厥对唐属地鸣沙(今宁夏灵武)发动了大规模侵袭,突破唐军防线,直入唐境。与此同时,吐蕃又在青海和西域对唐展开了猛烈的军事行动,骚扰唐朝西境。此时,吐蕃赞普赤德祖赞刚刚继

---

① 朱孟阳:《细说唐代二十朝(上)》,京华出版社,2005年,第76页。

位，年纪又小，由于王室内部争权激烈，整个吐蕃地区统治不稳，急于与唐通好，以加强赞普的统治。因此，赞普垂帘听政的祖母命大臣悉熏热来献方物，为赞普请婚。707年，中宗被迫将金城公主嫁给吐蕃赞普，通过和亲暂时获得了边境的安宁。①

景龙三年（709），吐蕃派尚赞吐、名悉腊等来迎金城公主。中宗于苑内设宴招待。次年降诏，由右卫大将军杨矩护送金城公主入藏。中宗赐金城公主"绵缯别数万，杂技诸工悉从，给龟兹乐"，并亲率百官送公主至始平县（今陕西兴平），举行了极为隆重的盛会。席间"谕吐蕃使者以公主年幼割爱远嫁的意旨，并命群臣作诗送别，赦放始平县犯人，免百姓赋税一年，改始平县为金城县，乡为凤池乡，里为怆别里，并颁布金城公主远嫁制书，表示双方的意义"②。当时为金城公主送婚护卫的队伍人数达千人以上。吐蕃赞普为迎接公主的到来，专门在悉诺罗岭（今唐古拉山）凿石通车。

金城公主才华出众，深明大义。她入蕃后，曾资助于阗等地僧人入蕃，建寺译经，并向唐求得《毛诗》《礼记》《左传》《文选》等汉文典籍，在吐蕃文化的发展中起到了积极的作用。

唐睿宗时，护送金城公主的杨矩任鄯州都督，吐蕃送给厚赂，请他代为请求，将"河西九曲地（今青海贵南、同德等地）作为金城公主的汤沐邑"③，实则吐蕃想用这个手段取得军事根据地，创造攻唐的有利条件。金城公主后来虽促成唐蕃和盟，但只保得一时之太平。而吐蕃得地，"自是虏益张雄，易入寇"，打开了日后向唐帝国动辄出兵侵扰、大举扩张领土的方便之门。

赤德祖赞成年后多被大臣操纵，虽然与大唐通婚，但双方边境还是不时发生战争。金城公主夹在其中，左右为难。不过，吐蕃输多赢少，赤德祖赞只得派人向大唐求和。这时唐朝的皇帝已经是唐玄宗了，玄宗一方面优待吐蕃使者；一方面派使臣皇甫惟明前往吐蕃，赐给金城公主书信，并带去大量赏赐物品。赤德祖赞非常高兴，出示贞观以来唐帝给赞普的诏书。

开元十八年（730），赞普赤德祖赞派名悉腊来朝，亲自转上赞普赤德祖赞和金城公主的礼物及赤德祖赞的书信。唐玄宗"对吐蕃代表名悉腊以优厚的招

---

① 诸葛文：《中国历代秘闻轶事（唐）》，京华出版社，2004年，第75页。
② 黄奋生：《藏族史略》，民族出版社，1985年，第90页。
③ 黄奋生：《藏族史略》，民族出版社，1985年，第90页。

待，同吐蕃订立以赤岭（青海湟源日月山）为界的互不侵犯和约（唐蕃第二次和盟），立碑刻约其上"。①后吐蕃与唐又起争端，赤岭碑亦为唐朝推倒。及至开元二十九年（741），金城公主去世，吐蕃遣使告哀，并仍请和，唐廷不许。使到数月，始为公主举哀，玄宗罢朝三日。金城公主从出嫁吐蕃到去世，计32年，她始终谨记促进唐蕃和平相处的使命，并为此尽到了自己最大的努力，但双方统治阶级的贪欲，毁灭了她的这一希望。

如果将文成公主和金城公主远嫁的情况相比，两者有很大的不同。文成公主下嫁吐蕃，是在唐军击败吐蕃军后，当时唐朝远强盛于吐蕃，故文成公主的远嫁，使吐蕃赞普感到无比荣幸。而金城公主远嫁时，唐朝已经衰落，吐蕃强于唐，故吐蕃在娶了金城公主后，得寸进尺，不断攻占唐朝土地。但金城公主入藏，同样促进了唐蕃之间友好关系的发展，更进一步为吐蕃引进了大唐的先进科技和文化。

由于文成和金城两位公主入藏，唐蕃之间往来的使者和商旅不断增多，唐蕃之间的这条交通道路也因而被开通。

不仅仅是文成公主和金城公主，所有穿梭于唐蕃古道上的唐朝和亲公主，她们都为唐蕃两国边境安宁作出了非常大的贡献。在和亲中，唐朝宣扬了国威，提升了自己在边境少数民族中的声望，使边境获得或多或少的安宁，也传播了汉族先进文化和先进科学技术，促进了民族的大融合。同时，吐蕃在和亲中学习了汉族先进的文化和科学技术，手工业水平迅速提高。周边各少数民族也碍于大唐强大的国力，不敢随意侵犯吐蕃领土，让吐蕃有了一个稳定的外部发展环境。

除文成公主和金城公主外嫁吐蕃之外，唐朝还和其他的少数民族进行了政治联姻。唐朝与各部的联姻，既是保境安民、维持丝路交通的有力举措，同时也是与吐蕃争夺的客观需要。②政治婚姻网络，是青藏高原上的吐蕃王国自身以及它与外界保持文化联系的另一个巨大的信息纽带。

---

① 黄奋生：《藏族史略》，民族出版社，1985年，第93页。
② 张云：《丝路文化·吐蕃卷》，浙江人民出版社，1995年，第166页。

第四节 唐蕃古道上的行人

唐蕃之间的密切联系，吐蕃丝路的繁盛，集中地体现在使者的往返方面。使者的任务除会盟和划界外，还包括和亲、告哀、吊祭、修好、封赠、朝贡、求请、报聘、慰问等，涵盖政治、经济、军事、文化等各个方面。

一、出使天竺的使者

(一) 王玄策、李义表出使天竺

唐初，中印通道异常活跃，两国政府与民间往来频繁，这一切始于至今仍闻名于世的玄奘法师。而在玄奘之后，为中印关系建功立业者当推王玄策。

王玄策，河南洛阳人。贞观至龙朔年间几度出使天竺，《新唐书·西域传》《新唐书·吐蕃传》《旧唐书·西戎传》《册府元龟·外臣部》皆记载其奉使之事，但未有更多资料见于正史。究其原因，王玄策以六品右卫率府长史之衔奉使，后虽跃升为五品朝散大夫，但与新、旧唐书列传中的人物比，显得"官小人微"。从封建巨僚出身的修史者的角度来看，不足以给他树碑立传。故后人无从知晓他的生卒年月，对其生平功绩的了解亦仅限于几次出使天竺之事。①

641年，文成公主出嫁吐蕃，唐蕃之间的交往步入新的历史时期。在南亚次大陆，北天竺王尸罗逸多（戒日王，606—648年在位）借东、西、南、北、中五天竺国大乱之机，"象不解鞍，人不释甲，居六载而四天竺之君，皆北面以臣之，威势远振，刑政甚肃"②。贞观十五年（641），正当文成公主前往吐蕃时，尸罗逸多王自称摩伽陀王，遣使至唐。唐太宗遣使臣梁怀璥持书回报。尸罗逸多以与唐朝通使为幸事，再次遣使至唐。贞观十七年（643）三月，唐太宗令朝散大夫行卫尉寺丞上护军李义表为使，前融州黄水县令王玄策为副使，率由22人组成的使团护送天竺使者回国并出使该国。这是唐朝使团第一次取道吐蕃丝路。

在取道吐蕃丝路行经泥婆罗国时，业已臣服吐蕃的泥王那陵提婆大喜，延

---

① 巴桑旺堆：《宗嘎唐代汉文摩崖碑铭补考——兼述吐蕃古道》，《西藏研究》1996年第3期。
② 〔后晋〕刘昫等：《旧唐书》卷198《天竺传》，中华书局，1975年，第5307页。

请李义表一行一同参观阿耆婆弥池。同年十二月,使团至摩伽陀国,巡省佛乡,"大臣郊迎,倾都邑纵观,道上焚香"。①

645年正月二十七日使团至王舍城,登耆阇崛山并刻石铭文。二月十一日,奉太宗敕谕,在摩诃菩提树下塔西立碑,使典司门令史魏才书之。随行的画匠宋法智还临摹了菩提树下的佛像,带回京师,大家竞相学习临摹。李义表至东天竺迦摩缕波国(今阿萨密),童子王请赐道教经典及译文。647年,玄奘与道士蔡晃、成英等30余人受诏,翻译、校对《道德经》为梵文,之后王玄策再次出使天竺时,赠予童子王,这一事件直接影响了印度密宗在迦摩缕波等地的形成。中印吐蕃道由此畅通。

647年,唐朝又派出以右率府长史王玄策为使、蒋师仁为副使的使团,取道吐蕃丝路前往天竺。同时,四个天竺国王遣使来唐朝贡。其时正值尸罗逸多身死,国内大乱。其属臣那伏帝阿罗那顺篡权自立,发兵拒绝王玄策等入境。王玄策率骑30人迎战,失败被擒,诸国朝贡来的物品也被洗劫一空。王玄策趁天黑逃脱,来到吐蕃。吐蕃发精兵1200人,泥婆罗国也调出7000多名骑兵从行。王玄策、蒋师仁率两地兵至中天竺国城,连战三日,斩首3000余级,赴水溺死者1.2万人,掠其牛马3万余。648年,阿罗那顺被押送至长安。太宗死后葬昭陵,"刻石像阿罗那顺之形,列于玄阙之下"。王玄策此行还带回了一名叫那罗娑婆寐的天竺方士,此君称自己已200岁,有长生之术。太宗礼敬有加,让他住在金飙门内,造延年益寿之药。又命兵部尚书崔敦礼监主其事,采天下奇药异石为之,待药成,服之无效,又将此方士放还天竺。王玄策来到迦摩缕波,送去所译《道德经》,其王十分高兴,献异物,并上地图,请老子像。②

王玄策第三次出使天竺是在657年初,任务是送佛袈裟,依然取道吐蕃丝路,过泥婆罗,游胜地,然后南入天竺。659年,至婆栗阇国(即弗栗恃国,今印度北部达尔彭加县北部地区),受到盛情款待,"王为汉人设五女戏"娱之。660年九月二十七日,菩提寺主戒龙为汉使王玄策等设大会欢迎。于是,王玄策在菩提寺中立碑记其事。十月一日离寺西行,途经罽宾(今克什米尔),并在该国古王寺带佛骨一片,于661年春返回长安。

王玄策第三次经吐蕃丝路前往天竺,对于该道的畅通具有重大的意义。他

---

① 〔宋〕欧阳修、宋祁:《新唐书》卷221上《西域传上》,中华书局,1975年,第6238页。
② 〔后晋〕刘昫等:《旧唐书》卷198《天竺传》,中华书局,1975年,第5308页。

将沿途所见所闻撰成《西国行传》（又名《中天竺行记》）一书，可惜此书已佚，零散资料见于《法苑珠林》等书中。通过王玄策、李义表的出使，印度佛教进一步传入唐朝，而中国的道教经典与文化也更全面地传入印度，加深了两国间的文化交流。此后，唐朝与天竺使者往来不断。天竺进献唐朝的方物有火珠、郁金、菩提树、五色能言鸟（鹦鹉）、质汗药、波罗树、龙脑香、问日鸟等，唐朝回赠的物品主要以丝绸为主。开元八年（720），南天竺国王尸利那罗僧伽请以战象及兵马讨击与唐朝对抗的大食及吐蕃，并请命其军名。唐玄宗嘉其诚，赠以锦袍、金革带、鱼袋等，赐其军为"怀德军"。737年四月，东天竺国三藏大德僧达摩战来献胡药、卑斯比支等及新咒法、梵本杂经论、持国论、占星记梵本诸方，唐朝也以礼相待。唐德宗时，还将御制钟铭，赐给天竺那烂陀寺。① 可见，中印文化交往的频繁，与唐蕃丝路的畅通有着较为密切的关系。

王玄策第四次使天竺事，过去的研究者，对于他此行多持否定的意见。冯承钧先生亦对此存有疑惑。他在录出唐义净《大唐西域求法高僧传·玄照传》的有关记载之后，作按语谓："文成公主是在641年出嫁吐蕃，则玄照发足应在此年之后，计算他在各地停留的时间已有十四年之久，若将旅途的时间加入，至少有十六七年，则王玄策见彼之年，应在第三次奉使之中。上引之文，既说随蒙降敕，重诣西天追玄照入京，好像王玄策又有第四次奉使。"考《旧唐书》卷4麟德二年（665），就有幸东都之文。"如此看来，又可证实王玄策出使之事，不过只有这一条孤证。而且，玄照好像又是一个人归国。又玄照赴印度后，《玄照传》有'见唐使人引卢迦溢多于路相见'一语，此使人似非玄策，则前追玄策入京者，恐非玄策本人。所以对于第四次奉使之说，未敢承认其是。"② 自此说之后，多有从者。

王玄策出使归来之后，和玄奘法师一样，将其至天竺的见闻，整理成为《西国行传》（《中天竺行记》）一书。此书是研究中西交通史重要的资料之一。道世《法苑珠林·感通篇·述意部》谓："依奘师行传（行论）、王元（玄）策传及西域道俗，任土所宜，非无灵异。敕令文学士等总集详撰，勒成六十卷，号为《西国志》，图画四十卷，合成一百卷。从于阗国至波斯国已来，大唐总置都督府及州县、折冲府，合三百七十八所，九所是都督府，八十

---

① 〔宋〕欧阳修、宋祁：《新唐书》卷121、卷221中均有记载。
② 冯承钧：《西域南海史地考证论著汇辑·王玄策事辑》，中华书局，1957年，第120—121页。

所是州，一百三十三所是县，一百四十七所是折冲府。"这个记载使我们清楚地知道，王玄策的《中天竺行记》和玄奘法师的《大唐西域记》是同样重要的。

地处古丝绸路上的一大"山结""水结"之处，亦为"路结"所系之地的炳灵寺石窟（图7-3），是丝路东段五条干道——秦陇南道、羌中道（吐谷浑道）、唐蕃古道、大斗拔谷道、洪池岭（乌鞘岭）道汇集之处。①该石窟中留存的大量游人题记等相关史料，体现了其在丝路交通上的重要地位，亦是唐蕃古道上一处历史足迹。

唐蕃古道在此处与由长安、兰州或河州而来的秦陇南道相接，在炳灵寺附近渡过黄河，取道湟水谷地西行，经乐都、西宁等地，翻越日月山，又穿过青海高原腹地，南越昆仑山，再越唐古拉山口，经安多、那曲等地至逻些（今拉萨）。唐道宣的《释迦方志》所记"东道"即此。义净的《大唐西域求法高僧传》中称其为吐蕃路。文成公主、金城公主入藏，唐使节王玄策出使天竺，刘元鼎入蕃会盟，均循此道。该道向南可进入尼泊尔、印度等地，故又成为一条唐朝对外贸易的重要通道。

图7-3：炳灵寺石窟

---

① 李并成、马燕云：《炳灵寺石窟与丝绸之路东段五条干道》，《敦煌研究》2010年第2期。

唐蕃古道颇为繁荣，在炳灵寺石窟中留下了大量有关唐蕃关系的史料。第169窟东壁12号龛壁画旁墨书题记："佛弟子□秦州陇城县防秋健儿郭思□□□□□检校□□一心供养佛，故记之。"①防秋健儿即防秋兵，虽属长征健儿，但又有所不同，他们是唐代边疆地区秋熟季节防御吐蕃前来抢夺粮食的特殊部队。《资治通鉴》卷214载，开元二十七年（739）一次就选募关内、河东壮士5万人，"诣陇右边遏，至秋末无寇，听还"。炳灵寺一地正是吐蕃前来的通道，也是"防秋"的重点地区之一和唐蕃交往的要地。

唐高宗仪凤三年（678），由宰相李敬玄、工部尚书刘审礼等率领的大军出击吐蕃，就曾途经炳灵寺，并由同行的刑部侍郎张楚金于此撰写长篇题记，刻在64龛上方。该题记凡40行，每行42字，虽部分文字剥落，但其大意尚可明了，记载了当时的唐蕃关系及战事情况以及对炳灵寺奇异幽雅的景色和佛教盛况的赞美，并描述了凤林关、积石关的险峻："参沧海，唯此石门最为险峡，□□□氏导河口迹施功之一……有门之左右，各有……上也云霓初入□门□时成获峡……削成万仞高林……"②李敬玄等出军吐蕃事，《旧唐书·高宗纪》《新唐书·李敬玄传》《新唐书·吐蕃传》《资治通鉴》卷202等均有记载，由此也可见炳灵寺在唐蕃交通、唐蕃关系上的重要性。

更值得注意的是，第148窟北侧留有唐开元十九年（731）御史大夫崔琳率领的一支庞大的"和蕃使团"的副使膳部郎中魏季随所写《灵岩寺记》，灵岩寺即唐代的炳灵寺。此题记阴刻在距地面30多米的悬崖上，凡31行，每行40余字不等。记曰："钟羌不庭，虐乱西鄙，岁践更卒，毒于年久。开元皇帝，大怜黔黎……谋尔孙，式敬惟畅，德迹潜训，化融滋草，颙神钦开，且已百祀。洎开元岁，边守不□，度□□或金以……闲道洽，而意拒壤制兵罗，而形束干戈，曰□征委□□人衽金以乱□□勒……王因忘怒，念其姻旧之戚，许以自新之惠。思所以还□□王命奉鸿休，克难其人，异国……"③崔琳出使吐蕃事，《旧唐书·玄宗纪》、《资治通鉴》卷213开元十九年条、《册府元龟》卷

---

① 魏文斌、吴荭：《炳灵寺石窟的唐蕃关系史料》，《敦煌研究》2001年第1期。
② 杜斗城、王亨通：《炳灵寺石窟内容总录》，兰州大学出版社，2006年，第65页；王万青：《炳灵寺石窟摩崖碑刻题记考释》，《敦煌学辑刊》1989年第1期。
③ 杜斗城、王亨通：《炳灵寺石窟内容总录》，兰州大学出版社，2006年，第155—157页；王万青：《炳灵寺石窟摩崖碑刻题记考释》，《敦煌学辑刊》1989年第1期；魏文斌、吴荭：《炳灵寺石窟的唐蕃关系史料》，《敦煌研究》2001年第1期。

654、《唐会要》卷97等皆有相似记载,唯《唐会要》将出使时间误记为十七年。崔琳出使不仅是为了国事和边界问题,同时也为了金城公主下嫁赞普之事前往吐蕃报聘。当时吐蕃频繁遣使请交马互市、立界碑等以求和,唐蕃关系维持了一段友好相处的时日。

炳灵寺下寺区中段崖面之第54龛题记:"大唐永隆二年(681)闰七月八日,陇右道巡察使、行殿中侍御史王玄策,敬造阿弥陀佛一躯并二菩萨。"①王玄策为唐代杰出的外交活动家,从贞观十七年(643)至麟德二年(665)曾四次奉敕出使天竺,第54龛题记为我们研究王玄策提供了新材料。该题记位置显著,字迹刻写清晰,唯"策"字因年久风化,有所剥落,稍显模糊。学者阎文儒一行于1963年8月对炳灵寺的系统调查中,即释此字为"策"。玄策西使所走的路线即为途经炳灵寺的唐蕃古道。

与王玄策题记同一年的还有如下题记:第51龛:"大唐永隆二年(681)闰七月八日,巡察使典雍州醴泉县骆弘爽,敬造救苦观世音菩萨一躯。"②第52龛:"大唐永隆二年闰七月八日,御史台令史蒲州河东县张积善奉为过往亡尊及见存眷属、一切法界众生,敬造救苦观世音菩萨一躯。"③第53龛:"大唐永隆二年闰七月八日,巡察使判官岐州氇县丞轻车都尉崔纯礼为亡考亡妣敬造阿弥陀佛一躯并二菩萨。"④魏文斌等研究者认为,这些巡察使的题记可能与当时的唐蕃关系有关。⑤

(二)《大唐天竺使出铭》

1990年,文物普查队在靠近尼泊尔边境的一个山口发现摩崖石刻《大唐天竺使出铭》。此碑系唐显庆三年(658)所刻,碑文记载了唐代使节王玄策率随从刘嘉宾、贺守一等人历尽艰难险阻,出使天竺,经小羊童(同)等,路过吉隆,于此勒石纪功的情形。吉隆在吐蕃时代称Mang-yul(芒域),清代文献作"济咙"。1994年,霍巍在日本《东方学报》和《中国藏学》上发表了更为详细

---

① 杜斗城、王亨通:《炳灵寺石窟内容总录》,兰州大学出版社,2006年,第65页;魏文斌:《炳灵寺石窟唐"永隆二年"诸龛简论》,《敦煌研究》1999年第3期。
② 杜斗城、王亨通:《炳灵寺石窟内容总录》,兰州大学出版社,2006年,第62页。
③ 杜斗城、王亨通:《炳灵寺石窟内容总录》,兰州大学出版社,2006年,第63页。
④ 杜斗城、王亨通:《炳灵寺石窟内容总录》,兰州大学出版社,2006年,第64页。
⑤ 魏文斌:《炳灵寺石窟唐"永隆二年"诸龛简论》,《敦煌研究》1999年第3期。

的研究报告。①碑刻所在位置北面为宗喀山口,系昔日进入吉隆盆地的古道入口,东西两侧为群山环抱,南面为通往县城的现代公路。

《大唐天竺使出铭》刻于山嘴西北至东南走向的一崖壁上,铭文上方有突出的崖檐,可遮风挡雨,下方有一小溪,此地海拔4230米。碑铭宽81.5厘米,残高53厘米,其下端已损毁残缺。

碑额篆刻阳文一行"大唐天竺使";碑文阴刻楷书24行,满行原来估计约30—40字。现残存约222字。碑文部分字迹漫漶,行、字之间阴刻4厘米×3.5厘米细线方格。每字约2厘米见方。题铭文字因多年风化,侵蚀严重,有许多字已模糊不清,但从题铭及文中"大唐显庆三年"的年号来看,系唐显庆三年(658)一方题铭。这一珍贵题铭对进一步研究古代唐蕃、中外关系等问题,具有极为重要的意义和价值。2001年《大唐天竺使出铭》作为658年的古石刻,被国务院批准列为"全国重点文物保护单位"。

据霍巍、李永宪等专家考证,崖刻为唐显庆年间朝廷使臣出使印度经由此地时所刻。之后,佟柱臣在《大唐王玄策天竺使出铭考》中"讨论了盛唐时期册封渤海郡王大祚荣石刻和册封南诏王异牟寻石刻,然后对《大唐天竺使出铭》进行了详细的考释。最后部分收集了有关王玄策事迹的史料"。②进而得出吉隆摩崖是唐高宗显庆三年(658)的《大唐天竺使出铭》的结论。它证实了西域长史王玄策通往天竺的史事。

除了霍巍、李永宪关于《大唐天竺使出铭》内容和意义的考证之外,其他学者也对《大唐天竺使出铭》进行多方考释。有的根据骈文规则,"考出铭文每行为19字,总字数为415字,改正和增识了180多字,使文意更加晓畅明白,并发掘出了若干文献资料,有利于唐、蕃、印(天竺)关系及相关历史地理问题的深入研究"。③另外,霍巍在原有研究基础上也有新发现,对《大唐天竺使出铭》的字数和内容进行了补充。"《大唐天竺使出铭》摩崖石刻碑铭的考古发现,首次为唐代王玄策使团出使印度,以及唐代中印交通中'吐蕃—泥婆罗道'的路线等问题提供了可靠的实物材料。资料刊布之后,国内学者对

---

① 霍巍:《〈大唐天竺使出铭〉及相关问题研究》,《东方学报》第66册,1994年,第253—270页;霍巍:《从考古材料看吐蕃与中亚和西亚的古代交通》,《中国藏学》1995年第4期。
② 佟柱臣:《大唐王玄策天竺使出铭考》,《藏学学刊》第4辑,四川大学出版社,2008年。
③ 次旦扎西:《西藏地方古代史》,西藏人民出版社,2004年。

此碑的内容及涉及的若干重要问题作过认真的研究。"①

研究者把蕃尼古道分为南北两段，其北段为青海至拉萨，641年松赞干布迎请文成公主入藏，便走的是此线。分歧在于这条道路的南段，即自拉萨经西藏边境至泥婆罗的具体线路的走向。《大唐天竺使出铭》在吉隆沟的发现，为南段线路的确定提供了证据。

《大唐天竺使出铭》石刻的发现，拓展了史学视野，为深入研究唐代政治、经济、文化等提供了依据。有唐一代，是中国封建社会的鼎盛时期，无论是疆域的广博，抑或是对外交往的频繁，都为前时期诸朝所不及，这是为历史文献的记载所证实了的。在对外交往中，以天竺摩伽陀王国和大唐帝国的交往最多。巴桑旺堆先生曾对吉隆沟进行多次实地调研，关于《大唐天竺使出铭》有详细的论述，并推动了吉隆由蕃尼古道研究向唐蕃古道延伸段的转变。②

二、穿梭于高原上的使者和囚客

唐蕃关系的密切，使吐蕃丝路日益繁盛。据初步统计，634年至842年，唐使入蕃有52次，蕃使来唐有100次，平均一年零四个月唐蕃间即有一次使臣往来。

在唐朝，出使吐蕃被认为是一件苦差事。身负送亲使命的使者，要远涉千里高原险途，自然需要一种无畏的精神，并非瞻念私利者所能为之。因此，金城公主出嫁时，中宗召侍中纪处讷，先赞其"雅识蕃情，有安边之略"，命其充任送亲的使者，结果仍被其以"不练边事"而"固辞"。

唐代的入蕃使多为皇命钦差，但《全唐文》留下的御制委任书却寥寥无几。由皇帝亲笔手书的只有"命李暠使吐蕃制"和"命崔琳使吐蕃诏"两条，皆为唐玄宗一人所书。除皇帝所书的两件诏制外，在有关的历史文献中，我们还可以看到由臣下代为撰写的制诰数件，有元稹、白居易等留下的数条。相比之下，这些诗人为那些奉旨出使吐蕃的远行人，写下了一行行感人的诗句。如张说《送郭大夫元振再使吐蕃》，诗中说：

犬戎废东献，汉使驰西极。长策问苜渠，猜阻自夷殛。
容发沮边岁，旌裘敝海色。五年一见家，妻子不相识。

---

① 贡塘·旦增罗布：《芒域贡塘文化史》，西藏人民出版社，2012年。
② 巴桑旺堆：《宗嘎唐代汉文摩崖碑铭补考——兼述吐蕃古道》，《西藏研究》1996年第3期。

再如刘禹锡《送工部张侍郎入蕃吊祭》，诗谓：

> 月窟宾诸夏，云官降九天。饰终邻好重，锡命礼容全。
> 水咽犹登陇，鸣沙稍极边。路因乘驿近，志为饮冰坚。
> 毳帐差池见，乌旗摇曳前。归来赐金石，荣耀自编年。

在入蕃的唐朝使者中，以唐穆宗时的大理寺卿刘元鼎最为引人注意。度其原因，不仅因为他率大唐使团出使吐蕃，前往拉萨参加了著名的"长庆会盟"立碑，结束了两政权间长期攻战的局面，为人们争得了一个安定的生活环境；而且还因为他在奉旨入蕃之际，客观记录了陷蕃汉人的生活片段，为后人留下了极为珍贵的旅行纪实，受到历代史学家的极大重视。其中述及吐蕃统治下的河陇唐人状况一节，凄切感人。《新唐书·吐蕃传》说：

> 元鼎逾成纪、武川，抵河广武梁，故时城郭未隳，兰州地皆杭稻，桃、李、榆柳岑蔚，户皆唐人，见使者麾盖，夹道观。至龙支城（青海化隆南），耋老千人拜且泣，问天子安否，言："顷从军没于此，今子孙未忍忘唐服，朝廷尚念之乎？兵何日来？"言已皆呜咽。密问之，丰州（内蒙古临河）人也。①

文中提及的情况，在历史文献和敦煌莫高窟壁画中都有反映。吐蕃统治下的州县，一律推行蕃化政策，强迫汉人衣吐蕃服，汉人每年只能在祭祖先时衣汉服数日，生活习俗皆按吐蕃制行事。这在吐蕃统治时期所开的洞窟供养人画像群里，有清楚的反映。在莫高窟中唐时期开凿的第231窟、237窟佛龛中，双头瑞像故事画的两个出资修造此像的贫士，即是身着吐蕃装的。②这和张议潮率众起兵，推翻吐蕃在沙州的统治，收复沙州后的情况是不同的，从侧面证明了刘元鼎所述是客观的，符合实际的。这些也说明，陷蕃唐人虽受吐蕃统治数十年，但思唐之心仍未改变。

---

① 〔宋〕欧阳修、宋祁：《新唐书》卷216下《吐蕃传下》，中华书局，1975年，第6102页。
② 孙修身：《敦煌与中西交通研究》，甘肃教育出版社，2002年，第105页。

唐蕃战争是双方发生联系的一项重要内容。战俘和被掠居民则是唐蕃古道上的另一种过客。唐代的咏战诗，很大一部分是针对唐蕃战争的，如杜甫的《兵车行》《天边行》等，前者谓：

> 车辚辚，马萧萧，行人弓箭各在腰。耶娘妻子走相送，尘埃不见咸阳桥。牵衣顿足拦道哭，哭声直上干云霄。道旁过者问行人，行人但云点行频。或从十五北防河，便至四十西营田。去时里正与裹头，归来头白还戍边。边庭流血成海水，武皇开边意未已。君不闻，汉家山东二百州，千村万落生荆杞。纵有健妇把锄犁，禾生陇亩无东西。况复秦兵耐苦战，被驱不异犬与鸡……信知生男恶，反是生女好。生女犹得嫁比邻，生男埋没随百草。君不见，青海头，古来白骨无人收，新鬼烦冤旧鬼哭，天阴雨湿声啾啾。

这首咏战诗把这场战争的消极影响和普通百姓的不幸命运，刻画得淋漓尽致。白居易的《城盐州》也是一篇写实之作，其中的"城盐州，城盐州，城在五原原上头。蕃东节度钵阐布，忽见新城当要路。金乌飞传赞普闻，建牙传箭集群臣。君臣赧面有忧色，皆言勿谓唐无人"等句，写出了吐蕃的军事制度。

至于唐蕃双方战俘的情况，相比之下，被俘吐蕃人人数较少，境遇也会稍好一些。他们除个别被处死之外，大多数被流放到江南地区。战争末期，朝廷依其意愿，或留居内地，或给资遣回。这种对待战俘宽松的政策与唐代的施政有一定的关系。元和十四年（819），吐蕃使者论矩立藏等出使唐朝，正值双方反目，臣下有诛杀吐蕃使者之议，唐宪宗断然否决，并明辨是非，谓："其国失信，其使何罪？"予以放还。①

唐诗中对蕃囚寄予同情者很多，韩愈还将自己因上书奏事被贬谪到潮州之事与蕃囚的命运联系起来，写下了《武关西逢配流吐蕃》一诗："嗟尔戎人莫惨然，湖南地近保生全。我今罪重无归望，直去长安路八千。"

相比之下，被俘唐人境遇就要差一些了。787年，吐蕃率羌、浑诸部劫掠汧阳、吴山、华亭男女万人，携裹出塞，让他们东向辞国，"众恸哭，投堑谷

---

① 〔北宋〕王钦若等：《册府元龟》卷170《帝王部·来远》，中华书局，1960年，第2056页。

死者千数"。这些被劫百姓,"既已面缚,各以一木自领至趾(脚)约于身,以毛绳三束之,又以毛绳连其发而约之。夜皆踣于地,以发绳各系一橛,又以毛罽(毡)都覆之,守卫者卧其上,以防其亡逸也"。①这些被俘唐人被掳到吐蕃后,有技艺的被分做工匠,有文化的则也会有受优待的机会,而普通平民百姓只能做奴隶。

当皇帝嘉奖蕃持节使者时,有些人不仅未获此殊荣,反倒再入唐朝囚室之中。唐朝使臣吕温即是其中之一。当吐蕃在平凉劫盟时,他以身受刃,救出兵部尚书崔汉衡,自己受伤被掳入吐蕃。在蕃地遁入空门。后来,历尽磨难归唐,朝廷以其"习吐蕃事"而囚之,直到唐顺宗即位(805)才获得释放。

与吕温同时,较之更为不幸的是严怀志。他原是泾原裨将,随浑瑊参加平凉会盟,被掠入吐蕃,在那里生活了十余年,逃入南亚地区,被人掠卖为奴,后又趁机逃走。经十余国,至天竺、占婆国,泛海而归。798年去到温州后,受诏被带到京师长安。德宗皇帝以其在吐蕃待得太久,不许其外出,"囚之仗内"。顺宗皇帝时(805)才与吕温一起被释放。而当他回到家中以后,"父母皆没,妻嫁他人"②。正是有感于时局和悲戚的遭遇,唐代诗人白居易写下了名篇《缚戎人》:

> 缚戎人,缚戎人,耳穿面破驱入秦。天子矜怜不忍杀,诏徙东西(南)吴与越。黄衣小使录姓名,领出长安乘递行。身被金创面多瘠,扶病徒行日一驿。朝餐饥渴费杯盘,夜卧腥臊污床席。忽逢江水忆交河,垂手齐声鸣咽歌。其中一虏语诸虏,尔苦非多我苦多。同伴行人因借问,欲说喉中气愤愤。自云乡贯本凉原,大历年中没落蕃。一落蕃中四十载,遣着皮裘系毛带。唯许正朝服汉仪,敛衣整巾潜泪垂。誓心密定归乡计,不使蕃中妻子知。暗思幸有残筋力,更恐年衰归不得。蕃候严兵鸟不飞,脱身冒死奔逃归。昼伏宵行经大漠,云阴月黑风沙恶。惊藏青冢寒草疏,偷渡黄河夜冰薄。忽闻汉军鼙鼓声,路傍走出再拜迎。游骑不听能汉语,将军遂缚作蕃生。配向东南卑湿地,定无存恤空防备。念此吞声仰诉天,若为辛苦度残年。凉原乡井不得见,胡地妻儿虚弃捐。没蕃被囚思汉土,归

---

① 〔后晋〕刘昫等:《旧唐书》卷196下《吐蕃传下》,中华书局,1975年,第5252页。
② 〔北宋〕王钦若等:《册府元龟》卷940《总录部·患难》,中华书局,1960年,第11077页。

汉被劫为蕃虏。早知如此悔归来，两地宁如一处苦？缚戎人，戎人之中我苦辛。自古此冤应未有，汉心汉语吐蕃身。

我们在述说唐蕃古道的行人时，还有一事值得关注，这就是印度摩揭陀国叛王阿罗那顺经此道，被押送至长安，献于阙下。这一事件是关系到中印和吐蕃三大政权的重大历史事件。据汉藏历史文献资料的记载，唐太宗贞观二十一年（647）三月，印度摩揭陀国国王尸罗逸多派出的使者入唐朝贡，还有许多西域国家的使者同来献贡。唐太宗从使者口中闻知在印度摩揭陀王国中有制石蜜（蔗糖）之法，决定派出以王玄策为首、蒋师仁为副，由三十余人组成的使团，再次赴印度。此次使团出访的时间，历史文献中没有具体的记载，我们只可从文献中了解到，在唐太宗贞观二十二年（648）五月庚子时，以王玄策为首的大唐使团抵达摩揭陀王国。就在此时，尸罗逸多去世。尸罗逸多无子嗣，王位为叛臣阿罗那顺攫取。此王转而与唐为敌，劫掠大唐使臣，剽掠诸国贡献之物。唐使王玄策和副使蒋师仁被俘，后借机逃出敌营，至于吐蕃西鄙，召集诸国军兵赴援。吐蕃派精兵一千二百人，泥婆罗国派七千人来援，章求拔国也军兵来援。王玄策和蒋师仁依靠各国的军兵，进攻摩揭陀国茶镈和罗城，大获全胜，俘阿罗那顺及其妃、子，男女万二千人，降城邑五百八十所。阿罗那顺败亡后，被破坏的中印友好关系，得以续接。

被俘的叛王阿罗那顺及王妃、王子，在吐蕃军兵的押送下，沿着唐蕃古道，由印度的摩揭陀王国出发，经由泥婆罗王国，再到吐蕃的首府逻些，后抵达唐都长安，献于阙下。印度摩揭陀王国叛王阿罗那顺等一行人和负责押送的吐蕃将士，是真正走通了唐蕃古道南段（泥婆罗道）和北段（由长安至拉萨）这条道路的第一群行人。①

三、往来于丝路上的高僧

吐蕃丝路的畅通，为僧人前往天竺取经开辟了一条新的道路。据义净《大唐西域求法高僧传》及其他历史文献的记载和今人的研究成果，得知至少有以下几位高僧取道吐蕃丝路进入南亚：

玄照法师，太州仙掌人，梵名般迦舍末底（昭慧）。贞观年中，曾在长安

---

① 孙修身：《敦煌与中西交通研究》，甘肃教育出版社，2002年，第106—107页。

大兴善寺玄证法师处学习梵语。后杖锡西行，背金府（今兰州市）而出流沙，践铁门而登雪岭，达于印度摩揭陀王国。他先在北印度的阇烂陀国学习四年，然后南下至中天竺摩揭陀摩诃菩提寺。又经过四年，到印度佛教中心、且与大唐保持友好关系的那烂陀寺居住三年。后再到殑伽河（恒河），受苦部国王的供养，住信者寺三年。后遇唐朝敕使王玄策回国，表奏高宗皇帝李治，盛称其功德。皇帝因降旨令王玄策为使入印度宣命，促其回国。玄照闻命之后，便启程上路，途经泥婆罗加德满都谷地，翻越喜马拉雅山，经过吐蕃首府逻些，受到文成公主的资助，深受礼遇。于唐高宗麟德二年（665）返回唐国。关于此事，义净的记载称：

> 后因唐使王玄策归乡，表奏言其实德，遂蒙降敕，重诣西天追玄照入京。路次泥波罗国，蒙王发遣送至吐蕃。重见文成公主，深致礼遇，资给归唐。于是巡涉西蕃而至东夏。以九月而辞苦部，正月便到洛阳，五月之间途经万里。于时麟德年中，驾幸东洛奉谒阙庭，还蒙敕旨令往羯湿弥啰国，取长年婆罗门卢迦溢多。①

从玄照所经过的铁门、雪岭诸地名来看，玄照法师赴印度所经过的并非唐蕃古道，而应是丝绸之路。据孙修身先生的研究，认为玄照是沿着唐朝敕使王玄策、李义表的入印路线而抵达印度的。在其归来之时，由于有泥婆罗国国王的护送而至于吐蕃，又受到文成公主的资助，"巡至西蕃而至东夏"，又可以考定其是沿着唐蕃古道而回唐的。②总括玄照西行的情况是：去时沿古丝绸之路而行，抵达羯湿弥罗国后沿罽宾道北上，至勃律，再转东，沿雅鲁藏布江东行，经过小羊同国回到芒域（今西藏阿里地区吉隆县），翻越喜马拉雅山而至印度。归来时，玄照所走的是唐蕃古道。所以说，玄照是唐代僧人中第一个走通此道的高僧，当不至于太谬。

道希，齐州历城人，梵名室利提婆（吉祥天）。贞观年间，沿着古丝绸之路西行至印度求法。其大致是沿着唐朝敕使王玄策等所开路线而到吐蕃的。但由于吐蕃当时未行佛法，为行路方便，只好改装俗人前行。行至印度后，"周

---

① 〔唐〕义净著，王邦维校注：《大唐西域求法高僧传校注》卷上，中华书局，1988年，第10—11页。
② 孙修身：《敦煌与中西交通研究》，甘肃教育出版社，2002年，第108页。

游诸国遂达莫诃菩提。翘仰圣踪,经于数载。既住那烂陀,亦在俱尸国。蒙庵摩罗跋国王甚相敬待,在那烂陀寺频学大乘,住输婆伴娜(在涅槃处寺名也)专功律藏,复习声明,颇尽纲目,有文情,善草隶。在大觉寺造唐碑一首。所将唐国新旧经论四百余卷"。在那烂陀寺为弘扬佛法作出很大的贡献,但未能回唐弘法,因病在中天竺去世。[1]

玄太,新罗人,梵名萨婆慎若提婆(一切智天)。唐高宗永徽年间(650—655)取道吐蕃,经泥婆罗至中印度。礼菩提树,详念经论。后沿唐蕃古道返回。行至吐谷浑故地遇道希法师,覆相引致,还向大觉寺,后归长安。[2]

玄恪,新罗人,与玄照一起经吐蕃道赴天竺游学。

道方,并州人。出沙碛,到泥婆罗国,住印度大觉寺,得为主持。后经数年,复还向泥婆罗国。

道生,并州人,梵名旃达罗提婆(月天)。贞观末年,沿唐蕃古道往游天竺,至菩提寺、那烂陀寺等诸印度名寺。又东行十二驿,在一所王寺学习小乘三藏,精顺正理。后携经像,踏上归程,行至泥婆罗,病亡。

末底僧诃,长安人,俗姓皇甫。与师鞭同游至天竺,住信者寺,少闲梵语,未详经论。思还故里,路过泥婆罗国,遇患身死,年40余。

玄会,长安人。从北印度入羯湿弥罗国(今克什米尔),为该国国王赏识,乘王象、奏王乐。但后来失意,南游印度,少携经教,思还故里,到泥婆罗国后,不幸而卒。

复有二人,在泥婆罗国,是文成公主奶妈的儿子。起初二人同时出家,后来一人还俗,住天王寺,懂梵语梵书。

唐代僧人西游印度,可取四道:丝路沙漠道、海上道、滇缅道和吐蕃道。从行程上看,唐蕃古道最为便捷,但要受到唐蕃关系的影响,当双方全面展开军事对峙时,这条道路几乎是封闭的。史载,往来于此道的僧人,主要是在唐太宗与唐高宗年间。泥婆罗一段,尤为险阻,许多高僧在那里付出了生命的代价。

据《宋高僧传》卷2记载,取道吐蕃丝路的,也有来华的印度高僧,这就是中印度僧人善无畏。善无畏(637—735),出生于东印度乌荼国,刹帝利种

---

[1] 〔唐〕义净著,王邦维校注:《大唐西域求法高僧传校注》卷上,中华书局,1988年,第36页。
[2] 〔唐〕义净著,王邦维校注:《大唐西域求法高僧传校注》卷上,中华书局,1988年,第43页。

姓，为释尊的叔父甘露饭王的后裔。13岁登王位，施行仁政，深得军民爱戴，后因诸兄嫉妒其能而引起内乱。善无畏勇猛镇暴，曾被流箭所伤，但仍大赦其兄，并让出王位。因感悟世间无常，毅然出家学道。后东行传法，路出吐蕃，与商旅同行，至大唐西境，以驼负经，至西州。唐玄宗开元四年（716），善无畏以八十高龄抵达中国长安，玄宗礼之为国师，奉诏住兴福寺南塔院，后移西明寺。翌年，奉诏于菩提寺译经，译出《虚空藏菩萨能满诸愿最胜心陀罗尼求闻持法》一卷。此后，致力于翻译密教经典，为密教传至中国之先河，与后来的金刚智、不空，并称为"开元三大士"，共同奠定中国密教的基础。

第五节　吐蕃丝路上的东西文化交流

一、唐蕃古道上文化、科技的交流

（一）吐蕃王朝的经济生活和技术实力

吐蕃王朝的崛起和向外扩张，有政治和文化因素，同时也有更为重要的经济因素。当吐蕃王朝建立并统一青藏高原地区时，它的经济类型已呈现出多样化的局面，这是由不同地区的自然环境和不同民族的生活方式所决定的。但是在这些经济类型中，起决定作用的首先是游牧经济，其次是农业经济。青藏高原地区除河谷地带以外，主要是适宜牧业的高原。而世代居于此的羌人和他们的后代，包括羊同（象雄）人、苏毗人、党项人、白兰人、多弥人、吐谷浑人，甚至吐蕃人，皆以游牧经济为主，这一状况直接影响了吐蕃王朝的经济生活特色。故史书上称"其赞普居跋布川，或逻娑（即'逻些'）川，有城郭庐舍不肯处，联毳帐以居，号大拂庐，容数百人。其卫候严，而牙甚隘。部人处小拂庐，多老寿至百余岁者"①。前来唐朝通聘的吐蕃使者仲琮也说："赞府（赞普）春夏每随水草，秋冬始入城隍。"②这是生活在拉萨河谷的吐蕃赞普的状况，那么生活在更广阔的高原上的部落首领之依赖游牧，更是不言而喻。吐蕃人所牧养的牲畜有牦牛、马、犬、羊、猪等，其中牦牛是青藏高原最具特色的牲畜，而羊更是羌人所赖以为生的牲畜，马则是吐蕃军队得以扩张、强大的

---

① 〔宋〕欧阳修、宋祁：《新唐书》卷216下《吐蕃传下》，中华书局，1975年，第6072页。
② 〔北宋〕王钦若等：《册府元龟》卷962《外臣部·才智》，中华书局，1960年，第11322页。

主要工具。

承认游牧业的主导地位并不是否认吐蕃农业经济的存在。吐蕃的河谷农业有着悠久的历史传统，吐蕃王朝时期又有新的发展。新、旧唐书之吐蕃传称，其地气候大寒，不生粳稻，有青稞、豌豆、小麦、荞麦。居民也有过定居生活者，其屋皆平顶，高者数十尺。农民不知节候，以麦熟为岁首，其中青稞为高原农民的特色作物。

以游牧经济为主的生活有两个特征：一是它的流动性，或是不稳定性；一是它与农业文明地区的互补性，或者是对后者的依赖性。这两个特点再加上对先进文明的倾慕，就造成一种强烈的沟通欲望。当沟通的渠道不畅通时，就导致掠夺战争的发生。从这个意义上，可以说，游牧经济，尤其是以军事民主制为主体的游牧国家的经济，具有掠夺性。从吐蕃向外扩张的整个历史来看，其经济前后有变化，存在差异，但是最根本的一点没有变，这就是它的掠夺性。吐蕃王朝就是依此崛起，依此强大并走向繁荣，也依此走向衰亡与崩溃的。《新唐书·吐蕃传》说，吐蕃兵法严而无馈粮，以掳获为资，正是这一状况的一个反映。吐蕃军队每入唐境，首先掠取的一是财富，二是青壮年男女，尤其是有技术的工匠，对此唐代史书有大量的记载。如唐德宗贞元三年（787）八月，吐蕃在宝鸡北部一带"焚烧庐舍，驱掠人畜"。九月，又大掠汧阳、吴山、华亭等界人庶男女万余人，连日收丁壮弃（或杀）老弱而去。次年五月，攻泾、邠、宁、庆、麟等州，"所至烧庐舍，人畜没者约二三万，计凡二旬方退"①。掠夺壮大了吐蕃的军事势力，充实了它的宝库，维持了它的繁荣。河西走廊的瓜州还成为吐蕃所劫唐朝财宝的贮存地，并从那里源源不断地运往本土。唐朝的繁荣支持了吐蕃的繁荣，而唐朝的衰亡也与吐蕃的衰亡同时发生。这种现象固然有各种原因，但是贯穿其中的掠夺经济与反掠夺线索，有其重要的作用。唐朝经济与社会的衰退，影响了在某种程度上赖之为生的吐蕃王朝的衰亡。

吐蕃王朝的手工业和商业也达到前所未有的地步。汉文史书对此记载较少，新、旧唐书只言其地多出金、银、锡、铜。但是，从吐蕃使者向唐朝奉献的用黄金铸成"高七尺，中可实酒三斛"的器物来看，其制作工艺及冶炼技术应当是相当高超的。而且，吐蕃还不断从唐朝和西域、中亚引进新的工艺与技

---

① 〔后晋〕刘昫等：《旧唐书》卷196下《吐蕃传下》，中华书局，1975年，第5254页。

术。另一个重要的史实是，吐蕃数十万军队的武器装备，它的制作以及金属来源、加工和改进技术等，都会在社会中直接地反映出来。新、旧唐书特别提到了吐蕃的铠甲，说"其铠胄精良，衣之周身，窍两目，劲弓利刃不能甚伤"。《通典》也说，其"人马俱披锁子甲，其制甚精，周体皆遍，唯开两眼，非劲弓利刃之所能伤也"①。

吐蕃的造桥技术也值得称道。吐蕃在东攻云南大理诸部时，即以粗铁索跨过漾濞水为桥，以通西洱蛮，并筑城戍之。后来，又在今云南丽江与中甸之间修筑著名的"神川铁桥"，横跨金沙江。同时，吐蕃还在黄河上建桥，并过桥筑城，设九曲、独山二军。吐蕃统辖各部以后，直接继承了辖下各族各部的技术，这是了解吐蕃生产与工艺技术时不容忽视的一个因素。由于吐蕃统一青藏高原，业已存在的丝路交通开始进入新的阶段，并迅速出现繁荣。

（二）唐蕃丝绸贸易的繁荣

丝绸是享誉世界的商品，也是联结和维系古代中国与世界各国人民友谊与文化的重要纽带，在中国境内各民族不断走向统一的历史进程中，发挥了积极的作用。通过青藏高原和吐蕃地方交通，即是以丝绸为主而兴起的经济文化交流之途。藏语称"丝"为 sil，"绸子"为 gru-tsi，皆为汉语音译；"缎子"称为 gos-chen，意为大衣服，均是明证。吐蕃赠给唐朝的是黄金与其他方物，唐朝所回赠的主要是丝绸，这种朝贡贸易是丝绸织物走上高原的重要途径。

唐蕃双方每有往来均有赏赐贸易，其中就有丝绸。开元七年（719）六月，吐蕃遣使请和，唐朝大享其使，赐其束帛，以修前好，"以杂采二千段赐赞普，五百段赐赞普祖母，四百段赐赞普母，二百段赐可敦，一百五十段赐坌达廷，一百三十段赐论乞力徐，一百段赐尚赞咄及大将军、大首领各有差。皇后亦以一千段赐赞普，五百段赐赞普母，二百段赐可敦"②。开元二十一年（733）正月，唐玄宗命工部尚书李暠持节使于吐蕃，"以国信物一万匹，私觌物二千匹，皆杂以五彩，遣之"③。这样庞大的数字自然不只是满足赞普王室和贵族需要，吐蕃王室也有可能从事唐朝丝绸的转手贸易。独孤及《敕与吐蕃

---

① 〔唐〕杜佑撰，王文锦等点校：《通典》卷190《边防六·吐蕃》，中华书局，2003年，第5171页。
② 〔北宋〕王钦若等：《册府元龟》卷980《外臣部·通好》，中华书局，1960年，第11511页。
③ 〔宋〕王溥：《唐会要》卷6《杂录》，中华书局，1955年，第76页。

赞普书》称，唐蕃之间"金玉绮绣，问遗往来，道路相望，欢好不绝"①，正是这种情形的写照。当时，唐朝除大量向吐蕃输出丝绸外，为了应付吐蕃的劫掠，加强军事实力，又与回鹘进行"丝马贸易"，这就使唐朝"不遑振旅，四十余年。使伤耗遗氓，竭力蚕织，西输贿币，北偿马资"②。丝绸织物盛行于西部各族，所以，唐朝诗人陈陶在《陇西行》中写下了"自从贵主和亲后，一半胡风似汉家"的诗句。

吐蕃在攻陷唐河西、陇右之后，直接统治了这一广大地区的汉族百姓。对丝绸的搜刮就可以直接用赋税形式来获得。敦煌汉文僧尼文书中有"丝绸部落"，日本学者藤枝晃认为"丝绸部落"即是从事丝绸生产的部落。吐蕃还向民族走廊地区的西山八国和东女国等部"岁督丝絮"。吐蕃攻占瓜州后，唐朝贮藏于此的财宝"均在吐蕃攻陷之后被截获，是故，赞普得以获得大量财物，民庶黔首均能穿上唐人上好绢帛"。762年，吐蕃赞普还将辖下唐人岁输之绢缯，分赐予各地千户长以上官员。③

《全唐文》卷172《鸿胪寺中土蕃使人素知物情慕此处绫锦及弓箭等物请市未知可否》说，鸿胪寺中吐蕃使人素知物情，羡慕这里的绫锦和弓箭等物，想从事丝绸等物贸易。唐鸿胪丞张鷟撰文，建议朝廷允许通市："观鹤绫之绚烂，彩映冰霜；睹凤锦之纷葩，光含日月。弯弧六合，犀角麋筋，劲箭三同，星流电激。听其市取，实可威于远夷；任以私收，不足损于中国。宜其顺性，勿阻蕃情。"说明除了大宗朝贡贸易之外，民间的丝绸贸易也同时存在。

藏史中形容美丽、珍贵时，多将丝绸锦缎和珠宝等并列，反映出他们的价值观和情趣。这些上等珍品首先是供王室贵族和寺院使用，同时也远销境外。《王统世系明鉴》记载，在大昭寺与小昭寺之间有丝绸布匹市场，其中就有迦湿弥罗（今克什米尔）一位名叫阿南达的商人在这里做买卖，从事丝绸贸易，他还应邀参加了佛教徒与苯教徒所展开的辩论。④据此我们推知，当时通过吐蕃运往南亚和中亚的唐朝丝绸，很可能主要经由今克什米尔这条传统路线。

斯坦因在《古代中亚文化遗迹》一书中说："在吐蕃发现的遗物中，有很

---

① 〔唐〕独孤及：《敕与吐蕃赞普书》，〔清〕董诰等编《全唐文》卷384，上海古籍出版社，1990年，第1727页。
② 〔后晋〕刘昫等：《旧唐书》卷139《陆贽传》，中华书局，1975年，第3806页。
③ 王尧、陈践：《敦煌本吐蕃历史文书》，民族出版社，1992年，第156页。
④ 萨迦·索南坚赞著，陈庆英等译：《王统世系明鉴》，辽宁人民出版社，1985年，第164页。

多具有花纹的丝织物,花纹中有些是印的,有些是织的,花鸟图案的变化很多,这一点可以表示吐蕃商业的地位。吐蕃附近及其他许多地方在波斯萨珊王朝时期,大概是中国与西亚之间贸易的重点。"这种贸易给吐蕃带来巨大的利益,所以吐蕃内侵唐朝的战争,以及战后的请和、通款,都是围绕以丝绸贸易为主的经济文化交往这个核心。藏族英雄史诗《格萨尔王传》引用古谚语说:"来回汉藏两地的牦牛,背上什么东西也不愿驼,但遇到贸易有利,就连性命都不顾了。"贸易无疑加深了吐蕃与内地人民之间的友谊。西藏民间谚语说:"汉地的货物运到博(吐蕃),是我们这里不产这些东西吗?不是的,不过要把汉藏两地人民的心连在一起罢了。"①

(三)传入高原的经籍、物种与技术

伴随着文成、金城两位公主的远嫁吐蕃,给青藏高原地区带来了灿烂的唐朝文化。首先是汉地佛教的传播和流行。据说,文成公主来到吐蕃,带来了释迦牟尼佛像和360部佛经,亲自设计建造了小昭寺,还参与了大昭寺的勘察与设计。据《玛尼宝训》说,文成公主还带来了汉地佛教的14种寺院法规。她还和尼泊尔的墀尊公主一起影响了吐蕃的王室,尤其是松赞干布本人的信佛活动。大、小昭寺依然存在,小昭寺后来成为黄教的下密院。文成公主还积极参与了佛经的翻译,担任施主,参加译经。《释迦牟尼如来像法灭尽之记》说:"(文成公主)将六百侍从带至赤面国(吐蕃),此公主极信佛法,大具福德,赤面国王敬信佛法逾其先祖,吐蕃地方于是广兴正法。"《于阗教法史》也说:"公主在吐蕃建大寺院一座,鉴于此,所有僧侣亦来此地,公主均予以资助,乃于吐蕃广宏大乘佛法。十二年间,僧侣与一般俗人均奉行佛法。"②

金城公主在吐蕃开创了两种佛事活动,即"谒佛之供"与"七期祭祀"。前者是将灭佛时藏于大昭寺南门中的文成公主所带佛像迎供于大昭寺,成为拉萨大昭寺朝佛活动之始;后者是在吐蕃推行追悼王臣的佛事活动。金城公主还在吐蕃建立佛寺,弘扬中原佛教。

其次,两位公主还为吐蕃带来了大批经籍。除了佛经360卷之外,文成公主还携汉地卜算书籍300卷和60种工艺技术论著、诸种医书。为此,松赞干布还特请中原文人前来"典其表疏"。金城公主下嫁后,吐蕃对唐朝书籍的渴求

---

① 王忠:《新唐书·吐蕃传笺证》,科学出版社,1958年,第34—35页。
② 敦煌古藏文写卷P.T.960号文书,王尧、陈践译文载《西北史地》1982年第3期。

已不止于佛经及医学、工艺、历算等技术方面，而是上升到经国之书的层次。开元十九年（731），吐蕃借金城公主之名遣使至唐，求赐《毛诗》《礼记》《左传》《文选》各一部。朝臣就此展开争论，反对赐书的于休烈说："臣闻戎狄，国之寇也；经籍，国之典也。戎之生心，不可以无备；典有恒制，不可以假人……臣闻吐蕃之性，剽悍果决，敏情持锐，善学不回。若达于书，必能知战。深于《诗》，则知武夫有师干之试；深于《礼》，则知月令有兴废之兵；深于《传》，则知用师多诡作之计；深于《文》，则知往来有书檄之制。"①而主张赐书的裴光庭则认为："吐蕃聋昧顽嚣，久叛新服，因其有请，赐以《诗》《书》，庶使之渐陶声教，化流无外。（于）休烈徒知书有权略变诈之语，不知忠、信、礼、义，皆从书出也。"②玄宗皇帝采纳了后者的意见，并命秘书省书写赐之。

唐朝的历算对吐蕃的影响也是十分显著的。藏史记载的达日年塞、南日伦赞和松赞干布三位赞普在位时期，均曾传入中原历算。文成公主入蕃时所带书籍中即有历算书。松赞干布还特别派出吐蕃之聪慧者前往中原学习有益于吐蕃之经典以及生死之卜算、年月四时之计算等知识。中原医学传入吐蕃的历史与历算一样悠久。《松赞干布遗训》说，文成公主带到吐蕃的，有"治疗四百零八种疾病的药物、一百种医疗法、五种诊断法、六件医疗器械、四种配药法"。她还带去了《汉公主医典》，包括中医的各种主要原理。这些直接影响了藏医的发展。据统计，吐蕃时期有27部重要医典传入吐蕃，有10余位汉族医生为此付出了辛勤劳动。松赞干布时汉族医生韩文海将《汉地大小杂病疗法》译成藏文，又与印、大食医生合编《无畏武器》一书。③

随文成公主、金城公主传入吐蕃的有碾、水磨、纸、墨，以及制陶、冶炼、建筑、种茶和酿酒等技术。文成公主进入吐蕃途中，行经康地朗珠堆塘，教当地人建造水磨。在今青海玉树结古镇南7.5公里的巴塘，有"白南巴"沟，仍存以文成公主石刻像为主的寺院，据传公主曾在这里教当地藏民种植。④敦煌藏文文献P.1287记载噶尔东赞语说："青稞稻麦长坝上，入于水磨即成粉。"《王统世系明鉴》《拉达克王统记》等书皆说文成公主首次将陶土制

---

① 〔后晋〕刘昫等：《旧唐书》卷196上《吐蕃传》，中华书局，1975年，第5232页。
② 〔宋〕司马光：《资治通鉴》卷213唐玄宗开元十九年正月辛未条，中华书局，1976年，第6794页。
③ 黄颢：《唐代汉藏文化交流》，《藏学研究文集》，民族出版社，1985年。
④ 赵生琛调查认为文成公主是经玉树进藏，见《文物参考资料》1957年第5期。

为陶器。纸张的大量传入与吐蕃文字的完善时代相及,它为藏文迅速推广和普遍使用以及吐蕃文化繁荣产生了重大影响,它使吐蕃的文化传播手段从短时期内由"刻木结绳"转为文物昌盛。今存敦煌吐蕃文书及佛经、阿里古格王宫写经用纸等,经科学鉴定皆为唐朝时期所造。而吐蕃的手工造纸工艺与汉地业已类同。小昭寺,据记载,是由文成公主从中原运来四根柱子,由从汉地带来的木匠及塑匠建成的。此外,昌珠寺的铜钟是由汉人比丘大宝所铸,敦煌石窟更有吐蕃统治时期的绘画和造型艺术。

从唐代建中二年(781)开始,到大中元年(847),这半个多世纪的历史变迁中,敦煌以及西域诸地的佛教艺术得到了进一步的发展。现存吐蕃时代开凿的石窟48个,有40多个洞窟的壁画均与吐蕃画师有关。这些洞窟在继承前代的传统上,又有了新的发展和变化,为敦煌壁画艺术注入了新的内容和形式。例如,第158窟的涅槃窟,337窟的七佛堂以及465窟等,可以说是这一时期石窟形制的典型代表。这一时期的壁画内容、人物形态、服饰和装饰图案,也流露出更多的吐蕃艺术风情。值得一提的是,吐蕃统治敦煌时期将密宗艺术进一步融入敦煌艺术之中,使得敦煌艺术从吐蕃开始,历经归义军、回鹘、西夏、元朝数代几百年的发展演变,呈现出一种吐蕃密宗艺术的典型风格以及绘制传统,对敦煌石窟艺术的绘制手法、人物造型、色彩运用、审美观念,甚至佛教绘画仪轨等方面起到了积极的推进作用,为敦煌壁画艺术带来了鲜明的吐蕃艺术风格和民族风情。(图7-4)

图7-4:吐蕃冶炼图

（四）国子监中的吐蕃子弟

唐蕃之间的教育文化交流在汉藏关系史上具有重要的地位，而吐蕃子弟留学唐国子监是其主要形式之一。

文成公主的出嫁和唐朝文化的传入，使松赞干布倍感兴奋与鼓舞，他积极主动地"遣诸豪子弟入国学，习《诗》《书》。又请儒者典书疏"。唐朝国子监是皇家学府，颇受皇帝重视，"太宗又数幸国学，令祭酒、司业、博士讲论，毕，各赐以束帛。四方儒士负书而至者，盖以千数。俄而吐蕃，及高昌、高丽、新罗等诸夷酋长，亦遣子弟请入于学。于是国学之内，鼓箧升讲筵者，几至万人，儒学之兴，古昔未有也"。①

吐蕃子弟留学唐朝国子监主要学习的为儒家经典，包括《礼记》《左传》《诗经》《周礼》《春秋》《周易》《尚书》等。留学教育为吐蕃社会培养出了大批懂汉文化的人才，用儒家文化促进了吐蕃文化的发展。

这些经过唐朝文化熏陶的边地诸族子弟，逐渐染有儒者气度。他们以及频频而来的吐蕃使者还担负着刺探情报的使命，直接为吐蕃侵唐服务，因此，朝廷中有各种禁止四夷子弟入侍的议论。但是，反对接纳侍子的议论并未获得实效，吐蕃等地各族依然不断遣使入学，接受唐朝的文化。吐蕃借鉴的唐朝的官制、兵制和其他制度，许多是由这些留学生和使者传入的，使者又多由这些"习闻华言"的留唐学生充任。迎请金城公主的吐蕃婚使名悉猎，"颇晓书记，先曾迎金城公主至长安，当时朝廷皆称其才辩"②。《唐诗纪事》记，710年正月初五日，名悉腊参与中宗等人的柏梁体联句，其诗云："玉醴由来献寿觞。"唐中宗大悦，赐其衣服。留唐吐蕃学生，不仅有充当使者、掌兵者，还有专门人才，如受松赞干布之命学习唐朝历算占卜之术的四人就是有力的例证。

唐王朝接受吐蕃子弟留学是建立在政治、经济和文化的基础之上的。据史籍记载："高丽、百济、新罗、高昌、吐蕃诸酋长，亦遣子弟入学请入国学，升讲筵者至八千余人。"③这则史料清楚地记述了唐王朝接受少数民族子弟留学教育这一形式的兴衰过程。

---

① 〔唐〕吴兢：《贞观政要》卷7《崇儒学》，上海古籍出版社，1978年，第215—216页。
② 〔后晋〕刘昫等：《旧唐书》卷196上《吐蕃传上》，中华书局，1975年，第5231页。
③ 〔宋〕司马光：《资治通鉴》卷195唐太宗贞观十四年二月丁丑条，中华书局，1956年，第6153页。

（五）译成藏文的汉地经典

唐代的僧人和学者随着文成公主、金城公主的出嫁，或被收留而会聚吐蕃，开始了他们具有历史意义的文化传播活动。文成公主入蕃之后，唐大寿天和尚即应邀至吐蕃，与蕃僧译经。金城公主时，在吐蕃的汉人之子桑希，受赤德祖赞之嘱与3名吐蕃人一同前往唐朝迎请佛经。唐朝皇帝将用金汁书写在瓷青纸上的1000部佛经，赐给桑希等人。此后，还从中原传入了汉文佛经《金光明经》和《律差别论》等。①赤松德赞自幼由两名汉族老师相伴，并为他讲授汉文的《十善经》《能断金刚般若波罗蜜多经》《佛说稻秆经》等。桑希来往于唐蕃之间，为吐蕃引进并弘扬唐朝佛教文化作出了卓越的贡献。他既受命延请汉僧入蕃，又多次到内地请经。其中一次就有包括桑希、拔赛囊等30多人的使团抵达内地，从汉僧学习修行、教诫，并获得皇帝赏赐的一百秤唐纸、五百匹丝绸等物。在桑耶寺修成之后，吐蕃第一批出家的7人（即七试人）中就有汉人桑希。

汉地禅宗大师摩诃衍在吐蕃的活动也十分频繁。摩诃衍把禅宗顿悟派学说传入吐蕃的时间约在贞元二年（786），其学说广为吐蕃王室和民众信奉。当时，在吐蕃传法的五天竺婆罗门僧30人，以寂护弟子莲花戒为首，不满禅宗的广为流行，遂奏请赞普，请即停废。于是，佛教顿、渐两派，大、小两乘的门派之间，展开了一场辩论。在辩论之前，摩诃衍专门撰写了《修定禅法可卧论》《修定者参禅问答》等论著，莲花戒也撰写了《修行次第》等。双方辩论由赤松德赞主持，持续了三年才结束。最后，赤松德赞宣布汉僧失败，并命禅僧向莲花戒献上花环，表示认输。接着，又宣布禅宗为外道，禁止流行，确立了印度佛教中观戒律的正统地位。"汉印僧诤"中摩诃衍的失败，是多种因素综合作用的结果，但在客观上却起到了社会启蒙的作用，为吐蕃人认识佛教，乃至促进文化繁荣产生了积极的推动作用。②

781年，唐朝应吐蕃的多次请求，"遣僧良琇、文素二人行，每人岁一更之"③。《旧唐书·吐蕃传》记次年（782）四月，吐蕃放还的没蕃将士与僧尼就达800人之多。824年，吐蕃派人至唐请五台山图。吐蕃还乞赐唐朝的儒家经

---

① 第五世达赖喇嘛著，郭和卿译：《西藏王臣记》，民族出版社，1983年，第67页。
② 杨富学、王书庆：《关于摩诃衍禅法的几个问题》，杜文玉主编《唐史论丛》第十辑，三秦出版社，2008年，第228—247页。
③〔宋〕王溥：《唐会要》卷97《吐蕃》，中华书局，1955年，第1734页。

典及医学、历算等文献。

在大批输入经典文献和文化人才的同时，吐蕃王朝也开始组织人力将这些汉文典籍翻译为藏文。中原的纸张和造纸术为藏文的推广、佛经的藏译提供了条件。翻译的典籍内容大致可分为三类：一是汉传佛经；二是儒家经典与重要文献；三是专业书籍，主要是医学和历法、占卜等方面的文献。

佛经的翻译，据说是自文成公主到吐蕃之后即已开始。唐大寿天和尚受命与吐蕃人拉垅多吉贝一起负责佛经汉译藏的工作。文成公主作为他们的施主，有时也直接参与译经。赤松德赞时，佛经的翻译工作全面展开，由唐朝、吐蕃和天竺的僧人协力完成。首先翻译了汉文佛经，据《五部遗教》载，仅唐僧摩诃衍所译的佛经即有12箱之多。最后将所译各经汇编成为《丹噶尔目录》，在该目录中所存六七百部佛经中，译自汉文的有31种。①

在敦煌藏经洞中出土的佛经中，中原汉文佛经占有很大的比重，影响也极大。就佛教文化而言，吐蕃既从佛教的起源地天竺引进佛教，又十分看重唐朝极度兴盛的佛教文化，甚至中亚地区的佛教也影响到了吐蕃。佛教在当时作为一种文化的纽带，将亚洲的许多民族联结了起来。从天竺进入吐蕃的佛教大师人数最多，寂护、莲花生等天竺大师在吐蕃享有崇高的威望。敦煌藏文佛教文献中译自梵文的佛典同样数量众多。

关于唐朝的佛教对吐蕃的影响，《拔协》等藏文史书亦有记述，但相对简略，人名等也比较混乱，使人难知究竟。吐蕃以后的藏传佛教大师对禅宗某些见解的不断批判，使唐朝佛教与吐蕃佛教之关系史更为模糊不清。而敦煌藏文佛教文献能使我们进一步认识唐朝佛教于吐蕃之影响，从而补充有关史书记载之不足，提供更多的不为人知的历史细节。

汉文经典的藏译是中原文化影响吐蕃的又一个重要内容。金城公主所请并获赐的《毛诗》《礼记》《左传》等典籍之藏译，是可以想见的。敦煌文献中还发现了《尚书》中的《泰誓》（中、下）及《牧誓》和《武成》四篇，《春秋后语》六篇，《孔子项托相问书》等先秦古籍。翻译并崇尚这种古文化，反映出吐蕃人的素养与文化情趣。为适应汉蕃文翻译的需要，也出现了汉蕃对照的《千字文》《汉藏对照辞语》《汉蕃对照辞汇》等辞书。

吐蕃从唐朝汲取的文化营养远不止以上几点。如在音乐方面，《拉达克王

---

① 《丹噶尔目录》卷145，日本影印藏文大藏经，第146—149页。

统记》中记载，都松芒布结时（676—704），吐蕃从唐朝获得了多达曼、笛子、布桂、唢呐等。822年，唐大理寺卿刘元鼎出使吐蕃，赞普"大享于牙右，饭举酒行，与华制略等，乐奏《秦王破阵曲》，又奏《凉州》、《胡渭》、《录要》（即绿腰）、杂曲，百伎皆中国人"①。吐蕃王朝就这样全方位地接受了唐朝的文明。

（六）天竺、泥婆罗文化北入雪域

佛教是藏族人民广泛信仰的一种宗教，而佛教文化则是藏族文化的核心。关于佛教如何传入吐蕃，仍有争议，在后世诸史中记载最多，也最为藏族认同的就是"天降玄秘经典"说。据说，当松赞干布派吞米桑布扎前往印度学习梵文，创制藏文字以后，才知道这些神秘的宝物原是一些佛教经典，而且主要是密宗的经典。随着这些经典被译为吐蕃文字，印度的佛教也被带到了吐蕃。而天降玄秘经典的故事，似乎还告诉人们吐蕃人未来要皈依佛教的命运。

泥婆罗文化传入吐蕃，源于蕃泥联姻后的交往。墀尊公主在吐蕃的活动，最著名的就是修建了大昭寺。墀尊公主出嫁吐蕃，不仅带来了泥婆罗的佛像、法器及佛教的影响，而且带来了泥婆罗的建筑和绘画艺术。据《松赞干布遗训》记载，松赞干布请四方学者前来吐蕃译经，也迎请来泥婆罗的锡拉曼殊大师，并由墀尊公主担任翻译，译出了《经藏》《华严经》《观世音菩萨经咒》等。②在吐蕃医学的十三种医疗法中，就有泥婆罗疗法，而赤松德赞迎请的"四方九名医"中，有泥婆罗一人。泥婆罗的建筑艺术与绘画艺术，在吐蕃地区自成流派，享有较高声誉，这是泥婆罗文化魅力与影响的明证。

南亚文化对吐蕃的影响以印度为最大。印度文化对吐蕃文化的影响以佛教最为突出，而印度佛教的影响主要是密宗。桑耶寺的修建和印度佛经被大规模翻译成吐蕃文，为印度宗教文化影响吐蕃、密宗一统教坛奠定了基础。以此为契机，也推动了世俗文化影响吐蕃的潮流。

另外，在吐蕃文化史上具有重要意义，同时又与印度文明息息相关的便是吐蕃文字系统的产生。很久以来，学者们对于吐蕃文字的来历都存在分歧，主要有于阗说和天竺（印度）说，而以后者为众。吐蕃文字的创制与完善，使佛经的翻译与传播有了可能，而中原唐朝文化和南亚印度文化的传入，直接促进

---

① 〔宋〕欧阳修、宋祁：《新唐书》卷216下《吐蕃传下》，中华书局，1975年，第6103页。
② 达仓宗巴·班觉桑布著，陈庆英译：《汉藏史集》，西藏人民出版社，1986年，第100页。

了吐蕃文字的充实与形成。《汉藏史集》记吐蕃王朝时的"两种翻译是，由印度文译成汉文，由汉文译成印度文"，说明吐蕃早期翻译活动的主要内容，不是在吐蕃文与印度文（梵文）之间进行，而是在汉、印文字之间进行。同时也说明这两种翻译充实了新形成的吐蕃文的内容，使之在短时期内进入了繁荣阶段。

影响吐蕃医学与历算的主要是唐朝的中原文化，但同时也有青藏高原周围各国、各民族文化的因素。作为具有悠久文明传统的天竺医学与历算，自然也有其独到之处。

所以，通过与青藏高原地区的往来，古代中国与印度开始交往。但是由于受到自然地理及邦国分立的政治局势的影响，这种交往也是小规模的和间接的。当吐蕃王朝崛起并接纳四方文化时，中、印文化交流的历史发生了重大的变化，即能够通过青藏高原或是吐蕃丝路展开交流。吐蕃的军事扩张和文化引进，提高了它在与周邻地区交往中的地位，这一点促使吐蕃不仅成为国际文化交流的中介，而且成为一个新的中心，并据此产生了青藏高原文化圈，这一文化圈的核心是以本教和藏传佛教为基点的吐蕃文明。由于吐蕃的这一地位和文化上的后进状态，就造成这样一种局面：文化交流一方面是吐蕃本土文化与外来文化的交流，另一方面是外来文化之间的互相交流，最后又纳入新的吐蕃文化之中。

二、吐蕃与中亚的交流

如果说唐朝和印度文化为吐蕃的外来文化影响打好了底色，那么中亚文化则使它更加多姿多彩。

（一）吐蕃境内的主要道路

唐时我国入印度有海路、西南丝绸之路、西北丝绸之路和唐蕃古道四路。从行程上讲，唐蕃古道最为便捷，但路程亦是最为艰险的。自唐朝初年敕使李义表、王玄策等开通了经丝绸之路、罽宾道、泥婆罗道以达印度的道路后，沿此路到达印度的人一时多了起来。

唐代的吐蕃丝路以南北向通道为骨干，但东西向的通道也有其不可忽视的作用。在青藏高原北部，很早就存在着一条祁连山南沿湟水至青海湖、柴达木盆地，至昆仑山北麓西域地区的中西交通要道。汉以前的西羌人即是沿着这条道路东西迁徙的，东至中原，西出葱岭（帕米尔）。它还是北方民族由河西走廊南下再转向东南入蜀的必经之地。4—5世纪，柔然到南朝宋的使者即沿居延路或蒙古草原南下，经据守河西的北凉，至吐谷浑所在的河南浇河，沿西倾山北麓至龙涸，再顺岷江而下入蜀。

北凉、吐谷浑也取此道至宋。意义重大的自然是经吐谷浑西通西域的"青海路"。经柴达木盆地吐谷浑居地，以及白兰所在的今青海都兰、巴隆一带，东南可入民族走廊；东北可通河州（临夏），或经西宁到兰州；北可入河西走廊上的敦煌；西北经茫崖镇通新疆；往西可接通南入阿里、北至和田的游牧人迁徙大道；往南则为吐蕃丝路主干道。

勃律道和罽宾道既是吐蕃通达西域的两条重要道路，也肩负着通往中亚、西亚、南亚的任务。这两条道路是"吐蕃丝绸之路"与传统的丝绸之路的结合点。对吐蕃而言，不仅中亚、南亚、西亚、中原的先进技术以及物品源源不断地通过这两条道输入到青藏高原，而且佛教、摩尼教等宗教和其他文化因子也是通过这两条通道传入到吐蕃的。甚至吐蕃的一些农副产品与文化亦是通过这两条通道走向世界的。因此，了解这两条道路，对于全面了解吐蕃乃至以后西藏的政治、经济、文化等，都具有重要的意义。

有关勃律道的记载，最早见于《魏书》："波路国，在阿钩羌西北，去代一万三千九百里。其地湿热，有蜀马，土平。物产国俗与阿钩羌同。"《魏书》又谓，在莎车西南，"土有五谷诸果。市用钱为货。居止立宫室。有兵器。土出金珠。"勃律西部以铁索桥与骄赏弥国相通，南部为罽宾国，是青藏高原通往中亚地区的重要关口。

由于吐蕃对勃律的占有，从而开始了它和阿富汗之间的频繁贸易。《世界境域志》记载："（当时）所有印度的产品皆输入吐蕃，再从吐蕃输出到各国。"[①]

罽宾道是汉唐时期中国通往南亚乃至中亚和西亚的一条交通要道，自汉代以来即称为"罽宾道"，是由现在塔里木盆地西南部的皮山县向西南，经红其拉甫山口进入巴基斯坦境内的洪扎河谷、吉尔吉特河谷和印度河谷，最后到达白沙瓦、士瓦特及阿富汗喀布尔河中下游地区。该区域汉代时包括古代的迦毕

[①] V. Minorsky, Hudud al-'Ālam. "The Regions of the World", a Persian Geography 372 A H.–982 A. D., London 1937, p. 92；［波斯］佚名著，王治来译注：《世界境域志》，上海古籍出版社，2010年，第65页。

试、犍陀罗、呾叉始罗和乌苌等地。魏晋南北朝时期,罽宾道仍是通往南亚的重要道路,当时中外使节及传译、求法高僧等多选此道。在该道的河谷两侧,留有大量的不同时代的岩画和题记,其中包括著名的洪扎灵岩二号"大魏使谷巍龙今向迷密使去"题刻。① 唐中叶(8—9世纪)以后,罽宾道逐渐衰落。

所以,从古代的罽宾国沿印度河谷地北上,至于勃律国,是有罽宾道可通的;由勃律国达于阗地区,亦是有道路可通的。

(二)塞人在西域与中亚的活动

与青藏高原发生密切联系的是活跃于中亚、西亚广大地区的游牧民族——塞种人。从文献和考古资料看,塞人的活动范围广大,迁徙频繁。今新疆天山南北、甘肃河西走廊,甚至接近中原地区,都曾留下塞人的足迹。(图7-5)

图7-5:新疆温泉县阿尔夏特草原突厥石人石雕

塞人在河西、西域地区的活动,使他们在中国境内定居并建立城邦国家。《汉书·西域传》说:"昔匈奴破大月氏,大月氏西君大夏,而塞王南君罽宾。

---

① 马雍:《巴基斯坦北部所见"大魏"使者的岩刻题记》,《西域史地文物丛考》,文物出版社,1990年,第129—137页。

塞种分散，往往为数国。自疏勒以西北，休循、捐毒之属，皆故塞种也。"考古学家黄文弼先生说："楼兰土人与塞种人不无关系。"①英国史学家H.W.贝利说："在公元前2世纪以前，有一支塞克部落来到于阗定居下来，并形成他们的统治阶级。瞿萨旦那，就是塞人在和田地区所建立的王国。"②于阗人、楼兰人中都有众多的塞人，他们的居地与青藏高原相连相通，很自然地把自己的民族成分和文化带入青藏高原地区，影响那里的文化风貌。而居住在青藏高原的塞人也有部分西迁中亚，与活动在阿赫门尼德王朝治下的各部塞人相融合。

活动在中国境内的塞人，他们有自己的文化习俗。塞人崇拜太阳，崇拜火，重占卜，好巫术；金属器物发达，图案以猫科动物为代表。他们珍视黄金及制品，"塞西安人的艺术品，多数是附加于衣服上或马具上的金饰"③。依据其活动于青藏高原北部、西部地区的状况，我们可以推知，其与青藏高原古代邦国象雄、女国均有极为密切的民族和文化的关系。在业已消亡1500余年的新疆所出的佉卢文中，有女国王姓"苏毗"的记载，作"supiya"，女王夫号"金聚"即梵文"suvarna-gotra"意译。玄奘《大唐西域记》载："有苏伐剌拏瞿呾罗国，唐言金氏。出土黄金，故以名焉。"④即指此，说明女国的古老及其与中亚民族联系的久远，塞种人在其中发挥了积极的作用。青藏高原与其北部、西北部和西部地区的交通联系，在游牧的塞人活动时期已经开始了。

不仅如此，迄今在中亚北部七河地区、新疆伊犁地区、新疆阿尔泰地区以及蒙古高原发现的塞人文化古迹，已为我们初步勾画出一幅鲜为人知的塞人物质文化所反映出来的东西文化的沟通与融会的图景。

（三）月氏人与吐火罗文化的渗入

塞人之后，在中亚及西域地区活动的主要有月氏人、大夏人和吐火罗人，他们与青藏高原地区有密切的文化联系。他们的族类相近，历史联系密切，文化上也呈现出一定程度的类似性，共同影响了青藏高原的吐蕃文化。

关于月氏人的族属，目前学术界尚无定论。关于月氏人何时迁入今中国境内，也尚待考察，但至迟在战国以前，他们已活动在河西走廊地区，且与大夏

---

① 黄文弼：《罗布淖尔考古记》，北平研究院史学研究所，1948年，第57页。
② H. W. Bailey, Indo-Scythian Studies being Khotanese Texts Volume IV (Saka Texts from Khotan in the Hedin Collection), Cambridge, 1961, preface.
③ ［美］W. M. 麦高文著，章巽译：《中亚古国史》，中华书局，1958年，第58页。
④ ［唐］玄奘、辩机著，季羡林等校注：《大唐西域记校注》卷4，中华书局，1985年，第408页。

同时。月氏的活动地区在中原西部，即允姓之戎。它与同样活动在这一地区的羌、氐等少数民族联系密切，月氏和羌人同样有拜火、火葬等习俗，都以游牧为生。我们认为，这是文化交流与民族融合的结果，也就是说，在与吐蕃民族有直接血缘关系的羌人中，蕴含着月氏人的文化与民族成分。青藏高原的吐蕃文化就这样吸收了相异民族的月氏文化。

《汉书·西域传·大月氏国》记载："大月氏本行国也，随畜移徙，与匈奴同俗……本居敦煌、祁连间，至冒顿单于攻破月氏，而老上单于杀月氏，以其头为饮器，月氏乃远去，过大宛，西击大夏而臣之，都妫水北为王庭。"月氏人在河西地区的活动，史书多有记载，唐人张守节《史记正义》引《括地志》云："凉、甘、肃、延沙等州地，本月氏国。"《旧唐书》卷40记："敦煌，汉郡县名，月氏戎之地。"《西域图记》亦称："允姓之戎居瓜州，远徙大夏。"以上这些史料都说明，西汉之前，月氏人在中原西部活动，其中心在敦煌或河西走廊一带，介于匈奴与西羌之间，且与羌人杂居。公元前174年至前161年，匈奴老上单于当国时，击月氏，迫使其西迁中亚，开辟了新的生活领域。

月氏人西迁，至公元1世纪统一各地，史称贵霜王朝，但汉文史籍中仍称其为大月氏国。大月氏统治之下的贵霜境内，民族成分十分复杂，有塞人、大夏人、匈奴人、嚈哒人等。众所周知，贵霜王朝以繁荣的佛教与犍陀罗艺术而知名。活动在这一区域的古代少数民族和政权，毫不例外地以从事丝绸之路上的商业贸易而著称，为东西方文化传播发挥了积极的作用。

西迁的大月氏及其所建贵霜政权，都与青藏高原地区存在着关系。大月氏、大夏或吐火罗人长期活动在青藏高原北部、西北部和西部地区，新疆南部发现的吐火罗文书即是他们在这一带活动的证据。大月氏及其后的贵霜王朝均曾统治印度西北部地区，占据了青藏高原进入中亚的几乎所有的出口，如罽宾、勃律等。通过这些通道，把文化直接带入或间接传入青藏高原。《魏略》载："罽宾国、大夏国、高附国、天竺国皆并属大月氏。"大月氏对天竺的统治，把它的文化传入南亚地区，也传给了喜马拉雅山地区。

据《魏书》记载，大月氏在定居监氏城后，北部与柔然相邻，数为所侵，遂西徙，定都薄罗城（即唐代的勃律，今克什米尔西北部的巴尔提斯坦）。也就是说，大月氏在那时已经进入青藏高原地区。在大月氏之后，与青藏高原发生密切民族文化联系的还有小月氏、嚈哒、吐火罗等。

吐火罗与青藏高原的联系则更为直接，可能已有吐蕃人在其统治之下。《魏书·西域传》记："吐呼罗（即吐火罗）国，去代一万二千里。东至范阳国（即帆延国），西至悉万斤国，中间相去二千里……国中有薄提城，周匝六十里。城南有西流大水，名汉楼河。"这里的"薄提"被认为是藏文 Bod，薄提城即吐蕃城。①如果是这样理解的话，那么以聚居吐火罗故地的吐蕃人命名其城，也应是自然之中的。又据本教文献记载，在大食本教的传播中，有吐火罗人辛布巴瓦参与其事。②《奈巴教法史》说，在拉脱脱日年赞时，李天子与吐火罗的译师罗森错两人，从天竺请来班智达李敬，为吐蕃留下了神秘的佛教经典。如果此说不误，则两地的佛教文化也早有接触。

民族迁徙直接导致地区与民族之间的文化交流，宗教文化的交流成为其中最重要的一个部分。波斯的祆教文化就是通过民族之间的相互迁徙、经济文化的往来而进入到青藏高原的，从而影响吐蕃人的精神生活、风俗习惯等。

（四）罽宾、勃律与吐蕃的交往

罽宾和大小勃律是青藏高原地区古邦国和吐蕃与中亚、西亚、南亚等地相互交往的重要关口，在民族往来和经济文化交流方面发挥了极其巨大的作用。

罽宾自汉代以来，一直与中国保持着密切的以丝绸贸易为主的经济文化交流。唐朝赐予的主要为丝绸，罽宾所进也为方物。罽宾高僧在中国的传教活动，为佛教传入中国内地并在中国流行起到了促进作用；而中国高僧西至天竺取经，几乎无一例外地取道罽宾访学习经。

由于商业与文化上的特殊地位及其独特的地理位置，罽宾成为青藏高原汲取外来文化的重要窗口。波斯的祆教传入象雄、波斯的天葬习俗和嚈哒、吐火罗的一妻多夫制度，乃至突厥的风俗与法律，对青藏高原古邦国和后世吐蕃文明的影响，主要是通过罽宾地区传入的。

由于罽宾在经济、文化交流等方面发挥了巨大的作用，在青藏高原邻接这里的一侧，才形成了既具浓厚色彩的中亚民族文化，又有鲜明地方特征的、繁荣的象雄文明。了解了这一点，就容易解开象雄文明产生之谜的绳结。作为吐

---

① 张云：《丝路文化·吐蕃卷》，浙江人民出版社，1995年，第239页。
② 噶尔梅著，王尧、陈观胜译：《苯教史（选译）》，载《国外藏学研究译文集》（一），西藏人民出版社，1985年，第269—322页。

蕃的本教圣地——象雄，事实上却时常是通过罽宾来汲取波斯祆教的营养。在佛教兴起后，罽宾又是佛教的繁盛地。为兴佛法，赤松德赞派人专程前往克什米尔迎请密宗大师毕玛拉米扎。另外，在吐蕃的十三种医疗法中，有克什米尔医疗法；赤松德赞的"四方九名医"中也有克什米尔人，可见其医学对吐蕃产生的影响。

罽宾道上重要的输出物品，除丝绸之外，就是麝香。麝香是该道上的特色物品，而且持续输往中亚、西亚及欧洲，故又把该段丝道称为"麝香之路"。

勃律，是青藏高原通往中亚地区的重要关口，位置险要。唐代时，勃律有大、小之分，均与吐蕃有密切的关系。吐蕃王朝崛起后，向西北部扩张，吞并羊同与女国，并占领了大勃律，在武周到唐玄宗当政期间曾三次遣使至唐。西行高僧慧超行经中亚时，大勃律国、羊同国并属吐蕃，而小勃律则在唐朝的统治之下。

勃律道是吐蕃通西域、中亚的军事要道，在文化交往上，与罽宾道有同等重要的位置。法国学者沙畹说："中国欲维持其与箇失密、乌苌、罽宾、谢风日等国之交际，则应该维持从护密及小勃律赴诸国之通道。故此道又为吐蕃入四镇之天然路途。"① 中亚地区的祆教，也经由勃律传入吐蕃。《世界境域志》第26章记："撒马尔罕达克（Sarhad），是一个大村庄，其中住着印度人、吐蕃人、瓦罕人……安德拉思是一个城镇，其中住有吐蕃人和印度人，从其地到克什米尔是两天的旅程。"② 可见，吐蕃人对勃律的统治及吐蕃人的迁入，不仅开启了直接的文化交流，而且也开始了民族的融合。

吐蕃通过勃律与今阿富汗等地的经济贸易也十分繁荣。《世界境域志》记："（当时）所有印度的产品皆输入吐蕃，再从吐蕃的一个省，与博洛尔（小勃律）边境相接。当地人主要是商人，住在帐篷与毡房中。"勃律人以商业为主，充当了吐蕃与中亚地区的中间贸易人，在繁荣的印度—吐蕃—勃律—中亚的贸易大循环中，扮演了举足轻重的角色。

勃律道与罽宾道，把青藏高原与中亚、西亚和南亚，以及欧洲联系起来，这种连接东西方丝道主干线的良好的商业和文化交往条件，使青藏高原西部的

---

① ［法］沙畹著，冯承钧译：《西突厥史料》，中华书局，1958年，第272页。
② V. Minorsky, Hudud al-'Ālam. "The Regions of the World", a Persian Geography 372 A H.–982 A. D., London 1937, p. 121；［波斯］佚名著，王治来译注：《世界境域志》，上海古籍出版社，2010年，第121—122页。

象雄地区最早出现灿烂的文明。因此，青藏高原西部地区，对吐蕃文明的形成发生过重大的作用。对此，有学者这样总结："那里既是与犍陀罗和乌苌接壤，又与该地区的其他小国毗邻，希腊、伊朗和印度诸文明中的古老成分都经由这里传入吐蕃。在拉达克的卡拉泽发掘出的贵霜帝国皇帝阎膏珍（Vima Kadphises）的碑文。在更靠东部的地方，即在班公湖附近的昌孜，还有一些用藏文、龟兹文和粟特文书写的景教碑文，其时间肯定为9世纪。勃律地区和勃律语，如同象雄地区和大食语（伊朗、阿拉伯语）一样，它们在有关本教和莲花生大师的传说中，扮演着极为重要的角色。莲花生是来自乌苌地区的喇嘛教大祖师。"① 可以说，青藏高原地区早期最繁荣的象雄文明和女国文明，都位于高原西部，都与南亚、中亚进行商业贸易，连接着东西方丝绸之路主干线，并不断吸收中亚、西亚地区的古老文明，甚至是这种影响的直接产物。而象雄与女国文明，又直接影响了此后出现的吐蕃文明。高原文明就是这样由多种民族文化共同组成的。

（五）于阗、突厥与吐蕃文化

于阗与青藏高原地区的密切联系，早在塞人主宰中亚历史舞台时代即已开始，他们都受到塞人民族与文化的影响。根据考古、历史和语言资料研究，和田地区的早期居民和新疆其他某些地区一样，主要是操印欧语的塞人，他们在11世纪中叶以后，逐渐融合到突厥、回鹘诸族之中。于阗地处东西方丝路要道，曾有月氏、印度、大夏（吐火罗）、羌人等定居融合，成分复杂、文化繁盛。

"吐蕃—于阗道"是西藏西部地区沟通中亚西域的前哨，古代于阗与吐蕃之间的文化联系，正是通过这条古道得到了进一步的加强。

于阗之名，最早在汉文史籍中出现，始见于《史记·大宛列传》："于阗之西，则水皆西流，注西海。其东水东流，注盐泽。"司马迁撰《史记·大宛列传》乃取材于张骞出使西域所记材料，由此推之，于阗在公元前2世纪中叶已经立国。

在藏文古籍中，也有关于于阗立国的传说。据《汉藏史集》"圣地于阗之王统"记载，最早在迦叶佛出世之时，于阗被称为草垫之地。迦叶佛圆寂之

---

① R. A. Stein, Tibetan Cilvilization, Californiua: Stanford University Press, 1972, p. 36;［法］石泰安著，耿昇译，王尧审订：《西藏的文明》，中国藏学出版社，1999年，第34页。

后，曾于此建塔，名为郭马萨拉干达塔，"仙人"喀热夏等曾长期在于阗的山上修行居住。之后，教法毁灭，于阗变成了海洋。释迦牟尼出世后，于阗被托给毗沙门天王和药叉正力等神，释迦牟尼本人也曾飞临于阗。至释迦示寂后二百五十四年，法王阿育王来此地，在现在和田城所在地住了一宿，与王妃生下一子，名为地乳。地乳王长大成人之后，汉地之王命其率兵众向西寻找于阗。地乳王的两名随从为寻找走失的乳牛而在此与印度人相遇，双方划地为界，各自立国。从释迦牟尼示寂到地乳王做于阗王，其间相距二百五十四年。①如按这一传说，则于阗立国是在阿育王时代（即公元前242年左右）。有学者考证认为，这一传说实为于阗僧徒为了便于佛教在于阗的传播而伪造出来的，不足为信。②但是，大量的藏文文献中记载这一传说本身，意味着于阗与古代西藏之间关系非同一般。"于阗"之名的由来，据藏文《于阗古史》所记，其读音为"U-then"，为都与河之意。日本学者白鸟库吉认为，藏语中称玉石为 g·yu (yu)，与古音 jiu 或者 gjiu 相同，而 U-then 与 jiu dien 或 U-dien 之音相近，故于阗有玉城、玉邑之意。③此外，还有外国学者按照古藏语于阗的读音 Li-yul，释其为钟铜之国（Bellmetal Country），或者谓 Li 即犁，指牦牛（yak）④。无论这些解释可信程度如何，至少表明，对于"于阗"一词的起源，学术界倾向于用藏语来进行解释。这也从一个侧面反映出两地之间在古代具有某种特殊的联系。

《于阗教法史》中还记载了佛教传入于阗的情况，云："于阗立国后六十五年之时，即叶吾拉王之子尉迟森缚瓦即王位五年时，佛法开始传到于阗国。"⑤另一部藏文史籍《于阗古史》记载："于阗建立国于佛涅槃之后二三四年。建国一六五年后，于阗王 Yeula 的儿子 Vijayasambhava 在位。登位后的第五年，达磨（Dharm 胜法）开始传入于阗。此王为弥勒和曼殊室利的化身。毗卢折那阿罗汉以比丘的面貌出现于于阗，并驻锡于赞磨村之 Tsar-ma 窟内"。⑥日本学者羽溪了谛据此推算于阗建国在阿育王时代，即公元前242年左右；而佛教传入此

---

① 达仓宗巴·班觉桑布著，陈庆英译：《汉藏史集》，西藏人民出版社，1986年，第53—56页。
② 周连宽：《大唐西域记史地研究丛稿·瞿萨旦那国考》，中华书局，1984年，第229—236页。
③ [日] 白鸟库吉著，王古鲁译：《塞外史地论文译丛》第二辑，商务印书馆，1938年，第138—139页。
④ 周连宽：《大唐西域记史地研究丛稿·瞿萨旦那国考》，中华书局，1984年，第230页。
⑤ 达仓宗巴·班觉桑布著，陈庆英译：《汉藏史集》，西藏人民出版社，1986年，第58—59页。
⑥ 周连宽：《大唐西域记史地研究丛稿·瞿萨旦那国考》，中华书局，1984年，第247页。

国，应当在公元前74年前后。①由于于阗建国的年代多系神话传说，所以以此来推算佛教传入于阗的时间，不一定可靠。日本学者崛谦德认为："佛教能致如此之盛大，必经相当之年月，是以遍照（毗卢折那）传教于于阗之时代，当在第一、二世纪或其以前。第二世纪前半叶为迦腻色迦王出，印度佛教传播于四方之时代，然则遍照传教于于阗国，或在此时。"②参照佛教传入西域各国的时代来看，可能这一推测比较可取。

于阗与吐蕃之关系，可谓源远流长。就其民族种属而论，两者之间存在亲缘关系。《魏书·西域传》《北史·西域传》及《通典》卷192载于阗国之民族皆云："自高昌以西，诸国人等深目高鼻，唯此一国，貌不甚胡，颇类华夏。"日本学者白鸟库吉对此作出的解释是："当时于阗人容貌并非深目高鼻，反类华夏云云，决非指汉人移居此地，其实应为类似汉人和西藏人混合的结果。"③周连宽联系《汉书·西域传》中所载之"羌"，提出最初来到于阗的民族，当系一支从于阗以南的南山山脉北麓，随畜逐水草以达塔里木盆地南边绿洲的羌系民族，定居于此，再混合以后来从兴都库什山区东迁来的Arya种的Galca人所形成的种族。他还指出，直至现代，于阗人的体质中仍保留有西藏种的因素，"其实这种西藏系统的性质，来源甚古，是汉以前于阗地区羌族土著居民的遗存"④。

近年来，随着我国西北地区考古工作的开展，一批古人类学材料经过研究测定后，显示出一些很值得注意的特点。其中，比较重要的有新疆哈密焉不拉克墓葬的人骨种系。

新疆焉不拉克古墓群是在1986年春进行考古发掘的。墓葬中出土有相当数量的彩陶器和小件的青铜器，还出有铁制品。据研究，墓葬所出的陶器器形与纹样特征与甘青地区的辛店文化有某些相似之处，故墓葬的总体年代大致在西周或春秋之间。墓葬中还出土了一批人骨材料，经过中国社会科学院考古研究所韩康信等学者的鉴定，已经得出了初步的结论。这批人骨材料大体来讲，包括两个大的支系类型，即欧洲人种支系与蒙古人种支系，而以蒙古人种在数量上占优势。在这批蒙古人种头骨的总的特征上，"具有长颅型，颅高趋低的正

---

① ［日］羽溪了谛著，贺昌群译：《西域之佛教》，商务出版社，1956年，第203页。
② ［日］崛谦德著，纪彬译：《于阗国考》，《禹贡半月刊》1935年第4卷第1期。
③ ［日］白鸟库吉著，王古鲁译：《塞外史地论文译丛》第二辑，商务印书馆，1938年，第136—137页。
④ 周连宽：《大唐西域记史地研究丛稿·瞿萨旦那国考》，中华书局，1984年，第245—246页。

颅型，高而适度宽和中等偏平的面，矢状方向面部突度弱，齿槽突度有些接近突颌，中等突起的鼻兼有狭鼻倾向"。值得注意的是，这些综合特征，恰恰与现代藏族卡姆型头骨之间表现出一致性。因此学者们认为："如不纯系偶然，焉布拉组与西藏卡姆组属同质类型是可信的，其接近程度甚至超过了焉布拉组与甘肃古代组之间的接近程度。由此可见，与现代藏族卡姆类型很接近的甚至带有某些更不分化性质的古代居民在公元前10世纪至5世纪生活在西北边陲地区。"[①]

哈密虽在新疆东北部，与于阗相距甚远，但其原始先民所反映出的体质人类学特征，却与于阗的古代居民具有相似性，即当中都包含有古代羌系民族的成分。由于古代的羌人活动范围极广，西藏远古先民的一部分，也与之有着密切的关系。《新唐书·吐蕃传》载"吐蕃本西羌属，盖百有五十种"，正是从这个意义而言。所以，于阗与西藏的古代居民同属于一个大的种系，有比较多的证据。

于阗是西域重要的佛教文化中心之一。据《法显传》所载，5世纪初，于阗国佛教处于极盛时期，国中有大伽蓝十四所，小寺不计，有僧数万人，多学大乘，人家门前，皆起小塔。[②]《汉藏史集》亦载："总的来说，和田（即于阗）地方的大寺院在城内外有六十八座，中等寺院有九十五座，小寺院有一百四十八座。另外，荒地小庙及不属寺庙之佛像佛塔等，共计三千六百八十八处。据桂·措衍金波鼠年统计，和田地方共有比丘一万来名。"[③]由此可见当时于阗国佛教规模之一斑。

于阗王国与吐蕃王朝发生直接的联系，据文献记载大约开始于公元7世纪后半叶。《汉藏史集》在记载于阗新建之"达哇涅寺"时云："此时吐蕃之王将于阗收归治下，此寺是在吐蕃大臣噶尔·东赞来到于阗时修建的。"[④]这与汉文史料可以相互对应。据《敦煌本吐蕃历史文书》大事纪年部分记载，噶尔·东赞在松赞干布逝世后担任吐蕃大相期间，长期住在吐谷浑地区；《资治通鉴》唐高宗麟德二年（665）三月条下记"疏勒弓月引吐蕃侵于阗"；又高宗咸亨元年（670）夏四月条下记"吐蕃陷西域十八州，又与于阗袭龟兹拔换城，陷

---

① 韩康信、张君：《藏族体质人类学及其族源》，《文博》1991年第6期。
② 周连宽：《大唐西域记史地研究丛稿·瞿萨旦那国考》，中华书局，1984年，第251页。
③ 达仓宗巴·班觉桑布著，陈庆英译：《汉藏史集》，西藏人民出版社，1986年，第58页。
④ 达仓宗巴·班觉桑布著，陈庆英译：《汉藏史集》，西藏人民出版社，1986年，第57—58页。

之"。这些记载都与《汉藏史集》所载相合。

从藏文文献中所反映的线索分析，于阗佛教传入吐蕃可能在吐蕃与于阗有联系后不久。如《汉藏史集》载："释迦牟尼涅槃之后的两千年间，于阗国有佛法之影像及舍利，此后教法毁灭，于阗国和疏勒、安西三地被汉人、赭面、粟特、突厥、胡人等摧毁。其后，有一名菩萨转生为赭面国之王，在吐蕃地方兴起佛法，建立佛寺及佛塔，立两部僧伽。王臣逐渐奉行佛法，从其他地方迎请许多堪布和佛经。于阗国也被纳入吐蕃国王统治之下。这以后，在赭面吐蕃的七代国王之时……于阗的一位年青国王仇视佛教，驱逐于阗国的比丘。众比丘依次经察尔玛、蚌、墨格尔、工涅等寺院，逃向赭面国……此赭面国有一菩萨化身之王妃，是汉地的一位公主，她任施主迎请于阗国的比丘到吐蕃。"①类似的记载，也见于藏文《于阗教法史》中。这一事件，可能发生在公元710年金城公主到吐蕃之后二三十年②。

尔后，于阗与吐蕃不断进行交往。作为西域的佛教文化中心，于阗对于吐蕃佛教的兴盛起到了重要的推动作用。据《青史》记载，赤德朱登王时代，"修建了扎玛正桑等一些寺庙，又从黎域（于阗）迎请来很多和尚"，以传播佛法。③赤松德赞时期，吐蕃佛教兴盛，译经之风大起，"一些精通翻译的人，将印度、汉地和于阗等地区的佛教，凡是能得到者，大部分译到吐蕃"。《巴协》中也记载在修建桑耶寺的过程中，"召来了汉地、印度、尼泊尔、克什米尔、黎域、吐蕃等各地的能工巧匠"④，足见于阗的佛教艺术也传到了吐蕃。意大利学者杜齐在论及西藏佛教艺术时特别指出，"在西藏寺院中见到的若干塑像上可以观察到印度沙西文化（Shahi）的影响及来自尼泊尔或中国中亚（于阗）的某些早期影响"，"艾旺（引者按：西藏中部地区的一座寺庙）的碑铭上也有关于阗及印度影响的更多的资料"。⑤这些资料都与藏文史料的记载是一致的。

由于吐蕃与于阗之间开通了"吐蕃—于阗道"，而这条道路中一个重要的中转站应是吐蕃西部的象雄（羊同）旧地，所以，于阗佛教传入吐蕃很可能是以此为中介的。

---

① 达仓宗巴·班觉桑布著，陈庆英译：《汉藏史集》，西藏人民出版社，1986年，第59页。
② 王森：《西藏佛教发展史略》，中国社会科学出版社，1987年，第5—6页。
③ 廓诺·鲁迅伯著，郭和卿译：《青史》，西藏人民出版社，1987年，第27页。
④ 拔塞囊著，佟锦华、黄布凡译：《拔协》，四川民族出版社，1987年，第60页。
⑤ [意] 杜齐著，向红茄译：《西藏考古》，西藏人民出版社，1987年，第48—49页。

南北朝至隋唐时期，突厥、吐蕃相继兴起，他们除与中原政权及人民有密切联系外，由于地理上的接近及其他原因，这两个民族之间也有一定的交往。《新唐书·吐蕃传》载："太宗贞观八年（634），（吐蕃）始遣使者来朝，帝遣行人冯德遐下书临抚。弄赞闻突厥、吐谷浑并得尚公主，乃遣使赍币求婚，帝不许。"这是吐蕃与突厥关系的早期记录。

　　此后，吐蕃向北征服吐谷浑之地，公元7世纪中叶开始进入西域，与一些不满唐朝统治的西突厥部落联合，多次攻陷唐之西域重镇及属国。《新唐书·吐蕃传》称："其地东与松、茂、巂接，南极婆罗门，西取四镇，北抵突厥，幅圆万余里，汉、魏诸戎所无也。"公元7世纪末，后突厥汗国复兴后，吐蕃也多次与之通使、联合。吐蕃历史文书《大事记年》及汉文史书中，不乏此类记载。

　　《新唐书·高宗纪》仪凤二年（677）曰："是岁，西突厥及吐蕃寇安西……吏部侍郎裴行俭伐西突厥。"《新唐书·裴行俭传》记此事曰："仪凤二年（677），十姓可汗阿史那都支及李遮匐诱蕃落以动安西，与吐蕃连和。"《大事记年》第二十七条："及至鼠年（高宗仪凤元年，丙子，676年）……论赞聂领兵赴突厥（Dru gu）。"①

　　联系上引文献，大论赞聂领兵赴突厥事，似与西突厥都支等联合吐蕃攻安西有关。原因在于：第一，《大事记年》与汉文史料记载此事的时间相近，前者为高宗仪凤元年（676），后者为翌年，则汉文所记似为此事闻于唐廷的时间。第二，当时东突厥政权已覆亡近半个世纪，其余众分布在河套南北，后突厥汗国尚未复起；而西突厥自公元7世纪60年代归附唐朝后，唐朝封的西突厥弥射、步真可汗相继死去。《唐会要·西突厥》称"十姓无王，附于吐蕃"，吐蕃势力趁机进入西域。早在高宗龙朔二年（662），西突厥弓月部便"引吐蕃之众来拒官军"；②麟德二年（665），弓月、疏勒等又"共引吐蕃之兵以侵于阗"③；十一年后，便是阿史那都支等联合吐蕃攻安西之事。从当时吐蕃欲得西域、联络西突厥十姓部落的一系列活动来看，《大事记年》称大论赞聂领兵赴突厥一事，应与仪凤二年（677）事有关。

　　十年之后，吐蕃又联合西突厥弓月部与唐军在西域作战。《新唐书·则天

---

① 王尧、陈践：《敦煌本吐蕃历史文书》（增订本），民族出版社，1992年，第147页。
② 〔北宋〕王钦若：《册府元龟》卷449《将帅部·专杀》，中华书局，1960年，第5324页。
③ 〔北宋〕王钦若：《册府元龟》卷995《外臣部·交侵》，中华书局，1960年，第11687页。

皇后纪》曰："（垂拱三年）十二月壬辰，韦待价为安息道行军大总管，安西大都护阎温古副之，以击吐蕃。"《旧唐书·韦待价传》叙其事曰："（韦待价）军至寅识迦河，与吐蕃合战，初胜后败。又属天寒冻雪，师人多死，粮馈又不支给，乃旋师弓月，顿于高昌。"《旧唐书·唐休璟传》补充此事曰："垂拱中，迁安西副都护。会吐蕃攻破焉耆。安息道大总管、文昌右相韦待价及副使阎温古失利，休璟收其余众，以安西土。"

《大事记年》第三十八条："及至猪年（太后垂拱三年，丁亥，687年），大论钦陵领兵赴突厥（Dru gu）'固山之境'。"第四十条："及至牛年（太后永昌元年，己丑，689年）……大论钦陵自突厥（Dru gu）引兵还。""固山"（Gu zan），托马斯认为或许是汉文"古城"或"五城"的译音，汉属车师后部，突厥语称"别失八里"；而张广达先生认为，Gu zan 即波斯文献《世界境域志》之 K.san，《新唐书·地理志》于阗西二百里的"固城镇"。①

《大事记年》所载大论钦陵领兵赴突厥"固山"之事，似与汉文史书记载垂拱中吐蕃陷焉耆等有关。"弓月"，此处当作"弓月城"讲，其地在今新疆伊宁县吐鲁番圩子一带；"寅识迦河"，据《旧唐书·韦待价传》，当在弓月西南②。这样，我们可以推测这一路吐蕃军是在攻陷疏勒后，推进到弓月地区的。关于弓月部是否参加了这次战役，虽于汉文史料无证，但作为吐蕃在西域的最早的盟友之一，弓月部在此战中参加到吐蕃一方，遂使唐军大败，应是预料中的事情。另外，吐蕃军队还攻陷了焉耆。垂拱年间，吐蕃在西域的攻势，如陈子昂上书所言"国家近废安北，拔单于，弃龟兹，放疏勒"③，使唐朝再一次罢四镇。

《新唐书·突厥传》曰："其明年，西突厥部立阿史那俀子为可汗，与吐蕃寇，武威道大总管王孝杰与战冷泉、大领谷，破之。"《新唐书·吐蕃传》则说："首领勃论赞与突厥伪可汗阿史那俀子南侵，与孝杰战冷泉，败走。"《资治通鉴》载此事于延载元年（694）二月，所记略同。另外，《新唐书·则天皇后纪》也记此事于延载元年（694）。此战中"冷泉"与"大领谷"的地理位

---

① F. W. Thomas, Tibetan Literary Texts and Documents concerning Chinese Tukestan，part I: Literary Texts, London, 1935, part II: Documents, London, 1951, pp.282—284。
② 易漫白：《弓月城及双河位置考》，《新疆历史论文续集》，新疆人民出版社，1982年，第205页。
③〔宋〕司马光：《资治通鉴》卷204，垂拱四年十二月条。胡三省注："废安北、拔单于，以突厥畔援也；弃龟兹，放疏勒，以吐蕃侵逼也。"

置,前者在焉耆东南,后者在西宁西境。①

《大事记年》第四十五条:"及至马年(太后延载元年,甲午,694年)……东叶护可汗前来致礼。"第五十条(猪年,太后圣历二年,己亥,699年):"东叶护可汗前来致礼。"第五十一条(鼠年,太后久视元年,庚子,700年):"遣送东叶护可汗往突厥(Dru gu)。"此"东叶护可汗"就是西突厥阿史那俀子可汗。

阿史那俀子,据《旧唐书·郭元振传》"献父元庆、叔仆罗、兄俀子"等语看,其亦为唐所立兴昔亡可汗阿史那元庆之子;《旧唐书·郭元振传》还说,阿史那俀子被吐蕃册为可汗,又得到突厥部落的拥立。"冷泉"之战后,史称俀子等"败走",联系《大事记年》延载元年(694)有东叶护可汗至吐蕃王廷事,我们有理由推测"东叶护可汗"可能就是"败走"的阿史那俀子等。首先,从时间上看是吻合的;其次,从"冷泉"所处焉耆东南的位置上看,俀子等战败后,随吐蕃首领勃论赞退由柴达木盆地以南,从青海路旋至吐蕃,这也是可能的。

《大事记年》第七十一条曰:"及至猴年(玄宗开元八年,庚申,720年),赞普驻于董之虎园,默啜(vBug cor)(可汗)之使者前来致礼。"默啜可汗或作"墨啜",后突厥汗国之可汗,即阿波干可汗,名环,骨咄禄弟。691年,骨咄禄死,默啜继立为可汗。开元四年(716),默啜为拨野古部所杀。这里似指其死后吐蕃与后突厥建立的联盟。②

关于默啜可汗、前后突厥与吐蕃的交往,汉文史书中有明确记载。早在武后万岁通天元年(696),就有钦陵与默啜约同出兵,一攻洮州,一攻凉州,杀唐凉州都督许钦明之事。③此后数年间,《新唐书·郭元振传》又记"突厥、吐蕃联兵寇凉州"。其后,《新唐书·突厥传》曰"吐蕃以书约与连和钞边,默棘连不敢从,封上其书"。《资治通鉴》系此事于开元十五年(727),其言更详:"突厥毗伽可汗遣其大臣梅禄啜入贡。吐蕃之寇瓜州也,遣毗伽书,欲与之俱入寇,毗伽并献其书。"④默棘连即毗伽可汗,为骨咄禄之子。由是可知,后突

---

① 〔清〕顾祖禹:《读史方舆纪要》卷64、65。
② 王尧、陈践:《敦煌本吐蕃历史文书》(增订本),民族出版社,1992年,第230页。
③ 见新、旧唐书《吐蕃传》,及《新唐书·许绍传》附《许钦明传》。此说见任乃强、曾文琼:《〈吐蕃传〉地名考释》(六),《西藏研究》1984年第1期。
④ 〔宋〕司马光:《资治通鉴》卷213唐玄宗开元十五年九月丙戌条,中华书局,1956年,第6779页。

厥汗国建立后，实与吐蕃有频繁交往。

在吐蕃与后突厥的交往中，双方使臣往来，是较为明显的活动之一。万岁通天元年（696）吐蕃、突厥共寇边时，陈子昂在其《上军国机要事》中说："臣闻吐蕃近日将兵围瓜州，数日即退，或云此贼通使墨啜，恐瓜、沙止遏，故以此兵送之。"①又《资治通鉴》卷213开元十五年（727）闰九月条："会吐蕃遣使间道诣突厥，王君㚟精骑邀之于肃州。"这两条材料恰好与前述吐蕃、突厥约同出兵及突厥大臣梅录啜献吐蕃书在时间上吻合，至少可以说明双方交使的内容之一，是约同与唐朝军队作战。当然，突厥、吐蕃双方交使，也有庆贺、聘吊、礼尚往来的一面，如前引《大事记年》所记，开元八年（720），默啜可汗的使者到吐蕃致礼即是。又，唐玄宗开元二十年（732），突厥毗伽可汗为纪念其亡弟阙特勤而建碑，其碑文中曰："今朕弟阙特勤死矣……吐蕃可汗派来一论（boLon）。"②

新疆米兰和麻札塔格出土的藏文写卷和木简文书中有关于突厥的记载，如一件写卷文书称：牛年春，论·赞苏热等在突厥会盟时，一名被称作札路恭达（Tsa rngu khong rgid）的骑队官吏，雇佣了竹赖（Rlangvbrug legs）的一匹马，佣金定为6两银钱。马匹如有闪失，将赔付30两。一枚木简提到诸借粮人："萨贝之妻，门婆领取一升，色吉、约尔诺、布穷三人领取三升。突厥（drug）芒顿之妻领取谷子六升。"另一枚木简载："拉通向上至唐人笼（rgya slungs）、下至突厥郡（dru gu vjon）的虎兵禀告。"此外，新疆藏文文书中还有"小突厥"（Drug cun）、"突厥啜尔"（dru gu vjor）、"突厥郡"（dru gu vjon）、"上部突厥"（stod gyi dru gu）等职官名或地名，反映出吐蕃统治下的鄯善和于阗地区，突厥人不在少数。③（图7-6）

---

① 〔唐〕陈子昂著，徐鹏校点：《陈子昂集》卷8，中华书局，1960年，第179页。
② 岑仲勉：《突厥集史》（下册），中华书局，1958年，第886页。
③ 以上引文出自王尧、陈践：《吐蕃简牍综录》，文物出版社，1986年，第39、59、60页；F. W. Thomas, Tibetan Literary Texts and Documents concerning Chinese Tukestan, part I: Literary Texts, London, 1935, p. 123-124; part II: Documents, London, 1951, pp. 273, 276-277.

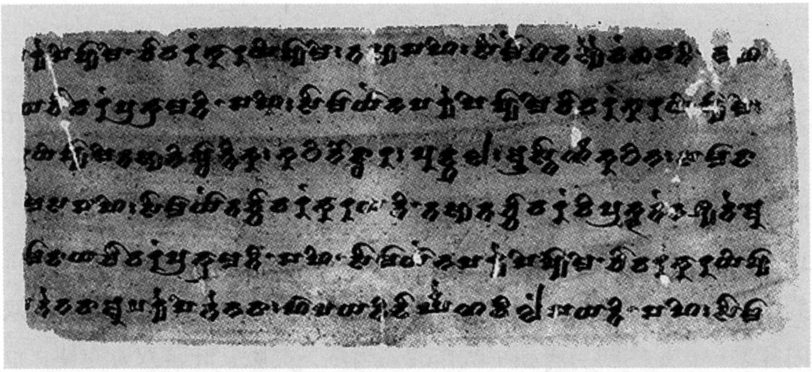

图7-6：新疆克孜尔石窟第98窟出土的梵语律藏写本

（六）粟特、大食与吐蕃

7世纪中叶至9世纪中叶，吐蕃进入西域、河西走廊，与唐朝争夺安西四镇、敦煌等地，在进出南疆、河西及远至中亚地区之际，与粟特人有了密切接触，甚至鄯善、敦煌等地的粟特移民一度成为吐蕃治下的属民。此外，吐蕃与粟特在物质文化、精神文化方面亦有广泛的交流，这对两族各自的社会经济进步均起到积极的作用。

7世纪中叶以后，中心位于今拉萨的吐蕃开始向东北方向扩展，相继征服了驻牧于今青海、甘肃、四川西北一带的吐谷浑、党项、白兰等部族，占据了今青海省境内黄河以南、青海湖以西等地区。与此同时，吐蕃又进军西域，联合西突厥与唐朝争夺安西四镇，并开始进出今南疆鄯善、于阗地区，遂与来自中亚的粟特移民有了接触。

粟特人在隋唐时主要居住于"康"（今中亚撒马尔罕）及其他昭武九姓诸国。唐永徽年间（650—655），高宗以其地置康居都督府、大宛都督府；8世纪上半叶，康为大食（阿拉伯）所征服。但大食对中亚诸国的统治，仅征其贡赋而保留地方王的权力。因此，特别是在被征服初期，康国还保有半独立的地位，其外交、军事权基本不受制于大食。

粟特人的东来可追溯到公元初，当时主要是一些商人。隋末唐初，粟特人开始成批移居我国新疆及河西走廊等地。唐贞观年间（627—649），康国首领康艳典率众来居鄯善旧城，改名典合城。高宗上元二年（675），唐朝改典合城为石城镇，划归沙州（治今敦煌）管辖。8世纪初，吐蕃占领鄯善，这一地区的粟特移民开始受吐蕃的统治。①

吐蕃进入西域始于唐高宗龙朔初年。麟德二年（665），"疏勒、弓月两国共引吐蕃之兵，以侵于阗。诏西川都督崔知辩及左武卫将军曹继叔率兵救之"。②稍后不久，出现了吐蕃与活动于今若羌一带的粟特人接触的情况。成书于676—695年的《沙州图经考略》谓："萨毗城，右西北去石城镇四百八十里。其城，康艳典造。近萨毗泽……日六十里，山险，恒有吐蕃、吐谷浑来往不绝。"③可见自此时起，吐蕃与这一带的粟特人多少有了接触。尽管吐蕃与西域的粟特人可能处于交恶的状态，但是吐蕃与康国之间仍然保持有使臣往来。今拉达克地方的德兰茨村石刻中，有这样一段粟特铭文："二百一十年，来自撒马尔罕（samarkander）的诺斯凡作为大使，致吐蕃可汗（khagan）。"据研究，这件铭文的年代当在825年四月二十四日至826年四月十二日之间，它反映了9世纪上半叶吐蕃与康国交使的情况。④

唐代的敦煌同样居住着一批粟特移民或其后裔。据敦煌文书记载，8世纪中叶，敦煌县城东一里有一个粟特人聚居的村落，被称作"从化乡"，为敦煌十三乡之一。"从化乡"约300户，1400多人，其居民中以康、安、石、曹、罗、何、米、史、贺为姓的占绝大多数。⑤吐蕃攻占敦煌后，"从化乡"与敦煌其他乡皆被取消，代之以部落制。此后，在吐蕃统治敦煌的数十年间，一部分粟特人沦为身份较低的寺户，而另一些粟特人在吐蕃治下任职。

此外，吐蕃统治时期敦煌的粟特人信仰佛教，在佛教教团中有很大的势力。《S.2729：吐蕃辰年（788）三月沙州僧尼部落米净辩牒》是吐蕃占领敦煌后于788年三月五日对敦煌诸寺僧尼清查的名单，算使论悉诺罗检谟敦煌诸寺

---

① ［日］池田温：《沙州图经略考》，《榎博士还历记念东洋史论丛》，（东京）明和印刷株式会社，1975年，第92页；向达：《唐代长安与西域文明》，生活·读书·新知三联书店，1957年，第441页。
② ［北宋］王钦若：《册府元龟》卷995《外臣部·交侵》，中华书局，1960年，第11687页。
③ ［日］池田温：《沙州图经考略》，《榎博士还历记念东洋史论丛》，（东京）明和印刷株式会社，1975年第92页。
④ G. Uray. Tibets Connections with Nestorianism and Manicheism in 8th-10th Centuries, in: Ernst STEIN-KELINER and Helmut TAVSCHER (eds.), Contributions on Tibetan Language, History and. Culture, Wien: Arbeitskreis für tibetisehe und buddhistische Studien, Universität Wien, 1983, p. 406.
⑤ ［日］池田温：《8世纪中叶におゐ纪中叶敦煌のソグド人聚落》，《ユーラツア文化研究》，1965年第1期；史苇湘《丝绸之路上的敦煌与莫高窟》，《敦煌研究文集》，甘肃人民出版社，1982年，第84—85页。

僧尼共310人，其中粟特胡姓人49人，占总数约六分之一，安、史、米、曹、康、石等粟特姓共29人，占十一分之一。①据《S.542：吐蕃戌年（818）六月沙州诸寺丁壮车牛役簿》统计，在184笔供役记录中，属于康、安、石、曹等9姓的寺户共52笔，占全部供役户的三分之一弱。②黄文焕在对现存于河西地区7—9世纪的唐代藏汉写本经卷（编号共317卷）的研究中，发现这些经卷虽然其外部特征完全是吐蕃式的，但在写校者的总人数中其他兄弟民族人占五分之四，甚至六分之五，吐蕃人只占五分之一乃至六分之一，其中属于粟特康姓的写校者有5人。③

总之，吐蕃统治下的敦煌粟特人信仰佛教，向寺院施舍财物及修窟造寺，担任佛教教团中的各级僧官，影响较大。

唐代吐蕃与粟特人的关系不仅表现在政治生活方面，也表现在物质文化与精神文化方面。唐初，在佛教传入吐蕃的同时或稍后，中亚及西亚各国的其他宗教观念也传到了吐蕃：通过粟特人、突厥人传来了摩尼教，通过波斯人传来了景教，通过大食传来了伊斯兰教。这些外来的诸种宗教对吐蕃的影响很大，在那一时期及其以后的民间文学中，可以看出这些特点。④据《贤者喜宴》载，松赞干布时期，吐蕃学习邻族建政经验、设官及民政，"自东方汉地及木雅获得工艺与历算之书。自南方天竺翻译了诸种佛经。自西方之胡部、泥婆罗，打开了享用食物财宝的库藏。自北方霍尔、回纥取得了法律及事业之楷模"⑤。其中，"胡部"即指粟特，这方面因有较详细的论述，故不赘引。

唐代，粟特人在葱岭以东的蒲昌海（罗布泊）、播仙镇（且末）、西州（吐鲁番）、伊州（哈密）、沙州（敦煌）、肃州（酒泉）、甘州（张掖）、凉州（武威）等地均有分布。粟特人的这些居住地处在丝绸之路的要冲，与丝绸之路"青海道"有着非常密切的关系。且末、敦煌与柴达木古道直接相通，武威、张掖经扁都口与青海相连。吐鲁番出土的一件粟特语文书记录了9—10世纪粟

---

① 《S.2729：吐蕃辰年（788）三月沙州僧尼部落米净辩牒》，《中国古代籍帐研究》，第502—506页。
② 《S.542：吐蕃戌年（818）六月沙州诸寺丁仕车牛役簿》，《中国古代籍帐研究》，第523—534页。
③ 黄文焕：《河西吐蕃卷式写经目录并后记》，《世界宗教研究》1982年第1期。
④ R. A. Stein, Tibetan Cilvilization, Californiua: Stanford University Press, 1972, p. 64；[法]石泰安著，耿昇译，《西藏的文明》，西藏社会科学院，1985年，第52—53页。
⑤ 巴俄·祖拉陈瓦《智者喜宴》，民族出版社，1986年，第11页。

特人在欧亚大陆的经商路线,这条商路自西而东为:拂菻、占国、波斯、安国、吐火罗、石国、粟特、拔汗那、揭盘陀、佉沙、于阗、龟兹、焉耆、喀喇沙尔、高昌、萨毗、吐蕃、吐谷浑、弭药和薄骨律。它的起点"拂菻"即粟特人对罗马帝国的称谓,唐代此称谓指拜占庭(东罗马);其终点薄骨律则是鲜卑人对宁夏灵武的称谓,唐代为朔方节度使府,其间的吐蕃、吐谷浑等在青海地区。①

如果结合前面列举的反映吐蕃与粟特关系的史料来看,在8—9世纪吐蕃统治西域及河西走廊期间,无论是在鄯善、敦煌,还是远至中亚的康及其他昭武九姓诸国,吐蕃均有从"粟特商路"获得来自中亚的粟特商品或贡品的可能性。

据统计,吐蕃在与唐朝的交往中,作为赠送的礼品中有大量的金银器,有金城、金瓮、金颇罗、金胡瓶、金盘、金碗、金鸭盘盏、金银山陵、银犀、银牛、银羊、银鹿等十几种类型,皆形制奇异,而且数量相当大。尤其是736年,吐蕃一次就赠金银器玩数百件,令人叹为观止。

大食,在汉文史籍中有多种称谓,《史记·大宛列传》《汉书·西域传》作条枝,《后汉书·西域传》也作条支,《大唐西域求法高僧传·玄照传》作多氏,慧超《往天竺传》作大寔。《经行记》和新、旧唐书始作大食,其实皆为Tajik 或 Tazi 的音译,是古代波斯人对阿拉伯人的称呼。(图7-7)

图7-7:波斯银币

---

① Henning. W. B. Sogdian Host, Sogdica, London, 1940.pp.8-11;林梅村:《粟特文买婢契与丝绸之路上的女奴贸易》,《西域文明——考古、民族、语言和宗教新论》,东方出版社,1995年,第71页。

在历史上，唐、吐蕃和大食几乎是在同一个时期即7世纪初开始向外扩张，并于一个世纪之后几乎又是在同一个时期达到对外扩张的顶峰。"正是唐、吐蕃、大食关系史构成了7世纪中叶迄8世纪末叶亚洲强权政治史的主要内容，正是他们的活动盛衰影响着这160多年亚洲大陆的政治发展。"由此看来，吐蕃作为一个政权与中亚发生政治联系似乎就是从7世纪的扩张开始的，这可能是为什么在中亚的波斯、阿拉伯、突厥等文的历史记载中对东部的吐蕃崛起前的象雄政权找不到任何记载的原因，甚至对象雄这个地名也似乎找不到一个对应的名称。可是，他们对藏族先民的了解远在吐蕃王朝崛起之前。比如，西边的大食人早就对吐蕃的麝香情有独钟。阿拉伯人对麝香的需求主要来自他们生产的香料和化妆品，而最好的麝香就来自吐蕃。成书于872年的一部历史著作《阿巴斯人史》就记载："最好的麝香是吐蕃麝香，其次是粟特（Sogdiane）麝香，再其次是中国麝香。"后来的马苏第还描述了吐蕃麝香比其他地方的麝香好的原因。虽然我们无从考证吐蕃与大食人的麝香贸易始于何时，而这些阿拉伯文献也都不是象雄时期的作品，但是，从麝香在阿拉伯中世纪的香料中占主要地位及其在世界市场的影响，以及吐蕃麝香质量的地位可以推断大食人对吐蕃麝香的认知和需求。更重要的是，麝香并非唯一可以与大食人交换的东西。"吐蕃人在经营珠宝及土特产品外，还将大量货物包括麝香、金、银、药物、盐、马等销往中亚；从中亚销售到吐蕃的商品有兵器、衣料等。"通过商贸，象雄和大食之间产生过频繁的联系。另外，医学交流同样是重要的内容。美国研究中亚史的专家也认为："目前，藏学家一般都认为西藏医学绝大部分来自印度。然而，从已有的历史材料来看，至少在吐蕃王国的1世纪起，西藏医学首先应该是从西方来的；其次则是从汉地来的。"而从西方来的医学被认为是从大食传入的。法国藏学家石泰安很早就注意到了这一点："西部地区对西藏文明的形成曾起过重大作用。那里既与键陀罗和乌仗国（斯瓦特）接壤，又与该地区的小国毗邻，希腊、伊朗和印度诸文明中的古老成分都经由那里传到吐蕃。"

但是，更为重要的是大食文明与本教的关系。本教史籍普遍认为辛绕弥沃诞生于大食沃摩隆仁，雍仲本教起源于大食沃摩隆仁。虽然沃摩隆仁并非一个大食的具体地名，但它所包含的历史内容及其前面冠以大食这个地名充分说明，在藏人的整体记忆中本教的形成与西方的大食有着很重要的联系。首先，根据张云先生的考证，汉文史籍中袄教之"袄"字和本教之"gshen"（辛）字极有可能同源于波斯文中的sanavee，都有该教祭司的含义。如果这个考证成立的话，大食的袄教对本教的影响远比人们想象的要大得多。其次，西方学术界一直认为本教受到了大食袄教二元论的影响。被称为琐罗亚斯德教的袄教产生于大约公元前11世纪，是古波斯历代王朝的主要宗教信仰，其鼎盛时期是224—651年的萨珊王朝时期，这正是吐蕃王朝崛起之前的象雄时期。袄教曾经在中亚和西亚非常深入人心，它宣扬的"善恶二元论"作为袄教的一个基本教义，对大食文化的形成发挥了不可取代的决定性作用。作为当时象雄西面的一个强势文化及其重要观念，不可能对象雄的本教不产生影响，故西方学术界认为本教中的二元论是受到袄教影响的观点应该是可以成立的。再次，本教文化中普遍存在的对火和光的信仰，比如，本教的塞（sel）和今天遍及整个藏区的煨桑现象就是一种火供，很难断定它与袄教没有任何历史关系。张云先生认为本教的很多古史传说及其常用的数字都与波斯的袄教有关。[①]

与此同时，吐蕃与中亚地区的突厥、粟特、大食等各族各部的频繁交往，也把基督教与伊斯兰教的某些观念带入吐蕃。对此，法国藏学家石泰安在《西藏的文明》中说，在佛教传入吐蕃的同时，"其他外来宗教的零乱观念也可能传到吐蕃：通过突厥人、回鹘人、粟特人和汉人而传来的摩尼教，通过伊朗而传来了景教，通过大食而传来了伊斯兰教。吐蕃民间文学中也表现出了这类诸宗混合的某些特点。新年礼仪和有关狮子的民间文学也自伊朗传到了突厥斯坦（康国、龟兹、高昌），然后再经过那里中转而传到汉地和吐蕃"。[②]石泰安先生的说法无疑是中肯的，虽然传播路线并不像他说的那样迂回曲折。

唐蕃古道是横贯我国西部，跨越举世闻名的"世界屋脊"，联通我国西南的友好邻邦的"黄金路"，故亦有"丝绸南路"之称。唐蕃古道被称为中国古代三大通道之一，是藏汉友好的见证，是唐朝与吐蕃之间的贸易往来要道，是

[①] 张云：《丝路文化·吐蕃卷》，浙江人民出版社，1999年，第50—61页。
[②] R. A. Stein, Tibetan Cilvilization, Californiua: Stanford University Press, 1972, p. 64; 石泰安著，耿昇译：《西藏的文明》，中国藏学出版社，1999年，第64—65页。

一条承载汉藏交好、科技文化传播的"文化运河"。在古道经过的许多地方，至今仍然矗立着人们曾经修建的驿站、城池、村舍和古寺庙，遗留着人们世代创造的灿烂文化。

第八章

丝绸之路上的商业霸主——粟特、回鹘、大食

在丝绸之路历史上发挥重要作用的民族有很多，然推其首要者非粟特、回鹘、大食莫属，故这里将其称之为丝绸之路上的商业霸主。三者都曾一度控制丝绸之路或丝绸之路的核心区域，对丝绸之路上的文化传播与商业贸易发展起着重要的历史作用。

第一节　粟特：无远弗届的商旅

粟特（Sogdians），汉文历史文献中又写作窣利、索格特，古汉文文献称之为昭武九姓、九姓胡、杂种胡。粟特是中亚古代民族，属于欧罗巴人种中的伊朗人种，据说原本生活在今甘肃张掖临泽昭武村一带，后迁于阿姆河和锡尔河之间的泽拉夫善河流域，通称索格底亚那（Sogdiana），今属乌兹别克斯坦，部分在塔吉克斯坦和吉尔吉斯斯坦。

当今的国内学者通常以"粟特"一名译称西方学者所谓的Soghd或Sogdiana。反映在历代各文种史料中的这一地区，时大时小，并无固定的范围。不过现代学者多倾向于认为，它是中亚阿姆河与锡尔河之间的以泽拉夫善河流域为中心的一个地区。也就是说，其中大部分位于今乌兹别克斯坦境内，东南部分

位于今塔吉克斯坦共和国境内。相应地,以这一地区为祖居地的一支东伊兰人便被称为"粟特人"。学术界通常又将汉文史籍中的"昭武九姓"(按《新唐书·西域传》,是为康、安、曹、石、米、何、火寻、戊地、史九国)等同于粟特。尽管石国(塔什干)在锡尔河之北,火寻(花拉子模)在阿姆河下游,距典型的Sogdiana尚有一段路程,但是它们大多具有共性,故基本上可视为同一。按汉文史料,"昭武九姓"之人(亦即粟特人)早就出现在中原地区,尤其兴盛于北朝末、隋代和盛唐时期。①

粟特由大小不一的绿洲国家组成,常臣属于外族,属于商业民族,一度活跃在丝绸之路上,控制了丝绸之路上的商业贸易,并向东方散居。粟特人活动的区域,从以布哈拉和撒马尔罕为中心的索格底亚那的中亚地区到西域以至中原的广大地区。粟特民族被认为是古代中亚历史上最活跃、最神秘的民族。在中亚这块神秘的土地上,他们不但创造出独特灿烂的粟特文明,还借助居于东西方"文明十字路口"的独特地理优势,在沟通商业贸易的同时,将自己独特的文化传播至四方,而且也成为古代东西方之间文化艺术的传播者。

一、粟特人的商业社会

商业活动是东西方文化交流的动力和基础。在古代社会,商业活动是联系民族之间关系的重要纽带,它不仅作用在经济领域,也往往成为其他活动最为主要的载体和媒介。东西方之间的物质和精神文明的交流,很大程度上都是通过商业活动这一媒介进行的。作为商业民族的粟特人,无疑是这一过程中具体的、强有力的推动者和执行者。粟特人不但沟通了东西方之间的商品交流,也沟通了东西方之间的文化交流,同时也逐步改造了自己,在共同的经济生活中,吸收了汉族先进的文化。

西域是粟特人进入中原的必经之地。有学者根据对新疆塔里木盆地周边地区以及敦煌藏经洞发现的安息语、中古波斯语、于阗语、粟特语以及少量的巴克特里亚语等古写本所提供的资料进行分析研究,认为自3世纪起,粟特人就在塔里木周边的于阗、楼兰、疏勒、龟兹、焉耆等地相继建立起一些聚落。

粟特人的聚落是自治的,称为"纳夫",由贵族、商人、自由农民及工匠组成,地位最高的是贵族"阿扎特",拥有土地和村庄,是地方君主的家臣;

---

① 芮传明:《五代时期中原地区粟特人活动探讨》,《史林》1992年第3期。

第二类是商人"华卡尔";第三类是平民"卡里卡尔",要缴纳人头税,其下还有奴隶。5—7世纪时,粟特城镇快速发展,部分发展成商业城市。城市有自己的官员和税收,领袖通常由名人选举产生,在城邦内并无绝对权力。

公元前5世纪时,粟特人受阿契美尼德王朝统治,曾参与攻打希腊的战争,同时由畜牧趋向定居和务农。公元前3—前2世纪时,粟特受希腊统治,各地区开始独立发展,在索格底亚那的绿洲上,聚集成多个大小不一的城邦,粟特人成为商人、教士、士兵,分布于远方。粟特人长期受周边的强大外族势力所控制,早期臣服于大夏,后又听命于大月氏。魏晋时期建立了粟特国。南朝建立了康、安、米、曹、石、何等城邦。大约公元5世纪以后,粟特国逐渐衰落,分裂为许多小国,"枝庶分王,曰安、曰曹、曰石、曰米、曰何、曰火寻、曰戊地、曰史,世谓'九姓',皆氏昭武",① 粟特商人则被称为"昭武九姓胡商"。

粟特是以经商为传统的民族。汉魏以来,粟特人就通过丝绸之路在我国内地进行商业活动。隋唐时,由于经济的繁荣,国家的强大,加之奉行对外开放的政策,吸引了更多的粟特商人到内地经商,称"兴胡之旅,岁月相继"②。再加上他们地处欧亚大陆交通枢纽的重要地理位置,因此,这一时期粟特胡人成为丝绸之路上最活跃的角色之一。他们积极从事商业贸易活动,并长期操纵着丝绸之路上的国际转贩贸易。《旧唐书·西戎传·康国》记载:

> 生子必以石蜜纳口中,明胶置掌内,欲其成长口常甘言,掌持钱如胶之黏物。俗习胡书。善商贾,争分铢之利。男子年二十,即远之旁国,来适中夏,利之所在,无所不到。③

据此可知,粟特胡人向来以善于经商而著称,以追逐利益为目的,"利之所在,无所不到"。再加上中国物产丰富,幅员辽阔,为其经商提供了广阔的市场,因此粟特胡人沿着丝绸之路向东经商,在今天的河西地区留下了自己的印迹。

---

① 〔宋〕欧阳修、宋祁:《新唐书》卷221下《康国传》,中华书局,1975年,第6243页。
② 〔后晋〕刘昫等:《旧唐书》卷94《崔融传》,中华书局,1975年,第2998页。
③ 〔后晋〕刘昫等:《旧唐书》卷198《西戎传·康国》,中华书局,1975年,第5310页。

阿斯塔那509墓出土的9件石染典请过所文书，就反映了石染典这位西州百姓、游击将军曾到瓜州做生意，"市易事了"后，由瓜州给过所返回安西。显然粟特胡人的经商范围已经深入到中国西北的河西地区。而随着贸易通道的进一步畅通，粟特胡人不断迁居中国，通过自身的努力，其贸易的区域范围也不断扩大。及至唐朝时，粟特胡人在葱岭以东的蒲昌海（罗布泊）、播仙镇（且末）、西州（吐鲁番）、伊州（哈密）、沙州（敦煌）、肃州（酒泉）、甘州（张掖）、凉州（武威）等地均有贸易活动。

粟特胡人的主要商业活动，是从中原购买丝绸，然后运到粟特地区进行贸易。他们长期控制这条丝绸通道。因唐王朝当时推行胡汉有别、各依其俗的对外政策，严禁汉人从事国际贸易，为粟特胡人独霸丝路贸易创造了政治条件。除了丝绸贸易之外，其商业活动还有珍宝、珍玩的买卖，贩卖奴隶、牲畜等。

唐朝时入华粟特人的足迹几乎遍布整个丝绸之路，其驻足地颇多，河西地区就有沙州、凉州、肃州、甘州等。1907年，斯坦因在敦煌烽燧遗址发现了八封粟特文古信札，其中的《二号信札》是4世纪初居住在甘肃武威的粟特商团首领那奈万达克（Nanaivandak）写给家乡的信件。由文书内容可知，该商团的粟特商人活跃在河西走廊、黄河中游地区。这封信是从凉州寄往撒马尔罕的，信中多次提到了由凉州向内地派出商队的情况。[①] 由此可以推断，高昌、敦煌、凉州等地是粟特商人的主要聚居区和重要的商业中转站，其中凉州应该是当时粟特商队的大本营。（图8-1）

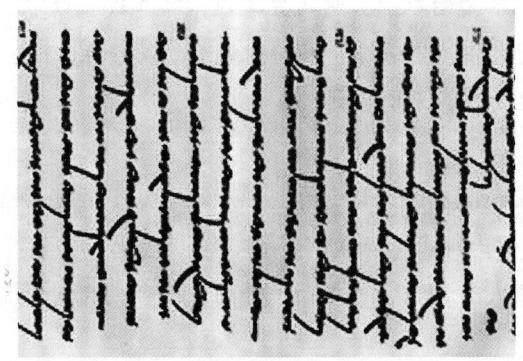

图8-1：敦煌出土粟特文二号信札

[①] W. B. Henning, The date of the Sogdian Ancient Letters, Bulletin of the School of Oriental and African Studies XII-3/4, 1948, pp.601-615.

敦煌因地处河西走廊西端，为丝绸之路之咽喉，乃入华粟特人的必经之地和聚居地。敦煌自汉代以来在中西交通史上发挥着重要作用，唐以来也正因为这一有利的地理位置，吸引了众多的粟特胡人。

敦煌文书 P.2005《沙州都督府图经》载有"一所兴胡泊"：

> 东西十九里，南北九里，深五尺。右在州西北一百一十里。其水咸苦，唯泉堪食，商胡从玉门关道往还居止，因以为号。①

这里的"商胡"指的就是粟特人，在敦煌西北一千五百余里的石城镇就有粟特人居住地。敦煌文书 S.367《沙州伊州地志》载：

> 东去沙州一千五百八十里，去上都六千一百里……贞观中，康国大道领康艳典东来居此城，胡人随之，因成聚落，亦曰典合城。四面皆沙碛。上元二年，改为石城镇，隶沙州。②

康国首领康艳典曾率部居此城，从所引材料中也可见当时粟特人在河西的聚落已经具有较大的规模。

除敦煌之外，在河西走廊上的武威、张掖、酒泉因具有同样特殊的地理位置，成为粟特商人行止过往的重镇。唐初，凉州（今武威）"为河西都会，襟带西蕃、葱右诸国，商侣往来，无有停绝"。③《元和姓纂》"安姓"下"姑臧凉州"条记："后魏安难陀至孙盘婆罗，代居凉州，为萨宝。生兴贵……修仁。"④《新唐书》卷75下《宰相世系表》也记载："后魏有难陁孙婆罗，周、隋间居凉州武威，为萨宝。生兴贵、修仁。至抱玉赐姓李。"从北魏开始，出身粟特地区的家族成员已成为凉州胡人首领，⑤以安氏为首的胡人聚落在这里

---

① 郑炳林：《敦煌地理文书汇辑校注》，甘肃教育出版社，1989年，第9页。
② 郑炳林：《敦煌地理文书汇辑校注》，甘肃教育出版社，1989年，第65页。
③〔唐〕慧立、彦悰著，孙毓棠、谢方点校：《大慈恩寺三藏法师传》，中华书局，1983年，第11页。
④〔唐〕林宝撰，岑仲勉校记，郁贤皓、陶敏校：《元和姓纂》卷4"安氏条"，中华书局，1994年，第500页。
⑤ 荣新江：《北朝隋唐粟特人之迁徙及其聚落》，《中古中国与外来文明》，生活·读书·新知三联书店，2001年，第72页。

数世经营,势力极大且拥有武装。隋炀帝大业十三年(617),李轨令"[安]修仁夜率诸胡人入内苑城,建旗大呼,[李]轨于郭下聚众应之"①,自此建立了凉州李轨政权,从此李轨割据凉州。然而安修仁部下的粟特胡种落繁盛,引起李轨等的疑虑。唐胡建立后,住在长安的安修仁之兄兴贵上表李渊,欲规劝李轨归唐,其辞称:

> 臣于凉州,奕代豪望,凡厥士庶,靡不依附。为民夷所附。臣之弟为轨所信任,职典枢密者数十人,以此候隙图之,易于反掌,无不济矣。②

于是主动前往凉州招降李轨,结果遭到拒绝。安兴贵兄弟率领胡人攻击李轨,很快活捉李轨,将凉州拱手献给唐朝,完成了唐的统一大业,武威安氏也由此在唐朝获得显赫地位。③当时武威安氏可谓是粟特聚落首领的典型代表,他们历代为萨宝(粟特部落的领袖),控制着凉州政局。

丝绸之路上的国际贸易也常常与交通、移民联系在一起。粟特商人就充分展现了这一特点。他们沿丝绸之路沿线辗转贩卖,利之所在,无所不至,随时随地定居,建立许多固定的移民据点。

对于粟特人移居中国的情况,无论是文献史料还是考古材料都有迹可循。在十数年研究粟特人入华踪迹的基础上,荣新江先生指出:"粟特人沿着他们经商的路线由西向东进入塔里木盆地、河西走廊、中原北方、蒙古高原等地区。他们东来贩易,往往结伙而行,少者数十人,多者数百人,并且拥有武装以自保。他们沿着传统的丝绸之路东行,有的在一些居民点留居下来,形成自己的聚落,或在可以生存的地点建立殖民地;有的继续东行,去寻找新的立脚点。这些粟特聚落,由少到多,由弱变强,在农耕地区,成为聚落;在游牧地区,则为部落。"④

以上所述的敦煌、酒泉、张掖、武威等地,均为自治性很强的粟特聚居

---

① [后晋]刘昫等:《旧唐书》卷55《李轨传》,中华书局,1975年,第2249页。
② [后晋]刘昫等:《旧唐书》卷55《李轨传》,中华书局,1975年,第2251页。
③ 荣新江:《北朝隋唐粟特人之迁徙及其聚落》,《中古中国与外来文明》,生活·读书·新知三联书店,2001年,第73页。
④ 荣新江:《北朝隋唐粟特人之迁徙及其聚落》,北京大学中国传统文化研究中心编:《国学研究》第6卷,北京大学出版社,1999年,第27—85页。

地。再向内地，粟特人有的定居在陕西东部，其中长安和洛阳无疑是最重要的粟特人聚居地区。正是由于聚落的建立，粟特人的社会生活也发生了巨大的变化，大量由从事商业转入其他行业，从而与中原汉族社会的关系也更为密切。

作为商业民族的粟特人在丝绸之路上建立起很多商贸据点，逐渐发展成聚落，并把这些聚落连接起来，通过这些聚落，熟悉当地的市场行情，建立起商业信誉，贩易东西方不同的商品。吐鲁番发现的一件粟特语地名录（T.ii.94），记载了9—10世纪粟特人在欧亚大陆的经商路线。这条商路自西向东依次为：拂菻、苦国、波斯、安国、吐火罗、石国、粟特、拔汗那、羯盘陀、佉沙、于阗、龟兹、焉耆、喀拉沙尔、高昌、萨毗、吐蕃、吐浑、弥药和薄骨律。① 位于丝绸之路交通要道上的粟特人定居点，逐渐发展成为粟特商人进行丝路贸易的基地和商品集散中心。这些聚落往往有自己的宗教组织形式，以便约束粟特人自身的政治、经济和文化等活动。

二、粟特人的商贸活动

粟特人在从事商业活动的同时，在不断参与中原经济生活和融入中国社会的具体过程中，体现出不同于一般商业活动的特点。首先，商业活动与移民运动同时进行，粟特聚落成为远途贸易的补给站和中转贸易的市场。其次，商业活动与政治势力相结合，在突厥与回纥强盛时期，粟特商人借助他们的势力，几乎控制了中西方之间所有的贸易活动。此外，粟特人非常善于将宗教活动与商业活动加以结合，在支持传播宗教的同时，也利用宗教发展自己的商业活动。而这些特点，成为粟特人在参与经济活动的同时逐渐汉化的前提。②

从嚈哒人转归突厥统治的河中地区的古老民族粟特人，以善于经商而闻名遐迩。早在公元前4—前3世纪，粟特人就已开始向中国内地迁入。③ 公元前2世纪末，张骞西域探险、丝绸之路开通后，粟特人沿丝绸之路东进，建立了许多侨居地和商业据点。至南北朝时期，粟特人在中国内地的活动范围已扩展到长江流域。《续高僧传》卷25："释道仙，一名僧仙，本康居国人，以游贾为

---

① W. B. Henning, Sogdica, included in W. B. Henning Selected Papers Ⅱ, pp. 2–12.
② 陈海涛、刘惠琴：《来自文明十字路口的民族——唐代入华粟特人研究》，商务印书馆，2006年，第223页。
③ W. B. Henning, The Date of the Sogdian Ancient Letters, Bulletin of the School of Oriental and African Studies, XII, 1948, p.608.

业，梁周之际往来吴蜀江海上下，集积珠宝，故其所获赀货乃满两船……直钱数十万贯。"在突厥人的支持下，粟特人的商业活动发展到前所未有的规模，粟特人通过在中亚和中国腹地间建立起来的广泛的商业网，源源不断地将大量丝绸运往西域。

粟特商人经商贸易的范围，从拜占庭到中国，并控制了中亚到印度河流域的南路。3世纪时，他们南下到贵霜境内的巴克特里亚和犍陀罗。4世纪初，粟特人开始控制丝绸之路的贸易。从5—8世纪，几乎垄断了陆上丝绸的国际贸易。6—7世纪时，粟特人掌控了从拜占庭和波斯通往欧洲西北部的"毛皮之路"。入华粟特商人一般都很富有，在中国西部建立自治聚落，居民自行武装，并累世掌握当地兵权，出任地方官职，左右地方政局。在粟特聚落中，领袖叫萨宝（亦作萨保、萨簿），亦即其商队首领及宗教领袖。北朝和隋唐政府为了控制粟特聚落，把萨宝纳入中国的官僚体制，专门授予粟特人。唐朝把部分粟特聚落改为乡里，居民则入籍唐朝。粟特人把西方的金银、香料、药材、奴婢、牲畜、器皿、首饰运到中国，又把中国的丝绸运到西方。为了打通到拜占庭的丝绸贸易，粟特曾出使波斯请求通商。

粟特没有发展成统一的帝国，长期受强邻控制，先后臣属于波斯的阿契美尼德王朝、希腊的亚历山大帝国、塞琉古王朝、康居、月氏、贵霜、嚈哒等。约在509年，嚈哒统治粟特，其后暴君阿布鲁伊统治布哈拉，粟特人向突厥求助，突厥军前来击败了阿布鲁伊。560年代，突厥和萨珊波斯击败嚈哒，瓜分其领土，粟特地区归于突厥。突厥任命粟特人为官员，协助治理汗国。两国关系有如同盟，而非宗主与属国，可汗还曾把女儿嫁与康国国王。在西突厥汗庭中，一般由粟特人掌管文书。一向以经营国际贸易著称于世、充当中西丝绸贸易中间商的粟特人，为了从中转贸易中获得优厚的利润，常常不惜介入一些国家和地区的政治和外交活动中，对其统治阶级制定国策造成一定的影响。

积聚了大量丝绢的突厥—粟特人清楚地认识到，敲开波斯丝绸市场后就能获得丰厚的利润。巨大的利益诱惑使突厥—粟特人迅速采取行动。根据拜占庭史家弥南德（Menander）的记述，①作为职业商贾的粟特人首先采取了行动，他们先是请求突厥可汗遣使至波斯，要求波斯王准许粟特人在其境内贩卖丝货。突厥可汗室点密答应其请求，派遣马尼亚赫（Maniakh）为首的粟特使团

---

① R. C. Blockley, The History of Menander the Guardsman, Liverpool 1985, pp.111-127, 171-179.

前往波斯。但波斯王对于突厥—粟特人的如意算盘，从一开始就给予坚决抵制。为了显示不需要来自突厥的生丝，波斯王收购突厥使团带来的全部生丝，当其面全部焚毁。突厥—粟特使者扫兴而归，毫无所获。突厥可汗并不甘心，派出第二个使团。这次，波斯将突厥—粟特使团成员大部诛杀。两次行动未果后，粟特人建议突厥可汗直接与拜占庭进行交易。568年末，突厥—粟特人派遣使团通过南俄草原和高加索山区到达了君士坦丁堡，受到查士丁二世的接见。查士丁二世特意向突厥使团展示了拜占庭已获知的育蚕法和新生产的丝绸，突厥—粟特人吃惊不小，他们未曾料到拜占庭已有如此巨大成就。① 查士丁二世这样做显然是出于对丝绸贸易的兴趣，不过他巧妙地实施了欲擒故纵的外交手腕：表面上向突厥—粟特人显示拜占庭可以不依靠突厥传送的丝绢，从而为拜占庭在双方关系中争取更有利的条件。② 二者经过谈判后，结成反波斯的联盟。为了回应西突厥的通使，拜占庭皇帝派遣西里西亚人蔡马库斯于569年8月随马尼亚赫回访西突厥。突厥可汗在丝绸装饰得气派非凡的汗帐内接见拜占庭使者，盛情款待。拜占庭使团于571年秋返回君士坦丁堡，与之同行的还有另一突厥使团。此后拜占庭和突厥间又互派过多次使节。568—576年联盟期间，突厥—粟特商人的身影经常出现在君士坦丁堡的街头，而在长安到中亚的商路上忙碌的是粟特人的骆驼商队。③ 拜占庭帝国与突厥的联盟取得了重要成果：经济上得到了所需求的丝绢，政治上利用突厥攻击波斯，减轻了波斯对拜占庭帝国边境的军事压力。576年，拜占庭的最后一次使节受到突厥极不友好的对待，随后突厥人进攻拜占庭在克里米亚东部的重要据点博斯普鲁斯城，两国友好关系中断。

粟特人在丝绸之路上往来、停留和居住，并以擅于经商闻名，且多富豪大贾。这些商人沿丝绸之路东西往返，由之形成了许多粟特部落。如丝路北道的碎叶城应为粟特人所筑，入唐后王方翼扩其形制，招徕胡贾，定为北道征收过往商税的关卡所在。后又置为碎叶州，州刺史安车鼻施名见于神龙元年（705）所建之乾陵蕃臣像题铭。唐之西州本高昌国故境，康、安、何、曹等粟

---

① Theophanes Byzantios, Fragmenta, in Müller, Fragmenta Histor. Graec, IV, p. 270.
② D. Sinor, The Historical Role of the Turk Empire, Journal of World History, Paris 1953, vol.I, no.2, p.431.
③ S. N. C. Lieu, Manichaeism in the Later Roman Empire and Medieval China, Manchester University Press 1985, pp.186-187; J. B. Bury, A History of the Later Roman Empire: Volume 2: From Arcadius to Irene (395 A. D. to 800 A. D.), Cambridge Library Collection, 2016, p. 63.

特姓皆为州内豪族，崇化乡尤为粟特人集中之所。由此向东，历沙州、肃州、甘州、凉州、金城，直迄长安，凡兹都邑，莫不有粟特人的踪迹。

粟特人最初主要以经商这种方式来到中国境内。他们也多以行商的身份从事贸易，从边境互市到内地城镇，无处不至。粟特商人在丝绸之路上经营的商品，以奢侈品为主，具有体积小、便于携带而价格昂贵、利润高的特点。也就是说，沿着通往中国的丝绸之路，粟特商人把中亚的玻璃器、宝石及其他各种装饰品运到中国，然后把中原的丝绸、香料、漆器、铁器、金银器等运到中亚，经过长途跋涉之后，转手卖给波斯人、罗马人、印度人以及草原上的游牧民族。除此之外，六畜也是粟特商人出售的主要商品，突厥汗国境内的粟特人主要承担着这种以畜易绢的互市活动。《隋书》卷67《裴矩传》记载，史国粟特胡史蜀胡悉驱六畜往马邑互市事。《大唐创业起居注》卷1详细记载了李渊起兵之初，康鞘利驱马千匹赴太原互市事。同时，粟特商人几乎都是高利贷者，除贷钱外还贷放绢帛。吐鲁番阿斯塔那61号墓出土文书中一件《唐西州高昌县上安西都护府牒稿》，内容是汉人李绍谨借练于粟特胡曹禄山，拖欠未还，引起的一起经济讼案。此案李绍谨于弓月城一次借练275匹之多[①]，可见粟特人资财之众，并以之牟利。此外，奴隶也是粟特人贩运的主要商品，官府也保护这种交易的正常进行。吐鲁番文书《唐李贺子上阿郎、阿婆书》记载，李贺子在646年以7500文买得胡婢一人。[②]从以上叙述可见，粟特人商业活动包括丝绸、珠宝、牲畜、奴隶、举息等，几乎覆盖了一切重要市场领域，确已控制了丝路贸易的命脉。

8世纪中叶，入华粟特人的商业活动达到繁盛阶段。这一时期较活跃的路线除了主干线之外，还有北路。这条从河西经包头、呼和浩特、大同，通过河北北部进入内蒙古赤峰，到达辽宁朝阳的中西交通路线，可以称为草原丝绸之路东南端。这条路线可以再从河西直接向西延伸，亦即从粟特本土出发向北进入伊犁河谷，不是折向南，而是继续向东，过天山北坡，取准噶尔盆地南沿，经过庭州，顺天山东支延伸，进入河西走廊。

北魏至隋唐时期的墓葬中，常出土有骑驼或驼胡俑，牵马、牵驼的胡俑，还有载货驼俑、马俑等一系列陶俑的组合。从出土的牵驼俑、载物驼俑等来

---

① 国家文物局古文献研究室等：《吐鲁番出土文书》第6册，文物出版社，1985年，第470页。
② 国家文物局古文献研究室等：《吐鲁番出土文书》第6册，文物出版社，1985年，第390页。

看，是粟特人经商活动的一种真实写照或再现。敦煌、龟兹石窟壁画中，也常绘有表现商队在途中行进的场景。另外，中国祆教画像石中的大量骆驼图像，正是对活跃的丝路贸易的一种真实展现。粟特商人的图像资料在中原的墓葬中也有发现。太原娄睿墓墓道两壁上部壁画，各绘有一幅载货驼队；山东益都石棺床出现商旅驼运图和商谈图；陕西西安安伽墓、史君墓的石棺屏风上，青海郭里墓吐蕃墓的棺板上，都发现有商旅图。这些有关商队图像的墓葬的发现，为研究入华胡商的活动情况提供了图像资料。在安伽、史君以及其他墓葬中所反映的商队的人数不是很多，但经过仔细观察，就会发现商队由多民族成员组成，而每个成员都代表着商队中的不同民族成分。（图8-2）

图8-2：三彩胡人牵骆驼俑

粟特人经营的商品利润高，但长距离运营，中途风险很大。他们首先要克服沙漠、戈壁等恶劣环境带来的困难，而且中古时期丝绸之路上经常有盗贼出没，这就要求他们必须组成商队。尽管粟特商队可能雇佣一定的武装进行护卫，但仍然会遇到危险情况。敦煌莫高窟第45窟有一幅胡商遇盗贼图：商人把货物摆在强盗面前祈求神灵保佑。1959年在新疆克孜勒苏柯尔克孜自治州乌恰县一个山崖缝隙间发现947枚波斯银币和16根金条，可能是商人遇到强盗时紧急掩藏的。①

随使团经商的商队人数少则数百人，多则几千人。此外，其中还跟随有大

---

① 李遇春：《新疆乌恰发现金条和大批波斯银币》，《考古》1959年第9期。

量的学者、传教者、工匠、艺术家或官方的使者。① 丝路贸易是沟通古代亚欧文明的动力。随着丝路贸易的发展，丝路贸易中商品交换的结构也发生了变化，大量的日用生活品代替了过去的贵重奢侈品。粟特人的商业活动已经深入到丝路沿线人民生活的各个方面，使这里人们的生活水平得到一定程度的提高。

被称作"商胡"或"兴胡"的粟特人的商业活动，包括朝贡贸易和互市买卖两种形式。大量的粟特人在唐朝建立以前就已经在中国内地活动，这与粟特本土的政治形势变化有关，因为嚈哒、突厥、大食等政权都先后占领过粟特地区。虽然粟特本身并不是一个强大的国家，也不从属于任何一个与他们邻近的帝国，但是，其商人、传教士和雇佣兵等作为个人或团体，活动却非常活跃，渗透到很远的地方，所以政治上的孤立并没有导致他们经济和文化上的隔绝。

粟特人商业成功的原因，除了归功于精通业务、善于筹算、不畏艰险以外，还具有其自身的特点。

首先，其善于依附一定的政治势力，并取得一定的政治地位，从而有利于商业活动的开展。例如粟特人先后依附于嚈哒、突厥、回鹘等少数民族政权，粟特人马涅亚克曾代表突厥奉使波斯、东罗马，唐代粟特商人康艳典、石万年、康拂耽延等皆拥有城主称号，曹令忠官拜北庭大都护，康感官拜凉州刺史等，他们凭借着官员的身份或是投靠并依赖官府进行商业活动，自然得心应手。

其次，利用宗教活动掩护商业活动。粟特人的宗教信仰相当复杂，佛教、祆教、摩尼教皆拥有其信徒。回鹘信奉摩尼教亦赖粟特人之力。而"摩尼之京师，岁往来东西市，商贾颇与囊橐为奸"②。可见，这些具有宗教身份的粟特人同样也在经商牟利。

再次，利用隋唐王朝推行胡汉有别、各依其俗的政策，发展自身的势力。这一政策对汉人重农抑商，严禁汉人从事国际贸易，从而为粟特人创造了独霸丝路贸易的有利条件。

最为重要的是，粟特人谙熟多种语言。从魏晋到隋唐，大量粟特人穿梭往

---

① [苏] Б. Г. 加富罗夫著，肖之兴译：《中亚塔吉克史·上古—十九世纪上半叶》，中国社会科学出版社，1985年，第169页。
② [宋] 欧阳修、宋祁：《新唐书》卷217上《回鹘传上》，中华书局，1975年，第6126页。

来于粟特本土、西域城邦、绿洲诸国、草原游牧汗国和中原王朝之间。正是因为他们代代相传的本领,在各民族之间打交道,所以粟特人大都通晓多种语言。所谓的"九蕃",或新、旧唐书的"六蕃语",都是表示多数的意思。对此《大唐西域记》中有一段这样的记述:"自素叶水城至羯霜那国,地名窣利,人亦谓焉。文字语言,即随称矣。字源简略,本二十余言,转而相生,其流浸广。粗有书记,竖读其文,递相传授,师资无替。"[1]由于粟特人的这种本领,粟特语也就成为丝绸之路上不同民族间交往时用的混合语了。[2]唐朝政府也正因为了解这一点,所以,不论是在都城还是边镇贸易的州郡,都使用粟特人作为翻译。所以,粟特人凭借着语言的优势,在与边外各族的互市贸易中,扮演着极为重要的角色。

粟特民族善于经商的特性和其在中亚国际商路上充当中介,也有其地理、历史原因。因河中地处亚洲腹地,为经济发达的文明古国包围,丝绸之路一经开通,这里就成为枢纽重地,东西方文化在此荟萃交融和传播,使之成为各国奇珍异宝的聚散地,成为丝路贸易的中转站和大仓库。而河中地区土地肥沃,物产丰富,自古发达的农业经济也为商业贸易提供了物质基础和保证。

三、粟特宗教文化

丝绸之路上的粟特人所带来的宗教、习俗、歌舞、音乐等异域文化,在中原社会的包容之下,成为中原社会文化生活的一部分。同时,这些异域文化在中国社会的传播过程中,同中原的固有文化之间发生了一系列的碰撞和融合,逐渐融入中华文化之中。就粟特人在其本土的宗教信仰状况来看,由于粟特地区处于东西方文明交汇十字路口的特殊地理位置,以及中亚地区长期存在的宗教宽容政策,许多宗教在此地都产生过影响,遂使这一地区成为多种宗教的万神殿。

粟特人主要信奉祆教,其次是摩尼教和景教,佛教在早期一度流行,到7世纪消失。粟特的祆教有浓厚的地方色彩,保留了当地对祖先和日月的祭祀;粟特人也崇拜家族及社区的保护神,粟特神像则往往取材自印度教神像。8世纪时,入华的粟特移民部分皈依佛教,把中文佛经翻译为粟特文。

唐王朝时期,随着大量粟特人入居中国,其信奉的祆教也进入中国。隋唐

---

[1] 〔唐〕玄奘、辩机著,季羡林等校注:《大唐西域记校注》卷1,中华书局,1985年,第72页。
[2] 荣新江:《中古中国与外来文明》,生活·读书·新知三联书店,2001年,第227页。

时期，粟特人以信仰祆教为主。祆教，即琐罗亚斯德教，中国又称"火祆教""火教""拜火教"。前6世纪由琐罗亚斯德在波斯东部大夏（今阿富汗巴尔赫）创建，以后发展到波斯各地。该教奉《阿维斯塔》为经典，主张善恶二元论，认为火、光明、清静、创造、生是善端，黑暗、恶浊、不净、破坏、死是恶端。229—653年间，祆教被尊为萨珊王国之国教，并于这一时期大规模传入中亚地区，4世纪十六国时期沿丝绸之路传入中国，并进入中国河西走廊地区，尤其是敦煌地区。

在敦煌形成聚落的粟特商人供奉祆神，并建立了祆祠，其中有祆教神职人员，如祠主、祆主。这些神职人员由该聚落首领萨宝担任，祆教神职人员在聚落中的地位相当重要。

P.2005《沙州图经》记载：

祆神，右在州东一里，立舍，画神主。总有廿龛。其院周回一百步。①

可知，这座祆神庙兴建在沙州城东一里处，位于敦煌从化乡附近，规模可观。P.2784《敦煌廿咏》的《安城祆咏》：

板筑安城日，神祠与此兴。一州祈景祚，万类仰休征。苹藻来无乏，精灵若有凭。更看雩祭处，朝夕酒如绳。②

"安城"即位于敦煌城东五百米处的从化乡。该乡约形成于7世纪初，人口约1400人，多为来自中亚的粟特九姓胡人。

《朝野佥载》卷3载，凉州也有祆神祠：

凉州祆神祠，至祈祷日，祆主以铁钉从额上钉之，直洞腋下，即出门，身轻若飞，须臾数百里，至西祆神前舞一曲即却，至旧祆所乃拔钉，

---

① 唐耕耦、陆宏基：《敦煌社会经济文献真迹释录》（一），书目文献出版社，1986年，第13页。
② 上海古籍出版社、法国国家图书馆：《法国国家图书馆藏敦煌西域文献》第18册，上海古籍出版社，2001年，第68页。

无所损。①

可知在粟特胡人势力极其强盛的武威也有祆祠和管理祆祠的祆主。据史料中的"须臾数百里，至西祆神"推算，从西至五百里应该是张掖，②说明张掖同样有祆祠，同样有祆教的存在。祆祠每逢祈祷日都要杀猪宰羊，"进行祭天神仪式。并由一胡人为祆主，进行精彩的魔术表演，往往以'开肠破肚'始，而以'平复如故'结束，吸引众多观众，扩大宗教影响"。③

河西走廊上的火祆教，主要是粟特商胡和移民信仰的宗教。陈垣先生云："火祆则不然，其人来中国者，并不传教，亦不翻经，故其教仅有胡人，无唐人。近年敦煌发现大秦摩尼二教经典，各有数种，而火祆教经典独无闻，此其证也。"④

尽管祆祠在河西走廊的重镇上存在，并进入了汉人的生活，但主要信奉者仍然是粟特胡人。祆教成为维系粟特这个商业民族的一种宗教纽带⑤，是粟特商业民族特有的宗教。

除祆教外，摩尼教也曾经流行于粟特。自摩尼教于3世纪的波斯兴起后，就开始在中亚传播。德国考察队在吐鲁番发现的摩尼教经文残片M2上就记述了3世纪摩尼派遣弟子阿莫渡过阿姆河，在撒马尔罕和河中地区传教的过程。⑥直到萨曼王朝时期，在撒马尔罕城内仍然有许多摩尼教徒和摩尼寺。⑦

确切证明景教在粟特地区存在的证据是在撒马尔罕地区发掘出的装饰有景教十字架和其他一些基督教标志的骨罐。但遗憾的是，到目前为止，在粟特本土地区还未发现任何文字形式的景教文献，但从其他地区所发现的文献中，也可证明景教在这一地区曾存在过。（图8-3）

---

① 〔唐〕张鷟撰，赵守俨点校：《朝野佥载》卷3，中华书局，1979年，第64—65页。
② 陈国灿：《魏晋隋唐河西胡人的聚居与火祆教》，《西北民族研究》1988年第1期。
③ 陆庆夫：《唐代丝绸路上的昭武九姓》，《丝绸之路史地研究》，兰州大学出版社，1999年，第140页。
④ 陈垣：《火祆教入中国考》，《陈垣学术论文集》第1集，中华书局，1980年，第320页。
⑤ 姜伯勤：《敦煌吐鲁番文书与丝绸之路》，文物出版社，1994年，第260页。
⑥ Mary Boyce, A Reader in Manichaean Middle Persian and Parthian, Leiden, 1975, pp.40-42.
⑦ 〔日〕羽田亨著，耿世民译：《西域文化史》，新疆人民出版社，1982年，第59页。

图8-3：新疆霍城县景教墓碑

有关佛教信仰，羽田亨认为："在粟特地区虽然到了2世纪末才首次见到那里流行佛教的记载，但实际上应如安息一样要更早些。"①从现知的文献和考古资料看，作为粟特佛教中心区域的片治肯特直到5世纪中叶始有佛教。此后，佛教在粟特中逐渐流行，慧超《往五天竺国传》和《大慈恩寺三藏法师传》，对粟特地区的佛寺均有记载。②尽管处在祆教的挤压下，佛教依然一息尚存，从无到有，以后逐步壮大。

由此可见，粟特地区长久以来在祆教盛行的背景之下，同时受到了佛教、摩尼教、景教等宗教的影响。因此，在中亚伊斯兰化之前，粟特人的宗教信仰在以祆教为主体的状况下，呈现出多元化的格局。

四、粟特文化在丝绸之路上的作用与影响

丝绸之路开拓中，草原商路是最早开通的。从公元前5世纪开始，这条贸易商路就在沟通中西丝路贸易中持续发挥了十几个世纪的重要作用。西汉以后，中亚的胡商凭借他们位于中亚十字路口的地理位置和商业优势，在陆路丝绸之路上开始扮演重要的角色，其中粟特人为草原游牧民族长期提供商业帮助，并在中国、东罗马帝国、波斯帝国、贵霜王国的经济、文化交流中发挥了

---

① [日] 羽田亨著，耿世民译：《西域文化史》，新疆人民出版社，1982年，第57页。
② [日] 桑山正进：《慧超往五天竺国传研究》，（京都）京都大学人文科学研究所，1992年，第23—24页；陈淑霞：《慧超行纪所见丝路沿线宗教状况考析》，《石河子大学学报》2015年第3期。

重要作用。

粟特人以经营国际贸易而著称，其"具有天生的商业才能，其敏捷、勤勉，商业规模之大，令人惊叹"①。他们无论是向西还是向东都走得很远，足迹遍及西亚、中亚、印度、天山南北、河西走廊，直至长安、洛阳和河北、江南等地。法国学者布尔努瓦在《丝绸之路》一书中写道："粟特人和大夏人也经常沿着从印度到达欧洲俄罗斯的通商大道前进。沿途路经阿姆河、里海、伏尔加河和卡马河，或者经由里海、库拉斯河与黑海沿岸，这是高加索的路线。黑海沿线的希腊—粟特商人对这些地区并非完全陌生，他们也可能把佛教传到了那里。"②粟特商队走遍天下，而他们中不仅有出色的商人，而且有艺术家、手工业匠师和新宗教的传播者，他们不仅沿着中亚细亚的丝绸之路旅行和定居，而且在中国的内地和草原游牧人中间旅行和定居，所以诸种文化也得到了传播的机会。再有，以传播文化为目的者，正是因为得到这些商人的援助，才能进行这种艰难的旅行。他们的经商范围愈广，文化传播的范围也就愈大，他们的商业发达史也就是文化传播史。③

粟特对波斯、印度、中国间的文化交流，起着重要的中介作用。粟特人把祆教、摩尼教、景教传入中国。在唐代，祆祠获得官方确认和资助，融入当地文化，参与年终驱傩等汉人习俗活动，并被用来祈雨。粟特艺术对突厥、回鹘、可萨、马扎尔等草原民族和唐代中国的金属制品，有强烈影响；粟特人能歌善舞，也影响了中国的音乐和舞蹈。

粟特语是伊朗语族东伊朗语的分支，文字用阿拉米语的一种变体，通称粟特文。在6—9世纪，粟特语言文字几乎成为丝绸之路上的交流工具之一，也成为突厥的官方语言。粟特人根据不同的宗教，会使用不同的文字，佛教徒使用源自阿拉姆语字母的粟特文，基督徒用叙利亚字母，摩尼教徒也有他们自己的文字，但后两者也会用粟特文。8世纪开始，新波斯语塔吉克语传入粟特，在9—11世纪取代原来的粟特语。

20世纪初，一批国外的探险家如勒柯克、伯希和、斯坦因等在中国新疆吐鲁番盆地、河西敦煌等地进行考古发掘，在敦煌以西的汉代烽火台遗址发现的

---

① [日]羽田亨著，耿世民译：《西域文化史》，新疆人民出版社，1982年，第45页。
② [法]布尔努瓦著，耿昇译：《丝绸之路》，新疆人民出版社，1982年，第109页。
③ [日]羽田亨著，耿世民译：《西域文化史》，新疆人民出版社，1982年，第45页。

粟特文古书信八封，尤具历史价值，是迄今所知年代最早的粟特文书，并且这批文书反映出粟特人当年深受中原汉文化的影响。如在吐鲁番发现的一本粟特日历，上面的年、月、日和节令是用粟特文书写的，下面对照有汉文译文。另外，《九姓回鹘可汗碑》就是用粟特文、汉文和古突厥卢尼文三种文字刻写的。1976年，在蒙古人民共和国发现了粟特文摩崖石刻。由此可见，粟特文对后来的回鹘文、蒙文和满文都产生过重大影响。

另一方面，其生活习俗与汉族人民逐步趋同。如：粟特人的通婚也不再限于其种族内部；粟特人改信佛教等中原流行宗教者日多，在敦煌尤其出现大量粟特人信仰佛教的情况，同时期祆教仪式也有佛教化的倾向，燃灯、赛祆等仪式逐渐盛行开来；丧葬习俗从火葬向土葬转化等。尤其值得注意的是，由于与草原丝绸之路和北亚游牧民族的密切关系，东进的粟特人又深受突厥等游牧文化的影响。大量粟特人聚居在漠北地区，活跃于突厥或回鹘汗国，形成习惯于游牧和征战的部落，本来善于经商的特性也逐渐为英勇善战的特点掩盖，最后形成突厥化或回鹘化的"杂胡"。这也成为中古时期东西文化交流和融合的重要内容。

粟特人的东迁和入华产生了巨大的历史影响，其活跃的政治活动带动了东西文化之间的碰撞和交流，促进了东方社会的发展变化。从琳琅满目的物种商货到多彩多姿的文化艺术，在东方掀起"胡化"的洪流。金桃、银桃和胡旋琵琶，成为唐代社会的文化奇景。与此同时，由于粟特人往来兴贩，大量东方文化也广泛传入中亚、西域各地。美丽的丝绸、精致的漆器和铜镜，乃至圆形方孔钱币，几乎蔓延至西域的各个角落。

粟特早期一直模仿前3—前2世纪希腊人的钱币，铸造多种钱币。到5世纪，撒马尔罕钱币的质量极其低劣，弓箭手像已模糊，重量大减，到6世纪停铸。粟特也使用萨珊波斯的银币，4世纪初起，波斯银币开始成为丝路上通行的交易媒介。5世纪开始，粟特以银铜合金铸造仿波斯的银币，银币上有布哈拉王的尊号。7世纪时，粟特也铸造仿唐朝铜钱的方孔青铜钱币。

在艺术形式方面，粟特文化更体现出多元兼容性。7—8世纪，是粟特经济和文化的黄金时期。服装方面，5世纪时粟特衣饰类似贵霜帝国，6世纪时则受嚈哒和萨珊波斯影响，7—8世纪则类似突厥，贵族佩戴有黄金饰件的皮带。文学方面，粟特人翻译波斯史诗，有些寓言故事出自印度《五卷书》和希腊伊索寓言。美术方面，6世纪开始，城中住宅绘有壁画，到8世纪早期，片治肯特

（今塔吉克斯坦片治肯特城）有三分之一的房屋绘有壁画。壁画绘有神像，绘有宴会、狩猎、动物和各种寓言故事。天花板则有雕像和浮雕。宫廷壁画亦有以粟特历史为主题者。神像有印度风格，也有描绘中国人的画像。《秦王破阵乐》舞在天竺诸国排演和流行，中国帝王乃至侍女形象也出现在中亚古城的壁画中。

特别应该指出的是，粟特人无比活跃的商业活动对封建经济高度发达的中原地区有一定的冲击。它既冲击了自然经济，促进了商品生产的发展，又加重了对劳动人民的剥削，使统治阶级更加腐朽，从而加剧了社会矛盾。同时，它把中原地区的封建关系引进突厥地区，从而冲击着漠北草原地带原始的宗法关系，促进了草原生产关系的发展。①

毫无疑问，粟特工业是在中国的影响下发展起来的。②有学者非常形象地描绘了粟特人对东西文化交流的这种促进作用："通过丝绸之路，古代世界得以沟通和交流，而中亚粟特人是东西文明的主要'搬运夫'。"③可以说，粟特人在东西文化交流中的作用是非常广泛而又深刻的。

第二节 回鹘：丝绸之路新霸主

回鹘，是今天维吾尔族与裕固族的共同祖先，属于北方突厥族系的部落民族，其远祖应为秦汉时代活跃于漠北乃至西域的丁零，后来演变为铁勒、高车等，南北朝时作乌护、乌纥或袁纥，隋作韦纥。隋大业年间（605—618），以韦纥为首的铁勒诸部组成联盟，称"回纥"。唐德宗贞元四年（788），回纥首领上表唐朝，请改"回纥"为"回鹘"。唐初，漠北有九姓铁勒，正处于部落联盟时期。九姓部落即药罗葛、胡咄葛、咄罗勿、貊歌息纥、阿勿嘀、葛萨、斛嗢素、药勿葛、奚耶勿，而以药罗葛为联盟之首。840年，回鹘汗国瓦解，居住在漠北的回鹘部落大部分南下华北，其余部分分为三支西迁，其中一支和天山一带的回鹘结合，还有部分回鹘部落依附黠戛斯。西州回鹘又向西发展，以高昌（今新疆吐鲁番）为中心，建立了高昌回鹘政权。西州回鹘后来改称为"畏兀儿"，也就是今天的维吾尔族。

---

① 王尚达：《唐代粟特与中原商业贸易产生的社会作用和影响》，《西北民族研究》1995年第1期。
② 王尚达：《唐代粟特与中原商业贸易产生的社会作用和影响》，《西北民族研究》1995年第1期。
③ 王尚达：《唐代粟特与中原商业贸易产生的社会作用和影响》，《西北民族研究》1995年第1期。

回鹘是奴隶制社会，逐水草而居，其政权组织沿用突厥汗国的制度。回鹘人通行回鹘语，属阿尔泰语系突厥语族。回鹘人最初使用突厥文字，后来使用回鹘文，也使用汉文。历史上主要分布于我国新疆、内蒙古、甘肃以及蒙古国及中亚的一些地区。回鹘的全盛时期为8—9世纪。回鹘以蒙古国鄂尔浑河（Orkhon）河畔为核心，势力进入天山地区和中亚。

一、回鹘路与回鹘文化的初兴

隋唐之际，回纥部落联盟以药罗葛为首，驻牧在金山（阿尔泰山）、北庭，在仙娥河（又名娑陵水，今蒙古国境色楞格河）和嗢昆河（今蒙古国境鄂尔浑河）流域，过着游移不定的生活。7世纪初，回鹘渐盛，在今蒙古国土拉河流域建立政权，始以独立的、具有较强大军事力量的一个民族而出现于历史舞台。744年，回鹘首领骨力裴罗称汗，建立了雄强一时的漠北回鹘汗国。至9世纪中叶，由于天灾人祸，汗国崩溃，部众四散，其中一支逃入河西走廊，于甘州（今甘肃张掖）形成割据一方的势力，在884年左右称汗建国。这就是回鹘的由来。

西迁前的回鹘本为逐水草而居的游牧民族，主要从事畜牧业，兼营农业和狩猎。移居到土地肥沃、水草丰美、宜农宜牧的河西走廊后，回鹘人置身农业文明的包围之中，农耕业得到迅速发展。在继续传统畜牧业经营的同时，农业经济也得到了较大发展，生活方式随之渐渐由游牧转为定居。河西回鹘仍是以游牧经济为主，只有西州回鹘是定居的农业经济。此外，回鹘以地处中西交通的要道——丝绸之路之便，积极参与东西方经济交流，他们西联波斯、印度、阿拉伯，东通洛阳、开封、太原乃至更为遥远的辽都上京（今内蒙古巴林左旗），成为唐末、五代、宋初丝绸之路的新主人和垄断者。

回鹘路，亦称回纥路，一般也称之为草原丝绸之路。唐朝以前，北方游牧部族利用他们"随水逐草"、骑牧射猎的生活特点，开辟了由北庭进入蒙古草原的一条通道。唐贞观二十一年（647）太宗在北方草原置六十八处驿站，开辟"参天可汗道"之后，与这一大道衔接在一起，成为由北方通往长安的又一通道。在东、西突厥尚未彻底分裂之前，这条草原丝路就从突厥可汗庭到天山以北的北庭地区，再入天山草原通道，抵达肥美的裕勒都斯河谷牙帐而至伊犁地区，更进而入楚河流域直达河中草原。（图8-4）

图8-4：回鹘牙帐——哈喇巴喇哈逊故城遗址

安史之乱后，回纥（回鹘）部族因助唐平乱，形成了在政治上的特殊地位，因而开创了草原丝路的又一个兴盛时期。吐蕃于上元元年（674）以后占据了河西走廊，切断了塔里木盆地经由河西走廊通往中原的丝路通道。唯一能恢复丝路活动的重担由回鹘路担当起来。此路大致可分西段和南段两部分。西段是从北庭都护府至回鹘牙帐（哈喇巴喇哈逊），元时谓可罕城，亦即和林城。《元和郡县图志》记载，从北庭城至回鹘牙帐三千里，过郝遮镇（蒲类东北四十里）、盐泉镇（蒲类东北二百里）、特罗堡子（蒲类东北二百余里，四面有碛，置堡子处，周围约二十里有好水草）。由此可知，当时北庭经蒲类东北行有一条通往回鹘牙帐的道路，即经郝遮镇、盐泉镇、特罗堡子向东进入蒙古境内，然后继续东行至回鹘牙帐。据说，至今尚可见到这条古道遗迹和分布在道路两旁的古城、烽燧遗址。然而，自蒙古境内赴新疆则有不少的支路。例如，从蒙古科布多和乌里雅苏台均可进入新疆，其中较为便捷的，恐怕要数从乌里雅苏台至新疆巴里坤的道路。元代长春真人丘处机西游时大概就是沿着这条路线走的。据《蒙古志》记载，自乌里雅苏台赴新疆有两条路线，一条通往哈密，另一条通往镇西（今巴里坤）。通往镇西的路线，与去哈密的路线分途于乌里雅苏台北岸之博勒霍，而斜向西南，逾阿尔泰山脉，经呼治尔图、博尔努鲁、阿尔莫戛、库林盖呼都克、达兰趋利、塔穆城达巴山口、戛什温等地，而南入新疆达镇西。当然，由于时代不同，地名可能有所变更，但当时从哈喇巴喇哈逊到北庭，估计就是经由这条路线的，而不必绕远走科布多或哈密。由北庭向东越东梁过三厂槽子入三厂湖至大泉，进入奇台与北道桥相接，再从北庭向北过十二户、下新湖，四厂湖丰盛堡至奇吉交界之满营湖，再向东北又与北道桥接连。至今，北沙山南沿还能看到古道遗迹，人们仍称它为"唐朝路"。古道路侧还分布不少古城遗址和烽燧遗址，再转北穿越戈壁入蒙古直达科布多。

南段连接回鹘牙帐与长安。大致路线是由中受降城（约今内蒙古贾格尔旗庙附近），向西二百里至天德军（约在今乌兰鄂博附近），二百里至西受降城，西出高阙（约在今狼山口）至碛口鸊鹈泉（约在今乌拉乌苏至乌拉海地区），又西北一千五百里至回鹘牙帐。里程长一千九百里至二千里。

由北庭经回鹘牙帐至长安的路线，全程四千九百里，比北庭至伊吾入玉门关过河西达长安的总里程还要少六百五十里。北庭是唐北庭都护府的所在地，是唐朝在天山以北的政治、军事中心，也是丝绸之路天山北路的重要枢纽，由此沿准噶尔盆地西行，经弓月城、碎叶可通中亚和欧洲。当时来往于这条路上的东西方使节和商旅络绎不绝，丝绸贸易量也很大。

回鹘路开通之后，唐与西域中断的交通联系得到了恢复。贞元四年（788），我国著名僧人释悟空从印度返回时也是经由回鹘路回到长安的。天宝年间（742—756），安西、北庭地区的土贡阴牙角、速霍角、阿魏截根、硇砂、延胡、乳香等，也通过上述路线输入中原各地。尽管回鹘路只是丝绸之路上的一条支线或是辅助路线，但在相当长的一段历史时期内，它在政治、经济和文化交流方面都发挥了巨大的作用。同时，大批的粟特商人和来唐朝贡的西方使者，都要经由回鹘，以回鹘为中转站；而唐人东行，也要经过回鹘。

二、丝绸之路与回鹘多元文化的形成

回鹘路的开通不仅对于维护唐朝和西域的交通联系，促进东西方政治、经济、文化的交流发挥了重大作用，而且对于回鹘本身也产生了很大的影响。

840年，漠北回鹘汗国瓦解，部众西迁至西域及河西走廊一带。这里自古以来就是中西交通的要道——丝绸之路的咽喉要地。在回鹘西迁以前，这里就是经济繁荣、贸易发达之地，形成了一套较为完整的产、供、销体系，在东西方各民族间穿梭往来，不断迁徙、流动的同时，各种风格不同的文化也在这里传播、交流。回鹘人迁入这里之后，继承并发展了这一优良的文化传统，积极发展与周边民族的经济文化交流，不仅与中原、西藏、西夏及东北的契丹、女真交往频繁，而且也与西方的波斯、印度、大秦保持着直接或间接的商业交往，进而取代粟特人成为丝路贸易的主宰。

在积极参与河西丝绸之路商业贸易的同时，回鹘与周边民族交往也为自身文化的发展提供了深厚的积淀。他们不仅积极摄取来自中原的汉文化和来自印度的佛教文化，而且广泛吸收希腊、阿拉伯、波斯文化，逐渐丰富了自己的文化结构，形成了具有多种文明兼收并蓄之合成特色的新文化。在宗教文化方面，回鹘奉行比较宽容的政策，对任何宗教都不抱什么偏见，听任流行，在其统治区内，萨满教、佛教、摩尼教、景教、祆教等同时流行与发展。

据《松漠纪闻》载："回鹘尤能别珍宝，番汉为市者，非其人为侩，则不能售价。"①辽朝与回鹘关系密切，专门为之设"回鹘营"，以款待回鹘商贩。另置同文驿，"诸国信使居之"。不难看出回鹘人的特殊待遇。

大凡丝绸之路沿线流行过的宗教，如萨满教、摩尼教、佛教、景教、祆教、道教以及伊斯兰教等都曾经为回鹘所信奉。特别是摩尼教，曾被回鹘可汗尊奉为国教，晚唐以来一直流行不辍，现在依然在福建存在的摩尼教就是由回鹘胡禄法师传入的。另外，佛教在7世纪初至16世纪初也在回鹘中流传，有相当一部分的信众；在河西地区的裕固族中一直流行于今。

11世纪中叶，印度旅行家加尔迪齐《纪闻花絮（Zayn-al-akhbār）》中也记载了回鹘宗教的繁杂及相互关系的融洽：

> 九姓乌古斯可汗传统上信仰摩尼教（Dīnāvarī）。然而，在九姓乌古斯的首都（šahr）和疆域（welyāyat）内，还有基督教（tarsā）、二神教（θanawī，即拜火教）和佛教（šomanī/šamanī）……每天有三四百个选民聚集在当地统治者之宫殿门口，高声诵读摩尼的著作。②

这一记载生动地描绘了高昌回鹘境内佛教、景教和摩尼教并行不悖的奇异景象，是丝路沿线地区诸教并存的真实写照。

各种宗教在丝绸之路沿线留下了大量不同风格的宗教遗迹。在印度、中亚及新疆发现的贵霜王朝迦腻色伽一世钱币上，可以看到波斯祆教的琐罗亚斯德像，印度教的梵天像，佛教的释迦牟尼佛立像、弥勒佛坐像，更有希腊、罗马

---

① 〔宋〕洪皓著，翟立伟标注：《松漠纪闻》，吉林文史出版社，1986年，第15页。
② A. P. Martinez, Gardīzī's Two Chapters on the Turks, Archivum Eurasiae Medii Aevi, II (1982), 1983, pp. 133-134, 136.

的男神女神诸像。① 新疆吐鲁番出土的各种宗教文献相当丰富，有回鹘文、粟特文、梵文、波斯文、突厥卢尼文、佉卢文、叙利亚文、藏文、汉文、希腊文等二十多种。随着这些用不同文字书写的宗教文献在各民族中传播，各民族也逐渐开始学习和使用这些文字，例如回鹘人就掌握了佛教的梵文和藏文，摩尼教的摩尼文，景教的叙利亚文、福音体文等等。宗教的传播带来的文化融合，清晰可见。

这种宗教文化相互交融的现象，还见于勒柯克在吐鲁番城北的一处遗址中发现的宗教文献资料中，其使用的语言竟达五种之多。他写道：

> 这些文献内容包括曾经在这一地区流行过的所有四种宗教，即佛教、基督教、摩尼教，以及不被人所知的琐罗亚斯德教，即拜火教。这四种宗教的文献甚至在同一寺院遗址中就可以找到，这说明他们能在同一地方供奉他们的神主，而能互相容忍，和平共处。这种状况，我们以为主要是因为古代回鹘的国王运用其政治力量的结果。②

由此可见，在同一寺院中，不同宗教可以同生共存，和睦相处。

回鹘对自身宗教文化发展的优容，也拓宽了其与周边政权关系的活动空间，回鹘摩尼教徒、佛教徒在中原及沙州（今甘肃敦煌）诸地除了从事相关的宗教活动外，还常常充当官方使节处理外交事务，促进了河西走廊与中原地区的宗教文化交流，也加强了回鹘与周边政权的政治关系。（图8-5）

---

① Om Prakash, Kanishka I: His contribution to Buddhism, Art and Culture, In: Y. Krishan (ed.), Essays in Indian History & Culture, New Delhi: Indian History & Culture Society, 1986, p. 27；[日] 田边胜美：《ガソダーラかろ正仓院へ》第一章《ガソダーラ仏の起源》，（京都）同朋舎，1988年，第28页，图版II，图13—22。

② Albert von Le Coq, Buried Treasures of Chinese Turkestan, London, 1928, p. 77；[德] 勒柯克著，陈海涛译：《新疆的地下文化宝藏》，新疆人民出版社，1999年，第68—69页。

图8-5：吐鲁番柏孜克里克出土的粟特文摩尼教文书

在丝路沿线多元文化的交互影响下，回鹘文化出现质的飞跃，由漠北时代的草昧初开而成为丝路地区文化昌盛的民族之一。丝路沿线强族林立，东有中原王朝，南有吐蕃，西有波斯、印度、大食，北有西夏。回鹘善于融摄周边民族之长，以发展壮大自己。

三、回鹘对丝路贸易的控制

回鹘视丝路如生命线。回鹘由于曾出兵助唐平定安史之乱，收复两京，有功于唐，所以，"自乾元之后，屡遣使以马和市缯帛，仍岁来市。以马一匹易绢四十匹，动至数万马"①。仅以朝贡名义进行的绢马贸易，回鹘每年换回的丝绸就有百余万匹。再加上双方官吏、商人的私自交易，这些数量就更多了。这些数量众多的丝绸，其中很大的一部分是通过丝绸之路转售西方各地。8世纪中叶以后，吐蕃占据河西诸地。8世纪末，吐蕃又断北庭通道。这使回鹘从唐朝换回的大量丝绸运不出境，长久积压下来，使回鹘的经济遭受了严重损失。为了争得出路，回鹘不惜付出极大的代价，同吐蕃在丝路上展开争斗。

回鹘无论是在漠北，还是后来迁居至今新疆、河西走廊及中亚等地，与丝绸之路都有密切的关系。回鹘为疏通丝绸之路及独占丝路之利，不仅与所有来犯者、争夺者展开殊死搏斗，而且长期坚持斗争。

回鹘在丝绸之路上的劲敌，第一个就是吐蕃。

8世纪中叶，回鹘杰出领袖骨力裴罗乘后突厥内乱之机，击走乌苏可汗，

---

① 〔后晋〕刘昫等：《旧唐书》卷195《回纥传》，中华书局，1975年，第5207页。

摆脱突厥的控制。又袭破拔悉密部，尽得突厥故地；随之又击灭突厥残部，攻杀白眉可汗，在我国北方建立起一个强大的回鹘汗国。回鹘汗国存在的百余年间，基本上同唐王朝保持着友好的关系，经济联系也很密切，进行着长期的大规模的绢马贸易。

河西诸地被吐蕃控制后，唐朝与西域各地以及西方各国的经济联系、外交往来，完全依靠通过回鹘的路线。唐朝在西域的各级官吏以及外国的使节、商旅等，经由北庭向北，越阿尔泰山，过杭爱山，再经鄂尔浑河上游，辗转到达长安。这也就是丝绸之路的"草原路线"。原来的绢马贸易，使唐廷与回鹘汗国之间的经济关系密切起来。唐朝与西方各国的贸易往来，必须经由"草原路线"绕道回鹘境，并通过回鹘人之手进行经营。8世纪末，回鹘击败吐蕃、葛禄，夺回北庭，疏通了丝绸之路北道。

9世纪中期，漠北回鹘汗国灭亡之后，部众大部分西迁至葱岭东西及河西走廊等地。与此同时，吐蕃也开始进扰青海、甘肃西部及新疆东部地区。沙州汉人、回鹘等族军民不堪其扰，群起反抗。866年，北庭回鹘首领仆固俊，密切配合张议潮军，向占领西州地区的吐蕃势力发起进攻，大获全胜。至此，吐蕃在西域的势力终被击垮，回鹘重新控制丝绸之路的西域各要道，独得中西贸易之利。

随着商业的发展，在回鹘汗国境内出现了一些固定的城镇或城堡，如可汗城、富贵城、公主城、可敦城等。同时，农业和手工业也开始兴起。回鹘除了满足自己生产、生活需要之外，每年都会拿出一定数量的牲畜，特别是马匹，作为商品，来换取唐朝的丝绸、茶叶等物品。唐朝为加强国力，装备军队，也需要大量的军马。所以，双方进行商品交换，特别是绢马贸易，不仅具有物质基础，而且也十分必要。

因此，唐朝在回鹘地区开辟驿道，设马市，经常进行大规模的绢马及茶马贸易。这种绢马贸易不仅马匹数量多，且马价昂贵，一匹马的价值在40匹丝绸之上。茶马贸易虽不如绢马贸易规模大，但也是一笔很重要的交易。对"尚茶成风"的回鹘人来说，茶叶是和粮食同等重要的生活必需品。所以，回鹘人每入朝，都"大驱名马市茶而归"①。回鹘与唐朝之间以"朝贡"和"赏赐"为名所进行的大宗贸易，可称为政府间的官方贸易。此外，回鹘汗国和唐朝的双

---

① 〔唐〕封演撰，赵贞信校注：《封氏闻见记校注》卷6《饮茶》，中华书局，2005年，第52页。

方官吏利用出使的机会，进行私人贸易者也不在少数。至于边境地区各民族之间的民间贸易，可能更为广泛和活跃。

绢马、茶马贸易使回鹘商业经济获得了迅速发展。商业经济的发展，又使回鹘与丝绸之路的关系愈益密切。由于唐朝与西方各国的贸易往来，尚须绕道回鹘境，所以当时唐朝的对外贸易，可以说是操纵在回鹘手中，甚至可以说是为其所垄断。

西迁之后的回鹘，地处中西交通枢纽。不管是新疆的焉耆、龟兹、西州、于阗、北庭，还是河西地区的沙州、瓜州、肃州、甘州、凉州及秦州等，都是丝绸之路的咽喉要地。这对回鹘发展东西方贸易，是得天独厚的有利条件。贸易经济在整个经济中的地位，比在漠北时期更为重要。

在西夏与北宋的关系恶化之后，回鹘进入中原的使节和商人，常常遭到西夏的阻挠，货物也常被抢劫。回鹘的商业贸易遭受威胁和破坏，于是，回鹘遭遇了丝绸之路上的另一个劲敌——西夏，双方争夺的主要地区在丝路东段的西端河西走廊。

昔日回鹘入中原朝贡，"路出灵州，交易于市"①。然而自咸平五年（1002）始，灵州被西夏李继迁所占，贡路遂受到西夏的控制。西夏早期统治者一直觊觎丝路贸易的利益，故经常劫扰贡道，掠夺朝贡使者。

西夏人时常对过往商旅进行敲诈与掠夺，十税一，而且"必得其最上品"，逼得商旅不得不采取贿赂税吏等办法以逃避西夏的盘剥。《续资治通鉴长编》卷76"大中祥符四年（1011）八月癸亥"条载：

> 癸亥，甘州回鹘可汗夜落纥遣使奉表诣阙。初，夜落纥屡与夏州（即西夏）接战，每遣使入贡，即为赵德明所掠。

西夏统治者的掠夺行为，严重地威胁着东西方贸易的正常发展。有时，通过甘州回鹘的商旅甚至全部断绝。清人戴锡章《西夏纪》卷5即云：

> 大中祥符九年（1016），赵德明使苏守信守凉州，有兵七千余，马五千匹。诸番畏其强，不敢动。回鹘贡路，悉为断绝。

---

① 〔元〕脱脱等：《宋史》卷270《段思恭传》，中华书局，1977年，第9272页。

回鹘为了畅通丝绸之路，从而使自己在丝绸之路的利益不受侵害，连续数年与西夏展开了殊死搏斗。大中祥符元年（1008），西夏进攻甘州回鹘，回鹘可汗夜落纥采取诱敌深入的伏击战，使西夏几乎全军覆没。①大中祥符四年（1011）十一月，甘州回鹘可汗夜落纥"遣使康延美至，言败赵德明蕃寇立功首领，望赐酬赏"②。甘州回鹘与西夏争夺的焦点在河西走廊东端的凉州（今甘肃武威）。双方经过反复较量，最终回鹘于大中祥符九年（1016）全面控制了凉州，将西夏势力赶出了河西，确保了丝绸之路的畅通，形成了"一方之烽燧蔑闻，万里之梯航继至"③的局面。

但是，甘州回鹘从综合实力上来说并非西夏的对手，尽管两次大败西夏，暂时遏止了西夏攻取河西走廊的步伐，却无法改变西夏最终全面控制丝绸之路的结局。而夺取河西走廊，控制丝绸之路，正是西夏长期的基本国策。经过十余年的力量积蓄，天圣六年（1028）西夏发动突然袭击，一举占领甘州，甘州回鹘国消亡，西夏由是得以全面控制河西走廊东段地区，进而成为丝绸之路的主宰。

甘州回鹘虽然在与西夏的斗争中失败了，但是西州回鹘、于阗回鹘以及葱岭西回鹘等，仍然同中原宋、辽王朝保持着密切联系。回鹘使节和商旅或绕道青海境内，转经甘肃东部和陕西而入宋京，或直接走北面的草原路而入辽京，照常入贡，进行绢马贸易和茶马贸易。

四、回鹘对丝路文明的贡献

回鹘人在中亚粟特胡商的影响下，再加上其原本具有的奔走各地的商贸传统，在丝绸之路商贸上，不仅经验丰富，而且也充分显示了他们极高的商务活动才干，成为丝路贸易上继粟特之后的又一商业霸主。

和粟特相比，回鹘与中原王朝的往来更多，关系也更密切，1068年后达到高潮。诚如《宋史·于阗传》所云："熙宁以来，远不逾一二岁，近则岁再至，所贡珠玉、珊瑚、翡翠、象牙、乳香、木香、琥珀、花蕊布、硇砂、龙盐、西锦、玉鞧辔马、腽肭脐、金星石、水银、安息鸡舌香，有所持无表章，

---

① 〔元〕脱脱等：《宋史》卷490《回鹘传》，中华书局，1977年，第14115—14116页。
② 〔清〕徐松：《宋会要辑稿》蕃夷四之五，中华书局，1957年，第7716页。
③ 〔北宋〕王钦若等：《册府元龟》卷965《外臣部·册封三》，中华书局，1960年，第11355页。

每赐以晕锦旋襕衣、金带、器币，宰相则盘球、云锦夹襕。"在于阗回鹘与北宋的贸易中，仅乳香的数额就很大，熙宁五年（1072）有三万一千余斤，元丰三年（1080）连同其他的杂物有十万余斤。① 由于数额巨大，以致中原人士产生误解，以为此是于阗当地所产。五代北宋时期，西域回鹘商贾的活动已不局限于洛阳、开封一带，其足迹还遍及陕西、河北、山东诸地。

回鹘从646年回纥汗国建立，到840年汗国灭亡的近200年里，通过助唐平定安史之乱、抵御吐蕃对西域的进攻、和亲、马绢贸易等方式，和唐王朝保持着密切的政治、经济和文化往来，从而成为唐代中外文化交流的重要媒介之一，促进了唐代的中外文化交流。回鹘使者的足迹，西到波斯、印度、阿拉伯，东抵五代都城洛阳、开封、辽都上京、宋都汴京等地。

回鹘与波斯、印度、阿拉伯的往来，史书中都有反映。关于波斯，敦煌文献S.1366《归义军宴设司面、破油历》有如下记载：

窟上迎甘州使细供十五分，又迎狄寅及使命细供十分……甘州来波斯僧用面七斗、油一升。牒塞（密）骨示月面七斗。廿六日支纳药波斯僧面一石、油三升。②

该文献中内有"甘州使""狄寅及使"等文字，其中的"狄寅"，应为"狄银"之异写，狄银为甘州回鹘第四任可汗（924—926年在位）。结合各种历史情况，推测此应与龙德年间（921—923）甘州回鹘发生的内乱有关。其中的"甘州使"应为当时的可汗仁美所遣，另一路则应为狄银所派。由此可以认为，在921—924年间，有来自甘州回鹘国的使者在沙州巡礼莫高窟，同时又有波斯僧（景教僧侣）自甘州来，并向敦煌归义军官府纳药。这些药品应来自波斯。此外，《册府元龟》卷972亦有波斯—回鹘交往的记载：

后唐同光二年（923）四月，沙州（附甘州）进波斯锦。长兴四年（933）十一月，甘州回鹘仁裕……献波斯锦。应顺元年（934），［贡］波

---

① 殷晴：《丝绸之路与西域经济——十二世纪前新疆开发史稿》，中华书局，2007年，第421页。
② 唐耕耦、陆宏基：《敦煌社会经济文书真迹释录》（第三辑），书目文献出版社，1986年，第281—285页。

斯宝绁、玉带。

回鹘可汗以波斯锦、波斯宝绁向中原王朝入贡，说明波斯与回鹘的交往还是相当频繁的。

回鹘与印度的交往，主要体现在宗教上，可以《宋会要辑稿》的相关记载为证：

> 太祖乾德四年（966），知凉［州］府折逋葛支上言，有回鹘二百余人、汉僧六十余人，自朔方来，为部落劫略。僧云欲往天竺取经，并送达甘州讫。①

再看回鹘与阿拉伯的往来。《宋史》卷490《大食传》载："先是，其入贡路繇沙州，涉夏国，抵秦州。乾兴初，赵德明请道其国中，不许。至天圣元年来贡，恐为西人钞略，乃诏自今日取海路繇广州至京师。"《宋会要辑稿》载："仁宗天圣元年（1023）十一月，入内内侍省副都知周文质言：'沙州、大食国遣使进奉至阙，缘大食国比（北）来皆汎海由广州入朝，今取沙州入京。'"文中虽未提及甘州，但提到了沙州。既然通过沙州，必然要通过甘州，天圣元年（1023）正是甘州回鹘全面控制河西走廊的时期，此时大食国舍海路取陆路入中原，原因在此。

五代至宋，回鹘与中原王朝保持着密切联系，经常派遣使者朝贡，并接受中原王朝的册封和回赐；同时也通过"朝贡"的名义和方式，在丝绸之路沿线进行贸易活动。

在西夏于1028年攻灭甘州回鹘后，回鹘民众虽有不少外迁至新疆、敦煌及青海等地，但大部尚留于旧地，成为西夏国的属民，保持了自己善于经商的民族个性。当时，在西夏形成了一种专门的职业，号为"回鹘通译"，《天盛改旧新定律令》卷5《计二门》将之与医人、向导、渠主、商人、黑检主、船主、井匠等并列。②在该律令之卷11《矫误门》中，又有如下的记载：

---

① ［清］徐松：《宋会要辑稿》方域二十一之一四，中华书局，1957年，第7668页。
② 史金波、聂鸿音、白滨译注：《天盛改旧新定律令》卷5《计二门》，法律出版社，2000年，第224页。

臣僚、下臣、及授、艺人儿童、前内侍、阁门、帐下内侍、医人、真独诱、向导、译回鹘语、卖者、卜算、官巫、案头、司吏、帐门末宿、御使、内宿、官防守、外内侍。①

这些记载说明，回鹘人在西夏的对外贸易中起着独特的作用，回鹘语已成为西夏与周边民族进行商业贸易的交际语。

史载："河西回鹘多缘互市家秦、陇间。"②《宋史·回鹘传》亦载："［回鹘］因入贡，往往散行陕西诸路，公然贸易，久留不归者有之。"李复《潏水集》卷1《乞置榷场》："回鹘、于阗、卢甘等国人尝赍蕃货，以中国交易为利。来称入贡，出熙河路……有滞留本路十余年者。"前二者记载的都是河西回鹘，后者则应指包括河西回鹘在内的所有回鹘人，可见当时回鹘与周边的贸易之盛。辽朝政权为接待回鹘商旅而在京都南门设置了"回鹘营"，"回鹘商贩留居上京，置营居之"。③

回鹘商人把中原地区的物品，如丝绸、锦袍、紫衣锦衣、银带、银器、服饰、笏、介胄、黄金器、金带、冠、器币、香药、美酒、小儿药、冷病药、金粉、金银碗、银瓶器、宝钿、银匣历日、缗钱、翠锦、旋襕等运往河西走廊，通过那里再辗转运往西域、波斯、阿拉伯、印度乃至欧洲或其他地方；同时又把河西、西域、波斯等地的物品运往内地。当时贸易的规模，在《旧五代史》《新五代史》《册府元龟》《宋史》《宋会要辑稿》等史书中均有记载。

在回鹘的所有贡物中，马的交易次数最多，数量也最多。五代尤其是北宋时期，与辽、西夏战事频繁，需要大量战马。北宋王朝的战马主要为产自四川、贵州、云南的川马。除此之外，尚需大量的外来马匹，其中又以青海产的吐蕃马和甘州的回鹘马为主。吐蕃与北宋的关系时好时坏，其马的来源不能保证，而且数量也有限，因此，向甘州回鹘购买马匹，就成为北宋战马的主要来源。如乾德三年（965）十二月，甘州回鹘可汗夜落纥一次贡给宋朝的战马即

---

① 史金波、聂鸿音、白滨译注：《天盛改旧新定律令》卷11《矫误门》，法律出版社，2000年，第385页。
② 〔宋〕李焘：《续资治通鉴长编》卷111明道元年七月甲戌条，中华书局，1985年，第2584页。
③ 〔元〕脱脱等：《辽史》卷37《地理志》，中华书局，1974年，第441页。

达一千匹，另有骆驼五百头。①

回鹘将战马和其他战争物资源源不断地输送给宋朝，这对北宋王朝无疑是一个很大的支持。二者的马匹交易，主要在灵州。咸平二年（999），北宋朝廷内部对于灵州的弃守问题曾展开过一场讨论，反对放弃灵州的朝臣何亮在《安边书》中一再强调，北宋战马"独取于西戎之西偏"，如从灵州撤退，宋朝"不得货马于边郡，则未知中国战马从何而来"②，足见宋朝对回鹘马及灵州战略地位的重视。

位处甘州与宋朝中间的秦州，在北宋时期发展为汉蕃交易之地。《续资治通鉴长编》卷111明道元年（1028）七月甲戌条载：

[王博文]又言："河西回鹘多缘互市，家秦陇间。请悉遣出境。"戒守臣使稽查之。③

这就是说，有不少的甘州回鹘人在秦州和陇州从事贸易，并且在那里安家落户。

除了贸易之外，回鹘在中西文化交流中也起到了重要的媒介作用。如中原的历法，即被引入甘州。《宋史·回鹘传》载：

[大中祥符八年（1015），甘州回鹘]可汗夜落纥上表言宝物公主疾死，以西凉人苏守信劫乱，不时奏闻。又谢恩赐宝钿、银匣、历日及安抚诏书。

这一记载说明，北宋皇帝曾将"历日"赏赐给甘州回鹘。在我国历史上，中原王朝向藩属及地方政权颁赐历日，是常用的羁縻手段之一。

由于甘州回鹘与沙州往来频繁，故甘州回鹘所通行的文字——回鹘文在沙州归义军中颇受重视。《归义军衙府酒破历》中，有"案司修甘州文字"（第46行）、"供修甘州文字孔目官"（第85行）等字样，"孔目官修西州文字"（第23

---

① 〔元〕脱脱等：《宋史》卷2《太祖纪》，中华书局，1977年，第23页。
② 〔宋〕李焘：《续资治通鉴长编》卷44宋真宗咸平二年六月条引，中华书局，1979年，第947页。
③ 〔宋〕李焘：《续资治通鉴长编》卷111明道元年七月甲戌条，中华书局，1985年，第2584页。

行)、"案司修西川(州)文字"(第92行)等文字,①这里的案司,又称"孔目司",为归义军节度使下属机构,掌文案,其主事者称都孔目官。沙州案司内孔目官所修"甘州文字""西州文字",无疑是指代回鹘文,说明在沙州归义军官府中设有精通回鹘文的文秘官员。同时,在甘州回鹘,汉文也是通行的,这从敦煌发现的诸多回鹘官方文献中即可得到证明,因为这些文献都是汉文书写的。此外,藏文亦为甘州回鹘所借用,如在敦煌发现的古代吐蕃文写卷中,即有出自甘州回鹘王室及其地方官府的文件。如出自回鹘王室的两件诏书,其一为P.T.1188《天福七年登里可汗诏书》,其二为P.T.1082《登里可汗诏书》,系甘州回鹘登里可汗颁给野(猫川)切巴坡属民之藏文诏书。特别是第二件文书中还记载了回鹘使者下凉州以及有关唐王与京师长安,吐蕃使者使荥戎、野猫川以及野猫川使者前往俄塔布与尼玛冻等信息。这些记录对甘州回鹘的外交、经济史研究都有很重要的价值。

另外,还有出自回鹘地方官府的文献《肃州司徒致天大王书》(编号P.T.1189),系肃州司徒给大王(归义军节度使)的报告,称有贼入肃州骚乱,已捉得二人,请求发落,同时派张安札腊等前往致礼。反映的是沙州归义军政权与甘州回鹘所属肃州的关系。②

回鹘摩尼教流行,其统治者常通过摩尼教徒加强与中原王朝的联系。史载:

> [后唐明宗天成四年(929)]八月……癸亥,北京奏葬摩尼和尚。摩尼,回鹘之佛师也,先自本国来。太原少尹李彦图者,武宗时怀化郡王李思忠之孙也。思忠,本回鹘王子嗢没斯也,归国赐姓名。关中大乱之后,彦图挈其族归太祖(李国昌),赐宅一区,宅边置摩尼院以居之,至是卒。③

> [闵帝应顺元年(934)]正月,赐回鹘入朝摩尼八人物有差。④

---

① 唐耕耦、陆宏基:《敦煌社会经济文献真迹释录》第三辑,书目文献出版社,1986年,第271—276页。
② [匈牙利]乌瑞著,耿昇译:《吐蕃统治结束后甘州和于阗官府中使用藏语的情况》,《敦煌译丛》第1辑,甘肃人民出版社,1985年,第214页;王尧、陈践:《敦煌吐蕃文书论文集》,四川民族出版社,1988年,第192—193页。
③ [北宋]王钦若等:《册府元龟》卷976《外臣部·褒异三》,中华书局,1960年,第11468—11469页。
④ [北宋]王钦若等:《册府元龟》卷976《外臣部·褒异三》,中华书局,1960年,第11469页。

［后周太祖］广顺元年（951）二月，［回鹘］遣使并摩尼贡玉团七十有七，白绨、貂皮、牦牛尾、药物等。①

从这些记载，不难看出摩尼教在回鹘国中的地位。

如同摩尼教徒一样，回鹘国中的佛教高僧，也受到了回鹘可汗的敬重，同样常被任命为使者，出使中原。如：

［乾德三年（965）］十一月丙子，甘州回鹘可汗遣僧献佛牙、宝器。②

［咸平元年（998）］四月，甘州回鹘可汗王遣僧法胜等来贡。③

景德元年（1004）九月，甘州夜落纥遣进奉大使、宣教大师宝藏……百二十九人来贡。④

景德四年（1007），［甘州］夜落纥遣僧翟入奏，来献马十五匹，欲于京城建佛寺。⑤

回鹘还多次派遣使者出使沙州，在那里从事佛事活动。敦煌文书中的破油历记载了节度使府衙经常设酒、支油面来招待回鹘的使节诸事。如，S.1366《归义军宴设司面油破历》记录了太平兴国六年（981）"甘州使""狄寅使"及"使"来沙州并巡礼莫高窟之事，其中有"窟上迎甘州使细供""支于阗使用，迎甘州使、肃州使细供、汉僧、于阗僧、婆罗门僧、凉州僧"等语。S.2474《归义军衙内面油破历》有与于阗僧、肃州僧、瓜州僧并列的"甘州僧四人，各月面七斗，各油二升，共面两石八斗，共油八升"。曹议金妻、回鹘公主在敦煌莫高窟，有相当频繁的佛事活动。（图8-6）

---

① 〔宋〕薛居正等：《旧五代史》卷138《回鹘》，中华书局，1976年，第1843页。又见《新五代史》卷11《周太祖纪》，中华书局，1974年，第112页。
② 〔元〕脱脱等：《宋史》卷2《太祖本纪》，中华书局，1977年，第23页。
③ 〔清〕徐松：《宋会要辑稿》蕃夷四之二，中华书局，1957年，第7715页。
④ 〔清〕徐松：《宋会要辑稿》蕃夷四之三，中华书局，1957年，第7715页。
⑤ 〔清〕徐松：《宋会要辑稿》蕃夷四之三，中华书局，1957年，第7715页。

第八章　丝绸之路上的商业霸主——粟特、回鹘、大食　　499

图8-6：瓜州榆林窟16窟回鹘公主像

沙州归义军常派遣佛教高僧人德出使甘州，如P.3633《辛未年七月沙州耆寿百姓一万人上回鹘天可汗状》：

> 遂令宰相、大德僧人，兼将顿递，迎接跪拜……此即差大宰相、僧中大德、敦煌贵族耆寿，赍持国信，设盟文状，便到甘州。函书发日，天子面东拜跪，固是本事，不敢虚诳……天可汗速与回报，便遣大臣、僧俗，一时齐到。已后使次，伏乞发遣好人。①

从状文可以看出，佛教僧徒在甘、沙州的政治交往中起着重要作用。沙州所遣使者中有高僧大德与官府宰相、贵族耆老同往，而且，归义军节度使在状文中希望甘州回鹘之回报使应为"大臣、僧俗"。

西州回鹘与五代、宋朝和辽朝的贸易往来，主要以"朝贡"的形式进行。

---

① 王重民：《金山国坠事零拾》，《国立北平图书馆馆刊》第9卷第6号，1935年，第18—21页；[日]池田温《中国古代籍帐研究——概观·录文》，（东京）东京大学东洋文化研究所，1979年，第613—614页；唐耕耦、陆宏基：《敦煌社会经济文书真迹释录》第四辑，书目文献出版社，1986年，第395—396页。

使团人员十分庞杂，有可汗任命的正使、副使、监使，也有押解货纲的将领，还有大批牵挽驼马的役杂人员。西州回鹘派出的使团人员，少则30—50人，多时达到400人。这些使者除了负有国家的政治使命之外，还携带着大批本国的土产和西方的珍宝，结成驼队和马帮，浩浩荡荡地出发，迤逦向东行进，一路都有本国和友邦的军队护送。到了五代或宋朝的边境，使团人员和驼夫、马夫都能住进驿馆，驿馆免费供应食宿。一路的地方官吏必须闻风而动，排办迎候和接送。若有不满，使者到达京都，向朝廷告上一状，地方官吏就要受到革职查办的处分。在宋朝，这样的事情时有发生。使团人员到达目的地后，就能住进礼宾院中，然后将货物呈献给朝廷，皇帝随即挑选吉日，接见并宴请使者，继则"优给货价"，统计货物数量，高价收买，折算成铜钱。大多数情况下，西州回鹘使者要求将货款折算成丝绸和茶叶，有时也有携带铜钱或购买金银返回的。使者返程前，皇帝会再次接见他们，按照他们地位的高低，赠相应的荣誉官衔，赏赐大量的金银器皿、丝绸、锦衣、金带或银带等物，同时给西州回鹘可汗、宰相及其家属赠送大量礼品。使者所携带的贡品，诸如西亚的乳香、中亚的琉璃（玻璃）、西州土产的硇砂，原来不很值钱，一旦运到内地，即成珍宝或贵重药物，身价立即翻了千倍。他们从内地取得的丝绸和茶叶，极受西域国邦的欢迎，获利也颇为可观。这种官方贸易的朝贡，可谓一本万利，所以，西州回鹘国的可汗、贵族和官吏乐此不疲，年年遣使，有时甚至一年遣使三批。①

总之，在丝绸之路贸易中，各国商人和来唐朝贡的西方使者都要经由回鹘，以回鹘作为贸易的中转站，这无疑会将西方的文化传播到回鹘。同时，去往西方的唐朝商旅和使节也要通过这里。

宋元时代，臻至极盛的回鹘文化对丝路沿线诸族历史文化的发展产生了重大影响。活字印刷始于宋代，由毕昇发明，为泥活字。木活字则是由山东人王祯于13世纪末发明的，曾在大德二年（1298）试印过自己纂修的《大德旌德县志》。此后，该法未见再用，直到1322年才由浙江奉化马称德再次使用，刊印《大学衍义》等书。而这要比西夏人用活字印书的时间晚得多。通过对黑城及河西走廊诸地发现的西夏文木活字印本的研究，不难看出，在毕昇发明活字印刷后一百年左右，西夏地区就已经在熟练地用木活字印刷书籍了，比王祯使用

---

① 钱伯泉：《西州回鹘国在丝绸之路的地位和作用》，《新疆大学学报》1991年第4期，第43—54页。

木活字要早一百多年。1908年，法国人伯希和于敦煌莫高窟北区第181窟（464窟）发现了一桶回鹘文木活字，计有960枚。后来，奥登堡又于北区发现了130枚，加上敦煌研究院旧藏与最近的发现，共有木活字1118枚。由此可见，回鹘文木活字的创制，应受到中原胶泥活字的影响，进而推陈出新，并进一步发展了木活字印刷技术。①不仅如此，回鹘还把自己所掌握的印刷技术进一步传向了西方。在古维吾尔语中，有这么一个词：bas，意为"印刷"，此外还有"复制""刊登""盖章""压制"等多种含义。有意思的是，在今天的波斯语中，与印刷术有关的语词，大多都借自维吾尔语的basma。由此可证，波斯印刷术是由回鹘传播过去的。（图8-7）②

图8-7：敦煌出土回鹘木活字

宋元时代，回鹘医学高度发展，不仅其生产的药品在中原地区得到广泛应用，而且其医学理论也相对发达。这与回鹘于9世纪中叶西迁至丝绸之路沿线息息相关。西域地区有悠久的中医、印度医学传统，对回鹘医学形成与发展起到了决定性作用。同时，回鹘医学又与波斯、叙利亚、阿拉伯等地医学有着密切联系。各种因素的交合作用，促进了回鹘医学在宋元时代的形成与高度发展。如敦煌文献S.1366《归义军宴设司面油破历》中就记载有太平兴国六年（981）甘州回鹘向沙州归义军纳波斯药之事。此外，在柏林收藏的吐鲁番收集品中，有回鹘文针灸文献残片一页，编号Mainz0725，应为针灸经之一种。其中存人体穴位图三幅（图8-8），存针灸经文字27行，另有用于指代具体穴位

---

① 杨富学：《回鹘文献与回鹘文化》，民族出版社，2003年，第335—352页。
② 赵相如：《中国印刷术西传刍议——维吾尔语"bas"（印刷）一词源流考》，《民族研究》1987年第2期，第70—81页。

的回鹘文说明性文字若干，似乎应与中医有一定关系。①印度著名医典《医理精华》早在13世纪以前就被翻译为回鹘文，在吐鲁番出土有很多与之相关的文书残片。②《辽史》记载，统和十九年（1001）"回鹘进梵僧、名医"。《元史》亦载，回鹘人答里麻，"授御药院达鲁花赤，迁回回药物院"。义坚亚礼在河南发生瘟疫时，由浙江前来，"备医药……由是军民全活者众"。元代著名军医月举连赤海牙，曾在合州（今四川合川）钓鱼山采用回鹘医方配药，以治疗当时军中流行的传染病。

图8-8：吐鲁番出土回鹘文针灸图

元朝，大批畏兀儿人入居中原地区和蒙古高原，或出任元政权从中央到地方的各级官吏，或从事宗教文化活动，为元朝的建立、巩固与发展，贡献颇多。当时的回鹘，"凡有一材一艺者毕效于朝"。回鹘文在宋元时代发展成为国际通用语，东起河西走廊，西至欧洲，无处不用，故而在阿拉伯世界形成这样一句谚语，"谁懂回鹘文，谁就不愁饭吃"。在当时的西夏国境内，专门形成一种职业，叫作"回鹘译语"。1204年，成吉思汗灭乃蛮俘获回鹘人塔塔统阿，命其以回鹘文为基础创制蒙古文，被称为"国字"，今天一般称为"回鹘式蒙古文"。13世纪中叶，出使蒙古的鲁布鲁克言：

---

① 王丹、杨富学：《回鹘医学与东西方医学关系考》，《敦煌研究》2016年第4期。
② P. Zieme, Notes on Uighur Medicine, Especially on the Uighur Siddhasāra Tradition, Asian Medicine III, 2007, pp. 308–322.

畏兀儿居住在南面的山中，蒙古人使用了他们的文字，于是，他们便成了蒙古人的主要书记官，几乎所有的景教徒都懂得他们的文字。①

1599年，满族统治者努尔哈赤命额尔德尼和噶德根据蒙古文字母创制了满文。1947年，锡伯族以满文为基础而创制了锡伯文，行用至今。由此我们可以清楚了解这些少数民族文字演变的脉络：粟特文→回鹘文→蒙古文→满文→锡伯文。

过去，学术界长期认为中国遣使欧洲诸国始于19世纪后半叶，后来又把雍正七年（1729）清朝派遣使臣前往俄国祝贺沙皇即位，定为最早。其实，早在元代，畏兀儿景教徒拉班·扫马和马古斯即受忽必烈之遣，于1276年由大都（今北京）出发前往西亚伊利汗国；又作为伊利汗国的使者，出访了罗马教廷和英、法等国，加强了元朝中央政府与伊利汗国及与欧洲基督教国家的联系。

第一个下西洋的中国航海家也是元代的回鹘人。1272年，忽必烈委派回鹘人亦黑迷失出使八罗勃国（即马八儿国，印度南部的古国），历时两年。此后，他又于1275年、1287年两度奉命出使该国，并于1284年出使僧伽罗国（今斯里兰卡），参拜佛牙舍利。1293年，亦黑迷失为水军统帅，出征爪哇国（其境在今印度尼西亚爪哇岛一带）。

在东北丝绸之路上，也同样有回鹘使者在跋涉。回鹘人偰长寿于元末随父入居高丽，并考取进士，官至宰相，一生曾七次出使明朝。同一家族的偰斯，受朱元璋派遣，曾于1368年、1369年两度出使高丽。

自宋至元，回鹘还长期充当着汉文化向北方民族传播的媒介。党项（西夏）、契丹（辽）、女真（金）、蒙古（元）等对汉文化的接受，无不受惠于回鹘人。

第三节 大食：陆路与海路贸易的掌控者

大食，原为一伊朗部族之称，后为中国唐宋时期对阿拉伯人、阿拉伯帝国的称呼。按其民族服装颜色分白衣大食、黑衣大食、绿衣大食三种。

唐代以来的中国史书，如《通典》《旧唐书》《新唐书》《唐会要》《宋史》

---

① Christopher Dawdon, The Mongol Mission. Narratives and Letters of the Franciscan Missionaries in Mongolia and China in the thirteenth and Fourteenth Centuries, New York, 1955, p. 142.

《辽史》《资治通鉴》等,均称阿拉伯帝国为大食国,西欧则习惯将其称作萨拉森帝国。大食存在了600多年,主要有四大哈里发时期(632—661)和倭马亚王朝(661—750)、阿拔斯王朝(750—1258)两个世袭王朝。最强盛的时候,疆域东起印度河和中国西部边境,西至大西洋沿岸,北达里海以及法国南部,南接阿拉伯海,是继波斯阿契美尼德王朝、亚历山大帝国、罗马帝国、拜占庭帝国之后又一个地跨亚、欧、非三洲的大帝国。1258年,被蒙古帝国西征统帅旭烈兀所灭。

  大食帝国与中国的唐帝国大致建立于同时,从7世纪后半期起,交往日益频繁。在唐代西域,唐、吐蕃、突骑施(即突厥)与大食之间,屡次发生错综复杂的冲突。751年,唐朝将领高仙芝对中亚的石国(今乌兹别克斯坦塔什干一带)用兵。石国乞援于大食,大食派吉雅德·本·萨利赫东来。高仙芝败于萨利赫。这次战役,大食兵掳走大量中国俘虏,其中有织匠、金银匠、画匠等,中国多种工艺技术因而西传,其中就有造纸技术,对于中外文化交流产生了深远影响。继造纸术之后,一些中国的其他发明创造也通过丝绸之路传入阿拉伯帝国,后来通过帝国的西班牙、西西里和法国部分地区传遍欧洲,对西方产生了很大的影响。唐末至宋初,商旅行人大量聚居于广州、泉州、洪州(今江西南昌)、扬州等地,多者达数万人,均以大食之名见称于汉籍。随着大食商人的经商活动,他们所信奉的伊斯兰教也从大食传到了中国。(图8-9)

图8-9:泉州大清真寺阿拉伯文墓碑

伴随科学与文化交流的发展,不仅伊斯兰教传入了中国,而且阿拉伯帝国先进的数学、天文历法与航海、地理知识也开始被中国人了解。10世纪,阿拉伯商人苏莱曼与航海家伊本·瓦哈比的商船,由巴士拉与希拉夫（Siraf）经海上丝绸之路驶进中国的广州港。之后,他们对于中国风土人情的大量的叙述（由Abu Zeid Hassan整理）,使得当时的阿拉伯世界进一步认识了中国。

一、唐宋时期大食人的东侵与入华

（一）唐与大食在中亚地区的斗争

从公元7世纪30年代起,大食开始向外发动大规模的侵略性远征。在第二任哈里发欧曼尔（634—644年在位）在位期间,大食军队连续攻占了原属拜占庭的叙利亚、巴勒斯坦和埃及以西的广大地区;同时,向东征服波斯。在经过649—650年的激战后,波斯本部的法里斯首府伊斯泰赫尔陷落,称雄一时的波斯帝国名存实亡,残存的只有东北部的呼罗珊。越过呼罗珊地区,便是唐代中国的领土。

大食与唐朝官方的正式交往始于高宗初年。《旧唐书·高宗纪》载,永徽二年（651）"八月乙丑,大食国始遣使献朝"。从此以后,大食一方面继续遣使中国,同时又不断地向东扩张,终于不可避免地引起两国在中亚地区的矛盾、冲突和斗争。《旧唐书·裴行俭传》载:"仪凤四年,十姓可汗阿史那匐延都支及李遮匐扇动蕃落,侵逼安西,连和吐蕃,议者欲发兵讨之。行俭建议曰:'吐蕃叛涣,干戈未息,敬玄、审礼,失律丧元,安可更为西方生事？今波斯王身没,其子泥涅师师充质在京,望差使往波斯册立,即路由二蕃部落,便宜从事,必可有功。'高宗从之,因命行俭送波斯王,仍为安抚大食使。"① 可见,继唐朝与吐蕃之后,大食作为一支新的力量开始介入西域事务。

在显庆至天宝年间,唐朝开始在中亚部署抵制大食东扩的战略,即利用当地的政治势力抵抗大食,力求以最小的军事力量保持西域地区的相对安宁。唐朝还在中亚建立起一个针对大食的防御体系,该体系先后以突骑施、康国为中心,中亚九姓胡基本上加入了这个体系中。

贞观初期,西突厥统治中亚地区。贞观五年（631）十二月,康国遣使请臣。这是九姓胡第一次主动请求臣服,但此时阿拉伯人尚未东扩,他们没有对

---

① 〔后晋〕刘昫等:《旧唐书》卷84《裴行俭传》,中华书局,1975年,第2802页。

中亚诸胡构成威胁。康国的请臣、内附，带有明显的摆脱西突厥控制之倾向。然而，唐朝初定天下，无意与西突厥争夺中亚。实际上，唐朝西域方略的当务之急为夺回天山南北两路。贞观二十二年（648），唐平定龟兹，设置了安西四镇龟兹、于阗、碎叶、疏勒。在此之前，唐朝在西域的活动带有明显的防卫和消弭边患的性质。这时，唐朝在西突厥中心地区碎叶设置军镇，标志着唐朝西域政策的重大转变：从防卫走向开拓，从西域东部扩张到西部。唐朝在西域东部的一系列胜利，沉重打击了西突厥的统治，促使中亚诸胡不断来朝，积极发展与唐朝的政治、经济关系。中亚诸胡的不断来朝，又反过来促使唐朝将统治范围不断向西扩展。

大食在永徽年间开始用兵征服中亚。永徽五年（654）五月，"大食引兵击波斯及米国，皆破之"。兵祸也殃及康国。《唐会要》卷99"康国"条称："永徽中，其国频遣使，告为大食所破，兼征赋税。"康国这次为大食所破，显然与米国被破在同一年。就在大食加紧征服中亚之时，唐朝在显庆三年（658）十一月，在康、石等国设置羁縻府州。《旧唐书·波斯传》记载，波斯王子"卑路斯龙朔元年奏言，频被大食侵扰，请兵救援。诏遣陇州南由县令王名远充任西域，分置州县，因列其地疾陵城为波斯都督府，授卑路斯为都督"。显然，波斯都督府的设立，是对波斯王卑路斯抵抗大食侵扰的有力支持。

显庆至先天年间，中亚的政治形势发生了极大的变化。一是唐朝在中国历史上第一次、也是唯一一次把中亚纳入羁縻统治范围，中亚诸胡国与唐朝的关系发展成为君臣关系。二是在葱岭和西域东部地区，吐蕃、突骑施兴起，与唐朝争夺西域控制权。西突厥反复无常，这严重阻碍了丝绸之路的畅通，唐朝势力一度退出西域东部（葱岭以东）地区。咸亨元年（670），唐朝被迫罢安西四镇（龟兹、于阗、焉耆、碎叶）。如意元年（692年，四月改元），唐朝大败吐蕃军，迫使西突厥附唐，最终恢复碎叶、龟兹、疏勒、于阗四镇，移安西都护府于龟兹，并派遣三万汉兵戍守，结束了唐朝与吐蕃在西域东部地区的拉锯战。三是大食日益东扩，基本完成对中亚的征服。这种复杂的政治形势，直接影响到唐朝在中亚的战略。

705年，大食屈底波（Qutayba ibn Muslim）出任呼罗珊总督，开始了对中亚的征服。①阿拉伯人在中亚横征暴敛，实行竭泽而渔的政策。据10世纪中叶

---

① H. A. R. Gibb, The Arab Conquests in Central Asia, New York: AMS Press, 1923, pp. 47–53.

波斯历史学家纳尔沙喜记载,布哈拉(安国)历来的年税收额不高于20万迪拉姆银币。①呼罗珊总督乌拜都拉逼迫布哈拉赔款100万迪拉姆,其数额相当于布哈拉5年的税入;屈底波还强迫布哈拉每年纳贡21万迪拉姆,这无疑大大加重了安国的负担。屈底波强令撒马尔罕(康国)一次缴纳200万迪拉姆,以后每年缴纳20万迪拉姆以及3000"头"奴隶(每头奴隶折价200迪拉姆),这对康国也是一个巨大的负担。②开元七年(719)二月,俱密国王那罗延在给唐朝的表文中,描述了大食的残暴统治:"……今大食来侵,吐火罗及安国、石国、拔汗那国并属大食。臣国内库藏宝及部落百姓物,并被大食征税将去。"③因此,中亚诸国频频东来,希望与唐朝联手抗击大食。唐朝则在道义上、政治上支持九姓胡的抵抗。

大食在中亚站稳脚跟后,就企图把势力扩张到葱岭以东。塔巴里《年代记》第2卷第1276页称,呼罗珊总督屈底波在征讨拔汗那(713年)后,东侵喀什噶尔。万伯里(A.Vámbéry)完全接受了塔巴里的记述。但是,屈底波东侵的真实性已为吉布所否定。巴托尔德也接受了吉布的考证结论。我们在汉籍中也未见大食军东侵喀什噶尔一事之记述。但是,塔巴里的记述折射出大食有东越葱岭的企图。此推测已为《资治通鉴》卷211之记述所证实:开元五年(717)七月,"安西副大都护汤嘉惠奏:突骑施引大食、吐蕃,谋取四镇,围钵换及大石城,已发三姓葛逻禄兵与阿史那献击之"。④

面对大食的咄咄攻势,唐朝尽管无力出兵援助九姓胡,但又不甘心彻底放弃对中亚羁縻府州的控制。因此,唐朝一方面主动册封中亚九姓胡,增强他们的抵抗信心,维系唐朝与九姓胡的羁縻关系;另一方面扶持突骑施,让臣服于唐朝的突骑施成为抵御大食的中坚力量。

在696年、698年,唐朝两次册封康国王,以期加强唐与九姓胡之首的康国的联系。开元十九年(731)四月,康王乌勒伽上表请封,唐朝封康王子咄曷

---

① Narshakhi, The History of Bukhara, Cambridge, Mass, 1954, p.36.
② Narshakhi, The History of Bukhara, Cambridge, Mass, 1954, pp. 37-43; H. A. R. Gibb, The Arab Conquests in Central Asia, New York: AMS Press, 1923, pp. 17-27;许序雅:《唐代丝绸之路与中亚历史地理研究》,西北大学出版社,2000年,第200页。
③〔宋〕王钦若等:《册府元龟》卷999《外臣部·入觐请求互市入觐》,中华书局,1960年,第11732页。
④〔宋〕司马光:《资治通鉴》卷211开元五年七月条,中华书局,1956年,第6728页。

为曹国王，默啜为米国王。曹国、米国均是独立的政权，有自己的王统。开元二十六年（738），曹王没羡去世，唐朝又册立曹王弟苏都仆罗继兄王位。这使我们有理由相信，唐朝的册封是针对屈底波之暴政，力图提高康国在九姓胡中的地位，以此来笼络康国。

唐朝还把九姓胡中的石国、史国纳入唐朝的西域防御体系中。开元二十六年（738）夏，唐碛西节度使盖嘉运与突骑施大首领莫贺达干，率石王莫贺咄吐屯、史王斯谨提及拔汗那王，共击突骑施苏禄之子吐火仙；次年八月，破碎叶，入怛逻斯，生擒吐火仙。开元二十八年（740）三月，因此功，莫贺咄吐屯被册为顺义王，史王斯谨提加拜为特进。石王、史王受碛西节度使盖嘉运节制，说明唐朝的防御体系扩至中亚地区。正因为如此，开元二十七年（739）四月，史国王斯谨提、拔汗那王及突骑施大将索俟斤，并遣使献表起居（起居，意问候）。这是中亚诸胡唯一一次献表起居。天宝元年（742）正月，石国王上表为其长男那居车鼻施请官，唐朝诏拜那居车鼻施为大将军，赐一年俸禄。这是唯一一次九姓胡王室成员接受唐朝俸料的文献记载。显然，史王、石王均以唐臣自居。

唐玄宗在天宝三载（744）赐外家姓"窦"给拔汗那王，又封宗室女为和义公主，下嫁宁远（拔汗那）王。和义公主下嫁宁远（拔汗那）王，是唐朝与中亚诸胡唯一一次和亲，其意义自是非同一般。唐朝对拔汗那的恩宠，具有特殊意义。

唐朝抵御大食东侵的战略也为河中、吐火罗诸地各国所知晓。开元七年（719）二月，安王笃萨波提、康王乌勒伽分别遣使上表，请求唐朝援助抗击大食，同时献上大量贡品。同年三月、六月，安国、康国又分别遣使朝贡。两国请求唐朝援助的迫切心情由此可见一斑。康国上表请求唐朝"委送多少汉兵来此，救助臣等苦难。其大食只合一百年强盛，今年合满。如有汉兵来此，臣等必是破得大食"。①安国则"伏乞天恩慈泽，救臣苦难，仍请敕下突厥（骑）施，令救臣等。臣即统领本国兵马，计会翻破大食"。②

唐朝当时在西域的主要敌人是吐蕃，经营的重点是葱岭南部地区，无力插足中亚争端。在开元二十二年（734）以前，唐朝力图在中亚地区建立以突骑

---

① 〔清〕董诰等：《全唐文》卷999，上海古籍出版社，1990年，第4591页。
② 〔清〕董诰等：《全唐文》卷999，上海古籍出版社，1990年，第4591页。

施为核心的抵御大食东侵的防御体系。719年十月，唐玄宗册拜苏禄为忠顺可汗，苏禄成为整个西突厥十姓之地的可汗。安国上表请援在二月，唐朝册封苏禄在十月，很可能唐朝册封苏禄时就委以"西头事"，让突骑施抵挡大食的东扩。开元七年（719）二月，俱密国王那罗延上表，"伏望天恩处分大食，令免臣国征税"。开元八年（720）七月，"南天竺国王尸利那罗鲁伽摩请以大象兵马讨大食及吐蕃，仍求有以名其军制。玄宗嘉之，名为怀德军"。开元十五年（727），吐火罗也上表说："又承天可汗处分突厥（骑）施可汗云，西头事委你，即须发兵除却大食。其事若实，望天可汗却垂处分。奴身缘大食税急，不求得好物奉进。"从安国和吐火罗的表文看，突骑施可汗苏禄当时是打着唐朝的旗号在中亚地区活动的，否则安国、吐火罗等不会请求唐朝下令突骑施出兵；而且从表文中的语气看，唐朝委任突骑施抵御大食应该是可信的，正因为突骑施接受了唐朝的委派，但又没有完全履行义务，安国等才会向唐朝提出这样的请求。

731年初（回历112—113年），呼罗珊总督居纳德（Junayd）率军渡过阿姆河，从史国（Kish）向撒马尔罕进军。大食军受到突厥（即突骑施）可汗军队的阻击。突厥军中有康国等国军队。突厥人采用火攻，大食军饥渴交加，一败涂地，居纳德仅率千余人逃脱。阿拉伯历史学家塔巴里（Tabarī）把是役称为"关隘之战"。

开元二十二年（734），突骑施由于羊马贸易而与唐朝交恶。面对突骑施与吐蕃结盟攻唐的严峻形势，唐朝一度改变了敌对大食的战略，于开元二十二年与大食计会连兵，共击突骑施。但双方的联合行动并未实现。

看来，唐朝与大食计会连兵举措并没有对中亚诸胡产生影响。阿拉伯人的强化统治及巨额税收，致使九姓胡与大食的矛盾日益尖锐。九姓胡迫切希望摆脱阿拉伯人的统治，他们仍然寄希望于唐朝。所以，在738年以后，石国于741年、东曹和安国于天宝十一载（752）遣使唐朝，请击大食；745年，曹国王歌逻仆遣使上表，请求内附。天宝十三载（754），东曹国王设阿、安国副王野解以及诸胡九国王共同上表，请求与唐朝共击黑衣大食。这次中亚诸胡上表的规模是唐代最大的一次。

（二）唐后期与大食友好联系的加强

安史之乱爆发，唐朝政府失去了对中亚地区的控制。与此同时，大食阿拔斯王朝代替了倭玛耶王朝的统治，从而使两者关系出现了转机，有利于两国友好关系的发展。

安史之乱以前，大食倭玛耶王朝遣使来华，并一直持续。安史之乱后，阿拔斯王朝遣使来华的次数明显减少了。如从7世纪下半叶到8世纪的一个半世纪中，载于中国史籍的大食通使共36次，其中7世纪下半叶和8世纪上半叶的一个世纪中，大食使节来华19次；而在8世纪下半叶的半个世纪中，大食使节来华17次。尤其是在天宝十二载（753）一年之中，黑衣大食遣使来朝即有四次之多。①通过上述大食来华使节次数的比较，可以看出阿拔斯王朝和唐代中国之关系已经大大改善。

唐代后期，中国和阿拔斯王朝之间的经济和文化交流也明显比以前密切和频繁。阿拔斯王朝时，大食和中国的陆上交通，一段时间由于吐蕃占据河陇而中断，随之而起的是水路交通的繁荣。据《新唐书·地理志》记载，由巴格达起航的商船，经过波斯湾、印度洋直达中国的交州、广州、泉州和扬州等地。当时，这几处中国通商口岸都停泊着大量的大食商船。尤其是在广州，不仅汇集了大量的舶来品，而且在8世纪下半叶时，还有众多的大食和波斯的商人在此居住。倭玛耶王朝时已经有不少大食商人来到中国，而不见记载于中文文献。但据阿拉伯文献记载，大食商人曾在曼苏尔时从巴士拉到达中国。②阿拔斯王朝的曼苏尔在选择巴格达为新都时，就十分注意与中国的经济联系，他曾说："这个地方是一个优良的营地，此外这里有底格里斯河，可以把我们和老远的中国联系起来。"③当时的巴格达城是东西方各国商品的集散中心，尤其是中国商品在这里占据着重要的地位，而且还有专卖中国货的市场。至于两国在文化交流方面，也从8世纪中期后更加频繁起来。这一时期，不仅大食来中国的商人增多，同时还有不少学者和著名人物来到中国，如阿拉伯作家苏莱曼和麻苏地等。唐代旅行家杜环留下的《经行记》一书，是唐代记载大食国家历史文化的珍贵著作。此外，影响了整个世界的中国四大发明，都是通过大食国传播到西方的。四大发明中除了指南针是在宋朝才传入大食外，造纸、火药和印刷术都是在8世纪下半叶传去的。流行于阿拉伯的伊斯兰教，也是在8世纪下

---

① 卢苇：《中外关系史》，兰州大学出版社，1996年，第144页。
② [美] 希提著，马坚译：《阿拉伯通史》，商务印书馆，1995年，第401页。
③ [美] 希提著，马坚译：《阿拉伯通史》，商务印书馆，1995年，第340页。

半叶或更晚的时间在中国广泛传播开来。

中国和大食关系经历一个发展变化的阶段：唐代前期，中国和大食在中亚地区发生冲突和斗争；唐代的后期，两国友好关系得到发展。前期的斗争虽然使唐朝政府失去了对中亚地区的控制，但对唐代中国以及当时整个东方都具有十分重要的意义。通过唐朝政府和其后吐蕃与大食的斗争，不仅抵挡了大食进一步侵入中国，而且阻碍了大食军队深入南亚，牵制了大食和拜占庭之间的斗争。后期和阿拔斯王朝关系的改善，为宋代中国和大食友好关系的进一步发展奠定了基础。

二、大食与唐宋之间的贸易

（一）大食工商业的发展及与唐宋的贸易

北宋时期，大食与宋的朝贡贸易较之唐朝有了进一步的发展，其突出表现就是贡使贸易商业化气息更浓。

7—8世纪，大食人立国，在"灭波斯，破拂菻"后，"南侵婆罗门并诸国，胜兵至四十万。康、石皆往臣之。其地广万里，东距突骑施，西南属海"。[1]短短几十年间，便成为西临大西洋，东至印度洋，地跨亚、非、欧三大洲的庞大封建军事帝国。大食历代统治者一向重视发展手工业和商业贸易。当时大食国"四方辐凑，万货丰贱，锦绣珠贝，满于市肆"，反映了阿拉伯手工业的发展和贸易的兴旺。经济的繁荣，也刺激了大食帝国海外贸易的发展。在政府的鼓励下，阿拉伯商人东至中国，西至欧洲，极大地促进了东西方的经济文化交流。651年大食灭波斯后，控制陆上丝路，并取代昔日波斯的地位，与唐朝交往密切，跃居与中国贸易的首位。大食向唐朝遣使多达40次，[2]当时长安西市是大食商旅的聚居之地。他们有的在长安久居不返，经商达40多年，与中国人通婚繁衍，常在长安、洛阳等地开店列肆，鬻卖酒食、香药。[3]

阿拔斯统治者非常重视与中国的贸易，为了便于统治及发展同东方的贸易，于762年迁都巴格达。在埃及著名历史学家艾哈迈德·本·阿里·盖勒盖珊迪（al-Qalqashandī，1355—1418）所著的《文牍撰修指南（Subhual-

---

[1]〔宋〕欧阳修、宋祁：《新唐书》卷221下《大食传》，中华书局，1975年，第6262页。
[2] 大食向唐朝入贡，有说36次，有说37次，但根据张星烺统计，实应为40次，见张星烺编注，朱杰勤校订：《中西交通史料汇编》第2册，中华书局，1977年，第148—154页。
[3] 杨怀中：《唐代的蕃客》，《伊斯兰教在中国》，宁夏人民出版社，1982年，第107—138页。

´A´shāFīSinā´ahal-´Inshā）》中，保存了第三任哈里发曼苏尔（Mansur）时期公牍局（Dīwānal-'Inshā）的一件文书，内容如下：

> 凡得到此函的，居住在也门、印度、中国、信德等地的商人，即可准备动身前来埃及。他将看到［我们］做的比说的更多，将发现他遇到的忠诚的善行比这些保证更多，将来到一个生命财产能够得到充分保障的国度。①

文书反映了阿拔斯王朝统治者迫切希望中国等地的商人到其国内经商的事实。这种政策上的鼓励导致大食海外贸易兴盛。唐代大食人叶耳古卜记述说，当时在亚丁建有中国商船（Marakibal-Sin）的码头。元代大食人阿布肥达（1273—1331）指出："阿曼是个巨大的城市，该城有一港口，信德、中国、赞吉的海舶皆停泊在那里"②，反映了唐至元时期大食海外贸易业的繁盛。10—13世纪，在埃及先后兴起的法蒂玛（Fātimid）和阿尤布（Ayyubid）两个王朝，都十分重视贸易的发展。法蒂玛王朝从工商业和贸易中获得巨大的收入，物质财富丰足，国力强盛。

阿拔斯王朝兴盛一时，但到9世纪以后，因战事频仍，很多地区纷纷独立，昔日地跨亚非欧三洲、国力强盛的阿拉伯帝国一蹶不振，势力大衰。1055年，塞尔柱突厥人侵入阿拔斯王朝都城白达（巴格达），阿拔斯王朝哈里发被废黜，但仍保持宗教领袖地位，阿拉伯帝国分裂成众多小国。但这种情况并未影响大食商业的繁荣，大食商人古老的贸易传统并未随着帝国一起衰落。巴格达依旧是"城市居民衢陌民居豪侈，多宝物珍段"③。这里的市场依旧繁荣，"巴格达的码头长好几英里，经常停泊着几百艘各式各样的船只，其中也有中国的大船……市场上除各省的货物外，还有中国的瓷器和丝绸，印度和马来群岛的香料"。④7世纪末到10世纪时，大批阿拉伯人迁移到东非，他们在那里建立居民点，逐渐发展为城市。著名的僧衹（Zanzibar）帝国就在此时兴起，《诸蕃志》中出现的"层拔"，《宋史》中的"层檀"，当为Zanzibar的音译，即

---

① 葛铁鹰：《阿拉伯古籍中的中国》（十一），《阿拉伯世界》2004年第3期。
② 宋岘：《古代泉州与大食商人》，《泉州港与海上丝绸之路》，中国社会科学出版社，2002年，第158页。
③〔宋〕赵汝适著，杨博文校释：《诸蕃志校释》卷上《志国·白达国》，中华书局，1996年，第110页。
④〔美〕希提著，马坚译：《阿拉伯通史》，商务印书馆，1995年，第136页。

今之桑给巴尔。僧祇帝国的居民以大食人居多,史载:"其人民皆大食种落,尊大食教度。"①这里的大食居民自古以来就以出海经营作为营生。他们甚至不远万里,来到宋朝进贡、贸易。

(二)大食入宋的贡使贸易

北宋建立初年,宋太祖为扬其国威,招徕他国商人进行贸易,遣僧行勤等157人西行印度求取佛经,顺道诏谕沿路诸国向宋进贡。史载:"乾德四年(966),僧行勤游西域,因赐其王(注:大食国王)书以诏怀之。"②开宝元年(968),大食入贡,由此而拉开了大食与宋交往的序幕,大食入宋的贡使贸易很快兴盛起来。

根据《宋会要辑稿》蕃夷四、蕃夷七,宋人王应麟撰《玉海》及《宋史》卷490《大食传》所记大食朝贡诸事,可见北宋海外贡使贸易繁盛,到南宋渐趋萧条。从开宝元年(968)到乾道四年(1168),大食入贡宋朝共计52次,平均每四年就有1次。若只计算北宋一朝,从开宝元年到政和六年(1116),大食入宋朝贡共有48次,平均每三年就有1次。这比唐朝时期大食入贡的次数要多、频率更高。但到了南宋,大食入贡次数急剧下降,仅有4次。

大中祥符九年(1016),在市舶贸易兴盛的广州,当地官员率先提出朝贡贸易的改革方案,得到真宗批准。据《宋会要辑稿》记载,是年七月,"秘书少监、知广州陈世卿言:'海外蕃国贡方物至广州者,自今犀象、珠贝、栋香、异宝听赍持赴阙,其余辇载重物,望令悉纳州帑,估价闻奏。非贡奉物,悉收税算。每国使、副、判官各一人,其防援官大食、注辇、三佛齐、阇婆等国勿过二十人;占城、丹流眉、渤尼、古逻、摩迦等国勿过十人,并来往给券、料。广州蕃客有冒代者,罪之。缘赐与所得贸市杂物则免税算,自余私物不在此例。'从之"。③这表明,宋朝政府已开始通过限制进京贡使人数、严禁蕃商假冒贡使以及削减贡物数量等措施,控制朝贡贸易的规模。除进京所携贡物估值回赐外,其余部分作为商品,纳入市舶管理制度予以征税。不仅减轻了政府的财政负担,也有利于市舶贸易的良性发展。

在大食入宋的54次朝贡活动中,国王诃黎佛(Khalif)遣使到宋朝有2

---

① 〔宋〕赵汝适著,杨博文校释:《诸蕃志校释》卷上《志国·层拔国》,中华书局,1996年,第100页。
② 〔元〕脱脱等:《宋史》卷490《大食传》,中华书局,1977年,第14118页。
③ 〔清〕徐松:《宋会要辑稿》蕃夷七之二〇,中华书局,1957年,第7849页。

次；国王阿弥（Amir）遣使1次；大食来贡或遣使来贡者29次；舶主来贡者5次（其中李亚勿先为副酋长，后升任舶主）；蕃客或国人来贡者4次；首领来贡者3次；层檀国、勿巡国、陁婆离、俞卢和地国、麻啰拔国来贡者8次。在这些朝贡活动中，仅有国王诃黎佛和阿弥先后派遣的3次朝贡使具备真正意义的国使性质，其余差不多都是商人出面做贡使的，商业因素明显。①史载：

> 天禧元年（1017）六月，三司言："大食国蕃客麻思利等回，收买到诸物色，乞免缘路商税。今看详麻思利等将博买到真珠等，合经明州市舶司抽解外，赴阙进卖。今却作进奉名目，直来上京。其缘路商税不令放免。"诏特蠲其半。②

蕃客麻思利等人本来就是商人，为了免去沿途商税，特充作进贡使者。尽管宋朝官员已看透了这些商人的伎俩，但政府还是免去了他们沿途一半的税。另据《宋会要辑稿》载：

> [宋神宗熙宁]五年（1072）六月二十一日，诏大食勿巡国进奉使辛押陁罗辞归蕃，特赐白马一匹、鞍辔一副。③

在这里，辛押陁罗的身份为大食勿巡（Mezoen，即Sohar，今阿曼东北部苏哈港）国的进奉使者，但实际上却是一个商人。宋人苏辙纂《龙川略志》卷5记载："蕃商辛押陁罗者，居广州数十年矣，家赀数百万缗。"④此外，舶主蒲希密既是一个进奉使者，又是一个商人，因久在宋朝经商，其妻思念过甚，派其儿子到宋朝寻找。由此可见，大食与宋朝间的贡使贸易商业化气息是很浓的，较之唐朝，有较大变化。

唐时，中国与大食间的通路，正常的有两条：一条是陆路，一条是海路。唐贞元年间（785—805），宰相贾耽记录了中国入四夷的路程，详细地讲到了

---

① 白寿彝：《中国回回民族史》上册，中华书局，2003年，第268页。
② [清]徐松：《宋会要辑稿》职官四四之四，中华书局，1957年，第3365页。
③ [清]徐松：《宋会要辑稿》蕃夷七之二〇，中华书局，1957年，第7849页。
④ [宋]苏辙：《龙川略志》卷5《辨人告户绝事》，中华书局，1982年，第28—29页。

这两条路。①宋朝与大食间的交通，同样有陆路和海路两条。《宋史》卷490《大食传》载：

> 先是，其入贡路繇沙州，涉夏国，抵秦州。乾兴初（1022），赵德明请道其国中，不许。至天圣元年（1023）来贡，恐为西人钞略，乃诏自今日取海路繇广州至京师。

仁宗天圣元年（1023），内侍省副都知周文质言：

> 沙州、大食国遣使进奉至阙。缘大食国比（北）来皆泛海，由广州入朝，今取沙州入京，经历夏州境内，方至渭州。伏虑自今大食止于此路出入。望申旧制，不得于西蕃出入。②

由上面两条史料可知，在天圣元年（1023）以前，大食入贡北宋也可由陆路到达京城，其路线是由沙州（今甘肃敦煌）历河西走廊，下渭州（今甘肃平凉），或经秦州（今甘肃天水），然后到达汴京（今河南开封）。后来，北宋为了遏制西夏势力的发展，禁止大食经过西夏境内。周文质所谓的"旧制"，大约是咸平五年（1002）西夏王李继迁攻陷灵州（今宁夏灵武西南）后制定的。但是这个"旧制"对大食入贡路线的制约并不是十分奏效，天圣元年（1023），大食又从夏州入宋朝贡。于是，北宋政府不得不重申禁令。禁令的实行无疑会对陆路丝绸之路贸易产生巨大影响，但这并不意味着陆路的完全断绝，因为大食与西夏、辽朝之间也有频繁的贸易，须借道陆路丝绸之路。③大食入贡宋朝还可以经由熙州（今甘肃临洮）而往。绍圣三年（1096）十月十五日，熙河兰岷路经略安抚使司言：

> 大食国进奉般次迷令马斤等赍到表章。缘近奉旨，于阗国已发般次未到熙州者，表章进奉物令本司于熙州军资库寄纳。今者大食国乞赴阙进

---

① 〔宋〕欧阳修、宋祁：《新唐书》卷43下《地理志七下》，中华书局，1975年，第1151—1154页。
② 〔清〕徐松：《宋会要辑稿》蕃夷四之九一一九二，中华书局，1957年，第7759页。
③ 详见杨富学、陈爱峰：《西夏与丝绸之路的关系——以黑水城出土文献为中心》，《黑水城人文与环境研究——黑水城人文与环境国际学术讨论会文集》，中国人民大学出版社，2007年，第469—488页；杨富学、陈爱峰：《辽朝与大食帝国关系考论》，《河北大学学报》2007年第5期。

贡，合取朝廷指挥。①

高宗建炎三年（1129）三月七日，大食国遣使进奉珠玉、宝贝等物。由此可见，大食与宋朝的贸易，尽管越来越依赖于海路，但陆路贸易并未完全终止。

在大食入贡宋朝的活动中，大食贡使由海路来到中国的记载屡见不鲜。开宝四年（971），"本国（大食）及占城、阇婆又致礼物于李煜。煜不敢受，遣使来上。因诏自今勿以为献"②。占城在今越南中南部，阇婆在今爪哇岛。大食贡使与占城、阇婆贡使一道入宋，很显然是要走海路的。在大食入贡宋朝的使节中，有称舶主的，如蒲希密、李亚勿、蒲押陁黎、阇婆离等人。舶主乃一船之长，所以这些舶主充任使节进贡宋朝，必当走海路。史载："大食在泉之西北，去泉州最远。番舶艰于直达，自泉发船四十余日，至蓝里博易住冬，次年再发，顺风六十余日方至其国。本国所产，多运载与三佛齐贸易，贾转贩以至中国。"③蓝里即蓝无里，在今之苏门答腊岛西北端，为三佛齐属国。三佛齐在今苏门答腊岛东南部，"最号大国，有文书，善算……是国正在海南，西至大食尚远。华人诣大食，至三佛齐修船，转易货物，远贾辐辏，故号最盛"。④无论是大食商人来华，还是宋朝商人去大食，都要经过这里，可以说三佛齐是中国与大食贸易的中转站。

（三）大食商人在宋朝的贸易活动

大食与宋朝的商业贸易联系，除了贡使活动外，更为重要的是二者间的普通贸易。这是因为在贡使贸易中获利的只是大食一方，宋朝则是在做赔本买卖。而在那些普通民间或政府间的贸易中，宋朝则可以通过收税获得一定的利润，大食通过出卖自己手中的商品赚取利润。双方的这种贸易是互惠互利的。贡使贸易毕竟有限，进奉与回赐的物品数量不会太多，不能满足双方的需求。

大食入宋之贡使，绝大多数都是由商人充任的，其中不乏巨商大贾，如蒲希密、辛毗陁罗、蒲亚里等；非贡使商人，如蒲啰辛、施那帏、佛莲等。从这些大食商人的背景及其在宋朝的商业活动来看，多为资财雄厚者。蒲亚里是一

---

① 〔清〕徐松：《宋会要辑稿》蕃夷七之四二，中华书局，1957年，第7860页。
② 〔元〕脱脱等：《宋史》卷490《大食传》，中华书局，1977年，第14118页。
③ 〔宋〕赵汝适著，杨博文校释：《诸蕃志校释》卷上《志国·大食国》，中华书局，1996年，第89页。
④ 〔宋〕朱彧撰，李伟国点校：《萍洲可谈》卷2《三佛齐》，《宋元笔记小说大观》第2册，上海古籍出版社，2001年，第2135页。

位犀象商,蒲啰辛为香料商人,佛莲一人便拥有80艘商船。由于种种原因,大食商人多有留居中国者。蒲希密在广州五年未归;辛毗陁罗居广州数十年,到老方回到大食;施那帏居泉州;巨商佛莲则客死泉州;蒲寿庚数代居广州,后与其父迁居泉州。由此可见,大食商人是乐意留在中国经商的,他们或与华人杂居,或聚居一处。这种状况在唐朝时已比较盛行,宋沿唐制,为流寓之外商辟专门的居住地区,即所谓"蕃坊",有时也称蕃巷或蕃市,广州、泉州皆有。蕃坊有蕃长,是从大食或别的外国人中选出,其职责是"管勾蕃坊公事,专切招邀蕃商入贡,用蕃官为之"。"广州蕃坊……蕃人衣装与华异,饮食与华同……至今,蕃人但不食猪肉而已。又曰:汝必欲食,当自杀自食……至今蕃人,非手刃六畜则不食。"①这里所谓的蕃人,即信仰伊斯兰教的大食人。《萍洲可谈》卷2《蕃坊蕃商》中以大食人的风俗习惯来指代所有居住在蕃坊里的外国人习俗,足以从一个侧面证明大食商人在蕃坊中所占居的主导地位。

不仅如此,这些商人们的盈利手段也更加多样化。首先,贡使贸易是大食商人盈利的最有效手段。这是一本万利的买卖,所有进贡的商品均无须纳税,而且,宋政府的回赐要远远高于进贡商品的价值。在宋政府没有对各国进贡严格限制之前,大食商人进贡的繁盛程度甚至超过了唐朝。其次,往来于大食与宋朝之间,贩运货物进行贸易。这样的买卖,大食商人须先入市舶司进行"抽解",即纳一定的进口税,然后由政府进行"博买",余下的方可在市舶司所在地进行买卖。他们也可以到别的地方出售自己的商品,但必须得到宋政府的批准。②再次,一些大食商人由于累世居住在中国,或惮于海运之险恶,干脆在蕃市里开起商店,经营蕃货生意。

(四)大食与宋贸易的内容

根据《宋史》《诸蕃志》《岭外代答》等史书,大食及大食诸国与宋贸易的物产和贡品,可谓品种繁多,物色齐全,可分为珍宝、犀象、香药三大类。

珍宝,如珍珠、珊瑚、琥珀、琉璃之类皆是。此外,一些特产像蕃锦、花锦、碧黄锦、越诺、白越诺、细驼毛褥面、红驼毛、间金线碧衣、绣丝、红丝、花蕊布、蕃花簟;白砂糖、千年枣、五味子、褊桃、金饰寿带、连环辔、

---

① 〔宋〕朱彧撰,李伟国点校:《萍洲可谈》卷2《蕃坊蕃商》,《宋元笔记小说大观》第2册,上海古籍出版社,2001年,第134页。
② 陈高华、吴泰:《宋元时期的海外贸易》,天津人民出版社,1981年,第78—83页;漆侠:《宋代经济史》(下册),上海人民出版社,1988年,第905—912页。

臂钩、念珠等，为了叙述方便，也归入珍宝之列。但是，这些珍宝特别是特产之类大多数只能作为进贡物品，而大宗的交易商品，有宋一代应以犀象、香药为最。白寿彝先生认为："唐时大食商品，以珍宝驰名于世。宋时则以犀象，尤其是香药，为人所重。"①

犀象即犀角和象牙。《诸蕃志》记载："象牙出大食诸国及真腊、占城二国，以大食者为上，真腊、占城者为下。大食诸国惟麻啰抺最多。"大食所出象牙其特点是株大、端直、洁白、纹理密细，而真腊、占城所出象牙株小、色红。至道元年（995），蒲希密之子蒲押陁黎来宋朝进贡，太宗问及其国特产，得到的答复是"为犀象香药"。②但比起南宋初年来中国的大食商人蒲亚里却稍逊一筹。蒲亚里一次就进贡大象牙 209 株，大犀 35 株，仅象牙就值钱五万余贯。③由此可见，大食商人在宋朝象牙市场上应占有一定的优势。

与犀角和象牙相比，大食的香药则更为宋人所青睐，其中最突出的便是乳香。《诸蕃志》记载："乳香一名薰陆香，出大食之麻啰拔、施曷、奴发三国深山穷谷中。"④麻啰拔、施曷、奴发三国皆在阿拉伯半岛东南部之哈德拉毛（Hadhramaut）海岸，其中麻啰拔（Mirbat）、施曷（Shehr）自古以盛产乳香闻名于世，有"乳香国"之称。奴发即今之佐法儿（Dufar），为古代阿拉伯的一大香料集市。大食不乏经营乳香的巨商，南宋时大食蕃客蒲啰辛一次就贩运乳香值钱三十万缗，南宋政府特补其为承信郎。⑤由于乳香用途广泛，宋政府对于乳香常大量收购，对于乳香贸易常作特别的奖励。

三佛齐与占城的物产及贡品，其中多有大食特有商品，如乳香、蔷薇水、木香、万岁枣等。究其原因，主要是三佛齐与占城的特殊地理位置所致。《岭外代答》载："三佛齐国，在南海之中，诸蕃水道之要冲也。东自阇婆诸国，西自大食、故临诸国，无不由其境而入中国者。"⑥三佛齐当马六甲之要冲，

---

① 白寿彝：《中国回回民族史》上册，中华书局，2003年，第272页。
② 〔元〕脱脱等：《宋史》卷490《大食传》，中华书局，1977年，第14120页。
③ 〔清〕徐松：《宋会要辑稿》蕃夷四之九三，中华书局，1957年，第7760页。
④ 〔宋〕赵汝适著，杨博文校释：《诸蕃志校释》卷下《志物·乳香》，中华书局，1996年，第163页。
⑤ 〔清〕徐松：《宋会要辑稿》蕃夷四之九四，中华书局，1957年，第7760页；〔元〕脱脱等：《宋史》卷489《占城传》，中华书局，1977年，第14086页。
⑥ 〔宋〕周去非著，杨武泉校注：《岭外代答校注》卷2《外国门上·三佛齐国》，中华书局，1999年，第86页。

大食要想到宋朝贸易，必须经过三佛齐。同书另载："国无所产……番舶过境，有不入其国者，必出师尽杀之，以故其国富犀象、珠玑、香药。"①《诸蕃志》亦载："（三佛齐）土地所产：玳瑁、脑子、沉速暂香、粗熟香、降真香、丁香、檀香、荳蔻外，有真珠、乳香、蔷薇水、栀子花、腽肭脐、没药、芦荟、阿魏、木香、苏合油、象牙、珊瑚树、猫儿睛、琥珀、蕃布、蕃剑等，皆大食诸蕃所产，萃于本国。"②三佛齐是贸易集散地，大食商人常常将货物运载到三佛齐进行贸易，把其中的一部分商品卖于三佛齐，然后购买本国所没有的商品，前往宋朝进行贸易。而三佛齐亦将从大食商人手中得到的商品，贩运到宋朝销售。

东南亚、南亚诸国向宋朝进贡的物品中，屡有大食商品的存在。三佛齐朝宋的贡品中，有"万岁枣"的出现，此即是大食之千年枣，三佛齐得到后视之为奇货，为取悦宋朝皇帝，特把它改名为万岁枣。而占城向宋进贡的物品中，赫然有"大食瓶"的出现。乾道三年（1167），占城国王"掠大食国方物遣人来贡，以求封爵，为其国人所诉，诏却之"③。占城国王抢夺大食方物，是为向宋朝求得封爵。

丝绸从汉代开始就是中国出口的大宗商品，中国也因盛产丝绸而名扬天下。但是到了宋代，丝绸的地位逐渐让位于瓷器。在埃及开罗南郊的福斯塔特（Fustat）遗址中，发现的中国陶瓷片达12000片，其中宋代陶瓷碎片占有相当的数量。④靠近苏丹国境的红海沿岸，10—14世纪，爱扎布（Aidhab）港口，散布着许多中国陶瓷片。在开罗和爱扎布之间的库塞尔（Quseir）港口，也发现有宋元时代的中国陶瓷片。此外，在亚历山大、阿斯旺、努比亚等地也有宋代陶瓷出土。⑤据日本学者三上次男的考察，东非沿海诸国与阿拉伯半岛的红海、阿拉伯海、波斯湾沿海以及两河流域，均有宋代陶瓷碎片的出土。⑥当

---

① 〔宋〕周去非著，杨武泉校注：《岭外代答校注》卷2《外国门上·三佛齐国》，中华书局，1999年，第86页。
② 〔宋〕赵汝适著，杨博文校释：《诸蕃志校释》卷上《志国·三佛齐国》，中华书局，1996年，第35—36页。
③ 〔元〕脱脱等：《宋史》卷489《占城传》，中华书局，1977年，第14086页。
④ R. H. Pinder-wilson and George T. Scanlon, Glass Finds from Fustat, Journal of Glass Studies, Vol. xv, 1973.
⑤ Gervase Mathew, Chinese Porcelain in East Africa and on the Coast of South Arabia, Oriental Art New Series, Vol. 11, No. 2, 1956.
⑥ [日] 三上次男著，李锡经、高喜美译：《陶瓷之路》，文物出版社，1984年，第30—31、44—47页。

然，这些瓷器不一定都是宋朝商人贩运来的，有一部分很可能是大食商人从宋朝直接带回来的，而更多的则是由沿路诸国中转而来。（图8-10）

图8-10：塔什干博物馆藏中国瓷器

大食的香药在宋朝很受欢迎，而宋朝的香药同样受到大食人的喜爱。阿拉伯医学家伊本·巴伊塔尔（IbnAl-Baytār，约1197—1248），生活年代大致相当于中国的南宋时期。他所著的《药草志（Traite des simples）》一书，记录了许多中国的药草，如：乌头生长在靠近印度边界的中国土地上，此地叫哈拉希尔（Halāhil）；被称为中国木的樟属植物，一种叫桂皮，一种叫丁香。除此之外，《药草志》还记载了产于中国的其他药草，如芦荟、樟脑、檀香、中国王等。①这些香药中大食人偏爱大黄、麝香。宋朝的海商正是凭借这些商品打入了中世纪的阿拉伯世界，他们或远涉重洋贩运货物到大食，买卖完毕，然后返回；或留居大食开起店铺，经营中国商品。

随着双方贸易的开展，宋朝的钱币也被输入大食，如沙特阿拉伯卡提夫岛曾发现有北宋的咸平通宝（998—1003）及北宋绍圣年间（1094—1097）、南宋绍定年间（1228—1233）的铜钱。②

---

① [法]费瑯编，耿昇、穆根来译：《阿拉伯波斯突厥人东方文献辑注》（上册），中华书局，1989年，第254—320页。
② [日]三上次男著，李锡经、高喜美译：《陶瓷之路》，文物出版社，1984年，第51页。

(五)大食与宋贸易繁盛原因之分析

南宋时,大食的贡使贸易衰落,但这并未影响到双方贸易的继续发展,而且更趋频繁。到南宋经商的大食商人多拥有雄厚的资产,动辄数以百万计,而且还把持着非洲的优质象牙与阿拉伯地区的香药与宝货。宋朝从海外购进的香料,首要的就是原产于阿拉伯地区的乳香。宋朝对乳香的大量需求,刺激着大食商人甘冒海上航行的危险,不远万里而来,从而导致双方之间的贸易呈现出一派欣欣向荣的景象。

北宋充满了内忧外患,而海外贸易竟然如此发达,个中原因固然很多,但以下几个方面应是基本的:首先,北宋时期社会经济的大发展;其次,造船技术和航海技术的进步;再次,北宋政府鼓励发展对外政策,并制定了相应的贸易制度;最后,阿拉伯帝国与北宋海外市场的进一步扩大。这四方面是相互联系、相互制约的。如果仅从北宋及阿拉伯帝国社会经济的发展及航海技术的进步来解释宋代海外贸易的繁荣是远远不够的,必须深入探讨封建政府贸易政策对海外贸易发展产生的影响。从某种程度上说,这一影响也许比其他物质的条件更为直接。①宋代虽处于内忧外患的尴尬境地,比不得唐朝天下一统、万国朝宗的升平景象,但宋代的社会经济水平无论从哪一个方面讲,都比唐代要高。同样,明清两代的社会经济又超过了宋代。但明代历经倭寇之难,清代又遭西方殖民主义入侵,促使明清二代都奉行闭关锁国的政策,直接导致海外贸易的萎缩。宋代与明清两代不同的是,宋代祸乱由内陆而生,来自北方的辽、金及西北的西夏不时对宋入侵,使宋政府穷于应付,一方面求和纳款以保相安无事,另一方面为应付辽、西夏、金的侵扰须支付庞大的军费开支。为寻求经费来源,宋政府竭力开展海外贸易,施行了一系列对外贸易优惠措施。宋朝积极鼓励大食商人来华贸易就是一个突出的例子。

宋朝积极鼓励大食商人来华贸易,并对大食商人给予多种优待。宋真宗咸平元年(998)八月,大食国王托人在广州"买钟,除纳外,少钱千三百余贯",宋政府"宜示优恩,特免追收"。②神宗熙宁六年(1073)十二月十六

---

① 黄纯艳:《宋代海外贸易》,社会科学文献出版社,2003年,第72页。
② 〔清〕徐松:《宋会要辑稿》蕃夷四之九一,中华书局,1957年,第7759页。

日，大食"来贡乳香等，诏香依广州价回赐钱二千九百贯，别赐二千两"。①崇宁三年（1104），广州市舶司向朝廷报告，海外蕃商至广州贸易，听其往返居止，而大食诸国商人请示到其他州贸易。宋徽宗下诏："凡海舶欲至福建、两浙贩易者，广南舶司给防船兵仗，如诣诸国法。"②大食商人往别州交易的意愿不但得以实现，还由广州市舶司派遣兵船予以保护。

对大食贡使及商人封官拜爵。北宋时期，宋朝往往对大食贡使采取分封爵位的办法，来鼓励大食向其朝贡。"［开宝］四年（971），［大食］又贡方物，以其使李诃末为怀化将军，特以金花五色绫纸写官告以赐。"③大中祥符四年（1011），宋政府祀汾阴，大食"又遣归德将军陁罗离进瓶香、象牙、琥珀、无名异、绣丝、红丝、碧黄锦、细越诺、红驼毛、间金线碧衣、碧白琉璃酒器、蔷薇水、千年枣等。诏令陪位，礼成，并赐冠带服物"④。大食贡使辛押陁罗离称归德将军，显系宋朝皇帝所封。至和（1054—1055）、嘉祐（1056—1063）年间，大食四贡方物，宋朝为嘉其功德，特赐首领蒲沙乙为武宁司阶。宋朝还授予蒲陀婆离慈为保顺郎将，麻勿为郎将。此外，辛押陁罗任广州蕃长一职。大食商人蒲啰辛因一次贩乳香值三十万缗，宋朝特补其为承信郎。南宋时期，大食商人蒲寿庚因世代居住广州，其父时迁居泉州，拥有很强的经济实力，提举泉州市舶司三十年。

宋朝为了保护大食商人在华的贸易利益，法令禁止对蕃商随意违章抽税。蕃商到港，"除抽解和买，违法抑买者，许蕃商越诉，计赃罪之"⑤。建炎元年（1127）规定："有亏蕃商者，皆重审其罪。"⑥绍兴十年（1140），广东权市舶司之晁公迈因贪利，被大食商人"蒲亚里所诉，诏监察御史祝师龙、大理寺丞王师心往广州劾治"⑦。政和年间（1111—1117），横州士曹蔡蒙休押伴大食贡使进京，"沿道故滞留，强市其香药不偿值。事闻，诏提点刑狱置狱推治，因

---

① 〔清〕徐松：《宋会要辑稿》蕃夷四之九二，中华书局，1957年，第7760页。
② 〔元〕脱脱等：《宋史》卷186《食货志下八》，中华书局，1977年，第4561页。
③ 〔元〕脱脱等：《宋史》卷490《大食传》，中华书局，1977年，第14118页。
④ 〔元〕脱脱等：《宋史》卷490《大食传》，中华书局，1977年，第14121页。
⑤ 〔元〕脱脱等：《宋史》卷186《食货志下八》，中华书局，1977年，第4566页。
⑥ 〔清〕徐松：《宋会要辑稿》职官四四之一一，中华书局，1957年，第3369页。
⑦ 〔宋〕李心传：《建炎以来系年要录》卷136宋高宗绍兴十年（1140）闰六月癸酉条，中华书局，1956年，第2189页。

诏自今蕃夷入贡，并选承务郎以上清干官押伴，按理而行，无故不得过一日，乞取贾市者论以自盗云"①。政府的这些措施保障了大食商人的贸易利益，提高了他们来华经商的积极性，从而也保障了宋朝的市舶收入。

三、大食的海路贸易

（一）大食与唐宋之间的海路贸易

中国的海洋贸易始自南北朝，当时的南朝被隔绝于丝绸之路以外，因此必须另辟南洋的商路。到了宋元时期，在南中国海和印度洋上，中国和阿拉伯的船队已穿梭往来，连接起当时世界上最繁荣也是最先进的两个地区，双方频繁的物质和文化交流有力地推动了人类文明的发展进程。

中国和阿拉伯国家的交往史，可上溯至两汉时期。唐代以来，中国人习惯把来华的外国使者和商人称作"蕃客""蕃商"。在这些蕃客、蕃商中，阿拉伯人所占比例最大。在沿海通商城市，如广州、泉州和杭州等地形成了蕃商聚居区——蕃坊，北宋时侨居在广州的蕃客居多，南宋和元代居住在泉州的蕃客居多。到宋元时代，双方的交往空前频繁。

北宋一开始就非常重视同阿拉伯地区进行交往。据《宋史·大食传》记载，乾德四年（966）宋朝选派使者僧行勤出使大食，"游西域，因赐其王书，以招怀之"。随后由于党项族建立的西夏政权崛起于西北，控制了河西走廊，因而大食和北宋的陆路联系被割断，中原与大食的往来只能依靠海路。

当时走海路从广州或泉州出发前往阿拉伯，一般要用两年时间。宋代出使大食仅僧行勤出使那一次，而同期大食诸国来华则比较频繁。这些来华的使者，有些是阿拉伯帝国哈里发派遣的，有些是地方割据首领派遣的，也有的是由阿拉伯舶主、巨商派遣的。在这一时期，与两宋政权先后鼎立的辽、西夏、金等少数民族政权，也同大食等国家建立了朝贡和贸易关系。

两宋时代，中国和阿拉伯地区的交往对双方社会文化产生了深刻的影响。阿拉伯文化对中国的影响突出表现为伊斯兰教在华传播。（图8-11）

---

① 〔元〕脱脱等：《宋史》卷490《大食传》，中华书局，1977年，第14121页。

图 8-11：撒马尔罕壁画

两宋是中国与阿拉伯地区交往的一个承前启后时期。唐代时，已有来自阿拉伯地区的穆斯林在华定居，他们的后代被称作"土生蕃客"，这是中国最早的穆斯林。宋时商业贸易发达地区的穆斯林已不少，他们还修建了许多清真寺。随着元朝统一全国，伊斯兰教开始在华广泛传播。

宋朝政府对蕃商进入内地城市贸易也给予方便，大食等国的商人可以到京城及各州县进行贸易，由政府发给证明，但必须保证不得有闲杂人员，于是大食商人在华活动的区域较前代有所扩大。宋元时期，管理海外贸易的机构市舶司将进口货物分为"粗色"和"细色"两种。"细色"指贵重物品，如金、银、珠宝、麝香等；"粗色"指一般货物，如胡椒、硫黄、速香、吉贝布等。阿拉伯地区来中国的船队从亚丁湾或阿曼的苏哈尔港启航，运往中国的主要是珠宝和香料两大宗，包括乳香、龙涎香、龙脑、没药、血竭、苏合香油、蔷薇水、珍珠、玛瑙等，其中乳香、龙涎香主要产自大食。

中国的船队常常远航到幼发拉底河、亚丁湾和索马里，中国出口到阿拉伯地区的物品有瓷器、丝绸、金、银、铜、铁、刀剑和各类纺织品，以纺织品和瓷器为大宗。中国的丝绸在世界各地有着极高的声誉，丝绸出口也历史悠久，公元83年的帕尔米拉墓中就发现了产于中国的生丝。文献记载，宋元时代我国出产的各色绸、缎、绢等远销至天堂（麦加）和层摇罗（桑给巴尔）。瓷器是宋元时代中国输往阿拉伯地区的重要物品。西亚和非洲出土的中国宋元时期的瓷器和陶片，也说明当时中国和阿拉伯等地瓷器贸易之盛，中国的一些窑场甚至还专门生产供大食等地使用的具有阿拉伯风格的瓷器。埃及从法蒂玛王朝开始，先仿制宋代青瓷，后仿制青花瓷，再仿青白瓷，从形制到式样，从造型到釉彩的运用，无不酷似中国原产。到了元代，中国和阿拉伯的关系更为密切。元代商人直航阿拉伯的情况比宋代普遍。《岛夷志略》的作者汪大渊曾先后两次"附舶以浮海"，他在书中提到了波斯离（巴士拉）、天堂（麦加）等地。14世纪时，商人杨枢搭乘"官本船"到达过忽鲁谟斯（霍尔木兹）。宋朝沿用唐朝管理蕃商贸易的办法，在海外贸易繁盛的广州、杭州、明州等地设置市舶司，掌蕃贺、海舶、征榷、贸易之事，以来远人，通远物。南宋政府偏安江南一隅后，对蕃商贸易更为重视。南宋绍兴六年（1136），泉州的知州连南夫建议，对从事海外贸易的船首，如果能招徕其他船只来华贸易，政府从中抽解物货所得价值达到五万贯、十万贯者，可以授给官职。大食蕃官蒲罗辛贩乳香值三十万缗；中国船首蔡景芳招诱舶货，收息钱九十八万缗，都被授予承信郎。政府还犒赏船上其他人员，发给钱物，要他们回国后宣传来华贸易。由于宋朝政府的积极招徕，大食商人来中国贸易者日益增多。

但在宋之前，中国的海外贸易多限于奢侈品，宋以后才转变为一般商品的大宗贸易。

从宋代开始，外贸已经摆脱"朝贡"体制，朝自由化方向发展。唐朝对远洋贸易只开广州一埠，主要是迎纳来华的阿拉伯和波斯商旅。至北宋则增设九个港口，中国人开始积极地走向海洋。在南宋，远洋贸易的盈利占国家收入的比重剧增，中国史上也首次出现独立的海军部。

（二）辽朝与阿拉伯帝国的朝贡和商贸关系

辽朝与大食帝国长期保持着频繁的商业贸易关系，其中包括朝贡关系。

史书中对辽朝与大食帝国间的政治、经济、文化交流鲜有记载，但近年来的考古发现却有力地证明了其交往。大食盛产的玻璃制品、犀牛角、乳香、琥珀、玛瑙等曾都通过丝绸之路流入辽朝，受到辽人的喜爱。在大食帝国盛行的打马球、豹猎技术，以及大食出产的金银器、瓜果、蔬菜等，也都传入辽朝境内，或反映于各种文献记载，或发现于内蒙古东部、辽宁等地区的辽代墓葬壁画和佛塔雕刻之中。

在宋的北部，辽、夏、金北方民族王朝的建立，促进了这一地区的民族融合。建立辽的契丹源于鲜卑，它在东灭渤海，频繁征伐回鹘、新罗、吐蕃、党项、室韦、沙陀、乌古等民族后，不断向南扩张。随着向南推移，辽朝统治下的汉人日益增多，在与中原的冲突和交融过程中，形成了以汉文化为核心又带有契丹民族特色和时代特色的辽文化。同时，辽朝也加强与其他民族的沟通与融合，大食文化与物品的输入，极大地丰富了辽人的社会文化生活。同时，通过贸易往来，辽朝文化对大食也产生了一定影响。

辽太祖建国之始，便大规模地展开了向西拓展疆土的军事征伐活动，并积极经略西疆。辽朝之声威远及西亚乃至更远，草原丝绸之路再度兴盛。

北宋初年，大食帝国已渐趋衰微，但海外贸易却一直繁盛不衰。宋人周去非《岭外代答》卷3《外国门下》载："大食者，诸国之总名也。有国千余，所知名者，特数国耳。"《宋史》卷490《大食传》记载，至道元年（995），大食舶主蒲押陁黎入贡北宋，太宗因问其国，对云："与大秦国相邻，为其统属。"由此可知，此时大食帝国已不复昔日之盛，其原有疆域至少有一部分已归于大秦。尽管如此，大食帝国仍与宋、辽、西夏有不同程度的贸易往来。

南宋叶隆礼《契丹国志》卷21《诸小国贡进物件》记载，大食国及高昌国、龟兹国、于阗国、小食国（今新疆哈密一带）等，"三年一次遣使，约四百余人，至契丹贡献玉、珠、犀、乳香、琥珀、玛瑙器、镔铁兵器、斜合黑皮、褐黑丝、怕里呵、门得丝、硇砂、褐里丝"，其中的纺织品"皆细毛织成，以二丈为匹。契丹回赐至少亦不下四十万贯"。①从贡物品种看，犀牛角、乳香、琥珀、玛瑙器产于阿拉伯地区，为大食商人对外贸易的常见商品。大食三年一次朝贡，使者众多，契丹回赐至少亦不下四十万贯，由是以观，大食与辽的贸易是相当繁盛的，朝贡规模不小。

关于大食入辽朝贡活动，史书记载不多。《辽史》卷2《太祖纪下》载，天赞二年（923）六月，"波斯国来贡"。天赞三年九月，"大食国来贡"。这里的"波斯"即萨曼王朝，当时受阿拉伯帝国阿拔斯王朝（750—1256）统治。天赞二年大食帝国辖下的波斯国到辽朝贡，仅隔一年之后，又有"大食"到辽朝贡，此"大食"当为西亚之大食帝国。

北宋初年，大食入贡北宋时还常从陆路而来。大食与宋朝的贸易，尽管越来越依赖于海路，但陆路贸易并未完全终止。宋仁宗天圣元年（1023），大食

---

① 〔宋〕叶隆礼著，贾敬颜、叶荣贵点校：《契丹国志》卷11《天祚皇帝中》，上海古籍出版社，1985年，第121页。

即经过西夏境内而东行入宋朝贡。有鉴于此,北宋不得不重申禁令,不允许大食途经西夏入贡,只允许走海路,"由广州入朝"。由此可见,与海路相比,大食更乐意通过陆路与北宋及地处丝绸之路上的西夏进行贸易。既然大食可以经由西夏到宋朝贡,那么也完全可以经由西夏到辽进行贸易。况且,北宋一直视西夏为敌对国家,从政治上孤立以及从经济上封锁西夏,北宋拒绝大食途经西夏,就是出于上述目的。而西夏与辽则长期保持着较为友好的关系,大食通过西夏境内入辽进贡应是不受限制的。11世纪,中亚木鹿(Maru,今土库曼斯坦之马累)学者马卫集(Sharaf al-Zamān Tāhir Marvazi,1046—1120)记载了从喀什噶尔,经叶尔羌(今新疆莎车)、和田、沙州(今甘肃敦煌)、可敦城(位于今杭爱山支系乌德犍山)到辽上京(今内蒙古巴林左旗林东镇东南郊)的路线。该路线即大食商人东行辽朝之道。

唐宋时期,阿拉伯地区的玻璃(或称琉璃)制品通过丝绸之路大量流入辽朝,所以在已发现的辽代文物中,就有不少阿拉伯地区的玻璃制品。这些玻璃器皿属于阿拉伯风格,产于伊朗高原,应系包括伊朗在内的大食帝国商人通过草原丝绸之路而传入辽朝境内的。

马卫集在其所著《动物之自然属性》第8章第22节载录有契丹皇帝致伽色尼算端书,书中建议双方通好。书末注明写于鼠儿年,当为辽圣宗太平四年(1024)。伽色尼王朝是大食帝国领域内分离出来的突厥人建立的国家。辽圣宗在使者携带的国书中表示希望开辟由辽至伽色尼的道路,以便两国使臣往还。[①]这一记载说明,辽朝对于发展同西亚,尤其是大食的关系是非常重视的。在伊朗、伊拉克、埃及、地中海东岸,也有多种从辽朝输入的瓷器、陶器出土。辽三彩对阿拉伯彩色陶器产生了重要影响。辽三彩继承了唐三彩的传统工艺和技法,同时具有辽文化的特点,是中原文化与辽文化相结合的产物。事实上,唐三彩仅有少量出口到阿拉伯国家和地区,比辽三彩要少得多。在开罗附近的福斯塔特(Fustat)遗址,曾发现有大量的富有特色的中国白瓷,据推测,它们应制作于辽都上京,属于辽白瓷。从出土的器物看,辽瓷在造型、装饰技法、纹饰等方面也或多或少地受到了阿拉伯陶器的影响。辽与西亚地区出土的文物可以证明,辽与大食不但有贸易往来,而且在生产技术和艺术风格上

---

① [伊朗]乌苏吉撰,王诚译:《〈动物之自然属性〉对"中国"的记载——据新发现的抄本》,《西域研究》2016年第1期。

相互影响。

契丹长期受唐、突厥和回鹘的统治，于916年立国后，声威大张，势力拓展至西域地区，与大食及其统辖下的波斯、喀喇汗王朝有密切的交往。《辽史》卷36《属国军》列出的就有阿萨兰回鹘、波斯、大食；《辽史》卷46《北面属国官》亦列有阿萨兰回鹘大王府、大食国王府。辽朝的影响广及大食帝国。阿拉伯人自10世纪起，就称中国为"契丹"，即使在辽朝灭亡以后，阿拉伯语仍用"契丹"来表示中国。13世纪，蒙古汗国西征中亚、西亚等地，将中国的火药、管状火器的制造和使用方法传入阿拉伯国家。成书于13世纪晚期的阿拉伯兵书《马术和军械》，仍将火药称为"契丹花"，将管状火器称为"契丹火枪""契丹火箭"。足见契丹在阿拉伯国家中影响之深远。

通过交流，大食帝国境内盛行的打马球以及金银器、瓜果、蔬菜等，都流传到辽朝境内。马球运动是唐代初叶由西域胡人传入长安并推动发展起来的。唐代中叶，大批大食帝国统治下的波斯人移居到契丹邻近的营州一带。波斯马球逐渐在河北道流行起来，并深入契丹地区，后来成为辽朝全国性体育运动。契丹地区流行的波斯马球运动，一直保留着波斯人的运动衣服饰，这一点在内蒙古赤峰敖汉旗宝国吐乡发现的《辽代马球图》壁画上得到见证。

在辽代金银器中，可以找到波斯金银器的遗风。内蒙古赤峰阿鲁科尔沁旗罕苏木朝克图山上发现的辽代耶律羽之墓出土有鎏金"孝子图"银壶，在赤峰克什克腾旗二八地一号辽墓出土有"大郎君"银壶，形制均为敞口、束颈、折肩、圆腹、圈足，与俄罗斯米努辛斯克盆地西部叶尼塞河上游的科比内二号突厥墓出土的折肩金杯非常相似，纹饰和錾文为中国式，应为仿突厥的造型。联珠纹装饰又是波斯萨珊王朝银器的做法，饱满圆润，技法高超。

辽代早期高足杯的形状在唐代金银器中不常见，其杯身宽浅，呈敞口盘形，圈足矮小，如赤峰元宝山区大营子辽驸马墓出土的鎏金团龙戏珠纹银高足杯。这种类型的高足杯，与中亚巴拉雷克（今乌兹别克斯坦南部铁尔梅兹西北约30公里处）发现的5—6世纪嚈哒壁画中人物手中的同类器物很相近。流传到国外文物市场的辽太平年间（1021—1031）制双凤纹金高足杯口缘有一周联珠纹，杯身比早期稍有增高，圈足矮，但有增大的趋势，其器形具有明显的波斯风格。

此外，大食马也输入辽朝。据《辽史》卷70《属国表》载，圣宗统和二十四年（1006）六月，"沙州敦煌王曹［宗］寿遣使进大食马及美玉，以对衣、银器等物赐之"。通过这种方式，大食马也辗转到了辽朝宫廷。

原产大食的西瓜也东传至辽朝，在辽上京城外有贩卖西瓜的摊贩，自称所售西瓜是辽太祖西征回鹘时，从西域引入辽朝种植的。在内蒙古赤峰敖汉旗羊山辽墓中，发现绘有西瓜等水果的壁画，堪称现知中国最早的西瓜图画。在内蒙古额济纳旗黑水城遗址出土的西夏汉文文献《杂字·果子部》中，也有关于"大石瓜"的记载。①"大石瓜"，显然就是"大食瓜"的异写，侧面印证了大食西瓜的东传。

若从考古发现来看大食帝国与辽的关系，我们可以得出这样的结论：两者的关系是密切的，他们之间的商业贸易是频繁的，然而史书的记载却是非常匮乏的。这种情况的出现，当与西域诸国的中转贸易有很大关系。

西域诸国地处丝绸之路要冲，为东来西往的使者、商旅必经之地，唐时大批的大食商人，甚至更遥远的大秦商人，经由西域来到长安，此时的丝路贸易更多地体现的是一种长途贸易。唐末五代以来，中原动荡，割据纷立，丝路贸易受阻，东西方之间的经济文化交流往往要通过西域诸国的中转才能实现。西域的回鹘人成了丝绸之路上最活跃的商业民族，他们与西方诸国进行贸易，然后把获得的贸易品转运至辽宋，或者将辽宋的商品输往西方。即使回鹘商人足不出户，也能完成丝路贸易的转运。②辽朝政权为接待回鹘商旅而特意在上京南门设置了"回鹘营"，"回鹘商贩留居上京，置营居之"③。其主要目的就是为了获得西方的商品，特别是大食诸国的商品。

西域回鹘向辽进贡品中有乳香、珊瑚等，这显然是从大食商人手中获得的。《宋史·于阗传》将乳香归入于阗所产，实乃撰史者误将中转贸易地认作原产地所致。

辽朝与大食帝国尽管相距遥远，但二者间的贸易却是相当繁盛的，除朝贡外，当还存在着其他多种贸易形式。加之大食物品多是通过西域、西夏、北宋乃至东南亚等地辗转而到达辽朝境内的，故史书在记载这些物品时，一般以入

---

① 俄罗斯科学院东方研究所圣彼得堡分所、中国社会科学院民族研究所、上海古籍出版社：《俄藏敦煌文献》第6册，上海古籍出版社，2000年，第140页。
② 杨富学：《回鹘与辽上京》，《首届辽上京契丹·辽文化学术研讨会论文集》，内蒙古文化出版社，2009年，第130—134页。
③〔元〕脱脱等：《辽史》卷37《地理志》，中华书局，1974年，第441页。

贡地称之，而冠以"大食"字样的反而罕见。近年出土物的不断发现，使我们得以窥见辽与大食贸易关系之一斑。

源于黑水靺鞨、崛起于东北的女真，在灭辽亡宋后建立了金。金灭辽，但仍承继了辽文化，直接与汉文化相碰撞。尤其是在南下的过程中，金把大批俘获的汉人迁往东北，又把大批的女真人迁出故地，散居契丹、汉人地区。这种民族间的迁徙、杂处，促进了民族融合与文化交流。

第九章

吐蕃、西夏对丝绸之路的经营与争夺

吐蕃与西夏党项族有着悠久的历史关系,其远祖同属于羌族。唐时,吐蕃浸盛,威逼党项族内迁。唐末,由于长期的封建割据战争,人民逃离,土地荒芜,牧场废弃,吐蕃王朝逐渐瓦解。居于河陇地区的吐蕃部落"部族衰散","自仪(甘肃华亭县)、渭(甘肃平凉市)、泾(甘肃泾川县北)、原(甘肃镇原县)、环(陕西环县)、庆(甘肃庆阳市)及镇戎(宁夏固原)、秦州(甘肃天水)暨于灵(宁夏灵武县西南)、夏(内蒙古乌审旗南白城子)皆有之"①,被吐蕃长期征服和奴役的党项族慢慢得以壮大。宋初,经过一百多年的休养生息,散居在河湟地区的吐蕃诸部,逐渐形成了以唃厮啰为首的吐蕃政权。河湟地区作为宋与西夏之间的要冲,西夏得河湟,则宋处于辽、西夏、吐蕃的三面包围之中;宋得中唃氏,则从两方"胁制河西"。而唃厮啰政权从一开始就在一定程度上依附于宋,成为西夏南下的一大障碍。

第一节 青藏高原与中原交往的通途——吐蕃丝路

吐蕃王朝的崛起与统一,连起了青藏高原各个邦国文明,它使业已存在的

---

① 〔元〕脱脱等:《宋史》卷492《吐蕃传》,中华书局,1977年,第14151页。

高原地区的交通联系、商业贸易和文化交流走向繁荣,从而也为青藏高原地区与外界的交流开创了一个辉煌的时代。(图9-1)

图9-1:敦煌莫高窟第98窟吐蕃赞普像

一、丝路吐蕃道的开通

贞观八年(634),吐蕃开始遣使入贡唐朝,"太宗遣行人冯德遐往抚慰之"①。吐蕃遣使,多带金银财宝,奉表求婚。贞观十五年(641),文成公主经吐蕃道前往逻些(拉萨),与吐蕃赞普松赞干布成亲。此前松赞干布已与泥婆罗(今尼泊尔)通婚,吐蕃经尼泊尔至印度之间,已有交通联系。文成公主远嫁后,唐经吐蕃至印度之间的道路,即丝路吐蕃道全线贯通。此后与印度之间的交通,多不经葱岭,改由吐蕃道往还。至今,藏族人民仍称唐蕃古道为黄金桥。

丝路吐蕃道贯通时,正值玄奘法师在印度游学取经之际。经玄奘介绍,印度摩揭陀国王尸罗逸多(戒日王)遣使来唐,唐遣梁怀璥报聘,正式揭开了唐与印度间使臣往来的一页。贞观二十年(646),松赞干布派禄东赞来长安献金鹅奉表致贺。贞观二十一年(647),泥婆罗亦遣使献波棱(菠菜)、榨菜、浑提葱等。唐遣右卫率府长史王玄策,出使印度和泥婆罗。适逢印度内乱被劫,王玄策发吐蕃、泥婆罗兵众,为开通吐蕃道建立友好的关系创造了条件。

---

① 〔后晋〕刘昫等:《旧唐书》卷196上《吐蕃传上》,中华书局,1975年,第5221页。

二、吐蕃对丝路河南道的控制

唐平吐谷浑后，立伏允可汗的小儿子为可汗，内附唐朝，于是唐与吐蕃接壤。永徽元年（650），松赞干布去世，其孙芒松芒赞继位，大相禄东赞摄政。因芒松芒赞的母亲为吐谷浑公主，于是龙朔三年（663），吐谷浑大臣素和贵投奔吐蕃。吐蕃发兵进击吐谷浑，大破其于青海湖畔，吐谷浑黄河以西故土全为吐蕃所占有。

西突厥十姓弓月部在西域引吐蕃威胁疏勒、于阗等地，大食亦击破波斯，向东挺进，形势突变。咸亨元年（670），吐蕃攻陷西域18州，入据龟兹拨换城。

唐罢安西四镇，遂遣薛仁贵进攻吐蕃，又兵败大非川，吐蕃遂巩固了在青海的统治地位，常由吐谷浑道西北出西域。于是丝路河南道受阻，丝路河西道畅通。景云元年（710），唐以金城公主嫁吐蕃赞普赤德祖赞。途中，吐谷浑"母后墀邦与其子莫贺吐浑可汗"等会见金城公主。在吐谷浑建议下，吐蕃厚赂送亲使杨矩，杨矩奏请以九曲之地作为公主汤沐邑给吐蕃，吐蕃占有丝路东段河南道。

唐玄宗即位后，吐蕃以九曲之地为基地，谋取陇右。开元二年（714），吐蕃坌达廷、乞力徐率众10万，自河南道入击临洮，为薛仁贵子薛讷所败。唐遂置陇右节度使于鄯州（青海乐都），下领鄯、秦、河、渭、兰、临、武、洮、岷、廓、叠、宕12州，以郭知运为节度使，专御吐蕃，并于河湟地区设置不少军镇、守捉等据点，兼营垦田以为长久之计。天宝十四载（755），安禄山之乱，唐悉调陇右等军赴潼关备战，西北广大地区相继为吐蕃所有，丝路东段河西道受阻，草原丝路回纥道的地位随之上升。

第二节 吐蕃的商业贸易

7世纪初，在青藏高原兴起了一个强大的政权——吐蕃帝国。然而，它的崛起及军事扩张不可避免地与唐王朝产生了冲突。随着社会经济的进步，吐蕃的商业经济也得到发展，不但与中原和周边地区有着密切的经济交流，而且同南亚、中亚、西亚乃至欧洲也有商业联系，并成为东西方经济交往的中介。吐蕃王朝瓦解之后，虽然统一的藏族政权不复存在，但因吐蕃诸部所处之地理位置,其与东西方的贸易活动继续保持和发展,而商业贸易的物资交流对于丝绸之路的拓展仍起着促进的作用。

一、吐蕃王朝崛起后商业经济的发展

吐蕃建国的二百余年间,赞普共传九代。墀都松赞时期,吐蕃地域东与凉、松、茂、嶲等州(在今岷江上游、大渡河上游与中游)相接,南至婆罗门,西又攻陷龟兹、疏勒等四镇,北抵突厥,地方万余里。大致从赤松德赞在位时起,就出现了"吐蕃"与"大蕃"的称谓,亦统称"大蕃"。吐蕃仍指其本土,大蕃则指其各属部地区。

松赞干布统一吐蕃,开创了社会安定和管理有效的新局面。与唐室通婚,加强藏汉经济文化交流,推动了吐蕃生产的发展。文成公主入藏后,松赞干布派遣王室子弟入唐学习诗书。为引进先进的汉族生产技术,在唐高宗继位初年又来请养蚕和造酒、碾、硙、纸、墨的工匠。随着唐朝和吐蕃联系日益密切,中原地区的农具制造、纺丝、缫织、建筑、酿酒、制陶、碾磨、冶金等生产技术和医药、历算等知识,陆续传到吐蕃。文成公主进藏,携带大批工艺书籍、汉地物产、工匠,及汉地植物种子,积极推广汉族先进耕织技术,使吐蕃的生产、生活得到发展和提高。当时,沿藏河流域牛羊遍野,农田相接,农作物有小麦、青稞麦、荞麦、豆,牲畜有牛、马、犬、羊、猪,还有牦牛、山羊、犏牛、驴、驼等。养马、驯马技术也达到相当高的水平,其所产战马是吐蕃与唐及周边民族互市的主要商品。畜产品如皮革、毛类、牦牛尾以及肉类、乳酪、酥油等除自用外,也多与他人交换。

吐蕃手工业产品种类繁多,包括生产生活用具、武器、工艺品、奢侈品,如铁斧、刀、剑、矛、盾、甲心、银圈、银兽、盘子、梳、锁、毛毡、锦袍、金冠、金帐、金玉带等,颇具特色。金银宝器以冶制精巧、美妙稀奇而著称。这些物品也都流通在丝绸之路的贸易中。

在吐蕃社会早期,交换多以物易物,牛羊等牲畜曾作为交换的媒介。吐蕃政权建立时,金(金沙)银等贵金属既是一种财富,又在高价值商品交易时作为货币使用。松赞干布派人前往印度去学习文字时,使者即携带金银以作学费用度和礼物。《敦煌吐蕃历史文书》亦有"金矛二百丈"的记述,金矛应是一种货币。此外,银也起货币的作用。墀祖德赞时期,贸易中也曾使用铜币、桑拉铜币。在度量衡方面,松赞干布之祖达日年塞时出现了升、斗、秤等器具,并在进行交换谷物和酥油等商品时使用。在松赞干布制定的各种法律制度中，有关于度量衡的规定，如"勿用伪度量衡器"。据载，当时有"升、两、合、勺、钱、分、厘、毫、尅、斗、斤"等单位，金银重量单位有"两、雪、南姆"，长度单位有"栲"等。① 度量衡和货币流通日趋完善是吐蕃商品交换普遍发展的结果。进而，民间有一种求问做生意是否得利或是否适合交易的占卜习俗，亦反映希望赚钱盈利的商业观念。赤松德赞时期还鼓励"富豪放债"，给予法律保护。对此，不仅文献中有所记载，从出土古藏文文书中也可得到印证。

在吐蕃文献中有关于从事交易活动的专业阶层"商贾"的记载，其社会地位在工匠之上，有"五商贾、六匠人"之说。② 商品交易的集中地，渐渐形成了集市，有些则发展成为较大的城市。朗日伦赞时，吐蕃都城琼巴人口众多，客商云集，外地各族商人携带货物前来贸易。松赞干布继位之后极为重视商业贸易，并采取具体的措施，商业较之前更为发达。当时境内较大规模的商市就有十个。逻娑（拉萨）成为吐蕃本土的贸易中心区，同时商业贸易的区域也延伸到河西走廊的甘州、瓜州、沙州、陇州、赤岭等地。松赞干布之后的吐蕃历代赞普继续悉心经营，内外贸易又有了新发展。赤松德赞时期，形成了以逻娑的大昭寺、小昭寺为中心的绸布市场，担任赤松德赞翻译的迦湿弥罗商人阿难陀就曾在这里经商。

赤松德赞又在逻娑以南、藏河北岸建立规模宏大的桑耶龙吉柱寺，约从767年开始，历时12年，耗费了巨大的人力物力建成。其建筑结构以吐蕃传统风格为基础，融合了唐朝、天竺的风格，颇具特色。这一方面反映了当时吐蕃国力的强盛，另一方面也反映出吐蕃与周边各国经济文化交往联系的密切和受影响的程度。同时，寺院所在地也成为各种商业活动的场所，这也是古代藏族商业发展的一个特点。

不仅如此，寺院本身具有的经济属性也使得寺院存在商业行为。

有些佛教徒是以传授佛法为业的，每传一法必索多金。有的译师为他人译一部书就要几十两金子报酬。部分僧人还经营商业，甚至有的寺庙建立时根据

---

① 关于度量衡及古代货币资料见《敦煌吐蕃历史文书》、《西藏王统记》、《贤者喜宴》第七品及《拉达克王系》藏文本。
② 《吐蕃王统》山南木刻版，第19—21页。

商人的建议选址，该地形成了集市，寺庙也依赖商业经济来维持。有些集市则在吐蕃设在边境的军镇地附近逐渐形成。随着军事扩展以及移民、屯田等举措的推行，军民的供应需求日益高涨，极大地刺激了商业活动的发展。

除规定度量衡和币制外，吐蕃还专门设置商官一职来统理商务。其职能分内外两种：对内管理吐蕃境内各种商业活动；对外管理同中亚、南亚等地的商业往来。地方市场上则有税官具体管理和征收商税。①吐蕃还整顿了被称为"飞鸟使"的驿传，维护驿路畅通，不但有利于在辽阔的疆域上实施行政管理，亦便于商旅往来。

吐蕃与泥婆罗（今尼泊尔）、大小勃律、迦湿弥罗（今克什米尔境内）、天竺（今印度）的经贸文化联系密切。其与天竺间早已存在一条"盐路"，羊同"尤多盐，恒将盐向天竺兴贩，其利数倍"②。时吐蕃兵力已达印度恒河北岸，天竺须向吐蕃朝贡，"从各地献来礼品，以及岁贡"③。位于今西藏吉隆县的唐代摩崖石刻则证实了吐蕃与泥婆罗、天竺间古代交通的通畅。波斯文古地理书《世界境域志》载，所有印度的物品皆输入吐蕃，再从吐蕃输出到阿拉伯国家。吐蕃则利用勃律—护密（今阿富汗境内）道，向中亚输出麝香、绵羊、布匹等。中亚的细锁子甲、长剑等大量流入吐蕃。④吐蕃与吐火罗、康居、大食以及拂菻（东罗马）等交往，在藏文史料中亦有记载。8世纪初，大食奥马尔二世时，吐蕃派一使团抵达呼罗珊，《敦煌吐蕃历史文书·大事纪年》中多有记述。此外，如突厥、回鹘、黠嘎斯等民族与吐蕃的贸易也很频繁。吐蕃商人往来西域时还常有黠嘎斯护送。⑤总之，吐蕃从西北、东北两个方向敲开了中亚的大门，控制着帕米尔—西域南道—河西走廊这东西交流的要道，进行着经济文化交流，贸易十分活跃。⑥

考古发掘的资料也为我们提供了吐蕃与中亚、西亚等地的商贸联系证据。在青海都兰县吐蕃墓葬群发掘出了大量文物，其中丝织品有350件，图案达130

---

① 王忠：《松赞干布传》，上海人民出版社，1961年，第62—63页。
② 〔唐〕魏徵：《隋书》卷83《女国传》，中华书局，1973年，第1851页。
③ 巴卧·祖拉陈哇著，黄颢摘译：《贤者喜宴》，《西藏民族学院学报》1981年期。
④ C. I. Beckwith, A Preminary Note on the Economic History of the Tibet Empire, Central Asiatic Journal, Vol. 21, 1997, pp. 100-102.
⑤ 〔宋〕欧阳修、宋祁：《新唐书》卷217下《回鹘传下》，中华书局，1975年，第6149页。
⑥ 〔日〕森安孝夫著，钟美珠译：《中亚史中的西藏：吐蕃在世界史中所居地位之展望》，《西藏研究》1987年第4期。

种，织造精美。这些丝织品由中亚、西亚织造者占14%，而以具有浓厚异域风格的粟特锦为数较多，还有迄今世界上所发现的唯一的8世纪波斯文字图案织锦，其文字为中古波斯人使用的钵罗婆文字。墓葬中还发现有粟特金银器、玛瑙珠、玻璃珠、红色蚀花珠、铜香水瓶和铜盘残片等。①这些文物都说明在吐蕃统治时期青海丝绸之路的畅通，东西方贸易的规模也较以前有所扩大，其兴盛程度不亚于河西走廊上的贸易，反映出吐蕃政权对商路的维护采取了相对有效的措施以及对商业的重视。总而言之，东至唐朝首都长安，西至天竺、大食，南抵洱海，北到中亚各国，到处有吐蕃人的足迹，牦牛驮运，络绎于途。市肆货摊上的货物品种繁多，质料精美，为青藏高原以前任何时期所未见。（图9-2）

图9-2：瓜州榆林窟第25窟耕作图

吐蕃王朝对外广泛的经贸往来中，与唐朝的经济文化关系最为密切、物资贸易也最为频繁。两地间商业交往主要有官方渠道和民间渠道，其中官方的渠道通过朝贡、回赐、联姻、互赠礼物的形式，来进行物资的交流和科技生产知识与文化的传播，影响深远。吐蕃与唐朝的官方贸易持续了二百余年，至吐蕃王朝终结。

---

① 许新国：《西陲之地与东西方文明》，北京燕山出版社，2006年，第139页。

二、吐蕃王朝瓦解后吐蕃诸部的贸易

842年，吐蕃赞普达磨遇弑。不久吐蕃王朝崩溃，本土火并内讧，支离破碎，于是境内各处每每分割为二，诸如大政权与小政权，众多部与微弱部，各自为政，不相统属。

吐蕃地区割据分散的局面，持续了晚唐、五代、北宋、辽、西夏、南宋等漫长的历史时期。虽然为割据分散局面所限，各地情况极不一致，但总的来说，农民直接占有小块土地已经相当普遍，出现了为建寺而接受供养田、购置土地、家族争产业和拍卖房舍田园等情况。在农业的生产经营上，已有薅草积肥等精耕细作技术和亲族邻里相互支援劳力的互助风尚。农牧业生产的果实，除了缴纳赋税和供养寺院，余下的可以交换。整个吐蕃境内农牧业经济仍在发展。

（一）与宋朝的贸易

北宋从10世纪中叶始，就面临着北方崛起诸族的强大压力，先是抗击由契丹人建立的辽国，后又防御以党项人为主体的西夏侵扰，无力经营吐蕃地区，对河、湟、西川诸蕃部采取怀柔政策。实施这一政策的一个重要内容，就是接纳吐蕃诸部为宋朝的贸易伙伴。

河、湟、西川诸蕃部的经济并不很发达，但贸易却相当活跃，尤其是与宋朝的贸易。"木昔园者，西南生蕃小族，距茂州千余里，历熟蕃（内附者）八族然后至，八族常以转贩取赢。"[1]蕃商积极主动与宋朝做买卖。宋太平兴国八年（983），"吐蕃诸戎以马来献。上（太宗）召其酋长对于崇政殿，厚加慰抚，赐以束帛"[2]。宋对吐蕃前来交易，持欢迎态度。吐蕃向宋出售的商品中，马匹最为重要，蕃民用马与宋换取茶和绢。宋开辟了固定的贸易场所供蕃汉交易之用，这种贸易场所称为"市马场"。各市马场皆由官方派员负责。宋代川西缘边，各州均有市马场，交易规模非常大。导江县设有博马场；黎州的汉源、雅州的碉门寨，市马场自宋太祖时即设，通过这里向宋出售的蕃马，每年达数千匹之多。《宋会要》载："蕃部出汉买卖，非只将马一色兴贩，亦有将

---

[1]〔南宋〕王象之：《舆地纪胜》卷149，江苏广陵古籍刻印社，1991年，第1061页。

[2]〔宋〕李焘：《续资治通鉴长编》卷24宋太宗太平兴国八年九月庚午条，中华书局，1979年，第553页。

到金银、斛、水银、麝香、茸蜡、牛羊之类。博买茶货，转贩入蕃。"①可见，蕃汉交易货物种类之丰富。

至仁宗景祐元年（1034），韩亿从成都返回京师，上言："维、茂州地接羌夷，蕃部岁至永康官场鬻马，亿虑其觇两川，奏徙场黎州境上。"②朝廷从其议，永康军市马场遂废。但"盖缘本处是西山八州军隘口，自来通放部落入城博易买卖，其蕃部别无见钱交易，只将到椒蜡、草药之类，于铺户处换易茶货，归去吃用，谓之茶米。或有疾病，用此疗治，旦暮不可暂阙"③。以马易茶变成以土特产易茶，市场贸易仍然兴盛。

灌县西北的蚕崖关市场始辟于唐代，北宋神宗熙宁五年（1072）恢复。因为蕃部在此市上换回的货物主要是茶叶，蚕崖关又名茶关。到清朝此场遗址犹存。

文州自宋太祖时即置市马场。在该市蕃部换回的货物主要是茶、盐、粮米之属。威州通化县"有博易场"，茂州汶州县"有博马场"等。市马场不独设于川西缘边，宋自初始，即在河东、西北、西南缘边各地广泛置场。至真宗咸平元年（998），河东、陕西"市马之处，河东则府州、岢岚军；陕西则秦、渭、泾、原、仪、环、庆、阶、文州、镇戎军"④。与此同时，宋政府还责成边缘地方政府择派官吏、牙人深入蕃区买马。"招马之处，秦、渭、阶、文之吐蕃、回纥；麟、府之党项；丰州之藏才族；环州之白马、鼻家、保家、名市族；泾仪延鄜、火山保德保安军、唐龙镇、制胜关之诸蕃。每岁皆给以空名敕书，委缘边长吏择牙吏入蕃招募。"⑤至仁宗时期，由于西夏兴起，宋廷不断调整市马场地点，最后，"止环、庆、延、渭、原、秦、阶、文州、镇戎军置场"⑥，作为吐蕃马匹进入内地的口岸。

宋初至宋神宗初年，吐蕃诸部用马换取汉地产品，四川地区物资大量流入陕西，与吐蕃贸易。"秦州山外蕃部至原渭州、德顺军、镇戎军鬻马，充豪商

---

① 〔清〕徐松：《宋会要辑稿》职官四三之五九，中华书局，1957年，第3303页。
② 〔元〕脱脱等：《宋史》卷315《韩亿传》，中华书局，1977年，第10298页。
③ 〔宋〕吕陶：《净德集》卷1，中华书局，1985年，第4页。
④ 〔清〕徐松：《宋会要辑稿》兵二四之一，中华书局，1957年，第7179页。
⑤ 〔宋〕李焘：《续资治通鉴长编》卷43宋真宗咸平元年十一月戊辰条，中华书局，1979年，第922页。
⑥ 〔宋〕李焘：《续资治通鉴长编》卷314宋仁宗天圣四年九月条，中华书局，1986年，第2421页。

钱，至秦州，所偿止得六百。今请于原渭州、德顺军，官以盐钞博易，使得轻赍至秦州，易蜀货以归。蜀商以所博盐引至岐、雍，换监银入蜀，两获其便。"①宋廷用以市马的货物当中，布帛的量最大。对此，宋人"议者颇以国马烦耗，岁费缣缯，虽市得尤众，而损失亦多"。至神宗熙宁年间，陕西缘边市马场进入空前繁荣时期。至元丰年间，官府申明"专以茶博买马"②。茶马贸易发展起来，从总体上取代了绢马贸易。吐蕃"不可一日无茶以生"，纷纷到缘边来卖马，换取宋朝的茶叶。为防止流入蕃区的茶叶太多，导致茶愈贱而马愈少，宋朝开始严厉禁止边地卖茶。针对蕃商大量用杂物博买茶叶这一情况，宋朝规定："入蕃茶惟博易马方许交易，即不得将茶折博蕃中杂货，务要茶马懋迁"③；与蕃商杂物交易的杂卖茶，须"候（博马茶）年额马数足，方许杂卖"④，并须量度茶数，勿使过多。

蕃宋之间的茶马贸易，对贸易双方有极大的互补作用。缘蕃部以养马为业，畜牧业在吐蕃经济结构中占绝对优势。大量马匹的输出促进吐蕃畜牧业的发展，大批茶叶的输入也改善了吐蕃地区人民的生活水平。⑤四川产茶每年约3000万斤，但本地区的消费水平有限，于是有大批茶叶过剩，严重仰赖外部市场。而四川用以与吐蕃地区贸易的茶叶，占年产量的十分之一左右，大大缓解了四川茶叶产销的矛盾。蕃马的输入，既可加强宋军的战斗力，又有利于宋政府节省财政开支。神宗朝宰相王安石曾指出："今坊监以五百余贯乃养得一马，若令洮、河蕃部养马，所费必不致如此之多，兼得好马……而坊监地赋民，所取地利又不少。"⑥

在平等互利的基础上，茶马贸易起到加强民族团结、维护边疆地区安定的作用。吐蕃诸部中，居于洮河以东者史称"陇右吐蕃"，在河西东部者称"河西吐蕃"。河西吐蕃中以六谷部最强。六谷部为五代以来形成的部落联盟，所处地域为凉州一带。此地扼河西走廊交通之中枢，农业、牧业均很发达，是内

---

① 〔元〕脱脱等：《宋史》卷198《兵志十二·马政》，中华书局，1977年，第4936页。
② 〔宋〕李焘：《续资治通鉴长编》卷314宋神宗元丰四年七月己丑条，中华书局，1990年，第7600页。
③ 〔清〕徐松：《宋会要辑稿》职官四三之七五，中华书局，1957年，第3311页。
④ 〔清〕徐松：《宋会要辑稿》职官四三之五六，中华书局，1957年，第3301页。
⑤ Jeff Fuchs, The Tea Horse Road, Silk Road Vol. 6, No. 1, 2008, pp. 63–71.
⑥ 〔宋〕李焘：《续资治通鉴长编》卷248宋神宗熙宁六年十一月壬戌条，中华书局，1986年，第6049页。

地出产良马的重要地区。六谷部首领折逋嘉施、折逋游龙钵、潘罗支、厮铎督，都与宋朝廷保持良好的关系。宋朝廷对六谷部首领，一贯厚封。1006年，六谷部遭到严重疾疫，宋朝一次发给各种珍贵药材安息香、白龙脑、犀角等76种，以纾民困。六谷部向宋廷朝贡时，宋廷允许入贡者在都城随意购买包括武器在内的物品，宋朝的赏赐也多高于入贡货物的价值。六谷部输贡给宋朝的马匹每次多在千匹以上，有时一次就达5000匹。六谷部与宋朝之间的贸易，一直受到宋廷的保护和鼓励。例如，六谷部为了便利朝贡以获取商贸利益，在宋太宗时曾派遣步奏官到宋廷，请求将西北贡道经由泾州（今泾川县）的泾水流域通宋，而不必绕道西夏。宋廷允准了六谷部的请求。

在与西夏就丝绸之路的斗争中，六谷部一直与宋朝联合，宋朝赐其大量的弓箭和兵器，以共御西夏的进犯。1028年，西夏攻占了凉州与河西地区。六谷部联盟分散解体，残余部众多迁往湟水流域归附于唃厮啰。

唃厮啰政权幅员辽阔，水草丰茂宜畜牧，以牧为主，农牧结合，其农、牧、手工业较唐时吐蕃已大有进步。唃厮啰地处横贯亚欧大陆的丝绸之路的南线道路，是中原通向西域之门户。特别在西夏控制河西走廊迫使过路商旅改经青海道的情况下，唃厮啰据天时地利大力发展贸易，各族各地商人络绎不绝于途。

唃厮啰与宋之贸易，即地方政权与中原王朝之间传统的礼尚往来——以贡赐形式进行的商品交换。唃厮啰于1015年第一次向宋朝进贡，至1104年其政权瓦解，据不完全统计，吐蕃对宋朝贡45次。宋朝对唃厮啰赏赐达150余次。朝贡的物品主要是良马及珠玉、象牙、香料、铜印、银枪铁甲等。其中有的产自吐蕃地区，有的是从西域各国贸易而来。宋赐回赠的物品是大量丝绸、茶叶、银器、衣着什物。除此之外，互市也是传统贸易方式，且规模大、数量多，以茶马交易为主。《宋史·吐蕃传》载，其"人喜啖生物，无蔬茹醯酱，独知用盐为滋味，而嗜酒及茶"。宋朝则需求大批战马及耕畜，双方互利，各取所需。在很长一段时期，宋廷向少数民族每年求购大量马匹，唃厮啰则是主要供应基地。唃厮啰贡使、蕃商均取道秦州入关中至京师，沿边互市也日臻繁荣。

宋置市易司，在熙河一带招募蕃汉商人前往经营贸易。货物不限茶、马，唃厮啰的粮草、中原的彩缎亦是大宗。唃厮啰妇女喜爱"衣锦"服饰，是用中原丝绸制作,有绯、紫、青、绿诸种颜色。其他物品还有麝香、水银、朱砂、牛黄、珍珠、生金、珊瑚、犀玉、茸褐、驰褐、三雅褐、兜罗锦、花芯布、阿魏、木香、安息香、黄连、绒毛、牦牛尾、羚羊角、竹牛角、红绿皮等土特产,银枪铁甲、银装交椅等兵器、手工艺品。宋朝在熙宁至元丰年间,年运销熙河四万驮茶叶、购入军粮二十二万石,马料十万石,刍草八十万束,马一万五千余匹。互市交易,唃厮啰多用五谷、乳香、硇砂、罽毡、马牛以代钱币。但有时有些地区也用宋朝铸造的货币,甘南曾出土大量宋朝钱币,八角城道吉家曾挖掘出数千枚宋代铜钱,临潭冶力关乡亦发掘出北宋铁钱窖藏,一处就有4750公斤,①反映了宋代当地民族贸易之兴旺景象。

除官方设置的榷场外,唃厮啰与宋边界地的民间私市也很盛行。但这些"蕃贾与牙侩私市"之物货为避官府究查及盘剥,均由隐密小路转输,私下交易。宋官方为"牢笼遗利,资助边计",凡有私市许人纠告,但依然是禁而不止:"沿边州郡……蕃中物货四流,而归于我者岁不知几百千万,而商旅之利尽归民间。"唃厮啰地转输入宋的商品多通过民间贸易渠道,倘若"稍笼商贾之利",在秦凤一路"即一岁之入亦不下一二十万贯"。②

(二)与辽、夏及西域等地区的贸易

吐蕃与辽、西夏的关系虽不如与宋那样密切,但也有经贸往来。《辽史》记载,从穆宗应历三年(953)开始,吐蕃十余次遣使赴辽入贡。吐蕃或与西北和西域一些小国偕同至辽。如《契丹国志》卷21载,诸小国贡进物件:高昌、龟兹、于阗、大食、小食、甘州、沙州、凉州,以上诸国三年一次遣使约四百余人,至契丹贡献玉、珠、犀、乳香、琥珀、硇砂、玛瑙器、宾铁兵器,斜合黑皮、褐黑丝、门得丝、怕里呵、褐里丝等。契丹的回赐不下四十万贯。③朝贡贸易的道路有经由漠北的西北路和经由西夏的漠南路。如开泰七年(1018)凉州吐蕃贡使经漠北路入辽,而重熙二十年(1052)青唐吐蕃经由西夏走漠南路赴辽。

吐蕃同西夏为夺取丝绸之路的控制权曾多次交战,然因两方地域毗邻,也时有贸易交换,除自己消费外,也为了转贩吐蕃等地区以换取所需物品。另

---

① 党诚恩:《甘肃民族贸易史稿》,甘肃人民出版社,1988年。
② 〔清〕徐松:《宋会要辑稿》食货五五之三一,中华书局,1957年,第5763页。
③ 〔宋〕叶隆礼撰,贾敬颜、林荣贵点校:《契丹国志》卷21《外国贡进礼物》,上海古籍出版社,1985年,第205页。

外，吐蕃赴辽朝贡有时假道西夏，自然也会发生贸易往来。

唃厮啰与西域中亚甚至欧洲一些国家和地区也有经贸关系。其用来与宋辽交易的货物不少即是从西域各地转贩而来，同时亦将中原物产贩往西域。

唃厮啰对外贸易发展如此发达，原因有三：第一，宋咸平五年（1002）以前，中西商旅多走丝绸之路北线的灵州路，因其道路平坦易行。后西夏崛起并控制了河西走廊一带，对过境商队苛征、掠劫，商人叫苦不迭，只得改换道路。第二，唃厮啰地恰处丝绸之路的南线故道，当西夏连续占取甘、凉、瓜、沙四州之后，西域各国贡使商旅则多经祁连山南麓走青海道。唃厮啰之河湟及其首府青唐乃为沟通东西往来的必经之地。第三，唃厮啰对过往贡使商人采取友好态度，提供食宿方便，并允许在青唐建立货栈、屋宇定居贸易，有时还护送去宋朝贡的使者或商队。《宋史·回鹘传》载，甘州回鹘首领夜落纥之贡使因被夏人抄掠而改道青唐后，唃厮啰派人援送其使。这些利于商贸发展的措施，吸引了各国商旅前来，使唃厮啰的商业随之发达兴盛。一些城镇如青唐、邈川、宗哥、林金城廓州及熙宁战役之前的河州、洮州的商业贸易皆有不同程度的发展。邈川、宗哥为青唐通往宋境的必经之路，也是贸易中心，经过唃厮啰的外国贡使、商人有于阗、回纥、高昌诸国及拂菻国等。商业的发展促进了社会生产力的发展，是唃厮啰政权得以延续百年的经济基础。

第三节　西夏在丝绸之路贸易中的角色

20世纪初到90年代之前，学者们认为西夏阻碍了丝绸之路的畅通。① 兹后，随着西夏文文献《天盛改旧新定律令》的公刊，学术界才逐步认识到过去认识上的偏差，遂利用《天盛改旧新定律令》及其他相关材料对西夏与丝绸之路的关系问题进行重新审视，认为西夏是重视丝绸贸易的，西夏时期的丝绸之路仍然是畅通或基本畅通的。② 近年来，一些学者对这一问题又有了新的认

---

① 吴天墀：《西夏史稿》，四川人民出版社，1980年，第186页；李华瑞：《试论西夏经营河西》，《兰州学刊》1987年第5期；樊保良：《回鹘与吐蕃及西夏在丝路上的关系》，《民族研究》1987年第4期。
② 陈炳应：《西夏丝绸之路贸易与货币》，《中国钱币》1991年第3期；李学江：《西夏时期的丝绸之路》，《宁夏社会科学》2002年第1期。

识①，他们认为很难用畅通或断绝来概括西夏立国近两个世纪内的丝路状况，随着政治环境的变化，丝路的状况也随之变化，需要具体分析。

西夏是从割据陕北的党项政权逐步发展而建立的国家。文献记载，大食国与北宋往来，"先是，其入贡路由沙州，涉夏国，抵秦州。乾兴初，赵德明请道其国中，不许。至天圣元年（1023）来贡，恐为西人钞略，乃诏自今取海路由广州至京师"②；"甘州数与夏州接战，夜落纥贡奉多为夏州钞夺。及宗哥族感悦朝廷恩化，乃遣人援送其使，故频年得至京师"③；西夏对回鹘人的过境贸易课以重税，"商人苦之"。④有研究者依据这些史料而认为西夏的兴起阻断了丝路贸易，西来的商人、使节只得绕行青唐路至中原王朝。

然而，从单一史料记载得出西夏时期丝路不通畅的结论是难以成立的。众所周知，10世纪后庞大的阿拉伯帝国——大食日益衰落，四分五裂，西方相继出现了许多阿拉伯小王朝，在中亚和西亚东部有塔吉克人的萨曼王朝、迦色腻王朝、廓尔王朝等政权，阿拔斯王朝徒有虚名，早已无力控制全局。如果说阿拉伯帝国的阿拉伯半岛、阿拔斯王朝腹地的伊拉克及伊朗、巴基斯坦沿海可以方便地通过海路与中国往来的话，那么距离中国很近的中亚内陆地区的商旅跋山涉水，绕道几千里至海湾，再从海上来中国就让人费解了。阿拉伯帝国地跨欧、亚、非三大洲，随着航海业的发展，早在唐代就有许多商人乘船来到中国广州、泉州、扬州等地贸易。远航贸易带来的巨大利益，使阿拔斯王朝将首都从库法迁到了巴格达。幼发拉底河、底格里斯河直通波斯湾，可见8世纪中叶，阿拉伯海上贸易十分繁盛，中国与大食西部之间多沿海路进行商贸往来。水上运输与陆路运输相比有许多优势，早在倭马亚王朝时代，帝国的商业枢纽伊拉克的水上交通就比陆路交通繁盛。商队由境内的大小河流抵达海湾，走海路与各国交易。因为长途运输取水路，既减少了沿途奔波，节省运费，又比较安全，不似驼队在浩瀚的沙漠中跋涉前进，或在偏僻的山坳中迤逦而行，耗费时日，经常遭受自然灾害和游牧人的拦劫。唐王朝在西域的烽戍防卫系统和驿馆系统，使丝路上的各国商旅络绎不绝，我国新疆、西安等地多次发现波斯、

---

① 杨蕤：《关于西夏丝路研究中几个问题的再探讨》，《中国历史地理论丛》2003年第4期；彭向前：《论西夏丝路贸易的阶段性》，《固原师专学报》2005年第5期。
② 〔元〕脱脱等：《宋史》卷490《大食传》，中华书局，1977年，第14121页。
③ 〔元〕脱脱等：《宋史》卷490《回鹘传》，中华书局，1977年，第14116页。
④ 〔宋〕洪皓著，翟立伟校注：《松漠纪闻》，吉林文史出版社，1986年，第15页。

大食的金银币，说明从陆路来华的西方商人很多。唐代都城长安就是胡人胡商云集的地方，整个城市弥漫着浓郁的胡风。长安的情况表明，阿拉伯帝国东部内陆地区的使臣、商旅没有舍近求远从海港乘信风长途颠簸，多数还是沿古老的陆路到中国。总之，唐代广州、泉州、扬州和长安的大食商人，多根据距中国的远近和自身实际情况选择来华贸易路线是经海路还是走陆路。北宋忽视大食国东部地区距中国很近的地理条件而令大食贡使和商旅均从海路来中国是不现实的。北宋的诏书出自天圣元年（1023），这时的西夏尚未完全占领河西，宋朝仅仅"恐为西人钞略"，就令大食贡使从海路由广州至京师，只能证明不是西夏而是北宋阻碍了陆路丝绸之路上的中西方商贸往来。其实，大食到北宋的贡使没有走便捷的直道，绕道西夏的目的应是与西夏贸易。北宋令大食贡使、商贾从海上来华的目的完全是为了垄断国际贸易，从经济上打击西夏。

西夏立国前与甘州回鹘争夺河西，多次劫掠回鹘遣往北宋的贡使，在吐蕃的护送下回鹘贡使才"频年得至京师"。河西走廊历来为多民族杂居区，唐末五代宋初，使人、商队在这里往来极不安全，劫货伤人的事件常常发生，"各部首领和各地首脑需要时时通过'和定'来调整彼此的利害关系和结束冲突。相互往来是否平安，在很多时候也取决于各部和各地的和定关系"①。西夏与回鹘争夺河西时，相互掠夺，也就不足为奇了。双方争夺的结果是元昊取得了胜利，甘州成了西夏的一部分。因此，这条史料与西夏劫掠西域贡使和商旅没有必然联系，不能说明是西夏阻碍了丝路贸易。

11世纪后，回鹘活跃在甘州及其以西的广大地区，建立了高昌（西州）、于阗、喀喇汗等政权。甘州回鹘为其中的一支，以甘州回鹘与西夏立国前的冲突替代整个回鹘与西夏的关系，得出西夏一直掠夺西来贡使、商人的结论显然是不妥的。回鹘贡使过吐蕃至北宋的道路，也是一条重要的交通线。这条丝绸古道从甘州的扁都口越祁连山，东南至青唐城（今西宁）后，沿湟水、渭水到长安，最后抵达开封。事实上，中原王朝通往西域的道路是很多的，有些经过河西走廊，有些不经过。不经过河西走廊的除青唐路外，还有吐谷浑道。吐谷浑道从青海湖南至都兰，穿柴达木盆地、阿尔金山隘口抵婼羌（今作若羌），与新疆境内的丝路南道重合。北魏时，宋云、慧生从洛阳，途经长安去印度取

---

① 张广达：《唐末五代宋初西北地区的般次和使次》，《西域史地丛稿初编》，上海古籍出版社，1995年，第343—344页。

经走的就是这条线路。①历史上,往来于这条道路上的商旅也很多。文献记载,西魏废帝二年(553),凉州刺史史宁在与吐谷浑的一次交战中,获"商胡二百四十人,驼骡六百头,杂彩丝绢以万计"②。吐谷浑"国无常赋,须则税富室商人以充用焉"③,说明境内的商贾很多。西夏时期,柴达木盆地以北的于阗及其以西各国与宋朝往来走吐谷浑道,顺理成章,不是什么异常现象。西夏建国前,甘州回鹘沿青唐线来中原这一史实,也无法证实西州、大食的贡使和商人在西夏建国的两个世纪中一直沿此道进入内地。(图9-3)

图9-3:青海都兰吐蕃墓出土波斯对马锦

西夏对回鹘人的过境贸易课以重税,"率十而指一,必得其最上品者,贾人苦之"④。陈炳应先生将西夏"十而税一"的税率与宋朝、大食巴士拉的税率进行比较,认为不算特重。"经过一段时间的摸索,商人们找到了偷税的办法:'后以物美恶杂贮毛连中(单其中,两头为袋),然所征亦不赘。其来浸熟,始厚贿税吏,密识其中下品,俾指之。'即用贿赂税吏和好坏掺杂的办法,解决西夏税收中最苛重的因素(原来专拣最好、最值钱的物资),等于大大降低税率。因此,税率问题不至于对丝路贸易有严重影响。"⑤

①〔清〕丁谦:《后魏宋云西域求经记地理考证》,浙江图书馆,1915年刻本。
②〔唐〕令狐德棻等:《周书》卷50《吐谷浑传》,中华书局,1971年,第913页。
③〔北齐〕魏收:《魏书》卷101《吐谷浑传》,中华书局,1974年,第2240页。
④〔宋〕洪皓著,翟立伟标注:《松漠纪闻》,吉林文史出版社,1986年,第15页。
⑤陈炳应:《西夏的丝路贸易与钱币法》,《中国钱币》1991年第3期,第29页。

综上所述，西夏对甘州回鹘入宋使者进行掠夺，对回鹘商旅征收重税，而且西夏兴起后，丝绸之路屡经改道。从这些因素来考察，西夏无疑是阻碍了丝绸之路的畅通。但只要考虑一下西夏对丝绸之路的苦心经营历程，以及李德明向北宋请求大食入贡时路过夏国的殷切，我们就不得不怀疑：西夏为什么会阻碍丝绸之路的畅通呢？北宋与西夏都视对方为敌对国家，北宋与甘州回鹘、凉州吐蕃以及于阗结成联盟，遏制西夏势力的扩展。西夏为打破这个联盟，必须要割断他们之间的联系。如此一来，西夏阻碍丝绸之路的畅通，乃历史条件使然。北宋统治者为遏制西夏，要求大食入贡时走海路，不要经过西夏，面对李德明的请求，北宋断然拒绝。从这一点看，西夏是希望丝绸之路能够畅通无阻的。

文献记载，西夏统治者十分重视商业利益，李德明请求宋朝准许大食的商人、使者途经西夏就是一例。元昊统治时期，西夏曾于庆历六年（1046）向宋朝贡"大石样金渡黑银花鞍辔，金渡黑银花香炉"①。此处"大石"应是"大食"，这一贡品说明西夏与大食存在着直接或间接的经济往来。宋嘉祐七年（1062），西夏派往北宋贺正旦的使臣，"其所贸易约八万贯，安息香、玉、金精石之类，以估价钱，却将回。其余硇砂、琥珀、甘草之类，虽贱亦售。尽置罗帛之旧，价例太高，皆由所管内臣并行人抬压价例，亏损远人。其人至贺圣节，即不带安息香之类来，只及六万贯"。②

安息香产自波斯，金精石为阿富汗的特产，玉以于阗的品质最好，说明谅祚时西夏与大食、于阗有商贸关系。《宋史·夏国传》记载："西若天竺、于阗、回鹘、大食、高昌、龟兹、拂菻等国，虽介辽、夏之间，筐篚亦至，屡勤馆人。"说明宋朝与西域各国的往来并未因西夏的兴起而中断。《宋史·于阗传》载知秦州游师雄言："于阗、大食、拂菻等国贡奉，般次踵至。有司惮于供赉，抑留边方，限二岁一进。"招待频繁而至的西方贡使成了沿途北宋地方财政的沉重包袱，反映出绍圣年间丝路上来自西方的使团、商队络绎不绝。《宋史·回鹘传》载："然回鹘使不常来，宣和中，间因入贡散而之陕西诸州，公为贸易，至留久不归。朝廷虑其习知边事，且往来皆经夏国，于播传非便，乃立法禁之。"北宋末年，回鹘贡使正是途经西夏而到宋朝的。

---

① 〔清〕徐松：《宋会要辑稿》蕃夷七之二六，中华书局，1957年，第7852页。
② 〔宋〕龚鼎臣：《东原录》，上海书店，1990年，第22页。

北宋灭亡后，西域回鹘多次入贡于金。如天会五年（1127）回鹘喝里可汗遣使入贡，沙州回鹘活剌散可汗遣使入贡；天会九年（1131）回鹘隈欲遣使来贡；天眷元年（1138）回鹘遣使朝贡；皇统二年（1142）回鹘遣使来贡；皇统四年（1144）回鹘遣使来贺；贞元元年（1153）回纥贡献；正隆元年（1156）回鹘使使寅术乌笼骨来贡；大定十二年（1172）回纥遣使来贡。蒙古建国前，一位"饶于财，商贩巨万，往来于山东河北"的回鹘商人，曾煽动成吉思汗南下用兵，①说明西域与金朝一直在政治、经济上有一定往来。西夏法典《天盛律令·敕禁门》规定："向他国使人及商人等已出卖者出卖敕禁物时，其中属大食、西州国等为使人、商人，已卖敕禁物，已过敌界，则按去敌界卖敕禁物法判断。已起行，他人捕举告者当减一等，未起行则当减二等，举告赏亦按已起行、未起行得举告赏法获得。大食、西州国等使人、商人，是客人给予罚罪，按不等已给价口当还给。此外其余国使人、商人来者，买物已转交，则与已过敌界同样判断。若按买卖法价格已言定，物现未转交者，当比未起行罪减一等。大食、西州国等买卖者，骑驮载时死亡，及所卖物甚多，驮不足，说需守护用弓箭时，当告局分处，按前文所载法比较，当买多少，不归时此方所需粮食当允许卖，起行则所需粮食多少当取，不允超额运走。"②反映了仁孝时期，西夏与大食、西州的关系友好，贸易交往密切，在特殊情况下可将驮物牲畜、粮食、弓箭等禁物卖给这些国家的使者和商人。"已过敌界"，"所卖物甚多，驮不足"，说明仁孝时，大食、西州等国使团和商队穿过西夏境与多国进行商贸交往。以上表明，介于金与西域之间的西夏并未阻碍中西方的交往。由于西夏文献稀少，目前尚不清楚仁孝以后的50多年西夏与西方的交往情况。依据西夏历代统治者重视对外贸易及蒙古兴起时西域商贾仍到金贩卖的史实，我们不难得出西夏时期陆路丝路基本畅通这一结论。

从黑水城文献里，我们可以看到西夏为了发展丝绸之路贸易，制定了一系列的优惠政策，鼓励与保护来往使者与商旅，特别是西州与大食，甚至有部门为大食专门饲养骆驼。对国外使者的接待、所带随从人员、住处、交易时应遵循的规则，都有详细的规定。对本国使者出使他国进行买卖时如何处理官物与

---

① 王国维笺证：《蒙鞑备录·黑鞑事略·笺证》，文殿阁书庄，1936年，第35页。
② 史金波、聂鸿音、白滨译注：《天盛改旧新定律令》卷7《敕禁门》，法律出版社，2000年，第284—285页。

私物问题，也有明确的规定。此外，西夏进行贸易的货物，不但有官营货物，而且还要派榷场使负责到各地征收农牧民手中的土特产品。《天盛改旧新定律令》对官私牲畜的生产、管理及使用极为严格。《天盛改旧新定律令》卷2《盗杀牛马驼门》规定，盗、杀自家畜养或他人的牛、马、骆驼、驴、骡分别按畜数、罪情处以重罚。如杀自属牛、马、驼，"不论大小，杀一个徒四年，杀二个徒五年"。牲畜坠谷、患病死，亦须禀官，"若不告擅自杀时，有官罚马一，庶人十三丈"。更有甚者，"出葬时以畜做陪丧者当退回"，不准屠杀；诸人杀自属牛、马、驼时，"他人知觉而食用"，须服徒刑一年。①西夏经济以牧业为主，但杀自养牛、马、驼都要被处以重罪，理有不通。联系到《敕禁门》规定牛、马、驼属国家专营，不许私自卖与他国商人，可知此为保证官营畜牧业垄断利润的必然之举。牛、马、驼为对外贸易的大宗商品，而驴、骡很少出现在榷场贸易中，故《盗杀牛马驼门》规定杀自属驴、骡一头，只须徒刑三个月。

西夏对丝绸之路，尤其是对丝路贸易是非常重视的，而且其重视程度比同时代的北宋、辽、金都要高，故主观上不可能有意去破坏丝绸之路，但因与北宋存在着诸多矛盾，会出于自身统治需要掠夺北宋的盟友，从而不可避免地阻碍了当时丝绸之路的畅通。随着北宋的灭亡，宋室的南迁，南宋退出了陆上丝绸之路贸易，西夏开始积极开展与东西方之间的贸易。在这种情况下，我们就不能说西夏阻碍了丝绸之路的畅通。

第四节　西夏王朝对丝绸之路的经营

一、西夏对丝绸之路的利用

西夏在占领了灵州和河西地区之后，控制了传统中原经凉州到河西地区的丝绸之路，还控制了唐末至宋初的灵州—西域道。西夏成了宋、辽、金和西域各国通商的重要通道。西夏控制了丝绸之路后，丝绸之路的畅通与否与西夏及周边政权的战和有着密切的关系：双方关系缓和时，交通畅通，商贸可以进行；双方关系紧张乃至战争时，道路阻隔，东西方的贸易交往受到了一定程度

---

① 史金波、聂鸿音、白滨译注：《天盛改旧新定律令》卷2《盗杀牛马驼门》，法律出版社，2000年，第154—155页。

的影响。

由于各政权控制地域范围不同，宋、辽、金通往西域的道路也各不相同。宋初，传统的从长安经原州至凉州的丝绸之路东段北道被吐蕃控制，宋同西域各国交往的主要路线是灵州—西域道：从东京开封府出发，经西京河南府洛阳，到达京兆府长安，再西行，经咸阳、宁州、庆州，到达灵州；从灵州西行，沿黄河，经宁夏中卫到达凉州；或经今天内蒙古阿拉善左旗，穿越腾格里沙漠西行到达凉州。1002年，李继迁攻陷了灵州，此后，河西走廊又被西夏占领，北宋与西域各国的交往通道改成青唐道：从东京开封府西行，经西京洛阳至长安；沿渭水西行西出大震关到达秦州，西行经河州、廓州到达吐蕃唃厮啰政权的青唐城（今青海西宁市）；从青唐城西行，沿原来的吐谷浑道至西域各国。

西夏经济以农牧业为主，但经济结构发展很不平衡。农业的发展受到地理条件和生产技术的限制，粮食和手工业产品不能完全满足西夏国内的需求，需要从中原地区输入来补充。北宋司马光这样论述西夏的经济状况："西夏所居，氐、羌旧壤，所产者，不过羊马毡毯，其国中用之不尽，其势必推其余与他国贸易。其三面皆敌人，鬻之不售；惟中国者，羊马、毡毯之所输，而茶彩百货之所自来也。故其人如婴儿，而中国乳哺之。"[1]

河陇地区是西夏同内地进行贸易的货物集散地，也是中原同西域、青藏地区进行贸易的商品交换的中转地。西夏统治者比较重视丝绸之路上的商业利益。宋代时期，海上丝绸之路比较兴盛，大食商人多从海上来到中国的内地。李德明曾请求宋朝准许大食的商人、使者途经西夏。

西夏时期，东西方交通贸易不断，但丝绸之路的作用和地位逐渐下降。从唐代开始，我国的经济重心已开始南移。南宋建都临安，政治中心的南移促进了江南经济的发展。海上交通日益兴起，传统的陆路丝绸之路不再像汉唐时期那么活跃和重要，而且海上交通的运输成本远低于陆路运输成本。南宋时期，江南的丝织业发展水平高于长江以北地区。南宋时期，外商云集杭州、广州、泉州等沿海城市，南宋与西方通过海上交往的贸易活动十分频繁。金灭南宋，

---

[1]〔宋〕李焘：《续资治通鉴长编》卷365宋哲宗元祐元年二月壬戌条，中华书局，1979年，第8752页。

但金所控制的地区不产茶叶,所需的茶叶也需要从南宋购买。北宋灭亡之后,西夏和北宋之间"庆历议和"时达成的"岁赐银、绮、绢、茶二十五万五千"的协议失去效力,西夏不能从宋朝获取岁赐的丝绸、金银和茶叶等物品。西夏国内需要的物品只能从金获得。而金对西夏的贸易持限制政策,到西夏后期,双方的贸易中断,西夏逐渐失去了丝绸之路贸易中转站的地位和作用。随着蒙古汗国的崛起和元朝的建立,陆路丝绸之路又出现了一个繁盛时期。

二、《天盛改旧新定律令》与丝路贸易

在黑水城出土的文献中,《天盛改旧新定律令》(以下部分简称《律令》)是一件特别值得重视的文献,现有刻本和数种写本出土,均藏于俄罗斯科学院东方研究所圣彼得堡分所。

作为西夏国家法典,《律令》制定并颁布于西夏仁宗天盛年间(1149—1169),全书20卷,分150门,1461条,总计20万言,内容包括刑事法、诉讼法、行政法、民法、经济法、军事法等,比较全面地反映了西夏社会历史、宗教文化、民族关系及对外政策等多方面的内容。据《律令》卷7《敕禁门》可知,大食、西州等国使节和商人来到西夏贸易,会享受到较为优厚的待遇,反映了西夏政府对发展与大食、西州等国贸易的重视。大食,即阿拉伯帝国(632—1258);西州指的是高昌回鹘王国(848—1283)。在西夏统治(1038—1227)时期,阿拉伯帝国与北宋、南宋的贸易主要通过海上丝绸之路进行,① 而与西夏及其他北方政权的贸易则主要通过陆路丝绸之路进行。高昌回鹘王国不可能与偏居东南一隅的南宋王朝开展贸易,但可以与金、西夏进行贸易。而西夏为了与金竞争,必须实行一些优惠政策。同时,西夏与南宋之间也存在着一定的贸易竞争。南宋时期,海上丝绸之路兴盛,西方的大食等国往往通过海路与南宋进行贸易,而西夏经济基础薄弱,经济结构比较单一,无法与南宋相比肩。尽管如此,西夏仍然要实行优惠政策以吸引大食展开贸易,从历史记载来看,这种政策收到了一定的成效。《律令》记载:

---

① 陈炎:《阿拉伯世界在陆海丝绸之路中的特殊地位》,《海上丝绸之路与中外文化交流》,北京大学出版社,2002年,第129—130页。

> 大食之骆驼数依所成幼仔交纳……大食之骆驼毛绒、酥不须交纳，牧者持之。①

"大食之骆驼"可能是西夏专门为大食使者、商旅饲养的骆驼。果如此，可以想见西夏是何等重视与大食的贸易。

宋室南迁，金占陕西，西夏遂与南宋隔绝，这就决定了西夏在经济上不得不依赖金国，西夏与金的贸易成了重头戏。辽朝末年，西夏与辽朝关系密切，天祚帝被金兵追袭，过着流窜的生活，西夏王李乾顺遣大臣向他问候起居，并馈赠粮饷。从历史渊源上看，西夏应与西辽关系比较密切，双方也必定有经济上的往来，但汉文史籍很难找到有关记载。《律令》中幸有零星记载，可帮助我们了解这方面的情况。

《律令》记载："皇城、三司等往汉、契丹卖者，坐骑骆驼预先由群牧司分给；当养本处，用时驮之。"②《律令》又载："马院所属熟马、生马及所予汉、契丹马等中之患疾病、生癞者，当速告局分处，马工当遣医人视之。"③《律令》为天盛年间由旧的法令修改而成，由此我们可知，所谓"汉""契丹"应分别指金与西辽。从两则史料中可以看出，皇城、三司有负责向金与西辽进行买卖的职责，并且有专门的机构马院饲养马匹，同金与西辽进行贸易。《律令》卷18《缴买卖税门》有"与敌大使买卖"的记载。这里"敌"字经反复推敲，应是"不友好"之意，与敌大使买卖意即"与不友好国家的大使进行买卖"，至于不友好国家指的是哪个或哪些就不得而知了。但能从法律条文上读到这条信息，说明西夏对丝绸之路贸易的重视程度。这与西夏在北宋时期屡屡掠夺甘州、于阗使者形成鲜明的对比，因为在西夏人眼中，甘州、于阗就是"不友好"的代表。

西夏除了直接与他国进行贸易和经营中继贸易之外，还通过收取过往商旅的税而致富。洪皓《松漠纪闻》记载：

---

① 史金波、聂鸿音、白滨译注：《天盛改旧新定律令》卷19《畜利限门》，法律出版社，2000年，第577、578页。

② 史金波、聂鸿音、白滨译注：《天盛改旧新定律令》卷19《供给驮门》，法律出版社，2000年，第576页。

③ 史金波、聂鸿音、白滨译注：《天盛改旧新定律令》卷19《畜患病门》，法律出版社，2000年，第583页。

〔回鹘〕多为商贾于燕，载以橐它，过夏地，夏人率十而指一，必得其最上品者，贾人苦之。①

由此可知，西夏对回鹘商人收取的是十分之一的税，而且常常是择其上品而取。这种重税政策使回鹘商人叫苦连天，但这一政策只是暂时性的。西夏境内，黄河自兰州至天德（今内蒙古包头西），蜿蜒千余里，将两岸切割成若干个地理单元，因此沿河摆渡成为西夏交通运输不可或缺的部分。《律令》载，有大小24个渡口，每个渡口设税监、出纳2名，负责征收渡船税。②《律令》又载："河水上置船舶处左右十里以内，不许诸人免税渡船。倘若违律时，当纳税三分，一分当交官，二分由举告者得。"③他国商人若想经过西夏进行贸易，肯定要通过若干渡口，这也是西夏获取税收的好机会。

《律令》记载，主管与他国买卖的机构为皇城司、三司，《司序行文门》把皇城司、三司列为次等司，地位仅次于上等司中枢、枢密。此外，监军司有接待与护送他国来使的职责，群牧司负责提供出使他国时所用马匹、骆驼。从《他国买卖门》《使来往门》《执符铁箭显贵言等失门》中，可以获得如下信息：

1. 他国使者的人员有客副、都案、小监等，出使他国买卖的人员有正副使、内侍、阁门、文书、译语、官之卖者、驾骆驼、侍马等。④

2. 他国来使，"监军司、译语小监当指挥，人马口粮当于近便官谷物、钱物中分拨予之，好好侍奉……不侍奉使人时，有官罚马一，庶人十三杖"⑤。另外，他国来使所带随从、行童必须是可靠人员；他国来使若要买卖，必须住进京师的馆驿，买卖时还要缴纳一定的税。

3. 出使他国进行买卖时，官物与私物必须分清，私物不能由官驮负载；官

---

① 〔宋〕洪皓著，翟立伟校注：《松漠纪闻》，吉林文史出版社，1986年，第15页。
② 史金波、聂鸿音、白滨译注：《天盛改旧新定律令》卷17《库局分转派门》，法律出版社，2000年，第536页。
③ 史金波、聂鸿音、白滨译注：《天盛改旧新定律令》卷11《渡船门》，法律出版社，2000年，第392页。
④ 《他国买卖门》与《使来往门》所记内容比较琐碎，这里择其要者而叙之。
⑤ 史金波、聂鸿音、白滨译注：《天盛改旧新定律令》卷13《执符铁箭显贵言等失门》，法律出版社，2000年，第471页。

物与私物同时买卖，私物不能与官物竞争；官物卖时，"所得价及实物当于正副使眼前校验，成色、总数当注册，种种物当记之，以执前宫侍御印子印之"①。

西夏对使者来往与出使他国贸易的规定，可以说是到了细致入微的地步，这一方面反映了西夏对丝路贸易的重视，另一方面也说明了丝路贸易的繁荣，客观上要求必须有详细的法律条文来规范贸易过程中的种种行为。《律令》的重新修订恰好适应了这种需求。

通过贸易，大食的不少物产传到了西夏境内。西夏汉文文献《杂字·果子部》（编号Дх.2822）中即有"大石瓜"的记载。②

西夏种植的植物中也有来自阿拉伯地区的。西夏文辞书《文海》收有"块根菜"一词，并解释说："此者蔓菁类也，草上出也。"③蔓菁原产于阿拉伯国家。元代营养学名著《饮膳正要》也解释说："蔓菁，味苦温，无毒，主利五藏（脏），轻身益气。蔓菁子名目。"④蔓菁根，阿拉伯语称 šaljam，元时译为沙吉木儿。

至于其他盛产于阿拉伯地区的物品则更多，屡屡见载于西夏时代的各种文献。在西夏文—汉文对照词语集《番汉合时掌中珠》中共收集词语700余条，内容涉及西夏社会的各个方面，列举了不少外来物品，其中盛产于阿拉伯地区的如乳香、沉香、珊瑚、琉璃、⑤琥珀、玛瑙等。⑥《天盛改旧新定律令》卷17《物离库门》讲述的是西夏官府对财物的出入库管理，其中列举了近200种生药药材，阿拉伯地区盛产的珊瑚、沉香、琥珀、乳香、玛瑙等也有记载。⑦西夏文辞书《文海》中也有琥珀、珊瑚等词条。⑧

---

① 史金波、聂鸿音、白滨译注：《天盛改旧新定律令》卷18《他国买卖门》，法律出版社，2000年，第569页。
② 《俄藏敦煌文献》第6册，上海古籍出版社，2000年，第140页。
③ 史金波、白滨、黄振华：《文海研究》第52.271条，中国社会科学出版社，1983年，第472页。
④ 〔元〕忽思慧：《饮膳正要》卷3《菜品》，上海古籍出版社，1990年影印本，第289—290页。
⑤ 据宋人赵汝适记载，乳香、沉香、珊瑚、琉璃均产于大食。见赵汝适著，杨博文校释：《诸蕃志校释》，中华书局，1996年，第163、173、200、201页。
⑥ 〔西夏〕骨勒茂才著，黄振华、聂鸿音、史金波整理：《番汉合时掌中珠》，宁夏人民出版社，1989年，第296、255、298、278、266、281页。
⑦ 史金波、聂鸿音、白滨译注：《天盛改旧新定律令》卷17《物离库门》，法律出版社，2000年，第550—551页。
⑧ 史金波、白滨、黄振华：《文海研究》第36.262、35.262条，中国社会科学出版社，1983年，第449、447页。

俄罗斯冬宫博物馆藏有一条黑水城出土的项链（编号为X-2842），系由玻璃珠、珊瑚和宝石做成，中间是黑白条纹组成的石头护身符，用以招福驱邪，研究者初步定为12—14世纪的物品，极有可能是西夏时期的遗物。①1992年，内蒙古考古工作者曾到西夏故地考察，在阿拉善盟额济纳旗文物管理所见到小型玻璃饰品，据介绍，这些物品均发现于西夏古代遗址内。②玻璃产于罽宾（今克什米尔）、中亚与波斯。③由此可以推断，来自阿拉伯世界的物品很可能是通过河西走廊传至西夏的。

特别值得注意的是，在11件文书残片中，有3件可以确定与榷场贸易有关，即Инв.No.347《榷场使兼拘榷西凉府签判文书》、Инв.No.352B《榷场使文书》和Инв.No.354《南边榷场使呈状》，内容反映的是西夏的榷场贸易。

榷场贸易是西夏与北宋进行贸易的最重要的形式之一。榷场在辽宋夏金时代是各政权间的通商机构，"榷场，与敌国互市之所也。皆设场官，严厉禁，广屋宇以通二国之货，岁之所获亦大有助于经用焉"④。由此可知，设置榷场一方面是为了杜绝私贩，垄断贸易；另一方面可以征收关税，增加政府的财政收入。⑤从上引文献看，西夏政府对榷场贸易非常重视，专门设置榷场使负责从各地征收交易的货物。文书所反映的榷场使主要负责西凉府、镇夷郡货物的征收。主要程序是：榷场使携带其部门所开文书，到西凉府交接，然后当地政府派人到各地征收农副产品，并严查违禁物品，如酒等，农牧民所生产的"椒""白褐""黄褐""毛罗"等由国家"博买"。农牧民在出售农副产品的同时，还要向国家纳一定的税。

三、西夏在丝绸之路上的商业活动

西夏是以党项羌族为主体的政权。党项羌为我国古代羌族的一支，长期生活在甘、青、川三省毗连的草原上，牧养着牛、羊、猪，到秦陇交界的庆州与

---

① Mikhail Piotrovsky, ed. Lost Empire of the Silk Road. Buddhist Art from Khara Khoto (X-XIII century), Electa, 1993, p. 253.
② 高毅：《西夏时期黄河沿岸的榷场经济》，《内蒙古文物考古文集》第2辑，中国大百科全书出版社，1997年，第598页。
③ E. H. Schafer, The Golden Peaches of Samarkand, University of California Press, 1963, p. 236；〔美〕谢弗著，吴玉贵译：《唐代的外来文明》，中国社会科学出版社，1995年，第509页。
④〔元〕脱脱等：《金史》卷50《食货志五》，中华书局，1975年，第1113页。
⑤ 李华瑞：《宋夏关系史》，河北大学出版社，1998年，第314页。

鄂尔多斯高原南缘的银、夏、绥、宥诸州。这一地区山岳绵亘，水草丰茂，为党项人发展传统畜牧业提供了有利的条件。经唐末五代到北宋初年，党项人除少部分在汉族农业文明影响下学会了农作物的耕种，绝大部分过着定居或不定居的畜牧生活。西夏建国后，虽有灌溉与河西走廊半农半牧区，但仍以畜牧业为主。（图9-4）

图9-4：西夏钱币

西夏经济发展不平衡、畜牧经济单一，因此迫切需要用畜产品换取农副产品和手工业品。然其四邻中，三面为少数民族政权，不能满足其需求，只好与中原宋朝进行交换。其实，西夏要求通商的愿望比宋朝更加强烈。因为北宋可以通过与沿边蕃部、河湟吐蕃以及北方辽朝的交换补充畜牧及其副产品，而西夏只有与宋贸易，才能实现农、牧两大类经济的交换。

西夏除了和西州、大食有经济交往外，商贸往来最多的是丝路东端的国家——宋、辽、金。西夏前期与北宋、辽经济往来频繁。西夏至宋朝的贡使"纵其为市"，设置在双方边境上的官方榷场、和市，买卖兴隆。除此之外，边民之间还有私市。榷场贸易中，西夏以畜产品、土特产换取北宋的锦帛、罗绮、香料、香药、漆器、瓷器等。西夏因与北宋贸易而"公私无乏""资用饶足"①。西夏与辽一直友好，西夏使者频繁至辽，贡使、贸易不断，西夏使人还在辽境沿路私市交易。辽在云中、上石楞坡、天德、云内、银瓮等处设市场，允许双方买卖。金灭北宋，在夏金边界的兰州、保安、绥德、东胜、环州等地设立榷场，并沿袭辽在云中（今山西大同）西北的过腰带、上石楞坡及天德军（今内蒙古乌拉特前旗东北）、云内州（今内蒙古土默特左旗东南沙尔沁）、银瓮口（今内蒙古土默特右旗萨拉齐西北）等处的互市，②而且允许夏使

---

① 〔宋〕赵汝愚编，北京大学中国中古史研究中心校点整理：《宋朝诸臣奏议》卷138，上海古籍出版社，1992年，第1553—1554页。

② 〔宋〕宇文懋昭著，崔文印校证：《大金国志校证》卷13《海陵炀王纪上》，中华书局，1986年，第186页。

在京城买卖货物。夏金之间频繁遣使,商贸往来很密切。西夏与南宋没有什么交往,因而茶叶、丝绸多从金获取。在黑水城出土的西夏文献中,有15件特别重要的汉文文书,编号分别为Инв.No.307（2-1）、Инв.No.307（2-2）、Инв.No.308、Инв.No.313、Инв.No.315（2-1）、Инв.No.315（2-2）、Инв.No.316、Инв.No.347、Инв.No.348、Инв.No.348V、Инв.No.351、Инв.No.352A、Инв.No.352B、Инв.No.353、Инв.No.354。①这些文书均剥离自西夏文佛经刻本《大方广佛华严经》的封套裱纸,均为西夏仁宗大庆三年（1142）之物,乃西夏南边榷场使处理对金朝榷场贸易事务的文书。从这些文书可以看出,西夏与金贸易货物种类繁多,以丝毛织品居多,此外还有食用品和书写用品等。②

西夏与周边民族都有经济联系。茶叶是饮乳吃肉的游牧民族的生活必需品,"西人颇以善马至边,其所嗜唯茶,而乏茶为市"③。北宋与西北少数民族间的茶马贸易很兴盛,"回鹘入朝,大驱名马,市茶而归"④。茶叶也是西夏与西部民族贸易的重要商品。西夏每年从北宋获得大量茶叶,与西蕃之间"以茶数斤,可以博羊一口"⑤。唐朝以绢买西北之马,北宋以银、绢、盐、茶等物博西北的马匹,可见绢等丝织品很受这一地区少数民族的欢迎。西夏的织绢院生产一定数量的丝织品,通过岁赐、回赐、贸易等途径,从北宋得到大量丝绸。苏轼曾说,西夏"每一使至,赐予、贸易无虑得绢五万余匹,归鬻之,其直匹五六千,民大悦。一使所获,率不下二十万缗。使五六至,而累年所罢岁赐,可以坐复"⑥。西夏自然条件恶劣,灾害频繁,经济基础薄弱,人民常以野菜充饥,生活困苦。西夏法典《贞观玉镜将》和《天盛改旧新定律令》以丝绸、银两、茶叶来奖励立战功的将士和出色完成本职工作的文臣,可以看出丝绸是十分难得的稀罕物,不是人人轻易能得到的,境内丝绸的商品率不可能很高。很多史料表明,西夏一旦与北宋关系恶化,双方贸易便会中断,西夏经济

---

① 俄罗斯科学院东方研究所圣彼得堡分所、中国社会科学院民族研究所、上海古籍出版社合编:《俄藏黑水城文献》第6册,上海古籍出版社,2000年,第279—286页。参见佐藤贵保,"ロシア藏カラホト出土西夏文《大方广佛华严经》经帙文书の研究——西夏榷场使关连汉文文书群を中心に",《东トルキスタン出土"胡语文书"の综合调查》,2006年,第61—76页。
② 杨富学、陈爱峰:《黑水城出土夏金榷场贸易文书研究》,《中国史研究》2009年第2期。
③〔元〕脱脱等:《宋史》卷184《食货志下（六）·茶下》,中华书局,1977年,第4498页。
④〔唐〕封演撰,赵贞信校注:《封氏闻见录校注》卷6《饮茶》,中华书局,2005年,第52页。
⑤〔宋〕李焘:《续资治通鉴长编》卷149宋仁宗庆历四年五月甲寅条,中华书局,1985年,第3412页。
⑥〔宋〕苏轼著,李之亮笺注:《苏轼文集编年笺注》,巴蜀书社,2011年,第6页。

会陷入疲困，一匹绢涨到十几贯甚至几十贯。丝绸轻软，便于携带，价钱很高，一向是东西方商人长途贩卖的理想商品。结合西夏国内人民生活艰辛、购买力有限的情况，从北宋带回来的丝绸应是卖给境内外的商贾，通过他们再向西贩运。西夏因转手丝绸贸易，获利很多，成为充实国力的重要手段。

仁孝时，西夏与金、西辽、吐蕃、西州、大食有外交往来。《天盛改旧新定律令·使来往门》规定："他国来使，住于京师馆驿，依官买卖，未住诸人不许随意买卖。若违律买卖不纳税，则承诸人买卖逃税之罪，赐举告赏当与前相同。依税法纳税，并因不应买卖，徒二年。"可知西夏首都兴庆府内有馆驿专供外国使者、商人歇息、交易，政府征收外贸税。《天盛改旧新定律令》有《与敌大使买卖》条，说明西夏政府从不轻易错过获取利润的机会，对商业高度重视。西夏的榷场交易和贡使买卖都以官方为主，《天盛改旧新定律令·他国买卖门》都是有关去他国采购商品的法律规定，反映官商在对外贸易中占主导地位。西辽地域辽阔，疆界"东北至叶尼塞河上游，与吉尔吉斯为邻；西北越过巴尔喀什湖，包括康里人活动的地区，西至咸海以北地区"[1]，高昌和喀喇汗均为其属国。西辽的国际贸易相当发达，"处于商道的大城怛逻斯、讹打剌等都有专供商队过往食宿的旅店和出售商品的地方。国际贸易贩运的商品主要是高级消费品：中原的丝绸和高级工艺品、中亚和西亚的珠宝玉器和香料等。此外，奴隶也是贩运的对象之一，他们主要来自北方游牧部落，多运往河中和西亚地区"[2]。这一时期，西夏的贡使、商人穿梭在金与西辽之间，在国际贸易中充当着重要角色。

西州回鹘与西夏友好，贡使、商队常往来于西夏。其实，西夏时西域回鹘各国对商业是非常重视的。喀喇汗王朝把商税视为国库的主要收入。《福乐智慧》载，"商业带给国家利益很大，这样才能保证国库免于匮乏"，国王"要保护商道的安全，肃清一切盗贼"[3]。文字史料和考古材料已证明，地处中西交通枢纽的西域回鹘各政权，同东方的宋辽金、印度、西亚、北非和东南欧都有密切的贸易关系。仁孝时，西夏用西方的珠玉在榷场上换取金的丝帛，金认为这是以无用易有用，于是关闭了兰州、保安榷场，反映西夏的转手贸易有一定

---

[1] 魏良弢：《西辽史研究》，宁夏人民出版社，1987年，第130页。
[2] 魏良弢：《西辽史研究》，宁夏人民出版社，1987年，第146页。
[3] 优素甫·哈斯·哈吉甫著，郝关中、张宏超、刘宾译：《福乐智慧》第58章《论如何对待商人》，民族出版社，1986年，第574页。

的规模。西夏与西域回鹘的交往是多方面的，西夏境内翻译佛经的高僧有许多是回鹘人，西夏汉文文献《杂字·果子部》有"回纥瓜"①。

西夏与大食的交往，对西夏经济和人民生活都产生了重大影响。《天盛改旧新定律令·畜利限门》规定，"大食之骆驼数依所成幼仔交纳"，"大食之骆驼毛绒、酥不须交纳，牧者持之"，来自大食的骆驼已在西夏畜牧业中占一席之地。西夏汉文文献《杂字·果子部》中有"大食瓜"。众所周知，阿拉伯帝国地理位置优越，大食商人穿行在欧亚非之间，在中国贩运的商品历来以香药、宝石、珍珠、象牙、犀角为主，从中国输入的货物以丝绸、瓷器、纸、墨、香料为大宗。许多大食商人因经营中国的丝绸、瓷器等物而致富。西夏虽能生产一定数量的丝绸、瓷器、纸、墨，但产量和工艺无法与中原产品相提并论。西夏前期，这些商品主要从北宋输入；后期主要从金朝获得。仁孝时，西夏官库存放着金银、丝绸、钱币、陶器、漆器、药材等。药材中有香象牙、珍珠、珊瑚、乳香、没药、龙脑等产自西域和大食的药品。仁孝时，金与南宋的经济交往十分密切，金通过榷场从南宋购得茶叶、各种热带和亚热带水果等。仁孝时，官库内的香象牙、龙脑等物品应是从西方获得的。

第五节　吐蕃、西夏对丝绸之路的争夺

西夏和吐蕃的关系，从7世纪初党项与吐蕃王朝发生联系开始，到13世纪初西夏亡国为止，长达六百余年。

一、党项羌内迁前后与吐蕃的关系

党项羌与吐蕃正式联系发生在唐太宗贞观年间。贞观八年（634），松赞干布遣使入朝，唐太宗遣冯德遐为使下书临抚。松赞干布听闻突厥、吐谷浑"皆得尚公主"，乃遣使送币向唐朝求婚。太宗没有答应。"弄赞（松赞干布）怒，率羊同共击吐谷浑。吐谷浑不能亢，走青海之阴，尽取其赀畜。又攻党项、白兰羌，破之。勒兵二十万入寇松州。"②这是见于汉文史籍记载的党项羌与吐蕃最初的接触。吐蕃进攻党项羌目的是为了打通"入寇"松州的道路，强迫唐朝

---

① 史金波：《西夏汉文本〈杂字〉初探》，《中国民族史研究》第2集，中央民族学院出版社，1989年，第180页。
② 〔宋〕欧阳修、宋祁：《新唐书》卷216上《吐蕃传上》，中华书局，1975年，第6073页。

许婚，因此，当贞观十五年（641）唐朝答应与吐蕃通婚，将文成公主嫁给松赞干布后，吐蕃大军撤离唐境，党项羌的危机也随之解除，从此党项羌与吐蕃政权保持了一段和平友好的关系。据藏文史籍记载，文成公主入藏后，帮助尼泊尔赤尊公主建造了大昭寺，其中建于康地"压女魔右手掌"的隆塘准玛寺是以弭药人为工头的。①松赞干布还娶弭药王之女为妻。弭药，即是吐蕃对党项的称呼。

649、650年，唐太宗与松赞干布先后去世，吐蕃芒松芒赞（650—676）幼年继位，军政大权落到了贵族噶尔家族手中。在噶尔一族当政的半个多世纪里，吐蕃积极对外扩张，先后发动了一系列征服青藏高原诸部以及与唐朝争夺西域的战争。

656年，禄东赞率兵十二万出击白兰，激战三次，吐蕃初败后胜，杀白兰千余人。670年，吐蕃陷唐朝西域十八州，占龟兹、于阗、焉耆、疏勒四镇。680年，吐蕃"尽收羊同、党项及诸羌之地"，党项羌除拓跋等部在唐朝的帮助下抵抗外，大部分被吐蕃所役属。②

吐蕃征服党项羌后，在党项居地设置军事机构，并驻兵把守。《王者遗教》称，吐蕃在接近唐境的弭药地区设置东岱（stomgsde），"命令发到弥人部落（misdi）之后，就将在弭药地区防守哨卡地界"。同时，将弭药转化为军事奴隶，"出师必发豪室，皆以奴从。平居散处耕牧"③。由于吐蕃推行奴役党项诸部的政策，不堪忍受的党项部落纷纷逃离吐蕃而投归唐朝。692年，吐蕃辖下的党项部落万余人内附，唐朝分置十州以处之。同年，吐蕃大首领曷苏率领贵川与党项部落三十万人内附唐朝，"六月，军至大渡水西，曷苏事泄，为国人所擒"，只有别部酋长昝捶帅羌蛮八千余人内附。④

二、内迁党项羌与吐蕃的关系

党项羌由青藏高原向西北内地迁徙，本身与吐蕃有着密切的关系。咸亨年间（670—673），吐蕃势力益炽，唐军屡屡失利。仍坚持抵抗的党项拓跋部恐终为吐蕃所并，上表朝廷，请求内徙。唐政府批准了他们的请求，将他们迁到

---

① 巴卧·祖拉陈哇著，黄颢译：《贤者喜宴》，《西藏民院学报》1981年第2期。
② 〔后晋〕刘昫等：《旧唐书》卷196上《吐蕃传上》，中华书局，1975年，第5224页。
③ 〔宋〕欧阳修、宋祁：《新唐书》卷216下《吐蕃传下》，中华书局，1975年，第6108页。
④ 〔宋〕司马光：《资治通鉴》卷205武则天长寿元年五月丙寅条，中华书局，1956年，第6483页。

陇右庆州一带。此后，仍有一些不堪忍受吐蕃奴役的党项族帐陆陆续续向唐境迁移。742年，安史之乱爆发，唐朝尽调河西戍军入卫京师，吐蕃乘虚攻占河西陇右数十州之地，被吐蕃役属的党项羌也随吐蕃势力深入到西北内地。这些进入内地的党项羌，由于风俗和吐蕃类似，居地相近，因此经常联合起来对唐朝进行骚扰。763年，吐蕃率吐谷浑、党项、氐、羌二十万东略武功、周至，并一度攻占长安，大掠而还。764年，吐蕃又攻入大震关，取兰、河、鄯、洮等州，陇右尽为吐蕃所有。

在这种情况下，唐朝边帅郭子仪"以党项、吐谷浑部落散处盐、庆等州，其地与吐蕃滨近，易相胁，即表徙静边州都督、夏州、乐容等六府党项于银州之北、夏州之东，宁朔州吐谷浑住夏西，以离沮之"①。与此同时，郭子仪还上奏代宗皇帝，请以工部尚书路嗣恭为朔方留后，将作少监梁进用为押党项部落使，防止党项阴结吐蕃为变，并"严逻以绝吐蕃往来道"，"芟其反谋"。嗣后又表置静边、芳池等三州都督、长史，永平、旭定、清宁、宁保、忠顺、静塞、万吉等七州都府，阻绝党项与吐蕃交结。于是"破丑、野利、把利三部及思乐州刺史拓跋乞梅等皆入朝，宜定州刺史折磨布落、芳池州野利部并徙绥、延州"②。

郭子仪此举虽把党项最强大的拓跋部与吐蕃隔离开，但并没能阻止其他党项与吐蕃的联系，特别是没有迁徙的党项一直和吐蕃保持着密切的关系。819年，吐蕃以十五万众攻盐州，党项发兵驱羊马以助。次年，"党项复引吐蕃寇泾州，连营五十里"。长庆二年（822）六月盐州奏："擒得与党项送书信吐蕃一百五十人。"③可见双方联系的密切。

吐蕃与党项羌联合起来攻掠唐朝边郡的同时，还因种种利害冲突，对党项羌发动了多次抄掠战争。如778年"吐蕃二万寇银、麟州，略党项杂畜"。786年吐蕃攻盐、夏州，"刺史杜彦光、拓跋乾晖不能守，悉其众南奔，虏遂有其地"。801年，吐蕃再寇盐州、鄜州，杀刺史郭峰，"掠党项诸部"。④

会昌二年（842），吐蕃政权内部矛盾激化，佛、本二教互讧，佛教僧侣拉拢闪贝吉多杰杀死赞普朗达玛，国中无主，一片混乱。河陇诸将也接连内讧，

---

① 〔宋〕欧阳修、宋祁：《新唐书》卷221《党项传》，中华书局，1975年，第6216页。
② 〔宋〕欧阳修、宋祁：《新唐书》卷221《党项传》，中华书局，1975年，第6217页。
③ 〔后晋〕刘昫等：《旧唐书》卷196下《吐蕃传下》，中华书局，1975年，第5265页。
④ 〔宋〕欧阳修、宋祁：《新唐书》卷216下《吐蕃传下》，中华书局，1975年，第6099页。

加上嗢末起义，使吐蕃在河陇的统治陷入风雨飘摇之中。847年，吐蕃乘唐武宗新丧，诱党项、回鹘抄掠河西，被河东节度使王宰击败。848年，沙州张议潮乘势起兵收复河陇，吐蕃大军溃遁叠、宕以西，从此今甘、青、陕、川一带，吐蕃豪酋纷纷自立，形成封建割据状态，实际已非藏区拉萨王廷力所能及。五代时，"吐蕃已微弱，回鹘、党项诸羌夷分侵其地"①。

吐蕃、党项长期杂居，水乳交融，以致唐末五代中原人对居住在仪、渭、泾、原、环、庆、秦、灵、夏、盐州的吐蕃、党项的族属难以分清。②宋人也认为他们有许多共同的地方，太宗时大臣宋琪论边事时指出："党项、吐蕃风俗相类，其帐族有生户、熟户，接连汉界，入州城者谓之熟户；居深山僻远，横过寇掠者谓之生户。其俗多有世仇，不相来往；遇有战斗，则同恶相济，传箭相率，其从如流。虽各有鞍甲，而无魁首统摄，并皆散漫山川，居常不以为患。"③

综上可知，吐蕃王朝时期及其解体后的数十年里，党项与吐蕃的关系是以吐蕃对党项的征服和统治，党项被迫内迁，随后吐蕃也进入内地和党项杂居为主的。吐蕃对党项的征服，一方面迫使党项人离开故地，开始了历时百余年的大迁徙，引起了频繁的战争和生产的破坏；另一方面改变了青藏高原闭塞落后的状态，加快了吐蕃与青藏高原其他部族的融合和交流。而党项羌被迫内迁后，逐渐摆脱了落后的状态，加强了同中原王朝及西北各民族的关系，为以后西夏王国的建立奠定了坚实的基础。

三、西夏对河西、吐蕃的征服

西夏是以党项人为主体民族所建立起来的政权。881年，党项人的大首领拓跋思恭即割据夏、绥、银、宥四州，因为出兵助唐镇压黄巢为首的农民起义有功，被唐僖宗赐姓李氏，长任为夏州节度使，封夏国公。10世纪末期，李继迁坚决抵制宋朝实施的削除藩镇、加强中央集权专制主义的政策，独立自主，公开与宋朝为敌，西夏的地方割据已经长达一百余年。（图9-5）

---

① 〔宋〕薛居正：《旧五代史》卷138《吐蕃传》，中华书局，1976年，第1839页。
② 吴天墀：《西夏史稿》，四川人民出版社，1980年，第14—15页注文。
③ 〔元〕脱脱等：《宋史》卷264《宋琪传》，中华书局，1977年，第9129页。

图9-5：甘肃武威市博物馆藏"五侍女"木板画

但是，由于西夏处于黄土高原的西部、蒙古沙漠的南缘，自然环境恶劣，因此，人民中的多数（党项、吐蕃、回鹘）主要从事游牧业，农业、手工业和商业十分有限，经济很不发达，国力不强。为了从宋朝取得粮食、茶叶、绢帛，西夏不得不用沙漠边缘盐池中出产的青盐和牧区出产的马匹与宋朝开展"交市"。但是，这种"交市"经常因为政治风波受到宋朝的限制和禁断，从而给西夏的政治、经济、军事和人民生活带来诸多困难。李继迁对此深感苦恼，一直寻求解决的办法。

后来，当他意识到如能垄断丝绸之路的贸易即可取得巨大的经济利益时，他就毫不犹豫地改变以往的方针策略，开始着手经营丝绸之路。在历经三朝五十余年的奋斗后，西夏终于占据了河西地区，控制了陆上丝绸之路的主要通道，东西方之间贸易往来的利益大量收归西夏所有，从而使西夏的经济得到了长足的发展，政治和军事实力因此也大为增强，在元昊至乾顺时期达到全盛。

（一）攻克灵州

五代至宋初，凉州虽然自立守将，孤悬河西，但其守将多为汉人，且受中央王朝的册命，承认是中央王朝领土的一部分。甘州回鹘和瓜、沙归义军地方政权，也与中央王朝保持着密切的藩属和宗主关系。但是，吐蕃及其属部嗢末、党项羌却占据着兰州周围，一直与中央王朝为敌，因此，丝绸之路东头的大道秦州（今甘肃天水）至凉州（今甘肃武威）的一段被阻断，内地与河西及西域的往来，只有绕道北方，通过灵州。灵州成为当时丝绸之路东段的一大重镇，后晋出使于阗的张匡邺，宋初出使西州回鹘的王延德，都是从灵州西行的。五代和宋朝向西北的回鹘、吐蕃、党项、鞑靼购置战马，与西域各国进行贸易，都须通过灵州。灵州地方千里，水深土厚，草木茂盛，有耕牧樵采之利。灵州襟山带河，东通西达，形势险要，也是兵家必争之地。

西夏诸州土地瘠薄，境内各族皆以游牧为生，粮食、绢帛、茶叶等生活用品都须从宋朝取得。其境西北的沙漠中有盐池五处，以青池和白池产盐最多，所产青盐味道纯正，深受宋朝农耕地区居民的欢迎。西夏独立之初，统治者和居民都靠采卖青盐与宋朝边民交易，换得各种生活必需品。宋太宗为了逼李继迁就范，曾经严禁池盐入边。此次禁盐使西夏损失巨大，官府和民间因此困苦不堪。

> 西羌部落种艺殊少，唯用池盐与边民交易谷麦。保吉自银州入扰，朝廷震怒，陕西转运副使郑文宝建议，"以为银、夏之北，千里不毛，但以取青白盐为命，请禁之，以困戎人，保吉可不战屈也"。数月，西人大困。①

这次禁盐给西夏造成了严重的危机。为摆脱困境，李继迁不得不集合四十二族（部落）首领，在杨家堡结盟，然后率兵一万三千，进攻宋朝的边境，包围环州（今甘肃环县）石昌镇，屠其附近的小康堡。宋太宗不堪西夏之侵扰，迅速采取退让政策，让钱若水驰马布告沿边将士和居民，解除盐禁。这场禁盐风波虽以宋朝的失败而告终，但给李继迁留下的教训却是深刻的。李继迁开始着眼于经营宋朝境内的农耕地区和河西的丝绸之路。他的武力扩张的野心与日俱增，并且首先将矛头对准宋朝的西边重镇——灵州。李继迁不断派兵进攻灵州东北部的吐蕃牧地，迫使这些归附于宋朝的吐蕃人南迁。接着，又亲自率兵进袭宋朝的驻军——清远军（今宁夏灵武东南），为宋军所败：

> ［至道元年九月，李继迁］以千余骑攻清远，文宝与守将张延拒却之。②

---

① 〔清〕吴广成撰，龚世俊等校注：《西夏书事校证》卷5，甘肃文化出版社，1995年，第57页。
② 〔清〕吴广成撰，龚世俊等校注：《西夏书事校证》卷5，甘肃文化出版社，1995年，第64页。

至道元年为995年，文宝姓郑，时任转运副使，禁断池盐即是他的计谋。

996年，李继迁又率兵袭击宋朝西运灵州的粮纲，取得胜利。经此一战，西夏不但夺得了大批粮食，而且军威大震，使宋朝大臣和边将感到惶恐不安。同年五月，李继迁集合党项各部精兵数万，围攻灵州，"索取张浦。守吏遣使告急，继迁获其使，知城中危窘，遂顿兵城下。四方馆使曹璨自河西入朝，悉以状闻"①。张浦是李继迁的部将，为左都押牙。一年前，李继迁派他到宋朝进贡骏马、骆驼，宋太宗知道他是李继迁的谋主，授予其银青光禄大夫、郑州刺史等职，有意留住他，不让他返回西夏。李继迁围攻灵州，即以讨取张浦为借口。

灵州得失，事关重大。宰相吕端建议发兵直捣李继迁的老巢——平夏部落住牧之地，以解灵州之围。多数大臣则主张"静以待之"，实际上放弃灵州。宋太宗采纳吕端的建议，集兵数万，五路出击。李继迁唯恐失去老巢，急解灵州之围，回救本土。

至道三年（997）冬季，李继迁收纳宋朝叛人，领兵再攻灵州，失败而回。这时，宋太宗病死。宋真宗即位，遣使招谕李继迁。李继迁觉得有机可乘，于是下令党项族人缟素举哀，为宋太宗祭奠。同时遣使宋朝，卑词厚礼，要求任命，表示希望得到祖先的旧业。宋真宗果然中计，不但赐予高官，将攻取的数州归还给李继迁，而且还赠送了静州和大量的物资。至此，李继迁轻而易举地从宋朝取得了夏、绥、银、宥、静五州之地，实力剧增，成为宋朝的劲敌。西夏不断进攻宋朝的麟州（今陕西绥德西北）和府州（今陕西府谷），使宋军东西救援，疲于奔命。咸平三年至四年（1000—1001）夏，李继迁清扫灵州外围，要劫宋朝运往灵州的军粮，派兵屯驻于灵州四周，垦田放牧。灵州成为孤城，形势十分危急。宋真宗与参政李至、宰相张齐贤等商议，李至与张齐贤等都主张放弃灵州，招抚六谷蕃部首领潘罗支，固守凉州，遏制西夏。宋真宗又令大臣商议灵州弃守事宜，大臣李沆、杨亿等也主张放弃，只有原镇戎军都部署李继和提出反对意见。宋真宗听取了李继和的意见，派兵急援灵州：

［李继和］极言灵州不可弃，朝廷禁青盐甚为允惬，斯诚固圉之良策

---

① 〔清〕吴广成撰，龚世俊等校注：《西夏书事校证》卷6，甘肃文化出版社，1995年，第68页。

也。至是，乃以王超为西面行营都部署，将步骑六万援灵州，以郑仁宝为随军转运使。①

李继迁得悉宋朝派大军救援灵州，当即从灵州撤围，移兵东北方，改攻麟州。王超因而驻军中途，命郑仁宝率部分兵力，北解麟州之围。李继迁密以少量兵力，虚与郑仁宝周旋，自己则集聚精兵，急攻灵州，终于夺取了该城。李继迁没有建都于中心地带夏州，却在夺取灵州后，将位于西南的灵州改名为"西平府"，建都于此。显然，他准备集中全力，经营西方的丝路重镇——凉州（今甘肃武威）了。

（二）驱逐六谷蕃部，占领凉州

从凉州东渡黄河，可达兰州和灵州；向西，经过甘州、肃州、瓜州、沙州，再往西北，可达高昌回鹘；西南可达于阗国、喀喇汗王朝及拂菻（东罗马拜占廷帝国）；北经白亭海，逾沙漠，可至鞑靼；南越祁连山，可通河湟吐蕃各部。凉州水草肥美，草场广阔，自古即是耕牧要地，汉唐两朝都曾在凉州设立官马场，牧放军马数十万匹。其城处于河西走廊东端，早在魏晋南北朝时期，即已成为丝绸之路的重镇、中西贸易往来和文化交流的中心。素有"古代世界商人民族"之称的粟特九姓胡人就大量侨居于凉州，以致凉州大小九城中七城为粟特九姓商胡所占据。唐朝主管西域军政的陇右、河西节度使，即长期驻节于凉州。安史之乱后，吐蕃占领凉州，粟特商胡大多逃归回鹘汗国。咸通二年（861），河西归义军节度使张议潮率兵击败吐蕃，攻克凉州，奏请朝廷调山东郓州兵二千五百人戍守其地。于是，凉州成了汉族、吐蕃和吐蕃的奴部嗢末杂居的地区。9世纪后期，甘州回鹘强盛，隔断了归义军与凉州的关系，凉州往往自立守将，直属中央王朝。经过半个多世纪的战乱，到了宋朝初年，凉州的汉人仅剩二百余户，嗢末也已消失，绝大多数汉人和嗢末都已融合于吐蕃。原来游牧于祁连山的六条山谷中的吐蕃人已遍布凉州城内和城外，历史上称之为"六谷蕃部"。历史记载，六谷蕃部大约有十八个部落：督六、日美、的流、厢邦、者龙、渴龙、乞当、样丹、章迷、王家、刑（邢）家、懒（赖）家、章家、马家、周家、赵家、宗室、当众。从部落的名称看，其中有纯粹的

---

① 〔清〕张鉴撰，龚世俊等校注：《西夏纪事本末》卷5《灵州失陷》，甘肃文化出版社，1998年，第42页。

吐蕃部落，也有吐蕃化了的党项部落和汉人家族。①

宋太宗末年，凉州刺史为宋朝官吏丁惟清，主帅则为六谷蕃部"土豪"折逋喻龙波。当西夏李继迁围攻灵州时，经常派遣游骑西渡黄河，劫掠六谷蕃部：

> ［至道二年］七月，西凉府押蕃落副使折逋喻龙波上言，蕃部频为继迁侵略，乃与吐蕃都部署没暇拽于会六谷蕃众来朝，且献名马。②

由于折逋喻龙波未能有效地抗击西夏的入侵，威信日渐降低，数年之后，即为另一首领潘罗支所代替。当李继迁二围灵州时，宋真宗接受大臣们的建议，重用潘罗支，以期牵制西夏的军力：

> ［咸平四年十月］乙卯，以西凉府六谷都首领潘罗支为盐州防御使、兼灵州西面都巡检使。初，知镇戎军李继和请授潘罗支刺史，仍赐廪给。张齐贤又请封为六谷王、兼招讨使、灵州西面都巡检使，俟其立功，则授之节钺。上命宰臣议其事，咸曰："潘罗支已为酋帅，况藉其戮力共讨继迁，傥授以刺史，则名品太轻，未付节旄而加王爵，则典制非顺，招讨使号不可假于外夷，请授防御使，俾兼都巡检之职。"从之。仍以殿直、阁门祗候李振辞假崇义使为加恩官告使。③

咸平四年为1001年；年底，潘罗支两次遣使汴京，请求讨伐西夏，希望宋朝共同出兵，东西夹击。由于宋朝忙于应付李继迁围攻麟州，未能答应潘罗支的请求，致使李继迁得以集中兵力，于次年三月攻下灵州。

西夏夺取灵州后，即专注于经营凉州。李继迁首先对潘罗支进行诱降，被潘罗支断然拒绝：

> ［咸平］五年十月，潘罗支遣使上言："李继迁送铁箭诱臣部旅

---

① 钱伯泉：《凉州六谷蕃部的兴衰》，《甘肃民族研究》1992年第1期。
② 〔元〕脱脱等：《宋史》卷492《吐蕃传》，中华书局，1977年，第14154页。
③ 〔宋〕李焘：《续资治通鉴长编》卷49咸平四年十月乙卯条，中华书局，1979年，第1079页。

（族），已戮一人，繫一人，以听朝旨。"诏褒之，所繫戎人听自处置。①

凉州盛产骏马，宋朝与辽国和西夏连年交兵，战马奇缺，潘罗支为此经常向宋朝进贡马匹，以供宋朝军需：

> 六谷首领潘罗支遣使来贡马五千匹，诏厚给其值，别赐彩百匹、茶百斤，仍宴犒其部族。②

在潘罗支任西凉府主帅的三年中，六谷蕃部多次遣使向宋朝贡马，多则五千匹，少则一千匹，前后所贡战马不少于一万匹。这是一个相当惊人的数字，可见凉州在宋朝占据着多么重要的军事地位。

此后，李继迁不断派兵进攻凉州，在潘罗支为首的六谷蕃部的奋力抗击下，始终没有进展。

咸平六年（1003）六月，李继迁集中全部兵力，进攻东北方的宋朝重镇麟州，鏖战多时，死伤一万余人，大败而回。不久，他乘自己新败而六谷蕃部正放松警惕之时，率兵偷袭凉州，攻克其城，杀死宋朝任命的凉州刺史丁惟清，六谷蕃部首领潘罗支伪降。李继迁胜利之后，得意忘形，终为六谷蕃部所杀：

> ［李继迁］遂率众攻西蕃，取西凉府。都首领潘罗支伪降，继迁受之不疑。罗支遽集六谷蕃部及者龙族合击之，继迁大败，中流矢……景德元年正月二日卒，年四十二。③

李继迁死后，其子德明继位，继续执行其父经营丝绸之路的方针，不断进攻凉州，结果都被六谷蕃部击败。德明始知力攻难克，于是设法智取，经过一场密谋，终于杀死了潘罗支。

迷般嘱、日逋吉罗丹是李继迁的亲族，是党项羌人部落。者龙族是六谷蕃部左厢中的强族，是吐蕃化的党项羌人，由于一直追随潘罗支抗击西夏，深为

---

① 〔清〕徐松：《宋会要辑稿》方域二一之一七，中华书局，1957年，第7669页。
② 〔宋〕李焘：《续资治通鉴长编》卷53宋真宗咸平五年十一月甲午条，中华书局，1980年，第1162页。
③ 〔元〕脱脱等：《宋史》卷485《夏国传上》，中华书局，1977年，第13989页。

潘罗支所信任。德明利用二部落与者龙同族的关系，指使他们公开"叛投"者龙，实际上却在者龙族中做分化工作，在短期内策反其中的六个氏族，暗约西夏出兵。潘罗支不知是计，轻装前往救援，不意被二部伏兵所杀。

潘罗支被害后，其弟厮铎督被推举为凉州主帅，继续坚持抗击西夏，不断取得胜利：

> 景德二年（1005）二月，厮铎督遣外生（甥）呵昔与凉州教练使贾人义以名马来贡，并具与赵德明战斗所获人马之数来上。帝召见慰谕，优加赐与。①

"赵德明"即西夏国主德明，这时由于名义上归附于宋朝，宋真宗赐以"国姓"，所以称之为"赵德明"。

西夏虽然屡战屡败，但却百折不回地经略凉州：

> 近秦翰译六谷蕃书来上，但言为德明所侵，略无宁日，见蒐兵警备，可以六谷书付张崇贵，令谕德明。②

秦翰和张崇贵都是宋朝西部的边将，秦翰为泾原仪渭等州都钤辖，主守西夏以南疆土，西与六谷蕃部为邻。张崇贵为鄜延路钤辖，主守西夏以东疆土。所谓以"六谷蕃书""谕德明"，意为用六谷蕃部的控诉文书警告西夏的侵扰行为。但是，德明根本不把警告放在心上，甚至变本加厉地侵扰凉州：

> ［景德四年九月］丁亥，边臣言赵德明谋劫西凉、袭回鹘。上以六谷、甘州久推忠顺，思抚宁之。乃遣使谕厮铎督，令结回鹘为援，并赐厮铎督茶、药、袭衣、金带及部落物有差。厮铎督奉表谢。③

甘州回鹘曾经出兵帮助潘罗支抗击西夏，射杀李继迁，是西夏的冤家，其

---

① 〔清〕徐松：《宋会要辑稿》方域二一之二一，中华书局，1957年，第7671页。
② 〔宋〕李焘：《续资治通鉴长编》卷65宋真宗景德四年三月癸丑条，中华书局，1980年，第1449页。
③ 〔宋〕李焘：《续资治通鉴长编》卷66宋真宗景德四年九月丁亥条，中华书局，1980年，第1490页。

地恰处丝绸之路的枢纽地带，也是西夏的经营对象，所以宋朝统治者要他们联兵备战。西夏曾经一度攻下凉州，但又被六谷蕃部所收复：

> [大中祥符元年四月己未]吏部尚书张齐贤上疏言："……近知赵德明依前攻劫六谷，兼闻曾破却西凉府，所有节度使并副使，折逋游龙钵及在府户民，并录在部下……若使胁制却六谷之后，即虑瓜、沙、甘、肃、于阗诸处，渐为控制……即今在夏州，画说者必以此为计……将来圣驾东幸，臣必虑德明乘便去攻六谷。向使潘罗支尚在，则德明未足为虞，今潘罗支已亡，厮铎督恐非其敌。伏望委两府大臣谋议，早为经制。"①

折逋喻龙波在潘罗支前任六谷首领。张齐贤上疏中不但提供了西夏攻克凉州、旋得旋失的事实，而且明确指出，德明之所以急于攻夺凉州，是为了控制西通甘（今甘肃张掖）、肃（今甘肃酒泉）、瓜（今甘肃瓜州）、沙（今甘肃敦煌）和于阗国的丝绸之路。最后，张齐贤提醒宋真宗，厮铎督不是西夏的对手，宋朝应当预先部署。德明果然连年派兵进攻凉州，都未成功。大中祥符四年（1011）九月，西夏派苏守信领兵进攻凉州，又被厮铎督率领六谷蕃部所击退。但是，到了大中祥符九年（1016），凉州已成西夏的领土。是年十月，凉州守将苏守信死。

关于西夏进攻六谷蕃部，凉州陷落、成为西夏领土的事实，宋朝史籍皆无记载。根据零星的史料，此事大约发生于大中祥符八年（1015）夏季五六月间，西夏的统帅很可能就是苏守信。六谷蕃部战败后，在厮铎督的率领下，逃往湟水流域的吐蕃地区，投靠了宗哥地方政权首领唃厮啰。

（三）击灭甘州回鹘国，取得甘、肃、瓜、沙等州

唐朝初期，曾有回鹘迁居甘、凉之间。840年，蒙古高原的回鹘汗国崩溃后，又有大批回鹘迁居此地。安史之乱后，河西为吐蕃占领，甘、凉之间的回鹘成为吐蕃的属部。9世纪中期，张议潮在沙州起义，赶走吐蕃，收复伊（今新疆哈密）、西（今新疆吐鲁番）、沙、瓜、肃、甘、凉等州，建立了归义军地方政权，回鹘又从属于归义军地方政权。9世纪后期，回鹘渐强，占据甘州，

---

① 〔宋〕李焘：《续资治通鉴长编》卷68宋真宗大中祥符元年四月己未条，中华书局，1980年，第1537—1538页。

以之为都城，史称"甘州回鹘国"，势力扩展至肃州，归义军地方政权仅剩瓜、沙二州。10世纪初，甘州回鹘击败归义军的异化政权——西汉金山国，迫使其成为附庸，甘州回鹘的势力范围远达瓜、沙州。

早在魏晋南北朝时期，甘州近旁的昭武城（今甘肃临泽昭武村）即是"世界商人"粟特昭武九姓胡商集中侨居之地。隋炀帝经营西域时，甘州（即张掖）成为前沿基地。肃州和瓜州是河西丝路的必经之点。沙州（即敦煌）是西域丝路南、中、北三道总凑之地，又是佛教圣地之一，与西域盛行佛教的高昌回鹘、龟兹回鹘、于阗国关系极为密切。西夏经营丝绸之路，必然要争夺甘、肃、瓜、沙等州。

早在西夏进攻凉州时，就曾旁及甘州回鹘，所以，甘州回鹘与六谷蕃部曾建立抗击西夏的联盟。李继迁之死，就与甘州回鹘有关。大中祥符元年（1008），李继迁领兵击回鹘，"回鹘设伏要路，示弱不与斗。俟其过，奋起击之，剿戮殆尽"①。李继迁受重伤，于景德元年（1004）亡故。

甘州回鹘与六谷蕃部联盟的事实，还可从潘罗支向宋朝提出的请求中得到证实：

> ［景德元年，1004］六月，又遣其兄邦逋支入奏，且欲更率部族及回鹘精兵直抵贺兰山下，讨除残孽，愿发大军援助。②

"回鹘精兵"指甘州回鹘的骑兵。潘罗支遣其兄至汴京（今河南开封），是六月之事。凉州至汴京，即使和平时期，也须走近两个月，因此，使者离开凉州，应是三四月间之事，距李继迁之死（正月二日）仅两个多月。当时，潘罗支已明确声明，能够统率回鹘精兵直捣贺兰山的西夏老巢，则射杀李继迁的凉州之战，甘州回鹘必定是主力军之一。西夏攻取凉州后，不断派兵侵扰甘州，甘州回鹘因此发兵抗拒，曾经一度占据凉州。此后，西夏与甘州回鹘多次交兵，互有胜负。宋仁宗即位后不久，西夏突然袭破甘州：

---

① 〔清〕徐松：《宋会要辑稿》蕃夷四之三，中华书局，1957年，第7715页。
② 〔元〕脱脱等：《宋史》卷492《吐蕃传》，中华书局，1977年，第14156页。

天圣六年（1028），德明遣子元昊攻甘州，拔之。①

这次突然袭击给甘州回鹘带来了灭顶之灾，可汗夜落隔宝国自杀，妻子儿子被俘。元昊派兵守甘州，然后凯旋。

这时，德明病死，元昊继位。沙州回鹘强盛，瓜、沙、肃三州皆为其属地。景祐三年（1036），元昊派兵攻取三州。

经过李继迁、德明、元昊三朝的奋力经略，西夏终于控制了丝绸之路的孔道。宋朝只保留西域经青海至秦州（今甘肃天水）的偏路。

四、西夏的强盛

西夏取得灵州以西的广大河西地区后，国土扩大了四五倍。自从汉朝以来，河西一带都是半耕半牧、经济繁荣的地区，归属西夏后，不但使西夏的版图大增，而且改变了西夏原来依靠单一的畜牧业经济的贫穷落后的状态，西夏的政治经济因而得到了长足的发展。从此以后，西夏不再担心宋朝禁销池盐、关闭互市榷场，也不再害怕辽国的军事威胁，其经济可自给自足，其国土大有回旋余地。取得灵州以西广大地区，不但奠定了西夏与宋朝、辽国三足鼎立的局面，而且出现了"吐蕃、塔塔鞑靼、张掖、交河，莫不从伏"②的盛况。（图9-6）

凉州自古为产马之地。甘州东有焉支山，南有祁连山，北有黑水河及居延海，牧地广阔，水草丰美，也盛产马匹。宋朝一半以上的战马，来自甘、凉地区。西夏占据河西之后，宋朝失去了重要的战马来源，只得转而购买四川和云贵高原的马匹。川马矮小，禁不住骑乘和驮运，宋朝的军事力量因此大为削弱，在与西夏和辽国的战争中日益处于被动挨打的地位。

---

① 〔元〕脱脱等：《宋史》卷485《夏国传上》，中华书局，1977年，第13992页。
② 〔元〕脱脱等：《宋史》卷485《夏国传上》，中华书局，1977年，第13996页。

第九章　吐蕃、西夏对丝绸之路的经营与争夺　　573

图 9-6：西夏文首领印

西夏控制丝绸之路以后的最大收益，莫过于东西方之间贸易交往中所抽取的税利。高昌回鹘、龟兹回鹘、于阗、喀喇汗王朝、大食、拂菻等西域民族和国家与辽国的贸易往来，必须通过西夏国境。那些国家与宋朝的贸易往来，除了崎岖荒凉的青海道外，也得经过西夏。这种国际贸易往往被回鹘和回鹘化的粟特商人所垄断。

虽然文献没有明确记载西夏从丝绸之路的交易中每年能够征收多少税利，但是，其数量必然是十分可观的。

西夏居民原来多住毡房，以游牧为生，往来迁徙不定。自得灵州及河西以后，农业生产日益发展，西夏人始住土屋，但也十分简陋，土墙四堵，房顶覆以毡子。西夏控制了丝绸之路的主要通道后，开始在回鹘商人和汉族商人的影响下经营贸易，商业因此兴盛起来。市井的逐渐形成，促使居民不断集中。于是，西夏也开始像宋朝一样，大兴版筑。城隍高大、屋宇栉比、街肆林立、百货充斥的城镇开始出现，并不断增加。随着商业的繁盛，以物易物的原始交易形式已不能适应社会的需要，因此，元昊采用合法和非法的手段，从宋朝取得大量的铜钱和铁钱，投入国内市场，以供流通之用。到了乾顺统治时期，国内市场不断扩大，进口的宋钱不敷所用，于是开始自行制造大量的钱币。西夏前铸造过"福圣宝钱""天祐宝钱""大安宝钱""元德通宝""天盛元宝""乾祐元宝""天庆宝钱""天庆元宝""皇建元宝""光宝元宝"等。钱币的大量制造和流通，说明西夏商业的兴盛和经济力量的增强。

西夏控制了丝绸之路的主要通道后，并非只以地主的身份依靠抽取关税自肥，而是通过官方和民间两种贸易形式，积极投身到与他国的贸易中去。西夏商人东进辽、宋，西出西域，贩卖土产，转运丝绸和珍宝，从而获得了巨额利润。西夏与宋朝的官方交易，除了不等价的岁赐，从宋朝取得二十五万[①]银、绢、缗钱、茶叶（净赐绢十三万匹、银五万两、茶二万斤，回赐银二万两、绢二万匹、茶一万斤），有川流不息的贡使，可从宋朝皇帝处取得特赐和回赐货价，其数额是惊人的。西夏贡使还在路途中私自与宋朝百姓交易，出售青盐、白盐、毛皮、麝香、枸杞、大黄等物，套购金、银、铜、铁、丝绸、铜铁钱，甚至将铜铁打制成各种兵器，偷运回国。西夏与宋朝的民间贸易，主要在靠近两国边境的宋朝一侧进行，在河东路和陕西路，主要的榷场（两国和市的贸易点）有吴堡、银星、白豹、金汤等地。西夏和宋朝官私贸易的主要货物是：

> [宋朝] 以缯帛、罗绮易 [西夏] 驼马、牛羊、玉、毡毯、甘草，以香药、瓷漆器、姜桂等物易蜜蜡、麝脐、毛褐、羱羚角、硇砂、柴胡、苁蓉、红花、翎毛，非官市者听与民交易，入贡至京者纵其为市。[②]

在上列的西夏货物中，驼、马、牛、羊、毡毯、毛褐、羱羚羊角、柴胡、麝香等物是西夏本国的土产；而玉、甘草、蜜蜡、硇砂、苁蓉、红花、翎毛则皆为西域特产，其来源有二：一是西夏从过境的西域商人（主要是回鹘商人）中以关税的形式收取，二是西夏商人从西域购得。西夏与辽的官方贸易，《契丹国志》记载说：

---

① 〔宋〕李焘《续资治通鉴长编》卷145孙甫的上书中有"前以二十万与之议和"后"增至二十五万，彼犹偃蹇，未满其意"之语。
② 〔元〕脱脱等：《宋史》卷186《食货志下》，中华书局，1977年，第4563页。

西夏国贡进物件:

　　细马二十匹、麁马二百匹、驼一百头、锦绮三百匹、织成锦被褥五合、苁蓉、砒石、井盐各一千斤,沙狐皮一千张,兔鹘五只,犬子十只。

　　本国不论年岁,惟以八节贡献。

　　契丹回赐除羊外,余并与新罗国同,惟玉带改为金带,劳赐人使亦同。①

西夏输辽的货物,锦绮、织成锦被褥来自宋朝,苁蓉来自西域,其余皆为本国土产。据《契丹国志》记载,辽朝给新罗贡使回赐的货物为:犀玉腰带二条、细衣二袭、金涂鞍辔马二匹、素鞍辔马五匹、散马二十匹、弓箭器仗二副、细绵绮罗绫二百匹,衣著绢一千匹,羊二百口,酒果子不定数。看来辽的回赐货物,价值远远超过西夏贡品的价值。辽与西夏的民间贸易市场,设立在天德、云内等阴山山脉内外的要地。

西夏输往西域的商品,除从宋朝获得的部分丝绸之外,获利最大的是茶叶。西域各国居民率多饮奶食肉,茶叶能消食益神,为西域日常生活中不可缺少的物品。西夏将茶叶转卖给西域,可以得到本国销售时的四倍利润。此外,西域最欢迎的西夏土产为大黄,西夏各山区盛产优质的大黄。西域地多干燥,人多食肉,夏秋之间,人多便秘或感染时疫,非大黄不能医治。元朝马可·波罗东行,即见原西夏境内所产大黄输往西方的情况。他在《马可·波罗行纪》中说:

　　前此所言之三州[即沙州、哈蜜州、欣斤塔剌思州]并属一大州,即唐古忒也。如是诸州之山中并产大黄甚富,商人来此购买,贩售世界。②

"沙州"即今甘肃敦煌,"欣斤塔剌思州"即今甘肃嘉峪关以西的赤金堡周围。这两个地方南部的祁连山中,所产大黄根大味浓。唐古忒(Tangut)指西夏。马可·波罗所记载的虽是元初之事,然而西域商人在西夏境内购求大黄,

---

① 〔宋〕叶隆礼撰,贾敬颜、林荣贵点校:《契丹国志》卷21《外国贡进礼物》,上海古籍出版社,1985年,第204—205页。
② 〔意〕马可·波罗著,冯承钧译:《马可·波罗行纪》,上海书店出版社,2001年,第126页。

必非始于当日,而是由来已久。大黄的出口,也使西夏获利不少。

丝绸之路主要通道的取得,丝绸之路贸易往来的频繁,促使西夏的经济迅速发展,国力空前强盛起来。从元昊到乾顺的一百余年,西夏敢于抗衡辽宋,自立于强国之林,因丝路贸易而增强的社会经济,无疑是其政治和军事力量的重要支柱。(图9-7)

图9-7：宁夏贺兰山拜寺口西夏双塔

在西夏故地——今宁夏灵武磁窑堡出土了一批钱币,其中有西域喀喇汗王朝的钱币一枚,为穆罕默德·本·尤素夫阿斯兰汗时期铸造。这枚钱币的发现,表明西夏与喀喇汗王朝有贸易往来,也可能是喀喇汗王朝的使者或商旅前往宋朝或辽国,路过西夏境内时留下的,是西夏控制丝绸之路、取得巨大经济利益并因而富强的重要实物证据之一。①

五、西夏在丝绸之路的地位和影响

西夏占领灵州和河西地区后,开始在丝绸之路上占据重要的地位,产生重大的影响。

首先,西夏的强盛,促使周围的小国和民族对其俯首听命。元昊在1039年,即建国称帝的第二年,在送交宋朝的表文中称:"吐蕃、塔塔(即鞑靼,在西夏北方)、张掖(指灭亡不久的甘州回鹘国)、交河(高昌回鹘国),莫不

---

① 张连喜、马文宽:《宁夏灵武磁窑堡出土钱币及墨书"吊"字瓷片》,《考古》1991年第12期。

从伏。"①也就是说，西夏在丝绸之路的地位大大提高了。其次，在西夏经略丝绸之路的过程中，宋朝遭受了严重的损害，不但丧失了大片国土，而且在陆上丝绸之路的地位一落千丈，在经济交流中的获利大减。宋朝与西域的陆路联系，不得不西出秦州（今甘肃天水），经过受西夏控制的党项和吐蕃地区，逾越柴达木盆地和阿尔金山，才能到达于阗及其以西地区。此路或赤地千里，或山高路险，是丝绸之路的偏道，行旅又不安全。从此，宋朝多改行海道，陆上丝绸之路，宋朝已退居次要的地位。

西夏占领灵州和河西，使辽和西夏的国力对比发生了明显变化。早先西夏与宋交流，多靠辽的支援，因此对辽保持比较密切的依附关系。元昊称帝之后，情况就大不同了。辽军曾经三次进军西夏，两次遭到惨败，一次小胜而后又败。形势迫使辽国改变态度，采取联络西夏、针对宋朝的方针。西夏虽然有时表面上尊奉辽国，实际上，双方处于平等的地位。辽与西域的交往，必须南下居延海，经过西夏境内的甘、肃、瓜、沙等州，然后西至于阗及大食等国，西夏对于辽与西域的政治往来和经济交流，起到决定性的作用。辽京城及各地有众多的回鹘商人，这与辽和西夏长期交好是分不开的。西夏从辽与西域的经济交往中，也获得了利益。

早在西夏取得西凉府（今甘肃武威）后不久，国主德明就想从丝绸之路上获得更多的利益，因而上表请求宋朝，让大食国的贡使取道西夏：

> 乾兴元年（1022）……夏五月，表请大食国贡使取道夏州。大食，波斯别种，其入贡路由沙州，涉夏境，抵秦州。德明思掠其进奉物，上表请敕使者道其国中。时仁宗亲立，知其诈，不许。诏大食：自今入贡取海路由广州入京师。②

"大食国"即阿拉伯帝国，盛产琉璃、琥珀、珊瑚、香料、珍珠等珍贵物品。所谓"大食国贡使"，实际上是官方贸易集团。德明请求宋朝指令大食国贡使经过西夏境内并非想要劫掠贡使，而是为了从中抽取十分之一的税利，得到西方的珍宝。宋朝看穿了德明的阴谋，通知大食的贡使改行海路。大食的最

---

① 〔元〕脱脱等：《宋史》卷485《夏国传上》，中华书局，1977年，第13996页。
② 〔清〕吴广成撰，龚世俊等校注：《西夏书事校证》卷10，甘肃文化出版社，1995年，第121页。

大贸易伙伴当然不是西夏，而是地大物博的宋朝，于是在波斯湾至广州的海路上建立了一系列的据点，以致数十年后，大食与南宋的海上贸易大为盛行。西夏垄断陆路丝绸之路东段，转使海上丝绸之路大为兴盛，而陆路丝绸之路则日渐衰落。

第十章

辽金草原丝绸之路的发展

古代，在我国北方草原地区，有一条横亘蒙古高原，西达东欧、北欧地区，沟通东西方物质文化交流的孔道，即草原丝绸之路。与绿洲丝绸之路及海上丝绸之路相比，其开辟时间早，且经行范围大。它是我国北方草原游牧民族的重要交通与贸易通道，匈奴、鲜卑、柔然、突厥等民族皆对其进行过控制与经营。唐代安史之乱后，中原王朝日益衰微。回鹘、吐蕃、西夏等西北少数民族政权活动频繁，河西走廊上的绿洲丝路几度中断，而北方草原上的中西通途却始终保持畅通。继回鹘之后，契丹、女真先后崛起于北方，在其经营下，草原丝绸之路获得了进一步的开拓，丝路商贸趋于繁盛。

第一节 契丹与草原商路的开拓

一、契丹初兴及其与丝路商贸的接触

契丹是我国历史上活跃在北方草原上的一个古老的游牧民族。其族称最早见于《魏书·契丹传》，属于东胡系民族。契丹原与宇文、库莫奚两部一同游牧。344年，前燕慕容皝进攻宇文逸豆归，契丹亦遭攻击，于是从鲜卑族中分

离出来，自号"契丹"，游牧于潢水（今西拉木伦河）和土河（老哈河）流域。其民主要以渔猎为生，兼营畜牧。他们住在帐篷里，"逐寒暑，随水草畜牧"①，各处往来迁徙。及至北魏，契丹八部已有了确实的记载，西与奚族为邻，东接靺鞨，东南至高丽，北接室韦。

鲜卑人乃是继匈奴之后草原丝绸之路的又一主宰者。其所建立的北魏王朝之政治中心位于草原丝路南道，既可南控中原，又可北领草原诸游牧民族。当时，契丹与北魏虽偶有征战，但亦不乏经济上的往来。契丹人常以"朝贡"的形式，积极开展与北魏的商业贸易，从而使草原丝路东端的经济贸易活动日趋活跃。《魏书·契丹传》载，契丹八部"各以其名马文皮入献天府（北魏），遂求为常，皆得交市于和龙（今辽宁朝阳）、密云之间，贡献不绝"②。

6世纪中叶，突厥崛起于蒙古高原，相继歼灭柔然汗国及中亚的嚈哒，建立了一个东起辽海、西接波斯的大汗国。当时，突厥不仅完全掌控着中西方贸易往来的通路，且致力于草原丝绸之路的进一步开拓，如西部突厥室点密可汗时期，突厥之使频繁前往波斯及东罗马等国，旨在打通西方商路；与此同时，突厥又以其强大的武装力量，迫使波斯每年贡纳四万罗马金币。而为突厥属部的契丹人亦参与到了草原丝绸之路的商贸活动中。

8世纪中叶，回鹘代突厥而兴，成为草原霸主。安史之乱爆发后，中原丧乱，吐蕃贵族乘机占领了河西、陇右地区，绿洲丝路被阻断，回鹘控制下的草原丝路成为维系中西交通及贸易的最基本通道。在回鹘的苦心经营下，草原丝路经济获得了巨大发展，继而步入了又一个新阶段。是时，活跃于草原丝绸之路东部的契丹人与来自中亚一带、有着高度文化发展水平的粟特人，大都归属回鹘汗国统治。据史料记载："契丹旧为回纥牧羊，达靼旧为回纥牧牛，回纥徙甘州，契丹、达靼遂各争长攻战。"③回鹘亦遣使管理契丹事务，"监护其国，责以岁遗"。《资治通鉴》也记载："初，奚、契丹羁属回鹘，各有监使，岁督其贡赋。"④由是可见，契丹与回鹘关系之密切。借助草原丝绸之路的进一步发展，契丹人与丝路商贸发生了更为广泛和密切的联系，从而为其取代回

---

① 〔唐〕李延寿：《北史》卷94《契丹传》，中华书局，1974年，第3128页。
② 〔北齐〕魏收：《魏书》卷100《契丹传》，中华书局，1974年，第2223页。
③ 〔宋〕王明清：《挥麈录·前录》卷4《王延德使高昌记》，中华书局上海编辑所，1961年，第36页。《宋史》卷490《高昌传》所录无此段文字。
④ 〔宋〕司马光：《资治通鉴》卷246唐武宗会昌二年九月条，中华书局，1956年，第7967页。

鹘、掌控及拓展草原丝绸之路奠定了坚实的基础。

二、辽代丝路商道的拓展

840年，曾经控制东亚和中亚草原一个世纪的漠北回鹘汗国在黠戛斯（今柯尔克孜族，亦即中亚吉尔吉斯人）的袭击下，汗国倾覆，部众星散。活跃于草原东端的契丹乘时而兴，凭借强劲的骑兵，崛起于中国北方草原。907年，耶律阿保机在统一契丹各部后称可汗。916年，阿保机建立了契丹国，同时改元神册，立子倍为皇太子，标志其国家政权的建立。947年，辽太宗耶律德光于开封称帝，正式建立大辽，定都上京（今内蒙古昭乌达盟巴林左旗林东镇南波罗城）。

契丹人通过大规模对外军事扩张，东灭渤海，南取燕云，兵强马壮，称霸于中国北方。《辽史·属国表》即载，"辽居松漠，最为强盛"，"命将出师，臣服诸国。人民皆入版籍，贡赋悉输内帑，东西朔南，何啻万里"。①契丹的兴起及辽朝的肇建，使我国的东北、华北、西北以及整个北方草原地区联为一体，从而为辽代草原商贸的进一步开拓提供了有力的保障，草原丝绸之路由此迈入了契丹时代。

辽代草原丝绸之路的正式打通可溯源至辽太祖时期。早在太祖元年（907），和州回鹘即遣使者来贡②，开启了双方贸易往来的新篇章。辽初，传统的草原丝绸之路已延伸至契丹境内。另外，随着契丹军事实力的不断加强及其影响力的逐步扩大，草原丝绸之路在原有的基础上获得了进一步拓展。

契丹建国之前，西域地区即存在三股较大的割据势力。其一是以高昌为中心的西州回鹘（亦即高昌回鹘），统治范围包括吐鲁番盆地、天山北路，西至龟兹一带；其二为以于阗为中心的于阗王国；其三是由突厥旧部及一支西迁的回鹘联合而成的黑汗王国（亦即阿萨兰回鹘），势力范围包括中亚及新疆西部一带。

神册元年（916）七月，阿保机侵掠突厥、吐谷浑、党项、沙陀诸部，俘虏各部酋长及民户一万五千六百，驼马牛羊无数。天赞三年（924），太祖率军大举西征吐谷浑、党项、阻卜（鞑靼）诸部，至古回鹘城（鄂尔浑河畔、哈剌

---

① 〔元〕脱脱等：《辽史》卷70《属国表》，中华书局，1974年，第1125页。
② 〔元〕脱脱等：《辽史》卷70《属国表》，中华书局，1974年，第1125页。

巴剌哈逊）刻石纪功。嗣后，率军越过流沙，攻克浮图城，征服西北诸部。①在迫使西州"回鹘霸里遣使来贡"的基础上，还东南向打败了甘州回鹘，俘获"甘州回鹘都督毕离遏，因遣使谕其主乌母主可汗"。②翌年（925），甘州回鹘乌母主可汗遣使"贡谢"。③借由上述军事行动，辽朝得以直接控制西州、甘州两部回鹘，并将其势力范围推进至中亚的阿萨兰回鹘。数年后，阿萨兰回鹘即遣使纳贡于辽④，并与辽朝建立了政治上的臣属关系，接受了辽朝的羁縻管辖。

在契丹的军事震慑下，辽朝西北边境的诸多部落，如乌古敌烈、阻卜等皆纷纷来附，而以高昌回鹘及其附近的乌孙、黠戛斯为代表的其他西域诸部亦不时向契丹朝贡。辽朝的政治影响力已远及西域，其与西域诸部所确立的臣属及朝贡关系，将草原丝绸之路的西端扩展到西域诸国，这样，连接上京临潢府至西域诸国的草原丝绸之路在耶律阿保机时期得以重新开辟。⑤

辽代中期，契丹仍致力于对其西北边境的开拓。统和十二年（994），诏皇太妃胡辇领西北路乌古等部兵及永兴军分军抚定西边，以萧挞凛为招讨使督其军事。统和二十一年（1003），修筑旧时回鹘的可敦城。翌年（1004），"以可敦城为镇州，军曰建安"⑥。此后，皇太妃于西北用兵近十年，多次远征西域，开地数千里，将辽朝之西部疆界扩展到河西走廊，征服了诸回鹘政权。由其镇守的可敦城不仅成为辽朝开拓西北边境、巩固西北边防的军事重镇，有效地钳制了西夏及西北诸部落，同时也有力地维护了草原丝绸之路的畅通，促进了草原商贸的繁荣。可以说，辽朝统治者对于西北之地的苦心经营，其主旨即在于维护通往西域的道路，使之畅通无阻，确保草原丝绸之路通使、通商顺畅。

在契丹的多方经营下，草原商贸日趋繁荣，吸引了各国使节及诸方商贩，这也在一定程度上促进了草原丝绸之路的开拓。高昌、龟兹、于阗、回鹘、黠戛斯、阻卜、党项、吐谷浑等部皆曾以从属关系向契丹朝贡。见于史料记载即有：统和七年（989）二月，阿萨兰（师子）、辖烈（回鹘）、于阗等，并遣使

① 〔元〕脱脱等：《辽史》卷2《太祖纪》，中华书局，1974年，第19—20页。
② 〔元〕脱脱等：《辽史》卷70《属国表》，中华书局，1974年，第1194页。
③ 〔元〕脱脱等：《辽史》卷2《太祖纪》，中华书局，1974年，第21页。
④ 〔元〕脱脱等：《辽史》卷70《属国表》，中华书局，1974年，第1130页。
⑤ 武玉环、程嘉静：《辽代对草原丝绸之路的控制与经营》，《求索》2014年第7期。
⑥ 〔元〕脱脱等：《辽史》卷14《圣宗纪五》，中华书局，1974年，第159页。

来贡。次年（990），阿萨兰回鹘于越、达剌干，遣使纳贡于辽。兴宗时，许嫁公主。开泰二年（1013）七月，"化哥等破阻卜酋长乌八之众"，平定西北路，次年（1014）正月"阻卜酋长乌八来朝，封为王"，四月，"沙州回鹘曹顺遣使来贡"。四年（1015）二月，"于阗国来贡"。五年（1016）三月，"党项魁可来降"；六月，"回鹘献孔雀"。① 此外，波斯、大食亦曾先后朝贡于辽。天赞二年（923），远在中亚的"波斯国来贡（于辽）"②。翌年（924），又有"大食国来贡"③。开泰九年（1020），"大食国遣使进象及方物，为子册割请婚"④。太平元年（1021），大食国王遣使请婚，封王子班郎君胡思里女可老为公主，嫁之。⑤ 这里所谓的波斯国及大食国来贡，不一定是官方之间的往来，因为当时辽朝还未强大到直接控制中亚地区的程度，所以很可能是来自民间的贸易商队。

辽朝还同西夏、吐蕃等政权建立了和亲关系，结为舅甥之国。这种关系的建立，极大地促进了双方之间的聘使往来与贸易交通。据史料记载，西夏国主李继迁于统和四年（986）归附契丹，圣宗以义成公主妻之。⑥ 继迁事契丹谨，岁时进奉及贺正、生辰使不绝于道。⑦ 位于朝鲜的高丽政权亦为辽之属国，双方之间的聘使往来不绝于途。通过这种频繁的交聘通商往来，辽之草原丝绸之路一直向东延伸至欧亚大陆最东端。

三、辽代草原丝绸之路线路

古代的草原丝绸之路兴起于秦汉，繁荣于隋唐，及辽金元而达鼎盛。草原商道的中心地带随着时代、局势的不同而改变，如匈奴时代主要在漠北，鲜卑时代在漠南，契丹时代与元代则位于内蒙古东部草原。相较而言，草原商道的线路变化虽称不上剧烈，但亦经历了不断发展的历史过程。特别是辽代，草原丝绸之路在同属我国北方民族的回鹘人的悉心经营基础上获得了进一步的拓展。由于辽朝之统治区域大体位于草原丝绸之路范围内，加之其又与宋、西夏

---

① 〔元〕脱脱等：《辽史》卷15《圣宗纪六》，中华书局，1974年，第178页。
② 〔元〕脱脱等：《辽史》卷70《属国表》，中华书局，1974年，第1127页。
③ 〔元〕脱脱等：《辽史》卷70《属国表》，中华书局，1974年，第1127页。
④ 〔元〕脱脱等：《辽史》卷16《圣宗纪七》，中华书局，1974年，第188页。
⑤ 〔元〕脱脱等：《辽史》卷16《圣宗纪七》，中华书局，1974年，第189页。
⑥ 〔元〕脱脱等：《辽史》卷11《圣宗纪二》，中华书局，1974年，第127页。
⑦ 〔清〕吴广成撰，龚世俊等校证：《西夏书事校证》卷6，甘肃文化出版社，1995年，第67页。

鼎足而立，因而契丹不再走西安、开封，而是东进，将这条东西交流的主线延伸至上京临潢府。继而形成了以辽上京为中心，西通蒙古、鞑靼、回鹘等部，接草原西路；南经中京，通南京；东则通渤海、女真；北则通室韦及狗国的辽代草原之路。

辽代的草原丝绸之路主要由北线、南线、西南线及东线构成，其中又以前两条线路历史最久，路程最远，影响最大。

草原丝绸之路的北线开创于北匈奴西迁之时，是时主要为经行天山北路及东南俄草原的商路。及至辽兴，草原丝绸之路北道则发展为大致由上京临潢府出发，中经乌古、敌烈、统军司，转而西经札剌部，至西北路招讨司辖境，再向西经可敦城，越阻卜而至北庭，进入高昌、龟兹，到达大宛，继而与绿洲丝路北道会合。其后，经绿洲丝绸之路而与中亚、西亚、欧洲等地进行贸易往来。

镇州在辽代的军事、经济地位尤其特殊，它不仅是契丹经营西北地区的军事重镇，亦是草原丝绸之路北道的关要。辽末耶律大石率军西行，在抵达高昌回鹘之前，曾经过黑水，于可敦城休整，并于1130年自可敦城西行，借道高昌回鹘，由和州（亦作火州、哈拉火州，故址在今新疆吐鲁番东南哈拉和卓堡西南）至也迷里（今新疆额敏县东）。1132年，耶律大石在此正式称帝，沿用辽国号，人们称为哈剌契丹。关于耶律大石所经可敦城为何地，很多学者认为其位于西夏黑水附近的回鹘故城。后来，经羽田亨、箭内亘等学者的研究，指出耶律大石经行的黑水位于阴山一带，相应的可敦城则坐落于辽于漠北设置的西北路招讨司所在地镇州。

辽朝草原丝绸之路的南线早期可能由南京析津府（今北京）出发，而后过居庸，到西京大同府，西北经丰州天德军，越阴山，过黑水，经过白达旦部（汪古部），西北经可敦城，与北路会合，而后趋向西域。这主要是因为，辽初，活跃于河西走廊的党项逐步崛起，与同出一地的河西回鹘发生激烈争战。其建立政权后，又与毗邻的辽朝冲突不断，极大地阻碍了传统的陆路丝绸之路的畅通。而辽朝之统治区又以草原丝绸之路为中心，其政权与占据绿洲丝绸之路的西夏及中原北宋王朝呈鼎立之势，故而辽代初期的丝绸之路以草原丝绸之路为主，与宋、夏两国虽偶有贸易往来，并曾图谋南下、攻城略地，但却很少参与绿洲丝绸之路东段贸易。同时，由于西夏的长期阻隔，辽初的草原丝绸之路南道在自东越过阴山之后即由漠南转道漠北,借由北道而及西域、中亚诸地。1065年以后,直至辽亡前夕的半个多世纪中,随着辽夏关系的逐渐改善及西夏于河西地区建立起了稳固的统治,辽代的草原丝绸之路南道亦发生了改变,即越阴山、河套后,转道南下,借助以沙州为主的河西走廊绿洲商路而及西域,分道与西方贸易。这条道路也成为辽代丝绸之路的主干线,往来于此、借道东行西往的商人、使者络绎不绝。

成书于12世纪初的阿拉伯语史籍《动物之自然属性》即记载了这条交通路线。该书为塞尔柱王朝御医马卫所撰,故而又常被称为《马卫集》。直到1942年,这本书才由米诺尔斯基刊布了其中舆地部分的英译本,并附有详细注释。其中一段史料具体记述了关于丝绸之路东段行程的经行情况"欲去契丹的行人先东行两个月到达Khātūn-San,继行一月抵达Ūtkīn,再行一月即可到达契丹的首都Ūjam"。这里的Khātūn-San为沙州,Ūtkīn为丰州,Ūjam为郁督军山。①三地呈三角分布,其中丰州起着枢纽般的贯通作用,由此既可北上漠北,又可东入上京。另外,《马卫集》对沙州之前的丝路西段亦有记载:"从喀什噶尔到叶尔羌的行程费时4天,再从叶尔羌到于阗的行程费时10天,继从于阗到克里雅的行程费时5天,然后从后者到沙州的行程耗时50天。"②接下来就是从沙州开始分出通向契丹、北宋和高昌回鹘的三条不同岔道。显而易见,来自西域诸国的商人、使者可取道西夏境内,抵达漠南丰州,直至南京、上京一带。整个行程大约费时160天,这在当时的交通及经济条件下,应该说是非常理想的路线选择。

另外,在漠南与漠北之间存在着一条通道,该道路开创于契丹建国之初。是时,耶律阿保机西征漠北后,令其子耶律德光率军穿越沙碛南下,以降伏位于河套与漠南间的党项部落。战事结束后,耶律德光又引军从漠南返归上京,由此开拓出了一条最初用于军事征伐的道路。其线路正是先从作为回鹘故地的漠北来到包括丰州一带的漠南,继而又沿着东北方向班师返回上京,整段行程恰好与《马卫集》所记述的路线吻合。及第二次重熙之役后,契丹又于丰州北枕的夹山倒塌岭新增设都监,之后又升级为节度使,以促进漠南与北方草原的交通联系。最后使得这条联系漠北与漠南、具有战略意义的通道,取代了原来

---

① 钟焓:《辽代东西交通路线的走向——以可敦墓地望研究为中心》,《历史研究》2014年第4期。
② 钟焓:《辽代东西交通路线的走向——以可敦墓地望研究为中心》,《历史研究》2014年第4期。

由上京经胪朐河流域至漠北的传统路线。因该道的主干部分与唐代从河曲前往漠北回鹘牙帐的路线重合，故也被学者称为辽代的回鹘路。

辽代，还开拓了草原丝绸之路之西南道，它主要由辽之京都而达吐蕃诸地。这条道路的开通得益于吐蕃与辽朝的频繁经贸往来。辽初，吐蕃与契丹往来之贡使皆走北路，由于路途遥远不便，吐蕃于开泰七年（1018）闰四月"戊午，吐蕃王并里尊奏，凡朝贡，乞假道夏国，从之"①。从此开辟出一条草原丝绸西南路，即由辽上京临潢府出发，经南京、西京、夏国，直抵逻些城，翻过喜马拉雅山即至今孟加拉湾，与海上丝绸之路接通。可见，随着辽与西夏关系的修好，吐蕃也从中获益，借助西夏所控制的绿洲丝绸之路，直接与契丹贸易往来，极大地促进了双方的丝路贸易及与西夏的交往。

辽代，草原丝绸之路的最东段并非及上京、东京（今辽阳）而止，而是继续向东延伸。这条东向的草原商路形成也比较早。据史料所载，早在秦汉时即有通往匈奴、乌桓、鲜卑的交通道路。隋唐时期则有从中原到奚、契丹的道路。四五世纪时逐渐形成了以大同为中心，西接伊吾（哈密），东至辽东（辽阳）的贯通中国北方的东西国际交通路线，且这条道路还从中国东北继续延伸到朝鲜和日本。及至契丹崛起，东向的草原丝绸之路早期接扶余，后期则是通渤海。《新唐书·地理志》记载，渤海有扶余契丹道，说明渤海沿用了扶余和契丹的草原之路。银川市曾出土高丽的"东国""海东""三韩"等钱币，其应系经由契丹草原丝绸之路东路，再经南路流入西夏境内之物。契丹境内亦曾多次发现高丽钱币，这都是草原丝绸之路向东延伸至朝鲜等东部国家的有力证据。

概而言之，10世纪初，契丹于草原东端崛起，进一步开拓了草原丝绸之路，欧亚草原通道已成为东西方进行政治、经济、文化交流的交通大道。辽代的草原丝路交往虽主要以中亚、西亚一带的阿萨兰回鹘、萨曼、伽色尼等国为限，但在这一地带富有商业传统的各族人民接连不断的转手贸易的作用下，间接同欧洲、非洲等地区的人民友好往来，因而契丹人对于草原丝绸之路开拓及经营方面的贡献不容小觑。

① 〔元〕脱脱等：《辽史》卷16《圣宗纪七》，中华书局，1974年，第183页。

第二节　契丹对丝绸之路的经营

辽太祖阿保机在掌握对草原丝绸之路的控制权后，即着手开始对其大力保护与利用。辽朝主要通过军事打击、机构设置、政治招抚与利诱，来保障草原丝路的畅通。

漠北地区为草原丝绸之路，尤其是丝路北线的重要区域，因而颇受辽朝统治者的重视。加之其地又为西北防务之关键所在，聚集了辽之西北的阻卜、乌古、敌烈等漠北强族，他们的叛服对于草原丝绸之路的畅通与否有着重要的影响，故而引起了契丹统治者的重视。及至辽圣宗时期，随着辽朝国力的日渐增强，契丹人才有效地控制了漠北阻卜等部。统和十五年（997），萧挞凛对阻卜之战的胜利，标志着契丹对于草原丝绸之路的经营逐渐成熟。

除了进行军事征讨活动，辽朝统治者还于漠北地区设置了西北路招讨司，其为西北地区重要的军事机构，主要作用即是镇抚阻卜诸族，肩负保障草原丝绸之路畅通的重要职责。辽景宗时，已有了西北路招讨使的名称。辽朝末年，漠北诸部望风而动，为了更好地控制其地各族，辽朝又增设乌古敌烈统军司及倒塌岭统军司，不断增强西北边防实力。

同时，为更好地镇抚漠北诸族，保障丝路的畅通，辽朝政府还在皇太妃的倡议下设立了三个边防州。辽圣宗统和二十二年（1004）皇太妃奏置（三州），"选诸部族二万余骑充屯军，专捍御室韦、羽厥等国，凡有征讨，不得抽移。渤海、女直、汉人配流之家七百余户，分居镇、防、维三州。东南至上京三千余里"①。《辽史》记载，统和二十四年（1006），"西蕃来侵，诏议守御计，命唐古劝督耕稼以给西军，田于胪朐河侧，是岁大熟。明年，移屯镇州，凡十四稔，积粟数十万斛，斗米数钱。②"可见，三州的设置不仅取得了移民屯田的丰硕成果，亦减少了西北诸部的叛乱次数，极大地加强了辽对漠北的控制。除此之外，契丹还于漠北地区设置了河董城、静边城、皮被河城、招州、塔懒主城等以加强西北防务。契丹于漠北之地统治之势的奠定与巩固，进一步保障了辽朝与西域的贸易之路的通畅。

---

① 〔元〕脱脱等：《辽史》卷37《地理志一》，中华书局，1974年，第451页。
② 〔元〕脱脱等：《辽史》卷91《耶律唐古传》，中华书局，1974年，第1362页。

随着草原丝绸之路南道的开拓与发展，阴山道的重要地位日趋突出。辽圣宗太平八年（1028），西夏歼灭甘州回鹘，占据河西走廊，不仅垄断了传统的绿洲丝绸之路，而且其统治区毗邻草原商路南道沿线。为了确保草原丝绸之路免受西夏的侵扰，辽朝以恩威兼施的方式来稳定西夏。

太平十一年（1031），"以兴平公主下嫁夏国王李德昭子元昊，以元昊为夏国公、驸马都尉"①。然而，由于兴平公主的去世以及西夏诱纳辽朝境内的岱尔族及党项部落，致使辽夏关系紧张。此时，西夏已占据了传统的丝绸之路，且军事实力强大。重熙十三年（1044）和十八年（1049），辽兴宗两次亲征西夏，其事为《辽史》所载：重熙十三年"五月……戊辰，诏征诸道兵会西南边以讨元昊。六月甲午，阻卜酋长乌八遣其子执元昊所遣求援使窊邑改来，乞以兵助战，从之"②。重熙十八年，"秋七月戊戌，亲征……冬十月，北道行军都统耶律敌鲁古率阻卜诸军至贺兰山。获李元昊妻及其官僚家属，遇夏人三千来战，殪之；乌古敌烈部都详稳萧慈氏奴、南克耶律斡里死焉"③。重熙十九年（1050），"冬十月……辛未，夏国王李谅祚母遣使乞依旧称藩"④。辽夏恢复了封贡关系，草原商路南道得以再次畅通。

为了更好地控制西夏，经营好草原丝路南道，辽朝统治者设置了西南路招讨司。同时，西南路招讨司还担负着处理辽朝与西突厥、吐谷浑的关系，与西北路招讨司相互协同，共同控制西北部族等职责。如此一来，契丹统治者通过西北、西南两招讨司的设立，实现了由南到北对阴山道的联合维护，继而保障了草原丝绸之路的畅通。

此外，为了加强对西域的统治，辽朝还于此设置了统治机构，委派大王于越（契丹贵官，无所职司，位居南、北大王之上），以及司徒、司空、节度使等职，并分别授予回鹘等族首领，抑或任命契丹人充之。当时天山南、北大部分地区，都在辽朝直接统辖之下。

除了在军事上不断加强对丝绸之路南北两道的控制，辽朝还采取政治招抚与经济利诱等措施，加强与丝绸之路沿线诸国、诸民族的交往与联系，其中尤其重视与回鹘的关系。9世纪，漠北回鹘崩溃后，其部众分三路向西迁徙。由

---

① 〔元〕脱脱等：《辽史》卷18《兴宗世一》，中华书局，1974年，第213页。
② 〔元〕脱脱等：《辽史》卷19《本纪第十九》，中华书局，1974年，第230页。
③ 〔元〕脱脱等：《辽史》卷20《兴宗纪三》，中华书局，1974年，第240页。
④ 〔元〕脱脱等：《辽史》卷20《兴宗纪三》，中华书局，1974年，第242页。

于在地理形势上这三部西迁回鹘正好处于中西交通的要冲地带，因而处理好与西域回鹘的关系，在推动辽代丝绸之路的发展过程中显得甚为重要。在回鹘强盛之时，契丹即长期受其役使，双方之间的经济文化往来频繁。西迁后，双方之间的相互往来也自然十分容易发生。于是，契丹在建国伊始便同位于中亚的回鹘各政权建立了经济贸易联系，从而将这种联系扩大到西亚各地。

对此，《辽史》之《太祖纪》与《属国表》皆有记载。早在辽太祖元年（907）和七年（913），和州回鹘即自西域遣使向辽进贡。每次朝贡，大国的回赐总是要多于小国的贡献，经济意义要大于政治意义。据不完全统计，在辽朝立国期间，回鹘公私使团以朝贡名义来贸于辽者即达64次之多。至于其他各种形式和规模的民间转手贸易，自属习见，只是无法统计罢了。

为了搞好同西域各回鹘政权的外交及经济关系，促进丝绸贸易的发展，契丹统治者不仅于和州回鹘所在的高昌设立了固定的贸易管理机构，还于京都上京设有回鹘营与同文驿，分别具体负责对西域各国商贾、使节的安置、接待及送行等工作。如此，在草原丝路的中部和东端出现了遥相呼应的两大商业都会。为了扩大贸易，方便商旅，辽朝还在其西北边境设榷场，允许各地商贾往来买卖。

《契丹国志》卷21记载，高昌、龟兹、于阗、甘州、凉州等，每三年一次遣使入辽进贡，他们的使团（实为商队）每次多达四百人，带来的商品有珠、玉、琥珀、犀角、乳香、玛瑙器、皮革、细毛织品以及丝织品等，契丹给他们回赐的物品十分可观，每次不下40万贯。[1]如开泰三年（1014）"沙州回鹘曹顺遣使来贡"；次年（1015）二月"于阗国来贡"；五年（1018）六月"回鹘献孔雀"等。辽朝与西域保持着频繁的贸易联系。同时借由贡赐联系，借助回鹘的纽带作用，辽朝获得了大量西域、中亚、西亚甚至欧洲的物品，丰富了人民的生活。而契丹的特产也随之被带往了异国他乡，促进了其经济的发展。

辽朝不仅通过政治上的宗主与从属关系同西域各国保持着经济上经常的、大规模的互市往来关系，而且和当时中亚的萨曼王朝和伽色尼王朝有着较为直接的政治经济交往。庞大的波斯和大食民间贸易团体把从遥远的中亚、西亚以及沿途贩运而来的大量货物以朝贡的名义同契丹交易，获得优厚的回赐后，再

---

[1]〔宋〕叶隆礼著，贾敬颜、叶荣贵点校：《契丹国志》卷21《诸小国贡进礼物》，上海古籍出版社，1985年，第205页。

继续沿草原丝路东西贩运,以谋求更大的经济利益。在赤峰发现的波斯银币,应同这种经济贸易往来活动有关。除了经济往来,波斯、大食等中亚国家亦常常遣使与契丹通好。

除了西域诸国及中亚地区的使节和商贾到辽朝朝贡、经商外,辽朝也遣使到西域诸国,商贾也会到西域和中亚地区进行广泛的贸易,并在各地获得了很高的声望和信誉。如统和二十四年(1006),"奉使沙州,路岐万里,沙碛万里,地乏长河,野无丰草。过可敦之界,深入达妘,直度大荒"[1]。又如太平四年(1024),辽朝曾遣使到罽宾国(今阿富汗境内)的都城,希望建立友好关系,并给予西方贡使通路之便。像回鹘豆和西瓜(图10-1)这两种农产品最早都生长于西域地区,是契丹人将其带回种植,[2]最终流向西夏和北宋各地。

图10-1：内蒙古敖汉旗半山辽墓壁画瓜果图

除了跟西域诸国进行贸易以外,契丹的商贾还走到了更远的地方,在当时的中亚地区,这些契丹商人具有极大的影响力,他们不仅贩卖自己的产品,还经常充当中原地区与中亚之间贸易的中间人。在今乌兹别克斯坦境内的撒马尔罕城,其东门一直都被称为"契丹门",中亚诗人优素甫·哈斯·哈吉甫在其1069年写成的《福乐智慧》中曾这样描述:"光秃秃的树木披上了绿衣,红黄蓝紫,枝头五彩纷呈。褐色大地披上了绿色丝绸,契丹商队又将桃花石锦缎铺

---

[1] 刘凤翥、唐彩兰、青格勒:《辽上京地区出土的辽代碑刻汇辑》,社会科学文献出版社,2009年,第30页。
[2] 杨富学:《回鹘与辽上京》,《首届辽上京契丹·辽文化学术研讨会论文集》,内蒙古文化出版社,2009年,第134—135页。

陈。"①至今，我们还能从各处辽墓中发现中亚、西亚的玻璃盘、玻璃耳杯、绿松石、羊脂玉、玛瑙琥珀等物品。（图10-2）

在辽朝与中亚、西亚以及西域诸国的交往中，由于双方相距遥远且途中多沙漠戈壁，交通不便是最大的阻碍。在当时的条件下，包括使者、商贾常用的交通工具是骆驼。而当时主要的交通路线有南北两路，北路以上京为起点，经过乌古敌烈统军司，过西北路招讨司到可敦城，再经过阻卜进入高昌、龟兹，到大宛与丝绸之路北道会合，去往中亚、西亚等地；南路以南京为起点，出居庸关，经丰州，越过阴山、黑水，到达可敦城后与草原丝绸之路北路会合，直接去往西域。为了保证一路顺畅，辽廷还在境内沿途设驿站，这些驿站负责各国使节进入辽境后的一切供应，商贾也可以借用这些驿站来补充沿途所需。②

图10-2：内蒙古赤峰陈国公主墓出土的单柄玻璃执壶

第三节　草原商道物质文化交流与繁华的丝路商镇

与中国北方草原的历代霸主，如匈奴、突厥、回鹘等所建立的政权相比，由契丹人所建立的辽朝则是一个多民族共居、多种经济类型并存的东北亚大国。在其统治区内，不仅有十分繁盛的畜牧业，还有发达的农业、手工业及城镇商业。同唐朝一样，契丹人奉行全面对外开放政策，辽代草原丝路商业较之前代更显活跃。在丰厚的经济与政治利益的诱导下，来自东西方的商人、使者不远万里，跋涉前行，促进了中西方国家的物质与文化交流。与此同时，丝路商镇亦不断涌现，成为镶嵌在草原丝绸之路上的明珠。

---

① 优素甫·哈斯·哈吉甫著，郝关中、张宏超、刘宾译：《福乐智慧》，民族出版社，1986年，第13页。
② 张竞超：《契丹经济史研究》，中央民族大学硕士学位论文，2012年，第74—75页。

一、物质交流

辽代，契丹与西方各国交易的商品有30多种，包括牲畜、皮毛、皮革、马具、青盐、白盐、银器珍玩、加工食品、毛织品、丝织品等。

（一）金银器、玻璃器皿

随着丝绸之路的肇建与发展，西方舶来品开始进入大众生活，从而为以陶器、瓷器为实用器具的东方文明增添了新元素。隋唐时期，中国的金银器已融入了西方元素，发展至辽朝，更将这种趋势向前推进，使得辽代金银器发展成为北方草原地区民族历史文物的一朵奇葩。就器物造型、纹饰布局、制作工艺等方面而言，除了影响巨大的唐文化、宋文化元素外，还接纳和借鉴了以印度、波斯、粟特、突厥为主的外来文化元素。

这里尤要提及充满域外文化遗风的辽代金银器，代表者有内蒙古科尔沁左翼后旗吐尔基山辽墓出土的八棱单耳金杯、阿鲁科尔沁旗辽耶律羽墓出土的鎏金"高士图"银把杯，造型呈多棱式，圈足，有把和指环，在边棱饰联珠纹。内蒙古克什克腾旗二八地一号辽墓出土的五星纹银把杯，直口，深腹，平底，口侧附把和指环。吐尔基山辽墓出土的人物纹银鎏金提梁壶（图10-3），带盖，束颈，折肩，圈足，腹部有人物纹。阿鲁科尔沁旗扎斯台辽墓出土的鎏金鸿雁蕉叶五曲錾耳银杯，五曲花瓣状，敞口，弧腹，圈足，一侧附錾耳，下有圆形指环，环下饰一乳突，腹部錾刻鸿雁纹，下腹錾蕉叶纹，圈足以鱼子纹为底錾刻花叶纹。扎斯台辽墓出土的另一件金银器鎏金鸿雁纹银耳杯，敞口，弧腹，圈足，一侧口部附錾耳，下有圆形指环，环下侧饰一乳突，内底錾鸿雁纹，腹部分五区錾刻草叶纹。上述金银器在造型上与粟特金银器颇为相似，但纹饰却已中国化，当为仿粟特产品。换言之，辽代金银器中的多曲形器的原形可溯源至粟特地区的银器，它直接地或通过唐代金银器作为媒介间接地影响了辽代金银器。而联珠纹装饰则是波斯萨珊王朝银器的做法，饱满圆润，技法高超，为波斯风格之代表。

在辽上京周边，如内蒙古赤峰市阿鲁科尔沁旗发现的辽代耶律羽墓中出土的鎏金"孝子图"银罐（图10-4），[1]克什克腾旗二八地一号辽墓出土的"大郎君"银壶，[2]与俄罗斯米努辛斯克盆地西部、濒临叶尼塞河上游的科比内二

---

[1] 齐小光、王建国、丛艳双：《辽耶律羽之墓发掘简报》，《文物》1996年第1期。
[2] 项春松：《克什克腾旗二八地一、二号辽墓》，《内蒙古文物考古》1984年第3期。

号突厥墓出土的折肩金杯非常相似,纹饰及錾纹则为中国式,应为仿突厥的造型。另外,契丹男子装饰的金属鞢韄带亦源于突厥民族的传统束腰。

辽代金银器中大量出现的摩羯纹(图10-5)等则源于印度。摩羯纹或摩羯造型是印度神话传说中的一种长鼻利齿、鱼身鱼尾的动物,后随佛教文化艺术而传入我国,并于唐代在金银器纹饰装饰中广为流行。崇尚佛法的契丹人在与唐朝的接触中,开始使用摩羯纹与摩羯造型,器类有摩羯形金耳坠、鎏金摩羯形银壶、鎏金摩羯纹银碗、鎏金摩羯纹银饰板,摩羯呈游动式,昂首摆尾,有的戏火焰宝珠,造型已趋成熟。

图10-3:内蒙古兴安盟科尔沁左翼后旗出土的人物纹银鎏金提梁壶

图10-4:内蒙古赤峰耶律羽墓出土的鎏金"孝子图"银罐

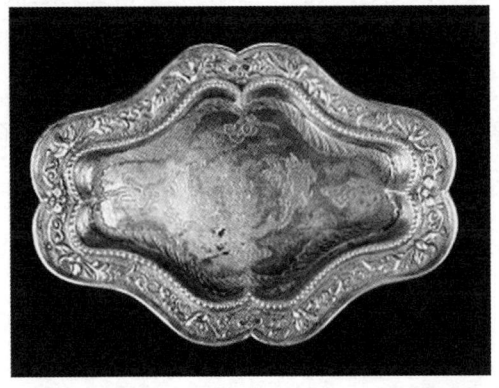

图10-5:内蒙古兴安盟科尔沁左翼后旗出土的摩羯纹鎏金花口银盘

鞍马具是辽代金银器中最具特色的器物（图10-6），其纹饰繁缛，工艺精湛。1984年，黑龙江齐齐哈尔梅里斯长岗子乡辽代土坑墓中出土了鎏金镂空铜带銙和部分马具饰件。其中，带銙由带卡、带头、节约三部分构成。镂空图案则以葡萄、忍冬花和缠枝图案为主，造型生动活泼，均衡对称，具有很高的艺术价值。以莲状叶和忍冬花作为连续和单独纹样是希腊的独特产物，辽墓所出土的这些珍贵文物当源自古希腊图案装饰风格。同时，这种双层缀在织物上的鎏金镂空铜带銙和马具饰件（图10-7）不是平民所用，也非当地制造，极可能是东西方文化交流的典型器物，或来自贡品，或来自草原丝绸之路的商业贸易往来。

图10-6：内蒙古赤峰阿鲁科尔沁旗道尔其格辽墓出土的木马鞍

图10-7：辽墓出土的辽代马具佩饰

辽代瓷器在造型上亦博采众长，各类釉色兼具，具有鲜明的民族地域特色。其主要烧造产品有白瓷、黑瓷、辽三彩等。白瓷为辽代一种非常重要的瓷器，它源于中原地区，与北方的邢窑、定窑、磁州窑有密切的关系。契丹人尚白，故白釉瓷器在辽地得以迅速发展。辽三彩不仅承袭唐三彩之传统，且又有所创新和发展（图10-8/9/10）。它通常采用黄、绿、白三色，构成明丽的色调，具有独特的契丹民族风格。另外，唐三彩用作明器，而辽三彩则多为实用器。

图10-8：内蒙古通辽出土的白瓷迦叶坐像

图10-9：内蒙古通辽出土的白瓷阿难坐像

图10-10：内蒙古赤峰出土的辽三彩陶熏

皮囊形陶瓷壶是辽代最有草原特色的器物，其造型来自游牧民族所使用的皮囊，因皮囊壶上部饰有鸡冠状孔鼻，又名"鸡冠壶"。早期的辽代鸡冠壶（图10-11）较多地保留了皮囊的样子，装饰简朴，形状浑圆，壶面上有仿皮子缝制的突棱、皮绳、皮扣合缝线等纹饰。自辽代中期开始，其壶身变得较为瘦长，底部有了圈足，以便于放置在平面上。及至晚期，壶身更为瘦长，已经不具有皮囊样式。因而，从皮囊壶的演变即可窥见契丹人从游牧向定居转化的进程。

图10-11：内蒙古赤峰耶律羽墓出土的白釉皮囊式提梁壶

此外，在辽墓中还发现有伊斯兰风格的玻璃器，如辽宁法库县叶茂台辽墓中出土的"玻璃方盘"，①可能产自伊拉克或埃及，用于放置不同的调味品；辽宁朝阳姑营子辽耿氏墓出土的带把玻璃杯、高足杯，呈圆筒状，腹部急收成假圈足，口、腹部附一把手，把上端一角翘立，绿色透明，②具有典型的伊斯兰玻璃器特征，与伊朗高原喀尔干出土的玻璃把杯有着相同的造型。同类特征的玻璃把杯、玻璃盘于内蒙古通辽奈曼旗辽陈国公主墓亦有出土，同时出土的还有两件乳钉纹玻璃把杯，其口颈呈漏斗形，圆腹圈足，与喀尔干出土的9世纪玻璃把杯的器形相似。另外，还有刻花玻璃瓶，为无色透明，折肩细长颈，桶形腹，腹周磨刻几何纹，与德黑兰考古博物馆藏乃沙不耳出土的10世纪水瓶的形状和纹饰相近。③类似的玻璃瓶在河北定县北宋五号塔基内亦见出土。经化学分析，陈国公主墓出土的玻璃器皿绝大部分是钠钙玻璃，应是中亚地区的产品，同属于伊斯兰玻璃，与中国古代以氧化铅、氧化钡为主要成分的铅钡玻璃截然不同。上述玻璃器皿应系当时的大食帝国商人通过草原丝绸之路将其传入辽朝境内的。（图10-12/13/14）

---

① 马文宽：《法库叶茂台早期辽墓出土的伊斯兰玻璃调味方盘》，《中国历史文物》2002年第3期。
② 朝阳地区博物馆：《辽宁朝阳姑营子辽耿氏墓发掘报告》，《考古学集刊》1983年第4期。
③ 安家瑶：《中国的早期玻璃器皿》，《考古学报》1984年第4期。

图10-12：辽宁朝阳姑营子辽耿氏墓出土的玻璃高足杯

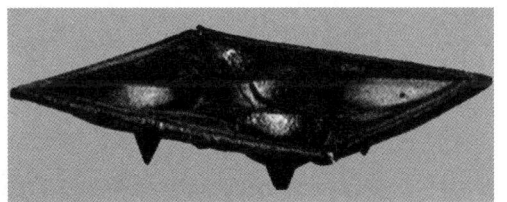

图10-13：辽宁法库县叶茂台辽墓出土的伊斯兰玻璃调味方盘

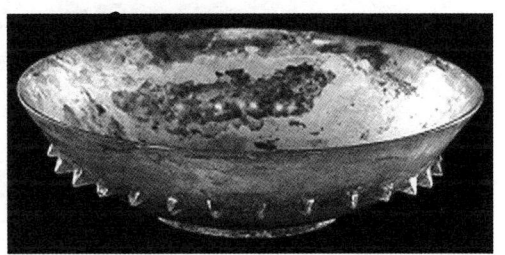

图10-14：内蒙古赤峰陈国公主墓出土的乳钉纹玻璃盘

（二）丝绸、皮毛

辽代，丝绸与毛织品仍为契丹与西方诸国交易的大宗商品。阿保机建国之初，即俘掠大批汉人，在契丹原有纺织业基础上，加强传播纺织技术，发展旧有的纺织业。辽上京设置绫锦院和绫锦诸工作①，从事织造生产。祖州绫锦院，有契丹、渤海、汉人织工300多人。东京道原渤海国地区生产麻织品，唐时曾以生产布、锦、绸著称。宋路振出使契丹时，沿灵河（今大凌河）"有灵、锦、显、霸四州，地生桑麻贝锦，州民无田租，但供蚕织，名曰太后丝蚕户"②。中京某些州县有许多"丝蚕户"只纳丝和绢，不纳粟。中京川州"地宜桑柘、民知织纴"，所产的帛（图10-15）被辽朝作为贵重礼品赠给宋朝，可见织造业技艺之精。燕、云十六州的汉人地区，在唐、五代的基础上，继续发展纺织业。辽代织造水平以南京为最高。辽朝纺织业生产，除京城绫锦院外，各州、县还有专设的纺织机构从事生产。加上农桑赋税所得、邻国与属国的贡献或其他形式的输入，以及民间的织造生产等，其丝织品数量之多当不可小觑。

---

① 〔元〕脱脱等：《辽史》卷37《地理志》，中华书局，1974年，第440页。
② 〔宋〕江少虞：《宋朝事实类苑》，上海古籍出版社，1981年，第1015页。

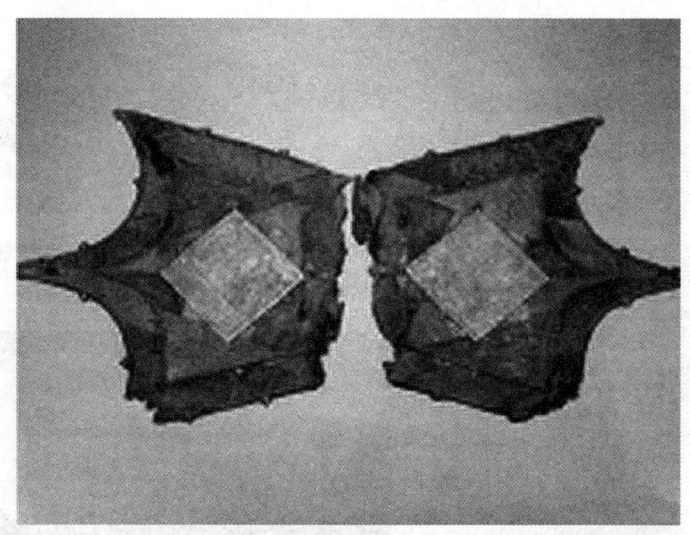

图10-15：内蒙古兴安盟科尔沁右翼前旗出土的织锦百衲飞雁纹织物

辽朝向外赠送或赐予的纺织品中，除了绫、罗、绢、绮、锦、纱、缎等外，还有毛制品。作为礼品或回赐之物者主要有朝霞锦、云霞锦、匹缎、细锦、绮罗绞，清平内制御样合线缕机绫，细锦透背等。辽朝统治区内所出土的纺织品不仅数量多，且种类丰富，如内蒙古赤峰翁牛特旗解放营子辽墓出土的丝织品即有各色绫、锦、罗、缂丝、刺绣等物。其中一件缂丝上织有海水行龙纹，精美绝伦。有的则是精致的绣花和描金花，还有用"夹缬"和"腊缬"法印染的各式花纹，这都是继承唐代织造技术发展而来（图10-16）。又如法库叶茂台七号辽墓出土的丝织品，包括绢、罗、缕、锦、纱和缂丝等共6类90多个品种规格，其中有片金缂丝、描金、捻金等数种。其中有一件长约2米的缂丝拾被，以金为主色，织以升龙、火珠、山水、海怪组成的复杂图案，工艺极精。内蒙古察哈尔右翼前旗豪欠营6号辽墓出土了大量绢、罗，其中有十经绞花罗和多经（十二经）绞花罗等精密复杂的织造技巧。在辽、宋贸易中，宋商人大量采购辽地所产的罗，称"番罗"。这种优质罗到了宋境被当作奇货受到欢迎。

（三）珍宝玉石

辽代，西域诸国（高昌、龟兹、于阗等）每三年即遣使至契丹朝贡一次，其贡献物品主要有玉、珠、犀、乳香、琥珀、玛瑙器、镔铁兵器、斜合黑皮、褐黑丝、门得丝等。其中，除后三者属细毛织品外，多数贡品属西域珍宝玉石。

图 10-16：内蒙古赤峰翁牛特旗解放营子辽墓出土的辽代织锦

1986年，奈曼旗陈国公主墓出土了大量以俗称"羊脂玉"雕刻而成的白玉佩及各种装饰玉雕。据《天工开物》所载，"凡玉入中国，贵重用者尽出于阗葱岭"。于阗即现在新疆维吾尔自治区的和阗（田）县址。汉时称于阗国，辽时沿用旧称。于阗之玉，自古即为稀世珍宝，为西域诸国朝贡中原王朝之必备之物。陈国公主墓所出土的各种精工巧丽的玉佩装饰，以及号称"天下第一"的马具装饰玉雕，皆精美绝伦，甚为罕见。从色泽及性质检验分析，这些玉石多属软玉。建平张家营、新民巴图营子、法库叶茂台等辽墓内，除出土了大量珠玉、玛瑙等装饰品外，还出土了琥珀装饰。其中，巴图营子辽墓出土的琥珀雕饰有50多件；赤峰大营子辽验马卫国王墓还出土了绿松石玛瑙、琥珀璎珞；陈国公主墓出土的琥珀珠、精致的琥珀雕刻及装饰（图10-17/18/19）有千余件。

图 10-17：内蒙古赤峰陈国公主墓出土的玉佩饰

图10-18：内蒙古赤峰陈国公主墓出土的玉饰马络头

图10-19：内蒙古赤峰陈国公主墓出土的琥珀璎珞项饰

《汉书》载"罽宾出琥珀",《后汉书·西域传》则言"大秦国有琥珀",《旧唐书》云"西域多琥珀"。其中,大秦国汉时称罗马或海西,罗马分裂后,称东罗马。罽宾之称,因时而异,汉时其地当克什米尔,隋唐时期指阿富汗东北一带,距辽之西部边境遥远,还横隔着回鹘、高昌、龟兹、于阗等国。由是可见,琥珀为西域及中亚各国之物品,辽时,其作为商品或贡品,通过草原丝绸之路输入辽境。

(四)食物(蔬菜瓜果)

最早从西域传到契丹境内的农产品是回鹘豆与西瓜。其中回鹘豆因原产于回鹘,因而得名"回鹘豆","高二尺许,直干,有叶无旁枝,角长二寸,每角止二豆,一根才六七角,色黄,味如栗"①。西瓜得以传入辽朝则是由于"契丹破回纥得此种,以牛粪覆棚而种,大如中国冬瓜而味甘"②。因其来自西域,故名之西瓜。1963年,内蒙古文物工作队于辽上京皇城中勘察发掘时,从地层中发现了大量与辽代陶瓷片共存的西瓜籽。内蒙古赤峰敖汉旗羊山1号辽

---

① 〔宋〕叶隆礼撰,贾敬颜等点校:《契丹国志》卷27《回鹘豆》,上海古籍出版社,1985年,第256页。

② 〔宋〕欧阳修:《新五代史》卷73《四夷附录第二》,中华书局,1974年,第906页。

墓中发现了绘有西瓜等水果的壁画①,从而有力地证实了史书记载的可信。

二、宗教文化

草原丝绸之路除了有丝绸、皮毛、金银器、珍宝玉石为主的物质交流外,还是文化传播、宗教传播、科技传播的重要途径之一。辽代的草原商道以其在宗教文化及科技传播上的更广泛性及更快捷性而著称于世。

中西文化交流最明显的特征在于宗教的传播。同其他草原游牧民族一样,契丹人最初多信奉萨满教,其政权建立后,与中原、西方交流的增多,外来宗教对其精神世界的影响日益增强,佛教、伊斯兰教、景教等外来教派在辽代获得了进一步传播与发展的机会。早在建国前,佛教即已传入契丹。痕德堇可汗二年(902),龙化州(今内蒙古开鲁西南)建开教寺,为佛教正式传入契丹的标志。神册三年(918),上京建佛寺。天显元年(926)灭渤海后,俘渤海僧人崇文等57人至上京,建天雄寺。此后,诸京和各州县也相继修建寺庙。圣宗以后,兴宗、道宗等都尊崇佛教,佛教大盛。契丹人对于佛教的崇奉又反过来影响了汉人,南京(今北京)地区的佛事活动也相当兴盛,场面可观。辽上京还设有专门的宗教区域,上京遗址的皇城南部有佛教寺院基址,其中一座寺院内残存残躯高4.2米的石刻菩萨像,传为天雄寺遗址。在上京城外南北各有砖砌佛塔一座,俗称南塔、北塔(图10-20/21/22/23)。南塔八角七层,高25米。北塔为六角五层,现残存四层,高约10米。辽上京皇城内规模宏大的佛寺足以证明当时佛教对上层贵族的影响之深,而其周边辽代火葬墓的大量发现则证明当时佛教信仰已深入普通百姓生活之中。在那个中西文化交流繁盛的时代,人们的宗教信仰也变得多元化。

---

① 王大方:《敖汉旗羊山2号辽墓西瓜图——兼论契丹引种西瓜及我国出土古代"西瓜籽"问题》,《内蒙古文物考古》1998年第1期。

图 10-20：辽上京南塔　　　　图 10-21：辽上京北塔

图 10-22：辽上京南塔浮雕飞天石造像

图 10-23：辽上京南塔浮雕迦陵频伽石造像

这里需要特别指出的是，契丹佛教不是中原佛教或印度佛教的简单移植，而是经过其自身选择及改造之后形成的一种具有契丹特色的宗教。契丹在运用本民族固有文化改造中原佛教的过程中，也吸取参考了回鹘佛教的一些精神要义。同时，契丹佛教亦通过草原丝路远传他国。特别是辽兴宗命人搜集、校勘、雕印的"契丹藏"（亦称"丹藏"），曾传入高丽，后者据以对照"宋藏""高丽藏"，进行校勘后雕印成新版"高丽藏"，成为大藏经的较好版本。1974年，山西应县佛宫寺释迦塔（应县木塔）抢修加固时，于木塔四层发现了一批辽代文物，其中即有"契丹藏"12卷。

中原的道教和道家思想对契丹人也产生了一定影响。辽初，以各种方式进入草原的汉人中，就有一些道教信仰者，契丹部民和某些契丹上层也信仰道教。神册二年（917），上京建道观，道教最晚此时已传入。辽圣宗对"道释二教，皆洞其旨"[①]，其弟耶律隆裕更是个虔诚的道教信徒，"自少时慕道，见道士则喜。后为东京留守，崇建宫观，备极辉丽，东西两廊，中建正殿，接连数百间。又别置道院，延接道流，诵经宣醮，用素馔荐献，中京往往化之"[②]。一些上层道士同佛教上层一样受到皇帝的礼遇。道教的传播也带动了道家经典的研究。辽初道士刘海蟾著有《还丹破迷歌》和《还金篇》，耶律倍译有《阴符经》。圣宗时于阗（今新疆和田南）张文宝曾进《内丹书》。寺公大师的《醉义歌》中也杂有道教思想。道教信仰的普遍性及其对契丹人思想、文化的影响，也可从契丹某些墓葬石棺和画像石、画像砖上刻有的四神图，绘有道教内容的壁画和随葬品中某些具有道教内容的实物上得到印证。

契丹崛起后，通过向西北不断扩张，从而确保了通往西域的交通畅通。高昌、于阗诸国成为辽与中亚波斯、大食等国联系的中介与桥梁，客观上促进了西方文化的传入。随着草原丝绸之路上中西交流的不断深入，来自西域的驯兽文化也传入辽朝，成为契丹人休闲娱乐的一种方式。在内蒙古敖汉旗宝国吐乡皮匠沟1号辽墓中发现了"辽代打马球图"壁画（图10-24），壁画中运动员所戴三角形尖顶帽即是西域胡人所习见的帽饰。马球运动是驯马的一种体现。契丹人将波斯人打马球时所穿的西方服饰作为运动员专用服饰而吸收借鉴，从而

---

① 〔宋〕叶隆礼撰，贾敬颜等点校：《契丹国志》卷7《圣宗天辅皇帝纪》，上海古籍出版社，1985年，第72页。

② 〔宋〕叶隆礼撰，贾敬颜等点校：《契丹国志》卷14《齐国王隆裕传》，上海古籍出版社，1985年，第153页。

保留了波斯马球的一些基因。位于内蒙古赤峰巴林右旗辽庆州白塔第一层东南侧窗楣之下的驯象砖雕，画面上为三个西域胡人驯象的场面，说明随着中西文化交流的扩展，西域的一些职业驯象者也进入辽上京地区以此谋生。而佛塔上表现的驯象又与佛教活动有着密切的关系，似乎反映了佛教寺院为释迦牟尼诞辰而举行的"行像"表演场景。在内蒙古克什克腾旗二八地辽墓中还发现了描绘驯豹场面的壁画。

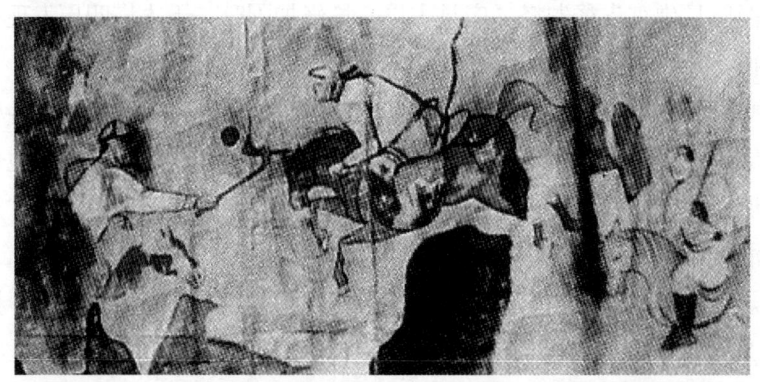

图10-24：内蒙古敖汉旗宝国吐乡皮匠沟1号辽墓打马球图壁画

古代中亚、西亚一带曾有崇尚狮子的习俗。所谓"阿萨兰"，汉语即为狮子。借助草原丝路，这种社会民俗在东方的辽朝也产生了广泛的影响。内蒙古赤峰北部现存建于兴宗重熙年间的辽庆州释迦如来舍利塔塔身浮雕上，雕有卷须深目隆嘴的西方胡人驯养狮子的形象（图10-25）；1978年，敖汉北三家一号辽墓壁画中发现有一只雄健的狮子后踞蹲坐在一只大鼓之上，前肢一上一下，似乎正在击鼓的画面；陈国公主墓出土的胡人戏狮琥珀雕刻，从人物衣装和造型来看，属于波斯人的形象。由是可见，西方的驯兽文化借助草原丝绸之路东来，流传于辽代社会，驯兽方式有的保留有西域特色，有的则连驯兽者都由辽人代替。西方文化已融入了契丹文化内，并已广泛应用于造型艺术中。

契丹小字是从回鹘文而来的。据《辽史·皇子表》记载，辽太祖的母亲萧太后建议派迭剌去跟回鹘使者学习回鹘语言与文字，来制契丹文字。这种文字和后来改定的契丹大字不一样，叫契丹小字。辽圣宗时期，崇佛之风渐盛，与回鹘佛教界保持密切的关系。统和十九年（1001）正月，"甲申，回鹘进梵僧

图10-25：辽上京出土的驯狮玉雕像

名医"①。河北易县辽代佛教艺术中心八佛洼最早出现八罗汉造型，与之同时，敦煌艺术中也出现了八罗汉群像，见于沙州回鹘时期的瓜州榆林窟第39窟中。八罗汉的出现，在风格上属于创新，且同时发生在中国的东北和西北，这种巧合并非偶然，而有其内在的联系，它们之间的共同纽带正是回鹘佛教。②

通过交流，西方的马球、金银器、玻璃器以及驯狮、驯象、乐舞、猎豹、瓜果、蔬菜等均出现在今内蒙古东部草原地区，并在内蒙古东部的辽代墓葬、壁画以及佛塔雕刻上有所体现。可以说，辽朝的两百余年历史实质上就是各种文化的融合过程，而回鹘人的中介作用则成了这个文化融合过程的催化剂。辽朝的许多文明成就，诸如文献和考古资料中习见的契丹文字、音乐、歌舞、木乃伊制作、金属覆面葬俗以及自匈奴以来源远流长的顶戴金冠传统，都应该向欧亚草原西部去寻找其文化渊源。

三、商业城镇

辽代，随着草原丝路的进一步开拓，丝路商贸日益繁盛起来，位于草原商道沿线的城市商镇迅速发展、壮大，成为沟通、串联丝路商贸的重要节点与枢纽，对辽代草原丝绸之路及其商业发展发挥了重要作用。其中，辽朝五京与镇

---

① 〔元〕脱脱等：《辽史》卷14《圣宗纪五》，中华书局，1974年，第156页。
② 杨富学：《中国北方民族历史文化论稿》，甘肃人民出版社，2001年，第16页。

州、丰州为典型代表。

诚如《辽史·百官志》所言:"辽之先世,未有城郭、沟池、宫室之固,毡车为营,硬寨为宫。"及至阿保机父辈当权,在汉文化的影响下,契丹社会开始出现了"兴板筑,只城郭"的现象。902年,阿保机在今敖汉东部一带建龙化州,五年以后取代遥辇,正式称帝。916年,阿保机建元神册,国号契丹。神册三年(918),阿保机仿中原汉制,以汉族政治家康默记为板筑使,在他所属的迭剌部的根据地正式营建都城,定名皇都(今内蒙古巴林左旗林东镇南)。后来,太宗于天显元年(926)、天显十三年(938)对其进行了两次扩建,并正式定名上京,号临潢府(图10-26/27)。

 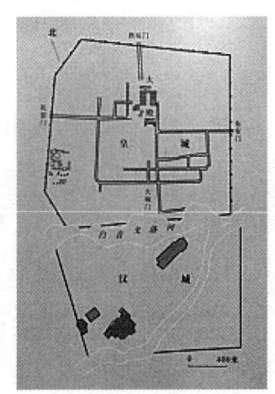

图10-26:辽上京遗址　　　图10-27:辽上京城址平面图

草原丝绸之路虽先后为东胡、匈奴、鲜卑、回鹘所掌控,但他们却未曾于草原地带兴建都城,上京的建立可谓是契丹人的创举,是我国游牧民族统治者最早在草原上建起的一座都城。上京为五京之首,可通达其他四京,为辽代草原丝绸之路东段始发点。就与西方的商业经济交往而言,五京之中也以首都上京为最盛。上京既是契丹人政治、经济、文化的中枢,亦是其军事重镇与后方大本营。上京城垣周围27里,分南北两城。北城谓之皇城,高三丈,有楼橹,辟有安东、大顺、乾德、拱辰四门。南城谓之汉城,高三丈,不设敌楼,南当横街,各有楼对峙,下列市肆,辟有迎春、雁儿、顺阳、今凤、西雁儿、南福等六门。南门之东回鹘营,回鹘商贩留居上京,置营居之。西南同文驿,诸国信使居之。①驿西南临潢驿,以待夏国使。由此可见,汉城既是工商业区,也

---

① 〔元〕脱脱等:《辽史》卷37《地理志》,中华书局,1974年,第441页。

是诸国信使所居住的地方。这种规模宏大、规制严整的大城在赤峰草原的出现，是中国北方游牧民族发展史上一件具有划时代意义的大事，在整个中国历史发展中也同样具有深远影响。

自辽初及至圣宗朝的一百多年间，上京一直为辽朝政治、经济和文化的中心，诸如置后宫、立太子，建立世袭皇权；创文字、定法律、厘官制，成就一代典章文物；西并奚、东并渤海、南取燕云，创就全国规模等，一系列重大政治事件都是在这里孕育产生的。是时，上京不仅有络绎输贡的北宋、西夏等国使节，还有高丽、日本、波斯、大食等外交使团。

辽中京，是晚于上京的新建都城，号大定府，位于如今内蒙古赤峰市宁城县天镇和大明镇境内的老哈河北岸。之所以兴建此都，并迁于此，主要是因为"澶渊之盟"后，辽朝的政治经济形势发生了一系列变化。契丹在攻取渤海与燕云地区之后，以雄厚的军事实力扼制了北宋收复燕云失地的打算，辽、宋双方正式形成了南北对峙。为了兼顾辽境南北，进一步发展与宋之间的友好聘使往来，吸取中原地区先进的经济、文化成果，推动契丹地区的封建化进程，在契丹族女政治家承天后萧绰及辽圣宗的主持下，辽朝首都南迁到接近汉族聚居区的奚王府牙帐所在地，以适应新的历史环境。

统和二十五年（1007）正月，辽圣宗从燕云地区选征大批良工巧匠，参考北宋首都开封城的营建制度，结合契丹社会实际开始营造中京，经两年，于统和二十六年（1008）初步建成。城址位于今内蒙古宁城县大明镇，西距天义镇约15公里。背靠七金山，前临老哈河。这一带地势开阔，弥望千里，土质肥沃，水草丰美，既宜农耕又便畜牧。就地理位置而言，其地正好处于北方游牧区和南方农耕区的中间地带。在这里建都，对内可左制渤海，背依本部，南控燕云；对外可东及高丽、日本，西顾夏国而南联赵宋，可谓四通八达，远近适中。

随着丝路商贸的发展，中京成为草原丝绸之路上的重要商业城市，往来于此的商人使臣络绎不绝。《辽史·地理志》载，中京城中有"大同驿以待宋使。朝天馆待新罗使。来宾馆待夏使"。中京也有回鹘城的建置，以接待回鹘商旅。《乘轺录》载，中京城中"东西有廊舍约三百间，居民列廛肆庑下"，进行商业贸易活动。

辽代五京之中，南京规模最大、最为繁华，为契丹重要的工商业城市。它原是唐代的幽州（今北京）故城，石敬瑭割让燕云十六州给契丹，改称南京（亦称燕京），号析津府。南京基本上沿用了唐代幽州城，只是重修了城墙，并没有进行大规模的改造。其是按照汉族传统的"前朝后市"建筑的。《辽史·地理志》载，南京城周长36里，城墙高3丈，宽1.5丈。城有8门：东为安东门、迎春门，南为丹凤门、开阳门，西为清晋门、显西门，北为通天门、拱辰门。是时，南京城约有30万人，包括汉、契丹、奚、女真等民族。城内划分为26个"坊"，各坊有围墙、坊门，门上有坊名，以此管理城内居民。据《契丹国志》记载，南京城"大内壮丽，城北有市，陆海百货，聚于其中；僧居佛寺，冠于北方。锦绣组绮，精绝天下……水甘土厚，人多技艺"①。

东京与南京、西京一样，都是在原有故城基础上增建而成。辽之东京为秦、汉辽东郡首县襄平县、襄平城，唐代之安东都护府、辽东城。历代沿用襄平土城旧基，因时修葺，辽、金城墙无存。神册三年（918），阿保机克辽东城。翌年，在襄平老城城基上，加筑和扩建城池，更名东平郡，置防御使，"铸铁凤以镇之"。天显三年（928），耶律德光改东平郡为南京，以为陪都，并迁东丹国都于此，东丹王耶律倍主之。会同元年（938），改南京为辽国五京之一东京，设东京道，置辽阳府，自此始有"辽阳"地名。《辽史·地理志》载，"城名天福，高三丈，有楼橹，幅员三十里。八门：东曰迎阳，东南曰韶阳，南曰龙原，西南曰显德，西曰大顺，西北曰大辽，北曰怀远，东北曰安远。宫城在东北隅，高三丈，具敌楼，南为三门，壮以楼观，四隅有角楼，相去各二里。宫墙北有让国皇帝御容殿。大内建二殿，不置宫嫔，唯以内省使副、判官守之"。《大东丹国新建南京碑铭》载："在宫门之南。外城谓之汉城，分南北市，中为看楼。晨集南市，夕集北市。街西有金德寺、大悲寺、驸马寺，铁幡竿在焉；赵头陀寺，留守衙，户部司，军巡院，归化营军千余人，河、朔亡命，皆籍于此。东至北乌鲁虎克四百里，南至海边铁山八百六十里，西至望平县海口三百六十里，北至挹娄县、范河二百七十里。东、西、南三面抱海。"其建筑规划略同于上京，也是模拟汉地城市建筑模式修建的。

辽西京（今大同市），原为北魏都城，唐设云州，又改云中郡，继而又重新改为云州，设大同军节度使，今称大同或即源于此。自古以来，大同及其周

---

① 〔宋〕叶隆礼著，贾敬颜、叶荣贵点校：《契丹国志》卷22《四京本末》，上海古籍出版社，1985年，第217页。

围地区一直是农耕民族和游牧民族交错杂居地区，后晋石敬瑭投靠辽朝，割让幽云十六州，云州（治所大同）被划入辽的版图。重熙十三年（1044），辽朝与西夏发生战争，兴宗在打退西夏之后不久，基于云州这一地区战略地位的重要性，为了对付西夏，升云州为西京，治所为大同，是辽朝五京中最后确定下来的京城。因西京原为燕云十六州最西端的一州，归辽后，遂成为边防要冲、西南重镇。辽统治者对西京特别重视，"非亲王不得主之"。宋包拯使辽后报告："自创云州作西京以来，不辍添置营塞，召集军马，兵甲粮食积聚不少。"[1]是见，西京是辽王朝南控中原、西南扼制西夏及西南诸部族的政治、军事重镇。

西京大同府是在北魏平城原址上营建的，其城"广袤二十里"，北魏京城开十二门，及至辽时已剩四门，即东面迎春门、南面朝阳门、西面定西门、北面拱极门。其城建有敌楼、棚橹等守御设施，有同文等宫殿，设西京留守司衙。北门东为大同府，西为大同驿，西北隅有萧太后住过的梳妆楼，其中大同府、大同驿是各国使节与商旅聚居之区。西京不仅是辽朝西南边境的军事重镇，也是东通南京的重要交通干线和通往西夏、西域的捷径，这也就决定了其在草原丝绸之路贸易中扮演着重要角色。

西京是辽代北方地区的又一个商业贸易中心，其统治者于西京置都商税院，设点检、都监、判官等主持征收商税和市场管理。还于此设置转运使，以管理通商、贸易诸事。西京道的朔（今属山西）、蔚（今河北蔚县）、儒州（今北京延庆）诸州，皆是重要的商业贸易场所。西京道朔州（今属山西）榷场亦是宝货山积，功作迭兴。是时，西京大同府不仅是沟通漠北与中原联系的交通枢纽，亦是商品集散地，其地商贾云集，店铺林立，水陆百货，应有尽有。

辽朝五京之外，各州县也有商业市镇和集市，如上京之祖州，内有绫锦院，内南门外为商业区，"东南横街，四隅有楼对峙，下连市肆"，是仅次于五京的一个商业城市。南京之香河县，在太宗时，"云屯四境之行商，雾集百城之赏货"。中京之松山县，号称"商贾会冲"。东京之辰州，"井邑骈列最为冲会"。一般中等城镇山区或民间交易亦非常兴盛。

---

[1]〔宋〕包拯：《包拯集》卷9《论契丹事宜二》，中华书局，1963年，第119页。

第四节　金代丝绸之路的发展

一、代辽而兴的金朝

金朝是由我国东北地区的古老民族——女真族建立的一个王朝。女真又名女贞、女直，原生活于松花江、黑龙江流域以及俄罗斯西伯利亚与远东地区。其祖先可溯源至先秦之肃慎，汉晋之挹娄，南北朝之勿吉，隋唐之黑水靺鞨，辽至金时期称"女真""女直"（避辽兴宗耶律宗真讳），明朝仍沿用此称。至17世纪初，建州女真满洲部逐渐强大，其首领努尔哈赤建立后金政权，努尔哈赤之子皇太极基本统一女真各部后，遂颁布谕旨改女真族号为满洲，女真一称遂从此废止。是后，满洲人又融纳了蒙古、汉、朝鲜等民族，逐渐发展成为今天的满族。

11世纪，活跃于黑龙江、松花江流域的黑水靺鞨后裔女真人向契丹称臣，为其藩属。契丹对女真族实行"分而治之"，将其强宗大姓迁移至辽东半岛，编入契丹国籍，称之为"合苏馆"，又作曷苏馆、合苏衮，即女真语之"藩篱"，这些入籍契丹的女真人即"熟女真"。而留居粟末水（松花江北流段）之北、宁江州（今吉林扶余市）之东的女真人则为"生女真"。后来建立金朝的完颜即生女真的一支，亦是黑水靺鞨的直系后裔。

辽朝末年，生活于白山黑水间的女真族兴起，不断蚕食辽王朝的疆土。1115年，女真首领阿骨打（图10-28）在统一女真各部后，很快便攻打下了辽国的北方首都上京，继而南下入侵北宋，建立了齐、楚等傀儡政权。稍后，按照中原汉人的传统，于会宁府（今黑龙江省哈尔滨市阿城区）建都立国，国号大金。金朝立国后，女真与北宋订"海上之盟"，向辽朝宣战，于1120—1122年间相继攻陷辽上京、中京，天祚帝西奔。1125年，金、宋联合灭辽。辽朝覆亡后，金与北宋遂成敌国。金太宗完颜晟继位后，挟灭辽之威，席卷而南，于1127年灭亡北宋。在灭辽朝和北宋后，金朝统一了包括黄河流域在内的广大北方地区，与南宋以长江为界，长期对峙。1153年，海陵王迁都燕京（今北京，金之中都）时，金朝已领有华北地区以及秦岭、淮河以北的华中地区，使南宋、西夏与漠北塔塔儿、克烈等臣服而称霸东亚。

图10-28：金太祖完颜阿骨打墓

这里要特别指出的是，金朝在我国东北地区的领土扩张与军事统治。唐以前的历代政权，对东北的经营多偏重于南半部，即今辽宁和吉林部分地区。唐朝建立后，在继续经营东北南部的基础上，进一步向东北中、北部发展。易言之，唐政府已将其管辖范围扩大至黑龙江流域。唐亡后，契丹族所建的辽政权取代了唐在东北的统治。辽先是控制了东北西部及以西广大地区，926年灭渤海后又控制了渤海故地；辽还控制了松花江、黑龙江下游，即今依兰以下直至黑龙江、乌苏里江交汇处以下一带的"五国部"地区。金朝建立后，在唐、辽的基础上，进一步扩大了东北的管辖范围。1125年灭辽后，女真不仅完全继承了渤海、辽之东北旧壤，且将其势力进一步向北、东北方向扩张。诚如史书所载："金之壤地封疆，东极吉里迷兀的改诸野人之境，北自蒲与路之北三千余里，火鲁火疃谋克地为边。"①吉里迷、兀的改（分别为元明之吉烈迷、乞列迷）皆是活跃于黑龙江下游的部族。是见，金朝已控制了黑龙江下游直至入海口一带的广大地区。

金朝的建立及其统治区域的开拓，对于金代丝绸之路的发展意义重大。其虽然丧失了对传统的大漠南北的直接控制，但却与其地崛起而兴的克烈、蒙古、汪古、塔塔儿等诸部建立了长期而稳固的藩属关系，因而在金代，沿自辽代的草原丝绸之路应大体还保持着畅通，商人、使者仍可借助此路往来东西方。女真于我国东北及南方的疆域纵向延伸，对于金代海上丝绸之路的进一步

---

① 〔元〕脱脱等：《金史》卷24《地理志》，中华书局，1975年，第549页。

开发之重要性亦不言而喻。

二、金代的草原丝绸之路线路

金代的草原商路可以分为南、北两条,南路是沿用辽时由西夏控制的漠南草原商路,其西起河西走廊西端的瓜、沙、肃诸州,中经兴庆府,过黄河东北行,由天德军(今内蒙古乌拉特前旗北)、归化州直达金中都;北路则沿克鲁伦河东行,通往呼伦贝尔。

金代,西北地区鞑靼诸部在尚未发展为统一的民族共同体——蒙古族及形成独立国家之前,彼此互不统属,而受金朝统治。鞑靼各部分别向金朝纳贡,接受封赏。见于史书记载者即有:散只兀部、哈答斤部、塔塔儿部、弘吉剌部、扎剌儿部、扎只剌部、汪古部、克烈部、蔑儿乞部、豁里秃歹部、巴儿忽部、翰亦剌部、乞儿吉思部、乃蛮部、吉里吉斯部、秃麻部、萌古斯部、蒙古乞颜部、蒙古泰赤乌部、广吉剌部以及其他森林部落等。①是时,"诸部相率送款,襄纳之,自是北陲遂定"②。

蒙元王朝的肇建者成吉思汗及其祖先亦曾长期依附于金朝,向其朝贡,受其封赐。对此,《元史·太祖纪》记载道:"初,帝贡岁币于金,金主使卫王允济受贡于净州。"③《蒙古秘史》卷4亦载:"王京又对成吉思说,'杀了蔑古真等,好生得你济,我回去金国皇帝行奏知,再大的名分招讨官教你做着'。"④《傅雾建炎通问录》则言:"当日鞑靼国献羊,黑水国献马,两国人使国时在帅府前伺候。"⑤由是可见,金初,鞑靼各部皆归属于金,受其辖制,向金纳贡;是时,鞑靼各部通往金朝的道路是畅通的,他们向金朝贡所走的路就应该是草原商道北线。

女真人立国后,曾将辽代草原丝绸之路的重镇——原丰州大青山北部一带的净州路升为净州,属丰州支郡,仍属西京路,辖治天山县,因而大青山亦当在其境。而大青山附近诸多辽金时代的文化遗迹,则可视为辽金时期草原丝绸

---

① 〔瑞典〕多桑著,冯承钧译:《多桑蒙古史》(上),中华书局,1962年,第25—27页。
② 〔元〕脱脱等:《金史》卷94《完颜襄传》,中华书局,1975年,第2091页。
③ 〔明〕宋濂等:《元史》卷1《太祖纪》,中华书局,1976年,第15页。
④ 额尔登泰、乌云达赉校勘:《蒙古秘史校勘本》,内蒙古人民出版社,1980年,第966页。
⑤ 〔宋〕徐梦莘:《三朝北盟汇编》卷110《炎兴下帙十》引《傅雾建炎通问录》,上海古籍出版社,1978年,第804页。

之路存在的物证。金元之际，活跃于大青山以北地区的主要为汪古部族，他们自唐末从新疆一带迁徙至大青山，世居其地。金朝时，汪古部曾在大青山后为金王朝守界壕，后归顺铁木真，并协助其征服乃蛮部。乃蛮、克烈等部都信奉景教，说明他们都深受西方文明的影响，可见他们和西方国家之间也存在一条草原商路。

1985年，考古工作者于内蒙古武川县东土城乡乌兰窑子村发现了一处金代墓地。金代界壕（图10-29）从四子王旗经达茂旗东南进入武川县二份子乡、西红山子乡、西乌兰不浪乡、哈拉合少乡、哈拉门独乡到上庙沟村。这段界壕由活跃于大青山的汪古部戍守。根据考古资料，在四子王旗、达茂旗及大青山南麓的呼和浩特、和林、托县等地皆发现了金代城址、墓葬以及出土文物等，从而为我们描绘金代草原丝绸之路面貌提供了不可多得的珍贵资料。

图10-29：金代界壕边堡图

三、女真与丝路贸易

女真肇兴之初，所生活的区域主要是崇山峻岭与原始森林，以采集渔猎为生。辽代，女真人以采集所获的物产，通过辽朝设于宁江州的榷场，与契丹人进行以物换物贸易。其采集品主要为人参、蜜蜡、松实、白附子和生金等。

金朝建立之初，女真的商业交换仍不发达，"其市无钱，以物博易"①。天会三年（1125），宋使许亢宗到达金上京时亦言："无市井，买卖不用钱，惟以

---

① 〔宋〕宇文懋昭撰，崔文印校证：《大金国志校证》卷39《初兴风土》，中华书局，1986年，第552页。

物相贸易。"①是见，金初，女真经济仍处于以物易物的阶段。随着其社会发展水平的不断进步及统治者的重视，女真与外界的商业来往日趋频繁。金人通过榷场互市，加强了与丝绸之路沿线各民族间的经济文化联系。

金初，女真人于西北招讨司的燕子城、北羊城之间设立榷场，"以易北方牧畜"②。皇统元年（1141），设置榷场与西夏进行贸易。③前后对西夏开设的榷场有保安、兰安、绥德、东胜、环州等处（均在陕西、甘肃境）。西夏主要输出珠、玉，金主要输出丝、帛。女真统治者允许来自西夏的使者于使馆内贸易三日。

金代，丝绸之路上另一活跃民族——回鹘与女真也保持着密切的商业往来。早在北宋时期，即有回鹘人入居秦川（今甘肃、陕西一带），及女真统治其地，部分回鹘人被女真统治者迁徙至燕山（今天津蓟州区东南）一带，与当地汉人通婚。回鹘人专于织绣及金饰工艺，其人"又善结金线，相瑟瑟为珥及巾环，织熟锦、熟绫、注丝、线罗等物。又以五色线织成袍，名曰'克丝'，甚华丽"④。留居西域及河西走廊的回鹘人不仅"善造镔铁刀剑，乌金银器"，且还以珠、玉、药、香及丝毛织品对外贸易。不少回鹘商人经常携带着其地土产与贩运之货，经西夏，来至金朝燕地交易。回鹘商人另一大专长是"尤能别珍宝，蕃、汉为市者，非其人为侩则不能售价"⑤。从而成为蕃汉互市的主导者，对促进丝路贸易的顺利进行发挥了重要作用。以经济利益为导向的回鹘商人还远至山东、河北，贸易行商。同时，回鹘统治者还经常派人入贡于金。女真统治者又经常购买回鹘的马匹，回鹘的马和弓矢是女真统治者赏赐臣僚的珍贵物品。新疆阿勒泰达勒特古城出土有金代大定通宝（图10-30），当为金与西北诸族进行贸易的历史见证。

---

① 〔宋〕许亢宗：《宣和乙巳奉使金国行程录》，贾敬颜：《五代宋金元人边疆行记十三种疏证稿》，中华书局，2004年，第251页。
② 〔明〕王圻：《续文献通考》卷31《市舶、互市》，现代出版社，1986年，第453页。
③ 〔元〕脱脱等：《金史》卷4《熙宗纪》，第76页。
④ 〔宋〕洪皓：《松漠纪闻》，吉林文史出版社，1986年，第15—16页。
⑤ 〔宋〕洪皓：《松漠纪闻》，吉林文史出版社，1986年，第15页。

图10-30：新疆阿勒泰达勒特古城出土的金代大定通宝

辽朝灭亡后，率部西迁的耶律大石在中亚建立西辽政权，西州回鹘及东、西喀喇汗王朝皆为其所控制。在西辽帝国的统治下，西域社会安定，佛教文化得到发展（图10-31），国际贸易顺利发展。"西辽时期，国际贸易相当发展。处于商道的怛逻斯、讹打剌等城都有专供商队过往食宿的旅店和出售商品的地方。国际贸易的商品主要是高级消费品：中原的丝绸和高级工艺品、中亚和西亚的珠宝玉器和香料等。此外，奴隶也是贩运的对象之一，他们主要来自北方游牧部落，多运往河中和西亚地区。"①是时，党项与西域诸国及中亚一带也有密切联系。党项对西域诸国至宋朝的商贾，截道于西夏，勒索财物，还曾请求宋朝下诏令大食（波斯）贡使取道西夏，以图掠夺。这虽然不是正常的现象，但西域诸国的商人、使者前往宋朝、辽国金朝时，必经西夏。牢牢掌控河西走廊地区的党项人凭借其与金、西辽政权的友好关系以及得天独厚的地理位置，往来穿梭于两者之间，因而成为金与西域经济联系的纽带。这从见于《金史》所载的回鹘朝贡金的次数远少于朝贡宋、辽的次数，即可窥见一二。金朝的外来商品如和田玉、香料等，西辽的外来商品如丝绸和高级工艺品，大部分来自西夏这个丝绸之路上的中转站。尤其在与辽朝、金朝的交往中，西夏成为中转站。

---

① 魏良弢：《西辽史纲》，人民出版社，1991年，第129页。

图10-31：吉尔吉斯斯坦比什凯克西辽佛寺遗址

  早在金朝肇建之初，女真人便与西夏确立了政治上的主从关系。金在攻灭辽以后，就把战争烽火引入西夏，不时与其发生战争，阻隔了西夏与南宋间的联系，迫使西夏在经济上依赖于金国。金与西夏的贸易正式开始于金熙宗时期，皇统元年（1141），女真统治者应西夏的请求，设立榷场，与之贸易。金向西夏输出的物品主要有丝帛、铁钱、米粮乃至军器，西夏向金输出的主要是马匹。世宗大定年间，金朝派白彦敬去西北路招讨司市马，得西夏马6000余匹。大定十二年（1172），西夏以珠玉换取女真之丝帛。女真统治者还多次派医师到西夏为西夏贵族治病，中原的医药也由此传入西夏。后来，由于党项人与金朝陕西边民私相越境，盗窃财畜，又有奸人托名榷场贸易。金朝为了避免边患，禁止西夏人入境贸易，并罢绥德榷场，仅留东胜、环州两榷场。及至大定二十一年（1181），金世宗应夏王李仁孝的请求，才下诏恢复绥德榷场。章宗继位后，金与西夏贸易往来重新恢复。承安二年（1197），复置兰州、保安榷场。后来，西夏屡犯金朝边界，双方交恶，双方贸易遂中断。

  金代，东北、西北边境的蒙古部落和女真接触很多。鞑靼人主要从事狩猎，沿长城南接近汉族地区的已经发展了农业生产。他们从河东地区（即金的西京路）得到汉人的铁钱，用来铸造军器，武装力量逐渐壮大，[1]经常南犯金境。女真统治者除了采用军事行动以外，还掳掠了鞑靼的劳动人民，把他们贩

---

[1]〔宋〕李心传撰：《建炎以来朝野杂记》乙集卷19《鞑靼款塞》，商务印书馆，1936年，第590页。

卖到山东、河北各地充当奴隶。①此外，还利用一部分被征服的鞑靼人监视蒙古部落。到了世宗、章宗时期，为了隔绝鞑靼人的南下，又修筑了一条长三千里的界壕边堡，调遣重兵戍守。当然，这种设施不能完全断绝鞑靼人和金境汉人及女真人的经济文化联系。阻卜的一部分在章宗时曾经受到金朝廷的控制，承安三年（1198），阻卜酋长斜出附金并在辖里尼要（在内蒙古多伦诺尔东北）开设榷场，互相贸易。②北方的蒙古部、即盲骨子是渔猎和畜牧的部落，"无城池屋宇，但为毡帐，择便利水草而居……无耕织，制皮为裘，以牛、羊为粮"③。皇统六年（1146），女真统治者派胡沙虎攻伐蒙古部，结果反为蒙古部围困，女真统治者不得不遣派萧保寿奴与蒙古部议和，每年送给蒙古部牛、羊、米、豆。④之后双方又多次用贡赐的方式交换产品。⑤

榷场之设本为互通有无，宋辽金时期的榷场贸易以金宋最为典型，其交易地点之多、交易数量之大，为辽宋榷场、金夏榷场所不及。最初，金宋榷场贸易达成，除了经济因素外，还出于政治上的需要。金朝天辅七年（1123），金朝与北宋就设置榷场进行商品交易的具体事宜进行了商议，决定"于稳便场所起置榷场"。后因金南下伐宋，两国榷场贸易一度中断。及1142年"绍兴和议"，金宋形成南北对峙格局后，双方在已经划定的边境上正式开始了榷场贸易，榷场主要分布在今甘肃、陕西、河南、湖北、安徽、山东、江苏等省。

除了官方贸易场所——榷场以外，宋金间还有大量私人民间贸易场所。与榷场贸易相比，其出现得更早，具体类型更多。其实，早在辽代时，女真人业已将其特产如珠玉、皮革、马匹等，通过海船贩运到宋朝境内山东半岛一带进行交易。金朝建立后，百姓纷纷与中原汉族居民交换各种物品。除了陆路运输以外，双方的海上商业贸易往来也很兴盛，"商人多市江浙米帛转海而东，一缗有至三十千者"⑥。宋金划淮分立之后，这种贸易一直没有间断。

女真统治时期，金与高丽也建立了贸易往来。兴定二年（1218），辽东行

---

① 〔宋〕孟珙撰，王国维笺证：《蒙鞑备录笺证·征伐》，文渊阁书庄，1936年。
② 〔元〕脱脱等：《金史》卷50《食货志》，中华书局，1975年，第1115页。
③ 〔宋〕李心传撰：《建炎以来朝野杂记》乙集卷19《鞑靼款塞》，商务印书馆，1936年，第591页。
④ 〔宋〕宇文懋昭撰，崔文印校证：《大金国志校证》卷12《熙宗四》，中华书局，1986年，第175—176页。
⑤ 〔宋〕李心传撰：《建炎以来朝野杂记》乙集卷19《鞑靼款塞》，商务印书馆，1936年，第591页。
⑥ 〔宋〕李心传撰：《建炎以来系年要录》卷52宋高宗绍兴二年三月庚子条，中华书局，1956年，第919页。

省夹谷必兰"出谕高丽,贷粮、开市二事"。《高丽史》卷22《高宗》记载,三年丙子(1216)七月,"自去年金人因兵乱资竭,争赍珍宝款义、静州关外互市米谷,至以银一锭换米四五石,故商贾争射厚利,国家虽严刑籍货,然犹贪渎无厌,潜隐互市不绝。金将率兵到关责云:'何弃旧好不通告巢乎?'"表明,金末因战乱与灾荒,粮食奇缺,为解燃眉之急,金人用珍宝、银锭向高丽人急购粮草,但粮食却为高丽之禁榷物品,金朝因此派使臣去高丽贷粮,以解决粮荒问题。

第五节 金代丝路物质文化交流与丝路商镇

金代,女真人对于草原丝绸之路的控制虽不如辽代契丹人那么强,但是由于其与毗邻的西夏、鞑靼人等保持较为和平、稳定的外交关系,加之东西方诸政权对于物质交换、文化交流的强烈需求,因而金代的草原商道路线仍保持基本畅通,扮演着东西方物质精神文化交流主脉络的角色。同时,随着丝绸之路沿线经济、文化交往的频繁,繁荣的丝路商镇亦不断涌现。

一、物质交流

(一) 纺织品

金代,以丝为主的纺织品是女真人沿着丝绸之路向外行销的大宗商品之一,诚如《金史·食货志》所载:"商旅多以丝绢易茶,岁费不下百万。"[①] 其中,女真所产之蕃罗、北绫、北绢等皆是金朝主要的输出品。宋朝使臣楼钥在出使金朝路过相州(今河南安阳)时,曾见市场上有绢、丝出卖,而且记录了当时绢、丝的价格,"好绢每匹二贯五百文,丝每两百五十文"[②]。范成大使金时,曾路过定兴,见有商人前来贩卖布帛丝绸,"亦有染人来卖缬,淡红深碧挂长竿"[③]。

女真初兴时,其地位于"契丹东北隅,土多林木,田宜麻谷,以耕凿为

[①] 〔元〕脱脱等:《金史》卷49《食货志》,中华书局,1975年,第1108页。
[②] 赵永春:《奉使辽金行程录》,吉林文史出版社,1995年,第266页。
[③] 赵永春:《奉使辽金行程录》,吉林文史出版社,1995年,第307页。

业，不事蚕桑"①；"土产无桑蚕，惟多织布，贵贱以布之粗细为别"②，"其市易则惟以物博易，无钱，无蚕桑，无工匠"③。是见，早期女真人虽还没有种桑养蚕的习俗，但是却能以麻为原料进行织布。其所织的布有粗、细之分，细布已成为女真人的特产，而与周边各族进行简单交易。及至金朝建立，女真人又继承了辽、北宋所遗留下来的纺织业"遗产"，加之统治者又大力鼓励桑蚕业发展④，从而极大地促进了金人纺织业的发展。

金代的纺织品不仅技艺高超，且甚为华丽。河北定州的缂丝，以精巧闻名，此种技巧也为被金朝所继承。⑤金朝燕山府的纺织品"锦绣组绮，精绝天下"⑥，为宋朝使者许亢宗所叹服。金朝初年，由关陇迁入内地的回鹘人，"在燕者，皆久居成业"，其中许多人手工技艺高超，他们不仅善于制造精美的首饰，还擅长织金。因而，燕云地区成为金代纺织品的主要产地。

金朝在全国所设置的五处绫锦院中，除怀州绫锦院（今河南沁阳）之外，其余四个（真定、平阳、太原、河间绫锦院）皆在燕云地区。《金史·地理志》记载的中都平州的绫，河北东路河间府所产的无缝绵，大名府的䌷、縠、绢，平阳府的卷子布，都是金代有名的纺织品。山东西路的东平府（今山东东平）亦产丝、锦、绫、绢等，为全国著名的丝织品产地。金末，河南地区的毛纺织业"得西域织金绮纹工三百余户，及汴京织毛褐工三百户，皆分隶弘州，命镇海世掌焉"⑦。

（二）盐

盐是金朝的另一大贸易商品。据《金史》记载，泰和八年（1208），金朝曾诏"沿淮诸榷场，听官民以盐市易"⑧，是见金朝统治者曾公开允许食盐通

---

① 〔宋〕宇文懋昭撰，崔文印校证：《大金国志校证》附录1《女真传》，中华书局，1986年，第584页。
② 〔宋〕宇文懋昭撰，崔文印校证：《大金国志校证》卷39《男冠女服》，中华书局，1986年，第553页。
③ 〔宋〕宇文懋昭撰，崔文印校证：《大金国志校证》附录1《女真传》，中华书局，1986年，第586页。
④ 〔元〕脱脱等：《金史》卷47《食货志二》，中华书局，1975年，第1043、1050页。
⑤ 张博泉：《金代经济史略》，辽宁人民出版社，1981年，第65页。
⑥ 赵永春：《奉使辽金行程录》，吉林文史出版社，1995年，第149页。
⑦ 赵永春：《奉使辽金行程录》，吉林文史出版社，1995年，第251页。
⑧ 〔元〕脱脱等：《金史》卷49《食货志四》，中华书局，1975年，第1104页。

过榷场进行市易。金之诸州中，解州（今山西解州）产盐丰富，是金朝重要的盐输出地。金统治者也一度允许官民通过榷场以盐与外贸易，但由于金朝的盐主要输往宋朝，又因"解盐"比南宋的"官盐""价廉而味重"，极大地损害了宋朝的利益，因而宋朝统治者为了强迫人民购买官盐，禁止解盐入境。

金代的解盐还通过走私的形式进入南宋市场。南宋政府一再禁止不得私贩解盐，如淳熙九年（1182）八月七日，右谏议大夫黄洽言："解盐之禁，今日所当严，乞自今凡在官敢以解盐自行中卖及以相馈遗者，不论斤两多少，必当重宝典宪无赦，仍令逐路监司严行觉察。"①淳熙十年（1183）九月，又"严盗贩解盐法"②。但在重利的诱惑下，利路（今四川广元一带）关外诸州，人竞贩卖，啸聚边境，动辄成群，京西路的人民也沿着光化军（今湖北光化）、均州（今湖北均县北）、房州（今湖北房县）的小路通过金境购买解盐，因而这些地区的人民"全食解盐，淮盐绝无到者"③。由是可见，当时金宋解盐走私之盛。

为了保证国家专卖制度的贯彻执行，金朝统治者亦多次定制严禁私煮盐及盗贩盐，如大定三年（1163），"定军私煮盐及盗官盐之法，命猛安谋克巡捕"。如捕到盗贩者，"在三百里内者属转运司，外者即随路府提点所治罪"④。然犯禁者仍未能断绝。不仅如此，禁盐法成为贪官污吏敲诈勒索民众的手段："盐官每出巡，而巡捕人往往私怀官盐，所至求贿及酒食，稍不如意则以所怀诬以为私盐。盐司苟图羡增，虽知其诬亦复加刑。"⑤是见，金代禁盐法已经弊端百出。泰和七年（1207），私煮盗贩盐者成党，盐司既不能捕，统军司、按察司亦不为禁。第二年，诏沿淮诸榷场，听官民以盐市易。金末，盐禁益弛。

北珠、貂皮、蜜蜡、人参、甘草等女真人的特产也是主要的丝路贸易商品。早在辽代，女真出产的北珠曾经通过榷场销入宋地。宋建隆以来，他们又经常从苏州（今辽宁金县）泛海至登州（今山东蓬莱）卖马。貂皮、蜜蜡、人参等则作为地方特产借由丝绸之路远销他国。

---

① 〔清〕徐松：《宋会要辑稿》食货二八之一五，中华书局，1957年，第5286页。
② 〔元〕脱脱等：《宋史》卷35《孝宗纪三》，中华书局，1977年，第680页。
③ 〔清〕徐松：《宋会要辑稿》食货二八之七，中华书局，1957年，第5282页。
④ 〔元〕脱脱等：《金史》卷49《食货志》，中华书局，1975年，第1097页。
⑤ 〔元〕脱脱等：《金史》卷49《食货志》，中华书局，1975年，第1097页。

（三）茶叶

与其他北方民族一样，金人亦喜好饮茶，"比岁上下竞啜，农民尤甚，市井茶肆相属"。金朝本地不产茶，其民所消费的茶叶多是由宋朝购买而来。金人对茶叶的消费量之大及其对金朝外贸的影响，引起了金朝统治者的关注，即有金之朝官上奏："商旅多以丝绢易茶，岁费不下百万，是以有用之物而易无用之物也。若不禁，恐耗财弥甚。"①为此，金朝也多次修订食茶制与造卖私茶罪赏条例。章宗承安三年（1198），设官管理，规定七品以上官，其家方许食茶，仍不得卖乃馈献。不应留者，以斤两定罪。宣宗时，"乃制亲王，公主及见任五品以上官，素蓄者存之，禁不得卖、馈，余人并禁之。犯者徒五年，告者赏宝泉一万贯"②。

香药、象牙、玳瑁之类的珍宝，也是南宋对金的输出品。这些东西是由南宋朝廷拨给榷场，作为贸易本钱的。如绍兴十二年（1142）创置榷场的时候，就"降到本钱十六万五千八百余贯，系以香药、杂物等纽计作本"③。乾道元年（1165），知光州郭均申请"朝廷支降本钱，或用虔布、木棉、象牙、玳瑁等物折计降下"④。乾道九年（1173），南宋朝廷"于左藏库支给三分以上檀香三十斤"，派专人送往安丰军榷场博易丝绢。⑤耕牛和马也有不少被运到北方贩卖。牛是南宋输出的重要商品，每年输出七八万头，可是大部分是民间交易，没有通过榷场。淳熙五年（1178），南宋朝廷曾经明令："湖北、京西路沿边州县，自今客人辄以耕牛并战马负茶过北界者，并依军法。"南宋输入金境的还有生姜、陈皮之类的商品。其中甘草、生姜、陈皮之类物品在金之北方十分缺乏，直到宋金建立互市，这些货物才得以进入金地，从而满足了女真人的需求。生姜从楚州北神镇运过淮北的很多，绢、布、丝、麻之类则从川、陕一带贩入金境。

---

① 〔元〕脱脱等：《金史》卷49《食货志》，中华书局，1975年，第1108页。
② 〔元〕脱脱等：《金史》卷49《食货志》，中华书局，1975年，第1109页。
③ 〔清〕徐松：《宋会要辑稿》食货三八之三九，中华书局，1957年，第5486页。
④ 〔清〕徐松：《宋会要辑稿》食货三八之四一，中华书局，1957年，第5487页。
⑤ 〔清〕徐松：《宋会要辑稿》食货三八之四三，中华书局，1957年，第5488页。

二、文化交流

金代，草原商道所经行的区域主要有今内蒙古大部、辽宁西部、吉林西部、宁夏大部、山西北部、陕西北部、新疆等地，因而其地得以保留数量颇多、内容丰富的草原商贸遗迹遗物。就出土文物（图10-32）来看，除了具备独特的草原文化特色外，还融中原文化、南方文化、西方文化元素为一体。

图10-32：内蒙古赤峰出土的金代三彩四系瓶

丝绸、瓷器、铜器、金银器、玻璃器等为草原丝绸之路所贩卖的大宗商品。其中，金银器在草原丝绸之路的文化交往中扮演的角色最为重要，它深刻而形象地体现了中国北方草原地区与中原地区及西方国家的金银器文化交流。就风格而言，金代的金银器与辽朝同样处于北方草原金银器发展的鼎盛时期。其承袭了唐文化之余韵（图10-33），受到了宋文化的直接影响，接纳了西方文化元素的渗透，从而形成了其独具特色的艺术风格与金银器文化。

图10-33：黑龙江阿城出土的金代双鱼纹铜镜

金代金银器主要出土于内蒙古、黑龙江、北京等地区，从总体上看，数量虽较少，但做工堪称精巧。其中比较集中和重要的发现为：1973年，黑龙江省绥滨县中兴古城墓葬；1974年，黑龙江省绥滨县奥里米古城墓葬出土金器20余件；1975年，北京市通县（今为通州区）金代墓葬出土金银器近10件；20世纪80年代，内蒙古乌兰察布卓资山忽洞坝出土银器2件；1978年，黑龙江省金上京故城窖藏出土银器12件；1988年，黑龙江阿城巨源金代齐国王墓出土金银器20件（套）；1975年，内蒙古四子王旗红格尔墓葬出土银器13件；1983年和1984年，黑龙江哈尔滨市新香坊墓地出土金银器39件。主要出土物有双鱼纹银盏托、龙首柄银勺、六曲葵瓣形银碗、六曲葵瓣形银杯、鎏金边荷花银盏、錾耳银钵、银药壶、银酒盏、如意纹银盘、八曲葵瓣形龙纹银器盖、扁圆形银盘、龙首衔环银香炉、葫芦形银耳坠、兽头形银耳坠、镶玉金耳饰、花冠状金耳钉饰、鎏金银鞍饰、银边鎏金铜鞍饰等。

从目前所发现的金代金银器之器形、纹样及工艺来看，一方面，其虽融入西方文化元素，但不太明显，如已经中国化的印度佛教文化艺术造像。金代多曲式金银器并非直接来源于西方，而是由唐宋文化中转而来的；另一方面，金代西方的金银器及其制作技术之所以得以传入北方草原地区，主要是受益于西夏，因为是时，西夏已成为西方诸国与金、南宋经济文化往来的中转站，从而促进了西夏、金朝与宋朝及西方国家的文化交流。宋代的金银器文化对金代造成了极大的冲击力,甚至部分宋代器物直接输入金朝境内,如金上京故城窖藏出土的多曲式银器和装饰仿古夔纹的做法,就是宋代金银器最明显的特征。金代龙首衔环银香炉在造型和纹饰上所取得的和谐统一,也是宋代金银器的主要风格。比较典型的器物还有山东博物馆藏金代达摩渡海镜(图10-34)等。

图10-34:山东博物馆藏金代达摩渡海镜

在宗教文化方面,与其他活跃于丝绸之路上的诸民族一样,女真人从丝路贸易上获取的不仅是经济上的繁富,更是宗教上的交流与融摄。最初以萨满教为主要宗教信仰的女真族在入居中原后,随着与中原汉族及契丹、渤海、党项等的深入接触,逐步接受了沿着丝绸之路传播的其他诸宗教,尤其是熙宗、海陵王统治时期,佛教的盛行程度超过萨满教,世宗、章宗时期,佛教、道教、儒教趋于风行,进而极大地丰富了女真人的精神世界。

女真人肇兴之初,其文化发展水平十分落后,阿骨打起兵反辽前,女真人受汉、契丹文化的影响虽十分有限,但据史书记载,金之始祖函普从高丽来,"兄阿古乃好佛,留高丽不肯从"①。可见,随着与中原文化接触的逐步深入,个别女真人已接受了佛教与汉文化。随着金朝的建立,女真人开始广泛使用契丹字、汉字,并在汉族文人的影响下,开始学习汉文化。这些文人多为进士出身,通晓儒家经典,他们来到金朝都城后,致力于儒家文化的传播与发展。金初,女真贵族对儒学不甚了解,甚至还十分排斥,在这些来自辽、宋的文人的

---

① 〔元〕脱脱等:《金史》卷1《世纪》,中华书局,1975年,第2页。

倾心推广下，儒学逐渐在金朝京城各地传播开来。

除儒学外，佛教和道教亦在金朝广泛传播。阿骨打誓师反辽后，女真人与契丹人、汉人的接触多了起来，受其影响也就相对增多，特别是宁江州（今吉林扶余一带）战役胜利之后，女真人的势力向西扩展，与崇信佛法的契丹、渤海广泛接触，继而对佛教有了一定的认识。占领了辽朝东京（今辽宁辽阳）、上京（今内蒙古巴林左旗东南）、南京（今北京西南）后，女真人在汉文化影响之下，与佛教发生了更为密切的联系，佛教逐渐传入金源地区。

金代女真族人称佛教为"浮图"。女真人建国之前即有个别女真人信奉佛教，及至太祖、太宗统治时期，女真社会上层对于佛教的笃信与崇拜已达到了令人吃惊的程度。对此，《大金国志》记载道："贵戚望族化之，多舍男女为僧尼。"①洪皓《松漠纪闻续》亦载："胡俗（女真）奉佛尤谨，帝、后见像设皆梵拜。公卿诣寺，则僧坐上坐。"熙宗统治时期，佛教已进入了快速发展与繁盛时期，这显然与熙宗所推行的国家政体改革及汉化政策密切相关。随着改革的深入，接受汉文化的女真人渐多，崇信佛教的女真人队伍也不断壮大。由于金朝统治者对宗教采取支持态度，熙宗年间，金国佛事不仅井然有序，且繁盛壮观，出现了君臣、民众皆信佛、礼佛的盛况，上京也成为当时的佛教中心。及海陵王正式迁都中都后，进一步促进了燕云地区经济、文化的全面发展。金代中都之佛教上承辽代遗风，同时兼容两宋学说，长期盛行不衰，成为金代北方佛教文化传播与交流的又一中心。

从金朝都城先后发掘出土的遗址遗物，我们不难窥见女真人对于佛教的热诚。如位于北京丰台区郭公庄西南隅的大葆台金代遗址中出土了金代汉白玉观音坐像、"大金故承信校尉"碑、雕花方砖等。此后，又在一号墓墓道右侧发现了一处建筑遗址。根据对该遗址所在地点、范围、年代及出土器物考察，同时结合史书之记载"葆台去城南三十里，故老相传，金明昌时李妃避暑之台。有寺院，甚壮丽，乃故京药师院之支院也"②，可推定其为京都药师院支院的一部分。2008年，在北京大兴区康庄发现了一处辽金时期的塔林遗址，共清理塔基25座，发现了具有重要史料价值的经幢。经幢幢身上题记为汉文和梵文，内容为《佛顶尊胜陀罗尼经》和僧人的生平事迹，还涉及一些塔林、寺庙的史

---

① 〔宋〕宇文懋昭撰，崔文印校证：《大金国志校证》卷36《浮图》，中华书局，1986年，第517页。
② 〔清〕吴长元：《宸垣识略》卷13《郊坰二》，北京古籍出版社，1981年，第263页。

实。根据经幢题记上最早的年代为辽清宁六年（1060），最晚为金海陵王贞元三年（1155），可推知该处塔林和其所属的持净院存在的时间约有百年。另外，还于北京丰台区瓦窑村发现两座砖塔，其塔基下是以长方形、正方形沟纹砖砌制而成的墓室。墓室内放置骨灰盒，随葬器物包括影青加彩荷叶盖罐、龙泉窑菊瓣钵、龟鹤铜灯台、铜壶、铜鼎等。还有一件影青反瓷观音像，跏趺端坐，头顶罩有连衣风帽，束发戴冠，身着袒胸式袈裟，胸前饰璎珞，面容丰腴，神态慈祥。这尊造像的整体风格和制瓷工艺明显带有南方产品的特点，是当时南北佛教文化交流的重要见证。

道教是女真所崇奉的另一大宗教信仰。金初，道教即已开始传入上京地区。后来，在征战辽、宋的斗争中，女真人掳掠了部分道士到上京地区。佛教与道教传入上京会宁府地区，对女真的传统民族文化带来了一定的冲击，女真统治者开始利用外来的宗教缓和民族对立情绪，争取汉族、契丹、渤海的信任，维护其政权。《大金国志》记载："金国崇重道教，与释教同。自奄有中州之后，燕南、燕北皆有之。"①可见，道教与佛教一样，在金朝获得了更多更广的发展空间，为女真所推崇。

在崇奉佛教、儒教等宗教的同时，女真人也致力于宗教文化的传播。辽朝覆亡后，女真人入居中原，宋室南渡，金朝与西夏遂成为近邻。天盛六年（1154），西夏统治者派使臣前往金朝，购买儒学与佛教书籍。②是见，当时金人的汉学与释教造诣已颇为深厚，继而引起了同样崇尚佛教与儒学的党项人的注意。需要指出的是，对于此次党项所求取的佛教典籍究为何种，史书并无详载。但是时，金朝正在解州天宁寺雕造汉文大藏经《赵城藏》。此经开雕于金熙宗皇统八年（1148），毕工于世宗大定十三年（1173）。西夏前往金朝购书时，该经尚未完工，因此西夏所购佛书当非《赵城藏》。大藏经的雕印是金代佛教的一件盛事。金版大藏经是由私人集资雕印的，潞州女子崔法珍断臂苦行，感动了许多善男信女，共同捐献钱物，在解州天宁寺雕印。大定十八年（1178），由崔法珍将印好的大藏经进于朝廷，朝廷命圣安寺为法珍受戒为比丘尼。大定二十年（1180），经版被运抵京师，收藏于弘法寺。元朝初年又有补刻。金版大藏经共收佛典6900余卷，因最初发现于山西赵城广胜寺，又称"赵

---

① 〔宋〕宇文懋昭撰，崔文印校证：《大金国志校证》卷36《道教》，中华书局，1986年，第518页。
② 〔元〕脱脱等：《金史》卷60《交聘表上》，中华书局，1975年，第1408页。

城藏"。

西夏向来重视佛教书籍的购买，从宋得到"开宝藏"，由辽得到"契丹藏"。自元昊称帝（1038）至夏崇宗乾顺天祐民安元年（1090），用西夏文译完了从"开宝藏"中拣选出的经典820部3579卷，分装入362帙中。此后，又以"契丹藏"为底本对西夏文大藏经进行校勘。对金朝雕刻的规模宏大的大藏经，西夏人自然也会尽早得到。如果此推测无误，那么，西夏对"赵城藏"的购进当在大定二十年（1180）之后不久。金代除中央机构刻印出版书籍外，在平阳（今山西临汾）还形成了刻印中心，这里有专门的刻书机构，出版了许多精美的书籍。金朝的刻印中心平阳距西夏很近，两国来往密切。黑水城出土有平阳姬家雕印的《四美图》，绘画高超，刊刻精细。黑水城还出土有金朝的杂剧本《刘知远诸宫调》《六壬课秘诀》《新雕文酒清话》，以及佛经《南华真经》《心经注》《大方广佛华严经普贤行愿品》《金刚般若波罗蜜经》《摩诃般若波罗蜜多经》《三十五佛名经》等。[①]由是可见，女真人不仅努力研习汉学、佛法，也致力于宗教文化的向外传播。

三、金代丝路城市与商镇

在行政区划上，金沿辽制，亦有"五京"之规制，但名称与地望却多有变动。以金之都城会宁府为上京，改辽上京为金之北京，改辽南京为金之中京，新以开封府为金之南京，大同府仍为西京，辽阳府仍为东京。金代，五京为全国政治、经济、文化中心，中西经济文化交往繁荣。

（一）上京（图10-36）

金上京俗称"白城"，满语作"珊延和屯"。最早见于《吉林外记》："阿勒楚哈，城南二里许，有金显祖（献祖绥可）建都故城，俗称白城。"[②]大约在11世纪初，金朝的创建者女真完颜部就随其四世祖绥可定居于此。后来，完颜部即以其为中心，于黑龙江阿什河流域兴盛起来。金初，其地称"金源""内地"，太祖建国后定都于此，改称上京，号会宁府，成为金朝建立后的第一个都城。另外，金朝还援用唐、辽、宋朝的先例，采用京、路、府、州、县之类的行政区划制度。上京会宁府官衙设在大金国的前期都城内，又是金代上京路的治所。经过30多年的建设，上京由原来的堡寨发展成为通都大邑，成为金初

---

① 史金波：《西夏出版研究》，宁夏人民出版社，2004年，第70页。
②〔清〕屠寄：《黑龙江舆图》，1899年刻本，第2页。

的政治、经济、文化中心。随着海陵王迁都燕京及金朝统治中心的南移，上京虽失去都城地位，但其经济文化地位仍十分重要。（图10-35）

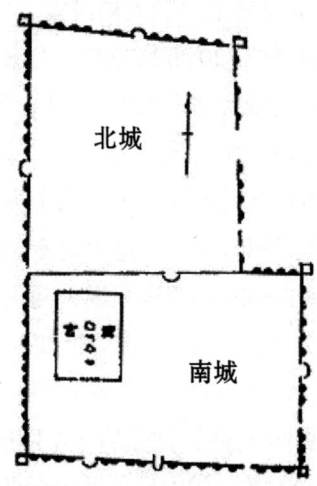

图10-35：金上京平面简图

冶铁业是金源地区最重要的手工业行业，这从黑龙江地区的考古发掘中不难窥见。除了黑龙江（哈尔滨）阿城区小岭的金代冶铁遗址外，20世纪80年代，考古工作者还在黑龙江大庆发现了康家围子、陈二道眼两处金代冶铁遗址。①中华人民共和国成立以来，金源地区还出土了以农业生产工具及日常生活用具为主的铁器。金源地区的金银器制造业也颇为兴盛，虽然未曾于这一地区发现金银矿遗址，但却出土了大量的金银器，如金带銙、金耳坠、金牌、银手镯、银碗、银耳坠、银壶、银香炉、银锭等，种类繁多，制作精美，颇具特色。在金上京附近还出土了大量铜器，如铜钱、铜镜、铜印、铜锅、铜坐龙、铜佛像、铜牌、铜人等。在众多的出土文物中，以铜镜数量最多，有一百多面，反映出该地区铜器加工铸造业之发达。上京地区还有盐业生产，肇州、乌古里石垒部和速频路分别为土盐、池盐和海盐产地。②

（二）中都

燕云地区一向是北方游牧民族南下中原的必经之路，也是胡汉必争之地。天辅六年（1122），金与北宋联兵攻辽，金军陷辽南京析津府（今北京），按原协议交归宋朝，宋改名为燕山府。不久金兵又侵宋占燕山府，改称燕京，先后

---

① 裕林：《谈大庆地区金代冶铁遗址的相关问题》，《大庆社会科学》2007年第3期。
② 吴树国：《试述金代黑龙江流域的盐业》，《北方文物》2009年第4期。

设置枢密院和行台尚书省。金海陵王完颜亮天德三年（1151）四月，下诏自上京会宁府（今黑龙江哈尔滨阿城区南白城子）迁都燕京，建大兴府。令尚书右丞张浩及燕京留守、大名尹卢彦伦等营建都城，参照北宋都城汴京的规划和建筑式样，在辽南京城的基础上从东、西、南三个方向向外扩展，共动用了120万人，历经两年，至天德五年（1153）始告完成。是年，改元贞元，于三月正式迁都，改燕京为中都，定名为中都大兴府。据今天的考古发掘，中都西墙长4530米，东墙长4510米，南墙长4750米，北墙长4900米。①

移都后，女真统治者为推动经济文化的发展，采取了多种措施。金世宗完颜雍统治时期，减轻赋税，缓和民族矛盾，休养生息，使农业得到发展，商业繁荣，市场兴盛。金世宗完颜雍史书称之为"小尧舜"。另外，金废帝完颜亮还在中都之东开通了潞河，在西面建成了卢沟桥，使西南陆路各种货物可以直接进入中都。金代还首创了漕运形式，即从水路运送粮米到京城。

金世宗统治时期，呈现出"中都、河北、河东、山东，久被抚宁，人稠地窄，寸土悉垦"②的景象。金代，以中都为中心的整个燕云地区手工业非常发达，如纺织业、雕版印刷业、制盐业等。燕云地区也是金代主要的陶瓷产地，如定窑、磁州窑等几大名窑皆位于此。中都还是金代军器制造业与造船业基地。据史书记载，天会十三年（1135），金朝"兴燕云、两河夫四十万人之蔚州交牙山，采木为筏，由唐河及开创河道，运至雄州之北虎州造战船"③。海陵王统治时期，"役诸路夫匠造诸军器于燕京，令左丞李通董之，又令户部尚书苏保衡、侍郎韩锡造战船于潞河"④。燕云地区的矿冶业也比较发达，据《金史》记载，大兴府（今北京）"多金、银、铁"，真定府（今河北正定）"产铜铁"，朔州（今山西朔州）"产铁"，中都西南地区的奉先县（今北京房山）有大批银矿。农业、手工业的蓬勃发展，极大地推动了城市商业的进步。

金代的燕山府"户口安堵，人物丰庶"，"城北有市，陆海百货，聚于其中……锦绣组绮，精绝天下。膏腴蔬蓏、果实、稻粱之类，靡不毕出，而桑、柘、麻、

---

① 秦大树：《宋元明考古》，文物出版社，2004年，第54页。
② 〔金〕赵秉文：《滏水集》卷11《梁公墓铭》，吉林出版集团有限责任公司，2005年，第123页。
③ 〔宋〕宇文懋昭撰，崔文印校证：《大金国志校证》卷9《熙宗一》，中华书局，1986年，第138页。
④ 〔宋〕宇文懋昭撰，崔文印校证：《大金国志校证》卷14《海陵炀王中》，中华书局，1986年，第197页。

麦、羊、豕、雉、兔，不问可知。水甘土厚，人多技艺"①。金中都遂成为当时最繁华的商业大都市之一。

(三) 南京

完颜亮迁都燕京，改燕京为中都；又以汴京（今河南开封）为南京。他的这一举措，不仅使金朝的政治、经济、文化中心南移，极有利于摆脱守旧势力的束缚与影响，促进了金朝中央集权的确立，同时亦极大地推动了社会经济的发展。

纺织业是金之南京地区比较发达的手工业行业。山东西路的东平府（今山东东平），产丝、锦、绫、绢，为全国著名的丝织产地。金朝曾在怀州（今河南沁阳）设立绫锦院。金末河南地区还有毛纺织业。据《金史·食货志》记载，山东地区是金代七大产盐地区之一，盐场主要分布在滨海地区的莒州、宁海州、滨州、密州、登州等地，盐产量占全国总产量的25%，居全国之首。为垄断盐利，金初曾在山东置滨州、益都两盐使司，皆隶属于山东东路。金世宗大定十三年（1173）又将益都、滨州两盐使司并为山东盐司。陶瓷业也是该地区相对发达的手工业，金代有名的窑场钧窑、山东淄博磁村窑均位于该地区。

(四) 东京

金代的东京即辽之东京（今辽宁辽阳），以东京为中心的辽海地区，无论是商业还是手工业都十分发达。在金代以前，这里的手工业发展即有一定的基础，如辽统治时期，东京辽阳府附近的东平县"产铁矿，置采炼者三百户，随赋供纳"②。金朝统治时期，辽海地区相对安定，战争较少，是金代前期经济开发的重点地区，农业经济和商业较为发达，张博泉先生认为该地区是仅次于中原的农业区。③金代咸平府、东京辽阳府也是"商旅所集"之地，两地区的手工业在原有的基础上也有一定的发展。金代辽海地区的冶铁业和铁器制造业比较发达，中华人民共和国成立后，在辽宁绥中县城后村遗址、新民县前当铺金元遗址、朝阳十二台营子、昌图双井子等一些地方，出土了大量金代铁制农业和手工业生产工具。金代辽海地区的纺织业也有一定的发展，据《金史》记载，明昌五年（1194），章宗曾谕尚书省："辽东等路女直、汉儿百姓，可并令

---

① 〔宋〕叶隆礼著，贾敬颜、叶荣贵点校：《契丹国志》卷22《四京本末》，上海古籍出版社，1985年，第217页。
② 〔元〕脱脱等：《辽史》卷60《食货志下》，中华书局，1974年，第930页。
③ 张博泉：《金代经济史略》，沈阳：辽宁人民出版社，1984年，第8页。

量力为蚕桑。"①反映了金朝统治者对该地区纺织原料生产相当重视。东京辽阳府所产的"师姑布",也是金代有名的纺织品。辽海地区的陶瓷业生产主要以辽宁抚顺大官屯窑和辽阳江官屯窑为代表,这两处瓷窑是金代东北地区主要的陶瓷产地。辽海地区盛产食盐,制盐业也是该地区重要的手工业行业。

(五)西京

大同于辽"重熙十三年(1044)升为西京",当政者皆"非亲王不得主之"。金灭辽,金因之,大同仍为"西京",乃边防重镇,是文化繁荣、人才荟萃之地。金时,大同城的规模和布局与辽时大体相同,只是在金大定五年(1165)将城之东、西、南门分别易名为宣仁门、阜成门、奉天门,另在城内营建了保安殿、御容殿、西京宫苑等。当时大同还建有金太祖庙,1166年三月,金世宗曾到西京拜谒祖庙。因辽、金历代皇帝大都崇尚佛教,于是在大同又一次掀起了一个大规模兴建佛寺的高潮。华严寺、善化寺、观音堂、禅房寺等,一时都兴建、扩建、整修起来。

金代的西京大同,不仅是我国北方的政治和军事中心,同时也是经济和文化中心之一,是大同历史上的第二个辉煌时期。金代,西京煤炭业、冶铁业颇为发达。尤其是对铁矿业生产,女真统治者十分重视,曾几次移民到大同采矿炼铁。瓷业生产是金朝较为发达的一大行业,山西大同曾发现金代浑源窑,从窑址中发现不少钧釉瓷片。据《中国的陶瓷》一书附录《中国历代陶瓷遗址一览表》中所列的窑址,已经查明烧造时间为金代的瓷窑,就有大同窑(今山西大同老瓦窑沟)、怀仁窑(山西怀仁小峪窑、吴家窑)。西京的手工业品制作也相当精细,据《金史·地理志》,大同府给金皇室的贡品是玛瑙环子、玛瑙数珠和碾玉沙,这表明大同地区产玛瑙而且能够加工玛瑙,而且这些均是作为贡品生产的,可见工艺精良。云州(今山西大同)生产海盐。金承辽之后,非常重视对盐业的经营,制盐业是西京的发达产业,大同府置"平城外郭盐场",浑源县也是盐产地。"大定二十五年(1185),更狗泺为西京盐司"②。西京盐司成为全国七盐司之一。金代,西京的商业贸易呈现非常繁荣的景象,诚如刘迎的《上谷》诗所云:"桑麻数百里,烟火几万户。长桥龙偃蹇,飞阁凤腾骛。传闻山西地,出入此其路。源源百货积,井井三壤赋。"③

---

① 〔元〕脱脱等:《金史》卷47《食货志二》,中华书局,1975年,第1050页。
② 〔元〕脱脱等:《金史》卷49《食货志四》,中华书局,1975年,第1094页。
③ 元好问:《中州集》卷3,中华书局,1959年,第118页。

除了京都，金代商业城镇亦不断兴起，宝坻县（今天津宝坻）的兴建就是一个典型的例子。宝坻县原名新仓镇，以产盐闻名。五代后唐设盐场，入辽后设新仓镇，"每岁所出利，源源不断，以补国用"。至金朝大定十一年（1171），金世宗到新仓视察，对侍臣说："此新仓镇人烟繁庶，可改为县。"以"盐乃国之宝，取如坻如京之义"，①于是改新仓为宝坻，列为上县。金政府还于此设盐使司，管理当地盐务。盐业的兴盛，带动了该地其他商业贸易的繁荣，"居人市易，井肆连络，加之河渠运漕，通于海峤，篙师舟子，鼓楫扬帆，懋迁有无，虽千里之远，旬日而至。稻粱黍稷鱼蟹不可胜食，而材木亦不可胜用也。其富商大贾，货置丛繁，既迁既引，隐隐展展然，鳞萃鸟集，鬻者兼赢，求者不匮，大率资鱼盐之利"②。是见，宝坻不仅是金代重要的盐业中心，更以盐业为基础，发展成为一个万商云集的商业重镇。

桓、净、丰三州亦是金代比较发达的商业城镇。桓州城内街道整齐，地上建筑密布，遗存颇为丰富。其地牧业发达，及至金亡之初，蒙古大将木华黎攻下桓州，斩获金人监马"几百万"匹。净州城城内沿城中十字大街两旁建筑密布，文化底蕴深厚，生活用品如龙泉青釉瓷、钧窑天青釉瓷皆是常见之物，为金代北方一大榷场。金代，丰州延续了辽代的旧城风貌，从城内尚存之塔中碑刻记载可见当时街坊巷市皆有名称，街如东街、北街、东长街、南长正街等，这些当系直对城门的出入大街而言；坊有东南、西北、西南、东北四区。巷名取其内容者，如牛、麻、染、酪巷；以寺院及衙署建筑为名者，如药师阁、北禅院、大师殿、县衙、都统临街巷等；以姓氏为名者，如刘大卿、张居柔、张德安、刘公进、裴公裕、康家巷等。一个州城，周不过十里，但街巷较多。另外还有南关、西关的记载。可以想见，金代丰州居民较多，商业有同行而市，交易亦在关厢进行，城中建筑主要以正南街两旁最为集中。

金代商业城镇的增加可从金诸路使司院务的数量上反映出来。诸路使司院务是金朝设在各地的商业管理机构，明昌元年（1190）为16处，明昌五年（1195）"量添设院务于二十三处"③。金代中期，不但新兴商业城镇迅速崛起，而且城区规模扩大，城市人口增加。以金中都和过去的辽南京这同一城市

---

① 刘晞颜：《创建宝坻县碑》，《金文最》卷69，中华书局，1990年，第1001—1002页。
② 刘晞颜：《创建宝坻县碑》，《金文最》卷69，中华书局，1990年，第1001页。
③〔元〕脱脱等：《金史》卷49《食货志》，中华书局，1975年，第1010页。

相比，金中都为辽南京面积的2倍，人口户数为辽南京的2.2倍。金南京路开封府与北宋时开封府这同一城市的户数相比，北宋时开封府只有261117户，金泰和年间开封府的户数为1746210户，①是宋开封府户数的六七倍。城市规模的扩大和人口的增长，导致市场需求扩大及分工与交换的发展，从而使商业日趋繁荣。

第六节　金代海上丝绸之路

一、宋金海上官方榷场贸易

女真人从事海上贸易的时间最早可追溯至北宋建隆年间，是时"熟女真由苏州（今辽宁金州）泛海，至登州卖马，故道犹存。元丰五年（1082）诏：先朝时，女真常至登州卖马，后闻马行假道为高丽截隔，岁久不至"②。由是可见，女真初兴时其人曾自辽东半岛泛海，将马匹通过海路运到北宋山东半岛一带进行交易，后来由于高丽的阻断，交易没有持续下去。

及至金朝建立，女真人的势力进一步向东南地区扩展，与南宋政权隔淮水对峙，淮水以北地区，包括今陕西一部分成为金的辖地。随着对东部沿海地区统治的不断扩大与稳固，金代海上丝绸之路亦逐步发展，成为女真人对外贸易的又一通道。

金太宗天会七年（1129），女真人先后占领山东半岛的密州板桥镇、登州以及莱州等沿海口岸，为其后逐步恢复与发展金之海上贸易奠定了基础。板桥镇港口位于胶州湾西北岸、山东半岛南部，地理位置优越，交通便利，自然条件良好，唐朝时即已开始经营海外贸易，并形成了一定的规模。北宋建立之后，由于与辽对峙，北宋政府禁止山东半岛北部的沿海港口登州港和莱州港进行海外商业贸易，位于山东半岛南部沿海的密州板桥镇港口因而获得了发展良机，受到了北宋政府的重视，继而发展成为北宋五大港口之一，成为北方最大的海港。及至女真人占领板桥镇，这一大港口再次迎来了发展的契机。

金熙宗皇统元年（1141），南宋与金签订"绍兴和议"，双方商定沿淮河至

---

① 〔元〕脱脱等：《金史》卷25《地理志》，中华书局，1975年，第589页。
② 〔宋〕徐梦莘：《三朝北盟会编》卷3《政宣上帙三》，上海古籍出版社，1987年，第20页。

大散关的边境上开展榷场贸易。在双方设立的诸多榷场中，金朝的密州胶西榷场（今山东胶州西关）是专供双方海上贸易通商之用的榷场，其他榷场深处双方内陆边界线上。金熙宗皇统二年（1142），金政府在闭港十多年的板桥镇正式设置胶西榷场，与南宋进行海上贸易。

南宋与金的海上官方榷场贸易航线主要在南宋沿海地区与金朝密州胶西榷场之间，其中主要有以下几条海上航线：

其一，从南宋的江苏北部地区沿淮河出海，然后转海道北上，到山东胶州湾西北岸的胶西榷场。对此，《宋史·李全传》载："全诱商人至山阳（江苏淮安），以舟浮其货而中分之，自淮转海，达于胶西。"①

其二，据《建炎以来系年要录》所载，绍兴二年（1132）七月，"甲申，吕颐浩言：朝廷近置沿海制置司，最为得策，然敌舟从大海北来，抛洋直至定海县，此浙东路也。自通州入料角，放洋至青龙港，又沿流至金山村、海盐县，直泊临安府江岸，此浙西路也"②。浙东路航线是从胶西榷场直接航海到达浙江沿海地区；浙西路则是由胶西榷场出发，先经海道泛海至长江口，入长江口至通州（今江苏南通），又经过今崇明岛西端夹角，到达青龙港（今上海青龙镇），沿着杭州湾北岸的金山村（今上海金山区）、海盐县（今浙江海盐），到达南宋都城临安府（今浙江杭州）。《宋会要辑稿》所载，"闽越商贾常载重货往山东贩卖"③，可以推定金之密州胶西榷场与南宋福建、广东沿海地区之间亦有航线存在。

其三，由金代山东地区亦可航海到达南宋明州、越州等江南港，对此《宋会要辑稿》记载道："明、越濒海（材）[村]落间，类多山东游民航海而来，以贩籴为事。"④是时，南宋与高丽之间亦保持着海上贸易往来，其中一条航线即是由南宋明州地区出发到达高丽，因而南宋、高丽间的这条海上航线的前半段应与南宋明州港到山东地区的航线大体一致，即由明州出发沿海岸北行，经过舟山群岛，越过东海、黄海，进而到达山东半岛。⑤

① [元] 脱脱等：《宋史》卷476《李全传》，中华书局，1977年，第13823页。
② [宋] 李心传：《建炎以来系年要录》卷56宋高宗绍兴二年七月甲申条，中华书局，1956年，第986页。
③ [清] 徐松：《宋会要辑稿》刑法二之一〇六，中华书局，1957年，第6548页。
④ [清] 徐松：《宋会要辑稿》兵二九之一一，中华书局，1957年，第7298页。
⑤ 李玉昆：《〈宣和奉使高丽图经〉与宋代的海外交通》，《中国航海》1997年第1期。

宋金双方的货物在胶西榷场成交纳税后，由南宋东南沿海海运而来的货物从陆路北运到金统治下的北方地区，而北方的货物则装船从海路南运到南宋东南沿海各港口。

二、海上官方榷场贸易的物品

两浙福建地区为南宋茶叶主产区，金代胶西榷场与南宋两浙福建地区又存在海上贸易航线，因而茶叶成为胶西榷场南宋与金贸易的重要物品之一。南宋政府规定，向金输出的茶叶由官方收买及运输到榷场，且一切茶叶贸易全部由官方办理与金贸易，严禁商人私自贸易。对此，史料亦有不少记载，如《建炎以来系年要录》所记："诏福建官买茶，送榷场。上谕辅臣，戒有司，即偿其值。"[1]同书又言："及兴榷场，遂取腊茶，为榷茶本……寻禁私贩，官尽榷之。"[2]

香料为胶西榷场的主要交易物品。我国古代所需的香料主要来自西域及东南亚诸地。金代，由于整个海上丝绸之路贸易尽控于南宋之手，女真人无法从海外获得香料，且此时广东、广西、海南、福建、浙江等沿海地区已开始大量栽培香料作物，金人遂通过与南宋的榷场贸易以满足其对香料的需求。为了增加财政收入，南宋政府将香料纳入"禁榷"范围，由官方专买专卖，不许民间私自交易。东南沿海地区所产的香料即通过胶西榷场海运至金，进行交易。

丝织品是胶西榷场贸易的又一大物品。南宋的丝织品生产颇为繁盛，无论是织造技术，还是花色品种都达到了极高的水平。南宋的丝织品品种主要有织锦、花绫、绢、纱、罗、丝、缂丝、刺绣等；江南苏浙地区为南宋丝织品的主要产地。大量的丝织品在南宋海港口装船，海运到胶西榷场与金贸易。女真所生产毛皮制品亦大量涌入宋境。毛皮为女真人抵御严寒的主要服装，对此，《大金国志》载："又以化外不毛之地，非皮不可御寒，所以，无贫富皆服之。富人春夏多以纻丝绵衲为衫，裳亦间用细皮布；秋冬以貂鼠、青鼠、狐貉皮或羔皮，或作纻丝绸绢。贫者春夏并用为衫裳，秋冬亦衣牛、马、猪、羊、猫、

---

[1]〔宋〕李心传：《建炎以来系年要录》卷146宋高宗绍兴十二年八月乙巳条，中华书局，1956年，第2355页。
[2]〔宋〕李心传：《建炎以来系年要录》卷147宋高宗绍兴十二年八月丁亥条，中华书局，1956年，第2363页。

犬、鱼、蛇之皮，或獐、鹿、麋皮，为裤、为衫，裤袜皆以皮。"①毛皮又以外观华丽、质地柔软坚韧，可制衣，亦可用以装饰，而获得了宋人青睐，从而成为胶西榷场金向南宋输出的大宗货物之一。

药材也是胶西榷场双方贸易的主要物品。在南宋与金协议设置榷场、开展南北贸易之前，甘草为南宋市场之奇货，往往有价而无市。生姜、陈皮等药材则为金朝之珍宝，颇难购得。甘草主要产于内蒙古与东北地区，生姜原产于东南亚热带地区，在南宋时主要分布在东南和西南地区，而陈皮分布在长江以南地区。宋金榷场开设后，甘草等南方稀缺的药材由北方输入，而北方缺乏的生姜、陈皮等药材也由南方输入。在胶西榷场内，药材通过贸易实现了南北的互通有无。

象牙是颇受南宋上层统治者喜爱的奢侈品之一。南宋时期，象牙通过朝贡贸易和海外贸易从占城（今越南南部）、丹眉流（位于马来半岛）、注辇国（今印度东南沿海）、三佛齐（印尼苏门答腊）等东南亚和南亚国家大量输入南宋。②这些象牙除供南宋统治者与贵族富商享用外，尚还有一部分象牙通过宋金榷场贸易输入到金，为金统治者与贵族所喜爱。人参、北珠则是北方特有的珍贵物品，金人通过海上榷场贸易，将其所产的北珠、人参等特产输入宋境，满足了宋朝皇室与贵族对这些北方特有珍品的需求。

三、南宋与金的海上民间走私贸易

除了官方的海上榷场贸易外，金朝与南宋还存在规模巨大的海上民间走私贸易。南宋东南沿海港口众多，商品经济与海外贸易繁荣，加之航海技术先进，海运条件便利，导致南宋与金的海上民间走私贸易主要是由南宋向金进行走私。

通过海上民间走私贸易，南宋从海路向金走私的物品主要有粮食、军事物资以及铜钱等政府严禁私贩的贸易物资。

粮食是南宋通过海上民间走私贸易向金走私的主要物资。金朝初建，北方地区长期遭受兵燹，农业生产破败，粮食紧缺，南宋沿海地区即有人私自将粮食贩运至北方，以满足金人对粮食的需求。如金天会年间，山东海、密诸州粮

---

① 〔宋〕宇文懋昭撰，崔文印校证：《大金国志校证》卷39《男女冠服》，中华书局，1986年，第553页。
② 张洁：《宋代象牙贸易及流通过程研究》，《中州学刊》2010年第3期。

食缺乏，米麦腾贵，南方福建、江浙的商人将粮食从海道大批北运。为避免作为战略物资的粮食的流失及扼控金人势力，南宋统治者于建炎四年（1130）命令"福、建、温、台、明、越、通、泰、苏、秀等州，有海船民户及尝作水手之人，权行籍定，五家为保，毋得发船往京东，犯者并行军法"①。但是这并没有完全阻止海上民间走私贸易的进行。南宋高宗绍兴二年（1132），"山东艰食，而帛踊贵，商人多市江浙米帛转海而东，一缣有至三十千者"②。宋室南渡后，南方的大批荒地得到开垦，在农业生产技术及经验进一步提升，大量南迁北方人民以面食为主等因素的共同促进下，推动了小麦在南方的广泛种植，出现了稻麦并举的生产格局，粮食产量大大增加，出现了"苏湖熟，天下足"的盛况，江浙地区遂成为南宋重要的粮食产区。粮食走私在江浙地区日趋兴盛，明、越、泰、通、苏、秀、华亭、海盐、青龙、江阴、镇江等沿江、沿海州县，皆有海船向金朝山东地区走私粮食。

军事物资是宋金海上走私贸易的又一大物资。南宋的军器如竹箭、箭杆等，制造军器的材料如水牛皮，造船的材料如鳔胶、梓漆货等，皆由海船自南宋东南沿海地区走私至山东沿海一带。由于南宋与金朝始终保持着政治及军事上的对峙，因而南宋政府禁止将上述南方军事物资走私入金，对于走私者，一旦抓获，必将予以严惩。然而，在重利的诱惑下，从南向北的军事物资走私屡禁不止。这由金统治下的山东半岛之登州、莱州、沂州、密州、沧州、霸州等沿海地区所发现的水牛皮、鳔胶、箭杆等这些南方特有军用物资不难窥见。

铜钱也通过海上走私贸易从南宋大量流入金境。由于金境内铜产量十分匮乏，远远满足不了其铸钱的需求，故而金之铜钱非常缺乏。金朝随着商品经济的繁荣发展，对铜钱的需求量也越来越大。为了解决这一问题，金朝统治者实施短陌制，规定南宋不足百文的铜钱在金境内可以当作百文铜钱来使用，使南宋商人不顾禁令使用铜钱入金购买物资。金朝统治者还提倡金人用绢帛来与南宋商人交换铜钱。金境所产的绢帛物美价廉，南宋商人很愿意用铜钱购买。金对铜钱的大量需求、短陌制的实施以及以绢帛交换铜钱，致使铜钱冲破禁制源源不断地向金流通，也成为通过海上贸易走私入金的大宗物资。

---

① 〔清〕毕沅：《续资治通鉴》卷108高宗建炎四年，中华书局，1957年，第2847页。
② 〔宋〕李心传撰：《建炎以来系年要录》卷52宋高宗绍兴二年三月庚子条，中华书局，1956年，第919页。

综上所述，金代，女真人在继承传统陆路丝绸之路的同时，亦在一定程度上发展了海上丝绸之路。尤其是金朝与南宋的海上贸易，产生了广泛而深远的影响。金代，海上官方榷场贸易一方面促进了南北经济的交流，实现了南北特色产品的互通有无，另一方面则维护了南北局势的稳定、促进双方国内经济发展。而海上民间走私贸易则在很大程度上满足了南北沿海地区经济交流的需求以及人民日常生产和生活的需要，且促进了沿海地区社会发展进步以及南北经济文化联系的加强。

第十一章

两宋时期陆路海路丝绸之路的兴衰交替

相对来说,"海上丝绸之路"的学术称谓,则出现得晚些。最早提及者应当是法国东方学者沙畹,他在《西突厥史料》中,首次含糊提道:"丝路有陆海两道,北道出康居,南道为通印度诸港之海道,以婆庐羯为要港。"最早从事海上丝绸之路研究的是法国印度学家和梵文学家让·菲利奥札(Jean Fillozat,1906—1982),1956年他在《印度的对外关系学》一书中,用大量篇幅研究了"海上丝绸之路"。

传统上一般认为"海上丝绸之路"是指古代东西方包括东亚地区以帆船为主要交通工具的海上航线,到19世纪末近代西方汽轮船大规模运营在东西方海上交通和贸易并取代帆船以后的海上航线,不是通常所说的海上丝绸之路的范围。陈炎先生在《略论海上丝绸之路》中,将海上丝绸之路分为三个时期:唐代前为海上丝绸之路形成时期;唐宋为海上丝绸之路发展时期;元、明、清为海上丝绸之路极盛时期。①

海上丝绸之路有两条线:东海航线和南海航线。东海即今天的黄海,从东海区域起航的,主要去往朝鲜和日本。先秦时期,中国的造船技术已经很高。

---

① 宁波"海上丝绸之路"申报世界文化遗产办公室、宁波市文物保护管理所、宁波市文物考古研究所:《宁波与海上丝绸之路》,科学出版社,2006年,第111页。

战国时代已发现和利用季风,《周礼》一书有关于"十二风察天地之和"的记载。邹衍的"大九州"观是世界上最早的海洋地理观,他将陆地视为被海洋环绕的浮着的大陆岛,反映了向海外开拓的强烈的时代愿望。秦始皇下令开发古琅邪港,徐市从琅邪东渡,开辟了海上丝绸之路的东方航线。《日本书纪》卷八载,仲哀天皇八年(199),中国人功满王将蚕种从朝鲜半岛的百济东传到日本。这条海路是海上丝绸之路的东海起航线,是向外传播蚕丝和丝织品最早的航线。

南海起航线也是海上丝绸之路的重要组成部分。据《汉书·地理志》卷28"粤地"条记载,汉武帝时,我国海船就从雷州半岛出发,带了大批黄金和丝织品,途经今越南、泰国、马来西亚、缅甸,远航到印度洋的印度半岛南部黄支国(今康契普拉姆),换取上述国家的特产,如珍珠、宝石等物,然后,从斯里兰卡返航。这是我国丝绸作为商品外传到上述这些国家的最早记录。这条为丝绸贸易而开辟的海上航路,就是海上丝绸之路的南海起航线。它既是丝路,又是商路,也是海上丝绸之路的主要干线。中国丝绸通过这条干线传入今日的越南、泰国、马来西亚、缅甸、印度和斯里兰卡等地。

《后汉书·西域传》记载:"[天竺国]西与大秦通,有大秦珍物。"印度有航船西通古罗马,而汉代与印度已通航,汉代可途经印度通往古罗马。东汉中期,已经形成两条通往罗马的海上丝绸之路:一条是从永昌郡(今云南)到掸国(今缅甸)出海,通往天竺、大秦等国;另一条即徐闻、合浦道,桓帝延熹九年(166),有个自称是罗马皇帝安东尼的使节,通过这条道路来到中国并晋谒宫廷。中国与罗马在海上通航,经济和文化日益繁荣,海上丝绸之路正式形成。

由此可见,古代中西间海上交通是分段进行的,从中国沿海诸港远至地中海的海上交通,是由沿途各个国家和民族在不同航线上的海上活动共同实现的。① 美国学者阿谢德(S. A. M. Adshead)在《中国在世界历史之中》一书中提到了陆上丝绸之路作用不大的四条理由:第一,早期丝绸之路进行大规模丝绸贸易的不可行性。第二,陆路运输费用昂贵,在有可能的条件下,人们宁愿走水路而不走陆路。第三,由于地势、护送费及各个地区间的关税,丝绸之路甚至在陆路贸易中也是昂贵的。第四,当丝绸在罗马取得了神奇的成功,作家们对此大谈特谈时,罗马人消费的奢侈品多于纺织品。所以,阿谢德认为丝绸

---

① 石云涛:《三至六世纪丝绸之路的变迁》,文化艺术出版社,2007年,第411页。

之路的真正意义是文化的而非商业的。①

第一节　两宋时期陆路丝绸之路的衰落

唐代四方经略，经济高度繁荣发达，文化空前开放、辉煌，丝绸之路贸易也极具包容性，空前繁荣。然而，这种局面自唐末、五代以来便不复再现，"无数铃声遥过碛，应驮百练到安西"的陆上丝路盛况一去不复返了，"致使学术界曾有唐末、五代以后陆上丝绸之路断绝的观点"。②凭借国力强盛、国威显赫的唐朝余威，两宋海陆两条丝绸之路都有一定的继承和发展。两宋时期，在历史条件作用下，成为陆上丝绸之路和海上丝绸之路地位的转折期。就陆路丝绸之路而言，两宋相较于经济发达的唐代，略逊一筹，但这并不意味着这一时期丝绸之路的停滞或断绝。这里所说的"两宋时期陆路丝绸之路的衰落"是个相对概念，因为它不仅没有断绝中西方的陆上交流，而且体现出一些新的特点和内容。

两宋经济文化的兴衰，与丝绸之路的繁荣与衰落息息相关，尤其是丝绸之路南端的于阗。于阗国为古代西域佛教王国之一，君主本姓尉迟，后因仰慕唐朝而有两位君主改姓李，即尉迟僧乌波（李圣天）和尉迟苏拉（李从德）。于阗国与中原地区的五代、北宋政权都保持密切的通贡关系，如乾德三年（965）十二月，"甘州回鹘可汗、于阗国王等遣使来朝，进马千匹、橐驼五百头、玉五百团、琥珀五百斤"③。贡物之多，在历史上罕见，虽然进贡的有于阗、甘州回鹘，但五百团玉出自于阗，这是一笔惊人的数字，约有两万斤。

约在961年以后，信仰佛教的于阗国开始遭到来自中亚的喀喇汗王朝的入侵。大约在960年，喀喇汗王朝可汗穆萨·本·萨图克（Mūsā b. Satuq）率二十万帐突厥人信奉伊斯兰教，④随后，其势力向东方发展，占领喀什。但此后的东进却并不顺利，受到丝路南道佛国于阗及东天山地区高昌（西州）回鹘王国的顽强抵抗。于阗与喀喇汗王朝的争战经历了40余年。这一战争进程史书缺

---

① [美] 阿谢德著，任菁译：《中国在世界历史之中》，河北教育出版社，1993年，第24页。
② 杨蕤：《宋代陆上丝绸之路贸易三论》，《新疆大学学报》2009年第5期。
③ [元] 脱脱等：《宋史》卷2《太祖纪》，中华书局，1977年，第23页。
④ 魏良弢：《喀喇汗王朝史稿》，新疆人民出版社，1986年，第78页。

载，但在和田达玛沟北部区域某遗址发现的卢尼文木牍（图11-1）中却有零星反映，从中可以看出塔里木盆地一些突厥语弱小部落与于阗王国曾携手对喀喇汗王朝进行抗击。①

图11-1：新疆和田出土卢尼文木牍

1006年左右，于阗陷落，成为喀喇汗王朝的一部分。占领了于阗的喀喇汗王朝，常常以于阗之名，遣使入宋朝贡，进行物品交易，持续与中原地区的北宋王朝保持友好往来：

> 大中祥符二年（1009），其国黑韩王遣回鹘罗厮温等以方物来贡。厮温跪奏曰："臣万里来朝，获见天日，愿圣人万岁，与远人作主。"上询以在路几时，去此几里。对曰："涉道一年，昼行暮息，不知里数。昔日道路常有剽掠，今自瓜、沙抵于阗，道路清谧，行旅如流。愿遣使安抚远俗。"上曰："路远命使，益以劳费尔国。今降诏书，汝即赍往，亦与命使无异也。"②

> 熙宁以来，远不逾一二岁，近则岁再至。所贡珠玉、珊瑚、翡翠、象牙、乳香、木香……安息鸡舌香。有所持无表章，每赐以晕锦旋襕衣、金带、器币，宰相则盘球、云锦夹襕。③

---

① 白玉冬、杨富学：《新疆和田出土突厥卢尼文木牍初探——突厥语部族联手于阗对抗喀喇汗朝的新证据》，《西域研究》2016年第4期。
②〔元〕脱脱等：《宋史》卷490《于阗传》，中华书局，1977年，第14107页。
③〔元〕脱脱等：《宋史》卷490《于阗传》，中华书局，1977年，第14108页。

在喀喇汗王朝统治时期，于阗与中原王朝的贸易往来比于阗国时期更为密切，然而，在宋真宗景德二年（1005）与辽签订"澶渊之盟"后，宋廷对西北态势的关注大为减少。于阗使者希宋廷遣使"安抚远俗"，也没有得到允诺。但通过贡物和回赐，两地的商贸关系却得到恢复发展。于阗与宋廷进行了长期的双边贸易，除将西域特产玉石、毛、马匹等不断东送外，通过于阗中转的西方各国（包括西亚、南亚，非洲，阿拉伯诸地）的货物，主要有香料、珠宝等奢侈品，如珊瑚、翡翠、象牙、乳香、木香、琥珀、腽肭脐、金星石、水银、安息鸡舌香等，中亚的马匹也是受到宋朝欢迎的重要军需物资。①

> 凡收市马，戎人驱马至边，总数十、百为一券，一马预给钱千，官给刍粟，续食至京师，有司售之，分隶诸监，曰券马……陕西广锐、劲勇等军，相与为社，每市马，官给直外，社众复裒金益之，曰马社。军兴，籍民马而市之以给军，曰括买。②

在于阗回鹘与北宋的贸易中，多次提到"乳香"，而且乳香进口数量之大，致使中原人士误以为于阗盛产乳香。由此可以看出，丝路贸易的情况与唐代相比有很大的变化。在当时动荡的政治形势下，战乱不息，交通中断，原通过中道的西州国际贸易现已萧条，北道情况则不见史载，而通过于阗的南道却呈繁盛之势。中转贸易繁盛一时，但受到宋廷的抵制，本地特产玉石、马匹、棉布等逐渐占据了中原贸易的主要份额。中转贸易逐渐为本地商品做交换的民族贸易所取代。随着西夏强大，西域与中原贸易受阻，陆路丝绸之路在宋朝政治、经济、军事等多方面的压力下，不再那么繁盛。

中国史书对中国、西方的接触有系列记载，杨共乐为此专门列出中国史书所载中国、西方接触表，有提纲挈领的参考价值。③ 其中列举《宋史》卷490所载"中国到西方的使节、记载的食物：蛋、甘英西使大秦、石棉、假宝石"等以及"西方到中国的使者、魔术师、对大秦的描述、夜光璧、珊瑚、海西布、苏合、琥珀、弱水、水晶柱、金球漏壶、治盲穿颅术、中国的缫丝法"。

---

① 殷晴：《丝绸之路与西域经济：十二世纪前新疆开发史稿》，中华书局，2007年，第412页。
② 〔元〕脱脱等：《宋史》卷198《兵志十二·马政》，中华书局，1977年，第4932页。
③ 杨共乐：《早期丝绸之路探微》，北京师范大学出版社，2011年，第73—74页。

两宋路上丝绸之路由盛转衰，其"盛"则是唐朝丝路繁荣的余威。陆上运输工具主要靠马匹、骆驼等，运载能力有限，运输量较小，费用高，消耗大，人工化程度高，运输时间长，能够影响贸易有效开展的因素多。由于陆上丝绸之路有着很大的局限性，除了岩土自然条件比较险恶，需要经过茫茫戈壁沙漠、翻越崇山峻岭外，更为严峻的是受到西域各国政治形势变化的影响而经常中断。再者，这条贸易之路，使得中国优质的丝绸大量流向域外各地，除此之外，随着贸易的深入，还有其他轻薄、昂贵的商品。这就对当时重要的运输工具提出了更高的要求。与陆上丝绸之路相比，海上丝绸之路不仅可以克服陆上丝路的种种局限，而且还有很多有利之处，如船舶运载量大，费用低，损耗小，机械化程度高，运输时间短。加之两宋时期，我国政治中心南移，与东南沿海地区贸易交流更加密切，海上丝绸之路占据天时地利人和之优势。良好的商贸传统与商业环境，为海上丝绸之路贸易的逐渐崛起提供了丰厚的土壤。

第二节　两宋时期海上丝绸之路的鼎盛

葛金芳先生的研究指出，在宋代由于海外贸易的兴盛，中国的发展道路出现了历史性的转折。中国经济在宋代出现海洋化倾向，影响至今。

两宋时期，海上丝绸之路一派繁荣，逐步取代陆上丝绸之路的地位，成为我国对外经济文化交流的主要通道。这与两宋的经济、政治环境和贸易特点是分不开的。从这一时期开始，海上丝路贸易的定位也发生了明显变化，以前历代的丝路贸易是以政治外交为主，自此以后开始转向以经济贸易为主。自两宋以来，海上丝绸之路的开辟与长期繁荣，给中西方文化的传播与交流提供了巨大的空间。

一、两宋时期海上丝绸之路鼎盛的原因

在传统上，中国对海外诸国是朝贡贸易，进口的主要是一些奢侈品，政府控制了这些奢侈品的流通与销售。汉唐之间，中国与海外诸国的主要交通路线是丝绸之路，从长安、洛阳等地出发，依靠马匹、骆驼将东西方的奢侈品互相交流。这一时期由于交通条件的限制，东西方物资交流并不多，对外贸易给国家所带来的财政收入微乎其微，对外贸易对普通民众的影响就更小了。但是，宋代的海洋化发展，使国人开始积极探索新的贸易渠道，开拓新的贸易领域，

追求更多的经济利益。

两宋时期，海外贸易繁荣，在进出口货物品种和数量、交接贸易关系区数量和区域等方面都胜于前代，是我国海上丝绸之路发展的鼎盛时期。当然，出现这种局面的原因是多方面的。

(一) 政治条件

1. 政治背景

唐朝曾经形成自两汉以来东西陆路交通的鼎盛时期。唐太宗所颁《讨高昌王麴文泰诏》称："伊吾（今哈密）之右，波斯以东，职贡不绝，商旅相继。"[1]然而，自天宝十载（751），唐朝与大食在怛罗斯交战战败后，唐朝在西域威信急剧下降。755年爆发的安史之乱导致"数年间，西北数十州相继沦没，自凤翔以西，邠州以北，皆为左衽矣"[2]。安史之乱后，吐蕃、契丹、女真、蒙古等少数民族相继崛起。北宋建立前，中国历史经历了两百余年的封建割据时期。多重因素综合起来，导致唐朝自安史之乱后失去对西域的控制。

960年，赵匡胤黄袍加身，北宋建立，定都于汴京（又称东京，今河南开封）。然而，在五代分裂废墟上建立起来的赵宋王朝由于自身的软弱，尤其是抑制武将而导致武备荒疏，所以始终未能摆脱来自北方马背民族的威胁。随着辽金逐步强大，宋朝被迫退缩到东南一隅，1005年宋辽订立"澶渊之盟"后，双方再未爆发大的战事，边境相对安宁，经济文化交流频繁，使臣不断，"二方既定，中外略安"[3]。契丹、女真以及党项族先后在北方建立政权。黄河以北的辽、西夏、金还是给北宋朝廷以严重的威胁，迫使宋廷割地赔款，求得安和。由于受到北方少数民族政权的持续威胁与挤压，西北陆路的外交空间所剩不多。宋室南渡后，自散关及淮河中游以北尽割于金，迄于宋亡一百五十年间，陆上南北交通为之隔绝。为了解决政府军费和庞大的官俸开支，完成每年沉重的"岁币"任务，以便继续享受奢侈生活，宋廷不得不想方设法开辟新的财政来源，因而更加重视发展海外贸易。面向东南海陆，发展与东南亚等国的关系，乃势所必然，市舶司的设立也就水到渠成了。《四库全书提要》云："《诸蕃志》二卷，宋赵汝适撰……此书乃其提举福建路市舶司所作。于时宋

---

[1]〔宋〕宋敏求:《唐大诏令集》卷130《讨高昌王麴文泰诏》，中华书局，2008年，第702页。
[2]〔宋〕司马光:《资治通鉴》卷223广德元年秋七月戊辰条，中华书局，1956年，第7146—7147页。
[3]〔元〕脱脱等:《宋史》卷281《毕士安传》，中华书局，1977年，第9521页。

已南渡……故所言皆海国之事。"赵汝适"在福建担任提举市舶的时间,只能在公元1277至1287年这一段期间"①。

另一方面,十字军东征、塞尔柱突厥人兴起,迫使活跃的阿拉伯商人把贸易视线转移到东方,向东方开辟商路,越来越多地出入中国东南沿海口岸,从而在客观上为宋代海外贸易创造了有利的国际环境。②

2.政策制度保障

两宋时期海上丝路贸易繁盛,仅仅从社会经济的发展和航海技术的进步来诠释是远远不够的,必须要从深层次探讨两宋贸易政策的影响。因为从一定意义上来说,积极的政策制度保障是两宋海外贸易繁荣发展的有利前提。

从北宋财税货币政策、商贸政策方面来看,北宋商路总体上是开放的、包容的。宋太祖日夜担心武将叛乱,导演了杯酒释兵权的大戏,且大力倡导财经之道,以丰厚的物质条件来笼络人心。宋太宗志在攻取燕云十六州,筹备军饷,安定天下,极力鼓励商贾。在大部分地区,北宋废除了五代十国繁重的赋税,代之以轻徭薄赋,并废并原设州县,精简官僚机构,这些措施在很大程度上促进了北宋地方经济的发展。

市舶使是唐代出现的临时派遣到贸易港口、协同地方官管理海舶贸易事宜的官员,又称"结好使""监舶使"或"押蕃舶使"。市舶使由朝廷派遣,多以太监充任,尚未有相关的专门机构。宋朝进一步完善了唐代市舶机构,设立具有系统职能的独立机构——市舶司(图11-2),专门管理各路对外贸易。这一机构的设立使海外贸易进入正规化管理和经营的轨道。宋代设有广州、泉州、明州、杭州、密州五个市舶司,有的下面还设有市舶务、市舶场等下属机构,以粤、闽、浙最为紧要,合称"三路市舶"。

《宋史》卷490《大食传》对此也有很好的例证。据载,宋真宗咸平二年(999),大食遣判官文戊至。翌年,"舶主陁婆离遣使穆吉鼻来贡。吉鼻还,赐陁婆离诏书并器服鞍马"。大中祥符元年(1008)十月,真宗车驾东封,"舶主陁婆离上言愿执方物赴泰山,从之"。嗣后,舶主李亚勿遣使麻勿来献玉圭,真宗"优赐器币、袍带,并赐国主银饰绳床、水罐、器械、旗帜、鞍勒马等"。大中祥符四年(1011),真宗祀汾阴,大食遣归德将军陁罗离进瓴香、象

---

① [德]夏德著,朱杰勤译:《大秦国全录》,商务印书馆,1964年,第22页。
② 林梅村:《丝绸之路考古十五讲》,北京大学出版社,2006年,第245页。

图11-2：宋泉州市舶司遗址

牙、琥珀、无名异、绣丝、红丝、碧黄绵、细越诺、红驼毛、间金线璧衣、碧白琉璃酒器、蔷薇水、千年枣等。诏令陪位。

由上可知，"舶主"当时是具有一定社会地位和实权的。"附古逻国舶船而来"，"诏自今取海路"，"海道便风行百六十日，经勿巡、古林、三佛齐国乃至广州"①，也充分说明了海路俨然成为当时便利的交通要道。

据徐松《宋会要辑稿》，宋太宗雍熙四年（987）五月，朝廷就"遣内侍八人赍敕书、金帛，分四纲，各往海南诸藩国，勾招进奉，博买香药、犀、牙、真珠、龙脑"②。宋朝不断颁布和修订管理措施，派遣使臣招诱海外商客，处罚在海外贸易中办事不力的官员，奖赏"招诱舶货"有成效的外国商客，保护外商在中国的财产、遗产等。③

为改变国家长期贫困的状况，宋神宗支持王安石推行新法，对市舶管理进行调整。元丰三年（1080）八月，政府正式修订《广州市舶条》，市舶司长官不再由帅臣或知州兼领，而由转运使兼任。由此，日本学者藤田丰八在《宋代之市舶司与市舶条例》中说道，元丰改制在"市舶官制上划一大时期"。④市舶司逐步成为中央直属的专职机构。

---

① 〔元〕脱脱等：《宋史》卷490《层檀国传》，中华书局，1977年，第14122页。
② 〔清〕徐松：《宋会要辑稿》职官四四之一，中华书局，1957年，第3364页。
③ 顾涧清等：《广东海上丝绸之路研究》，广东人民出版社，2008年，第11页。
④ 〔日〕藤田丰八著，魏重庆译：《宋代之市舶司与市舶条例》，商务印书馆，1936年，第80页。

藤田丰八认为宋代市舶司职掌有五个方面：入港海舶的检查与抽解所得货物的保管解送；禁榷货物即专卖品及其他船货的收买、出卖、保管与解送；海舶出港许可证（"公凭""公据"）的颁发与违禁品出港的取缔；舶货贩卖许可证的颁发；藩国与藩舶的招徕、迎送及蕃坊事务的处理。[①]

在宋代，朝廷直接派遣官员主持祈风和祭海活动，这既充分体现了宋朝政府对海外贸易的重视，又体现了宋朝政府对海外贸易的管理和控制。

宋政府还颁布了专门的法律，包括市舶条例、产权法、契约法等，以最大化地降低海外贸易的交易成本。

宋政府鼓励民间商人参与海外贸易。民间商人只要按政府的要求，在规定地方领取公凭、会舶时按章接受抽解和博买，不往禁区贸易，做得好的民间商人还能得到奖励，甚至授予相应的官职。同时，外商还有一系列优惠待遇。政府每年设宴犒劳外商，外商的财产、习俗等方面的权利受到保护，外商有入学、入仕的机会。遇难的外商还可以受到政府的抚恤和救济。很明显，宋朝政府的鼓励政策，使得沿海居民从商者增多，为海上贸易的繁荣提供了重要的保障。

乾兴元年（1022），朝廷奢侈成风，官僚冗滥，执行"守内虚外"的国策，导致百姓生活贫困，反抗斗争此起彼伏，内外矛盾不断加剧。

重和元年（1118）二月，宋派遣武义大夫、登州防御使马政等人取海路首次出使金朝，商议夹攻辽朝之事。宋金"海上之盟"订立后，宋金攻辽。经过宋金反复商议，双方达成协议：宋廷除将原输辽"岁币"转输给金外，每年再增加一百万贯钱，作为"燕京代税钱"，一并交予金朝。金朝则将燕京以及顺（今北京顺义）、檀（今北京密云）、涿（今属河北）、易（今河北易县）、蓟（今天津蓟州区）、景（今河北遵化）之地归还宋朝。这一历史中"海路"的运用，充分说明当时宋朝的海路俨然成为建立政治同盟的重要渠道，也在一定程度上反映了宋朝海路建设的重要性。

重商主义的商贸政策，国防性、地域性极强的财税货币政策，为两宋商路提供了良好的政策保障。宋王朝也颠覆性地一改"重农抑商"的基本国策，使得宋王朝在商贸、金融、产业、财税等方面出现了全面繁荣的景象。

（二）经济条件

宋代以前，自给自足的经济在某种程度上阻碍了开拓海外市场的动力和对

[①] ［日］藤田丰八著，魏重庆译：《宋代之市舶司与市舶条例》，商务印书馆，1936年，第122页。

外贸易的规模，但也出现了经济南移的趋势。魏晋南北朝时期，为躲避战乱，人口大量向南迁移，南方经济开始加快发展。到隋朝时，南北方经济实力已旗鼓相当。唐后期，开始呈现出经济中心南移的趋势，江南、华南地区迅速得到开发。宋代以后，特别是南宋朝廷南迁后，政治中心南移、经济重心南移的格局进一步得到巩固，农业、手工业、商业等行业都有了较快发展，尤其是宋朝的商业发展更为迅猛，被誉为中国历史上发生的第一次"商业革命"，再加上特殊的外部政治环境对经济结构改变、经济区域重新布局带来的影响，客观上给宋代的对外贸易带来了新的挑战与机遇，从而促成海上丝绸之路的兴起。

宋代，农业仍然是最主要的经济部门，农业状况对于海外贸易亦有直接或间接的影响。此时的北方战乱不断，大量人口南迁，这对南方经济的发展和生产技术的提高起到了促进作用。

我国海外贸易历来有官方贸易和民间贸易两个渠道，宋朝在支持官方贸易的同时，非常重视民间贸易，给民间贸易提供了有利的政策制度保障。

宋王朝一直比较重视兴修水利。王安石变法曾专门立"农田水利法"，鼓励地方官员组织农户兴修水利，并修建了不少水利设施。[①]

安史之乱爆发后，中原经济遭到严重破坏，中国经济中心开始南移。宋灭后蜀，纵兵掳夺，并将后蜀府库贮存的金、银、铜币以及珠宝等"重货"和绢帛布匹等"轻货"运往京城，为此，强行征调大量民夫，水陆并运，十余年才运完。"水陆并运"，从侧面表现了宋朝繁荣的商贸两路。

为促进中国内地资源的开发，利用新开辟的线路为中国的手工业产品，尤其是最为贵重的丝织品寻找新市场，就显得十分重要。事实上，中国的文献记录中有充足的证据表明：开始于汉武帝时期的西部扩张，既有政治动机，也有与贸易密切相关的经济因素。

海上丝绸之路输出的物资，以手工业品为主。手工业，诸如制瓷业、纺织业、金属制造业等，随之有所发展。宋朝时期，陶瓷业无论是品种的多样，还是在胎质、釉料和制作技术等方面，都有很大进步；宋朝时期，不但官府有大规模的丝织工厂，民间作坊也比较兴盛；北宋初期，冶矿数量逐步增加，矿产量也不断上升，冶铁技术显著提高，当时已普遍用石炭（煤）作为燃料。

《宋史》卷490《层檀国传》中的贡品就很能说明问题：

---

① 陈高华、吴泰：《宋元时期海外贸易》，天津人民出版社，1981年，第158页。

层檀国在南海傍,城距海二十里。熙宁四年(1071)始入贡。海道便风行百六十日,经勿巡、古林、三佛齐国乃至广州。其王名亚美罗亚眉兰,传国五百年,十世矣。人语音如大食。地春冬暖。贵人以越布缠头,服花锦白氎布,出入乘象、马。有奉禄。其法轻罪杖,重罪死。谷有稻、粟、麦,食有鱼,畜有绵羊、山羊、沙牛、水牛、橐驼、马、犀、象,药有木香、血竭、没药、硼砂、阿魏、薰陆。产真珠、玻璃、密沙华三酒。交易用钱,官自铸,三分其齐,金铜相半,而银居一分,禁民私铸。①

可以说,农业和手工业所提供的丰富多样的产品,是这一时期海外贸易规模得以扩大、海上丝绸之路得以繁盛的前提条件。②

(三)技术条件

两宋时期,我国的造船技术和航海技术都有了新的突破,这为两宋时期海上丝绸之路的发展和海外贸易的开展提供了有利条件。

1.造船技术的进步

唐代,中国的造船技术已经相当发达。从敦煌壁画(图11-3)中可以看出,唐代以来的舟船大部分的造型是双尾,有的双尾较短,有的很长很尖,其中有一部分为方头双尖尾,即船头为方形整体,自中部起似鱼尾分为两叉,而且渐趋尖细,船整体呈"头尾似鱼"形。

图11-3:莫高窟第45窟南壁西侧"观音普门品"中所绘海船③

---

① 〔元〕脱脱等:《宋史》卷490《层檀国传》,中华书局,1977年,第14122页。
② 董志文:《话说中国海上丝绸之路》,广东经济出版社,2014年,第47页。
③ 此船桅杆上系着风标,帆绳系在舷板上。船首有四位船夫手握长篙顶在肩上撑船离岸。引自《中国美术全集·绘画编·敦煌壁画》,上海人民美术出版社,1988年,第58页。

宋代的造船技术十分发达，船载重量可达五千石，还出现了记载海路的专书《针经》。宋代的造船基地有金州、籍州、潭州、衡州、鼎州、楚州、泗州、赣州、洪州、吉州、温州、明州、秀州、平江府、复州、松江、镇江府、建康、叙州、眉州、嘉州、泸州、淮南路、两浙路、广东路、福建路等处，其中以温州和明州最多。①宋代全国造船量巨大，在太宗时全国年造海船、江河舟船共计三千余艘，太宗至道末年达到三千三百三十七艘。②

除了造船基地众多、造船数量庞大外，所造船只体式庞大，载重量也很大（图11-4）。据记载，宋朝时"海商之舰，大小不等，大者五千料，可载五六百人；中等二千料至一千料，亦可载二三百人；余者谓之'钻风'，大小八橹或六橹，每船可载百余人"③。

图11-4：宋船的制造（模型图）

宋朝的造船技术，无论是船体坚固度还是航海设备的先进性，都遥遥领先。在船体制作中，"以全木巨枋，搀叠而成"④，船侧板与船壳板用二重或三重木板加固，并用桐油、石灰、麻丝等舱缝，以防漏水。在连接工艺上，采用平接与搭接相结合的鳞式结构，以钉为主要构件。⑤

此外，这一时期所造船舶航海器动力设备非常先进，帆樯高大，类型多

---

① 孙光圻：《中国古代航海史》，海洋出版社，1989年，第351页。
② 黄纯艳：《宋代海外贸易》，社会科学文献出版社，2003年，第68页。
③ 〔宋〕吴自牧著，符均、张社国校注：《梦粱录》卷12《江海船舰》，三秦出版社，2004年，第184页。
④ 〔宋〕徐兢撰，朴庆辉标注：《宣和奉使高丽图经》，中华书局，1985年，第117页。
⑤ 孙光圻：《中国古代航海史》，海洋出版社，1989年，第353页。

样,数量众多。除了风帆外,船上还有橹、桨、篙等人力驱动装置。根据近海和远洋的水深不同,船在尾部设有"大小二等,随水浅深更易"的"正舵"和"三副舵"。①另备有铁锚或木石锚,用以确保安全停泊。(图11-5/6)

图11-5：宋龙泉窑船②

图11-6：宋龙泉窑船式砚滴③

2.航海技术的突破

在宋金战争时期,金军南渡黄河屡遭挫败,于是,完颜宗弼募求破宋军海舟之策。此事说明,当时宋军的航海技术用于军事外交战争也很有冲击力。

从航海地理观念的清晰化,到地文定位技术深化,再到航海图的问世,表明宋代地文航路知识的丰富和发展。航海图是根据海上活动需要而绘制的。北宋咸平六年(1003),广州地方官就曾向朝廷进呈《海外诸蕃图》。④

---

① 〔宋〕徐兢撰,朴庆辉标注：《宣和奉使高丽图经》,中华书局,1985年,第117页。
② 李辉柄：《两宋瓷器》(下),商务印书馆,1996年,图128。
③ 谢天宇：《中国瓷器收藏与鉴赏全书》,天津古籍出版社,2004年,第513页。
④ 〔宋〕李焘：《续资治通鉴长编》卷54咸平六年五月乙卯条,中华书局,1980年,第1195页。

两宋时期，中国海商除了掌握海上风候、懂得利用季风航海外，有经验的舟师还可"仰观天象，以卜明晦"，"夜则观星，昼则观日"，即观察日月星辰，判断天气的变化。中国的航海家通过观测北极星的高度，来判断航线所在的地理纬度，这对于天文航海技术来说是重大突破，也是一大贡献。

《萍洲可谈》载："舟师（掌舵者）识地理……阴晦观指南针"。[①]可见，指南针应用于航海，出现航海罗盘，是这一时期我国航海技术的重大突破。

两宋时期，指南针形制有多种，水浮针、指南鱼是其中的两种。水浮针（图11-7），是漂浮在水上的指南针，被称为"水针"，是航海指南针的鼻祖。20世纪50年代以来，出土了许多元代"王"字瓷碗，是专用的水浮针碗。北宋宣和五年（1123）出使高丽的徐兢，在海上航行时已使用"指南浮针"，"若阴晦，则用指南浮针以揆南北"。最初使用的水浮针，并没有固定的方位盘。当浮针与古罗盘结合在一起时，就出现了水罗盘。南宋曾三异《同话录》中记述的"地螺"，也就是地罗，是最早的罗盘名称。指南鱼，就是把薄铁片剪成鱼形，长二寸，宽五分，鱼的肚皮部分凹下去，能够像船一样漂浮在水面上。然后进行加热，并沿子午线方向淬火使其被磁场磁化。这种人工传磁方法制成的指南鱼使用起来比司南方便。人们只要端一碗水，把指南鱼放在水面上，就能辨识方向。

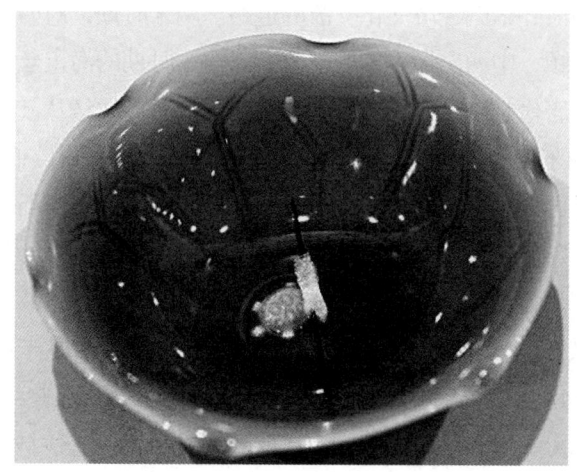

图11-7：宋代龟心荷叶碗水浮针

指南针应用于航海以后，促进了两宋时期航海技术的进步和发展，促进了

---

① 〔宋〕朱彧：《萍洲可谈》卷2《舶船航海法》，中华书局，2007年，第133页。

两宋海外贸易。在两宋造船业和航海术进步的条件下，装着指南针的宋朝海船，东到日本、朝鲜，南到南洋，西到非洲东海岸，对海上交通的发展和中外经济、文化发展作出了重大贡献。指南针承担了航海导航的职责，同时也弥补了天文导航、地文导航的不足，开创了航海史的新纪元。指南针与航海活动相生相促，航海技术取得了空前的进步和发展。

二、两宋时期海上丝绸之路的贸易情况

（一）通过海路与我国贸易往来的国家和地区

随着两宋海上贸易的不断繁荣，两宋时期国人对海洋的认识也不断深入。宋代以前，称东南亚和印度洋诸国为"南海诸国"或"海南诸国"，以"大食"统称阿拉伯世界，以"五天竺"统称印度次大陆。到宋代，开始把"大食"划分为东西两部分：东大食海指阿拉伯半岛以东的波斯湾，西大食海指阿拉伯半岛以西的红海。[1]

宋代文献对南海航线所及海区分为"上岸""下岸"。如《诸蕃志》把从真腊到占城划分为上岸，大食、三佛齐、阇婆划分为下岸。[2]《岭外代答》解释说："阇婆国，又名莆家龙，在海东南，势下，故曰下岸。"[3]

为了增加国库收入和满足统治者奢靡享乐的生活，宋朝政府积极发展海上交通，大力打通与海外诸国经济文化交流的道路。两宋时期，对西亚等地的陆路交通基本上陷于停顿，中西交通主要依靠海路，这一时期的海上丝绸之路又有了进一步的延伸。与唐代相比，东线已延伸至菲律宾群岛，西线从波斯湾延伸至红海沿岸，甚至非洲东岸。这些地区的国家，如麻嘉（今沙特阿拉伯的麦加）、木兰皮（今摩洛哥及西班牙南部一带）、勿斯里（今埃及开罗）、弼斯罗（今伊拉克巴士拉）、层拔（今桑给巴尔岛）、弼琶罗（今索马里柏培拉附近）都与广州有贸易关系。故宋代广州是"万国衣冠，络绎不绝"的著名对外贸易港。

据文献记载，与宋朝通商贸易的国家有五十多个，《诸蕃志》一书介绍了五十多个国家和地区的情况，列举其名而未加介绍的有二十余个。《中国海洋文化史长编·宋元卷》一书参考了《中国古代航海史》《中国古代对外贸易史》《诸蕃志》《岭外代答》等书，对唐宋海外贸易国家和地区进行了比较（如下表）。

---

[1] 顾涧清等：《广东海上丝绸之路研究》，广东人民出版社，2008年，第13页。
[2] 〔宋〕赵汝适著，杨博文校释：《诸蕃志校释》卷下，中华书局，2000年，第173页。
[3] 〔宋〕周去非著，杨武泉校注：《岭外代答校注》卷2，中华书局，1999年，第88页。

区域	唐	宋	与今地名对照
东亚地区	新罗 百济 高句丽 倭目 毛人夷直	高丽	朝鲜
东南亚地区	林邑 奔陀浪 门毒国 古笪国 环王国 真腊 罗越国 佛逝国 葛葛僧祇 筒罗国 哥谷罗国 郎加戍	占城 交趾 宾瞳龙 真腊 扶南 三屿 麻逸 加麻延 巴姥酋 巴吉弄 白蒲延 蒲里噜 罗觥 三佛齐 单马令 浔番 凌牙斯 吉兰丹 登牙侬 蓬丰 佛罗安 麻罗奴 上下竺 阇婆 苏吉丹 新拖	越南中部 越南北部 越南藩朗 越南归仁 越南芽庄 越南 柬埔寨 菲律宾群岛 民都洛岛 卡拉棉群岛 巴拉望岛 布桑加岛 巴布廷群岛 马尼拉 泰国南部 马来亚南部 苏门答腊 不罗华尔岛 马来亚吉打 泰国拉廊府 马来半岛中部 马来半岛北部 马来半岛北大年 马来半岛南部 马来半岛南部 马来半岛南部 巴生湛 马来亚南部 马来亚东南 爪哇 爪哇中部 爪哇西部

（续表）

区域	唐	宋	与今地名对照
东南亚地区		打板	爪哇东部
		戎牙路	爪哇泗水
		麻篱	巴厘岛
		底勿	帝汶岛
		莆加龙	爪哇中部
		渤泥	加里曼丹岛南部
		丹戎武罗	加里曼丹岛南部
		兰无里	苏门答腊西北角
		凌牙门	印加岛
		南海波斯	丹老群岛
			印尼婆罗斯
南亚地区	伽兰洲	曼陀蛮	尼科巴群岛
	鹏茄罗	孟加拉	
		天竺	印度
		注辇国	印度东南岸
		南毗国	马拉巴南岸
		冯牙罗	印度西南部
		麻罗华	印度中部
		甘琶逸	印度西坎培
		胡荣辣	印度西部
	没来国	故临	印度奎隆
	拔帆国		印度布龙奇
		麻罗拔	印度马拉巴
	狮子国	细兰	斯里兰卡
		南尼华罗	印度松纳特
			卡拉奇东部
西亚地区		木俱兰	伊朗阿巴丹
		勿拔	英克兰
		弼斯罗	布兰
		白达	巴士拉
		波斯	巴格达
		伊禄	伊朗
		记斯	伊拉克
		瓮蛮	波斯湾奎斯
		大秦	阿曼
		思莲	叙利亚一带
		甘眉	叙利亚
		积吉	伊朗东南部
			伊朗设拉子

通过上表可以看出，宋代中国与东南亚海岛地区、印度西海岸、红海和东非海岸等的贸易往来有明显增长。从另一方面也说明，宋代的造船技术和航海技术的提高，是宋朝与外国进行贸易往来的重要保障。

（二）进出口货物种类

3—6世纪，中西之间海上交通在两汉以来的基础上继续发展。当时与中国交通之海南国家，有十八国。①

宋代，根据出口和进口货物的不同，海上丝绸之路有两个不同的名称：从出口货物的角度看，瓷器渐渐成为出口的主要货物，于是人们把它叫作海上陶瓷之路；从进口货物的角度看，香料在海外输入的商品中占相当大的比重，所以人们又把它叫作海上香料之路。

陶瓷之所以能够成为海外贸易的商品，首先以海路的开通为必要前提。宋代朱彧《萍洲可谈》卷2记载："汉威令行于西北，故西北呼中国为汉。唐威令行于东南，故蛮夷呼中国为唐。"②如果说丝绸之路的开辟为西方人了解东方打开了一个窗口，那么晚唐以来开辟的海上陶瓷之路，则为世界了解中国打开了另一扇窗口。③

精美的陶瓷既重又易碎，若靠马匹、骆驼进行陆上运输，不仅运输量受限，而且极易破损，而海上交通对陶瓷运输大有裨益。随着海上交通的日益发达，海外贸易繁荣发展，中国丝绸贸易和陶瓷贸易被推向更为广阔的经济贸易圈。

宋元时期进口的商品主要有：

进口货物分类	进口货物详述
宝物	象牙、犀角、鹤顶、真珠、珊瑚、碧甸子、翠毛、龟筒、玳瑁
布匹	白番布、花番布、草布、剪绒单、剪毛单
香货	沉香、速香、黄熟香、打拍香、暗八香、占城（香）、乌香、奇楠木、降香、戎香、檀香、蔷薇水、乳香、金颜香

---

① 石云涛：《三至六世纪丝绸之路的变迁》，文化艺术出版社，2007年，第411页。十八国为：林邑、扶南、诃罗陁、诃罗单、槃皇、槃达、阇婆达、盘盘、丹丹、干陁利、狼牙修、婆利、中天竺、北天竺、迦毗黎、狮子国、大秦、头和国。
②〔宋〕朱彧：《萍洲可谈》卷2《中国宜称华》，中华书局，2007年，第142页。
③ 林梅村：《丝绸之路考古十五讲》，北京大学出版社，2006年，第245页。

(续表)

进口货物分类	进口货物详述
药物	脑子、阿魏、没药、胡椒、丁香、肉子豆蔻、白豆蔻、豆蔻花、无爹泥、茴香、硫黄、血竭、木香、荜茇、木兰皮、番白芷、雄黄、苏合油、荜澄茄、诸水、苏木、射木、乌木、红柴
皮货	沙鱼皮、皮席、皮枕头、七鳞皮、牛蹄翔、白牛蹄
杂货	黄蜡、风油子、柴梗、磨末、草珠、花白纸、藤席、藤棒、孔雀毛、大青、鹦鹉、螺壳、巴淡子

宋代出口的商品主要有①：

类别	品名
手工业制品	瓷器、陶瓷、纺绸、布帛、书籍、漆器等
金属制品	铜器、铜钱、金银、铅等
工艺品	玩具、乐器、伞、梳、扇等
农副产品	糖、酒、果脯、米、盐、药材等

三、两宋时期中国对外贸易港口的繁荣

海上丝绸之路根据通往地方的不同，分成两条：一条通向东方的东海丝绸之路，一条通向西方的南海丝绸之路。东海丝绸之路至朝鲜、日本，南海丝绸之路至东南亚、南亚、阿拉伯和东非沿海诸国。

宋太祖开宝四年（971）开始设立市舶司，贸易额只有256073贯，还不及当时宋夏的贸易额。宋钦宗靖康元年（1126），密、杭、明、泉、广、温、秀等州设立的市舶司贸易总额达到974255贯。宋代的海上贸易远超唐代，政府设立市舶司，给商人发放出海贸易的"公凭"（许可证），对进港商船征收关税，大力鼓励发展对外贸易。海路交通扩大，海外贸易发展起来。据《岭外代答》《诸蕃志》等宋朝书籍记载，通商国家和地区就有50多个。

两宋海上丝绸之路由平转盛，除了当时社会商品经济繁荣、政策支持以及航海技术提高等因素外，沿海港口城市的空前繁荣也是一个重要因素。随着航海技术的提高，要求港口的设置有利于航程的缩短、航线的安全，便于物资的

---

① 曲金良：《中国海洋文化史长编·宋元卷》，中国海洋大学出版社，2011年，第76页。

集散和货物的装卸等。随着东西方航路的发展，我国的港口逐渐从南北两端向中部延伸，并有由北向南推移的趋势。到唐代后期，已初步形成番禺（今广州）、明州（今宁波）、泉州、扬州四大港口，还有交州、福州、登州等辅助港口。广州、泉州在唐、宋、元时，侨居的外商多达万人，乃至十万人以上。从广州出发前往波斯湾的航线已经成熟。泉州发端于唐，宋元时成为东方第一大港。贸易大港的"门户"地位，为海上丝绸之路的进一步发展奠定了坚实的基础。总体看来，在宋代，南至广州、北到吴淞口的漫长海岸线上设立了许多外贸窗口，它们既是沿海货物的集散地，又是对外贸易的吞吐港。

（一）东海航路主要港口

两宋时期，东海航路的主要港口可以分为山东半岛沿海各港口和两浙路港口两部分，其中山东半岛港口以登州、密州板桥镇港口的特点比较鲜明。登州港濒临渤海，东南临黄海，与辽东半岛隔海相望，地理位置绝佳，是通往高丽和日本的主要港口。但因为当时的战争形势，为防止商船夹带兵器或其他能制造兵器的违禁物运往辽国境内，宋朝统治者明令禁止商客前往登州、莱州。不管是港口人流量还是商贸繁华度，登州港终因其敏感的地理位置名存实亡，基本处于封闭状态。

密州板桥镇面临黄海，与诸多港湾为伴，发展海外贸易有得天独厚的条件。此地在六年里，从一个"非商贾辐凑之地"变成一个"买卖极为繁盛"的地方，说明其贸易发展的迅速程度。此后，密州在北宋王朝海外贸易活动中的地位也比登州更为重要，因为它"可发船至高丽"。①

（二）南海航路主要港口——广州港口

唐宋时期，沿着南海道，从海上抵达广州的商人主要是阿拉伯商人，他们长期垄断着印度洋的海上商路，欧洲诸国必须经过小亚细亚诸国才能进口东方货物。

据《新唐书·地理志》转录唐贞元年间（785—804）宰相贾耽所记录的唐代七条对外交通路线，其中以广州为起点，通往印度洋和东非沿岸的南海道被称为广州通海夷道，表明唐代对外贸易中心已经移至广州，广州成为唐代西行贸易航线的起点以及南海诸国从海上进入中国的门户。广州通海夷道，从南中国的广州口岸出发，经林邑可至新加坡、室利佛逝和爪哇，穿过马六甲海峡，

---

① 陈高华、吴泰：《宋元时期的海外贸易》，天津人民出版社，1981年，第107页。

抵达斯里兰卡和印度等国。再从印度出发，穿越印度洋，可以抵达波斯湾沿岸的阿巴丹和奥布兰等地。如果换乘小舟，溯流可至末罗国（即巴士拉港），这里是当时阿拉伯的重镇。贾耽还记录了波斯湾西岸直接到东非坦桑尼亚达累斯萨拉姆的航程。广州通海夷道的形成，标志着中国远洋航行到唐代发生了重要的变化。①

宋代特别重视广州这个海上丝绸之路的重要港口。宋代第一个市舶司，就是宋太祖开宝四年（971）在广州设立的。从此，广州成为宋朝海外贸易的重要口岸。两宋时期，广州是岭南的中心城市，也是全国最大的外贸港口。广州的海外贸易量在广州、杭州、明州三大贸易港口中一直占绝对优势。据梁廷枏《粤海关志》卷3《前代事实》载，神宗熙宁末年至元丰年间，明、杭、广三市舶司博买乳香，共354449斤，其中广州收到348672斤，②占总数的98%。广州港每年的市舶收入是四十万缗至七十万缗，海外进口商品五十种左右。至南宋初，广州市舶收入增加到一百二十万缗以上，进口商品种类达二三百种。广州几乎独揽当时全国海外贸易，所以朱彧说，两浙、福建、广南三市舶，"唯广最盛"。③

海上贸易的兴起，使得宋朝统治者不再仅仅依赖陆路贸易，所以才有了宋太宗"诏西域若大食诸使是后可由海道来"④，宋仁宗天圣元年（1023）又令各国进奉"自今取海路繇广州至京师"。

作为全国最大的贸易港口，广州城市的规模也较以前有很大扩展。北宋时，广州城不断扩建，分为东城、子城和西城三个部分，比唐代扩大好几倍。"州城濒海，每蕃舶至岸，常苦飓风"，真宗时，邵晔"凿内濠通舟，飓不能害"。⑤

大量阿拉伯人、波斯人、印度人以及南海诸国商客进出或居留广州，使这个南部港口充满异国情调，文化氛围与内地大不相同。广州设置多处"蕃坊"供外国人居住，位置大致是今广州怀圣寺附近。广州不仅是外国货物集散中心，也是外国人出入中国的主要登陆点和中国使臣、商船的重要出发地。南宋

---

① 顾涧清等：《广东海上丝绸之路研究》，广东人民出版社，2008年，第83页。
② 〔清〕梁廷枏总纂，袁钟仁校注：《粤海关志》卷3，广东人民出版社，2002年，第36页。
③ 〔宋〕朱彧：《萍洲可谈》卷2《广泉明杭州皆设市舶司》，中华书局，2007年，第132页。
④ 〔宋〕蔡絛：《铁围山丛谈》卷5，中华书局，1983年，第96页。
⑤ 〔元〕脱脱等：《宋史》卷426《邵晔传》，中华书局，1977年，第12697页。

时期，广州贸易仍然繁盛，"宝货钱物浩瀚""收课入倍于他路"。①高宗曾言，广州如果管理得当，蕃商往来，可以"动得百十万缗"。②

（三）东海、南海之间的重要港口——泉州

关于东西方文化交流，日本学者三上次男曾说："文化交流的主流，难道确实只是'由西往东'的吗？……从古代到中世纪的中国丝绸贸易和中世纪以后的陶瓷贸易，都是自东向西的文物交流的绝佳例子。"③

唐朝灭亡后，中西陆路交通受阻。而新建的北宋王朝，积极拓展海上贸易，海外贸易依存度大大增加，官员使节、私家商贾的出洋航海极为频繁，中国人对海外异域的了解也迅速增加，记载海外诸蕃地理方域、风土人情的官私著述大量出现。

北宋中期，泉州贸易越来越兴盛。泉州是天然良港，范围包括后渚、石湖、安平、福全及围头等周围百余里的沿海地带，水深，避风，南北往来大小船只都可以久停，淡水供应充足，"视诸湾澳为大，往来舟船，可以久泊"④。泉州地处宋辖海岸中心点，处在东海航线和南海航线交汇处。当时泉州以北称为北洋，以南称为南洋。吴自牧《梦粱录》记载："若有出洋，即从泉州港口至岱屿门，便可放洋过海，泛往外国也。"⑤宋代诗人谢履所作的《泉南歌》道出了泉州一带人民出海谋生的衷情："泉州人稠山谷瘠，虽欲就耕无地辟。州南有海浩无穷，每岁造舟通异域。"⑥

宋神宗时，蕃舶及广州海商不断到泉州贸易，往往不经广州市舶司而私自买卖。1087年，宋哲宗在泉州设置市舶司。一些外国商人聚居泉州城南一带，形成"蕃人巷"。宋室南迁临安，大批宗室贵族退居泉州，设立南外宗正司，在泉州沿海设置了六个军寨，泉州升为京师外港。泉州对外贸易迅速发展，成为东南沿海的"要会之地"，舶货充盈，号称"富州"。泉州物产丰富，既有制

---

① 〔清〕徐松：《宋会要辑稿》职官四四之一三、一四，中华书局，1957年，第3370页。

② 〔宋〕李心传：《建炎以来系年要录》卷135宋高宗绍兴十年四月丙寅条，中华书局，1956年，第2163页。

③ 〔日〕三上次男著，胡德芬译：《陶瓷之路——东西文明接触点的探索》，天津人民出版社，1983年，第240—241页。

④ 〔宋〕真德秀：《西山文集》卷8《申枢密院措置沿海事宜状》；卷15《申左翼军正将贝旺乞推赏》，文渊阁四库全书本。

⑤ 〔宋〕吴自牧著，符均、张社国校注：《梦粱录》卷12，三秦出版社，2004年，第185页。

⑥ 〔宋〕王象之：《舆地纪胜·福建路》，中华书局，1992年，第3753页。

作优良的茶叶、漆器，还有建窑、德化窑瓷器，所产"兔毫盏""象牙白""梅子青"都是外商争购之物，为海外贸易提供了充足的货源。

(四) 明州

两浙路港口以明州港、杭州港、上海港为主。两浙对外贸易发达，"两浙路惟临安府、明州、秀州、温州、江阴军五处有市舶"①。市舶司还在有些县镇设立市舶务，管理对外贸易。

明州地处浙东四明山下，东海之滨，水上交通便利，北可至长江、淮河、汴河，东可通海外，便于"海外杂舶交至"，先天具备开展航海贸易的优势。当地三江口是奉化江、余姚江、甬江的交汇处，"海外杂过，贾船交至"，"万里之舶，五方之贾"，可见港口贸易之盛。交通运输发达推动明州经济不断发展，"南则闽广，东则倭人，北则高句丽，商舶往来，物货丰衍"②。作为杭州的外港，明州承担着以杭州为中心的海产品、农产品和山货集散地的功能，"高丽人泛海而至明州，则由二浙溯汴至都下"③。

南宋绍熙五年（1194），明州升为庆元府，于是"凡中国之贾高丽与日本，诸蕃之至中国者，惟庆元得受而遣焉"。④

两宋时期，由于经济重心南移，相对于海上贸易，陆路贸易地位明显下降，同时，因这一时期海上贸易的明显优势而使得陆路贸易黯然失色。

美国学者斯塔夫里阿诺斯在《全球通史》中描述了宋代高度发展的经济文化技术，指出这些因素使"海港而不是古老陆地，首次成为中国同外界联系的主要媒介"⑤。纵观两宋的发展，可以看出，两宋王朝是一个非常具有活力的时期，几乎在各个领域都出现了全面繁荣的景象。这或许也是后人评价二十四史中《宋史》时，常指其为最复杂、最庞大的官修史书的原因之一。发达的社会经济，带动了陆路贸易和海上贸易的共同发展，在这一过程中，凸显了陆路贸易的衰退趋势，同样也彰显了海路贸易的兴盛。

---

① 〔清〕徐松：《宋会要辑稿》职官四四之二八，中华书局，1957年，第3377页。
② 〔宋〕张津：《乾道四明图经》卷1《分野》，成文出版社，1983年，第4960页。
③ 〔宋〕朱彧：《萍洲可谈》卷2《元丰待高丽人最厚》，中华书局，2007年，第143页。
④ 〔元〕脱脱等：《宋史》卷88《地理志四》，中华书局，1977年，第2155页。
⑤ ［美］斯塔夫里阿诺斯著，吴象婴等译：《全球通史》，上海社会科学院出版社，1999年，第438页。

编委会名单

主　　编　杨富学

编　　委（以承担工作量为序）

　　　　　彭晓静　张海娟　王　东　张乃翥

　　　　　王禹浪　包　朗

编写人员（以承担工作量为序）

　　　　　彭晓静　张海娟　王　东　包　朗

　　　　　王禹浪　张乃翥　赵旭国　史淑琴

　　　　　李晓燕　程嘉静　谭婧霞　金　琰

国家出版基金资助项目
"十三五"国家重点图书出版规划项目

HISTORY OF ALL FIVE SILK ROADS

杨富学·主编

丝路五道全史 上

山西出版传媒集团　山西教育出版社

图书在版编目（CIP）数据

丝路五道全史（上、中、下）/ 杨富学主编. — 太原：山西教育出版社，2019.12
 ISBN 978-7-5703-0282-6

Ⅰ. ①丝… Ⅱ. ①杨… Ⅲ. ①丝绸之路—历史 Ⅳ. ①K928.6

中国版本图书馆CIP数据核字（2018）第295274号

丝路五道全史（上）
SILU WUDAO QUANSHI (SHANG)

出版策划	崔元和　荆作栋
责任编辑	徐　琼　白　宁
复　　审	康　健
终　　审	杨　文
装帧设计	薛　菲
印装监制	赵　群

出版发行	山西出版传媒集团·山西教育出版社
	（地址：太原市水西门街馒头巷7号　电话：0351-4729801　邮编：030002）
印　　装	山西人民印刷有限责任公司
开　　本	720 mm×1020 mm　1/16
印　　张	66
字　　数	1100 千字
版　　次	2019年12月第1版　2019年12月山西第1次印刷
书　　号	ISBN 978-7-5703-0282-6
定　　价	260.00元（上、中、下）

如发现印、装质量问题，影响阅读，请与山西教育出版社联系调换。电话：0351-4729723

巴基斯坦出土犍陀罗风格佛头

波斯波利斯－伊朗阿契美尼德王朝故都

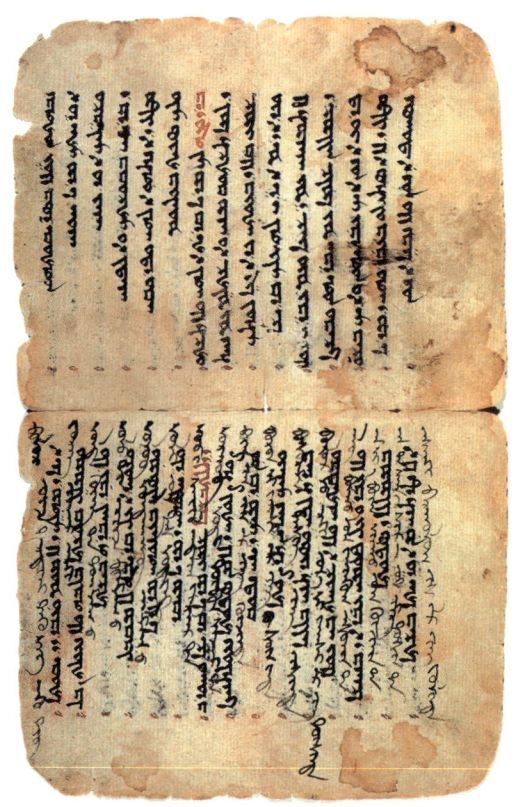

敦煌出土叙利亚文《圣经》与回鹘文佛教诗歌

甘肃省博物馆藏东罗马鎏金银盘

敦煌汉代烽燧和长城遗址

敦煌河仓城与丝路古道

嘉峪关魏晋墓驿吏图

青海都兰吐蕃墓出土连珠对鸟纹织锦

两河流域埃兰女王像

三彩胡人牵马俑（唐）

莫高窟第 323 窟张骞出使西域图（唐）

洛阳龙门石窟全景

敦煌悬泉置航拍图

沙海行舟

伊斯坦布尔欧亚大陆桥

总目录

序／陈国灿／1

总论／1

第一节　丝路五道概说／1

第二节　丝绸之路上异质经济的沟通与交融／14

第三节　丝绸之路的多元文化传播与交融／32

第四节　丝绸之路上的宗教传播与交融／50

第一章　张骞"凿空"前丝绸之路的开通／69

第一节　史前欧亚之间的部族流动与文化交流／69

第二节　夏商周时期的中西联系／77

第三节　春秋战国时期的中西交通／86

第四节　秦帝国与中西交通／93

第五节　西南丝绸之路的开辟与先秦古蜀文明／109

第二章　两汉时代的丝路与东西方关系 / 121

第一节　匈奴与丝绸之路的开通 / 122
第二节　邮驿系统的完善与西域都护的设立 / 136
第三节　东汉时期丝绸之路的绝与通 / 151
第四节　绚烂多彩的丝绸之路经济文化 / 162

第三章　西南丝绸之路的开通 / 175

第一节　秦汉时期对西南丝绸之路的开拓与经略 / 176
第二节　秦汉时期对西南丝绸之路交通路线的开拓 / 191
第三节　西南丝绸之路上的商品与贸易 / 200
第四节　西南丝绸之路上的宗教与文化 / 209

第四章　魏晋南北朝时期的东西方交流 / 223

第一节　曹魏时期的丝绸之路与东西方往来 / 223
第二节　两晋时期的丝绸之路 / 233
第三节　南北朝时期丝绸之路的繁荣 / 248

第五章　隋唐陆路丝绸之路的繁荣 / 271

第一节　隋朝对丝绸之路的经营 / 271
第二节　唐朝丝绸之路的繁盛 / 279
第三节　青海道的繁荣 / 301
第四节　中原王朝与边地民族的绢马贸易 / 325

第六章　海路的开通 / 349

第一节　唐代前期海路交通的萌芽 / 349
第二节　唐代海路交通发展及路线 / 368
第三节　唐代海路贸易之兴盛 / 378

第四节　唐代海路之文化交流 / 392

第七章　唐蕃古道 / 399

第一节　唐蕃古道的开辟 / 399

第二节　唐蕃双方的会盟 / 404

第三节　贯穿于高原上的"婚姻红线" / 410

第四节　唐蕃古道上的行人 / 417

第五节　吐蕃丝路上的东西文化交流 / 431

第八章　丝绸之路上的商业霸主——粟特、回鹘、大食 / 465

第一节　粟特：无远弗届的商旅 / 465

第二节　回鹘：丝绸之路新霸主 / 483

第三节　大食：陆路与海路贸易的掌控者 / 503

第九章　吐蕃、西夏对丝绸之路的经营与争夺 / 531

第一节　青藏高原与中原交往的通途——吐蕃丝路 / 531

第二节　吐蕃的商业贸易 / 533

第三节　西夏在丝绸之路贸易中的角色 / 543

第四节　西夏王朝对丝绸之路的经营 / 549

第五节　吐蕃、西夏对丝绸之路的争夺 / 559

第十章　辽金草原丝绸之路的发展 / 579

第一节　契丹与草原商路的开拓 / 579

第二节　契丹对丝绸之路的经营 / 587

第三节　草原商道物质文化交流与繁华的丝路商镇 / 591

第四节　金代丝绸之路的发展 / 610

第五节　金代丝路物质文化交流与丝路商镇 / 618

第六节　金代海上丝绸之路 / 633

第十一章　两宋时期陆路海路丝绸之路的兴衰交替 / 639

第一节　两宋时期陆路丝绸之路的衰落 / 641

第二节　两宋时期海上丝绸之路的鼎盛 / 644

第十二章　东北亚丝绸之路 / 663

第一节　初兴至唐代的东北亚丝绸之路 / 663

第二节　辽代的东北亚丝绸之路 / 681

第三节　金代的东北亚丝绸之路 / 693

第四节　元明清时代的东北亚丝绸之路 / 701

第十三章　元代东西贯通与陆路丝绸之路的复兴 / 711

第一节　元朝与东西陆路交通的贯通 / 711

第二节　元代陆路丝绸之路的发展 / 727

第三节　元统治者对陆路丝绸之路的经营与管理 / 740

第四节　丝绸之路上的东西方交流 / 759

第五节　往来于丝绸之路的东西方代表人物 / 782

第十四章　元代海上贸易与沿海城市的突起 / 793

第一节　元代海上丝绸之路的拓展 / 793

第二节　统治者对海上丝绸之路的经营与管理 / 804

第三节　海上经贸、文化往来 / 813

第四节　繁荣的对外贸易港口 / 835

第五节　元代旅行家与海商 / 843

第十五章 明代丝绸之路的发展与式微 / 857

第一节 明代陆路丝绸之路的衰落 / 857

第二节 明代中西方陆路丝绸之路的交流 / 868

第三节 明代海上丝绸之路的蓬勃发展 / 880

第四节 明代海上丝绸之路的经济文化交流 / 894

第五节 明代繁荣的海港城市 / 908

第十六章 清代丝绸之路的兴废 / 917

第一节 清代西北陆路丝绸之路 / 917

第二节 清代北方草原丝绸之路 / 935

第三节 清代西南丝绸之路 / 953

第四节 清代海上丝绸之路 / 969

参考文献 / 991

后　记 / 1017

序

《丝路五道全史》是由敦煌研究院杨富学研究员主持完成的一部丝绸之路通史。与以往著作不同的是，在学界，丝绸之路一般指绿洲丝绸之路和海上丝绸之路，偶尔会提到草原丝绸之路和唐蕃古道等，该书不落窠臼，将包括唐蕃古道在内的西南丝绸之路、草原丝绸之路，甚至学界很少提及的东北亚丝绸之路都给予了特别的关注，将其与绿洲丝绸之路和海上丝绸之路并提，不仅使丝绸之路的概念更为清晰、丰富，而且更具有全史的性质。

该书有以下几个重要特点：

其一，立意新颖，选题得当。丝绸之路是当前国内外学术研究的热点问题，近期涌现出来的相关图书甚多，但多有雷同者。由杨富学主编的《丝路五道全史》角度比较新颖，将绿洲丝绸之路、海上丝绸之路、草原丝绸之路、西南丝绸之路、东北亚丝绸之路熔于一炉，为此前同类著作所无。《丝路五道全史》既追求学术上的新成就，同时又注意行文优美，做到雅俗共赏，图文并茂，势必会取得社会效益与经济效益的双丰收，从而有助于推动丝绸之路历史文化的研究与弘扬。

其二，作者群体优势明显。《丝路五道全史》除总论之外，共有正文十六章，每章有一个主题，各章之间又互相联系，构成一个有机的整体，内容涵盖了丝路五道中比较重要的领域，详略得当。总论部分论述了丝路五道的特点，尤其是多元文化在丝绸之路上交汇的问题，立意高远，资料丰硕，对今后的丝绸之路研究富有启发意义。与役其事者有十余位学者，分别来自全国不同高校与科研机构，大都学有所成。王禹浪教授在东北亚史研究方面成就巨大，闻名海内外，在日本学术界影响尤著；张乃翥教授立足洛阳，以出土文物为依据研究中西关系，创获颇多；包朗教授对摩尼教的研究引人注目。此外，张海娟、彭晓静、王东、程嘉静等几位年轻学者也都有属于自己的领域，而且已在各自领域中崭露头角。领衔者杨富学教授更是学术领域宽广，大凡东自黑龙江，西到波斯、中亚，北起蒙古高原，南到南亚次大陆，皆在其涉猎范围，特别是对丝绸之路沿线的民族、宗教问题多有精深研究，应该说是该书的灵魂人物。作者团队齐整、力量强大、关注面宽，确保了本书的学术质量。

其三，特色明显。本书注重将传世文献资料与出土文献、考古资料相结合，大凡敦煌吐鲁番文书、黑水城文书乃至墓志碑铭和墓葬壁画等，尤其是近期新发现的资料，都受到特别的关注；课题组成员注重实地考察工作，除对国内丝绸之路沿线进行了多次考察外，还先后分头赴丝绸之路沿线十余国进行学术调查，开阔了眼界，收集到大量国内难得一见的新资料；本书还特别注意挖掘丝绸之路沿线各民族的史料和当地学者的研究成果，关注国际学术前沿。这些特色都是很明显的。

其四，本书特别重视丝绸之路沿线，大凡是新疆、敦煌、黑水城等地出土的不同民族文字的文献资料，佉卢文文书、突厥卢尼文碑铭、回鹘文写本、粟特语文书、西夏文文书、蒙古文文书在书中多有引用，此外，还涉及波斯语、梵语、叙利亚语、希腊语等多种外语文献。对少数民族语言文书的研究与利用，一直是国内丝绸之路研究的短板，此书能够大量利用，与汉文资料互证，非常值得提倡与赞赏。

本书主编杨富学博士是我多年的忘年交。1992年，由朱雷先生和我牵头申报国家社会科学"八五"规划重点项目"海内外所藏吐鲁番文书的整理与研究"，富学即应本人所邀而与役其事，负责回鹘文和梵文部分的研究与整理工作。此后数十年如一日，我们一直致力于敦煌学、吐鲁番学、丝绸之路历史文化的研究，差不多每年都要碰面，在敦煌、吐鲁番，在兰州、武汉，或在国内外其他不同场合。富学为人处世有一个最大的特点，就是厚道，从来不计较得失，永远充满热情，满面春风，而且乐于助人，与人为善。在学术上，他总是兢兢业业，一丝不苟，最大的特点是勤于思考，敢于创新，搜罗资料之宏富，在学术圈内是少见的。长江后浪推前浪，获取大成就，是我对富学及其他年轻学人的期待。

《丝路五道全史》于2018年获准立为国家出版基金资助项目，可喜可贺。在项目申报阶段，本人应邀撰写推荐函，当时就对该书抱有很大期望。今其大作完稿，洋洋百万言，结构清晰，重点突出，有很多探幽发微的内容，与国内外现刊的丝绸之路研究著作迥然有别。今富学邀我写序，却之不恭，欣然为之序。

2018年4月6日

目　录

········· 上册 ·········

序／陈国灿／1

总论／1

第一节　丝路五道概说／1

　　一、丝绸之路概念的形成／1

　　二、绿洲丝绸之路的形成及其走向／3

　　三、海上丝绸之路的发展历史／6

　　四、草原丝绸之路的雏形与早期交流／8

　　五、西南丝绸之路／10

　　六、东北亚丝绸之路／11

　　七、丝路五道与东西方交流之初始／12

第二节　丝绸之路上异质经济的沟通与交融／14

　　一、北方游牧经济与南方农业经济在丝路上的交融／14

　　二、绿洲经济与周边的交往／17

　　三、作为丝路商业贸易霸主之粟特与回鹘／23

　　四、中西经济交往的影响／26

第三节　丝绸之路的多元文化传播与交融 / 32

一、回鹘文化与周边民族文化之关系 / 32
二、粟特文化的浸染与扩散 / 38
三、艺术表现形式的变化与影响 / 41
四、民族习俗文化的演变 / 45
五、主体精神文化的融合 / 46
六、思想文化与文学的交往 / 48

第四节　丝绸之路上的宗教传播与交融 / 50

一、丝绸之路与宗教的传播 / 51
二、丝绸之路上各种宗教并行不悖 / 53
三、丝绸之路上各宗教教义互相融摄 / 59
四、宗教术语的共用 / 62
五、表现形式的互相借用 / 64

第一章　张骞"凿空"前丝绸之路的开通 / 69

第一节　史前欧亚之间的部族流动与文化交流 / 69

一、旧石器时代中西文化交流的开始 / 69
二、新石器时代的文化交流 / 71
三、中国与南亚、西亚早期的文化交流与传播 / 73

第二节　夏商周时期的中西联系 / 77

一、夏商与周边、域外部族的早期青铜文化交流 / 78
二、青铜文化与农牧文化的传播和交流 / 81
三、周穆王西征与中西交通的开辟 / 84

第三节　春秋战国时期的中西交通 / 86

一、欧亚草原的部落迁徙与草原丝绸之路的开辟 / 86

二、绿洲丝绸之路与文化的交流 / 88

三、中印之间早期交通与交流 / 92

第四节　秦帝国与中西交通 / 93

一、秦统一中国与东西交通的发展 / 93

二、秦与西域联系的加强 / 102

三、秦帝国对海上道路的探索 / 107

第五节　西南丝绸之路的开辟与先秦古蜀文明 / 109

一、南方丝绸之路与古蜀交通 / 109

二、蜀人南迁 / 110

三、外来文明入蜀与南方丝绸之路 / 111

四、古蜀文明的外向传播与南方丝绸之路 / 114

五、佛教文化的传播 / 116

六、对外贸易 / 116

第二章　两汉时代的丝路与东西方关系 / 121

第一节　匈奴与丝绸之路的开通 / 122

一、汉代西域的各民族 / 122

二、张骞出使西域 / 125

三、西汉对河西与丝绸之路的经略 / 128

第二节　邮驿系统的完善与西域都护的设立 / 136

一、汉代的邮驿系统 / 137

二、罗马帝国的邮驿系统 / 144

三、西域都护的设置 / 147

第三节　东汉时期丝绸之路的绝与通 / 151

一、丝绸之路上的罗马、安息、贵霜 / 151

二、东汉通西域的"三通三绝" / 153

第四节　绚烂多彩的丝绸之路经济文化 / 162

一、丝绸之路的主要商品——丝绸 / 162

二、中国物品与科学技术的西传 / 165

三、外来物种和文化艺术的输入 / 167

第三章　西南丝绸之路的开通 / 175

第一节　秦汉时期对西南丝绸之路的开拓与经略 / 176

一、秦汉对西南地区的经略 / 176

二、司马相如对西南开发的贡献 / 184

三、秦汉时期对西南地区的移民 / 187

第二节　秦汉时期对西南丝绸之路交通路线的开拓 / 191

一、"蜀身毒道"的雏形 / 191

二、五尺道 / 193

三、"西南夷"道 / 196

四、永昌道 / 198

第三节　西南丝绸之路上的商品与贸易 / 200

一、商品贸易 / 201

二、货币 / 205

第四节　西南丝绸之路上的宗教与文化 / 209

一、佛教的传入 / 209

二、摇钱树的文化特质 / 214

三、秦汉文明与巴蜀文化 / 217

第四章 魏晋南北朝时期的东西方交流 / 223

第一节 曹魏时期的丝绸之路与东西方往来 / 223

一、丝绸之路的恢复与发展 / 223

二、胡汉交融由表及里 / 230

第二节 两晋时期的丝绸之路 / 233

一、两晋对丝绸之路的经略及影响 / 233

二、晋代来华僧人及其活动 / 235

三、异质文化交融及其在丝路沿线的遗存 / 238

第三节 南北朝时期丝绸之路的繁荣 / 248

一、东来西往的贡使及其贸易 / 248

二、西域物产与文化之东渐 / 252

三、东西方文化交流之遗珍 / 256

第五章 隋唐陆路丝绸之路的繁荣 / 271

第一节 隋朝对丝绸之路的经营 / 271

一、隋朝与突厥的和战 / 271

二、裴矩对河西、西域的经略 / 274

三、隋朝对西域的经营与管理 / 276

四、隋朝对吐谷浑的征伐与隋炀帝西巡 / 278

第二节 唐朝丝绸之路的繁盛 / 279

一、唐朝对西域河陇的开拓与经营 / 279

二、戍边与屯田 / 290

三、唐朝对丝绸之路的商业贸易管理 / 294

第三节　青海道的繁荣／301

　　一、两汉时期的青海道／301

　　二、魏晋南北朝时期的青海道／307

　　三、隋唐时期的青海道／312

　　四、青海道上的经济与贸易／315

第四节　中原王朝与边地民族的绢马贸易／325

　　一、隋唐绢马贸易概况／325

　　二、唐朝与回纥（鹘）、党项的政治角逐／330

　　三、和亲：联姻外衣下的经济交流／339

总　论

第一节　丝路五道概说

一、丝绸之路概念的形成

"丝绸之路"这一名词是近代以来西学东渐的产物，在古希腊、古罗马的著作中，有一个比印度更远的国家——赛里斯盛产丝绸，其出产的丝绸经由中亚、西亚到达罗马，罗马人为之痴迷。但丝绸的生产工艺、丝绸之路东段的具体走向，在西方人眼中则一直蒙有神秘的面纱。近代以降，随着欧洲资本主义的发展、殖民地的扩张，以欧洲人为视角的地理大发现不断扩充其对中国、对中亚的认识。1868 年，德国地理学家、东方学家李希霍芬（Ferdinand von Richthofen）来到中国，在中国 14 个省进行了为期长达 4 年的地理地质考察。从 1877 年开始，李希霍芬陆续将他在中国收集到的资料整理为五卷本著作——《中国：亲身旅行及以旅行为基础进行研究的成果》。在这一著作中，李希霍芬首次提出了"丝绸之路"（德文原作 Seidenstrasse[①] 或 Sererstrasse[②]）的概念。有时，他又命之曰"商业之路"（德文原作 Handelsstrassen[③]）。由此可见，"丝

[①] Ferdinand von Richthofen, China, Ergebnisse eigener Reisen und darauf gegriindeter Studien, Bd. 1, Berlin, 1877, S. 496.

[②] Ferdinand von Richthofen, China, Ergebnisse eigener Reisen und darauf gegriindeter Studien, Bd. 1, Berlin, 1877, S. 491.

[③] Ferdinand von Richthofen, China, Ergebnisse eigener Reisen und darauf gegriindeter Studien, Bd. 1, Berlin, 1877, S. 458.

绸之路"这一概念的提出和连接中国与西方、印度等的古代贸易密切相关。学术界通常的说法是，李希霍芬将自公元前114年至公元127年连接中国与河中以及印度的丝绸贸易的西域通道称为"丝绸之路"，其实并不准确，这一说法并非出现在《中国：亲身旅行及以旅行为基础进行研究的成果》一书中，而见于李希霍芬于1877年6月2日所做演讲《论截至公元2世纪为止的中亚丝绸之路》中。李希霍芬之演讲依时间先后将丝绸之路的历史划分为前后两个阶段。第一阶段为间接丝绸贸易阶段，指丝绸离开中国后经过不止一次的中间交易，方到达中亚。而直接丝绸贸易则为第二阶段，指丝绸从中国直接交易到"图兰低地"（即中亚）。第二阶段"开始于公元前114年……结束于公元120年，斯时统治着整个第二个阶段的汉朝势力已黯淡下来"①。值得注意的是，在李希霍芬眼中，第二阶段结束于120年而非127年。其后，德国历史学家赫尔曼（Albert Hermann）在20世纪初出版的《中国与叙利亚之间的古代丝绸之路》一书中，根据新发现的文物考古资料，进一步把丝绸之路延伸到地中海西岸和小亚细亚，确定了丝绸之路的基本内涵，即它是中国古代经过中亚通往南亚、西亚以及欧洲、北非陆上贸易交往的通道。在此书中，赫尔曼说："'丝绸之路'一词盖由李希霍芬始用，专指那条中亚丝绸之路，即公元前114年至公元127年间中国同乌浒河（即阿姆河）、药杀水（锡尔河的古称）附近的国家及同印度之间进行丝绸贸易的中亚丝绸之路。"②李希霍芬所谓的公元120年在这里变成了公元127年。这是赫尔曼有意如此处理还是不小心出错，现已无法判断，但127年之说成为学界的共识。

在李希霍芬、赫尔曼之后的一个多世纪间，尤其是最近半个世纪，丝绸之路成为国际史学界的一门显学，其研究的时代由两汉时期延伸至自张骞出使西域到明代西北国际贸易的衰落，其研究的地域由河中、印度等地延伸至古罗马帝国，其研究的内容也由单纯的丝绸之路贸易延伸至古代东西方经济、文化、人员、宗教等的交流、借鉴与融合。

其实，早在张骞"凿空"之前，丝绸之路即已存在。早在张骞第一次出使西域时，就看到大夏有经印度输入的中国邛竹杖、蜀布。因此在中国与中亚还

---

① Ferdinand von Richthofen, Über die centralasiatischen Seidenstrassen bis zum 2. Jahrhundertn. Chr., Verhandlungen der Gesellschaft für Erdkunde zu Berlin IV, Beilin, 1877, S. 104.
② Albert Hermann, Die alten Seidenstrassen zweschen China und Syrien, Berlin: Weidmann, 1910, S. 10.

不相通时，丝绸也是通过印度运往大夏的。邛竹，又名方竹、罗汉，主要产地在中国云南东北部，也产于广西、福建等地。汉代时，中国的邛竹杖已经通过身毒传到了大夏。此外，在大约公元前2世纪至公元前1世纪时，中国的桃种已经传入波斯，后来又输入亚美尼亚、希腊等地。公元1世纪时，桃树种子输入罗马，被罗马史家白里内（Gaius Pliny Eleder）称为"波斯树"。

河西史前墓葬中出土的海贝、蚌壳、玉石、玛瑙、绿松石等，原本都不产于河西，要么来自西域，要么来自东南沿海，都是经过间接交换而来的。据学界研究，海产品之西传，应由东南沿海经贵州、四川而入青海，又进入甘肃中部，并折而向西，进入河西走廊。① 同时，经过河西走廊，还存在着一条由西向东延伸的玉石之路，这条道路由新疆和田直达河南安阳。② 法国学者蒂埃里·扎尔科内（Thierrg Zarcone）甚至认为传统的"丝绸之路"之谓名不副实，应该改称"玉石之路"。③ 来自河西周边地区的玛瑙、绿松石等，都是沿着这条道路在东西方穿行的。西方文化东输与东方文化西进，两条传播道路交会于河西，孕育了丝绸之路的雏形，诚如严文明先生所言："早先是西方的青铜文化带着小麦、绵羊和冶金技术，不久又赶着马匹进入新疆，而且继续东进传入甘肃等地；东方甘肃等地的粟和彩陶技术也传入新疆，甚至远播中亚。这种交互传播的情况后来发展为著名的丝绸之路。"④ 即本书所说的绿洲丝绸之路，或曰沙漠丝绸之路、陆路丝绸之路。丝绸之路最早指的就是这条道路。至于本书所说的其余四条道路，都可以说是这一概念的延展。

二、绿洲丝绸之路的形成及其走向

我国先秦古籍载："黄帝游乎赤水，登于昆仑之丘"（《庄子·天地》）；"舜教乎七戎"（《墨子·节葬下》）；"禹学于西王国"（《荀子·大略》）；"穆王十七年，西征昆仑丘，见西王母"（《竹书纪年》），"至于西北大旷原，一万四千里"（《穆天子传》卷4），显示了上古时代中西交往的踪迹。《逸周书·王会解》的记载最为具体：

---

① 张朋川：《黄土上下——美术考古文萃》，山东画报出版社，2006年，第112页。
② 杨伯达：《巫玉之光——中国史前玉文化论考》，上海古籍出版社，2005年，第170—181页；张云德：《中国和田玉的历史地位及生命力》，《西域研究》2009年第3期。
③ Thierry Zarcone, La Route du Jade: Un voyage de vingt siècles Année, Paris: Autrem, 2001, pp. 9-14.
④ 韩建业：《新疆的青铜时代和早期铁器时代文化》，文物出版社，2007年，第1页。

伊尹受命于是为《四方令》曰："臣请……正西昆仑、狗国、鬼亲、枳巳、阘耳、贯胸、雕题、离丘、漆齿，请令以丹青、白旄、纰罽、江历、龙角、神龟为献；正北空同、大夏、莎车、姑他、旦略、貌胡、戎翟、匈奴、楼烦、月氏、孅犁、其龙、东胡，请令以橐驼、白玉、野马、骊駼、駃騠、良弓为献。"汤曰："善。"

《四方令》反映了商汤时代关于西域、中亚、西亚、欧洲诸国物产知识，以及制订的朝献计划。

无独有偶，上古时代西方也有相应的史书记载。公元前8世纪成书的《旧约·以赛亚书》第49章中这样记述：

我必使众山成为大道，我的大路也被修高。看哪，这些从远方来，这些从北方从西方来，这些从希尼来。

"希尼"是古代西亚对中国的指称，"圣经公会"1919年中译本就直接译作"秦国"。

公元前4世纪希腊人克泰夏斯（Ctesias）和公元前1世纪罗马地理学家斯特拉波（Strabon）的著作中称中国为"Seres（赛里斯）"，意即"产丝之地"。其实，在克泰夏斯和斯特拉波之前1000多年，中国丝绸就已经远销西域了。在乌兹别克斯坦以南的20多座墓穴中发现了中国丝绸制作的衣物碎片，这些衣物的制作年代，大约在公元前1700年到前1500年。这也表明早在张骞西行之前中国与中亚之间就已经存在一条古老的中西贸易通道。

在绿洲丝绸之路上，丝绸是最具代表性的商品，而作为交换的主要商品有皮毛、玉石、珠宝、香料等。隋唐时代，丝路空前繁荣，胡商云集京师长安，定居者数以万计。唐中叶，战乱频繁，丝路被阻，贸易规模远不如前，海上丝路逐渐取而代之。

北方陆上丝路指由黄河中下游通达西域的商路，包括草原森林丝路、沙漠绿洲丝路。前者存在于先秦时期，后者繁荣于汉唐。沙漠绿洲丝路延续千余年，沿线文物遗存多，是丝路的主干道。草原森林丝路从黄河中游北上，穿蒙古高原，越西伯利亚平原南部至中亚分两支，一支西南行达波斯转西行，另一支西行翻乌拉尔山越伏尔加河抵黑海滨。两路在西亚会合抵地中海沿岸国家。沙漠绿洲丝路是北方丝路的主干道，全长7000多公里，分东、中、西三段。东段自长安至敦煌，较之中、西段相对稳定，但洛阳、长安以西又分三线：

①北线由长安（东汉时往东延伸至洛阳）沿渭河至虢县（今宝鸡），过汧县（今陇县），越萧关（图1）六盘山固原和海原，沿祖厉河西行，在靖远渡黄河至姑臧（今武威），路程较短，沿途供给条件差，是早期的路线。

图1：庆阳西峰区萧关道遗址

②南线由长安（东汉时由洛阳）沿渭河过陇关、上邽（今天水）、狄道（今临洮）、枹罕（今河州），由永靖渡黄河，穿西宁，越大斗拔谷（今偏都口）至张掖。

③中线与南线在上邽分道，过陇山，至金城郡（今兰州），渡黄河，溯庄浪河，翻乌鞘岭至姑臧。南线补给条件虽好，但绕道较远，因此中线后来成为主要干线。

南、北、中三线会合后，由张掖经酒泉、瓜州至敦煌。由敦煌向西，进入丝绸之路中段，即由敦煌至葱岭（今帕米尔高原）或怛罗斯（今哈萨克斯坦的江布尔城）。

丝绸之路自玉门关、阳关出西域有两道：从鄯善，傍南山北、波河西行，至莎车为南道，南道西逾葱岭则出大月氏、安息；自车师前王庭（今吐鲁番），随北山，波河西行至疏勒（今喀什）为北道。北道西逾葱岭则出大宛，康居，奄蔡（黑海、咸海间）。北道上有两条重要岔道：一是由焉耆西南行，穿塔克拉玛干沙漠至南道的于阗；一是从龟兹（今库车）西行过姑墨（阿克苏）、温宿（乌什），翻拔达岭（别垒里山口），经赤谷城（乌孙首府），西行至怛罗斯。由于南、北两道穿行在白龙堆、哈拉顺和塔克拉玛干大沙漠，条件恶劣，道路艰难，东汉时在北道之北另开一道，隋唐时成为一条重要通道，称新北道。新北道由敦煌西北行，经伊吾（哈密）、蒲类海（今巴里坤湖）、北庭（吉木萨尔）、轮台（半泉）、弓月城（霍城）、碎叶（托克玛克）至怛罗斯。

西段东起葱岭（或怛罗斯），西至罗马。丝路西段涉及范围较广，包括中亚、南亚、西亚和欧洲，历史上的国家众多，民族关系复杂，因而路线常有变化，大体可分为南、中、北三道：

南道由葱岭西行，越兴都库什山至阿富汗喀布尔后分两路：一线西行至赫拉特，与经兰氏城而来的中道相会，再西行穿巴格达、大马士革，抵地中海东岸西顿或贝鲁特，由海路转至罗马；另一线从白沙瓦南下抵南亚。

中道（汉北道）越葱岭至兰氏城西北行，一条与南道会，一条过德黑兰与南道会。

新北道也分两支：一经钹汗（今费尔干纳）、康（今撒马尔罕）、安（今布哈拉）至木鹿与中道会西行；一经怛罗斯，沿锡尔河西北行，绕过咸海，里海北岸，至亚速海东岸的塔那，由水路转刻赤，抵君士坦丁堡（今伊斯坦布尔）。

三、海上丝绸之路的发展历史

与绿洲丝绸之路齐名的是海上丝绸之路，1913年由法国东方学家沙畹首次提及。这是古代中国与外国交通贸易和文化交往的海上通道，因为其货物以陶瓷居多，故而又称"陶瓷之路"，又因为香料贸易频繁，故而得名"香料之路"。海上丝路萌芽于商周，发展于春秋战国，形成于秦汉，兴于唐宋，转变于明清，是已知最为古老的海上航线。①中国海上丝路分为东海航线和南海航线两条线路，其中以南海为中心。大体来说，这条道路从广州、泉州、杭州、扬州等沿海城市出发，从南洋到阿拉伯海，甚至远达非洲东海岸。

与绿洲丝绸之路相比，海上丝绸之路的路线大体固定，虽有变化，但差异不大，可分为三大航线。其一为东洋航线，由中国沿海港至朝鲜、日本；其二

---

① 陈炎：《海上丝绸之路与中外文化交流》，北京大学出版社，1996年，第256—260页。

为南洋航线，由中国沿海港至东南亚诸国；其三为西洋航线，由中国沿海港至南亚、阿拉伯和东非沿海诸国。

广州、泉州在唐、宋、元时，侨居的外商多达万人，乃至10万人以上，其中尤以大食人居多。

大食是唐代中国对西亚地区的阿拉伯帝国的称呼，音译自波斯语Tazi或Tajik。此外，北宋初年葱岭一带的喀喇汗王朝，在汉文史籍中多称之为"大石"，有时也称之为"大食"。本书所探讨的"大食"即为前一个意义上的"大食"。

7世纪至8世纪，大食人立国，在"灭波斯，破拂菻"后，"南侵婆罗门，并诸国，胜兵至四十万。康、石皆往臣之。其地广万里，东距突骑施，西南属海"。①短短几十年间便成为西临大西洋，东至印度河，地跨亚、非、欧三大洲的庞大封建军事帝国。大食历代统治者一向重视发展手工业和商业贸易，以充国用与享受之资。杜环《经行记》记载说，当时大食国"四方辐凑，万货丰贱，锦绣珠贝，满于市肆"②。反映了阿拉伯手工业的发展和贸易的兴旺。经济的繁荣，也刺激了大食帝国海外贸易的发展。在政府的鼓励下，阿拉伯商人梯山航海，无远弗至，东至中国，西至欧洲，极大地促进了中西方的经济文化交流。651年大食灭波斯后，控制陆上丝路并取代了昔日波斯的地位，与唐朝交往密切，跃居与中国贸易的首位。大食向唐朝遣使多达40次，③当时长安西市便是大食商旅的聚居之地。他们有的在长安久居不返，达40年之久，与中国人通婚繁衍，常在长安、洛阳等地开店列肆，鬻卖酒食、香药。④

大食帝国存在了600多年（632—1258），主要有神权共和（632—660）、倭马亚王朝（661—750）和阿拔斯王朝（750—1258）三个时期。其中，阿拔斯王朝（Abbsid，黑衣大食）与宋朝相偕并存了300年。

阿拔斯统治者非常重视与中国的贸易，为了便于统治及发展同东方的贸易，于762年迁都巴格达。完成迁都的第二任哈里发说："这个地方是一个优良的营地，此外还有底格里斯河使我们和像中国那样辽远的国家发生联系……幼发拉底河可以把叙利亚、拉盖及其四周的物产运给我们。"⑤在埃及历史学家

---

① 〔宋〕欧阳修、宋祁：《新唐书》卷221下《大食传》，中华书局，1975年，第6262页。
② 〔唐〕杜佑撰，王文锦等点校：《通典》卷193《边防典九·大食》，中华书局，2003年，第5279页。
③ 大食向唐朝入贡，有说36次，有说37次，但根据张星烺所编《中西交通史料汇编》（第2册，中华书局，1977年，第707—712页）统计，实应为40次。
④ 杨怀中：《唐代的蕃客》，《伊斯兰教在中国》，宁夏人民出版社，1982年，第107—138页。
⑤ 〔美〕希提著，马坚译：《阿拉伯通史》，商务印书馆，1995年，第129页。

艾哈迈德·本·阿里·盖勒盖珊迪（1355—1418）所著的《文牍撰修指南》中，保存了第三任哈里发曼苏尔（Mansur）时期公牍局的一件文书，内容如下：

> 凡得到此函的，居住在也门、印度、中国、信德等地的商人，即可准备动身前来埃及。他将看到［我们］做的比说的更多，将发现他遇到的忠诚的善行比这些保证更多，将来到一个生命财产能够得到充分保障的国度。①

文书反映了阿拔斯王朝统治者迫切希望中国等地的商人到其国内经商的事实。正是由于这种政策上的鼓励，才导致大食海外贸易的兴盛。唐代大食人叶耳古卜（？—897）记述说，当时在亚丁建有中国商船（Marakib al-Sin）的码头。元代大食人阿布肥达（1273—1331）指出："阿曼是个巨大的城市，该城有一港口，信德、中国、赞吉的海舶皆停泊在那里。"②这反映了唐至元时期大食海外贸易业的繁盛。10世纪至13世纪，在埃及先后兴起的法蒂玛（Fātimid）和阿尤布（Ayyubid）两个王朝，都十分重视贸易的发展。法蒂玛王朝从工商业和贸易中获得巨大的收益，物资丰足，国力强盛。

海上丝绸之路虽以贸易为开端，但其意义却远远超过丝绸贸易的范围。它把世界各地文明古国，如希腊、罗马、埃及、波斯、印度和中国，把世界各地的文化发源地都连接在一起，形成了一个连接亚、非、欧、美各洲的海上大动脉，使这些古代文明经过海上大动脉的互相交流而放出了异彩，给世界各族人民的文化带来了巨大的影响。③

四、草原丝绸之路的雏形与早期交流

草原丝绸之路是指蒙古草原地带沟通欧亚大陆的商贸大通道，是丝绸之路的重要组成部分，主要路线由中原地区向北越过古阴山（今大青山）、燕山一带长城沿线，西北穿越蒙古高原、中西亚北部，直达地中海欧洲地区。

在环地中海一带分布着许多非常重要的古代文明，特别是希腊文明，对丝绸之路的影响可谓既深且巨。

自亚历山大东征开始，希腊人在中亚的统治持续了300年之久。最终，塞

---

① 葛铁鹰：《阿拉伯古籍中的中国》（十一），《阿拉伯世界》2004年第3期。
② 宋岘：《古代泉州与大食商人》，《泉州港与海上丝绸之路》，中国社会科学出版社，2002年，第158页。
③ 陈炎：《海上丝绸之路与中外文化交流》，北京大学出版社，1996年，第261页。

琉古帝国（Seleucid）的将领欧提德姆斯据大夏和粟特独立，他和他的儿子德米特里（？—前167）向四周塞种人地区、安息和大宛扩张领土，继续沿着亚历山大过去的道路向西拓展。在大夏国王欧提德姆斯执政时期，他们的军事势力已经到达喀什，这是有史以来最早的、有据可考的一次连接中国与西方的活动。古希腊历史学家斯特拉博曾这样评价："他们甚至将自己国家的国土拓展至塞里斯（中国）和弗林尼。"①

因此，远古时期的欧亚大陆之间并非人们想象的那样相互隔绝，在尼罗河流域、两河流域、印度河流域和黄河流域之北的草原上，当时出现了一些断断续续的小规模贸易线路大体串联而成的草原之路。这条路就是最早的草原丝绸之路的雏形。其大体路线，诚如徐苹芳先生所言："从新疆伊犁、吉尔萨尔、哈密，经额尔济纳、河套、呼和浩特、大同、张北、赤城、宁城、赤峰、朝阳、义县、辽阳，东经朝鲜而至日本。"②

这一漫长的路线，是适应农、牧民族交换的需要开辟出来的。早在商周时期，中原商人就已经出入塔克拉玛干沙漠边缘，购买新疆的和田玉，如1976年安阳殷墟妇好墓中出土的755件玉器中就有不少是用新疆和田玉琢成的。③1989年，江西新干大洋洲一座商墓出土150余件各类玉器及近千件小玉珠、玉管、小玉片等，初步鉴定玉料中有大量新疆和田玉，此外还有蓝田洛翡玉、南阳密玉和独山玉等。④三门峡虢国墓出土玉器达上万件，以和田玉居多。⑤

与此同时，中原商人还向内陆地区出售海贝等沿海特产，并同中亚地区牧民进行小规模贸易，而良种马及其他适合长距离运输的动物也开始成为交换对象。阿拉伯民族培育的耐渴、耐旱、耐饿的单峰骆驼在公元前11世纪就用于商旅运输，亚欧大陆的游牧民族于前41世纪即开始养马。欧亚大陆腹地是广阔的草原和肥沃的土地，对于商队运输的牲畜而言可以随时随地歇息下来，就近补给淡水、食物和燃料。我们认为，早期中原的水稻、小米、大豆很可能是由这

---

① [古希腊] 斯特拉博著，李铁匠译：《地理学》，上海三联书店，2014年，第768页。
② 徐苹芳：《考古学上所见的中国境内的丝绸之路》，《燕京学报》新一期，北京大学出版社，1995年，第322页。
③ 中国社会科学院考古研究所：《殷墟妇好墓》，文物出版社，1980年，第114—115页。
④ 赵朝洪：《先秦玉器和玉文化》，《中华文明之光》，北京大学出版社，1999年，第150—152页。
⑤ 王治国、李清丽：《虢国墓地出土玉器简述》，虢国博物馆编著《虢国墓地出土玉器》，科学出版社，2013年。

样的商队辗转驮运出境,传播到印度河流域、两河流域、尼罗河流域的,而早期两河流域的小麦也是由这些商队辗转驮运到西域后再传播到中原的。因为,无论是骆驼还是马都有负重跋涉的能力,既然能驮玉石,就能驮粮食;无论水稻、小米、大豆或小麦都可作为骆驼和马的饲料,尤其在驮运丝绸、玉石、海贝等重货物的情况下更需要吃精饲料,所以,即使当时不贩运粮食作物的商队也必须带足到达目的地的粮食,否则就很危险,就可能半途而废。这就是说,哪怕商队到达目的地后剩下一丁点粮食,这点粮食种子在异地都显得十分珍贵,人们会把它播入土壤,让它发芽、开花、结果。何况,在夏商周时期,中原先民把西域传来的小麦奉若神灵。由此可知,当时商队贩运粮食是有利可图的,先秦的粮食作物就这样被带到了异国他乡。

五、西南丝绸之路

西南丝绸之路,形成于2000多年前的汉代,是一条深藏于高山密林间的全球化贸易、文化通衢,是沟通中、印两个文明古国最早的联系纽带。西南丝绸之路主线全长6000多公里,在中国境内由三大干线组成:一条是从西安到成都再到南亚、东南亚的山道崎岖的陕康藏茶马古道,通向南亚、东南亚、中亚、欧洲国家。这是西南丝绸之路的主线。一条是从成都出发,经宜宾、曲靖、昆明、楚雄。上述两条路线大理会合后西行,经漾濞、永平、保山、腾冲出缅甸,从保山至缅甸段称为"永昌道",这就是第三条路线。

本书所指的西南丝绸之路还包括唐蕃古道在内,这是当时中原地区通往吐蕃的最主要的道路,其大致走向为:从陕西西安出发,过咸阳,沿丝绸之路东段西行,越陇山,经甘肃天水、陇西、临洮至临夏,在炳灵寺或大河家渡黄河,进入青海民和官亭,经古鄯、乐都、西宁、湟源,登日月山,涉倒淌河,到恰卜恰(公主佛堂),然后经切吉草原、大河坝、温泉、花石峡、黄河沿,绕扎陵湖、鄂陵湖,翻巴颜喀拉山,过玉树清水河,西渡通天河,到结古巴塘,溯子曲河上至杂多,沿入藏大道,过当曲,越唐古拉山口至西藏聂荣、那曲,最后到达拉萨。

唐蕃古道的驿站不少于14个,驿站之间的距离不等,同时在途中,至少有6座比较有名的桥梁,每座桥梁的材质都是不一样的,跨度和宽度也因水流不同而异。吐蕃在沿途设立驿站的同时,还进一步拓展道路,"度悉结罗岭,凿石通车，逆金城公主道也"。①在唐蕃古道上，除了中原地区的交通运输工具外，吐蕃的交通运输工具马、牦牛、骆驼，还有毛驴、绵羊、皮舟等，发挥了不可替代的作用。

另外，甘州回鹘与中原王朝开展贡使交通的时间始于唐朝晚期，从唐末到五代末，甘州回鹘贡使进出中原地区的主要路线有4条：凉州—灵州路，甘州—天德军路，凉州—兰州路，甘州—青海路。②根据敦煌P.2992号文书，可以勾勒出后唐使节与甘州、沙州使团西行的路线图，而这条路线是五代中原王朝控制和经营河西地区的交通主要动脉。③

六、东北亚丝绸之路

古代的"东北亚"一词是以历史考古学为基础的地域划分，并不是如现在作为经济地理学名词。东北亚丝绸之路以辽代最为切要。辽朝西与回鹘关系密切，通过草原道而联系；向东则通过东北亚丝绸之路与周边相联系。

辽东向发展，交通路线大致有六条，即日本道、新罗道、营州道、朝贡道、契丹道以及黑水靺鞨道。其中日本道和新罗道是渤海通往高丽、日本的道路。李孝聪先生认为，辽朝与高丽的交通路线为："在高丽境内，是自开京（今朝鲜开城）经西京（今朝鲜平壤），北至龙州（今朝鲜龙川），由此进入辽境内的保州来远城（今鸭绿江南岸的朝鲜义州）；在辽朝境内，是从来远城经开远城（今辽宁凤城）至东京辽阳府；在东京至中京之间辽朝设有专门的驿道，高丽朝贡使团可以凭借这条驿道从辽朝东京而进入中京；再分途去上京或南京。"④就辽与日本的交通而言，大致有3条航线可达：一者北线，从龙原（渤海东京龙原府，今珲春市八连城）东南行至盐州（即毛口崴，今俄罗斯哈桑地区波谢特湾克拉斯基诺港口）出海到日本；二者筑紫线，从龙原出发，沿朝鲜半岛东海岸南下，到达日本的筑紫（今日本北九州）；三者南海府线，从渤海南海府（今朝鲜北青古城）"吐号浦"出发，沿朝鲜半岛东海岸南行，到达筑紫。使团可以通过这些线路在日本筑紫、能登、加贺、隐岐、但马、长

---

① 〔宋〕欧阳修、宋祁：《新唐书》卷216下《吐蕃传下》，中华书局，1975年，第6163页。
② 陆庆夫：《论甘州回鹘与中原王朝的贡使关系》，《民族研究》1999年第3期，第64页。
③ 苏哲：《伯二九九二号文书三通五代状文的研究》，《敦煌吐鲁番文献研究论集》第5辑，北京大学出版社，1990年，第437—469页。
④ 李孝聪：《中国区域历史地理》，北京大学出版社，2004年，第462页。

门、出云、伯耆、若狭等地登陆。① 唐代日本高僧圆仁于唐文宗开成三年（838）从日本到中国，是从筑紫（今日本九州福冈）的博多港出发，经朝鲜半岛而到达中国的。在盐州曾出土唐产瓷器片和新罗陶器，见证了其作为交通线的重要位置。辽朝灭渤海之后，东京龙原府和南京南海府归辽朝版图，因而辽朝自然继承了以上三条道路。

辽上京通往生女真、五国部的道路被称为"贡鹰道"，指从辽代上京临潢府（今内蒙古赤峰市巴林左旗波罗城）至黑龙江下游乃至库页岛的线路。至于其起点，学界有不同说法，一种意见认为起点在黄龙府②，另一种意见认为起点在宁江州③。这条路既是五代后晋皇帝石重贵及其母李太后被辽太宗耶律德光流放之路，也是宋徽宗、宋钦宗的流放之路。这条路从库页岛（今俄罗斯萨哈林岛）向东可达千岛群岛、堪察加半岛、阿留申群岛，直至北美洲。④ "贡鹰道"一词首次出现于辽代。早在唐朝时，贡鹰道就已延伸至流鬼国，根据《通典》卷200记载，流鬼国国君长孟蜥遣其子可也余志于贞观十四年（640）"三译而来朝贡"⑤。流鬼国学界一般认为是在今天的堪察加半岛上，而可也余志应为阿留申先世，居美洲。则唐代已经通过鹰路与美洲地区有所交往。

七、丝路五道与东西方交流之初始

早在商末周初，周武王封箕子于朝鲜，教其民以"田蚕织作"，我国的栽桑养蚕和缫丝织帛技术，开始传入朝鲜。西周时周穆王西巡，就有中原商旅与国外商队在途中以丝绸进行交换。他们经新疆，沿塔克拉玛干沙漠南缘前进，然后越过葱岭，止于中亚的吉尔吉斯，开辟了横贯欧亚的草原通道。这条路线属西域南道，实际上是中外商队经过数百年的艰苦跋涉才共同开拓出来的，其历史成果已得到证实。在德国南部斯图加特西北的霍克杜夫村，出土了公元前6世纪的中国丝绸织绣衣服残片。在俄罗斯境内阿尔泰山北麓的巴泽雷克，也出土了公元前5世纪的中国丝绸，其中已有细丝加捻的平纹织物、提花织物和丝绣品。在公元前5—前4世纪时，古希腊的历史学家们就不止一次地提到，当

---

① 王侠：《渤海使者访日起航时间考》，《东北亚考古信息》1993年第1期。
② 景爱：《辽代的鹰路与五国部》，《延边大学学报》（社会科学版）1983年第1期。
③ 吴树国：《辽代鹰路起点考辨》，《北方文物》2016年第3期。
④ 傅朗云：《东北亚丝绸之路初探》，《东北师范大学学报》1991年第4期。
⑤〔唐〕杜佑撰，王文锦等点校：《通典》卷200《流鬼传》，中华书局，1988年，第5491页。

时的波斯（今伊朗）市场上，已有中国蚕丝和绢衣。后来在希腊、埃及和罗马的古代经典史书中，都称我国为"丝国"。其中还记述了在黑海地区居住的斯基泰商人东来通商的路线，他们绕黑海、咸海之北，横跨中亚，来到阿尔泰山以南和天山以北的地区，这是西域北道的西段。

在公元前4世纪以前，中国蚕丝已输入印度。其路线有西域道、西藏道、缅甸道、安南道和南海道等五条。其中以西域道和南海道的利用时间最长，以缅甸道的开辟为最早。这条通向西南方的丝路古道，是从长安、咸阳起始，经成都，南下宜宾，西出雅安，再经云南大理至永昌（今云南保山），到达缅甸和印度的。

公元前3世纪的秦朝，江浙一带已有人东渡黄海，到达日本，传授养蚕织绸和缝制吴服方法。秦始皇二十八年（前219）曾派方士徐市（即徐福），发童男童女数千人，入海求仙，至日本富士山教民养蚕。当时，也有不少中国人为逃避战乱和苦役，泛海迁往朝鲜，传授蚕织技术。这就是最早形成东传朝鲜、日本的海上丝路。据史书记载，公元前1世纪以前，丝绸蚕织技术已传入哀牢族地区（今缅甸、老挝边境）；我国的罗织物和织罗技术，通过朝鲜传入日本。我国丝绸在公元120年时，通过掸国（今缅甸），传入海西（即大秦，指罗马）。罗马和波斯是欧洲和西亚最早发展蚕丝业的国家。公元166年，大秦王安敦，就遣使经海道首次直通我国。公元199年，秦始皇十一世孙功满王避乱归化日本，献蚕种。其孙融通王也经朝鲜到日本，率民从事养蚕栽桑。

经先秦丝路外传的我国丝绸物资有蚕种、桑种、蚕丝和各类丝织绢帛，以及养蚕、栽桑、缫丝、织绸、刺绣和衣服缝制等一系列的工艺技术。从国外换回的物资，主要是马匹、毛皮、香料、药材和奇珍异宝等。丝路的东线通向朝鲜和日本，北线通向蒙古和俄罗斯，西线通向中西、西亚、欧洲和北非，南线通向南印度、中印度半岛和南洋群岛。

与此同时，大约从公元前1000年，中国和日本之间也隐约呈现出两条农业文化交流的路径：一条是经中国东北到朝鲜半岛，再渡海到达九州；另一条从长江下游浙江南部渡海直接到达日本九州西北。日本学者在九州西北地下考古中发现了这一时期从中国传入的水稻、葫芦、构树、芋头、菱角、白苏等植物，也有原产印度经中国栽培的绿豆。

总之，丝路五道经历了长期的历史发展进程，对于促进欧亚大陆乃至非洲、美洲大陆的政治、经济、文化交流沟通起到了非常重要的作用，值得认真总结、研究。

第二节　丝绸之路上异质经济的沟通与交融

一、北方游牧经济与南方农业经济在丝路上的交融

恩格斯曾说:"在长期的征服中,比较野蛮的征服者,在绝大多数情况下,都不得不适应征服后存在的比较高的经济情况,他们为被征服者所同化,而且大部分甚至不得不采用被征服者的语言。"①这是马克思主义经典作家根据世界历史发展而总结出的一般规律,对中国同样适用,最典型的如进入中原的鲜卑人、蒙古人和满族人。在丝绸之路上,最能体现北方游牧经济与南方农业经济交融的当属回鹘。

鲜卑族建立了北魏,统一了北方地区,而当地以汉族居多,经济远比鲜卑族传统的游牧经济发达。北魏孝文帝为了稳定在中原的统治实行改革,实施一系列政策,包括改汉姓、易汉服、说汉话、与汉族通婚、迁都洛阳等。

改革之后,鲜卑族融入了汉族大家庭。经济文化相对落后的鲜卑族征服了先进的汉族,但最终被较高文明的汉族所融合。此外,入主中原或占据部分汉地的契丹、党项、女真等,莫不如此。他们都经过艰难的磨合,逐步缩小和淡化了民族界限,最终都演变成汉人。

但以上述这些现象观照回鹘的历史,不难发现,其历史演进堪称是个例外。

据史书记载,回鹘本为一个"居无恒所,随水草流移"②的游牧民族。744年建立漠北回鹘汗国之初,尚处于蒙昧初开的阶段,其后在汉及粟特文化的影响下,文化得到一定程度的发展。840年,由于天灾人祸,加上来自叶尼塞河流域的黠戛斯人的进攻,回鹘汗国灭亡,部众西迁至新疆及河西走廊地区。其中,迁入新疆的回鹘人,征服当地居民而建立了高昌回鹘王国,后经数百年的发展,演变成为今天的维吾尔族。回鹘西迁西域时,回鹘的文化程度要比当地的吐火罗人、于阗人和汉人的文化程度低得多。作为"比较野蛮的征服者",按照恩格斯的理论,在文化上应该被文化更为先进的被征服者所征服。而事实

---
① 〔德〕恩格斯著,中共中央马恩列斯著作翻译局译:《反杜林论》,人民出版社,1970年,第180页。
② 〔后晋〕刘昫等:《旧唐书》卷195《回纥传》,中华书局,1975年,第5195页。

却恰恰相反，回鹘在征服西域诸地后，逐渐同化了当地原有各民族而不是被当地民族所同化，这显然属于一个例外。

在漠北时代，回鹘汗国的经济虽以游牧经济为主，但定居的农业经济也得到了充分的发展，这是北方诸多草原民族，如匈奴、鲜卑、突厥、西夏、蒙古等所完全不具备的。

这种特殊的情况的出现，有其深刻的社会历史根源。回鹘西迁西域以后，当地高度发展的定居农业经济对他们来说是毫不陌生的。回鹘人很快便适应了特殊地理条件下的绿洲农业，在掌握绿洲农业技术的基础上，结合自身的特点，进而创造出全新的社会经济模式。

自古以来，吐鲁番一带"厥土良沃，谷麦一岁再熟"①，即为农业发达区。回鹘注意学习当地的农业生产技术，兴修水利，发展农业。除粮食作物外，他们还栽培棉花。棉花在高昌有着悠久的种植历史，史载当地"多草木，草实如茧，茧中丝如细纑，名为白叠子，国人多取织以为布"②。回鹘人迁居高昌后，也很快掌握了植棉技术。在吐鲁番出土的回鹘文社会经济文书中，"棉花"十分常见，写作 käpäz。及至元代，回鹘地区的植棉技术向东传入了中原地区，棉花被广为种植。元代农书《农桑辑要》载："苎麻本南方之物，木棉亦西域所产。近岁以来，苎麻艺于河南，木棉种于陕右，滋茂繁盛，与本土无异。二方之民，深荷其利。"③此木棉盖指棉花，当无疑义。元代蒲道源更是明言：原陕西西乡人民"种植木棉之利"，畏兀儿人燕立帖木儿"自兴元（今陕西省汉中市）求籽给社户，且教以种之法，至今民得其利，而生理稍裕"④。由此可知，经由回鹘人燕立帖木儿的引介，回鹘地区的棉花种植技术元初已移植到陕西西乡，且得到广泛种植。葡萄种植更是遍布吐鲁番地区，宋元的回鹘文文书中对此多有记载。当地所产西瓜"其重及秤，甘瓜如枕许，其香味盖中国未有也"⑤。这些说明，西迁后的回鹘，已完全掌握了西域尤其是吐鲁番地区传统的绿洲农耕技术，并推而广之。

高昌一带矿藏丰富，有多种矿物，如玉、硇砂、金刚石、砺石等，回鹘人

---

① 〔唐〕李延寿：《北史》卷97《西域传》，中华书局，1974年，第3212页。
② 〔唐〕姚思廉：《梁书》卷54《西北诸戎传》，中华书局，1973年，第811页。
③ 石声汉校注：《农桑辑要校注》，中华书局，2014年，第55页。
④ 〔元〕蒲道源：《闲居丛稿》卷16《西乡宣差燕立帖木儿遗爱碣》。
⑤ 〔元〕李志常：《长春真人西游记》卷上，河北人民出版社，2001年，第50页。

善加利用，发展出了独具特色的手工业。太平兴国六年（981），北宋使臣王延德出使高昌，言其境内之伊州（今新疆哈密）"有砺石，剖之得宾铁，谓之吃铁石。又生胡桐树，经雨即生胡桐律"①。胡桐律又作"梧桐泪"，为胡杨树所分泌的胶状物，可入药；宾铁刚柔相济，可制刀剑。高昌回鹘的硇砂生产也引人注目，王延德曾说："北庭北山中出硇砂，山中尝有烟气涌起，无云雾。至夕，光焰若炬火，照见禽鼠皆赤。采者著木底鞋取之，皮者即焦。下有穴，生青泥，出穴外即变为砂石，土人取以治皮。"硇砂，主要出产于西域，以北庭产者为上，人称为北庭砂。②尤其是吉木萨尔水西沟一带所出的硇砂，"纯者色洁白"，正合医家所需，故李时珍言"以北庭生者为上"③。此外，西域当地人常取以为制皮的原料或金属的焊剂。回鹘的纺织、文绣、冶金、攻玉等也都闻名遐迩。《宋史》卷490《高昌传》载回鹘"人白皙端正，性工巧，善治金银铜铁为器及攻玉"。洪皓《松漠纪闻》亦记载说："（回鹘）帛有兜罗绵、毛氎、狨锦、注丝、熟绫、斜褐……善造宾（镔）铁刀剑、乌金银器……其在燕者，皆久居业成，能以金相瑟瑟为首饰，如钗头形而曲一二寸，如古之笄状。又善结金线，相瑟瑟为珥及巾环，织熟锦、熟绫、注丝、线罗等物。又以五色线织成袍，名曰克丝，甚华丽。又善捻金线，别作一等，背织花树。"由是以观，当时回鹘手工业产品不仅种类繁多，而且式样别致精巧，颇受欢迎。

在农业发展的同时，回鹘并没有放弃其传统的畜牧业。波斯文史籍《世界境域志》第十二章《关于九姓古思国及其诸城镇》对回鹘的畜牧业情况多有反映：

> 他们是一个好战的民族，拥有大量的武器。他们随着气候之适宜，冬夏沿草场转移迁徙。九姓古斯国出产大量麝香，还有黑、红色狐皮，灰鼠皮、黑貂皮、貂皮、黄鼠狼、羚羊角、犀牛角及牦牛等。该国宜人之环境甚少，其物产就是上述那些，还有羊、牛、马……九姓古思的国王夏天住在Panjiakath村（突厥语名称叫别失八里，中文称为北庭）。九姓古思之北是一草原，该草原在他们和黠戛斯人之间伸展开去，直到基马克境。④

---

① 〔元〕脱脱等：《宋史》卷490《高昌传》，中华书局，1977年，第14111页。
② 张承志：《王延德行记与天山硇砂》，《文史》第20辑，中华书局，1983年，第91—92页。
③ 〔明〕李时珍：《本草纲目》石部卷11硇砂，人民卫生出版社，1975年，第655页。
④ 〔波斯〕佚名著，王治来译注：《世界境域志》，上海古籍出版社，2010年，第68—69页。

这里的"九姓古思"指的就是高昌回鹘,所谓的Panjiakath村,就是回鹘夏都北庭。宋使王延德到达北庭时,见这里"地多马,王及王后、太子各养马,放牧平川中,弥亘百余里,以毛色分别为群,莫知其数"①。又培育了优良大尾羊,"尾重者三斤,小者一斤,肉如熊白而甚美"②。这些说明迁往西域诸地的回鹘人大多已由游牧转化为居,从事农耕,但在发展农业的同时,他们也未丢弃他们所熟悉的畜牧业,而且高昌回鹘的畜牧业相当发达。

与此同时,回鹘西迁后的商业也得到了迅猛的发展。漠北时期,在粟特人的帮助下,回鹘商业已获得一定的发展。9世纪中叶以后,回鹘成为西域与河西走廊的主宰,这里自古以来就是中西交通的要道——丝绸之路的咽喉要地。在回鹘西迁之前,这里就是经济繁荣、贸易发达之地,形成了一套较为完整的产、供、销体系。在东西方各民族间往来,不断迁徙、流动的同时,各种不同的文化也在这里传播、交流。回鹘人迁入后,继承并发展了这一优良的文化传统,积极发展与周边民族的经济文化交流,不仅与中原、西藏、西夏及东北的契丹、女真交往频繁,而且也与西方的波斯、印度、大秦保持着直接或间接的商业交往,并逐步取代粟特成为10—12世纪丝路贸易的霸主。

回鹘的文化类型由原来的以草原型文化为主、农耕文化为辅,转为以农耕文化为主、草原型文化为辅。这种文化二重性现象的共存与转化,反映了回鹘文化的特质。多种因素的交互作用,使回鹘在社会、经济、文化诸方面都立于不败之地,从而使回鹘不仅没有被当地较高的文化所征服,反而同化了当地各族,构成了一种世所稀见的历史逆演进现象,同时更是丝绸之路上北方游牧经济与南方农业经济交融的实证。

二、绿洲经济与周边的交往

绿洲经济带沿天山南麓、昆仑山北麓形成两条绿洲走廊,南通印度次大陆,西南通波斯,西穿中亚河中腹地可达欧洲,即丝绸之路的中道和南道,连接着东、西、南部三个地区,是各大文明中心进行经济往来的主干道,也是进行文化传播、交流融合、创新变异的大动脉。位于绿洲诸城邦中心的鄯善国处于文明融合和冲突的中心地带。

---

① 〔元〕脱脱等:《宋史》卷490《高昌传》,中华书局,1977年,第14112页。
② 〔元〕脱脱等:《宋史》卷490《高昌传》,中华书局,1977年,第14111页。

鄯善，汉人称之为盐泽，当地人称之为牢兰海，因海得名，本名楼兰，佉卢文作Kroraina。鄯善（楼兰）国地处丝绸之路要冲，塔里木盆地东面的缺口阿奇克谷地与河西走廊形成了连接内地与楼兰的沙碛之路，昆仑山和阿尔金山的天然通道沟通了若羌与青海之间的联系。从鄯善（楼兰）北上或西行，可通达中亚、西亚和南亚地区。① 据《汉书·西域传》记载，西汉初期，环绕塔克拉玛干沙漠周缘的河流绿洲分布着三十六国，沟通东西方经济文化交流的大动脉——"丝绸之路"，把其中的许多绿洲小王国都联结了起来。《汉书》中记载了这条道路的基本路线：

> 自玉门、阳关出西域有两道。从鄯善傍南山北，波河西行至莎车，为南道。南道西逾葱岭则出大月氏、安息。自车师前王廷随北山，波河西行至疏勒，为北道。北道西逾葱岭则出大宛、康居、奄蔡焉。②

易言之，一路由玉门关西过沙碛，到楼兰、渠犁（今新疆库尔勒一带）、龟兹（今库车一带）、温宿（今温宿县境）、疏勒（今喀什一带），越葱岭（今帕米尔高原、喀喇昆仑山、昆仑山、兴都库什山）；一路由阳关出沙碛到楼兰，至且末、于阗、莎车，越葱岭。两道均过楼兰，楼兰扼丝绸之路要冲，其地理位置十分重要。

考古发现证明，张骞"凿空"西域之前，中原内地与楼兰及其以西地区早已建立了联系，至西汉正式开通丝绸之路后，这种联系与交往又进一步加深。《史记》载："楼兰、姑师小国耳，当空道。"③ 所谓"当空道"，即楼兰和姑师地处张骞凿空西域交通干线之咽喉要道。罗布淖尔一带乃是古代塔里木盆地东端的交叉路口，是中原连接西域和西方世界的重要交通枢纽，学者们将连接敦煌和西域，以楼兰城东西一线为主要通道和分途点的交通干线称为"楼兰道"。④ 最初的宗教、文化就是经由此道向东西方传播。

鄯善国所处的西域是丝绸之路必经之地，是古代中国和今伊朗、巴基斯坦、印度乃至欧洲、北非诸国进行文化交流和友好往来的西大门。众所周知，

---

① 李青：《古楼兰鄯善艺术综论》，中华书局，2005年，第41页。
② 〔汉〕班固：《汉书》卷96上《西域传上》，中华书局，1962年，第3872页。
③ 〔汉〕司马迁：《史记》卷123《大宛列传》，中华书局，1959年，第3171页。
④ 孟凡人：《丝路交通线概说》，《新疆考古与史地论集》，科学出版社，2000年，第344—346页。

蚕丝是中国古代伟大的发明之一，中国蚕丝的向外传播，可能在公元前三四百年以前就已经开始了。① 当蚕丝技术随着丝织品西传的时候，当然首先就传入了西域。

内地输入西域的主要商品是丝织品。近百年来，斯坦因等人从罗布泊、尼雅等地发掘出不少汉晋时期的丝织品。1949年以后，丝织品在新疆各地又有更多考古发现，且保存更为完整。如尼雅东汉墓出土的长袍、裤子、袜子、手套、内衣、外衣、裙子、手帕、枕头等，吐鲁番晋和十六国时期墓葬出土的鞋履和上衣等，都分别以织锦、绮、罗、绢等材料制成。这些丝织品以其绚丽的色彩、高超的技艺象征着灿烂的古代文明，显示了西域和内地之间丝绸贸易的活跃。

丝绸贸易的活跃情况在鄯善国时期的汉文文书中有如下记载：

其一，Ch. W. No. 46："□人三百一十九匹，今为住（？）人，买彩四千三百廿六匹。"这一文献反映出楼兰屯戍区域戍卒小规模的丝绸贸易情况。

其二，Ch. W. No. 812："正贾长度彩二匹、短度十四匹寄藏。"说明官方也购进丝绸。

其三，Ch. W. No. 804："兵胡腾宁市青㡊一领，广四尺六寸，长丈一尺，故黄㡊褶一领，贾彩三匹。"②

与汉文文书之零星记载相较，佉卢文书（图2）中却有着更多的记录。尼雅出土的佉卢文文书 Kh. 35 这样写道：

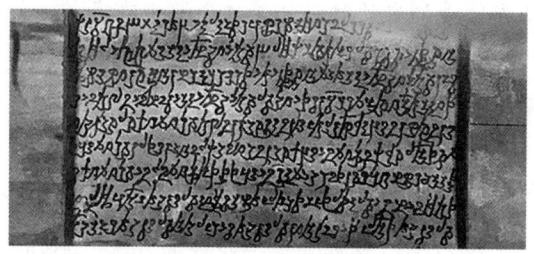

图2：北京国家图书馆藏佉卢文书

---

① 季羡林：《中国蚕丝输入印度问题的初步研究》，《历史研究》1955年第4期。
② ［日］长泽和俊：《シルク・ロード史研究》，（东京）国书刊行会，1979年，第105页；［日］长泽和俊著，钟美珠译：《丝绸之路史研究》，天津古籍出版社，1990年，第113—114页。

应阻止苏耆陀。现在没有商贾自汉地来，可不必清查丝债。至于橐驼之事，应烦劳檀支那负责。待自汉地来的商贾抵达时，务必清查丝债。若发生纠纷，朕将于王廷亲自裁决。①

从事丝绸贸易者除来自中原的"秦人"外，还有丝绸之路沿线的各族商客。新疆民丰县安得悦遗址出土佉卢文文书Kh.660是记录少数民族自己买卖丝绸的账单，内容如下：

彼等再次从扞泥城归来后，交付黄丝绸两匹。彼等从青莲华处送去红丝绸一匹。胜赞取朱红色（丝绸）一匹。罗塔跋罗取彩色（丝绸）一匹。多卢格取丝绸一匹。弥支伽耶买新彩色（丝绸）一匹。伽波陀耶取成捆的彩色（丝绸）一匹。善军取丝绸七匹。彼等替摩伽耶买成捆的新的红丝绸。山地人取两匹丝绸。

由于丝绸是一种重要商品，它本身还可以充当交换的媒介。如尼雅出土的一件关于奴隶买卖的佉卢文文书Kh.3中这样写道：

国王陛下……顷据苏祇多向余等报告，彼已买妇女一名，名苏祇沙，买价为四十一匹绸缎（patas）……官吏不得非法占该妇女。汝在当地若对此事不详，则当彼等到皇廷时，余等将会做出决定。

从这里可以看出，一个奴隶的身价等于41匹绸缎。

除了丝织品以外，内地输入西域的商品还有各种漆器（耳杯、盒、奁等）、铜镜和弩机等，这些在罗布泊、尼雅、焉耆、若羌等地均有发现。

通过这些文献可以看出，鄯善国丝织业较为发达，不同的颜色和种类繁多的服装，反映了当时当地人民的审美观念。尤其值得注意的是，当时鄯善国不仅深受汉文化的影响，而且受印度和波斯文化的影响，其服装样式、设计和纺

---

① T. Burrow, A Translation of the Kharosthī Documents from Chinese Turkestan, London: the Royal Asiatic Society, 1940, p. 9；林梅村：《沙海古卷——中国所出佉卢文书（初集）》，文物出版社，1988年，第50页。下引佉卢文文书俱出此二书，不一一作注。

织物的款式已经渗透了包括鄯善国在内的整个中亚腹地，鄯善国成为多种文化交会的熔炉。

敦煌出土有婆罗米文（Brāhmī）丝卷碎片，为公元1世纪之物，其中一片上写有贵霜婆罗米文，意为"短绸布（pata）46柞（gishti）"。① 1928年，中瑞西北考察团之瑞方成员贝格曼在楼兰地区的一座汉墓中发现一片写有佉卢文的汉锦，经释读，这行佉卢文的意思为"印度法师之绸缎（pata）四十匹"。② 在尼雅出土的佉卢文文献中，"pata"一词多有使用，如 Kh. 3："国王陛下……顷据苏祇多向余等报告，彼已买妇女一名，名苏祇沙，买价为四十一匹绸缎。"类似记载又见于 Kh. 35："待自汉地来的商贾抵达时，务必清查丝债。若发生纠纷，朕将于王廷亲自裁决。" Kh. 225 亦曰："僧伽钵罗那之奴隶一名走进余家并（?）绸缎三匹。"最后，Kh. 345 还提道："该僧人阿难陀犀那之奴，名菩达瞿沙又从余及鸠瞿钵之屋窃取绸缎12马身长……共计价100穆立。"绸缎（pata）是简牍中最常见的与丝织品有关的词，"pata"亦写作"paṭṭa"，汉意为布、帛、巾、绢。③

文书中的穆立（muli）不是使用的交换媒介，而是作为物品交换中计算价值的单位，在佉卢文书中经常可以见到，字面意思是"价格"，它代表价值或者价值单位，在交易中起着普通货币的作用。④ 当时在西域地区，各种织物和谷物同样起着交换媒介的作用。丝路的畅通，大量中原的丝绢输入西域，同时也促进了当地丝织业的兴盛，它们在市场上既是商品，又兼为流通计价单位。

南北朝时期（420—589），西域与内地的贸易联系还发展到了南方的长江流域。据吐鲁番阿斯塔那出土的丝织品分析，其中有大量丝织品来自益州，这从侧面反映了从益州至鄯善商道的兴盛。

丝路中转贸易的繁盛，促使了绿洲城镇的扩展，同时出现了许多新的城镇，作为各种货物的集散地，或初级农牧市场。据考古资料，除龟兹王城外，

---

① Aurel Stein, Serindia: Detailed Report of Explorations in Central Asia and Westernmost China. Vol. 1, Oxford, 1921, pp. 701–704.
② S. Konow, Note on the Inscription on the Silk-trip No. 34: 65, in F. Bergman, Archaeological Research in Sinkiang, especially the Lop-nor Region, Stockolm, 1939, pp, 231-234; F. W. Thomas, Some Notes on Central-Asian Kharoṣṭhī Documents, Bulletin of the School of Oriental and African Studies, XI-3, 1946, p. 549.
③ [日] 荻原云来：《梵和大词典》，（台北）新文丰出版公司，1979年，第724—725页。
④ 杨富学：《佉卢文书所见鄯善国之货币——兼论与回鹘货币之关系》，《敦煌学辑刊》1995年第2期。

还有许多城镇，如库车顷希阿尔古城、新和托浦古城、乌什哈特古城、沙雅博斯坦托呼拉克古城、塔什顿古城、英格迈利古城、羊达克希阿尔古城等。这些城镇的出现和发展，是丝绸之路上贸易频繁、人口密集的必然结果。麴氏高昌时期，在吐鲁番的市场上，交易额相当可观，从当时的官市收取的"称价钱"的账历残片①来看，通过某官市交易的货物有金银、蚕丝、石蜜、香料、药材等。据不完全统计，一年内黄金交易5次共2.9斤，白银交易6次共16.9斤，药材交易1次共144斤，丝交易4次共200斤，香料交易8次共3658斤。②值得注意的是，这些货物并不产在高昌本地，它们通过商贾从中原、南亚或是非洲等地长途贩运至此，显然这里已出现国际市场的一些特征。

由于商业贸易频繁，人们逐渐感到实物货币的不便。绿洲诸城邦作为丝路中转贸易市场，中原的铜币、西方诸国金银币，都曾在此流通，并推动了当地自铸钱币的出现。

近年，不仅尼雅、楼兰等遗址不断出土中原钱币，库车、焉耆、于田、和田、哈密等地都曾有出土，有西汉五铢、新莽货泉、大泉五十、东汉末的"剪轮五铢"。此外，楼兰、木垒、奇台等地还发现有西汉初半两钱。③这一现象说明，尽管西域大部分地区内部贸易还实行以物易物之方式，而在和内地进行贸易时则多使用中原地区流行的货币作为交换媒介。罗布泊附近大道上经常发现五铢钱，斯坦因曾一次掘得211枚。1977年，在和田买力克阿瓦提佛寺遗址中，发现窖藏五铢钱和剪轮钱45公斤，约六七千枚，可见汉代中原钱币流入西域的数量之多。南北朝时期，中西交通畅达，贸易复趋繁盛，西域各绿洲主要城邦皆铸造、使用货币，作为贸易支付的主要手段。活跃于天山南麓各地的粟特人，常常把西方的金银币带到西域各绿洲城镇。这些也表明了西域与周边经济联系的密切。

事实说明，作为丝路贸易中继站的西域绿洲，城镇发展，市场繁荣。鄯善、焉耆、龟兹、疏勒、高昌、于阗等绿洲城镇不仅发挥着转输的作用，同时也是丝路贸易的集散市场。应该看到的是，丝路贸易向四周广泛的辐射力促使

---

① 国家文物局古文献研究室等：《吐鲁番出土文书》第三册，文物出版社，1981年，第318—325页。
② 殷晴：《丝绸之路与西域经济——十二世纪前新疆开发史稿》，中华书局，2007年，第184—185页。
③ 《新疆钱币》图册编辑委员会：《新疆钱币》，新疆美术摄影出版社、香港文化教育出版社，1991年，第4—5页。

沿途各国经济交往频繁，推动了与国计民生有关的各项产业的发展，也为绿洲城邦带来了可观的财富。

三、作为丝路商业贸易霸主之粟特与回鹘

众所周知，丝绸之路是以丝绸织品为主要的贸易商品，从内地经过河西走廊及中亚，至西亚、欧洲及北非的陆路交通要道。历史上，匈奴、鲜卑、柔然、突厥、粟特、回鹘、契丹、蒙古等民族都曾活跃在这条商业贸易大通道上，而突厥人、粟特人、回鹘人尤善经营，一度控制着丝路沿线的商业贸易，成为丝路上的商业霸主。

在中国，突厥人和中原人民有着密切的联系，他们经常在塞上进行贸易。在西方，西突厥一直控制着中原丝绸的出口贸易，因商业贸易利益关系而与波斯萨珊王朝产生矛盾，导致联盟破裂，转而与东罗马帝国建立新的关系。中国丝绸贸易的主要对象是波斯和罗马，居间贩卖者在陆路主要是中亚粟特人，在水路则为横越印度洋的航船。在查士丁尼大帝时，东罗马曾试图自己生产蚕丝，但未成功。他们需要越过波斯，谋求与印度诸港与突厥直接通商，波斯则从中加以阻挠。所以，突厥、波斯与东罗马之间为控制丝路贸易的主动权，一度矛盾重重。

粟特原本居住在葱岭以西的河中地区，曾建立康、安、米、曹、石、何等城邦（汉文献谓之昭武九姓），横亘于欧亚大陆的丝绸之路枢纽，并因此致富。巴尔托里德（V. V. Barthold）曾经指出："握有丝绸贸易独占权的粟特人的商业利益使得突厥和波斯人的关系破裂，并导致突厥和拜占庭之间使者的往返，与中国的贸易也得到了很大发展。撒马尔罕的东门被称为'中国门'。粟特人的居留地出现在通向中国内地的所有通道上——从经和阗和到罗布泊的新疆南部的南路直到经七河地区的最北路。"①

粟特人很早就在丝绸之路上往来、停留和居住，并以擅于经商闻名，多富豪大贾。史载，康国粟特"善商贾，好利，丈夫年二十，去旁国，利所在无不至"②。这些商人沿丝绸之路东西往返，由之形成了许多粟特部落。如丝路北道的碎叶城（图3）应为粟特人所筑，入唐后王方翼扩其形制，招徕胡贾，定为北道征收过往商税的关卡。后又置为碎叶州，州刺史安车鼻施名见于神龙元

---

① ［俄］维·维·巴尔托里德著，耿世民译：《中亚简史》，中华书局，2005年，第6页。
② ［宋］欧阳修、宋祁：《新唐书》卷221《西域传》，中华书局，1975年，第6244页。

年（705）之乾陵蕃臣碑题铭。至于唐之西州本高昌国故境，康、安、何、曹等粟特姓皆为州内豪族，崇化乡是粟特人集中之所。由此向东，历沙州、肃州、甘州、凉州、金城，直迄长安，凡兹都邑，莫不有粟特人的踪迹。吐鲁番发现的骆驼胡人俑表明，这些贩运丝绸的商队虽来自中原，实皆粟特人，他们是丝路贸易的真正垄断者。

图3：碎叶故城遗址（吉尔吉斯斯坦，7—10世纪）

粟特人的主要商业活动是从中原购买丝绸，而从西域运进瑟瑟、美玉、玛瑙、珍珠等珍宝。除此之外，六畜也是粟特商人贩运的主要商品，突厥汗国境内的粟特人主要承担着这种以畜易绢的互市活动。《隋书》卷67《裴矩传》记载史蜀胡悉驱六畜往马邑互市事；《大唐创业起居注》卷1则详细记载了李渊起兵之初，康鞘利驱马千匹赴太原互市事。同时，粟特商人几乎都是高利贷者，除贷钱外还贷放绢帛，吐鲁番阿斯塔那61号墓出土《唐西州高昌县上安西都护府牒稿》，内容是汉人李绍谨借练于粟特胡曹禄山，拖欠未还，引起的一桩经济讼案。此案主人公李绍谨于弓月城一次借练275匹之多，[①]可见粟特人资财之众，并以之牟利。此外，粟特人还贩运奴隶，官府也保护这种交易的正常进行。

从以上叙述可知，粟特人的商业活动包括丝绸、珠宝、牲畜、奴隶、举息

---

① 国家文物局古文献研究室等：《吐鲁番出土文书》第六册，文物出版社，1985年，第470页。

等，几乎覆盖了一切重要市场领域，确已控制了丝路贸易的命脉。①

粟特人商业成功的原因，除了他们精通业务、善于筹算、不畏艰险以外，还有其自身的特点。第一，善于依附一定的政治势力，并取得了一定的政治地位，从而有利于商业活动的开展。例如，粟特人马涅亚克曾代表突厥，奉使波斯、东罗马；唐代粟特商人康艳典、石万年、康拂耽延等皆拥有城主称号，曹令忠官拜北庭大都护，康感官拜凉州刺史等，他们凭借着官员的身份或是投依官府进行商业活动，自然得心应手。

第二，利用宗教活动掩护商业活动。粟特人的宗教信仰相当复杂，佛教、祆教、摩尼教皆拥有其信徒。回鹘信仰摩尼教亦是赖粟特人之力。而"摩尼至京师，岁往来西市，商贾颇与囊橐为奸"。②可见，这些具有宗教身份的粟特人同样也在经商牟利。

第三，利用隋唐王朝推行胡汉有别、各依其俗的政策，发展自身的势力。这一政策对汉人推行重农抑商，严禁汉人从事国际贸易，从而为粟特人创造了独霸丝路贸易的有利条件。

第四，粟特人谙熟多种语言。从魏晋到隋唐，大量粟特人东来兴贩，穿梭往来于粟特本土、西域城邦绿洲诸国、草原游牧汗国和中原王朝之间。正是因为他们代代相传的本领，与各民族打交道，所以粟特人大都通晓多种语言。所谓的"九蕃语"，或新、旧唐书中的"六蕃语"，都是表示多数的意思。《大唐西域记》中有一段这样的描述："自素叶水城至羯霜那国，地名窣利，人亦谓焉。文字语言，即随称矣。字源简略，本二十余言。转而相生，其流浸广。粗有书记，竖读其文。递相传授，师资无替。"③由于粟特人的这种本领，粟特语也就成为丝绸之路上不同民族间交往时用的混合语（lingua franca）了。唐朝政府也正因为了解这一点，不论是在都城，还是在边镇贸易的州郡，都任用粟特人为翻译。所以，粟特人凭借语言优势，在与边外各族的互市贸易中，扮演着极为重要的角色。

回鹘人在中亚粟特商胡的影响下，再加上其原本具有的奔走各地的商贸传统，在丝绸之路商贸活动中，不仅经验丰富，而且也充分显示了他们极高的商

---

① James C.Y. Watt & Anne E. Wardwell, When Silk Was Gold: Central Asian and Chinese Textiles, New York: The Metropolitan Museum of Art, 1977, pp. 21–22.
②〔宋〕欧阳修、宋祁：《新唐书》卷217上《回鹘传上》，中华书局，1975年，第6126页。
③〔唐〕玄奘、辩机著，季羡林等校注：《大唐西域记校注》卷1，中华书局，1985年，第72页。

务活动才干，成为继粟特之后丝路贸易上的又一商业霸主，历晚唐五代至宋而不衰。洪皓《松漠纪闻》载，回鹘"多为商贾于燕"，其人"尤能别珍宝。蕃汉为市者，非其人为侩，则不能售价"。由此可以看出，回鹘商人能力之强，利之所在，无远弗届，他们对沟通中西商业贸易起到了非常重要的作用。为便于贸易，辽于上京专设"回鹘营"，设在南门之东。[①]

和粟特人相比，回鹘人与中原王朝的往来更多，关系也更密切，于1068年后达到高潮。诚如《宋史·于阗传》所云："熙宁以来，远不逾一二岁，近则岁再至，所贡珠玉、珊瑚、翡翠、象牙、乳香、木香、琥珀……龙盐、西锦……金星石、水银、安息鸡舌香，有所持无表章，每赐以晕锦旋襕衣、金带、器币，宰相则盘毬、云锦夹襕。"在于阗回鹘与北宋的贸易中，仅乳香的数额就大得惊人，熙宁五年（1072）有31000余斤，元丰三年（1080）连同其他的杂物有10万余斤。[②]于阗的回鹘商贾和中原王朝之间除官方贸易外，还有私商的活动，由于数额巨大，以致中原人士产生误解，以为此为于阗当地所产。五代北宋时期，西域回鹘商贾的活动已不局限于洛阳、开封一带，其足迹遍及陕西、河北、山东诸地。

四、中西经济交往的影响

在古代社会，商业活动是联系东西方各民族之间的桥梁，是东西方文化交流的主要动力，它所承担的媒介作用涉及政治、经济、文化等各个领域，东西方物质与精神文化之间的交流在很大程度上都是通过商业活动这一媒介进行的。

在古代，中国的造船技术和航海技术并不发达，以古人之能力，并不具有在滔天巨浪中航行的本领。中亚和西亚地区在古人力所能及的范围内，文明也较为发达，具有与中华文明对话的实力，因此在唐朝之前，丝绸之路从中国西北一路向西成为必然。

中亚地区存在很多的绿洲国家，比如著名的"昭武九姓"邦国，其独特的地理位置和丰富的自然资源促使这些国家的人民主要以商贸为生。这些绿洲邦国处于东西交通枢纽之处，商人往来东西便利，成为丝绸之路上的常客。同

[①] 杨富学：《回鹘与辽上京》，《首届辽上京契丹·辽文化学术研讨会论文集》，内蒙古文化出版社，2009年，第128—139页。

[②] 殷晴：《丝绸之路与西域经济——十二世纪前新疆开发史稿》，中华书局，2007年，第421页。

时，西北地区国家星罗棋布，官方使者成为各国政治与军事沟通的必需，因此他们也是丝绸之路上的常客。僧侣在丝绸之路上也比较常见，他们肩负着传经布道的使命，是中西文化交流的使者。

早在远古时期，虽然面对难以想象的挑战，但是欧亚大陆之间并非隔绝。在尼罗河流域、两河流域、印度河流域和黄河流域之北的草原上，存在着一条由许多不连贯的小规模贸易路线衔接而成的草原之路。这一点已经被沿路诸多的考古发现所证实。这条路就是最早的丝绸之路的雏形。

早期的丝绸之路上并不以丝绸为主要交易物资，公元前15世纪左右，中国商人就已经出入塔克拉玛干沙漠边缘，购买产自新疆地区的和田玉石。中原的很多玉器原料都是产自新疆地区，如1976年安阳殷墟妇好墓中出土的755件玉器中就有不少是用新疆和田玉琢成的。[1]史前时期的玉石收藏品在河西地区多有发现，如干骨崖遗址发现有玉斧2件、玉石权杖头1件。[2]甘肃省博物馆藏的一件国家一级文物四坝文化白玉凿，出土于玉门火烧沟遗址。玉质晶莹润洁，琢磨光滑，工艺极为精细，用上等和田白玉制成，且无使用痕迹，可能为一种礼器。火烧沟人用这种优质的新疆和田白玉制作礼器，说明当时这种玉石非常珍贵。火烧沟地处河西走廊西部，地理位置上很便捷，易于与西域地区诸部族交往，这件白玉凿即为最好的证明。张掖黑水国史前部落以尚玉、大量用玉而被后人称为"宝玉石部落"[3]。

与之同时，中国商人还出售海贝等沿海特产，同中亚地区进行小规模贸易往来。而良种马及其他适合长距离贩运的动物也开始不断被人们所使用，于是大规模的贸易往来成为可能。比如，阿拉伯地区在公元前11世纪便使用耐渴、耐旱、耐饿的单峰骆驼，以便于商旅运输。而分散在欧亚大陆的游牧民族据传在公元前41世纪左右就开始饲养马。双峰骆驼则在不久后也被用于商贸旅行中。欧亚大陆腹地是广阔的草原和肥沃的土地，对于游牧民族和商队运输的牲畜而言可以随时随地安定下来，就近补给水、食物和燃料。这样一来，一支商队、旅行队或军队可以在沿线各国没有注意到他们的存在或激发敌意的情况下，进行长期、持久而路途遥远的旅行。

[1] 中国社会科学院考古研究所：《殷墟妇好墓》，文物出版社，1980年，第114—115页。
[2] 北京大学考古文博学院、甘肃省文物考古研究所：《甘肃酒泉干骨崖墓地的发掘与收获》，《考古学报》2012年第3期。
[3] 吴正科：《丝路古城黑水国》，甘肃人民出版社，2008年，第51页。

安阳殷墟妇好墓所出和田软玉,可以证明至少在公元前13世纪,中国就已经开始和西域乃至更远的地区进行商贸往来。《穆天子传》卷二载,泽珠人"乃献白玉口只……献食马三百,牛羊三千",穆天子赐"黄金之环三五,朱带贝饰三十,工布之四"。"天子四日休群玉之山,乃命邢侯待攻玉者……天子以其邦之攻玉石也,不受其牢"①。卷三又载:穆天子"乃执白圭玄璧以见西王母,好献锦组百纯、口组三百纯,西王母再拜受之"②。这些记载虽然不无传说成分,但是目前在丝绸之路沿线的考古中,确实出土了部分属于这一时期的丝绸制品。战国时期(前475—221),中原地区已经开展了相当规模的对外经济交流。《史记·赵世家》中记录了苏厉与赵惠文王的一段对话:"代马、胡犬不东下,昆山之玉不出,此三宝者亦非王有已。"③这从侧面说明了这一点:因为人们相信,"昆山之玉"即为昆仑山下出产的软玉,而胡犬则是中亚、西亚的狗品种的一个。

随着公元前5世纪左右河西走廊的开辟,带动了中国与西方的商贸交流,西域地区如鄯善、龟兹等国纷纷在这一时期出现。而当时的欧洲国家用"赛里斯"(Seres,源自希腊语"丝",从汉语"丝"的音转化的"Ser")称呼中国。这种小规模的贸易交流,说明在汉朝以前东西方之间已有经过各种方式、持续时间长的贸易交流。不仅仅是丝绸,同时青金石也是早期丝绸之路上的重要商品之一。这种珍贵的商品曾是两河流域各国财富的象征。产自今阿富汗巴达克山的青金石早在公元前3100年前就开始出现在中国、印度、埃及,它还作为一种颜料成分被使用在敦煌莫高窟的壁画中,这意味着中亚地区的商旅贸易开始的时间要比这一地区部分国家的诞生还要早些。约1000年后,青金石的贸易开始传入印度的哈拉帕(Harappa),并在后来成为佛教七宝之一。目前,很多考古发现证明,埃及人在很早以前就在北非、地中海及西亚进行贸易。人们相信,在公元前14世纪,埃及人已经造出了船。在埃及,人们也发现了5000年前产自阿富汗的青金石,说明埃及人已经开始沿丝绸之路展开了一定规模的贸易。

除此之外,中国的瓷器在西方如荷兰、意大利等地被大量仿制。我们所知

---

① 〔晋〕郭璞注,王贻樑、陈建敏汇校集释:《穆天子传汇校集释》卷2,华东师范大学出版社,1994年,第145页。
② 〔晋〕郭璞注,王贻樑、陈建敏汇校集释:《穆天子传汇校集释》卷3,华东师范大学出版社,1994年,第161页。
③ 〔汉〕司马迁:《史记》卷43《赵世家》,中华书局,1959年,第1818页。

的元青花就是其中典型的代表，之所以当时会达到那么高的技艺水平，是因为其中添加了伊朗伊思法罕附近所生产的钴。

随着游牧民族的不断强盛，他们同定居民族之间不断地争斗、分裂、碰撞、融合，这使原始的文化贸易交流仅存于局部地区或某些地区之间。不过，随着各定居民族强国的不断反击和扩张，这些国家之间开始了直接的接触，如西亚地区马其顿亚历山大的东征、安息王朝与罗马在中亚和地中海沿岸的扩张、大夏国对阿富汗北部、印度河流域的统治以及大月氏西迁，这些都说明上述地区之间进行大规模交通的要素已经具备，出入河西走廊与连通大陆上各国的道路业已被游牧民族所熟知。

及至中国进入繁盛的唐代，丝绸之路再度引起了中国统治者的关注。为了重新打通这条商路，唐府借击破突厥的时机，一举控制西域各国，并设立"安西四镇"作为中国政府控制西域的机构，新修玉门关，再度开放沿途各关隘，并打通了天山北路的丝路分线，将西线贯通延伸至中亚。这样一来，丝绸之路的东段再度开放，新的商路支线被不断开辟。人们在青海一带发现的波斯银币是目前中国境内出土数量最多的，这证明青海也随着丝路的发展成为与河西走廊同等重要的地区。加上这一时期东罗马帝国、波斯（7世纪中叶后阿拉伯帝国取代了波斯的中亚霸权）保持了相对的稳定，令这条商路再度迎来了繁荣时期。

丝路商贸活动的直接结果是大大激发了唐人的消费欲望，因为商贸往来首先带给人们的是物质（包括钱财等）上的富足，其次是不同的商品来源地域带给人们的精神差异的影响。丝路商贸物品令人眼花缭乱，从外奴、艺人、歌舞伎到家畜、野兽，从皮毛植物、香料、颜料到金银珠宝、矿石、金属，从器具牙角到武器、书籍、乐器，几乎应有尽有。而外来工艺、宗教、风俗等也随商进入。这一切都成了唐人尤其是唐时高门大户的消费对象与消费时尚。相对而言，唐人的财力、物力要比别的朝代强得多，因此他们本身就有足够的能力去追求高级消费，而丝路商贸活动的发达为他们提供了更多的选择。许多的人竭力囤积居奇，有钱人不仅购置奇珍异宝，而且还尽可能在家里蓄养宠物、奴伎。美国学者谢弗指出：7世纪的中国是一个崇尚外来物品的时代，当时追求各种各样的外国奢侈品的风气开始从宫廷中传播开来，从而广泛地流行于城市居民阶层中。①

通过丝绸之路,交流与贸易在印度、东南亚、斯里兰卡、中国、中东、非洲和欧洲之间迅速发展,无数新奇的商品、技术与思想在旧大陆三大洲之间交流、互动。旧大陆之间的贸易沟通变得规则、有序,伊朗成为丝绸生产的中心,土耳其、印度产茶的数量堪比中国,甚至在西方的销售额已超过中国。从1世纪起,罗马人开始狂热地迷恋从帕提亚人手中转手获得的中国丝绸——即便当时的罗马人相信丝绸是从树上摘下来的。古罗马学者老普林尼在《博物志》(又译《自然史》)中这样描述:"赛里斯人们(中国人)以从他们的树林中获取这种毛织品而闻名于世。他们将从树上摘下的丝绸浸泡在水中,再将白色的树叶一一梳落。(丝绸的)生产需要如此多的劳役,而它们又来自于地球的彼方,这令罗马的少女们可以身着半透明的丝衣在大街上炫耀。"②那时,丝绸成为罗马人狂热追求的对象。古罗马的市场上丝绸的价格曾上扬至每磅约12两黄金的天价,造成罗马帝国黄金大量外流,迫使元老院制定法令禁止人们穿着丝衣。

目前已知最古老的印刷品之一,即唐咸通九年(868)雕刻的《金刚经》就发现于敦煌,现存伦敦大英图书馆,编号为S.P.002(图4)。随着丝绸之路的开辟,纸制品开始在西域以及更远的地方出现。人们在楼兰遗迹中发现了2世纪的古纸。而中亚地区虽然也用纸,但没有发现造纸工业的证据。很多人认为,造纸术的西传为欧洲及中亚带来了一次巨大的变革,而最初这场变革却是残酷的:唐朝与新兴的阿拔斯王朝在中亚摩擦不断。在对中亚政治格局具有很大影响力的怛罗斯战役中,阿拉伯人将中国战俘沿着丝绸之路押至撒马尔罕,而这些战俘中就有长于造纸术的中国工匠,最终造纸术就这样传播到世界各地。

西域地区多沙漠,各国的繁荣与水往往关系密切。天山与昆仑山融化的雪水是西域的主要补给水源。然而收集这些雪水并不是容易的事,融化后积聚在山脚的水在很短的时间内就会蒸发或渗入地下。自汉朝派遣军队屯集在西域发展农业时,流传于山区的坎儿井和井渠技术被同样需要水源的军人使用在西域,并逐步流传至更远的国家。早先,西域地区坎儿井技术究竟是由中国还是

---

① Edward H. Schafer, The Golden Peaches of Samarkand—A Study of T'ang Exotics, Berkeley/Los Angeles/London: University of California Press, 1985, p. 8.

② Pliny, Natural History, London: Henry G. Bohn, 1953, Chapter 20, pp.36-37.

图4：敦煌本《金刚经》

波斯传入西域，一直是个有争议的问题。不过，井渠技术和穿井法被证实是由中国传向西方的。据《史记·大宛列传》记载，汉将军李广利率兵攻打大宛，利用断绝水源的方式围困城市。然"宛城中新得秦人，知穿井"，令大宛人坚持了很长时间。吐鲁番坎儿井不仅是一项伟大的水利工程，更是一座人文景观，蕴含着极为深厚的文化底蕴。据专家考证，坎儿井有可能来源于波斯，依据是波斯是拥有坎儿井最多的国家，已有2000多年的历史。坎儿井随着伊斯兰教的传播而进入新疆，而新疆恰有"波斯坎"之地名。经过考察，巴基斯坦、阿富汗、土耳其和中亚诸国都把坎儿井叫作"kariz"，亦可证坎儿井是波斯传入的。

中国古代印刷术是沿着丝路逐渐西传的技术之一。在敦煌、吐鲁番等地，已经发现了用于雕版印刷的木刻板和部分纸制品。这说明印刷术在唐代至少已传播至中亚。13世纪，不少欧洲旅行家沿丝绸之路来到中国，并将这种技术带回欧洲。15世纪，欧洲人谷腾堡利用铜活字印刷术印出了一部《圣经》。1466年，第一个印刷厂在意大利出现，这种便于文化传播的技术很快传遍了整个欧洲。

从一定意义上说，丝绸之路也是一条民族融合的道路。在这条商贸通道上，人们交流的不仅是商品、思想，还包括生活习惯、生活艺术等各种民族文化。成批的遣唐使和留学生来自海外，又分散到四面八方，进行文化交流。西域艺术也通过丝绸之路源源不断地传入中原，大大丰富了中国的传统艺术。西来的文化艺术与中国固有的本土艺术相结合，中国形成了独具特色的艺术形式与文化内涵。

第三节　丝绸之路的多元文化传播与交融

季羡林先生曾说:"世界上历史悠久、地域广阔、自成体系、影响深远的文化体系只有四个:中国、印度、希腊、伊斯兰,再没有第五个;而这四个文化体系汇流的地方只有一个,就是中国的敦煌和新疆地区。"①

敦煌和新疆的吐鲁番正是地处贯通中西的丝路之襟喉,历史上曾是车师、匈奴、汉、粟特、吐蕃、回鹘、契丹、蒙古、裕固等多民族活动的大舞台,更有来自印度、波斯、西亚的文人、传教士、商旅、使者在这里活动,他们同来自中国的汉、藏、蒙古人一道,给这些地区带来各具特色的文化。而对于自古以来就以善于吸收、借鉴外来文明而著称的一些少数民族如回鹘、粟特等,其民族文化的多样性就是这一史实的真实写照。在敦煌和吐鲁番的石窟壁画和写本中,我们既可以看到中原文化的影响,又可以看到印度文化的影响,还可以看到阿拉伯文化的渗透。

一、回鹘文化与周边民族文化之关系

回鹘,是古代对维吾尔族的称呼,源于中国南北朝到隋唐时期,北方民族铁勒的分支。回鹘使用突厥卢尼文字,信仰原始宗教萨满教。位于漠北的回鹘汗国646年建立,840年被黠戛斯所灭,后分三支西迁和南迁到了新疆和甘肃,与当地民族融合形成了今日的维吾尔族和裕固族。在中国的历史上,这个曾经十分活跃的民族,一方面受到丝绸之路多元文化的极大恩惠,同时又为丝绸之路沿线文化的传播和发展作出了巨大贡献。

回鹘本为一游牧民族,在漠北时期,主要从事畜牧业,兼营农业和狩猎业,②文化比较落后。后来,由于来自突厥与唐朝的影响,回鹘文化开始逐步发展。尤其是安史之乱后,中原通往西域的道路断绝,于是,由长安通往回鹘都城斡耳朵八里(图5),再由斡耳朵八里通往西域的"回鹘路"成为沟通东西方的主要通道。李德裕奏曰:"承平时,向西路自河西、陇右出玉门关……自艰难已后,河、陇尽陷吐蕃,若通安西、北庭,须取回纥路去。"③

---

① 季羡林:《敦煌学、吐鲁番学在中国文化史上的地位和作用》,《红旗》1986年第3期。
② 杨富学:《回鹘社会文化发展逆演进现象考析》,《暨南学报》2015年第4期。
③〔后晋〕刘昫等:《旧唐书》卷174《李德裕传》,中华书局,1975年,第4523页。

回鹘路开通后，唐与西域的交通恢复。贞元四年（788），悟空由印度返国，即经由回鹘路而至长安。元代时，回鹘路还在继续使用，长春真人丘处机、耶律楚材、常德等人，皆经由此路东西往来。回鹘路的开通，促进了回鹘社会、经济、文化的发展。其中最为典型的是回鹘医学的从无到

图5：回鹘牙帐斡耳朵八里故城遗址

有，以致闻名遐迩，尤其是宋元时代，回鹘医学高度发展，不仅医药为中原所重，而且医学理论与实践也达到高峰，风靡中原。这一状况的出现，与回鹘占据丝绸之路核心要道息息相关。西域地区有悠久的中医、印度医学传统，对回鹘医学的形成与发展起到了决定性作用。如吐鲁番出土回鹘文文献残片 U 238 中提到"Šinnuŋ Han"一词，直译为"神农王"，指亲尝百草以辨别药物性能的神农氏，只是回鹘文本将其解释为"神圣的农夫"和"神圣的农民"了，有所误解。①印度著名医学著作《医理精华》形成于7世纪，作者为印度著名医学家拉维笈多（Ravigupta），书中"把传统材料进行了重新整理，按照不同的主题编为31章"。②该书不仅在印度，而且在波斯和阿拉伯世界都享有很高的声誉，后被译为回鹘文本。20世纪初以来，在吐鲁番发现的回鹘文《医理精华》写本就有20多件，③体现了回鹘对印度医学的关注与重视。同时，回鹘医学又与波斯、叙利亚、阿拉伯等地医学有着密切联系。各种因素的交合作用，促进了回鹘医学在宋元时代的形成与高度发展。④

---

① P. Zieme, Notes on Uighur Medicine, especially on the Uighur Siddhasāra Tradition, Asian Medicine III, 2007, p. 310；[德] 茨默著，杨富学、侯明明译：《回鹘医学与回鹘文本〈医理精华〉考释》，《回鹘学译文集新编》，甘肃教育出版社，2015年，第361页。

② R. Emmeick, The Ravigupta of Siddhasāra, Wiesbaden, 1980, p. 1.

③ G. R. Rachmati, Zur Heilkunde der Uiguren. II, Sitzungsberichte der Preussischen Akademie der Wissenschaften, Phil.-hist. Klasse, 1932, S. 401-448；巴克力·阿卜杜热西提：《古代维吾尔语医学文献的语文学研究》，中央民族大学博士学位论文，2013年，第49—117页。

④ 王丹、杨富学：《回鹘医学与东西方医学关系考》，《敦煌研究》2016年第4期。

同时，回鹘文化反过来又对丝绸之路沿线民族产生了重大影响，除汉文史籍的记载和考古遗物之外，敦煌、吐鲁番出土的回鹘文文献对此有着更丰富、更生动具体的反映。从中可见，回鹘文化对丝绸之路沿线的汉文化及吐蕃、契丹、西夏、金和蒙古等其他民族文化的影响是全方位的，几乎涵盖古代回鹘精神文化的各个领域，包括语言文字、文学艺术、科学技术、宗教信仰，乃至风俗习惯、音乐舞蹈等。

回鹘与吐蕃的文化交流开始于晚唐五代宋初，他们在河西走廊和陇东的广大地区开始了早期的接触，在敦煌、吐鲁番出土的回鹘文、藏文文献中对此都有反映。在敦煌发现的上万件古代吐蕃文写卷中，至少有3件是由回鹘人所写，其中2件出自回鹘王室，1件出自回鹘地方官府。① 除了回鹘人之外，于阗王室也使用吐蕃文撰写自己的文献。如敦煌发现的吐蕃写卷 P. T. 2111《于阗王致甘州长史书》，就是于阗狮子大王（lhavi rgyal po chen po seng ge li rjes）写给甘州谋臣和长史于迦（b bn po chang vuga）的书信。信文罗列了甘州谋臣的先祖世系。② 这些都可为五代时期于阗与甘州回鹘汗国的交往史研究提供依据。

回鹘人、于阗人何以用藏文书写自己的诏书、国书呢？这大概与吐蕃长期统治西域与河西地区，吐蕃文遂成为当地诸民族间外交与贸易的工具这一因素有关。直到吐蕃统治结束后很久，当地的不同民族仍在继续使用这一语言。③ 甚至在西夏人统治河西后，勒立于夏仁宗乾祐七年（1176）的张掖黑水桥上还有用藏、汉两种文字对照书写的圣旨《告黑水河诸神敕》，④ 体现了藏族文化对各民族的深刻影响。

吐蕃与回鹘的长期接触，深刻影响着双方的文化，敦煌发现的用吐蕃文撰写的回鹘语《佛教教理问答》即可视作这一现象的最佳注解。文献原卷藏于法国国立图书馆，编号为 P. chinois 5542/P. tibetain 1292，其内容是用问答的形式阐述"四生""五道""十戒""六波罗蜜"及"三毒"等佛教的基本教义。（图6）回鹘语佛教经典不用回鹘文书写，而书之以藏文字母，从一个侧面

---

① 杨富学:《回鹘文献与回鹘文化》，民族出版社，2003年，第413—414页。
② 王尧、陈践:《敦煌吐蕃论文集》，四川人民出版社，1988年，第215页。
③ G. Uray, L'emploi du tibètain dans les chancelleries des États du Kan-sou et de Khotan postérieurs à la domination tibétaine, Journal Asiatique 269, 1981, pp. 81-90;［匈牙利］乌瑞著，耿昇译:《吐蕃统治结束后甘州和于阗官府中使用藏语的情况》，载《敦煌译丛》第1辑，甘肃人民出版社，第212—230页。
④ 王尧:《西藏文史考信集》，中国藏学出版社，1994年，第100—117页。

反映了藏传佛教对回鹘影响之深。回鹘人中兼通回鹘语文、藏语文者不在少数，安西榆林窟第25窟有哈密回鹘人新村巴（Yangï Tsunpa）题记，先以回鹘语文书写，再书以藏语文。① 回鹘人中也似乎有不少精通八思巴文者，如敦煌莫高窟第217窟有回鹘人布颜海牙（Buyan Qaya）的题记，先用回鹘文字母书写，再书以八思巴文。②

图6：敦煌本吐蕃文撰写的回鹘语佛教文献

此外，藏语中对回鹘语也多有借用，藏文典籍《丁香宝帐》中在论述藏语中的回鹘语借词时，这样说道：

> 有些是回鹘语词语，例如：pag-ši（即baγxi，意为"法师"）和bt-sun-pa相对应，dar-kha-che（即回鹘语dar-kan，达干）和dar-rgan相对应，而有"赋予巨大的力量"和其他许多含义。

由此可以看出，在古代丝绸之路上，吐蕃和回鹘之间有相当密切的文化联

---

① ［法］哈密顿、杨富学、牛汝极：《榆林窟回鹘文题记译释》，《敦煌研究》1998年第2期。
② 杨富学、杜斗城：《河西回鹘之佛教》，《世界宗教研究》1997年第3期。

系。他们之间的文化交流是双向的，是一种你中有我、我中有你的关系。

不仅如此，回鹘语也极大地影响了契丹。已有研究表明，契丹小字就是在参照汉字和契丹大字字形的基础上，同时参考了回鹘语的拼音法，两相有机结合而构成的新文字。后来，蒙古人、满人之所以先后采用回鹘字母以拼写自己的语言，亦与蒙古语、满语与回鹘语一样同属黏着语这一因素有关。①

丝绸之路上另一个活跃的民族西夏人在高昌回鹘的活动，从吐鲁番出土的西夏文残卷中可得到印证。美国印刷史专家卡特（T. F. Carter）早就提到，在吐鲁番发现的古代印刷品中，除汉、回鹘、梵、藏和蒙古文外，还有西夏文印本（图7）遗物。②吐鲁番出土的西夏文文献有4件，为佛经印刷品残卷。这些西夏文残卷为12—13世纪的遗物。从其字行排列不整齐、字体大小不均、墨色浓淡有别等因素看，它们很可能是木活字印本。而在敦煌莫高窟出土的回鹘木活字证明了这点，且经过专家的考证，推断出在元时回鹘印刷术发达，吐鲁番和敦煌曾是回鹘印刷业的两大中心。

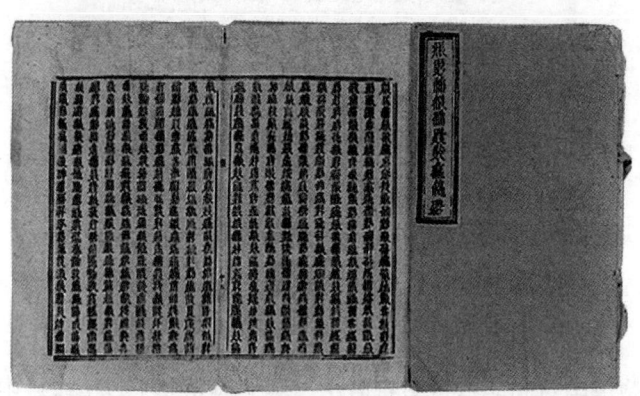

图7：现存世界最早的木活字印本西夏文佛经《本续》

今天存世的回鹘文佛经印本数以千计，更有相当数量的回鹘文木活字实物（图8）发现，说明如同西夏一样，在王祯使用木活字印刷之前，回鹘人就已经开始了木活字的印刷业。所以，西夏人和回鹘人才是木活字印刷技术的真正发明者。③这些既是西夏人入居高昌的佐证，同时也是回鹘—西夏文化交流的结果。

---

① 杨富学：《回鹘文献与回鹘文化》，民族出版社，2003年，第453页。
② T. F. Carter, The Invention of Printing in China and Its Spread Westward, New York, 1925, p. 106.
③ 杨富学：《回鹘文献与回鹘文化》，民族出版社，2003年，第352页。

图8：敦煌研究院藏回鹘文木活字

在西夏征服并吞并甘州回鹘之际，被征服者的文化却也在人们自觉与不自觉中开始了对西夏的征服。究其原因在于，回鹘文化水平远比征服者西夏的高，故被征服的回鹘人很快变成了征服者西夏人的老师。而粟特人也是通过积极参与回鹘人的政治、经济生活，在语言、文化上接受回鹘的某些影响，而逐渐融入回鹘族中去了。①这种情况与历史上鲜卑族、蒙古族、满族等入主中原却被中原文化影响何其相似。

回鹘佛教艺术对西夏的影响是极大的。从河西走廊诸石窟，如敦煌莫高窟，东、西千佛洞，安西榆林窟，酒泉文殊山石窟中现存的晚期壁画看，壁画底色有较大差别，而且多绘以石青、石绿，绘画基调呈冷色，但有时又以大红为底色，基调明显呈暖色；图案规矩而少变化，给人以千篇一律的感觉。这些一方面可能受颜料来源不足影响，但也有可能是受回鹘壁画艺术风格的影响。回鹘人在绘制佛像时喜欢采用编织纹、火焰纹、古钱纹及双重八瓣莲花纹、波状三瓣花卷草纹等，这在西夏晚期的洞窟中都可以看到。西夏绘画的花纹边饰特别丰富，制作考究，既有荷花、牡丹、石榴、团球及忍冬等植物纹，也有龟背纹、连环纹、古钱纹、万字纹等形式不一的规矩纹，还有团龙、翔凤、卷云等有活动感的祥瑞纹，更有风格独特的波状卷草式云纹。这些纹饰简单朴素、

---

① 周耀明：《从信仰摩尼教看漠北回纥与粟特人的关系》，《西北民族研究》2002年第4期。

色泽鲜艳，以大红大绿者居多。从纹样结构、编排方法到敷色、勾线、填绘等手法的运用，在吐鲁番柏孜克里克石窟、吐峪沟石窟的壁画以及木头沟、吉木萨尔回鹘佛寺遗址等地出土的佛教艺术品中都可以看到。回鹘与晚期敦煌石窟关系密切，尤其是元朝晚期，回鹘佛教在蒙古豳王家族的支持下，在敦煌占据优势地位，对敦煌晚期石窟形成重大影响是自然之事。

此外，回鹘语与蒙古语的关系也比较密切，它们不仅在类型学上同属于黏着语，而且彼此有大量的共同成分，尤其在语音系统上是很接近的，所以才会出现以回鹘文字拼写蒙古语的特殊结合方式。13世纪中叶，出使蒙古的鲁布鲁克对蒙古人使用回鹘文的情况作了如下描述：

> 畏兀儿居住在南面的山中，蒙古人使用了他们的文字，于是，他们便成了蒙古人的主要书记官，几乎所有的景教徒都懂得他们的文字。①

回鹘式蒙古文历久不衰，一直行用至今，并直接影响到后来的满文以及锡伯文的形成。回鹘式蒙古文的创制与推广，使回鹘先进文化在蒙古中得到广泛的传播，一定程度上起到了文化向导的作用，其更深层次的意义在于促进了蒙古民族共同体的形成，不仅对蒙古民族，而且对整个中华文化的发展都产生了深远的影响。

通过以上论述可以看出，回鹘文化对周边民族文化的影响是巨大的，是多民族多元文化交流融通的一个典型范例。

二、粟特文化的浸染与扩散

敦煌是丝绸之路的要冲，因此成为中古时期活跃在丝路上的商业民族东迁的重要聚落中心之一，池田温、陈国灿、姜伯勤、荣新江等学者的研究已清楚地揭示出中西交通史上这一至关重要的现象。在这些民族中，粟特人的东迁文化表现得更为丰富多彩，他们和不同的民族交往而产生的交融现象，为我们研究多种宗教、文化、艺术形式的演变提供了丰富的认识空间。

敦煌作为隋唐时期通往西域三道的必经之地，各国、各民族的人会聚于此，其中不乏波斯商人与使节。正因为如此，在敦煌隋代壁画中出现了以联珠

---

① Christopher Dawdon, The Mongol Mission: Narratives and Letters of the Franciscan Missionaries in Mongolia and China in the Thirteenth and Fourteenth Centuries, New York, 1955, p. 142.

翼马纹为代表的各类联珠纹及其他具有中亚波斯风格的图案，第322窟中佛与弟子、菩萨彩塑造像所具有的胡貌特征，为国内外其他石窟和各类造像艺术所仅见，显示出该窟窟主与塑匠独特的审美观念，由此推测这些艺术造像背后活动的人的独特身份，他们极可能是敦煌的粟特九姓胡人。① 受粟特美术与文化深刻影响的还有太原北齐徐显秀墓等，它们都是中西文化交流的产物，具有深厚的历史文化背景。②

通过对敦煌藏经洞文书P.3636和敦煌长城烽燧遗址发现的粟特文古信札等资料的研究，可见以康国胡商为代表的九姓胡人在河西敦煌的活动情况。在此背景下，透过历史的考察可知，作为敦煌社会重要组成部分的粟特人，也积极参与了敦煌佛教石窟的营建，粟特人及其所代表的"粟特画派"对敦煌石窟艺术有不可磨灭的影响。③

在莫高窟第322窟西壁双层龛外层龛顶的左右二角，各绘有一神兽形象，围绕中间的一佛二弟子对称分布，此两身图像被定名为"人非人"。"人非人"是佛教神祇，其性质基本上属于天龙八部或天部类，在佛教经典中常见。此图像还见于莫高窟第285窟、249窟、288窟、296窟、420窟、419窟、276窟和305窟，而在同期的墓葬美术作品中，此类神兽的形象得到了最为直观的阐释，如北魏正光三年（522）的《辅国将军长乐冯邕妻墓志》志座四缘和志盖，正光五年（524）元谧墓志，元昭墓志，孝昌二年（526）元义墓志、侯刚墓志，永安二年（529）苟景墓志等，均刻有各类神兽的形象。学者们认为，这些神兽受到祆教思想、美术的影响，这些图像与墓主人的祆教信仰或历史背景密不可分，是中西美术交流的重要成果。

这一独特的祆教美术现象，姜伯勤先生曾撰文阐明该图像所体现的祆教思想与突厥人的风俗习惯有关，④ 荣新江先生则从"粟特美术宗教功能的转化"⑤的角度加以阐发。祆教艺术图像作为"两重性图像志"现象，广泛出现在祆教

---

① 沙武田：《敦煌莫高窟第322窟图像的胡风因素——兼谈洞窟功德主的粟特九姓胡人属性》，《故宫博物院院刊》2011年第3期。
② 姜伯勤：《敦煌与波斯》，《敦煌研究》1990年第3期。
③ 沙武田：《敦煌莫高窟第322窟图像的胡风因素——兼谈洞窟功德主的粟特九姓胡人属性》，《故宫博物院院刊》2011年第3期。
④ 姜伯勤：《中国祆教艺术史研究》，生活·读书·新知三联书店，2004年，第217—224页。
⑤ 荣新江：《中古中国与外来文明》，中国社会科学出版社，1996年，第322—325页。

以外的载体与宗教文化中。这种宗教文化图像的互相借用,是一种常见的历史文化现象。成书于722年的韦述《两京新记》载:

> (布政坊)东北隅,右金吾卫。西南隅,胡祆祠。武德四年所立,西域胡天神,佛经所谓摩醯首罗也。①

可见,胡僧们对佛教与祆教的双重信仰也是一种历史客观事实。这种现象又促进了此类佛教与祆教艺术的"两重性图像志"广泛出现在中古美术中。

开凿于西魏时期的莫高窟第285窟中绘有最早出现在印度教诸神系谱中的佛教护法诸天形象,如日天、月天、大自在天、摩醯首罗天、毗那夜迦等,其中日天形象最受学者关注,贺世哲先生认为其源于印度神话中的太阳神苏利耶,很可能是受到道教的影响,是早期密教的内容。②姜伯勤先生则认为其来自祆教的密特拉神,并认为这一图像是由信仰祆教的嚈哒人直接传入敦煌的。③

其实,第285窟所表现出来的特征并不是上述任何地方日神形象的翻版,这和第285窟中另一个与日天图像(图9)具有相同艺术背景且明显具有祆教艺术特征的摩醯首罗的形象关系密切。考古发现表明,摩醯首罗天形象不仅是印度教的天神和佛教的护法神,同时也是祆教的风神之一。

图9:莫高窟第285窟日天与诸星(西魏)

---

① 〔唐〕韦述:《两京新记》卷3"布政坊"条,又见杜佑:《通典》卷40"萨宝"条。
② 贺世哲:《敦煌莫高窟第285窟西壁内容考释》,敦煌研究院编《1987年敦煌石窟研究国际讨论会文集·石窟考古编》,辽宁美术出版社,1990年。
③ 姜伯勤:《中国祆教艺术史研究》,生活·读书·新知三联书店,2004年,第203—216页。

20世纪60年代，苏联考古队在今塔吉克斯坦片治肯特壁画中发现了一身摩醯首罗天形象（图10），在其右下侧题有粟特语"Veshparkar"，即风神之意。

图10：塔吉克斯坦片治肯特出土壁画中的摩醯首罗天形象

所以，莫高窟第285窟中的摩醯首罗天形象并非直接来自印度教的湿婆形象，而是来自祆教的风神维什帕克，但又不是维什帕克的简单翻版，而是以祆教风神的图像为主，在其中糅进了很可能是印度教风神或印度佛教艺术中的风神形象。①

而这一形象出现在敦煌洞窟中，很有可能就是由粟特人带入的。史料研究表明，在第285窟开凿的年代，敦煌地区已有粟特人定居和经商。再加上粟特民族宗教信仰所呈现出的多元化的特点，佛教、摩尼教、祆教、景教等信仰在不同时期的粟特民族中都有一定的信仰群体，因此，不同宗教的神祇在粟特人那里都得到了一定程度的包容。在艺术的表现形式上，又深受各民族固有的关于"天神"艺术图腾的影响，最终造就了第285窟这一交融着多种文明的艺术系统。见微知著，这一形象在不同地域、不同宗教艺术中角色和源流上的复杂性，也正是当时丝绸之路上多元文化传播和交融的历史事实的反映。

三、艺术表现形式的变化与影响

粟特人从本土迁徙到中亚和中国，一方面带来了伊朗系统的宗教文化，另一方面又反过来受中亚文化、中国佛教文化和汉文化的影响。粟特的民族文化源远流长，在迁徙过程中，对我国的历法、礼仪、建筑、习俗乃至日常生活的

---

① 张元林：《论莫高窟第285窟日天图像的粟特艺术源流》，《敦煌学辑刊》2007年第3期。

许多方面都有所影响。

20世纪，林风眠先生有言："从历史方面观察，一民族文化之发达，一定是以固有文化为基础，吸收他民族的文化，造成新的时代，如此生生不已的。中国绘画过去的历史亦是如此，最明显是佛教输入之后在绘画上所产生的变化。"①佛教输入为中国带来了印度—希腊风的犍陀罗艺术（图11），而祆教的艺术，则为中国带来了艺术史上的波斯风。

图11：巴基斯坦白沙瓦出土犍陀罗风格释迦诞生图

粟特艺术进入中国的一个显著体现就在墓葬上。如：北齐安阳画像石反映的就是北齐安阳地区粟特及西胡人萨宝体制下嘉汉巴尔节庆典活动；北齐青州傅家画像石上绘的是萨宝体制下的万灵节；日本美秀博物馆藏的北周画像石体现了粟特人与信仰祆教的突厥人结盟的情况；北朝系隋代天水画像石则表现了以苏摩酒祭祆教雨神得悉神之"朝夕酒如绳"的特点。如此等等，把粟特人墓葬制度与中土石床墓制度结合起来的特点，恰恰体现了民族习俗文化的交融。

而像生命树、对鸟等祆教艺术中的重要象征符号，其程式影响了中国丝绸艺术纹样。赵丰先生说："生命树出现在中国丝绸的最早实例为北朝时的羊树锦。"②而敦煌莫高窟中相当普遍存在的联珠纹边饰更是典型的粟特壁画风格。

法国学者格鲁塞在《东方的文明》一书中指出，属于3—6世纪的巴米扬壁

---

① 林风眠：《林风眠艺术随笔》，上海文艺出版社，1999年，第90页。
② 赵丰：《丝绸艺术史》，浙江美术学院出版社，1992年，第135页。

画,"有一个同样可宝贵的发现:在那些印度僧侣、犍陀罗派佛陀以及纯罗马风的四马拉车的战车旁",同时还有很多人物形象,与"在中国新疆发现的7世纪的克孜尔壁画上的骑马人类似,后者也是同样具有伊朗风的"。"自库车至吐鲁番——实际上正如我们所假定,都受到了萨珊艺术的启示,或者更可以说这乃是伊朗绘画的一个地方性的,或外围的支派"。①很显然,格鲁塞指出了萨珊艺术也影响到匈奴、突厥等游牧部落,而这些图像和纹样也影响到了3世纪以后的中国艺术。

其实,在中国祆教的画像石中还存在着大量的胡乐图像,这些西胡乐器、西胡乐人的图像,为波斯、粟特系居民与汉人文化互动提供了证据。这些图像中不仅有祭祆的重要乐器琵琶、箜篌,还有祆教祭祀中的豪摩祭,祆教的节日乐舞和出行乐舞。莫高窟第297窟西壁龛下,"坛沿下龛座画舞乐供养图……中部树荫下画乐队三人,吹笙、弹琵琶、擘箜篌;二人舞蹈。从服装和舞姿均可看出是流行于河西的胡乐"②。此图与祆教画像石中的胡人乐舞出行图比较,可以看出琵琶、箜篌和笙是胡人自娱性乐舞中最简易的乐队组合。郑汝中先生指出:"297窟有供养乐伎5人为树下乐舞,其服饰具有河西走廊少数民族的风貌。"③看来,其乐舞及服饰颇受粟特人影响。而此图像中的竖箜篌、琵琶等伊朗传来的乐器,在南北朝隋唐时期之所以成为中国重要乐器,应与波斯、粟特等地的音乐入华有关。

《隋书》卷7《礼仪志》载:

> [后齐]后主末年,祭非其鬼,至于躬自鼓儛,以事胡天。邺中遂多淫祀,兹风至今不绝。后周欲招来西域,又有拜胡天制,皇帝亲焉。其仪并从夷俗,淫僻不可纪也。④

---

① [法]格鲁塞著,袁音译:《东方的文明》上册,中华书局,1999年,第85页。
② 敦煌文物研究所:《中国石窟·敦煌莫高窟》第一卷,文物出版社,1982年,183图,又第220页说明。
③ 郑汝中:《敦煌壁画乐舞研究》,甘肃教育出版社,2002年,第51页。
④ [唐]魏徵等:《隋书》卷7《礼仪志》,中华书局,1973年,第149页。

《朝野佥载》卷3载：

> 凉州祆神祠，至祈祷日祆主……至西祆神前舞一曲。①

所以，中国祆教画像石的相关图像，除了证实了这些记载之外，亦是中国与波斯、粟特及中亚音乐舞蹈交流史的明证。丝绸之路上所遗留下来的这些图像即是鲜明的例证，说明中国祆教画像石对认识粟特人、突厥人这些丝绸之路上活跃角色的历史提供了实证，众多的火坛图像则是波斯拜火教流行于中土的铁证。中国传统文化的核心是"礼"的规范。"礼"，既是中国人对"天"的祭祀，也是对"人"的一种伦理限制。在传统的中外文化交往中，"礼"成为中国人接纳外来文化的限度，也成为改造外来文化的一种强韧的力量。

而起源于南亚次大陆西北地区的犍陀罗佛教艺术（图12），亦是东西方文化交融的结果。这种以希腊、罗马式装饰手法表现印度、罗马题材，流传到新疆及内地以后，为中国的绘画、雕刻、建筑、工艺美术带来了希腊、罗马风韵。新疆楼兰地区米兰佛寺的佛像和于阗热瓦克佛寺的佛像、菩萨像，明显取自希腊风格的犍陀罗艺术。克孜尔石窟的塑像和壁画则杂糅了希腊、波斯与印度的因素，有些泥塑的佛像、菩萨像与呾叉始罗和哈达的塑像相仿。犍陀罗时期迦毕试的样式甚至影响到中国内地的敦煌、云冈、龙门石窟的佛教造像，形成了大量与汉地风格高度融合的艺术作品。

位处丝路南线的鄯善、于阗是受犍陀罗艺术影响较大的地区。20世纪若羌县米兰的14所佛教寺庙遗址中，发现了犍陀罗式的建筑样式、佛教塑像和描绘有佛陀的壁画。佛像造型的共同特征为头部呈现希腊男子面容，脸形椭圆，五官端正，眼窝深且眉毛弯而细长，嘴唇较薄，额头与笔直的鼻梁连成

图12：犍陀罗风格菩萨像

---

① 〔唐〕张鷟：《朝野佥载》卷3，中华书局，1979年，第65页。

直线，在头顶肉髻处雕刻希腊常见的波浪式发卷。在造型的手法上，在单幅或多幅浮雕之间通常雕刻带有蕨叶纹饰仿希腊克林斯、爱奥尼式的壁柱。在米兰5号寺庙遗址中，壁画《须大拏本生》中出现了头戴花环的小爱神式的裸体儿童和西域各国男女人物形象，这些都是犍陀罗艺术最常用的图案。

而在丝路北线的龟兹、高昌、疏勒的佛教遗址中，早期的艺术风格也受到了犍陀罗艺术的影响。在吐鲁番的柏孜克里克、吐峪沟石窟及高昌回鹘佛寺中，都可以看出犍陀罗艺术自西向东传播的清晰脉络。

无论是粟特艺术还是犍陀罗艺术，这一源于异邦的艺术形式在中国的传播孕育出了一种强大的感召力和生命力，并逐渐与中国本土艺术相结合，形成了中国特色的艺术文化。

四、民族习俗文化的演变

敦煌文化是一种在中原传统文化主导下的多元开放文化，融入了不少来自中亚、西亚等地的民族文化成分，呈现出开放性、多元性、包容性的特点，如中亚、西域的粟特文化即对古代敦煌文化的形成和发展有着深刻影响。这主要体现在古代敦煌的赛祆胡俗、服饰胡风、饮食胡风、乐舞胡风、婚丧胡风以及敦煌画塑艺术中。

学者曾在古遗存的图像和唐宋时代的民俗中辨认出祆教神祇的身影，发现了"波斯式的天宫建制"在东亚的遗痕，包括琐罗亚斯德教的大神和女神。敦煌流行的赛祆，就是从萨珊波斯传入的祈赛祆神民俗，传入时间约在魏晋时期。由敦煌遗书可见，唐代敦煌城东1里处专门建有安置粟特人的聚落——安城及从化乡，其中大部分居民来自中亚昭武九姓王国。安城中建有祆庙，规模颇大，专门供奉祆神。在敦煌当地，从官府到普通百姓，无不祀赛祆神。

中亚本土祆教以神圣的火为唯一崇拜的对象，礼拜圣火也就成为祆教最重要的仪式。这在唐晚期以及宋初的敦煌地区都有反映。当时的人们把这种活动称为"赛祆"。唐代，敦煌有祆祠一所，每次赛祆都须用画纸来素写祆神神主，P.4640《唐己未年—辛酉年（899—901）归义军衙内破用布纸历》中载，己未年（899）七月二十五日，"又同支赛祆画纸叁拾张"；十月十五日，"又支赛祆画纸叁拾张"。①

此处所说的"画纸"，是用来画赛祆时悬挂的祆神，而每次需要画纸三十

---

① ［日］池田温：《中国古代籍帐研究》，（东京）东京大学东洋文化研究所，1979年，第607页。

张之多,则与沙州城东粟特人聚居处祆庙或祆寺中所祀奉的祆神有二十位之多有关。

除了素写祆神外,还有燃灯祈福、供奉酒食、幻术表演和雩祭等民俗活动。在敦煌的驱傩活动中,"祆神"是队仗中的部领之神,与"三危圣者""蓬莱七贤"并列,表明随着粟特后裔的本地化,祆教风俗习惯也在向敦煌地方民俗中渗透。唐五代时,"祆庙燃灯"在敦煌更是常见。S.2474《归义军衙内油粮破历》记载:"城东祆灯油二升。"祆寺燃灯,是中国祆教徒根据对祆教教义的理解以燃灯的方式来表达对圣火的崇拜、对光明的追求。而敦煌祆寺僧人们掌握了神奇的幻术,甚至可以呼风唤雨,以此参与祈雨,并与古老的岁时祈雨方式"雩祭"相结合。

综上,敦煌赛祆活动中的诸多仪式反映了外来宗教文化融入中国传统文化的状况。正如姜伯勤先生所言,敦煌"赛祆"盛况,正是一幅"使宗教更适应于人们的想象"的生动图景,反映了波斯式与华夏式两种异质文化在祆教礼仪中的融合。①

此外,敦煌莫高窟的壁画和彩塑中既有中原传统的汉服,又有我国西北地区许多少数民族的衣饰,还有来自中亚、西亚、印度等地的衣装。这些服饰各具特色,如实地展现了丝绸之路上千余年间各国、各民族、各阶层不同身份的僧俗人众的穿戴。一些中亚、西亚、中国西域的饮食习惯也融入了传统的敦煌的饮食风俗中,成为敦煌饮食文化的有机组成部分。据不完全检索,仅敦煌遗书中出现的食物名称就达60多种,其中来源于"胡食"的有很多,如各类胡饼、炉饼、馅饼、胡桃、胡枣、安石榴、大食瓜、诃梨勒、胡酒等。饮食炊具、餐具,亦有不少是从"胡地"传入的,如金叵罗、注瓶、垒子、犀角杯、珊瑚勺等。饮食礼仪中,胡跪、垂腿坐、列坐而食等,亦深受胡风影响。

五、主体精神文化的融合

从魏晋到隋唐,随着属于伊朗文化系统的粟特人的大批迁入中国,西亚、中亚的音乐、舞蹈、饮食、服饰等,大量传入中国。而在物质文化交流的同时,通过丝绸之路精神文化交流也在不断地进行。丝路沿线的民族文化交融,宗教无疑是重要的因素之一。如粟特人的东渐与宗教信仰的转化,就是中西民

---

① 姜伯勤:《中国祆教艺术史研究》,生活·读书·新知三联书店,2004年,第2页。

族与外来文化相互交流的明证。

由于地理位置特殊,粟特地区不仅是南北东西交通、贸易的十字路口,同时也是一个文化的交会中心,因此,粟特本土的宗教信仰种类多样,丰富多彩。这里既有琐罗亚斯德教、景教、摩尼教以及后来的伊斯兰教,也有来自南亚次大陆的佛教和北部草原的萨满教,但其主流信仰是融合了琐罗亚斯德教和地方信仰的祆教。

旅居中国的粟特人并不仅仅信仰他们本土的祆教,还信仰在粟特本土即有的摩尼教、景教和佛教,他们把这些宗教信仰传入中国。粟特人的这种多宗教的信仰的转换,在长安出土的粟特墓志史料中有着充分的体现。

如米继芬墓志,就为我们呈现了一个来自米国的粟特人米继芬的家族宗教信仰情况。①米继芬为粟特人,但其墓志中却没有与火祆教有关的文字,也没有米氏家庭的火祆教信仰文字,相反,墓志中透露出的是米继芬家庭景教信仰。碑文中写到,其幼子"僧思圆,住大秦寺",表明其为一名景教僧侣,也暗示了其父辈、祖辈都是景教徒,至少可以肯定米继芬心目中对景教很崇拜,否则不会允许儿子去做专职的景教僧侣。景教传入中国后,作为外来宗教进行传播时,不得不依托当时已成为中国主流宗教的佛教和道教,运用了大量的佛、道术语以传述景教教义,其僧侣往往也冠以佛教称号。"僧思圆"就是如此,含有"思考圆融"或"思索应验"之义,在景教文献中多有出现。②米继芬一家的景教信仰也证明,来自西域的移民是多种宗教与多元性文化并存的民族。

再如在洛阳出土的唐代景教徒花献及其妻安氏墓志,记载花献为一名景教徒,碑文中明确记载道:"常洗心事景尊,竭奉教理。"在中古景教文献中,"景尊弥施诃"是景教徒对基督的尊称。但花献却有胡族的背景,因碑文记载其"祖讳移恕,考讳苏邻"。很显然,"移恕""苏邻"不是汉地常见名,"移恕"似为"耶稣",汉译摩尼教文献中来自光明王国的拯救神耶稣即为"夷数"。而"苏邻"在三夷教文献中则为摩尼的出生地。这样看来,花献的父、

---

① 阎文儒:《唐米继芬墓志考释》,《西北民族研究》1989年第2期;葛承雍:《唐代长安一个粟特家庭的景教信仰》,《历史研究》2001年第3期。
② 翁绍军:《汉语景教文典诠释》,生活·读书·新知三联书店,1996年,第49、182页;林悟殊:《唐代长安火祆大秦寺考辨》,《波斯拜火教与古代中国》,(台北)新文丰出版公司,1995年,第139—149页。

祖很可能是信仰摩尼教的。另外，在碑文中还有这样的记载，花献"内修八景，外备三常，将证无元，永祇万虑"。这里的"八景""无元"虽为景教的术语，却是入华景教徒在翻译景教经典时借用了佛教和道教乃至儒家的术语而成。花献作为一个景教徒，其墓志却是由洛阳圣善寺沙门文简撰写的，可见其与佛教僧侣的密切关系，也反映出中古时期多元信仰相互交融影响的独特文化现象。①

其实，入华的粟特人是祆教、景教、摩尼教、佛教和道教等多种宗教信仰的综合体。来自西域的米继芬、花献等给我们呈现的可能就是他们最真实的信仰。他们并非不想向世人表明自己的祖先信仰，当是更多地受当地较强的宗教信仰氛围影响。所以，他们中一些人改信了其他民族的宗教，从而渐渐融入其他的民族当中，为自身赢得更大的生存空间。②

作为商业民族的代表，粟特人在丝绸之路上接触不同的民族及其文化，并将自己本民族的文化融入其他民族的文化和信仰之中，他们在沟通东西方物质文明的同时，也传递着多样共融的宗教精神，更对丝绸之路沿线各民族文化的融合起着重要的作用。

六、思想文化与文学的交往

在我国古代，有大量的印度典籍被译为汉语，但除了几部与民生有关的医学、天文学、数学著作外，其余多为佛典，对于"外道"的著作，中印两国的佛教僧徒翻译不多，印度两大史诗《摩诃婆罗多（Mahābhārata）》《罗摩衍那（Rāmāyana）》和童话集《五卷书（Pañcatantra）》都没有被翻译过来。有幸的是，在敦煌及新疆却发现了多种民族文字的《罗摩衍那》译本。

《罗摩衍那》在印度文学史乃至世界文学史上都有非常重要的地位，是丝绸之路上最有影响力的文学作品之一。千百年来，这一史诗被不断地翻译、改写、传唱，不仅以多种形式、多种语言在南亚次大陆得到广泛传播，而且还被译为多种文字在世界各地广为流传。遗憾的是，由于各种原因，《罗摩衍那》一直未被译为汉文，唯故事之名在中土译经中出现，如陈代真谛译《婆薮槃豆法师传》即称：

---

① 毛阳光：《洛阳新出土唐代景教徒花献及其妻安氏墓志初探》，《西域研究》2014年第2期。
② 毕波：《信仰空间的万花筒——粟特人的东渐与宗教信仰的转换》，荣新江、张志清主编《从撒马尔干到长安——粟特人在中国的文化遗迹》，北京图书馆出版社，2004年，第49—56页。

法师托迹为狂痴人,往罽宾国。恒在大集中听法,而威仪乖失,言笑舛异。有时于集中论毗婆沙义,乃问《罗摩延传》,众人轻之,闻不齿录。

马鸣菩萨造,后秦鸠摩罗什译《大庄严论经》卷五亦曰:

时聚落中多诸婆罗门,有亲近者为聚落主说《罗摩延书》,又《婆罗他书》,说阵战死者,命终生天。

这里的《罗摩延传》《罗摩延书》,指的都是罗摩故事。玄奘译《阿毗达磨大毗婆沙论》卷46中更进一步标明了该书的主线:

如逻摩衍拏书有一万二千颂,唯明二事:一明逻伐拏劫私多去;二明逻摩将私多还。

如果我们将《六度集经》中的《国王本生》和《杂宝藏经》中的《十奢王缘》合并起来看,其故事情节即相当于《罗摩衍那》的提要。所以说,尽管中土无《罗摩衍那》译本流行,但相关故事在中原地区应有所流传并产生过影响。《罗摩衍那》中的神猴哈奴曼(图13),神变奋迅,威力巨大,与明代吴承恩著《西游记》中腾云驾雾、变化多端的孙悟空形象颇多相似之处。陈寅恪先生通过对孙悟空故事演变过程的论述,指出孙行者大闹天宫的故事,实出《贤愚经》卷13《顶生王象品》。猿猴故事则直接受到了《罗摩衍那》第六篇《美妙篇》中神猿那罗造桥渡海故事的影响。另一种意见则认为,孙悟空的形象其实应"是袭取无支祁的"。无支祁,又作巫枝祇,即

图13:印度教艺术中的哈奴曼形象

《古岳渎经》卷8中的淮涡水神,"形若猿猴,缩鼻高额,青躯白首,金目雪牙,颈伸百尺,力逾九象,搏击腾踔,疾奔轻利",形象相近,但缺乏孙悟空的神变灵气,故季羡林先生更进一步指出:"孙悟空这个人物形象基本上是从印度《罗摩衍那》中借来的,又与无支祁之传说混合,沾染上一些无支祁的色彩。这样恐怕比较接近于事实。"此说持论较为公允。

与中原无译本流传的情况不同,《罗摩衍那》在敦煌及新疆地区却得到了相当广泛的传播,出现了包括于阗语写卷、吐蕃文写卷、吐火罗文写卷、回鹘文写本等多种文字的译本或改编本,反映了印度史诗在这里一度产生了强烈影响。[1]

《罗摩衍那》属于印度教文化范畴,但吐火罗人、于阗人却将之纳入佛教本生故事,此法亦为回鹘所仿效,而且将罗摩的法力进行乔装,用以宣扬佛教的布施思想。这一现象表明,回鹘文《罗摩衍那》之根虽在印度,但将之传给回鹘的却是吐火罗人或于阗人。

它的传播就像接力跑一样,由不同的民族一站一站向下传,站站不一样。其中,敦煌充当的是枢纽站的角色。

另一方面,以儒家思想为核心的中国古代文化制度对丝路沿线的各民族、国家,尤其是西域地区产生了较大的影响。早在魏晋南北朝时期,大量内地汉人为逃避战乱而移居西域,就在高昌地区形成了以汉文化为主的文化圈。到了唐朝统一西域以后,中原文化制度在西域和中亚得到更广泛的移植。而随着西辽在中亚的建立,把当时最先进的汉文化引介过去,从而进一步促进中亚经济文化的发展。

第四节 丝绸之路上的宗教传播与交融

古往今来,宗教信仰不惟支配着人们的思想感情,宗教组织和宗教礼俗,也深刻影响着人们的日常生活,包括社会政治、伦理道德、文学艺术、家庭婚姻、人际往来和生老病死。持不同信仰者,要在一个多样化的国内外环境中生存,就需要以平等的身份、宽容的态度去理解其他宗教与文化,以文明的方式

---

[1] 杨富学:《从回鹘文〈罗摩衍那〉看佛教对印度史诗的融摄》,《觉群·学术论文集》第四辑,宗教文化出版社,2004年,第422—431页。

相互沟通理解。揆诸丝绸之路沿线,几千年来所演奏的主旋律始终是多元宗教和睦相处、互相交融、共同发展的谐和交响曲。

一、丝绸之路与宗教的传播

丝绸之路西起罗马,东至长安、洛阳,并继续向东方延伸,不仅是一条东西方政治、经济、文化联系的大动脉,同时也是一条宗教文化的传播与交融之路,印度的佛教、印度教、耆那教,波斯的祆教、景教、摩尼教,西亚的伊斯兰教,以色列的犹太教,还有欧洲的基督教、天主教等,也都是循此道而东入中国的,而中国的道教也是通过这条道路而西传的,故而丝绸之路又被称作"宗教之路"与"信仰之路"。

通常说来,每一宗教皆有其特殊的文化属性,就像伊朗人与以色列人,古代的商业活动将他们的足迹带到古代世界的各个角落,但他们信奉的宗教并不为一般的古代民族所接受。中国人很早就相信波斯人的占卜术,但并不会改信波斯人的宗教。

公元前559年,巴比伦的犹太囚徒被波斯国王居鲁士释放,但很多人并未回到故乡,而是选择在波斯帝国居住下来,加入了从耶路撒冷被放逐过来的以色列人的群体。于是,居住在波斯帝国境内的这些人把波斯文化传统传到了东方各地,同时许多古代波斯的宗教文化观念和习俗也传播到了犹太人中间,进而也就传递给了基督教、摩尼教和伊斯兰教。

公元前6世纪,一种新的宗教学说——佛教在印度兴起,其僧侣成为第一批奔赴亚洲各个角落进行宗教传播的"旅行家"。东汉明帝时,中国出现了第一座佛教寺院——洛阳白马寺,此后,佛教便在中国境内生根、发芽、开花、结果。古代的印度商人与佛教关系密切,对于早期的弘法僧人而言,僧侣们需要得到这些商人的援助,同时僧侣们也要给商人以精神上的支持。当然在许多情况下,有的商人也就是传教者,"商人们积极出钱出物,供应僧伽。结果是,佛徒得到衣食之资,商人得到精神上的慰藉,甚至物质上的好处,皆大欢喜,各得其所"[①]。这从一个侧面说明,商人作为宗教徒在丝绸之路往来和弘扬宗教文化的可靠伙伴,对宗教的传播作出了重要贡献。

除印度商人和僧侣外,在丝绸之路上充当文化使者的还有波斯商人。他

---

① 季羡林:《商人与佛教》,中国史学会编《第十六届国际历史科学大会中国学者论文集》,中华书局,1985年,第166页。

们从中世纪就已经分布在从安息到大夏再到中亚河间一带，其商队也一直奔波于西亚至长安、洛阳长达数千公里的贸易路线上。为加强同各地商业伙伴的沟通，波斯商人所到之处就会学习当地人的语言，接受他们的风俗和宗教习俗。随着商业的发展，宗教活动也就蔓延开来。不仅佛教如此，以后的摩尼教、景教甚或伊斯兰教都是以这样的方式从波斯往东传播过来的。

7世纪时，景教循丝绸之路入华。当时，在今乌兹别克中部的撒马尔罕和新疆的喀什噶尔都有了景教主教，在蒙古草原上，景教神父还为突厥人的游牧部落施洗。不过，在当地人的眼中，他们不过是另外一类相当有法力的萨满巫师。在唐朝长安和洛阳，景教也有了自己的寺庙——波斯胡寺，会众除了西域商人外，还有唐人。贞观十二年（638），唐太宗颁诏，称景教"济物利人，宜行天下。所司即于义宁坊建寺一所，度僧廿一人"[1]。同意唐人加入景教团体，是摩尼教一直不曾享有的待遇。伴随基督教使团而来的基督教经典，也很快被翻译成中文本，其内容已然渗入了不少中国固有的或是先传进来的佛教的观念。

摩尼教是公元3世纪中叶波斯人摩尼在拜火教的理论基础上，吸收了基督教灵知派理论和佛教等教义所创的宗教。埃及发现的摩尼语录《克弗来亚（Kephalaia）》称摩尼立志要把自己的理论传遍世界的东方和西方，他说：

> 在西方建立教会的，其便不到东方；选择在东方建立教会的，就没有到西方……而我则希望既到西方，亦到东方，东西方都将听到我的使者用各种语言发出的声音，我的使者将在所有的城市中宣明自己的教义。首先在这一点上，我的教会便优于以往的教会。因为以往的那些教会，都只是局限于个别的国家、个别的城市；我的教会则遍布于所有的城市，我的福音将传遍每个国家。[2]

摩尼教4—6世纪广泛流行于中亚以及地中海一带，于武则天延载元年（694）传入中国。763年，回鹘牟羽可汗在洛阳与四位粟特摩尼僧邂逅，将摩

---

[1]〔宋〕王溥：《唐会要》卷49《大秦寺》，中华书局，1955年，第864页。
[2] C. Schmidt - H. J. Polotsky, Ein Mani-Fund in Agypten, Originalschriften des Mani und seiner Schüler, Sitzungsberichte der Preussischen Akademie der Wissenschaften, Phil.-hist. Klasse 1933, S. 45；林悟殊：《摩尼教及其东渐》，中华书局，1987年，第36页。

尼教引入漠北，并定为国教。由于回鹘的敬信，摩尼教在唐帝国境内影响大张，波及唐帝国的腹心地区——黄河流域与长江流域。在东方，粟特的商人成为摩尼教的传教士，当时丝路沿线的各个商业城镇都有摩尼教徒的活动。今天新疆吐鲁番高昌故城遗址里有大量摩尼教经典写本就是证明。摩尼教寺院遗址中的壁画和供养人题记，都显示了当地商人在这一宗教发展中的贡献。会昌灭法后，摩尼教传入福建霞浦，经六传而至林瞪（图14）时得以发扬光大。福州、霞浦、晋江等地至今还保存有摩尼教宫庙，香火不绝，还定期举办祭祀摩尼教教主的活动，成为世界摩尼教的活化石。①

图14：福建南屏县寿山乡降龙村林瞪像

13—14世纪，蒙古人驰骋亚欧大陆，为东方与西方的际会创造了更便利的条件，外来宗教在中国境内的盛行更是达到前所未有的高度。泉州成为世界宗教博物馆，就是从元代开始的。当时，在泉州流行的宗教有佛教、道教、基督教、伊斯兰教、摩尼教、印度教以及其他民间信仰等，至今尚有相当丰富的宗教石刻留存。1368年元朝覆灭，贯通中西的丝绸之路一度中断。尽管明永乐年间中西交通一度恢复，但也只不过是"回光返照"而已。随着联系的中断，祆教、犹太教及景教都在东方逐步消失了，摩尼教仅在福建霞浦、晋江、福州等地得以留存，但已转化为民间信仰，伊斯兰教在维吾尔族、哈萨克族、柯尔克孜族和回族、撒拉族等民族中保存了下来。势力最为强大的佛教，也同样走上了与中国传统文化相融合的道路，形成由儒、释、道三教论衡而终致三教合一的新局面。

二、丝绸之路上各种宗教并行不悖

作为丝绸之路上咽喉之一的吐鲁番，在历史上不仅是东西方诸民族频繁迁徙、往来之地，同时也曾经是世界宗教的"坩埚"，大凡丝绸之路沿线流行过的主要宗教，在吐鲁番都可以找到影子，诸如萨满教、祆教、佛教、道教、摩尼教、景教、伊斯兰教、基督教、印度教等。如高昌回鹘王国时期，王室继承漠北

---

① 杨富学：《福寿宫：丝绸之路上宗教文化交流的活化石》，《福建宗教》2016年第3期。

回鹘的传统，仍奉摩尼教为国教，但同时对其他宗教非常宽容。11世纪中叶，印度旅行家加尔迪齐著《纪闻花絮（Zayn-al-akhbār）》对回鹘的宗教状况有如是记载：

> 古时候，九姓乌古斯中有一可汗名叫菊儿特勤（Gür Tegīn=Köl Tegin），其母为中国血统……菊儿特勤的乳母把他带到摩尼教徒众（Mānīyān）那里并把他托付给了摩尼教选民（Dīnāvarīyān），让选民用药为其治病，直至其恢复健康……九姓乌古斯可汗传统上信仰摩尼教（maδhab-e=Dīnāvarī）。然而，在九姓乌古斯的首都（šahr）和疆域（welyāyat）内，还有基督教（tarsā）、二神教（θanawī，即拜火教）和佛教（šomanī/ šamanī）……每天有三四百个选民聚集在当地统治者之宫殿门口，高声诵读摩尼的著作。（然后）走到统治者前，向其致礼后返回。①

这一记载表明，10世纪中叶以前，摩尼教在高昌回鹘王国一直享有较高的地位。然而，自10世纪下半叶开始，这种状况开始发生变化，佛教势力已超过摩尼教。有意思的是，当时的回鹘统治者采取了非常宽容的宗教政策，除了摩尼教和佛教外，境内同时又有景教、祆教的传播，而且都得到了回鹘统治者的支持。回鹘统治者对任何宗教都不抱什么偏见，听任流行。自己信奉摩尼教，但对佛教不排斥，对景教、祆教也给以优容。这可以说是高昌回鹘宗教信仰的一大特色。

在6世纪中后期至7世纪初，景教传入新疆，将景教教义及其文化习俗传入高昌的应该是波斯人。吐鲁番的高昌故城遗址外、葡萄沟旁边的水旁遗址（图15）等地发现了这一时期的景教壁画以及用叙利亚文、粟特文、中古波斯文和以叙利亚字母拼写的粟特文、回鹘文的景教典籍文献残页，比较著名的有回鹘文《圣乔治殉难记》《巫师的崇拜》和叙利亚文、粟特文的景教祈祷书片断等。②这些都是唐宋时代的遗物，有些文献甚至可能早到6世纪中期。总

---

① A. P. Martinez, Gardīzī's Two Chapters on the Turks, Archivum Eurasiae Medii Aevi, II (1982), 1983, pp. 133–134, 136.
② 牛汝极:《吐鲁番出土景教写本综述》，《西域研究》2006年第4期；Erica C. D. Hunter, Syriac, Sogdian and Old Uyghur Manuscripts from Bulayïq,《语言背后的历史——西域古典语言学高峰论坛论文集》，上海古籍出版社，2012年，第79—93页。

之,吐鲁番地区当时应该是景教的一个中心。

　　景教传入后,并不像佛教和后来传入的伊斯兰教那样得到统治者的推崇和扶植而迅速发展,而主要是在民间流传。信奉者除回鹘人外,还有粟特人、叙利亚人、波斯人和少数当地人。

图15：吐鲁番水旁景教寺院遗址

　　高昌回鹘景教徒对沟通中西经济贸易往来作出了贡献。从敦煌出土的粟特—突厥文信札看,晚唐五代宋初敦煌地区的景教徒与高昌回鹘景教徒之间有商业往来。宋元时期,东西方的贸易往来相当频繁,常有波斯使节和商人至中原王朝进行贸易。因为波斯等地当时盛行的景教和摩尼教同样在高昌回鹘王国盛行,于是波斯王朝利用了这种信仰同种宗教的关系,常派使臣先至高昌回鹘王国,然后再与王国的使臣一起入中原王朝贸易,其中的使臣有许多就是由景教徒来充任的。①

　　前文述及的袄教,在高昌回鹘时期也得到了较为广泛的传播。1154年,阿拉伯人易德利斯撰《罗吉尔之书》,言及回鹘之大城Tanbie（疑指高昌或甘州）,称此城甚大,由高大城墙围住,有十二扇巨型铁门。临河,河水东流,为当地可汗所居。其地居民信奉拜火教。在突厥诸族中,被称作九姓乌古斯（Toguzguz,即回鹘）的民族世代信仰拜火教并崇火。②从出土文献看,袄教在

---

① 杨富学：《宋元时代维吾尔族景教略论》,《新疆大学学报》1989年第3期。
② В. В. Григорьев, Землеведение К. Риттера. География стран Азии, находящихся в непосредственных сношениях с Россией. Восточный или Китайский Туркестан. Пер., прим. И доп. В. В. Григорьев. вып. II, СПб, 1873, стр. 207–210.

回鹘中产生影响的时代在9—12世纪之间,越靠前其影响越大,越靠后则影响越小,13世纪以后完全消失。

不同宗教在吐鲁番一带和谐共处,相互融摄。这一现象在唐都长安同样表现得也很明显,诚如向达先生所言:"第七世纪以降之长安,几乎为一国际的都会,各种人民,各种宗教,无不可于长安得之。"① 其实,唐代洛阳的情况亦与之不相上下。

佛教大约在公元前1世纪传入高昌地区。《魏书·高昌传》和《北史·西域传》中均记载这里"俗事天神,兼信佛法"。在当地,有包括吐峪沟、胜金口和柏孜克里克诸石窟在内的丰富的文化遗存。吐峪沟石窟群,亦即敦煌写本《西州图经》所谓的"丁谷窟",现存石窟90个左右。石窟群始建于北凉时期,后经过回鹘人的修复和重建,至今在一些石窟中尚残留有回鹘文题刻。回鹘时期,吐鲁番佛教达到极盛,著名的柏孜克里克石窟,就是回鹘佛教艺术的代表。值得注意的是,在该佛窟中有不少摩尼教绘画,如第38窟(格伦威德尔编号第25窟)、第27窟(格伦威德尔编号第17窟)、第35窟(格伦威德尔编号第22窟)及第2窟都可确认有大量摩尼教绘画(图16)存在,故而又被称作摩尼教窟。

图16:吐鲁番柏孜克里克石窟象征生命的摩尼教三杆树

吐鲁番摩尼教的兴盛应归功于9世纪中叶回鹘的西迁。当时,回鹘所信奉的摩尼教在高昌回鹘汗王的支持下,迅速发展壮大,成了当时仅次于佛教的第二大宗教。事实上,即使在被高昌回鹘奉为国教时期,摩尼教仍然是与当地的

---

① 向达:《唐代长安与西域文明》,生活·读书·新知三联书店,1957年,第41页。

其他宗教并行的，佛教的主导地位至少在民间不曾动摇过。后来，摩尼教势力进一步式微，回鹘Tärkän王子才奉可汗之命，将高昌城内的一座摩尼寺改建为佛寺，"剥取拆除摩尼寺内的壁画与塑像，布置装饰佛教内容，改建其为佛教寺院"①。12世纪下半叶，回鹘摩尼教不复见于史册和各种文献，完全销声匿迹了。

各种宗教在丝绸之路沿线留下了大量不同风格的宗教遗迹。在印度、中亚及新疆发现的贵霜王朝迦腻色伽一世钱币上，可以看到波斯祆教的琐罗亚斯德像、印度教的梵天像、佛教的释迦牟尼佛立像、弥勒佛坐像，更有希腊、罗马的男神女神诸像。新疆吐鲁番出土的各种宗教文献相当丰富，有回鹘文、粟特文、梵文、波斯文、突厥卢尼文、佉卢文、叙利亚文、藏文、汉文、希腊文等二十多种。随着这些用不同文字书写的宗教文献在各民族中传播，各民族也逐渐开始学习和使用这些文字，例如回鹘人就掌握了佛教的梵文和藏文、摩尼教的摩尼文、景教的叙利亚文、福音体文等，宗教的传播带来的文化融合，昭昭可见。

这种宗教文化相互交融的现象，还见于勒柯克在吐鲁番城北的一处遗址发现的宗教文献资料中，其使用的语言达五种之多。他写道：

> 这些文献内容包括曾经在这一地区流行过的所有四种宗教，即佛教、基督教、摩尼教，以及不被人所知的琐罗亚斯德教，即拜火教。这四种宗教的文献甚至在同一寺院遗址中就可以找到，这说明他们能在同一地方供奉他们的神主，而能互相容忍，和平共处。这种状况，我们以为主要是因为古代回鹘的国王运用其政治力量的结果。②

高昌回鹘多种宗教并存的现象，在吐鲁番所见摩尼教艺术品中也有突出反映。在高昌故城，摩尼寺亦与佛寺比肩而立。在高昌故城遗址正厅西侧的废墟中曾发现有一幅摩尼教女神像，头戴精致的白色摩尼教扇形帽，头后有日光光

---

① Geng Shimin – H. J. Klimkeit, Zerstörung manichäischer Klöster in Turfan, Zentralasiatische Studien 18, 1985, pp. 7–11.

② Albert von Le Coq, Buried Treasures of Chinese Turkestan, London, 1928, p. 77；［德］勒柯克著，陈海涛译：《新疆的地下文化宝藏》，新疆人民出版社，1999年，第68—69页。

轮，细眉柳目，腴面小口，佩有耳环。她左手举起，作施无畏说法印，与龟兹佛画中的天女、菩萨几无二致。在同一遗址北部西南角，还出土有另一幅摩尼教众神像，上有三个女性头像，佩戴王冠似的头饰和包头布。他们圆盘大脸，与富有装饰性的龟兹、高昌佛教绘画中的菩萨极其类似，形象地反映了回鹘佛教艺术对摩尼教绘画的影响。

还有一幅出自高昌故城遗址的摩尼教绘画也颇值得重视，画中人物均为印度教诸神（图17），如梵天（Brahmā）、毗湿奴（Visnu）、湿婆（Shiva）以及讹尼沙（Ganea）。①尽管这些画像的具体内容尚待进一步探讨，但有一点是毋庸置疑的，即摩尼教在汲取佛教营养的同时，也吸纳了印度教艺术的成分。总而言之，多种宗教并行不悖可以说是高昌回鹘宗教信仰的一大特色。

图17：吐鲁番高昌故城遗址出土四梵天王像

吐鲁番之所以出现这种现象，盖与9世纪中叶唐武宗"会昌灭法"息息相关。当时，除道教以外的诸外来宗教都受到了沉重的打击。唐武宗下令拆毁天下僧寺4600区，招提若兰4万，并"勒大秦（即景教）、穆护、祆三千余

---

① H. J. Klimkeit, Hindu Deities in Manichaean Art, Zentralasiatische Studien 14, 1980, pp. 179-199. 参见 P. Banerjee, Brahmanical Gods and Legends from Central Asia, New Light on Central Asian Art and Icnography, New Delhi, 1992, pp. 81-107.

人，并令还俗，不杂中华之风"①。于是，其他宗教徒不愿改宗被迫流入边远地区，对宗教信仰比较宽容的西域高昌就在此时成为各种宗教徒的会集之地。

在新疆鄯善县吐峪沟千佛洞东南，有一座被称作艾苏哈卜·凯赫夫的麻扎，俗称"圣人墓"。以艾苏哈卜·凯赫夫麻扎为核心的吐峪沟宗教文化遗存，使我们不仅能够看到曾经在当地流行的佛教、祆教、摩尼教、景教的痕迹，也能看到回鹘的萨满遗风，同时也折射出伊斯兰教在当地的传播以及本土化的曲折轨迹。

综上可以看出，包括吐峪沟艾苏哈卜·凯赫夫麻扎在内的吐鲁番地区所存宗教遗迹，在形式和内容上都深深打上了当地传统文化和外来民族宗教文化共存的烙印。吐鲁番（尤其是在高昌回鹘时期）多种宗教会聚并行，共同吸收，共同发展，创造出绚丽的宗教文化。

三、丝绸之路上各宗教教义互相融摄

和吐鲁番一样，作为中西交通咽喉和枢纽的敦煌，对于加强中原王朝与南亚、中亚和西亚的联系，居功甚伟。两汉以降的敦煌，除本土固有的方术、神仙道家信仰外，随着中西交通和商旅的往来，佛教、祆教、景教、摩尼教等先后假道丝路而涌入敦煌，再沿丝路东行而至长安、洛阳。佛教义理高深，体制完备，经典丰硕，自汉代传入后即迅速传播发展。其他宗教传入时间较晚，不及佛教之影响，由是只能依附佛、儒、道以求自存，进而逐步与三教合流而求得发展。

敦煌藏经洞出土的遗书，主要为佛教典籍，有5万件以上。从其中的写经题记看，始自东晋，盛于隋唐，终于北宋，历时570余年。这些宗教经典以汉文最多，又有吐蕃文、回鹘文、西夏文、蒙古文、突厥卢尼文、于阗文、吐火罗文等多种古代民族文字，以及外来的梵文、粟特文、希伯来文、叙利亚文和钵罗婆文等。

这些古代语言文字记录了丰富的古代民族历史和宗教文化资料，为丝路宗教史写下了浓墨重彩的一笔。

观诸教经典，不乏各种教义相混合者，如敦煌、吐鲁番发现的回鹘文《佛说天地八阳神咒经》残卷，计有不同的本子186种，足证该经在回鹘中的流

---

① 〔宋〕宋敏求：《唐大诏令集》卷113《拆寺制》，中华书局，2008年，第591页。

行。然而,在中原地区,该经不仅不流行,反而被斥为"伪经",正规《大藏经》一般不予收录。细察这些回鹘文残卷,会发现有诸多不一致之处,尤其是在时代最早的敦煌本中,可以看到浓厚的摩尼教信仰成分,本子时间越靠后,摩尼教信仰的成分就越少。这一现象说明,回鹘在改信佛教前,摩尼教思想已经根深蒂固了,故译师便把摩尼教的模式套用到佛教上了。后来佛教盛行,摩尼教的色彩逐渐消退。[1]

敦煌现存的汉文摩尼教典籍共有3件,分别为《摩尼教残经》(北宇56,图18)、《摩尼光佛教法仪略》(S. 3969、P. 3884)和《下部赞》(S. 2659),为世所共知。近期的研究发现,敦煌写本《佛性经》也颇有摩尼教的意味。《佛性经》以"佛性"为名,加上"功德""行业""势至""观音"等术语以及摸象譬喻等都带有鲜明的佛教色彩,特别是其中用佛经借自梵语的词汇"业轮"来指称黄道十二宫,但同时有不乏摩尼教术语,如"听者",第9—10行云:"听者各依行业五处分配而得解脱。"故刊布者认为该经系佛教化的摩尼教典籍,或是以摩尼教思想为核心,掺杂佛教因素的具有混合性质的经典。其中的"解脱观"和"轮回观"属佛教的基本思想,体现中国摩尼教与佛教的互动。[2]

道教在敦煌地区的活动始于汉代,敦煌遗书中的道教经典《老子化胡经》就是佛道两教长期论争的产物。此经文中所引用的人名、神名"摩尼"及"三际二宗门",显然是波斯摩尼教之专用术语,把西域流行的摩尼教教主宣传为老子所化,将摩尼教的教义融入道教经典之中。而摩尼教反过来又利用了《老子化胡经》,把其当作钦定的道经,把"老子化胡"的说法当作道教的正统教义,甚至在北宋时期把摩尼教经典编入了《道藏》。

---

[1] [日] 小田寿典:《トルコ语本八阳经写本の系谱と宗教思想的问题》,《东方学》第55辑,1978年,第104—118页。
[2] 曹凌:《敦煌遗书〈佛性经〉残片考》,《中华文史论丛》2012年第2期。

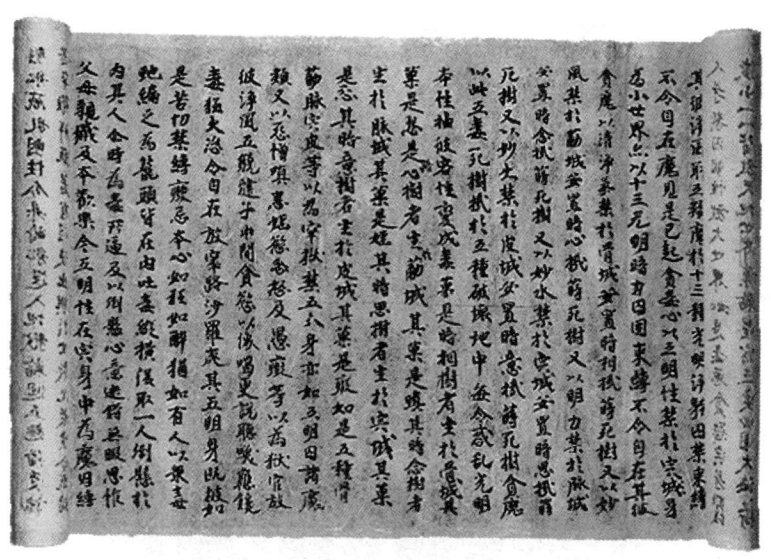

图18：北京国家图书馆藏敦煌本《摩尼教残经》

与摩尼教相比，敦煌遗书中保存的景教文献则更多，举其要者有《三威蒙度赞》（P. 3847、散1770），《志玄安乐经》（散202），《大秦景教大圣通真归赞法》等多种。当时的景教为适应中国国情，在本教经典《志玄安乐经》中融入佛道思想，西安《大秦景教流行中国碑》（图19）同样引用了大量儒道佛经典来阐述景教教义，把景经称作佛经，把耶稣称为佛，其中还借用到了摩尼教"三位一体"之说。

随丝绸之路各传教使团而来的这些外来宗教经典，所到之处会被翻译成当地的语言文字，不过其中已掺入了不少本地所固有的宗教观念，这也再次显示出丝绸之路上各种宗教文化观念的交相混杂，相互融通。

丝绸之路，兼容并包了来自东西方的各大宗教，并在死海、科隆、撒马尔罕、吐鲁番、敦煌、西安、洛阳、霞浦、泉州等地留下了其发展的痕迹。由此可见，丝绸之路真正是一座宗教文化的"博物馆"。

图19:《大秦景教流行中国碑》额题

四、宗教术语的共用

丝绸之路上传播而来的东西方宗教,其文化本存在差异,但在中国的传播和发展过程中,无一不被赋予了中国固有的宗教内涵。宗教术语的借用、共用成为这一特点最突出的表现。

福建霞浦发现的摩尼教文献《摩尼光佛》(图20)就充分体现了摩尼教对佛教术语的借用。先从"摩尼光佛"一词说起,教主"摩尼"之名明显为佛教术语。"摩尼"者,宝珠也。以之作为教主之名,除借用"mani"的谐音和褒义外,还有其教义上的渊源;"光"字源于摩尼教对光明的崇拜,借自于佛教的卢舍那佛。"卢舍那"以其"智慧广大,光明普照"意,合于摩尼教崇尚光明之主旨。"佛"被借用于回鹘语佛经,写作"burxan",此词被摩尼教借鉴,用以指称本教的大小神灵。

再如《摩尼光佛》中被冠以"大圣"之名的五佛:元始天尊那罗延佛、神变世尊苏路支佛、慈济世尊摩尼光佛、大觉世尊释迦文佛、活命世尊夷数和佛,即为《摩尼光佛》所颂赞的主要对象,也是摩尼教的主尊。五佛之中,有四佛被冠以"世尊"称号，只有那罗延佛被称作"天尊"。"天尊""世尊"和"佛"混用，正是佛道不分的表现。探究五佛的来源，其中的那罗延佛和释迦文佛直接来源于佛教，苏路支佛与夷数和佛的原始身份虽别出于祆教与基督教，但同样也都与佛教密不可分。其中的释迦文佛显然来自佛教术语，指的是佛教的创立者释迦牟尼。然而，摩尼教的创立者摩尼又被称作明教文佛，明教文佛显然是从释迦文佛演化而来。

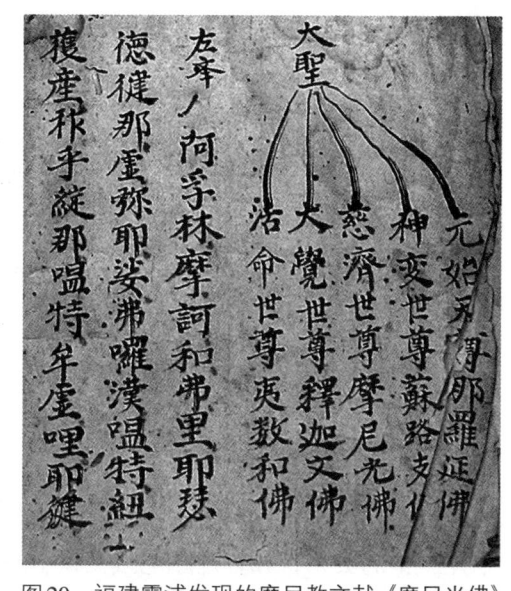

图20：福建霞浦发现的摩尼教文献《摩尼光佛》

《摩尼光佛》中对佛教术语和常用词的借用十分普遍。如：

第31—32行："入五浊而广度群品。"五浊者，指佛教所谓命浊、众生浊、烦恼浊、见浊、劫浊。

第34行："八无畏而表威神。"

第559行："八无畏；九灵祥。"佛教中有"四无畏"之说，离世间品说有十种无畏。此八无畏是模拟佛教演变而来的具有摩尼教特色的词语。敦煌本《摩尼光佛教法仪略》有"八种无畏，众德圆备"之语，与此正相应。

第40—42行："明明洞彻于三常；玉偈宣特，了了玄通于六趣。"六趣者，佛教所谓众生由业因之差别而趣向之处，有六所，谓之六趣。

第154行："势至变化观音出，直入大明降吉祥。"观音、势至为阿弥陀佛之胁侍菩萨，三者合为"西方三圣"。进入"大明"的却是佛教二神，摩尼教离不开佛教。

细察这些术语可以发现，有的保留了佛教的原意，有的已杂入了摩尼教新意，尤有进者，既可作佛教解释又可作摩尼教的理解，正是其宗教术语共用的体现。

如第79—80行："彼我等入佛智见，悮佛智见，独步圆觉成僧。"入佛智见与悮佛智见皆源出佛教经典《金刚顶瑜伽中发阿耨多罗三藐三菩提心论》，表示达到佛教最高理想。但在《摩尼光佛》中又被比喻成达到摩尼教的最高知——灵智,是最高的认识与觉悟,即"真知"或"真如"。比照摩尼教,其终极目标是追求光明分子或灵魂,实际就是"灵智"的具体化或象征物。

同样具有二重属性的术语还见于第354行:"普愿灵魂登正路,速脱涅槃净国土。"这里的涅槃、净国土也都保留了佛教原意。按照摩尼教教义,纯净得救的灵魂聚成光耀柱,它既是神,又是灵魂到达月宫、日宫以至最后回归涅槃常明世界所要经过的境界。吐鲁番出土 U 111a(T II D 180)摩尼文回鹘语《牟羽可汗宣教书》有言:"(摩尼)赐予回答:'我每日每时都望实现般涅槃,现终于临近。'"①

摩尼教文献中大量使用佛教术语,旨在借佛教的外衣以图存,外衣之下却保持了自己的独立性,并未从根本上改变其固有宗义。摩尼教和景教也有相互借用词汇的关系,如敦煌摩尼教文献中的"惠明",在吐鲁番出土摩尼教文献M 145中写作zprtw't,意为"圣灵"。有意思的是,该词同样见于吐鲁番景教粟特语文献《洗礼与圣餐仪式评注(A commentary on the baptismal and Eucharistic liturgies)》中。②《洗礼与圣餐仪式评注》和众多景教粟特语文献一样是译自叙利亚语,而粟特人当中同时流行着景教和摩尼教,因此,摩尼教经汉译者也可能通过粟特人和景教的汉文文献,了解到一些叙利亚语宗教术语。

丝绸之路各种宗教的融会贯通,促成这种宗教术语共用的现象存在,各种宗教为了扩大其自身的影响和发展,就不得不有意识地借用其传播区域的本土宗教的形式,宗教的传播者也不得不用本土宗教的言辞和术语作掩护,以使信众们比较易于理解和接受。

五、表现形式的互相借用

丝绸之路上各种宗教的际遇与融通,还体现在表现形式的相互借用上。如山西平遥干坑村南神庙(又名源相寺),观其名,似为一座道教寺院,实则为一佛道化的景教寺院。《重修耶输神祠钟楼碑记》碑文中向我们透露出了明代

---

① L. V. Clark, The Conversion of Bügü Khan to Manichaeism, Studia Manichaica. IV, Internationaler Kongreß zum Manichäismus, Berlin 14-18. Juli 1997, Berlin 2000, p. 91;[美]克拉克著、杨富学、陈瑞莲译:《牟羽可汗对摩尼教的皈依》,杨富学译:《回鹘学译文集》,甘肃民族出版社,2012年,第327页。
② Nicholas Sims-Williams, The Christian Sogdian Manuscript C2 (Berliner Turfantexte, 12), Berlin: Akademie-Verlag, 1985, S. 112-118.

中国内地景教衰亡，逐渐融入民间佛教和道教信仰的相关史实。碑文中这样记载道：

> 详夫耶输神祠者，其来远矣。始自周而至今，经万而有余。

此碑刻立于明嘉靖四十一年（1562），而明代管辖的中国境内，有如此久远神祠的大宗教，不外乎儒、释、道三教。其"耶输神祠"之名也未见于《明会典》列入的儒教官方神祠之中。碑文对此又作了进一步的解释：

> 是于前代之间，始立正殿一所，内塑妆耶输圣像仪容，两壁彩绘十地修行故事。次建两庑，东则三大士菩萨、二八罗汉；西则子孙圣母，侍列诸神。

显然，两庑所奉神像均为佛道诸神，其正殿所奉主神"耶输圣像仪容"却是景教所奉的耶稣圣像。其容貌已佛化，失去了耶稣基督最易被识别的标志——圣子在十字架上蒙难的形象。①

或许可以这样说，这座景教寺庙曾借用了佛教寺院和道观的形式而存在。其实这种形式，早在唐代景教初传中国时已见端倪。从《大秦景教流行中国碑》及敦煌景教文书等来看，唐代中国景教经书的教义思想、宗教术语和书写的格式，已然都参照了儒、释、道三教。其中来华景教的宣教经书，所用的宗教术语和行文风格，甚至还附会佛、道二教。如《大秦景教流行中国碑》解释其名义，"真常之道，妙而难名，功用昭彰，强称景教"等，模仿的就是道教的《清净经》。又如景教所奉天主被称为"天尊"，耶稣为"夷数佛"，景教士称"僧"，景教庙宇称"寺"等。②佛道二教主张的清净内修、济度众生等教义，也多见于景教经书中。职是之故，这座始建于元代的也里可温神祠，堪称景教借用佛道表现形式的特例。

同样为外来宗教，同样以其他宗教形式存在的寺庙还有福建福州摩尼教寺院——福寿宫（图21）。

---

① 王卡：《明代景教的道教化——新发现一篇道教碑文的解读》，《世界宗教文化》2014年第3期。
② A. C. Moule, Christians in China before the Year 1550, London 1930, pp. 35—47；［日］佐伯好郎：《景教の研究》，（东京）东方文化学院，1938年，第595—602页。

图 21：福州福寿宫外观

福州福寿宫又称"明教文佛祖殿"，始建于宋代，由于"明教文佛祖殿"的宗教属性不够明确，为申请合法宗教身份，故于 1998 年改名为"福寿宫"，列为道教庙宇，但村民耆老皆言祖辈供奉该寺神明的仪式独特，与道教、佛教有所不同。

福寿宫是为祭祀霞浦摩尼教教主林瞪而建，迄今仍保存着足以证明其摩尼教身份的文物及独特的祭祀仪式。寺院主祀摩尼光佛和林瞪，左右配祀真武大帝、许真君，另有三十六护法神将；"观音阁""华光殿""大王殿"三座偏殿还分别供奉观音菩萨，华光大帝马天君和黄、赵二大王。通过对福寿宫所供诸神的考察，我们不难发现，福寿宫护法神祇来源于摩尼教、佛教、道教和当地民间信仰，四种神祇交互杂处。福寿宫无疑是一座受道教影响甚深且以道教形式存在的摩尼教寺院。

霞浦摩尼教科仪书《乐山堂神记》《高广文》中记载的当地摩尼教团崇奉的各种神祇，可以和福寿宫中所供诸神一一对应。在这些摩尼教文献中，除主神摩尼光佛、太上本师教主摩尼光佛、电光王佛、夷数和佛、卢舍那佛外，还有如太上三元三品三官大帝、雷使真君、天尊、灵官、元君等，[①]相关诸神无

---

① 杨富学：《〈乐山堂神记〉与福建摩尼教——霞浦与敦煌吐鲁番等摩尼教文献的比较研究》，《文史》2011 年第 4 期。

一不是来自道教的神仙名号。可见，宋元以来明教（摩尼教）作为一种融合多种宗教信仰元素的本土教派，可以说"道（教）为明（教）用"，明教为体，道教为用。这个教派曾经相当倚重或"模拟"道教的宗教实体及科仪形式，而得以顽强地生存和传播。

以这种借用佛教的表现形式来展现摩尼教教义的还有日本大和文华馆藏的明教《冥王圣帧》，此图和敦煌绢画《地藏六道十王图》在结构与目的上都相当类似，其以摩尼教的三道取代了佛教的六道，借用大量佛教图像、语言以表述摩尼教宗义。在《冥王圣帧》图中，以摩尼光佛取代了地藏而为主尊，以摩尼教的电光佛取代引路菩萨，以摩尼教的平等王取代了佛教的十殿阎王，就连主尊的左右胁侍也变成了穿白衣的摩尼教选民和听者。显而易见，《冥王圣帧》借用了佛教《地藏六道十王图》中因果报应、净土地狱、六道轮回、佛力救赎等地藏信仰的思想，以之为表现形式，用以图解摩尼教的"轮回"和"解脱"思想。

不唯如此，霞浦摩尼教科仪书《冥福请佛文》所见十大明王，也可见于敦煌本《地藏十王图》中，除个别称号的用字略有差异外，名号次序完全相同。松本荣一指出，9—10世纪时，佛教和摩尼教在十王观念及冥府观念上存在着关联，敦煌汉文摩尼教文献多借用佛教的术语，摩尼教当有类似于佛教的"冥府十王"观念。①但无论如何，佛教与摩尼教在十王观念及冥府观念方面有着极为微妙的关联，却是不争的事实。此外，在《冥福请佛文》中，孔子、孟子、颜回等儒家圣哲，也都进入了霞浦摩尼教的神谱之中。②

摩尼教绘画《宇宙图》所绘"平等王"的形象明显受到了佛画的影响，在吐鲁番本回鹘文摩尼教文书U 169 Ⅱ中，竟用弥赛亚佛（耶稣）的名义来宣扬摩尼教的教义等。③不论是绘画风格、存在形式或是宗教思想的借用，都体现了各宗教在传播发展过程中灵活多变及多样的表现形式。

2006年5月，洛阳隋唐故城东郊出土唐代景教石刻《大秦景教宣元至本经及幢记》（以下简称《幢记》）（图22），尾题："大秦寺寺主法和玄应俗姓米、

---

① 松本荣一：《敦煌画の研究·图像篇》，东方文化学院东京研究所，1947年，第414—415页。
② 杨富学、史亚军、包朗：《霞浦摩尼教新文献〈冥福请佛文〉校录研究》，高国祥主编《文献研究》第四辑，学苑出版社，2014年，第90—91页。
③ 马小鹤：《摩尼教"业轮"溯源——〈宇宙图〉与〈佛性经〉研究》，余太山、李锦绣主编《丝瓷之路——古代中外关系史研究》Ⅳ，商务印书馆，2014年，第161—162页。

图22：洛阳出土景教石幢

威仪大德玄庆俗姓米、九阶大德志通俗姓康。"① 还有一个定居于洛阳的安国景教家庭，见于《幢记》第13行："亡姒安国安氏太夫人神道及亡师伯和□……"这些姓氏的集中出现，表明该幢为粟特景教徒所立。石刻提到大秦寺寺主法和玄应时，称其俗姓米；提到威仪大德玄庆时，言其俗姓米；提及九阶大德志通时，言其俗姓康。既言俗姓，也就意味着他们一旦出家，就像佛教徒那样舍俗姓。这种现象，在中国以外是不可能出现的，说明景教出家僧也完全照搬了汉传佛教的舍俗姓之传统。

综上可见，丝绸之路传播而来的各种宗教从传入中国伊始，就自觉不自觉地与中国传统文化融为一体了，而晚于佛教、道教的祆教、摩尼教、景教，亦自觉不自觉地与佛道及民间信仰相融合。各种宗教在丝绸之路的传播过程中，因形势的不同而有所变革，未拘泥于原始经典之窠臼，而是朝着人生化、现实化和世俗化的方向转变。在此过程中，各宗教所奉祀的神祇也悄然发生了分化，其原始的信仰和佛教、道教等中国主流宗教和各种民间宗教相互融合、依存、发展。

可以说，丝绸之路不仅仅是一条中外贸易之路，也是一条宗教文化交流通道，更是一条名副其实的信仰之路和宗教交融之路。

---

① 张乃翥：《跋河南洛阳新出土的一件唐代景教石刻》，《西域研究》2007年第1期；罗炤：《洛阳新出土〈大秦景教宣元至本经及幢记〉石幢的几个问题》，《文物》2007年第6期。

第一章

张骞"凿空"前丝绸之路的开通

当世界还处于被浩渺无际的海洋分隔的时代，亚欧大陆之间就已构架起了文明沟通的大陆桥，它就是被今人称为"丝绸之路"的洲际文明大动脉。

第一节 史前欧亚之间的部族流动与文化交流

人是会传播的动物，我们无论做什么都离不开传播。人与人的关系就是用传播做材料。① 所以，无论是个人、群体，还是不同部族或是国家，相互的接触和交往，就是一种文化的传播。亚欧之间的部族流动和文化交流，早在新石器时代甚至旧石器时代就已经开始了。

一、旧石器时代中西文化交流的开始

中国是人类文明的发源地之一，在旧石器时代，人们之间的交往和文化的传播还很有限，但是，相互之间进行交流与接触的探索已经开始。考古学发现，印度北部、中国、东南亚的旧石器具有某些共同的特征，比如都曾盛行使用砍砸器。所以，有学者认为上述区域旧石器时代人类工具的相近性，表明那

---

① ［美］威尔泊·施拉姆著，陈亮等译：《传播学概论》，新华出版社，1984年，第4页；［美］宣伟伯著，余也鲁译：《传媒、信息与人》，（香港）中国展望出版社，1983年，第7页。

时可能已经有了不同人群之间的交往和交流。

在石器时代的中期，源起于我国中原的以细小的、打制为特征的细石器及其文化曾向外传播，在中国、北亚、东北亚和南西伯利亚形成了同一系统的细石器文化区。在我国北方鄂尔多斯一带以萨拉乌素文化遗址和水洞沟遗址为代表的古文化，表明在旧石器时代中西之间的文化交流即已存在。20世纪中叶以来，在西藏地区发现了不少旧石器和新石器遗址。1976年中国社会科学院青藏高原综合科学考察队在藏北申札、双湖一带以及阿里地区，发现了旧石器和大批细石器。自公元前1000年前的新石器时代晚期开始，西藏高原已流行土葬习俗，出现以石板、石块砌建的石棺墓和竖穴土坑墓。山南隆子石棺墓中出土长条形磨光石斧，也早见于甘青地区马家窑文化、齐家文化遗址，以及四川岷江上游的理县、汶川等地的原始文化中。①

在我国的新疆地区，也发现了天山七角等细石器文化遗址。这些遗址遍及新疆，从昆仑山北麓至帕米尔高原，从天山南麓罗布淖尔荒原至吐鲁番盆地，从哈密绿洲及天山北麓的木垒、吉木萨尔到阿勒泰草原均有分布。这些细石器，从形制特点来看，深受中原地区细石器工艺的影响，但又有自身的独特性。（图1-1）②

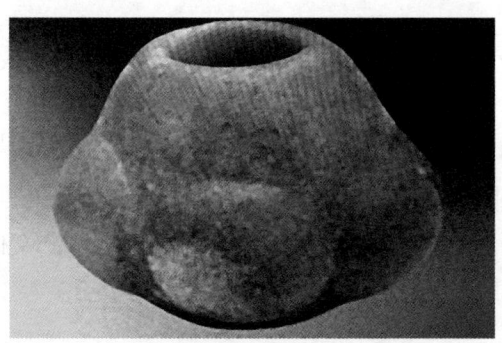

图1-1：新疆木垒县英格堡出土石权杖头

在我国出土的细石器以非几何形状为主，而南亚地区则多为几何形状的细石器。这两种类型的细石器文化在印度东北部交会，在恒河流域的乔塔纳格普尔高原和西孟加拉邦一带，发现了类似我国非几何形状的细石器，这些细石器

---

① 沈福伟：《中西文化交流史》，上海人民出版社，1985年，第6页。
② Shen Fuwei, Cultural Flow Between China and Outside World Throughout History, Beijing: Foreign Language Press, 2009, pp. 15-16；沈福伟：《中西文化交流史》，上海人民出版社，1985年，第6页。

以细石叶为特征，并有锥形和柱形细石核。非几何形细石器和几何形细石器，分属两个系统，尽管它们都在今印度东北部交会，但来源不同。因此，人们认为非几何形细石器明显受到了广泛分布于青藏高原的细石器的影响。西藏细石器甚至进入了印度东北和恒河中下游。①这种文化上的联系，可能是通过我国西藏阿里和日喀则地区而实现的。

可见，在中国和南亚之间，虽然横亘着高山和河流，但这并没有阻碍两地早期人类的沟通和交流的步伐。

二、新石器时代的文化交流

东西文化交流最早可以追溯到何时以及东西方世界的第一次对话发生的背景和过程，是整个欧亚历史研究的重要内容，东西方学术界一直努力探索。随着考古发现的深入，近年来这一研究有了很大的进展。20世纪初，南非古人类学家 Clarke 在对意大利罗马附近 Ceprano 发现的距今80万年前的直立人头骨化石重新复原所做的研究中指出，该头骨具有明显的亚洲直立人特质。这一研究从一个重要方面揭示了东亚古人类在那段久远历史当中，可能对西方人类产生过重要影响。但是，由于很难在罗马古人类化石与北京人化石之间找到确定的联系线索，Clarke 发现的重要意义，还有待证实。

2004年，法国人类学家 Eric Boda 提到阿舍利（Acheulian）文化在东方的分布问题。阿舍利文化是欧洲旧石器时代早期的文化，目前已知最早的阿舍利文化遗存发现于非洲，年代在距今100万年以前，阿舍利文化遗存曾在非洲、西欧、西亚和印度发现过。西方学术界流行一种观点，认为阿舍利人的祖先是早期直立人，他们从非洲向东迁徙而来，可能由南亚次大陆到印度尼西亚。而据法国人类学家 Eric Boda 的研究，距今80万年前的广西百色旧石器、陕西蓝田旧石器和周口店北京人使用的石器中，都有阿舍利文化因素。阿舍利文化很可能沿海路占领了印度，继而向东扩展到印度尼西亚。Eric Boda 认为中国境内的阿舍利石器，与印度、印度尼西亚的发现，文化风格十分接近。中国北方地区阿舍利文化因素的存在，可能是自南而北传播的结果。Eric Boda 还指出，生活在周口店的北京人，并不是简单被动地接受阿舍利石器技术，这里发现的两面加工石器和薄刃斧，是在阿舍利技术的基础上，结合本地文化创新的结果。但

---

① Shen Fuwei, Cultural Flow Between China and Outside World Throughout History, Beijing: Foreign Language Press, 2009, pp. 15-16；沈福伟：《中西文化交流史》，上海人民出版社，1985年，第6页。

这种观点目前仍是一种需要审慎对待的学术假说。

1923年，法国古生物学家德日进和桑志华发掘了宁夏水洞沟旧石器晚期遗址，标志着中国没有旧石器时代文化这一论断的终结。水洞沟遗址发现有属于西方莫斯特文化的勒瓦娄哇石器，法国学者据此认为水洞沟遗址好像处在很发达的莫斯特文化和正在成长的奥瑞纳文化之间，或者是这两个文化的融合。中国学术界对水洞沟文化性质的认识，长期持谨慎态度。直到2003年出版的《水洞沟——1980年发掘报告》中才直接提出，以勒瓦娄哇石核和石叶的发现为突出标志的水洞沟文化，"是我国最具有欧洲旧石器时代文化传统的单独类型"。[1] 目前，在中国北方地区，发现含有勒瓦娄哇石器的遗址除水洞沟外，还有黑龙江十八站遗址、山西晋城陵川塔水河遗址、内蒙古金斯太洞穴遗址等。

勒瓦娄哇技术在亚洲东部地区的发现，石器时代的东西文化交流，近年来颇受学界关注。最早出现在西方的勒瓦娄哇技术，标志着旧石器技术史上的一次革命。古代人类对石器技术的改进，集中体现在从石核上打制石片的形态和打片过程。生活在西方旧石器时代的人们，经过无数次的实践，最早发明了无需再进行加工，直接从石核上获取工具的技术。学术界称其为勒瓦娄哇石核，称这种技术为勒瓦娄哇技术，从石核上打下的石叶称为勒瓦娄哇石叶，这些也统称为勒瓦娄哇文化。勒瓦娄哇石器在欧洲、南非、东非、西亚和中亚的西部经常发现。勒瓦娄哇技术代表着更新世中古人类行为与认知发生的演化，标志着人类认知能力的新突破，在人类演化中具有里程碑意义。

1995年，在吐鲁番交河故城沟西台地旧石器遗存点采集石器612件，属于旧石器晚期的打制石器就有580件。我国考古学家张森水教授认为，交河沟西台地石器地点，在石制品的风格和时代上，都与宁夏境内的水洞沟旧石器时代晚期遗址大致相当。[2] 2004年，在北疆地区的布克赛尔县骆驼石的一处旧石器遗址发现大量打制石器。这一遗址面积约20平方千米，是一处中亚地区罕见的超大规模的旧石器制造场。以交河故城沟西台地、骆驼石旧石器遗址为代表的新疆旧石器文化遗存，早者可溯至距今10万年前，晚则距今二三万年或更晚，

---

[1] 宁夏文物考古所：《水洞沟——1980年发掘报告》，科学出版社，2003年，第215页。
[2] 张川：《1990—1995年新疆境内的旧石器时代遗存的调查工作与收获》，《新疆文物》1996年第4期。

遗址中屡屡见有用勒瓦娄哇技术打制的石核和石叶,这些发现对"探讨早期人类在新疆的生存、演变、迁徙以及人类技术的发展、东西文化交流都有重要意义"①。新疆以西的中亚、俄罗斯的阿尔泰地区发现多处旧石器时代中期到晚期的遗址。重要的如1960年苏联学者在南西伯利亚阿尔泰山地发掘的奥克拉德尼克夫洞穴等为代表的旧石器时代中期持续到晚期的一些石器时代的遗址,这里出土的很多打制石叶,明显采用的是勒瓦娄哇技术;俄罗斯阿尔泰地区丹民索瓦洞穴的最底层出现有莫斯特尖状器,台面是Chepeaudegen-darme特征,即发达的勒瓦娄哇技术。俄罗斯学者推测,阿尔泰地区的勒瓦娄哇技术,是从中亚哈萨克草原区域进入西伯利亚,又传入阿尔泰森林草原区的。

俄罗斯阿尔泰、中国新疆和中国北方地区勒瓦娄哇石器的发现与研究表明,距今10万年前的旧石器时代,来自西方的人群集团,通过中亚草原抵达俄罗斯的南西伯利亚、阿尔泰山地,其后便顺着阿尔泰山间孔道,溯额尔齐斯河进入新疆阿尔泰山麓一线,布克赛尔县和什托罗盖镇的骆驼石是他们重要的聚集地。接着他们进入天山南北两麓,抵塔里木盆地周缘。交河故城附近的台地,是他们选择的另一个重要生活聚集点。宁夏水洞沟发现的勒瓦娄哇石器工艺,很大的可能性是新疆旧石器时代居民继续东进,穿过河西走廊到达银川平原后留下的遗存。而中国北方其他地区勒瓦娄哇石器的发现,则有可能是通过很早就开辟的北方草原通道传入。

三、中国与南亚、西亚早期的文化交流与传播

自古以来,中国就与周边的国家和地区有着各种形式的接触,与南亚、西亚的文化交流是其中重要的部分。

(一)中国与南亚地区的新石器文化交流

考古资料表明,早在旧石器时代,印度北部、中国、东南亚的旧石器就具有某种共同特征,即所谓砍砸器之盛行。而后来在中、印、缅广泛分布的细石器也说明,在新石器时代,中国西南与缅、印就有文化的传播和互动关系。在印度东北的阿萨姆、梅加拉亚、那加兰、曼尼普尔、比哈尔、奥里萨、乔达·那格浦尔以及孟加拉国等地,多处发现有肩石斧、石锛、长方形石斧、八字形

---

① 高星等:《隋唐墓地新疆维吾尔自治区新疆旧石器地点》,《中国考古学年鉴·2005年》,文物出版社,2006年,第376页。

石斧、长方形有孔石刀等，与中国云南考古中常见的形制相似。① 在东印度阿萨姆发现一种圭形石凿，在两端窄边处打磨开刃，这在四川西南部凉山州西昌市等地区的考古发掘中是常见之物。② 饶宗颐先生也认为印度地区所发现的有肩石斧和有段石锛，是沿陆路从中国进入东印度阿萨姆地区和沿海路进入盘福加（孟加拉国）的，印度河文明哈拉巴文化发现的束丝符号，与理塘和四川汉墓所见相同。③ 阿萨姆石器原料所用的翡翠，产在离中国云南边境仅150千米的缅甸猛拱地区，这个地区当属东汉永平十二年（69）设置的永昌郡内外。阿萨姆地区新石器时代的房屋建筑是干栏式，④ 这同样是中国西南云南和四川常见的建筑形式，成都十二桥商代建筑遗址就是典型的干栏式建筑。⑤ 根据陈炎先生在《中缅文化交流两千年》中所引证的中外学术观点，印度以东缅甸的现住民，不是当地的原住土著民族。他们当中的大多数是在史前时期从中国云贵高原和青藏高原迁入的，其中的孟高棉语族是最先从云贵高原移居到缅甸的，⑥ 这显然同有肩石器从中国西南云贵高原向缅印地区的次第分布所显示的族群移动有关。

在缅甸，从马圭县旧石器遗址出土的石斧、石楔、石凿，在东彬遗址发现的小圆石器，都与北京周口店的石器非常相似；在上下墩县和瑞波县出土的环石，又同中国的仰韶文化新石器接近。由此，学者们认为缅甸、印度东北部与

---

① 阚勇：《试论云南新石器文化》，《云南省博物馆建馆三十周年纪念文集》，1981年，第45—67页；杨甫旺：《云南和东南亚新石器文化的比较研究》，《云南文物》1994年第37期。
② 礼州遗址联合考古队：《四川西昌礼州新石器遗址》，《考古学报》1980年第4期。
③ 饶宗颐：《谈印度河谷图形文字》，《梵学集》，上海古籍出版社，1997年，第353、355、356页。
④ 印度石器时代的考古资料，见H. L. Movius, Early Man and Pleistocene Stratigraphy in Southern and Eastern Asia, Papers of the Peabody Museum of Archaeology and Ethnology, Vol. 19, 1944; Shshi Asthana, History and Archaeology of India's Contacts with Other Countries-From Earliest Times to 300 B. C., Delhi: B. R. Publishing Corporation, 1976, p. 154. 参见童恩正：《古代中国南方与印度交通的考古学研究》，《考古》1999年第4期。
⑤ 四川省文物管理委员会、四川文物考古研究所、成都市博物馆：《成都十二桥商代建筑遗址第一期发掘简报》，《文物》1987年第12期。
⑥ 陈炎：《中缅文化交流两千年》，周一良《中外文化交流史》，河南人民出版社，1987年，第3页。关于缅甸的古代民族的来源问题，参见李绍明：《西南丝绸之路与藏彝走廊》，《中国西南的古代交通与文化》，四川大学出版社，1994年，第35—48页；贺圣达：《缅甸藏缅语各民族的由来和发展——兼论其与中国藏缅语诸民族的关系》，方铁《西南边疆民族研究》第3辑，云南大学出版社，2003年，第1—17页。关于孟高棉语的问题，可参见何平：《中南半岛北部孟高棉语诸民族的形成》，方铁《西南边疆民族研究》第3辑，云南大学出版社，2003年，第18—33页。

中国西南地区之间，在新石器时代存在着多方面的交流和往来关系，而中印之间的交流可能是通过中国西藏和缅甸两条通道进行的。

（二）彩陶和西亚早期的文化交流

在我国，长江南北和黄河上下游都有彩陶的分布，而整个黄河中下游，包括甘青一带的彩陶文化最为发达。仰韶文化是彩陶文化的代表，而甘肃马家窑文化则是我国彩陶文化走向鼎盛的典型代表。随着研究的不断深入，发现欧亚之间的彩陶文化的交流早在5000年前就已开始。正如法国学者雷奈·格鲁塞在《东方的文明》一书中所说："在彩陶方面，我们发现出自一些不同地点的陶器，都有奇妙的类似之处……让我们满足于这样一种结论：即当历史的黎明期，从埃及一直延展到黄河及印度河，曾存在着一种共同的文明，我们可称它为'彩陶文明'。"[1]（图1-2）

图1-2：甘肃省博物馆藏鲵鱼纹彩陶瓶

---

[1] ［法］雷奈·格鲁塞著，常任侠、袁音译：《东方的文明》，中华书局，1999年，第20页。

因此，在公元前4000年前后，古代欧亚之间可能存在这样一条"彩陶之路"，其传播的路径大致是从中原到甘肃、宁夏、新疆，由新疆哈密分天山南北两麓，再传入土库曼斯坦等中亚地区，然后进入土耳其安纳托利亚高原，最后到达爱琴海和地中海地区，最终引发了希腊彩陶的"东方文化大潮"。

近年来，我国研究民族文化的学者发现，在盘古创世神话和彝族创世神话中都有"左眼为日，右眼为月"的描述，并认为这两个神话实际上是同出一源的变体，都源于西亚巴比伦混沌之神的传说。在彝族英雄神话《支格阿龙》中，关于鹰和马的母题以及支格阿龙所使用的武器三叉戟，都有浓厚的西方色彩（西亚、埃及、希腊）。仅仅是通过神话母题的相似来证明中国古代神话与西亚古代神话有某种联系，也许有些玄奥和牵强，然而新石器时代的彩陶上的发现为上述神话提供了有关联的证据。

陕西临潼姜寨仰韶文化遗址出土的一个虎首类人面彩陶葫芦瓶上（距今5000—6000年）和西亚萨马腊文化（在伊拉克北部，距今约7000年）遗址出土的一个人面瓮上都发现了"左眼睁"（表示太阳）、"右眼闭"（表示月亮）的人面图像。这种相似源自地处西北的古羌戎与西亚的文化交流，两地发现的"左眼开，右眼合"这样一种母题的神面像，说明盘古神话、彝族创世神话以及姜寨虎头变形葫芦瓶，可能都受过西亚文化的某些影响。① 另外，彝族古老的"变体彝文宗教示意书"中反映支格阿龙形象的彝族古代民间艺术、甘肃青海地区辛店文化（青铜时代）彩陶、新疆阿勒泰山洞岩画、伊朗西南部彩陶（距今约6000—7000年）和伊拉克萨马腊（距今约7000年）彩陶上的人物造型，描绘技法和艺术风格完全一致。由此可见，彝族文化中融入了西羌、西亚文化因素，也表明了在远古时期就有了中西文化交流。

彩陶之路从公元前4000年一直延续到公元前1000年，它是早期中西文化交流的首要通道，是丝绸之路的前身。彩陶之路的出现，正是中西文化交流甚早和中国文化向西传播的生动体现。

（三）小麦与中国、西亚早期的文化交流

一般认为，小麦并非原产于中原，而是由我国西部的先民们从遥远的西亚引入中原的，这是中国在新石器时代就与西亚有间接交往的又一个典型实例。斯塔夫里阿诺斯认为，中国（黄河流域）是在公元前1300年前后从西亚引进小

---

① 孙新周：《中国原始艺术符号的文化破译》，中央民族大学出版社，1998年，第114页。

麦的；我国学者新近的研究认为，小麦传入中国内地的时间应在公元前3000年以前。

关于小麦种植在黄河流域的起源，学者们早已注意到古代文字和习俗中的一个有趣现象：虽然早在周代小麦就被列入"五谷"之中，成为我国北方广泛栽培的重要粮食作物之一，但先民们并不以麦为贵，宗庙祭祀必称黍、稷，富国安民则言贵粟。我国古文献中的这一语言文化现象，反映了原产于中国的粟在古人生活中的地位至高无上，黍、稷之类皆属粟。重粟不重麦这一古俗表明，小麦似乎不是华夏先祖自古耕食之谷，而更可能是后来从域外传入的作物。[①]《山海经》中提及粮食作物时有黍稻而不见有麦，并说炎帝和黄帝之后裔皆"食黍"或"食谷"，这也说明早期的华夏先祖不知有麦，或还未引种小麦。大概从殷周以降，人们对于小麦由来的具体情况早已一无所知，以至于本来真实的故事就演变成了模糊的神话传说。于是，小麦"始从天降"之类的说法也就被人们历代相传。这也从反面说明，古人虽然不清楚小麦是何时从何地如何传入中国的，但很早就知道小麦并不是华夏故土原来就有的。[②] 我国学者还通过对"利""薔稼""每美"等字的考证，得出我国栽培小麦的历史不早于公元前4000年，不晚于公元前3000年。[③] 小麦从公元前3000年引入中原到中唐以后取代粟成为黄河流域居民的主食，经历了3000多年的漫长岁月。因此，至迟在距今5000年前左右，中国新石器文化就与西亚的史前文化有了直接或间接的往来，原产西亚的小麦就通过新疆与河湟地区传入中原。

第二节　夏商周时期的中西联系

进入青铜时代，我国各地的部族集团在原有古文化的基础上，通过部族流动和文化交流，进一步融合，并伴随社会进步、文化发展而逐步形成不同的民族。夏、商两朝从公元前21世纪开始至公元前11世纪，这千年之间也是亚非欧古文明国家迅速发展的时期。随着中西各地经济的发展和文明的积累，各民族之间交往和联系的愿望进一步增强，而据以实现交流联系的能力也显著提高。

---

① 李裕：《中国小麦起源与远古中外文化交流》，《中国文化研究》1997年秋之卷。
② 李裕：《中国小麦起源与远古中外文化交流》，《中国文化研究》1997年秋之卷。
③ 李裕：《中国小麦起源与远古中外文化交流》，《中国文化研究》1997年秋之卷。

一、夏商与周边、域外部族的早期青铜文化交流

夏朝时期，我国北方已经形成了以黄河中下游地区为中心的农耕文化区，以及西北草原地带以畜牧为主的游牧文化区。今新疆天山以南地区、甘肃、宁夏、内蒙古的广大地区，成为两大文化带的交会地域。中原地区和西北地区的文化传播，就以农耕文化与西北游牧文化间的交流为主要途径。

继夏而立的商王朝，社会物质文明和文化较夏朝有了进一步的发展。商品交换的增加，更是刺激了交通运输和对外贸易的发展。特别是商代的商业发展迅速，在商朝早期的墓葬中已有"贝"作为随葬品随葬的现象。商文化中最重要的是以青铜器的冶铸为特征的青铜文化，曾以中原地区为中心，向四周地区扩散。

考古发现和研究表明，公元前3000年至公元前2000年欧亚大陆就存在着广泛的文化交流。西亚或近东对欧洲的巨大影响已举世公认，对东亚的影响仍有争论。李济认为所有伟大文明都是文化接触的结果，殷商文化是一个多方面的综合体，融汇了很多不同的文化源流，但他并没有明确指出哪些文化是本土起源，哪些是外来的。[1] 他说："商人的殉葬习惯恐怕不是中国自己的习惯；我疑惑这是与两河流域接触的结果。两河流域远在比商朝早两千年就有杀人殉葬的情形；并且所有铜器时代的文化都有杀人殉葬的事，例如墨西哥如此，早期希腊如此，美索不达米亚如此，埃及也如此……假如青铜器没有发明，我怀疑杀人殉葬的事有这么大的规模；因为人们那个时候有了青铜刀，砍人容易，结果杀人就如杀一头猪或一头羊一样；杀人殉葬也就是人类发明了利器以后也发明了自己杀自己。"[2]

安诺、纳马兹加、阿凡纳谢沃、安德罗诺沃、古墓沟、四坝、齐家、朱开沟、夏家店、二里头文化遗址就像一组坚实的城墙，如果充分考虑到游牧民的桥梁作用，我们就会发现丝绸之路开通之前早已存在一条"青铜之路"。

安诺文化（Anau Culture）是中亚铜石并用时代文化，纳马兹加文化（Nomazga IV-VI Culture）、竖穴墓文化（Pit Tomb Culture）、洞室墓文化（Catacombs Culture）、阿凡纳谢沃文化（Afanasievo Culture）、安德罗诺沃文化（An-

---

[1] 李济著，万家宝译：《中国文明的开始》，商务印书馆，1980年。
[2] 李济口述，李光周笔记：《殷文化的渊源及其演变》，《考古人类学刊》第42期，1981年。

dronovo Culture）标志着中亚及其附近地区4000年前左右进入了青铜时代。①这些文化有一个共同的特点是畜牧业和父权日益发展和膨胀，而种植业和母权则相对萎缩。金芭坦丝将其中畜牧业和父权占明显优势的文化称为库尔干文化，认为是原始印欧人孕育了游牧文化，并且改变了欧洲和其他地区的社会进程和文化格局。②

西北特别是新疆地区青铜时代遗址的发掘和研究，填补了青铜冶铸技术由西向东传播的空白。③（图1-3）古墓沟文化遗址的发掘和研究表明，大约4000年前新疆部分地区已进入青铜时代，且与中亚、西亚、中原均有联系。④新疆地区与甘肃地区青铜文化的联系亦异常密切。四坝文化、齐家文化、朱开沟文化是青铜文化由西北向西南、东北、中原传播的中继站。三星堆、大甸子、二里头遗址的青铜器可能是本地制造的，但亦是文化传播的结果。

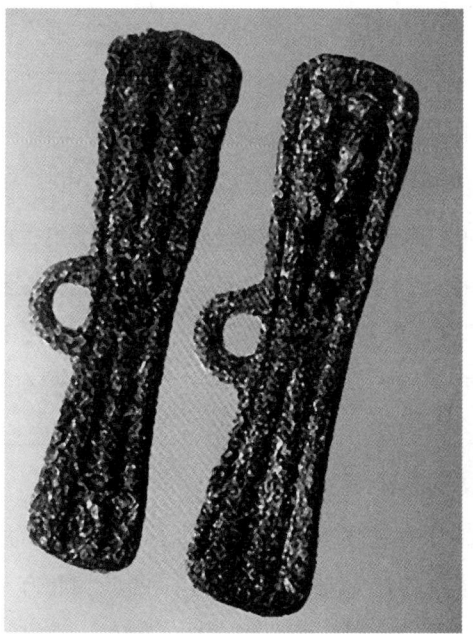

图1-3：哈密市天山北路墓地出土蝶形铜饰

---

① 《中国大百科全书·考古卷》，中国大百科全书出版社，1987年，第24、498页。
② M. Gimbutas, Bronze Age Cultures in Central and Eastern Europe, London: Monton, 1965.
③ Victor H. Mair (ed.), The Bronze Age and Early Iron Age Peoples of Eastern Central Asia. The Institute for the Study of Man, The University of Pennsylvania Museum Publications, 1998.
④ 李水城：《从考古发现看公元前二千年东西文化的碰撞和交流》，《新疆文物》1999第1期。

车马具、兵器、动物纹青铜器广泛分布于欧亚大草原及其附近地区，一般认为是游牧文化的体现，西方学者多称之为斯基泰式青铜器。田广金等认为这些青铜器是中国古代北方游牧民族的代表性器物。林沄发现这些青铜器多见于鄂尔多斯以外，称之为北方系青铜器，指出不同的成分有不同的来源，其中短剑可能来自古代伊朗或西亚。① 乌恩称之为北方青铜器，同管銎斧、管銎戈源自西亚，并提醒大家不要低估欧亚大陆草原诸游牧或半游牧民族在沟通东西文化方面所起的积极作用。② 其实此类青铜器内容繁杂，功能多样，不可能起源于一时一地，会因时因地而变，是游牧社会不断发展和吸收、借鉴的结果。

青铜短剑是古代游牧武士随身携带的武器，广泛分布于欧亚大陆，其中西亚和中亚的短剑较为古朴，东亚的剑种类繁多，且异常精致。一般认为柳叶剑或偏颈剑为众剑之祖，其具体的起源地还难以确定，不太可能起源于东亚。林梅村将考古学与语言学相结合论证了中国佩剑之俗起于西北游牧民族，而青铜剑在商周之际传入中国北方草原、巴蜀地区和中原，与印欧人在东方的活动有关。"丝绸之路上流行的17种古代东方语言或方言中的'剑'字无一例外都源于古印欧语。古代印欧人最初是游牧人……公元前1500年前后，欧亚草原的古代游牧部落不断分化，并向四方迁徙，史称'雅利安人大迁徙'。"③ 剑在古代汉语中又称"径路"或"轻吕"，显然亦是外来词。汉代匈奴将"径路神"当作九天神之一，是战神的代名词，在汉匈交叠的地区曾有祭祀剑神的寺庙。④《汉书·地理志》云："云阳，有休屠、金人及径路神祠三所。"这是古代波斯和斯基泰人剑崇拜文化的延续。

综上可见，中国夏商之际青铜文明与西亚伊朗文明的青铜文明早有交往，其传播者应是印欧语系的吐火罗先民——中国西域和北方草原的游牧者。由于中原早期青铜器在中原的出现与西亚青铜技术的东传有密切的关系，所以其可

---

① 林沄：《商文化青铜器与北方地区青铜器关系之再研究》，《考古学文化论集（一）》，文物出版社，1987年，第131页。
② 乌恩：《殷至周初的北方青铜器》，《考古学报》1985年第2期。
③ 林梅村：《商周青铜剑渊源考》，《汉唐西域与中国文明》，文物出版社，1998年，第55—56页。
④ Kao Chu Hsun, The Ching Lu Shen Shrines of Han Sword Worship in Hsiung Nu Religion, Central Asia Journal Vol.5,No.3,1960, pp. 221-231.

以称之为我国商周文明兴起的外部刺激和外在动力。①

二、青铜文化与农牧文化的传播和交流

丝绸之路表明中国对人类作出了独特的贡献，也充分吸收了其他民族的发明创造。中国的四大发明对西方世界的影响已有目共睹，羊、牛、马、青铜技术对中国的作用还没有引起足够的注意。青铜时代到来之前，东亚仍处于"万国林立"时代。"禹会诸侯于涂山，执玉帛者万国。"②禹独持干戈，号令天下，才有相对强大的中央王朝的产生。黄帝轩辕氏，与车马关系密切；往来征战无常处，游牧风格十分明显；铸九鼎而定天下，九鼎显然是青铜时代的产物。正是青铜时代游牧文化与东亚本土定居农业文化相结合，才创造了夏、商、周三代的历史。东亚王朝的历史并不是自生自灭，而是从一开始就与西方有着不可分割的联系。

羊是草原游牧民的衣食之源，包括生物学上两个不同的物种——山羊和绵羊。全世界所有的山羊形态非常相似，基因差异亦很小。③ 这不仅表明其有共同的祖先，而且很少有因生殖隔离形成的独具特色的地方品种。绵羊的地方品种较多，外形差异较大，但同样具有共同的祖先。山羊和绵羊的骨骼经常同时出现在西亚新石器时代遗址中。位于伊拉克和伊朗之间的扎格罗斯（Zagros）山脉及其附近地区可能是山羊和绵羊的最早驯化地。20世纪60年代，丹麦考古队与伊朗考古协会合作在扎格罗斯山脉南端霍来兰山谷发现了旧石器时代晚期和新石器时代早期的七处洞穴文化和八处野营地遗址，绵羊和山羊是仅有的两种家畜。帕金斯对西亚家养动物的起源作了总结，指出绵羊和山羊是当地最早的驯养动物，牛、猪、狗次之。④（图1-4）

---

① Victor H. Mair, The Bronze Age and Early Iron Age people of East Central Asia, Pennsyl-vania, 1998.
② 杨伯峻：《春秋左传注》，中华书局，1960年，第1642页。
③ G. Luikart, Multiple Maternal Origins and Weak Phylogeographic Structure in Domestic Goats, Proceedings of National Academy of Sciences of the United States of America, Vol.98, No.2, 2001, pp. 5927-5932.
④ D. Perkins, The Beginning of Animal Domestication in the Near East, American Journal of Archaeology Vol.77, No.3, 1973.

图 1-4：新疆哈密市五堡墓地出土羊毛织帽缨

东亚养羊与西亚相比大约晚了 5000 年。在数百处经科学发掘的新石器时代遗址中，大约有 40 处出土过羊骨或陶羊头。① 此外，部分红山文化和龙山文化遗址中有少量可疑的羊骨出土，但大多数遗址中并没有羊骨出土。新石器时代遗址中出土的少量羊骨，只表明羊及其相关饲养技术已传播到东亚，为青铜时代东亚养羊技术的发展打下了基础。进入青铜时代后，从新疆到中原遗址中羊的数量明显增多，在齐家文化和殷墟遗址中均有完整的羊骨骼出土。青铜时代，羊在人们的经济生活和精神生活中的地位明显提高。到了商代，西北羌人已以养羊为业，并以此著称。到了周代，中原养羊已蔚然成风。《诗经·小雅·无羊》："谁谓尔无羊？三百维群。谁谓尔无牛？九十其犉。尔羊来思，其角濈濈。尔牛来思，其耳湿湿。"

岑仲勉早就注意到渠搜是上古东迁的游牧部落。② 据马雍考证，渠搜意为

---

① 陈文华：《中国农业考古图录》，江西科学技术出版社，1994 年，第 513—514 页。
② 岑仲勉：《上古东迁的伊兰族——渠搜与北发》，《两周文史论丛》，商务印书馆，1958 年，第 44—54 页。

氍毹，是一种毛织品的名称。① 渠搜可能是一个生产、使用或从事毛制品贸易的部落集团。相传，尧、舜、禹、汤时代已有渠搜。《尚书·禹贡·雍州》云："织皮昆仑、析支、渠搜，西戎即叙。"《史记·夏本纪》《汉书·地理志》中也有类似的记载，师古曰："昆仑、析支、渠叟，三国名也。言此诸国皆织皮毛，各得其业。而西方远戎，并就次叙也。"余太山认为渠搜出于少昊，亦译为"允姓"。② 很可能允姓之戎不止活跃于西域，也参与了夏朝的建立。因此，毛制品及毛纺织技术在夏、商、周三代传入东亚是完全可能的。

家马的野生祖先主要分布于欧亚草原的西端。乌克兰和哈萨克草原新石器和青铜时代文化遗址中大量出土的马骨，显示了从野马到家马的驯化过程。骑马和马车技术可能源于西亚的骑驴和牛车制作技术。③

在东亚数百处约4000年前的遗址中从未发现马的骨架，只有零星的马齿或马骨出土，不能确定为家马的遗迹，很可能是普氏野马或其他动物的遗物。④ 也就是说，和西亚一样，东亚没有发现约4000年前的家马骨骼和其他证据，确凿无疑的家马和马车见于商代。⑤ 河南安阳武宜村北地遗址出土马骨117架，表明商代晚期东亚养马业已初具规模。甲骨文中有"马方""多马羌"的记载，指的很可能是以善于养马著称的方国或部落集团。⑥ 西安老牛坡遗址出土的马骨可为佐证。这意味着西北养马业要早于或盛于中原。

马车是青铜时代流行于欧亚大陆的一种有辐两轮轻快马拉车，主要用于战争、狩猎、礼仪和比赛，也普遍用来陪葬。这类马车在西亚（主要是安纳托利亚和两河流域）、中亚（主要是乌克兰和哈萨克斯坦草原）和东亚（主要是商、周文化遗址）中均有出土，不仅基本形制相似，而且许多细节相同，充分

---

① 马雍：《新疆佉卢文书中的kośava即氍毹考——兼论"渠搜"古地名》，《中国民族古文字研究》，中国社会科学出版社，1984年，第51页。
② 余太山：《渠搜》，《古族新考》，中华书局，2000年，第117页。
③ J.F. Downs, The Origin and Spread of Riding in the Near East and Central Asia, American Anthropologis, Vol.63, No.6, 1961, pp. 1193-1203.
④ K.M.Linduff, A Walk on the Wild Side Late Shang Appropriation of Horse in China, Late Prehistoric Exploitation of the Eurasian Steppe, Vol.2, 2000, pp.214-231.
⑤ 周本雄：《中国南方新石器时代的家畜》，《新中国的考古发现和研究》，文物出版社，1984年，第196页。
⑥ 中国社会科学院考古研究所安阳工作队：《安阳武官村北地商代祭祀坑的发掘》，《考古》1987年第12期。

表明它们有共同的起源，不太可能是独立的发明。

傅斯年《夷夏东西说》倡导的二元说又获得了新的解释：上古中国不仅存在军事、政治上的夷夏东西对抗，而且存在本土文化与外来文化的互动与结合。外来文化不只是物质和技术，而且包括游牧生活方式、封禅、巫术等习俗。

互通有无，丝绸之路是跨文化交流，有利于不同文化之间的整合与认同；从无到有，青铜之路创造了欧亚大陆文化的同一性，形成了古代世界体系。

三、周穆王西征与中西交通的开辟

周族兴起于陕甘地区，很早就与西北部族之间有密切的联系。周与狄、羌诸部族方国通过朝贡、贸易和战争等方式，保持着密切的关系，同时中原也通过他们与葱岭以西的民族进行交往和交流。

在西周建立前后，中原与西北的联系始终被西北戎狄部族所牵制，对西周与西北部族的进一步联系造成了限制。所以，进入西周中期，周穆王即位后，发动了对犬戎等族的西征。穆王的西征活动，在中西文化交流和丝绸之路的开通上，是一件具有划时代意义的大事件，影响深远。

（一）周穆王西征

周穆王西征的故事，在《竹书纪年》《穆天子传》《史记》等文献中都有记载。据《列子》记载："周穆王时，西极之国有化人来，入水火，贯金石，反山川，移城邑，乘虚不坠，触实（石）不碍，千变万化，不可穷极，既已变物之形，又且易人之虑。穆王敬之若神，事之若君。"

由于化人的吸引，穆王越来越奢侈贪玩，故有西征之举。这实际上说明了西周时西域的杂技、魔术已传入了中原地区。

根据多种史料的记载，穆王西征的真实原因当与犬戎扩张阻断了周与西北各部族的联系有关。所以，穆王西征一方面是为了征服犬戎，另一方面是为了进一步加强与西北各族的联系和交往。

《穆天子传》是一部记录周穆王西巡史事的著作，书中详载周穆王率师南征北战的盛况。名为传，实际上属于编年，其体例大致与后世的起居注同。所以，《隋书·经籍志》《新唐书·艺文志》都把它列入史部起居注门。关于《穆天子传》的真伪问题，几经争辩，仍是不解之谜。《穆天子传》主要记载周穆王率领七萃之士，驾上赤骥、盗骊、白义、逾轮、山子、渠黄、骅骝、绿耳等骏马，由造父赶车，伯夭为向导，从宗周出发，越过漳水，经由河宗、阳纡之山、群玉山等地，西至于西王母之邦，和西王母宴饮酬酢的神话故事。周穆王致力于向西发展，曾因游牧民族戎狄不向周朝进贡，两征犬戎，获其五王，并把部分戎人迁到太原（今甘肃镇原一带）；还东攻徐戎，在涂山（今安徽怀远东南）会合诸侯，巩固了周在东南的统治，并制定墨、劓、膑、宫、大辟五刑，其细则竟达3000条之多。

其中的宗周，经学者研究，认为是指洛邑（今河南洛阳）。穆王的西行路线，当是从洛邑出发，北行越太行山，经由河套，然后折而向西，穿越今甘肃、青海、新疆，到达帕米尔地区（西王母之邦）。《穆天子传》所提供的材料，除去神话传说和夸张的成分，确实有助于我们了解古代各族分布、迁徙的历史和他们之间的交往，以及先秦时期中西交通路径和文化交流的情况。它说明远在汉武帝刘彻派张骞通西域以前，中国内地和中亚之间就已有个人和团体的交往接触。这一点已有不少考古材料可资证明。

（二）丝绸之路的发轫

周穆王第二次西征不仅西至两昆仑，而且也到了中亚和西王母之邦。现代不少学者认为，先秦文献中的昆仑山就是现在的阿尔泰山。西王母之邦是中亚地区的一个部落；西王母瑶池，在今哈萨克斯坦境内。周穆王此行所历山川、泽薮、大原、部族、邦国，特别是西域之地，大多未见于其他文献记载。

周穆王西征，是文献明确记载的中原王朝第一次"跨出国门"到达今中亚地区的一次文化交流活动。两次西征，打通了中原地区与西北地区和葱岭以西中亚地区的交通，也解除了一度由于犬戎强盛而造成的交通阻隔，并与沿途各国各族建立了友好关系，促进了双方的进一步了解。由此说明，中原人民与西域各族人民的友好往来，可以追溯到距今3000多年前，这早于张骞出使西域数百年。从此之后，黄河流域和西北新疆地区建立了比较牢固的联系。

从周穆王所行的路线，我们可以看出，由关中向西北的交通，越过黄河后既可将由祁连山之北的河西走廊作可经祁连山之南的柴达木盆地进入新疆，再将天山以北的草原路和天山以南的绿洲路作为中西交通的大道，再往西行，越过葱岭，便可进入西王母所在的塞人部落和月氏人、羌人及中亚各民族之地。这些部族本来就与我国西北民族有着密切的关系，通过周穆王西征，内地与新疆以及中亚各民族关系得到新的发展，中国丝绸也由此传到域外。周穆王之后，在周孝王五年（前956），西戎国前来献马。西周王朝不仅从西域引进马匹，而且，开始设置牧马场养马。中原的货物西运也越过了葱岭，一直延伸到了今俄罗斯西部的乌拉尔地区和伊朗高原。张星烺说：西周初年，兵威之盛，交通之繁，不亚于后世汉唐二代也。东封箕子于朝鲜，肃慎来贡楛矢；西封季绰于舂山（即葱岭），渠搜献其鼩犬。汉唐盛时，东西最远所达之国，亦不过若是。越裳氏航海期年始至，唐宋二代，海道通商之业，周初已启之矣。周穆王以天子之尊，乘兴为万里壮游，尤为秦汉以后二千年所未有也。

以上评价，虽有夸大之言，但对于西周中西交通的开辟，确有相当深刻的认识。

第三节　春秋战国时期的中西交通

西周灭亡，周平王东迁洛邑建立东周。随着周人势力的东移，加之王室势力的削弱，周人与西北部族的联系减少。与此相反，整个东周时期，无论是前期的春秋时期，还是后期的战国时期，诸侯国日渐强盛。于是，位于中国北方和西北的燕、晋、秦诸国，成为这一阶段与西北部族乃至西域贸易往来和文化交流的主要承担者。中原文化经由西北草原民族与更为遥远的西域文化的联系更为紧密。与此同时，欧亚草原民族的迁徙流动，也扩展了东西方之间的交流联系，进而推动丝绸之路的初步形成。

一、欧亚草原的部落迁徙与草原丝绸之路的开辟

从世界范围来看，早自商周以来，在欧亚草原上就出现了大规模的民族迁徙。第一阶段开始于公元前2000年左右，第二阶段发生在公元前1500年至前1200年，第三阶段始于公元前700年左右。这三次民族大迁徙浪潮，给欧亚地区的民族和国家的发展带来了重要影响。在此背景下，中国及中亚民族出现了一次文化的大交流和交通的大发展。

当时，欧亚草原上散居着许多游牧部落。波斯帝国的东北边界和葱岭（帕米尔高原）以西塞人游牧诸部的地区接壤。在古代，希腊史家把散居在东欧、西伯利亚和中亚的北方部落泛称作斯基泰人，波斯人称他们为塞迦人，我国则把分布在河西走廊西端到天山南北麓的那一部分称作塞人。正是塞人，在古代中国同西亚、南亚、北非，直至希腊城邦之间，充当了早期交流的媒介。

公元前6世纪至前3世纪，中国和希腊两个文明国家之间的交流，就是依

靠中国农耕文化首先与西北游牧文化进行接触和交流，然后又通过草原游牧民族继续向西传递而实现的。斯基泰人充当了中国丝绸最大的中间商和贩运者。

黄金作为草原地区储存财富的等价物起到了重要的作用。① 由于可以骑马，人们可以利用更广阔的草场放牧，但生产出的大量马匹或者皮毛会超出有限人群的消费能力，而极端天气或者瘟疫等会导致这些财产大幅缩减。因此，草原社会需要寻找一种安全、便携的等价物，黄金无疑是最佳的选择。幸运的是，阿尔泰山地区是著名的黄金产地。加上当时东南部农耕社会进入多事之秋，中国正值西周晚期，社会矛盾加剧，草原生产的马匹、皮革等可作为商品和农耕社会交换，获得的粮食、奢侈品等又使草原部落首领有能力寻找、生产和保护黄金，并同缺少黄金的其他草原地区交换。西周晚期大墓中出土的以肉红石髓珠为代表的珠饰等或为另一种交换媒介，萨彦—阿尔泰的牧人可能用草原产品同中亚绿洲或者西亚交换此类珠饰，之后再和中国北方的诸侯们交易。② 这个良性循环导致草原的强势部落和精英阶层更富有和更具影响力。为占有更多牲畜去交换黄金等可长期保存的等价物，他们必然会对草场和贸易路线展开争夺。青铜时代中晚期，分散的草原社会因之迅速复杂化，出现大范围的部落联盟和金字塔式的社会分层。

俄罗斯境内阿尔泰地区的巴泽雷克古墓出土的我国精美的丝织品和漆器、四山纹铜镜，都是公元前5至前4世纪的遗物，几乎在同一历史时期，希腊帕特农神庙中的命运女神雕像身着薄得透明的长袍，雅典红花陶壶上的彩绘人物，也穿着这种细薄的衣衫。从上述情形推断，当时中国的丝绸已经深受希腊上层社会的欢迎。在我国，洛阳古墓中也发掘出来自地中海地区的玻璃制目珠（装饰品）。同时，战国时期铁制铠甲与写实动物纹图案出现，均有外来文化因素的明显特征可循。（图1-5）无论是中亚、希腊发现的早期中国文物与文化影响，还是中国发现的早期西方文物与文化影响，都是经由中西交通历史上那条最古老的通道，即斯基泰贸易通道，或称"草原之路"而彼此进行交流的。

---

① Emma C. Bunker, Gold in the Ancient Chinese World: A Cultural Puzzle, Artibus Asiae, Vol. LIII/1-2, 1993, pp. 27-50.
② 美国威斯康星大学人类学系基诺耶（Jonathan Mark Kenoyer）教授根据对一些标本的颜色和钻孔特征判断，认为这些肉红石髓珠最初的产地可能不是印度，而是迄今尚不清楚的地方。

图1-5：乌鲁木齐阿拉沟墓出土狮虎形金箔饰

这条交通要道形成之后，中国的丝绸及其他商品通过蒙古高原传至阿尔泰山地区，然后再向西继续传播。中国的丝绸和漆器、西亚和里海地区的铜兽首剑与刀是他们运输和贸易的主要货物。斯基泰人成为中国丝绸和其他商品输入西方的中介者和贩运商，他们通过生活在中国北方草原上诸如匈奴或月氏人这类游牧民族进行转手贸易。特别是月氏人，在西汉初年被匈奴所驱赶，进入中亚和南亚地区，建立贵霜帝国。他们将产于大秦和安息的许多商品通过草原丝路输入到中国北方草原和中原腹地。从1928年至1949年，在今俄罗斯的戈尔诺—阿尔泰地区的乌拉干河畔以及卡通河和比亚河上游，出土了一批丝织物，在巴泽雷克3号墓和5号墓出土了绢、绸、漆器和有汉字铭文的青铜镜。[1] 出土的丝织品图案为传统的中国风格，应是中国最早传入此地的丝织工艺品。这条以斯基泰人为主的游牧民族的商贸活动所形成的欧亚草原之路，最早将中国、波斯、希腊和印度等文明连接了起来。

二、绿洲丝绸之路与文化的交流

绿洲丝绸之路是相对欧亚草原之路和海上丝绸之路而言的。这条道路要经过广袤的沙漠，而在沙漠里有着无数的天然绿洲，以这些绿洲为连接点，形成一条贯穿欧亚大陆的交通线，成为东西方经济和文化交流的大动脉。

据《汉书·西域传》记载，在西汉初期环绕塔克拉玛干沙漠周缘的河流绿

---

[1] 沈福伟：《中西文化交流史》，上海人民出版社，1985年，第19页。

洲分布着三十六国，丝绸之路把其中的许多绿洲小王国都连接了起来。《汉书》中记载了这条道路的基本走向：

> 自玉门、阳关出西域有两道。从鄯善傍南山北，波河西行至莎车，为南道。南道西逾葱岭则出大月氏、安息。自车师前王廷随北山，波河西行至疏勒，为北道。北道西逾葱岭则出大宛、康居、奄蔡焉。①

易言之，一路由玉门关西过沙碛，到楼兰、渠犁（今新疆库尔勒一带）、龟兹（今库车一带）、温宿（今温宿县境）、疏勒（今喀什一带），越葱岭（今帕米尔高原、喀喇昆仑山、昆仑山、兴都库什山一带）；一路由阳关出沙碛到楼兰，至且末、于阗、莎车（今莎车一带），越葱岭。两道均过楼兰，楼兰扼丝绸之路要冲，其地理位置十分重要。

考古发现证明，张骞凿空西域之前，中原内地与楼兰及其以西地区早已建立了相互沟通的桥梁，至西汉正式开通丝绸之路后，这种联系与交往达到了前所未有的程度。《史记》载："楼兰、姑师小国耳，当空道。"② 所谓"当空道"，乃谓楼兰和姑师地处张骞凿空西域交通干线之咽喉要道。罗布淖尔一带乃是古代塔里木盆地东端的交叉路口，是中原连接西域和西方世界的重要交通枢纽，学者们将连接敦煌和西域，以楼兰城东西一线为主要通道和分途点的交通干线称为"楼兰道"。③

鄯善国所出的西域是丝绸之路必经之处，是古代中国和今伊朗、巴基斯坦、印度乃至欧洲、北非诸国进行文化交流和友好往来的西大门。最初的宗教文化就是经由此道向东西方传播，同时也涉及丝绸之路沿途各国的政治、军事、文化、艺术、民族迁徙与融合等丰富的内容。

有关古代中外社会往来、文化交流的历史信息，相对于古籍文献的记载来说，东西方一批考古成果的公布，则更能给人们留下直观、深刻的印象——因为它们以物质文明的属性展示了一段古代历史的真实存在。

中国考古已经揭示，自青铜时代以来，塔里木东沿的罗布泊一带已经居住

---

① 〔汉〕班固：《汉书》卷96上《西域传上》，中华书局，1962年，第3872页。
② 〔汉〕司马迁：《史记》卷123《大宛列传》，中华书局，1959年，第3171页。
③ 孟凡人：《丝路交通线概说》，《新疆考古与史地论集》，科学出版社，2000年，第344—346页。

着一批操吐火罗语的欧罗巴人的移民部落。① 虽然人种学测样已经证明这一史前部落含有东方人种的基因，但这一"罗布人群"高鼻深目、棕色毛发的体格特征，具有浓郁的西方人种血缘成分则是毋庸置疑的。由此可见，自葱岭西东迁而来的吐火罗先民，曾对天山南北的广大西域地区的早期开发作出过巨大的贡献——虽然塔里木盆地自然环境的破坏与吐火罗人为生存而对自然资源的过度"索取"有着密切的关联，但上古时代先民们拓展生活空间的文明探索给我们留下了更为珍贵的文化启迪。

此外，在近代域外考古史上，西方学者们发现欧洲出土最早的中国丝绸遗迹，是公元前6世纪中叶的一座属于早期铁器时代的贵族墓葬——在德国西南部的巴登—符腾堡（Baden-Wurttemburg）的荷米歇尔（Hohmichele）发掘的一座编号为6号的墓葬中，人们发现了一件当地制作的羊毛衫，羊毛和装饰图案的织品中均夹杂有来自中国的家蚕丝。墓中还出土了成批的来自希腊和地中海其他地区的器物。② 考虑到在斯图加特附近霍克道夫—埃伯丁根（Hochdorf-Eberdingen）一座公元前6世纪晚期的古墓中也出土了丝毛混纺的织物，人们倾向于认为这些中国蚕丝有可能是经过黑海地区转输于德国。

另在希腊雅典西北陶工区的墓葬遗迹中，人们亦发掘了一座雅典富豪阿尔西比亚斯（Alcibiades）家族的墓葬。墓中出土了六件丝织物和一束可以分成三股的丝线。经鉴定，这些丝织品原为中国家蚕丝所织造，时代属于公元前430—前400年间。③

来自欧洲考古实践中的这些学术成果，使人们可以推判驰骋在欧亚草原上的斯基泰人在公元前6世纪至前5世纪之际充当了中国丝绸远输西方的转输者的角色，从而让人们对远古时代横跨欧亚的草原丝绸之路有了感性认识。

---

① C. H. Hjrtsjo und A. Walander, Das Schudel und Skelettgut der Archaeologischen Untersunchngen in Ostturkistan, Reports from the Scientific Expedition to the North-Western Province of China, Vol. 7, Archaeology 3, Stockholm, 1942；王炳华：《孔雀河古墓沟发掘及其初步研究》，《新疆文物考古新收获（1979—1989）》，新疆人民出版社，1995年，第92—102页；新疆文物考古研究所：《2002年小河墓地考古调查与发掘报告》，吉林大学边疆考古中心编《边疆考古研究》第3辑，科学出版社，2004年，第338—397页；新疆文物考古研究所：《新疆罗布泊小河墓地2003年发掘简报》，《文物》2007年第10期；林梅村：《吐火罗人的起源与迁徙》，《丝绸之路考古十五讲》，北京大学出版社，2006年，第12—34页。
② J. Briard, The Bronze Age in Europe, London, 1979, p. 213; E. J. W. Barber, Prehistoric Textiles, Princeton, 1991, pp. 203-204.
③ E. J. W. Barber, Prehistoric Textiles, Princeton, 1991, p.32.

其次，20世纪50年代以前，在俄罗斯阿尔泰山西麓的巴泽雷克一带，考古学者从一组公元前5世纪至公元前4世纪的大墓中，发掘出了一批产于中国的铜镜和丝织品。①

这些文物包括6号墓中出土的不晚于公元前5世纪的中原"山"字纹残铜镜及同墓另外出土的来自中国的丝织品刺绣，②从而有力地证明了公元前一千纪中叶中国与西域地区社会往来的存在。

另据德国雅各比（Herman Jacobi）教授考证，公元前3世纪左右，印度孔雀王朝旃陀罗笈多王在位时，其臣某著有《考铁利亚》（Kautiliya）一书，书中有中国的丝绸贩至印度之语。因此可见，远在上古时代，中印之间已有海陆交通的开辟。③

在中国内地，河南安阳小屯殷商妇好墓中所藏之和田珑玉，显然亦为上古中原沟通西方的人文遗迹。④

1977年，中国新疆托克逊阿拉沟东口28号古墓遗址中，出土过一件幅面长17厘米、宽17厘米且保存良好的凤鸟纹绿色丝线刺绣绢。经考古鉴定，这件丝绸制品为中原地区春秋时代的产品，具有明显的楚人织绣的风格。⑤这件沉睡了数千年的历史文物，以其不容置疑的文化学信息揭示了丝绸之路的客观存在。

在内地两周时代的文化遗址中，亦有中外往来物质遗存的发现。20世纪中叶，洛阳中州路一带战国遗址出土的若干蜻蜓眼料珠，是东周晚期中原地区交接西域的绝佳例证。这种带有圈状套花工艺的玻璃制品，与公元前6世纪至前3世纪盛行于希腊化时代的埃及或腓尼基等地中海东岸国家的蜻蜓眼料珠十分接近。⑥

东西方古道上凡此年代久远的文物发现，无疑从田野遗存的角度反映了古代一条横跨欧亚大陆的交通孔道物流转输的辉煌。

---

① ［苏］С. И. 鲁金科、潘孟陶：《论中国与阿尔泰部落的古代关系》，《考古学报》1957年第2期。
② 张广达：《古代欧亚的内陆交通》，《西域史地丛稿初编》，上海古籍出版社，1995年，第390页。
③ 张星烺编注，朱杰勤校订：《中西交通史料汇编》第6册，中华书局，1979年，第9页。
④ 中国社会科学院考古研究所：《殷墟妇好墓》，文物出版社，1980年，第114页。
⑤ 王小甫、范恩实、宁永娟：《古代中外文化交流史》，高等教育出版社，2006年，第11页。
⑥ 中国科学院考古研究所：《洛阳中州路（西工段）》，科学出版社，1959年，第115页。

三、中印之间早期交通与交流

中国西南与缅甸、印度早在新石器时代就已经有了联系,进入春秋战国时期,中印之间的交通往来和文化交流更为密切。

考古材料说明,在春秋战国时期,中国西藏地区与南亚之间保持着文化上的往来。1990年,拉萨曲贡村石室墓中出土过一枚铁柄铜镜,这是西藏地区最早发现的青铜器,也是目前时代最早的铁器。但这枚铜镜并非西藏本地的产品,而是从南亚或中亚地区输入的产品。经由中国西南、缅甸而至印度的道路,在秦汉时期以前也已开通,春秋战国时期,这条道路的利用更为频繁。另外,云南江川李家山24号墓发现多枚战国至两汉时期蚀花肉红石髓珠。这种石珠是公元前2000年印度河流域所制造,盛行于公元前300年至公元前200年,分布在埃及、伊朗、中国新疆和云南等地。我国现在所发现的这种石珠,正是这一时期经由印度传入的。

关于印度与古代中国的交通联系,有南海道、西藏道、缅甸道、安南道、西域道五条路线。其中,最主要的是西域道。该道曾是丝绸之路的主干道。1923年,在河南新郑发现一对莲鹤青铜方壶,现分别藏于河南省博物馆和北京故宫博物院,制作年代约为春秋中晚期至战国时期。据研究,这种新颖的莲花立鹤形象不是中国所固有的风格,而是印度艺术中常见的图案。

处于西域道沿途的新疆和田地区古代居民使用的是和田塞语,与印度西北部古代居民的语言相同;古代的昆仑山北麓居民使用的是佉卢语,也是印度西北部、巴基斯坦东部、阿富汗地区古代居民使用的语言。[1] 这一地区与印度邻近,交通方便,故早期丝绸就是沿着新疆和田等地通过西域道传入印度的,而中原所传之莲花立鹤青铜壶也是印度文化经此道东传之物证。

据《西京杂记》卷2记载:"武帝时,身毒国献连环羁,皆以白玉作之,玛瑙石为勒,白光琉璃为鞍。"[2] 可知,从印度传入中国的物品有白玉、玛瑙、琉璃等。秦汉时,印度音乐也传入了中国。在汉译书中记载有箫、笛、琴等乐

---

[1] C. Sivaramamurtiano Krishna Deva, Indian Scripts and Languages in Asian Countries, Lokesh Chandra, Swarajya Prakash Gupta, Devendra Swarup, Sitaram Goel (eds.), India's Contribution to World Thought and Culture. Vivekananda Commemoration Volume. Dedicated to the memory of all the known and unknown Acharyas who carried the Message of Mother India to every corner of the World through the Ages, Madras: Vivekananda Rock Memorial Committee, 1970, pp. 208-210.

[2]〔晋〕葛洪撰,周天游校注:《西京杂记》卷2,三秦出版社,2005年,第79页。

器。在精神文化方面，印度佛教传入中国，中国人对此逐步认识了解，认真改造和研究，使之成为中国文化的有机组成部分。（图1-6）印度文化的传入，对当时中国的各方面都产生了深远的影响。而同时，中国的丝绸、梨树和桃树也传入印度。在公元1世纪中，桃树、梨树传入印度，梨树在古代印度有"中国王子"之称。《汉书·地理志》中最早记载了中国丝绸传入印度。丝绸是中国古代人民最伟大的发明之一，它的传入也对印度产生了一定的影响。在汉代，中印交流的交通方面主要有三条通道：西域道、滇缅道以及南海道。前两条是陆路交通，后者是海上交通。这三条道，使当时的人们更加了解彼此的文化，使物质及精神交流更加频繁，交通的便利给两国交流带来了便利。

图1-6：拉达克五佛摩崖石刻

第四节　秦帝国与中西交通

秦帝国兴起于我国西北陇右，它在中国历史上是一个承前启后的王朝。秦统一前对西北地区的经营和戎狄部族开展经济文化交流，统一后大力发展交通、加强与海外的联系，不仅极大地提高了中国的世界影响力，而且也为西汉时期丝绸之路的正式形成奠定了良好的基础。

一、秦统一中国与东西交通的发展

公元前220年，秦始皇开始了他的第一次也是唯一一次西巡。这次西巡的路线大体上是从咸阳出发，北上经淳化西北行，越过子午岭进入今甘肃境内，再经今合水、宁县、泾川、秦安，沿渭水经冀县（今甘肃甘谷）和今陇西、渭源到达陇西郡治狄道（今甘肃临洮），然后转向东北返回秦都。从狄道经榆中，沿秦长城过今定西、静宁，登鸡头山，到达北地郡治义渠（今甘肃庆阳东南），再由义渠南行，经今镇原、平凉，过回中，回到咸阳。这次巡行的路线被后世称为丝绸之路东段的陇右道。

同时，秦帝国往西南方向修筑五尺道，这对加强中原与西南少数民族的交流起了重要作用，也是后世西南丝绸之路的雏形。秦帝国在南征百越时，为方便军事物资运输，修建了沟通湘水与漓水的灵渠，这是中原内地与海上丝绸之路的桥梁。同时，秦始皇遣方士出海寻求仙丹，拉开了中国古代交通的序幕。

中外文化、文明的相互往来、交流，不仅有东西的交流，而且有南北的往来。古代中原地区与西域、中亚地区的文化交流，首先通过欧亚草原东西向相互传播和交流，然后，在中国北方文化区分布范围内，通过众多南北向河谷连接到黄河中下游地区。在匈奴统一中国北方草原地区和草原丝绸之路全面开通以前，草原通道就已经成为东西方经济、文化交流的载体。这种交流一方面是东西方游牧文化的交流，使中国北方草原地区至黑海沿岸存在着共同的文化因素；另一方面是中原地区通过草原通道与西方进行文化交流。而以陇山为中心的东西通道就是早期秦人与北方草原文化交流的走廊，其交流方式主要是通过活动于这条东西通道上诸如西戎、狄、羌族、月氏、匈奴等民族为中介的，这些民族的文化就是所谓的草原文化。

秦文化的兴起与草原文化息息相关。草原文化中的很多重要文化因素应该起源于内蒙古西南部、山西和陕西北部，一直到甘肃北部的广大区域。秦人在商、周时期主要活动于陕、甘、晋之间，这恰恰是中原文化和草原文化的交界处。早期秦人活动于陕甘一带的目的就是为商周保卫西陲，从其兴起到最终统一全国，始终处在与以戎狄为代表的早期草原文化的接触、斗争与融合的过程中。同时，秦人又与处于中原地区占统治地位的以周人为代表的华夏文化密切联系。因而，早期秦文化在发展过程中不仅受周文化的影响，而且与北方草原和西伯利亚青铜文化有相互接触的痕迹，呈现出独特的文化面貌。所以，秦文化的兴起也推动了中国通过草原文化这个欧亚通道与西方的联系。

早期秦人的活动地域，向东地连关中、西秦岭和汉中盆地，往西通青海、西藏、新疆，直至中亚，南部可入四川盆地，北上能进宁夏与蒙古草原。丝绸之路东端的秦汉时期的陇山道或以前的泾水道、汧水道就是通过这一地域向西、向北进入河西走廊、北方草原地区。泾水道在陇山北侧，溯泾河而上，在宁夏固原附近渡过黄河；汧水道在小陇山腹地溯渭河而上，到达葫芦河流域后再折北逆葫芦河向东北与北道会合，包括礼县在内的甘肃天水地区正处在这条道路的东端，为东进中原腹地的必经之路。

  根据传播学的理论，传播的模式有三种，即直接接触、媒介接触和刺激传播。甘肃一带历史、地理位置特殊，是古代东方和西方文化的交汇点，而甘肃与草原文化接近的地带就集中在陇中、陇东地带以及河西走廊东部区域。这一地带正好是与漠北草原、西域中亚连接的地带，而活动于这一地区的戎人是秦人与北方草原文化交流的主要对象。早期秦文化与寺洼文化关系密切。戎或西戎是西部族群泛称，它不是一个单独存在的古代民族，包含了活动于陇中、陇南、宁夏、内蒙古等以陇山为中心的广大地区的古代民族。西汉水上游考古调查与发掘表明，与周秦文化时代相当的是寺洼文化，就是文献上与早期秦人发生诸多纠葛的所谓的西戎民族所属的考古学文化。《史记·匈奴列传》："自陇以西有绵诸、绲戎、翟、獂之戎，岐、梁山、泾、漆之北有义渠、大荔、乌氏、朐衍之戎……各分散居谿谷，自有君长，往往而聚者百有余戎，然莫能相一。"[①] 寺洼文化应当包括上述势力较大的八戎在内的诸戎众多部族，即春秋时期的"西戎八国"，地域当为今甘肃陇南及陇西诸县，岐、梁山以北陇东诸地，兼及陕西北部、宁夏南部，主要分布在泾水、渭河、西汉水、洮河等流域。从西周到春秋，陇东地区一直有戎族在活动，其特殊的地理位置和历史环境，决定了这一地区在鄂尔多斯青铜文化、中原文化、秦文化等多元文化的共同影响下而产生了具有地方特色的戎族青铜文化。（图1-7）

---

① 〔汉〕司马迁：《史记》卷110《匈奴列传》，中华书局，1959年，第2883页。

图1-7：甘肃灵台县白草坡出土的青铜大圆鼎

秦人在立国之前，虽然长期处于戎人的包围之中，但是由于受到了主流周文化的强烈影响，与戎人之间在物质文化方面的交流，还处于相对较少的状态。但从立国之后，通过不断的武力征伐，戎人物质文化方面的代表性器物，才较多地出现在秦文化遗址之中，这种趋势一直延续到战国晚期。随着地域的扩大，不断有北方各民族融入秦文化的系统之中，秦文化的物质文化层面，也就有了代表这些民族的器物出现，曾被作为探索秦文化渊源的铲形袋足鬲就是这些人群的遗留。秦人立国于戎狄之地，与戎人杂处，更有条件广泛吸取融汇西方、北方各民族文化的特点，从而形成具有戎狄文化特质的秦文化体系。在吸收的同时，秦文化又通过羌、月氏、氐族、匈奴、塞族、西戎等部族直接或间接地传播出去。通过草原通道进行的文化联系，是以诸多中间民族为媒介进行的，并不是直接的交往。这一时期的东西方文化交流，是依靠那些游牧人作为中介来进行的。"逐水草而居"的游牧部落月氏人是开拓丝绸之路的先驱，他们在塔里木盆地和黄河流域之间的早期经济文化交流过程中起了重要的媒介作用。他们的活动范围自塔里木盆地直迄鄂尔多斯草原，开辟了一条从黄河中游经今山西境内至鄂尔多斯，然后向西，通过河西走廊，最后抵达塔里木盆地西部的和田运送和田玉的商道，后来陆路丝绸之路的主要路线就是在这条商道的基础上发展起来的。

月氏由河西走廊迁居大夏一带,不仅带去了原有的生活方式,而且对促进东西方的交往发挥了重要作用,考古资料足以证明这一点。

1978年,由苏联与阿富汗考古工作者组成的联合考察队在古代大夏境内,即今阿富汗北部西伯尔汗(Siberghan)的黄金之丘(Tilly-Tepe)遗址发现了一处贵族墓地,排列着6座古墓,从中出土的金质艺术品多达两万余件,被确认为公元前1世纪至公元1世纪之物。① 而这个世纪正是大月氏攻灭大夏之后,尚未建立贵霜帝国之前的这段时间。② 值得注意的是,墓地出土的服饰证明,居于大夏地区的大月氏尽管受当地条件所限,多数人已放弃畜牧而改事农耕,但牧业文化气息仍然非常浓郁,这种农牧业文化共存的现象可以通过黄金之丘贵族墓葬墓主人的着装看出来,如1号墓、3号墓、5号墓、6号墓女主人皆着裙,2号墓女主人着马甲式上装(图1-8),4号墓男主人着裤(图1-9)。③

2011年,在蒙古国东北部诺颜乌拉(Noyon uul)匈奴墓葬中出土了6件来自大夏(Bactria)的丝织物残片。其中4件出自巴罗(Barrow)31号墓,另外两件分别出自巴罗6号墓和24号墓。其中,第一、二件描绘的为集体祭祀仪式,有人像13身(图1-10/11)。第三件为战争场景,有人像4身(图1-12),全部着裤。有的身着红色长袖衣服,配以红色鞋子、白色裤子和白腰带,有的则身着白色长袖衣服和鞋子,而裤子和腰带却是红色的。④

---

① V. I. Sarianidi, The Treasure of Golden Hill, American Journal of Archaeology Vol. 84, 1980, p. 130; Fredrik Hirbert & Pierre Crie Kdjr (eds.), Afghanistan. Hidden Treasures from the National Museum, Kabul, Washington: The National Geographical Society, 2007, p. 226.
② V. I. Sarianidi, The Treasure of Golden Mountain, Archaeology Vol. 33, no. 3, 1980, p. 40.
③ Fredrik Hirbert & Pierre Crie Kdjr (eds.), Afghanistan. Hidden Treasures from the National Museum, Kabul, Washington: The National Geographical Society, 2007, pp. 241, 265.
④ Sergey A. Yatsenko, Yuezhi on Bactrian Embroidery from Textiles Found at Noyon uul, Mongolia, The Silk Road 10, 2012, pp. 39-48.

图1-8：阿富汗黄金之丘2号墓女主人　　图1-9：阿富汗黄金之丘4号墓男主人

图1-10：蒙古国诺颜乌拉匈奴墓祭祀仪式

图1-11：蒙古国诺颜乌拉匈奴墓祭祀仪式

图1-12：蒙古国诺颜乌拉匈奴墓战争场景

众所周知，裤子和马甲皆为游牧民族为适应骑马生活而发明的服装，自赵武灵王"胡服骑射"以后，开始传入中原。① 这些发现说明，中亚地区的大月氏虽以农为本，但同时兼营畜牧，过着定居的生活。伊犁河流域及楚河流域大月氏的生活方式与沙井文化所见可以说完全相同，后来才有所改变，可谓对河西时代定居畜牧生活的直接继承与发展。

在黄金之丘发现的艺术品中，希腊文化的印记最为明显，最多见的为希腊女神雅典娜（图1-13）。此外，既有来自罗马的女战神（图1-14），又有来自中国的龙王（图1-15），更有印度风格明显的圆形饰物，双面皆有佉卢文题铭，正面为狮子，背面为法轮。（图1-16）②

---

① 沈从文：《中国古代服饰研究》（增订本），（香港）商务印书馆，1992年，第93—95页；林梅村：《大夏黄金宝藏的发现及其对大月氏考古研究的意义》，《西域文明——考古、民族、语言和宗教新论》，东方出版社，1995年，第271页；华梅：《中国服饰》，五洲传播出版社，2004年，第19—22页；沈从文、王㐨：《中国服饰史》，陕西师范大学出版社，2004年，第43—46页。
② 图片选自 Fredrik Hirbert and Pierre Crie Kdjr (eds.), Afghanistan. Hidden Treasures from the National Museum, Kabul, Washington: The National Geographical Society, 2007, pp. 242, 246, 255, 276.

图1-13：阿富汗黄金之丘出土希腊雅典娜女神

图1-14：阿富汗黄金之丘出土罗马女战神

图 1-15：阿富汗黄金之丘出土具有中国风格特点的龙王

图 1-16：阿富汗黄金之丘出土印度风格佉卢文饰物

从民族分布范围看，羌人分布在河西走廊，吐火罗人分布于塔里木盆地东部，月氏人主要活动于吐火罗人与羌人之间的敦煌至祁连山一带。塞人也参与了中国与西方的贸易，他们在开辟从阿尔泰山至黑海北岸以及伊朗高原的商路过程中起了主导作用。这样，在从中亚到黄河流域的中西交流中，从西向东的民族分布有塞人、月氏人、羌人等，而在黄河流域则分布着以寺洼文化、鄂尔多斯青铜器文化为代表的西戎、北狄民族，二者之间有黄河流域以北地区的北蒙古种族，正是这些民族促成了早期秦人与北方草原和西域以外的中亚、西亚诸国的文化交流。早期秦文化通过与分布在北方和西北的游牧民族文化的接触，将其影响扩散至更远的地区；而源于近东、中亚、西亚等广大区域的器物或发明，不一定都是从这些地方直接传入秦地的，但是通过这些器物或发明可以将这些地方与西域、西北地区、北方地带、中原连接起来。

关于古代中西文化交流，学界可以给予比较科学的论断的时间，大致最早在公元前6世纪。早在公元前4000年前后，苏美尔人肇建了两河流域的古代文明。两河流域又称美索不达米亚，包括今天伊拉克境内幼发拉底和底格里斯两河中下游地区。此后，那里先后崛起著名的巴比伦王国、亚述帝国和新巴比伦王国。到公元前6世纪时，波斯帝国兴起。大流士一世在位时期（前521—前486），帝国的版图西起埃及、巴勒斯坦、小亚细亚，东抵中亚乃至印度河流域西北部。在帝国广袤的疆域内，修筑了设有驿站的大道。盛极一时的波斯帝国，将古代希腊和印度等文明同中国的距离大大拉近了。

二、秦与西域联系的加强

秦时代西域交通的咽喉要道——河西走廊是多民族杂居之地，居住着羌人、匈奴人、月氏人、单桓人等，而且各有不同的部落，共处西北的秦与这些部落互有交流。与短暂的秦朝政权相比，这些部落政权存在的时间更长。史籍上关于秦与西域官方的往来记录很少，但有史料证明，他们之间的贸易活动很早就已经进行了。

考古资料也证明，秦代器物也有向更远的西域地区传播的迹象。早期秦人遗址、墓葬中出土的一些器物，反映了早期秦文化与西域中亚文化、北方草原文化的交流。中原地区与中亚等新疆地区的文化交流在丝绸之路开通之前，还存在着一条运输和田玉的"玉石之路"。① 玉石之路约在距今6000年至3300年间逐步形成。今甘肃恰好在这条古老玉石之路的要冲上，其西北从阳关、玉门关通向西域诸国，其东南又可连接关中、中原。昆仑山是中国和田玉的发源地，中国古代（三代至隋唐）用玉主要取自"昆山之玉"。在战国时期人们的观念中，昆仑美玉是价值非常高的宝物，李斯在《谏逐客书》中列举秦国拥有的外来珍宝，首选即为"昆山之玉"，②证明当时秦人也认为和田玉是玉中最为宝贵的。在沟通西域塔里木盆地和中原黄河流域之间的早期经济文化交流过程中，在"玉石之路"上充当中介的人群，有古代羌族部落、月氏人或塞人。处在"玉石之路"通道上的早期秦人，无疑也起到了中介的作用，早期秦墓中出土的玉器材质除过本地及周围地区的玉材外，还有来源于新疆地区的和田玉。

秦地是中国境内早期使用铁器的三个地区之一。春秋早中期秦墓、遗址中都发现有铁器，种类有铜柄铁剑、金柄铁剑、匕、环首刀、锸、铲等兵器和工具，不少用金、玉、青铜做柄，有的铁器还错金嵌玉，是被当作珍贵物品埋葬的，这应是人工冶铁出现不久的征象。甘肃灵台景家庄的铜柄铁剑为块炼渗碳钢；秦公一号大墓的铁器为铸铁；益门村二号墓所出的金柄铁剑，确定为人工冶炼的块炼铁。块炼铁与块炼渗碳钢是铁器制造的早期形态，始于公元前9—前8世纪。在世界冶铁史上，西亚是冶铁术的起源地区，并由此向周围传播。早期秦人所在的西北地区（包括新疆和甘青地区），是最早出现冶金技术的西亚地区和冶金活动相当活跃的中原地区的通道，在中西文化和技术交流上具有重要地位。中国新疆地区的冶铁技术应当是在公元前10—前9世纪时从伊朗西北地区通过草原人群传入的，并成为中国钢铁技术的起源。在中原与新疆地区之间，年代偏早的人工铁器又多发现于河南西部、山西南部、陕西关中及甘肃东部等地区，而且使用锻造方法（块炼铁）。这些因素让研究者们认为中原地区冶铁术是由西亚、中亚地区传来的，中原的铁器属于这个传播过程的自然延伸，这其中当然也包括秦地的冶铁技术。北方系青铜文化中铁器也是多见的，铜柄铁剑属于该文化的一个特征性器类，它的冶铁技术可能是由西亚等地传入的。秦国地域内较多铜（金）柄铁剑的发现，说明"秦国的铁器和冶铁术应与

---

① Carol Michealison, Jade and the Silk Road: Tradfe and Tribute in the First Millennium, Susan Whitfield (ed.), The Silk Road Trade, Travel, War and Faith, London, 2004, pp. 43-49.
② 〔汉〕司马迁：《史记》卷87《李斯列传》，中华书局，1959年，第2543页。

西北地区的青铜文化有关，特别是位于陇山东西两侧的北方系青铜文化作为冶铁术传入的中转地其关系更为密切"①。虽然秦人的冶铁技术有可能来自西方的中亚和北方草原地区，但是秦人生产的铁器与金器一样，都是经过改造形成本民族特点的器物。

早在春秋早期以前，秦地已经形成了独具特色的兵器制造业。在西周至春秋早期的西汉水上游与关中地区出土有铜器的等级较高的早期秦人墓葬内，多有青铜兵器戈、剑、矛、镞的出土。中国佩剑之俗起于西北游牧民族，而青铜剑在商周之际传入中国北方草原、巴蜀地区和中原，与印欧人在东方的活动有关。②青铜短剑是北方系青铜器文化（戎狄）所特有的兵器，其长度一般在25厘米左右，与《列子·汤问》所记西戎昆夷族所铸之短剑的长度为尺余（"尺有咫"）大体一致。陕西宝鸡市谭家村春秋早期到春秋中期秦墓出土有曲刃短剑，甘肃礼县西山遗址西周铜器墓出土一把铜剑，长23.5厘米。秦国境内出土的三个类型青铜短剑，从春秋早期同时流行，并行发展，从早期到晚期有共同的变化特征。或认为它是由北方戎狄部落直接传入秦国的，不能算作秦文化的本来因素。

目前，秦文化遗址或墓葬中所见的三足器多见于春秋以后的墓葬中，西汉水上游礼县等地秦人早期活动地域内多有东周时期三足瓮被发现，但目前还未有商、西周等更早时期三足瓮的发现。秦文化中出现的三足瓮可能与北方地区文化影响有关。春秋时期宝鸡地区的秦墓中经常有陶器底部加有三足。礼县西山遗址相当于龙山时期早于齐家文化的墓葬内出土的器型，与内蒙古、宁夏等地同时期的器物表现出一致性，显示西汉水上游地区与内蒙古、宁夏等北方草原地区的文化联系是非常紧密的。

铜鍑也是欧亚大陆草原地带早期游牧民族广泛使用的一种器物，从公元前七八世纪，一直到公元前四五世纪，西至黑海西岸的多瑙河流域，东到贝加尔湖两岸，南到中国长城地带的黄土高原南缘的广阔地域里都有分布。秦地发现的铜鍑，有礼县大堡子山秦公大墓、岐山王家村窖藏、西安范家寨、宝鸡甘峪、凤翔东社、东指挥、侯家庄等，器物时代大约在西周晚期到春秋早期。铜鍑是早期秦人独具特点的器物之一，目前发现时代最早的铜鍑是西周晚期，判

---

① 赵化成：《宝鸡市益门村二号春秋墓族属管见》，《考古与文物》1997年第1期。
② 林梅村：《汉唐西域与中国文明》，文物出版社，1998年，第39—63页。

断为礼县出土的,是秦人自创或是来自于北方草原地区,学界有不同认识。许多学者将其与具有北方草原文化特点的器物联系在一起研究,或认为西周晚期的秦是铜鍑的起源地,之后随着秦文化的扩展向东然后折向北或向西传播。秦地的铜鍑是草原文化、周文化、秦文化三者的结合,秦人糅合中原和北方民族文化的因素,制造出这种很有特色的炊器或礼器,由于适合北方民族社会生活的需要,在北方流布发展,并且摆脱了中原文化因素的影响,形成自身的演变传统,终于横贯欧亚大陆,一直传播到中欧地区。

北方草原鍑与秦式鍑很可能有共同的祖源,俄罗斯境内的斯基泰—西伯利亚铜鍑都是由早期秦式铜鍑演变而来的,这种现象缘起于两周之际秦文化与北方文化的交往,说明不仅在中国北部西起黄土高原东至太行山以东这一辽阔地带的游牧民族之间有着十分密切的接触,而且从中国北部到南西伯利亚等地也存在着十分频繁的文化交流,而鬼方、北狄和山戎很可能就是这时期中西交通的中介人。铜鍑这种在秦地与其他地区功能不同但器型相似的器物在如此广阔的地域里存在,表明其在起源、流传过程中有着密切的联系。这种联系我们目前还无法准确把握,但秦地出土的这些铜鍑可以印证两周之际我国北方草原文化同中原地区、西方欧亚大陆草原地区文化交流密切。

在甘肃西部的沙井文化晚期遗存中也发现有铲形袋足鬲,其年代约为西周晚期到春秋时期,这是甘肃中部的铲形袋足鬲遗存向西发展对沙井文化的影响,而其最有可能来源于鄂尔多斯地区商周时期某些古文化遗存。

另外,甘谷毛家坪遗址曾出土两只石权杖头,这类器物在甘肃河西走廊、陇山周围都有发现,其形态与近东和中亚发现的同类物非常相似。这种具有特殊功能的器物被认为是外来因素,它很可能是通过北方草原丝绸之路上的游牧民族携带而来,传入之后,随着仰韶文化和马家窑文化的不断西进而传至新疆[①]。毛家坪西周时期权杖头是这一传播过程的延续。大堡子山秦公陵园出土有一件两面线雕的骨片和一件据传出土于天水地区的骨筒,所雕内容为骑猎场景,其构图技法与人物形象不具有秦文化的风格,被认为可能与塞人有关。[②] 在中亚北部的谢米列契地区发掘的塞人古墓中出土的青铜时代器物,就表现

---

① 李水城:《权杖头:古丝绸之路早期的文化交流的重要见证》,《中国社会科学院古代文明研究中心通讯》2004年第4期。
② 祝中熹:《试论秦先公西垂陵区的发现》,《秦俑秦文化研究》,陕西人民出版社,2000年,第466—480页。

了安德罗沃文化、卡拉索克文化、中国青铜文化和西伯利亚南部文化的融合。在楚河地区的文化遗址上，发现了中国西周式的曲柄刀，还有西周的铜鼎、铜釜等祭器，成为文献记载的重要佐证。这些器物上面装饰了西亚风格的野兽格斗图案，表现了中原汉文化与草原文化在艺术风格上的结合。

秦人金器的使用可能受到了塞人的影响。先秦时代的金器，除了在中原地区有部分发现外，在我国北方和西方地区也有发现。广河县齐家坪遗址的金耳环，玉门火烧沟墓地出土的耳环、鼻饮等金饰品的样式，可能是由中亚游牧民族传入甘肃的。新疆地区是我国先秦时期黄金制品出土较多的一个地区，自古有"金玉之邦"的美称。广泛使用黄金制品，是塞人的一个风俗，在目前出土的塞人文物中，黄金饰品几乎武装了塞人的全身，甚至包括他们的马。尽管文献资料上缺乏塞人与秦人联系的记载，不过，阿拉沟东口塞人贵族墓出土漆器上的云纹、鱼纹图案是战国至秦汉时中原漆器所常用的纹饰，阿尔泰地区卡通河、伯莱利河、乌尔苏尔河流域发现的塞人贵族墓中有公元前5世纪的中国丝织品、漆器及"山字纹"青铜镜，巴泽雷克5号墓中色调优美的凤凰图案刺绣平纹绸与西亚出产的羊毛绒毯放在一起，说明塞人也参与了中国与西方的贸易，在开辟从阿尔泰山至黑海北岸以及伊朗高原的商路过程中起了主导作用。塞人以独特的游牧方式，穿过辽阔的草原谷地，把中国、波斯、希腊三个文化圈联结起来，成为东西方贸易的中介。①

在塞人的遗物中，多有虎的造型出现。约在公元前8世纪至2世纪，黑海沿岸，哈萨克斯坦、阿尔泰、南西伯利亚、蒙古及我国北方草原，普遍存在着一种"动物纹饰"，以猫科动物纹为题材，尤以动物搏斗图案居多。塞人向东迁徙，这种斯基泰式风格的青铜器、金器通过文化交流的形式也影响到了与其邻近地区的文化，在中原地区也有所发现。大堡子山秦公大墓出土的金虎造型的器物或许受到了这种影响。秦人大量黄金制品的出现，亦可能是受到了这些民族的影响，但是这些黄金制品却有可能是秦人自己制造或受到其影响的作品。（图1-17）

---

① 刘云：《中亚在古代文明交往中的地位》，《西北大学学报》1998年第1期。

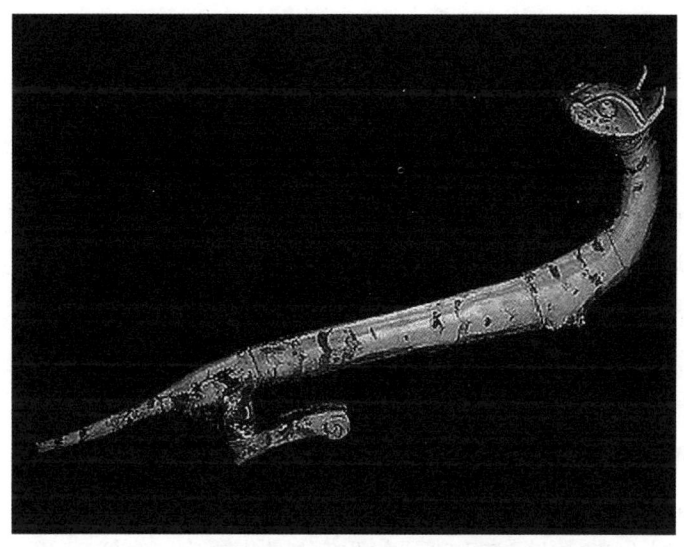

图1-17：甘肃礼县大堡子山出土金虎，现流失法国

与此同时，中国也进入了自己历史发展的新时期。在亚历山大港建立前不久，秦国进行了商鞅变法。在此后一个世纪中，秦国国势日强，终于吞灭六国，建立了中国历史上第一个统一的中央集权制封建帝国。秦帝国的威名远播，成为世界上其他民族最早称呼我国的名称。其后的汉帝国，更加繁荣、强大，对外交流的兴趣也更加强烈。

三、秦帝国对海上道路的探索

古代中国人很早就开始了海洋活动，最初是沿海地区与近海岛屿之间的短距离的漂流，随着航海技术的提高，开始了更远的航行。他们很早就把东南亚至印度洋中诸岛国划分为东洋和西洋。秦代以前的中国人的海上交通似乎东洋航路发展较早，而西洋航路发展较迟。

早在公元前1112年周武王封箕子于朝鲜时，箕子便"教其民田蚕织作"。此时，中国的养蚕织绸技术传入朝鲜半岛。公元前219—前210年，秦始皇为求长生不老之术，曾遣方士徐市率童男女和百工等数千人，东渡日本。日本至今还流传着徐市的故事，日本佐贺县还立有徐市登陆地的标柱，并建有徐市祠。1966年，立岩弥生文化遗址（今日本福冈县饭冢市）发现日本最早的丝织物，具有浓郁的中国色彩，专家认为这与徐市东渡有关。据文献记载，199年，中国蚕种由秦始皇第11世孙自朝鲜的百济传入日本。238年，倭国女王俾弥呼派使者到中国赠送礼品，魏明帝回赠的就是丝织品。这应该是中国丝绸传入日本的最早记载。469年，中国派四名丝织和裁缝女工到日本传授技艺，日本开始出现吴服，即和服。

先秦以来，中国先民与南洋地区的联系和交流也比较早。20世纪70年代，浙江余姚河姆渡新石器遗址发现了六支木桨，出土了一只夹碳黑陶舟，陶舟呈半月形，两头尖，与后世出土的独木舟形状相似，这分明是当时先民所造独木舟形状的微缩。遗址中还发现了大量的有段石锛，考古学家认为，这是新石器时代专门用来制造独木舟的造船工具。这种有段石锛在晚于河姆渡文化的浙江沿海、近海的舟山群岛和更为遥远的菲律宾、北婆罗洲、印尼的苏拉威西岛和太平洋波利尼西亚群岛的新石器时代遗址中也都有发现，人们认为这是河姆渡文化通过赤道逆流向海外扩散的物证。

20世纪中后期，大汶口和西夏侯两组遗址也是确切的例证。生活于大洋洲东部波利尼西亚群岛的波利尼西亚人的远祖可能就来自于中国的东南地区。在向外迁移的过程中，他们把段石锛这种石器传播到了各地。一系列的考古发掘也证明，波利尼西亚人和马来人等这些族群向太平洋诸岛迁移和有段石锛传播的路线大致是从中国的东南沿海地区开始，至菲律宾、北婆罗洲和苏拉威西，然后由波利尼西亚人传播到波利尼西亚群岛和新西兰等处。这说明早在7000年前的新石器时代，我国先民就已经开始了原始的航海活动。

在开拓西北内陆的同时，秦又降服了闽、浙一带的越族，并在南方沿海建立了最早的封建专制地方机构，如南海、桂林、象等郡，政治势力达到了南方滨海地区，并向这一区域大量移民。

秦汉之际，由于中原文化的南传，交趾地区（今越南境内）的文化有了长足的发展。秦朝时安阳王派遣李翁仲出使秦朝，学习经书。李翁仲得到秦始皇赏识，辅佐其修筑长城，并被委任为校尉将军，在临洮地区击溃了匈奴。

与此同时，南越地区的特产也逐渐传入中原。秦征服百越后，随着秦势力进入南方沿海地区，中国通过海路与沿海国家的交通也有了新的发展。据记载，秦朝征服南越后，沿用了中原王朝对北部边疆的统治办法，即向这一区域进行大量移民，同时发配大批商贾到南海和象郡，为后来丝绸之路交趾道以及海上丝绸之路贸易提供了大批善于经商的人才，中原农耕文化与东南海洋文化有了更多的接触和交流。

第五节　西南丝绸之路的开辟与先秦古蜀文明

早在先秦时期，西南地区就已经存在着一条与外界交流沟通的道路，在秦汉时期称"蜀身毒道"，我们通常习惯把这一条经西南通往外界的商贸古道称为南方丝绸之路。正是这一条对外国际交通路线的形成，使当时的成都平原古蜀王国与外界进行频繁经贸交往并吸收众多文化，这有助于早期的四川地区形成独具特质的古蜀文明。同时，古蜀文明也借助这条路线在南亚、东南亚等地区广为传播。

一、南方丝绸之路与古蜀交通

距今约4000年以前，古蜀就存在着几条通向今越南、缅甸、印度地区的通道，其中重要的一条，是到印度（身毒）的通道，即司马迁在《史记》中所说的"蜀身毒道"，现代史学家称之为南方丝绸之路。古蜀一些重要的考古发现，如船棺葬出土遗物、三星堆出土物件与越南东山文化、冯元文化物件很相似。三星堆出土的海贝、象牙等都不是当地所产，而是来自南亚的印度地区。古蜀先民主要是通过南方丝绸之路与南方世界交通和交流的。

在商代中晚期，南方丝绸之路已初步开通，到秦汉时期，这条西南对外交通道路的重要作用越来越凸显。古代的南方丝绸之路由国内段与国外段组成，其中国内川滇段有两条路径：其一为我们俗称的"零关道"。这条道路从成都出发，途经双流、邛崃、雅安、汉源、冕宁、西昌，到达会理后，折向西南，行经攀枝花渡金沙江至云南大姚，最后到达大理。另一条道路从成都出发，经彭山沿岷江而下，经过乐山、犍为到宜宾，再沿着秦时的"五尺道"一路南行，经过高县、筠连等地，向西南入横江河谷，经豆沙关、昭通、曲靖抵昆明，再由昆明至大理。这两条道路在大理会合后，再沿着现滇缅公路，经过云南的保山、腾冲，沿大盈江南下，经干崖到达缅甸境内，再从缅甸境内出发经水陆两种途径最终到达印度地区。印度可通西亚、中亚直至欧洲，也可南通东南亚、南亚各地。

古蜀对外交通的主要通道即为南方丝绸之路这一路线，起点为古蜀文明的中心区域成都，一路南下，经云南出境过缅甸到达印度。在先秦时期就有了古蜀地区早期对外交通线：以古蜀地区成都为起点，通过南方丝绸之路到达中南半岛的印度,并以印度为中转点使古蜀商品广泛地交易到南亚、东南亚、中亚、西亚北非乃至欧洲各地。正如美国学者劳费尔所指出的:"古代有一条通商路线由四川经云南到达印度的东北部,又因为印度的西北边疆和伊朗的领土相接连,中国的商品就这样得以到达伊朗。"① 这也是我国较早时期对外沟通交流的典范,远远早于传统意义上的丝绸之路对外经贸文化交通路线。我们认为这正是中国早期国际贸易交通线的雏形,也是先秦古蜀对外交通的最重要的线路,古蜀国正是借助于此而频繁地与南亚、东南亚、中亚乃至近东地区进行经贸文化交流。

二、蜀人南迁

据史籍记载,蜀王族曾有南迁的事例。战国后期至西汉初,在现在越南北部有一个小国,王号为安阳王,两地史籍均称其为"蜀王子"。最早的记载见《水经注·叶榆水》引《交州外域记》:"交趾昔未有郡县之时,土地有雒田,其田从潮水上下,民垦食其田,因名为雒民。设雒王、雒侯,主诸郡县。县多为雒将,雒将铜印青绶。后蜀王子将兵三万,来讨雒王雒侯,服诸雒将。蜀王子因称为安阳王。后南越王尉佗举众攻安阳王。安阳王……遂败。安阳王下船,径出于海。今平道县后王宫城见有故墟……越遂服诸雒将。"② 交趾,现在的越南河内东北。而交趾设为郡县的时间约为汉武帝元鼎六年(前111)。"交州昔未有郡县之时",就是指元鼎六年以前。而"南越王尉佗"则是秦龙川令赵佗。当时秦亡,正当楚汉相争的时候,赵佗便趁机割据岭南,自称"南粤武王",一直到汉武帝元鼎年间才被汉朝所灭。据《旧唐书·地理志》载,"平道县,汉封溪县地",在现在越南河内东北方向。《交州外域记》,据徐中舒先生考证为三国时期吴国人的作品。安阳王亡国时距三国时期不远,这一记载应该比较可信。《史记·南越传》索隐引《广州记》以及《旧唐书·地理志》引《南越志》都有相关记载。此外,中国文献中又有公元前316年秦国派兵攻灭蜀国后,蜀国王室的一支向南经彭山、西昌、云南逃亡至越南北部的隐约记载或暗示。前贤对此有精辟的考证和研究。③ 从文献记载,到越南冯元文化、东山文化的考古文化中发现的三星堆文化因素,尤其是年代较早的冯元文化,证明

---

① [美]劳费尔著,林筠因译:《中国伊朗编》,商务印书馆,2002年,第365页。
② 陈桥驿:《水经注校释》,杭州大学出版社,1999年,第612页。
③ 孙华:《蜀人南迁考》,《成都大学学报(社会科学版)》1991年第1期。

先秦时期，古蜀与古代越南地区、东南亚地区已有文化交流活动，至迟在商周之际，古蜀文化就已远播至越南、东南亚地区。

三、外来文明入蜀与南方丝绸之路

南方丝绸之路不仅仅是古蜀地区的一条对外商贸路线，同时也是古蜀地区十分重要的一条文化交流路线。在早期的古蜀文明中，我们可以发现许多非本土文化因素的存在，特别是以三星堆文化为代表的古蜀文明能够很好地反映出这一特点。三星堆文化是具有多元文化来源的复合型文明，在它的非本土文化因素中，南亚文明因素颇为引人注目。

古蜀丝绸对南亚的传播影响，估计在公元前4世纪或更早。古代中国是世界上最早产丝的地区，也通过丝绸贸易加强了对外交流。而南方丝绸之路比北方丝绸之路的开通要早得多。当时中国处于春秋战国时期，北方战祸不断，而南方特别是西南古蜀社会安定、经济发达，加上早已有之的丝绸贸易，因而古蜀最早与缅甸、印度等国进行贸易往来，从而开辟了南方丝绸之路。秦始皇统一中国后，直到汉武帝打败匈奴，北方丝绸之路才开始真正形成，所以南方丝绸之路至少比北方丝绸之路早形成两个世纪。

1986年，广汉三星堆出土了数十根象牙和大量象牙制品，以及大量的以象为主题的青铜制品。[①]2001年以来，在成都金沙遗址出土100余支象牙，还有不少象臼齿、由整支象牙切割成的短节象牙柱，以及象牙段、象牙片、象牙珠等。在金沙遗址10号祭祀遗迹内的一件玉璋上，还刻有四组对称的肩扛象牙的跪坐人像。[②]三星堆、金沙遗址还出土了大量的象骨。对此学术界基本认为，商周时期在古蜀文明神权政治中心的大型祭祀礼仪中，象牙祭祀盛极一时。

到目前为止，还没有史籍记载古代成都平原曾产象。另外，除了三星堆和金沙遗址以外，成都平原地区还没有大象的遗骸、遗骨的考古发现，更别说是象牙。所以，有的学者认为从"三星堆祭祀坑中出土的象牙、海贝来看，显然来自异邦"[③]，"它们来源一方面固然有可能来自与中原殷王朝的交往，同时，也不能排除通过'蜀身毒道'从印度舶来这种可能性，因为这两种物品的大宗

---

① 邱登成：《从三星堆遗址考古发现看南方丝绸之路的开通》，《中华文化论坛》2013年第4期。
② 施劲松：《金沙遗址祭祀区出土遗物研究》，《考古学报》2011年第2期。
③ 周群华：《从考古和文献资料看巴蜀文化的内聚和外衍》，《四川文物》1993年第1期。

产地，还是在西南亚及印度洋沿岸"①。

学术界的研究表明，商代三星堆遗址的象群遗骸、遗骨，既不来自巴蜀本土，也不来自与巴蜀有关的中国各古文化区。显然，它们是从其他地区引进的。通观文献记载，象群应当来自南亚。众所周知，南亚的印度地区从古至今一直是重要产象区。《史记·大宛列传》中张骞的西行报告中就有关于古代印度的迦摩缕波国有象的记载。《大唐西域记》卷10记载："迦摩缕波国，周万余里……国之东南，野象群暴，故此国中象军特盛。"②这里指的就是古印度象的数量之庞大，并且大量用于军事方面。《后汉书·西域传》记载："天竺国，一名身毒……乘象以战。"同样是指身毒即印度将象用于军事方面。另外，印度摩享佐·达罗废墟中，有象牙出土及象牙加工的遗迹。这些都表明了古印度对象、象牙的利用、加工，其用于祭祀的传统由来已久，对象的开发利用远远早于其他国家和地区。古蜀遗址发现大量的象牙、象骨，而古蜀不产象，周边无象，与产象的华北和古哀牢也未发现交往的迹象。因此，这些象牙很可能是通过蜀身毒道从象的盛产地——南亚的印度而来。

除此之外，三星堆还出土了大量海贝，有虎斑纹贝、货贝、环纹贝等。安阳殷墟妇好墓出土海贝6880多枚，比较多的是货贝。安阳大司空村商代墓葬、车马坑、灰坑都出土数量不等的海贝。钱币史研究者认为，商代中原所用齿贝，产于中国南部沿海地域。中原和古蜀都不产贝，这些海贝显然都是由太平洋、印度洋和印度洋沿岸地区辗转而来的舶来品，说明当时的商贸活动区域是相当广阔的。在云南江川、晋宁等地的春秋晚期至西汉中期墓葬中出土大量的海贝，约有25万枚左右，以环纹贝为主，另有货贝、虎斑纹贝。钱币史研究者认为，它们产于印度洋—西太平洋的广阔海域（包括我国台湾、海南、南沙群岛等海域），其中环纹贝主要由印度、巴基斯坦、缅甸等国输入。

古蜀国虽处于内陆盆地，但在商代与中原有东北商道相通，与云南则有南方丝绸之路相连，所以三星堆出土的海贝应该是通过这两条商道引入的。但是三星堆及云南所出土的数量最多的环纹贝，属印度洋的特产。环纹贝仅产于印度、缅甸温暖的海域，可见，至少在3000年前的殷周之际，印度与蜀之间已可

---

① 霍巍：《广汉三星堆青铜文化与古代西亚文明》，《四川文物》1989年《广汉三星堆研究专辑》，第38—43页。
② 〔唐〕玄奘、辩机著，季羡林等校注：《大唐西域记校注》卷10，中华书局，1985年，第794、799页。

辗转相通，有间接的贸易往来。另外，云南海贝来自印度，云南用贝为货币的习俗也是由印度传来。从西南古商道的开通范围和时间，可知云南用贝作货币不仅仅是单纯地从印度学习而来，因为云南与印度、缅甸形成以贝币为基础的流通体系，甚至辐射到东南亚和印度洋沿岸的国家，形成了一个使用贝币贸易圈。到了南诏、大理国时期，这一贸易圈发展更为成熟和活跃。古蜀作为一个发达的古代文明，加上与滇的关系一直密切而复杂，理所当然会借助川滇古商道经由云南，通过这一贝币贸易圈与东南亚、南亚甚至西亚和中东进行相当长时间的经济文化交流。《马可·波罗行纪》第117章《哈剌章州》（即云南）载："彼等所用海贝，非本土所出，而来自印度。"[①]是知，印度、东南亚诸国均曾以海贝为货币。那么作为与东南亚和南亚毗邻地区、南方丝绸之路国内主要途经地区的云南，其使用贝币理应视作中外经济文化交流的产物。再结合考古研究资料，不难推断出云南海贝来自印度。而三星堆出土量最多的环纹贝，恰与云南出土最多的环纹贝相一致。可以认为，三星堆环纹贝应该与云南的环纹贝一样，正是通过"蜀身毒道"经由云南从印度输入的。再结合前述的三星堆祭祀坑中出土的象牙，二者可以相互印证，两样物品的最早使用地区和最大产地均在南亚的印度地区。当然不能否认，它们一方面固然有可能来自与中原殷王朝的交往，同时，也不能排除通过"蜀身毒道"从印度舶来这种可能性，因为这两种物品的大宗产地，还是在西南亚及印度洋沿岸。而云南出土的大量相似的海贝，就是最好的一个例证。

在三星堆遗址中出土了大量的青铜面具、青铜立人、黄金面罩等，这些青铜器物与黄金器物所表现出来的文化因素并非本土所有，其来源与西亚有关，特别是与近东两河流域文明有着紧密联系。[②]这些西亚文化因素传入古蜀地区，应该是经过西亚到南亚的贸易路线，再经过南亚印度中心通过南方丝绸之路传入四川地区的。（图1-18）

[①] A. C. Moule & Paul Pelliot, Marco Polo. The Description of the World, I, London: George Routledge Sons Ltd, 1938, p. 278.
[②] 霍巍：《广汉三星堆青铜文化与古代西亚文明》，《四川文物》1989年《广汉三星堆研究专辑》，第38—43页。

图1-18：四川广汉三星堆博物馆藏黄金面罩

四、古蜀文明的外向传播与南方丝绸之路

长江上游的四川地区在先秦时期就创造出了极其辉煌的古蜀文明，这一文明不仅影响着该区域内各原有的本土文化，同时也对周边地区各文化乃至东南亚地区的文化产生着巨大的影响。古蜀文明对西南地区的影响尤为明显，其中云南地区、南中地区各文化都或多或少受到古蜀文明的影响。在中南半岛及东南亚地区各种文化遗迹中，也包含着诸多与古蜀文化相联系的文化因素。

在东南亚的越南地区，马来西亚霹雳州的南部、印尼苏门答腊的南部、爪哇的中部和东部等地，均发现有大量的石棺葬。这些石棺葬经研究考证后，西方学者将其定为属于公元前1000年左右的遗物。[1]

古蜀地区很早就流传着有关石棺的传说，且有与之相关的文献记录。《华阳国志·蜀志》载："有蜀侯蚕丛，其目纵，始称王。死，作石棺、石椁。国

---

[1] I. C. Glover, The Late Prehistoric Period in Indonesia, R. B. Smith and W. Watson (Eds), Early South East Asia, Essays in Archaeology, History and Histoial Geography, Oxford: Oxford University Press, 1979, pp.167–184.

人从之。故俗以石棺椁为纵目人冢也。"① 蚕丛是古蜀国传说中的蜀王之一。② 扬雄所著《蜀王本纪》中载："蜀之先，称王者有蚕丛、柏濩、鱼凫、开明。是时人萌椎髻左衽，不晓文字，未有礼乐。从开明已上至蚕丛，积三万四千岁。"③石棺葬文化始于蚕丛，由此可见在古蜀早期这种文化已经存在。从四川各地发掘出的石棺看，在整个川西高原，从岷江以西直至金沙江流域，是中国石棺葬最为集中的一个地区。在云南地区西北部也发现了石棺葬，但就其文化内涵来看，这些都是四川金沙江、雅砻江流域石棺葬文化向南扩展的结果。南方丝绸之路南进可以通达中南半岛地区，这就可以使得石棺葬文化从古蜀地区向南借南方丝绸之路一路南传到东南亚地区，我们也就不难想象为何在东南亚地区会有这么多石棺葬的存在。

　　新石器时代至铜器时代，各种大石遗迹遍布美洲、欧洲及亚洲各地。这样一些上古遗存受到国内外学者的广泛关注，这些遗迹从欧洲丹麦到地中海沿岸，从亚洲伊朗到印度，从中国大陆到东南亚地区都有发现。在亚洲的东南亚地区，大石遗迹分布相当广泛，从中南半岛的越南、老挝、柬埔寨沿着马来半岛直达苏门答腊、爪哇等地。这些地区出现了独石、墓石、石台和列石等大石遗迹。对大石崇拜的习俗在东南亚地区有很久的历史，据海涅戈尔登估计，最早出现于印度尼西亚的时间应该是公元前2500年至前1500年，直至今日，这些大石遗迹依旧保留在南洋群岛的某些山地部落之中。④对于这些东南亚大石遗迹的起源，专家学者试图将其与离这些大石遗迹最近的印度南部大石遗迹加以比较研究，分析探寻其共生关系，但是经过对比研究后发现，"南印的大石遗迹与东南亚发现的并无显著的相似之处，就是共生的器物群也是完全不同的"⑤。在南方丝绸之路上，与中南半岛相毗邻的云南也未曾发现过真正的大石遗迹。但是在南方丝绸之路境内起点的古蜀地区却流传着众多关于大石建筑

---

① 〔东晋〕常璩撰，任乃强校注：《华阳国志校补图注》卷3《蜀志》，上海古籍出版社，1987年，第118页。

② 〔东晋〕常璩撰，任乃强校注：《华阳国志校补图注》卷3《蜀志》附一，上海古籍出版社，1987年，第219—223页。

③ 〔汉〕扬雄撰，张震泽校注：《扬雄集校注·蜀王本纪》，上海古籍出版社，1993年，第244页。

④ R. Heine-Geldern, The Drum Named Makalamau, India Antiqua, 1947, pp.167–179.

⑤ I. C. Glover, B. Bronson, D. T. Bayard, Comment on 'Megaliths' in South East Asia, R. B. Smith and W. Watson (Eds), Early South East Asia, Essays in Archaeology, History and Historial Geography, Oxford: Oxford University Press, 1979, pp. 253–254.

的传说，同时也留下了大量的大石遗址。从时间上看，古蜀地区的大石遗迹从商周时期直至战国西汉时期都有存在。如在川西南地区安宁河流域，各种形式的大石墓葬更是战国西汉之际土著居民的特征。在对古蜀地区大石遗迹与东南亚地区大石遗迹的问题上，童恩正先生认为，在对两地大石遗迹进行全面分析之前，自然一时难以肯定它们之间的关系。但是这相距不远的两个地区同时存在相似的现象，无疑应当引起注意。我们认为，如果东南亚地区的大石遗迹是受到古蜀大石文化影响，那么这种文化传播途径应该是通过南方丝绸之路传到印度地区，进而传入东南亚的印尼等地的。

五、佛教文化的传播

在宗教文化的传播方面，古老的"蜀身毒道"是佛教传入我国的另一途径。战国时期经云南传入的印度文化的例子很多，《历代三宝纪》记载，秦始皇二十九年（前218），"有诸沙门释利防等十八贤者赍经来化，始皇弗从，遂禁利防等。夜有金刚丈六人来破狱出之，始皇惊怖，稽首谢焉"。这段资料讲了释利防（印度人名Shbandhu之译音）等印度僧人沿秦时开通的五尺道，从云南经蜀地入秦陕之地的事。加上前述古蜀通过南方丝绸之路经云南与东南亚、南亚贸易交往频繁，可以大胆地推测，秦灭蜀前印度传教之人自然也要借助南方丝绸之路古商道到达巴蜀之地，只是还缺少进一步的资料加以证明。另外，在古蜀邻近的楚文化中可清晰地看到这种存在的可能性。生长于战国时期的中国古代诗人屈原，他在《天问》里说："厥利维何，而顾菟在腹？"自汉代以来，传统的说法认为"顾菟"是兔子，月亮里面有一只兔子的说法在中国可以说是由来已久，可是此种说法并不是"国产"的，它源于印度。从公元前1000多年的《梨俱吠陀》起，印度人就相信，月亮里面有兔子。除屈原的《天问》以外，《战国策·楚策》里记载的寓言《狐假虎威》也是从印度传来的。既然印度佛教能够在很早的时候传入与古蜀关系特殊的云南地区，还有与古蜀邻近而且文化影响密切的楚文化也较早受到印度文化的影响，因此不能排除佛教或印度文化传入古蜀这一可能性。

六、对外贸易

古蜀对外贸易中最著名的货物是丝绸。段渝认为，古史传说西陵氏之女嫘祖发明蚕桑丝绸并非虚言，青铜器铭文和《左传》等记载均可证实。而四川是中国丝绸的原产地和早期起源地之一，至迟在战国时代已具相当规模。1936年，在阿富汗喀布尔以北的考古发掘中发现许多中国丝绸，①童恩正认为这些丝绸（至少其中一部分）有可能是从成都经"西南丝道"运到印巴次大陆，然后转手到达中亚的。②

蜀布是《史记》中多次提到的贸易货物，任乃强先生认为蜀布是古代蜀地行销印、缅等地数量最多的商品，蜀布应是蜀地当时特产的苎麻布。③

邛杖也是史书中屡有记载的货物。《史记·大宛列传》张守节《正义》、《史记·西南夷传》裴骃《集解》、唐朝李吉甫《元和郡县志》等文献记载表明，邛杖就是临邛至邛都沿古牦牛道一线山上生长的"节高实中"的竹做的杖。但也有学者认为，张骞所注意的"邛杖"并非蜀物。④

此外，文献还记载了蜀枸酱及其他货物，考古也发现了来自南亚、近东的琉璃、宝石和海贝。经由南方丝绸之路，巴蜀地区与滇文化区、东南亚、南亚以至近东地区都发生了文化交流，巴蜀文明不是一个封闭的古代文明，而具有开放的特性，呈现出多元文化因素交融的形态。

在巴蜀丝绸等物品传入近东地区的时候，近东地区的物品也流传到巴蜀地区。在巴蜀地区的考古发掘中，在一些遗址中发现了来自近东地区的宝石。东周时代蜀国王公卿中流行佩戴一种称为"瑟瑟"的宝石串饰、琉璃珠串饰、蚀花琉璃珠等，据考证来自中亚和西亚。杜甫有诗《石笋行》说："君不见益州城（今成都）西门，陌上……雨多往往得瑟瑟，此事恍惚难明论。恐是昔时卿相墓。"《唐书》和《蛮书》都记载南蛮和南诏妇女以瑟瑟为发饰，《太平寰宇记》卷87记载四川威州（今汶川县）妇女把成串的瑟瑟挂于发上为饰。成都西门曾出土瑟瑟，四川茂县、理塘县，重庆及云南等地，都出土过瑟瑟类宝石饰物。张增祺很早就注意到了西亚文化对中国西南地区古文化的影响，古代巴蜀从西亚地区还输入了琉璃珠和蚀花肉红石髓珠。从1978年在重庆发现的两颗蚀花琉璃珠的形态和纹饰看，极似西亚的早期同类品。在茂县的早期石棺葬中出土了不含钡的玻璃，而不含钡的玻璃产于西亚。在理塘县，也曾发现琉璃珠。云南江川李家山、晋宁石寨山也出土了西亚的早期肉红蚀花石髓珠和琉

---

① 林梅村：《西域文明——考古、民族、语言和宗教新论》，东方出版社，1995年，第274页。
② 童恩正：《略谈秦汉时代成都地区的对外贸易》，《成都文物》1989年第2期。
③ 任乃强：《中西陆上古商道——蜀布之路》，《文史杂志》1987年第1期。
④ 任乃强：《中西陆上古商道——蜀布之路》，《文史杂志》1987年第1期。

璃珠。①巴蜀和滇文化区西亚石髓珠和琉璃珠的发现，都证明了中国西南与西亚地区的经济贸易和文化关系早已发生的事实。（图1-19）

图1-19：琉璃珠

云南曲靖八塔台春秋古墓群中女性墓主人足部用于舞蹈时伴舞的脚铃，就是典型的南亚乐器；云南晋宁石寨山7号墓中出土了盾牌形有翼虎错金镶嵌银带扣，有翼兽的雕刻风格流行于北印度和波斯，所以这件出土物显然是沿"蜀身毒道"而来，来源很有可能是印度；古蜀的三星堆2号坑出土的青铜大立人的左右手腕各戴有三圈手镯，双脚上足踝处各戴一圈方格形脚镯。一同出土的一块石边璋图案上，也有两三人足戴脚镯。而手足戴镯的习俗，在古蜀乃至中华本土从未发现过相关的考古资料和文献记载，此种习俗在非洲青铜文化尤其是南亚古文化中是普遍存在的。以上考古发现的金属器物出土年代比中原发现的同类形制器物要早得多，所以不会是从中原传入。在印度也发现具有同样文化因素的金属器物，而且印度的这类器物文化形制的年代要早得多，实属发源之地，所以这类金属器物形制应是通过古商道间接或直接传入云南和古蜀地的。

---

① 张增祺：《战国至西汉时期滇池区域发现的西亚文物》，《思想战线》1982年第2期。

古代巴蜀有着辉煌灿烂的青铜文明和城市文明，是整个中华文明的重要组成部分，在与东南亚、南亚文明的交流中，至少从商代起，巴蜀就已成为中国西南的国际文化交流枢纽。三星堆古蜀文化在其发展进程上显示出海纳百川的气度，展示出渴求开放和走向世界的意识。在对外文化的交往中，古蜀民族通过各种渠道、各种方式，把古蜀文化传播过去；而对其他文化，不论是黄河流域的中原商文化，还是南亚、西亚近东文化，都能积极主动地吸收、采纳，充分显示出古蜀民族强烈的文化开放意识。

先秦时期，地处长江上游的中国西南古蜀地区和黄河流域的广大地区创造出了极其辉煌的古代文明。这种文明不单单是一种只包含本土文明因素的土著文明，而且在其文明发展进程中也吸收了来自境外各种文明的精华，是一种多元文化集中于一体的复合型文明。这些外来文明的传入需要借助相应的传播途径，而作为中国对外的交通贸易线——丝绸之路正可以提供这样的有利条件。同时，华夏文明也会因其自身的繁荣而影响周边乃至境外文明，华夏文明要想对境外文明产生影响，同样需要借助这样一个通道去向外传播。

总而言之，丝绸之路并不是一条简单的经贸通商路线，它对早期中国对外文化交流也起到了至关重要的作用。特别是在南方丝绸之路开通之后，各种外来文化因素对西南地区特别是古蜀地区固有文化的发展起到了极大的推动作用。同时，华夏文明也通过这样一条通道不断地向外传播，影响境外的文化，特别是对中亚、西亚、东南亚地区的固有文化产生强烈的冲击和影响。因此，丝绸之路就成为早期中国对外交流的纽带，既促成了华夏文化的形成，也促进了华夏文明的不断发展，并使具有独特气质的华夏文明被其他地区文明所吸收和采纳。

第二章
两汉时代的丝路与东西方关系

尽管早在汉代之前，中原与西域、欧洲之间就已经有了政治、经济联系，但张骞出使西域仍然是中国历史及世界历史上的重大事件，尤其是对西域的影响极为深远。《汉书·张骞传》载："骞还，拜为大行。岁余，骞卒。后岁余，其所遣副使通大夏之属者皆颇与其人俱来，于是西北国始通于汉矣。然骞凿空，诸后使往者皆称博望侯，以为质于外国，外国由是信之。其后，乌孙竟与汉结婚。"① 张骞通西域以后，一条从长安出发，贯穿亚欧大陆进而至欧洲、北非的陆上交通路线，将汉朝与西域、中亚及西方诸国联系了起来，中西方之间的政治、经济、文化交流日益密切。

在汉代之前，丝绸之路时常因一些国家或民族之间的矛盾、战争而中断，有时即使相通，也会因路途遥远、山川阻隔而困难重重，各种障碍使这条道路不能完全畅行。在此之前的古代文献中，对于丝绸之路的行经地点、具体路线等记载不明，言之不详。直到张骞出使西域——中原王朝使者第一次亲历西域、中亚，其副使探寻、到达过大宛（今乌兹别克斯坦费尔干纳盆地）、康居（约在今中亚巴尔喀什湖和咸海之间）、大月氏、大夏（今阿富汗北部）、安息（今伊朗呼罗珊地区）、于阗（今新疆和田）等国，才完全打通了贯穿亚洲内陆东西交通的要道。《史记·大宛列传》《汉书·西域传》等就是根据张骞向汉武

---

① 〔汉〕班固：《汉书》卷61《张骞传》，中华书局，1962年，第2693页。

帝报告的内容，详细记录了当时丝绸之路的具体路线、行经地点及沿途各国、各民族的真实情况。

与此同时，汉王朝对河西地区的开发、管理和抗击匈奴的斗争都取得了巨大成就。无论是出于政治、经济因素，还是从其他方面考虑，两汉王朝都非常重视开拓丝绸之路。河西走廊是中原通往西域地区的必经之道。汉朝领有河西走廊，设立郡县，完善了以长城为主干的防御工事和邮驿系统，从而保证了丝绸之路的安全和畅通。在此过程中，汉朝也在努力抗击匈奴，以使西域地区摆脱匈奴的奴役。汉朝设置西域都护，在轮台、伊循（今新疆若羌一带）等地屯田，为东西往来使者、商旅们提供粮食，保证其安全。张骞通西域之后，汉朝的对外交往延伸到了西亚及更远的地方，派遣使者抵达安息、奄蔡（约今咸海至里海一带）、黎轩（东罗马）、条支（今伊拉克境内）、身毒（今印度）等国。

第一节　匈奴与丝绸之路的开通

张骞通西域，建立起了中原王朝与西域、中亚西方诸国的友好关系，为丝绸之路的开通、发展作出了不可磨灭的贡献。而汉代之所以会出现张骞通西域，与汉武帝反击匈奴的斗争是分不开的。在那一时期，广袤的西域地区是许多民族共同生活的地方。

一、汉代西域的各民族

匈奴是一个古老的游牧民族，在周秦时期与大月氏、乌孙、诸羌一起生活在中国西部、北部地区，为开拓这一地区发挥了极大的作用。公元前209年，匈奴建立了中国历史上第一个北方草原奴隶制政权，从原始社会过渡到阶级社会，其势力逐渐强大起来，尤其是冒顿单于、老上单于、军臣单于统治期间，匈奴进入空前的强盛时期。匈奴政权是一个庞大的军政联合体，但作为一个刚从原始社会过渡到奴隶社会的原始部落，他们还有很浓烈的掠夺社会遗风。

位于匈奴西南的是大宛，在汉朝西边，距长安十余千里，汉时大宛的都城在贵山城（今乌兹别克斯坦卡散赛）。所辖大小城邑70多个，居民约有30万人，军队擅长操戈骑射。农牧业兴盛，种稻、麦，产葡萄酒，出汗血马（又称天马），商业繁荣。公元前130年左右，张骞出使西域时到过大宛。大宛曾经杀害汉使、身毒国使，阻隔丝绸之路东西交通，汉武帝两次出兵征伐，后属西域都护。东汉建武年间，大宛一度臣服莎车。

乌孙，位于大宛东北约两千里，由游牧民族乌孙族建立，本与大月氏共居在河西走廊，公元前161—前160年，与匈奴联合驱逐了伊犁河流域的月氏人，并在那里立国。后又西迁，建都赤谷城（今吉尔吉斯斯坦伊塞克湖东南的依什提克一带）。乌孙族人逐水草而居，平时生产，战时习武征伐。元狩四年（前119），汉武帝派张骞出使乌孙。元封三年（前108）和太初四年（前101），汉武帝先后远嫁宗室女细君公主、解忧公主，与乌孙和亲。乌孙后来与汉朝联合，大败匈奴，归附汉朝。汉朝多次派遣使节到乌孙，册封官吏，颁发印绶。

月氏，在大宛西约两三千里，也是游牧民族，本来游牧于河西走廊西部张掖至敦煌一带，那里是沟通欧亚经济、文化的咽喉要道。公元前174年，月氏人被匈奴打败，被迫西迁伊犁河流域及伊塞克湖附近。从那以后，西迁的月氏被称为大月氏，残留在河西走廊的小部分月氏人与祁连山间羌族混合被称为小月氏。后来，大月氏又被匈奴、乌孙联合进军攻破，继续西迁河中地区，在阿姆河北岸建王庭。大约又过了20年，大月氏向西出击大夏，征服大夏以后，据巴克特拉为都城。至张骞第一次出使西域时，大月氏已经占有今泽拉夫善河和阿姆河一带。公元1世纪，大月氏建立贵霜王国，仍沿用其旧名。

安息，在大月氏西几千里，与大宛类似，种稻、麦，产葡萄酒，有数百个大大小小的城邑，地广数千里。工业、手工业繁荣，擅长经商贩卖，水陆贸易发达，延绵至数千里外。市场上流通有金属货币，币上铸有国王像和他们的文字。安息就是伊朗历史上的帕提亚王国。公元前247年，波斯帝国的一个行省——帕提亚脱离塞琉西王国，阿萨息斯（Arsaces）自立为王，建立阿萨息斯王朝。《史记·大宛列传》《汉书·西域传》等史书将其译为"安息"。公元前1世纪时，安息几乎占领了整个小亚细亚、叙利亚和巴勒斯坦，成为西亚大国。安息地处东西交通的要冲，是中国和罗马帝国进行丝绸贸易的必经之路。自汉武帝时，安息就与中国有使节往来。章和元年（87）、永元十三年（101），安息王遣使向汉朝献贡。公元226年，安息被波斯萨珊王朝所取代。

楼兰，东临敦煌，西北通焉耆、尉犁，西南到若羌、且末，是著名的"城廓之国"，国都楼兰城（今敦煌以西新疆东南部的罗布泊区域）。楼兰为丝绸之路的必经之地，丝绸之路南、北两道就是从楼兰分道。《史记·大宛列传》记载:"楼兰、姑师邑有城郭,临盐泽。"①《汉书·西域传》云:"楼兰国最在东垂,近汉,当白龙堆。"②建国之初,楼兰被月氏王控制,后臣服于匈奴。汉时的楼兰国,时而做匈奴的耳目,时而归附于汉朝。由于楼兰地处交通要冲,汉朝不能越过楼兰打匈奴,匈奴不借助楼兰的力量也威胁不到汉王朝,所以汉和匈奴对楼兰都实行怀柔政策。元凤四年(前77),大将军霍光派傅介子斩楼兰王尝(一作当),立其弟尉屠耆为王,改国名为鄯善。

龟兹,是古代西域塔里木盆地中北部的大国,东接焉耆,西通疏勒,南望昆仑,北倚天山,居丝绸之路干道要冲。龟兹水源充沛,物产丰饶。汉代时"龟兹国,王治延城,去长安七千四百八十里。户六千九百七十,口八万一千三百一十七,胜兵二万一千七十六人"③,是西域绿洲的第一大国,役属于匈奴。汉宣帝神爵三年(前59),西汉政府在乌垒城(今新疆轮台县东策大雅地区)设置西域都护府,龟兹隶属于汉朝。王莽年间,一度停设西域都护,龟兹又属于北匈奴。东汉永元三年(91),龟兹归附汉朝,班超在龟兹它干城(今新疆沙雅县)设置西域都护府。④

匈奴作为北方草原的强势军事实体,与中原王朝、西域地区、北方诸民族发生过频繁而密切的接触。匈奴灭了劲敌大月氏之后,"定楼兰、乌孙、呼揭及其旁二十六国,皆以为匈奴。诸引弓之民,并为一家"⑤。匈奴奴隶主贵族控制了河西、西域一带,在西北地区大肆掠夺、侵扰,也给汉朝造成了极大的威胁。

事实上,种种迹象表明,匈奴民族及其祖先对于丝绸之路同样也怀有极大的热情,与丝绸之路草原道的开发、建设有密切的关系。在丝绸之路上,"自乌孙以西至安息,以近匈奴,匈奴困月氏也,匈奴使持单于一信,则国国传送食,不敢留苦;及至汉使,非出币帛不得食,不市畜不得骑用。所以然者,远汉,而汉多财物,故必市乃得所欲,然以畏匈奴于汉使焉"⑥。这说明匈奴在

---

① 〔汉〕司马迁:《史记》卷123《大宛列传》,中华书局,1959年,第3160页。
② 〔汉〕班固:《汉书》卷96上《西域传上》,中华书局,1962年,第3878页。
③ 〔汉〕班固:《汉书》卷96下《西域传下》,中华书局,1962年,第3911页。
④ 闫雪梅《从考古资料看汉晋时期的龟兹》,中国社会科学院考古研究所、新疆文物考古研究所编《汉代西域考古与汉文化》,科学出版社,2014年,第36—47页。
⑤ 〔汉〕司马迁:《史记》卷110《匈奴列传》,中华书局,1959年,第2896页。
⑥ 〔汉〕司马迁:《史记》卷123《大宛列传》,中华书局,1959年,第3173页。

西域地区的影响之大，远远超过了汉朝。匈奴出于政治、经济、军事等方面的考虑，当然不希望西汉王朝与西域有联系，于是百般阻挠西汉与西域的交往。

西汉早期，匈奴控制着西域北部的草原、哈密绿洲、吐鲁番盆地，统治着天山以北的车师后部，巴尔喀什湖以东、以南的乌孙和天山以南的车师、龟兹、疏勒等30多个城国。匈奴单于派日逐王辖制西域各国，并设立了僮仆都尉[①]，"常居焉耆、危须（今新疆和硕）、尉黎间，赋税诸国，取富给焉"[②]，残酷地奴役天山南北诸多城国。匈奴奴隶主贵族凭借西域丰厚的物质基础，多次攻入陇西地区，"攻城屠邑，驱略畜产……杀吏卒，大寇盗"[③]，有时甚至还将战火蔓延到甘泉、长安一带。匈奴的不断骚扰和入侵，不仅给北方地区的民众带来了深重的灾难，严重威胁西汉北部边境的安宁，还中断了西域地区与中原的联系，阻塞了贯通中西的丝绸之路。

二、张骞出使西域

西汉建立初期，军事力量薄弱，受当时历史条件的限制，并没有积极出击匈奴，只能与匈奴划界而治，基本上是实行和亲政策和防御战略。但和亲政策未见成效，匈奴仍不时侵扰西北边境。汉武帝即位后，经过几十年的休养生息，汉朝的国力基本得到恢复，才展开了全面反击匈奴的斗争。

汉武帝反击匈奴的策略有两种：一是派遣军队正面进攻；二是与受到匈奴压迫奴役的民族结成同盟，联合夹击。于是，汉武帝开始招募使者出使西域，准备联合被匈奴赶到西域的大月氏人及与匈奴有矛盾的乌孙人，以断匈奴右臂，共同夹击匈奴。张骞正是在这种情况下应汉武帝的招募出使西域的。

张骞（约前164—前114），汉中成固（今陕西城固东）人（图2-1）。官至大行，封博望侯。曾经两次奉汉武帝之命出使西域。

[①] 匈奴官名的汉文意译。"僮仆"即"奴隶"，以"僮仆"为官名，可见匈奴视西域各国为奴隶。参见王子今：《匈奴"僮仆都尉"考》，《南都学坛》2012年第4期。
[②] 〔汉〕班固：《汉书》卷96上《西域传上》，中华书局，1962年，第3872页。
[③] 〔汉〕班固：《汉书》卷49《爰盎晁错传》，中华书局，1962年，第2278页。

图 2-1：汉中张骞墓

汉武帝建元二年（前139），张骞第一次出使西域，目的是联络大月氏夹击匈奴。匈奴打败大月氏后，大月氏被迫西迁，一直非常憎恨匈奴，想伺机报复。张骞带领堂邑氏之奴甘父等百余人从长安起程，经陇西郡（今甘肃境内黄河以东中部地区）向西行进，途中被匈奴俘虏。匈奴单于扣留了张骞，为他娶妻成家，用尽各种办法试图诱降他。然而张骞并没有忘记自己的使命，11年后，趁匈奴疏于防备，与甘父等人一起逃离匈奴，继续向西行进。张骞一行首先到达的是大宛，大宛王热烈地欢迎他们，并且派人把他们送到了康居，再由康居前往大月氏。当张骞等人到达大月氏时，大月氏已经占有了大夏故地，那里土地肥沃，人民安居乐业，他们已经不想再寻匈奴报仇了。目的未达到，张骞离开大月氏后，在大夏停留了一年多。为了避免匈奴的拦截，张骞没有原路返回，而是沿着塔里木盆地南缘西行，准备经柴达木盆地，绕道羌族地区回关内。但不幸的是，张骞又被匈奴抓获，拘留一年多。直到公元前126年，趁着匈奴内乱，张骞与甘父才逃回长安。

张骞第一次出使西域，历时13年，带领一百多人出发，仅有张骞和甘父二人返回。张骞这次出使未能完成与大月氏结盟共击匈奴的使命，但了解到西域地区的政治、经济、地理、风俗等方面的真实情况，为汉武帝策划反击匈奴提供了十分宝贵的信息。

在此期间，汉朝与匈奴之间的形势已经发生了巨大变化。公元前127年，汉朝大将卫青大败匈奴，控制了河南地（今内蒙古河套南鄂尔多斯一带）。公元前121年，汉将霍去病沉重地打击了匈奴，浑邪王、休屠王所统治的河西匈奴损失惨重，匈奴单于对他们非常不满，打算严惩他们。浑邪王、休屠王得知消息后，决定投降汉朝。汉军过河接应他们时，休屠王反悔，浑邪王杀死休屠王，带领河西匈奴各部降汉，至此河西走廊完全由汉朝控制。公元前119年，卫青、霍去病再次分道出击匈奴，匈奴大败远逃，其主力向西迁移。

为了完全击败匈奴贵族势力，彻底打通中原与西域之间的联系，汉武帝又召张骞问计。张骞认为"蛮夷恋故地，又贪汉物，诚以此时厚赂乌孙，招以东居故地，汉遣公主为夫人，结昆弟，其势宜听，则是断匈奴右臂也。既连乌孙，自其西大夏之属皆可招来而为外臣"①。由此可知，当时乌孙的势力十分强大，已经占据天山以北、巴尔喀什湖以南，汉朝若与乌孙建立联系，就可以彻底击溃匈奴，开通西域及其以西的道路。

汉武帝决定采纳张骞的建议，派张骞等人去联络乌孙。公元前119年，张骞带领使团，开始第二次出使西域。第二次出使比前一次的规模大了许多，张骞为中郎将，率领300人，带马600匹、牛羊万头，还有一大批币、帛等。此时的河西走廊已归西汉政府管辖，张骞带领的队伍浩浩荡荡，畅通无阻。

张骞使团第二次出使，一路顺利地到达了乌孙赤谷城（今吉尔吉斯坦伊塞克湖东南伊什提克一带）。不巧的是，乌孙内部正在因王位继承而发生纠纷，西汉欲同乌孙联盟共击匈奴的愿望未能实现，但是汉武帝的友好旨意和汉朝的富强，使乌孙与汉朝建立起了亲密关系。在赤谷城期间，通过乌孙的关系，张骞派遣副使分赴大宛、康居、大月氏、大夏、安息、身毒、于阗、扜弥等地开展友好活动。张骞返汉时，乌孙王昆弥派遣亲信专使，带上几十匹乌孙名马为礼物，陪同张骞回长安答谢汉朝。

张骞两次出使西域，历时十几年，行程万余里。第一次出使西域是沿着大月氏西迁的路线，向西经河西走廊到天山北麓，被匈奴俘获，留居天山北至阿尔泰山间，逃出后沿着天山北麓，向西南方到达大宛。第二次出使西域，很顺利地到达乌孙，与更多的地区和国家建立了友好关系，达到了孤立匈奴的目的，进一步疏通了丝绸之路，促进了东西方经济文化交流。史书上把张骞出使西域称誉为"凿空"。

张骞出使西域，到访过西域、中亚的许多国家，亲身探寻和考察了被匈奴阻塞、中断的丝绸之路，使汉朝掌握了丝绸之路沿途各个民族、国家的真实情

---

① 〔汉〕班固：《汉书》卷61《张骞传》，中华书局，1962年，第2692页。

况，进一步证实和订正了之前有关西域诸国的传说及零散的记载，使人们更多地了解了丝绸之路，并与帕米尔以西各国建立友好关系。根据张骞上呈汉武帝的报告，《史记·大宛列传》《汉书·西域传》等翔实记录了当时丝绸之路的具体路线和行经地点。

张骞通西域后，西域各地纷纷与汉朝建立友好往来的关系，丝绸之路空前繁荣起来。来往于西域与汉朝之间的使者以及打着使者旗号、假借"贡献"①之名的商人们"相望于道"，"一辈大者数百，少者百余人"②，一批批使者络绎不绝。他们携带了大量的物资，如中国的丝织品、瓷器等，沿着这条道路运往西方，大宛等地的葡萄、苜蓿等作物的种植技术，胡桃、西瓜、骆驼、汗血马等也相继传入中原，极大地丰富了东西方人民的物质生活，促进了东西方经济、文化的交流。

三、西汉对河西与丝绸之路的经略

绵亘万里的丝绸之路走向在西汉时已经基本形成。汉代丝绸之路的主干线，自长安出发，翻过陇山至陇西高原，经武威、张掖、酒泉、敦煌，由河西走廊西端进入西域。在匈奴控制西域的形势下，西汉王朝在西域地区的丝绸之路，只能走匈奴控制相对薄弱的路线，大体上分为南道、北道两条路线。南道，是指昆仑山北麓到塔克拉玛干沙漠之间的东西通道。自阳关（图2-2）起，经白龙堆沙漠南缘到鄯善（汉朝时楼兰，今新疆若羌），经且末、精绝（今新疆民丰）、扜弥（今新疆于田东北）、于阗，越葱岭（今帕米尔），向西或西南方向，经过大夏、粟特（今乌兹别克斯坦）、安息、条支，最后到达大秦（罗马帝国东部）。北道，是从玉门关（图2-3）向西，经哈顺戈壁南缘，到达车师国（今吐鲁番地区）高昌、交河古城，沿着天山南麓向西南，经过危须、焉耆、渠犁（今新疆库尔勒）、龟兹（今新疆库车）等地。再往西行有两条岔道，一条是由龟兹继续向西，过姑墨（今新疆阿克苏）、温宿（今新疆乌什），出拔达岭（今别迭里山口）到乌孙首府赤谷城，再往西过阗池（今吉尔吉斯斯坦伊塞克湖）南，沿纳林河向西到塔拉斯河中游的郅支城（今哈萨克斯坦江布尔城）。另一条是由龟兹向西南方向行进，到疏勒（今新疆喀什噶尔），越葱岭

---

① 罽宾国"奉献者皆行贾贱人，欲通货市买，以献为名"，见《汉书》卷96上《西域传》，中华书局，1962年，第3886页。

② 〔汉〕司马迁：《史记》卷123《大宛列传》，中华书局，1959年，第3170页。

上的休循到大宛。东汉时，经过与匈奴多次交战，北匈奴西迁，汉朝又开辟了丝绸之路新北道，即出了玉门关向西北，过莫贺延碛沙漠（今哈顺戈壁一带）北缘到伊吾（今新疆哈密），接着向西北行，至蒲类（今新疆巴里坤）、车师后部（北庭），西通乌孙。

图 2-2：敦煌汉阳关遗址　　　　　图 2-3：敦煌玉门关小方盘城

尽管张骞出使西域对丝绸之路的开通起到了至关重要的作用，但是在匈奴势力撤离西域之前，丝绸之路仍然时常阻塞，真正使得丝绸之路畅通繁荣的是汉朝反击匈奴的彻底胜利及西域都护府的建立。

自汉武帝将战略眼光投向西部边境地区，经两次同匈奴作战，汉廷即制订出河西边塞防御的初步计划。武帝元狩二年（前121）霍去病出河西，匈奴浑邪王杀休屠王而将四万余人归附汉朝，汉置五属国以处之。汉王朝经营河西策略据史载："北却匈奴，西逐诸羌，乃渡河湟，筑令居塞。初开河西，列置四郡，通道玉门，隔绝羌胡，使南北不得交关。"①关于河西四郡的设置年代，历来众说纷纭。仅就置郡顺序而言，汉廷首先于酒泉、张掖设立二郡，继之于酒泉西部地区分置敦煌郡，嗣后汉王朝势力稳固，又于河西走廊东端置武威郡。②继四郡开辟，汉廷又于敦煌郡西置阳关与玉门关，另据近年考古发掘与出土汉简记载，汉代从张掖直通居延地区之咽喉地带还设有肩水金关与居延悬锁关，兼有关口、邮驿、候望等多种职能③，为扼守河西走廊西北部交通路线之要地。

① 〔南朝宋〕范晔：《后汉书》卷87《西羌传》，中华书局，1965年，第2876页。
② 张维华：《汉河西四郡建置年代考疑》，《汉史论集》，齐鲁书社，1980年，第309—328页；王宗维：《汉代河西四郡始设年代问题》，《西北史地》1986年第3期；张俊民：《简牍学论稿——聚沙篇》，甘肃教育出版社，2014年，第135页。
③ 吴礽骧：《河西汉塞调查与研究》，文物出版社，2005年，第146—164页。

汉代对河西地区与丝绸之路的经略，历史记载较为简略，唯河西走廊地区遗留下来的汉简，可为这一问题的研究提供较为翔实的资料。

河西发现的汉简数量丰富，大致有四五万件之多，几乎涉及当时社会生活的各个方面和很多学科领域，而且还提供了丝绸之路详尽的路线走向以及沿途国家和地区的历史资料。以东段为例，居延汉简的里程简和悬泉汉简的里程简（图2-4），把从西安到敦煌的整个路线连接了起来。如悬泉置遗址出土的里程简（II90DXT0214①:130A）记载：

仓松去鸾鸟六十五里
鸾鸟去小张掖六十里
小张掖去姑臧六十七里
姑臧去显美七十五里

氐池去觻得五十四里
觻得去昭武六十二里府下
昭武去祁连置六十一里
祁连置去表是七十里

玉门去沙头九十九里
沙头去乾齐八十五里
乾齐去渊泉五十八里
・右酒泉郡县置十一・六百九十四里①

两简共列出 34 个地名，分别记录了七个路段所经过的县、置和区间里程。居延简上的四段分别是：第一段西安以西 106 公里，第二段今宁夏固原东西 100 公里，第三段甘肃景泰到古浪 137 公里，第四段山丹、民乐、张掖 100 公里。悬泉简上的三段是：第一段古浪到武威以西 111 公里，第二段张掖境内 102 公里，第三段酒泉到敦煌 99 公里。由于简文残断，呈现的路线时断时续，但不影响我们对东段丝路的整体认识。

---

① 甘肃文物考古研究所：《敦煌悬泉汉简释文选》，《文物》2000 年第 5 期。

通过这些汉简可以看出，汉代丝绸之路的路线大体是这样的：从长安出发，沿泾水河道往西北走，经平凉、固原绕过六盘山，在靖远过黄河，再穿过景泰和古浪到武威，经河西四郡出敦煌，这是当时东段的主要路线，是官员、使者和商旅的首选。只有当这条路线受阻时，人们才选择另一条路线，即从长安出发沿渭水河道西行经宝鸡、天水、临洮，尔后进入青海横穿柴达木盆地，从索尔果里到若羌，此即所谓的羌中道。两条东、西平行的道路中间，还有两条支线可以南北互通：一条是从临洮到兰州，沿今天312国道进入武威；一条是经青海扁都口到张掖。直到汉哀帝元始四年（4）羌人才献出青海湖一带，汉成立西海郡。所以，整个西汉时期羌中道几乎无法通行，即使选择渭水西进，到了临洮也得北向经金城进入武威。①

敦煌是汉朝经营西域的前哨基地，自汉武帝"列四郡、据两关"始，敦煌及其境内的阳关、玉门关就与丝绸之路结下了不解之缘。丝绸之路出长安、入敦煌后，通过阳关、玉门关南北两道，贯通西域，敦煌因而被称为"丝绸之路第一枢纽"。据《史记·大宛列传》载：自张骞出使西域后，丝绸之路呈繁荣景象，赴西域的商贾、使者，"相望与道"，"一辈大者数百，少者百人"，"一年之中，使者多十余，少者五六辈"。敦煌作为必经之地，不仅接待了来往的使者，而且见证和传播了丝路文明和丝路传奇。

图2-4：悬泉汉简里程简

敦煌郡下辖敦煌、冥安、效谷、渊泉、广至、龙勒六县；敦煌郡境内分置玉门、阳关、中部、宜禾四部都尉。作为西北边疆交通要塞之地，敦煌郡及其辖下诸县、汉塞、候官等建制对于保障汉帝国西北边境防御体系与交通安全十分重要。此外，汉代敦煌郡下还设置、驿、亭、邮等邮驿机构。关于置的设立，悬泉汉简记载：

---

① 郝树声：《敦煌悬泉里程简地理考述》，《敦煌研究》2000年第3期；张德芳：《西北汉简中的丝绸之路》，《中原文化研究》2014年第5期。

□效谷、遮要、县（悬）泉、鱼离、广至、冥安、渊泉写移书到……算课西案劾殿者，白太守府，毋忽。如律令。ⅡT90DXT0214③:154①

而如悬泉等"置"，除邮驿外亦兼具行政、军事等职能。悬泉置（图2-5），位于今敦煌市与瓜州县交界，汉简所记其全称为"敦煌郡效谷县悬泉置"，隶属效谷县与敦煌郡。敦煌郡县置建制，就目前汉简研究所见，确知者从东向西依次有渊泉、冥安、广至、鱼离置、悬泉置、遮要置、敦煌与龙勒，其中五个与县名吻合，三个以地名命名，称"县五置三"②。

图2-5：悬泉置遗址

现已明确敦煌郡四都尉中，宜禾都尉驻守敦煌郡北境塞防，西起宜禾候官介燧，东止酒泉郡西部都尉，下设宜禾、鱼泽、昆仑等五候官。③中部都尉于敦煌县北境，辖敦煌北塞诸障燧，领属平望、破胡、吞胡、万岁等四候官，与宜禾都尉毗邻。玉门都尉置于龙勒县北境，辖龙勒北塞诸障燧，领属大煎都、玉门等候官。阳关都尉置于龙勒县南境，辖南塞诸障燧。④玉门、阳关都尉之职系主事辖区之防务，与史载函谷关之"关都尉"⑤职能有别，玉门关事务于汉简所见主要由"关啬夫"⑥处理，其应主要负责过往使节人员出入关卡事

---

① 甘肃文物考古研究所：《敦煌悬泉汉简释文选》，《文物》2000年第5期。
② 张俊民：《敦煌悬泉置出土文书研究》，甘肃教育出版社，2015年，第168—183页。
③ 林梅村、李均明：《疏勒河流域出土汉简》，文物出版社，1984年，第24—25页。
④ 吴礽骧：《河西汉塞调查与研究》，文物出版社，2005年，第48—49页。
⑤〔汉〕班固：《汉书》卷74《魏相传》，中华书局，1962年，第3133—3134页。
⑥ 甘肃省文物考古研究所：《敦煌汉简》，中华书局，1991年，第250页。

宜。汉廷自武帝朝至宣帝朝于河西逐段兴筑障塞烽燧，河西地区的烽燧修筑，于武帝元封四年（前107）修筑自酒泉至玉门关，武帝太初三年（前102）自张掖至居延泽，天汉初（前100—前99）自敦煌西至盐泽，宣帝地节三年（前67）自媼围至揟次。①前后四次分段修筑的烽燧，在河西以北地区构建起一道坚固的壁垒，以御北部匈奴入侵。相对于河西北部广袤无垠的地势而言，南部挺立的祁连山—阿尔金山形成的天然屏障，无须建如北境那样的防御壁垒。

汉代敦煌郡于龙勒县南置阳关都尉，主辖阿尔金山以东，阿尔金山脉与祁连山脉结合部北坡，西起今甘肃阿克塞哈萨克族自治县多坝沟，经敦煌县南湖乡，东止于党河口以东拦河坝附近。②敦煌郡以南为阿尔金山东北余脉三危山，发源于祁连山脉东段党河南山的党河沿三危山向西流淌，过今敦煌市而向北，汇入疏勒河。《汉书·地理志》言："氐置水出南羌中，东北入泽，溉民田。"③"氐置水"即今之党河，水出南羌，即言敦煌以南山地多羌人部落。倚三危山之天然屏障，将敦煌地区与南山羌人隔离开来。而党河、疏勒河等，却又成为周边少数民族进入敦煌的天然通道，汉廷亦于敦煌郡南部河谷山口之地修筑塞垣等防御工事。敦煌郡之南塞并未见于史载，而据考古发现，于今敦煌、酒泉南部地区诸山口、开阔地等局部地区有塞垣、堑壕、栅栏等塞墙遗迹，可绝通道。④悬泉汉简记载，阳关都尉以下设立"候官"：

入东檄二，敦煌千人印，广校、益广候，县次吏马行，七月癸未日下铺受西　ⅡT0111①:365

博望雕秩候部见羌虏为盗　Ⅲ92DXT0809④:35

简文所见"博望""雕秩""广校""益广"四候官均隶属阳关都尉，而除雕秩候官方位尚不明确外，简文可见博望候官应位于悬泉置西，而益广、广校候部应处悬泉置以东。四部候官职责应在于巡行以保辖境安全，同时防备异族入侵：

---

① 吴礽骧：《河西汉塞调查与研究》，文物出版社，2005年，第17页。
② 吴礽骧：《河西汉塞调查与研究》，文物出版社，2005年，第84页。
③〔汉〕班固：《汉书》卷28《地理志》，中华书局，1962年，第1614页。
④ 李并成：《河西走廊历史地理》，甘肃人民出版社，1985年，第230—234页。

益广广校候部见羌虏，疑为渊泉南，籍端□□□ 92DXH11:1
君会广至，羌人当以时出，唯廷调左部游徼贺，及间亭吏卒
ⅡT90DXT0115②:10

简中记载，四部候官于南塞辖境均见"羌虏"，而渊泉、广至见羌人异常活动，"南籍端"者见于《汉书·地理志》冥安县①，然则简文可见当时羌人的异常活动已遍布敦煌郡各地，初师宾亦指出诸简文所记应与汉宣帝神爵年间平青海羌乱之事有关。②南北塞防御体系以及都尉、候官职官系统的建立，对于防御少数民族的侵扰意义重大。

汉代对河西少数民族的管理，除以烽燧塞垣等防御少数民族军事入侵外，主要表现在对境内少数民族的管控以及沟通。汉代于边郡设立属国以对归义少数民族进行安置，曾于酒泉、张掖等地区前后设立五属国以安置如羌人、小月氏人、匈奴等族，对此悬泉汉简也有相关记载：

酒泉归义垒羌龙耶种男子韩芒自言今年九月中□
ⅡT0214②:195

"归义垒羌龙耶种"男子所在之地当为酒泉属国，并且就悬泉汉简所见，其辖下另有专属职官：

□印 同 一诣酒泉大守博
　　　　一诣主归义左候官
　　　　一诣表是
ⅡT0113③:94

该简为一件邮书，其传递文书内容除酒泉太守外另有"主归义左侯（候）官"，此官职目前于汉简中仅此一例，难详考其职，而从其官名以及传递方向

---

① 〔汉〕班固：《汉书》卷28《地理志》，中华书局，1962年，第1614页。
② 初师宾：《悬泉汉简羌人资料补述》，《出土文献研究》第6辑，上海古籍出版社，2004年，第173页。

来看，该职很可能为酒泉属国辖下主事归义少数民族事务官员。

随着与周边少数民族交往的日益频繁，汉廷专门设置"译"官负责民族间的语言翻译亦频频见于汉简记载。汉官制，"典客"掌诸归义少数民族，景帝中元六年（前144）更名大行令，汉武帝太初元年（前104）更名大鸿胪，以负责外交与民族事务，其属官便有"译官"，而掌少数民族的"典属国"也有相应"九译令"的设立。①至汉宣帝时西域诸国归附，汉廷于诸国均设立译长，同时，汉廷于边地府尉同样设立相关的"译"。汉简可见时敦煌郡府同样设立译者：

仓曹言遣守属忠送罢匈奴译诣府
Ⅱ98DXT1②：1
·凡传马卌四匹：其一匹假匈奴译
　　　　　　　见卌三匹
　　　　　　　ⅡT0213①：8
今余传马卅八匹：其一匹假匈奴译
　　　　　　见卅七匹
　　　　　　ⅡT0216②：220

汉简Ⅱ98DXT1②：1出自敦煌小方盘城②，简文中的"匈奴译"当隶属于敦煌北境的玉门都尉。玉门都尉的设置最早可至武帝元封四年（前107），时年汉廷于酒泉列亭障至玉门，并据小方盘城出土汉简所记，当时玉门都尉属酒泉郡管辖，而敦煌尚未设立郡。③而简ⅡT0213①：8和ⅡT0216②：220出自悬泉置，记录了悬泉置借马给匈奴译。敦煌郡北境作为抵御匈奴南侵的重要防御地带，其与匈奴的交往也最为频繁，匈奴译必为其属常设职位。敦煌郡在同羌胡的交往中，亦设有译人承担翻译工作：

元凤五年十一月丙子朔辛卯尉史宣敢言之戎邑给敦煌郡羌译一人有请

---

① 〔汉〕班固：《汉书》卷19《百官公卿表》，中华书局，1962年，第730—735页。
② 李岩云：《敦煌汉简相关问题补遗》，《敦煌研究》2010年第3期。
③ 吴礽骧：《河西汉塞调查与研究》，文物出版社，2005年，第14页。

诏今谨遣

　　羌译板里男子妾南以县牛车传送续食谒移过所县道官给法所当得舍传舍敢言之

　　VT1511⑤:2A

　　入粟八斗阳朔二年闰月甲辰县泉吾子文受遮要啬夫博以食羌胡译行书马靰赐之等传马

　　ⅡT0215②:16

从以上诸简所记可见，汉廷在同匈奴、羌人以及西域诸族的交往中，均设立有专门从事语言翻译的译人，且已应作为汉廷边境，尤其河西诸郡府尉的常设官职。

第二节　邮驿系统的完善与西域都护的设立

伴随着匈奴主力的西迁，汉王朝为了巩固其胜利果实，加强通向中亚大地丝绸之路北道的建设，自敦煌向西筑长城、亭燧，在渠犁、轮台等地屯田。元狩二年（前121）、元鼎六年（前111），汉朝政府先后在河西走廊甘肃境内设立了河西四郡，即武威、张掖、酒泉、敦煌四郡，隔断了匈奴与羌族之间的联系，确保丝绸之路咽喉地带的畅通无阻。

汉朝政府与向西发展的匈奴势力争夺西域的斗争愈演愈烈。元封三年（前108），汉朝出兵打败了匈奴的耳目楼兰、车师。太初四年（前101），汉朝大将李广利成功征伐大宛。征和四年（前89），在楼兰、危须、尉犁等六国军队的配合下，汉朝大军打败了匈奴支持的车师（前部在今吐鲁番，后部在今吉木萨尔），车师王降服，大大削弱了匈奴在西域的统治。公元前72年，乌孙遭到匈奴攻击，向汉朝求援，汉朝五将军率十五万大军与乌孙五万军队联合，从东西两方共同夹击匈奴，大获全胜，匈奴受到重挫。

在西汉王朝极力开拓丝绸之路南、北两道的同时，匈奴也进行了全力抗争。公元前62年，西羌首领狼何勾结匈奴，共谋出击鄯善、敦煌等地，战略目的在于"绝汉道"。汉宣帝神爵二年（前60），匈奴奴隶主贵族发生内讧，日逐王先贤掸率领部众投降汉朝，汉朝派守护鄯善以西的使者郑吉迎接日逐王，并封他为归德侯。匈奴势力基本退出西域,他们设在西域的统治机构僮仆都尉至此撤销,西域统一于汉朝政府,由西域都护直接管辖,丝绸之路步入崭新的发展阶段。

汉朝在反击匈奴的同时,还十分重视管理和维护丝绸之路。他们整修和延长了万里长城,加强了各地的防御工事建设,以确保丝绸之路的畅通。交通道路的日益发达,也使中国的邮驿系统得到了进一步完善。(图2-6)

图2-6:固原境内战国秦长城

一、汉代的邮驿系统

邮驿,也称驿传,是古代的信息交通形式,包括邮传和驿站等机构设施,通常是由政府管理,承担传递文书、接待使客、运送物资等重要的国家任务。具体来说,就是在水陆交通线路上,每隔一定距离修置一所馆舍,在其中配备一定数量的客房、伙食和出行的马匹、船只,以及专门的差役人员,兼有现代军队系统兵站和地方政府招待所以及邮政和机要通信站的功能。[1]

中国最早的邮驿制度可以追溯到黄帝"合符"[2]的故事,在殷商时代就设置有邮驿,周代邮驿应用普遍,有"遗人""野庐氏"等官职主持其事,但真正意义上的邮驿制度则是在秦朝统一中国后。秦朝在全国建立了郡县制,进行了一系列重大改革,如"车同轨""书同文","开河渠""兴漕运","为驰道于

---

[1] 汪受宽:《甘肃通史·秦汉卷》,甘肃人民出版社,2013年,第268页。
[2] 合符是中国流传久远的一项合盟信物制度,常用于文字发明之前的重大政治、行政、庆典、军事等活动。符,又称符节、符信,古代多以竹、木、兽皮、玉、骨等为符,制成后一分为二,供持有者双方相互印证,也就是合符。

天下"①，统一了货币、文字、度量衡和法律，修筑万里长城，开辟秦始皇专用的天子道，通达全国36个郡，广设驿站馆舍，为汉代邮驿制度的巩固和发展奠定了基础。

汉朝建立后，继承秦制，采取了一系列发展经济、恢复交通的措施。公元前127年，汉武帝收复河南地，设置朔方郡、五原郡，移民垦荒，整修秦时沿黄河的长城。公元前121年，攻下河西后，汉朝将长城沿黄河由朔方延长到令居（今甘肃永登）。匈奴西迁之后，为了加强西北地区的守备，公元前102年，汉朝在朔方以西的居延修筑了障塞，派遣重兵防守。李广利征伐大宛胜利后，汉朝的长城又由敦煌向西延伸到盐泽，并设置亭障。从此以后，玉门关、阳关成为丝绸之路上两个重要的关隘，而联系东西方、长达数千里的长城及沿长城而设的亭障，既是为丝绸之路供应粮食的驿站，又是军事警卫的哨所，为往来于丝绸之路上的使者、商贾提供食宿，确保其人身和财物安全。

汉代以前就有"邮""驲""遽""置""传"等邮递信息的机构名称，从汉代开始才有了专门的名称——"邮驿"。为了加强中原与西域的联系，汉朝不断地开辟、发展邮驿交通要道，各地邮亭驿站的设置更加完善。在国内，"驿马三十里一置"②，每驿设官掌管，郡县之间达到十里一亭，五里一邮，共开发邮路4万多公里，建成了较为完善的通信网络；向外，汉朝与朝鲜、日本、伊朗、罗马等国建立了联系，完善的邮驿制度促进了丝绸之路上东西方各国间的经济文化交流。

（一）汉代邮驿机构的设置

西汉时，总领全国邮驿事务的是丞相府。实际上，典属国③及其属官行人令才是全国邮驿机关的真正首脑，与邮传有着密切关系的还有九卿中的卫尉、大鸿胪（景帝时称为大行令）。此外，在中央兼管邮驿事务的还有御史大夫，主要负责巡行和对使用邮传的使者发放"封传"进行监察。

地方邮驿管理分郡、县两级，由太守、县令掌管，具体主管文书的属吏是令史，公文的经办人为郡县内分管某科事务的属曹。各郡国都分设诸部督邮，

---

① 〔汉〕班固：《汉书》卷51《贾邹枚路传》，中华书局，1962年，第2328页。
② 〔南朝宋〕范晔：《后汉书》志29《舆服上》，中华书局，1965年，第3651页。
③ 秦汉时负责属国的官员，秩二千石，负责少数民族事务。见《汉书》卷19上《百官公卿表上》："典属国，秦官，掌蛮夷降者。武帝元狩三年昆邪王降，复增属国，置都尉、丞、候、千人。属官，九译令。成帝河平元年省并大鸿胪。"

掌管邮驿事务。在驿道所经之处，设专门官吏管理其事。

具体的基层邮驿机构包括邮、传、驿、置、亭等设置。大致来讲，以车送为传，步递为邮，马递为驿，驿传中间停驻之站为置，步递停留之处为亭。①

1. 置，是汉朝政府设于县的基层邮驿机构。"置者，置传驿之所，因名置也"②，由此可知，置是综合性的邮驿机构。驿是一种与置并列的邮驿机构，但功能不同。《说文解字·马部》："驿，置骑也。"段注："言骑以别于车也。駰为传车，驿为置骑，二字之别也。"③汉代的驿主要是指传送文书、信件的驿马，驿成为驿站当在汉以后。④

驿置作为邮驿系统的基层单位，功能较为齐全，长官为丞，下设仓、厨、厩、置四啬夫，佐为吏员，基层还有传舍啬、邮书、邮人等，另有数匹或数十匹马，构成了有别于地方行政机构的邮驿管理系统。

2. 邮，是传递文书的专门机构，也可供人止宿，郡县各行政组织间用邮传递文书、上封事、奏疏等。邮可与亭、传、置、驿并为道路交通的设置，重叠于一处互相通用。"邮站多数为燧，少数为亭、驿、关。"⑤十里设一亭，有亭长、亭侯；五里设一邮，邮与邮之间相距二里半。可见邮与亭是共存关系，所谓的"十里一亭""五里一邮"只是标准数目，事实上的邮亭建制会因地理环境、邮递需求不同而有所增减。

3. 传，就是传递，即以交通线上适当设置的驿站来替换车马，同时这种替换车马的地点又叫作传。因为替换车马需要停下来一次，所以这个地点也叫作置。两者连起来称为传置。"行则驿车（骑），止则传舍"⑥，因此传也可称为驿，或者传舍连称。

汉代的传，是指用车，供行政官吏或特许之人因公乘坐。汉朝时须凭传信用传，一为木质传，叫木传信；二为红色织物，叫棨信。传信中的内容与封印，因传种类的不同而不同。

4. 驿，源自传舍。驿与邮同属行政系统上的一个部门，不同的是，邮可以

---

① 王子今：《秦汉交通史稿》，中共中央党校出版社，1994年，第456页。
② 〔汉〕班固：《汉书》卷4《文帝纪》颜师古注，中华书局，1962年，第117页。
③ 《说文解字注》十篇上《马部》，上海古籍出版社，1981年，第468页。
④ 吴荣曾：《汉代的亭与邮》，《内蒙古师范大学学报》2002年第4期。
⑤ 陈梦家：《汉简缀述》，中华书局，1980年，第28页。
⑥ 薛英群：《居延汉简通论》，甘肃教育出版社，1991年，第418页。

负责传书，而驿只供给传书者交通工具，以驿马传递为主，传书者仍然需要由发书人派遣专使。驿有驿卒，每三十里设一处，驿马三十里一置。驿有驿马，也称传马，都是官马。马是驿所用的主要交通工具，"驿骑""驿马"都是用马，极少的时候用车也称作驿。驿站里有马厩，备有马鞍，还供应食宿，公差官吏、邮递往返都可使用。士卒的家属因公、因私探亲往返，出资后也可在传舍里落脚。

5. 亭，驿置以下最基层的单位。汉代的亭是兼有传烽报警、邮驿、治安和经济管理等多种职能的机构。设在驿与驿之间或不设驿的一般道路上，由主察奸盗的亭兼管文书传递，称为邮亭。

两汉时，亭的设置很普遍，除了为旅客提供食宿外，还兼管邮驿通信事务。那时亭的政治任务是"缴循防盗"，盘问、监视旅客。亭设有亭长，亭长佩刀、带剑、披甲、持楯、习射等，很有权威。亭大半设置在路旁的高地上，建筑多为楼的形式，兼做瞭望之用。个别的亭，会设在城郭附近。大体上是"十里一亭，十亭一乡。亭长，主亭之吏"①。

邮、亭、驿、传、置可以互称，其差别在于职能、设置距离、传递方式的不同。邮、亭都有邮政机构和专政机构两方面的职能，而传、驿主要是邮递性质的机构。邮、亭为戍卒步递，驿则用马传递紧急公文。简单地说，步递为邮，马递曰驿；邮与亭相近，故连称邮亭；驿则因设站的长短分为驿、置两种，大者称驿，小者为置。②

关于邮驿设置的距离，文献记载各不相同，说法很多。一般是十里一亭，五里一邮，三十里一驿。张家山汉简中吕后二年（前186）的《二年律令·行书律》，有关于置邮驿间距的条文规定：

> 十里置一邮。南郡江水以南至索（？）南水，廿里一邮。
>
> 一邮十二室。长安广邮廿四室，敬（警）事邮十八室。有物故、去，辄代者有其田宅。有息，户勿减。令邮人行制书、急书，复，勿令为它事。畏害及近边不可置邮者，令门亭卒、捕盗行之。北地、上、陇西，卅里一邮，地险陕不可邮者，得进退就便处。邮各具席，设井磨。吏有县官

---

① 〔汉〕司马迁：《史记》卷8《高祖本纪》，中华书局，1959年，第343页。
② 陈直：《居延汉简研究》，天津古籍出版社，1986年，第44页。

事而无仆者，邮为炊；有仆者，叚（假）器，皆给水浆。①

此律令明确规定，汉朝时在人口稠密的关中地区，十里一邮；在人口较少的南郡长江以南地区，二十里一邮；北地郡、上郡、陇西郡等人口稀少的地区，三十里一邮；地势险恶狭窄不宜设邮的地方，距离可以增减，在合适方便之处设邮。②

（二）汉代的邮件管理制度

汉代在寄发邮件时，实行严格的检署和登记制度，运递过程也有一定的时限规定。

1. 邮件的检署和登记

检为封检，署为题署。邮件的检署制度，即封检题署制度。封检是用以封缄文书之物，多用木板制成。检分为两种，一是书牍之检，二是封囊之检，二者的大小、形制不尽相同。检上都有刻齿和封泥，用绳子绑束后盖印，即为封检。封泥既可防止泄露和作伪，又是文书真实性和权威性的凭证。

检上所题之字即为署。封检题署可分为文书和实物两大类。封检的内容主要包括五个方面：第一，署收件者机构、职官、名姓等以标明收件者，私人信件同时还署有寄件者；第二，根据邮件的主次缓急及客观需要，标明传递方式；第三，记录寄件者与收件时间、送件人以供查核；第四，标明被封检文书的类别；第五，标明被封检实物的类别、数量和所有者。③

作为文书的传递者，每个亭燧都有登记簿——称出入邮书简，详细记录文书传递、交接的经手人和对象，以明确责任。如有差错，负责人可带着邮书簿去上级机关对证。这里的邮书簿，指的是各个承运单位对邮书进行备簿登记，照抄封检，加注收发时刻和经办人姓名。一般簿书上会写明"某某太守印""某某章"等，以备查存。

2. 邮件的运行管理

汉代邮件的运递过程包括发运和传递。发运方式有两种，一是靠邮亭之间分程传送，二是交送驿来传递。因为二者都是接力递运，为便于识别，所以公

---

① 张家山二四七号汉墓竹简整理小组：《张家山汉墓竹简（二四七号墓）》（释文修订本），文物出版社，2006年，第45页。
② 张俊民：《敦煌悬泉置出土文书研究》，甘肃教育出版社，2015年，第453—470页。
③ 李均明：《封检题署考略》，《文物》1990年第10期。

文外边的封检必须文字清晰，标志鲜明。

传递又分为"限时传递"和"分段传递"。邮书的种类繁多，有诏令文书，也有各种官文书；有紧急文书，也有普通文书，不管是何种文书，都有一定的时间限制。尤其是皇帝的诏令和标有"急"字的文书均为紧急文书，必须立即递送，不得延误。

邮书运递有严格的时限，整个传递过程是由邮人、邮卒分段接力传递，各负其责。因此，不仅各个邮站有详细的邮书过往记录，而且各个区间也要全面记录，内容包括邮书的性质、数量、种类、收文者、发文者，印章封泥是否完好，邮件封皮的颜色、质地及受付时间、传递者等。

（三）汉代邮书的传递方式

从交通工具来看，汉代邮书的传递可分为步递、马递、车递、船递等四种，前三种最为普遍。其具体的方式，主要有"以邮行""以次行""以亭行""马驰行"和"轻足行"等。①

图 2-7：敦煌悬泉汉简阳朔二年传车簿

1. 以邮行。以邮行就是通过邮亭传递文书，一般都是重要文书，由于以邮行的文书传递距离较远，在边塞地区多以驿马、传马进行传递，由五里一邮，邮人居间的"邮人"传递，不必由官府另外派人。汉代边郡烽燧间的文书往来，多采用"以邮行"。在悬泉汉简（图 2-7）中，西汉时未见专称"邮"者，东汉以后才有"邮"的称谓，只有永平十五年（72）邮书简中有"入西书八，邮行"。

2. 驰行。驰行是用车马快速传递，多用于边郡紧急文书，以吏

---

① 胡平生、张德芳：《敦煌悬泉汉简释粹》附录，上海古籍出版社，2001 年，第 200—206 页。

乘快马传递的又叫"吏马驰行"。

按照官职的高低、任务的轻重和时间的急缓，传递文书时会使用不同等级的车马，具体可分为五个等级：四马高足称为"置传"，四马中足称为"驰传"，四马下足称为"乘传"，一车二马称为"轺传"，急事骑一马称为"乘"。特殊情况下，传车马匹的数量可以超过规定，最多有七乘传。使用驿传时，需要持有政府颁发的长一尺五寸的木传信，封以御史大夫印章，根据封印的多少来定使用车马的等级。

3. 以亭行。以亭行是步行传递的一种，以亭行的文书是都尉府、侯官、侯长等通告各亭的文书，同以邮行一样，是通过邮、亭机构逐亭传递。这类文书传送距离较近，一般以人步行投送。

另外，还有一种标作亭次行的封简，如悬泉亭次行。亭次行与以亭行的区别在于，如果只知道收件人的大体方位，不能确定其具体位置时，就采用类似探投的方法，在封简上特别注明"亭次行"。"悬泉亭次行"中的"悬泉"（图2-5）是指收信地的方向，这是寄件人提供的收件人的大概方向，就注明"某某亭次行"，以便沿途的邮亭向"悬泉"方向跟踪探投。

4. 以次行。以次行或称以次传，即依次传递，以次行传送的是"露布不封之书"，沿途露布之官示。按远近，以次行又可分为"以县次传"和"以燧次传"两种，前者以县为换文距离，后者按驿道两旁烽燧逐一传递。与以邮行不同的是，以次行的传递者可能是官府专门派出的人员。以次行是以侯官或侯长所居传递，一般以人步行投送。以次行的文书有可能是都尉府通告各侯官、侯官通告各侯长的文书，不一定在各个燧亭都停留。

5. 以轻足行。以轻足行即用善于行走者步行传递，只适用于近距离传递。在睡虎地秦简《田律》中有如下规定：

> 雨为澍，及诱（秀）粟，辄以书言澍稼、诱（秀）粟及垦（垦）田畼毋（无）稼者顷数。……近县令轻足行其书，远县令邮行之，尽八月□□之。

简文记录的是地方政府向上级报告下雨时得到灌溉的田地面积数和各种自然灾害时受灾面积数的文书，要求"近县"的派"轻足"传送，"远县"的由

"邮"传送。①

邮驿是古代社会朝廷加强中央集权统治不可或缺的重要手段。从汉代起，各朝代都非常重视邮驿传递。邮驿的设置逐步网络化，传递的程序逐步制度化，中央政府对于驿站的分布、驿官的选任、驿站人员的编制配备及马匹、船只的数量等，都有严格而具体的要求，对文书传递过程中的勘合检查办法也有详细的规定。

汉代的邮驿制度，上承秦制而加以改进，下启唐宋元朝而多有发展。汉代邮驿中存在着殷周文化、徐楚文化和先秦法制的影子，而唐律中的"驿使稽程"、宋代"始许臣僚以家书附递"、元朝的"长引隔眼"、封泥、印花等制，都可以从汉代的邮驿中找到其雏形。此外，值得注意的是，古罗马的邮驿建置竟然和汉朝的一模一样，因此可以说"汉代邮驿在中国邮政史中占了继往开来的关键地位，在和古罗马邮政、东西洋文化交流当中，也起了相互推动的进步作用"②。

二、罗马帝国的邮驿系统

在古代西方社会中，邮驿系统最发达的无疑是古罗马。汉代时中国的邮驿系统十分发达，那么同一时期位于欧亚大陆另一端的大帝国——罗马帝国的邮驿系统又如何呢？

在西方，最早的邮驿制度可以在《荷马史诗》中找到线索，公元前132年，正值罗马共和国时期，格拉古（Gaius Gracchus）修建了道路和驿站，③但到了罗马帝国时期邮驿系统才真正意义上完善起来，那时的"御道"四通八达，成为加强帝国统治的有力工具。帝国时代，皇帝奥古斯都为了能更快地到达每个行省，了解其正在发生的事情，先是在军用大道沿线上每隔很短的距离配备年轻人传递消息，然后又设置了驿站马车。

公元前2世纪以后，罗马征服了地中海地区，建立了行省制度。从公元前1世纪后期开始，罗马帝国的疆域不断广大，经济日益繁荣，交通更加发达，邮驿已成为罗马帝国军事和行政机构中十分重要的一部分。据《后汉书·西域

---

① 易桂花、刘俊男：《从出土简牍看秦汉时期的行书制度》，《中国历史文物》2009年第4期。
② 楼祖诒：《汉简邮驿资料释例》，《文史》第3辑，中华书局，1963年，第123—125页。
③ A. M. Ramsay, A Roman Postal Service Under the Republic, The Journal of Roman Studies, Vol. 10, 1920, pp. 79-86.

传》记载，大秦国"地方数千里，有四百余城。小国役属者数十。以石为城郭。列置邮亭，皆垩墍之（用白土粉饰屋顶）……邻国使到其界首者，乘驿诣王都，至则给以金钱"①。由此可见，当时罗马帝国的邮驿系统已经发展得相当完善，驿道四通八达，从王都到界首，普及率相当高。

（一）罗马帝国驿站的类别

根据配置的不同和传送之物是否紧急，罗马帝国的驿站可分为快送驿站和普通驿站。快送驿站备有快马和驮马运货，还有三头驴拉的两轮轻便马车，普通驿站则只能使用牛车。

根据驿站为过往行人提供服务的多少，可分为大驿站和小驿站。大驿站不仅能为过往者提供畜力更换，还能提供食宿。小驿站只能提供交换用的畜力。

根据所能提供的服务功能，驿站又可分为夜宿驿站、畜力驿站和护卫驿站。夜宿驿站可以提供夜晚住宿服务，信使们可以在那里停留洗浴和整夜住宿，获得新的马匹、公牛、骡子等畜力，第二天再出发。畜力驿站只提供重新换马、骡子的服务，更新后继续前进。护卫驿站最初只是由士兵或道路卫兵保护商旅免遭强盗抢劫的一种护卫，后来才演变成为以护卫为主的驿站。②

在道路使用上，罗马帝国没有像中国那样有"驰道"与普通道路的严格区分。相同的是，罗马帝国时期邮驿的建立与中国一样，主要是出于军事上的考虑，同时也是加强帝国统治的有效手段。

（二）罗马帝国邮驿中的畜力

和中国一样，罗马帝国的邮驿任务主要也是靠畜力来执行的。尽管马匹在邮驿中占有十分重要的地位，但是罗马帝国初期时马匹除了用于军队，较多的马还是用于各种各样的比赛。

在罗马，因为马匹比较珍贵，所以在信使传送过程中并不经常使用。在罗马帝国早期，除了传递重要的文件使用马匹之外，其他的驿传信使经常用牛，直到帝国后期，才发生了重大改变——每个驿站配备的马匹数量多得惊人。全国各地五六英里便有一所驿站，每个驿站经常备有40匹马。罗马的驿马都是赤脚的，所以它们大多只能沿着道路两侧的路基而行，而不能在坚硬的路面上

---

① 〔南朝宋〕范晔：《后汉书》卷88《西域传》，中华书局，1965年，第2919页。
② Jo-Ann Shelton, As the Romans Did: A Source Book in Roman Social History, Oxford University Press, 1988, pp.183-184.

奔跑。有了马套以后，尽管并没有普遍使用，但情况还是有所改善。马套的边缘很光滑，呈波状，上面打有小孔。罗马的马套有两种，一种是所谓的斯巴达马套，是用粗糙的斯巴达草或其他合适的材料，根据牲畜脚的大小制成，直接套在牲畜脚上。这种马套优点是轻便，对牲畜来说也很舒适，缺点是耐磨性太差。另一种是所谓的马蹄铁套，即铁制的脚套，用绳索或皮带绑在牲畜脚上。这种脚套很笨重，使得牲畜行走缓慢，但优点是经久耐用。由于驿马珍贵，运送货物或其他笨重材料的主要畜力不是马匹，尤其是在普通驿站，其他畜力的使用率远比马高。其中最重要的是骡和驴，在驮运货物方面的作用比马要大。一头驴大约能驮100公斤货物，一头骡子最多能驮200公斤货物。三头骡子能驮大约一辆四轮马车拉的重量，费用要比马车低得多。在东部一些行省，如叙利亚等地，人们则习惯使用骆驼，骆驼比驴和骡子更能载重，能驮起200多公斤的货物。①

（三）罗马帝国邮驿的速度

关于邮驿速度，中国史书记载的大多是特殊环境下的"疾行速走"，汉代的驿报速度十分快捷，竟高达每天400公里左右，而由于缺乏足够的资料，很难准确地估计当时正常的邮驿传递速度。罗马史书中也不乏记载特殊环境下快速行驶的类似个案，最高纪录约为每天320公里，正常情况下的平均速度约为每天75公里。

（四）罗马帝国邮驿的管理

和中国一样，罗马统治阶级也非常重视对邮驿系统的监管。罗马的邮驿系统名义上由皇帝掌控，但实际上是各个行省长官负责驿站的管理和维修，其费用来自行省的税收。在实际操作过程中，行省长官通过对行省人民的强制劳役和税收来完成。他们负责驿站保养的相关事宜，包括保养道路、维修桥梁，保证地方机关的日常工作。为了便于管理，行省又分为若干驿站区，每个驿站区都有一个包税人或承包人来具体管理。包税人之下，有许多受过训练的从属官员和奴隶，负责完成专门的任务，包括管理驿站马匹、照看牲畜、医治生病的驿马牲畜、供应草料、维修马车等工作。

罗马帝国后期，一些驿站由卸任的行省官员或教区牧师担任管理者，或由

---

① Jo-Ann Shelton, As the Romans Did: A Source Book in Roman Social History, Oxford University Press, 1988, p.184.

一些帝国行政长官担任,更多情况下这些包税人是由市镇议会任命的。381年的法律规定,包税人的任期不得超过5年。最初,只是皇帝才有驿站使用证的颁发权,后来各地官员也有了这种权力。驿站为罗马帝国运输和人们出行提供了方便,为了谋取私利,一些人特别是有驿站使用证颁发权和卸任的官员们,都想方设法地获得驿站使用证。驿站使用证的滥用加重了罗马帝国的负担,引起了各朝皇帝的高度重视。在各个时期,皇帝们都采取过一系列措施,但并不能阻止驿站被滥用,也无法遏制官员使用驿站的铺张浪费。到查士丁尼皇帝时期,卡帕多奇亚的行政长官约翰废除了各地区的快送驿站和普通驿站。

总之,汉代时中国和罗马的邮驿系统已经发展到了相当完善的水平。驿传效率的提高,使政令的传达和各地的联系更加便利,巩固和加强了国家的中央集权。同时,驿路也是重要的商道,有利于各地经济文化的交流,促进了丝绸之路的繁荣发展。

三、西域都护的设置

在李广利征伐大宛胜利之后,汉朝政府在西域地区设置了官吏。最初设置的是西域使者校尉,任务是率领士卒在轮台(今轮台县)、渠犁(今库尔勒西南)屯田,为来往于丝绸之路上的各国使节提供补给和保护。接着,为了维护丝绸之路南道的畅通,又设置了"护鄯善以西使者"。汉宣帝神爵二年(前60),西汉政府始置西域都护之官职,维护和管理丝绸之路南北两道。神爵三年(前59),西汉政府在乌垒城设置西域都护府,龟兹隶属于汉朝。"都护"的原意就是兼护丝绸之路南北两道的安全。西域都护设置之后,丝绸之路更加畅通,进入了繁荣发展阶段。

西汉政府设置西域都护,自第一任郑吉始,至王莽末年李崇任都护终,历时80余年,从未间断,共有郑吉、韩宣、甘延寿、廉褒、韩立、郭舜、李崇等18人任过都护一职。现在新疆维吾尔自治区博物馆内藏有一枚龟纽铜制、阴刻篆书方形官印,系都护"李崇之印",发现于新疆沙雅县裕勒都司巴克一带。

东汉时期,从汉明帝永平十七年(74)到汉安帝永初元年(107)33年间,担任西域都护的有陈睦、班超、任尚、段禧等人。在此之后,东汉以西域长史代替西域都护行使职权,自汉安帝延光二年(123)至汉灵帝建宁元年(168),共计45年,班勇、张晏、赵平、王敬等人担任过西域长史。

西域都护是由中央政府派遣到西域、管理西域的最高军政长官,相当于中原地区的郡太守。西域都护一般任期为三年，特殊情况下可以延长或缩短，期满也可以受命连任。西域都护的治所，即西域都护府，是汉朝中央政府在西域行使国家权力的最高机构。除了都护外，西域都护府还设有副校尉，也是主管官员，由中央政府任命，职权仅次于都护，也称副都护。在西域都护府负责处理日常事务的属官有丞、司马、侯、千人等，直接由都护任命和撤换。

西域都护直接管辖着西域的大部分地区。西域原本有乌孙及三十六个城国，汉哀帝、汉平帝时分裂成了五十五国。其中，除了距离中原"绝远"的康居、月氏、安息、罽宾、乌弋山离等国之外，其余的五十多个城国均在西域都护管辖之下。西域都护的管辖范围，东到敦煌以西，西抵大宛和帕米尔高原，南起喀喇昆仑山北麓，北达天山。当时的乌孙，占据巴尔喀什湖以东以南、伊犁河流域，也受到西域都护的监督，但乌孙是汉朝王室的姻亲，其国王和大臣们都佩有汉朝政府颁赐的印绶，因此乌孙由汉朝政府直接管辖，乌孙国王和西域都护的职位相当，甚至比西域都护的职位更高一些。

（一）西域都护的职责

西域都护的职责：一是维护社会安定，征调西域各族武装力量，抗击匈奴奴隶主贵族势力；二是安抚西域诸国，代表中央政府任免奖惩地方首领；三是组织和管理西域屯田，确保丝绸之路畅通。

西域都护的首要任务就是在西域地区推行汉朝中央政府的政令，保障天山南北两道的安全和畅通。而在当时要保证丝绸之路畅通，最重要的是防止匈奴贵族卷土重来，再次攻占西域地区。因此，在西汉时，历任西域都护都非常重视调解西北边疆各族间的纠纷和矛盾，以便在关键时刻联合各族人民反击匈奴贵族的骚扰和破坏。西域都护除了指挥汉朝中央政府的军队外，还动员西域诸国组织地方武装，在临近匈奴的地区设立了"击胡侯""却胡侯""击胡军"等武职，由西域人担任。如焉耆、鄯善等地设有"却胡侯"，疏勒、龟兹等地设有"击胡侯"，龟兹、危须、焉耆等地设有"击胡都尉"，另外龟兹还设有"击胡君"。①汉宣帝甘露二年（前52），南匈奴呼韩邪单于向汉朝投降，而北匈奴郅支单于杀汉使谷吉，向西迁入康居，直接威胁到乌孙、大宛等西域都护管辖的地区，严重危害了丝绸之路的安全。元帝建昭三年（前36），西域都护甘延寿和副校尉陈汤攻入康居，消灭了郅支单于，保证了丝绸之路的畅通。

---

① 洪涛：《汉西域都护府的建立及其历史地位》，《西域研究》1999年第3期。

西域都护在西域地区组织、管理屯田，也为丝绸之路上各国使者和中外商人提供了极大的方便。自李广利伐大宛后，就开始在轮台、渠犁一带屯田。西域都护府建立后，西域屯田事业发展迅速，特别是丝绸之路上的轮台、渠犁、车师前部、楼兰、伊循、精绝、伊吾、蒲类、赤谷城等地，均是西域的主要屯田区。西域各地还设有屯田官，专管屯田。元帝初元元年（前48）汉朝在车师前王庭设立的戊己校尉就是屯田官，负责管理车师的屯田事务，下设有丞、司马、侯等官吏。戊己校尉归西域都护管辖，作为屯田官，同时也是军事指挥官；屯田将士们平时从事农业生产，战时出征。按劳武结合的原则，戊己校尉府事实上就是驻守西域的汉军"司令部"。一旦发生战事，屯田官就统率田卒作战。这些屯田官及下属官吏配合西域都护的工作，大力发展屯垦，粮食产量不断提高，有效解决了沿线驻军和过往行人的供应问题，减轻了当地群众的负担，推动了当地的农业生产和中西交通的发展，为维护丝绸之路的安全和繁荣发挥了重大作用。

（二）西域都护的权力

为了使西域都护能顺利完成职责，汉朝中央政府赋了了都护极大的权力。据《后汉书·西域传》记载："设戊己之官，分任其事；建都护之帅，总领其权。"① 由此可见西域都护的权力是很大的。首先体现在西域都护对副校尉以外的都护官员有任免权。都护属官有副校尉，为都护副职，由中央政府派遣。另外有丞一人，管理文书；有司马、侯、千人等官员各二人，均为武官，西域都护对他们均有任免权。

西域都护代表汉朝中央政府对西域诸国国王进行册封、奖惩。西汉时西域的地方政权仍然保留了原来"国"的名称。西域都护代表汉朝中央政府册封原有诸国的国王为"王"，相当于中原地区的诸侯王。同时，根据各地的具体情况，设置不同数量和名称的官职。《汉书·西域传》记载："最凡国五十。自译长、城长、君、监、吏、大禄、百长、千长、都尉、且渠、当户、将、相至侯、王，皆佩汉印绶，凡三百七十六人。"② 这些国王、官吏都由西域都护"总录督领"，并且西域都护对他们的奖惩升迁拥有极大的权力。

西域都护有权征调、指挥各国军队，各国国王必须服从调遣。在西汉时北

---

① 〔南朝宋〕范晔：《后汉书》卷88《西域传》，中华书局，1965年，第2931页。
② 〔汉〕班固：《汉书》卷96下《西域传下》，中华书局，1962年，第3928页。

匈奴郅支单于作恶多端，西域都护甘延寿、副校尉陈汤"发城郭诸国兵、车师戊己校尉屯田吏士""汉兵胡兵合四万余人"①伐郅支。汉明帝永平十八年（75）北匈奴指使控制下的龟兹、焉耆发生叛乱，攻没西域都护陈睦，"悉覆其众，匈奴、车师围戊己校尉"。为了镇压叛乱，西域都护班超"发龟兹、鄯善等八国兵合七万人，及吏士贾客千四百人讨焉者"②。

（三）"安辑"为主的方针

宣帝神爵二年（前60）西域都护设立时，中原地区的经济正处于高涨时期，农田水利技术的推广和牛耕、铁制工具的普遍使用，农业、手工业、商业发展迅速，特别是农业水平远远高于西域各绿洲城国，物资充足，国力雄厚，根本不需要从西域获取财物。当时汉朝对西域采取"义在羁縻"的基本方针，即执行"无取于彼"、以"安辑"为主的政策，中央政府不仅不直接向西域诸国征收赋税，相反，还给予西域诸国大量财政补贴，馈赠币帛。西汉时每年补贴西域的费用约万余，东汉时每年补贴西域的费用达七千四百八十万。③汉朝建立西域都护，实行安辑方略，深得西域各族人民的拥护和支持，巩固了对西域的统辖，奠定了中国封建时代大一统的政治格局。

西域都护府作为汉朝政府派驻西域的最高军政机构，遵循汉朝中央政府的治理方略，对西域各城国贯彻以安辑为主的方针，"可安辑，安辑之；可击，击之"④。尽管西域都护可以对少数叛乱者采取军事行动，但实际上动用武力受到了严格的限制，戊己校尉率领的屯田士卒不过三千左右，如遇突发事件，调遣汉军或诸国胡兵必须经中央朝廷批准，否则以矫制问罪。此项规定是汉朝政府为了防止边疆官吏滥用职权不利于西域局势稳定而制定的，显示其对西域实行安辑为主的基本政策。

在执行汉朝政府政令的过程中，西域都护也十分重视人口普查，掌控辖地内诸国人口及其他基本情况，因此在《汉书·西域传》中翔实地记录了西域诸国具体的人口数字。根据人口分布情况，为了更好地给来往使者、商旅提供生活保障，西域都护调整了屯田布局，加强和完善了对屯田机构的管理。汉昭帝时，按照搜粟都尉桑弘羊的规划，将渠犁、轮台一带作为屯田中心，设校尉三

---

① 〔汉〕班固：《汉书》卷70《陈汤传》，中华书局，1962年，第3010—3011页。
② 〔南朝宋〕范晔：《后汉书》卷47《班超传》，中华书局，1965年，第1581页。
③ Edward Gibbon, The Decline and Fall of the Roman Empire, London:Chatto and Windus, 1986, p. 26.
④ 〔汉〕班固：《汉书》卷96上《西域传上》，中华书局，1962年，第3874页。

人分护。后又把屯垦重点向东转移到吐鲁番盆地，在西域都护节制下于初元元年（前48）设置戊己校尉统管屯田事宜。

西域都护的设置，体现了汉朝时各族人民的共同愿望，是西域归属中央政权的开始，巩固和完善了张骞通西域所取得的成果，使丝绸之路畅通无阻、繁荣发展，这种状况一直持续到西汉末年。随着封建社会矛盾的不断激化，汉朝统一的中央集权受到削弱，特别是王莽篡权，横征暴敛，危机四伏，匈奴奴隶主贵族见有机可乘，再次攻袭西域，不断地破坏和阻塞丝绸之路。

第三节　东汉时期丝绸之路的绝与通

西汉末年，在丝绸之路沿线广大的欧亚地区，政治形势发生了一系列的变化，在很大程度上影响了丝绸之路的发展。尤其是丝绸之路西端的地中海沿岸，罗马、安息、贵霜三个大国正在迅速地崛起，连接欧亚的政治、经济、文化纽带——丝绸之路正在不断地延伸。

一、丝绸之路上的罗马、安息、贵霜

塞琉西王朝位于地中海东部地区，其势力一度向东达到中亚，对丝绸之路的开通发展发挥过重大的作用。随着中亚各国势力的日益强大，塞琉西王朝的势力不得不逐渐向西退缩。与此同时，塞琉西王朝又受到了西方强大的古罗马的威胁，屡战屡败，最终在公元前64年被罗马所灭，领土并入罗马疆域。

古罗马的疆域扩大到地中海东岸，成为地中海贸易的控制力量。公元前30年执政官屋大维消灭了政敌，废除了共和制，建立起独裁的元首制，古罗马进入帝国时代。罗马帝国建立后的一二百年，国家实现了统一，政治稳定，疆域扩大到了两河流域，农业、手工业得到了迅速发展，城市逐渐恢复和兴起，使国内外贸易空前繁荣。

当时罗马帝国的东部是安息，即波斯的帕提亚王国。安息、塞琉西王朝与古罗马之间，早在塞琉西王朝灭亡之前就为了扩张势力和争夺商业通道，长期进行着激烈的斗争。塞琉西王朝灭亡后，安息与强盛的罗马帝国疆域毗连。受到罗马东进的威胁，安息不得不全力抗战。公元前53年，罗马大军穿过幼发拉底河进攻安息，安息军奋力反击，罗马军队战败，其统帅叙利亚总督、罗马

"三头政治"执行官之一的克拉苏战死。在这次战争最激烈之时，突然安息军展开了无数面丝绸军旗，这些丝绸制成的旗帜色彩鲜艳，在阳光下熠熠生辉，光彩照人。罗马军大多数没有见过丝绸战旗，顿时眼花缭乱，心里感到神秘甚至恐怖，这使早已厌战、疲惫不堪的罗马士兵更加无心恋战，加速了罗马军队的失败。这场战争使罗马的锐气大挫，罗马和安息的疆域、势力范围基本稳定下来。位于丝绸之路要冲的安息，之所以能用丝绸做军旗，作为出奇制胜的精神武器，说明安息垄断丝绸贸易，已从丝绸贸易中获得了巨大的利益，并且强盛了起来。

后来，丝绸也进入了罗马上层人物的生活，到罗马帝国时期贵族男女们穿戴丝绸织物就更加普遍了。公元14年，古罗马元老院不得不下令禁止男性臣民穿着丝绸服装，对女性使用丝绸制品也作了某些限制。原因很可能是当时罗马使用的丝绸大部分是经过安息输入的，为了不受安息控制，不使安息从丝绸贸易中得利，只好限制丝绸的使用。随着罗马帝国经济的发展，这种限制并不能阻止丝绸用量的与日俱增。尽管为了争夺东西方之间的通商路线，罗马帝国与安息时常发生战争，但丝绸之路依然畅通无阻，中国大量的丝绸等物品仍然经过安息源源不断地运往罗马。

在丝绸之路的中亚通道上，安息以东是古老的大夏，即巴克特里亚王国，其由于统治阶级不断内讧，最终被大月氏占据。大月氏占据大夏后，最初没有统一的政权，由五个翎侯分统整个大夏地区。公元前后，大月氏五翎侯之一的贵霜翎侯强大了起来，统一了其他翎侯，在1世纪初建立了统一政权，史称贵霜王朝。

在被大月氏占领之前，大夏的经济和文化水平已经达到了相当高的水平，建立在此基础之上的贵霜王朝经济和文化又得到进一步发展。从贵霜王朝历代国王都铸有大量货币来看，当时的商业活动已经非常繁荣。强盛时期贵霜王朝的领土几乎包括了中亚河中、阿富汗、印度河流域，西与强大的安息为邻，东接中国西域。贵霜王朝因其重要的地理位置和发达的商业经济，成为丝绸之路上一个举足轻重的国家。

尽管罗马和安息之间时有战争，会在一定程度上影响丝绸之路的畅通，但是总体上，在这一时期贵霜、安息和罗马三个大国经济发展都达到了高峰，从而促进了东西方之间的商业往来以及经济文化的交流，加速了丝绸之路的

二、东汉通西域的"三通三绝"

公元1世纪初,王莽篡夺了刘氏政权之后,取消了一些西汉政府一贯实行的传统的优待西域少数民族政策,激化了各民族间的矛盾,破坏了中央政府与匈奴及西域各地的关系。9年,王莽下令更换颁发给匈奴及西域各地首领的印绶,以王莽国号"新"取代西汉的国号,将西汉时封西域各地首领的"王"改为"侯",把汉代授予匈奴单于的"玺"改为"印"。这种无故贬低少数民族首领政治地位的举措,引起了匈奴和西域各级官员的不满。对此,王莽不是设法缓和矛盾,而是采取粗暴的镇压措施,还进一步挑拨各少数民族首领之间的关系。10年,王莽派兵分十二路进攻匈奴,又在匈奴地区设立了十五个单于,分而治之,使他们不相统属,彼此对立,以分散削弱匈奴的势力。王莽的倒行逆施激起了匈奴更加强烈的反抗。匈奴单于表示"先单于受汉宣帝恩,不可负也。今天子非宣帝子孙,何以得立"①,于是派出军队反击王莽的征讨,战火直接影响到了西域地区的安宁和丝绸之路的畅通。

王莽这种贬抑西域各部首领、讨伐匈奴的行为,也激起了西域各地的强烈反对。车师后王及属下也联合匈奴,加入反对王莽的战斗中,致使丝绸之路上的重要地区车师受阻。西域戊己校尉史陈良、终带等,因为不满王莽篡位,率领部众投奔匈奴。13年,焉耆地区的首领起兵反王莽,杀死西域都护但钦,西域各地纷纷响应。

与此同时,在丝绸之路的另外两个重要地段——河西走廊和陇右各地,也陷入了军阀割据状态。在河西地区,新莽末年刘玄任命的张掖属国都尉窦融,被金城郡和河西诸郡共推为五郡大将军,占据金城、河西。陇右各地,在新莽时豪绅起兵反对王莽,天水成纪人隗嚣被推为上将军,拥兵自守。长安以西的交通中断,匈奴再次控制西域地区,丝绸之路完全中断。

在农民起义的重创之下,新莽政权及刘玄的更始政权相继垮台。公元25年,东汉政权建立后,就开始了统一陇右、河西各地的大业。光武帝建武初年(25),慑于东汉的军事力量,隗嚣、窦融都表示归属东汉,但事实上并不听从东汉政府的管理,尤其是隗嚣企图以陇右、河西为基地,"北收西河、上郡,

---

① 〔汉〕班固:《汉书》卷94下《匈奴传下》,中华书局,1962年,第3823页。

东收三辅之地"①，建立霸业。光武帝建武五年（29），不甘心受隗嚣摆布的窦融，遣使洛阳表示愿意归属东汉政府。东汉政府授窦融为凉州牧，命令河西军从西边牵制隗嚣，汉军东越陇坂②，进击陇右。在隗嚣死后一年，光武帝建武十年（34），陇右各地归属东汉。至此东汉政权统一了河西、陇右各地，丝绸之路自玉门关（图2-8）以东又恢复畅通。

图2-8：敦煌汉玉门关河仓城遗址

在此基础上，东汉政府又开始筹划统一西域，以使整个丝绸之路畅通无阻。东汉政府疏通西域的过程是漫长而又曲折的，出现过几次绝与通的反复，正如《后汉书·西域传》所言，"自建武至于延光，西域三绝三通"③。

（一）"一通"与莎车

在西汉末年，西域分裂成了五十余国，多数被匈奴控制。"匈奴敛税重刻，诸国不堪命。"④东汉建立后，莎车、鄯善、车师、焉耆等西域诸国不断上书东汉，要求内属，请求设立西域都护。但在光武即位之初，国力尚未恢复，无暇顾及西域。至建武二十四年（48），匈奴分裂为南北二部，南匈奴归属东汉，入塞居住；北匈奴的势力中心还在漠北，控制着西域诸国。尽管丝绸之路仍然处于阻隔的状态，但匈奴势力已经大大削弱。随着东汉统一陇右、河西地

---

① 〔南朝宋〕范晔：《后汉书》卷13《隗嚣传》，中华书局，1965年，第525页。
② 陇坂，即陇坻，在今六盘山脉南段。
③ 〔南朝宋〕范晔：《后汉书》卷88《西域传》，中华书局，1965年，第2912页。
④ 〔南朝宋〕范晔：《后汉书》卷88《西域传》，中华书局，1965年，第2909页。

区，西域诸国反抗匈奴的势力愈来愈强，并开始与东汉政府建立联系。

匈奴分裂的同时，西域诸国经过互相兼并，时局已经发生了变化。在公元1世纪50年代初，形成了车师国、鄯善国、于阗国、莎车国、龟兹国等几大中心，其余的小国或被吞并，或受控制，另有一小部分由匈奴直接控制。其中最活跃的是莎车国，它地处丝绸之路孔道，为沟通、恢复丝绸之路发挥过重要作用。

早在西汉时期，莎车国就与中原王朝关系密切。汉元帝在位时（前48—前33），莎车王延作为侍子长期居于长安，受到了中原文化的熏陶。延继承王位后，不仅积极推行汉朝政府的政令，而且多参用汉朝的典章制度来治理国家，在政治、军事、经济等方面有了较快的发展。西汉末年，匈奴势力入侵西域时，西域诸国俯首听命，只有延不肯屈服，带领莎车国以一己之力抵抗匈奴的侵袭。延在临终时嘱咐后代要"世奉汉家，不可负也"①。东汉初中原混乱，匈奴侵扰，丝绸之路中断，莎车王康联合西域南部一些地区抗击匈奴，收留、保护西域都护所属官兵，并向割据河西的窦融致书，一心想早日恢复中原与西域的联系。当时窦融任河西五郡大将军，已经归附东汉，他以汉朝政府的名义册立康为"汉莎车建功怀德王、西域大都尉"，统辖西域诸国。这个任命在西域反响很大，许多地方本就希望东汉政府在西域设立管理机构，他们把西域大都尉的任命看作摆脱匈奴控制的大好时机，积极拥护康的管理。西域许多地区以莎车为中心逐渐统一了起来，与河西一带也初步建立了联系。

建武九年（33），莎车王康死，谥号宣成王，其弟贤继承王位。贤一上台就积极开通丝绸之路，先发兵将势力扩大到葱岭，后又统治了葱岭以东、以西的大宛等国。建武十七年（41），贤派遣使者到洛阳，要求东汉政府设立都护。于是光武帝将西域都护印绶授予贤，命其管理西域各地。莎车使者在归途中，光武帝听信敦煌太守裴遵的逸言，在敦煌强迫使者交回西域都护印绶，改授汉大将军印绶。对于此事，莎车王贤极为不满，他自称单于，还以西域都护的身份发号施令，重敛西域诸国，很快失去了诸国的拥戴。建武二十一年（45），车师国、焉耆、鄯善等十八国向东汉政府进献珍宝，遣子入侍，请求早日派遣西域都护。光武帝本来想以中原初定无力西顾为借口而拒派都护，但考虑到安定西域、威慑莎车国不再加害诸国，最终准许进贡诸国侍子留居敦煌，

──────
① 〔南朝宋〕范晔：《后汉书》卷88《西域传》，中华书局，1965年，第2923页。

并假意表示即将派遣都护。

西域大多数地方都与东汉政府建立了友好关系，中原、陇右、河西的经济得到了恢复和发展，尽管东汉还是没有派去西域都护，实际上丝绸之路已经开通。但同时莎车王贤和东汉关系不和，致使诸国使者、商人多数还是通过天山南麓一道来往。丝绸之路的初开，不仅加强了沿途诸国与东汉之间的政治联系，而且给他们带来了巨大的经济利益，同时也在很大程度上打击了莎车在西域的霸权地位。最初，莎车王贤不敢横加阻拦，但后来没有看到东汉派都护，就命令位居丝绸之路咽喉的鄯善王安隔绝汉道。安没有听命，贤发兵攻杀鄯善王、龟兹王。至此，其余各国，或归匈奴，或归莎车，莎车王贤再次阻隔、控制了丝绸之路。

汉明帝即位后，东汉政治局势逐渐稳定下来。明帝决定抗击匈奴，控制西域，开通丝绸之路。72年冬天，明帝以窦固为奉车都尉，以骑都尉耿忠为副帅，出京屯驻凉州，为出兵西域做准备。73年，东汉兵分四路出塞。其中一路由窦固、耿忠等率领河西兵、卢水羌胡一万两千余人，从河西出发到达哈密一带，击败匈奴呼衍王，又追至蒲类海（今新疆巴里坤湖），呼衍王带领部下北逃。汉军屯驻伊吾庐（今新疆哈密地区），设置宜禾都尉，并派部队屯田，以防匈奴再次南下。74年，东汉政府又命窦固、耿秉等率兵一万四千人出玉门，进军车师，降服车师前、后王。同时，东汉政府又派班超到鄯善、疏勒、于阗等西域各地，协助驱逐当地的匈奴监护者，并于74年设立西域都护、戊己校尉等官。东汉第一任西域都护是陈睦，都护府设在龟兹，耿恭、关宠为戊己校尉，分别屯兵于车师后王部金蒲城（今新疆吉木萨尔县北破城子）、车师前王部柳中城（今新疆鄯善县鲁克沁镇）。至此，西域诸地与中原之间的政治、经济联系又得到了恢复，阻断多年的丝绸之路又恢复畅通。这就是东汉时期丝绸之路的"一通"。

(二)"二通"与班超

丝绸之路仅复通了一年，在汉明帝永平十八年（75）春天，北匈奴单于再次发兵两万袭击车师，杀死车师后王安得，围攻车师后庭。耿恭撤离金蒲城，固守疏勒城，被匈奴围困其中。同年八月汉明帝去世，匈奴趁机怂恿龟兹、焉耆攻杀西域都护陈睦，把戊己校尉围困于柳中城里。西域形势的突变，使刚刚恢复正常的丝绸之路骤然中断。为了维护丝绸之路的畅通，建初元年（75）东汉政府派耿秉进驻酒泉，派秦鹏等人集结张掖、敦煌、鄯善等七千兵力前往救援，赶走围攻柳中、交河城的匈奴，为困于车师后部疏勒城的耿恭解围。但匈奴势力过于强盛，都护府已经失守陷没，汉兵退回玉门关，丝绸之路短时间内无法复通。

经过此次战乱之后，西域都护被杀，戊己校尉及所剩屯田士卒也随救援大军撤回，东汉政府留在西域的兵力主要是固守疏勒的班超及所率三十六壮士。一方面班超一行远离中原，孤立无援；另一方面汉章帝刚上台，负担不起经营丝绸之路的大量军费开支，朝中大臣又多以"西开三十六国，频年服役，转输烦费"为由，要求汉朝政府撤回派往西域的所有人员。于是，汉章帝下诏命令班超回朝。这个诏令违背了西域大多数地区人民的意愿。在班超准备返回洛阳之时，沿途各地纷纷请求东汉政府收回成命，极力挽留班超。疏勒都尉黎弇想要劝留，竟然在班超面前自刎；于阗为留下班超，王侯以下都号哭啼泣，挡住班超的坐骑。西域各地决心与中原建立联系的愿望深深打动了班超，他没有服从东汉政府的命令，毅然带领少数军队坚守疏勒、于阗等地。

班超坚守阵地的行为，得到西域许多地区的大力支持。80年，班超上书汉朝政府，表示西域各地和中亚康居等有归附的意愿，想要合力破龟兹，通汉道，请求朝廷派兵支持平定西域，以保护丝绸之路的畅通。最终东汉政府派徐干等人率兵支援班超。经过近十年的奋力抗击，匈奴又被赶出了西域。91年，东汉政府正式恢复设置西域都护，任命班超为西域都护，驻守丝绸之路要冲龟兹它乾城，徐干为长史，屯驻另一要冲疏勒。东西交往的干线再次畅通，这就是东汉时期丝绸之路的"二通"。

东汉时期"二通"丝绸之路，班超的功劳最大。班超（32—102），字仲升，扶风安陵（今陕西咸阳东北人），是东汉时期史学家班彪的次子。东汉初，班彪曾经先后归附隗嚣、窦融，归汉后任徐令，因病免官，后专力从事史学，著有《史记后传》，为东汉名儒。班彪死后，其长子班固继承父志，在《史记后传》的基础上，编修成《汉书》。班超从小才辩过人，博览群书，立志要学张骞等人献身于边防事业。他还很有胆识勇略。一次，有人告发他哥哥班固编修《汉书》时"私改作国史"，班固被捕入狱。班超立即赶往洛阳向皇帝上书申诉，皇帝不但免除了对班固的惩处，还召班超到洛阳做了小官。

73年，班超跟随窦固出兵西域，得到窦固的赏识。为了联络西域各国，孤立匈奴，恢复汉朝与西域的友好关系，窦固决定派班超率36人首先出使鄯善。鄯善位于西域南道要冲。鄯善王广刚开始对他们的到来非常热情，并盛情款待他们。可是仅仅过了几天，鄯善王就对他们冷淡了许多。经多方打听，班超得知有匈奴使者来到鄯善，对鄯善王威逼利诱。班超立即招来其随从，分析当时的处境，他认为唯有出其不意地攻杀匈奴使者，才能安定鄯善。于是当天夜里，班超带领随从击鼓纵火，突袭匈奴，杀死匈奴使者。然后他召来鄯善王，对其晓以利害，打消了鄯善王广的顾虑，使其与匈奴断绝联系。鄯善事件，使班超深得窦固的赏识，同时也说明西域诸国并不情愿降服于匈奴，而是慑于匈奴的威力。只要通过努力，说服各国摆脱匈奴羁绊、归附汉朝，进而开通丝绸之路，还是大有希望的。窦固建议明帝派班超出使西域，以说服西域各国。明帝采纳了此建议，任命班超为军司马，率军出使西域。班超却认为无须带兵，仅旧部36人足以完成出使大任。73年，班超以自己的智慧和勇敢，率领36人冲破匈奴的重重阻碍，平定了疏勒、于阗等地。当时的姑墨石城役属于龟兹，为了削弱龟兹的力量，建初三年（78）班超又征发疏勒、于阗等国的兵力进击姑墨，攻破姑墨石城。

班超的大智大勇，为东汉时期西域都护、戊己校尉的复设和丝绸之路的"二通"创造了必要条件。东汉丝绸之路的"二通"，班超功不可没。在东汉官兵退出西域的情况下，班超仅靠36名手下，与西域各地首领、官员团结一致，度过了最危急的时刻。当时班超不仅面临匈奴、龟兹的强大压力，而且西域的形势也悄然发生着变化。于阗的属国莎车以为汉不出兵，已向龟兹投降。在章帝建初五年（80），东汉政府准备派兵支援，正值疏勒都尉潘辰在龟兹挑唆下，起兵叛乱，班超的挚友徐干自告奋勇率领千人前往疏勒，与班超会合。章帝元和元年（84），东汉又派司马和恭等带兵八百增援班超。班超联合疏勒、于阗出兵进攻莎车，莎车虽以重利收买疏勒王忠发起内乱，但在莎车人民的支持下，班超最终平息了叛乱。元和四年（87），班超又征发于阗兵25000人出击莎车，龟兹派温宿、姑墨、尉头等国五万兵支援莎车。这次战役，班超巧用计策以少胜多。最终，莎车投降，龟兹退兵。龟兹倚仗匈奴把持北道，班超及南道诸国也无力再进击，这种对峙局面一直持续到和帝永元初汉与南匈奴联合打击北匈奴，北匈奴退出西域为止。

为打通丝绸之路，班超曾建议东汉政府联合乌孙，还派人出使大月氏，说服康居，与丝绸之路要冲诸国结好。和帝永元二年（90），大月氏贵霜王朝请求迎娶汉朝公主，遭到拒绝，就派其副王谢率兵7万，由瓦罕谷地出发，翻越葱岭，进攻疏勒。当时只有6000余名汉兵驻守疏勒，官兵们惊恐万分。班超分析贵霜大军越过葱岭征伐疏勒，远离后方，势必造成军粮难继，认为只要持久坚守，待敌军后勤补给中断之时再奋力反击，定会大获全胜。班超采取坚壁清野、"收谷坚守"的办法，又在通往龟兹的要道预设伏兵。贵霜王朝久攻疏勒不下，就派使者到龟兹请求支援。使者被班超的伏兵擒获，断绝了粮草的贵霜7万大军，被困疏勒城郊，只好遣使向班超请罪。班超向贵霜军队提供了粮食，允许他们安全撤离，和平解决了与贵霜之间的矛盾冲突。班超这一顾全开通丝绸之路大局的行为，表明了东汉政府结好西域诸国的诚意，震撼了整个西域地区。那些曾经不愿归附的龟兹、姑墨、温宿等国，纷纷表示愿意归附东汉。至此，丝绸之路南北两道全部复通。

从汉明帝永平十六年（73）随窦固出西域，到和帝永元十四年（102）返回洛阳，班超在西域一待就是30年。为进一步开通、经营、延伸丝绸之路，班超几乎贡献了他的后半生，不仅进一步加强了中原与西域之间的联系，还为建立中国与地中海沿岸诸国之间的联系做出过努力。和帝永元九年（97），班超曾经派他的属官甘英出使大秦、条支。在甘英一行到达地中海东岸正欲渡海前去大秦之时，安息人告诉他们，海域辽阔，快则三个月，慢则三年才能到达，而且前途凶险莫测。尽管甘英最终选择返回，没有渡海到大秦，但还是大大延长了丝绸之路南道的长度，一直延伸到波斯湾，丰富了东汉对西亚的认识，尤其是对大秦的情况有了更多了解，促进了中西方各国的经济文化交流。

永元十二年（100），年近七十的班超向和帝上书："臣幸得奉节带金银护西域，如自以寿终屯部，诚无所恨……臣不敢望到酒泉郡，但愿生入玉门关。"①永元十四年（102），班超被和帝召回洛阳，任命为射声校尉，同年班超在洛阳逝世。

（三）"三通"与班勇

在班超之后继任西域都护的任尚，察政过于严苛，行事求全责备，引起西域诸国不满，丝绸之路沿途时有叛乱。在殇帝延平元年（106），西域各族人民起兵攻击在疏勒的任尚，东汉政府被迫撤回任尚。到安帝永初元年（107）段

---

① 〔南朝宋〕范晔：《后汉书》卷47《班超传》，中华书局，1965年，第1583页。

禧出任西域都护时，安帝听信了一些大臣"西域阻远，数有背叛，吏士屯田，其费无已"①的言论，下令撤销了西域都护以及伊吾、柳中的屯田士卒，放弃了西域。匈奴趁机南下，攻占了西域，汉朝与西域的关系再次中断。

在撤销西域都护的过程中，安帝派都尉王弘征发金城、陇西、汉阳的羌人数千骑兵，前往西域迎接都护。行至酒泉之时，王弘虐待羌人骑兵，造成大量羌兵逃亡。王弘又在河西大范围强征羌人从戎，引起河西、湟水流域的羌人奋力反抗。紧接着，河西、陇右各地的羌人纷纷响应。于是从西域到河西、陇右皆不属东汉政府，丝绸之路又一次中断。

这次羌族起义持续了十年，经过东汉政府的残酷镇压，到安帝元初四年（117）时，起义才渐渐平息，东汉政府开始完全控制河西、陇右各地。

自撤销西域都护以来，匈奴利用西域各地的人力、物力，经常骚扰东汉。安帝元初六年（119），为了抵御匈奴的侵袭，敦煌太守曹宗奏请东汉政府派敦煌人索班屯兵千人驻守伊吾。东汉军队再度出现在西域，很受西域各地的欢迎。鄯善王、车师前王相继听命于索班，丝绸之路在西域的复通大有希望。但是，北匈奴得知此事后，为了隔绝西域与中原的联系，安帝永宁元年（120），联合与车师前王有隙的车师后王攻击车师前王，袭杀索班，并且南下威胁鄯善。陷入危机之中的鄯善王，只好向敦煌太守求救。曹宗建议东汉政府派兵出击匈奴，但是一部分大臣极力反对恢复中原与西域的联系，主张放弃西域。班超之子班勇认为西域与河西唇齿相依，只有控制了西域，才能保证河西的安全。他向当时执政的邓太后进谏，建议以敦煌为根据地，设置西域副校尉，逐步恢复与西域的联系。尽管班勇据理力争，邓太后也很赞赏，但最终汉朝还是没有任用班勇经营西域，也没有完全采纳他的建议，只是同意在敦煌设置西域副校尉。在敦煌新上任的西域副校尉并没有完成自己的使命。车师后部在北匈奴的威逼利诱下也不敢彻底归附东汉，在贵霜王朝的支持下疏勒与龟兹、于阗发生战争，只有车师前国、鄯善国王完全归附于汉朝，丝绸之路仍然处于半阻塞的状态。

继班勇为西域之事献策之后，安帝延光二年（123），敦煌太守张珰又向朝廷上书，备陈利害，恳求东汉政府开通西域。上书得到了一部分大臣的支持，安帝下令在敦煌设置西域校尉，起用班勇做西域长史，屯驻柳中。班勇作为西

---

① 〔宋〕司马光：《资治通鉴》卷49汉安帝永初元年五月丁丑条，中华书局，1956年，第1570页。

域长史只有五六年的时间，但他在西域的活动却为东汉后期丝绸之路的开通奠定了基础。

班勇管理西域的一个基本策略是联合西域各地，尽量用笼络的方式，集中武力抗击匈奴。他在柳中屯田，稳定下来后，亲自到楼兰，给鄯善王以"王绶"，又说服一度长期对立的龟兹王归附东汉，使丝绸之路南北两道畅通无阻。后来班勇又联合车师前王，赶走了其境内的匈奴伊蠡王，乘胜向西击败了占领车师后部的匈奴呼衍王。至此，天山以北的六国都归属于汉朝，自伊吾或吐鲁番沿天山北麓向西，经乌孙过伊犁河，这条丝绸之路在西域的新北道也开通了，为以后丝绸之路在西域三道并行的格局打下了基础。

那时的西域各国大都听命于西域长史，只有焉耆王元孟不顺从。顺帝永建二年（127），西域太守兼西域都尉张郎率河西兵力3000人，班勇率西域诸国兵力4万人，分兵两路攻打焉耆。迫于汉兵的两路夹击，元孟投降，丝绸之路的障碍彻底被清除。在这次战役中，因为没有按期进军焉耆，班勇被东汉政府免官查办。班勇离开西域后不久就死于家中。

尽管班勇彻底离开了西域，但他曾经开通、经营过的丝绸之路并没有因此而阻塞中断。即使在139—169年，河西、陇右羌族反抗东汉的起义和斗争此起彼伏，东汉政府还是有效地统治着西域，丝绸之路也未曾中断。在新北道开通之后，伊吾地区的地位也显得尤为重要。为了保护新北道，永建六年（131），汉顺帝在伊吾设司马一人，率士卒屯田。到公元2世纪50年代时，西域长史的驻地也从柳中迁到了于阗，以便更有效地统辖整个西域。尽管后来中原社会政治矛盾日益激化，农民起义一触即发，东汉仍然在西域置有西域长史、戊己校尉等官职。灵帝熹平四年（175），于阗王安国攻击扜弥国，西域长史、戊己校尉征发诸国兵，帮助扜弥国恢复安定。

整个东汉时期，尽管北匈奴不时占据西域，西域各地互相争斗，河西、陇右的羌族、氐族也经常阻断西域与中原的联系，丝绸之路几经阻塞，但总体来讲，中原与西域的联系在不断加强，丝绸之路仍然是一派繁荣的景象，"驰命走驿，不绝于时月；商胡贩客，日款于塞下"[1]。丝绸之路要道上的车师、鄯善、莎车、龟兹、于阗等西域各国的首领，在丝绸之路未通时数次遣使请求汉朝设置都护，在丝绸之路恢复后共同抵御匈奴侵袭，为维护、发展丝绸之路作

---

[1]〔南朝宋〕范晔：《后汉书》卷88《西域传·车师》，中华书局，1965年，第2931页。

出了巨大的贡献。

丝绸之路的开通使汉朝、贵霜、安息、罗马帝国之间建立了联系，促进了中原与西域、中国与亚欧各国之间的经济文化交流。同时，丝绸之路沿途诸国之间的联系，也推动着东西方经济文化的共同进步和发展。

第四节 绚烂多彩的丝绸之路经济文化

汉朝时，中国与西方诸国之间的人员往来日益频繁。在张骞第二次出使西域返汉时，"与乌孙遣使数十人，马数十匹报谢，因令窥汉，知其广大"①。西域诸国物产丰富，如安息的葡萄酒、大宛的汗血宝马等，都被汉朝人视若珍宝。河西设四郡以后，汉朝"因益发使抵安息、奄蔡、黎轩、条枝、身毒国。而天子好宛马，使者相望于道。诸使外国一辈（批）大者数百，少者百余人，人所赍操大放（仿）博望侯时。其后益习而衰少焉。汉率一岁中使多者十余，少者五六辈，远者八九岁，近者数岁而反"②。

汉代时商品经济已经非常发达，往来于丝绸之路上的人员除了各国使者，也不乏商人，一时间"富商大贾周流天下，交易之物莫不通，得其所欲"③。"蛮夷俗贪汉财物"，中原商人将贸易扩展到了西域，西域商人也趁机与汉朝进行贸易往来，他们"多以政治使节之名，行丝绸贸易之实"④。

一、丝绸之路的主要商品——丝绸

中国蚕丝的生产可以追溯到比殷商更遥远的历史时代。殷代以后养蚕缫丝技术发展更加迅速，到西周时出现了饲养家蚕的蚕室及蚕架（桋或槌）、蚕箔（曲）、受桑器等设备，而丝绸也成为当时王室诸侯、达官贵族们衣着的主要材料。甚至在一段时间内，丝绸还曾经被当作交换媒介，事实上起着货币的作用。

先秦时，中国丝织品的种类越来越多，有了罗、纨、绮、绨、锦、绣等。在古代，锦被视为贵重的高级织物，东周时已将"束锦"作为互赠的礼物，在

---

① 〔汉〕司马迁：《史记》卷123《大宛列传》，中华书局，1959年，第3169页。
② 〔汉〕司马迁：《史记》卷123《大宛列传》，中华书局，1959年，第3170页。
③ 〔汉〕司马迁：《史记》卷129《货殖列传》，中华书局，1959年，第3261页。
④ 张荣芳：《西汉屯田与"丝绸之路"》，《中国史研究》1983年第4期。

此之前只是用"束帛"。战国时开始把"锦绣"二字连用，代表最美丽的织物。

汉代时，中国的蚕丝生产、丝绸纺织技术达到了一个新的高峰，不仅蚕丝的产量增大，而且丝织品的种类花色也更加多样化，仅是在缯或帛的总称下，就有纱、罗、缎、绢、绮、素、练、绫、缣、绨、缦、縠等十多个花色品种。另外，汉代的官营手工纺织业也有了一定规模，如临淄的三服官主制御服，它下属的纺织工场，到汉元帝时已发展到"作工各数千人，一岁费数巨万"①。与此同时，私营的手工纺织作坊也非常发达。汉代时，中国生产了大量的丝绸制品，沿着丝绸之路源源不断地运送到了中亚、西亚和欧洲。

中国是世界上饲养家蚕和织造丝绸最早的国家，在相当长的时期内，丝绸是中国特有的产品，亚洲其他国家没有。《史记·大宛列传》记载："自大宛以西至安息……其地皆无丝漆。"② 至于欧洲，更不知道蚕丝、丝绸的由来，他们很难理解丝绸是来源于养蚕缫丝，感觉很神秘。直到公元6世纪中国的蚕种、育蚕法才传到东罗马帝国（图2-9），以后又通过东罗马再传到东欧、西欧各国。所以在此之前相当长的时间内，西方的丝绸供给完全依赖中国。

图2-9：伊斯坦布尔东罗马帝国城墙遗址

中国的丝绸在古代国际社会曾经享有盛誉。在中国的丝绸传入欧洲之前，希腊、罗马人主要是穿羊毛、亚麻衣服。当轻柔光亮、色彩绚丽的丝绸传入欧洲以后，很受欢迎和赞赏，被当作上等的衣料。古罗马处于丝绸之路的西端，在公元前1世纪之后逐渐强盛起来，对于丝绸衣料的需求日益增大，因此，大量的中国丝绸销往这个使用金币的、殷富的西方大国。

中国的丝绸大量输入西方，重要的渠道有三：一是中原政府向西边少数民

---

① 〔汉〕班固：《汉书》卷72《贡禹传》，中华书局，1962年，第3070页。
② 〔汉〕司马迁：《史记》卷123《大宛列传》，中华书局，1959年，第3174页。

族的赠赐；二是中原政府与少数民族间巨额的绢马等贸易；三是中亚等地商人的长途贩运。因为罗马是丝绸的最大买主，不管是从哪种渠道得来的丝绸，都会源源不断向西集中。而这些丝织品运输、销售到欧洲，主要是通过丝绸之路沿途一些国家或民族来完成的。在汉朝时，大月氏、安息、贵霜等在中西方丝绸贸易中都起过转运和居间的作用。

大宛是丝绸之路上葱岭以西的第一个据点。初通西域时，汉武帝派遣使者到西域，都是先集中在大宛，然后再分赴各国。一时间大宛"使者相望于道"，实际上已经成了中国丝绸西运的集散中心。

大夏在大宛的西边，是中国、安息、印度三个大国交通的中心，在被大月氏占领、建立贵霜王朝后，很快取代了大宛在丝绸之路上的重要地位。早在张骞第一次出使西域时，就看到大夏有经印度输入的中国邛竹杖、蜀布。因此，在中国与中亚还不相通时，丝绸也是通过印度运往大夏的。西域南北道打通之后，大夏更是丝绸之路上联结中印、中欧的枢纽，成为当时丝绸之路上重要的中转站，在中西丝绸贸易中发挥作用达二百年之久。

安息，即古代波斯的帕提亚王国，是丝绸之路上中西贸易中最重要的转运、居间者。在最强盛之时，安息的领土东起印度河，西至两河流域的美索不达米亚，南到埃及南部，北至里海和黑海，是东西水陆交通的枢纽。中国向罗马运丝绸，不管是通过大宛，还是经过贵霜王朝，都必须先汇集到安息才能继续西行。至少在公元162年罗马占领波斯湾头之前，一直是这样。由此可见，在中国与罗马的丝绸贸易中，安息充当着至关重要的居间者。正因为如此，为了从丝绸贸易中获取更多的利益，安息利用自己在地理位置上的优势，一再阻止罗马与中国直接交往，试图长期垄断东西方的丝绸贸易。

与此同时，罗马也为了反垄断、争夺丝绸之路的贸易权，与安息进行着激烈的斗争。早在公元前141年时，罗马帝国东进，与向西扩张的安息在幼发拉底河隔岸对峙，此后双方一直深怀敌意。汉朝通西域后，安息与汉朝建立了良好的关系，从中获取了大量的丝绸。而安息的近邻罗马人，在公元前53年进行卡尔莱战役时才真正得知丝绸的消息，从那以后罗马开始想方设法到处找寻丝绸。此时的安息不只是竭力阻挡罗马的东进，还不准罗马商人通过安息领土直接与中国人交往、购买丝绸，而且拒绝与罗马直接进行丝绸贸易，以达到垄断中国与西方之间丝绸贸易的目的。为此双方多次交战，罗马自始至终都没有达到目的。为了打破安息的垄断局面，罗马控制了两国之间独立的丝绸集散地、著名的商业都市巴尔米拉，公元106年又占据了近海的丝绸贸易重镇皮特拉，公元216年又攻占了出海口艾德萨。由此，一些西方学者就认为在安息与罗马对峙时，罗马的丝绸主要是间接地经海路从与中国有贸易关系的印度获得的。

公元1世纪中叶以后贵霜帝国崛起，在迦腻色迦王时打败安息，其领土向西延伸到咸海，贵霜成为丝绸贸易在中亚的重要中转站。贵霜的丝绸主要出口到波斯。尽管贵霜与罗马的关系相对较好，但两国之间通过里海北、伏尔加河口，经高加索和黑海之路可能只是有过小规模的丝绸交易。3世纪初，安息、贵霜不断衰落，波斯萨珊王朝逐渐兴起。到224年时波斯萨珊王朝攻灭安息，很快又占领了贵霜的中亚地区，从此与罗马展开了和丝绸密切相关的斗争。

总而言之，在中国丝绸的西传中，罗马是丝绸热的焦点。罗马人热爱、寻找、得到丝绸的过程充满了斗争，丝绸对于罗马帝国及其后的东罗马帝国产生过巨大影响。大宛、大月氏、安息、贵霜等作为丝绸贸易的转运、居间者，他们既是争夺丝绸贸易权的斗争者，同时也是积极向西运送中国丝绸的传播者。

近代考古在丝绸之路上发现了大量中国的丝绸织物，印证了汉代丝绸之路的畅通和繁荣。20世纪初，斯坦因在古楼兰遗址附近的汉墓里发现了很多精美的丝绸织物，在尼雅、楼兰等地方还发掘了一批汉简，其中一枚汉简上面写有贩绢商人对商品的详细描述："任城国亢父缣一匹，幅广二尺四寸，长四丈，重二十克，值钱六百一十八。"[①]此汉简中的缣产于任城国亢父，任城国设于汉章帝元和元年（84），亢父为任城国的属地，另外还标有匹数、尺寸、重量、价格，便于出售。20世纪中期以后，在武威、敦煌、楼兰、吐鲁番、库车、拜城、巴楚等地，还陆续发现有许多精美的丝绸。1959年，东汉的苇胎针黹箧在武威磨嘴子出土，在此针黹箧外面包裹着非常精美的锦绢，展示了当时已经十分高超的丝绸织造水平；在尼雅遗址又发现了东汉时的三色丝线织锦，有"延年益寿大益子孙"、"万事如意"、菱纹的"阳"字样等图案，色彩缤纷，异常精美。

二、中国物品与科学技术的西传

（一）植物、漆器的西传

邛竹，亦作筇竹，又名方竹、罗汉竹，主要产地是中国云南东北部，也产

---

① 罗振玉、王国维：《流沙坠简》，中华书局，1993年，第186页。

于广西、福建等地。汉代时，中国的邛竹杖已经通过身毒传到了大夏。此外，在大约公元前2—前1世纪时，中国的桃种已经传入波斯，后来又输向了亚美尼亚、希腊等地。公元1世纪时桃树种子输入了罗马，被罗马史家白里内称为波斯树。

漆器也是中国最主要的输出品之一。自古中国出漆器，并且在汉代时也传到了西方。那时西域地区还没有漆器，安息以西更是没有听说过漆器。张骞通西域后，中国的漆器沿着丝绸之路，经过西域运向了西方。20世纪中期，考古学家黄文弼曾在罗布淖尔发现了许多汉代漆器，其中就有来自中原的两耳漆杯。

（二）造纸术的西传

造纸术是中国劳动人民在生产实践中创造发明的。在造纸术西传之前，古埃及书写是用纸草，古代西南亚各国是用木板，古希腊、古罗马是用从埃及进口的纸草，欧洲在中世纪时是用羊皮。中国最早用竹简、木牍，之后用丝帛。竹简、木牍太过笨重，丝帛轻便但价格昂贵。到2世纪初，东汉蔡伦总结了前人的造纸经验，使用树皮、麻头、破布等制成了植物纤维纸。丝绸之路开通以后，中国造的纸成了通过西域向西输出的重要商品。在甘肃西部古长城烽燧遗址中，斯坦因发现了用粟特文书写信件的纸张，认为它可能属于2世纪中叶的产物。此外，斯坦因还在古楼兰所在地发现了许多公文、公牍和私人信件的纸张，都是公元2世纪下半期制造的。20世纪50年代，中国新疆考古工作者在尼雅的东汉遗址发现了最早的纸张。东汉时用木简书写还是比较普遍的，直到公元2世纪后，纸张才流行起来。后来中国的纸张又向西传到了中亚，但是造纸技术是8世纪中期才传入中亚的。

（三）冶铁、水利灌溉术的西传

除了丝绸之外，中国还是世界上最早掌握冶铁铸钢技术的国家。春秋时中国已经能够人工冶铁，战国时可以生产渗碳钢，汉代时又发明了铸铁脱碳的百炼钢、低硅灰口铁和球墨铸铁。而此时的中亚地区铸造铁器的技术还很落后，大宛以西至安息国"不知铸铁器。及汉使亡卒降，教铸作它兵器"①。汉朝逃亡士兵将冶铁技术传到古代中亚之时，西域制造的铁器还比较粗糙，他们的"矢刀朴钝，弓弩不利"，要比当时汉朝军队的利剑坚盾、长柄矛戟、远射弓弩

---

① 〔汉〕班固：《汉书》卷96上《西域传上》，中华书局，1962年，第3896页。

等装备要落后许多。随着丝绸之路贸易的进一步发展，西域各国逐渐掌握了中原先进的冶铁技术，"弓矢渐利"。大约公元前2世纪时，费尔干纳人（今居住在乌兹别克斯坦境内）最早从中国人那里学会了铸铁技术，并向西传到了俄国。

中国的铁器，尤其是铁制兵器也传入了安息，在社会生产、生活和战争中发挥过极大的作用。于是安息想方设法从汉朝引进钢铁，还特地在边境木鹿城设置了钢铁集散地。安息骑兵的武器就是用从这里入境的钢铁铸成的，因此被希腊史学家普鲁塔克称为木鹿武器。中国的钢铁质量上乘，钢铁武器以锋利著称。通过安息，中国的钢铁又传到了罗马。公元1世纪，钢铁在罗马市场上一出现，就引起了轰动，广受欢迎。中国先进的铁器技术传入西域诸国，将他们带入了铁器时代，使其政治、经济、文化迅速发展。

凿井灌溉技术也是那时由中国传入中亚和印度的。在中国，凿井技术古已有之，商代就有甲骨文"井"字，殷墟曾出土已知最早的钻凿工具——铜锥。汉武帝时，在陕西大荔还出现了龙首渠，这种新式的井渠能有效控制地下水源、防止沿岸崩塌。后来西汉政府为了发展丝绸之路，迁徙了大量中原人到西北边疆屯田，这种"井下相通引水"的技术也随之传到了西域。在公元前103年李广利率军围攻大宛时，知道"宛王城中无井，皆汲城外流水"，想用穿井技术"徙其城下水空"，来攻占大宛城。可是当时匈奴却为大宛送来会打井的汉人水工，李广利得知后，不得不与大宛讲和。可见，中国的凿井技术在那时已经传到了中亚，后来在中亚、西亚诸国逐步推广，成为沙漠里主要的灌溉技术之一，促进了西域经济的发展。

三、外来物种和文化艺术的输入

汉朝时西域诸国地域广阔，物产丰富，也有许多中原人闻所未闻的奇珍异宝。丝绸之路开通以后，不仅是西域，还有中亚、西亚及欧洲各国的特有物品随之不断传入中国，极大地丰富了中原人民的生活。

（一）植物新品种的输入

通过丝绸之路输入中国的植物新品种很多，葡萄、苜蓿、石榴、核桃、黄瓜、大葱、大蒜、香菱、芝麻等，都源自中亚、西亚地区。最早输入中国的经济作物是葡萄和苜蓿。《汉书·西域传上》记载："汉使采蒲陶、目宿种归。"① 葡萄，本作葡桃或蒲陶，是希腊语的译音，原产于大宛。大宛人用葡萄酿酒，"富人藏酒至万余石，久者至数十岁不败"②。此外，康居、大月氏、罽宾等地也盛产葡萄。张骞出使西域时，将葡萄引入中原。两汉时期长安等地已经普遍栽种有葡萄。苜蓿，又称连枝草，原产地也是大宛，是大宛马的饲料，可能和大宛马是同时输入中国的。大宛马称为天马，嗜食苜蓿。李广利伐大宛获得了数千匹良马，苜蓿也被引入中原地区，并被大量栽培，迅速推广，就连长安城也不例外，汉武帝于"离宫别观旁尽种蒲萄、苜蓿极望"③。苜蓿的引进和种植，丰富了中国的饲草品种。苜蓿营养丰富，牲口特别喜欢吃，被称为"牧草之王"。苜蓿不仅可作牲畜饲料、绿肥原料，其嫩苗还可作为蔬菜食用，内实可以酿酒，还是上好的药用材料。

张骞两次出使西域，为丝绸之路畅通作出了巨大贡献，因此，这些新物种的引进常常被人们归功于张骞，都说是张骞出使西域带回的。如石榴，原产于安息，据文献记载，张骞出使大夏得石榴，回到中原后就在长安临潼一带试种，唐代后逐渐推广到黄河流域、长江南北。黄瓜，原称胡瓜，产于中亚、西亚、匈奴、乌孙、大月氏都有种植，汉代时在中国北方普遍种植。后赵时为避讳，胡瓜更名为黄瓜。胡桃，即核桃，又名羌桃，张骞出使西域带回胡桃种。西汉时，有84株核桃树植入皇宫中的上林苑，后来普及到全国各地。胡麻，又称油麻，原产于大宛，"汉使张骞始自大宛得油麻种来，故名胡麻，以别中国大麻也"。而事实是，油麻引进中国的具体时间还无从考证。

这些经济作物都被认为是张骞通西域时带回的，但是它们的直接输入者不可能仅仅是张骞一个人，而应该是千千万万往来于丝绸之路上的使者和商旅们。大量的经济作物在中国落地生根后，经过广大人民的辛勤栽培、改进，成为中国水果、蔬菜、油料、饲料等农作物中非常重要的一部分，深深地影响着中国农业、畜牧业、纺织业的发展。

（二）毛皮、毛纺品的东来

中亚盛产毛皮，康居、奄蔡、严国（今乌拉尔山脉东部以南）等国的毛皮通过丝绸之路北道向东输入到了中原地区。特别是严国，处在毛皮贸易的集散

---

① 〔汉〕班固：《汉书》卷96上《西域传上》，中华书局，1962年，第3895页。
② 〔汉〕班固：《汉书》卷96上《西域传上》，中华书局，1962年，第3894页。
③ 〔汉〕司马迁：《史记》卷123《大宛列传》，中华书局，1959年，第3174页。

中心地。此外，奄蔡也大量出产貂鼠皮，在古代世界各地都享有盛誉。汉代时长安城里有许多出售毛皮的店铺，其中有些经营毛皮的商人，十分富有，以至于被称为"千乘之家"。

在中国西北边疆地区居住着许多少数民族，在汉代以前那里的毛纺技术就比较发达。匈奴、乌孙、乌桓等一些少数民族，很早就能织出精美无比的毛织品。汉代时西域的毛织品沿丝绸之路源源不断地运到中原，深受中原人民的喜爱。西域的毛织品有两类，一是毛织褥，二是毛布。毛织褥，波斯语称作氍毹，阿拉伯语称作氍毺。氍毹是比较细的小毛毯，用来铺在床前的小榻上。月氏氍毹大小相杂、细好，安息国出五色罽，天竺国"又有细布、好氍毹"①。汉代时，大量的毛织物输入中原地区，在长安出现了专门经营毛织品的店铺。尽管这些来自西方的毛织品价格非常昂贵，只有贵族们才能享用，却在一定程度上影响了中国毛织业的发展。

（三）珍禽异兽的引进

汉代时，也有一些珍禽异兽经由丝绸之路输入中国，促进了中国畜牧业发展，丰富了人民的文化生活。自古以来中国西北边疆乌孙、匈奴等少数民族地区就出良马，中亚一带也产良马，康居、大宛的马匹更是声名远扬，特别是大宛"多善马，马汗血，言其先天马子也"②。张骞第二次出使西域时，带回数十匹乌孙马，汉武帝十分喜欢，将其命名为"天马"。李广利伐大宛，武帝又得大宛马，他将大宛汗血宝马称为"天马"，将乌孙马改名为"西极"。西域所产的马匹体格健壮、形态俊美，不仅有极高的观赏价值，而且是古代军队不可或缺的重要装备，这就更加促进了丝路贸易中的马匹交易。丝绸之路开通后，西域地区出产的良马开始源源不断地输入中原各地。

骆驼也是古代西域地区特有的牲畜。东汉时，中国岭南一带很少有人见过骆驼，所以有古谚语称："少所见，多所怪，见橐驼，以为马肿背。"因为骆驼脊背上有高高耸起的驼峰，那时的人们把骆驼叫作橐驼。在古代丝绸之路上，骆驼是重要的交通工具。在西域一望无际的大沙漠里，骆驼不仅可以供人骑乘，驮运重物，还可以辨识路途，预测天气，被誉为"沙漠之舟"。

来自亚洲的许多珍禽异兽，也在这时传入了中国。汉代时，条支国"出师

①〔南朝宋〕范晔：《后汉书》卷88《西域传》，中华书局，1965年，第2921页。
②〔汉〕班固：《汉书》卷96上《西域传上》，中华书局，1962年，第3894页。

子、犀牛、封牛、孔雀、大雀。大雀其卵如甕"①。安息国于"章和元年，遣使献师子、符拔。符拔形似麟而无角"，"（永元）十三年（101），安息王满屈复献师子及条支大鸟，时谓之安息雀"。②此处的"师子"即狮子，"大鸟"就是鸵鸟。这些来自西域、中亚的珍禽异兽具有极高的观赏价值，丰富了人们的知识，开阔了人们的视野。

（四）美玉、玻璃的东传

丝绸之路南道上的西域名城于阗，自古以来就出产美玉。于阗玉石，早在远古时期就已经开始东运了，殷墟出土了很多采用和田玉雕刻的玉器。汉代时丝绸之路畅通，于阗美玉更是源源不断地向东输送。《史记·大宛列传》记载："而汉使穷河源，河源出于寘，其山多玉石，采来，天子案古图书，名河所出山曰昆仑云。"③于阗的玉石就这样输入了河陇、中原地区。

罽宾国产的"璧流离"也通过丝绸之路输入中国。这里的"流离"，就是玻璃。玻璃是埃及人发明的。早在公元前12世纪时，埃及人已经掌握了制造玻璃、琉璃的方法，之后腓尼基人从埃及人那里学会了制造玻璃、琉璃，随后叙利亚成为古代制造玻璃和琉璃的中心。④在萨珊王朝时期，不管是环地中海区域还是今天伊朗的西部地区，玻璃生产都臻至极盛，大量的出土物可以证明这一点。至今在兰州、武威、酒泉等地的汉墓里都出土了玻璃耳珰，说明汉代时玻璃已经传到了甘肃。

（五）杂技、乐曲的传入

与此同时，亚欧的先进文化也向东传入了中国，其中最为突出的是杂技百戏、乐曲歌舞，对汉代人民的文化生活产生了重大影响。在很早以前，西方的杂技就传到了中国。汉武帝元封三年（前108），大宛王"以大鸟卵及黎轩善眩人献于汉，天子大悦"，当时外国客里有"眩者之工"，"而角氏奇戏岁增变，其益兴，自此始"。⑤到东汉安帝时，"永宁元年，掸国王雍由调复遣使者诣阙朝贺，献乐及幻人，能变化吐火，自支解，易牛马头。又善跳丸，数乃至千。

---

① 〔南朝宋〕范晔：《后汉书》卷88《西域传·条支》，中华书局，1965年，第2918页。
② 〔南朝宋〕范晔：《后汉书》卷88《西域传·安息》，中华书局，1965年，第2918页。
③ 〔汉〕司马迁：《史记》卷123《大宛列传》，中华书局，1959年，第3173页。
④ 史树青：《"陆离"新解》，《文史》第11辑，中华书局，1981年。
⑤ 〔汉〕班固：《汉书》卷61《张骞传》，中华书局，1962年，第2696—2697页。

自言我海西人。海西即大秦也,掸国西南通大秦"①。这里的"黎轩""大秦"都是古代中国对罗马帝国的译称,"眩人""眩者"指的是会吞刀吐火、屠人戏马等的耍杂技者。汉代时,外国杂技多在大广场上表演,节目种类繁多,内容非常丰富,有角力、竞技、假面戏、化妆歌舞、斗兽、魔术等表演。这些来自西方的杂技表演很受汉朝人的欢迎,观赏杂技已经成为当时人们一项普遍的娱乐活动。

在中国,杂技也有十分悠久的历史,汉代时吸收了西域杂技的精华,发展得更加精彩多样。在现存的汉代石刻画中,还保留有当时的杂技表演画面,刻画了生动而形象的演出场面。在山东嘉祥武氏祠前石室的画像石中,第十五石第三层右端刻画的是宴饮嬉戏的场面,其中一人单脚抬起挥长袖而舞,有一人屈腿倒立行走,舞者的单脚和倒立者的双手均支撑在非鼓非础的革囊上。另有一小儿单手抓在倒立者的脚上,腾空飞起。此画像石真实而又形象地反映了东汉时期杂技表演的精彩美妙。

中国古代的音乐比较简单。在汉武帝之前,中国的乐器以钟、鼓、磬、钲等打击乐器为主,以笙、簧、琴、瑟等管弦乐器为辅,乐器配置和歌舞场面都很简单。张骞出使西域以后,大量的西域乐器、乐曲沿着丝绸之路传入中国,对中国古代的音乐产生了极其重要的影响。

汉代时,传入中国的乐器主要有箜篌、琵琶、觱篥、笳、角、笛等。箜篌,原为印度乐器,西汉时经越南、中亚两条线路输入中国。汉武帝刘彻曾经下令让乐人侯调仿制箜篌。不久后,箜篌便在中原地区风行起来。昭君出塞时,汉王朝曾经将箜篌赐予匈奴呼韩邪单于。东汉时期,中国的作曲家还专门为演奏箜篌创作了乐曲《箜篌引》。魏晋南北朝以后,箜篌成为中国的主要乐器。琵琶,原名批把,来自印度和波斯,相传也是在汉代传入中国的,隋代时成为当时九部乐中的主要乐器。觱篥,又称筚篥,为西域龟兹的一种乐器,是一种以芦茎为簧、短竹为管的竖笛,汉代时传入中国。笳,又名葭,因卷葭叶吹而得名,原为匈奴乐器,故称胡笳。相传,胡笳是张骞从西域带回中原的,后来一直是军乐中的主要乐器。胡角,是羌族牧马人用牛角制成的,原用来"惊退敌军马",后来转化为乐器,张骞通西域后传入长安。笛,是印度的古乐器,经羌人部落传入中国。汉武帝时丘仲将羌笛改进,称作胡笛,笛声悠扬动

---

① 〔南朝宋〕范晔:《后汉书》卷86《西南夷传》,中华书局,1965年,第2851页。

听,深受各族人民喜爱。

随着西域乐器和乐人的不断输入,西域乐曲也逐渐传到了中原大地。据《晋书·乐志》记载:"胡角者,本以应胡笳之声,后渐用之横吹,有双角,即胡乐也。张博望入西域,传其法于西京,惟得《摩诃兜勒》一曲。李延年因胡曲更造新声二十八解,乘舆以为武乐。后汉以给边将,和帝时,万人将军得用之。"①"摩诃",梵语的意思为"大",显然《摩诃兜勒》乐曲起源于天竺,经中亚传入中国,最早将西域乐曲带回中原的是张骞。李延年又根据《摩诃兜勒》这一胡曲的乐调,改造、创作出28支新乐曲,作为当时的军乐。魏晋以来,还有10支乐曲仍然流行。这些足以说明乐曲《摩诃兜勒》对中国的民族音乐产生了一定的影响。

(六)佛教的传入

佛教也是丝绸之路东西方文化交流的重要内容。公元前6世纪,佛教创立于印度。早在公元前3世纪中叶,佛教就传入了西域地区。据《魏书·释老志》记载:"及开西域,遣张骞使大夏还,传其旁有身毒国,一名天竺,始闻有浮屠之教。"②"浮屠"即佛,可见张骞通西域时才听说有佛教,之后随着东西方交往的日益频繁,佛教才逐步传入中原地区。西汉哀帝元寿二年(前1),博士弟子景卢受大月氏王使伊存口授《浮屠经》,标志着佛教开始传入中原地区。

印度佛教传到中国初期,人们对其认识不够,将其视为神灵,类似于神话中的老子和黄帝。同时,在佛教传入后不久,中国本土的宗教——道教也产生了。道教的建立也受到了佛教的影响,但作为中国自身文化传统的产物,道教的发展、兴起势必会与佛教的东传发生矛盾和冲突。据《后汉书》记载,光武帝之子楚王刘英"少时好游侠,交通宾客,晚节更喜黄老,学为浮屠斋戒祭祀"③。"后桓帝好神,数祀浮图(屠)、老子,百姓稍有奉者,后遂转盛。"④可见皇家贵族中已有人信奉佛教,同时也说明佛教最初在中国传扬不易,为求流行中土,只好攀附道教,很多人将老子、浮屠混而为一,佛教被看作黄老道术的一种,估计当时很少有人能分清楚什么是佛教、什么是道教。

① 〔唐〕房玄龄等:《晋书》卷23《乐志》,中华书局,1974年,第715页。
② 〔北齐〕魏收:《魏书》卷114《释老志》,中华书局,1974年,第3025页。
③ 〔南朝宋〕范晔:《后汉书》卷42《光武十王传》,中华书局,1965年,第1428页。
④ 〔南朝宋〕范晔:《后汉书》卷88《西域传》,中华书局,1965年,第2922页。

在佛教界，人们普遍把汉明帝夜梦金人、遣使求法作为佛教传入中国的开始。

公元67年的一天夜里，东汉明帝梦见一个闪着白光的高大金人飞过宫殿上空。第二天，他把这个梦讲给大臣们听，希望有人可以为他解梦、圆梦。大臣傅毅博古通今，解释道："我听说天竺有得道者，人们称之为佛，您梦中的金人就是此神。"于是，汉明帝迅速派郎中蔡愔、博士弟子秦景等人前往天竺寻访佛法。在天竺，他们不仅得到了佛画像、佛典，还以汉明帝的名义邀请高僧迦叶摩腾、竺法兰到中国来传经。68年，迦叶摩腾、竺法兰不顾众弟子的劝阻，随同蔡愔一行沿着丝绸之路，翻雪山、过流沙，到达洛阳。迦叶摩腾、竺法兰受到汉明帝的热情款待，并在洛阳城外专门为他们修建了寺院，供他们译经。这座寺院就是白马寺，是中国建立的第一座佛寺。迦叶摩腾、竺法兰等人在白马寺内翻译了《四十二章经》《十地断结经》等，这是中国翻译佛经的开始。至此佛、法、僧一应俱全，佛教真正传播到了中原大地。

在汉代时，中国陆续与亚、非、欧洲各国建立起了联系，为开通、维护、经营丝绸之路和进行丝绸贸易，中国及沿途各国都作出了很大的贡献。

第三章

西南丝绸之路的开通

在"丝绸之路"概念提出的同时,学术界提出了"南方丝绸之路"的概念,以对应于通往西域的北方丝绸之路。但"南方丝绸之路"的概念显得过于宽泛,因为"海上丝绸之路"也在南方,故而学术界提出了"西南丝绸之路"的概念。① 这是与传统意义上的北方丝绸之路相对应的,基本上可以看作按照地理区域划分的丝绸之路的一个分支。从传统观点来看,西南丝绸之路被认为是文献记载的"蜀身毒道",也就是从蜀地经由云南、缅甸等地到达古代印度的道路。但是,仅仅将"蜀身毒道"当作西南丝绸之路的观点无疑是狭隘的,"西南丝绸之路应该是一个具有较大的时空涵盖性的概念,它不是来自古代的沿用相袭,而是后人根据南方古代对外交流的实际而提出来的,它并没有特指某一时期某一道路的意思,我们自己也没必要……将它限定在一个很小的时空范围内。从时间上来说,从先秦以来直到近现代(至少到20世纪40年代中印国际公路修通以前),跨越了2000多年的岁月;就地域范围而言,凡经过西南地区与境外沟通的道路,无论是陆路或水道都应该涵盖在其中"②。总而言之,西南丝绸之路是古代通过西南地区与外部进行交流的一个纵横交错的多元

---

① 申旭:《西南丝绸之路概论》,《中国西南文化研究·1996》,云南民族出版社,1996年,第1—27页。
② 黄光成:《西南丝绸之路是一个多元立体的交通网络》,《中国边疆史地研究》2002年第4期。

立体的交通网络。

第一节 秦汉时期对西南丝绸之路的开拓与经略

中央政府对西南丝绸之路的经营早在秦朝大一统的时期就已存在,"秦时尝破,略通五尺道,诸此国颇置吏焉"[1]。秦朝统一西南后,将西南交通线路——"五尺道"打通,并在此地设置郡守进行管理,内地与西南地区的交流也逐渐频繁起来。经过秦末农民战争以及楚汉之争,西汉王朝建立之初民生凋敝,经济衰败,统治者主要奉行黄老"无为而治"的理念,希望通过休养生息逐渐恢复国家的经济与生产。

西汉之初的白登之围给统治者的印象是深刻的,"岁奉匈奴絮缯酒米食物各有数,约为昆弟以和亲"[2],而汉武帝时期,大行令王恢却认为"汉与匈奴和亲,率不过数岁即背约"[3]。事实上,和亲之举对约束汉匈双方起到了积极作用,在一定程度上成为维系双方友好关系的纽带,为西汉政府集中精力恢复国内的经济和生产力提供了契机。经过休养生息,西汉王朝经济得到了恢复与发展,出现了"非遇水旱,则民人给家足,都鄙廪庾尽满,而府库余财。京师之钱累百巨万,贯朽而不可校。太仓之粟陈陈相因,充溢露积于外,腐败不可食"[4]的繁荣局面。国库的充盈,为解决匈奴边患问题提供了经济基础。为了充分了解匈奴及其西域各国情况,汉武帝派张骞出使西域。张骞出使西域,对于沟通北方丝绸之路意义重大。

一、秦汉对西南地区的经略

(一)秦对西南地区的经略

公元前4世纪末,秦灭古蜀国。公元前314年,秦置蜀郡,将蜀王的称号贬为侯,并派秦大夫张若为蜀国守、陈庄为相。秦灭蜀后,继续发展蜀地的工商业,特别是为了推动蜀地与周边地区的经济文化交流,公元前311年,秦惠文王令张仪、张若在旧城基础上修建新成都城,"营广府舍,置盐铁市官并

---

[1] 〔汉〕班固:《汉书》卷95《西南夷传》,中华书局,1962年,第3838页。
[2] 〔汉〕司马迁:《史记》卷110《匈奴列传》,中华书局,1959年,第2895页。
[3] 〔汉〕班固:《汉书》卷52《韩安国传》,中华书局,1962年,第2398页。
[4] 〔汉〕班固:《汉书》卷24《食货志上》,中华书局,1962年,第1135页。

长、丞，修整里阓，市张列肆，与咸阳同制"①。成都城沿袭了同一时期东周列国的城市格局，有大小城之分，即被分为太城与少城。太城在东，少城"惟西南北三壁，东即大城之西墉"②，城内设置了征收盐铁税的官员以及负责市场管理的官员，有居民区和商业区之分。既然与秦都城咸阳同制，那么自然有相关机构的设置与律法的颁行。同时，将咸阳城的空间模式复制于成都，表明了秦国对蜀地的高度重视。

秦对蜀地旧势力的反抗进行了强硬的镇压。蜀国王子安阳王率残部逃往南中地区，暗中联络蜀侯，伺机反秦。尽管后来蜀相陈庄杀蜀侯降秦，但蜀地政局的不稳使得秦王依然对蜀地采取了军事措施。公元前310年，秦将甘茂平定蜀乱，同时诛杀参与谋反叛乱的陈庄。甘茂平定蜀地叛乱后，在蜀地颁布并推行了《为田律》。虽然内容主要是关于田地的各种详细规定，但更为重要的是对蜀地田界进行了严格的规定，为以后蜀地生产关系的变革与改造奠定了基础。公子通死后，秦封蜀公子恽为蜀侯。这一时期，秦在蜀地进行了土地与生产关系的改革。

公元前303年，"初为田，开阡陌"，在蜀地推行秦国的辕田制，发展扩大私有制。这就废除了蜀国原有的土地国有制度，从经济上削弱了蜀地王公贵族的势力，解放了大批劳动力，促进了生产力的发展，产生了一大批新兴个体农户和地主，为秦国在蜀地的持续改革和统治的巩固奠定了广泛的群众基础和社会基础。公元前301年，公子恽谋反，秦将司马错率军入蜀，平定蜀地叛乱。司马错平定蜀乱后，封蜀公子绾为蜀侯。但公元前285年，绾叛秦，遭到秦军诛杀。（图3-1）此后，秦在蜀地再也没有分封蜀侯，以蜀守来管理蜀地，最终消灭了蜀地的分封制度，完全采取了秦地的郡县制。

---

① 〔东晋〕常璩撰，任乃强校注：《华阳国志校补图注》卷3《蜀志》，上海古籍出版社，1987年，第128页。
② 〔东晋〕常璩撰，任乃强校注：《华阳国志校补图注》卷3《蜀志》注10引李膺《益州记》，上海古籍出版社，1987年，第131页。

图3-1：陕西历史博物馆藏秦国武士俑

而对于巴地，秦则采取了比较温和的统治手段。公元前314年，秦灭宗姬巴国，在原巴国都江州的基础上修筑城池，设置巴郡。巴国灭亡，巴国王子率残部聚守在江州东部负隅顽抗，巴地豪门大姓旧有势力依然存在。于是，秦国对巴地采取了郡县制与羁縻制度相结合的因地制宜的统治策略，①"及秦惠文王并巴中，以巴氏为蛮夷君长，世尚秦女，其民爵比不更，有罪得以爵除"②。秦继续以巴氏作为巴地众多部落的首领，同时通过联姻、免除赋役的方式来维系双方在政治上的统属关系，以缓和当地民众与官方的对抗情绪。到了秦昭王时期，强化了巴地的政治秩序，"乃刻石盟要，复夷人顷田不租，十妻不算，伤人者论，杀人得以倓钱赎死。盟曰：'秦犯夷，输黄龙一双；夷犯秦，输清酒一钟。'夷人安之"③。由此可以看出，秦国不仅免除了巴地的田租和大部分的算赋，更重要的是，在双方互犯的处罚上完全是有利于巴地的，自然赢得了他们的信任。

秦国在巴蜀地区设郡置县，将原本独立于秦国统治体系之外的政治、经

---

① 段渝：《涪陵小田溪巴王墓新证》，《巴蜀历史、民族、考古、文化》，巴蜀书社，1991年，第269—283页。
② 〔南朝宋〕范晔：《后汉书》卷86《南蛮传》，中华书局，1965年，第2841页。
③ 〔南朝宋〕范晔：《后汉书》卷86《南蛮传》，中华书局，1965年，第2842页。

济、文化统一体——巴蜀完全纳入秦国的统治之下。秦灭巴蜀后，迁徙秦地民众入西南；至秦灭六国后，又迁徙六国贵族豪强于巴蜀，不断对西南进行移民。同时，秦派遣官员治理巴蜀，以教化当地民众。秦汉时期的地方官员一般都身兼吏与师的职责。湖北云梦睡虎地秦简《语书》中载，秦王政二十年（前227）四月初二日，秦国南郡郡守腾向本郡各县、道发布了一篇通告，通告中谈到了秦法令与原楚人乡俗的矛盾与抵触的问题。通告中言："古者民各有乡俗，其所利及好恶不同，或不便于民，害于邦。是以圣王作为法度，以矫端民心，去其邪避（僻），除其恶俗……凡法律令者，以教道民，去其淫避（僻），除其恶俗，而使之之于为善（也）。"①

秦统治者已经意识到在新征服的地区乡俗与法律会产生矛盾，于是通过严刑酷法推行各种规章制度，祛除乡俗的影响。这就说明，当时的官员对乡俗民风是有充分认识的。《华阳国志》载，李冰治水过程中，"外作石犀五头以厌水精"，并在都江堰渠首立三石人，"与江神要：水竭不至足，盛不没肩"②。其实这里李冰用石牛、石人作为镇水神灵，与蜀地民众崇拜大石、以牛为神灵的民间宗教意识密不可分。③ 蜀守李冰作为当地最高长官，他的言行举止无疑会影响到当地民众。李冰在前人治水的基础上，通过走访勘察，因地制宜治理都江堰，使得都江堰排洪灌溉的功能得到充分发挥，创建了举世闻名的都江堰水利工程。在治水的过程中，李冰充分尊重当地习俗，特别是采取了某些对巴蜀民众影响颇深的巫术，通过具有巫术色彩的民间仪式来沟通天地人神，推动治水工作的开展。④

秦对蜀地的占领，尽管从政治归属方面可以认为蜀地已经成为秦的统治的一部分，但是并不意味着蜀文化已经在秦强大的军事外力下消亡。蜀国被消灭后，当地的鬼神崇拜等民间信仰继续长期存在于当地民众的心中，并对其日常生活产生着重要的影响。由于李冰能够尊重和接纳蜀地土著文化、民俗，融入当地社会生活并且能造福百姓，因此更能得到蜀人的认可，被蜀人长久崇敬。他所开创的都江堰"岁修"后的清明放水节，虽然经过了两千多年，但至今在

---

① 睡虎地秦墓竹简整理小组：《睡虎地秦墓竹简》，文物出版社，1978年，第15页。
② 〔东晋〕常璩撰，任乃强校注：《华阳国志校补图注》卷3《蜀志》，上海古籍出版社，1987年，第133页。
③ 罗开玉：《中国科学神话宗教的协合——以李冰为中心》，巴蜀书社，1989年，第151—153页。
④ 王子今：《秦兼并蜀地的意义与蜀人对秦文化的认同》，《四川师范大学学报》1998年第2期。

西南地区仍是一件盛事,并逐渐形成四川的知名传统节日——水文化节。

(二)汉朝对西南地区的经略

秦朝灭亡后,出现了长达四年的楚汉之争。汉王刘邦以巴蜀、汉中为基地,"王巴、蜀、汉中四十一县,都南郑"①,谋臣萧何向刘邦建议:"臣愿大王王汉中,养其民以致贤人,收用巴蜀,还定三秦,天下可图也。"②西汉王朝建立之初,民生凋敝,国困民饥,政府引导饥民进入富庶的蜀地与汉中,以缓和逐渐蔓延的大饥荒。这对改善汉初萧条的社会经济现状起到了积极的作用。由于巴蜀是汉朝兴起的地方,因此,作为汉朝重要粮仓和赋税收入来源地的巴蜀,从西汉建立之初就被中央直接掌控,是"天子自有"之地。为了表彰巴蜀、汉中地区在楚汉战争中的贡献,汉高帝二年(前205)下诏:"蜀、汉民给军事劳苦,复勿租税二岁。"③这两地被征发的士兵复员后,可按照汉时的军功爵制,获得爵位与田宅,成为新兴地主,被视为汉王朝在巴蜀、汉中地区社会统治基础的重要组成部分。

另外,汉政府对川东地区的板楯施行了政治和经济上的双重安抚之策,使得板楯成为汉王朝的坚定拥护者,世代臣服于汉。④

西汉之初,中央政府将经略的重点放在了安定内部和稳定北方边地方面,基本上将西南的问题搁置一边。建元六年(前135),汉武帝出兵东粤,东粤国人慑于汉朝军队的威严而擒杀国王归附。当东粤国归附后,鄱阳县令唐蒙奉命出使南越,南越国用蜀枸酱招待汉使。唐蒙此次使越返回后,向汉武帝提出借用夜郎国精兵来征服南越的建议。唐蒙认为,从南方的长沙、南昌前往南越国难以成行多因道路不通,而南越则是联系内地到巴蜀地区的重要通道,可借此契机,以武力为后盾经由控制南越达到经略西南的目的。他上书汉武帝:"南越王黄屋左纛,地东西万余里,名为外臣,实一州主也。今以长沙、豫章往,水道多绝,难行。窃闻夜郎所有精兵,可得十余万,浮船牂牁江,出其不意,此制越一奇也。诚以汉之强,巴蜀之饶,通夜郎道,为置吏,易甚。"⑤

唐蒙不但指出了可以开辟到夜郎国的道路,还建议在西南巴蜀设置官吏。

---

① 〔汉〕班固:《汉书》卷1《高帝纪上》,中华书局,1962年,第28页。
② 〔汉〕班固:《汉书》卷39《萧何传》,中华书局,1962年,第2006—2007页。
③ 〔汉〕班固:《汉书》卷1《高帝纪上》,中华书局,1962年,第33页。
④ 〔汉〕班固:《汉书》卷95《西南夷传》,中华书局,1962年,第3838页。
⑤ 〔汉〕司马迁:《史记》卷116《西南夷列传》,中华书局,1959年,第2994页。

这是西汉早期对西南地区的关注。汉武帝接受其建议,以唐蒙为中郎将,率领精兵千人,同时携带粮草与礼物从巴郡符关进入夜郎国,恩威并施,最终使夜郎国同意汉朝在其地设置官吏。对于汉武帝来说,匈奴边患对其统治思想有着重大影响,其晚年曾对大将卫青说:"汉家庶事草创,加四夷侵陵中国,朕不变更制度,后世无法;不出师征伐,天下不安;为此者不得不劳民。若后世又如朕所为,是袭亡秦之迹也。太子敦重好静,必能安天下,不使朕忧。欲求守文之主,安有贤于太子者乎!"①由此可见,汉武帝希望给后继者留下一个强大的西汉王朝。

在西汉分巴隔蜀的策略下,西汉在原夜郎国地区设立犍为郡。夜郎国归附,汉王朝赏赐颇丰。周边"诸夷"十分羡慕,"是时邛筰之君长闻南夷与汉通,得赏赐多,多欲愿为内臣妾,请吏,比南夷",也希望能够通过内附汉朝的方式同样得到大量赏赐。汉武帝看到此种情形,征询司马相如对经略西南的建议。深知西南实际情况的司马相如认为,"邛、筰、冉、駹者近蜀,道亦易通,秦时尝通为郡县,至汉兴而罢。今诚复通,为置郡县,愈于南夷"。无论是从机构沿革上,还是在地理交通上,汉王朝都有必要在西南设郡置县,摒弃以往放弃西南的做法,强化对西南的管理与经营,实际上就是要践行汉武帝以非常之人去做非常之事的理想——"盖世必有非常之人,然后有非常之事。有非常之事,然后有非常之功。夫非常者,固常人之所异也。故曰:非常之原,黎民惧焉;及臻厥成,天下晏如也"②。事实上,早在秦朝时期,西南巴蜀已经设置了巴郡、蜀郡、汉中郡三个郡,而僰道则是西南的主要交通要道,特别是李冰担任蜀郡郡守时,对僰道进行了进一步开拓,使得经由僰道通往成都的交通更为便利。后来,常頞督在僰道的基础上,向南延伸,修筑"五尺道",为秦朝对夜郎国等"南夷"的经营奠定了基础。

由于受西南自然地理条件所限,道路的开拓十分不易,唐蒙在前朝所开的五尺道基础上开通"南夷"道,耗费了大量的人力、物力,引起了当地民众的不满。以巴蜀一些有名望老者以及朝中大臣公孙弘为代表的反对者,极力要求朝廷放弃开通西南之地。而司马相如动之以情,晓之以理,从地理交通和历史沿革两方面,阐述了汉王朝应该恢复秦朝时在西南建立的郡县的理由。于是,

---

① 〔宋〕司马光:《资治通鉴》卷22汉武帝征和二年闰四月条,中华书局,1956年,第726页。
② 〔梁〕萧统编,〔唐〕李善注:《文选》卷44《难蜀父老》,上海古籍出版社,1977年,第1993页。

汉武帝专门派熟知巴蜀实际情况的蜀人司马相如全权处理西南事务。司马相如入蜀后，先后深入邛、筰、冉、駹等临近蜀郡的部族，宣扬汉武帝的威德与强大的汉王朝实力。于是，很多部族首领纷纷接受汉王朝的招抚，"愿得受号者以亿计"①，虽然看起来有些夸张，但是却反映了当时西南许多部落内附的愿望。公元前122年，博望侯张骞告知汉武帝，他出使大夏时曾见到那里有蜀布和邛竹杖，这些物品是从南边的身毒国而来，说明蜀地可以通往身毒国。如果能够打通蜀地到身毒国的交通路线，就可以联系身毒、大夏夹击匈奴。（图3-2）于是，汉武帝派遣王然于、柏始昌、吕越等人兵分数路前往寻找通往身毒国的道路。这些使者受到了滇王、昆明诸部等地方势力的阻拦，特别是昆明部，为了夺取使团的财物，竟然杀害汉使。汉武帝派兵攻打昆明诸部中劫杀汉使的部族，大胜。后来汉武帝又多次派遣使者继续探路，但成效不大。尽管汉使没有寻到通往身毒国的道路，但是却了解了西南各部落的情况，为汉王朝进一步经略西南奠定了基础。公元前120年，汉武帝下令在长安西南开凿昆明池，以演练水军，还在昆明池畔刻了鲸鱼以象征滇地鲸鱼山，表达了汉武帝征服滇地的决心与意志。

元鼎六年（前111），司马迁奉汉武帝之命，"西征巴、蜀以南，南略邛、筰、昆明"，返回长安后，向汉武帝报告："其西可千余里有乘象国，名曰滇越，而蜀贾奸出物者或至焉。"②而张骞在出使大夏国时所见的西南蜀地商品应该就是被蜀商通过某个通道带到了大夏、身毒。西汉王朝首次开发西南，交通是关键，于是征发民夫修建了以巴蜀四郡（蜀、巴、广汉、犍为）为中心通向周边民族的交通道路。但是由于地理环境复杂，加之一些民族部落的反抗骚扰，有些道路修建进展缓慢。虽然朝廷多次派兵镇压这些部落的反抗，但收效甚微。由于北方的匈奴不断侵扰边地，汉武帝采纳了御史大夫公孙弘的建议，撤回西南的派遣官吏，仅保留了两县一都尉。为了适应新形势的需要，元鼎三年（前114），汉武帝下旨重筑成都城，成都一跃成为仅次于都城长安的第二大城市。

---

① 〔汉〕司马迁：《史记》卷117《司马相如列传》，中华书局，1959年，第3051页。
② 〔汉〕司马迁：《史记》卷123《大宛列传》，中华书局，1959年，第3166页。

第三章　西南丝绸之路的开通　　183

图3-2：莫高窟第323窟张骞出使西域图（唐）

　　元鼎五年（前112），南粤反叛，汉武帝派驰义侯从犍为前往西南征兵攻打南粤，但且兰君担心部落青年壮丁远行难以抵抗附近部落的侵扰，便率先杀汉使和犍为郡守叛汉。且兰君的反叛行为很快就波及巴蜀的其他地区，邛、筰等部落也随即反叛。但这些叛乱很快就被镇压，且兰君、邛君、筰侯均被诛杀。汉政府于公元前111年在这些地区设置郡县，在且兰地区设置牂牁郡，在邛人活动地区设置越嶲郡，在筰部活动地区设置沈黎郡。汉武帝对反叛地区的强硬措施，使得本来抱有幻想的冉駹君十分恐慌，忙主动请求汉朝廷派遣官吏，于是汉政府在此设汶山郡；在白马氏人生活地区设置武都郡。元封二年（前109），汉武帝派巴蜀军队征服了滇国附近的劳深、靡莫部。对于实力较强的滇王，汉政府采取了先礼后兵的策略。滇王曾派兵劫掠汉朝派遣探路的使者，所以对汉使王然于，特别是兵临城下的西汉军队惊恐不安，同意在滇地设郡置吏，并入朝谢罪。汉王朝在滇地设置益州郡，并赐滇王印，令其统辖当地各部落。元封五年（前106），汉武帝在全国设置十三州刺史，在每年的秋天巡察郡国，强化了对西南地区的控制与管辖。天汉六年（前97），沈黎郡被裁撤，改置为两部都尉，一治旄牛（主要管理民族事务），一治青衣（主要负责边地移民事务）。

　　由于汉武帝时期政府实行盐铁官营的政策，在全国的40个郡中设置了49处铁官，包括巴蜀地区的蜀郡临邛、犍为郡武阳、犍为郡南安。西汉在蜀地设置郡县后，作为驿站交通的邮亭成为中央政府控制西南的重要机构。"乃拜相如为中郎将，建节往使。副使王然于、壶充国、吕越人驰四乘之传，因巴蜀吏币物以赂西夷"①，这里的"传"是古代邮亭的别称。因此，可以断定在巴蜀之地已经存在着邮亭，另外蜀郡还有"严道邛邮"。《后汉书·任文公传》载："哀帝时，有言越巂太守欲反，刺史大惧，遣文公等五从事检行郡界，潜伺虚实。共止传舍，时暴风卒至，文公遽趣白诸从事促去，当有逆变来害人者，因起驾速驱。诸从事未能自发，郡果使兵杀之，文公独得免。"显然，在越巂郡设有供传递官方文书者休息的传舍。特别是三国时期，张嶷重新开通了隔绝长达百年的旄牛道，重设该道路上的废弃邮亭，"开通旧道，千里肃清，复古亭驿"②。元光六年（前129），恰好是唐蒙开"南夷"道前夕，在西南地区广设邮亭驿站，更便于与中央沟通西南状况，并推进"南夷"道的修筑。

西汉末年，褚少孙曰："蜀王，黄帝后世也，至今在汉西南五千里，常来朝降，输献于汉。"③南迁蜀国残余势力的一部分继续南迁，进入今天越南的北部地区，以蜀王子为核心建立了政权。诚如约翰·F.卡迪所言，公元1世纪，当汉朝的中国人发展与印度之间短期的贸易关系时，他们选择的道路，即从长江上游盆地出发，经过云南西部的湄公河（澜沧江）和萨尔温江（怒江）的峡谷，前往缅甸的伊洛瓦底江河谷，然后再前往孟加拉湾沿岸。他们在冬季季风时节则向西进发，走向印度东部海岸的得楞伽那和揭陵伽地区。

二、司马相如对西南开发的贡献

司马相如（约前179—前118），字长卿，西汉辞赋家，被誉为"蔚为辞宗，赋颂之首"，在中国文学史上占有重要的地位。他出生于巴郡安汉县（今四川南充），落籍于蜀郡成都，因仰慕战国时期蔺相如的为人，改名为相如。文翁为蜀郡太守时，曾派遣青年才俊前往京师游学，司马相如就在其中。汉景帝时，司马相如任武骑常侍，后投奔梁孝王，广交名士，写下了著名的《子虚赋》。梁孝王去世后，他回到成都，投靠好友临邛令王吉。临邛巨贾卓王孙爱慕司马相如的才华，将女儿卓文君许配给司马相如为妻，成就了一段流传千古的爱情佳话。汉武帝时期，由于武帝喜好辞赋，将其召到长安。司马相如因其

---

① 〔汉〕司马迁：《史记》卷117《司马相如列传》，中华书局，1959年，第3046—3047页。
② 〔西晋〕陈寿：《三国志·蜀书》卷43《张嶷传》，中华书局，1964年，第1053页。
③ 〔汉〕司马迁：《史记》卷13《三代世表》，中华书局，1959年，第506页。

所作的《天子游猎赋》深受皇帝的赏识，成为郎官，陪驾左右。这一时期，司马相如充分展示了他的政治才华，为汉武帝经略西南出谋划策。

地处西南的巴蜀之地部落众多，"西南夷君长以什数，夜郎最大；其西靡莫之属以什数，滇最大；自滇以北君长以什数，邛都最大：此皆魋（椎）结，耕田，有邑聚。其外西自同师以东，北至楪榆，名为嶲、昆明，皆编发，随畜迁徙，毋常处，毋君长，地方可数千里。自嶲以东北，君长以什数，徙、筰都最大；自筰以东北，君长以什数，冉駹最大。其俗或土著，或移徙，在蜀之西。自冉駹以东北，君长以什数，白马最大，皆氐类也。此皆巴蜀西南外蛮夷也"①。从政治方面来说，这些部落中主要以滇、夜郎、邛都、嶲、徙、筰都、冉駹较强。从经济上来看，夜郎、滇、邛都为一类，属于椎髻发式，农耕邑聚；嶲、昆明为一类，属于编发方式，游牧为生；徙、筰都、冉駹为一类，土著与迁徙方式并存，属于半农半牧的生活方式；白马氐为农耕方式。这些部族由于所处的自然地理环境不同，生产生活方式也是有区别的，这就为汉治理西南造成了极大的不便。

秦朝灭亡后，由于长期的战争对生产力造成了极大的破坏，汉初社会经济凋敝，为了集中力量恢复社会生产力，防范北方匈奴的侵扰，政府基本上断绝了与西南边地的交流往来。直到高后六年（前182），汉政府在僰道县设关建市。文景时期，与民休息。到了汉武帝时期，国力逐渐强盛，武帝开始强化中央集权制，一改以往所奉行的黄老无为之策，北击匈奴，南扫闽越，并积极筹划开发西南。建元六年（前135），闽越攻打南越，南越向汉政府求援，汉武帝命大行令王恢率军出豫章支援南越。事件平息后，王恢派鄱阳令唐蒙前往南越查看相关情况，唐蒙返回后，出于制衡南越的目的，上书汉武帝，建议经略西南。这一提议恰好迎合了汉武帝大一统的思想，得到汉武帝的支持。唐蒙被任命为中郎将入蜀，借道夜郎国，打通僰道通往牂柯江的道路。由于唐蒙在开拓道路中大量征发当地民力，并诛杀反对者，使得巴蜀人心惶惶，随时都有反叛汉朝的可能。在此危急之时，为了安抚民众，汉武帝决定派司马相如前往蜀地处理此事。

汉武帝选择司马相如作为政府代表入蜀安抚并不是偶然的。首先，司马相如深谙汉武帝开疆拓土之宏伟抱负。西汉政府对北方的强敌匈奴长期处于防守

---

① 〔汉〕司马迁：《史记》卷116《西南夷列传》，中华书局，1959年，第2991页。

态势，汉武帝心中早已不满，积极准备反击匈奴，解决边地之患。司马相如所写的《子虚赋》《上林赋》无一不是在为汉武帝的文治武功歌颂，也是对汉武帝心理的迎合。众所周知，张骞对沟通西域诸国、开拓西域丝绸之路功不可没。他在出使西域返回后，向汉武帝报告出使详情时说："臣在大夏（即今天阿富汗北部地区）时，见邛竹杖、蜀布。问曰：'安得此？'大夏国人曰：'吾贾人往市之身毒（印度地区）。身毒在大夏东南可数千里。其俗土著，大与大夏同，而卑湿暑热云。其人民乘象以战。其国临大水焉。'以骞度之，大夏去汉万二千里，居汉西南。今身毒又居大夏东南数千里，有蜀物，此其去蜀不远矣。今使大夏，从羌中，险，羌人恶之；少北，则为匈奴所得；从蜀宜径，又无寇。"①张骞建议汉武帝开通南方丝绸之路，这对于渴望成就一统霸业的汉武帝而言，无疑刺激了其"指求身毒国"的决心，而这一举措是建立在唐蒙、司马相如在西南地区经营的基础上的。于是，汉武帝派遣使者分别从駹、冉、徙、邛僰四条路线秘密南行，试图打通前往身毒的道路，但均因各种条件限制而失败。中郎将唐蒙上书汉武帝所言的借兵置吏正合帝意，《水经注》卷33《江水》载，唐蒙"凿石开阁，以通南中。迄于建宁，二千余里。山道广丈余，深三四丈"。其次，司马相如出生于巴地，生活于蜀地，对巴蜀地区的情况非常熟悉，同时，此时的司马相如早已因文学著称于世，在巴蜀地区有着非常崇高的声望。因此，司马相如成为汉武帝处理唐蒙事件的最佳人选。

司马相如作为官方代表入蜀后，颁布了《喻巴蜀檄》。檄文首先将汉武帝的恩威加以赞颂，指出沟通西南与中原是安邦兴国的需要，但是唐蒙滥用民力纯粹是其个人行为，批评其"发军兴制，惊惧子弟，忧患长老，郡又擅为转粟运输"，并非皇帝本意。②他还特别指出，边地将士本应报效朝廷，为政府开通西南供奉财力，感涕君恩，然而巴蜀士卒不仅不知道报效国家，反而纷纷逃亡，这也是一种罪过。他指出，为国家作出必要的牺牲是臣民的本分，责成"三老"加强对民众的教导工作，让民众认识到国家开发西南的重要性和正确性。

司马相如还对蜀地民众认为朝廷开发西南导致民不聊生，特别是对巴蜀父老认为"邛、筰、西僰之与中国并也，历年兹多，不可记已。仁者不以德来，强者不以力并，意者其殆不可乎"的错误言论进行了反驳，认为"必若所云，

---

① 〔汉〕司马迁：《史记》卷123《大宛列传》，中华书局，1959年，第3166页。
② 〔汉〕司马迁：《史记》卷117《司马相如列传》，中华书局，1959年，第3044—3046页。

则是蜀不变服而巴不化俗也"。

在司马相如的努力下,巴蜀的民众很快得到安抚,"皆如南夷,为置一都尉,十余县,属蜀"。由于司马相如在蜀地的安抚措施得当,唐蒙很快就打通了到夜郎国的"南夷"道。"南夷"道的通行使得夜郎国和中原内地往来日益频繁,特别是夜郎国得到中原王朝的丰厚赏赐,引起了一些部落首领的注意。司马相如进入与蜀郡毗邻的民族部落中交涉谈判时,十分注重宣传汉王朝的威德,部落首领们纷纷上书请求称臣纳贡。

之后,唐蒙就开始着手西夷道的修筑,征发巴郡、蜀郡、广汉郡数万士卒开凿道路。由于受地理环境所限,且工程浩大,困难重重,导致死伤众多,耗费巨大,持续了两年的时间还未完成,这引起了巴蜀民众和朝廷中一些大臣的不满。此时,在巴蜀一些年长且有声望的人中流传着一种开发川西、川南对王朝社稷无用的言论。以公孙弘为主的朝中大臣中也表示了反对,特别是其出使巴蜀返朝后,主张"罢通西南夷",大肆渲染西南地区的诸多不便利,认为应该暂时搁置巴蜀开发问题,专注于对付匈奴势力。

司马相如认为,邛、筰、冉、駹临近蜀郡,道路也比较容易打通,倘若设置郡县,会更有利于汉朝。于是,汉武帝听从了司马相如的建议,于公元前129年令司马相如以中郎将的身份持节再次出使巴蜀。

司马相如再次入蜀,成效斐然。除了拆除部落之间的关塞路障外,西汉政府还设置官方机构,如在蜀郡西边,以沫水(今青衣江)、若水(今雅砻江)为界,设置官方机构,以一个都尉领十余县,隶属蜀郡管辖;同时还修筑灵关道,于孙水之上建筑桥梁,以方便沟通边地与内地的联系。自此,邛、筰、冉、駹、斯榆等西南部族皆归附汉王朝,西至沫水、若水,南到牂柯江的大部分地区都并入了汉王朝的版图,延伸了中原朝廷对西南边地的控制与管辖治理,加强了这些地区与内地的联系。

司马相如两次出使巴蜀,使得汉王朝在这些地方的经略迅速展开,先后建立了西南七郡,进一步加强了汉朝与西南的经济、文化联系,促进了西南地区的开发与发展,更重要的是增强了西南诸族对汉王朝的文化、政治认同感,有助于汉朝大一统政治的实现,对开通南方丝绸之路有着重大意义。

三、秦汉时期对西南地区的移民

巴蜀原本为巴人、蜀人生活区域的合称,早在殷商时代,巴人、蜀人就在四川盆地生活繁衍,至少在春秋战国时期,巴、蜀文化已经融为一体,称为巴蜀文化。根据考古发现,在春秋中晚期,这里形成了一种独具地方特色的青铜文化,如装饰在青铜器具上的巴蜀图语,标志着具有区域性色彩的巴蜀文化圈的形成。公元前316年,秦惠文王派兵攻灭蜀、巴地区,将巴蜀之地并入秦国的版图。根据《华阳国志》卷3《蜀志》记载,秦灭巴蜀后,以巴蜀"戎伯尚强,乃移秦民万家实之"①。为了巩固边地,秦王朝向西南移民。按照秦朝律法的规定,有罪之人要迁移到蜀汉地区,以示惩罚。公元前238年,长信侯嫪毐叛乱,秦始皇平息叛乱后,将参与叛乱的四千家家臣迁往蜀郡;公元前235年,秦始皇以吕不韦门客"窃葬"吕不韦为由,将吕氏家族及其门客迁往蜀郡。一系列移民措施客观上打破了原本封闭的巴蜀文化,促进了经济文化交流和民族交融。

秦灭六国后,为了削弱六国旧贵族的势力,将大量贵族迁出故地,一部分楚人被迁往巴蜀。《华阳国志》载:"(蜀)郡西南二百里。本有邛民,秦始皇徙上郡民实之。"② 这也得到了考古方面的印证。这次移民的目的在于充实秦政府在蜀地的军事力量,并维护以临邛为中心的成都平原城市手工业经济以及商业贸易的重要地位。秦始皇征伐西南,在西南地区设置郡县,但是由于交通不便,加之西南部族众多,导致政令难以通畅,特别是一些部落首领骄横放纵,不受官府法令约束的事情时有发生。因此,只有强化临邛的地位,才能维护朝廷在西南地区的统治。临邛自古以来就以商品经济繁荣而著称,秦灭蜀后即在临邛筑城。史书记载,当时临邛城"周回六里,高五丈"③,约有民户2300户,人口11000多人,如此规模足以彰显其经济地位。

秦国除了采取对蜀地移民以充实边地的措施外,还把王公贵族封于蜀地,如秦惠文王弟弟樗里子因战功被封于蜀地的严道,秦对蜀地管理的重视程度可见一斑。秦统一六国后,政府将大批豪强巨贾迁往巴蜀,从政治与经济两个方面削弱这些大族,以断绝其原来的生存根基,巩固秦朝的统治。《史记》卷129

---

① 〔东晋〕常璩撰,任乃强校注:《华阳国志校补图注》卷3《蜀志》,上海古籍出版社,1987年,第128页。
② 〔东晋〕常璩撰,任乃强校注:《华阳国志校补图注》卷3《蜀志》,上海古籍出版社,1987年,第157页。
③ 〔东晋〕常璩撰,任乃强校注:《华阳国志校补图注》卷3《蜀志》,上海古籍出版社,1987年,第128页。

《货殖列传》载:"卓氏之先,赵人也,用铁冶富。秦破赵,迁卓氏。卓氏见虏略,独夫妻推辇,行诣迁处。诸迁虏少有余财,争与吏,求近处,处葭萌。唯卓氏曰:'此地狭薄。吾闻汶山之下,沃野,下有蹲鸱,至死不饥。民工于市,易贾。'乃求远迁。致之临邛,大喜,即铁山鼓铸,运筹策,倾滇蜀之民,富至僮千人。田池射猎之乐,拟于人君。"这些在六国名噪一时的商业巨贾被迁往蜀地后,依然发挥着他们杰出的经商才能。卓氏要求远迁,至巴蜀临邛,因为卓氏早已知晓临邛是一个商业非常发达的地区,对其家族而言更容易施展自己的才能。事实证明,卓氏依靠着原来的冶铁技术,在临邛如鱼得水,再次步入社会上层,同时也推动了西南地区冶铁业的发展。(图3-3)

图3-3:甘肃环县博物馆藏汉代三角形铁犁铧

秦末农民起义,刘邦被项羽封为汉王,巴蜀成为刘邦与项羽争夺天下的大本营。跟随刘邦入蜀的将士,将汉文化也带入了蜀地,逐渐融合了蜀文化,形成了一种新的汉文化,开启了汉代向西南地区移民的先河。事实上,西汉政府对边地的移民,是一种有组织的行为。晁错上书汉文帝:"臣闻古之徙远方以实广虚也,相其阴阳之和,尝其水泉之味,审其土地之宜,观其草木之饶,然后营邑立城,制里割宅,通田作之道,正阡陌之界,先为筑室,家有一堂二内,门户之闭,置器物焉,民至有所居,作有所用,此民所以轻去故乡而劝之新(邑)也。为置医巫,以救疾病,以修祭祀,男女有昏,生死相恤,坟墓相从,种树畜长,室屋完安,此所以使民乐其处而有长居之心也。"[①]

[①]〔汉〕班固:《汉书》卷49《晁错传》,中华书局,1962年,第2288页。

汉武帝开发西南,事实上也是在变相地对边地移民,以充实地广人稀的西南之地。汉武帝令唐蒙进兵西南夜郎国,"会唐蒙使略通夜郎西僰中,发巴蜀吏卒千人,郡又多为发转漕万余人"。打通与夜郎国的联系后,唐蒙征发巴蜀、广汉民众数万人修筑道路,由于条件恶劣,多有病亡。根据文献记载,汉代征伐西南所使用的军卒多来自刑徒戴罪之人。西南的且兰君叛汉,"杀使者及犍为太守,汉乃发巴蜀罪人当击南粤者八校尉击之"①。这些军卒中有一部分无疑来自汉地。元封二年(前109),汉武帝征调巴蜀军队灭滇国附近的劳深、靡莫部。同年,"嶲反,遣将军郭昌讨平之。因开为郡,治滇池上,号曰益州⋯⋯汉乃募、徙死罪及奸豪实之"②。一部分刑徒与被治罪的豪门被迁往益州城,巩固汉王朝在益州的统治。

由于汉武帝派往西南寻求身毒国道路的使者被劫杀,"于是汉发三辅罪人,因巴蜀士数万人,遣两将军郭昌、卫广等往击昆明之遮汉使者"。汉景帝二年(前155),分内史为左、右内史,与主爵中尉同治长安城中,所辖皆京畿之地,故合称"三辅"。因此,三辅罪人就这样被发配到西南地区。西汉末年,王莽篡位,发动了对西南少数民族地区的战争,"遣平蛮将军冯茂发巴、蜀、犍为吏士,赋敛取足于民,以击益州。出入三年,疾疫死者什七,巴、蜀骚动。莽征茂还,诛之。更遣宁始将军廉丹与庸部牧史熊大发天水、陇西骑士,广汉、巴、蜀、犍为吏民十万人,转输者合二十万人,击之"③。

西汉政府设置永昌郡后,大量的汉人迁居西南,其中最有代表性的就是秦朝丞相吕不韦的后裔吕氏家族迁居永昌,并设不韦县。除了汉人南迁之外,西南部族内附也构成了两汉时期内地与西南民族交融的另一主题。东汉建武二十七年(51),"(哀牢夷王)贤栗等遂率种人户二千七百七十,口万七千六百五十九,诣越嶲太守郑鸿降,求内属。光武封贤栗等为君长。自是岁来朝贡"。"永平十二年(69),哀牢王柳貌遣子率种人内属,其称邑王者七十七人,户五万一千八百九十,口五十五万三千七百一十一。西南去洛阳七千里,显宗以其地置哀牢、博南二县,割益州郡西部都尉所领六县,合为永昌郡。始通博南

---

① 〔汉〕班固:《汉书》卷95《西南夷传》,中华书局,1962年,第3841页。
② 〔东晋〕常璩撰,任乃强校注:《华阳国志校补图注》卷4《南中志》,上海古籍出版社,1987年,第267页。
③ 〔汉〕班固:《汉书》卷95《西南夷传》,中华书局,1962年,第3846页。

山，度兰仓水。"①移民无疑有助于民族交融以及西南地区乃至东南亚与中原地区的经济、文化交流。《隋书·梁睿传》载："汉代牂牁之郡，其地沃壤，多是汉人。"这种现象的出现无疑是由于汉朝政府为更好地控制西南，把大量的汉族官吏及其军队派驻这一地区。根据刘弘先生的研究，蜀郡属国、犍为属国、越嶲郡、益州郡境内发现的汉代遗存较多，而永昌、牂牁二郡境内发现的汉代遗存较少，汉代遗存较多的是汉民移居的主要地区。②汉墓的分布，基本上可以反映当时人们的生活轨迹，成为我们研究汉代向西南地区移民的重要指标之一。

秦汉时期的移民，将汉地制度、语言、风俗、价值观念等带入巴蜀地区，经过长时期的交融，对巴蜀文化产生了重要影响。巴蜀文化经过分化、重组，迅速"秦化"，如语言方面，由"蜀左言"变为"民始能秦言"，而到了西汉时期，蜀语基本上被汉语同化，"言语颇与华同"。

第二节 秦汉时期对西南丝绸之路交通路线的开拓

一、"蜀身毒道"的雏形

西南丝绸之路早在秦入巴蜀之时已经存在。三星堆遗址中的殷商时期古蜀国大型祭祀坑出土了来自南亚地区的象牙、海贝（图3-4）等物品，说明西南地区与南亚的联系早已有之。公元前316年，秦惠文王派大夫张仪、司马错、都尉墨率领大军"从石牛道伐蜀"③。众所周知，这里的"石牛道"修建于公元前321年。当时秦国为了征伐蜀国，借口赠送蜀王能够"便金的石牛"，于是蜀王派人修建连接蜀地与秦地的道路迎接"石牛"，因此这条道路被称为"石牛道"（秦国灭蜀国后，称这条道路为金牛道）。《华阳国志·蜀志》载，司马错灭蜀后，任命张若为蜀国太守，秦昭襄王三十年（前277），"张若因取笮及（其）楚江南地（也）焉"④，那么当时川滇之间应存在一条道路。先秦时期存在的川滇通道是否与石牛道有关联，尚需进一步考察。

---

① 〔南朝宋〕范晔：《后汉书》卷86《西南夷传》，中华书局，1965年，第2849页。
② 刘弘：《西南丝绸之路上的汉代移民》，《东南文化》1991年第6期。
③ 〔东晋〕常璩撰，任乃强校注：《华阳国志校补图注》卷3《蜀志》，上海古籍出版社，1987年，第126页。
④ 〔东晋〕常璩撰，任乃强校注：《华阳国志校补图注》卷3《蜀志》，上海古籍出版社，1987年，第129页。

图3-4：吐鲁番出土距今约3000—2000年海贝

公元前4世纪孔雀王朝时期大臣考提利亚所著《政事论》提到了桥奢耶和产于中国的成捆的丝。按照季羡林先生考证，最迟在公元前4世纪中国丝绸便输入了印度。① 这些丝绸无疑是通过南方丝绸之路进入南亚的，而这些丝绸则产自巴蜀。四川博物馆所藏在成都交通巷出土的铜戈有一个是殷周风格，在戈柄正中装饰着"蚕"形图案；成都百花潭中学的战国墓葬出土的一件铜壶之上刻有一幅蚕桑图。这些出土的文物均表明，在西汉以前蜀地的丝织业就已经存在。另外，公元前327年，马其顿的亚历山大大帝率军侵入印度，当时随他一起出征的海军司令尼阿科斯在日记中对印度人的服装进行了描写：印度人穿的衣服是用树上生产的棉花制成的。然而这种棉花，要不是它的颜色比其他任何地方能看到的更雪白明亮，那就是印度人黝黑的肤色似乎使它们看上去洁白得多。他们穿一件棉制的内衣，下垂过膝而未及脚踝，一件外套，他们把部分甩在肩上，部分盘绕成团，围在头上。② 根据《华阳国志》记载，西南哀牢人"有梧桐木，其华柔如丝，民绩以为布，幅广五尺以还，洁白不受污，俗名曰'桐华布'。以覆亡人，然后服之，及卖与人"③。因此，"印度人在公元前4世纪穿的是用树上的棉花织成的洁白服装，很可能就是永昌郡所产的桐华布，在

---

① 季羡林：《中国蚕丝输入印度问题的初步研究》，《历史研究》1955年第4期。
② [印] R.塔帕尔著，林太译，张荫桐校：《印度古代文明》，浙江人民出版社，1990年，第53页。
③ [东晋] 常璩撰，任乃强校注：《华阳国志校补图注》卷4《南中志》，上海古籍出版社，1987年，第286页。

《华阳国志》中也可以找到印度商人常住永昌郡进行贸易的记载"①。故而，至少在公元前4世纪，西南丝绸之路已经开通，三星堆遗址出土的大量海贝也可以证明此论断。

"在公元前3世纪至前2世纪期间，一些原产中国的货物在印度使用，它们的名称显然是从中文来的：例如'中国布'叫'China Patta'，'竹'称为'Kichaka'，这是与汉语'ki-chok'联系在一起的。"②英国汉学家李约瑟指出："张骞事实上已清楚地知道，在四川和印度之间，通过云南和缅甸或阿萨密有一条商路。"而这条道路就是文献所记载的"蜀身毒道"。③根据史料记载，秦朝时期已经开通"五尺道"并在这些地区设置机构，派遣官吏。这也印证了西汉时期司马相如入蜀安抚巴蜀民众时，一些蜀地父老所言"邛、筰、西僰之与中国并也，历年兹多，不可记已"④，即在西汉之前巴蜀与中原已多有交流。史载："南越食蒙蜀枸酱，蒙问所从来，曰：'道西北牂柯江广数里，出番禺城下。'蒙归至长安，问蜀贾人，贾人曰：'独蜀出枸酱，多持窃出市夜郎。'"⑤由此观之，当时在西南边地到身毒已经形成了一定规模的贸易网络和交通路线。基于此，童恩正先生也推测："从战国至西汉，云南以至中南半岛各族使用的某些精致的手工业品，似乎都是仰给于巴蜀。"⑥

二、五尺道

五尺道，是我国秦汉时期川南进入滇地的一条道路。据《史记》正义中引《括地志》，五尺道位于郎州，也就是今天的云南曲靖境内。《史记》中记载，五尺道开通于秦始皇时期，而《太平御览》卷166引用梁载言《十道志》言，"秦惠（文）王破滇池，始通五尺道"，将五尺道开通的时间由秦始皇时期向前推至秦惠文王时期，即公元前337年至公元前310年。五尺道究竟开通于秦始皇时期还是秦惠文王时期呢？《华阳国志·蜀志》中有这样一段史料：

周显王之世，蜀王有褒、汉之地。因猎谷中，与秦惠（文）王遇。惠

---

① 申旭：《汉唐时期川滇缅印之间的交往》，《云南社会科学》1996年第1期。
② [印] R.塔帕尔著，林太译，张荫桐校：《印度古代文明》，浙江人民出版社，1990年，第118页。
③ [英] 李约瑟：《中国科学技术史》，科学出版社，1975年，第376页。
④ 〔汉〕司马迁：《史记》卷117《司马相如传》，中华书局，1959年，第3049页。
⑤ 〔汉〕司马迁：《史记》卷116《西南夷传》，中华书局，1959年，第2994页。
⑥ 童恩正：《试谈古代四川与东南亚文明的关系》，《文物》1983年第9期。

王以金一笥遗蜀王。王报珍玩之物，物化为土。惠王怒。群臣贺曰："天承我矣！王将得蜀土地。"惠王喜。乃作石牛五头，朝泻金其后，曰"牛便金"。有养卒百人。蜀人悦之，使使请石牛，惠王许之。乃遣五丁迎石牛。既不便金，怒遣还之。乃嘲秦人曰："东方牧犊儿。"秦人笑之，曰："吾虽牧犊，当得蜀也。"①

西汉扬雄《蜀王本纪》中对石牛道产生的记载具有浓厚的神话色彩："秦惠王欲伐蜀，乃刻五石牛，置金其后。蜀人见之，以为牛能大便金。牛下有养卒，以为此天牛也，能便金。蜀王以为然，即发卒千人，使五丁力士，拖牛成道，致三枚于成都。秦道得通，石牛之力也。后遣丞相张仪等随石牛道伐蜀。"②通过文献所载可知，石牛道应开通于秦惠文王时期，这与前文提到的开通五尺道的时间大致相同，显然二者是有某种关联的。周宏伟教授认为五尺道就是石牛道。③根据这些记载，学术界长期以来认为五尺道开通于战国末期秦时。而段渝教授认为五尺道在秦之前已经存在。商朝末年，杜宇已经经由官道从云南的昭通前往蜀地，而常頞所通五尺道，无非是对已存在的道路进行了进一步整修而已。④葛剑雄教授也赞同五尺道开凿并非始于秦的观点，认为秦法是"数以六为纪"，而违背秦法中规定的"六"而公然去修"五尺"道路显然是法律不能容忍的，因此，不可能在秦时开凿五尺道。⑤（图3-5）

---

① 〔东晋〕常璩撰，任乃强校注：《华阳国志校补图注》卷3《蜀志》，上海古籍出版社，1987年，第123页。
② 〔唐〕欧阳询撰，汪绍楹校：《艺文类聚》卷94《兽部中》引《蜀王本纪》，上海古籍出版社，1965年，第1626页。
③ 周宏伟：《五尺道即石牛道考》，《中国历史地理论丛》2007年第4期。
④ 段渝：《五尺道的开通及其相关问题》，《四川师范大学学报（社会科学版）》2013年第4期。
⑤ 葛剑雄：《关于古代西南交通的几个问题》，《中国西南的古代交通与文化》，四川大学出版社，1994年，第1—13页。

图3-5：古丝绸之路交通要道——崤函古道遗址

但在古蜀文化中，尚五的观念早已有之，数字"五"在生活中无处不在，广汉三星堆出土的青铜立人头冠图案、新都战国蜀王墓中出土的青铜器数组、郫县三道堰古城遗址的建筑卵石台基等，无不反映了蜀文化所特有的尚五传统。同时，这一观念也影响着蜀人的物质生活和精神生活。秦国蜀守李冰主政蜀郡期间，为了迎合当地土著宗教文化观念，治理水患时利用蜀人尚五的传统，以五石牛压水精，成功地修建了举世闻名的水利设施都江堰。东汉末期，张道陵创立道教，并利用蜀文化中尚五的思想观念来发展壮大道教，传布五斗米道，得到民众的响应。巴郡人张修以治疗病疾为形式，传播五斗米道，并号"五斗米师"。他们的成功，无一不是紧紧抓住了巴蜀文化核心之一的尚五传统观念。虽然秦汉时期对巴蜀文化进行了一定程度的改造，① 但深深根植于民众心中的尚五观念遗风尚存，特别是在边远的地区，更是影响深远。

五尺道与尚六的秦朝文化背道而驰，但为何五尺道即使在法律制度十分严苛的秦朝时期依然是五尺呢？秦昭王时期，对巴地采取了与秦地严刑酷法截然不同的统治策略，无论是经济上还是法律上，都采取了宽容的做法，以安抚巴地民众，巩固了秦在巴地的统治基础。由此推测，秦时常頞略通五尺道的记载，滇、夜郎通巴蜀、秦、楚的道路自古即有。川、滇、黔边区，山高谷深，地势艰险，修筑五尺道的成本远远低于六尺道的成本，加之巴蜀文化中尚五的

---

① 段渝：《论秦汉王朝对巴蜀的改造》，《中国史研究》1999年第1期。

传统，修筑五尺道自在情理之中。

《史记》卷116《西南夷列传》记载了庄蹻伐蜀之事，"楚威王时，使将军庄蹻将兵循江上，略巴、（蜀）黔中以西。庄蹻者，故楚庄王苗裔也。蹻至滇池，（地）方三百里，旁平地，肥饶数千里。以兵威定属楚。欲归报，会秦击夺楚巴、黔中郡，道塞不通，因还，以其众王滇，变服，从其俗，以长之。"《华阳国志·蜀志》载：蜀开明立，"号曰丛帝。丛帝生卢帝。卢帝攻秦，至雍。生保子帝。保子帝攻青衣，雄张獠、僰"①。说明蜀势力已达滇地，蜀望帝还曾娶朱提梁氏的女子为妻，而朱提就在今天云南昭通。滇地出土的青铜无格剑与巴蜀的扁茎无格柳叶形剑、滇国的戈与夜郎国的戈都有着一定联系。

另外，广汉三星堆文化遗址中所出的海贝可能来自交趾，②说明蜀地与东南亚的交趾早已存在联系。秦人沿着五尺道进入西南地区，并在五尺道所经区域设置机构派遣官吏。秦灭亡后，西南地区立即脱离秦的统治，"蜀故徼"也马上被恢复了。蜀商通过走私的渠道越过关隘到西南夷地区进行贸易。因此，五尺道应开凿于秦始皇之前，是西南地区古蜀时期的主要交通道路。

三、"西南夷"道

秦朝时期，巴蜀地区曾设巴郡、蜀郡与汉中郡。李冰任蜀郡守时，曾经对蜀郡境内的河道进行了疏浚工作，采取积薪烧岩的办法开凿岷江水道崖壁，这为后世开通成都往僰道的交通路线奠定了基础。西汉武帝时期，唐蒙出使南越返回后，向汉武帝建议以夜郎兵制越，谈到从巴蜀经夜郎国沿牂牁河修建一条交通路线，可以以巴蜀之富通夜郎道。汉武帝采纳了唐蒙的建议，拉开了大规模开发西南的序幕。

公元前135年，汉王朝在夜郎设置犍为郡，正式将夜郎国并入汉王朝的版图，推动了巴蜀商贾通过夜郎将商品带到滇越、东南亚、南亚地区。公元前130年夏，唐蒙征发巴蜀吏卒修筑"南夷"道，打通了自僰道至牂牁江的道路，此道被称为"南夷"道，而这条道路可以说是在秦五尺道的基础上扩建的。"南夷"道开通后，汉政府立即在此地置邮亭（图3-6），以方便中央与地

---

① 〔东晋〕常璩撰，任乃强校注：《华阳国志校补图注》卷3《蜀志》，上海古籍出版社，1987年，第122页。
② 四川省文物考古研究所等：《广汉三星堆遗址二号祭祀坑发掘简报》，三星堆研究院等编：《三星堆研究》第1辑，天地出版社，2006年，第198页。

方公文的传递。

"南夷"道的线路以僰道为起点，取道南广城经上罗、罗渡、洛表到今威信，再南下镇雄。途经南秦县分为东西两条路线：东线从南秦县的东南出发到平夷（毕节），至且兰（福泉）牂柯郡的中心地区，经由母敛山（独山）沿刚水（都柳江）或周水（打狗河）到潭水，再从潭水经郁林郡（桂平）到达番禺（广州）；西线从南秦县直接南下到汉阳县（今赫章），从汉阳县西南入朱提到达益州郡，从益州正南到达牂柯江与夜郎国，再沿着牂柯江直下到达番禺。①今贵州赫章、威宁地区发现的战国秦汉夜郎时期的墓葬中出土的部分铁器，时间上属于战国晚期至西汉前期，这些器物与中原墓葬中出土的同类铁器形制基本相同。汉武帝开发西南，迁入大批移民，中原文化沿着丝绸之路传入夜郎地区，打破了夜郎长期封闭的状态，促使当地社会的经济、政治、文化发生了巨大变化。

唐蒙开通"南夷"道后，着手开发"西夷"道，继续征发巴郡、蜀郡和广汉郡的士卒数万人凿山筑路。由于西夷道所处地理环境更为复杂恶劣，因此工程量巨大。历时两年道路仍然没有修成，耗费了大量的人力、物力，遭到了当地民众和大臣公孙弘的强烈反对，一时民怨沸腾。汉武帝派司马相如入蜀解决此事。司马相如入蜀后，对当地民众动之以情、晓之以理，并从地理交通和历史沿革两方面说明开通"西夷"道对地方和国家的重要性，使巴蜀民众明白通西南的重大意义，最终得到民众的支持。"西夷"道开通后，又在此基础上打通灵关道，在孙水（安宁河）之上修筑桥梁，以达邛都。《华阳国志·蜀志》载，临邛"有古石

图3-6：悬泉置出土敦煌太守送鄯善国使者入长安简

———————
① 蓝勇：《南方丝绸之路》，重庆大学出版社，1992年，第22—25页。

山，有石矿，大如蒜子。火烧合之，成流支铁，甚刚。因置铁官"①，说明临邛有丰富的铁矿资源。《史记·货殖列传》中也记载，秦国破赵后，赵国巨贾卓氏被迁至临邛，依靠先进的冶铁技术和当地铁矿资源迅速致富。

在贵州西汉后期的墓葬出土文物中，汉文化器物占主导地位，如铁器类不再有蜀地风格，而完全是中原风格式样。这就说明，"西南夷"道路开通后，汉王朝在这些地区设置郡县，改变了其生产关系。铁器在生产力解放中起到了至关重要的作用，这些地区逐渐由青铜时代进入了铁器时代。

四、永昌道

永昌郡是汉晋时期西南丝绸之路上一个最为重要的对外商贸口岸。公元前109年，汉朝设置益州郡；东汉永平十年（67），设置益州西部都尉。永平十二年（69），哀牢王率族人内附，"其称邑王者七十七人，户五万一千八百九十，口五十五万三千七百一十一。西南去洛阳七千里，显宗以其地置哀牢、博南二县，割益州郡西部都尉所领六县，合为永昌郡"②。永昌地区物产丰富，包括铜、铁、铅、锡、金、银、光珠、琥珀、水精（晶）、琉璃、轲虫、蚌珠、孔雀、翡翠、犀、象、猩猩、貊兽等。《华阳国志》中也记载了益州的西部地区盛产金银宝货："土地沃腴，宜五谷。出铜、锡、黄金、光珠、虎魄、翡翠、孔雀、犀、象、蚕、桑、锦、绢、采帛、文绣……又有阐、旄、帛、叠、水精、琉璃、轲虫、蚌珠。"③但是，这些物品并非全部产自永昌本地，诸如琥珀、蚌珠、翡翠之类产自东南亚，而琉璃则产自中亚或南亚印度。"盘越国一名汉越王，在天竺东南数千里，与益部相近，其人小与中国人等，蜀人贾似至焉……大秦道既从海北陆通，又循海而南，与交趾七郡外夷比，又有水道通益州、永昌，故永昌出异物。"④

地处益州郡的永昌有如此丰富的物产与其频繁的对外贸易往来密不可分。

---

① 〔东晋〕常璩撰，任乃强校注：《华阳国志校补图注》卷3《蜀志》，上海古籍出版社，1987年，第157页。

② 〔汉〕班固：《后汉书》卷86《西南夷传》，中华书局，1965年，第2849页。

③ 〔东晋〕常璩撰，任乃强校注：《华阳国志校补图注》卷4《南中志》，上海古籍出版社，1987年，第285、286页。

④ 〔西晋〕陈寿：《三国志·魏书》卷30《乌丸鲜卑东夷传》引《魏略·西戎传》，中华书局，1964年，第860—861页。

1978年，重庆南岸区马鞍山西汉墓中出土两颗蚀花琉璃珠。① 1991年，四川宝兴汉塔山遗址战国墓地中出土了3枚有圆穿的琉璃珠，珠径1厘米。② 印度河流域是珠子加工业的起源地，早在公元前5000年，那里就出现了玛瑙珠加工行业。弗朗西斯将珠子的制作加工期分为三个时期，③ 而四川与西南地区出土的琉璃珠多集中于战国至汉时期，属于第三个时期，这也证明了早在先秦时期已经开通古蜀地与中亚、南亚之间的贸易交通线，珠子沿着这条贸易道路进入巴蜀之地。

东汉时期，永昌设郡后，对外交流日益频繁。永元六年（94），"徼外敦忍乙王莫延慕义，遣使译献犀牛、大象。九年，徼外蛮及掸国王雍由调遣重译奉国珍宝，和帝赐金印紫绶，小君长皆加印绶、钱帛"④。商业的繁荣，推动永昌成为一个多民族聚集的商业城市，永昌郡"属县八。户六万。去洛六千九百里。宁州之极西南也。有闽濮、鸠獠、僄越、躶濮、身毒之民"⑤。"僄"人应是东南亚缅甸的骠国之人，"身毒之民"则是来自南亚印度，他们应该是当时因经商而居住在永昌的商人。在三星堆遗址中曾出土有大量象牙，而除了云南西南部产象外，其他地区并不产象，境外的缅甸、印度则一直都盛产大象。《史记·大宛列传》中记载张骞西行的见闻时讲到，有个名为滇越的国家，大象是日常生活中的交通工具。滇越即今天印度东北部的阿萨姆邦，也就是古代印度的迦摩缕波国。⑥ 因此，三星堆遗址所出的大量象牙应来自东南亚或南亚地区。

海贝作为货币曾一度流行于巴蜀西南之地，很多遗址中都发现了海贝。广汉三星堆遗址二号祭祀坑中发现有约4600枚海贝，⑦四川宝兴县五龙公社瓦西沟口汉代石棺墓中发现海贝40多枚，⑧云南晋宁战国末至西汉时期的古墓群中

---

① 龚廷万、庄燕和：《重庆市南岸区的两座汉土坑墓》，《文物》1982年第7期。
② 四川省文管会、雅安地区文管所、宝兴县文管所：《四川宝兴汉塔山战国土坑积石墓发掘报告》，《考古学报》1999年第3期。
③ 〔意〕杜齐著，向红笳译：《喜马拉雅的人与神》，中国藏学出版社，2005年，第178页。
④ 〔南朝宋〕范晔：《后汉书》卷86《西南夷传》，中华书局，1965年，第2851页。
⑤ 〔东晋〕常璩撰，任乃强校注：《华阳国志校补图注》卷4《南中志》，上海古籍出版社，1987年，第285页。
⑥ 汶江：《滇越考》，《中华文史论丛》1980年第2辑。
⑦ 四川省文物管理委员会等：《广汉三星堆遗址二号祭祀坑发掘简报》，《文物》1989年第5期。
⑧ 杨文成：《四川宝兴县汉代石棺墓》，《考古》1982年第4期。

出土海贝多达149000枚,①与产于印度洋地区的海贝其形制与式样基本一致。因此,我们有理由相信这些海贝是通过西南与印度贸易的重要交通线——"蜀身毒道"传入巴蜀、滇地的。

第三节 西南丝绸之路上的商品与贸易

早在秦代,西南地区已经开始对外贸易,成书于公元前6世纪末期的印度史书《国事论》记载了"Cina"②产丝织品和毛纺织品。这些物品应当就是蜀地所产之物。汉初,尽管政府严禁西南边地对外贸易,但走私现象依然存在。西汉开发西南巴蜀后,在政府的推动下,以巴蜀为中心的西南丝绸之路上的商品贸易交流日益频繁。

东汉明帝永平十二年(69),汉政府设置永昌郡,使得云南西部得到了开发,更多商品包括纺织品经由丝绸之路到达中亚、南亚、东南亚,甚至更远的地区,周边部族和小国纷纷纳贡称臣。

图3-7:汉代边地集市贸易模拟场景

---

① 云南省博物馆:《云南晋宁石寨山第三次发掘简报》,《考古》1959年第9期;云南省博物馆:《云南晋宁石寨山古墓第四次发掘简报》,《考古》1963年第9期。
② 饶宗颐先生认为此乃秦的对音,因蜀于公元前316年被秦所灭,故此当为蜀地所产物品。详参饶宗颐:《梵学集》,上海古籍出版社,1993年,第233页。

永昌成为汉朝西南地区通往外部的重要通道与贸易之地，诸多南方民族甚至东南亚、南亚的商人前往经商，有"闽濮、鸠僚、僄越、躶濮、身毒之民"，这些无不说明了蜀地与周边地区贸易的繁荣。司马迁在《史记·西南夷列传》中也指出，巴蜀之富得益于与周边的贸易往来。（图3-7）

一、商品贸易

早在商周时期，中国的丝织业就已经达到了相当高的水平，并已经采用较先进的纺织工具织成丝绸，[1] 作为丝绸业发达地区的四川之地的丝织手工业水平自然居于先进地位。有学者指出，在三星堆二号祭祀坑内出土的青铜立人所穿长襟服饰中的花纹所显示出的是蜀锦和蜀绣的特征。[2] 张骞出使西域，在大夏国曾见到"蜀布"。季羡林先生认为："古代西南，特别是成都，丝业的茂盛，这一带与缅甸接壤，一向有交通，中国输入缅甸，通过缅甸又输入印度的丝的来源地不是别的地方，就正是这一带。"[3] 早期西南丝绸之路对外贸易尤其是向东南亚、南亚贸易输出的主要商品，即为蜀地丝织品。

蜀布曾是古代销售至印度、缅甸等南亚、东南亚地区数量最大的商品，早期的蜀锦之路也可以称为蜀布之路。按照任乃强先生的观点，"其路，即今云南大理（下关）渡澜沧、潞江，经腾冲、梁河、盈江，入上缅甸、密支那，又逾重箐，至东印度阿萨密，再经中印度、北印度、巴基斯坦至阿富汗的一线"[4]。

蜀布在《史记》中多有记载，《史记·大宛列传》载，张骞出使返回长安，向汉武帝报告自己在异域的经历时，就提到曾在大夏见过蜀布。

有关"蜀布"的记载常见于各类文献之中，如《华阳国志·蜀志》载："（蜀郡）安汉，上、下朱邑出好麻、黄润细布，有羌筒盛。"[5] 用蜀地所出产的苎麻织成的细布俗称"黄润细布"、最早可以追溯到商周时期，这种布应该就是张骞出使西域在中亚大夏见到的"蜀布"。而《华阳国志·巴志》载：

---

[1] 夏鼐：《我国古代蚕桑丝绸的历史》，《考古》1972年第2期。
[2] 陈显丹：《论蜀绣蜀锦的起源》，《四川文物》1992年第3期。
[3] 季羡林：《中国蚕丝输入印度问题的初步研究》，《历史研究》1955年第4期。
[4] 任乃强：《中西陆上古商道——蜀布之路》，《文史杂志》1987年第1期。
[5]〔东晋〕常璩撰，任乃强校注：《华阳国志校补图注》卷3《蜀志》，上海古籍出版社，1987年，第157页。

"武王既克殷,以其宗姬(封)于巴,爵之以子……土植五谷,牲具六畜。桑、蚕麻、苎、鱼、盐、铜、铁、丹、漆、茶、蜜、灵龟、巨犀、山鸡、白雉、黄润、细粉,皆纳贡之。"① 这里的"黄润"就是指前文提到的"黄润细布",并作为当地的特产被列为贡品。(图3-8)

图3-8:云南省博物馆藏西南丝绸之路重要贸易物品——筒盐

蜀布究竟是何物?唐代颜师古在《汉书注》中引用了服虔的看法——细布。但是根据《农桑辑要》的记载,布属于麻织品的范畴,直到元朝时期从西域将草棉引进内地,棉布才出现。因此,蜀布为细布的看法是有误的。任乃强先生根据研究,认为蜀布是上古四川地区所特有的苎麻布②。在《蜀都赋》中还提到了布匹花色,称之为"百华投春"。③《后汉书·西南夷列传》载:"土地沃美,宜五谷、蚕桑。知染采文绣,罽毲帛叠、兰干细布,织成文章如绫锦。有梧桐木华,绩以为布,幅广五尺,洁白不受垢污。"④ 除了桐华布,还有细布,这表明蜀地织物品种繁多。

除了蜀布外,古蜀对外贸易中最著名的商品莫过于蜀锦了。四川作为我国丝绸业的早期发源地之一,在战国时代已经具有相当的规模了。在阿富汗喀布尔附近的公元前4世纪的亚历山大城堡中发现了许多中国丝绸,⑤ 而这些丝绸应该是经由南方丝绸之路,由"蜀身毒道"转运到中亚的蜀国丝绸。⑥ 这表明

---

① 〔东晋〕常璩撰,任乃强校注:《华阳国志校补图注》卷1《巴志》,上海古籍出版社,1987年,第4、5页。
② 任乃强:《中西陆上古商道——蜀布之路》,《文史杂志》1987年第1期。
③ 〔清〕严可均:《全上古三代秦汉三国六朝文》第1册《全汉文》卷51,中华书局,1958年,第402页。
④ 〔南朝宋〕范晔:《后汉书》卷86《西南夷列传》,中华书局,1965年,第2849页。
⑤ 王治来:《中亚史》第1卷,中国社会科学出版社,1980年,第69页。
⑥ 童恩正:《略谈秦汉时代成都地区的对外贸易》,《成都文物》1984年第2期。

早在西汉以前，中国的丝绸就已经传到了中亚地区。四千多年前，蜀人已经掌握了纺织技术，广汉三星堆遗址中出土了陶、石两种质地的纺轮，甚至在陶器上还有绳纹、网格纹。《华阳国志·蜀志》中载"有蜀侯蚕丛，其目纵，始称王"①。蚕以蜀为盛，故蜀地被称为"蚕丛"，蜀即蚕也。巴蜀地区出土的青铜器上发现有大量的蚕纹、采桑图等纹饰，表明在西周至春秋战国时期，蜀人的养蚕抽丝技术已经得到了普及。三星堆遗址中所出土的青铜人立像服饰上有起伏不平的纹饰，表明当时已经掌握了刺绣技术。公元前316年，秦惠文王派司马错征伐开明氏，在成都的夷里桥南岸设置锦官城。锦官一职的设置是为了更好地管理锦官城内的锦帛等丝织品的生产活动。1990年，四川雅安宝兴县汉塔山战国土坑积石墓中，出土了一串用毛线串连而成的铜管。另外，还发现了两枚一圆一扁的铜针，其中圆针长6.5厘米，扁针残长5.5厘米，表明当时为了刺绣不同的画案需要形制不一的工具。蜀地纺织、刺绣技术的发达，使得其丝棉制品行销海内外。湖南长沙烈士公园出土的战国织锦，②就可以看到蜀锦的影子。从出土的文物来看，蜀锦起源于商代中期，到了商末周初时，蜀锦工艺已经完全成熟，并广为流行。（图3-9）

图3-9：新疆民丰尼雅遗址出土东汉"延年益寿"锦

西汉初期，统治者实行休养生息的政策，丝织业作为统治者重视的行业，与农业生产并重，统治者推行一系列的政策发展丝织业。汉景帝后元三年（前

---

① 〔东晋〕常璩撰，任乃强校注：《华阳国志校补图注》卷3《蜀志》，上海古籍出版社，1987年，第118页。
② 高至喜：《长沙烈士公园3号木椁墓清理简报》，《文物》1959年第10期。

141）诏："令郡国务劝农桑，益种树，可得衣食物。"① 随着汉朝实力日强，对外交往频繁，丝织品成为对外贸易的重要物品，统治者更为重视农桑生产。元平元年（前74），昭帝诏曰："天下以农桑为本。日者省用，罢不急官，减外繇，耕桑者益众，而百姓未能家给，朕甚愍焉，其减口赋钱。"② 在官方的推动下，丝织业发展迅速，长安和临淄成为全国著名的丝织业中心，丝织物品种包括绢、缣、纱、锦、绣等，质地优良，色彩繁多，纺织技术十分先进，如新疆民丰汉代墓葬出土的绢，经纬线路中平均每平方厘米经线43—46枚、纬线33—36枚。③ 同时，政府对丝织品的长短、厚薄、宽幅等都有严格规定，否则不能作为成品进行商品贸易，"布帛广二尺二寸为幅，长四丈为匹"④。这都反映了当时纺织业的繁荣。

中原地区所产的丝织品在大量经由西域外输的同时，一部分也流入西南地区。汉建元六年（前135），唐蒙从符关进入夜郎国，"（夜郎旁）小邑皆贪汉缯帛，为汉道险，终不能有也，乃且听蒙约"。这表明西南地区的民众一定见过汉丝织品，并将其作为一种奢侈品看待，但由于道路所限，汉地丝织品很难到达这些地区。史载："吏之所入，非独齐、阿之缣，蜀、汉之布也，亦民间之所为耳。"⑤ 这里所提到的蜀布被带到夜郎国等地，并不意味着蜀地不产丝绸。四川成都百花潭中学战国墓葬中出土的一件嵌银错铜壶的壶体上有一幅采桑图，说明蜀地是我国最早养蚕的地区之一。因此，丝织业应为四川地区传统手工业之一，"古蜀是中国丝绸的早期起源地之一，在夏商时代，古蜀丝绸已经达到相当水平"⑥。蜀地丝织品鲜有记载，是蜀地丝织业地位尚未凸显之故。

蜀地特产邛竹杖也作为畅销商品驰名中外。《史记·大宛列传》中张守节《正义》解释"邛竹杖"时言："邛都邛山出此竹，因名'邛竹'。节高实中，或寄生，可为杖。"⑦ 邛竹杖产自古代临邛至邛都一带山区，邛竹由于长成后

---

① 〔汉〕班固：《汉书》卷5《景帝纪》，中华书局，1962年，第152、153页。
② 〔汉〕班固：《汉书》卷7《昭帝纪》，中华书局，1962年，第232页。
③ 武敏：《新疆出土的汉——唐丝织品初探》，《文物》1962年第7、8期。
④ 〔汉〕班固：《汉书》卷24《食货志》，中华书局，1962年，第1149页。
⑤ 〔汉〕桓宽著，王利器校注：《盐铁论·本议》，中华书局，1992年，第4页。
⑥ 段渝：《嫘祖考》，《炎黄文化研究》1997年第4期。
⑦ 〔汉〕司马迁：《史记》卷123《大宛列传》，中华书局，1959年，第3166页。

直径较大，因此中空可以盛纳物品。由于黄润布做工精致，质地轻细柔软，被装入邛竹中远销异地，邛竹便成为了一种很好的运输包装材料。扬雄的《蜀都赋》中说："筒中黄润，一端（长度单位，二丈或言六丈）数金。"①黄润布在当时属于奢侈品。另外，邛竹杖还是一种手工艺品，劳费尔先生指出："'中国人证明'邛竹'，或称'笻'，就是所谓的方竹……主要是为了装饰花园或寺庙的院庭而种植的，长的竹竿用作（做）拐杖，短的竹竿用来做烟斗。这种竹子的笋作（做）为菜蔬被视为比其他所有竹笋都名贵。"②邛竹可以制作成手杖。由于邛竹珍贵，邛竹杖也成为一种名贵的手工艺品。因此，商贾经南方丝绸之路，通过贸易方式将蜀地所产的邛竹杖带入中亚、南亚甚至西亚地区是完全有可能的。蜀贾正是借助南方丝绸之路将蜀布、邛竹杖输入到南亚、中亚等地，并通过印度传向南亚、东南亚各地，通过中亚阿富汗向北、向西传到西域地区和近东及欧洲各地。

二、货币

古蜀地商贾会根据不同的情况采取以物易物和货币交易两种方式进行贸易。贝币是目前已知我国最早使用过的物品货币。郭宝钧先生认为，贝作为货币使用的时间大致在周穆王之后，③但殷墟西区第三墓区62号墓中发现的两枚铜贝证明了殷商晚期商品经济发展到一个新的阶段，④这就意味着虽然金属货币已经出现，但是贝作为货币并未退出商品贸易的舞台。中原地区的偃师二里头文化遗址出土了海贝，意味着海贝输入中原地区的时间在夏代晚期。随着商代商品经济的发展，贝因为质地坚硬、耐磨损、便于携带、便于保存等诸多优点，被人们选作衡量商品价值的一般等价物——货币，这就使得原先用牛羊、布帛等物品交易的"最早货币形式"被贝所代替，贝承担起了货币的职能。（图3-10）

---

① 〔清〕严可均：《全上古三代秦汉三国六朝文》第1册《全汉文》卷51，中华书局，1958年，第402页。
② 〔美〕劳费尔著，林筠因译：《中国伊朗编》，商务印书馆，2001年，第394—395页。
③ 郭宝钧：《中国青铜器时代》，生活·读书·新知三联书店，1963年，第95—97页。
④ 详参《1969—1977年殷墟西区墓葬发掘报告》，《考古学报》1979年第1期。

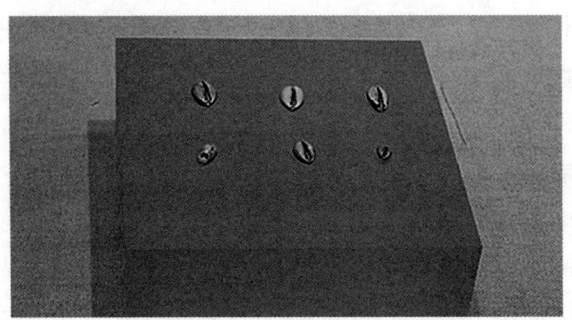

图3-10：新疆鄯善洋海墓葬出土距今约2500年海贝

秦汉时期，西南地区得到开发，特别是巴蜀地区的商品经济已经发展到一定的规模，势必会刺激对货币的需求。据广汉三星堆遗址二号祭祀坑之发掘简报知，"两祭祀坑出土的罍、尊等礼器，器形虽与中原殷文化地区所出接近，说明当时蜀和中原有一定的经济、文化交往，但也存在一定的差异，而更接近陕南汉中城固、川东巫山、湖南岳阳以及湖北枣阳、沙市等地出土的同类器，表明这些地区商代晚期文化的共性"①。《华阳国志·蜀志》记载："蜀之为国，肇于人皇，与巴同囿。至黄帝，为其子昌意娶蜀山氏之女，生子高阳，是为帝喾。封其支庶于蜀，世为侯伯。历夏、商、周。武王伐纣，蜀与焉。"②秦汉之前巴蜀与中原已多有交往，贝币作为双方都认可的货币理应在商品贸易中使用。汉武帝经略西南地区，巴蜀与中原交流更为密切。

四川广汉三星堆遗址中，出土了来自异地他乡的器物，包括大量的海贝、象牙、琉璃珠等物品。贝类大致可以分为四类：一是虎斑贝，二是齿贝（货贝），三是拟枣贝，四是环纹货贝，其中环纹货贝出土数量最多。而这些物品多产自南亚地区，其中有一种环纹海贝只产于印度洋深水海域，显然来自印度。③但此时的巴蜀并无海路通往印度洋地区，只能说明巴蜀通往印、缅的商路已经存在。由于巴蜀、滇地均不出产此类型的贝类，只能说明其是被商贾由国外带入。如青衣江上游的宝兴县的一批战国至东汉的石棺墓葬中也出土了100多枚海贝；位于旄牛古道边缘的盐源县也出土了随葬的海贝。因此，秦汉时期古蜀与南亚的经济商贸关系早已有之。在三星堆和金沙遗址中还发现有象

---

① 四川省文物管理委员会等：《广汉三星堆遗址二号祭祀坑发掘简报》，《文物》1989年第5期。
② 〔东晋〕常璩撰，任乃强校注：《华阳国志校补图注》卷3《蜀志》，上海古籍出版社，1987年，第113页。
③ 熊永忠：《云南古代用贝试探》，《四川文物》1988年第5期。

牙,特别是三星堆遗址中出现的象群遗骸,这些并非来自成都平原和中原地区。《史记·大宛列传》中提及大象是身毒国用于军事作战的工具。因此,在汉代以前,巴蜀商旅就通过这条道路将来自南亚的物品带到内地。汉武帝开发西南后,经济文化交流更为频繁。(图3-11)根据文献所载,这条联系印度大陆与中国西南边陲的通道主要指从成都出发向南,经由滇国(云南)、越嶲国(今缅甸)进入南亚的身毒国、中亚甚至西亚和欧洲。元鼎三年(前114),汉武帝下令重筑成都城,成都成为西南地区的政治文化中心。"四川的古文化与汉中、关中、江汉以至南亚次大陆都有关系,就中国与南亚的关系看,四川可以说是'龙头'。"①

图3-11:甘肃省博物馆藏汉代绢底平绣屯戍人物图

另外,西汉开发西南之前,西南各土著部落内部的经济贸易已经存在。云南晋宁石寨山12号墓出土的一件青铜贮贝器上,展示了当时土著部落集市贸易的场面。该贮贝器上共铸有120余个青铜人像,人物栩栩如生,有头顶箩筐来回走动者,有提篮、持盆席地而坐者,有相对洽谈交易者,有在篮中取物

---

① 苏秉琦:《中国文明起源新探》,生活·读书·新知三联书店,1999年,第85页。

者。①从图像可知，当时采取的是以物易物的贸易方式。商品贸易的繁荣，促进了货币的产生与流通。但根据刘弘先生的考订，西汉之前，滇地墓葬中所出海贝并非作为流通货币而存在，海贝只被滇人中极少数社会身份很高的人所占有，是一种财富的象征。②但是，印度、东南亚诸国均曾以海贝为货贝，作为与东南亚和南亚毗邻地区，西南丝绸之路国内主要途经地区的云南，其使用贝币理应视作中外经济文化交流的产物。

图3-12：陕西历史博物馆藏西汉五铢钱铜范

除了海贝之外，金属货币随着西汉对西南地区的开发也开始流通。汉武帝开发西南，置犍为、越巂、益州、牂牁四郡，沿南方丝绸之路设邛都、叶榆等数十县。除了设置郡县，汉王朝还组织了大量汉民从成都平原、中原地区移居到西南丝绸之路沿线地区，促进了内地与西南地区的融合与交流。西南地区经济得到迅速发展，商品交换规模也远远超过从前，对钱币的需求量也大大增加，内地所使用的金属货币自然会流通于此地。在西南汉代墓葬中出土了汉文帝四铢半两、西汉五铢、东汉五铢、新莽大泉五十和大布黄千等钱币，就佐证了这一点。如：凉山州喜德县拉克公社发现的合村八号大石墓中出土有汉文帝时铸的四铢半两钱；大凉山昭觉县布西乡东汉时期的石室墓中，随葬有汉五铢钱；晋宁石寨山的13号、36号、38号、40号、32号、23号墓都出土了汉钱币。需要指出的是，32号墓中的死者口内含了8枚五铢钱，双手还各执了两枚五铢钱，这就意味着西南地区民众沿袭了汉地的丧葬习俗。③（图3-12）

---

① 易学钟：《晋宁石寨山12号墓贮贝器上人物雕像考释》，《考古学报》1987年第4期；汪宁生：《晋宁石寨山青铜器图象（像）所见古代民族考》，《考古学报》1979年第4期。

② 刘弘：《南方丝绸之路早期商品交换方式变更考——从滇人是否使用贝币谈起》，《中华文化论坛》2008年S2期。

③ 云南省博物馆：《云南晋宁石寨山第三次发掘简报》，《考古》1959年第9期。

汉文帝五年（前175），下令更铸四铢钱，取消了有关惩治盗铸钱币的命令，允许民间铸钱。汉文帝曾将严道的铜山赏赐给宠臣蜀人邓通，允许其铸造钱币。邓通所铸钱币广为流通，有"邓通钱亦尽天下"之说，这也从一定程度上反映了当时蜀地与其他地区经济贸易往来的广泛。云南晋宁石寨山滇王族墓群中出土了汉文帝时四铢半两钱3枚，汉武帝以后的西汉五铢钱180枚，推测这些钱币有可能为当时巴商蜀贾携入。①西南地区丰富的矿产资源，特别是铜、铅、锡等金属，为当地铸造货币提供了条件。《后汉书·西南夷列传》载，永昌郡"其地出铜、铁、锡、金、银"等；《汉书·地理志》载，越嶲郡邛都南山出铜，会无东山出碧；益州郡律高西石空山出锡，东南盭町山出银、铅，贲古北采山出锡，西羊山出银、铅，南乌山出锡，来唯从山出铜；犍为郡朱提山出银。如此就不难理解邓通为何富甲天下了。邛都为汉武帝时期所置越嶲郡的郡治，而越嶲则处于蜀郡通往益州的交通要道上，繁忙的西南丝绸之路贸易，对钱币的需求量是巨大的。于是，官方在西南地区设置了铸币机构。如西昌黄联关东坪村的汉代冶铜铸币遗址面积达100万平方米，出土了炼炉等生产设施，以及东汉、新莽时期的钱范、铜锭。②由此可见，随着经济的发展和贸易的繁荣，西南地区原来的物物贸易逐渐向汉地货币贸易转变，汉地货币成为西南丝绸之路上贸易所使用的统一货币。

第四节　西南丝绸之路上的宗教与文化

一、佛教的传入

20世纪初以来，佛教初传中国的问题，学术界已经作了大量的研究，成果颇丰。目前大家公认，起源于印度的佛教传入中国是沿着中亚和西域的传统意义上的丝绸之路传播的。这一看法几成定论，但是，也有学者认为佛教传入中

---

① 云南省博物馆：《云南晋宁石寨山古墓群发掘报告》，文物出版社，1959年，第103页。
② 西昌地区博物馆编：《四川西昌发现货泉钱范和铜锭》，《考古》1977年第4期；刘弘、刘世旭：《四川西昌首次发现东汉五铢钱铜范》，《考古》1986年第11期；四川大学历史系考古专业，西昌市文管所编：《四川西昌东坪汉代冶铸遗址的发掘》，《文物》1994年第9期。

原地区的时间要早于西域。① 梁启超先生提出了佛教最初传入中国并非通过陆路而是经由海路的观点，"佛教之来非由陆路而由海，其最初根据地不在京洛而在江淮"②。季羡林先生则根据考古材料论证印度佛教不是经由海路，而是由陆路传入的，且不是由印度直接传入中国的，而是经由两条路线传入的，其一为印度→大夏（大月氏）→中国，其二为印度→中亚新疆小国→中原。③ 任继愈先生认为四川地区出土的诸多佛教造像既不是直接从西域传入，也不是间接从长安、洛阳传入，最大的可能是"通过云南输入"④。这对以前佛教沿传统意义上的丝绸之路传入中国的观点是一种颠覆，实际上指出了西南丝绸之路在文化传播上的重要意义。

《史记·西南夷列传》中记载，张骞出使西域时曾到达大夏国，在这里看到了来自蜀地的商品，并且这些商品是经由蜀地商人转运到身毒国的。（图3-13）为此，汉武帝派遣使者试图打通前往印度的道路，但因受到滇王的阻挠而未能成功。虽然道路未能打通，但是民间交往的道路却一直畅通无阻。西南地区由蜀地商人、西南部落首领联合打造的西南贸易交通道路——滇缅道，一直承担着中国西南与南亚大陆印度的经济文化交流作用。"蜀西南经滇缅是与印度有一条原始的商路相通的。蜀物曾从这条商路输入印度，更远销阿富汗（大夏）和伊朗、伊拉克等半沙漠亚热带气候地区。"⑤交通路线的存在，为佛教传入中国提供了客观条件。

根据《三国志》裴松之注所引鱼豢《魏略·西戎传》所载："昔汉哀帝元寿元年，博士弟子景庐受大月氏王使伊存口授《浮屠经》曰复立者其人也。《浮屠》所载临蒲塞、桑门、伯闻、疏问、白疏间、比丘、晨门，皆弟子号也。"⑥于是，人们将汉哀帝元寿元年（前20）作为佛教传入内地的开始。

---

① 宋肃瀛：《试论佛教在新疆的始传》，《向达先生纪念论文集》，新疆人民出版社，1986年，第423—424页。
② 梁启超：《佛教之初输入》，《饮冰室合集》第52卷，中华书局，1989年，第7页。
③ 季羡林：《中印文化交流史》，新华出版社，1993年，第26—27页。
④ 任继愈：《中国佛教史》第1卷，中国社会科学出版社，1985年，第187页。
⑤ 任乃强：《中西陆上古商道——蜀布之路》，段渝主编《南方丝绸之路研究论集》，巴蜀书社，2008年，第245页。
⑥〔西晋〕陈寿：《三国志·魏书》卷30《乌丸鲜卑东夷传》，中华书局，1964年，第859页。

图3-13：莫高窟第323窟张骞出使西域抵达大夏国

汤用彤先生对汉明帝求法进行了探讨，认为关于文献记载明帝求法的情节基本属实。①东汉永平六年（63）曾整修褒斜道，此道为官路。佛教传入蜀地，大致便是经此路线，过米仓山西七盘关至广元明月峡，南下昭化，越剑门关，至绵阳、什邡、成都等地。根据历史记载，公元前232年阿育王（Asoka）大力传播佛教，派出Sona和Uttara两名僧侣到泰国和缅甸传授佛教巴利文经典，②这就意味着在公元前二三世纪，相当于我国西汉时期，佛教已经开始向东南亚传播。③公元前111年，汉武帝出兵灭南粤，攻打西南部落，并派人探求前往身毒、大夏的道路。公元前109年起，汉武帝又大规模征伐越嶲、昆明、哀牢之地，并在征服地置益州郡。公元69年，哀牢人内附，东汉王朝置永昌郡，开通了西南通往东南亚的永昌道，中国与东南亚的联系日益密切。从文献记载可知，西南与东南亚的联系在东汉初年已经建立，《后汉书·西南夷列传》载，永宁元年（120），掸国（即缅甸）国王雍由调向汉王庭遣使贡献掸国乐器和幻人（魔术师），这些幻人"自言我海西人，海西即大秦也"。可见，罗

---

① 汤用彤：《汉魏两晋南北朝佛教史》，上海书店，1983年，第22—30页。
② Roger Bischoff, Buddhism in Myanmar a short history, Sri Lanka, 1995, pp. 26-29.
③ John Guy, Lost Kingdom: Hindu—Buddhist Sculpture of Early Southeast Asia, New York: He Metropolitan Museum of Art, 2014, pp. 8-9.

马魔术师到达汉地王庭,必须是由缅甸经过永昌道,再由蜀地到中原。3世纪末,中国求法的僧侣多经过永昌道前往南亚的室利笈多。①(图3-14)

图3-14:云南大理崇圣寺佛塔

另外,中国前往印度的海路早在西汉时期已经开通,史载:"自日南障塞、徐闻、合浦船行可五月,有都元国;又船行可四月,有邑卢没国;又船行可二十余日,有谌离国;步行可十余日,有夫甘都卢国。自夫甘都卢国船行可二月余,有黄支国,民俗略与珠崖相类。其州广大,户口多,多异物,自武帝以来皆献见。有译长,属黄门,与应募者俱入海市明珠、璧流离、奇石异物,赍黄金,杂缯而往。所至国皆禀食为耦,蛮夷贾船,转送致之。亦利交易,剽杀人。又苦逢风波溺死,不者数年来还。大珠至围二寸以下。平帝元始中,王莽辅政,欲耀威德,厚遗黄支王,令遣使献生犀牛。自黄支船行可八月,到皮宗;船行可(二)月,到日南、象林界云。黄支之南,有已程不国,汉之译使自此还矣。"②到了东汉时期,这条水路理应还在使用。西南地区与南亚、东南亚的早期交往,为佛教的传入准备了条件。童恩正先生指出,西南地区的佛教文化因素,是西南地区与印度之间古代商道的旅行者和香客们传入的,而且时间早于北传佛教。③

从目前西南地区出土的佛教文物造像来看,更能说明佛教在西南地区的传

---

① [英]D.G.E.霍尔著,中山大学东南亚历史研究所译:《东南亚史》上册,商务印书馆,1982年,第45页。

② [汉]班固:《汉书》卷28《地理志下》,中华书局,1962年,第1671页。

③ 童恩正:《古代中国南方与印度交通的考古学研究》,《考古》1999年第4期。

播情况，为研究佛教在中国的传播路线提供了新的证据。通过对滇蜀地区出土的早期佛教造像考察，结合西南滇缅道的历史背景，不难看出1世纪以来印度和东南亚佛教造像经由此道向中国内地的传播路线是非常清晰的。四川乐山麻浩东汉岩墓的墓门上刻着一尊佛像，"像高37厘米，结跏趺坐（无座），头为高肉髻，佩顶光，右手作降魔印，左手置膝上，执一带状物若襟带，为厚肉浮雕，其身躯凸出于额枋，其顶光高出额枋"。从造像中佛的衣着来看，既不是犍陀罗式的通肩袈裟，也不是印度式的半披式样的袈裟，与汉代陶俑上常见的剪刀领式的普通衣着基本相同。①乐山位于西南地区，也是西南丝绸之路的覆盖区域，可见，此时的佛教已经在此地广为流传，并已与汉地风俗相结合。1989年，四川绵阳何家山东汉1号墓中出土了5身佛像，佛像被雕刻在摇钱树的树干上，结跏趺坐，头顶有肉髻，上唇有髭，身着通肩袈裟，右手施无畏印，左手拳握执衣，衣服的下摆垂于腹前。2000年，云南省考古所和昭通文管所联合发掘了一批东汉墓葬，2号墓葬出土了1件陶佛像，貌似结跏趺坐，头顶有肉髻，螺发，面庞丰润，双眼微阖，鼻高且大，身穿通肩袈裟，右手施无畏印，左手拳握执衣，V形衣领，衣袖有较宽且深的纹路，与何家山墓葬出土的佛像造型非常相似。何志国教授认为这尊佛像是我国最早的陶佛像，造像的典型特征是受到印度初期的秣菟罗和犍陀罗佛像风格的影响，在面相上具有印度本土人种的特点，"昭通陶佛像发现的意义还在于填补了滇缅道佛像传入四川的缺环"。

从印度佛像初传中国的阶段及特点来看，东汉中期阶段，也就是佛教初传时期，如重庆丰都墓葬出土的摇钱树干佛像形象与此时的印度佛像非常相近。因此，推测当时很可能是印度的佛像形象通过早已开通的交通路线，很快就传入西南地区，保留着较多的印度佛教造像特征。另外，四川三星堆遗址和云南滇池地区出土的西南墓葬中，曾出土了大量海贝，而这种海贝的环纹贝有印度洋海贝的特征，很显然不是蜀滇本地产物，更加证明了西南地区与南亚之间贸易频繁，这些海贝通过贸易或间接贸易从印度洋沿岸被带到了西南地区。②根据史料，汉武帝时中国至印度、中国至中亚的陆上丝绸之路及中国至南亚的海上丝绸之路已经开通，彼此间联系主要靠商贾来维系，在进行商品贸易的同

---

① 李复华、陶鸣宽：《东汉岩墓内的一尊石刻佛像》，《文物参考资料》1957年第6期。
② 罗二虎：《汉晋时期的中国"西南丝绸之路"》，《四川大学学报》2000年第1期。

时，附带将南亚大陆的文化——佛教传入中国，印度初期佛教艺术既可能经过西域丝绸之路传入中原地区，也可能经滇缅道传入我国西南地区。

二、摇钱树的文化特质

摇钱树，是流行于我国西南地区汉魏时期一种特殊的墓葬随葬品，是西南文化的一道特殊景观。摇钱树的形式多样，常见的有西王母、佛像、狩猎、瑞兽、仙草等。通常来看，材质可分为石质和陶质两大类，以浮雕的形式雕刻出所要表现的各种造型。树干和枝叶多用青铜材质，而树叶会铸造成圆形方孔的形状，故而称之为摇钱树。根据考古资料，摇钱树主要分布在我国西部川、渝、滇、黔、鄂、陕、甘、宁、青等地区，但又以西南的巴蜀之地为主。

以钱系树，是民间一种祈求吉祥保佑的形式。《三国志·邴原传》引《原别传》记载了邴原在辽原的经历："原尝行而得遗钱，拾以系树枝，此钱既不见取，而系钱者愈多。问其故，答者谓之神树。原恶其由已而成淫祀，乃辨之，于是里中遂敛其钱以为社供。"原本系钱于树的无心之举，在众多人的推波助澜下竟然成为神话。事实上，西南地区对神树的崇拜由来已久。三星堆祭祀坑中就出土了蜀王用于进行重大祭祀活动的礼器——神树。（图3-15）古代的夜郎国人也将竹子作为神灵加以崇拜。《后汉书·西南夷列传》载："夜郎者，初有女子浣于遁水，有三节大竹流入足间，闻其中有号声，剖竹视之，得一男儿，归而养之。及长，有才武，自立为夜郎侯，以竹为姓。武帝元鼎六年，平南夷，为牂牁郡，夜郎侯迎降，天子赐其王印绶。后遂杀之。夷獠咸以竹王非血气所生，甚重之，求为立后。牂牁太守吴霸以闻，天子乃封其三子为侯。

图3-15：四川广汉三星堆博物馆藏金钱树

死，配食其父。今夜郎县有竹王三郎神是也。"①西南巴蜀之地对竹子（抑或神树）的崇拜，可能就是摇钱树信仰的源头之一。

从考古资料来看，云南昭通梁堆墓葬中出土的摇钱树底座是目前纪年最早的，成都桂溪东汉墓中出土的枝端站立瑞鸟的摇钱树形象也属于东汉早期，可视为摇钱树的最初阶段造型。东汉中晚期，摇钱树的发展进入稳定时期，在巴蜀经济发达的地区大量出土，特别是摇钱树的题材、样式多样化，西王母和佛像均有出现，反映了佛教在巴蜀地区的传播。东汉末至蜀汉时期，是摇钱树的衰落期，不再普遍出现这一时期的墓葬器物。

摇钱树是东汉至蜀汉时期流行于西南地区一种特有的文化习俗。以四川地区为中心的西南之地墓葬中出土了许多纹饰各异的摇钱树，暗示着墓主人死后有取之不尽、用之不竭的财富。摇钱树的出现反映了当时商品经济的进一步发展，货币（或者金钱）的价值与功能在日常生活中的地位日益突出，并产生了"金钱万能"的观念。从目前墓葬出土的物品来看，除了以巴蜀为中心的西南地区外，在中原、长江下游等地区均未见有摇钱树的出土。因此，西南地区摇钱树的出现，是远古神树演化而来，其造型很可能源自三星堆发现的商代1号青铜大神树。②三星堆神树的出现，表现了人们对树神的敬奉与崇拜，也是早期自然崇拜的典型表现形式，是生命树、宇宙树的一种特有形态。

动物是摇钱树的重要组成部分，动物的出现，使摇钱树的整体景观呈现出非凡的天人合一的深远意境。一类动物为日常所见的飞禽走兽，如飞鸟、猛虎、马、牛、羊、龟、象、鹿等；另一类动物为神话传说中的异兽，如青龙、天禄、辟邪、天马、朱雀、玄武等。仙禽瑞兽的出现，是流行于汉代的方术思想的一种表现方式，只有那些得道成仙者才能驾驭这些瑞兽（鸟），这些仙禽瑞兽也成为求道者用于沟通神仙、引导升天的一种媒介。动物摇钱树类型可参见四川彭山江口汉墓出土的摇钱树。③

西王母是摇钱树主要造型之一（图3-16），以山形为底座，上面塑造神仙瑞兽。东汉时期摇钱树上的西王母形象展示了当时她在众神中的地位，"西王母和昆仑的结合表达了对长生的追求这种最高象征意义"④。何家山2号墓葬

---

① 〔南朝宋〕范晔：《后汉书》卷86《西南夷传》，中华书局，1965年，第2844页。
② 谭继和：《三星堆神禖文化探秘》，《四川文物》1998年第3期。
③ 沈仲常、李显文：《记彭山出土的东汉铜摇钱树》，《成都文物》1986年第1期。
④ [美] 巫鸿著，李凇译：《论西王母图像及其与印度艺术的关系》，《艺苑》1997年第3期。

出土的摇钱树中西王母形象① 是摇钱树中西王母形象的典型代表——西王母头戴华胜、珠冠，额头有白毫与三道折纹，耳旁梳角辫，内着圆领衣，外着交领衣，坐龙虎座，坐垫华丽，头肩之后生出宝瓶形背屏，上承一璧流离，龙虎上方莲花盛放。树座下层为五马浮雕，上层为一神兽。铜树部分共分7层，枝片种类繁多，组合方式多样，增强了枝叶之间的错落感，以极其简约的手法刻画了西王母的神仙世界，也刻画出先民理想中的天国世界。

图3-16：敦煌莫高窟第249窟西魏西王母形象

佛教传入西南地区后，摇钱树上出现了佛像，并大量分布于蜀地至汉中的道路上。佛像在摇钱树中的出现，说明人们将佛视为与西王母地位等同的神灵。摇钱树佛像类型按佛像出现在钱树上的部位可分为三种类型：一是塑造在树座上的佛像，如彭山崖墓所出；二是铸造于树干上的佛像，如绵阳何家山、忠县涂井所出；三是出现于钱树顶端的佛像，如汉中城固所出。2000年，重庆丰都墓葬出土的摇钱树干佛像是迄今为止发现的最早的摇钱树佛像。何家山1号墓葬，佛像位于树干，顶髻宽平，发际线呈连弧形，着圆领通肩袈裟，圆领高耸，两臂衣纹褶皱分明，右手施无畏印，左手拳执衣角，结跏趺坐，椭圆环形头光，背屏左右各三枚钱纹。佛像造型的变化似乎表现了佛教传入西南地区后与世俗理想日益结合的趋势。蜀地佛像的造型主要特征基本相似，并遵循了

---

① 何志国：《四川绵阳何家山2号东汉崖墓清理简报》，《文物》1991年第3期。

严格的造像仪轨，所表现的印度风格非常明显。① 这反映了佛教在传入西南地区早期，是完全照搬了来自印度的佛像造型，并未加以过多改造。西王母形象已经从这些钱树上消失，取而代之的是佛像，表明佛教信仰已经部分地深入民心，并对神仙信仰进行渗透，取代了原来被视为主神的西王母。这是一种本地神与外来神互相结合、互相替代的表现形式，反映了秦汉神仙思想的发展与流变。

摇钱树上悬挂着各式各样的钱币，反映了人们希望树能生钱、财富取之不尽的世俗观念。叶片上所铸的钱币纹饰多以圆形方孔的五铢钱为主，有的加以祥瑞或者符咒类的纹饰。一些摇钱树造型中有人从钱树上采钱或在地上捡钱等内容，寄托了人们关于树能生钱的美好愿望。东汉时期的厚葬奢靡之风盛行，这对于商品经济发达的巴蜀地区那些具有一定经济基础的亡人而言，与普通随葬品有着巨大差异的金钱树，铸造本身所耗费的材料（如青铜）所表现的价值以及蕴含的美好愿望，无疑会使其大受欢迎，摇钱树在巴蜀之地的流行就成了自然而然的事情。东汉前后出现的大量摇钱树，正是在原始宗教走向衰落，道教、佛教开始兴起，树崇拜观念发生变形转化时期出现的一种特有的器物，是当时社会风俗与信仰习俗的反映。

三、秦汉文明与巴蜀文化

先秦时期，巴蜀与中原就已经有了接触。《华阳国志·蜀志》载："开明立，号曰丛帝。从帝生卢帝。卢帝攻秦，至雍。"② 根据推测，卢帝攻打秦国在春秋中期左右。蜀人攻秦，表明了当时蜀秦之地的人们已经有了交往，交往的路线应该是由嘉陵江翻越秦岭，沿着陈仓古道而行至秦地。《史记·货殖列传》中关于"及秦文、德、穆居雍，隙陇蜀之货物而多贾"的记载，也说明了先秦时期两地间的经济往来是存在的。而在成都平原发现的新石器时代文化遗存中以三星堆一期为代表的宝墩文化，川北地区的广元张家坡遗址、绵阳边堆山遗址等，与汉中盆地的仰韶文化晚期以及龙山文化都有一定的联系。1959年和1980年在四川彭州竹瓦街发现两个青铜器窖藏坑，坑内铜器有容器类12件，兵器工具类28件。这些青铜器，很可能是蜀地模仿周人礼器和兵器的形制

---

① 何志国：《摇钱树佛像身份探微——与温玉成先生商榷》，《江苏大学学报》2007年第4期。
② 〔东晋〕常璩撰，任乃强校注：《华阳国志校补图注》卷3《蜀志》，上海古籍出版社，1987年，第122页。

在蜀地铸造或者是临近蜀地的周人地区铸造的①。(图3-17)

图3-17：四川广汉三星堆博物馆藏青铜礼器

巴蜀文化的名称出现于20世纪40年代，卫聚贤先生根据成都地区出土的器物特征首次提出了"巴蜀文化"的概念。②从新石器时代末期至夏代，可视为巴蜀文化的早期。在巴蜀地区出土的这一时期器物中，如陶盉、高柄豆，就是典型的中原二里头文化特征，可以认为巴蜀文化受到了中原二里头文化的影响。三星堆出土的陶器中有类似陶鬲的空足三足炊器，与中原龙山文化的陶鬲属于同类，与关中地区客省庄二期文化的部分陶鬲形态相似。巴蜀文化的中期大致是商周时期，这是巴蜀文化的顶峰时期，这一时期可以代表其文明的典型物品是青铜器。三星堆出土了3.95米的青铜神树、2.62米的青铜立人像以及连耳宽1.38米的青铜纵目面具，此外，还有数十件青铜人头像和青铜面具，它们均代表了古代巴蜀文明的最高成就。(图3-18)根据相关研究，当是占据关中中部的商文化势力越过秦岭，向南渗透到达巴蜀地区的结果，③特别是很可能与甲骨文记载的商王伐蜀、至蜀、在蜀、并卜问蜀受年的种种事情有着一定的联系。巴蜀文化的晚期相当于中原的春秋战国时期。这一时期，巴蜀地区与中原有了更密切的往来。《华阳国志·蜀志》载："然秦惠文、始皇，克定六国，辄徙其豪侠于蜀。资我丰土，家有盐铜之利，户专山川之材，居给人足，以富相尚。故工商致结驷连骑，豪族服王侯美衣，娶嫁设太牢之厨膳，归女有百两

---

① Lothar von Falkenhausen, Ancient Sichuan: Treasures from a Lost Civilization, The Chengdu Plain in the Early First Millennium BC, Princeton University Press, 2001.
② 卫聚贤：《巴蜀文化》，载《说文月刊》第3卷第4期，1941年。
③ 李伯谦：《城固铜器群与早期蜀文化》，《考古与文物》1983年第2期。

之徒车，送葬必高坟瓦椁，祭奠而羊豕夕牲，赠襚兼加，赗赙过礼，此其所失。原其由来，染秦化故也。"①蜀地的人们纷纷效仿秦文化习俗。秦惠文王普遍赐巴人"不更"，免去更卒的劳役，得到巴蜀人民的拥护。蜀人曾经发动对秦的战争，攻打到秦都雍地的附近，说明当时秦岭以南的褒、汉地区都可能是蜀人的势力范围。在今天陕西宝鸡附近的谭家村、茹家庄等秦墓葬中出土有陶釜，它是巴蜀文化中的一种典型器物。甚至有学者认为，陶釜是陶鬲足部退化而来的，而从鬲到釜的转变最终在秦国完成。②

图3-18：四川广汉三星堆博物馆藏青铜面具

秦汉时期对巴蜀之地的大量移民，对巴蜀旧有的社会文化格局的重构产生了广泛而深远的影响。这些移民中不乏当时的社会精英，他们引领了巴蜀文化的重大变革，使得巴蜀文化从一支地方民族文化转变成为秦汉大一统帝国形成的中华文明的重要组成部分。巴蜀文化在保持自己部分特征的基础上，接受了秦汉文化的改造，并通过重组与整合，形成了新的巴蜀文化。

秦灭巴蜀后，巴蜀地区与中原王朝开始从原来经济占主导地位的交流，逐渐变成了全面交流，特别是文化方面的融合。公元前316年，秦惠文王按照司

---

① 〔东晋〕常璩撰，任乃强校注：《华阳国志校补图注》卷3《蜀志》，上海古籍出版社，1987年，第148页。
② 陈平：《说釜——兼论釜、鬴、䰝、鍑、鍪诸器之关系》，《考古与文物》1982年5期。

马错的计策灭蜀，秦文化全面进入蜀地。重庆巴南冬笋坝11号墓葬出土铜壶、带钩、半两钱等，无不是秦文化进入巴蜀地区的证明。梁启超先生对司马错平定蜀地的重大意义给予了肯定，认为蜀人被夏化从秦定蜀就开始了。①文化与政治上的认同，经济的交流，势必推动巴蜀文化同秦汉文化的整合。秦国征伐楚地，大量征调巴蜀的人力、物力，"司马错率巴、蜀众十万，大舶船万艘，米六百万斛，浮江伐楚，取商于之地，为黔中郡"②。楚汉之争，刘邦以巴蜀、汉中为基地打败项羽，建立汉朝。汉初，民生凋敝，刘邦"令民就食蜀汉"，对西汉经济的恢复和社会发展起到了重要作用。由于秦汉制度法令通行于巴蜀，加上多次大批向巴蜀移民，已彻底改变了巴蜀原先的文化结构，并引发了巴蜀文化对秦汉文化全面深刻的感应，从而使得巴蜀文化在形态上向着秦汉文化转化，与秦汉文化相整合，最终成为秦汉文化圈内的一种地域亚文化。（图3-19）

图3-19：新疆维吾尔自治区博物馆藏汉代木盆与木勺

秦始皇将吕不韦及其门客三千人迁到蜀地，这些人中不乏曾经参与编撰《吕氏春秋》的文化精英。虽然秦始皇焚书坑儒之举大肆破坏了先秦以来的灿烂文化，但蜀地的先秦蜀文化的精髓却几乎完整地保存了下来。当秦汉帝国的统治者经营开发蜀地时，蜀地精英阶层（包括政治、经济、文化）得益于王朝

---

① 梁启超：《中国历史上民族之研究》，《梁启超全集》第12卷，北京出版社，1999年，第3443页。
② 〔东晋〕常璩撰，任乃强校注：《华阳国志校补图注》卷3《蜀志》，上海古籍出版社，1987年，第128页。

优惠的地方政策，成为当时新思潮（秦汉之风）的极力拥护者和倡导者。秦化成为当时的时尚之举，巴蜀民众（主要指精英阶层）无论是在舆服器物等日常用具方面，还是婚丧嫁娶等社会风俗方面，无不以模仿秦风为美。显然，他们引领着巴蜀地区的新文化。秦王朝对巴蜀地区长达百年的经营统治，一方面依靠国家机器的强制力来推动秦文化在蜀地的发展，另一方面巴蜀民众与外来移民的交融，使得巴蜀地区原有的社会文化得到改造重构，巴蜀地区与秦地"一体化"的趋势较为显著。①

富庶的巴蜀，是统治者转移饥民、缓解灾荒的首选之地。西汉初，关中发生大饥荒，汉高祖刘邦令饥民前往富饶的巴蜀之地以稳定社会。饥民入蜀，无疑会将其他地方的文化、社会风俗等带入蜀地。东汉时期，统治者对于流民入蜀也是采取了听之任之的态度，并且要求地方官吏对这些入蜀流民进行妥善安置。"其令郡国募人无田欲徙它界就肥饶者，恣听之。到在所，赐给公田，为雇耕佣，赁种饷，贳与田器，勿收租五岁，除算三年。"②汉初的休养生息政策，更是给巴蜀经济文化的发展提供了契机。汉景帝、汉武帝时期，文翁被任命为蜀地太守。文翁到达蜀地后，开始引导蜀人全面汉化，"遣宽诣博士，东受《七经》，还以教授。于是蜀学比于齐鲁。巴、汉亦化之。景帝嘉之，命天下郡国皆立文学。由翁唱其教，蜀为之始也"③。文翁采取的教民读书法令、选派蜀中子弟前往京师学习、在成都修学宫立精舍讲堂等措施，对巴蜀的文化发展起到了重要的促进作用。因此，在文翁等人的倡导下，蜀地民众以能够接受汉文化为荣。"司马相如游宦京师诸侯，以文辞显于世。乡党慕循其迹，后有王褒、严遵、扬雄之徒，文章冠天下。"④以司马相如、扬雄为代表的巴蜀文化精英们使得巴蜀文化迅速走在全国文化的前列，而汉代的巴蜀文学对于汉代辞赋贡献颇大，这说明文翁在巴蜀地区推行汉文化教育已经取得了全面成功。（图3-20）

---

① 彭文：《从蜀墓腰坑的设置看巴蜀文化与关中文化的交流》，《考古与文物》1996年第6期。
② 〔南朝宋〕范晔：《后汉书》卷3《章帝纪》，中华书局，1965年，第145页。
③ 〔东晋〕常璩撰，任乃强校注：《华阳国志校补图注》卷10《先贤士女总赞论》，上海古籍出版社，1987年，第534页。
④ 〔汉〕班固：《汉书》卷28《地理志下》，中华书局，1962年，第1645页。

图3-20：新疆吉木萨尔县博物馆藏汉代铲形陶砚

秦朝的文化专制政策在对齐鲁文化、中原文化进行毁灭性打击的同时，对巴蜀地区长盛不衰的各种原始宗教信仰、卜筮、方术等思想却没有丝毫的影响，这些思想反而受到法律的保护被完整地保存下来。蜀郡成都人严遵，"专精《大易》，耽于《老》《庄》。常卜筮于市，假蓍龟以教……得百钱，则闭肆下帘。授《老》《庄》，著《指归》，为'道书'之宗。扬雄少师之，称其德"①。蒙文通先生指出，黄老之学于两汉时期流行巴蜀，是巴蜀古文化的重要特点。②文翁在巴蜀推行的教育措施，使得当地民众的汉文化水平迅速提高，促进了巴蜀地区人才的培养和民众素质的提高，儒家学说成为巴蜀文化的主流。据《华阳国志》统计，两汉时期巴蜀地区有名望的文人有四五十人。东汉时期巴蜀涌现了大批著名的教育家，如汉成帝时什邡杨宣教授弟子数以百计，东汉明帝、章帝时武阳杜抚有弟子上千人，汉顺帝时新都杨厚有弟子三千余人，私学教育成为巴蜀文化兴盛的强大助推器。

---

① 〔东晋〕常璩撰，任乃强校注：《华阳国志校补图注》卷10《先贤士女总赞论》，上海古籍出版社，1987年，第532页。
② 蒙文通：《巴蜀古史述论》，四川人民出版社，1981年，第92、98—99页。

第四章

魏晋南北朝时期的东西方交流

第一节　曹魏时期的丝绸之路与东西方往来

一、丝绸之路的恢复与发展

两汉以降，随着中国北方民族交流与融合的急速发展，以游牧骑猎而擅长陆路交通的内徙诸胡民族，给丝路交通的拓展注入了全新的活力。

实际上，东汉晚季，内地的胡人移民已经具有相当的规模，这为西域文化在东方落地生根提供了条件。

史载，熹平元年（172）"冬十二月，日南徼外国重译贡献"①。光和六年（183）"春正月，日南徼外国重译贡献"②。

内徙胡人剧增，以至能够形成具有左右部落所居之地社会实力的情势。中平元年（184）十一月，"湟中义从胡北宫伯玉与先零羌叛，以金城人边章、韩遂为军师，攻杀护羌校尉伶徵、金城太守陈懿"③。

---

① 〔南朝宋〕范晔：《后汉书》卷8《灵帝纪》，中华书局，1965年，第335页。
② 〔南朝宋〕范晔：《后汉书》卷8《灵帝纪》，中华书局，1965年，第347页。
③ 〔南朝宋〕范晔：《后汉书》卷8《灵帝纪》，中华书局，1965年，第350页。

及至曹魏代汉，中原地区更有世相斑斓的胡风异俗流播京城的内外。

魏文帝延康元年（220）二月己卯，"濊貊、扶余单于、焉耆、于阗王皆各遣使奉献"①。

黄初元年（220）十一月癸酉，"更授匈奴南单于呼厨泉魏玺绶，赐青盖车、乘舆、宝剑、玉玦"②。

黄初二年（221）"十一月辛未，镇西将军曹真命众将及州郡兵讨破叛胡治元多、卢水、封赏等，斩首五万余级，获生口十万，羊一百一十一万口，牛八万，河西遂平"③。

黄初三年（222）"二月，鄯善、龟兹、于阗王各遣使奉献，诏曰：'西戎即叙，氐、羌来王，《诗》《书》美之。顷者西域外夷并款塞内附，其遣使者抚劳之。'是后西域遂通，置戊己校尉"④以领之。此已显示出曹魏政权属意丝路交通的政治视野。

明帝太和三年（229）十二月"癸卯，大月氏王波调遣使奉献。以调为亲魏大月氏王"⑤。

少帝景初三年（239）"二月，西域重译献火浣布，诏大将军（曹爽）、太尉（司马懿）临试，以示百寮"⑥。

齐王正始四年（243）"冬十二月，倭国女王俾弥呼遣使奉献"⑦。

元帝咸熙二年（265）"闰月（十一月）庚辰（按：是年闰十一月朔辛巳，故当月无庚辰日，史记有误），康居、大宛献名马，归于相国府，以显怀万国致远之勋"⑧。

随着中原王朝对西域的进一步经营，三国时代的中外交通遂有日渐繁荣的气象。

于是史家称曰："魏兴，西域虽不能尽至，其大国龟兹、于阗、康居、乌

---

① 〔西晋〕陈寿：《三国志》卷2《文帝纪》，中华书局，1982年，第58页。
② 〔西晋〕陈寿：《三国志》卷2《文帝纪》，中华书局，1982年，第76页。
③ 〔西晋〕陈寿：《三国志》卷2《文帝纪》，中华书局，1982年，第79页。
④ 〔西晋〕陈寿：《三国志》卷2《文帝纪》，中华书局，1982年，第79页。
⑤ 〔西晋〕陈寿：《三国志》卷3《明帝纪》，中华书局，1982年，第97页。
⑥ 〔西晋〕陈寿：《三国志》卷4《三少帝纪》，中华书局，1982年，第117页。
⑦ 〔西晋〕陈寿：《三国志》卷4《三少帝纪》，中华书局，1982年，第120页。
⑧ 〔西晋〕陈寿：《三国志》卷4《三少帝纪》，中华书局，1982年，第154页。

孙、疏勒、月氏、鄯善、车师之属，无岁不奉朝贡，略如汉氏故事。"①

相应阶段的文物遗迹和文献记载可以证明。从《三国志》注引《魏略·西戎传》记录西域地理方位、风物制度时详述明细、如数家珍②，可以看到魏人因中外往来之频繁对西方社会已有丰富的了解。其中关于大秦国"又常利得中国丝，解以为胡绫，故数与安息诸国交市于海中"的叙述，及魏赐车师后部王"壹多杂守魏侍中，号大都尉，受魏王印"的记事，则直接透露了曹魏时期中原地区与西域诸国经济、政治交往的事实。

三国时西域胡人往来洛阳的事迹，从河西地区的有关故实可以窥其一斑。如《三国志》载淮南人仓慈，"太和（227—232）中，迁敦煌太守。郡在西陲，以丧乱隔绝，旷无太守二十岁。大姓雄张，遂以为俗……常日西域杂胡欲来贡献，而诸豪族多逆断绝；既与贸迁，欺诈侮易，多不得分明，胡常怨望。慈皆劳之，欲诣洛者，为封过所；欲从郡还者，官为平取，辄以府现物与共交市，使吏民护送道路。由是民夷翕然，称其德惠。数年，卒官。吏民悲感如丧亲戚，图画其形，思其遗像。及西域诸胡闻慈死，悉共会聚于戊己校尉及长吏治下，发哀；或有以刀画面，以明血诚，又为立祠，遥共祠之"③。

曹魏时期，西域地区的天竺、康居、安息等国，曾委派沙门昙柯迦罗等高僧，到洛阳从事佛经典籍的翻译。对此，佛教内典有如下的记载：

> 昙柯迦罗，此云法时，本中天竺人，家世大富，常修梵福。迦罗幼而才悟，质像过人……乃弃舍世荣，出家精苦，诵大、小乘经及诸部《毗尼》。常贵游化，不乐专守，以魏嘉平（249—254）中，来至洛阳。于时魏境虽有佛法，而道风讹替，亦有众僧未禀归戒，正以剪落殊俗耳。设复斋忏，事法祠祀。迦罗既至，大行佛法。时有诸僧共请迦罗译出戒律，迦罗以律部曲制，文言繁广，佛教未昌，必不承用，乃译出《僧祇戒心》，止备朝夕。更请梵僧立羯磨法受戒。中夏戒律，始自于此。④

当时京都洛阳的译师，除昙柯迦罗之外，还有康居沙门康僧铠、昙帝等。

---

① 〔西晋〕陈寿：《三国志》卷30《东夷传》，中华书局，1982年，第840页。
② 〔西晋〕陈寿：《三国志》卷30注引鱼豢：《魏略·西戎传》，中华书局，1982年，第858—863页。
③ 〔西晋〕陈寿：《三国志》卷16《仓慈传》，中华书局，1982年，第512—513页。
④ 〔梁〕释慧皎撰，汤用彤校注：《高僧传》卷1《昙柯迦罗传》，中华书局，1992年，第12—13页。

对此，佛典另有如下的记事：

> 时又有外国沙门康僧铠者，亦以嘉平之末来至洛阳，译出《郁伽长者》等四部经。又有安息国沙门昙帝，亦善律学，魏正元（254—255）之中，来游洛阳，出《昙无德羯磨》。又有沙门帛延，不知何人，亦才明有深解，以魏甘露（256—260）中，译出《无量清净平等觉经》等，凡六部经。后不知所终焉。①

龟兹沙门帛延，于曹魏高贵乡公甘露三年（258）来到洛阳，译出《无量清净平等觉经》2卷、《又须赖经》1卷、《菩萨修行经》1卷、《除灾患经》1卷、《首楞严经》2卷等7部经书。另有安息沙门安法贤，在曹魏时期译出《罗摩伽经》3卷、《大般涅槃经》2卷，翻译年代不详，其书也都相继佚失。

在中外佛教译经史上，佛教戒律典籍的传来与翻译，是曹魏佛教中的重大事件。先是曹魏境内虽有佛法流行，然而僧众只是剃发，也没有禀受归戒，所有斋供礼仪咸取法于传统的祠祀。到了魏废帝嘉平二年（250），中天竺律学沙门昙柯迦罗游化洛阳，主张一切行为应遵佛祖之意，于是洛阳僧众共请译出戒律。昙柯迦罗恐律文繁广，不能为大众所接受，因而译出《僧祇戒心》，即摩诃僧祇部的戒本一卷，又邀请当地的梵僧举行受戒的羯磨来传戒。这是中土有戒律受戒之始，后世即以昙柯迦罗为律宗的始祖。

安息国沙门昙帝，来到洛阳，在白马寺译出《昙无德（法藏）羯磨》1卷后，此书即一直在中土流行。因它原出昙无德部的广律，即《四分律》，后来中土的律宗独尊《四分律》便与它有着密切的关联。当时开始依此羯磨而受戒的有朱士行等人，一般即以士行为中土出家沙门的开始。

魏晋时期中外文化交往的过程中，洛阳人朱士行的西行求法可以说是中国佛教史上的壮举。

朱士行，祖籍颍川，少年出家。嘉平（249—253）年间，西域僧人昙柯迦罗传来《僧祇戒心》，在中国首创受戒剃僧制度。朱士行依此戒律剃度为比丘，从而成为汉地沙门第一人。朱士行出家后曾在洛阳讲授《道行般若经》（《小品般若》），以其"译理不尽，誓志捐身，远求大本"，遂于甘露五年

---

① 〔梁〕释慧皎撰，汤用彤校注：《高僧传》卷1《昙柯迦罗传》，中华书局，1992年，第13页。

（260）发迹雍州，西渡流沙，达至于阗。太康三年（282）便以所得《放光般若经》（《大品般若》）梵书正本遣门下弟子送返陈留仓垣水南寺。时既有晋，士行以八十高龄化终于于阗，更依西方阇维法焚身起塔而葬之。①

还在佛教传入中原的早期阶段，朱士行就以西行求法的个人实践体现了中原社会善于接纳异质文化的时代意识。因此，朱士行的弘法事迹，与天竺高僧摄摩腾、竺法兰传法洛阳的前哲懿行，无疑都是中原与西域交通史上传誉后世的话题，其在中外佛教文化交流史上理应享有突出地位。

曹魏时代洛阳佛教的传播，虽然范围还不广，但已逐渐和固有的文化相结合，如支谦、康僧会都是祖籍西域而生于汉地，深受汉地文化的影响。他们的译籍不但文辞典雅，并且自由运用老氏的成语，以表达佛教思想。支谦依《无量寿经》和《中本起经》制作了连句梵呗三契，康僧会依《双卷泥洹》制泥洹梵呗一契，他们都创作了歌咏经中故事的赞颂声调，通于乐曲，都对佛教的传播大有影响。至于寺塔的建筑、佛像的雕塑，也各具一定规模，只是遗物不存，难言其详了。

不仅如此，曹魏时期以创作文学作品《洛神赋》而闻名于世的陈思王曹植，因酷爱阅读佛经，创作了鱼山梵呗，② 因而被称为中国佛教音乐的创始人。

另据2015年9月1日新华网《新疆龟兹故地发现金箔墙皮和佛教遗迹，展现1700年前世俗生活》，魏晋时代的新疆绿洲，已有佛教寺院的活动。"遗迹展示了当时的世俗化生活，并非长期以来学术界认为的古城为唐代单纯的屯兵、屯田的城址。且从出土的遗物推测，该城的始建年代应在距今1700年左右的魏晋时期。"

魏自曹操开始，对黄老神仙术方士采取羁縻政策，把民间的鬼神祭祀作为"淫祀"加以禁止，大规模的宗教活动受到严格的限制。嵇康曾讥讽过"乞胡"，表明游化洛阳的西域僧人已经引人注目。但佛教在社会底层的传播情况，则很难了解。

魏境的佛教特别重视对戒律的译介，表明出家僧侣的数量已经相当可观，

---

① 〔梁〕释慧皎撰，汤用彤校注：《高僧传》卷4《朱士行传》，中华书局，1992年，第145—146页。
② 崔炼农：《曹植私制鱼山梵呗如何成为中国佛乐的标本》，《西南民族大学学报》2017年第3期，第94—98页。

有了整顿和规范内部纪律的需要。当然，这也与曹魏对宗教的禁约有关。

曹氏集团与佛教的关系，是个历史疑案。据刘宋陆澄的《法论》序："魏祖（曹操）答孔（孔融），是知英人开尊道（指尊佛）之情。"①曹植据《庄子·至乐》作《髑髅记》，其精神实质与佛教小乘的悲观厌世情绪极为接近。僧史称他读佛经，能"转读七声升降曲折之响"，为后人诵经所宪章；尝游鱼山，"闻空中梵天之赞，乃摹而传于后"。②"梵天之赞"，简称"梵呗"，属佛教的赞美歌。或言魏明帝曾为佛图"作周阁百间"，是为以中国传统观念接于佛教义理者。

与曹魏治下的中州相仿佛，偏居江东的孙吴一朝，亦有可圈可点的佛教史事可资绍述。吴都建业的般若学，相对更加发达，而其主要的弘扬者便是来自月氏故地的支谦。

支谦，一名支越，字恭明，原籍月氏，其祖在汉灵帝时归汉。支谦的汉文水平很高，又"备通六国言"。曾从支谶的弟子支亮就学。东汉末年，避乱至吴，为孙权所闻，拜为博士。赤乌四年（241）太子登卒，支谦退隐山中，从沙门竺法兰受持五戒。据支愍度《合首楞严记》，自黄武（222—228）至建兴（253—254）年间，支谦共出经数十部。《出三藏记集》著录36部，48卷，其中重要的是《大明度无极经》《维摩诘经》。

《大明度无极经》是《道行般若》的改译本，原译本的晦涩诘屈处，大部改得通畅可读，胡语音译则改为意译。这显然是出于普及般若学的考虑。此处所谓"大明"，就是"般若"的意译；"无极"则是支谦添加的，是对"大明度"威力无限的形容。由此可见，支谦在翻译上的一般特点是雅顺而不甚忠于原文。

《维摩诘经》同般若的空观思想相通，在蔑视世俗正统观念和批判小乘出世俗苦行方面，同样激烈，但表现得更玩世不恭，更便于为贵族的纵欲主义辩护。它认为，佛教的根本目的，在于深入世间，解救众生，所以修道成佛不一定落发出家，只要证得佛教义理，居士也能出俗超凡，在享受"资财无量"的世俗生活乐趣中，就能达到涅槃解脱的境界。因为佛国与世间，无二无别，离开世间的佛国，是不存在的；"如来种"存在于"尘劳"（烦恼）之中，离开

---

① 〔梁〕释僧佑撰，苏晋仁、萧炼子点校：《出三藏记集》卷12，中华书局，1995年，第429页。
② 〔唐〕道世：《法苑珠林》卷36，《大正藏》第53册，No.2122，页576a。

"尘劳"，也就无所谓"如来"。此经在西晋时还有竺法护、竺叔兰的两个译本，至姚秦鸠摩罗什、唐玄奘也都有重译本。《维摩诘经》在魏晋南北朝的士族阶层中大受欢迎，比《般若》的影响还要深远。直到隋唐，其风犹酣。

支谦另外一些异译也颇有影响，其中《太子瑞应本起经》是康孟详、竺大力于汉末所译《修行本起经》的异译，是叙述释迦牟尼佛本生的故事，带有浓厚的传奇色彩，加上译文流畅，对中国文学的发展起过作用。

支谦还改定过维只难、竺将炎共译的《法句经》。此经原是为初学佛教者所作，带有入门的性质，它对早期佛教思想作了概略的论述，比较系统，流播很广。

支谦深谙文辞音律。据说，他曾根据《无量寿经》《中本起经》制"赞菩萨连句梵呗"三契。这与曹植于中原地区从事佛教音乐艺术的创作，形成南北呼应的情势。看来，三国时代也是中国佛教音乐的创作期，这为后来中国佛教音乐艺术的光大奠定了基础。

三国时代江南吴地佛教的另一主要传播者是康僧会。他原籍康居，世居天竺，其父经商移居交趾，是有文献记载的第一个自南而北传播佛教的僧侣。他不但"明解三藏"，且"博览六经"，语言文字也晓畅明了、饮誉时林。康僧会曾随南阳韩林、颍川皮业、会稽陈慧等，学习安世高的禅学，参与过《安般守意经》的注释并为之作序。赤乌十年（247），康僧会至建业，开始在南方传教。相传，他利用佛舍利显神异，说动孙权为其建立佛寺，号"建初寺"，是为江南有寺之始。

256年，孙皓即位。他是一个残暴的帝王。康僧会曾劝其信奉佛教，行"孝慈""仁德"之道。"以皓性凶粗，不及妙义"，所以康僧会"唯叙报应近事，以开其心"，取得了一定的成功。因此，佛教史籍都将康僧会的传教活动作为江南佛教的开端。

康僧会译经，《出三藏记集》录有2部，14卷，僧传所记则多一些。他也是中国佛教音乐的创作家，曾制"泥洹呗声，清靡哀亮，一代模式"。最能代表其佛教思想的是《六度集经》。

《六度集经》共8卷，按大乘菩萨"六度"分为6章，编译各种佛经共91篇，中心在用佛教的菩萨行发挥儒家的"仁道"说。他从佛教的"悲愍众生"出发，力图把孟子的"仁道"作为"三界上宝"，要求"王治以仁，化民以恕"。他甚至认为,对于"利己残民,贪而不仁"的君主,臣民们可以起而弃之。他这样把佛家思想与儒家思想协调起来,尤其是把佛教中的消极颓废因素改造成为可以容纳儒家治世安民的做法,为中国佛教的发展开辟了另一条路,也体现了他所谓"儒典之格言即佛教之明训"的观点。他翻译的《六度集经》的教义全是通过有关佛的故事陈述的,取材自虫兽鸟龙、天王帝释,包含有丰富的寓言和神话,有助于启迪智慧和文艺创作。

二、胡汉交融由表及里

1982年,洛阳博物馆征集到一方出土于义马北郊的"魏匈奴率善仟长"印(图4-1),从中透露出曹魏政权有意结交草原丝路沿线诸胡的意识。

图4-1:"魏匈奴率善仟长"印

国内以往文物系列中所见"魏率善胡仟长""魏率善胡佰长""魏率善胡邑长""魏匈奴率善佰长""魏率善氐仟长""魏率善氐佰长""魏率善羌仟长""魏率善羌佰长""魏屠各率善仟长""魏屠各率善佰长""魏蛮夷率善仟长""魏蛮夷率善邑长"等诸胡官印(图4-2)的出土,可以折射出当时汉胡政治联系之密切。

又由这枚"魏匈奴率善仟长"印出土于洛阳一带,人们不难想象当时匈奴等五部胡人络绎不绝地来到中原的景况。

20世纪初叶,西方探险家在汉晋时代西域鄯善国楼兰地区及尼雅河流域,发现了数量众多的汉晋写本文书。其中一些涉及人事生计的汉文残件,透露出曹魏时期中原内地与瀚海绿洲社会往来的历史踪迹。今择若干纪年文牍逐录如次,以见当时中西交通之具象。

斯坦因编LA.Ⅱ.ii/林编61号楼兰文书:

第四章　魏晋南北朝时期的东西方交流　231

图4-2："魏率善胡仟长"等官印①

……□（嘉）平四年（252）三月司徒府癸丑书署军

……二年正月戊寅诏

……（咸）熙三年（266）十一月癸

……月壬戌诏书除郎中②

---

① 图版引自《上海博物馆藏印选》，上海书画出版社，1979年，第74页、第75页、第76页、第77页、第80页。有关曹魏时期中原王朝颁赐诸胡官印的遗迹，参见康殷、任兆凤：《印典》所录之图版，国际文化出版公司，1993年。

② 林梅村：《楼兰尼雅出土文书》，文物出版社，1985年，第38页。

斯坦因编LA.Ⅱ.ii.3/林编330号楼兰文书：

  出陌阡一□礠一合‖‖景元四年（263）八月八日幕下史索庐灵□兼将张禄（正面）
  录事掾阕（反面）①

斯坦因编LA.Ⅵ.ii.0207/林编551号楼兰文书：

  ……种‖‖咸熙二年（265）四月……②

斯坦因编LA.Ⅵ.ii.021/林编447号楼兰文书：

  ……咸熙二年（265）七月癸丑朔廿二日□□③

斯坦因编LA.Ⅱ.i/林编30号楼兰文书：

  咸熙二年（265）十二月廿七监……④

斯坦因编LA.Ⅱ.ii/林编240号楼兰文书：

  出 黑粟三斛六斗稟战车成辅 ‖‖咸熙三年（266）二月一一人日食一斗二升起二月一尽卅日‖‖⑤

斯坦因编LA.Ⅱ.ii/林编253号楼兰文书：

---

① 林梅村：《楼兰尼雅出土文书》，文物出版社，1985年，第59页。
② 林梅村：《楼兰尼雅出土文书》，文物出版社，1985年，第74页。
③ 林梅村：《楼兰尼雅出土文书》，文物出版社，1985年，第67页。
④ 林梅村：《楼兰尼雅出土文书》，文物出版社，1985年，第32页。
⑤ 林梅村：《楼兰尼雅出土文书》，文物出版社，1985年，第53页。

出黑粟六斛粜书史王‖‖咸熙三年（266）……①

沙海绿洲如此众多的曹魏文书，显示着中原政权对两关以西地区行使着包括过所、屯田、仓廪、给养在内的军戍行政的国家管理。

咸熙二年（265）十二月，司马氏称朔于洛阳。而以上斯编LA.Ⅱ.ii/林编61号、斯编LA.Ⅱ.ii/林编240号、斯编LA.Ⅱ.ii/林编253号三件文书，至迟于265年仍奉朔于曹魏。魏晋交替之初年，西域仍在中原王朝有效管理之下，只是其间西域行政尚未更改年号。

有关曹魏时代中外社会往来、文化交流的历史情态，内地出土文物已有鲜活例证折射其流光溢彩。

1956年，洛阳涧西区出土曹魏时代的白玉杯一件，该杯口径5.2厘米，底径4厘米，通高11.5厘米，通体乳白，晶莹剔透，其材质为成色上乘的和田玉，从中折射出当时东西方物质文化的交流。②

丝路沿线各个地区出土的这些历史文物，从物质文化史料的角度透露出曹魏时期东西方文化往来与交流的诸般情态，从而为人们认识当年的丝绸之路提供了宝贵的文化史资料。

第二节　两晋时期的丝绸之路

一、两晋对丝绸之路的经略及影响

汉魏时代东西方交通交流频繁，加强了西晋王朝对西域地区政治经营的意识。

洛阳西晋辟雍遗址出土的大晋龙兴皇帝三临辟雍皇太子又再莅之盛德隆熙之颂碑（图4-3），记载了晋初数以万计四方学子前来洛阳修习儒家礼仪的事实。当时，"廓开太学，广延群生，天下鳞萃，远方纂训，东越于海，西及流沙，并时集至，万有余人"。而辟雍碑碑阴生员题名中，有"散生西域朱乔尚建、散生西域王迈世光、散生西域隗景大卿（车师人）、散生西域隗元君凯

---

① 林梅村：《楼兰尼雅出土文书》，文物出版社，1985年，第54页。
② 洛阳文物工作队：《洛阳出土文物集粹》，朝华出版社，1990年，第76页。

"(车师人)"及诸多敦煌寓洛生员的遗迹。①

史载"泰始元年(265)冬十二月丙寅,设坛于南郊,百僚在位及匈奴南单于四夷会者数万人"②,是晋朝时中外人事往来频繁的有力佐证。

其后,西域诸国交聘洛阳者次第绵连、不绝于书。如:

太康元年(280)"八月,车师前部遣子入侍"③。

四年(283)"八月,鄯善国遣子入侍,假其归义侯"④。

五年(284)十二月庚午,"林邑、大秦国各遣使来献"⑤。

六年(285)冬十月,"龟兹、焉耆国遣子入侍"⑥。

八年(287)十二月,"南夷扶南、西域康居国各遣使来献"⑦。

焉耆国王遣子入侍洛阳的史事,《晋书》另有相应的记载:"武帝太康中,(焉耆)其王龙安遣子入侍。"⑧

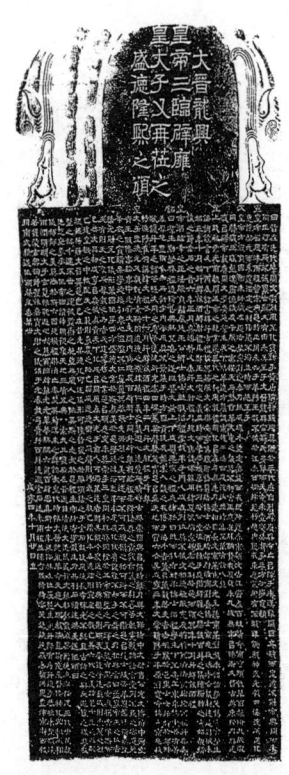

图4-3：洛阳西晋辟雍遗址出土的大晋龙兴皇帝三临辟雍皇太子又再莅之盛德隆熙之颂碑

至于当时四夷交通中夏者,史传亦有记事,如大宛,《晋书》卷97《四夷传》记载:"大宛西去洛阳万三千三百五十里,南至大月氏,北接康居,大小七十余城。土宜稻麦,有蒲陶酒,多善马,马汗血。其人皆深目多须……善市贾,争分铢之利,得中

---

① 余嘉锡:《晋辟雍碑考证》,《余嘉锡论学杂著》,中华书局,1963年,第133页;张乃翥:《〈三临辟雍碑〉与晋武之文教视野》,《中外关系史：新史料与新问题》,科学出版社,2004年,第163—171页。
② 〔唐〕房玄龄等:《晋书》卷3《武帝纪》,中华书局,1974年,第50页。
③ 〔唐〕房玄龄等:《晋书》卷3《武帝纪》,中华书局,1974年,第72页。
④ 〔唐〕房玄龄等:《晋书》卷3《武帝纪》,中华书局,1974年,第75页。
⑤ 〔唐〕房玄龄等:《晋书》卷3《武帝纪》,中华书局,1974年,第75页。
⑥ 〔唐〕房玄龄等:《晋书》卷3《武帝纪》,中华书局,1974年,第76页。
⑦ 〔唐〕房玄龄等:《晋书》卷3《武帝纪》,中华书局,1974年,第78页。
⑧ 〔唐〕房玄龄等:《晋书》卷97《四夷传》,中华书局,1974年,第2542页。

国金银，辄为器物，不用为币也。太康六年（285），武帝遣使杨颢拜其王蓝庾为大宛王。蓝庾卒，其子摩之立，遣使贡汗血马。"①此外，《晋书》卷97《四夷传》对康居国、大秦国都有比较详细的记载。

西晋时期西域与内地之文化交流，时人文章亦有辞赋一例。潘尼《琉璃碗赋》赞西域传来玻璃制品时谓："济流沙之绝险，越葱岭之峻危。于是游西极，望大蒙。历钟山，窥烛龙。觐王母，访仙童。取琉璃之攸华，诏旷世之良工。纂玄仪以取象，准三辰以定容。光映日曜，圆成月盈。纤瑕罔丽，飞尘靡停。灼烁旁烛，表里相形。凝霜不足方其洁，澄水不能喻其清。刚坚金石，劲励琼玉。磨之不磷，涅之不浊。"②对这类天方珍宝极尽摹状之能事。

有关晋代西域不辞"阻远"络绎"方贡"的事例，洛阳出土文物中更有直接的纪事。如陕西博物馆藏2007年洛阳邙山出土的垂拱三年（687）大唐故处士安公康夫人墓志并序一石，高50厘米，宽50厘米，厚7.5厘米，志载"夫人讳敦，其先康居国人也。晋泰始年中（265—274）奉表献真珠宝物，因留子孙，遂为河南洛阳人焉"。可见上述文献纪事信而有征、毋庸置疑。

二、晋代来华僧人及其活动

西晋时期西域与中原地区的交通，可以以永嘉四年（310）天竺僧人佛图澄来洛阳为代表。《高僧传》记载，佛图澄为西域人，本姓帛。帛又写作白，为龟兹王家之姓。少年出家，到罽宾求访名师，于晋怀帝永嘉四年（310）来到洛阳，志在弘扬佛法。"欲于洛阳立寺，值刘曜寇斥洛台，帝京扰乱，澄立寺之志遂不果。乃潜身草野，以观世变。时石勒屯兵葛陂，专以杀戮为威，沙门遇害者甚众。澄悯念苍生，欲以道化勒，于是杖策到军门。"石勒称王后，特别尊崇佛图澄。佛图澄"道化既行，民多奉佛，皆营造寺庙，相竞出家"。③

晋时又有胡沙门"犍陀勒者，本西域人，来至洛阳积年"，后于洛阳东南磐鵄山创复伽蓝，驻锡寺主，辄显灵异。④另有沙门耆域，天竺人，于晋惠帝末期到洛阳，云洛阳宫城仿佛"忉利天宫"。八王之乱，洛阳遭受兵燹，耆域

---

① 〔唐〕房玄龄等：《晋书》卷97《四夷传》，中华书局，1974年，第2543—2544页。
② 〔唐〕欧阳询撰，汪绍楹校：《艺文类聚》卷73，上海古籍出版社，1965年，第1262—1263页。
③ 〔梁〕释慧皎撰，汤用彤校注：《高僧传》卷9《佛图澄传》，中华书局，1992年，第345—357页。
④ 〔梁〕释慧皎撰，汤用彤校注：《高僧传》卷10《晋洛阳磐鵄山犍陀勒传》，中华书局，1992年，第369页。

辞还天竺。洛中沙门竺法行，即耆域之高足。①西晋时还有另一位译经大师，即"敦煌菩萨"竺法护。

竺法护，音译昙摩罗刹，是西晋最有成就的译经家。其祖籍月氏，世居敦煌，8岁出家，万里寻师。除诵读佛经外，还博览《六经》和百家之言。后随师游历西域各国，遍学36种语言，搜集大量胡本佛经，带回长安。西晋末年，避乱东向，死于渑池。他一生往来于敦煌、长安之间，前后47年（266—313）译经150余部，除小乘《阿含》中的部分单行本外，大部分是大乘经典，包括《般若》类的《光赞般若经》、《华严》类的《渐备一切智德经》、《宝积》类的《密迹金刚力士经》、《法华》类的《正法华经》、《涅槃》类的《方等般泥洹经》等。早期大乘佛教各部类的有代表性的经典，都有译介。这些佛教典籍的内容非常庞杂，既包括有思想深沉的多种哲学流派，又含有形式粗鄙的原始宗教观念，大体上反映了当时佛教由天竺到西域的基本面貌，在沟通西域同内地的早期文化上，作出了卓越的贡献。《高僧传》评论说："经法所以广流中华者，护之力也。"②东晋名僧支遁称赞竺法护"濯足流沙，领拔玄致"。名士孙绰作《道贤论》，也赞其"德居物宗"，将他比作竹林七贤中的山涛。

竺法护还有以下重要的译经：

《光赞般若经》10卷，晋泰康七年（286）译于长安，是《放光般若》的同本异译，但内容只相当于后者的前30品。东晋道安于泰元元年（376）获得此经，与《放光》作对比研究，著《合放光光赞随略解》《光赞析中解》《光赞抄解》等，将对此经的研究推及内地，促进了东晋般若学的流传。

《正法华经》10卷，晋泰康七年（286）译于长安。中心思想是"会三归一""藉权显实"，也就是肯定了佛教在流布过程中广泛吸取其他宗教流派的做法，认为是合理的。它把已经融会于大乘佛教之中而又异于原始佛教的思想信仰，解释成是佛陀教化众生的方便手段，同时也给原始佛教以恰当的地位，将其看作同一"佛乘"的不同表现形式。这些说法，调和了佛教内部的派别对立，也为进一步容纳其他民族民间信仰崇拜融入佛教开创了道路。

《法华经》前后六译，现存除《正法华经》外，还有秦译的《妙法莲华经》。隋代据上述两个译本作了改订，命名为《添品妙法莲华经》。秦译与《正

---

① 〔梁〕释慧皎撰，汤用彤校注：《高僧传》卷9《耆域传》，中华书局，1992年，第364—366页。
② 〔梁〕释慧皎撰，汤用彤校注：《高僧传》卷1《竺法护传》，中华书局，1992年，第23—24页。

法华经》不是一个原本，主要差别是在哲学基础上。《正法华》提倡"诸佛本净"，"法身常存"，属大乘"有宗"；《妙法华》宣传"佛种从缘"，"道法"无常，属大乘"空宗"。因此，《正法华》的译文也反映了竺法护的佛教思想体系。

《渐备一切智德经》10卷，元康七年（297）译于长安西寺，与鸠摩罗什所译《十住经》同为《华严经·十地品》的异译本。此经主要是讲述大乘菩萨修行所必须经历的十个阶段。其中有一个命题，所谓"其三界者，心之所为"，鸠摩罗什等译作"三界虚妄，但是心作"，是大乘佛教由般若学向唯识学转变的契机，在佛教哲学的发展史上有重要地位。

助竺法护译经、出力最多的是聂承远、聂道真父子。聂承远富有文才，对竺法护所译诸经，多有参正，像《正法华经》《光赞般若经》等就是。聂承远自己译有《越难经》1卷。聂道真除担当笔受外，还自译有《文殊师利般涅槃经》《异出菩萨本起经》等24部，36卷。据《历代三宝纪》卷6载，他还撰有《众经录目》，记载竺法护所译部分佛经目录。

大约与竺法护同时在长安译经的，还有帛法祖。法祖一名帛远，姓万氏，河内（今河南沁阳）人，《出三藏记集》有传，说他深研佛经，博读世典。在长安筑造精舍，以讲习为业，僧俗禀受者近千人。惠帝末年，为镇守关中的河间王颙所敬。道士、祭酒王浮，与佛教争邪正，每为法祖所屈，王浮愤而作《老子化胡经》，攻击佛教，成为两晋佛道二教争论优劣的一大公案。法祖的影响远及关陇，"崤函之右，奉之若神"，在西北少数民族中享有极高的威信。死后，"群胡"共分祖尸，各起塔庙供养之。法祖精通胡汉语，译有《弟子本》《五部僧》等佛经，并注《首楞严经》。东晋孙绰作《道贤论》，将他比作竹林七贤中的嵇康。

西晋长安是佛教义学最发达的地区，而洛阳有译者法立、法矩、安法钦等。此外，竺叔兰为河南（洛阳市东）尹乐广的宾客，曾同无罗叉于陈留仓垣（开封北）译出《放光般若经》。交州有"西域人"强梁娄至，"志情旷放，弘化在怀"，太康二年（281）译出《十二游经》。佛教教义在全国多处得到了传播。

在支持佛教传播上，晋室贵族中有中山王和河间王，士族官僚中有周嵩和石崇，一批名僧因为被这类贵族官僚赏识，成为清谈的名士，诸如支孝龙、刘元真、法祚等。支孝龙与阮瞻等并称"八达",他的名言是"无心于贵而愈贵,无心于足而愈足"。此种"无心"和"自足其性"之说,与向秀、郭象的《庄子注》大同,然而流行最广的仍是般若思想。朱士行于于阗所得的《放光般若经》,于元康元年(291)由竺叔兰和无罗叉在陈留仓垣水南寺译出,受到中山王的热烈欢迎,同时"大行京华,息心居士翕然传焉"。

这些无疑都体现了魏晋时代东西方文化的交流。

三、异质文化交融及其在丝路沿线的遗存

1907年1月31日,英籍探险家斯坦因(M. A. Stein,1862—1943)在新疆米兰一处被标示为M.Ⅲ的寺院遗址中,发现其墙裙壁画中绘有数量不少的有翼天使形象。①由遗址文化层中出土的书写有佉卢文的丝绸遗物来判断,这座寺院及其壁画遗迹的年代当在3世纪至4世纪初叶。这一文物遗迹的发现,说明具有西方希腊、罗马古典绘画风格的美术作品,在西晋时代就已浸染到东传我国的佛教艺术系统中。如此看来,佛教文化沿着丝绸之路传播东方的过程中,受到中亚地区西方文化的熏陶——犍陀罗佛教艺术由此产生。这正是丝绸之路多元文化相互融合的结果。十六国以来,我国内地佛教艺术兼容西域风尚、汉地情调于一体的事态,实际上亦是域外异质文化与当地传统文化不断渗透、融合的体现。

20世纪80年代末,考古人员继斯坦因在新疆米兰发现有翼天使绘画之后,在当地吐蕃戍堡西南一座佛寺遗址中,再次发现一幅有翼天使像的壁画。其中描绘了两躯半身双翼的天使,形象、仪态与斯坦因此前发现的同类美术作品"若出一人之手",画风具有明显的希腊风格和安息艺术的遗韵。②这类美术作品在帕米尔以东地区的发现,证明了公元4世纪中叶以前西方罗马艺术或中亚犍陀罗艺术循着中外文化交往的足迹,逐渐东传汉地的过程。这无疑从文化遗迹角度折射出历史文献上述记事的真实。

晋代西域胡人交接中原的往事,内地、西陲文物系列中亦有相应遗迹可供寻踪。

---

① A. Stein, Serindia. Detailed Report of Explorations in Central Asia and Westernmost China, Vol. I, Oxford: Clarendon Press, 1921, pls. XL-XLII.

② 王炳华:《"丝路"考古新收获》,《新疆文物》1991年第2期。另参见沈福伟:《中西文化交流史》,上海人民出版社,2006年,第97页。

20世纪初叶，洛阳西晋墓葬遗迹中出土了一件柱状墓表残石。这件石刻残高113厘米，柱径33厘米。柱身顶端有凸状榫头，当年应有其他构件坐落于其上。榫头以下之柱身，遍雕纵向凸起的棱弧，其间又有辫状绳纹两匝环绕于上段，从而传达出浓郁的希腊、罗马古典柱式的风格。在此柱身的上段，有连缀的墓表望板，内有残刻隶书文曰"□（晋）□（故）□（散）□（骑）□（常）/侍骠骑将军/南阳堵阳韩/□（府）□（君）□（神）□（道）□（碑）"（图4-4）。据研究，此墓表系西晋名族南阳韩寿的神道遗物，在中国西晋文物比较缺乏的情况下，显然具有十分珍贵的价值。①墓表显示出来的西域柱式形制，为后来六朝陵墓墓表所沿袭，可以看出当时西域建筑文化对中原社会的影响——至今依然屹立于地中海沿岸诸国的不计其数的各式棱柱，毫无疑义正是华夏同类遗迹的文化源头。

图4-4：洛阳出土西晋韩寿墓墓表残件

这些西方建筑的经典杰作，以其美轮美奂的视觉魅力，赢得了东方世界由衷的赞赏。当人们来到意大利南部克罗托内市（Crotone）围绕着那些亭亭玉立

---

① 洛阳博物馆：《西晋散骑常侍韩寿墓墓表跋》，《文物》1982年第1期。

的古代棱柱时，我们可以想象到这种极具审美价值的"西方样本"，以其充斥张力的资源品格，落根于丝路异域的必然。

1996年8月，山东滕州夏楼村一晋墓出土了6件陶俑。内有胡俑2件，"头戴高冠，凹眼高鼻，有唇髭"。其中M:1号俑，高34厘米，脚穿前翘尖头鞋，背部刻一"胡"字，具有明显的西域胡人的特征。①据希腊上古历史学家希罗多德《历史》一书的记载，当时往来西域的"塞人，是斯基泰部落，他们头戴高耸的尖顶厚毡帽，穿着裤子"②。因此，我们认为山东滕州出土的这两件胡俑应是西域塞人流寓中原的美术写影，与同墓出土画像石中"有尾持物羽人"这类美术题材，共同反映了内地与西域文化交流的信息。

新疆吐鲁番吐峪沟出土的元康六年（296）月氏僧竺法护与汉人聂承远等译《诸佛要集经》一页，③说明汉地译经随着中外文化交流的展开已经西渐于高昌一带。

近代西域地区出土的历史文物中，亦一再显示出西晋王朝对这一地区政治现实的关注。新疆罗布泊楼兰古城在历史上的情况，史籍《史记》《汉书》多有记载，但是自东汉以后就缺乏记载。目前所能借助的研究资料，主要是1901年3月斯文·赫定发掘楼兰城址及其以后英国人斯坦因、日本人桔瑞超等在楼兰获得的大批资料，其中主要是魏晋时期的木简残纸文书资料。

楼兰遗址发现的这些墨书的残纸和木简，堪称当年遗落西域的文化瑰宝。残纸中有永嘉元年（307）及永嘉四年（310）的年号，因此这批残纸当是西晋至十六国早期的遗物。除公文文书外，还有私人的信札和信札的草稿。书体除介乎隶楷之间的楷书外，还有行书和草书。这些残纸是研究魏、晋、十六国书法的宝贵资料，不但使我们得以窥见晋人在西域的活动纪实，更以晋人的真实用笔，为研究当时东方书风的演化轨迹提供了珍贵的文献资料。

楼兰位于敦煌以西，沿疏勒河西行至罗布泊便可到楼兰，因此楼兰便成为

---

① 滕州市文化局、滕州市博物馆：《山东滕州市西晋元康九年墓》，《考古》1999年第12期。
② 转引自张广达、荣新江：《于阗史丛考·上古于阗的塞种居民》，上海书店，1993年，第195页。
③ ［日］香川默识：《西域考古图谱》下册·佛典之部（一），（东京）国华社，1915年；羽田亨：《西域文明史概论》，（东京）弘文堂，1970年，第100—101页及图13；［日］井ノ口泰淳：《西域出土佛典の研究》，图版册，第1页。

途接塔里木盆地与内地中原的枢纽，是丝绸之路上最重要的绿洲之一。

楼兰出土的简纸文书，不仅是研究中国古史、中西交通史、丝绸之路文化史最直接的第一手基础资料，而且是研究西域史、楼兰鄯善史、魏晋前凉断代史最真实的历史资料。楼兰的兴衰、生态的发展变化、环境的变迁，是一面历史的镜子。

在瀚海绿洲出土的这些西域文书中，尤其值得注意的历史文献如《楼兰尼雅出土文书》第53页录240号文书所见：

出 黑粟三斛六斗稟战车成辅
一人日食一斗二升起二月一尽卅日
咸熙三年（266）二月一日监……①

同书第54页录253号文书：

出黑粟六斛稟书史王
咸熙三年（266）……②

同书第38页录62号文书：

……月壬戌诏书除郎中
……□□承泰始二年（266）二月癸（正面）
□春□家书　　（反面）③

同书第86页录684号文书：

晋守侍中大都尉奉晋大侯亲晋鄯善、焉耆、龟兹、疏勒……

---

① 林梅村：《楼兰尼雅出土文书》，文物出版社，1985年，第53页。
② 林梅村：《楼兰尼雅出土文书》，文物出版社，1985年，第54页。
③ 林梅村：《楼兰尼雅出土文书》，文物出版社，1985年，第38页。

另在同一地区出土的西晋简牍中，有泰始年间事涉西域长史府的多件文书的发现。如编号 L.A.Ⅵ.ⅱ-014-沙木725号简，文曰：

月七日　诣督　泰始四年（268）闰月己巳言

L.A.Ⅵ.ⅱ-015-沙木752号简，文曰：

西域长史承移今　初除月廿三日当上道从上邽至天水。①

L.A.Ⅱ.ⅱ-孔木49号简，文曰：

麦‖‖泰始五年（269）十一月九日仓曹掾李足监仓苏良
　　奏曹史淳于仁兵曹史靳仁从掾位张雅②

L.A.Ⅵ.ⅱ-044-沙木736号简，文曰：

[上残]泰始六年（270）五月七日兵曹史瓠 今从掾位赵辩
兵曹史车成岱（正面）

[上残]吴　枢录事掾梁鸾（背面）。③

以上简文透露，西晋初年西域长史府曾以"仓曹""监曹""奏曹""兵曹"等明确的分曹主事的行政制度，行使着西域地区富有成效的国家管理。简文提示我们，"兵""粟""仓"诸事，在西域长史府日常行政中占有举足轻重的地位；并且，洛阳朝廷当时在西域长史新旧除授、官员更替之际，必有通知

---

① 侯灿、杨代欣：《楼兰汉文简纸文书集成》第2册，天地出版社，1999年，第382页。
② 侯灿、杨代欣：《楼兰汉文简纸文书集成》第1册，天地出版社，1999年，第110页。
③ 侯灿、杨代欣：《楼兰汉文简纸文书集成》第2册，天地出版社，1999年，第392页。

沿途当政按时接洽的移书。

近代以来的考古发掘，出土了不少魏晋南北朝时期的简牍和写本墨迹。这不仅为我们认识汉字字体的演变、发展提供了极为宝贵的历史资料，同时也使我们对当时书家的艺术创造性有了更深刻的理解。而这些墨迹的本身，往往也是杰出的艺术作品，是书法学习与研究的重要资源。

我国西北地区出土了众多的魏晋十六国时期的简牍、纸本墨迹，其中著名的如《楼兰残纸》等，20世纪初期以来即陆续出土于新疆古楼兰遗址。这里是曹魏、西晋至前凉时期管理西域地区最高军政长官——西域长史的驻地和管辖的场所。这些残纸多为戍边吏士所书，记载了当年这里人文生活的具体情节，由于当地气候干燥，因此虽经千载而纸墨如新，是非常难得的书法史资料。《楼兰残纸》字体类型丰富，反映了魏晋时期字体演变中多姿多彩的特色。

汉字书法艺术亦在楼兰地区得到了广泛传播和发展。魏晋南北朝时期的楼兰书法，已具有鲜明的地域性和极高的独创性审美价值。无论从数量或质量及时代的先后来看，楼兰书法在整个中国书法艺术史上都具有重要的地位。在传统书法宝藏中，魏晋墨迹遗存甚少，数百件属于魏晋时期的楼兰简纸文书的发现，无疑填补了中国书法艺术史中的空白。它们是汉字文化在西域地区留下的珍贵遗产。

有关西晋王庭羁縻塔里木绿洲诸国的往事，当地另有其他文物遗迹的显示。1982年，新疆博物馆考古队在焉耆县博格达沁古城东5公里处一座晋墓中，发掘出土了包括九龙黄金带扣、包金铁剑在内的一批珍贵文物。这件黄金带扣镶嵌红绿宝石，长约10厘米，宽约5厘米，重48克。学者们认为属于焉耆王室之物。这件带扣与1991年湖南安乡县西晋刘弘墓出土的带扣及朝鲜平壤石岩里9号乐浪古墓出土的带扣质地类似、形制相似，所以可以推知应是西晋王朝颁赐绿洲藩属王室的遗物。①

此外，1924年新疆鄯善县出土了晋人写本陈寿《三国志·吴书》残卷，内容为《吴书·虞翻传》至同书《张温传》遗留文本。1956年1月10日，新疆吐鲁番一座佛塔遗址中，再次出土晋代写本《三国志》残卷，内容系《孙权传》，残存570余字。以上两卷之书风，"字迹十分类似，捺笔极重，隶书气味

---

① 林梅村：《寻找楼兰王国》，北京大学出版社，2009年，第82页。

很浓厚"，具有鲜明的晋人书法的时代特征。①《三国志》成书于晋初，作为汉地传统文化典籍，其流布西陲边地之迅捷，一方面显示出西晋时期中原文明对西域地区极具张力的影响，另一方面也透露出一种带有时政意义的文化典籍，更在西晋王朝极具效率的管理制度下及时通行边疆地区的情势。

新疆罗布泊地区，出土有东晋咸和年间（326—334）前凉西域长史李柏致焉耆王书简草稿之残卷，内中透露出中原王朝对西域地区的政治影响。②

1965年7月，北京地区西晋华芳墓中出土了一件波斯萨珊形态的玻璃碗残件。此碗侈口敛颈，球腹圜底，腹部凸起一排十个椭圆形乳钉，底部有七对稍微凸起的钉足。碗高7.2厘米，口径10.7厘米，透明而呈淡绿色。华芳系西晋幽州刺史王浚之妻，葬于永嘉元年（307）。这件生活用具是中国境内发现的时代较早的波斯萨珊玻璃器制品，③反映出西晋年间中外交通的畅达。

与此相表里，近代以来中国西北一带相继出土了数以百计的晋代官印。这些印章大多为西晋王朝颁发给边服渠酋的职官印信，④从中不难看出司马氏政权结好四方的政治态度。考古资料显示，西晋王朝颁赐诸胡官印的数量，已远远超出汉魏两代同类官印数量的总和，这充分反映出西晋年间汉胡政治阶层人事往来的频繁。

1973年，洛阳博物馆征集的据传出土于甘肃的"晋归义胡王"金印（图4-5）⑤及往年出土的"晋归义胡侯"、"晋率善胡仟长"、"晋率善胡佰长"、"晋支胡率善仟长"、"晋鲜卑归义侯"、"晋屠各率善佰长"、"亲晋羌王"（2枚）、"晋归义羌王"（2枚）、"亲晋氐王"、"晋归义氐王"（3枚）、"晋蛮夷王"、"晋蛮夷归义王"、"晋蛮夷归义侯"、"晋蛮夷率善仟长"、"晋蛮夷率善佰长"、"晋匈奴

---

① 郭沫若：《新疆新出土的晋人写本〈三国志〉残卷》，《文物》1972年第8期。
② 王国维：《罗布淖尔东北古城所出晋简跋》《罗布淖尔北所出前凉西域长史李柏书稿跋》，《观堂集林》卷17，中华书局，1959年，第863—865、871—876页。
③ 北京市文物工作队：《北京西郊西晋王浚妻华芳墓清理简报》，《文物》1965年第12期；安家瑶：《北周李贤墓出土的玻璃碗——萨珊玻璃器的发现与研究》，《考古》1986年第2期。
④ 康殷、任兆凤：《印典》所辑汉晋官印各例，国际文化出版公司，1993年。
⑤ 贺官保、陈长安：《洛阳博物馆馆藏官印考》，《文物》1980年第12期。又见《洛阳市文物志》，中州古籍出版社，1995年，第361—362页。

"率善佰长"官印等，①即西晋王庭颁赐睦邻友好或者向慕归化的胡人首领及部落大人的印信。

图4-5：1973年洛阳博物馆征集的据传出土于甘肃的"晋归义胡王"金印

北京首都博物馆藏有一方西晋"晋匈奴归义王"金印。印重86.9克，含金量为60%。印正方形，边长2.2厘米，厚2.5厘米。驼纽，纽高1.7厘米。印面刻阴文"晋匈奴归义王"六字。其刻功用刀平直，字口方齐。②这方金印，不仅为研究西晋时期汉与匈奴的关系提供了珍贵的实物资料，更从文化群（cultural groups）层面显示出当时"胡人"与"匈奴"被晋人视为不同民族的事实，这就为澄清洛阳文博界长期以来将"晋归义胡王"印认定为"匈奴"官印提供了甄别依据。西晋王朝对职贡部落酋帅官印的颁授，尚有略次一等的印信遗存，内地亦有文物的面世。

不仅如此，来自于出土文物的符号集合信息显示，"晋归义胡王"印信的颁授，出土遗物已有不止一例的发现——它无疑从一个侧面透露了中原王朝频繁与四夷蕃王部落接触的真实史态。如果从中亚七河流域昭武九姓的商贸史来分析，则这类"归义胡王"显然指的就是"利之所在，无远弗届"的粟特诸胡部落东来华夏的首领。

1964年，新疆吐鲁番阿斯塔那遗址延昌二十九年（589）唐绍伯墓出土了

---

① 《上海博物馆藏印选》，上海书画出版社，1979年，第77—80页；姜东方：《"晋匈奴归义王"金印》，《文物》1988年第6期；陕西省文管会、陕西博物馆陈全方：《陕西出土的一批古代印章资料介绍》，《文物资料丛刊》1977年第1期；《汉铜印丛》第8卷第3册，中华书局，1962年，第14页。
② 姜东方：《"晋匈奴归义王"金印》，《文物》1988年第6期。

一件绣有汉字"胡王"的牵驼纹织锦。①这件有丰富的中外文化交流信息的织锦的出土，无论从遗址所在地理位置的典型性还是文化内涵的可融性上来说，都印证了中外古代民族之间的人文往来。

中古时期中原、西域两地先后出现的这些与"胡王"有关的文物，折射出中原社会与西域粟特胡人部落绵延不断的政治、经济联系。

中古时期中外交流东往西来的历史动态，两晋以后中原史乘、西域文物遗迹中亦有另外的例证。

《晋书》卷107《石季龙载记》云，太宁元年（349）后赵"龙骧孙伏都、刘铢等结羯士三千伏于胡天，亦欲诛（冉）闵等"②。其中记载的"胡天"，正是原在中亚粟特石羯部落中的祆神祠庙。中原地区因东来粟特胡人的成千积聚而流行祆教之信仰，十六国时期已经形成一种能够影响当地政治局势的社会势力。

1907年，英国探险家斯坦因在敦煌烽燧遗址中发掘出一组西晋末年（312年前后）的粟特文古信札。据研究，这些文书是移居凉州和敦煌的粟特人写给故乡撒马尔罕（今乌兹别克斯坦境内）贵人的书信。信中谈到，这些以凉州为大本营的粟特商团，在东起洛阳、西至敦煌的广大地区从事丝绸等物的长途贩运，经营的商品有金、麝香、胡椒、樟脑、麻织物、粮食及中原丝绸。③

西晋时期西域胡人来臻华夏的事例，洛阳地区已有文化遗存可资寻觅。

2003年冬，文物部门在洛阳偃师县西首阳山南麓发掘了一座永康元年（300）的西晋墓，编号为2003YHDM37。墓中出土陶俑、陶房、陶磨、陶碗、陶碓、陶牛、陶鸡、陶狗、陶车轮、陶空柱盘、陶灯、陶盾及铜质饰件等诸多陪葬明器，另有镌刻"永康元年二月廿一日安文明妻支伯姬丧"铭文的砖一块（图4-6）。④

---

① 新疆维吾尔自治区博物馆：《吐鲁番阿斯塔那——哈拉和卓古墓群发掘简报》，《文物》1973年第10期。参见新疆社会科学院考古研究所：《新疆考古三十年》，新疆人民出版社，1983年，第87页。
② 〔唐〕房玄龄等：《晋书》卷107《石季龙载记》，中华书局，1974年，第2791页。
③ W. B. Henning, The Date of the Sogdian Ancient Letters, Bulletin of the School of Oriental and African Studies, XII, 1948, pp. 602–605; N.Sims-Williams, The Sogdian Merchants in China and India, A.Cadonna&L. Lanciotti (eds.), Cina e Iran.Da Alessandor Magno alla Dinastia Tang, Firenze, 1996, pp. 47–48.
④ 洛阳市第二文物工作队、偃师商城博物馆：《河南偃师西晋支伯姬墓发掘简报》，《文物》2009年第3期。

图4-6：洛阳邙山南麓出土西晋月氏人支伯姬砖志

依照该砖透露墓主的姓氏信息，结合当年洛阳地区大量留寓西域胡人的人文背景，我们认为墓主夫妇应为安国粟特胡人与月氏胡姓裔民组成的家庭。这与斯坦因在敦煌烽燧遗址发掘出土的粟特文书信札写卷中透露的西晋末年粟特胡人兴贩洛阳的事实，有着内在的现实因缘。

1965年1月10日，吐鲁番地区安伽勒克古城遗址一座寺庙废墟中，出土了一只盛有多种古代写本文书的陶瓮。这些文书中，一件北凉时代的汉文《金光明经》写卷及其题记引起了人们的注意。题记全文如下：

> 金光明经卷第二　凡五千四百卅三言/庚午岁八月十三日于高昌城东胡天南太后祠下为索将军佛子妻息合家写此/金光明一部。断手讫竟，笔墨大好，书者手拙，具字而已，后有聪睿揽/采之者，贯其奥义，疾成佛道。①

此中明确透露出当年高昌城下有"胡天"神祠的事实。②

---

① 吐鲁番文书整理小组、新疆维吾尔自治区博物馆：《吐鲁番晋—唐墓葬出土文书概述》，《文物》1977年第3期。
② 王丁：《南太后考》，《粟特人在中国——历史、考古、语言的新探索》，中华书局，2005年，第430—456页；王丁：《吐鲁番安伽勒克出土北凉写本〈金光明经〉及其题记研究》，《敦煌吐鲁番研究》第9卷，中华书局，2006年，第35—55页。

关于这件文书的写作年代，学者们认为或在北凉承玄三年（430），或在北魏太和十四年（490）。文书书法运笔之形意隽美、挥洒自如，题记措辞之文理晓畅、雅俗兼工，无不反映出中古时代吐鲁番地区中原传统文化根基的深固。

中原地区胡天祆神的祠奉，史籍另有信息的显示。史载，北魏灵太后幸嵩高山，"从者数百人，升于顶中。废诸淫祀，而胡天神不在其列"①。这也反映出北魏祆教与西域宗教的传播保持有密切联系的情势。

第三节 南北朝时期丝绸之路的繁荣

一、东来西往的贡使及其贸易

北魏拓跋氏之兴起，以马上驰骋风卷中外，故其立国以来，东西两地经济往来、文化交流不绝于时日。洎太延五年（439）削平河西，域外文明遂又乘时疾进畅化于东方。

史载，太武帝太延元年（435），"遣使者二十辈使西域"②。太延二年（436），"遣使六辈使西域"③。太延三年（437），"遣散骑侍郎董琬、高明等多赍锦帛，出鄯善，招抚九国，厚赐之……琬过九国，北行至乌孙国。其王得魏赐，拜受甚悦……琬于是自向破洛那，遣明使者舌。乌孙王为发导译，达二国，琬等宣诏慰赐之。已而琬、明东还，乌孙、破洛那之属遣使与琬俱来贡献者，十有六国。自后相继而来，不间于岁，国使亦数十辈矣"④。史载，"琬等使还京师，具言凡所经见及传闻旁国"⑤，对北魏朝野了解西域各国的风土人情、地理物产有着重大的影响。

当时西域的大月氏国，"其国人商贩京师，自云能铸石为五色琉璃。于是采矿山中，于京师铸之。既成，光泽乃美于西方来者。乃诏为行殿，容百余人，光色映彻，观者见之，莫不惊骇，以为神明所作。自此中国琉璃遂贱，人

---

① 〔北齐〕魏收：《魏书》卷13《灵太后传》，中华书局，1974年，第338页。
② 〔北齐〕魏收：《魏书》卷4下《世祖纪》，中华书局，1974年，第85页。
③ 〔北齐〕魏收：《魏书》卷4下《世祖纪》，中华书局，1974年，第87页。
④ 〔唐〕李延寿：《北史》卷97《西域传》，中华书局，1974年，第3206页。
⑤ 〔唐〕李延寿：《北史》卷97《西域传》，中华书局，1974年，第3207页。

不复珍之"①。此为西方技术落植东土的实例。

太平真君五年（444）三月，"遣使者四辈使西域"。正平元年（451）正月，"破洛那、罽宾、迷密诸国各遣使朝献"②。这正是河西内属后中外社会互动之先声。

献文帝皇兴二年（468），北魏遣"使者韩羊皮使波斯，波斯王遣使献驯象及珍物。经于阗，于阗中于王秋仁辄留之，假言虑有寇不达。羊皮言状，显祖怒，又遣羊皮奉诏责让之"③。

宣武帝景明三年（502），"疏勒、罽宾、婆罗捺、乌苌、阿喻陀、罗婆、不仑、陀拔罗、弗波女提、斯罗、哒舍、伏者奚那太、罗槃、乌稽、悉万斤、朱居槃、诃盘陀、拨斤、厌味、朱沴洛、南天竺、持沙那斯头诸国并遣使朝贡"④。

正始四年（507）九月甲子，"疏勒、车勒阿驹、南天竺、婆罗等诸国遣使朝献……冬十月丁巳，高丽、半社、悉万斤、可流伽、比沙、疏勒、于阗等诸国并遣使朝献……戊辰，疏勒国遣使朝贡"⑤。

永平元年（508）"二月辛未，勿吉、南天竺国并遣使朝献……三月……己亥，斯罗、阿陀、比罗、阿夷义多、婆那伽、伽师达、于阗诸国并遣使朝献……秋七月辛卯，高车、契丹、汗畔、罽宾诸国并遣使朝献……是岁，高昌国王麹嘉遣其兄子私署左卫将军孝亮奉表来朝，因求内徙，乞师迎接"⑥。

永平二年（509）正月"丁亥，胡密、步就磨、忸密、槃是、悉万斤、辛豆那、越拔忸诸国并遣使朝献。壬辰，嚈哒、薄知国遣使来朝，贡白象一。乙未，高昌国遣使朝贡……三月癸未，磨豆罗、阿曜社苏突阇、地伏罗诸国并遣使朝献……十有二月……叠伏罗、弗菩提、朝陀咤、波罗诸国并遣使朝献"⑦。

---

① 〔唐〕李延寿：《北史》卷97《西域传》，中华书局，1974年，第3226—3227页。
② 〔北齐〕魏收：《魏书》卷4下《世祖纪》，中华书局，1974年，第107页。
③ 〔北齐〕魏收：《魏书》卷102《西域传》，中华书局，1974年，第2263页。
④ 〔北齐〕魏收：《魏书》卷8《世宗纪》，中华书局，1974年，第195页。
⑤ 〔北齐〕魏收：《魏书》卷8《世宗纪》，中华书局，1974年，第204—205页。
⑥ 〔北齐〕魏收：《魏书》卷8《世宗纪》，中华书局，1974年，第205—207页。
⑦ 〔北齐〕魏收：《魏书》卷8《世宗纪》，中华书局，1974年，第207—209页。

永平三年（510）"九月壬寅，乌苌、伽秀沙尼诸国并遣使朝献。丙辰，高车别帅可略汗等率众一千七百内属。……十月……戊戌，高车、龟兹、难地、那竭、库莫奚等诸国并遣使朝献"①。

永平四年（511）"三月癸卯，婆比幡弥、乌苌、比地、乾达诸国并遣使朝献……六月乙亥，乾达、阿婆罗、达舍、越伽使密、不流沙诸国并遣使朝献……八月辛未，阿婆罗、达舍、越伽使密、不流沙等诸国并遣使朝献……九月甲寅……嚈哒、朱居槃、波罗、莫伽陀、移婆仆罗、俱萨罗、舍弥、罗槃陀等诸国并遣使朝献……冬十月丁丑，婆比幡弥、乌苌、比地、乾达等诸国并遣使朝献……十有一月……戊申，难地、伏罗国并遣使朝献"②。

延昌元年（512）"戊申，疏勒国遣使朝献……三月辛卯朔，渴槃陀国遣使朝献……（十月）嚈哒、于阗、高昌及库莫奚诸国并遣使朝献"③。

延昌二年（513）八月"庚戌，嚈哒、于阗、槃陀及契丹、库莫奚诸国并遣使朝献"。④

延昌三年（514）"十有一月庚戌，南天竺、佐越费实诸国并遣使朝献"⑤。

音乐史踪载籍，亦为我们提供了北魏宣武皇帝时期的中西文化交流的例证。

魏朝"自宣武已后，始爱胡声，洎于迁都。屈茨（龟兹）、琵琶、五弦、箜篌、胡笛、胡鼓、铜钹、打沙罗、胡舞，铿锵镗鞳，洪心骇耳，抚筝新靡绝丽，歌响全似吟哭，听之者无不凄怆。琵琶及当路琴瑟殆绝音。皆初声颇复闲缓，度曲转急躁。按此音所由，源出西域诸天诸佛韵调，娄罗胡语，直置难解，况复被之土木？是以感其声者，莫不奢淫躁竞，举止轻飙，或踊或跃，乍动乍息，跷脚弹指，撼头弄目，情发于中，不能自止。论乐岂须钟鼓，但问风化浅深。虽此胡声，足败华俗。非唯人情感动，衣服亦随之以变。长衫鬓帽，阔带小靴，自号惊紧，争入时代。妇女衣髻，亦尚危侧，不重从容，俱笑宽

---

① 〔北齐〕魏收：《魏书》卷8《世宗纪》，中华书局，1974年，第209—210页。
② 〔北齐〕魏收：《魏书》卷8《世宗纪》，中华书局，1974年，第210—211页。
③ 〔北齐〕魏收：《魏书》卷8《世宗纪》，中华书局，1974年，第211—212页。
④ 〔北齐〕魏收：《魏书》卷8《世宗纪》，中华书局，1974年，第213页。
⑤ 〔北齐〕魏收：《魏书》卷8《世宗纪》，中华书局，1974年，第214页。

缓……易俗移风，实在时政"①。

中国音乐史上如此之叙事，已从一个文化视域折射出北魏时期西域文明对内地世俗社会的冲击。

魏孝明帝时代，熙平二年（517）正月"癸丑，地伏罗、罽宾国并遣使朝献……秋七月乙丑，地伏罗、罽宾国并遣使朝献"②。

神龟元年（518）闰七月"丁未，波斯、疏勒、乌苌、龟兹诸国并遣使朝献"③。

正光二年（521）五月"乙酉，乌苌国遣使朝贡。闰月丁巳，居密、波斯国并遣使朝贡。六月己巳，高昌国遣使朝贡"④。

北魏迁都洛阳以来西域诸国遣使朝贡如此之频繁，反映出当时中外交流、社会往来的畅通。对于西方世界络绎款塞、频示友好的行为，北魏王庭亦有不失时机之回应。

神龟元年（518），胡灵太后遣敦煌人宋云与崇立寺比丘惠生西行取经。宋云一行寻访沿途，远至中亚，于正光三年（522）二月返回洛阳，凡得佛经"一百七十部，皆是大乘妙典"⑤。惠生此行有《行记》一篇，详细记载了经历诸国的道里物产、风土人情，对中原社会了解西域风俗有着积极的意义。

有关北魏时代中国与中亚迷密等国之间的交往，历史文献及文物遗迹均有相应的线索。

《北史·西域传》："迷密国，都迷密城，在者至拔西，去代一万二千一（六）百里。正平元年（451），遣使献一峰黑橐驼。"⑥

1979年以来，巴基斯坦伊斯兰堡真纳大学的达尼教授（Ahmad Hasan Dani）与德国海德堡大学的耶特马尔教授（Karl Jettmar）率领一支巴基斯坦—德国联合考古队，在中巴喀喇昆仑公路沿线对古代岩刻进行了三年有余的田野调

---

① 〔唐〕杜佑撰，王文锦等点校：《通典》卷142《乐典·二》，中华书局，1988年，第3614—3615页。
② 〔北齐〕魏收：《魏书》卷9《肃宗纪》，中华书局，1974年，第225—226页。
③ 〔北齐〕魏收：《魏书》卷9《肃宗纪》，中华书局，1974年，第228页。
④ 〔北齐〕魏收：《魏书》卷9《肃宗纪》，中华书局，1974年，第232页。
⑤ 〔魏〕杨衒之撰，范祥雍校注：《洛阳伽蓝记校注》卷5，上海古籍出版社，1978年，第252页。
⑥ 〔唐〕李延寿：《北史》卷97《西域传》，中华书局，1974年，第3221页。

查。在位于沙提阿勒（Shatial）附近的印度河南岸一带，他们发现了一例汉文题记和数以百字计的粟特文题记。其中不少粟特文题记提到去往中国的旅行者的名字。①

这一考古队在另一处称作"洪扎灵岩"（Sacred Rock of Hunza）的石刻题记群中，发现了刻有大量贵霜帝国时期的佉卢文铭词和笈多帝国时期的婆罗米文铭词及粟特文题记。其中最为珍贵的是一条竖写的汉文题记："大魏使谷魏龙今向迷密使去。"研究者认为，这条汉文题记应当刻于公元444年至453年之间。②

二、西域物产与文化之东渐

频繁的贡使往来，促进了西域及中原地区经济文化的交流，当时西域诸国人物风情因中外交流而为中原熟知者，则缣缃绵润，史笔不绝。

北史对大秦国、南天竺国、地伏罗国、嚈哒国、康国皆有较为细致的记载。当北魏迁都洛阳以来：

> 神龟（518—520）中，其国（波斯国）遣使上书贡物，云："大国天子，天之所生，愿日出处常为汉中天子。波斯国王居和多千万敬拜。"朝廷嘉纳之。自此，每使朝献。恭帝二年（555），其王又遣使献方物。隋炀帝时，遣云骑尉李昱使通波斯。寻使随昱贡方物。③

北魏时东西方如此频繁的人际往来，使两地间的物质生活在某些方面发生了变革。与上述西域异国时常东来的"方物"之献相印证，洛阳作为北魏京都曾经有过油橄榄作物的引进。

《洛阳伽蓝记》记载，京都华林园"景阳山南有百果园，果列作林，林各有堂。有仙人枣，长五寸，把之两头俱出，核细如针。霜降乃熟，食之甚美。

---

① A. H. Dani, Human Records on Karakorum Highway, Islamabad, 1983, pp.26-28.
② 马雍：《巴基斯坦北部所见"大魏"使者的岩刻题记》，《西域史地文物丛考》，文物出版社，1990年，第129—137页。
③〔唐〕李延寿：《北史》卷97《西域传》，中华书局，1974年，第3223页。

俗传云出昆仑山，一曰西王母枣"①。

有关"西王母枣"移植中原的事，汉籍文献另有弥足珍贵的史料，如《西京杂记》卷1曰："初修上林苑。群臣远方各献名果异树，亦有制为美名……弱枝枣、玉门枣（出昆仑山）、棠枣、青华枣、梬枣、赤心枣、西王枣（王母枣）。"②此外，《邺中记》亦言："石虎园中有西王母枣，冬夏有叶，九月生花，十二月乃熟，三子一尺。又有羊角枣，亦三子一尺。"郭子横《洞冥记》曰："崦嵫细枣，出崦嵫山。山临碧海上，万年一实，如今之软枣。咋之有膏，膏可燃灯。西王母握核以献帝。"卢谌《祭法》曰："春祠用枣油。"

这种"霜降乃熟"，"冬夏有叶，九月生花，十二月乃熟"，"笮之有膏，膏可燃灯"，春祠有"枣油"可用的"西王母枣"，正是中古时期久行西域、地中海沿岸国家的油橄榄。这种原产西域的油类作物，正是随着丝绸之路物质文化交流，落植生根于中华。

北朝晚季，中原胡化风气有甚于此前，至有国人竟以诸胡技能封王开府者。史载："后魏有曹婆罗门，受龟兹琵琶于商人，世传其业。至孙妙达，尤为北齐高洋所重，常自击胡鼓以和之。周武帝聘虏女为后，西域诸国来媵，于是龟兹、疏勒、安国、康国之乐，大聚长安。胡儿令羯人白智通教习，颇杂以新声。"③至于北齐胡风之擅盛，史志唱赏，别见精彩：

> 杂乐有西凉鼙舞、清乐、龟兹等。然吹笛、弹琵琶、五弦及歌舞之伎，自文襄以来，皆所爱好。至河清（562—564）以后，传习尤盛。后主唯赏胡戎乐，耽爱无已。于是繁手淫声，争新哀怨。故曹妙达、安未弱、安马驹之徒，至有封王开府者，遂服簪缨而为伶人之事。后主亦自能度曲，亲执乐器，悦玩无倦，倚弦而歌，别采新声，为《无愁曲》，音韵窈窕，极于哀思，使胡儿阉官之辈，齐唱和之。④

---

① 〔魏〕杨衒之撰，范祥雍校注：《洛阳伽蓝记校注》卷1，上海古籍出版社，1978年，第66页。
② 〔晋〕葛洪著，周天游校注：《西京杂记》卷1，中华书局，1985年，第6页。
③ 〔后晋〕刘昫等：《旧唐书》卷29《音乐志二》，中华书局，1975年，第1069页。
④ 〔唐〕魏徵等：《隋书》卷14《音乐志》，中华书局，1973年，第331页。

从中可以看出北朝晚期中原地区诸胡文化对世人生活品格的影响。北齐中书侍郎祖珽善弹，武成"帝于后园使珽弹琵琶，和士开胡舞，各赏物百段"。①就连蜚声史坛的魏收，亦"既轻疾，好声乐，善胡舞"②。

西域文化影响中原生活之所及，对于绘画亦有可资圈点的史例：

> 曹仲达，本曹国人也。北齐最称工，能画梵像，官至朝散大夫。国朝宣律师撰《三宝感通记》，具载仲达画佛之妙，颇有灵感。③

南北朝时期，南朝与西域亦有人文交流，只是慑于北朝政权对陇右、河西走廊的控制，南朝与西域的交通，往往取道吐谷浑据有的柴达木盆地"河南道"一线来完成。南朝交通西域的史事，可以从刘宋一朝窥见其一斑。

史籍记载，刘宋时粟特人入贡建康凡两次。第一次奉使在元嘉十八年（441）："是岁，肃（粟）特国、高丽国、苏靡黎国、林邑国并遣使献方物。"④第二次，"又有粟特国，太祖世，并奉表贡献……大明（457—464）中，遣使献生师子、火浣布、汗血马。道中遇寇，失之"⑤。而据有高昌前后的沮渠氏北凉政权，自元嘉十九年（442）六月之后，始有四次遣使刘宋的记事，⑥其中第四次于大明三年（459）十月"戊申，河西国遣使献方物。庚戌，以河西王大沮渠安周为征虏将军、凉州刺史"。⑦

北凉移居高昌前后，曾有向刘宋王朝进献佛经的记事。《出三藏记集》卷10《毗婆沙经序》载此经由沙门道泰自西域获得梵本，携归北凉，大沮渠河西王请天竺沙门浮陀跋摩主持开译。据唐长孺先生考证，这次北凉向刘宋的输经，应是元嘉二十年（443）至大明三年（459）沮渠无讳或沮渠安周偏安高昌

---

① 〔唐〕李延寿：《北史》卷47《祖珽传》，中华书局，1974年，第1739页。
② 〔唐〕李延寿：《北史》卷56《魏收传》，中华书局，1974年，第2038页。
③ 〔唐〕张彦远：《历代名画记》卷8《叙历代能画人名》，人民美术出版社，1963年，第158页。
④ 〔梁〕沈约：《宋书》卷5《文帝纪》，中华书局，1974年，第88页。
⑤ 〔梁〕沈约：《宋书》卷95《索虏传》，中华书局，1974年，第2357—2358页。
⑥ 〔梁〕沈约：《宋书》卷5《文帝纪》，中华书局，1974年，第89—92页。
⑦ 〔梁〕沈约：《宋书》卷6《武帝纪》，中华书局，1974年，第124页。

时期的事情。①

自元嘉五年（428）至昇明三年（479），仅柔然使宋即有十次之多，②可见当年南朝与西域交通的频繁。

西域与南朝交通的事迹，僧传文献和出土遗物亦有不少辅证。以高昌等地出土南朝遗卷为例，如下几种颇具文物价值。新疆鄯善县吐峪沟出土佛经残卷卷末有汉文题记，文曰："《持世》第一，岁在己丑，凉王大且渠安周所供养经。吴客丹阳郡张杰祖写。用纸廿六枚。"③这件文书显示，南朝时期江南与吐鲁番一带不仅有官府的使者往还及僧徒行踪，还有普通信教庶民较长时间的流寓。柏林藏吐鲁番出土佛经残卷 Ch.422 有文曰："使持节侍中都督南徐……骑大将军开府仪同……郡开国公萧道成。"④与之有关联的文字又见于柏林藏编号为 Ch.2521+Ch.2836 吐鲁番出土佛经残片，文曰："使持节侍中都督南徐兖北徐……六州诸军事骠骑大将军开府仪同三司录尚书事南徐州刺史竟陵郡开国公萧道成，普为一切敬造供养。"⑤唐长孺先生认为，依据残卷内萧道成的具衔，这两件文书的年代当在刘宋末年。

另，日本书道博物馆藏《佛说金刚般若波罗密经》题记曰："大同元年（535）正月一日，散骑常侍淳于□于芮芮，愿造《金刚般若经》一百分。令□届梁朝，谨卒本誓。以斯功果，普施人□境。"⑥这一残卷证明，当北魏分蘖的南梁萧衍中晚期，江南一带仍有国家使人经由绿洲的吐鲁番地区通聘于柔然。这与北朝晚期北周、北齐竞相结好于柔然，正有异曲同工之时代运筹。

---

① 唐长孺：《南北朝期间西域与南朝的陆道交通》，《魏晋南北朝史论拾遗》，中华书局，1983年，第173—175页。
② 唐长孺：《南北朝期间西域与南朝的陆道交通》，《魏晋南北朝史论拾遗》，中华书局，1983年，第179页。
③ ［日］池田温：《中国古代写本识语集录》，（日本）大藏出版株式会社，1990年，第86页。
④ Gerhard Schmitt - Thomas Thilo, Katalog chinesischer buddhistischer Textfragmente, Bd. 1, Akademie-Verlag, Berlin, 1975, S. 108-109.
⑤ Gerhard Schmitt - Thomas Thilo, Katalog chinesischer buddhistischer Textfragmente, Bd. 1, Akademie-Verlag, Berlin, 1975, S. 205-209.
⑥ ［日］池田温：《中国古代写本识语集录》，（日本）大藏出版株式会社，1990年，第119页。

北魏时期的中外佛教往来极为频繁,《洛阳伽蓝记》记载,北魏迁都洛阳以来,京城宣阳门外四里至洛水上作浮桥,被称作永桥。永桥以南,圜丘以北,伊水洛水之间,夹御道有四夷馆。道东有四馆,分别为金陵、燕然、扶桑和崦嵫。道西有四里,依次为归正、归德、慕化和慕义。①

僧传佛陀之记事,可以印证洛阳佛教与代北恒安佛法及印度旧轨渊源的联系。其次可知,洛中少林寺之千年以降传誉天下者,缘于创建之初"造者弥山而僧廪丰溢"的规模,及其寺僧自惠光一辈以来习于武术者。

勒那漫提,"天竺僧也。住元魏洛京永宁寺,善五明,工道术"②。

南天竺沙门菩提达摩,"香至王第三子,姓刹帝利,本名菩提多罗……[以梁普通二年](521)十一月二十三日届洛阳,当魏孝明帝正光二年也。寓止嵩山少林寺,面壁而坐。"③菩提达摩以泛海自南梁抵洛阳,其于嵩山推弘禅法、衣钵传续,从而开创中国禅宗的法系。

沙门菩提流支,"北天竺人也。遍通三藏,妙入总持,志在宏法,广流视听……帝每令讲《华严经》,披释开悟,精义每发"④。

当此之时,菩提流支、勒那漫提等所译梵本,多为印度菩萨无著、世亲一系的大乘经论,如《深密解脱经》《入楞伽经》《摄大乘论》《十地经论》等,他们的译经事务得到北魏皇室及崔光一辈显臣名士的襄助,因而必然有力推动了大乘禅法在中原地区的流行。

三、东西方文化交流之遗珍

由于南北朝时丝绸之路交通比较通畅,在社会生活领域内的一些物质文明,也已随着大量胡人移民的内徙,在东方世界大放异彩。

1964年12月,河北定县北魏遗址中出土了一件太和五年(481)的石函。函中有货币、金、银、铜、琉璃、玉、玛瑙、水晶、珍珠、贝、珊瑚等5657件文物。货币中含波斯萨珊朝银币41枚,其中标本"7:3"号银币,系耶斯提泽德二世(438—457)时之物,其边沿左边有一"S"符号,下边有一行印上去

---

① [魏]杨衒之撰,范祥雍校注:《洛阳伽蓝记校注》卷3,上海古籍出版社,1978年,第159—161页。
② [唐]道宣:《续高僧传》卷33《勒那漫提传》,《大正藏》第50册,No.2060,页644a。
③ [元]觉岸:《释氏稽古略》卷2,《大正藏》第49册,No.2037,页796c。
④ [唐]道宣:《续高僧传》卷1《菩提流支传》,《大正藏》第50册,No.2060,页428a。

第四章 魏晋南北朝时期的东西方交流 257

的嚈哒文字——表示此币可以在其国境内使用。"这枚银币是我国境内第一次发现的和嚈哒国有关的实物史料",对研究中古时期中国与中亚地区的社会交往有珍贵的价值。①

1981年9月,山西省大同市西郊小站村发现了北魏屯骑校尉、建威将军、洛州刺史封和突墓。墓中出土鎏金银盘一件,据考系波斯萨珊王朝东传中国之物品。学者们研究认为,这件银盘中錾雕的行猎者应当为萨珊朝第四代国王巴赫拉姆一世,而其艺术风格却又受到希腊罗马造型艺术的影响。从出土文物实例上来说,这件西域器物在中国内地的出现,真实地反映了北魏时期中原地区与西方国家文化往来的密切。②

1988年8月,山西省大同市南郊张女坟第107号北魏墓中,出土了一件具有萨珊风格的玻璃碗和一件鎏金刻花银碗。玻璃碗呈淡绿色透明状,高73厘米,腹径113厘米,口径104厘米,直口、鼓腹、圜底,腹部有三十五个磨花椭圆形凸起装饰,分四行交错排列,圜底有六个磨花凹圆装饰。银碗高46厘米,口径102厘米,敞口、圆腹、圆底。口沿下錾联珠纹两道,腹部外壁饰四束"阿堪突斯（Acanthus）"叶纹,每束叶纹中间的圆环内,各錾一高鼻深目、长发披肩的男子头像。圜底有八等分圆圈叶纹。③

1988年,山西大同北魏平城遗址出土了一件具有西亚古埃兰艺术遗风的花瓣纹玻璃钵。学者们认为,这件器物应为萨珊波斯仿制当地古器而流入中国者。④

此外,20世纪80年代以来,山西大同南郊北魏墓葬遗址中,出土了三件鎏金高足铜杯和一件银碗。研究表明,其器形和纹饰带有明显的希腊风格。⑤

洛阳邙山出土的交河、鄯善内徙胡人墓志,载北魏正始二年（505）十一月二十七日"前部王车伯生息妻鄯月光"卒葬于洛阳。嗣后当地出土的鄯乾墓

---

① 河北省文化局文物工作队：《河北定县出土北魏石函》,《考古》1966年第5期,第269—270页。
② 有关封和突墓出土波斯银盘与北魏时代中外文化交流的情况,参见马雍：《北魏封和突墓及其出土的波斯银盘》,《西域史地文物丛考》,文物出版社,1990年,第138—146页。
③ 山西省考古研究所、大同市博物馆：《大同南郊北魏墓群发掘简报》,《文物》1992年第8期。
④ 张增光：《大同市城南发现北魏墓群》,《北朝研究》1989年第1期。
⑤ 大同市博物馆：《山西大同南郊出土北魏鎏金铜器》,《考古》1983年第11期；山西省考古研究所、大同市博物馆：《大同南郊北魏墓群发掘简报》,《文物》1992年第8期。

志,则更为详细地记载了这一西域移民落籍中原的情形:"君讳乾,司州河南洛阳洛滨里人也。侍中镇西将军鄯善王宠之孙,平西将军青、平、凉三州刺史鄯善王临泽怀侯视之长子。考以去真君六年(445)归国。自祖已上,世君西夏。君初宦,以王孙之望,起家为员外散骑侍郎,入领左右辅国将军、城门校尉,出为征虏将军、安定内史。春秋卅四,以永平五年(512)岁次壬辰正月四日薨。蒙赠征虏将军、河州刺史,谥曰定……延昌元年(512)八月廿六日卜营丘兆,于洛北芒而窆焉。"①

墓志如此之记事,透露了北魏统一河西以来西域民族递有移籍中原的事实。此外,史籍记载北魏时期高昌一带汉胡文化交融世态有云:车师"文字亦同华夏,兼用胡书。有《毛诗》、《论语》、《孝经》、历代子史。集学官弟子,以相教授。虽习读之,而皆为胡语……俗事天神,兼信佛法……孝明帝正光(520—524)中,(高昌王麴)嘉遣使借五经、诸史,并请国子助教刘燮以为博士"②,透露出中原文明西渐碛西的史例。

敦煌遗书S.996《杂阿毗昙心经》卷6题记有云:

《杂阿毗昙心经》者,法盛大士之所说,以法相理玄,籍浩博欤……名曰毗昙。是以使持节侍中驸马都尉羽真太师、中书监领秘书事车骑大将军都督诸军事启府洛州刺史昌黎王冯晋国,仰感恩遇,撰写十一切经,一一经一千四百六十纸,用答皇施。愿皇帝陛下、太皇太后……太(大)代太和三年(479)岁次己未十月己巳廿八日丙申,于洛州所书写成讫。③

敦煌遗书P.2189《东都发愿文》残卷有尾题,文云:

大统三年(537)五月一日,中京广平王大觉寺涅槃法师智严供养《东都发愿文》一卷。仰奉明王殿下,在州施化,齐于称之世,流润与姬

---

① 张乃翥:《洛阳与丝绸之路》,国家图书馆出版社,2009年,图版37。又见赵万里:《汉魏南北朝墓志集释》,科学出版社,1956年,图版212。
② 〔唐〕杜佑撰,王文锦等点校:《通典·边防典七·车师》,中华书局,1988年,第5204—5205页。
③ 黄永武:《敦煌宝藏》第8册,〔台北〕新文丰出版公司,1981年,第183页。

文同等。十方众生，□同含生，同于上愿。①

按，此"广平王大觉寺"者，本在北魏晚期的洛阳。《洛阳伽蓝记》卷4："大觉寺，广平王怀舍宅也，在融觉寺西一里许。北瞻芒岭，南眺洛汭，东望宫阙，西顾旗亭，禅（神）皋显敞，实为胜地。"②

敦煌遗书中的这些文物信息，透露了北魏时代洛阳与河西一线文化往来的畅通。1965年7月，洛阳邙山北魏元邵墓出土胡俑三件，其中，虬髯俑两件，皆高15.3厘米。俱卷发，虬髯，高鼻深目，着红色圆领大衣，下着长裤。另一件幼童昆仑俑，高9.6厘米，卷发，上身穿窄袖紧身衫，下身着裤，高筒皮靴长可及膝。全身屈膝蹲坐状，双臂抱面伏拢于膝盖上。观其通身之状摹造型、意象神态，明显刻画的是一个游子悲戚思乡的形象。

由元邵墓各式胡俑形象，可以想象到公元6世纪中叶洛阳一带胡人部落的万象世态。③

不仅如此，元邵墓陪葬明器中，有彩绘陶牛车一套。从生物学特征考察，其驾辕的陶牛显然即为南亚次大陆国家常见的"印度瘤牛（Bos indicus）"的形象刻画（图4-7）。这反映出当年洛阳市井生活对这一南亚牲畜视觉形象的熟稔，进而折射出两地物产往来的存在。

图4-7：洛阳北魏元邵墓出土"印度瘤牛"塑像

① 孙晓林：《跋 P.2189〈东都发愿文〉残卷》，《敦煌吐鲁番研究》第2卷，北京大学出版社，1997年，第331—335页。
② 〔魏〕杨衒之撰，范祥雍校注：《洛阳伽蓝记校注》卷4，上海古籍出版社，1978年，第234页。
③ 洛阳博物馆：《洛阳北魏元邵墓》，《考古》1973年第4期；张乃翥：《元邵墓明器陶俑的文化形态》，《洛阳大学学报》1992年第2期；张乃翥：《北魏元邵墓出土文物的民族学研究》，《北朝研究》1992年第3期。

1989年，洛阳汉魏故城大市遗址出土一件仿玻璃黑釉陶盏。陶盏外壁周身各点缀以大、小两圈连珠纹图案，①其美术风格颇有模仿萨珊玻璃同类器物堆塑磨琢工艺的意致。

1957年，有西方学者提出收藏于斯德哥尔摩而出土于洛阳的一件银碗可能是"萨珊或后萨珊期"的银碗。这件银碗"有并列的自口沿至器底的十二瓣，但曲窪很浅，每瓣平直，不作圆弧形，口沿曲处亦未形成小弯"。②虽然另有学者认为这件器物"既不是萨珊的，也不是粟特的"，③但这件银器来源于西域诸胡民族却是没有疑义的。

可以给人们提供参考思路的是，20世纪初叶，英籍探险家斯坦因（A. Stein）在新疆楼兰L.K遗址一座5—6世纪的墓葬中发现了一件萨珊玻璃碗。④由此可见，萨珊生活用品之东传中国内地，并非没有可能，这从《洛阳伽蓝记》等历史文献关于西域器物大量传入中国内地的生活叙事中亦可获得相应的印证。

孝昌元年（525），东阳王元荣出任瓜州刺史，于敦煌传写佛经、开窟造像，复将中原佛教文化的影响传至河西。⑤

2013年，洛阳北郊红山乡张岭村东南发掘出一座北魏晚期的陵墓。该墓平面整体呈"甲"字形，南北总长58.9米，深8.1米。其中墓道长39.7米，宽2.9米。墓室长19.2米，宽12米。其规模之宏大，在洛阳北魏陵墓群体中，属于北魏皇室的等级。发掘者倾向于认为，这座陵墓应该就是北魏晚期的节闵帝元恭的陵寝。

这座陵墓曾多次被盗，在此次发掘出土的120多件遗物中，值得人们注意的是一件残破而有西域风格的青瓷龙柄鸡首壶和一枚拜占庭帝国阿纳斯塔修斯

---

① 中国社会科学院考古研究所洛阳汉魏城队：《北魏洛阳城内出土的瓷器与釉陶器》，《考古》1991年第12期。彩图引中国社会科学院考古研究所：《中国社会科学院考古研究所考古博物馆洛阳分馆》，文化艺术出版社，1998年，第74页。

② Bo Gyllensvard, T'ang Gold and Silver, Bulltetin of the Museum of Far Eastern Antiquities, no. 29, 1957, figs.216 & p. 31.

③ Assadulah Souren Melikian-Chirvani, Islamic Metalwork from the Iranian World, W. Watzen(ed.), Pottery and Metal in T'ang China, London, 1971.

④ Sir Aurel Stein, Inner most Asia.Detailed Report of Explorations in Central Asia, Kan-Su and Eastern Iran, Vol. 1, Oxford: The Clarendon Press, 1928，P.190.

⑤ 宿白：《东阳王与建平公》（二稿），《中国石窟寺研究》，文物出版社，1996年，第244—259页。

一世（491—518年在位）发行的金币（图4-8）。

图4-8：洛阳北魏大墓出土的拜占庭帝国金币

这枚金币发行年代的下限与节闵帝当政之年（531）相去不远，可知北魏晚期中原地区与东罗马帝国的社会往来并未因为天路遥远、关山难度而被阻隔，这势必与中古丝绸之路在东西方政治往来、经济贸易领域发挥着强大的资源沟通职能有着必然的联系。这由《洛阳伽蓝记》所载中外交通盛事之奇闻异趣可以窥见。

南北朝时期诸胡文化浸染中夏的情况，文字学方面亦有若干史料记载可见。

萧绎《简文帝法宝联璧序》"大秦之籍，非符八体；康居之篆，有异六爻"①之骈举，应该透露了梁朝文士对西域内传文献起码了解。

庾信《哀江南赋》"新野有生祠之庙，河南有胡书之碣"②的倾诉，似乎于哀思先祖之字里行间，兼有感伤中原凌乱、洙泗膻腥的文意。史载：

> [天兴]六年（403）冬，诏太乐、总章、鼓吹增修杂伎，造五兵、角觝、麒麟、凤皇、仙人、长蛇、白象、白虎及诸畏兽、鱼龙、辟邪、鹿马仙车、高絙百尺、长趫、缘橦、跳丸、五案以备百戏。大飨设之于殿庭，如汉晋之旧也。③

---

① 〔唐〕道宣：《广弘明集》卷20《梁简文帝法宝联璧序》，上海古籍出版社，1991年，第250页。
② 〔北周〕庾信撰，〔清〕倪璠注，许逸民点校：《庾子山集》卷2，中华书局，1980年，第106页。
③ 〔北齐〕魏收：《魏书》卷109《乐志》，中华书局，1974年，第2828页。

可见，这种渊源于西方胡风民俗中的题材，随着丝绸之路沿线社会、文化交流的畅开，已为北魏上层社会所欣赏并纳入宫廷礼乐的范畴。

由畏兽、辟邪作为宫廷杂伎载于上述音乐史志的文献，可知这类艺术题材因其具有充满个性化视听寓意的舞台角色而有极高的演艺价值。

1969年，日本学者长广敏雄研究了洛阳北魏墓志中的"畏兽"装饰雕刻，注意到这些美术题材中含有东西方文化元素相互融合的现象——包括若干畏兽图像的榜题命名，可能属于汉地传统文化有意移植域外词语概念的范畴。

如正光三年（522）冯邕妻元氏墓志盖，中央为一莲花图案，其周围双龙交蟠，四隅各一神兽，且有榜题曰"拓远""蛤螭""拓仰""攫天"。四侧上层为莲花盘托摩尼珠、神兽异禽，下层为二方连续装饰云纹图案。志石四侧亦刊刻神兽异禽。榜题前侧为"挟石""发走""获天""啮石"，后侧为"挠撮""掣电""懽憘""寿福"，左侧为"迴光""捔远""长舌"，右侧为"乌获""礔电""攫撮"。这是中原北魏石刻遗迹中一组附有详细榜题标识的美术样本。①

北魏石刻文物中与元氏墓志美术形制相似的作品，另有正光五年（524）元昭墓志、孝昌二年（526）侯刚墓志、永安二年（529）苟景墓志及尔朱袭墓志等一批北朝大族墓志。②

其中苟景墓志，盖石顶面有浮雕神兽异禽及莲花和摩尼珠形象。

尔朱袭墓志，盖石顶面四隅各镌一朵莲花图案，每两朵莲花之间有守四方、辟不祥的四神形象，盖石四侧为形若如意的云气纹饰。志石四侧共有十二个人立的神兽形象。

元昭墓志，盖石除四隅有四朵莲花图案外，莲花之间还有神兽和异禽形象，中央主题线雕是二龙争璧，空间填饰云气，整个盖石画面有强烈的飞动气质。

王悦墓志，盖石中央和四隅各镌莲花一朵，中央莲花两侧为二龙交蟠，四隅莲花之间为神兽奔驰。③

---

① ［日］长广敏雄：《六朝时代美术研究》，（东京）美术出版社，1969年。
② 以上具有西方美术元素的北魏墓志，见赵万里：《汉魏南北朝墓志集释》，科学出版社，1956年。
③ 宫大中：《洛都美术史迹》，湖北美术出版社，1991年，第338页。

这种肩头生发火焰的神异美术形象，洛阳近畿的巩县石窟窟龛装饰雕刻中亦有。如该窟第1窟北壁壁基畏兽雕刻、第3窟北壁壁基畏兽雕刻、第4窟南壁壁基畏兽雕刻及中心柱平座北面壁基所见畏兽雕刻，无一不传达着这种具有域外美术情调的审美意致。

如果联系上述乐志史料对畏兽、辟邪角色的认定，则以上列举的诸多文物例证，似不若洛阳近年出土的一例石棺床雕塑更加具有情态造型的审美意趣与解读生活的史料职能。

洛阳出土的这一北朝石刻构件，系一石棺床平座的壶门立面。其周身以分档布白、减底剔地的密体雕刻技巧，塑造了包括各类神异动物形象和诸多装饰纹样的美术题材。在这些美术造型遗存中，构图最富有表演意趣的画面，是壶门左右两端处于对称格局的"畏兽戏辟邪"的一对艺术构图——图中肩后生焰、颈戴项圈、手足环钏、腰束护铠、披帛绕身的畏兽，以马步跳跃的体态，与一膊间生翼的辟邪呈现出对应嬉戏的情节。其画面使我们情不自禁地联想起时至今日仍活跃于神州大地的"舞狮"。

洛阳地区以上石刻资料中的美术图案，从构图风格角度审查，在画面意境和技法运用上，与中国新石器时代以来造型美术的传统格调有明显的差别。

艺术史研究表明，中国造型美术自史前时代迄至秦汉，其构图布局及其视像传达形成的是一种注重画面主题形象的意境传写，而省略装饰题材的氛围配置的创作范式。以我国彩陶文化美术造型中最具情节表现意致的青海大通县上孙家寨马家窑文化遗址出土的舞蹈纹彩陶盆构图为例，画面中虽然有成组的主体人物栩栩如生的动态刻画，但人物形象的周围，却留下了大量空间不作主体背景的装饰烘托。这类以画面题材省略而突出主体绘象的美术创作方法，构成了中国传统美术图画演绎的根本理路。我国两汉以降以画像石、墓葬壁画及绢帛绘画为代表的传统美术作品，无一不是秉承着这样的创作模式。

然而，当佛教文化传入我国以来，原在印度及中亚地区流行已久的佛教石刻造像艺术遂又沿着丝绸之路传播于中原一带。此后，以秣菟罗艺术和犍陀罗艺术为代表的一种西域美术时尚——尤其是其中以密体造型为题材表现程式的装饰技巧，开始移植于内地的美术创作中——这类带有强烈密集装饰意味的美术作品，其造型板块上运用精心布局、合理搭配的分档布白手法，将每一构图单元的空间分布组织得周密无间、和谐有序,从而与西方美术中那些传誉悠久的装饰风格保持着极大的情调一致性。总之,这类具有典型密体造型艺术风格的美术作品,其文化渊源与古代西方美术有着不可分割的内在联系。包括洛阳龙门石窟在内的北魏佛教造像艺术和上述同一时期的世俗石刻艺术,展示给我们的正是这样一种美术情调。这种极具繁缛视觉意致的造型风格,甚至影响到我国盛唐以前的一些美术实践——两京地区出土的为数众多的墓葬、宗教石刻,其装饰刻画中就继承了这种富丽繁缛的风格。

根植于西域祆教信仰、中原石刻艺术品中的畏兽,从美术创作角度来看,体现了北魏社会吸纳域外文化元素的审美需求。这种不同民风习俗的相互熏染,促进了内地文化生活的多元建构。

洛阳北魏故城中20世纪出土有铸铜带翼童子形象两尊,童子皆圆雕,男性,裸体,跣足,双手合十,颈部系一串珠项链,身高不到5厘米。这种带翼人物形象的出现,我国尚有塔克拉玛干沙漠东南缘古米兰佛寺遗址同类遗迹的先例。①

虽然如此,洛阳美术遗迹中的这些创作案例,其中包含的若干文化信息,仍然值得我们对其人文内涵作出具体的分析。

近年以来,随着学术界对祆教文化遗产研究的重视,国内外一批学者对东西方文物遗迹中的祆教美术元素进行了广泛搜索。中外学者们着重对这些石刻作品的美术题材及其突出的文化背景——粟特人的祆教情结作了深入的研究。在这一研究系列中,一批富有影响的学术成果相继问世。

如果人们从中国美术史的整体系列中加以客观考察,上述美术作品的域外风格自然有着无可否认的真实定性。但是,当我们参考这些美术样本的连带信息时,却对这等艺术样品的文化内涵有着更为复杂的甄别性考虑。

以冯邕妻元氏墓志盖雕刻图案为例,其神兽异禽榜题中"拓远""蛉螭""拓仰""攫天""挟石""发走""获天""啮石""挠摄""挈电""懽憘""寿福""迴光""掬远""长舌""乌获""礔电""攫摄"之名,在此前中国古典文

---

① 段鹏琦:《从北魏通西域说到北魏洛阳城——五六世纪丝绸之路浅议》,《洛阳——丝绸之路的起点》,中州古籍出版社,第352—353页;A. Stein, Serindia. Detailed Report of Explorations in Central Asia and Westernmost China, Vol. IV, Oxford: Clarendon Press, 1921, pls. XL-XLV.

献中可以检阅其出处。

迴光——光顾无遗也。《三国志·魏书·陈思王传》:"葵藿之倾叶,太阳虽不为之迴光,然向之者诚也。"《宋书·谢灵运传》:"元诞德以膺纬,肇迴光于阳宅。"

㧖远——谓掎角,相扑格斗貌也。《左传·襄公十四年》注:"角者当其头也,掎者踏其足也。"《西京赋》:"叉簇之所㧖挶。"注:"㧖挶,贯刺之也。"

乌获——古之神力猛士也。《孟子·告子下》:"然则举乌获之任,是亦为乌获而已矣。"《史记·秦本纪》:"武王有力好戏,力士任鄙、乌获、孟说皆至大官。"①《韩非子·观行篇》:"乌获轻千钧而重其身。"

攫撮——鸢枭俯袭之貌也。《后汉书·舆服志》注:"冠插两鹖,鹖鸟之暴疏者也。每所攫撮,应爪摧衄。天子武骑故以冠焉。"

凡此中国传统文献之遣辞,皆说明上述文言固有汉地乡土概念的成分。

此外,美术刻画中出现各种形象诡异的艺术题材,在中国早期生活实际中亦有先例。

《楚辞·天问》王逸序云:屈原"见楚有先王之庙及公卿祠堂,图画天地山川神灵,琦玮僪佹,及古贤圣怪物行事"②。这说明上古时代至少我国江汉地区已有图绘灵异物象的传统。

《山海经·西山经》亦谓:"三危之山,三青鸟居之……其上有兽焉,其状如牛,白身四角,其豪如披蓑。"

今由洛阳北朝文物石刻造型、文字榜题之同出,无疑反映出当年这类美术作品的创作,兼有融会、捏合东西方文化元素的情状。这是洛阳古代社会人文格局的客观现实,它折射的正是当时中外文化交流带有细节意义的真实与客观。

北魏时代中原地区如此光华四溢的域外世相,无疑使人们直接感受到西域文明流播洛阳的历史现实。

除此之外,在一般不易被人们透过视像观察感受域外文明影响内地的信息

---

① 〔汉〕司马迁:《史记》卷5《秦本纪》,中华书局,1959年,第209页。
② 〔汉〕王逸注,〔宋〕洪光祖补注:《楚辞补注》卷3《天问章句·第三·离骚》,中华书局,1983年,第85页。

领域内，学者们的研究也为人们认识古代洛阳与西域之间的文明交流，提供了令人耳目一新的考古学资料与论述。

我国考古工作者通过考察发现，北魏时代的洛阳城市建制，率先突破了三代以降"面朝后市"的都城空间布局。这种呈方形平面的城市轮廓及里坊"配置形制横竖成排，大小基本划一，排列比较整齐，大体成棋盘格式"①的都城规划形态，实际上正是北魏时期随着中西交通的日益拓展，中原王朝效仿包括锡尔开普（Sirkap，公元前2世纪至贵霜时期）古城，锡尔苏克（Sirsukh，公元1世纪末至3世纪初）古城，詹巴斯卡拉（Dzhanbas-kala，公元前4世纪至公元1世纪）古城，木鹿（Merv，公元3世纪左右）古城，托普拉克卡拉（Toprak-kala，公元前1世纪至公元6世纪）古城及塔利—巴尔祖（Тали-барзу，约建于4世纪，毁于阿拉伯人入侵之时）古城等中亚都城建制模式的结果。古代城际之间建筑领域内的这些文明的传播与资源渗透，自然是经由丝绸之路上络绎往来的各国使节及兴胡商贩、弘法僧团的沟通与传摹！②因此，北魏洛阳都城的建制模式，在丝路沿线的文明传播史上，留下了重要的一页。

在回顾以上北魏时期中外人文交流一系列史料的同时，我们还希冀回归到"丝路本真"的历史视域来考察与丝绸有关的一些信息素材——北魏佛教寺院故实透露的与植桑养蚕事业相关联的若干文献。

《洛阳伽蓝记》有谓：

> 景乐寺，太傅清河文献王怿所立也。怿是孝文皇帝之子，宣武皇帝之弟。阊阖南御道（东），西望永宁寺正相当。寺西有司徒府，东有大将军高肇宅，北连义井里。（义）井里北门外有桑树数株，枝条繁茂。③

而洛阳白马寺存活至今的一棵合围5米的北魏古桑，可谓当时寺院经营桑蚕生产的文物孑遗。凡此足见元魏时期洛京桑丝产业的蛛丝马迹。

---

① 宿白：《北魏洛阳城和北邙陵墓》，《文物》1978年第7期。
② 孟凡人：《试论北魏洛阳城的形制与中亚古城形制的关系——兼谈丝路沿线城市的重要性》，杜金鹏、钱国祥主编《汉魏洛阳城遗址研究》，科学出版社，2007年，第211—225页。
③〔魏〕杨衒之撰，范祥雍校注：《洛阳伽蓝记校注》卷1，上海古籍出版社，1978年，第52页。

北朝晚期，西来胡风梵韵对北齐美术画派的影响，当地另有文物遗迹可资参照。20世纪初叶，河南安阳近郊一座北齐墓葬中出土了一组石棺床雕刻。这批石刻文物出土后迅疾流散美国、德国、法国，从而引起国外学界的高度注意。1925年，瑞典学者喜龙仁（O.Sirén）撰文指出了这批石刻的出土地点。①1955年，西方中古史学者斯卡格里亚（Gustina Scaglia）以《北齐阙龛中的中亚人》为文，通过与北齐响堂山石窟的比较研究，将这批棺床石刻判定为北齐文物。②

斯卡格里亚注意到，这批石刻分藏在波士顿艺术博物馆中的两件屏风雕刻中，有希腊化酒器"来通"（rhyton）出现于石刻宴饮场景中。斯氏据此认为，棺床石刻绘画中极具生活情调的艺术情节，表达的正是中亚粟特人的生活画卷！而且，"这件纪念性文物，十之八九是为一位驻在邺都的（粟特）人物制作的，（而）他很可能是一位萨宝"。③

安阳棺床石刻中内容丰富的胡人生活场景，很容易让人们联想到北齐邺下胡风盛行的人间生态自有的广博历史背景。

与之同期的北周，以地近西域而多有胡邦文化的浸染。1983年秋冬，宁夏回族自治区文物部门发掘了北周柱国大将军大都督李贤夫妇墓。④这座葬于天和四年（569）的贵族墓葬，其众多的随葬品中的一件鎏金银壶、一件玻璃碗及一枚青金石戒指，值得人们特别注意。这件银壶的腹部，一周锤鍱出六身满头卷发、高鼻深目的胡人男女形象，其图画内容表现的是希腊神话故事帕里斯的审判、掠夺海伦及其回归的情节。这与马其顿东征以来中亚地区流行希腊文化传统有所关联。⑤加之这件银壶的壶颈、壶座焊接有三圈联珠纹圆珠，因此已使这一餐饮用具透露出浓郁的西域波斯文化的美术风尚。据夏鼐、宿白等鉴

---

① O. Sirén, Chinese Sculpture, Published by Ernest Benn, Ltd. 1925, pp. 5–9, pls. 304–323.
② Custina Scaglia, Gentral Asians on Northern Ch'i Gate Shrine, Artibus Asiae, Institute of Fine Arts, Vol. XXI-1, 1958, pp. 9–28.
③ Custina Scaglia, Gentral Asians on Northern Ch'i Gate Shrine', Artibus Asiae, Institute of Fine Arts, Vol. XII-1, 1958, P.27
④ 宁夏回族自治区博物馆、宁夏固原博物馆：《宁夏固原北周李贤夫妇墓发掘简报》，《文物》1985年第11期。
⑤ 有关李贤墓所出银瓶图案内容的解说，参见［日］B.L.パルツヤク、穴泽和光：《北周李贤夫とその妻银制水瓶について》，《古代文化》第41卷第4号，1989年。

定，这件银壶确为波斯萨珊王朝流入中国的制品。它与此前封和突墓出土的波斯银盘一样，反映了北朝时代波斯与中国社会往来的密切。

同墓出土的这件碧绿色的深腹、圜底的玻璃碗，其外壁堆饰有经过琢磨的圆圈，故而造型风格亦明显带有萨珊玻璃器皿的工艺特征。①

这枚镶有青金石戒面的黄金戒指，仅从其材料来源于阿富汗地区即可看出其与西域人文活动的实际联系。

除了中国内地以往出土的众多粟特人墓志文献及胡貌陶俑外，近年中原地区又有若干粟特人典型遗迹的发现，这为研究中古粟特文明东渐华夏提供了珍贵的历史信息。

2000年，西安市北郊未央区坑底寨村发掘了北周大象元年（579）同州萨保安伽墓。墓志记载，安伽本为姑臧昌松人，"不同流俗，不杂嚣尘，绩宣朝野，见推里闬，遂除同州萨保"。②可见安伽其人正以门望出身及享誉群类引起北周政权的重视。安氏受职于"同州萨保"这一京畿地区的祆教神祝职事，正从一个侧面反映出北朝晚期中原地区粟特部落的社会影响。

2003年夏秋，西安市同一地区又发掘了北周大象二年（580）凉州萨保史君墓。墓中出土了刻有汉—粟特文双语题记和祆教图画的石堂，为研究中原粟特人的社会生活提供了资料。汉文题记有，史君"长子毗沙，次维摩，次富囝多"③的内容，透露了这一粟特家族在眷恋旧邦祆教信仰的同时，已逐渐信奉了佛教。

2004年，安伽墓北侧又发现了北周天和六年（571）甘州刺史康业墓。④西安北郊粟特墓葬如此密集，反映了北朝晚期关中一带粟特部落人文事态的活跃。而中原地区社会生活与西域人文情调的杂糅，必与上述粟特部落之人事交葛、思想向化有所关联。

---

① 有关这类玻璃器皿的文化特征与性质，可参见安家瑶：《中国的早期玻璃器皿》，《考古学报》1984年第4期；宿白：《中国境内发现的中亚与西亚遗物》，《中国大百科全书·考古学卷》，中国大百科全书出版社，1986年，第677—681页。
② 图版见陕西省考古研究所：《西安北周安伽墓》，文物出版社，2003年，第61页。
③ 西安市文物保护考古所：《西安北周凉州萨保史君墓发掘简报》，《文物》2005年第3期；杨军凯：《北周史君墓》，文物出版社，2014年，第47页。
④ 西安市文物保护考古所：《西安北周康业墓发掘简报》，《文物》2008年第6期。

从中国历史的发展阶段来考察，魏晋南北朝时期，中国封建社会国体分散、民族交往激荡。当时的中外社会往来，亦呈活力充斥、流波跌宕之势。相对大一统帝国政治一元化局面高度强化的势态，这一时期的局面为东西方各族人民的往来交流提供了异常宽松的氛围。这无疑促成了丝绸之路沿线各个民族文化交流的畅达。这种包容异域文化相互交流的实践，为后来中原地区的隋唐帝国走向东方封建国家繁荣昌盛之道进行了文化预演。

第五章

隋唐陆路丝绸之路的繁荣

第一节 隋朝对丝绸之路的经营

一、隋朝与突厥的和战

南北朝分立攻伐之际,在中国的北方草原,一支游牧民族——突厥崛起。552—555年间,突厥先后对柔然发动了三次战争,灭柔然,建立突厥汗国,开始对周边政权、部落的征讨,其疆域"东自辽海以西,西至西海万里",并多次入侵北齐、北周。北齐、北周面对突厥的强大威胁选择了妥协,"周人东虑,恐齐好之深;齐氏西虞,惧周交之厚。谓虏意轻重,国遂安危"①。这种情况一直持续到隋朝建立。

隋朝建立后,与突厥的关系基本上成为其对外关系的主要内容,突厥问题能否解决关乎隋朝能否夺得丝绸之路的控制权。隋朝与突厥的关系大致可分为三个阶段:第一阶段为开皇元年至四年(581—584),双方处于战争相持阶段;第二阶段从开皇五年至仁寿四年(585—604),双方关系得到改善,友好处于主导地位,矛盾处于次要地位;第三阶段是大业元年至十一年(605—

---

① 〔唐〕魏徵等:《隋书》卷84《突厥传》,中华书局,1973年,第1866页。

615），隋与东、西突厥的友好关系进一步得到强化，出现友好团结的新局面。①

开皇元年（581）、开皇二年（582），突厥沙钵略可汗借口为北周千金公主复仇，联合前北齐营州刺史高宝宁攻陷临榆关，并欲约诸部大举攻隋。隋朝新立，面对突厥紧逼，隋文帝大惧，急令边地修筑长城，并发兵屯北境，命阴寿镇幽州、虞庆则镇并州，以防备突厥。沙钵略可汗率兵入侵隋朝边地，大败隋军。面对这一危急局面，隋朝统治者积极调整策略，对突厥予以反击。开皇二年（582）四月，隋朝大将军韩僧寿破突厥于鸡头山；六月，上柱国李充破突厥于马邑。开皇三年（583），隋文帝在讨伐突厥诏书中说："朕受天明命，子育万方，愍臣下之劳，除既往之弊。以为厚敛兆庶，多惠豺狼，未尝感恩，资而为贼，违天地之意，非帝王之道。节之以礼，不为虚费，省徭薄赋，国用有余。因入贼之物，加赐将士，息道路之民，务于耕织。清边制胜，成策在心……朕分置军旅，所在邀截，望其深入，一举灭之。"②不仅减少了给突厥的"赐物"，还在政治上打击突厥可汗的声望，同时也减轻了中原王朝的经济负担。更为重要的是，这一举措表明了隋文帝打算彻底解决突厥这一边患问题的决心。隋文帝任命卫王爽为行军元帅，同时又以河间王弘，上柱国豆卢勣、窦荣定，左仆射高颎，右仆射虞庆则并为元帅，分八道出塞反击。卫王爽督总管李充等四将出朔州道，与沙钵略可汗遇于白道。行军总管李充对卫王爽说："周、齐之世，有同战国，中夏力分，其来久矣。突厥每侵边，诸将辄以全军为计，莫能死战。由是突厥胜多败少，所以每轻中国之师。今者沙钵略悉国内之众，屯据要险，必轻我而无备，精兵袭之，可破也。"③经过周密部署，隋军与突厥展开了拉锯战，战斗十分激烈，双方各有胜负。尽管开展了对突厥的一系列反击战争，但并未完全削弱突厥实力，隋朝仍然处于防御地位。

突厥佗钵可汗去世后，其弟沙钵略继立可汗，其子庵逻被立为第二可汗；木杆可汗之子大逻便立为阿波可汗，沙钵略从父玷厥立为达头可汗。隋奉车都尉长孙晟深知突厥内部势力林立，便建议实施远交近攻之策离间突厥："臣闻丧乱之极，必致升平，是故上天启其机，圣人成其务。伏惟皇帝陛下当百王之

---

① 赵云旗：《论隋与突厥关系的发展进程》，《中央民族学院学报》1992年第3期。
② 〔唐〕魏徵等：《隋书》卷84《突厥传》，中华书局，1973年，第1866页。
③ 〔唐〕魏徵等：《隋书》卷54《李彻传》，中华书局，1973年，第1368页。

末，膺千载之期，诸夏虽安，戎场尚梗。兴师致讨，未是其时，弃于度外，又复侵扰。故宜密运筹策，渐以攘之，计失则百姓不宁，计得则万代之福。吉凶所系，伏愿详思。臣于周末，忝充外使，匈奴倚伏，实所具知。玷厥之于摄图，兵强而位下，外名相属，内隙已彰，鼓动其情，必将自战。又处罗侯者，摄图之弟，好多而势弱，曲取于众心，国人爱之，因为摄图所忌，其心殊不自安，迹示弥缝，实怀疑惧。又阿波首鼠，介在其间，颇畏摄图，受其牵率，唯强是与，未有定心。今宜远交而近攻，离强而合弱，通使玷厥，说合阿波，则摄图回兵，自防右地。又引处罗，遣连奚、霫，则摄图分众，还备左方。首尾猜嫌，腹心离阻，十数年后，承衅讨之，必可一举而空其国矣。"①于是，隋朝采纳了长孙晟的离间计，在军事上进行反击的同时，实施离间之策，以弱化突厥宗室内部凝聚力，进而达到削弱突厥的目的。

隋朝派遣太仆元晖出伊吾道，游说玷厥，赐狼头纛，而玷厥遣使者来朝时，隋文帝故意引居摄图使上，反间计起到了预期效果。另外，授长孙晟车骑将军之职，出黄龙道，赍币赐奚、霫、契丹等，以其为向导，到达处罗侯所，"深布心腹，诱令内附"，成功地瓦解了突厥诸可汗，并导致突厥内部的相互猜忌与彼此征伐，为隋朝解决突厥问题提供了有力的支持。587年，沙钵略可汗去世，隋朝册封处罗侯为莫何可汗。588年，莫何可汗死于西征途中，而沙钵略之子雍虞闾则在隋朝的支持下成为可汗。突厥以金山为界，形成了东、西对峙的局面，突厥对隋朝边地的威胁暂时解除。589年，隋文帝南征凯旋，实现了大一统。突厥都蓝可汗部再度兴起，积极扩大在西域高昌等地的影响力。②隋文帝采用了离间之计，一方面对都蓝可汗很冷淡，另一方面又答应都蓝可汗之弟染干求婚。达头可汗认为其权威受到了挑战，联合其他部族攻打染干，染干投奔隋朝。在隋朝的支持下染干反击达头可汗。双方的战争一直持续到603年，以漠北染干（启民可汗）的胜利告终。从此，突厥完全分裂为东、西两部分，染干则统治着东突厥。

隋炀帝继位后四处征伐，但关乎西北边地安危的突厥问题并未从根本上解决，直至隋朝灭亡。

---

① 〔唐〕魏徵等：《隋书》卷51《长孙览传附晟传》，中华书局，1973年，第1330—1331页。
② 〔唐〕魏徵等：《隋书》卷83《高昌传》，中华书局，1973年，第1847页。

二、裴矩对河西、西域的经略

在隋朝经略西北的历史中，裴矩是无法绕过去的人物。裴矩，字弘大，河东闻喜人，其祖上因避乱曾经迁居凉州，因此，裴矩对西北有着深刻的认识。裴矩入仕隋朝后，多次参与制定和执行隋朝对突厥、吐谷浑的政治军事斗争，在隋朝对丝绸之路、西北边地的经略中起到了十分重要的作用。

突厥分裂后，隋朝加强了对丝绸之路的控制，往来于东西方的商旅使团逐渐增多，而处于河西走廊中部的张掖则成为丝路贸易重镇。大业三年（607），隋炀帝派遣裴矩掌管张掖商贸事宜，目的是为了"引致西蕃"，开展丝路贸易。

为了保障招商事务的顺利进行，首先必须解决突厥问题，于是裴矩出使突厥，以和亲之名联合突利可汗部。608年，玉门道行军大将薛世雄进驻伊吾，裴矩随行，在原伊吾城的东面修筑新伊吾城。裴矩派人照会西域各国，"天子为蕃人交易悬远，所以城伊吾耳。咸以为然，不复来竞"，裴矩指出隋朝建筑新城的目的是为了便于西域各国商旅使团进行贸易。因此，新伊吾城的修建并未引起西域各国的反对。610年，隋朝便设郡于新伊吾城。裴矩因新伊吾城的顺利修筑，得到隋炀帝四十万钱的奖赏[①]。（图5-1）

图5-1：陕西历史博物馆藏隋代绿玻璃瓶

[①]〔唐〕魏徵等:《隋书》卷67《裴矩传》，中华书局，1973年，第1581页。

同时，隋朝统治者对启民可汗部进行了一系列安抚以配合河西招商活动。大业二年（606），隋炀帝隆重接待了来朝的启民可汗，为使团举行了盛大的百戏表演。大业三年（607）正月，启民可汗来朝，隋炀帝大陈文物以示亲重；四月，隋炀帝北巡至榆林，启民可汗为迎接隋炀帝专门修建御道，召集所部诸国奚、霫、室韦等酋长相迎，并与义成公主前往行宫拜见皇帝，前后献马三千匹。启民可汗上表说："至尊今还如圣人先帝，捉天下四方坐也。还养活臣及突厥百姓，实无少短。臣今忆想圣人及至尊养活事，具奏不可尽，并至尊圣心里在。臣今非是旧日边地突厥可汗，臣即是至尊臣民。至尊怜臣时，乞依大国服饰法用，一同华夏。臣今率部落，敢以上闻伏愿天慈不违所请。"①对双边的友好关系进行了回顾，并希望能够使用中原服饰体制。但隋炀帝并未同意启民可汗的请求，而是表达了对其民族习俗的尊重："先王建国，夷夏殊风，君子教民，不求变俗。断发文身，咸安其性，旃裘卉服，各尚所宜，因而利之，其道弘矣。何必化诸削衽，縻以长缨，岂遂性之至理，非包含之远度。衣服不同，既辨要荒之叙，庶类区别，弥见天地之情。"②并在大帐中宴请了启民可汗与各部落酋长，赐物二十万段。事后，隋炀帝还亲临启民可汗居住地，赐金瓮、衣服被褥等物品。在双方的共同努力下，隋朝与东突厥的关系得到进一步深化。启民可汗卒，隋炀帝废朝三日以示悼念。隋朝对启民可汗的礼遇，事实上起到了阻止东、西突厥再次联盟的作用。

东、西突厥分裂后，以达头可汗为代表的西突厥势力独大，在594—599年间，多次与都蓝可汗发生战争，直到599年都蓝可汗被部将杀死，才占领漠北突厥领地，成为东、西突厥的大可汗，自称为步伽可汗。在与都蓝可汗征战的同时，达头可汗多次率兵入侵隋朝边地，裴矩曾以行军长史的身份率军抗击突厥军队的侵扰。603年（或604），西突厥泥利可汗去世后，其子达漫尊称处罗可汗。处罗可汗统治西突厥时期，属国多有叛乱，内部矛盾重重，危机四伏，最为典型的事件是铁勒诸部脱离突厥自立。此时裴矩得知西突厥的情况后，上奏隋炀帝。隋朝遣派崔君肃前往西突厥，劝说处罗可汗内附。处罗可汗尽管率部内附，但仅为权宜之举，一旦其势力强大立即就不再服从隋朝。610年，隋炀帝西巡期间，命侍御史韦节召处罗，让处罗前往大斗拔谷，而处罗则以"其

---

① 〔唐〕魏徵等：《隋书》卷84《突厥传》，中华书局，1973年，第1874页。
② 〔唐〕魏徵等：《隋书》卷84《突厥传》，中华书局，1973年，第1874页。

国人不从"为借口拒绝前往。隋炀帝十分恼火,但又无可奈何。裴矩见此情此景,上奏:"处罗不朝,恃强大耳。臣请以计弱之。分裂其国,即易制也。"①他借助此时达头可汗之孙射匮遣使求婚的机会,激化射匮与处罗之间的矛盾,建议隋炀帝"愿厚礼其使,拜为大可汗,则突厥势分,两从我矣"②。隋朝扶持射匮之举,导致射匮与处罗的相互征伐,射匮在隋朝的支持下大败处罗。裴矩又派人将处罗的母亲从长安接到玉门关内晋昌城,用来感化处罗。处罗见大势已去,只好归附。西突厥则由射匮统治,一直与隋朝保持着友好关系。

由于裴矩采取了灵活的外交手段与措施,使得隋朝得以解决西突厥问题,并在西突厥扶持了亲隋势力,即使在隋末唐初时,西突厥也未参与反叛中原王朝的活动。裴矩对西突厥问题的解决功不可没,得到隋炀帝的嘉奖,"赐矩以貂裘及西域珍器"。

三、隋朝对西域的经营与管理

609年,隋将宇文述率兵西征吐谷浑。吐谷浑大败,其王伏允逃亡山谷地区。隋朝在吐谷浑故地——西平(今青海乐都)临羌城以西,且末以东,祁连以南,雪山以北,东西四千里,南北两千里,设置了河源、西海、鄯善、且末四郡,"谪天下罪人为戍卒以守之。命刘权镇河源郡积石镇,大开屯田,扞御吐谷浑,以通西域之路"③。无论是鄯善,还是且末,都位于丝绸之路南路的要冲,这就意味着屯田的主要目的除了要防备吐谷浑的反扑,更为重要的是要保障西域丝绸之路交通的畅通。

裴矩曾提出经营西域的方针:"突厥、吐浑分领羌胡之国,为其拥遏,故朝贡不通。今并因商人密送诚款,引领翘首,愿为臣妾。圣情含养,泽及普天,服而抚之,务存安辑。故皇华遣使,弗动兵车,诸蕃既从,浑、厥可灭。混一戎夏,其在兹乎!"④这为隋炀帝经营西域提供了依据。大业四年(608)冬十月,"帝以右翊卫将军河东薛世雄为玉门道行军大将,与突厥启民可汗连兵击伊吾,师出玉门,启民不至。世雄孤军度碛,伊吾初谓隋军不能至,皆不设备;闻世雄军已度碛,大惧,请降。世雄乃于汉故伊吾城东筑城,留银青光

---

① 〔唐〕魏徵等:《隋书》卷84《西突厥传》,中华书局,1973年,第1878页。
② 〔唐〕魏徵等:《隋书》卷84《西突厥传》,中华书局,1973年,第1878页。
③ 〔宋〕司马光:《资治通鉴》卷181隋炀帝大业五年四月辛丑条,中华书局,1956年,第5645页。
④ 〔唐〕魏徵等:《隋书》卷67《裴矩传》,中华书局,1973年,第1580页。

禄大夫王威以甲卒千余人戍之而还"。①新伊吾城的修筑标志着隋朝对西域经营管理的开始，王威也成为隋朝在西域屯田第一人。

裴矩经略西北多年，对加强中原与西域之间的交往起到了积极的促进作用。由于隋朝与西域经济往来密切，朝廷需要对西域各国详情有真实深入的了解，裴矩就利用其在河西管理商业事宜的便利，通过往来其间的各国商旅使团，广泛收集西域地区政教经济、民族风俗、山川交通、物产等方面的资料，编撰成《西域图记》。这对隋朝了解西域、经略西域具有十分重大的意义，也为后人留下了大量西域的相关资料。后世史臣评价说："自古开远夷，通绝域，必因宏放之主，皆起好事之臣……是知上之所好，下必有甚者也。炀帝规摹宏侈，掩吞秦、汉，裴矩方进《西域图记》以荡其心，故万乘亲出玉门关，置伊吾、且末，而关右暨于流沙，骚然无聊生矣。"②尽管因为突厥、吐谷浑时常侵扰西北边地，一定程度上阻碍了丝绸之路的畅通，但"商人密送诚款，引领翘首，愿为臣妾"，西域民众迫切希望能够加强与中原的交往与联系。③

《西域图记》原书已佚，但据《隋书·裴矩传》相关记载可以看出当时裴矩编撰此书之目的。《西域图记·序》中称："自汉氏兴基，开拓河右，始称名号者，有三十六国，其后分立，乃五十五王。仍置校尉、都护，以存招抚。然叛服不恒，屡经征战。后汉之世，频废此官。虽大宛以来，略知户数，而诸国山川未有名目。至如姓氏风土，服章物产，全无纂录，世所弗闻。复以春秋递谢，年代久远，兼并诛讨，互有兴亡。或地是故邦，改从今号，或人非旧类，因袭昔名。兼复部民交错，封疆移改，戎狄音殊，事难穷验。于阗之北，葱岭以东，考于前史，三十余国。其后更相屠灭，仅有十存。自余沦没，扫地俱尽，空有丘墟，不可记识。"④这里指出当时中原对西域缺乏客观真实了解的状况，对其山川地势和风土人情都是一知半解。加上西域部族众多，语言又存在差异，使中原对西域的了解更是难上加难。隋朝灭陈后，统治者迫切需要打通西域往来中原的贸易交通线，便于东西商旅使团的往来，"皇上膺天育物，无隔华夷，率土黔黎，莫不慕化。风行所及，日入以来，职贡皆通，无远不

---

① 〔宋〕司马光：《资治通鉴》卷181隋炀帝大业四年冬十月条，中华书局，1956年，第5642页。
② 〔唐〕魏徵等：《隋书》卷83《西域·附国传》，中华书局，1973年，第1859页。
③ 余太山：《隋与西域诸国关系述考》，《文史》第69辑，中华书局，2004年，第49—57页。
④ 〔唐〕魏徵等：《隋书》卷67《裴矩传》，中华书局，1973年，第1578—1579页。

至"①。为了能够详细地记载西域地理情况,裴矩倾注了大量心血,将文献资料与现实地理山川情况相对照,同时派人进行实地调查,根据调查结果绘制成地图,"仍别造地图,穷其要害"。《西域图记》为隋朝经略西域丝绸之路提供了客观真实的依据。

四、隋朝对吐谷浑的征伐与隋炀帝西巡

晋太康四年(283),辽东鲜卑慕容部首领慕容涉归之子慕容吐谷浑率部落民众迁徙到阴山地区,后经河套、陇山向西北发展,至其子吐延时期,吐谷浑部逐渐强盛。至5世纪末6世纪初,吐谷浑控制的疆域东至叠川,西邻于阗,北接高昌,东北通秦岭,方圆千余里。这样,吐谷浑实际上就控制了西域南道。从其所控制区域来看,恰好处于东西方陆路交通的要道,便于利用交通便利之优势展开周边贸易往来。"国无常赋,须则税富室商人以充用焉",对商业征收的赋税已经成为国家财政的重要来源。为了更好地从东西方贸易中获取高额利润,吐谷浑早在南北朝时期就接受了南朝宋、齐、梁的封号称"河南王",与南朝政权的贡使贸易更是往来不断。同时,吐谷浑也同北朝政权保持着密切的贸易关系。西魏废帝三年(554),吐谷浑王夸吕派遣使者通贡北齐,遭到西魏凉州刺史史宁的伏击,而贡使仆射乞伏触状、将军翟潘密也被俘获。这些事件说明吐谷浑在丝路贸易中活动的频繁。

关于隋炀帝对吐谷浑用兵的评价,学界众说纷纭。《隋书·裴矩传》载:"矩盛言胡中多宝物,吐谷浑易可并吞,帝由是甘心。"这将珍玩宝物对隋炀帝的吸引当作其出兵吐谷浑的主要目的,但实际上隋朝征伐吐谷浑有多方面的因素。吐谷浑的崛起对中原王朝的危害日益严重,即使到了隋朝初期,吐谷浑对隋朝边地的侵犯依然不断。开皇初年吐谷浑"以兵侵弘州",迫使隋朝放弃弘州,以坚壁清野来应对吐谷浑的侵扰。隋朝在反击突厥的同时,也改变了对吐谷浑消极防御的策略,进行了一系列的反击。开皇元年(581),派行军元帅元谐率领步兵数万反击侵犯凉州的吐谷浑军队。开皇三年(583),吐谷浑寇临洮,刺史皮之信阵亡,汶州总管梁远率兵抵御,但未能阻挡吐谷浑的勇猛势头,吐谷浑又寇廓州。隋文帝于开皇四年(584)派大将军贺娄子干征发五州的将士征讨吐谷浑,收效甚微,被迫在陇西一带让民众修筑堡垒来防御吐谷浑。

---

① 〔唐〕魏徵等:《隋书》卷67《裴矩传》,中华书局,1973年,第1579页。

由于吐谷浑内部的权力争夺,开皇六年(586),吐谷浑太子崐诃曾一度派人与隋朝联络,密谋降隋。开皇八年(588),吐谷浑裨王拓跋木弥为避祸请求降服,"浑贼昏狂,妻子怀怖,并思归化,自救危亡"。为了避免激怒吐谷浑王夸吕,隋朝并未收纳。隋朝的态度主要基于当时统一全国的战争大局,避免与突厥、吐谷浑、陈朝的多线作战。平定陈后,吐谷浑暂时修复了与隋朝的紧张关系,并"奉表称藩"。但好景不长,隋炀帝继位后,吐谷浑开始断绝贡使往来,时常抄掠边地。隋炀帝开始着手解决吐谷浑问题。大业四年(608),裴矩策动铁勒部进攻吐谷浑,大败吐谷浑。同时,隋朝派安德王雄出浇河,许公宇文述出西平,相互配合,吐谷浑王伏允只好退守南山保存实力。大业五年(609)四月,隋炀帝决定亲征吐谷浑,率百官、后妃等从关中西行,经陇山、临洮,渡黄河,到达西平。大业五年(609)五月上旬,隋炀帝在拔延山进行围猎,"长围周亘二十里",表面是一场围猎活动,实际上是对吐谷浑战前的一场军事演习。五月中旬,进入长宁谷,在金山大宴群臣。隋朝方面的一系列施压措施并未使得吐谷浑有所屈服,这使得隋炀帝下定决心彻底征服吐谷浑。隋军采取了四路合围的战略方针,派内史元寿南屯金山,兵部尚书段文振北驻雪山,太仆卿杨义臣东屯琵琶峡,张寿西屯泥岭。在隋朝四面出兵的打击下,伏允仅率数十骑逃窜。五月底,吐谷浑仙头王率十万众降隋。六月初,隋将梁默、李琼等追击伏允残部。西域伊吾城卫尉刘权从西边出兵攻击吐谷浑,"逐北至青海,虏获千余口,乘胜至伏俟城"。①

第二节　唐朝丝绸之路的繁盛

一、唐朝对西域河陇的开拓与经营

(一)唐朝对西域的争夺与控制

隋末唐初,西北边地除了回纥、吐谷浑势力外,突厥成为诸势力最强大的一支。"隋季世,虚内以攻外,生者罢道路,死者暴原野,天下盗贼共攻而亡之。当此时,四夷侵,中国微,而突厥最强,控弦者号百万,华人之失职不逞皆往从之,甚之谋,导之入边,故颉利可汗自以为强大古无有也。"于是,突

---

① 〔唐〕魏徵等:《隋书》卷63《刘权传》,中华书局,1973年,第1504页。

厥成为丝绸之路上唐朝的劲敌。西突厥再次兴起，不断扩大其在西域地区的势力，"因并铁勒，下波斯、罽宾，控弦数十万，徙廷石国北之千泉，遂霸西域诸国"。①唐朝建立后，东突厥的归附为唐朝统一西域提供了帮助。西域部族在唐朝的威慑下，纷纷来附。630年九月，伊吾"举其属七城来降"，唐朝在其地设置了西伊州；②632年七月，焉耆向唐朝贡献方物，特别是为了从西域诸国与中原贸易中获得更多的利益，"突骑支（焉耆王）请复开碛路，以便往来"③，希望能够重新开辟大碛道以便商路通畅，得到唐朝应允。但大碛道的开辟，极大地损害了高昌的商业利益，特别是对于以商业为主要经济来源的绿洲国家而言，商业路线的变更无疑是一个生死攸关的问题。④高昌于贞观十二年（638）联合西突厥对焉耆进行攻击："十二年，处月、处密与高昌攻陷焉耆五城，掠男女一千五百人，焚其庐舍而去。"⑤640年，唐朝派交河道行军大总管侯君集征讨高昌，并进而打击西突厥乙毗陆可汗势力，同时联合焉耆对高昌进行夹击。⑥在唐朝的打击下，高昌出降，西突厥势力倍受打击，西突厥阿史那贺鲁臣服唐朝。为了确保唐朝在西域的利益并维持控制区域的安定，贞观十四年（640），唐朝先后在高昌设立西州和安西都护府，并在可汗浮图城设置庭州。安西都护府成为唐朝管理西域地区的最高军政机构，使得唐朝在西域的统治得到强化。（图5-2）

焉耆为了自身利益，对唐朝时服时叛，并最终投向了西突厥乙毗射匮可汗。西突厥势力的增强，对于唐朝在西域的统治无疑是一个威胁。贞观十八年（644）九月，唐朝任命安西都护郭孝恪为总管，攻击焉耆，最终对西突厥进行打击。647年，借助西突厥内乱，唐朝攻取焉耆，大破乙毗射匮可汗，设立焉耆都督府，同时扶持龟兹王弟叶护，对西突厥残部进行招降。唐朝通过对西域的军事讨伐，基本上瓦解了西突厥乙毗射匮可汗的势力，控制了西域地区。但

---

① 〔宋〕欧阳修、宋祁：《新唐书》卷215《突厥传》，中华书局，1975年，第6069页。
② 〔宋〕司马光：《资治通鉴》卷193唐太宗贞观四年条，中华书局，1956年，第6081—6082页。
③ 〔宋〕司马光：《资治通鉴》卷194唐太宗贞观六年条，中华书局，1956年，第6096页。
④ 〔日〕松田寿男：《古代天山の歴史地理学的研究》，（东京）：早稻田大学出版部，1970年，第17页。
⑤ 〔后晋〕刘昫等：《旧唐书》卷198《焉耆国传》，中华书局，1975年，第5301—5302页。
⑥ 〔宋〕欧阳修、宋祁：《新唐书》卷221《西域传上》，中华书局，1975年，第6229页。

图 5-2：高昌故城遗址

短短几年间，唐朝扶植的沙钵罗叶护阿史那贺鲁在统一西突厥后，势力日渐增强，开始与唐朝争夺西域控制权，对庭州发起进攻，"咄陆五啜、努失毕五俟斤皆归之，胜兵数十万，与乙毗咄陆可汗连兵，处月、处密及西域诸国多附之。""秋，七月，西突厥沙钵罗可汗寇庭州，攻陷金岭城及蒲类县，杀略数千人。"①西域诸国震动，唐朝控制力急剧下降。因此，唐朝从永徽二年（651）至显庆三年（658）间，先后发动了弓月道、葱山道两次行军，并于657年派苏定方为伊犁道行军大总管，讨伐西突厥沙钵罗可汗。"（苏）定方将唐兵及回纥万余人击之。沙钵罗轻定方兵少，直进围之……先攻步军，三冲不动，定方引骑兵击之，沙钵罗大败……于是胡禄屋等五弩失毕悉众来降，沙钵罗独与处木昆屈啜数百骑西走。时阿史那步真出南道，五咄陆部落闻沙钵罗败，皆诣步真降。"②此次对西域的用兵，取得了决定性的胜利，最终解决了西域诸国时服时叛的问题。

为此，唐朝政府将安西都护府升格为安西大都护府，并将治所移至龟兹，而原治所西州则设置西州都督府。在安西大都护府的管辖区域内，州县制与军镇制（安西四镇）并存，在归附的西域诸部族地方势力区域施行羁縻州府制度。军镇的设置，主要是为了对西域地区进行军事震慑。安西四镇属于唐、吐蕃、西突厥三方力量的交会之地，因此，对安西四镇的控制无疑是唐朝掌控西域南部诸势力、抵御吐蕃势力北进、控制丝绸之路西域段的重要保障。"焉耆、龟兹之设镇，止驻兵以维交通，仍立国王主持政事，臣其人而不有其

---

① 〔宋〕司马光：《资治通鉴》卷199唐高宗永徽二年条，中华书局，1956年，第6274页。
② 〔宋〕司马光：《资治通鉴》卷200唐高宗显庆二年条，中华书局，1956年，第6306页。

地。"①702年，于庭州设置北庭大都护府，天山以北的濛池、昆陵两都护府归北庭管辖。

吐蕃王朝崛起后，不断对外扩展势力。松赞干布在位期间，唐蕃一直保持着友好往来关系。但随着吐蕃势力的北进，与唐朝在西域产生了利益冲突。龙朔二年（662）十二月，吐蕃策动西域的龟兹、疏勒及弓月等西突厥的亲蕃势力叛乱，唐朝派遣苏海政及唐朝册立的西突厥阿史那步真与阿史那弥射进行平叛，但因西突厥内部矛盾重重，导致平叛无功而返。西突厥的阿史那都支率众叛唐附蕃，围攻庭州。为了防御西突厥的反叛势力，龙朔三年（663），唐朝在庭州设立金山都护府。但西突厥两厢十姓以及龟兹、疏勒、弓月等部族的附蕃，沉重打击了唐朝在西域的统治，特别是在西域设置的羁縻州府基本瓦解，动摇了西域原有的统治秩序和政治格局。670年，吐蕃再次进攻西域，唐蕃在西域的争夺进一步恶化。"夏，四月，吐蕃陷西域十八州，又与于阗袭龟兹拨换城，陷之。罢龟兹、于阗、焉耆、疏勒四镇。"②唐朝派薛仁贵出兵青海，但却兵败大非川，唐朝暂无力恢复安西四镇，③安西大都护府也将治所由龟兹迁往西州。④

吐蕃的咄咄紧逼，使唐朝失去对西域的控制权，对唐朝的统治威信而言，无疑是沉重的打击。于是，唐朝自673年至675年，积极出兵西域，打击吐蕃在西域的势力，并取得阶段性胜利。战后，唐朝恢复了安西四镇，并设置了毗沙、龟兹、焉耆、疏勒等四个羁縻都督府。调露元年（679）六月，西突厥阿史那都支和李遮匐、吐蕃联合起来对唐朝发起了进攻。唐朝派遣裴行俭以册立波斯王、安抚大食的名义，借道西突厥境，西进途中秘密招集西州与四镇都督府的诸胡势力，智擒西突厥左厢可汗阿史那都支，招抚了西突厥右厢可汗李遮匐，西突厥两厢十姓部落降唐。裴行俭以平突厥之功被封闻喜县开国公。⑤垂拱元年（685）十一月，唐朝再次采取册立西突厥可汗后裔的措施以招慰、安

---

① 岑仲勉：《隋唐史》，中华书局，1982年，第108页。
② 〔宋〕司马光：《资治通鉴》卷201唐高宗咸亨元年条，中华书局，1956年，第6363页。
③ ［日］森安孝夫：《吐蕃の中央アジア进出》，《金沢大学文学部论集•史学科篇》第4号，1984年，第4页。
④ 国家文物局古文献研究室等：《吐鲁番出土文书》第6册，文物出版社，1985年，第470—479页。
⑤ 戴良佐：《西域碑铭录》，新疆人民出版社，2013年，第86—90页。

抚十姓部落，平定被吐蕃支持的他匐为首的叛乱。垂拱二年（686）九月，册立阿史那步真之子阿史那斛瑟罗袭继往绝可汗兼濛池都护，主管五弩失毕部落。（图5-3）

图5-3：新疆森木赛姆唐代拓厥关遗址

吐蕃与西突厥残余势力一直是唐朝在西域统治的不安定因素，为了割断二者的联合，679年，碎叶取代焉耆成为安西四镇之一。这次调整是唐朝对西域战略的重大调整，位于丝绸之路北道交通枢纽的碎叶地位自然得到提升，是唐朝势力在西域西部的延伸。垂拱二年（686），唐朝为了减轻物力和人力负担，暂罢安西四镇守军，撤回了各镇戍防士兵，各羁縻都督承担了原由军镇承担的防卫工作，而吐蕃乘机进攻西域，攻占焉耆，甚至到达河西地区。但吐蕃后因内乱，暂停西域的军事扩张行动。692年，武威道行军总管王孝杰与武卫大将军阿史那忠节攻击吐蕃，并于十月间大破吐蕃，安西四镇光复。之后，唐朝采纳了王孝杰增兵西域、长期屯戍留守以巩固西域边陲的建议，唐朝在西域的控制重新得到强化。万岁通天二年（696），吐蕃向唐朝议和，并要求罢弃安西四镇戍兵，"钦陵力言，安西四镇即旧日突厥五俟斤辖境，与吐蕃唯界一碛，汉兵易从此侵入，要求唐朝拔去镇守，使各国离立，作为汉、蕃之中间地带，元振婉辞却之"。在与吐蕃谈判的同时，唐要求吐蕃归还吐谷浑诸部和青海故地。圣历二年（699），吐蕃噶尔家族覆灭，吐蕃在西域的争夺步伐减缓，而依附于吐蕃的阿史那俊子、阿史那仆罗、阿史那拔布等西突厥势力完全溃败。7世纪末，复兴的后东突厥汗国逐渐参与到与唐朝争夺西域的行列。由于不断受到后东突厥的攻击，西突厥继往绝可汗、濛池都护阿史那斛瑟罗，于开元元年（713）二月，进攻北庭都护府。为了应对后东突厥的入侵和日益恶化的西域形势，唐朝在四镇经略使的基础上又设立了碛西节度使。此时，突厥突骑施的势力逐渐强盛，成为唐朝在天山北部统治的威胁。唐朝对突骑施的安抚并不能阻止其政治野心的膨胀，突骑施娑葛自立为汗，于708年杀唐使者御史中丞冯嘉宾，进攻唐朝。"于是娑葛发五千骑出安西，五千骑出拨换，五千骑出焉耆，五千骑出疏勒，入寇。"①娑葛攻陷安西，阻断安西四镇的交通道路。709年，突骑施与鼠尼施部联合进攻唐朝，安西与焉耆被攻破，唐将张君义等立即对安西与焉耆进行援救。为了防止大食东进与东突厥汗国联合，唐朝对突骑施由军事打压改为政治扶持，同时将北庭都护府升格为大都护府。这样就形成了安西、北庭两大都护府分治天山南北，共同维护唐朝在西域政治统治的格局。（图5-4）

图5-4：新疆北庭都护府故城遗址

　　唐朝与突骑施双方的联盟关系纯粹属于政治、经济利益等各种因素妥协下的产物，双方在抵御大食东进的过程中势必发生利益分配不均的情况。因此，突骑施时而侵犯安西四镇，时而遣使朝贡，叛服不定。特别是727年，突骑施苏禄与吐蕃联合进攻安西大都护府，唐朝以安西主将皆加授四镇节度使、北庭主将皆加授伊西节度使的方式来强化西域的军事协同作战能力，以抵御突骑施

---

① 〔宋〕司马光：《资治通鉴》卷209唐中宗景龙二年条，中华书局，1956年，第6627—6628页。

与吐蕃的军事进攻。同时，唐朝缓和与大食的对立关系，并利用各政治势力之间的矛盾与利害关系分化吐蕃与突骑施苏禄的联盟，最终大破其联盟，击败突骑施苏禄。738年九月，曾经隶属突骑施汗国的西域诸部大都直接归附唐朝，"九月，戊午，处木昆、鼠尼施、弓月等诸部先隶突骑施者，皆帅众内附，仍请徙居安西管内"①。唐朝册立西突厥汗裔阿史那昕为十姓可汗统领西突厥诸部，以保证对西域天山北部的控制。

天宝之初，大食在西域的影响力衰弱，唐朝开始集中力量反攻大食。"若开得大勃律已东直至于阗、焉耆、甘、凉、瓜、肃已来，吐蕃更不敢停。"②驱逐了吐蕃在大勃律的势力，北庭节度使王正见也夺取了碎叶、石国等重镇和城邦，但在唐与大食的怛逻斯之战中，葛逻禄、东拔汗那临阵倒戈于大食，导致唐朝争夺河中地区的愿望彻底破灭。"大食既并波斯，突骑施又亡，其地东尽葱岭，西南际海，方万余里。"③

安史之乱与藩镇割据，极大地削弱了唐朝的国力，吐蕃亦开始了对西域地区的重新争夺。唐朝在与突厥争夺西域诸势力控制权的过程中，并未对吐蕃向西域的渗透有足够的重视。8世纪中叶，庭州陷蕃，对唐朝来说是一个警示。尽管唐很快收复了庭州，但唐蕃在西域的争夺战也再次掀起。对于回纥而言，希望能够从唐朝借兵平叛中获取最大利益。唐代宗继位后，政权内部矛盾重重。各方藩镇拥兵自重，在其地域内征收赋税增强自己的实力，宛如国中之国；而代宗佞佛，也极大地消耗了人力和财力。从外部环境来说，吐蕃对西北边地步步紧逼。唐朝在平定安史之乱的过程中，边防力量大大削弱，特别是朔方军受损最为严重。"中年以仆固之役，又经耗散，人亡三分之二，比于天宝中有十分之一。今吐蕃充斥，势强十倍，兼河、陇之地，杂羌、浑之众，每岁来窥近郊"④，吐蕃已经完全占领了河陇之地。因史朝义有与回纥联合的可能，唐朝不得不与回纥联合。此时回纥俨然已经成为漠北最强的一支政治势力，与北进的吐蕃之间的冲突不可避免。永泰元年（765），仆固怀恩曾引诱吐蕃、回纥进攻唐境。仆固怀恩死后，吐蕃与回纥之间的矛盾爆发，也为唐朝、回纥的联合提供了契机。回纥首领罗达干拜见唐将郭子仪，提出希望能够追杀

---

① 〔宋〕司马光：《资治通鉴》卷214唐玄宗开元二十七年条，中华书局，1956年，第6839页。
② 〔宋〕王钦若等：《册府元龟》卷999《外臣部·请求》，中华书局，1960年，第11724页。
③ 〔宋〕司马光：《资治通鉴》卷233唐德宗贞元二年条，中华书局，1956年，第7505页。
④ 〔后晋〕刘昫等：《旧唐书》卷120《郭子仪传》，中华书局，1975年，第3464页。

吐蕃军,以报国恩。随后,回纥军与唐朝方兵马使白元光,"共破吐蕃等十余万众,斩首五万余级,生擒一万余人,驼马牛羊凡百里相继,不可胜纪,收得蕃落五千余人"①,揭开了唐朝、回纥联合抗蕃的序幕。贞元四年(788),咸安公主嫁入回纥后,为了显示双方关系的密切,更重要的是,迫于吐蕃在西域地区的强大态势,回纥"屡请佐天子共灭吐蕃",维护回纥在西域地区的既得利益。同年冬,吐蕃联合原属回纥的葛逻禄、白服突厥及黠戛斯大举进攻北庭,唐将杨袭古求援于回纥,回纥大相颉干迦斯率军前来援救,吐蕃大败回纥。此时,恰逢回纥内乱,忠贞可汗被杀,其子被立为可汗。由于葛逻禄攻取回纥的浮图川,回纥被迫迁西北部羊马至牙帐的南部以躲避其锋芒。唐朝竭力联合回纥以抗吐蕃,吐蕃围困龟兹,唐朝出兵助回纥。"吐蕃大军围攻龟兹,天可汗领兵救援。吐蕃□□,奔入于术。四面合围,一时扑灭……遂筑京观,败没余烬。"②

(二)唐朝、吐蕃对吐谷浑故地的争夺

吐谷浑故地是西域连接唐朝的重要交通地带,可以说是扼丝绸之路南道的咽喉,是沟通东西方贸易往来的枢纽,也是唐朝西进和抵御来自西域反叛势力东推的重要缓冲区。因此,唐朝对于吐谷浑的控制,使得吐谷浑故地成为遏制吐蕃扩张的天然屏障,更在对抗吐蕃东进、稳定唐朝西北边防、掌控西域等地区上具有重要的战略意义。对于吐蕃而言,占领吐谷浑不仅可以以吐谷浑为根据地东进河陇、西达西域,更主要的是可以控制河西走廊重要通道,并取代唐朝成为河西走廊贸易通道的实际控制者。为此,双方为争夺吐谷浑故地的控制权而展开激烈的争夺战。

龙朔三年(663),吐蕃对吐谷浑的占领,使得唐朝忧虑重重。乾封元年(666)五月,唐朝册封河源郡王诺曷钵为青海王,表明了唐朝对吐蕃占领吐谷浑的不满与希望支持吐谷浑复国的态度。唐高宗与大臣们商讨是否征讨吐蕃的问题时,众说纷纭。右宰相阎立本认为:"自去岁以来,微少甘泽,粟价腾踊,倍于常年,闾阎之间,大有饥乏。今又远兴师旅,将转益忧劳。如臣愚见,以为未可。"大将契苾何力认为:"吐蕃在西,经途稍远,又与诸羌连接,

① 〔后晋〕刘昫等:《旧唐书》卷195上《回纥传》,中华书局,1975年,第5206页。
② 程溯洛:《释汉文〈九姓回鹘毗伽可汗碑〉中有关回鹘和唐朝的关系》,《中央民族学院学报》1978年第2期;林梅村、陈凌、王海诚:《九姓回鹘可汗碑研究》,余太山主编《欧亚学刊》第1辑,中华书局,1999年,第160—161页。

臣恐大军才到，便即西走。且山路险阻，远逐甚难，军粮虽继，未易深入。虑其开春以后，必来侵逼。吐浑如其更来，臣请不须救援。蛮夷无识，便谓国力已废，遂自骄矜，无所惧惮。然后命将出师，一举可灭之矣。"左宰相姜恪对前者进行了反驳："何力言非也。吐谷浑归附日久，吐蕃乘胜逼之，必不能御。倘若不救，坐见灭亡。此则边境忧虞，无所控告。既亏圣德，又沮国威。臣之愚虑，谓宜拯恤。且使小蕃得存，然后更图大举。"[1] 大臣们分为两种截然不同的观点，也对唐高宗的决策产生了影响，使他无法下定决心进攻吐蕃援助吐谷浑。而吐蕃则借唐朝按兵不动的时机，进一步强化了对吐谷浑的统治，多次从吐谷浑地征收赋税，充盈国库。[2]吐蕃在准备充分的情况下，主动出击，于670年初攻破唐朝西域羁縻十八州，占领安西四镇，唐朝朝廷上下震惊。唐高宗下诏令"右威卫大将军薛仁贵为逻娑道行军大总管，左卫员外大将军阿史那道真、右卫将军郭待封为副，率众十余万以讨之"[3]。但因将领内部矛盾，唐将郭待封并未按照军事整体部署进行作战，导致唐军在与吐蕃军的大非川激战中败北。此战直接影响到后来唐朝与吐蕃之间的战局。唐朝被迫放弃安西四镇建制，将安西都护府迁至西州，吐谷浑亦正式并入吐蕃，唐朝从此转入战略防御状态。672年，吐蕃遣使至唐，试探唐对吐蕃占领吐谷浑的态度。随后，又遣吐浑弥使唐，请求与吐谷浑修好关系，遭到唐朝拒绝。在无法得到唐朝认可的情况下，吐蕃对唐朝进行了军事逼迫，陈兵陇右，唐朝对此无可奈何。面对吐蕃的逼迫，唐高宗令大将刘仁轨镇洮河军，于仪凤二年（677）十二月下诏发兵征讨吐蕃。次年九月，洮河道行军大总管兼安抚大使李敬玄率兵十八万与吐蕃论钦陵战于青海。青海之战，唐朝再次兵败。唐朝派娄师德出使吐蕃，唐蕃双方基本上达成和解，唐朝承认吐蕃占领吐谷浑的事实，吐蕃暂缓对西北地区的军事进攻。（图5-5）

---

[1]〔宋〕王钦若等：《册府元龟》卷991《外臣部·备御第四》，中华书局，1960年，第11642页。
[2] 王尧、陈践：《敦煌本吐蕃历史文书》（增订本），民族出版社，1992年，第146—155页。
[3]〔后晋〕刘昫等：《旧唐书》卷196上《吐蕃传上》，中华书局，1975年，第5223页。

图 5-5：青海都兰吐蕃墓出土尚结思木简

调露二年（680）七月，吐蕃大将赞婆与原吐谷浑叛臣素和贵率兵三万众进攻河源，屯兵良非川。河西镇抚大使李敬玄率军阻击，与吐蕃军激战于湟川，唐军大败。河源军副使黑齿常之偷袭吐蕃军，赞婆等落荒而逃。黑齿常之也因此被提升为河源军经略大使，并开始经营河源地区，使之成为抵御吐蕃进攻的重要基地。武后则天临朝主政，开始对吐蕃采取主动进攻的策略，于692年任命王孝杰为武威将军行军总管，出征西域，进攻吐蕃，恢复曾被吐蕃一度占领的龟兹、于阗、疏勒、碎叶四镇，并置安西都护府于龟兹，镇守西域。①安西四镇的恢复，对唐朝上下无疑是一种极大的鼓舞。此后，唐蕃直接争夺西域的战争持续不断，各有胜负。万岁通天元年（696）三月，王孝杰为肃边道行军大总管，御史大夫娄师德为副总管，出兵青海，征讨吐蕃，与吐蕃在罗汗山展开激战，遭到惨败。不到三十年，唐蕃之间发生了三次大规模的战争，最终以唐朝的失败而告终。吐谷浑故地最终成为吐蕃的属部，吐蕃也控制了丝绸之路上的吐谷浑道。吐蕃此后以此为基础继续进攻河西、陇右及西域地区，成为唐朝西境最大的劲敌。②万岁通天元年（696）九月，吐蕃遣使至唐，提出"罢安西四镇戍兵，并求分十姓突厥之地"的要求，以解决唐蕃在西域及吐谷浑故地对峙的局面。唐朝朝野在讨论吐蕃要求的过程中，郭元振对当时吐蕃内部形势进行了客观分析，提出以归还吐谷浑故地作为唐蕃双方的交换条件，并拖延谈判时间达到吐蕃内耗的目的。"郭元振这一献策的高明之处不仅在于既具有原则的坚定性，又具有策略的灵活性，而且在于洞察蕃中君臣矛盾，以旷日持久的议和谈判进一步催化之矛盾，以动摇噶尔家族的统治地位，显示出非

---

① 〔后晋〕刘昫等：《旧唐书》卷93《王孝杰传》，中华书局，1975年，第2977页。
② 陈楠：《藏史丛考》，民族出版社，1998年，第108页。

凡的外交才能。"① 郭元振成功地预测了噶尔家族与赞普之间的矛盾，赞普都松莽布支亲政后，诛杀噶尔家族。噶尔家族的覆灭，并不意味着吐蕃对吐谷浑故地乃至西域地区争夺态势的削弱。在对吐谷浑地区派遣官吏、征收赋税等日常政务的同时，赞普还亲自巡视吐谷浑地区。敦煌古藏文文献记载："开元十五年（727），赞普以政务巡临吐谷浑……冬，赞普牙帐驻于'交工纳'，任命外甥吐谷浑小王、尚·本登葱、韦·达札恭禄三人为大论。吐谷浑诸部之大部均颁与赏赐。"② 由此进一步强化了对吐谷浑的统治。（图5-6）

图5-6：西藏拉萨大昭寺前《唐蕃会盟碑》

开元十五年（727）至开元十六年（728）间，吐蕃多次侵犯唐朝边境，唐玄宗对此非常震怒，期望借助军事力量来解决吐蕃问题，与吐蕃在河陇地区多有交战，连败吐蕃。吐蕃遣使求和，唐玄宗见武力达到了预期目的，对吐蕃的请和之举欣然接受，立即遣皇甫惟明及内侍张元方出使吐蕃，降书赞普与金城公主。吐蕃也派使者名悉腊至长安城，觐见唐朝皇帝。在金城公主的努力下，唐蕃恢复昔日臣属藩附的友好和平关系。唐蕃双方于开元二十年（732）进行会盟，并在赤岭树立界碑，相约互不侵犯。赤岭划界立碑后，唐蕃双方也维持了一段和平友好时期，随着开元二十四年（736）吐蕃出兵攻破唐朝经略西域的要塞小勃律，唐蕃战争再次爆发。次年三月，唐将崔希逸大破吐蕃于青海之

---

① 薛宗正：《安西与北庭——唐代西陲边政研究》，黑龙江教育出版社，1998年，第161—162页。
② 王尧、陈践：《敦煌本吐蕃历史文书》(增订本)，民族出版社，1992年，第152页。

上，南入吐蕃两千余里，斩首两千余级，掠夺了大量羊马。从此，唐蕃在河西陇右地区战争不断。金城公主的去世，使双方失去了友好谈判的一个纽带，战争规模进一步升级。唐朝在西北地区设置了安西、北庭、河西、陇右四个节度使，重点防御吐蕃的进攻。安史之乱爆发后，唐玄宗征调大量河陇及朔方等地的兵力前去平叛，导致西北边防兵力空虚，吐蕃趁机在西域、剑南、河陇三个方向展开了全面进攻，并大举进攻防备空虚的河陇地区，到762年已基本上控制了河陇地区，彻底切断了唐朝与西域的交通。(图5-7)

图5-7：敦煌文献P.T.1217《龙年孟春诸大尚论将军衙署收到由宗喀紫帐发来的文告》

二、戍边与屯田

唐朝建立后，尽管中原地区趋于安定，但突厥不断侵扰边地。629年，唐太宗派大将李靖为行军总管，率十万大军进攻突厥，并大破东突厥，俘获颉利可汗。唐朝声威大震，各民族首领于次年尊称唐太宗李世民为天可汗。"贞观中，李靖破吐谷浑，侯君集平高昌，阿史那社尔开西域，置四镇。前王之所未伏，尽为臣妾，秦、汉之封域，得议其土境耶！于是岁调山东丁男为戍卒，缯帛为军资，有屯田以资糇粮，牧使以娩羊马。"①630年，伊吾城主率部归唐，唐朝在伊吾置西伊州。侯君集破高昌后，于贞观十四年（640）八月在高昌设置西州，九月置安西大都护府，主管西域相关事务。贞观二十二年（648），郭孝恪破龟兹，将安西都护府迁至龟兹，下辖安西四镇——龟兹、于阗、碎叶、疏勒。唐高宗初年，唐朝政府在西突厥故地的天山北路置北庭都护府，南路置四镇都督府。这就基本完成了经略西域的战略部署。为了强化与西域于阗的关系，对于阗地区实行羁縻府州的政策，强化了唐朝中央政府在这一地区的统治地位。

唐朝在天山南北统治的确立，需要以安西四镇为基点维护唐朝在西域的统治，并以此防备突厥势力的反扑。贞观十四年（640）唐朝设置西州后，"岁调千兵，谪罪人以戍"②。如果按照每人给十亩的规定，那么这千名士兵屯田规模就达万亩。贞观十六年（642）正月，"募戍西州者，前犯流死亡匿，听自首以应募。辛未，徙天下死罪囚实西州"③。西州成为当时流放犯人的主要地方，所流放的犯人也成为开发西州的重要力量。《唐六典》记载，"安西二十屯""焉耆七屯"，每屯为五千亩，那么安西屯田高达十万亩，安西四镇之一的焉耆屯田三万五千亩。（图5-8）

图5-8：新疆博物馆藏唐代蒲类州之印

① 〔后晋〕刘昫等：《旧唐书》卷196上《吐蕃传上》，中华书局，1975年，第5236页。
② 〔宋〕欧阳修、宋祁：《新唐书》卷221上《西域传上》，中华书局，1975年，第6222页。
③ 〔宋〕欧阳修、宋祁：《新唐书》卷2《太宗纪》，中华书局，1975年，第41页。

为了安定西域，保障丝绸之路的通畅，唐朝以伊州为中心经略西域，具有军事防御色彩的屯田就成为非战时的主要工作。"唐自武德以来，开拓边境，地连西域，皆置都督、府、州、县。开元中，置朔方、陇右、河西、安西、北庭诸节度使以统之，岁发山东丁壮为戍卒，缯帛为军资，开屯田、供糗粮，设监牧、畜马牛，军城戍逻，万里相望。"①边地屯田成为解决边军粮食不足问题的良方之一，《唐六典》卷7"工部屯田郎中"条记载："凡军州边防镇守，转运不给，则设屯田，以益军储。"原河源军副使黑齿常之因大败吐蕃大将赞婆立下赫赫军功，而被擢升为河源军经略大使。之后，黑齿常之开始对河源进行经营。他认为河源地区为唐蕃力争之要冲，但由于河源远离中原，需要加强运输，以保障后勤供应。因此，他向高宗建言："宜增兵镇守，而运饷须广。""（黑齿常之）乃斥地置烽七十所，垦田五千顷，岁收粟斛百余万。"②这里所提到的"垦田"就是边地所盛行的"营田"。由于军粮得到保障，唐朝的河源防线更为坚固，成为抗御吐蕃的中坚力量。681年，不甘失败的赞婆加强了驻青海的军事力量，也在青海进行屯田。黑齿常之"驰掩其屯，破之，悉烧粮仓，获羊、马、甲首不赀"③。有了黑齿常之在青海地区的经营，唐朝对青海边地的控制逐渐稳固，吐蕃渐渐放弃了在青海地区的进攻态势，唐蕃双方转入相持状态。

唐玄宗时期，边地屯田日趋制度化，④西州都督府对辖区屯田据实上报给主管屯田事务的伊西支度营田使处。阿斯塔那226号墓所出《唐开元十年（722）伊吾军上支度营田使留后司牒为烽铺营田不济事》⑤中，对唐朝政府在伊州施行屯田管理的情况记载较详细，涉及的镇戍地点有赤亭镇、柳谷镇、白水镇、维磨戍、酸枣戍、银山戍等。"唐制：凡天下边军，皆有支度使，以计军资粮仗之用。节度不兼支度者，支度自为一司；其兼支度者，则节度使自支度。凡边防镇守转运不给，则开置屯田以益军储，于是有营田使。"⑥

---

① 〔宋〕司马光：《资治通鉴》卷223唐代宗广德元年七月条，中华书局，1956年，第7146页。
② 〔宋〕欧阳修、宋祁：《新唐书》卷110《黑齿常之传》，中华书局，1975年，第4121—4122页。
③ 〔宋〕欧阳修、宋祁：《新唐书》卷110《黑齿常之传》，中华书局，1975年，第4122页。
④ 吴大旬：《从出土文书看唐代伊州的屯田管理》，《新疆师范大学学报》2005年第4期。
⑤ 国家文物局古文献研究室等：《吐鲁番出土文书》第8册，文物出版社，1987年，第194—195页。
⑥ 〔宋〕司马光：《资治通鉴》卷210唐睿宗景云元年十二月条注，中华书局，1956年，第6660—6661页。

营田使作为政府管理边地州府军屯事务的最高官员,令节度使根据辖区内的田亩数量自支军粮的做法,无疑为藩镇割据局面的产生提供了必要的经济基础,这也是统治者始料未及的。甚至连具备警戒职责的烽铺都承担了一定的屯田任务,如烽铺副田。从阿斯塔那226号墓所出《唐开元某年伊吾军典王元琮牒为申报当军诸烽铺副田亩数事》①中可见,烽铺人员除了种植粮食作物外,还种植了一些诸如豆类作物,但是要对副田中所种作物种类、数量据实上报。(图5-9)

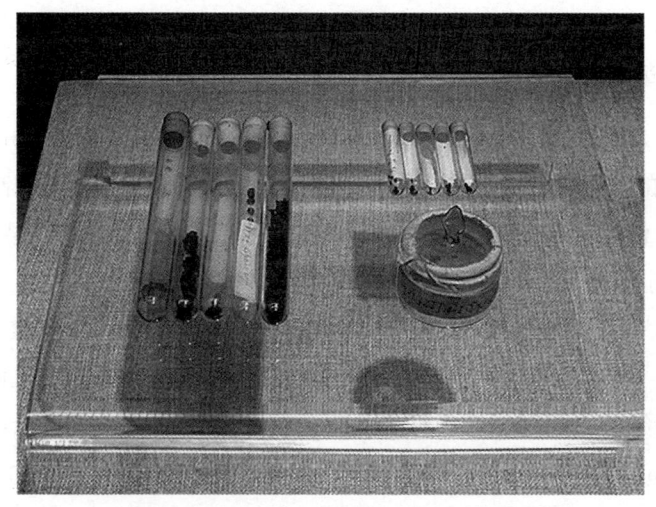

图5-9: 河南洛阳博物馆藏唐代含嘉仓粮食标本

安史之乱后,唐朝元气大伤,政府对屯田事务更为重视。"元和中,振武军饥,宰相李绛请开营田,可省度支漕运及绝和籴欺隐。宪宗称善,乃以韩重华为振武、京西营田、和籴、水运使,起代北,垦田三百顷,出赃罪吏九百余人,给以耒耜、耕牛,假种粮,使偿所负粟,二岁大熟。因募人为十五屯,每屯百三十人,人耕百亩,就高为堡,东起振武,西逾云州,极于中受降城,凡六百余里,列栅二十,垦田三千八百余顷,岁收粟二十万石,省度支钱二千余万缗。"②除了将罪人派到边地进行屯垦,另外还招募人员屯田,节省了国库开支,"省度支钱二千余万缗"。《唐六典》卷5《尚书兵部》载:"旧健儿在军,皆有年限,更来往,颇为劳弊。开元二十五年敕以为天下无虞,宜与人休息。

---

① 国家文物局古文献研究室等:《吐鲁番出土文书》第8册,文物出版社,1987年,第202—203页。
② 〔宋〕欧阳修、宋祁:《新唐书》卷52《食货志三》,中华书局,1974年,第1373页。

自今以后，诸军镇量闲剧利害，置兵防健儿，于诸色征行人内及客户中募取丁壮情愿充健儿长住边军者，每年加常例给赐，兼给永年优复。其家口情愿同去者，听至军州，各给田地屋宅。"在官方的鼓励下，一部分跟随充军犯人的家属自然成为边屯招募的对象。

自西汉之始起，中原王朝就延续了对边地包括丝绸之路重要经过区域——西域的屯戍政策。屯田不仅有效地保障了军粮供应，同时也为西域地区实行有效的军事、政治管理和保护丝绸之路的通畅提供了可靠的保证，强化了中央集权。

三、唐朝对丝绸之路的商业贸易管理

经过隋末农民战争，唐朝统治者采取种种措施来推动生产力的解放与发展，均田制的实行，使得一些无主荒地得到开垦，特别是边地屯田高达5000万亩，天宝八载（749）全国屯垦共计收获1913960石粮食。①随着农田的开垦，人口数量也逐渐增加，从武德初年（618）约200万户到天宝元年（742）增加至近900万户，民户数量增加了四五倍。人口的增加必然会给国家带来巨额的赋税收入，"课丁八百二十余万，其庸调租等约出丝绵郡县计三百七十余万丁，庸调输绢约七百四十余万匹，（每丁计两匹）绵则百八十五万余屯，每丁三两，（六两为屯，则两丁合成一屯）租粟则七百四十余万石，（每丁两石）约出布郡县计四百五十余万丁，庸调输布约千三十五万余端。（每丁两端一丈五尺，十丁则二十三端也）其租：约百九十余万丁江南郡县，折纳布约五百七十余万端。大约八等以下户计之，八等折租，每丁三端一丈，九等则二端二丈，今通以三端为率。二百六十余万丁江北郡县，纳粟约五百二十余万石。大凡都计租税庸调，每岁钱粟绢绵布约得五千二百三十余万端匹屯贯石，诸色资课及句剥所获不在其中。"②（图5-10）

---

① 〔唐〕杜佑撰，王文锦等点校：《通典》卷2《食货二·屯田》，中华书局，1988年，第44页。
② 〔唐〕杜佑撰，王文锦等点校：《通典》卷6《食货六·赋税下》，中华书局，1988年，第110页。

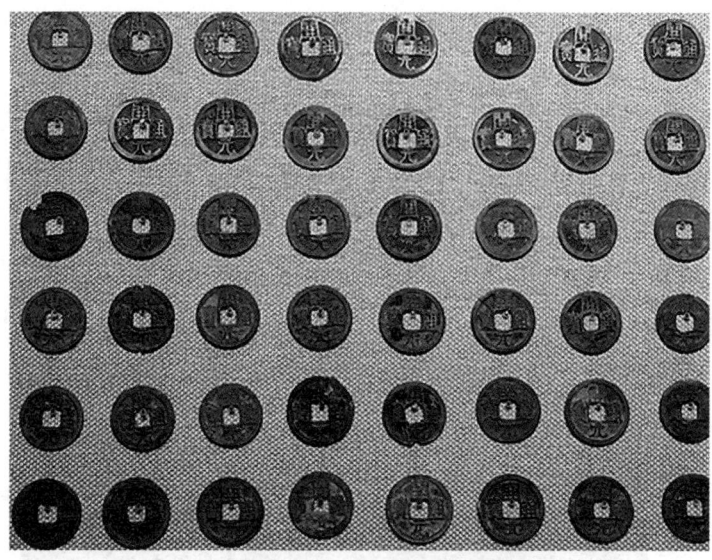

图5-10：甘肃高台县博物馆藏开元通宝

生产力得到恢复后，经济发展迅速，"自贞观以后，太宗励精为理。至八年（634）、九年（635），频至丰稔，米斗四五钱，马牛布野，外户动则数月不闭。至十五（640）年，米每斗值两钱。"①"至（开元）十三年（725）封泰山，米斗至十三文，青、齐谷斗至五文。自后天下无贵物，两京米斗不至二十文，面三十二文，绢一匹二百一十二文。东至宋、汴，西至岐州，夹路列店肆待客，酒馔丰盛。每店皆有驴赁客乘，倏忽数十里，谓之驿驴。南诣荆、襄，北至太原、范阳，西至蜀川、凉府，皆有店肆，以供商旅。远适数千里，不持寸刃。二十年（732），户七百八十六万一千二百三十六，口四千五百四十三万一千二百六十五。"②经济持续发展，商品生产与流通也繁荣起来，仅从《通典》卷6《赋税》所载天宝年间庸调收入中，即可看出当时纺织业的规模，"庸调输绢约七百四十余万匹，绵则百八十五万余屯……布约千三十五万余端"。一些地区的特色产品也被销往其他地区，茶叶经济渗透到民众生活各个层面。安徽祁门作为著名产茶地区，"千里之内，业于茶者七八矣。由是给衣食、供赋役，悉恃此。祁之茗色黄而香，贾客咸议，愈于诸方。每岁二三月，赍银缗

---

① 〔唐〕杜佑撰，王文锦等点校：《通典》卷7《食货七·历代盛衰户口》，中华书局，1988年，第149页。

② 〔唐〕杜佑撰，王文锦等点校：《通典》卷7《食货七·历代盛衰户口》，中华书局，1988年，第152页。

缯素求市，将货他郡者，摩肩接迹而至。"① 作为丝绸之路交通枢纽城市的敦煌，各地物品汇集于此，并转运至西域或者中原，反映出丝绸之路商品贸易的繁盛。敦煌文献P.3579《年代不明将去西州物色目》中记载的物品，包括"大家绢贰拾匹、楼绫叁匹、漆椀一个、阎家绢壹匹、汜师子楼绫两匹、绢两匹、碧绫半匹、漆楪子两个、漆盏子壹个、白绢壹匹、细褐丈五、绿绢壹丈、香壹两、赤罗一个、弓壹张"② 这些物品中，"香壹两"可能来自西域南亚地区，③其中某些纺织品则应该来自中原或者敦煌本地自产。（图5-11）

图5-11：河南洛阳博物馆藏唐代彩绘载丝骆驼

商品交换的日益频繁，推动着经济的飞速发展。

其一，货币量投放加大。开元、天宝年间，朝廷每年铸造钱币额度高达三十万缗钱以上。唐朝货币已经成为丝绸之路上的国际硬通货。伯希和在丝绸之路中部的西域敦煌沿线进行考古挖掘过程中，曾发现了多枚唐朝钱币。④甚至一些货币经济不发达的地区都开始使用铜钱了。"大历以前，淄青、太原、魏博杂铅铁以通时用，岭南杂以金、银、丹砂、象齿。今一用泉货，故钱不

---

① 〔唐〕张途：《祁门县新修阊门溪记》，〔清〕董诰等编《全唐文》卷802，上海古籍出版社，1990年，第3737页。
② 唐耕耦、陆宏基：《敦煌社会经济文献真迹释录》第四辑，全国图书馆文献微缩复印中心，1990年，第18页。
③ 郑炳林：《晚唐五代敦煌寺院香料的科征与消费》，《敦煌学辑刊》2011年第2期。
④ [法]蒂埃里著，郁军译：《关于伯希和在丝绸之路发现的唐代货币》，《中国钱币》1998年第4期。

足。"① 货币的短缺，推动了具有汇兑功能的飞钱的产生。飞钱产生于唐宪宗时，"时商贾至京师，委钱诸道进奏院及诸军、诸使富家，以轻装趋四方，合券乃取之，号'飞钱'"。② 这一现象的出现，反映了当时商品交易量的巨大，经营飞钱的专门机构被称作"柜坊""质库"。宋代的"交子"就受到飞钱的影响，"会子、交子之法，盖有取于唐之飞钱"③。为了规范飞钱管理，三司成为官方飞钱的管理机构。"（建中）七年五月，户部王绍、度支卢坦、盐铁王播等奏：'伏以京都时用多重见钱，官中支计，近日殊少。盖缘比来不许商人便换，因兹家有滞藏，所以物价转高，钱多不出。臣等今商量，伏请许令商人于三司任便换见钱，一切依旧禁约。伏以比来诸司诸使等，或有便商人，钱多留城中，逐时收贮，积藏私室，无复通流。伏请自今已后，严加禁约。'"④ 官方汇兑，需要缴纳百分之十的手续费，因此，商贩对此多有抵触。

其二，坊市出现了严格划分。都城长安作为丝绸之路上经济、文化、政治交流中心，为保障商品交换、市场运营良性发展，对长安城实行了坊市分离的措施，并设置有相应的管理机构和行业机构。清人徐松《唐两京城坊考》中载："东市，南北居二坊之地，当中东市局，次东平准局、铁行、资圣寺、西北街。东北隅有放生池。西市，南北尽两坊之地，市内有西市局、市署、平准局、衣肆、鞍辔行、秤行、窦家店、张家楼、侯景先宅、放生池、独柳。"⑤ 两京地区专门设两京诸市署管理各民族交易事宜，"掌财货交易、度量器物，辨其真伪轻重。市肆皆建标筑土为候，禁榷固及参市自殖者"⑥。

其三，设置关防，勘验过所公验。《唐六典》卷30《三府督护州县官吏》载："关令，掌禁末游，伺奸匿。凡行人车马出入往来，必据过所以勘之。丞，掌付事勾稽，监印，省署抄目，通判关事。"如果冒名申请过所公验度关者，则处以一年的徒刑。往来于丝绸之路上的商贩，必须持有朝廷统一颁发的通行证明——过所（或公验），⑦ 以保障商人与货物的安全。吐鲁番文书《唐

---

① 〔宋〕欧阳修、宋祁：《新唐书》卷52《食货志二》，中华书局，1974年，第1360页。
② 〔宋〕欧阳修、宋祁：《新唐书》卷54《食货志四》，中华书局，1974年，第1388—1389页。
③ 〔元〕脱脱等：《宋史》卷181《食货志下三》，中华书局，1977年，第4403页。
④ 〔后晋〕刘昫等：《旧唐书》卷48上《食货志上》，中华书局，1975年，第2103页。
⑤ 〔清〕徐松撰，张穆校补，方严点校：《唐两京城坊考》，中华书局，1985年。
⑥ 〔宋〕欧阳修、宋祁：《新唐书》卷48《百官志二》，中华书局，1974年，第1264页。
⑦ 李叶宏：《唐朝丝绸之路贸易管理法律制度探析——以过所为例》，《武汉理工大学学报》2009年第5期。

贞观廿二年庭州人米巡职辞为请给公验事》中记载，庭州籍粟特人米巡职为了前往西州做生意，向官府申请公验，以便能顺利通过各关卡。申请报告上记载了本人姓名与年龄、所带奴婢姓名与年龄、携带物品等情况。庭州官员根据其报告对其批复："巡职庭州根民，任往西州市易，所在烽燧勘放。"① 除了具有合法的过所公验外，还要有购买商品的市券，特别是对奴婢进行买卖的行为，需要附有保人证明文书。

唐朝时期，万国来朝，朝贡贸易是唐朝与其他政权或地方势力进行经济交流的重要途径。朝贡贸易的具体事务由鸿胪寺掌管，并对朝贡物品采取不同的处理措施。"海外诸蕃朝贺进贡使有下从，留其半于境；繇海路朝者，广州择首领一人、左右二人入朝；所献之物，先上其数于鸿胪。凡客还，鸿胪籍衣赍赐物多少以报主客，给过所。蕃客奏事，具至日月及所奏之宜，方别为状，月一奏，为簿，以副藏鸿胪。献马，则殿中、太仆寺莅阅，良者入殿中，驽病入太仆。献药者，鸿胪寺验覆，少府监定价之高下。鹰、鹘、狗、豹无估，则鸿胪定所报轻重。凡献物，皆客执以见，驼马则陈于朝堂，不足进者州县留之。"② 唐朝政府在边地设互市，以方便与藩国进行贸易，为此专门设互市监，隶属少府。开元年间，"吐蕃又请交马于赤岭，互市于甘松岭。宰相裴光庭曰：'甘松中国阻，不如许赤岭。'乃听以赤岭为界，表以大碑，刻约其上"。③ 甘松岭用于吐蕃与唐朝互市。"其后突厥款塞，玄宗厚抚之，岁许朔方军西受降城为互市，以金帛市马，于河东、朔方、陇右牧之。"④ 西受降城成为突厥与唐朝互市地点。安禄山精通六种藩语，曾担任互市郎一职。长庆二年（822），唐与回鹘互市两次，支付马价绢20万匹；太和元年（827），唐与回鹘互市两次，马价绢高达46万匹。唐朝与回鹘互市中的不公平交易，给唐朝带来了沉重的经济负担，特别是安史之乱后，"回纥恃功，岁入马取缯，马皆病弱不可用"⑤。（图5-12）

驿路对丝路贸易的顺畅与繁荣，无疑是一个非常重要的因素。《唐六典》卷5载，唐代全国共设大小驿站1639所，其中水驿260所，陆驿1297所，水陆

---

① 国家文物局古文献研究室等：《吐鲁番出土文书》第7册，文物出版社，1986年，第8—9页。
② 〔宋〕欧阳修、宋祁：《新唐书》卷48《百官志二》，中华书局，1974年，第1257—1258页。
③ 〔宋〕欧阳修、宋祁：《新唐书》卷216上《吐蕃传上》，中华书局，1974年，第6085页。
④ 〔宋〕欧阳修、宋祁：《新唐书》卷50《兵志》，中华书局，1974年，第1338页。
⑤ 〔宋〕欧阳修、宋祁：《新唐书》卷50《兵志》，中华书局，1974年，第1339页。

并用驿站86所。这些驿站的数量足以说明唐朝驿站遍布全国各地的盛况。国家对驿递系统投入资金庞大，按照《唐六典》"户部郎中"条的记载，全国所征收税费的三分之一用于驿递，而三年一大税（150万贯）、每年一小税（40万

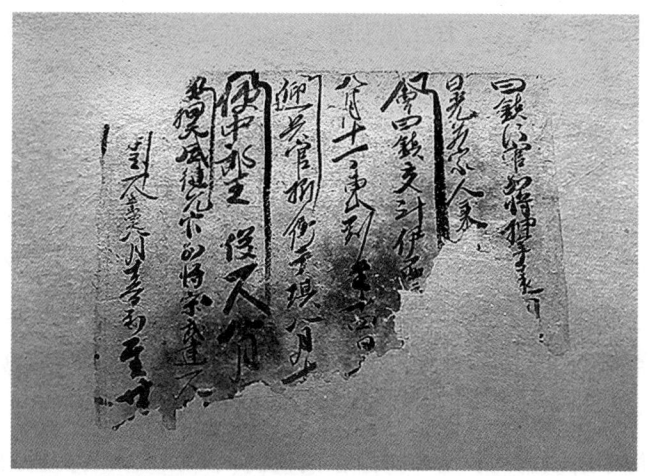

图5-12：新疆吐鲁番博物馆藏《唐天宝十载交河郡客使文卷》

贯）的额度，每年用在驿递上面的费用达70万贯之多。①唐朝贞观年间，漠北部族尊奉唐太宗为天可汗，并开通参天可汗道。"诸酋长奏称：'臣等既为唐民，往来天至尊所，如诣父母，请于回纥以南、突厥以北开一道，谓之参天可汗道，置六十八驿，各有马及酒肉以供过使，岁贡貂皮以充租赋，仍请能属文人，使为表疏。'上皆许之。"②

显庆二年（657），苏定方击败西突厥沙钵略可汗后，唐朝政府立即着手设置邮驿。③唐朝凭借强大的国力建立起比较发达的驿站系统，中原与周边部族的贸易线路初步完善。唐朝宰相贾耽指出："其入四夷之路与关戍走集最要者七：一曰营州入安东道，二曰登州海行入高丽渤海道，三曰夏州塞外通大同云中道，四曰中受降城入回鹘道，五曰安西入西域道，六曰安南通天竺道，七曰广州通海夷道。"④ "于阗西五十里有苇关，又西经勃野，西北渡系馆河，六百二十里至郅支满城，一曰碛南州。又西北经苦井、黄渠，三百二十里至双渠，

---

① 〔唐〕李林甫等著，陈仲夫点校：《唐六典》卷3，中华书局，1992年，第77页。
② 〔宋〕司马光：《资治通鉴》卷198唐太宗贞观二十一年正月条，中华书局，1956年，第6245页。
③ 〔宋〕司马光：《资治通鉴》卷200唐高宗显庆二年十月条，中华书局，1956年，第6307页。
④ 〔宋〕欧阳修、宋祁：《新唐书》卷43下《地理志七下》，中华书局，1974年，第1146页。

故羯饭馆也。又西北经半城，百六十里至演渡州，又北八十里至疏勒镇。自疏勒西南入剑末谷、青山岭、青岭、不忍岭，六百里至葱岭守捉，故羯盘陀国，开元中置守捉，安西极边之戍。有宁弥故城，一曰达德力城，曰汗弥国，曰拘弥城。于阗东三百九十里，有建德力河，东七百里有精绝国。于阗西南三百八十里，有皮山城，北与姑墨接。冻凌山在于阗国西南七百里。又于阗东三百里有坎城镇，东六百里有兰城镇，南六百里有胡弩镇，西二百里有固城镇，西三百九十里有吉良镇。于阗东距且末镇千六百里。自焉耆西五十里过铁门关，又二十里至于术守捉城，又二百里至榆林守捉，又五十里至龙泉守捉，又六十里至东夷僻守捉，又七十里至西夷僻守捉，又六十里至赤岸守捉，又百二十里至安西都护府。又一路自沙州寿昌县西十里至阳关故城，又西至蒲昌海南岸千里。自蒲昌海南岸，西经七屯城，汉伊修城也。又西八十里至石城镇，汉楼兰国也，亦名鄯善，在蒲昌海南三百里，康艳典为镇使以通西域者。"①

通西域途中所设置的驿所，为过往商使提供了极大便利，也为丝绸之路的安全提供了基本保障。唐朝政府在西域地区施行羁縻政策，羁縻府州的设立可以更好地管理西域本地事务。②而作为西域地区最高管理机构的安西与北庭都护府，一部分经费开支就来自丝路商贸的税收，减轻了中央政府对西域羁縻府州的财政支出。"开元七年（719）……诏焉耆、龟兹、疏勒、于阗征西域贾，各食其征。由北道者轮台征之。"③

丝路商业的繁荣，中原王朝对外交往的频繁，使得专门从事翻译职业的译语人必不可少，并早在汉代就已经出现，④《史记》卷123《大宛列传》载，张骞自西域返回汉朝，"骞因分遣副使使大宛、康居、大月氏、大夏、安息、身毒、于寘、扜罙及诸旁国。乌孙发导译送骞还，骞与乌孙遣使数十人，马数十匹报谢，因令窥汉，知其广大"。西州出现了专门从事翻译的译语人（也称译人）。⑤ "译人"一词也较早在传世文献中出现，"译人传辞，皆跪，手据地窃语"⑥。吐鲁番阿斯塔那墓葬出土文书《唐译语人何德力代书突骑施首领多

---

① 〔宋〕欧阳修、宋祁：《新唐书》卷43下《地理志七下》，中华书局，1974年，第1150—1151页。
② 吴玉贵：《唐代西域羁縻府州建置年代及其与唐朝的关系》，《新疆大学学报》1986年第1期。
③ 〔宋〕欧阳修、宋祁：《新唐书》卷221上《焉耆国传》，中华书局，1974年，第6230页。
④ 王子今、乔松林：《"译人"与汉代西域民族关系》，《西域研究》2013年第1期。
⑤ 李方：《唐西州的译语人》，《文物》1994年第2期。
⑥ 〔西晋〕陈寿：《三国志》卷30《魏书·东夷传·扶余》，中华书局，1974年，第841页。

亥达干收领马价抄》①中就出现了"译语人何德力",可见,"译语人"职业在丝绸之路贸易背景下应运而生。长安作为当时国际贸易中心,译语人更是不可缺少。② 如唐朝宰相李德裕曾提道:"右缘石佛庆等皆是回鹘种类,必与本国有情。纥扢斯专使到京后,恐语有不便于回鹘者,不为翻译。兼潜将言语辄报在京回鹘,望赐刘沔、忠顺诏,各择解译蕃语人不是与回鹘亲族者,令乘递赴京,冀得互相参验,免有欺蔽。"③ 这里提到的"石佛庆"就是从事翻译的人员。

第三节 青海道的繁荣

青海省自古以来就是游牧民族生活聚居的地方,这里曾经生活着羌、匈奴、鲜卑、吐蕃、吐谷浑等民族。从地理位置来看,它处于中西方交流的丝绸之路上,是西方通往中原地区的主要门户,④在古史典籍中留下了丰富的记载叙述,众多的考古遗迹也分布在这一区域。著名历史学家唐长孺教授在《南北朝期间西域与南朝的陆道交通》中写道:"汉代以来,由河西走廊出玉门、阳关以入西域,是内地和西北边区间乃至中外间的交通要道。但这并非唯一的通路,根据史籍记载,我们看到从益州到西域有一条几乎与河西走廊并行的道路。这条道路的通行历史悠久,张骞在大夏见来自身毒的邛竹杖与蜀布是人所共知的事,以后虽然不那么显赫,但南北朝时对南朝来说却是通向西域的主要道路,它联结了南朝与西域间的政治、经济和文化,曾经起颇大的作用。"⑤

一、两汉时期的青海道

中国与中亚、南亚、西亚乃至欧洲的交往早已有之,作为丝绸之路重要一环的青海,与中原、西域的联系亦早已存在。成书于战国时期的《穆天子传》记载了周穆王西巡的事迹。周天子西巡途经青海之地,虽然有浓厚的神话色

---

① 国家文物局古文献研究室等:《吐鲁番出土文书》第8册,文物出版社,1987年,第87页。
② 韩香:《唐代长安译语人》,《史学月刊》2003年第1期。
③ 〔唐〕李德裕:《论译语人状》,〔清〕董诰等编《全唐文》卷701,上海古籍出版社,1990年,第3189页。
④ 丁柏峰:《丝绸之路青海道与河湟民族走廊的形成》,《青海师范大学学报(哲学社会科学版)》2015年第3期。
⑤ 唐长孺:《南北朝期间西域与南朝的陆道交通》,《魏晋南北朝史论拾遗》,中华书局,1983年,第168页。

彩，但所记载的沿途地理状况并非凭空想象，是作者亲身经历或者由其他亲身经历的人叙述记载而成。①西汉时期，张骞出使西域，打通了西汉与西域诸民族交往联系的通道，也成为丝绸之路开通的重要标志。但在张骞"凿空"西域前，由祁连山南沿湟水到达青海湖，再经由柴达木盆地到今天新疆若羌的古青海路已经存在。②《汉书·西域传》记载："出阳关，自近者始，曰婼羌。婼羌国王号去胡来王。去阳关千八百里，去长安六千三百里，辟在西南，不当孔道……西与且末接。随畜逐水草，不田作，仰鄯善、且末谷。山有铁，自作兵，兵有弓、矛、服刀、剑、甲。西北至鄯善，乃当道云。"③这里的记载，表明了汉以前，在柴达木盆地生活的诸羌与周边的民族就存在着贸易关系，他们通过青海到达西域地区与西域进行贸易往来。④考古学家裴文中先生认为，湟水两旁地广肥沃，宜于人类居住，况湟河河谷文化发达，"由史前至汉代，皆为人类活动甚盛的地方，所有遗址遗物，到处皆是，与甘肃境内之渭河上游及洮河流域相同"⑤，并推断在汉以前的东西交通路线中，这条路线非常重要，而且是诸线路中的主要道路。而这一区域的文化遗存也证明了该古道路的存在。青海境内马家窑类型时期的遗址墓葬中出土的诸如海贝、绿松石等物品，并非是青海地区所产，应来自其他地区。乐都柳湾半山类型墓葬中出土了大量主要产自于湖北、陕西等地的绿松石，特别需要指出的是，海贝的出土更说明了青海与外界的联系。考古学家黄文弼先生将经由青海湖西部、柴达木盆地北进入噶斯口至婼羌的道路命名为"北魏至隋唐之吐谷浑道"。⑥

据周伟洲先生研究，经由青海柴达木盆地到达西域的青海路大致可以分为三条：一是由伏俟城经白兰（今青海都兰、巴隆一带），向西北至今小柴旦、大柴旦到达敦煌，由敦煌西出阳关至西域鄯善；二是由伏俟城经青海湖南边的白兰，西至今格尔木，再西北经尕斯库勒湖越阿尔金山至西域鄯善；三是由伏

---

① 钱伯泉：《先秦时期的"丝绸之路"——〈穆天子传〉研究》，《新疆社会科学》1982年第3期。
② 崔永红、张得祖、杜常顺主编：《青海通史》，青海人民出版社，2002年，第136页。
③ 《汉书》卷96上《西域传》，中华书局，1962年，第3875页。
④ ［日］松田寿男、长泽和俊著，耿世民、孟凡人译，陈公柔校：《塔里木盆地诸国》，《考古学参考资料》第3—4集，文物出版社，1980年，第168—199页。
⑤ 裴文中：《史前时期之东西交通》，《边政公论》1948年第7卷4期。
⑥ 黄文弼：《罗布淖尔考古记》第三章《楼兰及鄯善在中西交通上之地位》，中国西北科学考察团丛刊，1948年，第44—51页。

俟城经白兰、经格尔木，再往西南至布伦台，西越阿尔金山，沿着今阿牙克库木湖北上至且末。① 裴文中先生认为，"汉以前的东西交通"是以青海道为主要道路的。两汉时，青海河湟地区羌族部落繁多，有烧当羌，乡姐羌，卑湳羌，累姐羌罕种羌，湟中羌，义从胡，先零羌，煎巩，黄羝，开（小开、大开）羌，零吾羌等，② 匈奴势力在汉初时如日中天，成为河西走廊交通路线的实际控制人，在匈奴控制区域的诸羌部族则成为匈奴胁迫的对象。在匈奴的支持下，西羌频繁侵扰汉朝边地，而汉初因国力衰弱，统治者只好采取休养生息之策，对外来侵扰采取防御的政策，甚至以和亲的方式交好于匈奴。经过文景之治，西汉的国力日盛，汉武帝时期，确立了"北却匈奴，西逐诸羌"的对外战略方针。西羌在汉武帝的眼中就是匈奴的重要追随者，《后汉书》卷87《西羌传》载："及舜流四凶，徙之三危，河关之西南羌地是也。滨于赐支，至乎河首，绵地千里。赐支者，《禹贡》所谓析支者也。南接蜀、汉徼外蛮夷，西北（接）鄯善、车师诸国。所居无常，依随水草。地少五谷，以产牧为业。"③ 西羌所生活的地方正是河西地区、河湟流域，是连接西域以及巴蜀、中原地区的重要地带。因此，张骞在第一次出使西域时经陇西郡出发，借道湟水，返回时途经于阗、鄯善，打算从羌中道归汉，但又被匈奴俘获。④ 为了联合大夏国夹击匈奴，张骞建议"今使大夏，从羌中，险，羌人恶之；少北，则为匈奴所得；从蜀宜径，又无寇"⑤。羌中道的威胁来自羌人，也从另一方面说明了羌族势力的强大，一定程度上阻隔了往返于丝绸之路的商路使团。陇西郡相当于今天的甘肃东部。秦时羌中指临洮以西羌人生活区域，汉时羌中则包括祁连山以南、金城以西、婼羌以东之地。⑥ 由是可见，西汉之初，从关中出发，越过陇山、经湟水流域到达柴达木盆地，翻越阿尔金山进入西域地区的婼羌，这条道路是通畅的。另外，西汉西北边地的天水、陇西、北地、上郡借助于西部羌中道的便利交通，展开对外贸易，"然西有羌中之利，北有戎翟之畜，畜牧为

---

① 周伟洲：《吐谷浑史》，宁夏人民出版社，1985年，第135—136页。
② 李健胜、武刚：《早期羌史研究》，人民出版社，2014年，第115—116页。
③〔南朝宋〕范晔：《后汉书》卷87《西羌传》，中华书局，1965年，第2869页。
④〔汉〕司马迁：《史记》卷123《大宛列传》，中华书局，1959年，第3159页。
⑤〔汉〕司马迁：《史记》卷123《大宛列传》，中华书局，1959年，第3166页。
⑥ 魏迎春、郑炳林：《汉婼羌管辖范围与南山羌中道考》，《2010丝绸之路与西北历史文化学术讨论会论文集》，甘肃文化出版社，2013年，第1—11页。

天下饶"①。

元狩二年（前121），霍去病出击河西匈奴（图5-13），"金城、河西西并南山至盐泽，空无匈奴"，并在朔方以西的地方进行屯田，为经营河西地区奠定了良好的基础。与此同时，驱逐诸羌势力，激起西羌十万余众的反抗，导致西羌与匈奴再次联合抗汉。公元前111年，将军李息、郎中令徐自为平定西羌进入湟水流域，行军路线可能就是沿着张骞说的羌中道行进的。西汉政府置张掖、酒泉郡，并在上郡、朔方、西河、河西屯田戍边。赵充国平定西羌后，"初置金城属国以处降羌"。他深知河湟地区乃沟通丝绸之路东西方交通的重要区域，"冰解漕下，缮乡亭，浚沟渠，治湟狭以西道桥七十所，令可至鲜水左右"，②即设置邮驿系统，筑路架桥，在打通旧有交通路线的基础上将道路进一步延伸，使得汉中央的诏令可以达到鲜水，而原有的护羌校尉也得到复置并成为常设之职位。③他还向汉武帝建议经略河湟，提出十二条建议。④赵充国的屯田建议，得到了汉武帝的赞同。汉朝积极对河湟之地进行开发，这对进一步沟通青海道交通起到了积极的作用，促进了河湟流域的经济、文化发展，同时也巩固了汉朝在西北边地的统治。

图5-13：甘肃兰州五泉山公园霍去病戎装像

始元六年（前85），汉朝设置金城郡。作为河西与羌中道的交会点，金城郡的设置无疑大大强化了汉政府对西边诸羌的防范与管辖，这为汉中央政府深入羌中之地奠定了基础。后来，赵充国以金城为基地，逐步向诸羌地推进。同年，先零羌通使匈奴，匈奴派遣使者到达小月氏，"传告诸羌曰：'汉贰师将军众十余万人降匈奴。羌人为汉事苦。张掖、酒泉本我地，地肥美，可共击居

---

① 〔汉〕司马迁：《史记》卷129《货殖列传》，中华书局，1959年，第3262页。
② 〔汉〕班固：《汉书》卷69《赵充国传》，中华书局，1962年，第2986页。
③ 李正周：《从悬泉简看西汉护羌校尉的两个问题》，《鲁东大学学报》2009年第5期。
④《汉书》卷69《赵充国传》，中华书局，1962年，第2987—2988页。

之'"①。公元前61年，诸羌叛汉，汉宣帝决定再次征伐羌，赵充国放弃先前自湟水西上与河西诸郡合兵攻击罕开羌的部署，而是先出兵逼近金城、武威一带的先零羌，进而进入罕开羌地，招抚了罕开，平定羌乱。平乱后，赵充国屯兵湟水流域，设置金城属国来统辖诸羌。汉朝彻底打通了羌中道。

关于羌中道的考察成为学术界的热点。刘光华、吴礽骧两位先生直接将丝绸之路青海段认为是羌中道。②而初师宾先生则认为："所谓羌中道，即今从甘、青交界之湟水西溯，穿行于古羌中人聚居地，或北出今祁连山、抵张掖与河西大道交接；或复西进，出柴达木西缘，至新疆婼羌、且末直接通连西域南道。此道乃河西丝路的重要辅线。"③吴礽骧先生又提出，汉武帝至元帝时期，羌人的一支东迁到洮河、白龙江流域后逐渐西移到今天的青海湖附近。史籍所载"羌中"主要是指西海（即青海湖）以西、昆仑山以东，以柴达木盆地为中心的区域，"羌中道"应该是指西海羌人聚居区之北、沿着柴达木盆地北进入噶斯口到鄯善，进而与南道接入的道路，那么经过湟中的道路不能称之为羌中道或者羌中道北线，而是称之为湟中道。④周伟洲先生直接将从青海向西经由柴达木盆地进入西域的道路称为青海道。⑤赵荣先生则认为，"从整个地理形势分析，古青海道只能沿湟水河谷，经今西宁、湟源县，然后分南北两支：或走日月山北段、青海湖北岸，沿布哈河入柴达木盆地北部水草带（塞什腾山之南）西去；或是走日月山南口、青海湖南岸，过青海南山的橡皮山，向西南经今巴隆、香日德等沿盆地南沿水草带西去"。无论是羌中道，还是湟中道，都可以归属于青海道。⑥（图5-14）

---

① 〔汉〕班固：《汉书》卷69《赵充国传》，中华书局，1962年，第2973页。
② 刘光华：《汉武帝对河西的开发及其意义》，《兰州大学学报》1980年第2期；吴礽骧：《两关以东的丝绸之路》，《兰州大学学报》1980年第4期。
③ 初师宾：《丝路羌中道开辟小议》，《西北师范学院学报》1982年第2期。
④ 吴礽骧：《也谈"羌中道"》，《敦煌学辑刊》1984年第2期。
⑤ 周伟洲：《古青海路考》，《西北大学学报》1982年第1期。
⑥ 赵荣：《青海古道探微》，《西北史地》1985年第4期。

图 5-14：青海省博物馆藏海北州祁连县出土公元前 3 世纪狼噬牛金牌饰

西汉末年，王莽诱使当时游牧在西海（青海湖）的羌人西迁，献出西海及允谷盐池，在羌人生活区域设置西海郡，管理修远、监羌、兴武、罕虏、顺砾五县障塞，同时将一些囚犯、罪臣迁到西海地区，"徙者以千万数"，以巩固汉朝所控制的通往西域的青海道。而王莽新政后，西海诸羌东犯，并进攻金城、陇西地，于是这条交通路线被隔断。东汉建立后，政府继续经营青海道。永元十四年（102），中央政府用兵青海，汉遂控制了西海与大小榆谷。同时，大将军曹凤建议复置西海郡以巩固大小榆谷，在这些地区广设屯田，以断绝羌与胡人的交往，安定东汉的西部边地。于是曹凤被授予金城西部都尉一职，屯兵于龙耆（今青海湖东部海晏附近）。永建六年（131），护羌校尉韩皓"转湟中屯田置两河间，以逼群羌"。后马续被任命为都尉，开始经营湟水区域，"两河间羌以屯田近之，恐必见图，乃解仇诅盟，各自儆备。续欲先示恩信，乃上移屯田还湟中，羌意乃安。至阳嘉元年（132），以湟中地广，更增置屯田五部，并为十部"①。汉桓帝时期，白马羌叛汉，杀害广汉属国长吏，引起了一系列连锁反应。"是时西羌及湟中胡复畔为寇，益州刺史率板楯蛮讨破之，斩首招降二十万人。"② 这一时期，活动于巴蜀地区的白马羌与湟中的羌进逼蜀地，说明此时青海道已经是湟水、陇西乃至西域与西南蜀地联系的主要交通路线。三国蜀汉时期，宰相诸葛亮第一次北伐，河西凉州曾派兵支援蜀军，"诸葛丞相

---

① 〔南朝宋〕范晔：《后汉书》卷87《西羌传》，中华书局，1965年，第2894页。
② 〔南朝宋〕范晔：《后汉书》卷87《西羌传》，中华书局，1965年，第2897页。

弘毅忠壮，忘身忧国，先帝托以天下，以勖朕躬。今授之以旄钺之重，付之以专命之权，统领步骑二十万众，董督元戎，龚行天罚，除患宁乱，克复旧都，在此行也……凉州诸国王各遣月支、康居胡侯支富、康植等二十余人诣受节度"。①凉州军与蜀军会师，不会经由曹魏所掌控的河西道，或许是利用青海道。

二、魏晋南北朝时期的青海道

魏晋南北朝时期是青海道的兴盛时期，吐谷浑在这一时期逐渐发展壮大，佛教的传播多经由此条交通路线进行。五胡十六国时期，吐谷浑利用各方政治势力的重重矛盾，周旋于各强权之间。碎奚时期（351—375），为了避开前秦势力西进的锋芒，碎奚向苻坚称臣纳贡，被任命为安抚将军、漒川侯；视连在位期间，被前秦任命为沙州牧、白兰王。自420年进入南北朝之始，南北政权对峙，河西走廊政权更迭频繁，吐谷浑统治者更是左右逢源，不断壮大自己的势力，于梁武帝末年，以伏俟城为中心，称汗立国，悄然崛起于西部。南朝宋少帝景平元年（423），吐谷浑阿豺向刘宋朝贡，并接受封号浇河公。《魏书·吐谷浑传》记载："吐谷浑，本辽东鲜卑徒河涉归子也。涉归一名弈洛韩，有二子，庶长曰吐谷浑……于是遂西附阴山，后假道上陇……吐谷浑遂徙上陇，止于枹罕暨甘松，南界昂城、龙涸，从洮水西南极白兰数千里中，逐水草，庐帐而居，以肉酪为粮。西北诸种谓之阿柴虏。"②《北史》卷96《吐谷浑传》载："慕璝招集秦、凉亡业之人，及羌戎杂夷众至五六百落，南通蜀、汉，北交凉州、赫连，部众转盛。"慕璝可汗时期，接受南朝刘宋所授的陇西公封号，联合周边政权共同抵抗西秦。赫连定于431年灭西秦后被慕璝击败。慕璝将俘获的赫连定送往北魏都城平城邀功，被北魏封为大将军、西秦王。通过一系列的努力与征伐，当时吐谷浑控制了南至巴蜀、北到河西的交通道路。《南齐书》卷59《河南氐羌》载："鲜卑慕容廆庶兄吐谷浑为氐王。在益州西北，亘数千里。其南界龙涸城，去成都千余里。大戍有四，一在清水川，一在赤水，一在浇河，一在吐屈真川，皆子弟所治。"③清水川即今天青海曲什安河以北的骆驼滩；浇河即今青海贵德县河阴镇以东地区，为吐谷浑王阿豺所建。

---

① 〔西晋〕陈寿：《三国志·蜀书·后主传》注引《诸葛亮集》，中华书局，1964年，第895页。
② 〔北齐〕魏收：《魏书》卷101《吐谷浑传》，中华书局，1974年，第2233—2234页。
③ 〔梁〕萧子显：《南齐书》卷59《河南氐羌》，中华书局，1972年，第1025—1026页。

但是北魏灭北凉后,于444年大举进攻吐谷浑,《宋书·鲜卑吐谷浑列传》载:"索虏拓跋焘遣军击慕延(即慕利延),大破之,慕延率部落西奔白兰,攻破于阗国。虑虏复至,(元嘉)二十七年(450),遣使上表云:'若不自固者,欲率部曲入龙涸越巂门。'"吐谷浑被迫西撤,同时向北魏纳贡请降。由于北魏在与刘宋战争中大败,南北方处于僵持状态,吐谷浑趁机向刘宋纳贡,接受其封赐。既遣使北魏称臣,又接受南朝封号,使得吐谷浑势力得到恢复与发展。柔然兴起后,与北魏多次发生大规模的战争,双方也一时处于胶着状态。这就使得与南北方政权同时交好的吐谷浑所控制区域成为东西往来、南北交通商旅僧使的最佳选择,吐谷浑所控制的河南道很快就成为丝绸之路交通线上最为繁忙的道路,也成为4世纪至7世纪中西陆路交通线的重要道路。(图5-15)

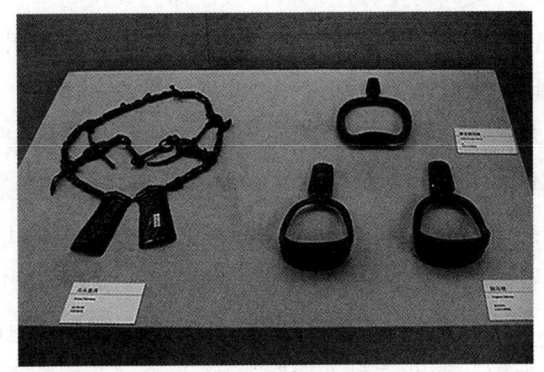

图5-15:魏晋时期的马具

吐谷浑与佛教渊源颇深,早在西晋惠帝年间(290—306),"初祖道化之声被于关陇。崤函之右奉之若神。戎晋嗟恸行路流涕。陇上羌胡率精骑五千。将欲迎祖西归……群胡既雪怨耻。称善而还。共分祖尸各起塔庙"①。刘宋时期,京城中兴寺高僧释慧游历西域地区弘扬佛法,后沿丝绸之路河南道返回南朝,"路由河南。河南吐谷浑慕延世子琼等敬览德问。遣使并资财令于蜀立左军寺。览即居之"。这里所载的慕延就是史书上所载吐谷浑王慕利延,这也成为吐谷浑王室信仰佛教的明证。《梁书》卷54《西北诸戎传》载,吐谷浑河南王伏连筹死后,"子呵罗真立。大通三年(529),诏以为宁西将军、护羌校尉、西秦、河二州刺史。真死,子佛辅袭爵位"。而根据周伟洲先生的考证,

———

① 〔梁〕释慧皎撰,汤用彤校注:《高僧传》卷1,中华书局,1992年,第26—27页。

佛辅为吐谷浑第十六王，530—534年在位。①"佛辅"之名应是崇佛之人的佛号，而吐谷浑王将佛号贯于姓名之中反映了王室对佛教的尊崇态度。②《高僧传》卷8《齐蜀齐后山释玄畅》记载："释玄畅，姓赵，河西金城人……至升明三年（479）又游西界，观瞩岷岭，乃于岷山郡北部广阳县界，见齐后山，遂有终焉之志……以齐建元元年（479）四月二十三日建刹立寺，名曰齐兴……齐骠骑豫章王嶷作镇荆、峡，遣使征请。河南吐谷浑主，遥心敬慕，乃驰骑数百，迎于齐山。值已东赴，遂不相及。"③吐谷浑王遣使迎请释玄畅，说明当时佛教在社会上层王室中已经颇为流行。吐谷浑十三王度易侯至十八王夸吕时期，吐谷浑的佛教得到长足发展，这主要得益于吐谷浑王的推动。根据文献记载，十三王度易侯、十四王伏连筹、十六王佛辅、十八王夸吕都是佛教的积极拥护者，并与梁武帝崇佛有着直接关系。南朝是吐谷浑佛教来源地之一。④《梁书》卷54《西北诸戎传》载，南朝梁立国后，吐谷浑河南王休留代去世，"子休运筹袭爵位。天监十三年（514），遣使献金装马脑钟二口，又表于益州立九层佛寺，诏许焉"。吐谷浑王室在益州建立佛教寺院，主要是为了向南朝梁武帝示好。另外，吐谷浑还向梁朝求佛经，《南史》卷7《梁本纪》记载，梁大同六年（540）五月，"河南王遣使朝，献马及方物，求释迦像并经论十四条。敕付像并《制旨涅槃》《般若》《金光明讲疏》一百三卷"。《宋高僧传》卷27《唐京兆大兴善寺含光传》中记载了释赞宁的评论——"系曰：'未闻中华演述佛教，倒传西域，有诸乎？'通曰：'昔梁武世，吐谷浑夸吕可汗使来求佛像及经论十四条，帝与所撰《涅槃》《波若》《金光明》等经疏一百三卷付之。原其使者必通华言，既达音字，到后以彼土言译华成胡，方令通会。彼亦有僧，必展转传译，从青海西达葱岭北诸国，不久均行五竺，更无疑矣'"⑤。在佛教回传的过程中，先要通过吐谷浑人翻译成吐谷浑语，经青海湖之西到达葱岭北部的诸国。吐谷浑人及其控制区成为佛教回传的重要媒介，吐谷浑人也因处于东西方政治、经济、文化交流的重要交通线路上，而扮演着东西方交流不可或缺的角色。

这一时期，僧侣多经由丝绸之路河南道往返于东西方或者南下前往巴蜀、南

---

① 周伟洲：《吐谷浑史》，宁夏人民出版社，1984年，第224页。
② 张泽洪、焦丽锋：《丝绸之路河南道多元宗教文化传播研究》，《世界宗教文化》2015年第6期。
③〔梁〕释慧皎撰，汤用彤校注：《高僧传》卷8，中华书局，1992年，第314—316页。
④ 姚崇新：《吐谷浑佛教论考》，《敦煌研究》2001年第1期。
⑤〔宋〕赞宁撰，范祥雍点校：《宋高僧传》，中华书局，1987年，第679页。

亚地区，因此僧侣的求法活动也推动了佛教在吐谷浑的传播。东晋著名僧人法显为求法，自东晋隆安三年（399）始，从长安出发，越陇山，经由柴达木盆地，逾葱岭，游历三十余国。关于这一点，可见《法显传校注》："初发迹长安，度陇，至乾归国夏坐。夏坐讫，前行至耨檀国。度养楼山，至张掖镇。"①（图5-16）

图5-16：永靖炳灵寺石窟第169窟法显供养像

据梁朝释惠皎所著《高僧传》记载，高僧释法献"以宋元徽三年（475），发踵金陵，西游巴蜀。路出河南，道经芮芮。既到于阗，欲度发岭，值栈道断绝，遂于于阗而反，获佛牙一枚，舍利十五身，并《观世音灭罪咒》及《调达品》，又得龟兹国金锤鍱像，于是而还。其经途危阻，见其别记。佛牙本在乌缠国，自乌缠来芮芮，自芮芮来梁土，献赉牙还京，五十有五载。"释法献自475年从金陵出发到达巴蜀，并经由丝绸之路河南道到达于阗。这一时期，僧侣多经由河南道吐谷浑境内至西域、巴蜀地区弘扬佛法。《高僧传》还记载了东晋僧人昙弘两次往返于巴蜀与长安两地的经历："昔长安昙弘法师，迁流岷蜀，道洽成都。河南王藉其高名，遣使迎接。弘既闻（玄）高被摈，誓欲申其清白，乃不顾栈道之难，冒险从命。既达河南，宾主仪毕，便谓王曰：'既深

①〔东晋〕法显撰，章巽校注：《法显传校注》卷1，上海古籍出版社，1985年，第3页。

鉴远识，何以信逸弃贤。贫道所以不远数千里，正欲献此一白。'王及太子赧然愧悔，即遣使诣高，卑辞逊谢，请高还邑。"①

"初发京师，西行四十日，至赤岭，即国之西疆也，皇魏关防正在于此。赤岭者不生草木，因以为名。其山有鸟鼠同穴……发赤岭西行二十三日，渡流沙，至吐谷浑国。路中甚寒，多饶风雪，飞沙走砾，举目皆满，唯吐谷浑城左右暖于余处……从吐谷浑西行三千五百里，至鄯善城。"② 这是杨衒之依据《惠生行记》《宋云家纪》《道荣传》，记载宋云、惠生前往西域求经之事。宋云、惠生自洛阳西行，至关、陇，沿今天兰州西行至赤岭，这一段道路是河南道的东段，再由赤岭绕青海湖南端西去至吐谷浑城，继续西行越阿尔金山到达鄯善国。马曼丽先生认为，宋云未记录从京师出发经由哪一条具体路线过赤岭到达吐谷浑国，很可能是走当时习惯的路线：经金城郡（治今甘肃兰州西固）、鄯善镇（今青海乐都）、西平（今青海西宁）、临羌（今青海湟源），然后向西经日月山口进入共和以西的沙漠地带。宋云一行在吐谷浑王都吐谷浑城（今青海都兰）住了几日，然后继续西行到达鄯善城（今新疆婼羌境）。③（图5-17）

按照史书记载，吐谷浑遣使东魏是"假道蠕蠕"。吐谷浑通往柔然道路有二。其一为高昌路，也就是穿过柴达木盆地向西越阿尔金山到达鄯善国，再向北过高昌、哈密等地进入蒙古草原。据《北史》卷98《高车传》记载："宣武诏之曰：'卿远据沙外，频申诚款，览揖忠志，特所钦嘉。蠕蠕、嚈哒、吐谷浑所以交通者，皆路由高昌，倚角相接。今高昌内附，遣

图5-17：天水麦积山石窟第44窟正壁西魏坐佛像

---

① 〔梁〕释慧皎撰，汤用彤校注：《高僧传》卷11，中华书局，1992年，第410页。
② 〔魏〕杨衒之撰，范祥雍校注：《洛阳伽蓝记校注》卷5，上海古籍出版社，1978年，第252页。
③ 马曼丽：《宋云丝路之行初探》，《青海社会科学》1985年第4期。

使迎引。蠕蠕往来路绝。'"可见，当时高昌路被经由河南道前往柔然、丁零的使者僧侣所使用。其二是凉州路，从吐谷浑境内向北出祁连山的扁都口，经凉州西部进入柔然。尽管此路线比高昌路线稍近，但是能否顺利通过此路段则取决于与西魏保持名义上归属关系的凉州地方势力的态度。542—545年间，吐谷浑使者可以顺利通过河西走廊到达柔然和东魏。直到553年，凉州路都是吐谷浑使者选择的主要路线。①因此，我们相信当时南北方商使僧侣经由吐谷浑所控制的河南道往返者，也必然会利用此道路。《续高僧传》卷2《阇那崛多传》载："时年二十有七，受戒三夏……路由迦臂施（即迦毕试）国，淹留岁序……将事巡历，便踰大雪山西足……至厌怛国……又经渴啰槃陀及于阗等国……又达吐谷浑国，便至鄯州。于时即西魏大统元年也，虽历艰危心逾猛励。发踪跋涉，三载于兹……以周明帝武成年，初届长安，止草堂寺。"阇那崛多是所见史籍所载南北朝时期最后一位经河南道来到长安的僧人。迦臂施即巴克特里亚古国。大雪山则处于吐火罗与粟特之间，即今兴都库什山。厌怛国位于中亚两河流域。渴啰槃陀为帕米尔古国。于阗位于西域。"又达吐谷浑国，便至鄯州"，经过塔里木南端，进入吐谷浑故地的湟水流域。李宗俊先生认为宋云走的是南朝以来僧侣们经常行走的丝绸之路河南道，并不需绕道湟水谷地和日月山。②

三、隋唐时期的青海道

隋朝建立后，吐谷浑势力依然控制着东西交通要道上的鄯善、且末等地，对往来于东西方的商旅征收关税，并伺机东进。隋炀帝大业初年，裴矩在《西域图记·序》中言："以国家威德，将士骁雄，泛瀇泹而扬旌，越昆仑而跃马，易如反掌……但突厥、吐浑分领羌胡之国，为其拥遏，故朝贡不通。今并因商人密送诚款，引领翘首，愿为臣妾。"③说明当时东西方交通被阻断的主要原因在于突厥和吐谷浑对西域诸国的统治。为此，隋炀帝于大业五年（609）三月，亲征吐谷浑。吐谷浑大败，可汗伏允率残部逃亡党项地，青海道被打通，西域与内地的交通道路再次通畅。六月，隋炀帝巡视张掖，并置西海、河源、鄯善、且末四郡。由此，西域诸国纷纷朝贡隋朝。

---

① 周松：《吐谷浑遣使东魏路线考》，《中国历史地理论丛》2003年第3期。
② 李宗俊：《唐代石堡城、赤岭位置及唐蕃古道再考》，《民族研究》2011年第6期。
③〔唐〕魏徵等：《隋书》卷67《裴矩传》，中华书局，1973年，第1580页。

隋朝末年，各地起义不断，吐谷浑重新占领鄯善、且末，控制吐谷浑道。唐贞观四年（630），东突厥被灭，焉耆王突骑支派使入贡，并"复请开大碛路以便行李，太宗许之"①。这就意味着此时吐谷浑依然控制着青海通往西域的道路，因此，打通被吐谷浑阻隔的东西方交通，成为唐朝应突骑支之请出兵吐谷浑的主要原因之一。贞观八年（634），唐朝以吐谷浑拘押唐行人鸿胪丞赵德楷为由，派李靖等五路大军出兵吐谷浑。唐军很快击溃了吐谷浑，吐谷浑"举国请降。伏允帅千余骑逃碛中，十余日，众散稍尽，为左右所杀"②，青海道被打通。西域诸国开始频繁朝贡唐朝，根据《册府元龟》卷970《外臣部·朝贡三》所载，仅贞观九年（635），就有西突厥、于阗、焉耆、疏勒、吐火罗、百济、朱俱波、甘棠等国遣使朝贡唐朝。贞观十五年（641），文成公主入吐蕃。贞观十七年（643）、贞观二十一年（647）和唐高宗显庆二年（657），王玄策经吐蕃出使天竺，僧侣玄太、玄照、道玄、道方、道生、道宣经吐蕃至天竺取经。这些人所经由吐谷浑到吐蕃，甚至到达印度的道路，实际上可以认为是"（汉唐和亲）开辟了自中原绕道至吐谷浑或自中原经吐谷浑、吐蕃到印度半岛各港口然后由海路西运的新的丝绸之路"③。

唐代僧人道宣在《释迦方志》中记载："自汉至唐往印度者，其道众多，未可言尽。如后所纪，且依大唐往年使者，则有三道。依道所经，具睹遗迹，即而序之。其东道者，从河州西北度大河，上漫天岭，减四百里至鄯州。又西减百里至鄯城镇，古州地也。又西南减百里至故承风戍，是隋互市地也。又西减二百里至清海，海中有小山，海周七百余里。海西南至吐谷浑衙帐。又西南至国界，名白兰羌，北界至积鱼城，西北至多弥国。又西南至苏毗国。又西南至敢国。又南少东至吐蕃国。又西南至小羊同国。又西南度呾仓法关，吐蕃南界也。又东少南度末上加三鼻关，东南入谷，经十三飞梯、十九栈道。又东南或西南，缘葛攀藤，野行四十余日，至北印度尼波罗国（此国去吐蕃约为九千里）。"④道宣指出，唐朝时唐人前往印度的道路主要有三条，其中东道与经过吐谷浑故地的青海道重合。据森安孝夫先生考证："早在635年唐朝已经控制了

---

① 〔后晋〕刘昫等：《旧唐书》卷198《焉耆国传》，中华书局，1975年，第5301页。
② 〔宋〕司马光：《资治通鉴》卷194太宗贞观九年条，中华书局，1956年，第6113页。
③ 崔明德：《汉唐和亲史稿》，海洋大学出版社，1992年，第62页。
④ 〔唐〕道宣：《释迦方志》卷1《遗迹篇第四》，中华书局，1983年，第14—15页。

从吐谷浑通过柴达木盆地,直接出西域地区的罗布地区。"①尽管大非川之战中唐朝大败,吐蕃占领吐谷浑故地,但是吐蕃并未对吐谷浑完全掌控。唐朝于670年试图夺回大非川领土,"马年(即670年),赞普驻沃塘。于吉玛阔(大非川)击毙众多唐人。"②694年,吐蕃大将噶尔·达古被粟特人俘获,这里的粟特人应该是在唐朝的支持下对吐蕃进行的反抗。因此,王小甫先生认为吐蕃打通进入西域的道路应该是在720年③,青海道才能完全处于吐蕃的掌控之下。

长庆二年(822),大理卿刘元鼎作为会盟使奉诏出使吐蕃,他是经由青海道进入吐蕃境内。根据他个人的记载,其行进路线为从长安出发,逾成纪、武川,抵河广武梁,经过兰州、龙支城到达河湟流域的鄯州。④这一时期,湟水流域的交通道路依然被吐蕃所控制,龙支城内的百姓对唐军何时收复此地翘首以盼。位于青海省玉树藏族自治州首府结古镇南约20公里处的贝纳沟的一块峭壁上雕刻有九尊浮雕佛像,由于后来在这里建有一座佛殿,因此被称为大日如来佛堂或文成公主庙。距离造像不远处刻有一方藏文题记⑤,霍巍先生依据王尧先生的译文"狗年",将题记中的年代考订为赤德松赞在位时的狗年(806)。⑥该造像由大译师益西央主持塑造,根据题记内容可知,是为了给赞普父子祈福,同时,也从另一方面反映了吐蕃对此地区的掌控。(图5-18)

生活于河西地区的吐谷浑势力对丝绸之路南路也产生了很大的影响。早在武则天时期,大臣郭元振上《安置降吐谷浑状》中道:"臣谓宜当循其情以为制,勿惊扰之,使其情地稍安,则其系恋心亦日厚。当凉州降者,则宜于凉州

---

① [日]森安孝夫:《吐蕃の中央アジア进出》,《金泽大学文学部论集·史学科篇》第4号,1984年,第6页。
② J. Bacot, F. W. Thomas, and Ch. Toussaint, Documents de Touen-houang Relatifs a L'Histoire du Tibet, Paris, 1940, p. 33; 王尧、陈践:《敦煌本吐蕃历史文书》,民族出版社,1992年,第146页。
③ 王小甫:《唐、吐蕃、大食政治关系史》,北京大学出版社,1992年,第166页。
④ 〔唐〕刘元鼎:《使吐蕃经见纪略》,〔清〕董诰等编:《全唐文》卷716,上海古籍出版社,1990年,第3261—3262页。
⑤ 谢佐:《青海金石录》,青海人民出版社,1993年,第21页;王尧:《青海玉树地区贝考石窟摩崖吐蕃碑文释读》,《唐研究》第十卷,北京大学出版社,2004年,第493—500页;谢继胜:《川青藏交界地区藏传摩崖石刻造像与题记分析》,《中国藏学》2009年第1期。
⑥ 霍巍:《青藏高原东麓吐蕃时期佛教摩崖造像的发现与研究》,《考古学报》2011年第3期。

图5-18：青海玉树文成公主庙前的道路

左侧安置之；当甘州、肃州降者，则宜于甘、肃左侧安置之；当瓜州、沙州降者，则宜于瓜、沙左侧安置之。但吐浑所降之处，皆是其旧居之地，斯辈既投此地，实有恋本之情。若因其所投之地而便居之，其情易安。因数州而磔裂之，则其势自分。……何如分置诸州，使每州皆得吐浑使役，欲有他怀，必不能远相连结总去。"①这也奠定了后来吐谷浑部族在河西的分布格局。敦煌文献S.6342《咸通年间张议潮奏表并批答》记载："咸通二年（861）收凉州，今不知却废，又杂蕃、浑。"归义军首任节度使张议潮收复凉州后，开始驱逐吐蕃旧有势力，曾经一度驱逐了盘踞凉州的吐蕃及依附于吐蕃的奴部吐谷浑残余势力，但吐谷浑、吐蕃残余势力依然生活在这里，甚至到了乾符元年（874），活动于这一带的吐谷浑与嗢末联合起来，驱逐了回鹘势力。

四、青海道上的经济与贸易

（一）商品贸易

《南齐书》卷59《芮芮虏传》记载："芮芮（即柔然）常由河南道而抵益州。"由此可见，河南道成为西部少数民族政权乃至西域诸国与南方政权交往的主要通道。阿豺统治末期，吐谷浑势力已经开始向蜀地以及河西地区渗透，"南通蜀汉，北交凉州、赫连，部众转盛"②。永康八年（419），乞伏炽磐派遣征西将军他子讨伐吐谷浑觅地，觅地率众归降炽磐，成为其弱水护军，可知

---

① 〔唐〕杜佑撰，王文锦等点校：《通典》卷190《边防六》，中华书局，1955年，第5167页。
② 〔北齐〕魏收：《魏书》卷101《吐谷浑传》，中华书局，1974年，第2235页。

吐谷浑势力已经达到今天河西地区的黑河流域。柔然常利用河南道至蜀地向南朝朝贡，而这些民族政权的朝贡多带有贸易的性质，柔然所利用的河南道正是由吐谷浑所掌控，吐谷浑充当了中介人的角色。柔然经过青海贵德一带的浇河城到达西强城，根据《通典》卷174《州郡四》"廓州达化县"条所载"浇河城即晋时吐谷浑王阿豺所筑，在县西一百二十里"，推断浇河城可能就是阿豺为经过其控制区域进行东西方贸易的商旅使团提供便利的城镇，使其成为东西方贸易的中转站。到了431年，吐谷浑兼并西秦故地，尽占青海湖流域。436年，吐谷浑王慕延利入于阗、征罽宾，"遣使通刘义隆求援，献乌丸帽、女国金酒器、胡王金钏等物"①。夸吕在位时期，益州由梁武帝之子武陵王萧纪统治。按照文献记载，萧纪统管益州期间，大力发展当地经济。《南史》中记载，萧纪"在蜀十七年，南开宁州、越巂，西通资陵、吐谷浑。内修耕桑盐铁之功，外通商贾远方之利，故能殖其财用，器甲殷积。马八千匹，上足者置之内厩，开寝殿以通之，日落，辄出步马"。《梁书·诸夷传》载："其（河南国）地与益州邻，常通商贾，民慕其利，多往从之，教其书记，为之辞译，稍桀黠矣。"②益州成为吐谷浑对外贸易的重要中转站，萧纪通过与周边地区的经济贸易往来，使益州地区的经济实力日益增强，军事力量壮大。《魏书》卷101《吐谷浑传》记载，吐谷浑酋长阿豺"田于西强山，观垫江源，问于群臣曰：'此水东流，有何名？由何郡国入何水也？'其长史曾和曰：'此水经仇池，过晋寿，出宕渠，号垫江，至巴郡入江，度广陵会于海。'"吐谷浑与益州的交通十分通畅，借助交通的便利条件，吐谷浑与益州经济往来频繁。魏废帝元钦二年（552），西魏"获其仆射乞伏触扳、将军翟潘密、商胡二百四十人，驼骡六百头，杂彩丝绢以万计"③。西魏一次性俘获胡商两百多人，同时还有吐谷浑官方的护卫，意味着吐谷浑已深度参与到国际贸易中，以从中获取巨额利润。（图5-19）

---

① 〔北齐〕魏收：《魏书》卷101《吐谷浑传》，中华书局，1974年，第2237页。
② 〔唐〕姚思廉：《梁书》卷54《诸夷·西北诸戎传》，中华书局，1973年，第810—811页。
③ 〔唐〕令狐德棻等：《周书》卷50《吐谷浑传》，中华书局，1971年，第913页。

图 5-19：陕西历史博物馆藏西魏彩绘载物骆驼

20世纪70年代，青海大通县上孙家寨乙区第3号墓葬中出土了一件单耳银壶，从银壶的器形与纹饰来看，应当来自西亚安息国。① 青海郭里木出土的一号棺板画A板的狩猎图前方绘有一支商队出行图，商队的中间有一峰载满货物的骆驼，骆驼的前方有三骑，后面跟着一骑，驼后一人则头顶缠巾，腰间束扎一箭囊，貌似一位承担押运商队的武士。② 霍巍教授根据许新国先生提供的关于郭里木流散于民间的吐蕃棺板画的一幅照片指出，这是一幅描绘奔丧情景的照片。在这幅照片中，有一峰卧地休息的骆驼，骆驼身上驮有货物，后面跟随着一队押运货物的骑马人员，与前文所说一号棺板画中所描绘的商队图类似。③ 吐蕃占领吐谷浑后，所统治下的吐谷浑人同丝绸之路上的胡人一样从事丝路贸易。也有学者认为，吐蕃对西域河西的军事扩张带有一定的商业目的，为了控制国际商业贸易通道，将丝绸等国际贸易的重要商品作为对外掠夺的主要对象，也为了获得更大的经济利益。④ 早在南北朝时期，史宁带领西魏的军队协同突厥木汗可汗袭击了吐谷浑，这次袭击中缴获了大量吐谷浑的珍宝，"敦是浑之旧都，多诸珍藏……生获其征南王，俘虏男女、财宝，尽归诸突厥……木汗亦破贺真，虏浑主妻子，大获珍物"⑤。这表明吐谷浑利用丝绸之路的贸

---

① 青海省文物考古所：《上孙家寨汉晋墓》，文物出版社，1993年，第220页。
② 罗世平：《天堂喜宴——青海海西州郭里木吐蕃棺板画笺证》，《文物》2006年第7期。
③ 霍巍：《吐蕃时代考古新发现及其研究》，科学出版社，2012年，第140—141页。
④ 张云：《吐蕃丝路的贸易问题》，《唐代吐蕃史与西北民族史研究》，中国藏学出版社，2004年，第160页。
⑤〔唐〕令狐德棻等：《周书》卷28《史宁传》，中华书局，1971年，第468页。

易获得了大量珍宝，以致成为隋朝裴矩劝隋炀帝出兵吐谷浑的借口之一。

隋朝在西域设置鄯善等四郡后，大将薛世雄又修筑伊吾城，以巩固隋朝在西域丝绸之路北道的统治。据《隋书》卷67《裴矩传》记载："破吐谷浑，拓地数千里，并遣兵戍之，每岁委输巨亿万计。"占领吐谷浑地后，原本被吐谷浑阻隔的丝绸之路重新打通，西域诸族纷纷重新对中原朝贡，进行贸易往来。大业五年（609），隋炀帝西巡，并在武威、张掖隆重接见了外国国君、贡使、商人等，极大地激发了胡商来华贸易的热情，促进了东西方的经济、文化交流，也加强了隋朝同西域各国政治上的联系，仅615年来长安朝贡者就有西突厥、龟兹、疏勒、于阗、安国、曹国、何国、穆国等国贡使，隋朝也派出使者韦节、杜行满出使西域诸国，并到达今天克什米尔的罽宾国和印度半岛等地。（图5-20）

图5-20：青海省博物馆藏唐代石雕马

初唐文成公主入藏，吐蕃与唐朝保持着良好关系。同时，吐蕃与处于唐蕃之间的吐谷浑也维持着友好关系。松赞干布去世后，禄东赞父子专权，改变了原来奉行的与唐友好的政策，并开始进攻与吐谷浑关系密切的白兰羌。显庆元年（656）十二月，"吐蕃大将禄东赞率兵一十二万击白兰氏，苦战三日，吐蕃初败后胜，杀白兰千余人，屯军境上以侵掠之"①。吐蕃还联合吐谷浑小王进攻唐军，敦煌文献P. T. 1288号《吐蕃大事记年》记载："及至羊年（659），赞普驻于'札'之鹿苑，大论东赞前往吐谷浑（阿豺）。达延莽布支于乌海之'东岱'处与唐朝苏（定）方交战。达延亦死，（唐）以八万之众败于一

---

① 〔宋〕王钦若等：《册府元龟》卷995《外臣部·交侵》，中华书局，1960年，第11687页。

千。"① 吐谷浑小王达延莽布支战死后，余部内附唐朝，但遭到禄东赞的进攻。660年，论钦陵率军大举进攻吐谷浑，在吐谷浑亲蕃大臣素和贵的导引下，击败之。吐谷浑诺曷钵可汗率残部奔赴凉州，请迁居内地。唐高宗下诏："以凉州都督郑仁泰为青海道行军大总管，帅右武卫将军独孤卿云、辛文陵等分屯凉、鄯二州，以备吐蕃……又以左武卫大将军苏定方为安集大使，节度诸军，为吐谷浑之援。"②凉州驻军接应吐谷浑残部后，唐又派大将薛仁贵等救援吐谷浑，但被吐蕃所败，吐谷浑之地完全被吐蕃占领。吐蕃占领吐谷浑，直接威胁着西域、河陇地区，特别是667年，吐蕃又攻占唐朝生羌十二州，控制了青海大部分地区。吐蕃占领吐谷浑后，吐谷浑成为其物资供应的重要地区。

唐蕃之间经过大非川之战、青海之战、素罗汗山之战三次大规模战役，"最终以唐朝的彻底失败而告结束，唐朝欲收复吐谷浑故地、帮助吐谷浑复国的目的计划也随之彻底落空。吐谷浑故地终于成为吐蕃的属部，吐蕃移民大量迁入青海地区，并将这一地区作为补充人力、物力的基地。吐蕃此后又继续进攻唐河西、陇右及西域地区，成为唐朝西境最大的劲敌"。③吐谷浑的青海道也被吐蕃所掌控，原来经由吐谷浑地往来于东西方的交通道路被阻断，吐谷浑原来倚仗丝绸之路交通线路的优势进而被吐蕃取代。

隋朝时期，吐谷浑王伏允就积极向中原王朝请求互市以发展经济。吐蕃占领吐谷浑故地后，根据与唐朝的协议，双方"请交马于赤岭，互市于甘松岭"。赤岭设有驿站，唐与吐蕃可以通过更换驿传马匹来传递双方公文，并在甘松岭开展互市贸易，进行物品交换。唐朝方面同意了吐蕃开互市的请求，还对其大加赏赐。太常博士独孤及在代宗永泰二年（766）给吐蕃赞普的信中就明确表示："金玉绮绣，问遗往来，道路相望，欢好不绝。"④这展示了唐蕃双方经由吐谷浑故地丝绸之路进行经济往来的繁荣景象。（图5-21）

---

① J. Bacot, F. W. Thomas, and Ch. Toussaint, Documents de Touen-houang Relatifs a L'Histoire du Tibet, Paris, 1940, p. 33; 王尧、陈践：《敦煌本吐蕃历史文书》，民族出版社，1992年，第146页。
②〔宋〕司马光：《资治通鉴》卷201唐高宗龙朔三年五月条，中华书局，1956年，第6335—6336页。
③ 陈楠：《藏史丛考》，民族出版社，1998年，第108页。
④〔唐〕独孤及撰，刘鹏、李桃校注：《毗陵集校注》卷18《敕与吐蕃赞普书》，辽海出版社，2007年。

图 5-21：青海都兰出土的"太阳鸟"花纹的丝绸

众所周知，粟特人在丝绸之路贸易中一直扮演着重要角色。1907年，斯坦因在敦煌西北长城烽燧遗址发现的粟特文古信札，粟特文专家亨宁（W.B. Henning）认为2号信札写于311年前后。① 信札是一名旅居敦煌的粟特商人写给撒马尔罕的生意合作伙伴的。信中首先向酒泉的Armat-sach、姑臧的Arsach问好，并提到了敦煌、金城以及派人前往内地（中原）进行贸易的信息。② 由此可见，在4世纪初，粟特人频繁往返于敦煌与内地间，虽然这一时期西晋末年的战乱导致中原与河西凉州间的贸易中断，但是从其对酒泉、姑臧的朋友问候来看，这里似乎并没有受到战争的影响，可能是因为河西远离中原之故。

北魏时期，僧人宋云等取道吐谷浑前往印度，文献记载道："从土谷浑西行三千五百里，至鄯善城。其城自立王为土谷浑所吞。今城（内主）是土谷浑第二息宁西将军总部落三千以御西胡。"③ 因此，陈寅恪先生说："六朝、隋唐时代蜀汉亦为西胡行贾区域，其地之有西胡人种往来侨寓，自无足怪也。"④

---

① W. B. Henning, The Date of the Sogdian Ancient Letters, BSOAS, VOL XⅡ, 1948, PP.601–605.
② Annette L. Juliano and Judith A. Lerner, Monks and Merchants: Silk Rood Treasures from Northeast China, New York, 2001, p. 49.
③〔魏〕杨衒之撰，范祥雍校注：《洛阳伽蓝记校注》卷5，上海古籍出版社，1978年，第252页。
④ 陈寅恪：《李太白氏族之疑问》，《金明馆丛稿初编》，生活·读书·新知三联书店，2001年，第314页。

"蜀汉之地当梁时为西域胡人通商及居留之区域"①,据此推断,蜀地成为粟特人商贸聚集地。青海省文物考古所发掘的青海都兰吐蕃墓葬中出土有各类丝绸的残片,发掘主持人许新国先生认为,这些丝绸品种中有18种可能为中亚、西亚所织造,其中有一件为中古波斯人使用的钵罗婆文字锦,是目前世界上所发现仅有的一件确证无疑的8世纪波斯文字锦,这些出土丝绸中粟特锦的数量较多。② 粟特锦数量在出土锦数量中占有较大比重,再次说明了粟特人在吐谷浑地区商业贸易中的重要地位。(图5-22)

图5-22:吐鲁番博物馆藏唐代贞观十四年康业相墓表

吐鲁番发现的一件粟特语文书(T. ii.D.94)中记载了粟特人的一条自西向东的商路,依次为:拂菻、波斯、安国、吐火罗、石国、粟特、石汗那、汉盘陀、佉沙、于阗、龟兹、焉耆、高昌、萨毗、吐蕃、吐浑、弥药和薄骨律。③可见,粟特无论是在西域还是在吐蕃、吐谷浑,甚至是在弥药地区的商贸网络

---

① 陈寅恪:《隋唐制度渊源略论稿》,上海古籍出版社,1982年,第80页。
② 许新国、赵丰:《都兰出土丝织品初探》,《中国历史博物馆馆刊》1991年第15、16期;霍巍:《粟特人与青海道》,《四川大学学报》2005年第2期。
③ 林梅村:《粟特文买婢契与丝绸之路上的女奴贸易》,《文物》1992年第9期。

中都充当着重要角色。这条经由吐谷浑地区的商路自然也成为当时人们所使用的道路之一。《续高僧传》卷26《释道仙传》载："本康居国人,以游贾为业。往来吴蜀,江海上下,集积珠宝。"南北朝时期,粟特人已往来于南方与巴蜀之地经商。有学者认为,在吐鲁番阿斯塔那—哈拉和卓古墓群中出土了一批蜀地生产的丝织品,可能便是通过丝绸之路河南道由蜀地运往高昌地区的。①霍巍则认为,很可能是粟特人充当了转手贸易的中介。②新疆发现的古藏文简牍中多次出现的"Sog"一词,学术界倾向于认为其指的是粟特人,表明吐蕃占领西域后,活跃于西域的粟特人并没有因为统治西域者的更换而改变其在丝绸之路上所扮演的角色,粟特人与新的占领者吐蕃人之间保持着密切的联系。③隋朝时期,在益州从事商业活动的粟特商人颇多,《隋书·儒林·何妥传》载："父细胡,通商入蜀,遂家郫县,事梁武陵王纪,主知金帛,因致巨富,号为西州大贾。"何妥很可能就是来自西域的粟特人。(图5-23)

图5-23：甘肃省文物考古研究所藏唐胡人牵驼图模印砖

(二) 货币

西晋张轨统治凉州晚期,重新发行五铢钱,促进了河西丝绸之路的商业贸易繁荣与发展。《太平御览》卷758引《前凉录》载："张轨时,西胡致金胡瓶,皆拂菻作奇状,并人高,二枚。"④这段史料证明,4世纪初,罗马帝国与

---

① 陈良伟：《丝绸之路河南道》,中国社会科学出版社,2002年,第248页。
② 霍巍：《粟特人与青海道》,《四川大学学报》2005年第2期,第96页。
③ 榎一雄：《讲座敦煌》2《敦煌の历史》,(日本)大东出版社,1980年; Fang Kuei Li, Notes on Tibetan Sog, Central Asiatic Journal 3, 1957, pp. 139-142.
④〔宋〕李昉等：《太平御览》卷758《前凉录》,中华书局,1960年影印本,第3365页。

凉州的张轨政权有贸易往来。1956年，青海西宁隍庙街出土了76枚波斯萨珊王朝卑路斯王朝（457—483）银币。① 银币直径2.8厘米，正面为头戴冠冕的卑路斯王头像，背面是祆教的祭坛，坛的上方有熊熊燃烧的火焰，外围有一圈联珠纹。关于此项考古发现，徐苹芳先生认为："西宁波斯银币的埋藏虽已晚至唐代以后，仍可说明4至6世纪河西走廊被地方政权割据之后，从兰州（金城）经乐都（鄯州）、西宁（鄯城）、大通，北至张掖，或西过青海湖吐谷浑国都伏俟城至敦煌或若羌的这条'青海道'路线，它是通西域的丝绸之路上的重要路线。"②

1999年，青海乌兰县铜普大南湾遗址出土了1枚查士丁尼一世（527—565年在位）时期东罗马金币以及波斯萨珊王朝时期的6枚银币。③其中，这枚查士丁尼一世时期的金币双面均有铭文，直径12毫米，厚0.1毫米，重4.5克，金币的正面为皇帝胸像，右手持十字架，十字架上有一地球，有铭文；背面为天使像，手持十字架，十字架上有一地球。④ 2002年，青海都兰北朝吐谷浑墓葬出土的芝诺皇帝时期的金币，双面均有铭文，直径14毫米，重2.36克，正面为身穿戎装皇帝胸像，背面为胜利女神像，手持十字架。⑤ 金币侧缘顺时针铭文"DNTHEODOSIVSPFAVG"17个字母，铭文是省略的拉丁字母，全文可复原如下：D（ominvs）N（oster），意为我们的君王，Theodosius（elix）AVG（ustus），全句意译为：连绵不绝的迪奥多西斯。（图5-24）

图5-24：宁夏固原博物馆藏东罗马金币

① 夏鼐：《青海西宁出土的波斯萨珊朝银币》，《考古学报》1958年第1期。
② 徐苹芳：《考古学上所见中国境内的丝绸之路》，《燕京学报》1995年第1期。
③ 青海省文物考古研究所：《青海乌兰县大南湾遗址试掘简报》，《考古》2002年第12期。
④ 阎璘：《青海乌兰县出土东罗马金币》，《中国钱币》2001年第4期。
⑤《青海都兰出土拜占庭金币》，《中国文物报》2002年7月24日第1版。

南北朝时期，罗马帝国与中国已有往来，史籍中将其称为大秦或者拂菻国。到了隋唐时期，双方经济贸易往来更为频繁。《隋书》记载："（波斯）西去海数百里，东去穆国四千余里，西北去拂菻四千五百里，东去瓜州万一千七百里。"裴矩在《西域图记·序》中记载关于敦煌前往西海的三条道路中言："北道从伊吾，经蒲类海、铁勒部、突厥可汗庭，度北流河水至拂菻国，达于西海。"当时的人们已经很清楚前往拂菻的交通路线，这是拂菻与中原王朝密切往来的重要证据。开元七年（719），安国向唐朝进贡的物品包括波斯马娄、拂菻绣氍毹、郁金香、生石蜜等物品。① 这些贡品中特别强调了"拂菻绣氍毹"，"意在强调它是拜占庭名产，并非布哈拉土货"。② 粟特对波斯所产的丝织品的青睐，也反映了波斯商品在丝绸之路乃至中国的流行程度。波斯曾派使者前往长安请求派遣一名汉官驻守波斯，"（开元）十年（722）三月庚戌，波斯国王勃善活遣使献表，乞授一名汉官，许之"。③ 因为中亚地区诸国颇受大食的欺凌，希望能够在唐朝的支持下对抗大食。开元十二年（724），大食军队进攻拔汗那，突骑施可汗苏禄遣其子支援，突袭大食军队，大食惨败，这就是渴水日战役。④ 此战使得大食军队对突骑施产生了畏惧情绪，促使大食的势力逐渐收缩，这就为吐蕃势力进入西域提供了一定的条件。

蔡鸿生先生谈到粟特文化特征时说："九姓胡以'善贾'著称于世，靠'兴胡之旅'即商队从事亚洲内陆的转运贸易。在城邦的经济生活中，商品货币关系超过土地依附关系。所谓'财多为贵'正是胡俗的特色。"⑤《安禄山事迹》中记载："潜于诸道商胡兴贩，每岁输异方珍货计百万数。每商至，则禄山胡服坐重床，烧香列珍宝，令百胡侍左右，群胡罗拜于下，邀福于天。"⑥ 敦煌文献 P. 2613《唐咸通十四年（873）正月四日沙州某寺交割常住物点检历》中记载的金银器物中包括有"柒两佛临银盏子壹"⑦，这件器物应该是粟特人带入敦煌的。敦煌地区对外贸易十分发达，金银钱进入敦煌与少数民族贸

---

① 〔北宋〕王钦若等：《册府元龟》卷999《外臣部·请求》，中华书局，1960年，第11722页。
② 蔡鸿生：《唐代九姓胡与突厥文化》，中华书局，1998年，第65页。
③ 〔北宋〕王钦若等：《册府元龟》卷999《外臣部·请求》，中华书局，1960年，第11723页。
④ H. A. R. Gibb, The Arab Conquests in central Asia, London, 1923, p. 66.
⑤ 蔡鸿生：《唐代九姓胡与突厥文化》，中华书局，1998年，第4页。
⑥ 〔唐〕姚汝能：《安禄山事迹》，上海古籍出版社，1983年，第12页。
⑦ 唐耕耦、陆宏基：《敦煌社会经济文献真迹释录》第三辑，全国图书馆文献缩微复制中心，1990年，第11页。

易活动有着直接的关系。据敦煌文献相关记载，金银钱币主要来源于回鹘和西域等地，与贸易纳贡关系密切，晚唐五代敦煌市场使用金银钱硬通货，数量较大。①而罗马金币具有国际硬通货的功能，加上粟特等商业民族穿梭于丝绸之路各地，因此，不难想象来自罗马的金币为何在中国各地多有发现。\

第四节　中原王朝与边地民族的绢马贸易

一、隋唐绢马贸易概况

自汉代以来，中原王朝就通过丝绸之路与周边的草原民族保持着茶马、绢马贸易往来，也构成了丝绸之路贸易史的重要内容之一。西汉时期，中原从北方的匈奴人手中通过贸易获得良马，产自乌孙、大宛的马匹更是马中的优良品种。汉武帝为求良马，曾派使者携一尊黄金铸就的马前往大宛国求马，可见其对马的痴迷。他还作了一首《西极天马歌》以表达对西域宝马的赞誉："天马来兮从西极，经万里兮归有德。承灵威兮降外国，涉流沙兮四夷服。"②故有人认为汉武帝是由于垂涎大宛的马匹而征伐大宛。至东汉，元和元年（84），"北单于复愿与吏人合市，诏书听云（武威太守温云）遣驿使迎慰纳之。北单于乃遣大且渠伊莫訾王等，驱牛、马万余头来与汉贾客交易"③。由此可见，汉代大规模绢马贸易通常是在政府的管理下进行的，是一种官方行为，同时民间贸易也掺杂其中。

581年，杨坚建立隋朝，结束了魏晋以来200多年的分裂割据局面。隋朝初建，周边少数民族，诸如突厥、吐谷浑等，时常侵扰边地，特别是突厥自南北朝末期崛起，并以漠北为中心建立了突厥汗国，一度曾控制了南自大漠以北、北到贝加尔湖、东起兴安岭、西达里海的广大区域，成为与中原王朝相抗衡的劲敌。特别是隋朝刚建立的第二年（582），突厥以四十万兵力入侵中原，导致武威、天水、安定、金城、上郡、弘化、延安等地均遭到洗劫，"六畜咸尽"。隋朝被迫以"修筑长城，发兵屯北境"作为应对之策。隋朝通过一系列措施与经营，逐渐消除了突厥对边地的威胁，与突厥的贸易往来逐渐频繁。

---

① 郑炳林、杨富学：《晚唐五代金银在敦煌的使用与流通》，《甘肃金融》1997年第8期。
② 〔汉〕司马迁：《史记》卷24《乐书》，中华书局，1959年，第1178页。
③ 〔南朝宋〕范晔：《后汉书》卷89《南匈奴传》，中华书局，1965年，第2950页。

突厥是一个典型的游牧民族,"其俗畜牧为事,随逐水草,不恒厥处。穹庐毡帐,被发左衽,食肉饮酪,身衣裘褐"。突厥还盛产良马,"突厥马技艺绝伦,筋骨合度,其能致远,田猎之用无比。史记匈奴畜马,即騊駼(古代良马名称)也"①。突厥凭借此优势建立了强大的骑兵,对中原王朝造成了巨大威胁,"突厥兴亡,唯以羊马为准"②。突厥的木杆可汗曾"控弦数十万",可见其骑兵数量之巨。隋朝与突厥的绢马贸易多是通过贡使的方式进行的,"拜染干为意利珍豆启民可汗……上以宗女义成公主妻之……岁遣朝贡。大业三年(607)四月,炀帝幸榆林,启民及义成公主来朝行宫,前后献马三千匹。帝大悦,赐物万二千段"③。隋炀帝西巡途中,曾设宴款待突厥部落酋长3500人,赐物20万段。这里所赐之物当与隋炀帝赐予启民可汗的物品相同,其中应有绢帛之类的物品。

突厥汗国时期,"在突厥人向中国提供的商品中,马匹是最受中国人青睐的商品,至于其他国家,则是突厥武器和中国丝绸。……突厥人主要向中国输出马匹以及较少量的骆驼和羊,中国人以成匹的丝绸来换取马匹,对汉人而言,此乃外贸中最古老也是最宝贵的货币形式"④。突厥人利用马匹换来中原丝绸,与中亚乃至欧洲的商人进行贸易,以换取更多的金银。早在6世纪中期,西突厥就曾与萨珊波斯王朝进行了长期的战争,其目的之一就是获得金银贵金属。在罗马人的眼中,突厥是一个对黄金极端热衷的民族。亚美尼亚史学家摩西·达苏兰西(Movsés Dasxuranci)曾记载下了这样一段话:"他对一名叫安德烈的聪明能干的贵族进行指导和训练,然后派他(到达汗廷),皇帝向突厥人许诺无以计数的财富。他这样说:'如果他们真心帮助我的话,我这方面将满足这些野兽般的、热爱黄金的辫发民族的贪欲。'当北方之国的副王叶护可汗,他在王国中的地位仅次于国王,听到这个许诺,想到未来来自拜占庭的大量礼物和征服波斯属下的那些国家时的战利品,于是热切地答应了这件事。"从摩西笔下对突厥人的描述可以推测,突厥人在控制丝绸之路贸易通道的过程中获得了巨额商业利润。

---

① 〔宋〕王溥:《唐会要》卷72《诸蕃马印》,中华书局,1955年,第1306页。
② 〔后晋〕刘昫等:《旧唐书》卷62《郑元寿传》,中华书局,1975年,第2380页。
③ 〔唐〕魏徵等:《隋书》卷84《突厥传》,中华书局,1973年,第1872—1874页。
④ 〔法〕弗朗索瓦·蒂埃里:《论中国及粟特对突厥社会货币的影响(公元6—9世纪)》,《粟特人在中国——历史、考古、语言的新探索》,中华书局,2006年,第243页。

突厥通过绢马贸易获得中原的丝绸，而马匹则是中原王朝对外贸易中最重要的物品之一。唐朝前期，突厥是唐朝绢马贸易的主要对象，特别是后突厥汗国的建立，唐朝在与其多次交战中损失了大量战马。开耀元年（681）七月，夏州群牧使安元寿奏言："自调露元年（679）九月以来，丧马一十八万余匹，监牧吏卒为虏所杀掠者八百余人。"①战马的大量损耗，使得唐朝政府迫切需要通过贸易的方式补充。至毗伽可汗在位时期，双方保持了友好的关系，绢马贸易重开，但规模较小，唐朝每年从突厥获得三四千匹马。唐朝建立后，绢马贸易也是唐朝与西北边地少数民族进行贸易的主要方式之一。唐高祖李渊起兵之初，突厥始毕可汗就曾派遣使者献良马千匹。

唐太宗在早期征伐中骑乘的名马基本上来自突厥等北方民族，"昭陵六骏"诸如白蹄乌、特勒骠、飒露紫、什伐赤、青骓、拳毛𫘧都与突厥及其突厥语有关。②突厥与唐朝的绢马贸易一直持续到唐玄宗时期，"开元三年（715）……册立（苏禄）为忠顺可汗。自是每年遣使朝献……时杜暹为安西都护，（金河）公主遣牙官赍马千匹诣安西互市"③。尽管这次贸易被杜暹所拒绝，但可以看出当时突厥与唐朝贸易物品的大宗仍为马匹，可以说，"突厥马是唐朝马的主要来源"④。安史之乱爆发后，唐政府西北边防戍空虚，吐蕃东进，趁机占领河陇地区。而河陇地区畜牧业发达，丰茂的水草非常适宜发展畜牧业，也是唐朝战马的重要来源地。欧阳修认为："唐世牧地皆与马性相宜，西起陇右、金城、平凉、天水，外暨河曲之野，内则岐、豳、泾、宁，东接银、夏，又东至于楼烦。"⑤这足以证明河陇地区是唐宋之际重要的产马区域，而吐蕃占领河陇则断绝了唐朝从该地区大规模获得马匹资源的可能。马匹是重要的军事战略资源之一，据《旧唐书·地理志》统计，安西、北庭、河西、朔方、河东、范阳、平卢、陇右、剑南九个节度使拥有的战马数量高达135550匹⑥，成为各藩镇节度使割据的军事基础之一。元代史学家马端临指出，安禄

---

① 〔宋〕司马光：《资治通鉴》卷202唐高宗开耀元年七月条，中华书局，1956年，第6402页。
② 葛承雍：《唐昭陵六骏与突厥葬俗研究》，《中华文史论丛》总第60辑，上海古籍出版社，1999年。
③ 〔后晋〕刘昫等：《旧唐书》卷194《突厥传》，中华书局，1975年，第5191页。
④ E. H. Schafer, The Golden Peaches of Samarkand, University of California Press, 1963, p. 63；〔美〕谢弗著，吴玉贵译：《唐代的外来文明》，中国社会科学出版社，1995年，第143页。
⑤ 〔宋〕欧阳修：《欧阳修全集·奏议集》卷16《唐监牧札子（嘉祐五年）》，中国书店，1986年，第884—886页。
⑥ 〔后晋〕刘昫等：《旧唐书》卷38《地理志一》，中华书局，1975年，第1385—1388页。

山起兵的缘由之一就是占有优良的战马资源，肃宗时军事力量增强的原因也归于"得马数万"。尽管这种论断有失偏颇，但从中反映出马匹对当时社会影响是很大的。

吐蕃占领河陇西域，在一定程度上断绝了唐朝从西域、河陇地区获得马匹，尽管尚有零星贸易往来，但规模上已远远小于回纥与唐朝的绢马贸易，回纥则成了唐朝马匹的重要来源。早在唐初，唐朝与回纥就已经开始了友好交往，贞观三年（629），回纥"始来朝，献方物"，为以后双边交流往来奠定了基础。贞观十七年（643）六月，"薛延陀真珠可汗使其侄突利设来纳币，献马五万匹，牛、橐驼万头，羊十万口"①，一次献这么多的马，可见其国内马的总体数量是庞大的。安史之乱期间，为了避免腹背受敌，在李泌的劝说下，唐德宗确定了联合回纥抵抗吐蕃的策略，②答应与回纥和亲，回纥与唐朝关系更为密切，绢马贸易也更加频繁。回纥借助其在丝路贸易上的控制权，获得巨额利益。③随着吐蕃与唐朝关系的缓和，回纥自恃其功，将绢马贸易作为其获得超值回报的重要手段，频繁开展贡使贸易，给唐朝政府造成了沉重的财政负担。④乾元之后，"（回纥）屡遣使以马和市缯帛，仍岁来市，以马一匹易绢四十匹，动至数万马"⑤，代宗时期，回纥"岁送马十万匹，酬以缣帛百余万匹。而中国财力屈竭，岁负马价"⑥。据不完全统计，自乾元元年（758）至开成五年（840），唐朝政府至少从西北购买了140万余匹马。⑦

吐谷浑是一个地处西部与突厥并驾齐驱的强大民族，早在魏、周时期就以伏俟城为国都建立了民族政权。名马青海骢就产自吐谷浑，"青海周回千余里，中有小山，其俗至冬辄放牝马于其上，言得龙种。吐谷浑尝得波斯草马，放入海，因生骢驹，能日行千里，故时称青海骢焉"⑧。发达的畜牧业为吐谷

---

① [宋] 司马光：《资治通鉴》卷197唐太宗贞观十七年六月条，中华书局，1956年，第6199页。
② 冠群：《中唐时期李唐"联回抗蕃"政策之检讨》，《陕西师范大学学报》2011年第2期。
③ Christopher I. Beckwith, The Impact of the Horse and Silk Trade on the Economies of T'ang China and the Uighur Empire: On the Importance of International Commerce in the Early Middle Ages, Journal of the Economic and Social History of the Orient, Vol. 34, 1991, pp. 183-198.
④ 刘义棠：《维吾尔研究·回鹘马研究》，（台北）正中书局，1975年，第364—365页。
⑤ [后晋] 刘昫等：《旧唐书》卷195《回纥传》，中华书局，1975年，第5207页。
⑥ [宋] 欧阳修、宋祁：《新唐书》卷41《食货志》，中华书局，1975年，第1348页。
⑦ 马俊民：《唐代马政》，西北大学出版社，1995年。
⑧ [唐] 魏徵等：《隋书》卷83《吐谷浑传》，中华书局，1973年，第1842页。

浑的迅速崛起奠定了必要的经济基础，北魏政权曾一次获得其"驼马二十余万"，可见其畜牧业的规模。隋朝建立，吐谷浑对中原政权边地侵扰更为频繁。隋炀帝继位后，在征服西突厥的同时，平定吐谷浑也是其军事进攻的重点目标。大业五年（609），隋军大败吐谷浑，伏允仅率数千骑逃往党项，吐谷浑故地被纳入隋朝版图。隋设置西海、河源、鄯善、且末等四郡，派遣官吏进行管理，这些地区的畜牧品也源源不断地被输送到内地，使青海等地区的经济得到了开发，促进了吐谷浑社会经济的发展，加强了与内地的经济交流。（图5-25）

图5-25：青海湖

吐蕃政权崩溃后，党项崛起，早在代宗时期，唐将郭子仪已经意识到了党项势力的崛起，并将吐蕃、党项的问题并列："吐蕃、党项不可忽，宜早为之备。"①畜产品是党项与中原贸易物品中的大宗商品，畜产品交易给党项带来了可观的经济利益。欲获得更多的马匹资源，必先控制牧场，河陇的优良牧场必然会激起党项控制的欲望。党项势力对河陇地区积极扩张，攻占西凉府、甘、肃、瓜诸州，控制河西地区，占据更广阔的产马区。何亮在《安边书》中强调了灵武之地的重要性②，清代学者顾祖禹在《读史方舆纪要》中也说，"欲保秦陇，必固河西；欲固河西，必斥西域"③。夏州党项势力逐步向河西地区延伸。党项以夏州为中心逐渐壮大，唐末农民起义爆发后，居于夏州的拓跋氏加

---

① 〔宋〕司马光：《资治通鉴》卷222唐代宗广德元年条，中华书局，1956年，第7143页。
② 〔宋〕李焘：《续资治通鉴长编》卷44宋真宗咸平二年六月戊午条，中华书局，1979年，第947页。
③ 〔清〕顾祖禹：《读史方舆纪要》卷63《陕西十二》，中华书局，2005年，第2972页。

入到各地的"勤王"行列。① 因此，我们可以相信，中原王朝从党项控制区域也获得了一定数量的马匹。特别是五代时期，"（后唐）明宗时，诏沿边置场市马，诸夷皆入市中国，而回鹘、党项马最多"②，"党项之众竞赴都下卖马……每年不下五六十万贯"③。宋初，契丹势力南扩，北宋政权志在燕幽之地，西北地区的战略地位下降，这些无疑给党项的发展创造了有利的社会环境和地理条件。④

二、唐朝与回纥（鹘）、党项的政治角逐

（一）唐朝与回纥（鹘）

7世纪初至8世纪中叶，出于对河西、西域肥沃土地的垂涎和对丝绸之路控制权的觊觎，回纥与吐蕃两大政权围绕着北庭、西州、凉州等河西走廊地区展开争夺战。咸亨元年（670），吐蕃大将论钦陵攻占安西四镇，切断唐朝到西北边境及中亚的交通，控制通往中亚的交通，引起唐朝与吐蕃间连年的战争。692年，唐将王孝杰率兵夺回安西四镇，恢复丝绸之路的畅通。安史之乱爆发后，唐朝西北边地防戍军队东调，吐蕃趁机占领西域、河陇地区，丝绸之路贸易路线北移，经漠北回纥控制区域连接东西方。回纥统治者利用便利的交通控制着丝绸之路贸易，将中原的丝绸转运到西亚和欧洲等地获取暴利，这就刺激了绢马贸易规模的扩大。

8世纪60年代，吐蕃完全占据河西走廊及陇右一带，控制了丝绸之路东段要道，中原与西域之间的道路受到阻遏。唐朝与安西、北庭都护府的联系，与西域各国的交往，被迫绕道回纥汗国领地，回纥给予了积极配合，并派兵护送。于是被称为"回纥道"的草原丝绸之路开通了，唐朝对西域鞭长莫及，北庭就完全隶属于回纥汗国。显然，这一时期丝绸之路上回纥是最大的受益者，他们操控甚至垄断了唐朝与西方各国的丝绸贸易。8世纪初，回纥趁突厥内乱，联合葛逻禄、拔悉密等部，击走乌苏可汗，接着袭破拔悉密。天宝四年（745），回纥灭东突厥汗国，占据突厥故地，"斥地愈广，东极室韦，西（至）

---

① 康兰英：《榆林碑石》，三秦出版社，2003年，图见第75页，录文见242页。
② 〔宋〕欧阳修：《新五代史》卷74《四夷附录·党项》，中华书局，1974年，第912页。
③ 〔宋〕王溥：《五代会要》卷29《党项羌》，上海古籍出版社，1978年，第462—463页。
④ 陆宁：《论五代党项周边地缘关系》，《西北第二民族学院学报》2004年第3期。

金山，南控大漠，尽得古匈奴地"①，成了漠北继匈奴、突厥之后又一个强大的汗国。在其政权存在的将近100年中，回纥在很大程度上维护和利用了丝路交通。（图5-26）

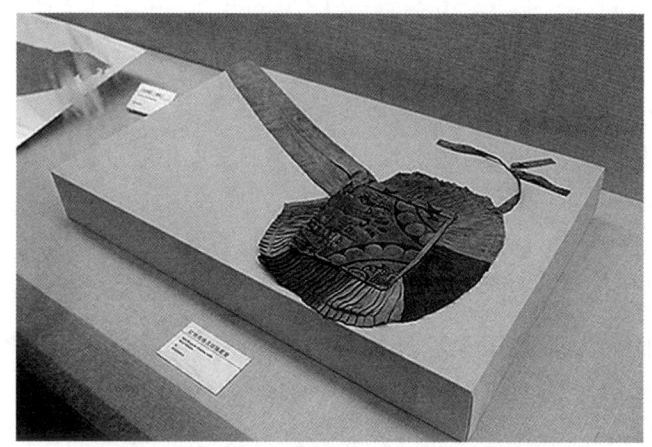

图5-26：青海省博物馆藏唐代红地连珠鸟纹锦覆面

安史之乱使唐朝遭到沉重打击，唐肃宗即位后极力想恢复昔日四方来朝的辉煌。面对叛军、藩镇、突厥、吐蕃诸政治军事势力纷涌的局面，回纥派遣使者希望能够助唐讨贼，因此唐朝决定施行与回纥联合抗蕃的战略。756年九月，封故邠王守礼男承寀为敦煌王，出使回纥和亲，册回纥可汗女为毗伽公主。②唐朝与回纥和亲，标志着双方联合的开始。为了密切联盟关系，除了和亲外，唐肃宗还令广平王与叶护结为兄弟，当叶护从东京至，文武百官前往长乐驿迎接。回纥大首领达干等13人跟随叶护至扶风，郭子仪奉旨宴请，叶护太子在宴会上言："国家有难，远来相助，何暇食焉？"这充分显示了其作为军事联盟者的责任感，并且宴会刚结束就立即开拔，连败叛军。按照当初唐肃宗与回纥的约定——"克城之日，土地、士庶归唐，金帛、子女皆归回纥"，说明回纥出兵助唐是带着某种附带条件的。叶护收复长安后，打算履行唐肃宗的许诺，而广平王李俶下马拜叶护说："今始得西京，若遽俘掠，则东京之人皆为贼固守，不可复取矣。愿至东京乃如约。"由此可见，广平王也是以利益来引导回纥继续助唐平叛。758年，唐肃宗册封回纥葛勒可汗为英武威远毗伽阙可

---

① 〔宋〕欧阳修、宋祁：《新唐书》卷217《回纥传》，中华书局，1975年，第6115页。
② 〔后晋〕刘昫等：《旧唐书》卷86《高宗中宗诸子传》，中华书局，1975年，第2834页。

汗，并将女儿宁国公主嫁给回纥葛勒可汗为妻。这一系列措施，无疑对唐朝与回纥的联盟起到了积极的促进作用。唐肃宗在位的短短六年间，曾连嫁三女与回纥可汗为妻，足见唐肃宗向回纥借兵的急迫心理。而回纥则不断出兵援唐，先后助唐收复两京，平定安史余部。但令唐朝上下始料未及的是，"回纥骑兵入援，不仅是为了承担属国的义务，更主要的是为了趁机掠夺所攻陷的富庶城市和实现与中原皇室通婚，以'夸耀于诸夷'的夙愿"。①

安史之乱以前，唐朝马政十分发达，除了在太仆寺设置监牧掌管马政外，另外在豳、岐、宁、泾等地设置八坊、四十八监养马。开元十三年（725），坊监的马匹有43万匹。②为提升马匹质量，还从边地民族购买良马用来改良马匹，引进少数民族和国外的马匹达83种之多。③众所周知，回纥曾出兵助唐收复长安、洛阳，为了回报回纥，唐朝封叶护为司空、忠义王，每年送回纥绢2万匹，自朔方军领取。④同时唐朝也因为马政荒废，出于对吐蕃东进的现实考虑，迫切需要从回鹘获得马匹以补充骑兵。787年，李皋为对抗吴少诚，即"市回鹘马益骑兵，尝大畋以教士，少诚惮之"；⑤816年，唐讨伐藩镇吴元济，因缺战马，"命中使以绢万匹，市马于河曲"⑥，弥补了唐朝战略物资的不足。回纥是一个商业性民族，唐朝与回纥之间经常进行大规模的绢马及茶马贸易。最初，绢马贸易是在官方的统一管理下进行，通过互市这一特定场所进行交易，交易价格相对公允。回纥帮助唐朝平定安史之乱后，绢马贸易达到高潮，"时回纥有助收西京功，代宗厚遇之，与中国婚姻，岁送马十万匹，酬以缣帛百余万匹"⑦。回纥从贸易中获取了丰厚利润，商业经济得到迅速发展。唐朝除维持原有的贡赐外，每年赠回纥十万匹绢，并约定开通绢马互市。如此一来，回鹘与唐朝绢马贸易更为频繁，一年中数次绢马贸易成为常态，如长庆"二年（822）二月，赐回纥（鹘）马价绢五万匹。三月，又赐马价绢七万

---

① 杨圣敏：《回纥史》，广西师范大学出版社，2008年，第120页。
② 〔宋〕司马光：《资治通鉴》卷212唐玄宗开元十三年条，中华书局，1956年，第6767页。
③ 马俊民：《关于唐代"胡马"引进及其历史作用》，《天津师范大学学报》1988年第4期。
④ 〔宋〕司马光：《资治通鉴》卷220唐肃宗至德二年十一月条，中华书局，1956年，第7044页。
⑤ 〔后晋〕刘昫等：《旧唐书》卷131《李皋传》，中华书局，1975年，第3640页。
⑥ 〔宋〕王溥：《唐会要》卷72《马》，中华书局，1955年，第1304页。
⑦ 〔宋〕欧阳修、宋祁：《新唐书》卷51《食货志一》，中华书局，1975年，第1348页。

匹"①。十二月，偿还回鹘马价绢八万匹。②特别是827年，唐朝一次付给回鹘马价绢高达五十万匹，这是唐朝付给回鹘马价绢数量最多的一次，这一年也是历年来付马价绢最多的年份。安史之乱后，回鹘以助唐平叛之功，提高马匹价格，企图获得更多的绢帛丝织品。"回纥恃功，自乾元之后，屡遣使以马和市缯帛，仍岁来市，以马一匹易绢四十匹，动至数万马。其使候遣继留于鸿胪寺者非一，蕃得帛无厌，我得马无用，朝廷甚苦之。是时特诏厚赐遣之，示以广恩，且俾知愧也。"③随着付给回鹘马价绢日益增多，唐朝最终不堪重负，导致以经济利益维系起来的唐朝与回鹘的盟友关系分崩离析。唐朝诗人白居易在《阴山道》中写道："阴山道，阴山道，纥逻敦肥水泉好。每至戎人送马时，道傍千里无纤草。草尽泉枯马病羸，飞龙但印骨与皮。五十匹缣易一匹，缣去马来无了日。"白居易痛斥当局为了应对绢马贸易中的不公平交易而不顾百姓疾苦。(图5-27)

回鹘势力衰微后，绢马贸易规模日渐萎缩。开成五年（840），漠北回鹘汗国灭亡，大批回鹘人迁居河西走廊一带，成为吐蕃的属民。西迁后的回鹘人分居在河西各地，部分回鹘人到了甘州，甘州逐渐发展为回鹘在河西较为集中的聚集区之一。此外，还有许多部落散布于河西和陇右。后来建立了三个政权：西州回鹘王国、喀喇汗王朝和甘州回鹘政权。解体后的回鹘各支，也在不断地为丝绸之路的畅通尽心尽力。其中，仆固俊率领北庭一带的回鹘部落，与吐蕃展开了激烈的争夺。回鹘汗国解体时，吐蕃内

图5-27：甘肃省博物馆藏唐代对鸟纹锦

---

① 〔后晋〕刘昫等：《旧唐书》卷195《回纥传》，中华书局，1975年，第5212页。
② 〔北宋〕王钦若等：《册府元龟》卷999《外臣部·互市》，中华书局，1960年，第11727页。
③ 〔后晋〕刘昫等：《旧唐书》卷195《回纥传》，中华书局，1975年，第5207页。

部也是一片混乱。842年，吐蕃末代赞普郎达玛被杀，因二王子争夺赞普之位，边将混战不已，吐蕃分崩离析。唐大中年间，吐蕃将领论恐热趁乱率众大掠鄯、廓、瓜、肃、伊、西等州，严重破坏了丝绸之路的通畅。唐宣宗大中元年（847），吐蕃联合回鹘侵扰河西，河西节度使王宰率兵讨之。①张议潮于大中二年（848）趁吐蕃内乱率领沙州军民发动起义，夺取沙、瓜两州。后张议潮率兵联合回鹘攻克甘州、肃州、伊州、西州等地。尽管张议潮收复了沙州等地，但仍有其他州县在吐蕃控制之下，沙州至长安的交通仍然受到吐蕃阻扰，丝绸之路尚未畅通。敦煌文书S.2589《中和四年（884）肃州防戍都营田康使君、县承（丞）张胜君等状》中提到"党项""回鹘使""（嗢）末使"②，表明党项、回鹘、嗢末皆已作为政治势力参与到了河陇政治角逐中。咸通七年（866），北庭回鹘首领仆固俊配合张议潮军，收复了北庭、西州等地。随着吐蕃的没落，丝绸之路在唐政府的经营下，恢复畅通，且得到进一步的发展完善。回鹘重新控制丝绸之路在西域的各交通要道，独享中西贸易之利。仆固俊创立的西州（高昌）回鹘王国逐渐强盛起来，疆域不断扩大，后来建立西州回鹘汗国，一直与归义军保持着友善的关系。张淮深掌控归义军政权时，因未完全得到唐中央政府的支持，西州回鹘势力逐渐深入到甘州等地，不断侵扰瓜州。经过二十多年的东征西战，至900年左右，回鹘占领甘州，甘州回鹘王国政权正式形成。

（二）唐朝与党项

安史之乱后，唐政府西北边防戍空虚，吐蕃趁机占领河陇地区，党项诸部纷纷内迁至邠、宁、鄜、延、灵、夏、麟、府州等地。③内迁的党项诸部生活

---

① 〔宋〕欧阳修、宋祁：《新唐书》卷8《宣宗纪》，中华书局，1975年，第247页。
② 唐耕耦、陆宏基：《敦煌社会经济文献真迹释录》第四辑，全国图书馆文献微缩复印中心，1990年，第486页；中国社会科学院历史研究所等编：《英藏敦煌文献（汉文佛经以外部分）》第4册，四川人民出版社，1991年，第111页。
③ 〔宋〕欧阳修：《新五代史》卷74《党项传》，中华书局，1974年，第912页。

在灵州附近区域，其崛起与丝绸之路灵州段有着紧密的联系。①唐朝与党项在丝绸之路上的纠葛自然离不开灵州段。（图5-28）

9世纪初，党项问题显露端倪，盗寇扰边现象时有发生，"振武有党项、室韦，交居川阜，凌犯为盗，日入慝作，谓之'刮城门'。居人惧骇，鲜有宁日"②。党项的侵扰已严重影响了民众的正常生活。元和九年（814），党项寇振武；长庆二年（822）六月，"党项寇灵州、渭北，掠官马"③；太和中，河西党项扰边；"太和、开成之际，其藩镇统领无绪，恣其贪婪，不顾危亡，或强市其羊马，不酬其直，以是部落苦之，遂相率为盗，灵、盐之路小梗"④。

图5-28：天津博物馆藏西夏文"静州粮官专印"铜印

以上均表明当时党项危及了西北地区正常的政治秩序，并开始集结起来寇扰边地，严重影响了丝绸之路的通畅。因丰州附近党项叛扰，致使胡落池的盐无法运往振武、天德两军及营田水运官健，被迫用河东白池盐代替胡落池盐。⑤太和五年（831）九月，丰州刺史李公政上奏：党项在黑山劫掠归国的回鹘差兵马使，将仆固全等七人杀害。⑥会昌三年（843），党项寇盐州，十一月，寇邠宁。面对党项对边地的不断侵扰，李德裕指出："党项愈炽，不可不为区处。闻党项分隶诸镇，（绥、银、灵、盐、夏、

---

① 鲁人勇：《灵州西域道考略》，《固原师专学报》1984年第3期；严耕望：《唐代交通图考》，上海古籍出版社，2007年；苏哲：《伯二九九二号文书三通五代状文的研究》，北京大学中国古代史研究中心编：《敦煌吐鲁番文献研究论集》第五辑，北京大学出版社，1990年；陆庆夫：《论甘州回鹘和中原王朝的贡使关系》，《民族研究》1999年第3期；赵贞：《敦煌文书中所见晚唐五代宋初的灵州道》，《中国历史地理论丛》2001年第4期；陈旭：《唐宋时期中西交通史中的灵州》，《阴山学刊》2004年第4期；薛正昌：《唐代长安——灵州道：历史与文化》，《江汉论坛》2004年第4期；[日]长泽和俊：《丝绸之路史研究》，天津古籍出版社，1990年；[日]前田正名：《河西历史地理学研究》，中国藏学出版社，1993年。
② [后晋]刘昫等：《旧唐书》卷151《范希朝传》，中华书局，1975年，第4058页。
③ [宋]司马光：《资治通鉴》卷242唐穆宗长庆二年条，中华书局，1956年，第7818页。
④ [后晋]刘昫等：《旧唐书》卷198《党项传》，中华书局，1975年，第5293页。
⑤ [后晋]刘昫等：《旧唐书》卷48《食货志》，中华书局，1975年，第2110页。
⑥ [北宋]王钦若等：《册府元龟》卷995《外臣部·交侵条》，中华书局，1960年，第11687页。

邠、宁、延、麟、胜、庆等州皆有党项，诸镇分领之）剽掠于此则亡逃归彼。节度使各利其驼马，不为擒送，以此无由禁戢。"①白居易在代拟《薛伾鄜坊观察使制》中亦言："鄜畤延安，抵于中部，羌夷种落，散在其间。戎夏杂居，易扰难理。"②他指出在鄜、延地区党项部落分布范围较广，且各地节度使因己私利而纵容其发展，造成不易掌控的现象。《元和郡县图志》卷4《关内道四》"天德军"条："先是缘边居人，常苦室韦、党项之所侵掠，投窜山谷，不知所从。"③

9世纪中叶，西北地区发生巨大变化：开成五年（840），黠戛斯率兵攻陷回鹘，回鹘汗国崩溃；会昌二年（842），吐蕃因内部王位之争而崩溃，边将混战不休；大中二年（848），张议潮在沙州建立归义军政权；大中三年（849），唐朝收复河湟三州七关等。短短十年间，西北地区发生了巨大变化，为党项崛起提供了契机。吐蕃统治崩溃后，各方势力都急于登上河陇政治舞台，党项为其中之一。张议潮建立归义军政权后，并未完全掌控辖区内各族。敦煌文书S.5697《申报河西政情状》载："同缘河西诸州，蕃、浑、嗢末、羌、龙狡杂，极难调伏。"④这很清晰地道出了当时河西复杂的民族状况，归义军政权根本无法完全掌控辖区内的各股民族势力。而唐政府亦试图掌控河陇地区。咸通七年至十一年（866—870），唐朝以朔方节度使卢潘兼领凉州节度，反映出中央政府力图加强朔方节度使在西北地区统治的愿望。⑤而新驻扎凉州为数2500人的郓州天平军，为朔方节度使提供了有力的军方支持。基于凉州与灵武地区的战略连接地位，中央政权需要加强对朔方节度使的控制。"朔方节度，管兵六万四千七百八人，马二万四千三百匹。衣赐二百万匹段。统经略军，灵武郡城内。管兵二万七百人，马三千匹。"⑥敦煌文书S.1136《沙州进奏院上本使状》载："其张文彻、王忠忠、范欺忠、段意意等四人言：'路次危险，不用论节，且领取回诏，随韩相公兵马相逐归去。平善得达沙州，岂不是好事者！'……其

---

① 〔宋〕司马光：《资治通鉴》卷247唐武宗会昌三年十一月条，中华书局，1956年，第7993页。
② 〔唐〕白居易：《白居易集》卷55《薛伾鄜坊观察使制》，中华书局，1979年，第1162页。
③ 〔唐〕李吉甫著，贺次君点校：《元和郡县图志》卷4《关内道四》，中华书局，1983年，第114页。
④ 唐耕耦、陆宏基：《敦煌社会经济文献真迹释录》第四辑，全国图书馆文献微缩复印中心，1990年，第363页。
⑤ 李军：《晚唐政府对河西东部地区的经营》，《历史研究》2007年第4期，第27—41页。
⑥ 〔唐〕李吉甫著，贺次君点校：《元和郡县图志》卷4《关内道四》，中华书局，1983年，第95页。

张文彻、王忠忠、范欺忠、段意意等便高声唱快。又言：'趁韩相公兵马去者。'"①这表明韩相公统领有相当数量的兵马，可以护送使节商旅通过灵州道，负责灵州道的畅通。大致在9世纪末期，朔方节度使已经将河西走廊完全纳入督察的范围之内，晚唐五代时朔方（灵武）韩氏在灵州道的保护经营上作出了重要贡献。②

据敦煌文书S.2589，党项在灵州道上经常抄劫贡使和商人，成为阻隔交通的主要势力，灵州需要出兵护送使者经过该地区，但因邠、灵二州交恶，灵州不予出兵帮助。为避免被党项抄劫，贡使和商人不得不从邠州绕道走河州路至凉州。这表明当时有两条路线可以前往长安：一条是凉州—灵州—邠州—长安；另一条是凉州—河州—邠州—长安。而前者是当时的主要通道，对于是否走灵州取决于灵庆地区是否安定，尤其是党项在此间活动的情况。五代时期西路党项劫掠过往商使，迫使后唐派兵数千前往接应贡使。另P.2992V《朔方节度使检校太傅兼御史大夫张状》载：

> 今则前邠州康太傅及庆州苻太保承奉圣旨，部领大军援送贡奉使人及有天使去。八月廿一日得军前大（太）傅书牒云与都监牛司空，已于八月十六日到方渠镇，与都监商量，定取丹慊（慊）。近者，九月五日发离方渠，于六日平明至土桥子应接者。当道至八月廿二日专差军将袁知敏，却赍书牒往方渠镇，咨报军前，太傅已依此时日应副讫。见（现）亦龊兵士，取九月三日发赴土桥子接迎，于九日到府次。③

该文书的主要内容是后唐邠、灵、庆节度奉诏保护河西使节返回灵州时的行程安排。从日程安排来看，对于时间安排之细致严密，说明当时灵州道上的党项抄掠对使节安全是极大的威胁，影响这一地区的交通安全，需要由邠州康太傅、庆州苻太保率兵护送贡使、回鹘使节。

宣宗朝前后，党项势力的日益膨胀，朝廷对此更为关注。会昌六年（846）正月，李德裕在《论盐州屯集党项状》言，"党项久为劫盗，须示严刑……

---

① 唐耕耦、陆宏基：《敦煌社会经济文献真迹释录》第四辑，第370—373页。
② 赵贞：《敦煌所出灵州道文书述略——兼谈朔方韩氏对灵州道的经营》，《敦煌研究》2003年第4期，第52—57页；赵贞：《归义军史事考论》，北京师范大学出版社，2010年，第209—232页。
③ 唐耕耦、陆宏基：《敦煌社会经济文献真迹释录》第四辑，第393—394页。

朝廷将欲剪除"①。大中五年（851）五月，白敏中任检校司徒、同平章事、邠州刺史、充邠宁节度观察、东面招讨党项等使。②《白敏中墓志铭》中也提到，"大无所施设党羌平让都统事，专治幽土。募新卒七千人，增堡戍四十二所"③。《新唐书》卷221《党项传》载："宣宗大中四年，内掠邠、宁，诏凤翔李业、河东李拭合节度兵讨之，宰相白敏中为都统。"④ 这表明党项问题已经上升到国家西北军事战略的高度。《白敏中神道碑》详细记载了党项问题，其中有"（仕）南而归者，以生还为乐"⑤之语，说明当地政治形势异常复杂，随时都会有生命危险，恰好印证了党项的"刮城门"之举令"居人惧骇，鲜有宁日"。白敏中以丞相身份兼任平定党项的统帅，足以说明党项问题的严重性。根据村井恭子的研究，"盐州及当道沿途镇寨粮料等使""京西京北制置堡戍使"等职的设置，都与讨伐党项军事部署密切相关⑥。唐后期中央政府对待党项的态度从原来的宽容羁縻逐渐转为严厉打压，并将党项问题作为边地安定的头等大事。王仙芝、黄巢起义爆发后，因为西北地缘政治地位的下降，加之中央政府的政治重心东移，⑦ 中央政府不仅无暇顾及边地党项问题，还积极利用夏州党项诸藩镇的势力来歼灭起义军，尽施拉拢之策，无形中扩大了党项的控制区域和势力，客观上对丝绸之路通畅起到了积极的保护作用。

---

① 〔唐〕李德裕著，傅璇琮、周建国校笺：《李德裕文集校笺》卷16《论盐州屯集党项状》，河北教育出版社，2000年，第317页。

② 〔后晋〕刘昫等：《旧唐书》卷18《宣宗纪》，中华书局，1975年，第628页。

③ 王仁波：《隋唐五代墓志汇编》陕西卷第2册，天津古籍出版社，1991年，第100页；周绍良、赵超：《唐代墓志汇编续集》，上海古籍出版社，2001年，第1033—1034页。

④ 〔宋〕欧阳修、宋祁：《新唐书》卷221上《党项传》，中华书局，1975年，第6218页。又载："贼平，兼太子太傅，封夏国公，赐姓李。"拓跋思恭因参与镇压黄巢起义有功，被封公赐姓，夏州党项李氏开始崛起。

⑤ 《白敏中神道碑》录文见孙芬慧《渭南发现唐〈白敏中神道碑〉》，西安碑林博物馆编：《碑林集刊》第10辑，陕西人民美术出版社，2004年，第146页。

⑥ 〔日〕村井恭子：《唐宣宗时期的西北边境政策试析》，荣新江：《唐研究》第16卷，北京大学出版社，2010年，第291—292页。

⑦ 杜文玉：《唐末五代时期西北地缘政治的变化及特点》，《人文杂志》2011年第2期。

三、和亲：联姻外衣下的经济交流

（一）隋唐时期和亲概况

1. 隋唐与突厥的和亲

"大一统"是中国古往今来差不多每个政治家追求的最高目标。隋文帝建立隋朝后，同样希望能够开创一个天下一统、中华一体的政治局面。隋朝建立后，北周末年嫁给突厥沙钵略可汗的千金公主曾上书隋文帝，"请为一子之例"。沙钵略上书隋文帝："皇帝是妇父，即是翁，此是女夫，即是儿例。两境虽殊，情义是一。今重叠亲旧，子子孙孙，乃至万世不断，上天为证，终不违负。此国所有羊马，都是皇帝畜生，彼有缯彩，都是此物，彼此有何异也！"① 隋文帝赐公主杨姓，改封为大义公主，将北周与突厥的和亲关系继承下来。隋朝与突厥的关系缓和后，沙钵略可汗与隋主动立约，划分边界，希望成为隋朝的藩属。突厥臣服大隋，巩固了隋朝的大一统局面。后来隋炀帝对隋朝这种安定的政治局面甚为感慨："往者与突厥递相侵扰，不得安居。今四海既清，与一家无异，朕皆欲存养，使遂性灵。譬如上天，止有一个日照临，莫不宁帖；若有两个、三个日，万物何以得安？比者，亦知处罗总摄事繁，不得早来相见。今日见处罗，怀抱豁然欢喜。处罗亦当豁然，不烦在意。"② 这种四海升平的大一统局面正是得益于和亲的积极推动。

由于千金公主暗结西部突厥突利可汗，引起隋朝的警觉，西突厥突利可汗向隋求婚时，裴矩告知"当杀大义公主，乃许婚"③。千金公主被杀后，按照约定，隋朝宗室女安义公主下嫁突利可汗。开皇十七年（597），突利可汗遣使前往长安迎接安义公主。安义公主在突厥生活了不到三年就去世了。开皇十九年（599）六月，义成公主嫁给启民可汗。启民可汗死后，按照突厥的习俗，其子始毕可汗娶义成公主为妻。武德二年（619），始毕可汗病亡，其弟处罗可汗又以义成公主为可贺敦。隋末，淮南公主避乱于突厥，嫁给始毕可汗长子突利。

李渊在太原起兵后，为了得到始毕可汗的援助，派李琛、郑元寿带"女妓遗突厥始毕可汗，以结和亲"④。此次和亲，李渊成功地得到了五百名突厥士

---

① 〔唐〕魏徵等：《隋书》卷84《突厥传》，中华书局，1973年，第1868页。
② 〔唐〕魏徵等：《隋书》卷84《西突厥传》，中华书局，1973年，第1879页。
③ 〔宋〕司马光：《资治通鉴》卷178隋文帝开皇十三年条，中华书局，1956年，第5543页。
④ 〔后晋〕刘昫等：《旧唐书》卷60《宗室传》，中华书局，1975年，第2347页。

兵、两千匹战马的援助。贞观四年（630），定襄县主嫁给始毕可汗之孙阿史那忠。① 贞观十年（636），唐太宗将高祖的第十四个女儿衡阳公主嫁给突厥阿史那社尔。② 贞观二十二年（648），九江公主嫁给东突厥部落首领执失思力为妻。唐玄宗继位后，后突厥默啜可汗派其子杨俄支前往长安求婚，唐玄宗将蜀王之女南和县主许配杨俄支。毗伽可汗继位后，连年向唐朝进贡请婚，但后因毗伽可汗被毒杀未能成行。开元十年（722）十二月，唐玄宗册封西突厥十姓可汗阿史那怀道之女为交河公主，将她嫁给西域的突骑施别种苏禄（即忠顺可汗）。

2. 隋唐与吐谷浑的和亲

开皇十一年（591），吐谷浑首领夸吕去世，其子世伏继承汗位，以无素为使者代表"奉表称藩，并献方物"③，同时希望将吐谷浑公主嫁给隋文帝为妃，被拒。隋文帝于次年派刑部尚书宇文弼前往吐谷浑表示慰问。开皇十六年（596），"会吐谷浑来降，朝廷以宗女光化公主妻之，以謇之兼散骑常侍，送公主于西域"④。次年，世伏死于吐谷浑内乱，其弟伏允成为吐谷浑首领，向隋朝上书请婚，请求将光化公主赐之为妻，得到允许。此后，吐谷浑与隋朝一直保持着朝贡关系。

隋朝灭亡后，由于伏允曾帮助唐朝出击李轨并朝贡不断，作为人质的伏允长子顺被放回吐谷浑。唐太宗即位后，伏允为其子尊王向唐请婚，后因尊王装病拒绝前往长安迎接公主，唐朝遂停止此次和亲，并派中郎将康处直出使吐谷浑，对伏允"谕以祸福"。但伏允却出兵唐朝的兰、廓二州，并扣押唐朝鸿胪丞赵德楷。唐太宗大怒，于贞观九年（635）令李靖、侯君集等出兵吐谷浑，大败吐谷浑，伏允自杀，其子顺被杀。虽然顺之子诺曷钵被拥立为吐谷浑王，但由于年幼无力控制吐谷浑政权，吐谷浑陷入内乱。在唐朝的支持下，诺曷钵逐渐稳定了吐谷浑局势，诺曷钵被唐朝封为河源郡王、乌地也拔勤豆可汗。为了加强和唐朝的关系，吐谷浑向唐朝提出和亲。贞观十三年（639），诺曷钵可汗亲自到长安迎接公主。次年二月，弘化公主在淮阳郡王李道明和右武卫将军慕容宝的护送下前往吐谷浑地。唐高宗即位后，册封诺曷钵为驸马都尉，赐物四十段⑤。永徽三年（652），弘化公主与诺曷钵一起到长安省亲，唐高宗将宗

---

① 〔宋〕欧阳修、宋祁：《新唐书》卷110《阿史那忠传》，中华书局，1975年，第4116页。
② 〔宋〕欧阳修、宋祁：《新唐书》卷110《阿史那社尔传》，中华书局，1975年，第4114页。
③ 〔唐〕魏徵等：《隋书》卷83《吐谷浑传》，中华书局，1973年，第1844页。
④ 〔唐〕李延寿：《北史》卷64《柳虬传附机从子謇之传》，第2289页。
⑤ 〔后晋〕刘昫等：《旧唐书》卷198《吐谷浑传》，中华书局，1975年，第5300页。

室女金城县主嫁给诺曷钵长子苏度摸末①，并封其为左领军卫大将军。后来，唐宗室女金明县主嫁给诺曷钵次子闼卢摸末为妻。由于当时吐谷浑内外形势复杂，特别是在龙朔三年（663）之前，"吐谷浑频与吐蕃相攻，无心也无力迎娶金城县主。而麟德元年（664）唐遣金城县主出嫁，恰在吐蕃攻灭吐谷浑之后，这既是高宗原来对吐谷浑王室许诺的实现，又是对其走投凉州进一步归附的慰抚，也应是不满于吐蕃攻灭吐谷浑的一种反映。金城县主于麟德元年（664）的出嫁，不仅有许嫁时年龄尚幼的原因，也有深刻的政治背景"②。吐谷浑一直与唐朝保持着友好的和亲关系，陕西西安出土的《慕容曦皓墓志》记载，慕容曦皓的母亲姑臧县主嫁给了当时的青海国王，而姑臧县主则是唐朝宗室之女。③武周时期，金城县主之孙慕容神威娶魏王承嗣的孙女为妻。④

3. 唐朝与吐蕃的和亲

唐蕃和亲始于松赞干布时期，因为周边的突厥与吐谷浑都迎娶了唐朝的公主，吐蕃赞普松赞干布"乃遣使随德遐入朝，多赍金宝，奉表求婚"⑤，但被唐朝拒绝。松赞干布怒而兴兵，进攻吐谷浑与唐朝边地，遭到唐军的偷袭而退兵。贞观十四年（640）冬，松赞干布派大相禄东赞携带黄金五千两及其他珍玩作为聘礼向唐求婚。次年正月，文成公主离开长安前往吐蕃，松赞干布在柏海迎接。文成公主入蕃，意义重大，影响深远，双方友好往来络绎不绝。史载，唐蕃双边"申以婚姻之好，结为甥舅之国。岁时往复，信使相望"⑥，有力地促进了汉蕃经济、文化等方面的交流。松赞干布去世后，尤其是文成公主去世后，唐蕃关系紧张，吐蕃时常侵扰唐朝边地，战争连年。长安四年（704），吐蕃赞普墀都松赞不幸死于对外征伐中，吐蕃政权内部动荡不安。为避免内忧外患的紧张局面，吐蕃摄政太后墀玛类拥立孙子赤德祖赞即赞普位，并于705年派使臣前往长安请婚。其实，在此之前，在703年四月，墀都松赞就已派使者前往长安请婚，"又遣使献马千匹、金二千两以求婚，则天许

---

① 〔宋〕欧阳修、宋祁：《新唐书》卷221上《吐谷浑传》，中华书局，1975年，第6227页。
② 靳翠萍：《唐与吐谷浑和亲关系始末考》，《敦煌学辑刊》1998年第1期。
③ 吴钢：《全唐文补遗》第2辑，三秦出版社，1995年，第28—29页。
④ 靳翠萍：《唐与吐谷浑和亲关系始末考》，《敦煌学辑刊》1998年第1期。
⑤ 〔后晋〕刘昫等：《旧唐书》卷196《吐蕃传上》，中华书局，1975年，第5221页。
⑥ 〔清〕董诰等：《全唐文》卷21《亲征吐蕃制》，上海古籍出版社，1990年，第102页。

之"①，但后因赞普战死而罢。由于唐蕃双方均渴望和平罢兵，因此对此次和亲均十分重视。吐蕃方面派出了多达千余人的迎亲使团，于景龙三年（709）十一月到达长安，受到了唐中宗的隆重欢迎。唐中宗十分重视此次与吐蕃的和亲，阐明双方和亲的重大意义："圣人布化，用百姓为心；王者垂仁，以八荒无外。故能光宅遐迩，裁成品物。由是隆周理历，恢柔远之图；强汉乘时，建和亲之议。斯盖御宇长策，经邦茂范。朕受命上灵，克纂洪业，庶几前烈，永致和平。眷彼吐蕃，僻在西服，皇运之始，早申朝贡。太宗文武圣皇帝德侔覆载，情深亿兆，思偃兵甲，遂通姻好，数十年间，一方清净。自文成公主往化其国，因多变革，我之边隅，亟兴师旅，彼之蕃落，颇闻凋弊。顷者赞普及祖母可敦、酋长等，屡披诚款，积有岁时，思托旧亲，请崇新好。金城公主，朕之少女，岂不钟念，但为人父母，志息黎元，若允乃诚祈，更敦和好，则边土宁晏，兵役服息。遂割深慈，为国大计，筑兹外馆，聿膺嘉礼，降彼吐蕃赞普，即以今月进发，朕亲自送于郊外。"②景龙四年（710）正月，唐中宗亲自送金城公主到始平县（今陕西兴平县），并要求送行大臣们赋诗送别，将始平县改为金城县，以示对金城公主出嫁的重视与纪念。金城公主的入蕃，进一步密切了唐蕃的甥舅关系，成为汉藏关系史上又一座里程碑。（图5-29）

图5-29：文成公主入藏途经日月山今景

---

① 〔后晋〕刘昫等：《旧唐书》卷196《吐蕃传上》，中华书局，1975年，第5226页。
② 〔后晋〕刘昫等：《旧唐书》卷196《吐蕃传上》，中华书局，1975年，第5227页。

4. 唐朝与回纥（鹘）的和亲

隋末唐初，回纥一直受到突厥的侵扰。贞观年间，中央政府虽在回纥部的基础上设置瀚海都督府，但仍然受到突厥的威胁。突厥衰落后，回纥首领骨力裴罗趁机联合其他部落首领反抗突厥，摆脱了突厥的控制，创建了回纥政权，被唐玄宗册封为怀仁可汗。天宝四载（745），回纥灭后突厥，占领突厥故地。安史之乱爆发，唐朝向回纥求援，期望能够"假蕃兵以张形势"①，并派仆固怀恩等人出使回纥求兵。怀仁可汗同意出兵，为了强化彼此的关系，派渠领前往长安求亲。唐肃宗册封怀仁可汗之女为毗伽公主，下诏敦煌王李承寀纳其为妃。回纥的出兵对于当时助唐平叛起到了积极的作用，协助唐军收复了两京。乾元元年（758），回纥毗伽阙可汗向唐求婚。为了能够继续得到回纥军队的帮助，唐肃宗将宁国公主许配给回纥可汗，并下诏阐明了和亲的意义。《封宁国公主制》载："上缘社稷，下为黎元，遂抑深慈，为国大计。是用筑兹外馆，割爱中闱，将成万里之婚，冀定四方之业。"②从送亲人选名单来看，唐肃宗非常重视此次和亲。宁国公主到达回纥后，可汗派子骨啜特勒及其宰相帝德等率兵二千助唐。唐肃宗因和亲以获得回纥的援兵引起世人的指责，唐人戎昱在《咏史》一诗中写道："汉家青史上，计拙是和亲。社稷依明主，安危托妇人。岂能将玉貌，便拟静胡尘。地下千年骨，谁为辅佐臣。"③这里指出和亲是唐肃宗的无奈之举，目的是为了借兵平乱以巩固统治。明代思想家王夫之指出："肃宗若无疾复西京之大勋，孤处西隅，与天下悬隔，海岱、江淮、荆楚、三巴分峙而起，高材捷足，先收平贼之功，区区适长之名，未足以弹压天下也。故唯恐功不速收，而日暮倒行，屈媚回纥，纵其蹂践，但使奏效崇朝，奚惶他恤哉！决遣敦煌王以为质，而受辱于虏帐（指敦煌王李承寀去回纥借兵），其情然也。"这一论断更是一针见血地指出了向回纥借兵带来的严重后果，这也是唐朝统治者始料未及之事。

唐肃宗将宁国公主嫁给回纥毗伽阙可汗后，可汗又为少子请婚，肃宗将唐将仆固怀恩之女嫁给可汗少子。毗伽阙可汗死后，少子继可汗位，是为登里可汗。登里可汗娶仆固怀恩之女为可敦。仆固怀恩之女后被唐册立为娑墨光亲丽

---

① 〔后晋〕刘昫等：《旧唐书》卷121《仆固怀恩传》，中华书局，1975年，第3478页。
② 〔宋〕宋敏求：《唐大诏令集》卷42《封宁国公主制》，中华书局，2008年，第206页。
③ 〔唐〕戎昱：《咏史》，《全唐诗》卷270，中华书局，1980年，第3011页。

华毗伽可敦。代宗继立，继续向回纥借兵，登里可汗出兵助唐讨伐史朝义。唐、回纥联军"追蹑二千余里，至平州石城县，枭朝义首而归，河北悉平"①。光亲可敦死后，登里可汗希望能够迎娶仆固怀恩幼女为继室，代宗将仆固怀恩幼女封为崇徽公主。乾元（758—760）后，回纥恃功骄横，回纥武义成功可汗多次上书唐朝请婚，②遭到唐朝拒绝。贞元三年（787）的平凉劫盟事件对唐朝上下触动很大，再次恶化了唐蕃关系，而宰相李泌也向唐德宗建议改变对吐蕃与回纥的政策，"臣愿陛下北和回纥，南通云南，西结大食、天竺，如此，则吐蕃自困，马亦易致矣"③。加上各地藩镇叛乱形势复杂，藩镇将领暗地与回鹘交好，借助回鹘兵力打击对手，回鹘达干率领三千人来到幽州北部，朱滔以河南子女贿赂回鹘的使其攻击东京，以接应朱泚。朱滔甚至还娶回鹘女为侧室以密切与回鹘的关系，回鹘则同意出兵协助朱泚。④这种情形更为朝廷所担忧，这就需要唐朝调整对回鹘的政策，同意和亲。

为避免与回鹘起冲突，唐朝最终将唐德宗的第八女咸安公主于贞元四年（788）嫁给武义成功可汗为妻。咸安公主嫁给回鹘可汗仅一年，武义成功可汗就因病去世，其子多逻斯继汗位，为忠贞可汗，咸安公主便嫁给忠贞可汗。忠贞可汗刚继位三个月便被毒杀，其子阿啜继位，为奉诚可汗，咸安公主又嫁给奉诚可汗为妻。贞元十一年（795），奉诚可汗去世，怀信可汗立，咸安公主又成为怀信可汗的可敦。元和三年（808），在回鹘生活了21年的咸安公主去世，这位伟大而又悲情的公主为维护唐朝和回鹘的友好关系作出了巨大贡献，可以说她将整个一生都献给了唐朝与回鹘的和亲事业。咸安公主去世后，唐宪宗"废朝三日"，并册赠其为燕国大长公主，谥襄穆，也称燕国襄穆公主。白居易高度评价了咸安公主的和亲之举："惟姑柔明立性，温惠保身，静修德容，动中规度。组纴之训，既习于公宫；汤沐之封，遂开于国邑。及礼从出降，义重和亲，承渥泽认三朝，播芳猷于九姓，远修好信，既申洽比之姻，殊俗保和，实赖肃雍之德。方凭福履，以茂辉荣，宜降永年，遽归长夜。悲深讣告，宠极哀荣，爰命使臣，往申奠礼。故乡不返，乌孙之曲空传；归路虽遥，青冢之魂

---

① 〔后晋〕刘昫等：《旧唐书》卷195《回纥传》，中华书局，1975年，第5204页。
② 〔宋〕司马光：《资治通鉴》卷233唐德宗贞元三年九月条，中华书局，1956年，第7501页。
③ 〔宋〕司马光：《资治通鉴》卷233唐德宗贞元三年九月条，中华书局，1956年，第7502页。
④ 〔宋〕司马光：《资治通鉴》卷228唐德宗建中四年条，中华书局，1956年，第7365—7366页。

可复。远陈薄酹,庶鉴悲怀。"① 哀悯之情,跃然纸上。

咸安公主去世后,回鹘又多次向唐朝要求和亲,但遭到唐朝拒绝。813年、817年,回鹘可汗又两次派遣使者前往唐朝求婚,均无果。由于"在都得到册封的情况下,能否和唐王朝实现和亲则是藩属边疆民族政权立威于周边其他藩属边疆民族政权的有利条件之一"②,再加上此时的回鹘势力已大不如前,因此迫切需要得到唐朝在政治上的支持,而和亲背后蕴藏的巨大经济利益也是一种推动。

直到821年崇德可汗继位后,唐穆宗才下令将太和公主嫁给回鹘可汗。双方对此次和亲都十分重视,回鹘为避免吐蕃破坏此次和亲,"出万骑出北庭,万骑出安西,拒吐蕃以迎公主"。唐朝文武百官均前往章京寺送行,唐穆宗则将公主一直送到通化门。太和公主的一生和咸安公主极其相似,但其命运更为悲情多舛,令人唏嘘。宝历元年(825),崇德可汗去世,其弟毗伽昭礼可汗立,太和公主成为其可敦。后来,太和公主又成为彰信可汗、盍马及特勒可汗的妻子。回鹘被黠戛斯攻破后,太和公主为黠戛斯所虏,黠戛斯在护送公主入塞途中被回鹘乌介可汗所掠,并以此要挟唐朝,"质公主同行,南渡大碛。至天德界,奏请天德城与太和公主居"③。李德裕等人努力设计击败乌介可汗,夺回公主。公主回朝后,遭到唐武宗的责备,唐武宗认为其和亲并未到达羁縻回鹘的政治目的:"先朝割爱降婚,义宁家国,谓回鹘必能御侮,安静塞垣。今回鹘所为,甚不循理,每马首南向,姑得不畏高祖、太宗之威灵!欲侵扰边疆,岂不思太皇太后之慈爱!为其国母,足得指挥;若回鹘不能禀命,则是弃绝姻好,今日已后,不得以姑为词!"④

5. 唐朝与南诏的和亲

唐朝建立后,和对其他边地一样,对西南地区推行羁縻州县制度。武德七年(624),唐朝检校南宁州都督韦仁寿按照朝廷的羁縻政策,"将兵五百人循西洱河,开地数千里,称诏置七州十五县,酋豪皆来宾见,即授以牧宰,威令简严,人人安悦"⑤。许多部落的民族首领成为羁縻州县的行政长官,参与地

---

① 〔清〕董诰等:《全唐文》卷681,上海古籍出版社,1990年,第3084页。
② 李大龙:《汉唐藩属体制研究》,中国社会科学出版社,2006年,第516页。
③ 〔后晋〕刘昫等:《旧唐书》卷195《回纥传》,中华书局,1974年,第5214页。
④ 〔宋〕司马光:《资治通鉴》卷246唐武宗会昌二年十一月条,中华书局,1956年,第7968页。
⑤ 〔宋〕欧阳修、宋祁:《新唐书》卷197《韦仁寿传》,中华书局,1974年,第5617页。

方管理。在唐朝经营西南边地之际，吐蕃势力也积极向苍山洱海地区扩张。为了遏制吐蕃，唐朝积极扶持南诏王皮逻阁，并配合南诏军队逐步统一洱海诸部，使南诏成为西南地区势力最大的地方政权。南诏崛起后，与唐在西南的经营产生矛盾。唐朝于天宝十载（751）、十三载（754）两次对南诏用兵，但均以失败告终。为避免腹背受敌，南诏转而与吐蕃结盟，阁罗凤被吐蕃封为"赞普钟南诏大国"。后因不堪吐蕃压迫，南诏于贞元十年（794）又重新归附唐朝。双方关系虽有所缓和，但依然矛盾重重，特别是9世纪中期以后，双方战火连连，"中国为之虚耗，而其国中亦疲弊"①，都希望和平罢战。于是南诏王酋龙派清平官赵宗政前往唐朝约盟求亲。②乾符五年（877）四月，酋龙子隆舜继位，继续派赵宗政往唐请求和亲，但因其只称弟而不称臣遭到拒绝，于是双方又起战火。广明元年（880），西川节度使陈敬瑄提出与南诏尽快和亲，以解决边地危机。大臣卢携向唐僖宗建言，指出和亲的必要性与意义："陛下初即位，遣韩重使南诏，将官属留蜀期年，费不赀，蛮不肯迎。及（高）骈节度西川，招喑末，缮甲训兵，蛮夷震动，遣赵宗政入献，见天子，附骠信再拜；云虔之使，骠信答拜。其于礼不为少。宣宗皇帝收三州七关，平江、岭以南，至大中十四年（860），内库赀积如山，户部延资充满，故宰相敏中领西川，库钱至三百万缗，诸道亦然。咸通以来，蛮始叛命，再入安南、邕管，一破黔州，四盗西川，遂围卢耽，召兵东方，戍海门，天下骚动，十有五年，赋输不内京师者过半，中藏空虚，士死瘴疠，燎骨传灰，人不念家，亡命为盗，可为痛心！前年留宗政等，南方无虞，及遣还，彼犹冀望。蒙法立三年，比兵不出要防，其蓄力以间我虞。今朝廷府库匮，甲兵少，牛丛有北兵七万，首尾奔冲不能救，况安南客戍单寡，涉冬寇祸可虞。诚命使者临报，纵未称臣，且伐其谋，外以縻服蛮夷，内得蜀休息也。"③卢携指出了唐朝所面临的内忧外困，通过和亲的手段羁縻南诏则是最佳方案。唐僖宗权衡再三，决定在南诏不称臣的前提下将安化公主嫁给南诏王隆舜。但唐朝多次借口拖延婚期，南诏多次遣使督促，直到中和三年（883），唐僖宗才答应将公主嫁入南诏，在唐末农民军起义的浪潮中终于完成了唐、南诏的和亲。

---

① 〔宋〕司马光：《资治通鉴》卷253唐僖宗乾符四年二月条，中华书局，1956年，第8190页。
② 〔宋〕欧阳修、宋祁：《新唐书》卷222中《南蛮传中》，中华书局，1974年，第6290页。
③ 〔宋〕欧阳修、宋祁：《新唐书》卷222中《南蛮传中》，中华书局，1974年，第6292页。

（二）和亲的意义及其对丝绸之路的影响

1. 密切了联姻双方的关系，为丝绸之路的通畅提供了相对安定的社会环境。

贞元三年（787），回纥武义可汗屡次向唐朝和亲，唐德宗一直未允许。大臣李泌从国家利益层面分析，认为和亲利大于弊，如果不能应允回纥的请婚，那么将会受到吐蕃与回纥的双重威胁，而同意和亲，则可以拉拢回纥共同对付吐蕃。唐德宗答应回纥和亲的请求后，回纥可汗上书皇帝言："昔为兄弟，今婿，半子也。陛下若患西戎，子请以兵除之。"① 咸安公主嫁入回鹘后，为双边友好关系作出了贡献。唐朝方面曾因无力支付回鹘互市马匹的马价绢，以疏织短截来应对，使得双边关系陡然紧张起来。咸安公主从中调停斡旋，才使这一问题得以顺利解决。

2. 促进民族间的文化传播与交流。

礼部尚书江夏王道宗送文成公主入蕃，"赞普大喜，见道宗，尽子婿礼，慕中国衣服、仪卫之美，为公主别筑城郭宫室而处之，自服纨绮以见公主。其国人皆以赭涂面，公主恶之，赞普下令禁之；亦渐革其猜暴之性，遣子弟入国学，受《诗》《书》"②。除了跟随文成公主入蕃的陪嫁人员外，唐朝又陆续派了一些养蚕、酿酒、碾硙等诸方面手工业者入蕃。显庆二年（657），吐蕃赞普派遣使者献金城，"城上有狮子、象、驼马、原羝"，同时还献有金瓮、金颇罗等物品。金城公主入蕃，延续了唐蕃友好关系，并携带百工入蕃地，"帝念主幼，赐锦缯别数万，杂伎诸工悉从，给龟兹乐"③。金城公主入蕃后，曾派人向唐朝请赐儒学经典，并引起朝廷大臣们的一番争论，后来唐玄宗赐《毛诗》《礼记》《左传》《文选》各一部。④ 在唐蕃关系紧张时，金城公主又努力推动双方的议盟和谈，"上书求听修好，且言赞普君臣欲与天子共署誓刻"⑤，唐蕃顺利会盟划定疆界，双边友好关系得以保持延续。长庆元年（821），刘元鼎入蕃会盟，赞普"于衙帐西南具馔，馔味、酒器略与汉同，乐工奏《秦王破阵乐》、《凉州》、《缘腰》、《胡渭州》、百戏等，皆中国人

---

① 〔宋〕欧阳修、宋祁：《新唐书》卷217上《回鹘传上》，中华书局，1974年，第6124页。
② 〔宋〕司马光：《资治通鉴》卷196唐太宗贞观十五年正月条，中华书局，1956年，第6164—6165页。
③ 〔宋〕欧阳修、宋祁：《新唐书》卷216上《吐蕃传上》，中华书局，1974年，第6081页。
④ 〔后晋〕刘昫等：《旧唐书》卷196上《吐蕃传上》，中华书局，1975年，第5232页。
⑤ 〔宋〕欧阳修、宋祁：《新唐书》卷216上《吐蕃传上》，中华书局，1974年，第6082页。

也"①。中原文化在吐蕃得到了传播。吐蕃人民为了纪念文成公主，在文成公主入蕃途中的青海省玉树藏族自治州的结古镇南修建了文成公主庙。王忠先生对唐蕃使者往来进行了总结：自634年至842年，唐使入蕃52次，蕃使至唐100次，平均一年零四个月唐蕃间就有一次使臣来往。出使的任务有和亲、告丧、吊祭、修好、议盟、盟会、封赠、朝贡、求请、报聘、求和、慰问、约和、责让等，除责让外其余皆为正常和友好关系。②这种以政治任务为目标的往来，推动了双方的经济文化交流，也为西藏成为中华民族大家庭一员奠定了基础。

3. 推动了边疆地区的经济开发与丝绸之路沿线城镇的繁荣。

圣历元年（698），默啜可汗在向唐朝请婚时，还顺便索要三千具农具、十万斛谷种以及数万斤铁。为了获得巨额利润，和亲方常常会派出庞大的和亲队伍，携带大量物品，借和亲的便利与沿途民众进行贸易。回鹘"可汗已立，遣伊难珠、句录、都督思结等以叶护公主来逆女，部渠二千人，纳马二万、橐它千。四夷之使中国，其众未尝多此。诏许五百人至长安，余留太原"③。唐朝方面在边地开放互市，而互市地点也逐渐成为经济贸易的中心，如凉州"为河西都会，襟带西蕃、葱右诸国，商旅往来，无有停绝"④。

4. 增强边疆民族对唐王朝的认同心理，促进了民族融合。

贞观年间，四海升平，漠北各部尊唐太宗为天可汗，并修筑"参天可汗道"，以方便与唐朝的往来。唐太宗成为少数民族部落所公认的天下共主，四夷"慕义向风，尽为臣妾，纳贡述职，咸赴阙庭"⑤。648年，王玄策出使天竺途中遭到中天竺的劫掠，松赞干布派兵协助王玄策讨伐中天竺。唐高宗继位后，松赞干布写信给长孙无忌，说："天子初即位，若臣下有不忠之心者，当勒兵以赴国除讨。"⑥这一番言论表明了吐蕃拥护李氏王室的决心。少数民族政权领袖对唐朝统治者纳贡输款的行为，实际是一种对唐朝的认同，诸部族"尊奉天可汗"的行为就将自身藩属于唐王朝，有助于推动中华民族多元一体化格局的最终形成。

---

① 〔北宋〕王钦若等：《册府元龟》卷981《外臣部·盟誓》，中华书局，1960年，第11532页。
② 王忠：《新唐书吐蕃传笺证》，科学出版社，1958年。
③ 〔宋〕欧阳修、宋祁：《新唐书》卷217下《回鹘传下》，中华书局，1974年，第6129页。
④ 〔唐〕慧立等：《大慈恩寺三藏法师传》，中华书局，1983年，第11页。
⑤ 〔清〕董诰等：《全唐文》卷23《命备吐蕃制》，中华书局，1983年，第111页。
⑥ 〔后晋〕刘昫等：《旧唐书》卷196上《吐蕃传上》，中华书局，1975年，第5222页。